JN292740

河野正憲
Kawano Masanori

民事訴訟法
Civil Procedure

有斐閣

は　し　が　き

　本書は，現行のわが国民事訴訟手続について体系的に解説したものである。今日我々の市民生活の中で民事訴訟手続が果たしている役割はますます重要となっており，社会的にも注目を集めている。民事訴訟に関する十分な理解は，何らかの形で法律問題にかかわる全ての人々に求められているが，特に法曹として民事訴訟実務に直接かかわりそれの実践に携わる人々には民事訴訟手続や理論の正確な理解が不可欠であることは言うまでもない。本書では，このような人々の要請に応えるために，従来極めて専門的・技術的で難解とされてきた民事訴訟の基本的な観念と手続とを体系的に，しかもできるだけわかりやすく叙述しようと試みた。
　本書を叙述するに際しては，著者がこれまで携わってきた研究の成果をできるだけ平明に織り込むことに意を用いた。大学教師には，（大学行政はしばらく措き）研究と教育の二つの重要な任務があるといわれる。この両者を追求することは容易ではないが，本書ではあえてこの二兎を追った。もっともこれがどこまで成功したのかは定かでない。私自身の研究の出発点は，最初の著書『当事者行為の法的構造』（弘文堂・1988）であったが，本書でも多くの箇所で，この研究を発展させ，展開することに心がけた。

　本書を叙述するに当たり，特に以下の点に重点を置いた。あえて言えばこれが本書の特色とも言えよう。
　第一に，様々な箇所で，手続の歴史的背景に言及しまた学説史にも触れた。民事訴訟手続がそれぞれの国の法制度の中で長い歴史と伝統に培われて発展したものであり，その真の理解にはこのような制度の背景を無視することができないからである。特に，わが国の民事訴訟制度及びその学説はドイツ民事訴訟法を継受しその基本構造を受け継いだから，その基本的性格と特殊性を理解することが不可欠である。そのためには，その歴史的な背景と共にこれとは異なる制度との比較法的な考察が有益である。本書でも必要に応じてその手短な言

及を主として脚注の中で行った。もちろんこれらは極めて断片的で不十分だが，関心がある方は，これを手がかりに更に研究・考察を深めていただくことを期待している。特にグローバル化の進展が著しい現代社会にあって民事訴訟手続の国際的な視野での研究・理解は単に専門家だけではなく，実務法曹にも求められる。多くの方が，広い関心をもたれることを期待したい。なお，このような比較・歴史的研究の一端は，著者が名古屋大学を退職するにあたり行った最終講義「近代的民事訴訟の成立と構造――わが国民事訴訟手続の比較歴史的考察」でそのアウトラインを述べる機会を得たが，その完成はなお今後の課題である。

　第二に，本書では，体系書としては異例だがかなりの数の判例につき，小活字で比較的詳細に事実関係を略記しその判決理由を引用した。これは，現実の民事訴訟手続を知るには判例が持つ意義が極めて大きいことに配慮したものである。特に当該事案と判決の理由付けの分析・理解は民事訴訟手続の理解に不可欠であり，判例が展開する論理自体を正確に分析していただき，またその能力を養っていただきたいと考えたからに他ならない。これはまた，著者が長い間学部教育で実践し，特に今日法科大学院で求められているケース・メソッドにおいて重視されている点であり，読者にも判決の原文にじかに触れていただくことが極めて有益でありまた理解に厚みがでるとの著者の信念による。複数の判例が引用されている箇所では，判例相互の比較を行って問題の理解や判例理論の展開を検討していただきたい。

　第三に，叙述に際してはできるだけ読者が容易に理解ができるように，そしてそのための負担が軽くなるように心がけた。それでなくても難解とされる民事訴訟法の勉学にとって，できるだけ平易な叙述は単に読者にとって不必要なエネルギーを費やさず，内容の正確な理解に資するだけでなく，著述をする者にとっても自らの考察の不十分さを反省する手がかりを見出すことができることになる。特に叙述に際しては，制度の説明とそれに該当する例示とはできるだけ区別した。これまでの経験によれば教室での討論で訴訟手続の制度の説明を求めた際に，学生諸君が，しばしばその例を述べるのみで制度自体の説明を十分になすことができないことが稀でないことに気づいたからである。そのため〔例〕は小活字で別に区別して記載した。また，叙述にはコントラストをつ

けた。基本的な重要事項は本文で組んだが，沿革や立ち入った事項などは小活字で組み，その左には網掛けの薄い線を引いて区別している。民事訴訟手続の学習では，まず全体の概略を理解することが早道であると共に不可欠であり，最初は線を付した小活字の部分を飛ばして読んでいただいてもよい。また，章立てもできるだけ平明にし，どこに何が書かれているかが容易に検索できるように心がけた。それぞれの部分の叙述でも若干の重複は恐れず，むしろ全体が十分に理解できるように関連事項にも説明を尽くすとともに，関係箇所相互の指示も多く入れた。また各章では冒頭にその概要を示し，これから学習する事項の意味と内容のガイダンスをして，手続全体の流れの理解に資するように心がけた。更に進んだ勉学に必要な文献も，最小限のものに限って掲げた。なお，詳細な目次は，検索と共に理解した事柄をチェックする際にも利用していただけるであろう。

　本書の出版のお話をいただいたのは，現行民事訴訟法の成立の頃であったから既に10年以上も前のことになる。以来，わが国の民事訴訟に関する客観的事情もまた私自身の身辺の事情も大きく変化した。その間，体系書を書く以上これまでの研究成果をも織り交ぜて，読者と十分に語り合いたいとの希望を持ち続けたが，その結果，本書は体系書・教科書としてはかなり異例の形となった。本書にはなお多くの欠点がありうることは承知しているが，著者として個人的には持てる力を十分に出し切ったことに満足するとともに，ひとまず完成したことにほっとしている。

　この著作の中で展開した考察には多くの恩師，学問上の先輩，同僚の方々から得たご指導・ご教示が基礎になっている。特に，恩師，吉村徳重教授，原島重義教授のお教えは血肉となっていると言ってよい。また東北大学赴任中，林屋礼二教授は自由な研究環境を整えてくださり様々なご教示を賜った。更にフンボルト財団によるドイツ留学以来ヴォルフラム・ヘンケル教授から，またフルブライト委員会によるアメリカ合衆国留学以来ジョフリー・ハザード教授からの折にふれてのご教示，Unidroit のローマの本部での白熱した討論・共同作業を共にした各国の民事訴訟法専門家の皆さんや現在進行中の科学研究費（学術創成）による国際プロジェクトで研究を共にしていただいている多くの国々

の同僚諸氏から得た学恩は計りしれない。また現在このプロジェクトを支えていただいている，ナタリー許斐さん（名古屋大学准教授）及び早川統子さん（名古屋大学研究員）の献身的助力がなければ本書の執筆に割く時間は大幅に限定され，その完成は更に何年か遅れていただろう。これらの多くの方々に心からお礼を申し上げたい。北九州大学，東北大学，名古屋大学で私の講義に参加し，また演習で討論をした当時の学生諸君からも多くを学んだ。名古屋大学法科大学院そして現在は福岡大学法科大学院での緊張感に満ちた講義は本書を執筆するに当たり強い支えになったし，彼らとの議論の中で考え，更に発展させた部分も多い。

　最後に，有斐閣でこれまで担当をいただいた金田憲二氏，木村垂穂氏，そして現在担当していただいている佐藤文子さんには長い間あきらめずに督促をいただいた。また最終段階では佐藤文子さんと共に鈴木淳也氏が担当に加わっていただき，精力的に作業を進めていただいた。著者の様々な希望を最大限に容れて，レイアウトをはじめ様々なご提案をいただくと共に，内容に関して誤りや，表現についての貴重なアドバイス，校正や文献などのチェックに至るまで，ご指摘ご提言をいただいた箇所は数しれない。一つの著作が決して著者独自で成るものはなく，編集者との共同作業だという言葉を真に実感した。それにしても，長い間，この遅々として進まない著述を暖かく見守り励ましてくださり，満足のいく著作の完成を待っていただいた同社書籍編集第1部部長の酒井久雄氏のご理解とご鞭撻に心から感謝したい。最後に，なかなか完成しない著述に半ばあきれつつ，変わらず励ましてくれた家族，妻和子，長男憲一郎の支えがなければ完成はおぼつかなかったであろう。これら多くの人々に心から感謝したい。

　2009年2月

福岡・福津の寓居にて

河 野 正 憲

目　次

序　章　民事紛争と民事訴訟 …………………………………………… *1*
第1章　裁　判　機　関 …………………………………………………… *40*
第2章　当　事　者 ………………………………………………………… *84*
第3章　訴えの提起と手続の進行 ……………………………………… *121*
第4章　審判の対象 ……………………………………………………… *157*
第5章　手続の基本構造と手続原則 …………………………………… *206*
第6章　当事者の訴訟上の行為 ………………………………………… *264*
第7章　当事者の行為による訴訟の終了 ……………………………… *310*
第8章　争点の整理と口頭弁論 ………………………………………… *352*
第9章　証拠調べと事実の認定 ………………………………………… *428*
第10章　終　局　判　決 ………………………………………………… *532*
第11章　複雑請求手続 …………………………………………………… *649*
第12章　多数当事者訴訟 ………………………………………………… *688*
第13章　上訴・再審手続 ………………………………………………… *783*
第14章　略式訴訟と督促手続 …………………………………………… *862*
第15章　訴訟費用と訴訟救助 …………………………………………… *893*

判例索引（*915*）

事項索引（*919*）

細 目 次

序　章　民事紛争と民事訴訟 ―― *1*

第 1 節　民事紛争とその解決の手段 …… *1*

I　民事紛争と民事訴訟制度の必要性 …… *1*
1　民事紛争(*1*)　2　民事裁判制度(*2*)

II　民事訴訟以外の民事紛争解決制度 …… *3*
1　裁判外の民事紛争解決制度(*3*)　2　相対交渉と和解(*4*)　3　調　停(*4*)　4　仲　裁(*5*)　5　裁判外紛争解決制度の促進(*7*)

第 2 節　民 事 訴 訟 …… *7*

I　民事訴訟制度とその目的 …… *8*
1　民事訴訟制度の目的論(*8*)　2　目的論の意義と機能(*11*)

II　民事訴訟と利用者との関係――訴権（論） …… *12*
1　訴権論の意味(*12*)　2　訴権論の展開(*12*)

III　民事訴訟手続の特色 …… *14*

第 3 節　民事訴訟と憲法 …… *16*

I　基本的人権の保障と民事訴訟 …… *16*
1　訴訟手続の利用（Access to Justice）(*17*)　2　公正な裁判, 審問権の保障と手続の公開(*17*)

II　訴訟事件と非訟事件 …… *18*
1　非訟事件(*18*)　2　非訟事件の取扱い(*20*)　3　残された問題(*23*)

第 4 節　民事訴訟法 …… *24*

I　民事訴訟法 …… *24*

1　形式的意味と実質的意味の民事訴訟法(24)　　2　特別民事訴
　　訟法(25)
　II　わが国民事訴訟法の制定と改正史 ………………………………… 26
　　　1　わが国の近代的民事訴訟制度の創設(26)　　2　明治民事訴訟
　　法の制定と改正(27)　　3　大正15年改正とその結果(28)
　III　現行民事訴訟法の制定とその後の改正 ……………………………… 28
　IV　民事訴訟規則 …………………………………………………………… 29

第5節　民事訴訟手続の規律原理 ……………………………………… 30

　I　近代的民事訴訟手続の成立とその規律原理 ………………………… 30
　　　1　総　説(30)　　2　ドイツ民事訴訟法の歴史的基礎(31)
　　3　ヨーロッパ民事訴訟法と民事訴訟法の国際的調和の試み(34)
　II　訴　訟　原　則 ………………………………………………………… 34
　　　1　民事訴訟手続を規律する基本原理(34)　　2　訴訟原則の諸相
　　(35)
　III　訴訟法と実体法 ………………………………………………………… 36
　　　1　訴訟法と実体法の機能分担(36)　　2　訴訟過程における当事
　　者行為の規律(36)　　3　当事者行為の一般的規律原理（信義誠実
　　の原則──民訴2条）(38)
　IV　民事訴訟手続とその周辺 ……………………………………………… 38

第1章　裁　判　機　関 ─────────────── 40

第1節　民事裁判権 ………………………………………………………… 40

　I　司　法　権 ……………………………………………………………… 40
　II　民事裁判権の意義と範囲 ……………………………………………… 41
　　　1　民事裁判権(41)　　2　民事裁判権の人的範囲(43)　　3　国際
　　裁判管轄(48)
　III　司法権としての民事裁判権行使の内在的制約 ……………………… 51
　IV　民事裁判権の審査 ……………………………………………………… 51

第2節　裁判機関の構成と権限 …… 52

I　裁判所の種類 …… 52

II　裁　判　所 …… 53

1　概　念(53)　2　裁判所の人的構成機関(53)　3　裁判機関の構成(55)

第3節　裁　判　管　轄 …… 56

I　意義と種類 …… 56

1　意　義(56)　2　種　類(56)

II　法　定　管　轄 …… 58

1　事物管轄(58)　2　土地管轄(59)

III　合　意　管　轄 …… 64

1　概念と意義(64)　2　要　件(65)　3　効　果(67)　4　普通取引約款と管轄の合意(68)　5　補論——国際的合意管轄(69)

IV　応　訴　管　轄 …… 71

1　意　義(71)　2　管轄違いの抗弁による防御(71)　3　応訴管轄の成立要件(71)

V　専　属　管　轄 …… 72

VI　指　定　管　轄 …… 72

VII　裁判所による管轄の審査と調整（移送） …… 72

1　管轄決定の標準時(72)　2　審　査(73)　3　移　送(73)

第4節　裁判機関の中立と公正の確保 …… 76

I　意　　義 …… 76

II　除　　斥 …… 77

1　概　念(77)　2　除斥事由（民訴23条）(77)　3　除斥の効果(78)

III　忌　　避 …… 79

1　概　念(79)　2　忌避事由(79)　3　忌避の申立てと裁判(81)　4　忌避の濫用とその防止策（簡易却下）(82)

Ⅳ　回　　　避 …………………………………………………… *82*
　　Ⅴ　裁判所書記官・専門委員への準用 ……………………… *82*

第2章　当　事　者 ——————————————————— *84*

第1節　当事者概念 ………………………………………………… *84*

　Ⅰ　当事者概念の変遷と現況 ……………………………………… *85*

　　1　当事者概念の意義(*85*)　2　学説の変遷(*85*)　3　形式的当事者概念と当事者の手続上の地位(*87*)

　Ⅱ　当事者の訴訟上の地位と権限——当事者権 ……………… *88*

　　1　当事者権の提案と確立(*88*)　2　〈当事者権〉の基礎と広がり(*88*)

第2節　二当事者対立の原則 ……………………………………… *90*

　Ⅰ　原　　　則 ……………………………………………………… *90*

　Ⅱ　二当事者対立の消滅と例外 …………………………………… *90*

第3節　当事者の確定 ……………………………………………… *92*

　Ⅰ　意　　　義 ……………………………………………………… *92*

　Ⅱ　当事者の確定を巡る学説と問題 ……………………………… *93*

　　1　当事者の確定を巡る従来の学説(*93*)　2　当事者の確定に関する問題類型(*94*)　3　当事者の確定の意義と表示の訂正(*98*)

第4節　当事者能力 ………………………………………………… *100*

　Ⅰ　意義と概念 ……………………………………………………… *100*

　Ⅱ　当事者能力者 …………………………………………………… *100*

　　1　自然人(*100*)　2　法　人(*101*)

　Ⅲ　法人格のない社団・財団の当事者能力 ……………………… *101*

　　1　団体としての社会的活動と当事者能力の必要性(*101*)　2　要件(*102*)　3　権利帰属及び登記訴訟との関係(*105*)

　Ⅳ　民法上の組合 …………………………………………………… *107*

　　　　1　問　題(*107*)　　2　組合の団体性(*107*)

　Ⅴ　住民団体・消費者団体などの当事者能力 ……………… *108*

　Ⅵ　当事者能力のない者の取扱い ……………………………… *109*

第5節　訴　訟　能　力 ……………………………………………… *109*

　Ⅰ　意義と概念 …………………………………………………… *109*

　Ⅱ　訴訟能力者 …………………………………………………… *110*

　Ⅲ　訴訟能力を欠く者及び制限能力者 ……………………… *110*

　　　　1　未成年者及び成年被後見人(*110*)　　2　被保佐人及び被補助人(*111*)　　3　人事訴訟の特則(*111*)

　Ⅳ　訴訟能力を欠く者の取扱い ………………………………… *112*

　　　　1　原　則(*112*)　　2　追認の可能性(*112*)　　3　裁判所の処理(*112*)

　Ⅴ　弁　論　能　力 ……………………………………………… *112*

第6節　訴　訟　代　理 ……………………………………………… *113*

　Ⅰ　意義と概念 …………………………………………………… *113*

　　　　1　訴訟上の代理制度の必要性(*113*)　　2　訴訟上の代理人の概念と種類(*114*)　　3　訴訟上の代理の種類(*115*)　　4　双方代理の禁止(*115*)

　Ⅱ　法定代理人 …………………………………………………… *116*

　　　　1　意　義(*116*)　　2　実体法上の法定代理人(*116*)　　3　訴訟法上の特別代理人(*116*)　　4　法定代理人の権限と範囲(*117*)　　5　法定代理権の消滅(*117*)

　Ⅲ　法人等の代表者 ……………………………………………… *117*

　Ⅳ　訴訟代理人（任意代理人） ………………………………… *118*

　　　　1　意　義(*118*)　　2　訴訟委任に基づく訴訟代理人(*118*)　　3　訴訟代理人の地位と権限(*118*)

　Ⅴ　補　佐　人 …………………………………………………… *120*

第 3 章　訴えの提起と手続の進行 ── 121

第 1 節　訴えの意義と類型 …………………………………………… 121

I　訴えの意義 ……………………………………………………… 121

II　訴えの類型 ……………………………………………………… 122

　1　救済要求としての訴えとその類型(122)　2　給付の訴え(123)　3　確認の訴え(126)　4　形成の訴え(127)　5　その他の特殊な類型 ── 形式的形成訴訟(129)

第 2 節　訴え提起の手続 ……………………………………………… 130

I　訴え提起とその準備行為 …………………………………… 130

　1　訴え提起(130)　2　訴え提起の準備(131)　3　訴状による訴え提起(133)

II　訴状の記載事項 ……………………………………………… 134

　1　記載事項の種類(134)　2　付属書類等(136)

III　訴状の提出と審査 …………………………………………… 136

　1　訴状の提出・裁判所書記官による訴状の点検と事件の回付(136)　2　訴状の審査と補正命令(137)　3　手続進行に関する意見の聴取(138)　4　費用の予納(138)　5　訴訟費用の担保(139)

IV　訴状その他の書類の送達及び通知制度 ……………………… 139

　1　意　義(139)　2　送達機関(139)　3　送達の対象となる書類(140)　4　受送達者(141)　5　送達場所の届出による送達制度(141)　6　送達の方法(142)　7　送達の瑕疵(145)　8　その他の通知制度(145)

第 3 節　訴え提起の効果 ……………………………………………… 146

I　序 ……………………………………………………………… 146

II　訴訟法上の効果 ……………………………………………… 146

　1　重複訴訟の禁止(146)　2　その他の訴訟上の効果(150)

III　その他の法律上の効果 ……………………………………… 150

1　総　説(150)　　2　時効中断及び期間遵守の効果(151)

　　Ⅳ　不当な訴えの提起と不法行為 ……………………………… 151

　第4節　訴訟手続の期間・期日と停止 ……………………………… 152

　　Ⅰ　総　　説 ……………………………………………………… 152

　　Ⅱ　期日・期間 …………………………………………………… 153

　　　1　期　日(153)　　2　期　間(153)

　　Ⅲ　訴訟手続の停止 ……………………………………………… 155

　　　1　意　義(155)　　2　中　断(155)　　3　中　止(156)

第4章　審判の対象 ———————————————— 157

　第1節　総　　論 …………………………………………………… 157

　第2節　訴 訟 要 件 ………………………………………………… 158

　　Ⅰ　訴訟要件の意義と概念 ……………………………………… 159

　　Ⅱ　訴訟要件の種類 ……………………………………………… 159

　　　1　類　型(159)　　2　一般的訴訟要件(160)　　3　審判対象と訴訟要件(160)

　　Ⅲ　裁判所の審判権とその限界 ………………………………… 161

　　　1　概　観(161)　　2　司法権の観念そのものからの審判権の限界(161)　　3　三権分立の観点からの裁判所の審判権の制約(163)　　4　基本的人権尊重の観点からの制約(163)

　　Ⅳ　訴えの利益 …………………………………………………… 169

　　　1　意　義(169)　　2　訴えの利益の構造(170)　　3　各訴え特有の訴えの利益(170)

　　Ⅴ　当事者適格 …………………………………………………… 181

　　　1　意　義(181)　　2　民事訴訟の当事者適格一般(182)　　3　第三者の訴訟担当(183)　　4　拡散利益の訴訟上の主張(188)

　　Ⅵ　訴訟要件の審理 ……………………………………………… 189

　　　1　訴訟要件審理(189)　　2　職権調査(190)

第3節　本案判決の対象 …………………………………………… 190
　I　総　　説 ………………………………………………………… 190
　II　訴訟物理論 ……………………………………………………… 192
　　　1　訴訟上の請求とその沿革(192)　2　訴訟物理論の展開(193)
　III　訴訟物の特定 …………………………………………………… 195
　　　1　給付訴訟の訴訟物(195)　2　確認訴訟の訴訟物(198)
　　　3　形成訴訟の訴訟物(198)
　IV　訴訟物と実体権 ………………………………………………… 199
　　　1　占有権と本権の関係(199)　2　損害賠償訴訟の訴訟物(200)
　　　3　手形債権と原因債権(202)
　V　相対的（発展的）訴訟物論と統一的請求権論 …………… 203
　　　1　伝統的な訴訟物観(203)　2　相対的訴訟物(203)　3　統一的請求権論(205)

第5章　手続の基本構造と手続原則 ─── 206

第1節　総　　論 …………………………………………………… 206
　I　序 ………………………………………………………………… 206
　II　民事訴訟手続構造の類型 ……………………………………… 208
　III　民事訴訟手続と基本的人権 …………………………………… 209

第2節　訴訟手続の法的構造 ……………………………………… 210
　I　民事訴訟の法的構造分析の必要性 …………………………… 210
　　　1　意　義(210)　2　訴訟法律関係と法状態(210)
　II　訴訟構造と訴訟手続に関する裁判所・当事者間の法的関係 … 211
　　　1　序(211)　2　裁判所と当事者の法的関係(212)　3　当事者間の関係(213)

第3節　民事訴訟の審理原則 ……………………………………… 214
　I　意　　義 ………………………………………………………… 214

Ⅱ　歴史と現状 ……………………………………………………… *215*

第4節　手続対象と結果に関する責任分配の原則 …………………… *215*

　　Ⅰ　処分権主義 ……………………………………………………… *215*
　　　1　意義と機能(*215*)　2　処分権主義発現の局面と内容(*217*)

　　Ⅱ　弁　論　主　義 ………………………………………………… *219*
　　　1　弁論主義の意義と機能(*219*)　2　弁論主義の史的背景(*222*)
　　　3　弁論主義の基礎・根拠(*223*)　4　弁論主義の具体的内容(*224*)
　　　5　弁論主義の妥当領域(*226*)　6　弁論主義と主張責任(*231*)
　　　7　弁論主義違反(*237*)

　　Ⅲ　裁判所の釈明権 ………………………………………………… *237*
　　　1　意　義(*237*)　2　釈明権の対象(*239*)　3　釈明権の行使
　　　(*243*)　4　釈明処分(*245*)　5　法的観点指摘義務(*246*)

第5節　手続の形態に関する基本原則 ………………………………… *246*

　　Ⅰ　総　　　論 ……………………………………………………… *246*

　　Ⅱ　口頭主義と書面主義 …………………………………………… *247*
　　　1　口頭主義の原則(*247*)　2　口頭主義と書面主義(*248*)
　　　3　必要的口頭弁論(*250*)　4　口頭主義の例外(*250*)

　　Ⅲ　公　開　主　義 ………………………………………………… *251*
　　　1　意義と歴史的基礎(*251*)　2　わが国憲法が要求する公開原則
　　　(*252*)　3　公開の制限(*252*)　4　訴訟記録の取扱い(*255*)

　　Ⅳ　直　接　主　義 ………………………………………………… *255*
　　　1　趣　旨(*255*)　2　内　容(*256*)

第6節　手続の進行・運営に関する基本原則 ………………………… *257*

　　Ⅰ　総　　　論 ……………………………………………………… *257*

　　Ⅱ　職権進行主義の原則 …………………………………………… *258*

　　Ⅲ　集中審理主義・計画審理主義 ………………………………… *258*

　　Ⅳ　裁判所の訴訟指揮と当事者の申立権 ………………………… *260*
　　　1　裁判所の訴訟指揮権(*260*)　2　訴訟指揮権の内容(*260*)

3　訴訟指揮権の行使(261)　　4　訴訟指揮権の行使と当事者の手続権(261)

第6章　当事者の訴訟上の行為 ── 264

第1節　序　　論 …………………………………………………… 265
　Ⅰ　民事訴訟と当事者行為 ………………………………………… 265
　Ⅱ　当事者行為の諸相 ……………………………………………… 266

第2節　訴訟行為の概念と分類 …………………………………… 267
　Ⅰ　訴訟行為の概念 ………………………………………………… 267
　　1　訴訟行為の意義と独自性(267)　　2　訴訟行為の識別基準(269)
　Ⅱ　訴訟行為の分類 ………………………………………………… 270
　　1　従来の訴訟行為分類(270)　　2　訴訟行為の要素と機能(273)
　Ⅲ　訴訟行為の規律原理 …………………………………………… 274
　　1　従来の見解と行為の機能に即した規律原理(274)　　2　手続を構成する中核的訴訟行為(275)　　3　自主的手続終了行為(276)　　4　訴訟手続外で行われる訴訟行為(277)
　Ⅳ　訴訟行為と信義則 ……………………………………………… 277
　　1　信義則と民事訴訟手続(277)　　2　不誠実な訴訟追行行為(278)
　Ⅴ　訴訟行為の解釈 ………………………………………………… 281
　Ⅵ　訴訟手続内で行われる法律行為 ……………………………… 281

第3節　訴訟行為と実体法上の行為の規律原理 ………………… 282
　Ⅰ　意　　義 ………………………………………………………… 282
　Ⅱ　訴訟行為と意思の瑕疵 ………………………………………… 283
　　1　伝統的な見解による取扱い(283)　　2　訴訟行為の意思の瑕疵と訴訟手続内での考慮(283)　　3　訴訟外で行われた訴訟行為と意思の瑕疵(285)
　Ⅲ　訴訟行為と表見代理 …………………………………………… 285
　Ⅳ　訴訟行為と条件 ………………………………………………… 286

第4節　訴訟契約 …………………………………………… *287*

   Ⅰ　意　　義 ……………………………………………… *287*

   Ⅱ　訴訟契約論 …………………………………………… *288*

      1　明文の定めのない訴訟契約の許容性(*288*)　2　訴訟に関する合意の法的性質(*288*)　3　訴訟契約の効力とその履行要求(*288*)

   Ⅲ　訴訟契約の規律原理 …………………………………… *292*

      1　訴訟契約締結の要件(*292*)　2　訴訟契約の効果の主観的範囲(*293*)

第5節　相殺の抗弁 ………………………………………… *294*

   Ⅰ　意　　義 ……………………………………………… *295*

   Ⅱ　法的性質とその訴訟上の取扱い …………………… *295*

      1　相殺権行使とその訴訟上の援用行為(*295*)　2　相殺の抗弁の取扱い(*296*)

   Ⅲ　不適法な相殺の抗弁 …………………………………… *297*

      1　不適法却下された相殺の抗弁の取扱いと問題点(*297*)　2　学説(*298*)　3　訴訟内・外相殺の統一的解決(*299*)

   Ⅳ　相殺の抗弁と重複訴訟禁止の原則 …………………… *300*

      1　問題点(*300*)　2　学説と判例(*300*)　3　検　討(*303*)

   Ⅴ　一部請求と相殺の抗弁 ………………………………… *304*

   Ⅵ　相殺の再抗弁 …………………………………………… *307*

第7章　当事者の行為による訴訟の終了──── *310*

第1節　総　　論 …………………………………………… *310*

   Ⅰ　当事者の自主的な行為による訴訟終了 …………… *310*

      1　判決を不要とする当事者の行為(*310*)　2　処分権主義と当事者意思による訴訟終了(*311*)

   Ⅱ　自主的な訴訟終了の基礎 ……………………………… *312*

第2節　訴え取下げ …………………………………………… *314*

Ⅰ　意　　　義 …………………………………………………… *314*
　　　　1　訴え取下げの意思表示(*314*)　　2　訴え取下げと処分権主義
　　　　（手続的処分行為）(*316*)　　3　訴え取下げの合意(*317*)
　　Ⅱ　訴え取下げの要件と方式 ……………………………………… *320*
　　　　1　訴え取下げの要件(*320*)　　2　訴え取下げの方式(*323*)
　　　　3　被告の同意の方式と訴え取下げの擬制(*323*)
　　Ⅲ　訴え取下げの効果 ……………………………………………… *324*
　　　　1　訴訟係属の遡及的消滅(*324*)　　2　再訴の禁止(*325*)
　　Ⅳ　訴え取下げについての調査 …………………………………… *326*
　第3節　請求の放棄・認諾 ……………………………………… *327*
　　Ⅰ　意　　　義 …………………………………………………… *327*
　　Ⅱ　法 的 性 質 …………………………………………………… *328*
　　Ⅲ　要件と方式 …………………………………………………… *329*
　　　　1　要　　件(*329*)　　2　方　　式(*331*)
　　Ⅳ　効　　　果 …………………………………………………… *331*
　　　　1　調書の記載(*331*)　　2　調書の記載と確定判決と同一の効果の
　　　　発生(*332*)
　　Ⅴ　効果を巡る争い ………………………………………………… *333*
　第4節　訴訟上の和解 …………………………………………… *334*
　　Ⅰ　意義と効用 …………………………………………………… *334*
　　　　1　訴訟上の和解(*334*)　　2　和解の長所と短所(*336*)　　3　起訴
　　　　前の和解（即決和解）(*338*)
　　Ⅱ　和解の試みと和解の類型及び手続 …………………………… *339*
　　　　1　和解の試み(*339*)　　2　和解条項の書面による受諾(*340*)
　　　　3　裁判所等による和解条項の裁定(*341*)
　　Ⅲ　訴訟上の和解の法的性質 ……………………………………… *341*
　　Ⅳ　訴訟上の和解の要件 …………………………………………… *342*
　　　　1　処分可能性(*342*)　　2　和解内容(*344*)　　3　手続上の和解

　　　　(344)

　V　訴訟上の和解の効果 ………………………………………… 345
　　　1　調書の記載(345)　　2　効　果(346)　　3　既判力(346)
　Ⅵ　訴訟上の和解の効果を巡る争い ……………………………… 347
　　　1　紛争の可能性(347)　　2　和解締結の過程で生じた瑕疵(348)
　　　3　和解の解除(349)

第8章　争点の整理と口頭弁論 ─────────── 352

第1節　総　　論 ………………………………………………… 353
　Ⅰ　民事訴訟手続の基本構造と裁判所による事件管理 ………… 353
　Ⅱ　訴訟促進・充実審理に関する法政策 ………………………… 354
　　　1　口頭主義と迅速な裁判(354)　　2　訴訟遅延とわが国での克服策(355)　　3　迅速な訴訟実現の前提としての弁論準備と当事者の役割(356)

第2節　計画審理の実施と専門訴訟 ……………………………… 358
　Ⅰ　目　　的 ………………………………………………………… 358
　Ⅱ　審理計画の策定 ………………………………………………… 359
　Ⅲ　計画審理に関する当事者の義務と裁判所の役割 …………… 359
　　　1　計画審理の基礎(359)　　2　計画による審理(361)　　3　計画の変更と違反(362)
　Ⅳ　訴訟手続に関する情報 ………………………………………… 363
　　　1　訴訟に関する情報と証拠の収集(363)　　2　当事者の情報収集権（当事者照会制度）(364)
　Ⅴ　専門委員制度 …………………………………………………… 367
　　　1　意　義(367)　　2　専門委員(368)　　3　専門委員の手続関与(368)　　4　手続上の地位(369)　　5　知的財産権事件等における調査官制度(369)

第3節　訴えに対する被告の対応と原告の反応 ………………… 370

Ⅰ　序 …………………………………………………………………… 370
　　Ⅱ　訴えに対する被告の態度 ………………………………………… 370
　　　1　総　論(370)　2　被告の態度決定(371)　3　否認と抗弁(372)　4　最初の口頭弁論期日(375)

第4節　争点整理 ……………………………………………………………… 376
　　Ⅰ　争点及び証拠整理の意義と裁判所の役割 ……………………… 376
　　Ⅱ　準備書面 …………………………………………………………… 377
　　　1　準備書面の必要性(377)　2　準備書面の記載事項とその交換(378)　3　準備書面記載の効果(380)
　　Ⅲ　争点整理の手続 …………………………………………………… 382
　　　1　総　論(382)　2　準備的口頭弁論(382)　3　弁論準備手続(383)　4　書面による準備手続(386)　5　弁論準備のための手続の終了(388)　6　進行協議期日(390)
　　Ⅳ　攻撃・防御方法の提出時期 ……………………………………… 391
　　　1　総　論(391)　2　口頭弁論と当事者の攻撃・防御方法の提出(391)　3　攻撃・防御方法の却下(393)

第5節　口頭弁論の実施と当事者の義務 ………………………………… 397
　　Ⅰ　意　義 ……………………………………………………………… 397
　　Ⅱ　準備手続後の口頭弁論 …………………………………………… 398
　　　1　口頭弁論の意義(398)　2　準備手続の結果の上程(398)
　　Ⅲ　当事者の訴訟上の義務 …………………………………………… 399
　　　1　総　論(399)　2　訴訟促進義務(400)　3　真実義務(400)

第6節　裁判上の自白 ……………………………………………………… 401
　　Ⅰ　裁判上の自白とその意義 ………………………………………… 401
　　　1　概　念(401)　2　先行自白(403)　3　制限付自白(404)
　　Ⅱ　法的性質 …………………………………………………………… 404
　　　1　争点排除の制度としての〈裁判上の自白〉(404)　2　当事者の意思に基づく手続的処分行為(405)　3　不利な陳述が先行す

　　　　る場合(405)

　Ⅲ　裁判上の自白の要件 ……………………………………… 406

　　　1　基本原則——手続処分としての裁判上の自白(406)　2　裁判上の自白の要件(407)　3　裁判上の自白の対象(408)

　Ⅳ　裁判上の自白の効果 ……………………………………… 412

　　　1　趣　旨(412)　2　当事者間での拘束力(412)　3　裁判所に対する拘束力(413)　4　上級審との関係(414)　5　例　外(414)

　Ⅴ　裁判上の自白の撤回 ……………………………………… 414

　　　1　裁判上の自白とその撤回可能性(414)　2　裁判上の自白の撤回要件(415)　3　裁判上の自白の撤回に関する手続問題(416)

　Ⅵ　裁判外の自白 ……………………………………………… 417

　Ⅶ　擬 制 自 白 ………………………………………………… 417

　　　1　意　義(417)　2　適用範囲(418)　3　態　様(418)
　　　4　効　果(419)

第7節　訴訟手続に関する当事者の懈怠 ………………………… 419

　Ⅰ　総　　　論 ………………………………………………… 419

　Ⅱ　最初の期日における当事者の一方の欠席 ……………… 421

　Ⅲ　続行期日における当事者の一方の欠席 ………………… 421

　Ⅳ　双方当事者の欠席 ………………………………………… 422

　　　1　双方欠席と訴訟手続(422)　2　訴え取下げの擬制(422)
　　　3　審理の現状による判決(422)

第8節　手続実施の記録 …………………………………………… 423

　Ⅰ　調書の必要性 ……………………………………………… 423

　Ⅱ　調書の作成 ………………………………………………… 423

　　　1　作成権者(423)　2　調書の完成時期(424)

　Ⅲ　期日の調書 ………………………………………………… 424

　　　1　口頭弁論調書(424)　2　争点整理手続に関する調書(425)

3　その他の期日調書(426)
　Ⅳ　調書の記載の効力 …………………………………………………… 426
　Ⅴ　供　述　調　書 ……………………………………………………… 426
　Ⅵ　訴　訟　記　録 ……………………………………………………… 426
　Ⅶ　秘密保護と訴訟記録閲覧の制限 …………………………………… 427

第9章　証拠調べと事実の認定 ── 428

第1節　総　　論 …………………………………………………………… 428

第2節　証拠に関する基本概念 …………………………………………… 430

　Ⅰ　証拠に関する概念と証明の対象 …………………………………… 430
　　　1　総　論(430)　2　証拠の概念(430)　3　証明の種類(432)

　Ⅱ　証拠法の理念と基本原則 …………………………………………… 434
　　　1　証拠による事実の認定(434)　2　証拠調べと直接主義(435)
　　　3　証拠方法の獲得と弁論主義(436)　4　集中証拠調べ(437)
　　　5　専門委員の関与(438)

　Ⅲ　証明の対象 …………………………………………………………… 439
　　　1　証明の対象となるもの(439)　2　事　実(439)　3　経験則(439)　4　法的知識の獲得と外国法等の取扱い(440)　5　証明の対象とならないもの(443)

第3節　事実認定の方法 …………………………………………………… 444

　Ⅰ　事実認定と自由心証主義 …………………………………………… 444
　　　1　事実認定の重要性(444)　2　自由心証主義(445)　3　証拠契約(449)

　Ⅱ　証　明　度 …………………………………………………………… 452
　　　1　証明の基準(452)　2　民事事件の事実判断に必要な証明度(452)　3　個別分野における証明度の軽減(461)

　Ⅲ　損害額の認定の特則 ………………………………………………… 462
　　　1　問題点(463)　2　損害額の認定に関する規定(民訴248条)

とその法的性質(464)　　3　適用範囲と要件(465)　　4　効　果(467)

第4節　証明責任 …………………………………………………………… 467

I　概念と意義 ……………………………………………………………… 467

1　意　義(467)　　2　客観的証明責任(468)　　3　主観的証明責任(469)　　4　証明責任の諸機能(470)

II　証明責任の分配 ………………………………………………………… 471

1　証明責任分配の規律の必要性(471)　　2　証明責任分配の基本的観念と証明責任規範(472)　　3　証明責任規範の意義と性質(475)　　4　証明責任分配の具体例(478)

III　証明責任分配の調整 …………………………………………………… 480

1　問　題(480)　　2　証明責任の転換(480)　　3　法律上の推定(481)

第5節　証拠の収集 ………………………………………………………… 482

I　意　義 …………………………………………………………………… 482

II　証拠収集手続と民事訴訟手続の構造 ………………………………… 482

1　基本原則(482)　　2　裁判外での証拠・情報の収集(483)　　3　提訴前の証拠収集処分(484)　　4　裁判上の証拠・情報収集手続(484)

III　事案解明義務論 ………………………………………………………… 485

IV　証拠収集過程の法的規律 ……………………………………………… 486

1　意　義(486)　　2　違法収集証拠の排除(487)

第6節　証拠調べ手続 ……………………………………………………… 489

I　証拠調べ手続の意義 …………………………………………………… 489

II　集中証拠調べ …………………………………………………………… 490

1　証拠調べ手続──証拠結合主義(490)　　2　集中証拠調べ手続(490)

III　証拠調べの実施 ………………………………………………………… 492

1　総　論(492)　　2　証拠調べの開始(492)　　3　人証の取調べ
　　(497)　　4　物証の取調べ(506)

　Ⅳ　外国での証拠調べ 524

　　　1　意　義(524)　　2　外国での証拠調べの種類と方法(525)

第7節　証拠保全手続 526

　Ⅰ　意義と機能 526

　　　1　意　義(526)　　2　機　能(527)

　Ⅱ　証拠保全の必要性 528

　　　1　要　件(528)　　2　必要性の意義(528)

　Ⅲ　手　　　続 529

　　　1　申立て(529)　　2　証拠保全の必要性に関する審理と決定(529)
　　　3　不服申立て(530)

　Ⅳ　証拠調べの実施 530

　　　1　証拠調べ期日の呼出し(530)　　2　証拠保全のための証拠調べ
　　(530)　　3　記録とその利用(530)

第10章　終局判決 ─────────────── 532

第1節　総　　　論 532

第2節　裁判とその種類 533

　Ⅰ　意　　　義 533

　Ⅱ　裁判所の判断行為 534

　　　1　裁判の概念(534)　　2　裁判の種類(534)

第3節　訴訟要件の審理と判断 539

　Ⅰ　意　　　義 539

　Ⅱ　訴訟要件の審理 539

　　　1　訴訟要件の多様性と審理(539)　　2　訴訟要件の審理と本案の
　　審理(540)

Ⅲ　訴訟判決の機能と効力 …………………………………………… 542

第4節　本案判決の内容形成と判決の成立 ……………………………… 544

　Ⅰ　意　　義 …………………………………………………………… 544

　　1　判決言渡し(544)　　2　判決内容の形成に関与することができ
　　る裁判官（直接主義）(544)

　Ⅱ　判決内容の形成 ……………………………………………………… 545

　　1　裁判をするのに熟したこと(545)　　2　評　決(545)　　3　審
　　理の現状による裁判(545)

　Ⅲ　申立事項と判決事項 ………………………………………………… 547

　　1　判決内容形成の要件(547)　　2　申立事項による制約(548)

　Ⅳ　判決書と判決言渡し ………………………………………………… 549

　　1　意　義(549)　　2　判決書の機能(550)　　3　判決書の記載事
　　項(551)　　4　判決書の様式(552)　　5　言渡手続(553)
　　6　判決書の送達と上訴期間(553)

　Ⅴ　判決の確定——形式的確定力 ……………………………………… 554

　　1　意　義(554)　　2　判決の自縛力(554)　　3　判決の変更と更
　　正(555)　　4　判決の形式的確定と内容的確定(557)

第5節　判決の効力一般と既判力 ………………………………………… 557

　Ⅰ　判決効一般 …………………………………………………………… 558

　　1　判決の効力(558)　　2　本来的効果と附随的効果(558)
　　3　すべての確定した本案判決が持つ効果としての〈既判力〉
　　(559)　　4　既判力の双面性(560)

　Ⅱ　既判力制度の存在意義と既判力論 ………………………………… 560

　　1　既判力制度の意義(560)　　2　既判力理論の変遷と現況(561)
　　3　既判力と当事者の手続的地位（手続権の保障）(565)　　4　既
　　判力を有する裁判等(567)

　Ⅲ　既判力の作用 ………………………………………………………… 569

　　1　意　義(569)　　2　既判力の作用する後訴との関連性(571)
　　3　既判力の調査——職権調査事項(572)

Ⅳ　既判力の効果の限界 ……………………………………………… 572

　　　1　意　義(572)　　2　既判力の客観的限界(573)　　3　既判力の時的限界(582)　　4　主観的（人的）限界(594)

　　Ⅴ　信義則による再訴の遮断 ………………………………………… 609

　　　1　総　論(610)　　2　既判力の効果と信義則による失権の違い(610)　　3　前訴で敗訴した原告の蒸し返し的再訴(611)

　　Ⅵ　一部請求訴訟で敗訴した原告の残額請求 ……………………… 612

　　　1　いわゆる一部請求訴訟の諸類型(612)　　2　一部請求の適法性と被告の地位(613)　　3　一部請求敗訴者の残部請求(617)

第6節　執　行　力 ……………………………………………………… 620

　　Ⅰ　給付判決と執行力 ………………………………………………… 620

　　Ⅱ　確定判決の執行力の人的範囲 …………………………………… 621

　　　1　原則——当事者間での効力(621)　　2　執行力の主観的範囲の拡張(622)

　　Ⅲ　仮執行宣言 ………………………………………………………… 626

　　　1　趣　旨(626)　　2　要件と手続(626)　　3　効　果(628)　　4　失　効(628)

第7節　形　成　力 ……………………………………………………… 629

　　Ⅰ　形成力の意義 ……………………………………………………… 629

　　　1　趣　旨(629)　　2　形成力の根拠(629)

　　Ⅱ　形成判決の効果 …………………………………………………… 631

　　　1　性　質(631)　　2　形成の時期(631)　　3　客観的範囲(632)　　4　主観的範囲(633)

第8節　その他の判決の効力 …………………………………………… 634

　　Ⅰ　総　　論 …………………………………………………………… 634

　　Ⅱ　制定法上の構成要件的効果 ……………………………………… 634

　　Ⅲ　反射的（構成要件的）効果 ……………………………………… 634

第9節　判決内容の変更 ………………………………………… *638*

 Ⅰ　総　　論 ………………………………………………………… *638*

 Ⅱ　確定判決の内容と修正の可能性 ……………………………… *639*

  1　判決内容の固定とその例外(*639*)　2　定期金賠償の可能性と判決内容の修正の必要性(*639*)

 Ⅲ　確定判決の変更を求める訴え ………………………………… *640*

  1　確定判決の変更を求める訴えの意義(*640*)　2　要　件(*641*)　3　審理手続(*642*)　4　判決の効力(*643*)　5　準用の可能性(*643*)

 Ⅳ　基準時後の事情変更による追加請求又は請求異議訴訟……… *643*

  1　問　題(*643*)　2　追加請求の場合(*644*)　3　減額の可能性(*647*)

第11章　複雑請求手続 ── *649*

第1節　総　　論 ………………………………………………… *649*

 Ⅰ　一回的紛争解決と複雑請求訴訟 ……………………………… *650*

 Ⅱ　当事者の意思と併合の形態 …………………………………… *651*

第2節　訴えの客観的併合 ……………………………………… *652*

 Ⅰ　意　　義 ………………………………………………………… *652*

 Ⅱ　種　　類 ………………………………………………………… *653*

  1　通常の客観的併合(*653*)　2　客観的予備的併合(*653*)　3　客観的選択的併合(*654*)

 Ⅲ　要　　件 ………………………………………………………… *655*

  1　数個の請求が同種の訴訟手続によって審判できること(*655*)　2　請求の併合が禁止されていないこと(*657*)　3　各請求につき受訴裁判所に管轄権があること(*657*)

 Ⅳ　審判と上訴 ……………………………………………………… *657*

  1　審　理(*657*)　2　上　訴(*659*)

第3節 中間確認の訴え ……………………………………… 660

I 意　義 …………………………………………………… 660
1 概　念(660)　2 特　色(661)

II 要　件 …………………………………………………… 661

III 手　続 …………………………………………………… 662

第4節 訴えの変更 …………………………………………… 663

I 意　義 …………………………………………………… 663
1 訴え変更の趣旨(663)　2 沿　革(664)

II 訴え変更の機能 ………………………………………… 664
1 訴え変更の必要性(664)　2 訴えの変更の方法(665)
3 請求の拡張と減縮(666)

III 訴え変更の類型 ………………………………………… 667
1 訴えの追加的変更(667)　2 訴えの交換的変更(667)

IV 訴え変更の要件 ………………………………………… 670
1 請求の基礎が同一であること(670)　2 新請求を審理するのに著しく手続を遅滞させないこと(672)　3 事実審の口頭弁論終結前であること(673)　4 新請求が他の裁判所の専属管轄に属さないこと(674)

V 手　続 …………………………………………………… 675
1 訴え変更の申立て(675)　2 職権調査(676)　3 新請求についての審判(676)

第5節 反　訴 ………………………………………………… 676

I 意　義 …………………………………………………… 676
1 反訴の概念とその必要性(676)　2 反訴制度の沿革(677)
3 反訴の機能(678)　4 反訴の種類(678)

II 要　件 …………………………………………………… 679
1 一般的要件(679)　2 反訴に特有の要件(680)

III 手　続 …………………………………………………… 682

1　反訴状と反訴の提起(682)　　2　審　理(682)

第12章　多数当事者訴訟——————688

第1節　総　論……………………………………………………689

I　多数当事者紛争……………………………………………689

　　1　多数関与の法的紛争と訴訟手続(689)　　2　複数当事者の訴訟手続の発生(690)

II　複数者手続関与の形態……………………………………690

　　1　複数者の訴訟手続関与の必要性と問題(690)　　2　当事者としての関与(691)　　3　当事者以外の立場での手続関与(691)

第2節　共同訴訟…………………………………………………692

I　意義と形態…………………………………………………692

　　1　共同訴訟の必要性(692)　　2　共同訴訟の成立(692)

II　通常共同訴訟………………………………………………693

　　1　意　義(693)　　2　通常共同訴訟の要件(694)　　3　共同訴訟の審判と共同訴訟人の地位(696)

III　同時審判申出による共同訴訟……………………………700

　　1　主観的予備的併合とその問題点(700)　　2　主観的予備的併合の許容性(701)　　3　同時審判申出による共同訴訟(702)　　4　手続と判決(703)　　5　上訴審での取扱い(704)

IV　必要的共同訴訟……………………………………………705

　　1　総　論(705)　　2　必要的共同訴訟の手続原則(706)　　3　固有必要的共同訴訟(707)　　4　類似必要的共同訴訟(721)

V　主観的追加的併合…………………………………………726

　　1　意　義(726)　　2　在来の当事者が第三者に対する訴えを併合提起する場合（引込型）(726)　　3　共同訴訟参加——第三者が他人間の訴訟に参加する場合（参加型）(728)

第3節　訴訟参加と訴訟告知……………………………………729

I　総　説………………………………………………………729

II 補助参加 …………………………………………………… 730

1 趣　旨(730)　2 補助参加の要件(731)　3 補助参加の手続(733)　4 補助参加人の地位(734)　5 参加的効力(736)

III 共同訴訟的補助参加 ………………………………………… 741

1 概　念(741)　2 地　位(742)

IV 訴訟告知 ……………………………………………………… 742

1 意義と目的(743)　2 要件と手続(745)　3 効　果(745)

V 独立当事者参加 ……………………………………………… 750

1 意　義(750)　2 独立当事者参加の類型と要件(751)　3 独立当事者参加の手続(753)　4 独立当事者参加の審判(754)　5 上　訴(757)　6 二当事者対立訴訟への還元と判決効(758)

第4節　任意的当事者変更 ………………………………………… 762

I 意義と概念 …………………………………………………… 762

II 性　　質 ……………………………………………………… 763

1 基本的観念(763)　2 性　質(764)

III 行訴法15条の被告の変更 …………………………………… 766

1 趣　旨(766)　2 要件と手続(766)　3 効　果(766)

第5節　訴訟承継 …………………………………………………… 767

I 総　　説 ……………………………………………………… 767

1 訴訟係属中の権利変動と〈訴訟承継〉(767)　2 訴訟承継論とその問題(768)

II 一般承継 ……………………………………………………… 768

1 一般承継の意義(768)　2 当然承継による手続の中断と訴訟承継原因(769)　3 訴訟手続上の取扱い(771)

III 参加承継・引受承継 ………………………………………… 772

1 特定承継と訴訟手続(772)　2 特定承継人の訴訟手続への関与(774)

第6節　大規模訴訟等の審理の特則 ……………………………………… 780
　Ⅰ　意　　　義 …………………………………………………………… 780
　Ⅱ　要　　　件 …………………………………………………………… 781
　Ⅲ　審理の特則 …………………………………………………………… 781
　　1　審理手続の特則(781)　2　合議体の構成の拡張(782)
　Ⅳ　特許権等に係る事件の合議体の構成に関する特則 ……………… 782

第13章　上訴・再審手続 ─────────────── 783

第1節　総　　　論 ………………………………………………………… 784
　Ⅰ　裁判の正当性と不服申立制度 ……………………………………… 784
　Ⅱ　通常の不服申立制度と特別の不服申立制度 ……………………… 786
　　1　裁判に対する通常の不服申立制度の意義と種類(786)　2　判決に対する特別の不服申立制度(788)　3　決定・命令に対する不服申立て(788)
　Ⅲ　上　訴　制　度 ……………………………………………………… 788
　　1　上訴制度と当事者の手続的処分権(788)　2　上訴の種類(789)　3　上訴制度の目的(790)　4　上訴の要件(792)　5　上訴の利益(794)　6　上訴権とその放棄・取下げ(799)　7　上訴提起の効果(801)
　Ⅳ　その他の特別の不服申立制度 ……………………………………… 802
　　1　上訴以外の不服申立制度(802)　2　特別上訴(802)　3　再審(803)

第2節　控　　　訴 ………………………………………………………… 803
　Ⅰ　意義と構造 …………………………………………………………… 804
　　1　意　義(804)　2　控訴審の構造(804)
　Ⅱ　控訴の提起 …………………………………………………………… 805
　　1　控訴の適法性(805)　2　控訴期間(806)　3　控訴の対象となる裁判(807)　4　控訴状(807)　5　控訴理由書の提出(808)　6　控訴状の取扱い(809)

細　目　次　　xxxi

　　Ⅲ　附　帯　控　訴 ……………………………………………………… 809
　　　　1　意義と性質(809)　2　附帯控訴の要件(811)　3　附帯控訴の効果(811)
　　Ⅳ　控訴審の審理と判断 …………………………………………… 812
　　　　1　控訴審における審理対象(812)　2　弁論の更新(815)　3　控訴審の口頭弁論(815)　4　控訴審の判決(817)　5　控訴手続の終了(820)

第3節　上　　　告 …………………………………………………… 820

　　Ⅰ　上告制度の意義と目的 ………………………………………… 820
　　　　1　上告制度の意義と種類(820)　2　上告制度の目的(822)
　　Ⅱ　上　告　理　由 ……………………………………………………… 823
　　　　1　意　義(823)　2　憲法違反(824)　3　絶対的上告理由(824)　4　判決に影響を及ぼすことが明らかな法令違反(826)　5　最高裁への〈上告受理の申立て〉(827)
　　Ⅲ　上告の提起と審理 ……………………………………………… 828
　　　　1　概　要(828)　2　上告の提起(828)　3　上告審の審理(830)
　　Ⅳ　上告審の裁判 …………………………………………………… 832
　　　　1　高等裁判所から最高裁への移送(832)　2　上告審の終局判決(832)　3　差戻し又は移送後の手続(833)

第4節　抗　　　告 …………………………………………………… 834

　　Ⅰ　抗　告　制　度 ……………………………………………………… 835
　　　　1　意　義(835)　2　抗告の種類(835)
　　Ⅱ　抗告審の審理 …………………………………………………… 836
　　　　1　被告の申立て(837)　2　審　判(837)
　　Ⅲ　許　可　抗　告 ……………………………………………………… 837
　　　　1　制度の趣旨(837)　2　申立て(838)　3　手　続(838)
　　Ⅳ　特　別　抗　告 ……………………………………………………… 838

第5節　再　　　審 …………………………………………………… 839

Ⅰ 再審制度の目的 …………………………………………… 839
        1 民事訴訟の機能と再審(839) 2 既判力制度と再審手続(840) 3 再審制度の沿革(841)
    Ⅱ 再審手続の構造 …………………………………………… 842
        1 基本構造(842) 2 再審手続における判断の対象(843)
    Ⅲ 再 審 事 由 ………………………………………………… 845
        1 再審事由の意義(845) 2 再審事由の補充性(851)
    Ⅳ 再 審 手 続 ………………………………………………… 852
        1 再審の訴えと管轄裁判所(852) 2 出訴期間(853) 3 当事者適格(853) 4 再審手続(854)
    Ⅴ 決定又は命令に対する再審の申立て …………………… 856
    Ⅵ 確定判決の詐取と再審手続によらない救済の可能性 ……… 856
        1 意 義(856) 2 損害賠償請求訴訟の可能性(857) 3 公示送達による確定判決詐取と上訴の追完(859)

第14章 略式訴訟と督促手続 ―――――――――― 862

第1節 略式手続概論 ………………………………………………… 862
    Ⅰ 略式訴訟の概念と沿革 …………………………………… 863
        1 概 念(863) 2 沿 革(863)
    Ⅱ 種   類 …………………………………………………… 864

第2節 簡易裁判所の訴訟手続 ……………………………………… 865
    Ⅰ 意   義 …………………………………………………… 865
    Ⅱ 簡易裁判所の管轄する事件 ……………………………… 866
    Ⅲ 簡易裁判所手続での代理人に関する特則 ……………… 867
    Ⅳ 簡易裁判所での民事訴訟手続 …………………………… 868
        1 訴えの提起(868) 2 審理手続(869) 3 判 決(870)
    Ⅴ 和解に代わる決定 ………………………………………… 870

細　目　次　　xxxiii

第3節　少額訴訟手続 …………………………………………… 871
I　意　　義 ……………………………………………………… 871
II　特　　色 ……………………………………………………… 872
III　手続の選択 …………………………………………………… 873
　　1　手続の選択と教示(873)　　2　手　続(874)
IV　判決と執行 …………………………………………………… 875
　　1　判決言渡し(875)　　2　判決による支払猶予(875)　　3　仮執行宣言(876)　　4　強制執行の特則(876)
V　少額訴訟による判決に対する異議 ………………………… 876
　　1　控訴禁止と異議(876)　　2　異議後の審理・裁判(876)
　　3　異議後の判決に対する不服申立て(877)

第4節　手形・小切手訴訟手続 …………………………………… 877
I　意義と沿革 …………………………………………………… 878
II　手形訴訟の特色と手続 ……………………………………… 879
　　1　特　色(879)　　2　手　続(879)
III　手形判決と不服申立て ……………………………………… 881
　　1　手形判決と控訴禁止(881)　　2　異議による通常訴訟への移行(882)　　3　異議後の訴訟手続と判決(882)
IV　小切手訴訟 …………………………………………………… 883

第5節　督　促　手　続 …………………………………………… 883
I　趣　　旨 ……………………………………………………… 883
II　支払督促の申立て …………………………………………… 884
　　1　職務管轄・土地管轄(884)　　2　申立手続(884)
III　支払督促の審査と処分 ……………………………………… 886
　　1　審査手続(886)　　2　支払督促(887)
IV　仮執行の宣言 ………………………………………………… 887
　　1　趣　旨(887)　　2　仮執行宣言(887)

V 債務者の異議 …………………………………………… 888

1 支払督促に対する異議(888) 2 仮執行宣言前の督促異議(888) 3 仮執行宣言後の督促異議(888) 4 異議がない場合の支払督促の効力(889)

VI 通常訴訟への移行 ………………………………………… 889

1 手　続(889) 2 判　決(889)

VII 督促手続のオンライン化
── 電子情報処理組織を用いて取り扱う督促手続の特則 ………… 891

1 意　義(891) 2 手　続(891)

第15章　訴訟費用と訴訟救助 ── 893

第1節　総　　　論 ………………………………………………… 893

第2節　訴 訟 費 用 …………………………………………………… 894

I 意　　　義 …………………………………………………… 894

1 司法機関設営の費用(894) 2 訴訟費用の種類(895) 3 訴訟費用の負担原則(897)

II 訴訟費用の裁判 ……………………………………………… 898

III 訴訟費用償還請求権 ………………………………………… 899

IV 訴訟費用額確定手続 ………………………………………… 899

1 趣　旨(899) 2 申立て(899) 3 訴訟費用額確定処分(900)

第3節　訴訟費用の担保 ……………………………………………… 900

I 意　　　義 …………………………………………………… 900

II 担保提供命令 ………………………………………………… 901

1 申立て(901) 2 効　力(901) 3 担保提供の方法(902)

III 担保取消し …………………………………………………… 902

IV 担保物に対する被告の権利 ………………………………… 902

細目次 xxxv

第4節 弁護士費用 …………………………………………………… 903

Ⅰ 総　　論 ……………………………………………………… 903

Ⅱ 弁護士費用の負担原則 ……………………………………… 903

1 弁護士費用の各自負担原則(903)　2 損害賠償請求による弁償請求の可能性(903)　3 弁護士費用に関する独・米の法制度概観(906)

Ⅲ 弁護士報酬の概要 …………………………………………… 907

1 弁護士選任契約(907)　2 弁護士報酬(908)　3 実　費(908)

第5節 訴訟救助と法律扶助 …………………………………… 909

Ⅰ 総　　論 ……………………………………………………… 909

Ⅱ 訴 訟 救 助 …………………………………………………… 909

1 意　義(909)　2 要　件(910)　3 申立てと決定(911)　4 効　果(912)

Ⅲ 法 律 扶 助 …………………………………………………… 912

1 趣　旨(912)　2 沿　革(912)　3 総合法律支援法(913)

判例索引 (915)

事項索引 (919)

凡　例

1　法令名の略語

法令名については，おおむね有斐閣『六法全書』の略によった。

2　判例引用の略語

大判（決）	大審院判決（決定）
最判（決）	最高裁判所判決（決定）
高判（決）	高等裁判所判決（決定）
地判（決）	地方裁判所判決（決定）
支判（決）	支部判決（決定）

民録	大審院民事判決録
民集	最高裁判所（大審院）民事判例集
高民集	高等裁判所民事判例集
下民集	下級裁判所民事裁判例集
家月	家庭裁判月報
労民集	労働関係民事裁判例集
判時	判例時報
判タ	判例タイムズ

3　文献引用の略語

【教科書・体系書】

伊藤	伊藤眞・民事訴訟法〔第3版3訂版〕（有斐閣・2008）
上田	上田徹一郎・民事訴訟法〔第5版〕（法学書院・2007）
梅本	梅本吉彦・民事訴訟法〔第3版〕（信山社・2007）
新堂	新堂幸司・新民事訴訟法〔第4版〕（弘文堂・2008）
中野ほか編・新民訴〔執筆者〕	中野貞一郎＝松浦馨＝鈴木正裕編・新民事訴訟法講義〔第2版補訂2版〕（有斐閣・2008）
中村	中村英郎・新民事訴訟法講義（成文堂・2000）
林屋	林屋礼二・新民事訴訟法概要〔第2版〕（有斐閣・2004）

松本=上野	松本博之=上野泰男・民事訴訟法〔第5版〕（弘文堂・2008）

平成8年民事訴訟法改正以前のもの

加藤	加藤正治・新訂民事訴訟法要論（有斐閣・1951）
兼子・概論	兼子一・民事訴訟法概論（岩波書店・1938）
兼子・体系	兼子一・新修民事訴訟法体系〔増訂版〕（酒井書店・1965）
谷口	谷口安平・口述民事訴訟法（成文堂・1987）
三ケ月・全集	三ケ月章・民事訴訟法〈法律学全集〉（有斐閣・1959）
三ケ月・双書	三ケ月章・民事訴訟法〔第3版〕〈法律学双書〉（弘文堂・1992）

【注釈書】

基本法コンメI〜Ⅲ〔執筆者〕	賀集唱=松本博之=加藤新太郎編・基本法コンメンタール民事訴訟法I〜Ⅲ〔第3版〕（日本評論社・2008, 2007, 2008）
コンメI〜Ⅲ	秋山幹男=伊藤眞=加藤新太郎=髙田裕成=福田剛久=山本和彦・コンメンタール民事訴訟法I〔第2版〕, Ⅱ〔第2版〕, Ⅲ（日本評論社・2006, 2006, 2008）
条解規則	最高裁判所事務総局民事局監修・条解民事訴訟規則（司法協会・1997）

平成8年民事訴訟法改正以前のもの

条解民訴	兼子一=松浦馨=新堂幸司=竹下守夫・条解民事訴訟法（弘文堂・1986）
注解民訴(1)〜(11)〔執筆者〕	斎藤秀夫=小室直人=西村宏一=林屋礼二編著・注解民事訴訟法(1)〜(11)〔第2版〕（第一法規・1991〜1996）
注釈民訴(1)〜(9)〔執筆者〕	新堂幸司=鈴木正裕=竹下守夫編集代表・注釈民事訴訟法(1)〜(9)（有斐閣・1991〜1998）

【講　座】

一問一答	法務省民事局参事官室編・一問一答新民事訴訟法（商事法務研究会・1996）
講座新民訴(1)〜(3)	竹下守夫編集代表・講座新民事訴訟法(1)〜(3)（弘文堂・1998, 1999）
大系(1)〜(4)	三宅省三=塩崎勤=小林秀之編集代表・新民事訴訟法大系(1)〜(4)（青林書院・1997）

理論と実務(上), (下)	塚原朋一＝柳田幸三＝園尾隆司＝加藤新太郎編・新民事訴訟法の理論と実務(上), (下)（ぎょうせい・1997）
論点新民訴	滝井繁男＝田原睦夫＝清水正憲共編・論点新民事訴訟法（判例タイムズ社・1998）

平成8年民事訴訟法改正以前のもの

講座民訴①〜⑦	新堂幸司編集代表・講座民事訴訟①〜⑦（弘文堂・1983〜1985）
実務民訴(1)〜(10)	鈴木忠一＝三ケ月章監修・実務民事訴訟講座(1)〜(10)（日本評論社・1969〜1971）
新実務(1)〜(14)	鈴木忠一＝三ケ月章監修・新実務民事訴訟講座(1)〜(14)（日本評論社・1981〜1984）
法律実務(1)〜(6)	岩松三郎＝兼子一編・法律実務講座民事訴訟編(1)〜(4)（有斐閣・復刻版・1983）
民訴講座(1)〜(5)	民事訴訟法学会編・民事訴訟法講座(1)〜(5)（有斐閣・1954〜1956）

【論文集】

石川・古稀(上), (下)	現代社会における民事手続法の展開(上), (下)〈石川明先生古稀祝賀〉（商事法務・2002）
伊東・研究	伊東乾・民事訴訟法研究（酒井書店・1968）
井上・訴訟	井上治典・多数当事者の訴訟（信山社・1992）
井上・追悼	民事紛争と手続理論の現在〈井上治典先生追悼論文集〉（法律文化社・2008）
井上・法理	井上治典・多数当事者訴訟の法理（弘文堂・1981）
岩松・還暦	訴訟と裁判〈岩松裁判官還暦記念〉（有斐閣・1956）
上田・判決効	上田徹一郎・判決効の範囲（有斐閣・1985）
加藤・裁量	加藤新太郎・手続裁量論（弘文堂・1996）
兼子・研究Ⅰ〜Ⅲ	兼子一・民事法研究(1)〜(3)（酒井書店・1950〜1969）
兼子・判例	兼子一・判例民事訴訟法（弘文堂・1950）
河野・当事者行為	河野正憲・当事者行為の法的構造（弘文堂・1988）
木川・古稀(上), (中), (下)	民事裁判の充実と促進(上), (中), (下)〈木川統一郎博士古稀祝賀〉（判例タイムズ社・1994）
菊井・古稀(上), (下)	裁判と法(上), (下)〈菊井先生献呈論集〉（有斐閣・1967）
吉川・追悼(上), (下)	手続法の理論と実践(上), (下)〈吉川大二郎博士追悼論集〉（法律文化社・1980, 1981）

新堂・基礎	新堂幸司・民事訴訟法学の基礎（有斐閣・1998）
新堂・訴訟物(上),(下)	新堂幸司・訴訟物と争点効(上),(下)（有斐閣・1988, 1991）
新堂・展開	新堂幸司・民事訴訟法学の展開（有斐閣・2000）
新堂・役割	新堂幸司・民事訴訟制度の役割（有斐閣・1993）
鈴木・古稀	民事訴訟法の史的展開〈鈴木正裕先生古稀祝賀〉（有斐閣・2002）
高橋・重点(上),(下)	高橋宏志・重点講義民事訴訟法(上),(下)〔補訂版〕（有斐閣・2005, 2006）
谷口・古稀	現代民事司法の諸相〈谷口安平先生古稀祝賀〉（成文堂・2005）
中田・還暦(上),(下)	民事訴訟の理論(上),(下)〈中田淳一先生還暦記念〉（有斐閣・1969, 1970）
中野・現在問題	中野貞一郎・民事手続の現在問題（判例タイムズ社・1989）
中野・古稀(上),(下)	判例民事訴訟法の理論(上),(下)〈中野貞一郎先生古稀祝賀〉（有斐閣・1995）
中野・推認	中野貞一郎・過失の推認（弘文堂・1978）
中野・訴訟関係	中野貞一郎・訴訟関係と訴訟行為（弘文堂・1961）
中野・論点Ⅰ,Ⅱ	中野貞一郎・民事訴訟法の論点Ⅰ,Ⅱ（判例タイムズ社・1994, 2001）
三ケ月・研究Ⅰ〜Ⅹ	三ケ月章・民事訴訟法研究(1)〜(10)（有斐閣・1962〜1989）
山木戸・還暦(上),(下)	実体法と手続法の交錯(上),(下)〈山木戸克己教授還暦記念〉（有斐閣・1974, 1978）
山木戸・研究	山木戸克己・民事訴訟理論の基礎的研究（有斐閣・1961）
山木戸・論集	山木戸克己・民事訴訟法論集（有斐閣・1990）
山本・基本	山本和彦・民事訴訟法の基本問題（判例タイムズ社・2002）
吉村・古稀	弁論と証拠調べの理論と実践〈吉村徳重先生古稀記念論文集〉（法律文化社・2002）

【その他の文献】

演習民訴	小山昇＝中野貞一郎＝松浦馨＝竹下守夫編・演習民事訴訟法（青林書院・1987）
新堂編・特別講義	新堂幸司編著・特別講義民事訴訟法（有斐閣・1988）

最判解説民事平成（昭和）○年度	最高裁判所判例解説民事篇平成（昭和）○年度（法曹会）
争点旧版	民事訴訟法の争点（有斐閣・1979）
争点新版	民事訴訟法の争点〔新版〕（有斐閣・1988）
争点3版	民事訴訟法の争点〔第3版〕（有斐閣・1998）
百選	民事訴訟法判例百選〈別冊ジュリスト5号〉（有斐閣・1965）
続百選	続民事訴訟法判例百選〈別冊ジュリスト36号〉（有斐閣・1972）
百選2版	民事訴訟法判例百選〔第2版〕〈別冊ジュリスト76号〉（有斐閣・1982）
百選Ⅰ，Ⅱ	民事訴訟法判例百選Ⅰ，Ⅱ〔新法対応補正版〕〈別冊ジュリスト145号，146号〉（有斐閣・1998）
百選3版	民事訴訟法判例百選〔第3版〕〈別冊ジュリスト169号〉（有斐閣・2003）

【主な雑誌】（以下のもの以外ついては，おおむね「法律時報」文献略語表によった。）

司研	司法研修所論集
ジュリ	ジュリスト
商事	旬刊商事法務
曹時	法曹時報
法教	法学教室
法時	法律時報
法セ	法学セミナー
民商	民商法雑誌
民訴	民事訴訟雑誌

【外国文献】

ドイツ

Blomeyer, ZPR	*A. Blomeyer*, Zivilprozeßrecht, 2. Aufl., 1985, Duncker & Humblot
Hahn/Stegemann	*Hahn/Stegemann*, Die gesammten Materialien zur Civilprozeßordnung und dem Einführungsgesetz zu derselben vom 30. Januar 1877, 1881 Beckers Verlag, 1983 Scientia Verlag

MüKommZPO-*Bearbeiter*	Münchner Kommentar zur Zivilprozeßordnung, 2. Aufl., 2000-2002, C. H. Beck
Murray/Stürner, GCJ	*Murray/Stürner*, German Civil Justice, 2004, Carolina Academic Press
Rosenberg/Schwab/*Gottwald*, ZPR	Rosenberg/Schwab/*Gottwald*, Zivilprozeßrecht, 16. Aufl., 2004, C. H. Beck
Schilken, ZPR	*Schilken*, Zivilprozeßrecht, 5. Aufl., 2006, Carl Heymanns Verlag
Stein/Jonas/*Bearbeiter*, ZPO	Stein/Jonas, Kommentar zur Zivilprozeßordnung, 21. Aufl., 1993-2003, J. C. B Mohl (Paul Siebeck)

フランス

Héron/Bars, DJC.	*Héron/Bars*, Droit judiciaire privé, 2e éd. 2002 Montchrestin

オーストリア

Buchegger/Hübner/Holzhammer, ZPR I.	*Buchegger/Hübner/Holzhammer*, Praktisches Zivilprozeßrecht I., 1998, Springer
Rechberger/Simotta, ZPR	*Rechberger/Simotta*, Zivilprozessrecht-Erkenntnisverfahren, 5. Aufl., 2000 Manz

アメリカ合衆国

James/Hazard/Leubsdorf, CP	*James/Hazard/Leubsdorf*, Civil Procedure, 5th. ed., 2001, Foundation Press

イギリス

Andrews, ECP	*Andrews*, English Civil Procedure, 2003 Oxford

序　章　民事紛争と民事訴訟

〔本章の概要〕

　本章では，民事訴訟手続の具体的な問題を考察するに先立って，大局的な見地から民事訴訟の存在意義，社会に存在する様々な私的紛争を解決する手段の一つとして民事訴訟が持っている特色，更には民事訴訟手続を規律する法としての民事訴訟法の歴史的背景，その特色などについて検討する。以下，民事訴訟手続の具体的問題の考察に際しても，常にこの大局的な問題との関連性に留意する必要がある。
　まず第1節では，民事紛争とは何か，そしてそれを解決するために存在する様々な裁判外の紛争解決方法とその特色とを検討し，民事訴訟制度の必要性について考察する。ついで第2節では，民事訴訟制度が存在する社会的意義・目的について行われている様々な議論を考察し更に民事訴訟制度とその利用者の関係について法的な関連性を展開した訴権論の内容と意義を考察する。第3節では，民事訴訟制度がわが国における司法制度の一環として憲法上どのような意味を持つのかを一般的に考察する。様々な手続の局面で，民事訴訟手続が持つ憲法上の意味を考察することが極めて重要であり，そのために予めその意義を確認することが有用だと考えられるからである。第4節では，民事訴訟手続を規律する民事訴訟法について，その由来等について考察し，第5章では，民事訴訟手続について重要な様々な規律原理を考察して，以下の個別問題を検討するための基本を明らかにする。

第1節　民事紛争とその解決の手段

〔文献〕

兼子一・実体法と訴訟法（有斐閣・1957），田中英夫＝竹内昭夫・法の実現における私人の役割（東京大学出版会・1987），棚瀬孝雄・紛争と裁判の法社会学（法律文化社・1992），山本和彦＝山田文・ADR仲裁法（日本評論社・2008）

I　民事紛争と民事訴訟制度の必要性

1　民事紛争

　我々は社会生活を送るうえで，様々な問題について各人が異なった意見を持ち，対立する利害に基づいて相反する立場を主張して，ついには衝突に至るこ

とが少なくない。これらの利害の対立や衝突は一般に〈紛争〉といわれる[1]。このうち特に私人相互間の利害や立場を巡る法的紛争は「私的紛争」あるいは「民事紛争」などと称される。民事紛争には，取引関係から生じる紛争，土地や建物の利用に関する紛争，事故に起因する紛争，家庭内での紛争等様々な性質のものがある。今日のように人々の価値観が多様な社会では，紛争の発生自体は不可避であるだけでなく，その態様もますます多様化し複雑にならざるを得ない。このような紛争をそのまま放置することは，紛争の当事者にとって著しく困難な状況をもたらすだけでなく，社会的にも耐えられない不安を生じる。

他方で紛争は常に消極的にのみ評価されるべきものではなく，時としてこれらの紛争は，実は新たな価値観が社会的に認知されるプロセスである場合も少なくない。これら様々な紛争を平和裡に解決し，円満な社会生活を確保すること，更には新しい価値観を社会的に承認することは，社会が存立し，その中で人々が平和に生きるために不可避の前提であるといえる。

2 民事裁判制度

社会に発生する私的な紛争は，その大部分が紛争に直接関係する当事者によって自主的に平和に解決されているのが実際である。しかし当事者の自主的な解決には自ずと限界があり，どうしても自主的には紛争解決ができない場合も少なくない。これらの紛争が解決されずに放置されるならば，結局そこではむき出しの力が支配することになり，平和で安定した社会生活を維持することは到底できなくなるだろう。そこで，当事者間では自主的に解決できない紛争を合理的に処理し，解決するための社会的な制度が要請される。〈民事裁判制度〉は，このような社会的な必要性に応えようとする人類の長い努力の結果として生まれた社会的制度としての紛争解決制度の一つであり[2]，その究極的な手段だといわれる。民事裁判制度の創設は人類が平和に社会生活を営むために造り上げた英知の結晶だといえる。もっとも，民事裁判制度，特に対立する当事者

---

1) 〈紛争〉の法社会学的考察として，川島武宜「争いとその処理」川島武宜著作集(3)（岩波書店・1982）160頁。ここでは，一般的に用いられている〈紛争〉という概念ではなく，当初〈抗争〉という概念が，conflictに対応する概念として用いられていた。すなわち二個人間の行為目標の不可両立制が存在し，その両者から目標の不可両立制を知っていてそれを「指向」する行為をする場合に〈抗争〉が成立するとする。その後，これは〈争い〉という概念に修正された（同「解題」前掲書407頁）。

2) 棚瀬〔文献〕，六本佳平「紛争とその解決」芦部信喜ほか編・岩波講座基本法学(8)（岩波書店・1983）3頁。

の主張を公正な第三者がその当否を裁断することによって行われる〈民事訴訟〉手続の歴史は古く，またその在り方は，この制度を営む人々の社会的価値観，法制度の歴史，法政策的考慮等を反映して一様ではない[3]。また社会の急速な変化と共に民事裁判制度の利用も急速に変化する。

II　民事訴訟以外の民事紛争解決制度

1　裁判外の民事紛争解決制度

民事訴訟制度が，紛争を解決する必要から設けられた一つの社会的制度だとしても，社会に存在する大部分の民事紛争は民事訴訟によらずに解決されていることは疑いない。これらの民事紛争を解決するための社会制度には様々なものがあり，一様ではない[4]。しかし今日これら民事訴訟以外の紛争解決制度は，いずれも何らかの形で紛争当事者の自律的な意思を重視した手段であり，それらは私的紛争の解決に際して個人の意思を尊重し，私的自治による自己責任を基調とする我々の社会の基本的な価値原理に依拠しそれと共通する基礎に支えられた制度として発達したものである。そこで，民事訴訟制度自体について検討する前に，民事訴訟制度以外の民事紛争解決手段の重要なものを概観し，その特色を確認しておこう。

民事訴訟の他に存在する様々な紛争解決方法は，近時総称して〈裁判外紛争解決（又は処理）手続〉，あるいは訴訟手続に代わる手続という意味で「代替的紛争解決（Alternative Dispute Resolution＝ADR）」と称される[5]。民事訴訟手続が終局的には強制的な要素を持ち，そこでは相手方が手続に応諾してその手続に関与するか否かにかかわらず手続を進め結論を得ることができるのに対して，これらの代替的紛争解決手続は原則としてそのような要素はなく，当事者間の合意を基礎にした紛争の解決を目指す点に共通性がある。このような裁判外紛

---

[3] 民事訴訟制度は国によって様々だが，それらの間ではその歴史的発展の経緯から，一定の関連性が見られる。特にその基となった法制度とそれを継受して発展した制度の間では親子にも例えられる関係があり，これを「法族（Legal Families）」と称することがある。民事訴訟法における法族については，小島武司編著・訴訟法における法族の再検討（中央大学出版部・1999）を参照。

[4] 社会に存在する紛争処理の全体構造，特に多彩な救済ルートの考察として，小島武司「紛争処理制度の全体構造」講座民訴① 355 頁，同「正義の総合システムを考える」末川先生追悼論集 (3)（民商臨時増刊 78 巻 3 号）1 頁。

[5] 裁判外紛争処理制度の概要については，小島武司＝伊藤眞編・裁判外紛争処理法（有斐閣・1998）。

争解決手続の多様化・活性化は私人の紛争の実体に即した解決方法を提示することになる。この観点から，平成16年には「裁判外紛争解決手続の利用の促進に関する法律」（平成16年法律151号）が制定されてこのような動向を促進するための基本指針を示している。

2 相対交渉と和解

民事紛争は通常，当事者間の話合いによって解決が図られることが多い。その意味で相対交渉は紛争解決の基本形態だともいえる。もっとも，一般にはどの段階で果たして〈紛争〉といえる状況が発生したといえるのか，当事者間の意見の食い違いが〈紛争〉といえるまでに成熟しているか否かが問題になりうる。ただ，当事者間の見解の相違がいったん決定的となった後にも，当事者間で更に話合いがなされて，それぞれの当初の主張を譲り合うことでその間の争いを収めるに至るのであれば，それは紛争解決の方法として有効であり，そこで締結された当事者間の合意は〈和解〉といわれ，民法上契約として実体法的な効果が承認される（民695条）。また和解が簡易裁判所でなされることで手続的にも効力が与えられる場合がある。これを〈即決和解〉という（即決和解については⇒第7章第4節Ⅰ3）。相対交渉には様々な段階のものがあるが，紛争解決制度としての相対交渉には，当初の契約関係などから発生するクレイム処理や契約の改定交渉等とは異なって，何らかの〈紛争〉の発生が観念され前提とされていると考えられる。

3 調　　　停

(1) 意　　　義

紛争を解決するために当事者のみの相対交渉ではうまくいかない場合に，第三者が紛争当事者の間に入り，解決案を提示して紛争解決を図ろうとする制度の一つに〈調停〉がある。これは，その解決基準としては，厳格な法的判断にとらわれず社会的に合理的と考えられる解決案を中立的な第三者が紛争当事者に提示して紛争を解決しようとする制度である（参照，民調1条）。当事者双方がこの提示された調停案を受け入れる場合には調停が成立し，その間の紛争は円満に終了する。

(2) わが国の調停制度

わが国では伝統的に調停制度が設けられ，多く利用されてきた。特にわが国で特徴的な点は裁判所に設けられた調停制度が発達しており，その利用が顕著である点にある。裁判所に設けられた調停制度は，大正11年借地借家調停法

の施行に始まり，その後調停手続で取り扱われる事件の類型は拡大し，今日ではほぼすべての私法領域にわたって調停制度が利用可能であり制度的に完備されている[6]。

現行調停制度は昭和 26 年 10 月 1 日施行の民事調停法（昭和 26 年法律 222 号）により，民事に関する紛争について地方裁判所又は簡易裁判所で行われる〈民事調停〉（民調 2 条, 3 条）と，昭和 23 年 1 月 1 日施行の家事審判法（昭和 22 年法律 152 号）により「人事に関する訴訟事件その他一般に家庭に関する事件」について家庭裁判所で行われる〈家事調停〉（家審 17 条）の制度がある。いずれも裁判官と調停委員からなる調停委員会が当事者双方の意見を聴いて，「条理にかない実情に即した解決を図ることを目的」とするものである[7]。当事者間の合意につとめ，合意が成立した場合はその結果を調書に記載する。この調書への記載には裁判上の和解と同一の効果が認められ（民調 16 条），また確定判決と同一の効果が生じるものとしている（家審 21 条 1 項）。合意が成立しなかった場合は調停は不成立となる。

調停では，調停委員の示した具体的な解決案につき，当事者が従うか否かを改めて考えたうえで決定することができる点にその大きな特色がある。

また裁判所で行われる調停のほかにも労働委員会（労組 20 条），公害等調整委員会（公害紛争 3 条），建設工事紛争審査会（建設 25 条 2 項）などでも調停あるいはその一種である斡旋が行われている。

4 仲　　裁
(1) 意　　義

仲裁制度は，私人がその間に将来発生するおそれがある紛争又はすでに現在発生している紛争の解決のために，公正な第三者の裁定に服することを予め約束し（仲裁合意），紛争解決の必要性がある場合にはこの合意に基づいて私人たる第三者の裁定に服しその解決を図ろうとする制度であり，そのために行われる手続をいう。

仲裁合意は多くの場合，商取引に際して締結される実体法的契約（商品売買契約，運送契約，建築請負契約，興業契約等）に付属して将来発生する可能性があ

---

[6] わが国の民事調停制度の沿革については，佐々木吉男・増補民事調停の研究（法律文化社・1974）27 頁以下。また，小島武司編著・調停と法（中央大学出版部・1989）。

[7] 調停においてどの限度で〈法的判断が要求されるのか〉がしばしば問題とされる。調停案が法に反することが許されないのは当然だが，そうでなければ，法規定にとらわれずに様々な解決策が可能な点に調停制度の特徴がある。民事訴訟にない長所の探求が調停制度には求められる。

る紛争に備えて締結されることが多い。しかしその他にも，具体的紛争発生後に仲裁で紛争を解決することを合意することもあり様々な紛争で利用される。これらの仲裁合意では，その契約に関連して生じる意見の相違や紛争について，国家の裁判所での訴訟手続による解決を放棄し，専ら当事者が選定した仲裁人の判断に服することが合意されている。したがって，この合意に反して国家裁判所に訴えが提起された場合に，相手方当事者が訴訟手続で仲裁契約が存在することの抗弁を提出すれば，裁判所での審判は排除され訴えは却下される（仲裁14条）。仲裁人が下した判断（仲裁判断）は，当事者に拘束力を持ち，また仲裁手続では特に当事者が合意しない限り上訴などの不服審査の制度はない。例外的に，仲裁判断に瑕疵があるとされる場合に仲裁判断取消しを裁判所に申し立てることができる（仲裁44条）。また仲裁判断は裁判所による執行決定を得て強制執行をすることができる（仲裁46条）[8]。

(2) 仲裁の機能——特に国際仲裁について

　仲裁制度は今日では特に国際的な商取引の分野では重要な役割を演じている。本来，国際取引で紛争が発生した場合にこれを訴訟手続で解決するには多くの困難がある。どこの国の裁判所に提訴すべきか（国際裁判管轄），外国で訴訟を行うことの困難，判決を獲得した場合の承認執行問題などが解決されなければならないからである。これに対して，国際仲裁では当事者の合意によって仲裁機関や手続を定めることができる。また今日では，いくつかの国際的に有力な仲裁機関が活発な活動をしており，外国仲裁判断の執行についても，1958年の「外国仲裁判断の承認及び執行に関する条約」（ニューヨーク条約）を批准した国は世界の主要な国を網羅して140カ国以上に及び，極めて容易になっている。また最近の各国の仲裁法の改正が盛んであり，その動向を見ると，1985年に国際連合総会決議で採択されたUNCITRAL模範法に依拠するものが多く（特に注目すべきは1998年施行のドイツ仲裁法の改正，また1996年英国仲裁法は模範法によらないとされるが影響は少なくない），仲裁法の国際的統一ないしそれに近似した立法が徐々に実現するに至っている。また国際仲裁機関の活動も盛んであり，これらの事情は，紛争解決のために仲裁手続を利用することを著しく促進している[9]。

---

[8] 実質は仲裁であっても，仲裁法の適用を受けないものには「裁定」と呼ばれるものがある。例えば労働委員会が行う仲裁（労組20条）は，「仲裁裁定」と呼ばれる（労調33条）。その効果は労働協約と同一の効果を持つ（労調34条）。

[9] 河野正憲「ビジネス紛争の国際化と民事訴訟手続」井上・追悼43頁，48頁。

(3) わが国の仲裁法

わが国の仲裁に関する法制は、明治民事訴訟法（明治24年施行）の制定に際して急遽ドイツ法を翻訳的に導入した規定がほとんど変更されず立法されたものであった。この規定はその後100年以上にわたり実質的な改正がなされず、先の1996年の民事訴訟法改正でも、単に法律名の変更をしたのみで、内容には全く手が触れられなかった。しかしようやく、一連の司法改革の一環として仲裁法の全面改正が進められ、仲裁に関する基本法として単独法典である「仲裁法」（平成15年法律138号）が成立した（同年8月1日公布）。新仲裁法はUNCITRAL模範法を取り入れて、わが国もようやく仲裁法の国際的調和のための条件整備を図った。この法律は、国際仲裁だけでなく国内仲裁をも併せて規律している。

5 裁判外紛争解決制度の促進

多様な民事紛争を、その実情に沿って効率的に解決するためには、裁判外紛争解決制度を活用することが極めて有効である。そこで、「裁判外紛争解決手続の利用の促進に関する法律」（平成16年法律151号）を定めて、その積極的利用の促進を図るための基盤を整備した。

この裁判外紛争解決制度では、私人間の紛争を私的な第三者が関与して解決を図ることを促進するものであり、これら第三者が持つ専門的知見を紛争解決のために利用しようとするものでもある。紛争解決の局面での民営化の促進であるともいえる。私的紛争解決を目的として設立された団体が認証されることによって、適切な紛争解決活動を行うことを認めるものである。これらの機関の手続には時効中断の効果（裁判外紛争解決25条）、訴訟手続の中止（裁判外紛争解決26条）等が定められている。

第2節 民事訴訟

〔文献〕

兼子一「民事訴訟の出発点に立返って」同・研究Ⅰ475頁、新堂幸司「民事訴訟制度の目的論の意義」同・役割47頁、高橋宏志「民事訴訟の目的」同・重点(上)1頁、竹下守夫「民事訴訟の目的と司法の役割」民訴40号1頁、山本和彦「民事訴訟の目的」同・基本1頁、井上治典「民事訴訟の役割」同・民事手続論（有斐閣・1993）1頁

I 民事訴訟制度とその目的

1 民事訴訟制度の目的論

(1) 総　説

　民事紛争はその多くが当事者間での自主的な解決によって処理されているが，当事者自身が自主的に解決を図ることができなければ，結局のところ強制的な解決が必要となる。民事訴訟手続は当事者の合意による解決が実現されなかった場合にも，なお民事紛争の解決を図ることができるように，公正な第三者の裁断が強制されるという強制的要素を有した解決方法である点にその最も大きな特色がある。このような民事訴訟制度が，そもそもどのような制度目的を有しているのか，また社会制度としてどのような意味を持っているのかなど，我々の社会の中での民事訴訟制度の目的や意味が問われ，様々な見解が主張されてきた。

(2) 学　説

　民事訴訟制度の目的をどのように理解するのかについては異なる見解が主張されている。主要な学説を見よう。

　1) 主要学説　① 権利保護説　民事訴訟の目的は個人に保障された権利の保護であるとする見解である。国家は個人に権利を保障しているが，この権利が侵害されたときに，国家は民事訴訟手続を通じてこれを回復することによって私権の保護を図る必要があり，ここに民事訴訟の目的があるとする（加藤1頁）。この見解によれば，本来人は自由な存在であり，その有する権利は自ら防御し主張して実現を図る状態にあった（自力救済）。しかし，それでは力が支配することになり社会の安定が図れない。そこで，国家は個人による自力救済を禁止し，その代償として民事訴訟制度を設けたと理解する。この見解は，個人の権利の重要性を認識し，それを訴訟制度理解の基礎にしており，19世紀ドイツ民事訴訟法学の出発点をなす。また法治国思想にも合致するものとして今日でも特にドイツで根強い支持がある[10]。わが国でもこの見解を支持する者が少なくない（最近の支持者として，木川統一郎「訴訟制度の目的と機能」講座民訴①29頁，松本＝上野9頁）。

---

[10] ドイツで民事訴訟の目的を，第一には（主観的）権利の確定とその実現に見つつ，更に加えて一般的・客観的利益の追求にも奉仕する（例えば，団体訴訟）目的を持つとするのは，Rosenberg/Schwab/*Gottwald*, ZPR, S. 2 f.

② 法秩序維持説　これに対して，法秩序維持説は民事訴訟制度は国家は自力救済を禁止し裁判所を設けて私的紛争の解決を図っているが，その際裁判所が行う判断の基準となるのが〈私法〉であり，この法適用による紛争解決を通じて私法の実効性維持という文化的使命を果たしているとする。権利保護説がいうように個人の権利を所与のものと理解しそれを前提にするのは歴史的にも疑問であり，特に現代の民事訴訟手続を理解するにはそぐわないと批判し，実体法秩序を完備した現代社会の民事訴訟手続では，むしろこれら国家の法秩序を維持することこそが民事訴訟制度の目的だと唱え（兼子・概論1頁。戦後〈紛争解決説〉に改訂，齋藤秀夫・民事訴訟法概論〔新版〕〔有斐閣・1982〕5頁），権利保護説と対立した。

③ 紛争解決説　第二次大戦後，法秩序維持説の前提自体を批判し，民事訴訟制度は，実は実体法秩序が形成される以前から存在したのであって，民事訴訟の目的を法秩序の維持に見るのは本末転倒だとして，直截に社会に存在する紛争を解決するために民事訴訟は存在し，実体法秩序の形成はむしろその結果と見るべきだとの紛争解決説（兼子〔文献〕475頁，同・体系25頁）が主張されて，その後大きな影響力を持った。

　　この見解の提唱は敗戦によるわが国の戦前の法秩序の全面的崩壊を契機に民事訴訟制度の目的を問い直したものである。より根源的に法制度以前に社会に存在する紛争そのものの解決に民事訴訟制度の存在目的を求めた点に特色がある。また法秩序維持説は実体法的には〈法秩序の完全無欠性〉を前提としているように見える。そうだとすればこの見解は特にドイツ法学方法論の中で主張された利益法学や自由法運動が批判の対象とした，実定法秩序には何ら欠缺がないことを前提とした概念法学的法実証主義の立場に連なるものだともいえる[11]。紛争解決説はこのような見解に対する反省・批判の上に提唱された見解である[12]。

---

[11]　紛争解決説の意義ないし位置づけにつき，上野泰男「戦後日本の民事訴訟法学説における紛争解決の観念」民訴46号110頁。兼子博士が紛争解決説を提唱した契機につき，博士の見解に内在的に理解する見解と，戦後のアメリカ法の影響を指摘する意見がある。この兼子博士の論文は，同博士が中国から帰還した（昭和21年3月）直後，法務庁調査意見長官に就任する（昭和23年2月）以前の昭和22年初夏に公表された。帰国後の学究生活再開にあたって書かれたもので，短期のアメリカ占領軍との接触による影響ではなく，敗戦による旧法秩序の崩壊という現実に直面して，法秩序維持という自らの法理論の基本を修正したと見るのが素直だろう。むしろこれは兼子博士の訴訟理論の基本ともかかわる問題である（なお，河野正憲「民事判決の正当性(1)」北九州5巻2号41頁，44頁）。

[12]　兼子説は，その後10年を経て，兼子一・実体法と訴訟法（有斐閣・1957）で体系的に整備された。

この紛争解決説は戦後長い間わが国の民事訴訟法学の通説的見解とされてきたし，今日でも根強い支持がある。その後更にこの見解の持つ紛争解決という機能的な面を更に徹底し重視する立場を生んだ（この見解を主張するのは，三ケ月・全集6頁)[13]。

　④　多元説　　以上の諸見解が，唯一の民事訴訟の目的を求めたのに対して，むしろ唯一の最高目的を追求することの意味自体を疑問視し，多元的にその目的を見ようとする見解が主張された。この見解によれば，紛争解決の実効性と共に，その解決の内容についても立法作用を通じて示された私法法規の実効性を確保することが必要であり，更にまた民事訴訟は，紛争の解決を求める私人の権利保護の要求が原動力になっているのだから，このような個人の権利保護の側面も否定することができないとして，これらの様々な要素をすべて民事訴訟の目的に取り込む（新堂6頁，同〔文献〕55頁）。この見解は，方法論としては利益衡量論を基礎にしているといえる。

　⑤　手続保障説　　従来の民事訴訟の目的論が訴訟過程を十分に反映したものでないとの批判を前提に，訴訟手続過程を重視し，特に民事訴訟手続では当事者相互間の対論・論争ルールが整序されているという特徴を重視して，民事訴訟の目的・役割をこのようなルールに沿った論争を尽くすことに置き，こうしてその結果として紛争解決にも奉仕すると見る見解（井上〔文献〕1頁）を生んだ。

　2）　その後の展開　　このような多様な学説の展開はその後，一方では訴訟目的論が具体的な問題解決の局面では決定的な要素とはなり得ないとの評価のもとに目的論の意義を探ることを疑問視し，訴訟法の解釈運用ではその問題を棚上げしてもかまわないとする見解を生んだ（棚上げ論。高橋〔文献〕22頁）。この見解は，基本的に利益衡量を徹底する姿勢が強く，結論的には目的論不要説ともいえよう。これに対して，民事訴訟の目的を考察することの重要性を再確認したうえで，民事訴訟手続において実現されるべき基本的価値を掲げ，特に憲法の保障する基本的人権の実現という点に民事訴訟の目的を見る見解がある（基本的人権実現目的論。竹下〔文献〕1頁）。さらには，民事訴訟は国民に対す

---

[13]　兼子説には紛争解決という機能面と手続の進展に即した実体形成という現象面があるが前者をすすめることが正しいとするのは，三ケ月章「民事訴訟の機能的考察と現象的考察」同・研究Ⅰ249頁。これに対して，法治国原理との関連での批判は，藤田宙靖「現代裁判本質論雑稿」同・行政法学の思考形式〔増補版〕（木鐸社・2002）291頁，これに対する反批判は，三ケ月章「私法の構造と民事裁判の論理」同・研究Ⅶ341頁。

る国家のサービスだという側面を強調する見解も主張されている（サービス論。山本〔文献〕9頁）。

2　目的論の意義と機能

以上のように様々な観点から多彩に闘わされている民事訴訟の目的論をどのように理解し評価すべきか。棚上げ論の指摘のように，あるいは民事訴訟手続に関する個別問題の解答に，訴訟目的が常に直接的・決定的な働きを果たすわけではないともいえよう。しかし，そのことのみから直ちに訴訟目的論が全く無意味だと評価すべきではない。民事訴訟が本来社会的な制度である以上，それは一定の社会的要求に基づき，制度として一定の目的を実現することが期待されて設けられたものであることは否定し得ない。したがって，民事訴訟手続上の問題を考察するにあたり単に個別的な利益の衡量に留まらず，民事訴訟制度の在り方や意義・機能を考慮しつつ検討すべきであり，常に民事訴訟全体の存在目的との関連で評価され再検討がされなければならない。この観点から見ると訴訟目的論の意義は，第一に訴訟制度の在り方やその基礎を考察する際の指針として重要な意味を持つといえる。とりわけ現行制度の問題点を分析し，改革する際に貴重な手がかりを示すし，手続の改善には民事訴訟の目的を考慮する必要がある。

さらに，個別問題の解釈においても——訴訟目的の理解は問題解決の唯一の要素ではあり得ないとしても——なおそれは重要な要素の一部を担うといえる。特に，社会が急速に変革し様々な新たな法的紛争が生じてくると，民事訴訟手続の運営や解釈もまた，その本来の制度目的を見据えて行う必要がある。この関連で，社会の現実に即した解決を図るためには，それに適合した実定法が存在しなければ，裁判所は適用すべき〈法の創造〉を行わなければならないこともありうる。〈法の創造〉は，民事訴訟の目的を十分に考慮したうえでなされるべきものであり，そのような判断が適切になされることが裁判所に期待される[14]。

以上の観点から見れば，紛争解決説が提示した観点は極めて重要である。民

---

14) 民事裁判において法の解釈やその創造がいかにあるべきかを検討することは，極めて重要である。特にこれらは最終的には裁判所の判断によってなされるが，その作用については，裁判所の最終判断のみに限定されてはならない。むしろ，訴訟過程で裁判所が行う判断に対して当事者，特にその代理人が行う働きかけの意味を十分に考慮する必要がある。これとは別の実質的・根本的観点から法的判断の意味を問う重要な文献として，原島重義・法的判断とは何か（創文社・2002）がある。

事訴訟の目的を私人の紛争解決に見ることが出発点になる。ただし，訴訟手続での紛争解決は手続的には公正な手続での解決であり，内容的には基本的に，憲法の保障する基本権を中心とした紛争の〈法的解決〉だと見ることになろう。

II 民事訴訟と利用者との関係——訴権（論）

1 訴権論の意味

学説上，民事訴訟制度を近代的な国家制度として法的に位置づけ，特にこれを設営する国家とそれを利用する市民の間の権利・義務の関係として確立するために，国家の法体系の中で法理論的に基礎づけを与えようとする努力がなされた。このように国民が国家の設営する民事訴訟制度を利用する際の法的な関係をどのように理解すべきかという問題提起は，19世紀後半にようやく国家統一を果たしたドイツで，学問的形成期にあった民事訴訟法学が強く関心を寄せた学問課題であった。その理論形成は，当時学問的に最も先進的で発展の著しかった民法学及び公法学の影響を受けて，訴訟制度の利用者である国民と裁判所との関連を，民法学の基本観念である権利・義務の関係に基づいて基礎づけようとした。これがいわゆる〈訴権論〉である[15]。

2 訴権論の展開

1) 前史　ドイツでは長く多数の領邦国家に分かれていたが1871年にプロイセンの主導のもとにようやく国家統一が実現し，1877年には帝国内で一般に妥当する帝国民事訴訟法が成立した。この法律が制定される以前には，普通法地域で長く実定法として妥当し，また各領邦間の分立する法体制にとって共通の学問的基礎を提供してきたドイツ普通法訴訟手続は，ローマ法に基礎をおくアクチオ（actio, 訴権）の体系に基づいて学問的体系を構成していた。

ドイツ普通法学の大成者サヴィニー（Savigny, 1779-1861）は，訴権法の体系を構想したが[16]，彼によれば，裁判所による救済の法的根拠について，私人の権利が侵害された場合には，侵害者に対してアクチオが発生し，これに基づいて侵害を受けた者は訴えを提起することができるのだと説明した。このようなアクチオの観念

---

[15] 最近，訴権論を民事訴訟目的論の一環として統一的に論じる見解がある（伊藤16頁）。しかし，両者は基本的観点とその歴史的及び今日的意義が異なるから，区別して論じるべきであろう。ただ，後述する権利保護請求権説では民事訴訟の目的もまた私人の権利保護にあると見ることから両者は一致する。

[16] その主著は，*Savigny*, System des heutigen römischen Rechts, Bd. 1-Bd. 9, 1840-1849である（現在その翻訳が進行中）。サヴィニー研究として，原島重義編・近代私法学の形成と現代法理論（九州大学出版会・1988，新版・1996）。

による民事訴訟の理解は，その後さらに普通法学者ヴィントシャイト（Windscheid, 1817-1892）によって発展させられた[17]。彼によれば，ローマ人はアクチオが本源的なものと考えたが，現行法では法秩序は権利の秩序であり，アクチオに代わって相手方当事者に対する（実体法上の）〈請求権〉の概念を導入した。そしてこの，権利侵害をした相手方当事者に対する請求権と共に国家の機関である裁判所に対して訴権が発生すると観念された。ここで説かれる訴権論は，私権の影に他ならず実体法上の請求権の属性とも理解されたことから一般に「私法的訴権論」といわれる。

この見解は，裁判所に対する関係で訴権を特別に理論化したわけではないが，私人と裁判所の関係についてはじめて〈訴権〉を観念した点に意義が認められる（私法的訴権論の学説史的な位置づけにつき，富樫貞夫「ドイツ訴権論の成立過程」民訴11号98頁，特にサヴィニー，ヴィントシャイトの理論は，請求権理論ではあっても訴権論にはあたらないとする）。

2）　公法的訴権論——権利保護請求権説から本案判決請求権説へ　　ヴィントシャイトとの論争でムーサー（Muthu, 1826-1878）は，アクチオの裁判所に対する面を強調したが，訴権論はその後ドイツで有力となった公法学説の影響を受けて，私人と国家機関である裁判所との関係を説明する公法的な概念として構成された（公法的訴権説）。特に民事訴訟では訴訟前に存在する私権が侵害された場合に，裁判所に対してその回復を求める権利が発生すると考える見解が有力になった（Wach, 1843-1926; Hellwig, 1856-1913）。これを権利保護請求権説（又は勝訴判決請求権説）という。しかし，この見解に対しては，訴訟前に私権が存在することを否定する見解（Bülow, 1837-1907）や，当事者が訴訟前の段階で裁判所に対して自らに有利な判決を求めることができるというのはあまりに多くを請求しすぎるとの批判がなされた。むしろ当事者が裁判所に請求しうるのは，「一定の判決をなすべし」との抽象的要求にすぎないとの見解が主張された。これは，訴権は具体的内容の判決を求める権利ではなく，裁判所に対して単に判決を求めるという抽象的な要求にとどまるのだと理解するために抽象的訴権説といわれる。もっともこの見解は，裁判所に求める内容があまりに抽象的で無内容だとの批判を受け，多くの支持を得ることはできなかった。このような反省のうえに，当事者が裁判所に求めるのは，権利関係の存否（本案）の判断であるとみる「本案判決請求権説」が主張された（Goldschmidt, 1874-1940; Bley, 1890-1953）。

3）　司法行為請求権説　　本案判決請求権説に対して，判決内容についてではなく裁判所に対して司法機関として一定の行為を要求することが国民に認められてい

17）　その主著は，*Windscheid*, Die actio des römischen Zivilrechts, 1856 である。わが国の研究として，奥田昌道「ヴィントシャイトの『アクチオ論』」同・請求権概念の生成と展開（創文社・1979）1頁。

るとする見解（司法行為請求権説）も有力である。

　4）　わが国の学説　　訴権に関する議論はわが国民事訴訟法学にも大きな影響を及ぼした[18]。特に本案判決請求権説はドイツだけでなくわが国でも通説としての地位を獲得した（兼子・体系33頁）。この見解に対して，当事者が裁判所に対して求めるのは単に本案についての判断のみであり，当事者は勝訴判決だけでなく敗訴判決でも満足するというのは，当事者の意思にそぐわないとの批判もある。また更に進んで，一方では，果たして訴権という概念が必要かという疑問を提示する見解が出現するに至り，訴権否認説を生んだ（三ケ月・全集13頁）。他方では訴権を憲法上の権利として再構成し，司法行為請求権として位置づけることを提唱する見解もみられる（齋藤・前掲書40頁）。

　5）　訴権論の意味と限界　　訴権論は，訴訟制度を利用する市民と裁判所の関係を，請求権を基礎とする権利関係の概念で説明しようとする点に特色がある。しかし，現行民事訴訟手続の利用について，国民と裁判所の関係を訴権を前提にして説明しなければならないのかということ自体には疑問がある。今日ではもはや，訴権という概念を用いて訴訟制度を説明する必要は存在しないといえる。

　もっとも，この論争が民事訴訟学説史上，民事訴訟法学に多大の成果をもたらしたことは否定し得ない。特にそれが民事訴訟理論の体系構築に多大の寄与をしたこと，訴訟目的論の対立関係を明確にしたこと，特にこの論争の過程で，〈訴訟要件〉の存在が発見されたことは最大の功績であった（このような評価は，三ケ月・全集13頁。訴訟要件については後述⇒第4章第2節）。

Ⅲ　民事訴訟手続の特色

　民事訴訟制度の目的及びその利用関係についての一般的理解を前提にすると，今日の民事訴訟手続は，民事に関する法的紛争に関してその当事者間で当該紛争を自主的に解決することができない場合にもなお，公正な第三者である裁判所によって，法に基づいた裁定をすることによって当事者間の権利関係を確定し，その紛争を強制的に解決しようとする手続であるといえる。このような民事訴訟手続の特色をより具体的に示せば次のごとくである。

　①　民事訴訟手続は当事者間の紛争がその自律的な意思によって解決しえない場合にもなおそれを解決するために設けられた制度である。したがって，最終的にはその解決には強制的な要素が存在し，これは民事訴訟手続に不可避の要素である。

---

18)　訴権理論は，イタリア及びフランスでもその影響がみられる（*Blomeyer*, International Encyclopedia of Comparative Law, Vol. XVI, Civil procedure, Chap. 4（1980）, Note. 10 et sec.）。

②　裁判所が当事者の紛争を解決するに際してもこれを力ずくで，強権的に解決することは今日の近代的訴訟手続では採用することができない。民事訴訟手続では，合理的な訴訟手続に基づいて公正な審理が行われなければならない。公正な審理を確保することこそが，裁判所の判断を正当化するのに不可避の要件である。そこで，そもそも〈合理的で公正な訴訟手続〉とはどのような訴訟手続なのかが問われる。この意味で民事訴訟では判決に至る手続が最も重要な意義を持つ[19]。民事訴訟手続は，今日様々な〈訴訟原則〉に基づいて構成されている[20]。特にその手続の重要な局面で訴訟当事者の意思・決断を重視すること，手続自体を当事者の自律的判断に委ねる構造が採られていることは，民事訴訟の対象となる紛争の性質と密接に関連している。

③　民事訴訟手続で行われる裁判所の判断は，単に判断者である裁判官が公正な手続に基づいて行ったというだけでは十分でない。民事訴訟では，その判断内容自体が法に基づいて行われたものであり，判断者の恣意によるのではなく客観的に，また社会的に是認されうる判断内容だということが制度上保障されていなければならない。通常民事裁判の基準とされるべき判断の基準は，制定法を原則とするところでは立法機関を通じて法律の形で明示されている。しかし，ここで法的な判断という場合には単に制定法が明示している内容のみを指すのでないことはいうまでもない。裁判所が判断を下すに際して，制定法は常に解釈を必要としており，その個別事例による判断の違いは最上級審の〈判例〉による明確化が必要である。さらにたとえ制定法に存在しない法的問題であっても，それが当該事件の判断に必要不可欠な場合には，憲法の要請する基本的価値を実現するために裁判所は〈法の創造〉を行うことをも拒絶してはならない（民事訴訟における判例形成の意義と限界につき，新堂60頁）。その際，このような裁判所の法創造機能は，当該個別の事件の紛争を解決することを当面の目的としながら，なおそこで示された判断が明らかにした解決基準は当該個別事件を超えて後の事件に対しても指導的な機能を果たす。裁判所で行われる訴訟手続自体は，直接には個別事件の相対的解決を図ることを目的としているにすぎないが，それにもかかわらずなおその判決の説得力の普遍性が持つ効力は

---

[19]　手続的正義については，谷口安平「手続的正義」前掲注2）基本法学(8)35頁。

[20]　このような訴訟原則は従来実定法規定が当然に前提とし，必ずしも明確に法律には規定されなかった。しかし，最近ではこのような原則を法律上明示する例が増えている。例えば，フランス民事訴訟法はその冒頭で（1条～24条）訴訟原則を定め，またイギリス新民事訴訟法（1999年）も，一般原理を示している。

後の事件に強い拘束力を与える機能があることが忘れられてはならない。これらの場合に当事者，特に訴訟代理人が果たす役割が重要である。訴訟代理人は，法の専門家として具体的事件の法的意味を弁論を通じて裁判所に訴えるに際して，このような観点からの解釈を示すことによってその主張を説得的に行うことが必要である。裁判所の判決による創造的活動の基礎は，当事者及び訴訟代理人の事件の実際的必要に裏打ちされた主張・立証活動にあるということができる。

第3節　民事訴訟と憲法

〔文献〕

中野貞一郎①「民事訴訟と憲法」同・現在問題1頁，同②「公正な手続を求める権利」同・現在問題27頁，同③「憲法と民事訴訟」同・論点Ⅰ1頁，笹田栄司・裁判制度（信山社・1997）

I　基本的人権の保障と民事訴訟

民事訴訟手続は国家の設営する裁判所が行う司法活動の一環であることはいうまでもない。民事裁判権の行使は，歴史的に見れば様々な変遷を経たが，今日では一般に，国家主権の行使の一部として，基本的に国家がその権限を独占している[21]。わが国の憲法もこのような立場を前提としており，国家機関である裁判所の活動は根本的には憲法によって規制されている。特に憲法は多くの基本的人権を定め，その保障をしているが，これらの基本的人権が侵害された場合には，具体的にその回復が求められるし，その保障をすることが必要である。その際，基本的人権が最終的に実現される手段としては国家裁判所における民事訴訟手続が予定されており，この意味で，しばしば民事訴訟は「書かれた憲法」だともいわれる。特に憲法は裁判所に違憲審査権を与えており（憲81条），具体的な事件を判断するうえで合憲性の判断を必要とする場合が生じ

---

21) 国家による裁判権の独占は，歴史的に見れば古いものではない。むしろ中世ヨーロッパでは国家の裁判権独占は存在せず，国王の裁判権，貴族の裁判権，教会裁判権等が併存していた。フランスでは裁判権の国家による独占は大革命によって実現した（cf. *Perrot*, Institutions judiciaires, 8e éd. 1998, p.55）。その結果として，フランス民法4条は「法の沈黙，不明確さ又は不十分さを口実に判断を拒絶する裁判官は，裁判拒絶として責を負い訴追される」と，裁判官の裁判義務を定める。

る[22]。民事訴訟における憲法的保障は，裁判所の判断内容の面での憲法的保障のみには留まらない。さらに，民事訴訟手続の在り方自体もまた，基本的に憲法によって規定されているといえる。

民事訴訟手続と憲法との関連は様々な局面にわたる。特にその手続の各局面での関連性の概要をみよう。

1 訴訟手続の利用（Access to Justice）

憲法が保障する基本的人権の実現は，最終的には民事訴訟手続を通して行われなければならないことが多く，基本的人権が侵害されたと主張する者にとって，その回復を図るためには容易に民事訴訟手続を利用することができなければならない。そもそも，裁判の利用ないし裁判への接近が困難であるならば，憲法が定める基本的人権の保障も結局は画餅に帰する。またその手続の在り方も，当事者の要求をよく実現できるものでなければならない。このように国家は，権利が侵害された場合にその回復を求める者の要求に沿った民事訴訟手続の設置とその利用が容易にできるように努めなければならない。例えば，現行民事訴訟法が新たに少額の債権についても民事訴訟手続の利用ができるように少額訴訟手続の特則（⇒第14章第3節）を設けたことは，この意味で憲法の要請をより実効的に実現しようとするものであると評価できよう。また貧富の差なく市民が民事訴訟手続を利用することができるようにするためには，法律扶助制度（⇒第15章第5節）などの制度の充実が必要である。このような関心とその実現への動きはわが国ではようやく最近になって顕著になりはじめた。

2 公正な裁判，審問権の保障と手続の公開

訴訟手続の利用に際して第二に問題になるのは，そこで利用される手続の在り方である。民事訴訟手続では，裁判所は対立する当事者の言い分を十分に検討して，公正な第三者の立場から判断することが求められる（中野〔文献①〕27頁）。そのために当事者の双方には，訴訟手続でその言い分を十分に尽くし，当事者に与えられた審問の権利を行使するための手続上の機会が十分に保障されなければならない。この〈審問権の保障〉は民事訴訟の最も根本的な「手続的基本権」であるということができる。もっとも具体的にどのような手続が個々の事件との関連で保障されるべきかについては慎重な検討が必要であろう。通常の民事訴訟手続では，私人が自由な意思によって処分することのできる財

---

22) 憲法訴訟の手続理論については，林屋礼二・憲法訴訟の手続理論（信山社・1999）。

産権を目的とした訴訟手続を念頭に置いて訴訟手続を構成している。そこで，民事訴訟手続がこのような権利を実現するための過程だとすれば，訴訟手続もまたこれらの財産権の処分自由と共通の価値原理に基づいてその構造が形成されることが必要である。しかし，民事訴訟にはこのような財産権を直接の対象としない手続も含まれる。例えば，身分関係を目的とする人事訴訟などではこれとは別の手続的規律原理が存在する。

また，このような民事訴訟手続の在り方を決定する重要な要素の一つとして憲法が保障する原則に裁判の〈公開の原則〉がある（憲82条）。裁判の公開原則は，かつての密室裁判を排除し公衆の監視のもとで裁判を公正に行うことを保障することを目的としたものであり，わが国ではこれを憲法原則にまで高めた。もっとも，この点については裁判の公開に馴染みにくいプライバシーの保護，営業秘密の保護（不正競争2条1項4号〜9号）と民事訴訟との関連を考慮する必要がある。これらに関して従来の裁判公開制度をそのまま維持すれば，憲法規定を形式的に遵守した結果として，憲法の保障する別の基本的人権を，公開による裁判手続自体が侵害する結果にもなりうる。そこでこれをどのように取り扱うべきか，早急に解決を要する困難な問題であり，立法により公開制限をすることで解決をした。（⇒第5章第5節Ⅲ3）。

さらにまた，憲法の保障する基本的人権との関係で，裁判所が事件の判断に積極的に関与することを差し控えることが必要な場合もある。例えば，憲法が保障する基本的人権である信教の自由（憲20条）に関し，当事者間の紛争に国家機関である裁判所がどの限度で介入できるのかが問われる（⇒第4章第2節Ⅲ2）。また，一定の団体に自治権が認められる場合（憲21条）に，この団体内部での規律に裁判所がどの程度介入できるのかが問題になる。これらの基本的人権問題が民事訴訟手続の中でどのように保障されるのかが問われることになる。従来これらは訴えの利益論の中で取り扱われたが，手続上より積極的な位置づけが必要である（⇒第4章第2節Ⅲ）。

Ⅱ 訴訟事件と非訟事件

1 非訟事件

民事訴訟手続では，対審・判決は公開法廷でなされなければならない（憲82条）。このように民事訴訟手続は，当事者に対してその手続上の権限や手続の形式について制度的に手厚く保障すべきことが憲法上で求められている。そこ

でこのような憲法上の手続的保障の要請がどのような事件に，どの限度で求められるのかが問題になる。特に裁判所が取り扱う民事事件には，通常の民事訴訟事件の他に，〈非訟事件〉と称される一連の手続があり，その手続は一般に略式であることからである。

　非訟事件とは，裁判所で扱う〈訴訟事件〉以外の民事事件の総称であり，その手続は一般に公開によることなく行われ，弁論主義などの手続原理の適用はない。その裁判は〈決定〉の形式で行われ不服申立ては〈抗告〉による。その手続には様々なものが含まれる。この非訟事件の一般的取扱いは，非訟事件手続法（明治31年法律14号）が手続の詳細を定めている。

　†〔**例**〕・民事非訟事件（非訟72条以下），公示催告事件（非訟141条），借地非訟事件（借地借家41条以下，借地非訟事件規則）
　・会社関係非訟事件（会868条以下），倒産事件（破8条以下，民再8条以下，会更8条以下）
　・家事審判事件（家審7条）

　非訟事件手続は，本来民事訴訟とは異なり当事者間の争いを解決することを目的とした手続ではない。むしろ，民事に関する法的問題の後見的な処理を目的とした手続がその中核をなしている（例えば，不在者の財産管理人の選任〔民25条，家審9条1項3号〕等）。これらは，本来当事者間に争いがある問題につき裁判所が法規を適用して，原告の主張の可否を判断して結論を得るという性質のものではない。例えば不在者の管理人の選任についてみれば，誰を管理人にするのが適切かといった具体的な事実関係に即して最も適切な処理をすることが裁判所に求められる。したがって，性質上それは当事者の主張の可否の判断という通常の訴訟事件の判断とは異なり，むしろ行政的な事務に類する行為ともいえる。

　　　かつてこのような非訟事件の典型例とされていたものの中にも，今日ではもはや裁判所が扱う事件ではなく純然たる行政事件として行政庁（法務局）が管轄するとされたものに不動産登記事件（不登6条）やその他の登記・登録事件（商業登記等，商登1条の3）がある。不動産登記手続などの登録事務は，わが国でも戦前にはドイツと同様に，裁判所（戦前の「区裁判所」）が行う非訟事件手続とされていた。しかし，戦後新たに法務省の下に法務局が設置されたことに伴い，今日ではこれらの事件処理は純然たる行政事務として行政機関である法務局の扱う事件とされて，司法機関である裁判所の管轄からはずされた[23]。

2 非訟事件の取扱い

これら非訟事件手続の手続規律には，通常の民事訴訟事件の取扱いとは大幅に異なる原則が採用されている。例えば，当事者の対審や公開などは予定されてはいない。また処分権主義や弁論主義の適用はなく，職権主義，職権探知主義が適用される（このような非訟事件手続を「古典的非訟事件」と呼ぶことがある）。

しかし，第二次大戦後当事者間に争いのある事件についてもこれを立法上非訟事件として取り扱う例が増加した（いわゆる訴訟事件の非訟化の傾向。この点につき，三ケ月章「訴訟事件の非訟化とその限界」同・研究V49頁）。特にわが国では戦後，家庭裁判所が創設され，家庭事件について大幅に非訟的な取扱いを定めた（特に家審9条1項乙類事件）[24]。これらの事件では，実質上は通常の民事訴訟事件のように当事者間に法的な争いがあるにもかかわらず，手続上は家事審判事件として非訟事件処理がなされ，通常の民事訴訟事件の処理とは著しく異なった簡易な取扱いがなされている。そのほかにも，これら非訟的処理が拡大するに伴い，このような取扱いが無制限に許されるのか，特にそのような簡易な取扱いを定めた手続の合憲性が，裁判の公開原則との関連で問題にされ，その限界が論じられた[25]。

†〔**判例**〕〔1〕 上告審として最高裁で最初に非訟事件手続の合憲性が問題にされたのは，戦後処理のために定められた特別手続法に関してであった。

最高裁はまず借地借家関係について金銭債務臨時調停法7条1項に基づいて行われた職権での調停に代わる裁判の合憲性に関してこれを合憲とし（最(大)決昭和31年10月31日民集10巻10号1355頁），罹災都市借地借家臨時処理法による賃借権設定・条件確定の申立てを却下する裁判につきこれを合憲とした（最(大)判昭和33年3月5日民集12巻3号381頁）。

これに対して，最高裁大法廷は，① **最(大)決昭和35年7月6日民集14巻9号1657頁**[26]で，家屋明渡請求とこれに対する占有回収の2件を戦時民事特別法19条により金銭債務臨時調停法7条に基づき調停に代わる裁判（決定）をした事件

---

23) 明治23年の裁判所構成法（明治23年法律6号）15条は不動産登記事件の取扱いは区裁判所の管轄とし，不動産登記法（明治32年法律24号）8条は不動産所在地の区裁判所を管轄登記所としていた。しかし，昭和24年に法務局が設置されたことに伴い，不動産登記事務は法務局に移管された（法務局及び地方法務局設置に伴う関係法律の整理等に関する法律〔昭和24年法律137号〕19条）。

24) 家庭裁判所の取り扱う事件は，これまで非訟事件に限定されていた。しかし人事訴訟法では離婚訴訟などを含めて家事事件全般を扱う裁判所として再構成された。

25) 小島武司「非訟化の限界について」中央大学80周年記念論文集（1965）299頁以下。

26) 三淵乾太郎・最判解説民事昭和35年度253頁。

の合憲性につき，「調停に代わる裁判は，……性質上非訟事件に関するものに限られ，純然たる訴訟事件につき，事実を確定し当事者の主張する権利義務の存否を確定する裁判のごときは，これに包含されていない」としたうえで，本件は家屋明渡し及び占有回収に関する純然たる訴訟事件だとして違憲と判断した[27]。

〔2〕 次に，戦後の司法改革で新たに創設された家庭裁判所の管轄する事件のうち，特に家事審判法9条1項乙類事件の取扱いの合憲性が問われた。乙類審判事項は調停によっても処理することができ，関係人間に紛争が存在する事件である（山木戸克己・家事審判法〔有斐閣・1958〕24頁）。そこでこれを訴訟によらずに非訟事件である審判手続で処理できるのかが問われた。

② 最(大)決昭和40年6月30日民集19巻4号1089頁[28]　　同居を拒んだ夫に対して妻からの申出により家庭裁判所が同居を命じる決定をしたのに対して，夫側から家庭裁判所の審判で「民事上，刑罰法義務を負担することとなる」のは，憲法32条，82条に反するとして特別抗告をしたケースである。最高裁大法廷は，同居の審判（家審9条1項乙類1号）の合憲性を確認した。

「憲法82条は『裁判の対審及び判決は，公開法廷でこれを行ふ』旨規定する。そして如何なる事項を公開の法廷における対審及び判決によって裁判すべきかについて，憲法は何ら規定を設けていない。しかし，法律上の実体的権利義務自体につき争があり，これを確定するには，公開の法廷における対審及び判決によるべきものと解する。けだし，法律上の実体的権利義務自体を確定することが固有の司法権の主たる作用であり，かかる争訟を非訟事件手続または審判事件手続により，決定の形式を以て裁判することは，前記憲法の規定を回避することになり，立法を以てしても許されざるところであると解すべきであるからである。

家事審判法9条1項乙類は，夫婦の同居その他夫婦間の協力扶助に関する事件を婚姻費用の分担，財産分与，扶養，遺産分割等の事件と共に，審判事項として審判手続により審判の形式を以て裁判すべき旨規定している。その趣旨とするところは，夫婦同居の義務その他前記の親族法，相続法上の権利義務は，多分に倫理的，道義的な要素を含む身分関係のものであるから，一般訴訟事件の如く当事者の対立抗争の形式による弁論主義によることを避け，先ず当事者の協議により解決せしめるため調停を試み，調停不成立の場合に審判手続に移し，非公開にて審理を進め，職権を以て事実の探知及び必要な証拠調を行わしめるなど，訴訟事件に比し簡易迅速に処理せしめることとし，更に決定の一種である審判の形式により裁判せしめることが，かかる身分関係の事件の処理としてふさわしいと考えたものであると解する。

---

27) この判決の意義については，新堂幸司「強制調停を違憲とする決定について」同・基礎143頁。
28) 宮田信夫・最判解説民事昭和40年度201頁，青山善充・百選Ⅰ10頁，同・百選3版4頁。

しかし，前記同居義務等は多分に倫理的，道義的な要素を含むとはいえ，法律上の実体的権利義務であることは否定できないところであるから，かかる権利義務自体を終局的に確定するには公開の法廷における対審及び判決によって為すべきものと解せられる（旧人事訴訟手続法〔家事審判法施行法による改正前のもの〕1条1項参照）。従って前記の審判は夫婦同居の義務等の実体的権利義務自体を確定する趣旨のものではなく，これら実体的権利義務の存することを前提として，例えば夫婦の同居についていえば，その同居の時期，場所，態様等について具体的内容を定める処分であり，また必要に応じてこれに基づき給付を命ずる処分であると解するのが相当である。けだし，民法は同居の時期，場所，態様について一定の基準を規定していないのであるから，家庭裁判所が後見的立場から，合目的の見地に立って，裁量権を行使してその具体的内容を形成することが必要であり，かかる裁判こそは，本質的に非訟事件の裁判であって，公開の法廷における対審及び判決によって為すことを要しないものであるからである。すなわち，家事審判法による審判は形成的効力を有し，また，これに基づき給付を命じた場合には，執行力ある債務名義と同一の効力を有するものであることは同法15条の明定するところであるが，同法25条3項の調停に代わる審判が確定した場合には，これに確定判決と同一の効力を認めているところより考察するときは，その他の審判については確定判決と同一の効力を認めない立法の趣旨と解せられる。然りとすれば，審判確定後は，審判の形成的効力については争いえないところであるが，その前提たる同居義務自体については公開の法廷における対審及び判決を求める途が閉ざされているわけではない。従って，同法の審判に関する規定は何ら憲法82条，32条に牴触するものとはいい難く，また，これに従って為した原決定にも違憲の廉はない。」と述べた（合憲との判断は全員一致だが，少数意見がある[29]）。同日に下された婚姻費用の分担に関する決定（家審9条1項乙類3号）に対する最高裁大法廷決定（最(大)決昭和40年6月30日民集19巻4号1114頁）も，同じ理由である。

③　最(大)決昭和41年3月2日民集20巻3号360頁[30]　遺産分割に関する処分についても，「遺産に属する物または権利の種類および性質，各相続人の職業その他一切の事情を考慮して，当事者の意思に拘束されることなく，後見的立場から合目的的に裁量権を行使して具体的に分割を形成決定」し「その性質は本質的に非訟事件であるから，公開法廷における対審および判決によってする必要はなく，したがって，右審判は憲法32条，82条に違反するものではない」という。また，

---

29) 少数意見のうち，田中二郎裁判官の少数意見は，夫婦同居義務に関する民法規定の改正及び家事審判制度の創設の経緯に鑑み，公開法廷での対審・判決を求める途は閉ざされており，そのこと自体は憲法82条及び32条には反しない，という。
30) 高津環・最判解説民事昭和41年度85頁。

遺産分割請求は，相続権，相続財産等の存在を前提とするが，審判には既判力がないので，審判手続により，通常裁判を受ける途を閉ざすことにならない，ともいう。
　〔3〕　その後，非訟的処理の違憲性を巡る問題は様々な局面に拡大するが，最高裁は同じ論理でそれらの取扱いの合憲性を示した。
　④　最(大)決昭和41年12月27日民集20巻10号2279頁[31]は，財団法人理事就任に際して必要な登記を法定期間内にすることを怠ったために過料に処せられた手続につき，刑事制裁を科す手続とは異なり，一種の行政事件としての性質を持ったものであり合憲と判断。⑤　最(3小)決昭和42年12月15日民集21巻10号2602頁[32]は競売開始決定に対する異議事件について，抵当権の存否自体を争うには抵当権存否確認の訴えが認められており，この異議手続では競売手続を進行させるか否かを決定するにすぎず，抵当権の存否自体に既判力は生じないから違憲ではないと述べる。⑥　最(大)決昭和45年6月24日民集24巻6号610頁[33]は，破産宣告手続について合憲と述べ，⑦　最(大)決昭和45年12月16日民集24巻13号2099頁[34]は，会社更生手続において届出をしなかった権利者や確定手続を採らなかった者に更生計画に対する不服申立方法がないのは憲法32条に反するとの主張に対して，裁判所のなす更生計画認否の裁判は「国家のいわゆる後見的民事監督の作用」であり「固有の司法権」には属さないから合憲だとした。⑧　最(1小)決昭和48年3月1日民集27巻2号161頁[35]は，株式買取価格の決定手続を非訟事件手続で行うことは憲法32条，82条に違反しないとした。これは第1小法廷決定であり，最高裁の判例の論理が定着しもはや大法廷判断を要しないと考えたのであろう（すでに⑤は第3小法廷決定であったが，簡単な理由が付されたにすぎない）。

3　残された問題

　これら一連の〔判例〕を通して展開された最高裁の非訟事件に関する判例理論は，①純然たる訴訟事件については憲法82条及び32条の規定により対審・公開の手続が保障されるべきであり，これに反すれば憲法違反となる，②抽象的な権利の存否の判断は訴訟事件であるのに対して，権利の具体的形成は非訟事件である，③非訟事件手続で行われた判断は，その前提になっている権利の存否の判断には及ばない，④権利の存否については更に通常訴訟での確定の途が留保されているから合憲である，というのであった。

---

31)　中野次雄・最判解説民事昭和41年度576頁，石川明・百選Ⅰ12頁。
32)　瀬戸正二・最判解説民事昭和42年度634頁。
33)　奥村長生・最判解説民事昭和45年度229頁。
34)　後藤静思・最判解説民事昭和45年度837頁。
35)　川口冨男・最判解説民事昭和48年度60頁，河野正憲・判批・北九州2巻1号141頁。また，中東正文「株式買取請求権と非訟事件手続」名法223号233頁。

このような最高裁判決の論理は、〔**判例①**〕では有効であり得てもその他の事件では問題が多い。例えば〔**判例②③**〕では、非訟的処理の合憲性は権利関係についての訴訟が留保されていることが条件になっており、それとの関係では家庭裁判所での審判手続自体の積極的意味づけがなされていない。さらにその後の事件では非訟事件手続における手続保障の問題がクローズアップされてきたにもかかわらず、最高裁の論理はこれに正面から答えてはいない[36]。むしろ、非訟事件手続でも関係人の手続上の権利を十分に保障することが求められているのだから、より積極的に個々の非訟事件手続においてもどのような保障をすべきかに向き合って検討すべきであった。非訟的処理であっても審問権の保障などは手続に応じて十分に確保すべきである。さらにまた、手続で取り扱われる対象に即した特別な裁判手続の形成が重要である[37]（新堂 31 頁、また、山木戸克己「裁判手続の多様性」同・論集 200 頁）。

第 4 節　民事訴訟法

I　民事訴訟法

1　形式的意味と実質的意味の民事訴訟法

民事訴訟手続がどのように行われるべきかを定めた法律が「民事訴訟法」である。民事訴訟法においては形式的意味での民事訴訟法と、実質的意味での民事訴訟法とが区別される。前者が、「民事訴訟法」という名を冠した実定法律

---

36) 最（3小）決平成 20 年 5 月 8 日判時 2011 号 116 頁は婚姻費用分担に関する家事審判事件につき、多数意見は最高裁昭和 35 年大法廷決定（前掲〔**判例①**〕及び婚姻費用分担に関する最（大）決昭和 40 年 6 月 30 日民集 19 巻 4 号 1114 頁の大法廷決定を援用）を維持した。しかし本件には事件を破棄し差し戻すべきであるとの那須弘平裁判官の反対意見がある。本件では、第一審が妻からの申立てにより婚姻費用分担の支払を命じる審判をなしたのに対して夫側から抗告がなされた。抗告審では、妻側からの即時抗告があり、これに基づいて婚姻費用の増額を決定した。しかし、抗告人である夫側に即時抗告の抗告状及び抗告理由書を送達せず、反論の機会を与えないままに抗告人に不利な決定をした。多数意見も、この取扱いの問題性は指摘しつつ、〈特別抗告〉事由にはあたらないとした。最高裁昭和 40 年決定以降、非訟事件における手続保障の問題が展開されており、最高裁は、本件で家事審判事件処理の重要性に鑑みて憲法問題として手続権に関する原則を示すべきであった。

37) 借地借家法（平成 3 年法律 90 号）では、借地条件の変更等の裁判手続につき非訟事件としての処理を定めるが（借地借家 42 条）、特に審問期日を開くことを必要としている（借地借家 45 条 1 項）。

（平成8年法律109号）を示すのに対して，後者は，実質的に民事訴訟手続を定めた法律であれば，その形式にとらわれずすべて民事訴訟法に数えられる。この意味では，例えば，憲法をはじめ（憲32条，82条），人事訴訟法（平成15年法律109号），行政事件訴訟法（昭和37年法律139号），民事訴訟費用等に関する法律（昭和46年法律40号）の他，民法や会社法などの諸法律に定められてはいても民事訴訟に関する手続規定であれば全て実質的意味の民事訴訟法に数えられる（例えば，民202条，258条，744条，会828条以下等）。更にまた，民事訴訟規則（平成8年最高裁規則5号）も，これに含まれる。

以上の成文法規定に定められたものの他に，慣習的に特殊な手続が行われているものもある。例えば，境界確定の訴えは明文規定が存在しないが適法なものとして認められている。

2　特別民事訴訟法

形式的意味の民事訴訟法が定める手続が一般的な通常民事訴訟の手続であるのに対して，特別の紛争類型について通常民事訴訟手続とは異なった手続が定められている場合がある。

(1)　人事訴訟法

人の身分関係の形成又はその存在の確認を目的とする訴訟については，「人事訴訟法」（平成15年法律109号）に基づいた特別の手続により（人訴2条），家庭裁判所が専属管轄を持つ裁判所として審理・判断される（人訴4条）。通常の財産関係に関する訴訟では，個人の権利処分はその権利者の意思により自由だとの原則から，通常の民事訴訟手続では処分権主義，弁論主義，判決の効力の相対性などの原則が妥当する。これに対して，人の身分関係については必ずしもこのような原則が妥当するとはいえない。人事訴訟法が適用されるのは，①婚姻関係に関する紛争，②実親子関係に関する紛争，③養親子関係に関する紛争であるが（人訴2条），これらの権利関係は個人の意思のみで勝手に形成したり当事者間のみの相対的な解決をすることは人事に関する社会秩序を混乱させ社会生活上許されないのが原則だと考えられる。そこで通常訴訟手続の私的自治に基づく訴訟原則には修正が加えられている（職権探知〔人訴20条〕，判決効の拡張〔人訴24条〕等）。また，これらの事件に関連して非訟的な取扱いが必要とされる（附帯処分〔人訴31条〕）。そこで，身分関係に関する訴訟に適した原理に基づいた手続と，それを取り扱う裁判所として家庭裁判所が設けられている。

(2) 行政事件訴訟法

行政事件訴訟については，他の法律に特別の定めがある場合をのぞき，行政事件訴訟法（昭和37年法律139号）が定める手続によるものとしている（行訴1条)[38]。行政事件訴訟とは抗告訴訟，当事者訴訟，民衆訴訟及び機関訴訟をいう（行訴2条）。これらの事件は地方裁判所が第一審裁判権を持つ（裁33条1項1号参照）。

> 第二次大戦後，日本国憲法の下では（憲76条)，かって明治憲法下で存在した行政裁判制度（明憲61条）は廃止され，行政事件は司法権に属する通常裁判所が取り扱う事件とされている。

行政事件訴訟は，行政庁が行った行政処分の取消訴訟を中心とした訴訟手続として，通常の民事訴訟事件とは異なった取扱いがなされ，これに対応した訴訟手続が設けられている。例えば，原告適格についての規定（行訴9条），出訴期間（行訴14条），職権証拠調べ（行訴24条），取消判決の効力の拡張（行訴32条）等の特則が定められている。しかしその規定は網羅的・十分なものではなく，この法律に定めがない場合は「民事訴訟の例による」（行訴7条）とされている。

II　わが国民事訴訟法の制定と改正史

1　わが国の近代的民事訴訟制度の創設

わが国で近代的な民事訴訟制度を創設しようとする試みは，明治維新直後にはじまる。新たな民事訴訟制度の確立のためには裁判制度自体の近代化と共に，そこで行われる民事訴訟手続を規律する「民事訴訟法」を定めなければならなかった。

明治維新（1868年）から明治24（1892）年の裁判所構成法の制定に至るまでの時期は，わが国近代的民事訴訟制度の創設期にあたる。この20年ほどの短期間に，わが国の近代的裁判制度は急速に整備された[39]。

まず，明治5年には，「司法省職務章程」（後「司法省職務定制」）が定められ，司法省臨時裁判所，司法省裁判所，同出張裁判所，府県裁判所，区裁判所が設置された。明治8年には，司法省裁判所が廃止され，大審院及び上等裁判所が設置され，明治9年には府県裁判所は地方裁判所と改称された[40]。これらの裁判所で行われ

---

38) 行政事件訴訟法は平成16年に重要な改正がなされた。従来行政事件訴訟が十分な機能を果たしていなかったとの強い非難を受けて機能改善のための抜本改正であった。
39) 林屋礼二「明治期民事裁判制度と裁判手続の概観」同・明治期民事裁判の近代化（東北大学出版会・2006）15頁以下。
40) これらの主要法令は，林屋礼二＝菅原郁夫＝林真貴子編著・統計から見た明治期の民事裁判

た裁判実務は，当初は江戸期のそれを基礎にしたものであったが，次第にヨーロッパの訴訟手続の観念が取り入れられ，急速に変貌をとげた[41]。

2 明治民事訴訟法の制定と改正

実定法としての包括的な民事訴訟法が制定される以前にも，既にわが国の民事訴訟手続実務は，当初の江戸期の手続から脱却した手続改善が模索され続けていた[42]。

民事訴訟法自体の立法作業も，特に欧米の近代的民事訴訟制度を継受することによって急ピッチで進められた[43]。明治6年には「訴答文例」（太政官布告247号）が定められた。しかし，本格的な民事訴訟法の起草はプロシア参事官テッヒョウ（Tehyow）に委嘱して行われた（兼子・研究Ⅱ1頁）。彼によって作成された草案は，1877年のドイツ帝国民事訴訟法典（Civilprozeßordnung von 1877）を基礎にしていたが，いくつかの点で当時予定されていた実体法（旧民法）が基礎にしたフランス法との調整を行っていた（テッヒョウと彼の草案に関しては，鈴木正裕「テヒョー草案について」甲南法学42巻1/2号1頁以下）。この草案を足掛かりにしつつ，その後さらに3年余の歳月を費やして民事訴訟法案が作成され，法律として成立した。

この（明治）民事訴訟法は，明治23年4月に公布され（法律29号），明治24年1月1日から施行された。「民事訴訟法」第1編総則（1条〜189条），第2編第一審ノ訴訟手続（190条〜395条），第3編上訴（396条〜466条），第4編再審（467条〜483条），第5編証書訴訟及ヒ為替訴訟（484条〜496条），第6編強制執行（497条〜763条），第7編公示催告手続（764条〜785条），第8編仲裁手続からなる民事手続の基本法であり，この法典構成はドイツ帝国民事訴訟法のそれを受け継いでいた。しかし，民事訴訟法施行の直後から改正の要求が強く，改正作業は明治28年に本格化した。この作業はその後いったん挫折したものの，明治36年には本格化し，引き継がれて大正15年の民事訴訟法 —— 判決手続 —— の抜本的改正に繋がった（改正の経緯につき，染野義信「わが国民事訴訟制度における転回点」中田・還暦(上)1頁，松本博之「民事訴訟法〔大正15年〕改正の経過」松本博之＝河野正憲＝徳田和幸編・日本立法資料全集10巻〔信山社・1993〕3頁）。

（信山社・2005）巻末に収録されている。

[41] 明治維新以後のわが国の裁判実務が形成された過程については，未だ十分に解明されていない。幸い，明治初期からの民事判決原本がほぼすべて残されている。これらは本来永久保存であったが，判決から50年以上経たものは廃棄されることとされた。しかし，その後これらは裁判所から大学へと移管され，さらに国立公文書館に移管される。今後この点の実証的な研究が期待される。なお民事判決原本の概要については，林屋礼二＝石井紫郎＝青山善充編・図説判決原本の遺産（信山社・1998）。

[42] 林屋礼二「訴訟の資料からみた明治前期の民事訴訟」同ほか編著・前掲注40) 59頁。

[43] これらについては，林屋・前掲注39) 書が様々な角度から検討していて極めて有益である。

3 大正15年改正とその結果

　大正15年には民事訴訟法第1編から第5編までの判決手続に関する部分の全面改正に関する法律が成立し（大正15年法律61号），昭和4年10月1日から施行された。この改正法が基本的な考え方として影響を受けたのは1895年オーストリア民事訴訟法であり，主に職権主義の強化によって，訴訟の遅延の原因となっていた諸規定を改め，手続の円滑な進行と審理の適正を図ることを目的としていた。改正法の主要な点は，①準備手続制度の拡充，②欠席判決制度の廃止，③合意による期日変更制度の廃止，④移送規定の拡充，⑤時機に後れた攻撃防御方法の却下，⑥選定当事者制度の創設，⑦訴訟参加制度の拡充等であった。

　第二次大戦中は，訴訟手続簡略化のために戦時民事特別法（昭和17年法律63号）が定められたが，戦後まもなく廃止された。戦後，新憲法のもとで，司法制度自体は大幅に変わったが，民事訴訟手続はほぼ従来の形態を維持した[44]。もっとも，昭和23年の改正（昭和23年法律149号）では，変更判決，交互尋問制，濫上訴に対する制裁，特別上告などアメリカ民事訴訟法の影響を受けた改正がなされた[45]。

III　現行民事訴訟法の制定[46]とその後の改正

　大正改正法による民事訴訟手続でも，訴訟の促進は十分な成果を上げることができず，訴訟遅延は国民の訴訟離れを生んだとの批判が強くなった。しかし他方では，様々な大規模訴訟（公害，製造物責任，環境保護）などの提起は民事訴訟とその現状に対する国民の強い関心を巻き起こした。また経済活動の自由化と紛争処理の迅速化の要請も強く，司法と国民生活の乖離は無視し得ないものとなり，民事訴訟制度の全般的見直しが，実務的にも試みられた（例えば，〈弁論兼和解〉の試みなど）。しかしこのような実務的な努力には限度があり，民事訴訟法の全面的改正がなされるに至った。またこれを機会に，従来のカタカナ書き条文を現代語に直し，これまでの判例・学説による理論的進展をできる

---

[44] もっとも新設の最高裁はこれまでの大審院が50名ほどの裁判官を擁していたのに対して，15名の裁判官で構成され，またその権限が著しく増大した。

[45] 戦後の民事訴訟法改正については，納谷廣美「民事訴訟制度の改革」高地茂世＝納谷廣美＝中村義幸＝芳賀雅顯・戦後の司法制度改革（成文堂・2007）63頁以下，松本＝上野23頁以下。

[46] 現行民事訴訟法の改正点とその意義については，一問一答3頁以下，柳田幸三「民事訴訟法の全面改正の意義と新民事訴訟法の特徴」理論と実務（上）61頁以下，松本＝上野25頁以下など。また，改正の大局的な意義などについては，三宅省三「民事訴訟法改正の経過と主要な改正事項」大系(1)3頁，竹下守夫「新民事訴訟法制定の意義と将来の課題」講座新民訴(1)1頁，河野正憲「新民事訴訟法の理念とその実現」司研1997年1号（創立50周年記念特集号(1)民事編I）308頁。

限り取り入れる努力がなされた。

　現行民事訴訟法は平成8年6月に公布され（法律109号），平成10年1月1日から施行された。この改正は大正15年の判決手続の改正以来70数年ぶりの全面的・抜本的な改正であった。今回は判決手続の部分についての改正であると共に，この部分のみを独立した法典の形式とすることとし，この法典名を「民事訴訟法」とした。これによって従来のような「民事訴訟法」という法典に様々な手続を併せて定める方式（ドイツ民事訴訟法の方式）を改めた。明治民事訴訟法に定められていた諸手続のうち，既に第6編強制執行の部分については別に競売法と併せて独立した法典の形式で「民事執行法」（昭和54年法律4号）が制定され，それに対応する規定が削除された。更に保全手続については「民事保全法」（平成元年法律91号）が単行法として定められていた。今回判決手続部分を「民事訴訟法」としたため，これまでの法典中で改正されなかった第7編公示催告手続及び第8編仲裁のみをまとめて，その法典名を「公示催告手続及ビ仲裁手続ニ関スル法律」に改めた[47]。

　改正の一般的目的として「国民に利用しやすく，わかりやすい」民事訴訟手続とすることを掲げたが，主要な改正点は，①争点整理手続の整備，②証拠収集手続の拡充，③少額訴訟の創設，④最高裁判所に対する上訴制度の整備である。

　さらに，平成15年には，民事訴訟法の部分改正がなされた（平成15年法律108号）。改正点は，①特許権等に関する訴えの管轄，②専門員制度の導入，③訴え提起前の証拠収集処分等，④計画審理，⑤和解に代わる決定である。またこれと併せて人事訴訟手続についても全面的に改め「人事訴訟法」（平成15年法律109号）が制定された。

　平成16年には，「民事関係手続の改善のための民事訴訟法等の一部を改正する法律」（平成16年法律75号）により，①管轄合意，②電子情報処理組織による申立て等，③電子情報処理組織による督促手続の特則が，また④民事執行法改正では少額訴訟債権執行手続が新たに設けられた。

IV　民事訴訟規則

　民事訴訟手続の規律には様々な種類・性質のものがある。それには国民が訴

---

[47]　その後，仲裁手続は独立の仲裁法（平成15年法律138号）となり，公示催告手続は非訟事件手続法（明治31年法律14号）に収められた。

訟手続を利用するうえで極めて重要な権利義務に関わるものから，細かな手続や書面の記載事項などにわたる。これらすべてをいちいち〈法律〉の形で規律することは必ずしも適切ではない。後者は合目的的考慮から必要に応じて修正がなされなければならず，国会による審議を要する必要性はなく実際の必要に応じた規律が求められる。憲法は，裁判所に〈規則制定権〉を与えており（憲77条1項)，これに基づいてこれらは最高裁判所規則で定めることにした（民訴3条)。そのために，総条文240条からなる「民事訴訟規則」（平成8年最高裁規則5号）が制定された（条文数はその後の改正で変更)。

民事訴訟規則に定められている事項は概ね次の通りである（北澤晶「新しい民事訴訟規則について」大系(1)21頁)。①裁判所に提出すべき書面のファクシミリによる提出，②訴状，答弁書の記載事項と添付書類，③準備書面の当事者間での直送，④当事者照会の方法・記載事項など，⑤進行協議期日，⑥調書に代えての録音テープの使用など，⑦少額訴訟の場合の手続の教示である。

第5節　民事訴訟手続の規律原理

〔文献〕
井上治典「手続保障の第三の波」同・民事手続論（有斐閣・1993）29頁，新堂幸司「『手続保障論』の生成と発展」同・役割321頁，中野貞一郎「公正な手続を求める権利」同・現在問題27頁

I　近代的民事訴訟手続の成立とその規律原理

1　総　　説

私人間の紛争を法的に解決することを任務とする民事訴訟では，裁判所での手続や判決には，性質上強制的な要素が伴う。その際これらの手続や判決が当事者を拘束し，特に判決内容を敗訴当事者に対して，その意に反してでも強制しうるためには，この判決にはそれを強制することを正当化する要素が存在しなければならない。このような判決の強制力を正当化する根拠を何に見るのかは，歴史的に見れば様々であった。例えば，それが宗教的権威に基づくこともあれば，また権力者の権力行使そのものとされたこともあった。しかし，近代的な価値観に基づいて成立した民事訴訟手続では，近代社会を構成する基本的価値と共通する要素を伴った訴訟手続が存在しなければならない。少なくとも，

このような価値原理に適合的な訴訟手続を経て下された判決であってはじめて，その判決は社会で通用力を持ち説得力のあるものとして，正当性を認めることができる。

　明治政府は，新たにわが国の民事訴訟手続を規律する法典の立法にあたって，ヨーロッパ，最終的には特にドイツ帝国民事訴訟法（Reichs＝Civilprozeßordnung von 1877）を参考にして立法を行うこととした。わが国明治民事訴訟法の基礎となったドイツ民事訴訟法は，ドイツ普通法訴訟手続を基礎に，領邦国家の様々な民事訴訟法立法の試みを豊富なアイデア源として，さらには近代的な法観念に基づくその後の訴訟法学説などの基礎のもとに成立したものであった[48]。特にそれは19世紀を通じて発達した民事訴訟手続に関する基本観念を基に形成されている。これらの法制度を承継することは，わが国においても近代的な価値原理に基づいた訴訟手続を導入することを意味するものであった。したがって，わが国の民事訴訟法の歴史的背景としても，ドイツにおける民事訴訟手続の成立とその基礎を構成する価値原理を明らかにすることは極めて重要である。

2　ドイツ民事訴訟法の歴史的基礎

(1)　前　　史

　19世紀まで今日のドイツの領域は，主として神聖ローマ帝国（1806年消滅）の枠組みに属したが，この神聖ローマ帝国の実体は領邦国家に基礎を置いた小国分裂の状態にありその国制は，皇帝権と領邦国家の二重権力であった[49]。民事裁判制度にもこのような複雑な国制が影を落としていた。

　1)　普通法民事訴訟　　神聖ローマ帝国及びそれに属する領邦国家の民事訴訟手続に重要な影響を与えたのは普通法（ius commune）の訴訟手続であった。1495年マクシミリアン1世による帝国改革の一環として，ウオルムスの帝国議会で帝国内の最上級裁判所として帝室裁判所（Reichskammergericht）が設けられた。ここでは，ローマ法を学んだ法知識層が登用され，また二次的・補充的ではあったがローマ・カノン訴訟が導入された結果，書面主義，段階訴訟が取り入れられた。しかしその訴訟手続の遅滞は顕著であった。これに対して，ローマ法継受に敵対的なザク

---

48)　ドイツ民事訴訟法の基礎となった訴訟原則の形成には，特にドイツにおける自然法思想の強い影響を見ることができる。また，フランス革命における新たな所有権絶対の思想や，革命期以降ライン川左岸地方で行われたフランス法による裁判実務（本国のそれとは異なる）の影響を無視できない。

49)　神聖ローマ帝国につき，ピーター・H・ウイルスン＝山本文彦訳・神聖ローマ帝国　1495-1806（岩波書店・2005）。

セン訴訟法（Kursächs. Process- und Gerichtsordnung von 1622）は迅速な手続であった。その手続は，訴えにより事件の概要について記述し，手続は主張段階と証明段階に分けられ，証拠中間判決で区切られて，以後の新たな主張は遮断された（同時提出主義）。この手続は1654年のレーゲンスブルクでの帝国最終決議（JRA）で帝室裁判所手続に導入された。

　2）　プロイセンの民事訴訟立法　　領邦国家のうち，特に新興のプロイセンでは1793年に〈プロイセン諸国のための一般裁判所法（Allgemeine Gerichtsordnung für die preußischen Staaten, 6. Juli 1793）〉が制定された。この法律は，啓蒙思想に基づく訴訟法典であり，職権探知主義を採用したことで有名である50)。しかし，この訴訟法は本来の目的を達成せず，1817年の閣令により改正が指示され，1833年には督促・略式及び少額手続についての改正がなされ，同時提出主義と共に口頭主義が導入され，更に1846年の命令により職権探知主義は払拭された51)。

　3）　フランス民事訴訟法の影響　　フランスでは既に，ルイ14世治下の1667年にはコルベール（Colbert, 1619-1683）の主導の下で民事王令（L'ordonance civile de 1667）により民事訴訟法が制定された52)。フランス革命以来，ドイツの地においてもフランス民事訴訟制度をはじめとするフランス司法制度の影響は極めて大きく多岐にわたる。特に，ライン川左岸地区ではフランス訴訟制度が直接適用された。また，間接的にもフランス革命に由来する新たなイデオロギーが特にドイツの訴訟理論に大きい影響を及ぼした。

　フランスでは，ナポレオン治下での立法作業の一貫として，1806年に民事訴訟法（Le Code de procédure civile）が成立した53)。これは19世紀の劈頭を飾る民事訴訟法典であり多くの国に影響を与えた。ただ，その立法は2年余の間に極めて迅速になされ，そこにはかつての民事王令の残滓が多く残されていた。

　4）　ドイツ諸国の民事訴訟法立法　　ドイツでは領邦国家による分裂の状態は，ナポレオンによる支配とその後のウィーン体制で様々に変容しつつ継続した。その間，各邦では民事訴訟立法が試みられた。また，北ドイツ連邦による立法の試みがなされたが，これらは民事訴訟立法の競争の観を呈した。

50)　プロイセン民事訴訟法の歴史的考察として，鈴木正裕「18世紀のプロイセン民事訴訟法(1)～(3)」神戸23巻3＝4号115頁，24巻2号109頁，4号333頁。
51)　その間の民事訴訟法改革についてのサヴィニーの関与及び訴訟理論との関連につき，河野正憲「サヴィニーとプロイセン一般裁判所法改正について」原島編・前掲注16) 365頁。
52)　刑事王令（1670年）と共に，ルイ14世親政期に訴訟手続の統一を図る目的で立法され，革命期までの法体系の基礎となった。その歴史的意義などにつき，柴田三千雄＝樺山紘一＝福井憲彦編・フランス史(2)（山川出版社・1996）211頁〔林田伸一〕。
53)　その概要については，滝沢正・フランス法（三省堂・1997）297頁。起草委員は，トレイヤール（Treilhard），ピグー（Pigeau），セニエ（Séguier），ベルテロー（Berthereau），トリー（Try）の5名。

(2) ドイツ帝国民事訴訟法（1877年）の制定

　領邦国家分立の状況は，ようやくプロイセンを中核にして1871年に統合されドイツ帝国が成立した。既に統一以前に試みられてきた一般民事訴訟法典の立法作業は，プロイセン草案，北ドイツ草案を経て，プロイセン司法大臣レオンハルト（Leonhardt, 1815-1880）のもとで鋭意進められ，帝国議会を通過の後1877年1月30日に民事訴訟法が公布され，1879年10月1日施行された。この法律では，これまでのドイツ普通法訴訟手続から脱却し，特にフランス法の影響を受けて，口頭弁論主義，同時提出主義，自由心証主義が採用された。

　立法者は統一ドイツ帝国民事訴訟手続の立法にあたり，一つの選択としてフランス法を大幅に取り入れることの可能性などをも検討した。しかしそれは適当ではないとし，ドイツの伝統的手続構造を修正して採用することとした。こうして手続の基本構造としては，従来の裁判所を中心とする手続形態が残された。その意味で，普通法・カノン法訴訟手続の伝統を受け継いでいる。

　その後，1898年には民法施行による民事訴訟法の改正が，1924年には訴訟の促進を目的とした改正がなされた。その後多くの改正がなされたが，特に1976年に大改正がなされ，「簡素化法（Vereinfachungsnovelle）」が成立した。また，2002年にも一審強化の改正がなされた。

(3) オーストリア民事訴訟法（1895年）の制定

　オーストリアにおいて最初の統一民事訴訟法が成立したのは，ヨゼフ1世治下の1781年の一般裁判所法（Allgemeine Gerichtsordnung＝AGO）であった（その後，1796年小改正）。その後19世紀にはいると，AGOの時間と費用のかかる手続の改正が問題となり，当初は特別手続（婚姻手続〔1819年〕，略式手続〔1845年〕，少額手続〔1876年〕）で，口頭主義，直接主義，公開主義，訴訟集中主義，自由心証主義が採用された。1877年のドイツ民事訴訟法などの影響を受けたが，フランツ・クライン（Klein, Franz 1854-1926）の指導のもとに，ドイツ法の弁論主義，処分権主義に基づく自由主義的民事訴訟原則から離反した新たな民事訴訟法（Zivilprozeßordnung 1895＝ZPO）を成立させた。これは〈社会的法治国家〉の民事訴訟法ともいわれる（彼の訴訟哲学については，参照，フランツ・クライン＝中野貞一郎訳・訴訟における時代思潮〔信山社・1989〕）。またこれと同時に裁判所法（Jurisdiktionsnorm 1895＝JN）が成立している（両者の翻訳は，法務大臣官房司法法制調査部編・オーストリア民事訴訟法典〔法曹会・1997〕）。この法律は，ドイツ並びにわが国の大正改正に大きな影響を与えた。

3 ヨーロッパ民事訴訟法と民事訴訟法の国際的調和の試み

(1) ヨーロッパ民事訴訟法

今日，ドイツなどのヨーロッパ連合諸国では，次第に法や裁判制度の統一が進んでいる。民事訴訟の分野では，まず〈民事及び商事事件に関する裁判管轄及び判決の執行に関する1968年9月28日の条約〉（いわゆるブリュッセル条約）が，裁判管轄と判決執行の局面に限定してではあるが，民事訴訟の統一化への途を開いた。これとほぼ同じ内容の条約はEFTA諸国とヨーロッパ共同体諸国とも1988年9月16日にルガノで締結され（いわゆるルガノ条約），統一化が著しく進んでいる。ヨーロッパ連合では，さらにブリュッセル条約を基に，ヨーロッパ連合規則が成立し（Regulation No. 44/2001），2002年3月1日から施行されている（いわゆるBrussels Regulation I）。これらの条約や規則を締結国で統一的に適用することを確保するために，ヨーロッパ裁判所に条約解釈のために各国裁判所から事前に事件の回付を受けて，解釈に関する判決をする権限が与えられている。またヨーロッパ人権裁判所も民事訴訟手続に関する一連の判決を通して，各国民事訴訟手続の合理化に寄与している。さらに，統一的ヨーロッパ民事訴訟法創設の努力も続けられている。

(2) 民事訴訟手続の国際的調和

民事訴訟手続は各国の様々な伝統により手続的に相違しており，自国外での訴訟手続は極めて複雑・困難な現状にあるが，これを打破するために各国の渉外民事訴訟手続を調和させようとする試みがなされている[54]。これはアメリカ法曹協会（ALI）と私法統一国際協会（UNIDROIT）の共同プロジェクトであり，民事訴訟の基本原則（Principles）及びそれに基づく民事訴訟ルールの試案を発表している。この試みは，各国民事訴訟手続のうち各国に共通の価値原理を探求しそれを訴訟原則として抽出しその調和を図ると共に固有の手続にも配慮を示すものである[55]。

II 訴 訟 原 則

1 民事訴訟手続を規律する基本原理

民事訴訟手続は単なる個々の無目的な手続的行為の寄せ集めではなく，様々な行為が一定の原則のもとに整序された手続である。当事者が行う手続行為の効果も，民事訴訟の本来の趣旨に沿って判断されなければならない。民事訴訟

---

[54] ALI/ UNIDROIT, Principles of Transnational Civil Procedure, Cambridge/2006.
[55] 訴訟原則の翻訳は，名古屋裁判所国際関係法研究会（監修・細川清）「アメリカ法律協会・私法統一国際協会『国際民事訴訟原則』」判時1998号3頁。意義と問題につき，河野・前掲注9）43頁，55頁。

で求められる裁判所の判断が有する通用力・正当性は，裁判所という国家機関の単なる権力的な判断の故ではなく，それが一定の原則に基づき，訴訟当事者が主体的に関与した正当な手続を経て下されたものであるが故にはじめて，訴訟当事者のみならず社会をも納得させるに足りるものになる。この民事訴訟手続の在り方を明らかにし様々な行為を規律する基本原理が〈訴訟原則〉であるが，それは近代社会に普遍的な価値原理に基づき，市民の生活自体を規律する基本原理と共通の価値原理に基づいている[56]。

2 訴訟原則の諸相

訴訟原則の内容は多様であるが，それらのうち基本的な観点としては，まず，民事訴訟手続を利用するに際して発生する利益や不利益に関する責任原理を明らかにしなければならない。これは最終的に，訴訟を利用する市民と制度を設営する国家機関としての裁判所が有する権限とその責任の分配に関する。特に訴訟の結果として発生する不利益に関する責任分配を規律する原則が明確でなければならない。

まず手続の利用に関して生じる責任原理としては，当事者と裁判所の権限及び責任について定める基本原理である〈処分権主義〉がある。

次に訴訟手続において裁判をするのに必要な資料に関して働く基本原則が〈弁論主義〉である。当事者が口頭弁論に上程した資料のみを用いて裁判をしなければならず，裁判所は職権でこのような資料を集め判断の基礎としてはならないとする。訴訟当事者の自己責任による訴訟追行を基本とし，これによって裁判所の判断権限を制約する原理である。

次に，手続の在り方・形式を規律する原則として〈公開主義〉，〈直接主義〉などがある。公開の手続こそが公正な手続の基本だという近代的な観念に基づく。さらに，手続の進行について誰が責任を持つのかを定める手続原則がある。〈当事者進行主義〉，〈職権進行主義〉がこれである。これに加えて近年は手続の計画的運営などが強調される（これらの詳細については更に後述⇒第5章）。

---

56) 民事訴訟における訴訟原則の重要性は，特に社会主義政権崩壊後，市場経済に移行した諸国での新たな民事訴訟手続で注目されている。これらの諸国では，例えば処分権主義は存在したが，他方で国家の一般的利益や検察官による監視システムが存在し，個人の手続に関する自律的な権限が確立してはいなかった。

III　訴訟法と実体法

1　訴訟法と実体法の機能分担

　民事訴訟手続では，裁判所は審理・判決をするにあたって恣意的な行動をすることは許されない。裁判所は，当事者のそれぞれの言い分を十分に聴いたうえで，法の定める判断基準に基づいて適切な判定をすることが必要である。このような当事者間の権利義務関係の主張の根拠となりまたその点を巡る紛争解決のために裁判所が判断をするにあたり，その判断の基準を定めるのが〈実体法〉である。

　こうして，民事訴訟手続においては，まず第一に実体法の定める権利関係は，訴訟における事件の審理・判断の基準になる（〈裁判規範〉という）[57]。

　このような裁判所の判断の過程では，伝統的に，裁判手続において法規を大前提とし，確定された事実を小前提とした〈法的三段論法〉が行われるといわれてきた。現実の判断過程がこのように論理的・演繹的な単純なものでないことはいうまでもないが，最終的に裁判所の判断がこのような明確な論理的で合理的な形に整理され，その結果が第三者によって検証可能なものとされなければならないこともまた必要である。

2　訴訟過程における当事者行為の規律

　民事訴訟手続では，当事者がそれぞれの主張を尽くしたうえで形成された裁判所の判断により紛争を解決することが予定されている。この判決に至る訴訟手続の過程で当事者は口頭弁論手続において自己の有する権利を十分に主張し，その権限を行使することが保障されている。特に処分権主義，弁論主義が支配する民事訴訟手続では，その手続内での攻撃・防御の行為をはじめ，手続上重要な基本問題の決定は当事者の意思に基づいた訴訟上の行為によって行われる。またその結果は専らその訴訟当事者が責任を負担する自己責任原則が支配している。そこで，訴訟手続で行われる当事者の様々な攻撃・防御の行為やそれを行う過程でどのような規律原理が支配しているかが問題になる。

　従来，当事者が訴訟上で行う行為は基本的に国家機関である裁判所に対する行為であり，公法上の行為であると考えられてきた。そしてそこでは私人と私

---

57)　もっとも実体法の存在意義・機能についてはこれを専ら〈裁判規範〉であると理解するのは狭すぎる。市民の一般的取引その他の法的活動の規律原理として，行為規範の側面があることを否定し得ない。

人の間の権利義務関係を規定した民事実体法の規律する私法の規制原理とは全く別の価値原理が支配するとされてきた。この点を明確にするためにドイツ民事訴訟法学は〈訴訟行為〉という概念を構想し，私法とは別の訴訟法的価値原理が支配するとの主張がなされてきた（当事者行為の規律原理を巡る学説の展開につき，河野・当事者行為1頁以下）。

　民事訴訟手続では，対象とされた事項について裁判所の判決により最終的な決着を図ることを目的にするが，そのためには，当事者は訴訟手続の中で，純粋に手続上の行為と共にその決着に必要な，実体法上有する自己の権限を積極的に主張・行使することが求められる。こうして民事訴訟は権利行使の最終的な場としての機能を有する。その際，これらの行為が訴訟の相手方に対する権利行使という本質を有し，これと同じ責任原理が妥当するとすれば，それを規律する訴訟手続上の価値原理は私法のそれと共通であるはずで，その法的評価には実体法上の行為を規律する価値原理と全く異質の原理を持ち込んではならないはずである。また訴訟手続を前提にして訴訟外で行われる当事者の行為も存在する。

　これら訴訟当事者が訴訟手続で行う攻撃・防御を中心とした様々な種類の行為がどのような原理で規律されるのか，またその構造上，法律関係という観念で規律することができるのかが問題になる。訴訟手続外でなされる様々な私人間の行為は，実体法上権利・義務の法律関係として把握され法的規律がなされているが，訴訟手続で行われる当事者の行為については訴訟当事者間に〈法律関係〉という権利義務関係を発生させず，これとは別の見込みや負担といった法的な状態が支配するにすぎないとの見解もかつて存在した（ゴールドシュミット〔Goldschmidt〕の見解）。

　しかし，訴訟手続上でも当事者間に様々な法律関係が生じることは否定できない。また訴訟手続は，そもそも当事者が裁判所の面前でそれぞれが自らの法的主張を尽くしてその当否を問う場であり，攻撃・防御を尽くすために保障された権利行使の場でもあることからすれば，このような手続内で双方の当事者が訴訟に関して行った，あるいは行わなかった（不作為による）重要な法的行為もまた一定の実質的な規律原理に従って判断されなければならない。民法の法律行為論はこのような裁判外での取引行為を規律する原理の基本であるが，これら実体法の規律原則の基礎は，当事者が訴訟上で行う一連の意思に基づく行為の判断に際しても，訴訟という権利行使の場の特殊性を考慮しつつ，連続

した共通の規律原理として一般的な妥当性を有しているといえる。

3 当事者行為の一般的規律原理（信義誠実の原則——民訴2条）

現行民事訴訟法は，充実した訴訟手続の実現を図ることを主要な目的とする。それを実現するためには単に裁判所の職権の強化だけでは十分でない。民事訴訟手続では専ら当事者のために，そして直接に利害関係を持つ当事者が主導して手続が進められなければならない。訴訟当事者自身の積極的な訴訟手続への関与が不可欠である。

当事者が積極的に訴訟手続に関与することを前提として，訴訟の促進を図るために，民事訴訟法は裁判所及び当事者に様々な訴訟手続上の行為義務を課している。このような民事訴訟の審理モデルは，訴訟当事者の手続上の主体性を重視したものである。そのためには当事者間で行われる訴訟上の行為義務の具体化が必要であり，またこのような観点からの理論化が要請される。特に当事者相互の訴訟上の行為を具体的に規律する原理の基礎が問題になるが，これを一般的に示した規定が民事訴訟法2条である。そこでは，「当事者は，信義に従い誠実に民事訴訟を追行しなければならない」と定める。

さらに平成15年の改正では計画的な審理を実現するための方策に努めることが当事者に要請されている。当事者及び裁判所の訴訟手続上の機能や役割を明らかにし，その具体的規律原理を探求することが重要な課題になる[58]。

Ⅳ 民事訴訟手続とその周辺

　　民事訴訟手続は，私人間の法的紛争を公権的に解決するための最も基本的な法制度である。しかしこのことは，私人間のこれらの紛争が民事訴訟手続のみによって解決されることを意味しない。民事の紛争解決の多くが裁判外手続で解決されていることは既に述べた通りである。

　裁判所による私法的解決が求められる場合であっても，民事訴訟手続はその解決までに比較的長時間を要し，緊急の問題解決のためには適当でない。従来，このような事件は裁判所に持ち出されることなく処理されることが多かった。しかし近年ではわが国社会でも著しく〈法化現象〉が進み，急展開するビジネス紛争でも裁判所の判断が求められ，それが極めて大きな影響力を持つケースが多発するに至った。これには，民事保全手続が用いられることが多い。

　民事保全手続は，「民事訴訟の本案の権利の実現を保全するための仮差押え及び

---

[58] この点に関して参考となるシンポジウムの記録として，河野正憲司会「現代の民事訴訟における裁判官および弁護士の多重的な役割とその相互関係」民訴50号87頁。

係争物に関する仮処分並びに民事訴訟の本案の権利関係につき仮の地位を定めるための仮処分」（民保1条）の発令及びその執行のために手続である。

　また，民事訴訟手続は当事者間の紛争につき権利関係を明確にし判決によってその旨を確定するが，その権利関係を現実に強制的に実現する手続ではない。債務者である被告に対して民事訴訟手続における判決で給付請求権が存在することが確定しても，それだけでは判決内容は実現されない。それを強制的に実現するためには国家機関による強制的な権利実現の手続が必要になる。この手続は，民事執行法が定める強制執行手続によって行われる。

　民事保全手続や強制執行手続は，民事訴訟手続と共に権利の強制的実行及び実効的権利実現に必要不可欠の法制度である。しかしそこでは，民事訴訟手続とは異なった手続原理が支配している。詳細は，民事保全法・民事執行法の解説に譲る。

第 1 章　裁 判 機 関

〔本章の概要〕
　民事訴訟は，私人間の法的紛争解決の求めに応じて，国家の設営する公正な第三者である裁判所が，当事者の主張の当否を審理し判断する手続である。本章では具体的な民事訴訟手続の内容自体に立ち入る前に，民事訴訟手続を行う前提となる裁判権及び裁判機関について考察する。
　まず，第 1 節では国家の司法権を行使する機関である裁判機関が，民事事件について審理し判断をするにあたり必要な基本となる権限（民事裁判権）自体を考察する。次に，第 2 節では民事紛争を実際に審理し判断する国家機関としての裁判機関の構成，権限やその構造等を概観する。以上の前提の上で，第 3 節では，さらに多く設けられている裁判所の中で具体的にどの裁判所に訴えを提起すべきかの〈管轄〉の問題を考察する。わが国には各地に様々な裁判所が設置されているが，具体的な事件につきこれらの多くの裁判所の中のどの裁判所に訴えを提起すべきか，またいったん提起された訴えにつき審理する裁判所が適切でない場合の調整はどのようにすべきか等といった問題である。第 4 節では事件を担当する裁判所の公正維持の制度を概観する。管轄を有する裁判所が明らかになっても，当該受訴裁判所が具体的な事件を公正な立場で処理するためには，それを担当する個々の裁判官と事件の関係でも公正さを確保するための制度が問題になる。裁判機関は具体的事件との関係でも公正な立場を保持・確保することが必要であり，そのための制度的保障である裁判官の除斥，忌避，回避の制度について考察する。

第 1 節　民事裁判権

〔文献〕
澤木敬郎＝青山善充編・国際民事訴訟法の理論（有斐閣・1987），小林秀之・国際取引紛争〔第 3 版〕（弘文堂・2003）

I　司　法　権

　民事訴訟は，私的紛争を法的に解決するために必要な強制的要素を伴った国

家制度である。私的紛争を法的に解決するための終局的な手段である民事訴訟は，当事者間での合意による解決がついに不可能となった場合にもなお実現されうる紛争解決の制度でなければならない。そのために民事訴訟手続では，裁判所は中立的な機関として公正な立場で当事者双方の主張につき適切にその正否の判断を下し，また下された判断は最終的なものとしてはもはや争えないものとされる必要がある。更にはこの判断は終局的に強制力を伴って実現が可能でなければならない。裁判所の最終的判断が強制力を持つことが必要とされるのは，手続自体を無視する者に対してもなお民事訴訟の実効性が確保されなければならないからに他ならない。またこのような民事訴訟の強制的性格は，最終的な裁判所の判断の結論[1]だけでなく手続過程においても不可欠である。このような民事裁判の強制権限（民事裁判権）の行使は，今日では国家のみに専属し，それは国家主権の発動と理解されている[2]。国家の裁判権は，国家の統治作用のうち〈司法権〉に属し，憲法上，司法権は専ら最高裁判所を頂点とする裁判所によって行われる（憲81条）。

II　民事裁判権の意義と範囲

1　民事裁判権

(1)　意　　義

司法権に属する国家作用のうち，特に民事の法律関係に関する裁判権を〈民事裁判権〉という。ここに民事の法律関係とは，対等な市民間を規律する法的関係をいう。この民事裁判権は，同じく裁判権に属する事項であっても，国家が，犯罪を犯したとされる者に対して直接に行使する刑罰権に関する〈刑事裁判権〉とは対立する概念である。わが国では民事裁判権には，主として財産権を巡る法的紛争など民事に関する事件一般につき民事訴訟法に基づいて訴訟手続が行われる〈通常事件〉と，この他に，行政庁の処分等を争うために行政事件訴訟法による行政事件や身分関係に関する事件につき人事訴訟法による人事訴訟事件や家事審判法による事件（非訟事件）がある（⇒序章）。

---

1)　裁判所の最終的判断である終局判決は，それが確定しもはや審級制度の中では取り消し得なくなれば，覆し得ない効果が生じる（〈既判力〉という。⇒第10章第5節）。また給付判決では，国家の強制執行機関を通じて判決の強制的実現ができる（〈執行力〉という。⇒第10章第6節）。
2)　連邦制の国家では裁判権は国家に統一的に帰属させていない。アメリカ合衆国では各州及び連邦がそれぞれ司法権を有しているし，ドイツでもまた連邦と並んで各州が司法権を有している。

(2) 行政事件

憲法上，行政機関は終審として裁判を行うことが禁止されており（憲76条2項），これらの事件もまたすべて最終的には最高裁判所によって判断がなされなければならない。ここに行政事件とは，公法法規又は行政法規の適用に関する事件をいうものとされる（園部逸夫「行政訴訟と民事訴訟との関係」新実務(1)3頁，13頁）。

> 行政事件もまた通常の民事裁判権に服する現行の制度は，戦後現行憲法によって新たに採用された制度である。戦前は行政権に関する訴訟は司法権に属する通常裁判所の管轄には属さず，これとは独立の行政権に属した行政裁判所が管轄するとの制度を採用していた[3]。このような制度はフランスやドイツなどヨーロッパ大陸で多く採用されており，行政事件は通常の民事事件とは別の系列の〈行政裁判所〉によって審理・判断される。そこで，このような制度のもとでは，両者を区別する明確な識別基準が必要である。

わが国の現行制度のもとでは行政事件もまた民事事件とされているから，両者の取扱いに決定的な違いはないともいえる（ただし，簡易裁判所は行政事件について管轄権を有さない。参照，裁33条1項1号）。ただ，審理の際に適用される手続規定は民事訴訟とは異なり，行政事件訴訟の手続については行政事件訴訟法（昭和37年法律139号）が定められており，手続上両者の取扱いは異なる。そこで，ある事件が通常の民事事件に属するのか，あるいは行政事件に属するのかが必ずしも明確でなく問題となる場合が生じる[4]。

(3) 人事訴訟事件

人事訴訟事件も民事事件であるが，その事件の審理・判断は通常の事件とは異なり家庭裁判所で審理される。ここに人事訴訟事件とは，人の身分法律関係の形成又はその存否の確認を目的とする訴えである（人訴2条）。具体的には，①婚姻の無効及び取消しの訴え，離婚の訴え，協議上の離婚の無効及び取消し

---

[3] 明治憲法のもとでは，行政裁判に関しては，行政裁判法（明治23年法律48号）により，行政裁判所の組織，権限が定められていた。名称は裁判所とはいえ，実質は行政権の中の監督機関であった。それは通常の行政機関からは独立していたが，全国1カ所東京のみにあり，1審でかつ終審であったことなど極めて不備な制度だった。行政訴訟の歴史及び概要については，藤田宙靖・行政法Ⅰ（総論）〔第4版〕（青林書院・2003）355頁以下。

[4] これが問題となった事件は少なくない。例えば，大阪国際空港事件（最(大)判昭和56年12月16日民集35巻10号1369頁）など参照。この点に関するケースの分析として，内山衞次「民事訴訟と行政訴訟」中野・古稀(上)57頁。このような区別の不明確さが専ら原告の負担とされることは裁判の拒絶に等しい。救済の法理が求められる。

の訴え並びに婚姻関係の存否の確認の訴え（人訴2条1号），②嫡出否認の訴え，認知の訴え，認知の無効及び取消しの訴え，父を定める訴え（民773条）並びに実親子関係の存否の確認の訴え（人訴2条2号），③養子縁組の無効及び取消しの訴え，離縁の訴え，協議上の離縁の無効及び取消しの訴え並びに養親子関係の存否の確認の訴えである（人訴2条3号）。

従来，これらの人事訴訟事件は地方裁判所で審理判断されていた。しかし平成15年の改正人事訴訟法で，当該訴えに関する身分関係の当事者が普通裁判籍を有する地又はその死亡のときにこれを有した地を管轄する家庭裁判所の専属管轄事件となった（人訴4条）。家庭裁判所は，この他に家事審判事件を取り扱う。

人事訴訟事件では，通常民事訴訟事件とは異なった訴訟原則に基づいて審理・判決が行われる（例えば，職権探知〔人訴20条〕，判決効〔人訴24条〕等）。

2 民事裁判権の人的範囲

(1) 原則

わが国の民事裁判権が及ぶ者の範囲（人的範囲）は，原則としてわが国の領土内にいるすべての者である。わが国の領土内にいる者であれば日本国民に限らず，外国人や国籍を有していない者に対してもわが国の民事裁判権が及ぶのが原則である。

(2) 例外

わが国の民事裁判権が及ぶ人的範囲には次の例外がある。

1) 天皇　まず，天皇に対して民事裁判権が及ぶか否かが問題になる。憲法上天皇は「日本国の象徴であり日本国民統合の象徴」としての地位を有することから（憲1条），このような特殊な憲法上の地位を与えられている天皇に，私的な紛争につき国家の強制力である民事裁判権を及ぼすのが妥当かが問題にされうるからである。〔**判例**〕は，天皇に対する民事裁判権の行使を否定する。

†〔**判例**〕**最(2小)判平成元年11月20日民集43巻10号1160頁**[5]　千葉県知事は昭和天皇の病気の快癒を願う県民記帳所を設けこれに対して公費を支出した。しかしそれが違法であり昭和天皇が不当に利得した費用相当額を今上天皇が相続したとして，千葉県知事に代位して，天皇に対して不当利得返還の住民訴訟を起こしたのが本件である。第一審は，訴え却下。控訴審は控訴棄却。上告棄却。

「天皇は日本国の象徴であり日本国民統合の象徴であることにかんがみ，天皇に

---

[5] 岩淵正紀・最判解説民事平成元年度397頁，長谷部恭男・百選Ⅰ14頁。

は民事裁判権が及ばないものと解するのが相当である。したがって，訴状において天皇を被告とする訴えについては，その訴状を却下すべきものであるが，本件訴えを不適法として却下した第一審判決を維持した原判決は，これを違法として破棄するまでもない」として天皇に対する民事裁判権を否定した[6]。

　学説は一般に天皇に対する民事裁判権を肯定している（兼子・体系 65 頁，新堂 89 頁）。しかし，憲法が天皇に象徴としての特別の地位を与えたことから，民事裁判権を否定した判例に賛成する（判例賛成は，伊藤 36 頁）。

　2）　外国国家等　わが国の裁判所が外国国家に対してわが国の民事裁判権を行使することができるのかが問題になりうる。国際法上，各国家はそれぞれ独立した存在として〈主権〉を有し，国際慣例上国家はその大小にかかわらず，独立した平等なものとして外国の主権には服さないものとされている。民事訴訟手続はわが国の主権行使の一形態であるから外国国家に対してわが国の裁判権を及ぼすことはできないのが原則である。これを〈主権免除〉という。この場合に外国国家とは，わが国が承認しているか否かにかかわらない。

　しかし，今日この主権免除原則を無制限に適用することに対しては批判が強く，次第に限定的に理解する見解が一般的になっている[7]。

　かつての古典的な国家主権概念の下では，国家主権の絶対性の観点から，外国国家はわが国領土内に存在する不動産に関する訴訟を除き（不動産はわが国の領土としてわが国の主権が及ぶ），わが国裁判所の裁判権には服さないものとされた（「絶対免除主義」という）。しかし，今日では国家が行う作用は多様であり，単に統治行為という国家が本来有する機能だけを行うのでなく，国営企業などの形態によって様々な経済活動をも行うようになった。そこで，従来のように〈国家行為〉というだけの理由で主権免除を認めると，私人が行うのとはその実質が何ら異ならない経済取引行為によって生じた法律関係につき，その取引主体としてそれを国家が行ったというだけの理由で広範囲にわたり他国の裁判権から免れることになってしまう。しかし，このような経済活動の主体が国家だという理由だけで別扱いする根拠はない。また大局的に見ればこのような経

---

[6]　訴状却下とは，提起された訴えにつきその瑕疵が著しいためいずれにせよ治癒されないため，訴状を送達せず却下する扱いをいう。

[7]　民事裁判権免除については，太寿堂鼎「民事裁判権の免除」新実務(7) 45 頁，同「主権免除をめぐる最近の動向」論叢 94 巻 5 = 6 号 152 頁，広瀬善男「国際法上の国家の裁判権免除に関する研究」国際 63 巻 3 号 216 頁，広部和也「主権免除」国際私法の争点 155 頁，高桑昭「民事裁判権の免除」澤木 = 青山〔文献〕147 頁。

済活動については結局紛争を解決するための合理的手段を失うことになり，当該国が国際取引社会の中で信用を失うことになり，当該国自体にとっても耐えられない。そこで，今日では，主権免除の範囲を限定し，たとえ国家の行為であっても，それが一般的な経済取引行為である場合には主権免除は適用されないとの原則が国際的にも承認されている（「制限主権免除主義」という）[8]。わが国の判例もこの立場による（〔判例③〕）。

†〔判例〕 ① 大決昭和3年12月28日民集7巻1128頁[9]　　戦前日本駐在の中華民国代理公使が振り出した約束手形の所持人による支払請求の為替訴訟を中華民国を相手に東京地裁に提起したケースである。第一審は職権で被告に応訴の意思がないことを確認した上で訴状を差し戻した。大審院は絶対免除主義を採用することを宣言した。

② 最（2小）判平成14年4月12日民集56巻4号729頁[10]　　在日米軍横田基地での夜間離発着による騒音により被害を受けているとして，人格権侵害及び不法行為を理由に，アメリカ合衆国を被告として午後9時から翌朝7時までの間の離発着差止め及び損害賠償の請求を求めて提訴した事件である。第一審は，訴えを却下。控訴棄却。上告棄却。最高裁は，制限主権免除主義の台頭と諸外国での国家実行を確認しつつ，このような今日の状況下でも，「外国国家の主権的行為については，民事裁判権が免除される旨の国家慣習法の存在を引き続き肯認することができる」とし，合衆国軍隊航空機の横田基地での夜間離発着は，わが国に駐留する合衆国軍隊の「公的活動そのもの」であり，「その活動の目的ないし行動の性質上，主権的行為であることは明らか」だとする。

③ 最（2小）判平成18年7月21日民集60巻6号2542頁　　本件は，X（原告・被控訴人・上告人）がY（パキスタン・イスラム共和国。被告・控訴人・被上告人）の関連会社でありYの代理人であるM社との間で，Yに対して高性能コンピュータ等一式を売り渡す旨の売買契約を締結し，目的物の引渡しを終えた後，この売買代金債務を消費貸借の目的とする準消費貸借契約を締結したと主張して，Yに対して貸金元本並びに約定利息及び約定遅延損害金の支払を求めて訴えた事案である。これに対して，Yは，主権国家としてわが国の民事裁判権に服することが

---

8) アメリカ合衆国では，1897年の連邦最高裁判決（*Underhirr v. Hernandez*, 168 U.S. 250 (1897)）以来一連の判例法により（*Banco National de Cuba v. Sabbatino*, 376 U.S. 398, 428）国家行為の理論（Acts of the State Doctrine）が形成されて，次第に国家行為のみが免責されるとしている。また立法として1976年外国主権免除法（Foreign Sovereign Immunities Act of 1976）がある（この法律については，西立野園子「米国主権免除法」ジュリ727号117頁）。
9) 石川明・百選8頁。
10) 吉田健司・最判解説民事平成14年度376頁。

免除されていると主張して訴え却下を求めた。

　第一審ではYは口頭弁論期日に出席せず，X勝訴。Y控訴。控訴審は，〔**判例①**〕を援用してYの裁判権免除を認め，訴えを却下。X上告。最高裁は次のようにのべて事件を控訴審に差し戻した。

　「(1) 外国国家に対する民事裁判権免除に関しては，かつては，外国国家は，法廷地国内に所在する不動産に関する訴訟など特別の理由がある場合や，自ら進んで法廷地国の民事裁判権に服する場合を除き，原則として，法廷地国の民事裁判権に服することを免除されるという考え方（いわゆる絶対免除主義）が広く受け入れられ，この考え方を内容とする国際慣習法が存在していたものと解される。しかしながら，国家の活動範囲の拡大等に伴い，国家の行為を主権的行為とそれ以外の私法的ないし業務管理的な行為とに区分し，外国国家の私法的ないし業務管理的な行為についてまで法廷地国の民事裁判権を免除するのは相当でないという考え方（いわゆる制限免除主義）が徐々に広がり，現在では多くの国において，この考え方に基づいて，外国国家に対する民事裁判権免除の範囲が制限されるようになってきている。これに加えて，平成16年12月2日に国際連合第59回総会において採択された『国家及び国家財産の裁判権免除に関する国際連合条約』も，制限免除主義を採用している。このような事情を考慮すると，今日においては，外国国家は主権的行為について法廷地国の民事裁判権に服することを免除される旨の国際慣習法の存在については，これを引き続き肯認することができるものの（〔**判例②**〕参照），外国国家は私法的ないし業務管理的な行為についても法廷地国の民事裁判権から免除される旨の国際慣習法はもはや存在しないものというべきである。

　そこで，外国国家の私法的ないし業務管理的な行為に対する我が国の民事裁判権の行使について考えるに，外国国家に対する民事裁判権の免除は，国家がそれぞれ独立した主権を有し，互いに平等であることから，相互に主権を尊重するために認められたものであるところ，外国国家の私法的ないし業務管理的な行為については，我が国が民事裁判権を行使したとしても，通常，当該外国国家の主権を侵害するおそれはないものと解されるから，外国国家に対する民事裁判権の免除を認めるべき合理的な理由はないといわなければならない。外国国家の主権を侵害するおそれのない場合にまで外国国家に対する民事裁判権免除を認めることは，外国国家の私法的ないし業務管理的な行為の相手方となった私人に対して，合理的な理由のないまま，司法的救済を一方的に否定するという不公平な結果を招くこととなる。したがって，外国国家は，その私法的ないし業務管理的な行為については，我が国による民事裁判権の行使が当該外国国家の主権を侵害するおそれがあるなど特段の事情がない限り，我が国の民事裁判権から免除されないと解するのが相当である。

　(2) また，外国国家の行為が私法的ないし業務管理的な行為であるか否かにか

かわらず，外国国家は，我が国との間の条約等の国際的合意によって我が国の民事裁判権に服することに同意した場合や，我が国の裁判所に訴えを提起するなどして，特定の事件について自ら進んで我が国の民事裁判権に服する意思を表明した場合には，我が国の民事裁判権から免除されないことはいうまでもないが，その外にも，私人との間の書面による契約に含まれた明文の規定により当該契約から生じた紛争について我が国の民事裁判権に服することを約することによって，我が国の民事裁判権に服する旨の意思を明確に表明した場合にも，原則として，当該紛争について我が国の民事裁判権から免除されないと解するのが相当である。なぜなら，このような場合には，通常，我が国が当該外国国家に対して民事裁判権を行使したとしても，当該外国国家の主権を侵害するおそれはなく，また，当該外国国家が我が国の民事裁判権からの免除を主張することは，契約当事者間の公平を欠き，信義則に反するというべきであるからである。

(3) 原審の引用する前記昭和3年12月28日大審院決定〔判例①〕は，以上と抵触する限度において，これを変更すべきである。

(4) 本件についてみると，Xらの主張するとおり，Yが，Xらとの間で高性能コンピューター等を買い受ける旨の本件各売買契約を締結し，売買の目的物の引渡しを受けた後，Xらとの間で各売買代金債務を消費貸借の目的とする本件各準消費貸借契約を締結したとすれば，Yのこれらの行為は，その性質上，私人でも行うことが可能な商業取引であるから，その目的のいかんにかかわらず，私法的ないし業務管理的な行為に当たるというべきである。そうすると，Yは，前記特段の事情のない限り，本件訴訟について我が国の民事裁判権から免除されないことになる。

また，記録によれば，Y政府代理人M社名義の注文書にはYが本件各売買契約に関して紛争が生じた場合に我が国の裁判所で裁判手続を行うことに同意する旨の条項が記載されていることが明らかであり，更にY政府代理人M社名義でXらとの間で交わされた本件各準消費貸借契約の契約書において上記条項が本件各準消費貸借契約に準用されていることもうかがわれるから，Xらの主張するとおり，M社がYの代理人であったとすれば，上記条項は，Yが，書面による契約に含まれた明文の規定により当該契約から生じた紛争について我が国の民事裁判権に服することを約したものであり，これによって，Yは，我が国の民事裁判権に服する旨の意思を明確に表明したものとみる余地がある。」

〔**判例③**〕は，外国国家の主権免除に関する問題につき新たな方向を明示した点で注目される。即ち民事裁判権が免除されるのは国家行為のうちその活動の性質が主権的なものに限定すべきであり，①外国国家の行為であってもそれが「私法的ないし業務管理的な行為」の場合には特段の事情がない限り免除さ

れないこと，②また，私法的ないし業務管理的な行為であるか否かにかかわらず外国国家がわが国の裁判権に服することを同意した場合，自ら進んでわが国の裁判所に訴えを提起した場合，更に私人間の契約書においてわが国の裁判権に服することを明認した場合にも，わが国の民事裁判権を免除されないとの判断を示した。③また，わが国の裁判権行使が，当該国の主権を侵害する特段の事情がある場合は，当該国側から特段の事情についての主張・立証を要する，という。

この主権免除の原則は，外国国家に対してだけでなく，国際機関もまた外国国家に準じて取り扱われる（太寿堂・前掲注7）45頁）。

3）　外国元首・外交官　　国際法上，外国元首は外国民事裁判権には服さないという慣行がある。さらに，外交官についても一定の場合を除き，接受国の民事裁判権には服さないことが国際条約で定められている（外交関係に関するウィーン条約31条）。わが国もこの条約を批准しており（昭和39年7月8日発効），わが国に居住する外国外交官については，原則としてわが国の民事裁判権が免除される。もっとも，派遣国はわが国の民事裁判権の免除を放棄できる。

3　国際裁判管轄

当事者の一方がわが国の裁判権内に居住しない場合には，わが国の裁判所は提起された事件につき審判対象との関連で，その審判権限があるか否かを明らかにしなければならない（国際裁判管轄）。わが国には国際裁判管轄を定めた明文規定が存在せず，またこの点に関する明確な国際法上の原則も存在しない。そこで，具体的事件については解釈により国際裁判管轄の存否を決定しなければならない。

これはわが国の裁判権がどの限度で対外的事件について及ぶのかの問題であるが，その際，外国の裁判権の尊重と共に，わが国と何の関係もない事件については無益な裁判権の行使を避けるといった考慮が必要である[11]。

> 学説上は，わが国裁判所が国際裁判管轄を有するか否かを判断する基準について明文規定がないために，国内事件の土地管轄規定から逆に国際裁判籍を推知しようとする見解がある（逆推知説。兼子・体系66頁）。この見解によれば，わが国の国内で裁判籍が認められる事件は原則としてわが国裁判所の処理事項であるが（ただし，その裁判所に専属か否かまで決定するものではない），渉外事件であってわが国の

---

[11]　国際裁判管轄に関するわが国の判例及び下級審裁判例の分析については，小島武司「国際裁判管轄」中野・古稀（下）383頁。

いずれの地にも裁判籍が認められない事件については，わが国に裁判管轄が存在しないとする（このような事例では国内事件であれば管轄の指定によることになる）。

これに対して，国内の土地管轄から逆に国際裁判籍を推知するのは論理が逆であり，国際裁判籍の決定は国際的な裁判権の適正な配置という観点から独自に決定すべきだとの見解が対立する（池原季雄「国際的裁判管轄権」新実務(7)3頁）。

わが国の管轄規定の母法であるドイツ民事訴訟法の（国内）管轄規定では，立法にあたり国際管轄を視野に入れていたのであり，国際裁判管轄の判定に必要な要素が考慮されていた12)。したがって，判断の出発点としてわが国土地管轄規定を手掛かりとすること自体は合理的であろう。ただし，これらを形式的に適用するだけでは適用事例が極めて広くなり具体的には公正を欠く場合がありうる。具体的事件における調整を必要とするがその際の基準の解明が急務である。〔判例〕は，管轄規定を出発点としつつ「特段の事情」による調整をしている。

†〔**判例**〕（1）判例は①で国際裁判管轄についての一般論を示したが，その実質は逆推知説によるのであり，一般的には硬直的でわが国の国際管轄の範囲が広すぎるきらいがある。その後これを制限するために，被告側からの抗弁として「特段の事情」の主張を許す方向（②）に進んでいる。

① 最(2小)判昭和56年10月16日民集35巻7号1224頁13)　マレーシア国内航空機がハイジャックによって墜落したことによる損害賠償請求事件をわが国で提起したケースである。被害者はマレーシア連邦内で航空券を購入し，同国内での航空機墜落事故で死亡したためその遺族がマレーシア航空会社を被告として損害賠償請求訴訟を名古屋地方裁判所に提起した。第一審は訴え却下。控訴審は破棄差戻し。最高裁は，日本国内（東京都）に営業所を有する外国法人（マレーシア航空）に対する損害賠償請求訴訟については，この外国法人に対してわが国の国際裁判権が及ぶとする。最高裁は，被告が外国に本店を有する外国法人の場合にはその法人が進んでわが国の裁判権に服する場合の他は日本の裁判権は及ばないのが原則だが，例外的に，「わが国の領土の一部である土地に関する事件その他被告がわが国となんらかの法的関連を有する事件については，被告の国籍，所在のいかんを問わず，その者をわが国の裁判権に服させるのを相当とする場合」があるとし，「よるべき条約も一般に承認された明確な国際法上の原則もいまだ確立していない現状のもと

---

12) この点につきドイツでは一般に承認されている（MüKommZPO-*Patzina* §12, Rdnrn. 89 ff; Rosenberg/Schwab/*Gottwald*, ZPR, §31 Rdnr. 3)。

13) 塩崎勤・最判解説民事昭和56年度592頁，渡辺惺之・百選Ⅰ40頁，早川吉尚・百選3版250頁。

においては，当事者間の公平，裁判の適正・迅速を期するという理念により条理にしたがって決定するのが相当であり，わが民訴法の国内の土地管轄に関する規定，たとえば，被告の居所（民訴法2条〔現行法4条2項〕），法人その他の団体の事務所又は営業所（同4条〔現行法4条4項〕），義務履行地（同5条〔現行法5条1号〕），被告の財産所在地（同8条〔現行法5条4号〕），不法行為地（同15条〔現行法5条9号〕），その他民訴法の規定する裁判籍のいずれかがわが国内にあるときは，これらに関する訴訟事件につき，被告をわが国の裁判権に服させるのが右条理に適うものというべきである」と述べた。

② **最(3小)判平成9年11月11日民集51巻10号4055頁**[14]　ドイツから自動車を輸入している日本法人Xがドイツに居住する日本人Yに対して預託金の返還を請求した事件である。預託金返還債務の義務履行地がXの本店所在地だとして本件訴えを千葉地方裁判所に提起した。第一審は訴えを却下。X控訴。控訴棄却。X上告。上告棄却。最高裁は〔**判例①**〕を援用して「我が国の民訴法の規定する裁判籍のいずれかが我が国内にあるときは，原則として，我が国の裁判所に提起された訴訟事件につき，被告を我が国の裁判権に服させるのが相当であるが，我が国で裁判を行うことが当事者間の公平，裁判の適正・迅速を期するという理念に反する特段の事情があると認められる場合には，我が国の国際裁判管轄を否定すべきである」と述べ，本件では，本件契約がドイツ国内で締結されたこと，この契約が同国内での種々の業務を委託することを目的とするものであり，わが国内の地を債務の履行場所又は準拠法を日本法とすることが明示的に合意されていたわけではないから，本件契約上の債務の履行を求める訴えがわが国の裁判所で提起されることは，Yの予測の範囲を超えること，またYは20年以上にわたりドイツに生活上及び営業上の本拠を置いており同人の防御のための証拠方法も同国内に集中していること，他方Xはドイツから自動車等を輸入していた業者であるから，同国の裁判所に訴訟を提起させることがXに過大な負担を課すことにもならない，と判断して〈特段の事情〉の存在を認め，わが国の国際裁判管轄を否定した。

　(2)　不法行為地の裁判籍との関係で，わが国の国際裁判管轄を認め，「不法行為地」の意味を明らかにしたのは③である。

③　**最(2小)判平成13年6月8日民集55巻4号727頁**[15]　わが国の会社Xが，わが国に住所，事務所を有しておらず営業活動もしていないタイ王国に在住の自然人たる被告Yに対して不法行為に基づく損害賠償を請求した事件である[16]。

---

14)　孝橋宏・最判解説民事平成9年度1320頁。
15)　高部眞規子・最判解説民事平成13年度475頁。
16)　本件では，併せて国際管轄について，併合請求の裁判籍についても「両請求間に密接な関係が認められることを要する」と判示し，本件についてこれを肯定する旨の判断をした（判示事項2)。

Xは本件著作物の日本における著作権者であるが、YはC会社の代理人として香港に所在するH法律事務所を介してわが国のA会社等に対して、本件著作権を利用する行為がC社の独占的利用権を侵害するとの警告書を送付させ、日本におけるA社等に到達した。本件は警告書の送付が不法行為にあたるとして、損害賠償請求、C社が日本で著作権を有しないことの確認等を求めて東京地方裁判所に提訴した事件である。第一審は訴え却下。控訴審も訴えを却下すべきとした。最高裁は、原判決を破棄し、第一審判決を取り消して本件を東京地裁に差し戻した。最高裁は次のように述べてわが国の国際裁判管轄を肯定した。「(1) 我が国に住所等を有しない被告に対し提起された不法行為に基づく損害賠償請求訴訟につき、民訴法の不法行為地の裁判籍の規定（民訴法5条9号、本件については旧民訴法15条）に依拠して我が国の裁判所の国際裁判管轄を肯定するためには、原則として、被告が我が国においてした行為により原告の法益について損害が生じたとの客観的事実関係が証明されれば足りると解するのが相当である。けだし、この事実関係が存在するなら、通常、被告を本案につき応訴させることに合理的な理由があり、国際社会における裁判機能の分配の観点からみても、我が国の裁判権の行使を正当とするに十分な法的関連があるということができるからである。」

III 司法権としての民事裁判権行使の内在的制約

　純然たる国内事件についても、民事裁判権の行使が問題となることがある。裁判所は国家機関として司法権を行使するが、そこに一定の制約が生じることは避けられない。まず、民事裁判権は司法権に他ならず、裁判所は「日本国憲法に特別の定のある場合を除いて一切の法律上の争訟を裁判」する権限を有する（裁3条1項）。もっとも法的争訟ではあっても、基本的人権の尊重などの観点から、そもそも裁判所が国家機関として民事裁判権を行使すること自体を自制することが要求される場合がある。

　　†〔例〕　憲法は信教の自由を認めるが、これとの関係で宗教問題について裁判所がどの限度で裁判権を行使できるのかが問われる。また、団体内部の事項について裁判所の権限が問題になりうる（具体的には⇒第4章第2節III）。

IV 民事裁判権の審査

　裁判所は、当該事件に関して裁判権を有しているか否かを審査し、判断しなければならない。民事裁判権の存在は訴訟要件の一つであり、これを欠けば当該事件の本案について判断することができず、訴えは不適法却下されなければ

ならないからである。その存否の判断は，裁判所が職権で行わなければならず，相手方当事者が当該問題を争ったか否かにかかわらない（国際裁判管轄につき，高橋宏志「国際裁判管轄における原因符合」改革期の民事手続法〈原井龍一郎先生古稀祝賀〉〔法律文化社・2000〕312頁）。この問題が，裁判所の審判権限という当該事件の審理の根幹にかかわる事項に関する問題だからである（詳細は⇒第4章第2節Ⅲ）。裁判所は審査権限が存在すると判断する場合には，必要であれば〈中間判決〉によりこの点を明確にすべきである。裁判権が不存在であるにかかわらず誤って本案判決がなされれば，これに対しては上訴で争うことができる（再審事由でないから，確定後は争い得ない）。裁判権に服さない者に対してなされた判決は既判力，執行力がなく無効の判決となる（兼子・体系67頁）。

第2節　裁判機関の構成と権限

〔文献〕
石井浩「新民事訴訟法における裁判所書記官」講座新民訴(1)69頁，奥田隆文「裁判所書記官の権限と役割」理論と実務(上)307頁，西野喜一「書記官権限の拡大」ジュリ1098号104頁，畑一郎「裁判所書記官の権限と役割」争点3版54頁

Ⅰ　裁判所の種類

　わが国の裁判機関は，最高裁判所を頂点とし，その下に置かれた下級裁判所によって構成されている。

　最高裁判所はわが国の司法権の最高機関であり，最高裁判所長官及び14名の最高裁判所判事によって構成される。最高裁は，裁判機関としては全員で構成される大法廷と，3つの小法廷（各定員5名）からなり（裁9条，最高裁判所裁判事務処理規則1条，2条1項），東京都に置かれている（裁6条）。

　下級裁判所には，高等裁判所，地方裁判所，家庭裁判所及び簡易裁判所がある。高等裁判所は全国8カ所（札幌，仙台，東京，名古屋，大阪，高松，広島，福岡）に置かれ（さらに支部が6カ所の都市に，また特別の支部として東京高等裁判所に知的財産高等裁判所が設けられている），地方裁判所及び家庭裁判所は全国50カ所（全国各都道府県庁所在地及び北海道にはその他函館，旭川，釧路の3カ所）に置かれている（支部は203カ所）。簡易裁判所は全国に438カ所設置されている（2008年7月1日現在)[17]。

Ⅱ　裁 判 所

1　概　　　念

　裁判所の概念には，機構上の組織としてのものと，訴訟法上の裁判機関としてのものがあり，両者は区別する必要がある。機構上，組織としての裁判所とは，国家機構として設けられた〈裁判所〉という官署を指す。裁判所法にいう裁判所はこの意味での裁判所である（「国法上の裁判所」ともいわれる）。これに対して，狭義に訴訟法上でいう「裁判所」は，裁判機関としての裁判所であり，特に「訴訟法上の裁判所」ともいわれる。判決手続を取り扱う〈受訴裁判所〉，執行手続を行う〈執行裁判所〉（民執3条），破産手続を行う〈破産裁判所〉（破2条3項）等は後者の意味である。

　一般に国法上の裁判所には複数の（訴訟法上の）裁判所が存在する。

2　裁判所の人的構成機関

　広義の裁判所は，裁判官の他，裁判所調査官，裁判所書記官，裁判所事務官，執行官等によって構成される。このうち民事訴訟手続上重要な役割を演じるのは，裁判官，裁判所書記官である。また，複雑な内容の事件に適切に対処するために専門委員の制度が設けられた（民訴92条の2以下）。

（1）　裁　判　官

　裁判を直接に担当する者であり，わが国の制度では裁判官はすべて職業としてその業に携わる国家公務員である[18]。裁判官の種類としては，最高裁判所長官，最高裁判所判事，高等裁判所長官，判事，判事補及び簡易裁判所判事がある（裁5条）。これらの者の任免に関しては，憲法及び裁判所法が定めている。裁判官は，憲法上，その地位の独立が保障されており（憲78条），その実質的な保障は司法権の根幹にかかわる極めて重要な事項である。

（2）　裁判所書記官

　裁判所書記官は，同名の職員で構成される単独制の固有の権限を有する機関

---

[17]　具体的な下級裁判所の名称，所在地，及び管轄区域は「下級裁判所の設立及び管轄区域に関する法律」（昭和22年法律63号）によって定められている。

[18]　わが国の現行裁判制度のもとでは，民事裁判は職業裁判官のみによって行われる。これに対して，一定の事件について一般市民が裁判に関与する制度を採用する国も多い。例えば〈陪審制度〉（例えばアメリカ合衆国）や，商事部の商事裁判官として名誉職裁判官（ehrenamtliche Richter）が地方裁判所での第一審及び第二審の審理に職業裁判官と共に関与する制度（ドイツ），商事事件に関して商人から裁判官が構成されている商事裁判所の制度（フランス）もある。

であり，各裁判所に置かれている。裁判所書記官が訴訟手続で果たす役割は極めて大きい。事件の調書や記録の作成・保管（裁60条2項），送達事務，訴訟上の事項の公証，執行文の付与などの裁判権行使にかかわる付随的な事務を担当するだけでなく，民事訴訟法及び規則は裁判所書記官にコートマネージャーとしての役割を与えた。具体的には，①訴状の記載について，裁判官の指示を受けてその補正の促しを行うこと（民訴規56条），②期日前・期日外での釈明（民訴規63条），③争点や証拠整理への関与（民訴規86条1項，88条），④訴訟費用額の確定は申立てにより第一審裁判所書記官が行うこととしている（民訴71条1項）。

なお，少額訴訟手続の判決による強制執行については，少額訴訟債権執行につき裁判所書記官が執行機関となる（民執167条の2第1項）。

(3) 調査官

1) 裁判所調査官　最高裁判所，各高等裁判所及び地方裁判所には〈裁判所調査官〉が置かれている（裁57条1項）。裁判所調査官は，裁判官の命を受けて事件（地方裁判所では，知的財産又は租税に関する事件に限る）の審理及び裁判に関して必要な調査その他他の法律で定めた事務を行う（同条2項）。

2) 家庭裁判所調査官　各家庭裁判所及び高等裁判所には〈家庭裁判所調査官〉が置かれている（裁61条の2）。家庭裁判所調査官は，各家庭裁判所においては，家事審判法で定める家庭に関する事件の審判及び調停（裁31条の3第1項1号），人事訴訟法で定める人事訴訟のうち，人訴法32条1項の附帯処分についての裁判及び同条3項の親権者の指定に関する裁判，並びに少年事件に関する審判に必要な調査その他法律で定められた事務を行う。高等裁判所に置かれた家庭裁判所調査官は，家事審判事件の審判に関する抗告審の審理及び附帯処分等の審理に必要な調査を行う。

(4) 執行官

地方裁判所に置かれた単独制の機関であり，訴訟書類の送達，実力行為を必要とする強制執行行為などを担当する（裁62条）。執行官は，法律に定められた事務に関して手数料を受けるものとしている（執行官8条）。しかし，その手数料が政令定める額に達しない場合は国庫からその不足額の支給を受ける（裁62条4項，執行官21条）。

(5) 専門委員

裁判所は，訴訟手続を進めるに当たり事件の性質上専門技術的な問題から，専門的知見を有する者の意見を必要とするときは，〈専門委員〉を手続に関与させるこ

とができる（民訴92条の2）。そこで専門委員は，専門的知見を有する者から最高裁が任命する（専門委員規則1条）。任期は2年である（同規則3条）。各事件について1名以上であり，裁判所は当事者の意見を聴いて，各事件について指定する（民訴92条の5）。専門員の関与は，①争点若しくは証拠の整理又は訴訟手続の進行に関し必要な事項の協議をするに当たり，訴訟関係を明瞭にする必要がある場合（民訴92条の2第1項），②証拠調べをするに当たり，訴訟関係又は証拠調べの結果の趣旨を明瞭にする必要がある場合（同条2項）及び，③和解を試みるにあたり必要がある場合（同条3項）に予定されている。平成15年の改正で設けられた制度である。

専門委員については最高裁判所規則である「専門委員規則」（平成15年最高裁規則20号）が定める。

3　裁判機関の構成

(1)　裁　判　所

裁判機関としての〈裁判所〉は，官署たる裁判所において裁判事務を直接に行う機関であり，その中枢である。狭義で「裁判所」とは，単独又は数人の裁判官によって構成される裁判機関をいう。官署たる裁判所で，提起された事件を具体的にどの裁判所に分配するか等の事務配分は，毎年当該裁判所の裁判官会議によって定め（下級裁判所事務処理規則6条），年度中（司法年度は1月1日より12月31日まで。同規則2条）不変更が原則である（同規則7条）[19]。

訴え提起により事務処理規則によって事件が配布された裁判所を〈受訴裁判所〉という。

(2)　裁判所の構成

裁判機関としての〈裁判所〉には，1人の裁判官によって構成される〈単独制〉の裁判所と，複数の裁判官によって構成される〈合議制〉の裁判所とがある。

　　最高裁判所と高等裁判所は常に合議制である。最高裁は全員による大法廷（裁9条）と，5人制の小法廷（最高裁判所事務処理規則2条）による。また高等裁判所の合議体の員数は3人である（裁18条）。地方裁判所及び家庭裁判所は単独制を原則としており，合議制を併用する（裁26条，31条の4）。合議体の場合は3人が原則である（裁26条）。ただし，大規模訴訟の場合には5人の裁判官の合議体を構成することができ（民訴269条1項）特許権等に関する訴えに関する事件について民訴

---

[19]　これは事件の分配を予め定められたルールに従い機械的にすることによって，事件を担当する裁判官について恣意を排そうとする趣旨がある。

法6条1項各号に掲げる裁判所も5人の裁判官で構成して審理判断をすることができる（民訴269条の2）。簡易裁判所は常に単独制である（裁35条）。

第3節　裁判管轄

〔文献〕

細野敦「管轄」理論と実務(上)119頁，池田辰夫「管轄と移送」講座新民訴(1)93頁

I　意義と種類

1　意　　義

わが国には多くの裁判所が設置されている。これらの裁判所のうちで，どの裁判所がどのような事件について裁判をするのかという裁判所間での職務の分担が必要になる。裁判管轄とは，様々な裁判所の中で，訴訟事件について裁判権を行使し審理・裁判をする裁判所の権限の分配をいう。権限のない裁判所に提起された訴えは本来違法でありその裁判所では審理裁判をすることができないのが原則である（しかしこれには多くの例外があり，移送等による救済がなされる）。そこで，このような事件を手続上どのように扱うのかが問題になる。管轄を分配する原理には様々な観点があり，その趣旨に応じてその取扱いも異なる。

2　種　　類

管轄の分配の観点としては，管轄権の発生原因による分類として，〈法定管轄〉，〈合意管轄〉，〈応訴管轄〉，〈指定管轄〉の区別がある。

(1)　法　定　管　轄

管轄の分配につき法律が明文で定めている場合をいう。

1)　種　　類　　法定管轄には，管轄権分配の基準の違いに応じて次の分類がある。

①　職分管轄　　裁判所が行う裁判作用の違いに応じた分類である。裁判所の行う職分には様々なものがある。例えば一定の判決を得ることを目的とした〈判決手続〉，債務者の支払を督促するための〈支払督促手続〉，強制的な支払を求めて行う〈民事執行手続〉，仮差押え・仮処分などの〈民事保全手続〉などの手続が裁判所で行われ，職分として区別されている。

このうち，管轄との関係では〈受訴裁判所〉と〈執行裁判所〉とが職分によって分けられている。受訴裁判所とは，特定の事件が判決手続として，将来係属すべき，あるいは現に係属中の，あるいはかって係属した裁判所をいう。この裁判所は訴えに基づきその事件について判断し判決を下すだけでなく，これに付随して，証拠保全（民訴235条），民事保全処分（民保12条）などを行う。裁判所が行う執行手続に関しては〈執行裁判所〉が定められている（民執3条）。人事訴訟事件については家庭裁判所が専属管轄権を持つ（人訴4条）。そのほかに倒産事件については，破産事件に関する裁判所（破2条3項），民事再生事件についての裁判所（民再4条），会社更生事件の裁判所（会更2条4項）が定められている。

職分管轄のうちで重要なものに，〈審級管轄〉がある。わが国裁判所制度は，同一事件についてなされた判断に不服がある場合には上級裁判所への不服申立てを許している。こうして同一事件を重ねて審理するための職務の分配を〈審級管轄〉という。

　　判決手続及び決定手続の第一審は地方裁判所，簡易裁判所（その違いは事物管轄による）又は家庭裁判所であり，第二審（控訴審・抗告審）は，地方裁判所，家庭裁判所の判決・決定については高等裁判所，簡易裁判所の判決に対しては地方裁判所である[20]。上告審（抗告審）は，地方裁判所の事件は最高裁判所，簡易裁判所の事件は高等裁判所である。

②　事物管轄　　第一審裁判所としての地方裁判所と簡易裁判所との間の管轄の区分である。審判対象の違いに応じた区別からこの名称がある。簡易裁判所は小規模事件について国民が気軽に利用することができる裁判所を目指して設けられた。特別手続の少額事件も取り扱う（民訴368条）。

③　土地管轄　　同種の事件につき，所在地を異にする裁判所間での事件分担のための管轄である。

2）　任意管轄と専属管轄　　管轄の配分の効果との関係での区別としては，〈任意管轄〉と〈専属管轄〉の区別がある。専属管轄は法定管轄のうちでその管轄配分の効果がもっとも強く，当事者はこの規定に反することはできない。専属管轄違背については裁判所は職権で調査すべきであり，これに反した判決は控訴及び上告の理由となる。これに対して任意管轄では当事者の合意により

---

[20]　刑事事件では，簡易裁判所の控訴審は高等裁判所（裁16条1号）。民事事件では，簡易裁判所が第一審の事件について最高裁の負担軽減が図られている。ただし，憲法問題については特別上告が認められ，最高裁判所が審理・判断する（民訴327条）。

あるいは被告の応訴により管轄が生じる。任意管轄は専ら第一審について認められ，控訴審では合意による変更はできない。

(2) 合意管轄及び応訴管轄

合意管轄は当事者が合意により管轄を定めた場合をいう。また，応訴管轄は，管轄地以外での提訴に対して被告が異議なく応訴することによって生じる裁判管轄である。いずれも訴訟当事者の意思ないしその意思を推測させる行為によって管轄が定まる場合である。

II　法定管轄

1　事物管轄

(1) 意　　義

民事通常事件の第一審管轄裁判所を簡易裁判所と地方裁判所で分担していることから，この両者のいずれが当該事件を管轄するのかを定める必要があり，これを定めるのが〈事物管轄〉である。裁判所法において，当該事件の審判対象となっている権利関係の種類や価格によって両者の管轄を定めている。

1)　簡易裁判所　　簡易裁判所の第一審としての裁判権は，訴訟の目的の価格が140万円を超えない請求である。行政事件訴訟に係る請求は管轄から除かれている（裁33条1項1号）。

2)　地方裁判所　　地方裁判所の第一審としての裁判権は，まず，1)に示された簡易裁判所の管轄事件以外の事件（請求の価格が140万円を超える事件）である。なお，不動産に関する訴訟については，請求の価格が140万円を超える場合はもちろん，超えない場合も地方裁判所の管轄となる（裁24条1号）。

(2) 訴訟の目的の価額の算定

簡易裁判所と地方裁判所との職分管轄は〈訴訟の目的の価額〉によって区別される（民訴8条1項）。訴訟の目的とは，その訴訟で請求している訴訟対象の経済的価値であり，請求が完全に裁判所によって認められた場合に得られる経済的価値である。

1)　事物管轄の決定　　事物管轄を定めるという観点からは，訴訟の目的の価額が140万円を超えるか否かが問題である。この価額は常に明確に算定ができるとは限らず，①価額を算定できないとき，又は②算定が極めて困難であるときは140万円を超えるものとみなしている（民訴8条2項）。

なお，民事訴訟費用等に関する法律は，訴えを提起する者等は訴訟の目的の価額

に応じた手数料を支払わなければならないものとしている（民訴費3条1項）。この場合の価額の算定も，民事訴訟法8条1項により行うものとしている（民訴費4条1項）。この場合に，非財産上の請求は，訴訟の目的の価額は160万円とみなされる（同条2項)[21]。

2) 併合請求の場合の価額の算定（民訴9条）　一つの訴えで数個の請求をする場合（客観的併合〔⇒第11章〕及び主観的併合〔⇒第12章〕を含む）には，その価額を合算したものを訴訟の目的とする。追加的併合や中間確認の訴えの場合も同様である。

†〔**例**〕　貸金返還請求と不法行為による損害賠償請求の併合の場合，原告から数名の者に対する不動産の明渡請求訴訟等。100万円の貸金返還請求と100万円の損害賠償請求が併合された場合，単独では簡易裁判所の管轄事件であるが，併合すると140万円を超えるから地方裁判所の管轄する事件となる。

ただし，主張する利益が各請求間で共通する場合は合算しない（民訴9条1項但書）。

†〔**例**〕　不動産の引渡しを求め，これが不可能な場合代償請求としてその損害の賠償を求める場合，主債務の支払請求と保証債務の支払請求を併合した場合等。

なお，果実，損害賠償，違約金又は費用は，請求の附帯の目的であるときは価額に算入しない（同条2項）。

2　土 地 管 轄

(1)　意　　義

わが国の国内には各地域ごとに多くの裁判所が配置されている。これらのうちどの地の裁判所が当該事件について管轄を持つかが問題になる。裁判所の地域的な権限の分配を〈土地管轄〉という。

土地管轄の種類としては，すべての事件について妥当する〈普通裁判籍〉，個々の事件の性質に関連して定められている〈特別裁判籍〉がある。

(2)　普通裁判籍

1)　意　義　訴えを提起するに際して，事件の性質の如何を問わず，すべての事件に共通して一般的（普通）に定められた土地裁判管轄を特に〈普通裁判籍〉という。また，この「裁判籍」とは，民事訴訟手続に関与する者の裁判手続を管轄する裁判所の所在を確定するために定められた概念であり，当該事

---

[21]　その結果，これらの事件に必要な印紙額は1万3000円である。

件の当事者又は事件との関係で裁判をする土地を定めている。

2） 被告の普通裁判籍　　訴えは被告の裁判籍の裁判所で提起するのが原則である。この原則は，大陸法国では古来から管轄について一般に〈原告は被告の裁判籍に従う（actor sequitur forum rei）〉との法格言が示すように，認められてきた。これは，原告が訴えを提起するに際しては，被告の住所地に出向いてその地で行うべきことを定めたものであり，訴えが向けられている被告の応訴を容易にすることによって，被告の手続関与の機会と利益を保護すべきだとする思想に基づいた原則である[22]。わが国の民事訴訟法もまた，普通裁判籍に関してこの原則を採用している（民訴4条1項）。

(a)　自然人　　自然人の普通裁判籍はその住所によって定まる（民訴4条2項）。ここに住所とは生活の本拠をいう（民22条）。日本国内に住所がないとき，又はその住所が知れないときは居所によって定まる（民訴4条2項）。また，日本国内に居所がないとき又はそれが知れないときは，わが国における最後の住所によって定まる（同項）。

(b)　法人等　　法人その他の社団又は財団の普通裁判籍は，その主たる事務所又は営業所の所在地によって定まる（民訴4条4項）。国以外の公法人である都道府県又は市町村あるいは公社もここにいう法人に含まれる（国については，(c) 参照）。事務所とは非営利法人が事務を行う場所，営業所とは営利法人がその業務を行う場所を意味する。

(c)　国　　国は統治機構として作用する他，財産権の主体として訴訟の主体となりうる。例えば，物品の購入や請負契約などに伴う訴訟の他，国に対する損害賠償訴訟等が提起される可能性があるが，この場合に国は民事訴訟の当事者として訴え，訴えられることになる。そこで，国の普通裁判籍の所在地は当該民事訴訟で国を代表する官庁の所在地と定められている（民訴4条6項）。国を当事者又は参加人とする訴訟では法務大臣が国を代表するものとされており（国の利害に関係のある訴訟についての法務大臣の権限等に関する法律1条），国の普通裁判籍は法務省所在地である東京都千代田区である。

同じく国が当事者となる訴訟でも，行政処分の取消し，無効確認などの訴え

---

[22] 専ら原告の提訴の便宜を考慮する立場では，異なる考慮が働く。この点でアメリカ合衆国の各州で定める民事訴訟手続では long arm statute（管轄権拡張条項）等が専ら原告側の提訴の負担軽減を考慮している（この点に関し，小林秀之・国際取引紛争〔第3版〕〔弘文堂・2003〕52頁，120頁，*James/Hazard/Leubsdorf*, CP. 5th. ed., §2, 6〔p. 75〕）。

は，原則として当該行政処分又は裁決をした官庁の所在地が普通裁判籍となる（行訴12条1項，38条1項）。

(3) 特別裁判籍

個々の事件との関係で，個別的に法律上特別に定められた裁判管轄を〈特別裁判籍〉という。これは訴訟の対象となっている法律関係との関連で裁判籍を特別に定めたものであり，法律が個々の事件の性質に応じてさらに当該事件の審理をするうえでの便宜等の観点から管轄裁判所を法定したものである。これは，普通裁判籍と併存するものであり，原告は訴え提起に際して両者のうち，有利なものを選択することができる。

1) 独立裁判籍　(A) 財産権上の訴え等についての管轄（民訴5条）

① 財産権に関する訴え（同条1号）　義務の履行地でも訴えを提起することができる。義務履行地は実体法によって定まっている。わが国の実体法上，義務履行地について，特段の意思表示がない場合には特定物の引渡しについては債権発生時に当該物が存在した場所，その他の弁済については債権者の現時の住所とされている（持参債務の原則〔民484条〕）。義務履行地一般について定めている結果，特別の約定がなければ，広く債務の弁済を請求する訴訟では常に原告の住所地に管轄が生じることになって普通裁判籍が被告を保護することを目的としていることと矛盾する。立法上は契約に基づく訴えに限定すべきとの指摘がある（兼子・体系83頁）。

② 手形又は小切手による金銭の支払請求を目的とする訴え（同条2号）　手形又は小切手の支払地である。

③ 船員に対する財産権上の訴え（同条3号），船舶所有者その他船舶を利用する者に対する船舶又は航海に関する訴え（同条6号）　当該船舶の船籍所在地。

④ 船舶債権その他船舶を担保とする債権による訴え（同条7号）　船舶所在地である。

⑤ 会社その他社団，財団に関する訴え（同条8号）　社団又は財団の普通裁判籍所在地である。

⑥ 不法行為に関する訴え（同条9号）　不法行為があった地であり，これには原因行為がなされた地だけでなく効果が発生した地も含まれる。損害賠償請求という効果のみには限定されず，不法行為に基づく差止めもこれに含む。不正競争防止法3条1項に基づく差止め，差止請求権不存在確認の訴えもこれ

に含められる（最(1小)決平成16年4月8日民集58巻4号825頁 23)）。

⑦　船舶衝突などの海上の事故の場合の損害賠償の訴え（同条10号）　損害を受けた船舶が最初に到達した地である。

⑧　海難救助に関する訴え（同条11号）　海難救助があった地又は救助された船舶が最初に到達した地である。

⑨　不動産に関するする訴え（同条12号）　不動産の所在地。

⑩　登記又は登録に関する訴え（同条13号）　登記又は登録をすべき地。

⑪　相続権若しくは遺留分に関する訴え又は遺贈その他死亡によって効力を生ずべき行為に関する訴え（同条14号）　相続開始時における被相続人の普通裁判籍所在地。相続債権その他相続財産の負担に関する訴えで14号に掲げる訴えに該当しないもの（相続財産の全部又は一部が同号に定める地を管轄する裁判所の管轄区域内にあるときに限る）も同様である。

(B)　特許権等及び意匠権等に関する訴えの管轄の特則

i)　特許権等に関する訴え（民訴6条）　「特許権」（特許29条，33条，68条等），「実用新案権」（実用新案3条1項，11条2項，16条），「回路配置利用権」（半導体3条1項，11条）又は「プログラムの著作物についての著作者の権利」（著10条1項9号，17条以下）に関する訴え（「特許権等に関する訴え」という）については[24]，特別にわが国の事件管轄を東西に二分し，広域的に東京地方裁判所と大阪地方裁判所に事件を集中するための専属管轄を定めている。

　　これらの事件は従来，本来普通裁判籍所在地及び財産権上の訴えとして義務履行地で訴え提起ができるのが原則であった。しかし，これらが極めて技術性が強くまた特に迅速性を要することから第一審としての事件審理を集中し専門部が審理・判断する取扱いとし，東京高等裁判所，名古屋高等裁判所，仙台高等裁判所又は札幌高等裁判所の管轄区内に所在する地方裁判所が管轄を有すべき事件は東京地方裁判所の管轄に専属するものとした。同じく，大阪高等裁判所，広島高等裁判所，福岡高等裁判所又は高松高等裁判所が管轄を有すべき事件は大阪地方裁判所に専属するものとした[25]。

---

23)　森義之・最判解説民事平成16年度241頁。
24)　アメリカ，イギリス，ドイツ，オランダにおける特許訴訟の実情については，最高裁判所事務総局行政局監修・アメリカ・イギリス・ドイツ及びオランダにおける特許訴訟の実情（法曹会・2001）がある。
25)　このような事件の第一審裁判所を東京地裁及び大阪地裁を〈専属管轄〉とする取扱いは，今後各地で増加するであろうこれらの事件（現在の東京・大阪以外の地裁での提訴件数が多くないことは将来の動向を示すものではない）の提訴につき地方在住者の管轄に関する利益を無視し，

†〔裁判例〕　大阪地決平成 11 年 9 月 21 日判時 1785 号 78 頁は，特許権専用実施権設定契約の約定解除につき，その設定登録，抹消登録手続の訴訟の管轄が，この訴えの管轄に該当するか否かが問題とされた事例である（肯定）。

　この「特許権等に関する訴え」の終局判決に対する控訴裁判所に関しては特別の定めがあり，大阪地方裁判所が行った終局判決に対する控訴は東京高等裁判所の管轄に専属する（民訴 6 条 3 項）。これらの事件は，知的財産に関する事件を専門的に扱うために東京高等裁判所内にその支部として設置された〈知的財産高等裁判所〉が取り扱う（知的財産高等裁判所設置法〔平成 16 年法律 119 号〕）。

　ii)　意匠権等に関する訴え（民訴 6 条の 2）　　意匠権等に関する訴えについても平成 15 年改正によって特許権等と同じ趣旨の定めが置かれた。すなわち，意匠権，商標権，著作者の権利（プログラムの著作物についての著作者の権利を除く），出版権，著作隣接権若しくは育成者権[26]に関する訴え又は不正競争による営業上の利益の侵害に係る訴えについても特許等と同様に東京地方裁判所及び大阪地方裁判所を管轄裁判所として訴えを提起することができる。ただし，この場合には専属管轄ではなく，民訴法 4 条，5 条の裁判所と競合する裁判管轄である。また，控訴審についても特別の定めはない。

　2)　関連裁判籍　　当該請求それ自体では当該裁判所の裁判籍は存在しないが，これと併合して訴えている他の請求の裁判籍が当該裁判所に裁判籍を有する場合に，これと関連して発生する裁判籍をいう。

　(a)　訴えの客観的併合と関連裁判籍　　原告と被告が一対一の関係にある場合に，この間で複数の訴えを提起する必要がある場合がある（訴えの客観的併合⇒第 11 章）。この場合に，併合審理のためにはすべての請求につき当該裁判所に管轄権があることが必要だとしたならば，管轄権のない請求についてはせっかく当事者間で訴えが提起されているのにそれを利用して併合請求するこ

　　提訴についてかなりの困難を強いることにならないかとの批判を免れえない。確かに民訴法 5 条，11 条の規定により管轄権を有すべき裁判所又は 19 条 1 項の規定により移送を受けるべき地方裁判所に移送できることによって調整されうる（民訴 20 条の 2）が，原則を極端に集中した東京地裁及び大阪地裁のみの専属管轄としつつ移送で調整しようとするのは，〈専属管轄〉の概念の趣旨に反する。また当事者の持つ管轄の利益（裁判へのアクセス権）を無視している。専属管轄としたことの意味が専ら裁判所の便宜によっているから，その立法の妥当性は厳しく問われなければならない。高裁所在地程度の広域土地管轄などで対処すべきであろう。
26)　育成者権：種苗法（平成 10 年法律 83 号）により，農林水産業の発展のため，一定の品種の育成につき登録を受けることができることとし（同法 3 条 1 項），これによって発生する権利（同法 19 条 1 項）である。

とができず，その請求を別の裁判所に別途提起せざるを得なくなり極めて不都合である。そこで，この場合には，一部の請求について当該裁判所に特別裁判籍がなくても，他の請求について特別裁判籍があれば訴えを併せて提起することができるとした（民訴7条）。

(b) 共同訴訟と併合請求の裁判籍　客観的な併合の事例ではなく，複数当事者間で訴えが提起される場合（訴えの主観的併合，共同訴訟⇒第12章)[27]についてもこの併合請求の裁判籍の規定（民訴7条参照。旧民訴法21条は，現行法7条但書規定が存在しなかった）を適用しうるのかについて争いがあった。民訴法7条は，但書で，訴えの主観的併合の場合でも，被告の応訴の利益を考慮して，共同訴訟が可能な場合のうち，38条前段の場合のみについて関連裁判籍の適用を認めた。即ち，共同訴訟が可能な事例のうち，①「訴訟の目的である権利又は義務が数人について共通であるとき」又は，②「同一の事実上及び法律上の原因に基づくとき」である。このような場合には，共同被告間には共通する利害関係が認められ，たとえ裁判籍はなくても，いったん訴訟が関連した当事者間で提起される以上，当該訴訟での審理・判決に加えることが適切だと考えられたことによる[28]。

Ⅲ　合 意 管 轄

1　概念と意義

裁判管轄は，専属管轄とされている事件を除き（参照，民訴13条），当事者が合意によって定めることができるのが原則である（民訴11条）。即ち，当事者は契約の締結などの際に，将来提起されうる訴訟に備えて予め第一審裁判所につき，合意により当事者にとって最も好都合な裁判所を指定しておくことができる。これを〈管轄の合意〉という。合意をすることができるのは，「第一審裁判所」に限られる。したがって，〈土地管轄〉及び〈事物管轄〉の両者又は一方が合意の対象となりうる。

本来，土地管轄に関する法律規定（普通裁判籍，特別裁判籍）は，主として訴訟当事者間の負担や裁判所の事務負担の適正な配分などの観点から定められて

---

27) この規定との関係で問題となるのは，主として共同被告の場合である。共同原告の場合には，訴え提起に際して原告として参加することに合意している以上多くは問題にならない。固有必要的共同訴訟などでは不便を強いられる例があろう（注釈民訴(1)〔上北武男〕215頁）。
28) 渉外訴訟での併合請求の国際管轄については，前掲第1節Ⅱ3〔判例③〕最判平成13年参照。

いる。しかし，特定事件を専ら特定の裁判所で審理判断することが必要であるとして特別に定められた〈専属管轄〉の場合を除き，当事者間の負担の分配や裁判所の負担の分配に関する法律の配慮は絶対的なものではない。そこで訴訟当事者は合意によってこれと異なる定めをすることができることとしている[29]。また，事物管轄も審判対象の経済的な価値で分配されているが，当事者があえてこれと異なる合意をすることを禁止する理由はない。そこで，当事者の意思を尊重し，法定管轄とは異なる合意を当事者が結んだ場合はその合意の効力を法的に認めた。当事者は，特に取引に際して，将来の紛争に備えて管轄裁判所を合意しておくことは極めて合理的であり，また紛争発生後に当事者間で法定管轄地とは異なる管轄の合意をすることも当事者にとって便宜である。管轄の合意は当事者がなしたこのような管轄に関する合意の内容（主要な契約内容）を訴訟法上有効なものとして，その合意のとおりの効果を訴訟法上も直接に承認したものである。この合意自体は通常，訴訟手続外で，例えば売買契約（主契約）などに付随して行われる。しかし，その主たる目的は法定管轄とは何らかの形で異なった裁判管轄を合意で定めようとするのであり，その法的性質は訴訟行為の一つである〈訴訟法上の合意〉である（兼子・体系88頁）。

　管轄の合意の内容に関しては，法定管轄に付加してさらに当事者間で管轄裁判所を合意する〈付加的管轄の合意〉と，法定の管轄裁判所とは異なる特定の裁判所を専ら管轄裁判所とする趣旨の〈専属的合意管轄〉とがある。両者は合意内容の違いに応じた区分であるが，ここでいう専属的合意管轄も合意管轄の一つであることには違いない（専属管轄との違いに注意）。

2　要　　　件

(1)　管轄の合意に固有の要件

　管轄の合意が有効に成立するためには，特に次の要件が必要である（民訴11条）。

　①　第一審裁判所に限定　　管轄合意は第一審裁判所に限定される。もっとも，第一審裁判所であれば簡易裁判所，地方裁判所の如何を問わない。簡易裁判所の管轄事件とされるものを地裁の管轄として合意することも，地裁の事件

---

[29] わが国の民事訴訟法とは異なりドイツ民事訴訟法は，管轄合意の有効性を厳しく制限している。当事者が商人，公法人又は公法上の特別財産以外の場合に合意が許容されるのは，それが，紛争発生後に締結された場合又は訴えで請求する当事者が契約締結後にその住所又は常居所を民訴法適用領域外に移した場合又は提訴時に住所又は常居所が知れない場合で，合意が明示的かつ書面でなされた場合のみとする（ド民訴38条3項）。

を簡易裁判所の管轄事件として合意することも可能である。

② 一定の法律関係に関するもの　管轄の合意は特定の法律関係に関するものであることが必要である。合意が広範囲にわたり予測し得ないのでは当事者に不測の不利益を及ぼすおそれがあるからである。したがって，今後生じうるすべての法律関係につき特定の裁判所の管轄と合意する等の極めて包括的な合意は無効である。しかし，特定の範囲の法律関係に限定されるのであれば，例えば特定の売買契約に関連して発生する事件について一切の管轄の合意をすること等は許される。またある契約に関する紛争に適用される管轄の合意は，その契約に関連して提起される不法行為訴訟にも適用される（仙台地決平成4年9月25日判時1499号104頁）。

③ 管轄裁判所の特定　合意の内容として管轄裁判所を特定する必要がある。管轄の定め方として，法定管轄の一部を排除する契約や新たに付加する契約がある。わが国の管轄をすべて排除する契約は不起訴の合意と解される。具体的内容が法定管轄の他に管轄裁判所を付加する場合（付加的管轄の合意）か，特定の裁判所を管轄裁判所として他の裁判所の管轄を排除する合意の場合（専属的合意管轄）のいずれに該当するのかは，管轄の合意の解釈によって明らかにしなければならない。

特に当事者が明示しない場合に当事者意思をどのように理解するかに関しては見解が対立する。

　　競合した管轄のうちの一つの裁判所を特定し又はその中のあるものを排除する合意は専属的合意管轄だが，その他の場合は付加的管轄合意と解すべきだとする見解がある（兼子・体系90頁）。しかし，この見解ではわが国の管轄規定が多様で，普通裁判籍として被告の住所地のほか義務履行地として原告の住所地があるために，契約当事者の一方の本社地を合意した場合などは，競合したものの一つとなり，ほとんどが専属管轄となってしまい，またあえて別の地を合意した場合が付加的となってしまう可能性があり，適当ではない。そこで合意管轄の意思解釈としては，当事者がわざわざある裁判所の管轄を合意したのだから，特に付加的とした特段の事情がない限り他の裁判所の管轄を排除したと理解すべきだとする見解がある（竹下守夫・続百選13頁）。当事者の意思を重視する限り，一般的にはこの見解によるべきであろう（企業間の取引でなされた管轄合意。例えば，大阪高決昭和45年8月26日判時613号62頁）。もっとも，普通取引約款で管轄合意がなされた場合についてはこれとは特別の考慮が必要である（後述⇒4）。

④ 書面によること　管轄の合意の方式は〈書面〉でなされなければなら

ない[30]。なお，管轄裁判所を定める合意がペーパーに記載されたものではなく，その内容を記録した〈電磁的記録〉（これは「電子的方式，磁気的方式その他人の知覚によっては認識することができない方式で作られる記録であって，電子計算機による情報処理の用に供されるもの」をいう）によってなされたときも，その合意は書面でなされたものとみなされる。この合意の効力が当事者意思により管轄裁判所を決定するという手続上重要な〈処分効果〉を有していることから，その意思を明確にし，後の訴訟のための証拠として明確性を期す必要があるからである。しかし，この場合の書面は1個の書面である必要はなく，申込みと承諾が別であってもよい。

(2) その他の要件

以上の要件の他に，管轄の合意が成立するためには実体法上の契約締結要件が必要である。この点に関して一般にはこの合意は訴訟行為であり訴訟行為要件が必要だとされる。しかし管轄の合意はその性質は訴訟法上の合意であるが，この契約は主として訴訟前・訴訟外で取引行為の一環として行われる。そこで，有効に成立するためには実体法上の契約締結の有効要件を具備する必要がある。代理権の存在，意思の瑕疵の不存在などについては実体法規範が基準となる。もっともこの存在・有効性を訴訟上で主張する行為は訴訟手続の中核的行為であることから，訴訟行為要件を必要とする。なお詳細は後述（⇒第6章第4節）。

3 効　果

(1) 積極的効果と消極的効果

管轄の合意が有効であれば，合意の内容に従って管轄権を有するとされた裁判所が専属的に又は法定管轄裁判所と競合的に当該事件の管轄裁判所となり，あるいは排除の合意がなされていれば当該裁判所の管轄権が排除される。管轄合意の最も基本的な効果である。

しかし，合意に基づいて訴えを提起する義務あるいは応訴する義務を課しているということはできない。提訴が合意に反してなされたということ自体は何

---

30) ドイツ民事訴訟法38条1項は書面性を要求せず，契約当事者が商人，公法人又は公法上の特別財産の場合「当事者の明示又は黙示の合意により」締結することを許容する。さらに，第一審裁判所の管轄は少なくとも当事者の一方がドイツ国内に普通裁判籍を有さない場合にも合意できるが，この場合には合意は書面又は口頭でなされた場合にはその旨の書面による確認を必要とする（同条2項）。この両者の関係の理解には争いがあり1項を国内取引に限定する見解があるが，一般には，1項は示された主体に対する方式緩和規定で，1項が優先すると理解されている（MüKommZPO-*Petynia*, §38, Rdnr 24）。

ら問題ない。相手方は，これに応訴して訴訟を続けることもでき，あるいは訴訟で管轄の合意の存在を主張・立証して合意した裁判所への移送の申立てをすることができる。

(2) 主観的範囲

管轄の合意は，合意をした当事者間で効果が生じるのはもちろんだが，その一般承継人にも及ぶ。しかし，特定承継人に管轄合意の効果が及ぶのかについては対象となっている法律関係により違いがある。一定の契約関係と一体として定められた管轄の合意は，特定承継があった場合には承継人に及ぶ。しかし，物権法上の権利関係のように内容が特定して内容自体を合意で改変できない権利関係については承継人には及ばない（コンメⅠ 176 頁）。手形金請求の場合，振出人と受取人間の管轄の合意は裏書人を拘束しない。もっとも，第三者であっても，債権者代位訴訟の債権者や破産管財人等の訴訟担当の場合は債務者が相手方とした管轄の合意には拘束される。

4 普通取引約款と管轄の合意

管轄の合意は，管轄決定に際してできる限り当事者の自由な意思決定権を保障しようとする趣旨に基づいている。しかし，このような原則が濫用的に用いられる場合あるいは当事者間の地位に著しい格差がありその内容が一方的に設定されて他方当事者がその内容形成に全くかかわることができない場合は別途の考慮が必要である。これらの場合にもこのような事情を無視して，「合意の存在」が形式的に適用されると，当事者の一方にとっては訴訟手続を利用すること自体が著しく困難となる可能性が高く，手続関与の機会が奪われる危険性さえ存在するからである。

> この点で特に問題となるのは，管轄の合意が普通取引約款の条項の一つとして定められている場合の取扱いである。普通取引約款自体は，大量取引につき契約内容の統一的な法的取扱いを実現する手段として事業者には有効・有用であるが，その内容は約款設定者である事業者のみに内容決定の自由が存在するにすぎず，相手方はこれを受け入れるか否かの自由があるにすぎない[31]。特に，一般消費者はこのような約款の利用について異議を述べる自由さえ有していない。特に約款上での管轄規定は，紛争が生じた場合に管轄裁判所を約款設定者である事業者の自由に（有利に）定められ，多くはその本社所在地の裁判所を専属的合意管轄とすることが多いが，このような内容をそのまま有効として承認することは，消費者の提訴・応訴

---

31) 普通取引約款の法律問題一般については，河上正二・約款規制の法理（有斐閣・1988）。

との便宜を著しく損なう可能性がある。消費者は提訴をするにしても本社の所在する合意管轄地からは遠隔の地に居住する場合，訴訟の審理について著しく不便であり，結局提訴や応訴さらには訴訟の追行を断念せざるを得ないことにもなりうる。そこで，管轄合意の内容を意思解釈によって修正しようとする努力がなされてきた。この場合には当事者の一方の意思が自由に表明できないから常に付加的合意と解すべきで消費者は自己の住所地で訴訟ができるとの見解がある（林屋25頁）。また，合意の効力を否定した〔**裁判例**〕もある。

† 〔**裁判例**〕 管轄合意を無効とした例：高松高決昭和62年10月13日高民集40巻3号198頁　　事案は保険金請求事件である。原告は生命保険加入手続などを原告住所地のYの営業所で行ったが，その後被保険者の死亡によりその住所地を管轄する松山地裁に保険金支払請求訴訟を提起した。Yは，保険契約の義務履行地の特約に基づき同社の本社所在地の東京地裁への移送を求めた。第一審は移送決定をしたが，Xが即時抗告。抗告審は，生命保険普通約款による義務履行地の定めは実質上専属的合意管轄を定めたものであるが，「相手方と対等の立場にない経済的弱者ともいうべき保険契約者に不利に，しかも同人が十分にその意味を理解することなくしてなされたものと推測されるものについては，その効力を有しない」として，原決定を取り消し，相手方の移送申立てを却下した。

現行法は，約款で定められた管轄の合意，特に消費者との関連で定められたものについて特別の定めをおいていない。形態としては，〔**裁判例**〕のように消費者が自らの住所地で提訴をし，これに対して業者側が管轄合意に従ってその本社への移送を求める場合の他，金融業者が貸金支払い請求を自らの本社の管轄裁判所に提訴する場合とがある。これらのすべてについて，適切な解決を図るには単に専属的な管轄合意を無効とするだけでは十分でない（この場合，法定管轄が生きることになるが，それは必ずしも消費者保護には有効でない場合がある）。現行法が16条，17条で広く移送の権限を与えられたことは，このような場合に裁判所は当事者（現実には約款設定者たる業者）の定めた管轄合意の内容に介入をし，その内容を改変し，コントロールする権限を与えられていると見ることができる。

5　補論──国際的合意管轄

渉外事件についても管轄の合意は有効である。特に渉外事件については，訴訟手続の違いなどから，どの国で訴えを提起するかが極めて重要な要素となる。しかし，わが国には，渉外事件については管轄の合意に関して明文で定めた規定は存在しない。そこで解釈によってこの点を明らかにしなければならない。次の〔**判例**〕は，

国際的合意管轄について最高裁が初めて判断をしたものである。

† 〔判例〕 最(3小)判昭和50年11月28日民集29巻10号1554頁（いわゆるチサダネ号事件）32) 　日本の輸入業者である訴外Ａがブラジルの輸出業者と原糖の輸入契約を締結し，オランダに本店を有し日本に営業所を有するＹと海上運送契約を締結し，本件船荷証券を発行・交付を受け，さらにＡに交付した。本件は，原糖がＹの所有するチサダネ号によって日本へ輸送されたが，日本に到着したとき海水漏れが生じたため，Ａは積荷海上保険契約に基づき日本に本社を有する保険会社Ｘに保険金を請求した。これの支払に応じたＸは，Ｙに対して保険代位による損害賠償請求訴訟をＹの営業所所在地である神戸地裁に提起した。これに対してＹは，本件船荷証券には，「この運送契約による一切の訴は，アムステルダムにおける裁判所に提起されるべきものとし，運送人においてその他の管轄裁判所に提訴し，あるいは自ら任意にその裁判所の管轄権に服さないならば，その他のいかなる訴に関しても，他の裁判所は管轄権を持つことができないものとする。」旨の英文管轄約款が存在するから，アムステルダム市の裁判所が専属的管轄権を有し，神戸地裁は裁判権を有しないとの本案前の抗弁を提出した。控訴審（大阪高等裁判所）は，Ｙの抗弁を認め，特定承継人であるＸにも国際的管轄の合意の効果が及ぶとして本件訴えを却下した。Ｘ上告。最高裁は以下のように述べて，上告を棄却した。

　(ⅰ)　**国際的管轄の合意に書面要件は必要かの点**について，「国際民訴法上の管轄の合意の方式については成文法規が存在しないので，民訴法の規定の趣旨をも参しゃくしつつ条理に従ってこれを決すべきであるところ，同条の法意が当事者の意思の明確を期するためのものにほかならず，また諸外国の立法例は，裁判管轄の合意の方式として必ずしも書面によることを要求せず，船荷証券に荷送人の署名を必要としないものが多いこと，及び迅速を要する渉外的取引の安全を顧慮するときは，国際的裁判管轄の合意の方式としては，少なくとも当事者の一方が作成した書面に特定国の裁判所が明示的に指定されていて，当事者間における合意の存在と内容が明白であれば足りると解するのが相当であり，その申込と承諾の双方が当事者の署名のある書面によるのでなければならないと解すべきではない。」

　(ⅱ)　**選定された国の裁判所が同種合意を有効としているかの判断を必要とする**という点については，「ある訴訟事件についてのわが国の裁判権を排除し，特定の外国の裁判所だけを第一審の管轄裁判所と指定する旨の国際的専属的裁判管轄の合意は，（イ）　当該事件がわが国の裁判権に専属的に服するものではなく，（ロ）　指定された外国の裁判所が，その外国法上，当該事件につき管轄権を有すること，の二個の要件をみたす限り，わが国の国際民訴法上，原則として有効である〔略〕。」

---

32)　友納治夫・最判解説民事昭和50年度524頁，矢吹徹雄・百選Ⅰ46頁。

(iii) 船荷証券上の約款が公序に反するとの点については，「被告の普通裁判籍を管轄する裁判所を第一審の専属的管轄裁判所と定める国際的専属的裁判管轄の合意は，『原告は被告の法廷に従う』との普遍的な原理と，被告が国際的海運業者である場合には渉外的取引から生ずる紛争につき特定の国の裁判所にのみ管轄の限定をはかろうとするのも経営政策として保護するに足りるものであることを考慮するときは，右管轄の合意がはなはだしく不合理で公序法に違反するとき等の場合は格別，原則として有効と認めるべきである。」33)

Ⅳ 応訴管轄

1 意　義

本来管轄権が存在しない裁判所に訴えが提起されても，被告が第一審裁判所において管轄違いの抗弁を出さずに本案について弁論をし，又は弁論準備手続で申述をしたときは，その裁判所は管轄権を取得する（応訴管轄〔民訴 12 条〕）。合意管轄と同様，管轄の分配は第一義的には合理性の観点からなされてはいるが，それも絶対的ではない。当事者はその意思でこれと異なる取扱いをすることができる。その際自らの意思で，法定管轄とは異なる裁判所で提起された訴えに対して管轄に関する異議を提出せず応訴をする限り，その裁判所の管轄を認めることが当事者の利益に合致する。

2 管轄違いの抗弁による防御

被告は〈管轄違いの抗弁〉を提出することで訴えに対して対抗することができる。これは，訴えが提起された裁判所が当該事件について，事物管轄又は土地管轄を有しないという被告側の主張である。管轄がなければ事件は管轄を有する裁判所に移送されることになる（コンメⅠ 184 頁は，実質的には移送の決定を求める申立てだとする）。国際事件では移送の可能性はない。

3 応訴管轄の成立要件

応訴管轄が生じるのは，被告が①本案について弁論をしたとき，又は②弁論準備手続で申述をしたときである。

本案とは，原告の請求内容に対する被告側の立場の陳述であり，これとは関係のない前提問題についての陳述（いわゆる「本案前の弁論」）をしただけでは応訴の効果は生じない。本案前の弁論にあたるのは，訴訟要件の欠缺を理由とし

---

33)　松本＝上野 258 頁は本件に批判的である。

て訴え却下を求めること，期日の変更，延期申立てなどである。これに対して，「請求棄却」の申立ては，本案についての弁論である（三ケ月・全集257頁）。準備書面に記載したに過ぎないときは未だ〈弁論〉がなされていないからこれにはあたらない。弁論準備手続で，裁判所又は受命裁判官の面前で本案の申述をした場合も応訴の効果が認められる。

V 専属管轄

〈専属管轄〉とは，ある事件の管轄が特定の裁判所のみに属し，他の裁判所には属さない管轄をいう。法定管轄のうち，裁判の適正・迅速などの要請から特定の裁判所の管轄を排他的に定め，当事者がこの法律上定められた管轄に反した合意をすることを許さないものである。

専属管轄があるのに，原告がこれとは別の裁判所に訴えを提起した場合，常に事件は管轄違いとして移送されなければならない。これを無視してなされた判決は，控訴理由（民訴299条1項但書），絶対的上告理由（民訴312条2項3号）になる。職分管轄は常に専属管轄である。土地管轄及び事物管轄は原則として任意管轄であり，特に明文の定めがある場合には専属管轄である。

VI 指定管轄

具体的事件に関して，管轄裁判所が不明確な場合がある。例えば二つの裁判所の管轄の境での不法行為事件で，どちらの裁判所に属するのかが不明確な場合などである。この場合には，関係する裁判所に共通の直近の上級裁判所が管轄裁判所を定める（民訴10条）。これを，〈指定管轄〉という。

管轄の指定は，①法律上（例えば裁判官が全員除斥事由にあたる場合）又は事実上の理由（天災などにより職務執行ができない場合）で当該裁判所が裁判権を行使できない場合，及び，②裁判所の管轄区域が不明確な場合（例えば不法行為地が不明確な場合）である。

この決定には不服が申し立てられない。

VII 裁判所による管轄の審査と調整（移送）

1 管轄決定の標準時

管轄を定めるにあたり基準となる時点は，訴え提起の時点である（民訴15条)[34]。訴え提起後に当事者の居住地が変わることによって管轄裁判所自体も

変わるとすれば，そもそも円滑な訴訟の運営が害されて不都合極まりない。そこで訴え提起後の当事者の居住地の変更等は管轄には影響しないものとした。これを〈管轄の固定〉という。通常，訴訟要件は口頭弁論終結時を基準とするが，手続の進行中に管轄が変わることによって手続が不安定となることを防止する趣旨から，基準を訴え提起時とした。ここに訴え提起時とは，裁判所に訴状を提出し受理された時点をいう。併合請求の裁判籍（民訴7条）について，適法に併合されていればその後に基礎となった訴えが取下げや却下となっても，併合された請求の管轄は失われない。もっとも，いったん受理されても，管轄違いや遅滞を避けるために別の裁判所で審理した方が望ましい場合には，〈移送〉をすることができる。

2 審　　査

裁判所は，当該事件について当該裁判所が管轄権を有するのか否かについて，職権で審査をすることができるのが原則である（民訴14条）。しかし，専属管轄の規定に違反した場合（民訴13条参照）を除き，たとえ法定管轄に違反したものであっても直ちに不適法として却下することはできない。被告の異議なき応訴により応訴管轄が生じる可能性が存在するからである。

管轄の有無につき当事者間に争いがあるときは，裁判所はこの点につき速やかに判断をしなければならない。審査の結果，管轄権が存在する場合には，そのまま審理を係属する。当事者間でこれを明確にする必要があれば中間判決（民訴245条）でこの点を明らかにすべきである。

3 移　　送

(1) 趣　　旨

〈移送〉とは，ある裁判所に生じている訴訟係属（⇒第3章第3節Ⅱ）を，その裁判所の裁判によって他の裁判所の係属に移すことをいう。〈移送〉制度は，官署としての裁判所間での事件の移転であり，同一官署内での本庁と支部，又は支部間での移転を意味する〈回付〉の制度とは異なる。第一審裁判所に関しては，〈管轄違いに基づく移送〉，〈遅滞を避けるための移送〉，〈簡易裁判所から地方裁判所への裁量移送〉及び〈必要的移送〉の制度がある。

(2) 管轄違いに基づく移送

原告が管轄裁判所を誤って訴えを提起した場合，その裁判所は管轄権を持た

---

34) ドイツでは訴え提起により訴訟係属（Rechtshängigkeit）が生じるが，その効果として二重起訴の禁止と共に管轄の固定（perpetuatio fori）が定められている（§261 Ⅲ ZPO）。

ず，訴え提起行為は不適法であり本来は却下されるべきであるともいえる。しかし，そうすると原告は再度訴えを適法な裁判所に提起しなければならないが，これは手数と費用がかかるだけでなく時効期間の進行など当事者にとって耐え難い損害が生じる可能性がある。そこで，このような場合に，申立て又は職権で管轄裁判所に移送する（民訴16条1項）ことによって，原告の不利益を救済することにしている。

　移送の原因には，事物管轄に違背した場合，土地管轄に違背した場合，職分管轄に違背した場合，審級管轄に違背した場合などがある。

　なお，従来家庭裁判所が管轄する家事審判事件と地方裁判所の管轄であった人事訴訟事件との関係が問題とされ，判例は移送を否定していた（最(1小)判昭和58年2月3日民集37巻1号45頁[35]）が，今日では人事訴訟は家庭裁判所の専属管轄とされたことから，これらの両者の管轄の不明瞭さから生じた問題は解決した。

　(3)　遅滞を避けるための移送

　訴えが，たとえ提起された裁判所の管轄に属する場合であってもその裁判所は，①当事者及び尋問を受けるべき証人の住所，使用すべき検証物の所在地その他の事情を考慮して，訴訟の著しい遅滞を避けるために必要がある場合，又は，②当事者間の衡平を図るため必要があると認めるときは，申立て又は職権で，訴訟の全部又は一部を他の裁判所に移送することができる（民訴17条）。

　①の要件は，証拠調べなどによる手続遅滞を理由としており，公益的要素が強い。これに対して，②の要件は，当事者間の衡平を基礎としている。この場合の移送は，訴訟がその裁判所に専属する場合はすることができないが，専属的管轄の合意がこれに該当しないことが明文で明らかにされている（民訴20条1項）。このような移送が許されるのは，裁判所に管轄を調整する権限を与えられているからだと考えられる（なお，特許権等に関する訴えの移送の特例につき，民訴法20条の2参照（⇒注25））。

　(4)　簡易裁判所から地方裁判所への裁量移送

　簡易裁判所は，提起された事件が当該簡易裁判所の管轄に属する場合であっても，相当と認めるときは，申立てにより又は職権で，訴訟の全部又は一部をその所在地の地方裁判所に移送することができる（民訴18条）。この場合にも，

---

35)　伊藤瑩子・最判解説民事昭和58年度29頁，佐藤歳二・百選Ⅰ68頁。

簡易裁判所の専属管轄に属する事件の移送はできないが，専属的合意管轄がこれに含まれないことは，遅滞を避けるための移送の場合と同様である（民訴20条1項）。

(5) 必要的移送

第一審裁判所での移送について，民事訴訟法は当事者の意思を反映させるために〈必要的移送〉の制度を設けた（民訴19条）。即ち，当事者の一方の申立てとこれについての相手方の同意がある場合に，第一審裁判所は訴訟がその管轄に属する場合であっても，その訴訟の全部又は一部を申し立てられた地方裁判所又は簡易裁判所に移送しなければならない。管轄の合意が訴え提起前になされる訴訟上の合意であるのに対して，これは訴訟係属中に当事者が共同で行う手続処分行為だといえる。できる限り当事者の便宜を図り手続の柔軟な取扱いが図られている。

(6) 移送の裁判

移送の裁判は〈決定〉によって行う。現行法は移送について当事者の申立権を認めている。また移送の裁判がなされた場合，その裁判が確定すると移送を受けた裁判所を拘束する（民訴22条1項）。その結果，この事件を更に別の裁判所に再移送することはできない（同条2項）。事件のたらい回しを避ける趣旨である。移送の裁判及び移送申立てを却下した裁判に対しては即時抗告をすることができる（民訴21条）。

移送の裁判が確定したときは，訴訟は初めから移送を受けた裁判所に係属していたものとみなされる（民訴22条3項）。そこで，それまでに行った訴訟行為の効力が問題になる。管轄権を有する裁判所からの移送の場合には，以前の裁判所でなされた訴訟行為はその効果を維持しうる（弁論の更新が必要）。しかし，管轄違いを理由として移送された場合，それによって従前の手続が取り消されたと見るべきであり（民訴308条2項，309条参照），全てにつきその効果を失うとすべきか（新堂120頁），専属管轄か否かで区別し，専属管轄違背の場合には訴訟行為の効果を認めることは専属管轄とした趣旨に反するがそうでなければ効力を維持すると見る見解がある（伊藤72頁）。後者の見解に賛成する。

　　　移送の裁判が確定すれば裁判所書記官は訴訟記録を受移送裁判所に送付しなければならない（民訴規9条）。

第4節　裁判機関の中立と公正の確保

〔文献〕
畔上英治「忌避試論(1)〜(3)」曹時12巻11号1492頁，13巻1号10頁，13巻2号147頁，小島武司「忌避制度再考」吉川・追悼(上)1頁，大村雅彦「裁判官の除斥と忌避」争点3版52頁，佐々木吉男「担当裁判機関の公正の担保」講座民訴②67頁

I　意　義

　民事訴訟手続が中立で公正な第三者である裁判機関によってなされなければならないことはいうまでもない。このような中立・公正な民事訴訟を実現するために，制度的には一方で憲法上裁判官の独立を保障し（憲76条3項），また裁判官の身分保障を厳格にし（憲78条），任期・定年・報酬についても厳格に定めている（憲80条）。裁判の中立・公正さを保障するために外部からだけでなく，裁判所内部においても裁判の中立・公正が影響されないように意を用いている。

　しかし，これだけではなお十分ではない。具体的に提起された個々の事件との関係でも，裁判の中立・公正が十分に保障されることが必要である。裁判官が訴訟当事者と一定の身分関係や利害の関連を有する場合には裁判の中立や公正は保障しがたい。そこで管轄裁判所に訴えが提起されて，具体的に裁判機関が決定した場合にも，その事件を担当する裁判官が当該具体的事件との関係で中立性を有しているか，裁判所の構成員として当該事件を公正に判断することができるのか，またその判断の公正さに対して当事者や社会の疑念が生じないかが問題になる。

　個別的事件について担当する裁判官が利害関係を持ち，あるいはその事件当事者と密接な関係を有する場合には，実際に当該裁判官が不公正な訴訟上の行為を行ったか否かとは別に，客観的・外観的に見て，一定の関係を有していること自体から中立性につき疑念が生じ，訴訟の客観性，公正について一般の疑いを生む可能性がある。このような場合には，司法の中立・公正確保の観点からそもそも当該裁判官を当該事件の担当者とすることは適当でない。そこでこのような裁判官を当該事件の担当から排除する必要が生じる。このための制度

が，〈除斥〉，〈忌避〉，〈回避〉の制度である。

〈除斥〉は法律上当然に，当該裁判官が事件の担当から排除されるとの制度である（民訴 23 条）。〈忌避〉は当事者の申立てにより，これに対する裁判によって職務から排除される（民訴 24 条）。これに対して〈回避〉は裁判官が自発的に，裁判所（裁判官会議）の許可を得て，当該事件の担当をはずれる制度である。〈回避〉の制度は，かって民事訴訟法に定められていたが，現行法のもとでは民事訴訟規則に定められている（民訴規 12 条）。

民事訴訟手続では，裁判官の他に裁判所書記官も極めて重要な独自の権限を有している。これらの規定は裁判所書記官にも準用される（民訴 27 条，民訴規 13 条）。

II 除　　　斥

1 概　　　念

〈除斥〉とは，裁判の中立性や公正を期するために，裁判官が事件の当事者と一定の関係にある場合及び裁判官が当該事件自体について一定の関係にある場合などにその裁判官が当該訴訟に関与することを法律上禁止する制度である。除斥事由があれば，当該裁判官は別段の行為や手続を要することなく法律上当然に当該事件の担当から排除される。

2 除斥事由（民訴 23 条）

除斥事由は，大別すると，裁判官等が当事者と一定の法的関係にある場合及び裁判官が当該事件と何らかの関係を有している場合の二類型に分けられる。

第 1 の類型に属するのは，①裁判官又はその配偶者若しくは配偶者であった者が当事者であるとき（民訴 23 条 1 項 1 号），②裁判官が当事者と一定の血族，姻族若しくは同居の親族関係にあるとき（2 号），及び③裁判官が当事者の後見人等であるとき（3 号）である。

第 2 の類型に属するのは，④裁判官が事件について証人又は鑑定人となったとき（4 号），⑤裁判官が事件について当事者の代理人又は補佐人であるとき，又はあったとき（5 号），⑥裁判官が事件について仲裁判断に関与し，又は不服を申し立てられた前審の裁判に関与したとき（6 号）である。

このうち，6 号にいう「前審の裁判に関与したとき」を理由に排除するのは，他の事由とは異なり裁判の不公正のおそれを理由とするのではなく，既に当該事件について前審での関与によって予断を有していることから，上訴審として

の十分な職務を全うし得ないおそれがあり，審級制度を無意義にすることによる（兼子・体系100頁，新堂82頁）。これに対して，前審関与という事由を専ら（審級の趣旨に言及せずに）予断に陥るおそれの観点から（加藤102頁，永井博史・百選Ⅰ73頁）あるいは審級制度の趣旨と併せて予断のおそれを問題とする（コンメⅠ237頁）見解がある。しかし，当然に当該裁判官を排除する効果を持った〈除斥事由〉の根拠としては無理があるといえよう（注釈民訴(1)〔大村雅彦〕320頁）。ここに前審とは，直接の下級審（事件の原審）及び間接の下級審（事件の原原審）を意味する。不服を申し立てられた裁判とは，直接に不服の対象となっている終局判決だけでなく，これに影響を及ぼし上級審の判断を受ける中間的裁判に関与した場合を含む。

　　†〔判例〕　最(3小)判昭和39年10月13日民集18巻8号1619頁[36]　　控訴審裁判官の1名が第一審で準備手続を行ったケースにつき，前審関与を否定して次のようにいう。「前審の『裁判ニ関与シタ』とは，裁判という国家意思の形成に関与したこと，より具体的にいえば，その評決および裁判書の作成に関与したことの謂であって，裁判の準備的行為にとどまる準備手続または準備的口頭弁論を行なったというがごときことは，これに含まれないものと解すべきである。」

　単に口頭弁論に関与したこと，また判決の言渡しに関与したことは裁判に関与したことにはあたらない。

　制度的に同一審級とされていない再審訴訟（反対，伊藤75頁）や請求異議訴訟の対象となった確定判決への関与，仮差押え・仮処分に関与した者の本案訴訟への関与などもこれに該当しない。

3　除斥の効果

　除斥事由に該当する場合には，当該裁判官は法律上当然に当該事件について一切の職務の執行をすることができない。これは，当該裁判官が事由の有無を知っていたか否かにかかわらない。担当裁判官に除斥事由が存在すれば，裁判所は当事者の申立又は職権により除斥の裁判をする（民訴23条2項）。除斥の裁判がなされる場合にも，その意味は確認的であり裁判によってはじめて除斥の効果が生じるのではない。当該裁判官が事件に関与して行った訴訟行為は無効であり，終局判決前においては当該行為のやり直しが必要である。終局判決後は当該判決に対する上告理由となる（民訴312条2項2号）。また，判決確

---

[36]　福永有利・百選18頁，永井博史・百選Ⅰ72頁，同・百選3版18頁。

定後は再審事由となる（民訴338条1項2号）。

　事件を担当している裁判官に除斥事由が存在する場合には，裁判所は申立てにより又は職権で，除斥の裁判をする。その手続は忌避の裁判と同一である。ただし，訴訟中に除斥の申立てがあり，裁判所が除斥原因がないとの裁判をしこれが確定すると，同一事由を上訴や再審事由とすることはできない（民訴283条但書）。

Ⅲ　忌　　避

1　概　　念

　公正な裁判所による裁判を保障するために，除斥の場合には，明確な除斥事由を定めて一定の法定の客観的事情がある場合には法律上当然に当該裁判官が排除されるものとしている。しかし，これだけでは十分ではない。公正な裁判所の観念は単に裁判所が客観的に公正を保持しているか否かだけではなく，国民から見て公正さを疑わせる事態を排除する必要がある。この観点からは除斥事由の他にも，裁判官について具体的に様々な裁判の公正を妨げる事由が存在する場合があり得る。そこでより包括的に，公正を妨げる疑念又は外観がある場合にも当事者からの申立てを待って裁判によって当該裁判官について事件の審理から排除する〈忌避〉の制度を設けた（民訴24条）。当該裁判官の排除を要求する権限を当事者に与えたものである。

2　忌避事由

　忌避の事由は包括的に定められており，「裁判官について裁判の公正を妨げるべき事情」があるときである（民訴24条1項）。忌避の可否として基準となるのは一般通常人が見て公正さに疑念を抱く関係が存在するか否かである。

　忌避が認められる例として，裁判官が当事者と親友である場合，仇敵である場合，事件について特別の経済的関係にある場合，事件について鑑定をしたことがある場合などが挙げられる。しかし，現実にこれらが問題になることはほとんどない。このようなおそれがある場合には，裁判官が回避しているからだといわれる（コンメⅠ241頁）。

　†〔判例〕**忌避事由に該当しないとされた例：**　①　最(2小)判昭和30年1月28日民集9巻1号83頁[37]　　裁判長が相手方代理人の女婿にあたる場合につき，忌避事由にあたり回避すべきであったのにその事情を知らせなかったとして上告。

---

37)　西迪雄・百選38頁，西野喜一・百選Ⅰ74頁，同・百選3版20頁。

「右の事実は民訴35条〔現行法23条〕所定事項に該当せず，又これがため直ちに民訴37条〔現行法24条〕にいわゆる裁判官につき裁判の公正を妨ぐべき事情があるものとはいえないから，所論は理由がない。」

　この判決には批判が強い[38]。一般的にみて，裁判長と一方当事者の代理人が女婿の関係にあることは公正を疑わせる関係にあるといえよう。また，この判決は除斥事由に該当しないから忌避事由にあたらないとしているように見えるが，両者の違いを無視している。

　② 最(1小)決平成3年2月25日民集45巻2号117頁[39]　　Xは，平成元年最高裁規則5号により福岡地方裁判所甘木支部及び福岡家庭裁判所甘木支部が廃止されたことに対し，最高裁を被告として本件改正規則のうち甘木地家裁支部を廃止する旨の取消しを求めて抗告訴訟を提起した。第一審及び控訴審は支部設置規則の定めは裁判所の内部の事務配分にすぎずそれによって受ける利益は事実上のものにとどまり法律上の利益ではないとして，口頭弁論を開くことなく却下した。これに対して上告をしたが，第2小法廷の草場良八，藤島昭，香川保一の各裁判官は最高裁判所裁判官会議で本件規則制定に関与したとして忌避申立てをした。これに対して，「しかしながら，最高裁判所規則の制定をめぐる訴訟において，同規則の制定に関する裁判官会議に参加したということを理由に，同会議に参加した最高裁判所の裁判官について民訴法37条1項〔現行法24条1項〕に基づき忌避の申立てをすることはできないと解するのが相当である。」即ち，最高裁判所には，憲法77条1項において訴訟に関する手続，弁護士，裁判所の内部規律及び司法事務処理に関する事項について，規則制定権が与えられており，司法行政事務を行うのは裁判官会議の議によるものとされ，同会議は最高裁の全裁判官で組織されていること，他方では憲法上，すべて司法権は最高裁判所及び法律の定めるところにより設置する下級裁判所に属し，特別裁判所の設置は禁止され最高裁判所は唯一の最終審裁判所とされている。「したがって，本来，最高裁判所が，最高裁判所規則を制定するとともに，これをめぐる訴訟の上告事件を担当することは，現行司法制度上予定されているというべきであり，そうであれば，同訴訟において，同規則の制定に関する裁判官会議に参加したということを理由に，同会議に参加した最高裁判所の裁判官について民訴法37条1項〔現行法24条1項〕に基づき忌避の申立てをすることはできないと解するのが相当である」という。

　最高裁が規則制定権を持つことから生じた問題であり，制度上致し方ない結論といえよう[40]。この他にも，司法行政上の様々な問題について同様の事態は生じう

---

38)　三ケ月・全集264頁，西野喜一・百選I 74頁（忌避制度に対する裁判官の反応についても触れという）。
39)　上田豊三・最判解説民事平成3年15頁。

る。

　訴訟指揮に関する不服を理由にした忌避申立ては多いが，これらは忌避事由にはあたらず認められない。また，担当裁判官がかつて訟務検事の肩書きを有したということだけでは忌避事由にあたらない。

　もっとも，忌避事由は必ずしも当事者には直ちに十分に把握できない場合が少なくない。そこで，裁判官からの開示義務を認めることで，当事者に忌避の申立ての機会を与えるべきだとの主張があり（小島〔文献〕16頁），考慮すべきであろうが，具体的な取扱いでは（仲裁手続とは異なり）どのような場合に開示義務を認めるのか困難な問題がある。

3　忌避の申立てと裁判

　忌避は当事者の申立てにより，裁判によって当該裁判官を事件から排除する効果を生じる（形成的効果を有するといわれる）。申立ては，その原因を明らかにして裁判官所属の裁判所に行う（民訴規10条1項）。申立ての方式については，期日においてする場合をのぞき書面で行わなければならない（同条2項）。

　忌避の申立てについては，忌避が合議体構成員である裁判官に対する場合には，「その裁判官の所属する裁判所」としてその合議体が決定で裁判をする。これに対して，地裁単独審の場合は，その裁判官が所属する地方裁判所が決定で裁判する。簡易裁判所の裁判官の場合には，その裁判官が所属する簡易裁判所を管轄する地方裁判所が決定で裁判する。忌避の申立てがあると，当該裁判官は，訴訟手続への関与を停止しなければならない。

　除斥・忌避事由ありとする裁判に対しては不服を申し立てることができない（民訴25条4項）。これに対して除斥・忌避の理由がないとして却下した裁判に対しては，即時抗告を申し立てることができる（同条5項）。

　除斥・忌避の申立てがあったときは，その申立てについての裁判が確定するまでの間，訴訟手続を停止しなければならないのが原則である（民訴26条）。これは，除斥・忌避の裁判の結果当該裁判官の訴訟手続関与が違法とされた場合の不都合を避ける趣旨である。しかし，この裁判及び確定までにも時間を要するが（民訴25条5項，332条参照），その間急速を要する場合があり得る（証拠の保全，仮差押え・仮処分等）。この場合には，当該裁判官の手続関与が認められている（民訴26条但書）[41]。

40）井上治典・平成3年度重要判例解説118頁②。
41）急速を要しない行為を要すると誤って行った場合，その行為は違法である。しかし，その後

4 忌避の濫用とその防止策（簡易却下）

忌避の制度は，その要件が包括的であり，しかもその内容が「裁判官について裁判の公正を妨げるべき事情」とされていることから，裁判官の訴訟指揮などについての不満を理由に忌避が申し立てられることが少なくない。また，忌避の申立てによって手続が停止することから，専ら手続の遅延を目的としてこの申立てを濫用的に用いる契機となっている。これらの場合に，濫用が明白である場合にもなお民訴法 26 条の適用があるかが問題になる。旧法上，刑事訴訟法 24 条の定めるような当該裁判官の関与を認めたうえでの簡易却下は定められていなかったが多くの裁判例は民訴法 26 条の適用を否定して簡易却下をしていた。学説も，旧法 42 条（現行法 26 条）の適用を否定する説（山木戸・論集 72 頁）があった。忌避申立ての対象となっている裁判官自らが判断できるかという点では疑問の余地もあるが（山木戸・論集 72 頁は，特別の場合以外は適当でないという），申立てが明確に権利濫用だとされうる場合には，民訴法 25 条 2 項及び 26 条の適用を否定することは肯定されよう（同旨，注解民訴(1)〔斎藤秀夫＝奈良次郎〕460 頁）。

IV 回　　避

〈回避〉は裁判官が自ら，除斥又は忌避事由が存在すると認めて，当該事件の担当を辞する制度である。回避制度は裁判所内部の事件分配に関するものであり規則事項とされている（民訴規 12 条）。司法行政上の処置であり，回避を希望する裁判官は，司法行政上の権限を有する裁判所（裁 80 条）の許可を得なければならない。簡易裁判所の裁判官はその所属の裁判所を管轄する地方裁判所，その他の裁判所の裁判官はその所属する裁判所に許可を求める。それぞれの裁判所の裁判官会議が決定するが，裁判官会議が長官・所長又はその他の裁判官に事務委任をしたときは，委任を受けた裁判官が行う。

V 裁判所書記官・専門委員への準用

現行法では，裁判所書記官の権限は強化され，独自の権限として様々な権能が与

忌避申立てにつき理由がないとの決定が下され確定した場合，当該行為は有効となる（忌避申立てに対する裁判確定前に忌避申立てを受けた裁判官が下した判決につき，最(3 小)判昭和 29 年 10 月 26 日民集 8 巻 10 号 1979 頁）。瑕疵が治癒されたと見るか（三ケ月・全集 264 頁，コンメ I 258 頁）。

えられている。そこで，裁判官に関する除斥・忌避に関する規定は裁判所書記官にも準用される（民訴27条，民訴規13条）。ただし，裁判所書記官の職務の性質上，前審関与に関する民訴法23条1項6号の規定は適用されない。

また，専門委員もまた直接事件の判断に関わることから，これらの規定（民訴23条〜25条，ただし25条2項を除く）は専門委員にも準用される（民訴92条の6）。

第2章 当事者

[本章の概要]

　本章では民事訴訟手続の主体となる〈訴訟当事者〉に関する一連の問題を取り扱う。民事訴訟手続は，当事者（原告）が訴えを提起することによって始まり，また手続の重要事項は全て当事者が決定するのが原則である。また判決も原則として当事者間でのみ効力を持つ。このように当事者は訴訟手続の様々な局面で重要な役割を演じるので，そもそも〈当事者〉とは何かが明確でなければならない。

　第1節では，〈当事者〉の概念を明らかにする。そもそも民事訴訟の〈当事者〉とはどのような観念なのか，という点は民事訴訟手続の基本的な問題であり，以下の当事者に関する議論のはじめにこの点を明確にしておく必要がある。さらに**第2節**では，〈二当事者対立の原則〉を検討する。民事訴訟手続は二当事者が対立して，その間で互いにそれぞれの主張を尽くし手続が進められることとされており，これは民事訴訟手続の基本構造をなしている。そこでこれに関連する問題を扱う。**第3節**では，手続を進めるに際して具体的に誰が〈当事者〉として取り扱われるのかを明らかにするために，当事者確定の問題を考察する。現実に訴訟手続を当事者として行っている者が真に当事者といえるのかが問題となる場合があるが，これらについて検討する。そのうえで**第4節**では，どのような要件があれば民事訴訟の主体としての当事者たる地位を取得しうるのかという〈当事者能力〉の問題を扱う。さらに**第5節**は訴訟手続において当事者として独自に訴訟を追行する能力である〈訴訟能力〉と〈弁論能力〉を扱う。最後に**第6節**では，当事者自体に関する問題ではないが，当事者の問題と密接に関連する〈訴訟代理〉の問題を扱う。なお，当事者として訴訟に関与することができる正当な地位に関する〈当事者適格〉の問題は，第4章で取り扱う。

第1節　当事者概念

[文献]

伊藤眞・民事訴訟の当事者（弘文堂・1978），上田徹一郎・当事者平等原則の展開（有斐閣・1997），松原弘信「民事訴訟法における当事者概念の成立とその展開(1)～(4)」熊法51号85頁，52号33頁，54号59頁，55号25頁，山木戸克己「訴訟

における当事者権」同・研究59頁，山本克己「当事者権」鈴木・古稀61頁

I 当事者概念の変遷と現況

1 当事者概念の意義

　民事訴訟手続では手続の様々な局面で〈当事者〉が重要な役割を果たしている。本来民事訴訟手続は処分権主義に基づき（⇒序章第5節Ⅱ2，詳細は⇒第5章第4節Ⅰ），手続の重要局面で決定権を持つのは〈当事者〉である。即ち，手続を開始するためには〈当事者〉から訴えが提起される必要があり，裁判所が職権で独自に民事訴訟手続を開始することはできない（「不告不理の原則」）。また裁判所によって審理・判断される対象の範囲を決定する権限を持つのも〈当事者〉である（民訴246条）。いったん開始された民事訴訟手続を，判決によらずに終結させることができる権限を持つのも〈当事者〉である（民訴261条以下）。さらに判決が出されても，これを不服として上訴を提起することができるのも〈当事者〉の権限である（民訴281条，311条）。判決が確定すれば，その判決は原則として「当事者間で」効力を有するものとされる（民訴115条1項1号）。〈当事者〉こそは，民事訴訟手続の様々な局面で手続の趨勢を決定する重要な権限を有するのであり，まさに手続の主体であるといえる。そこで，そもそもこれらの民事訴訟手続の様々な重要局面で問題となる〈当事者〉という概念をどのように観念し，理解すべきかが問題になる[1]。

2 学説の変遷

　〈当事者〉という概念の理解には学説上変遷が見られた（当事者概念の学説史については，松原〔文献〕参照）。

　① 実質的当事者概念　　民事訴訟の主体である〈当事者〉につき，これを素朴に考えて，民事訴訟手続は審判の対象とされる実体的な権利関係を巡って争うことから，その紛争の実体である実体的権利関係の当事者こそが訴訟の主体となるべきだと考え，実質的な権利主体であり利害関係を持つと主張する者こそが当該訴訟の〈当事者〉だと考える見解がかって一般的であった。この見解は，実体的権利関係の主体（債権者・債務者，物権法関係の権利者と相手方など）をそのまま訴訟手続の

---

[1]　〈当事者〉には，手続の各局面に応じて異なった名称が与えられている。第一審手続では，一般に〈原告〉〈被告〉といわれる。控訴審では，〈控訴人〉〈被控訴人〉，上告審では〈上告人〉〈被上告人〉といわれる。民事訴訟手続以外では，督促手続，民事執行，民事保全手続では〈債権者〉〈債務者〉という呼称が用いられる。

主体である〈当事者〉と観念した。当事者概念が実体法的に定められたことから，「実質的当事者概念」ともいわれる。

② 形式的当事者概念　実質的当事者概念に対してはその後，理論上の問題点が指摘され批判が生じた。特に19世紀中葉以降，一方では破産管財人の法的地位につき，（破産債権者又は破産者の）代理人と理解するのは不十分で，訴訟手続上〈当事者〉として扱うべきだとの見解が一般化した。この見解によれば，破産財団に関する訴訟手続につき破産管財人は直接訴訟の対象となっている実体的権利関係の主体ではないが破産財団を構成する破産者の財産につき管理処分権を持つことから，破産財団に関する訴訟の当事者として扱われるべきだと主張する（わが国破産法80条〔旧法162条〕はこの立場を明文で承認した）。そこで，実体的権利関係の主体でない破産管財人のような者が民事訴訟の当事者となりうるための法的な枠組みが必要になる。また民事訴訟全般について訴訟法的考察方法が進み，実体法的考察方法から独立した理解をしようとした当時の訴訟法学説の支配的傾向とも相まって，実体的権利関係の主体をそのまま訴訟手続上も〈当事者〉とする実体法的観点を排して，専ら形式的に訴訟手続との関連のみで当事者概念を定めなければならないとの立場が一般化した。これを「形式的当事者概念」という。この立場によれば，自ら訴えを提起した者が〈原告〉，その相手方とされた者が〈被告〉とされる。今日の通説である（兼子・体系104頁，伊藤83頁，松本＝上野92頁）。

形式的当事者概念によれば，当事者概念自体の局面では実体的要素を排して当事者が決定されているから，たとえ「当事者」とされた者であっても，その限りでは具体的な訴訟手続の対象とされる権利関係との関係でみれば，そもそもその者が訴訟を追行し判決を得るのに適切な者であるのか否かの具体的判断はされていない。しかし，このような実質的考慮がなければ，最終的に訴訟手続の主体として適切であるのか，当事者間で判決がなされてもそれによって実質的に紛争を解決することになるのか等の現実的な問題が生じうる。そこで，これらの実質的な判断が手続上いずれかの局面でなされる必要があるが，これは，当事者概念とは別の判断枠組みでなされることになる。こうして，手続の対象となっている係争権利関係を解決するために，〈当事者〉とされている者が最も適切な立場で手続に関与するのか，即ち〈正当な〉当事者であるのかを判定する基準として，別途〈当事者適格〉の判断が必要となる（詳細は⇒第4章第2節Ⅴ）。かくて本案についてなされる終局判決の効力が及ぶ〈当事者〉は，適格がなければ不適法として排除されているはずだから，一応は形式的当事者概念で決定されても，当事者適格を有する者であることになる。

③ 機能的当事者概念　民事訴訟の目的を私的紛争の法的解決と見たうえで，この紛争主体を訴訟手続に関与させることが必要であり，紛争の当事者が訴訟手続上も関与することが訴訟の結果についての納得を得るために必須だと説く見解があ

る。この見解によれば，民事訴訟の当事者とは，「当該訴訟で解決せられるべき実体法上の紛争の主体として訴訟に登場する者」と定義される（伊東乾「訴訟当事者の概念と確定」中田・還暦(上)61頁，65頁以下）。この見解では，当事者概念に，紛争との関連性という民事訴訟の機能に関連した要素を取り入れる点に特色がある[2]。しかし〈当事者概念〉自体にこのような形で紛争との関連性を取り込むことの必然性については大方の賛同を得てはいない。

3 形式的当事者概念と当事者の手続上の地位

当事者概念についてはなお形式的当事者概念が支持されるべきである。もっとも，この見解に対しては，従来から内容が空疎で意味を持たないなどの批判が絶えずそれが難点とされてきた。確かに，この見解は当事者概念自体については審判対象たる実体的権利関係と当事者との関連性を遮断し，専ら訴訟手続との関連でのみ構築してきたことから「形式的」であることは否定し得ない。しかし，この当事者概念には当然の前提が存在することが確認されるべきである。形式的当事者概念によれば，当事者につき「自ら訴えを提起した者を原告，その相手方とされた者を被告とする」とされる。かくて，まずこの局面で〈当事者〉自体は訴え提起行為に規定されている。

誰が当事者であるのかは訴え提起者の意思によって決定されている。こうして定められた〈当事者〉には訴訟手続上一定の地位と権限が与えられている（当事者権⇒Ⅱ）。そこで，〈当事者〉の概念自体は形式的に定められているが，こうして定められた〈当事者〉には当然に，手続内で当事者としての訴訟上の地位と権限が与えられなければならない。またそれが実際に保障された者こそが〈当事者〉として手続上の権限を持ち責任を負担しうるといえる。そこで，たとえ形式的概念的には当事者に該当しても，実質的に当事者としての保障がなければ，その者は自分が手続上当事者として扱われなかった旨を主張し不利益を回避しうる地位を持つ場合があるといえよう。従来の形式的当事者概念により定められた当事者も，実は，手続内で実質的な手続法上の価値に裏打ちされた〈当事者権〉の観念が付加され，またそれが必要であると考えられる。形式的当事者概念は当事者論の出発点であるにすぎず，その後手続内で当事者に

---

[2] ドイツでも形式的当事者概念の空疎さを問題視し，再度当事者概念に当事者適格の要素を取り込んで再構成しようとする見解を生んだ（*de Boor*, Zur Lehre vom Parteiwechsel und vom Parteibegriff, 1941, Sonderdr. aus der Festschr. f. Siber, S. 51 ff.）。この見解は直接には当事者変更を考察の対象とするが，その際財産訴訟での特色は財産権との関連性にあると見て，財産訴訟での当事者は，その財産についての処分権限を行使する者であるとする。

は実質的要素が付加されるという動態的理解が必要である（ここで「形式的」の意義は当事者概念の形成に際して実体権からの遮断を意味するにすぎない）。

II 当事者の訴訟上の地位と権限——当事者権

1 当事者権の提案と確立

民事訴訟では当事者主義が支配し，〈当事者〉に様々な手続上重要な権限が付与される。このような，民事訴訟の〈当事者〉に当然に保障されるべき基本的な権限を〈当事者権〉という概念で明確化し，確立することは極めて重要である。

〈当事者権〉の概念は，当初非訟事件の関係人の手続上の地位に対して民事訴訟手続における〈当事者〉が手続上中心的な役割を果たすことを示す概念として提唱された（山木戸〔文献〕59頁）。しかし今日ではより広く民事訴訟手続上の基本観念として一般的に承認されている（例えば，新堂124頁，伊藤84頁，上田18頁，松本＝上野66頁）。

†〔例〕 民事訴訟法が当事者に与えている権利は多様である。これを定める明文規定には，移送申立権（民訴16条～19条），除斥申立権・忌避権（民訴23条，24条，27条），訴訟代理人選任権（民訴54条），訴状の送達を受ける権利（民訴138条），期日に呼出を受ける権利（民訴94条），求問権（民訴149条3項），訴訟記録閲覧権（民訴91条），責問権（民訴90条）等がある。この他に，処分権主義・弁論主義の結果，当事者は審判対象を特定し（民訴246条），訴訟を判決によらずに終了させる権限（民訴261条～267条）を有する。

民事訴訟手続上，当事者に与えられた権限のうちで最も重要なものは，口頭弁論の実施を求め（民訴87条），そこで事件の法律上・事実上の問題について弁論を行い，自己の見解を表明する機会が与えられなければならないという権限である（〈弁論権〉の保障）。

2 〈当事者権〉の基礎と広がり

当事者権の観念が提唱された後，わが国における憲法上の裁判を受ける権利の保障（憲32条）を手がかりに訴訟当事者の民事訴訟手続内での地位を見直し重視しようとする方向が注目され次第に有力化した。このような方向は更に比較法的観点からも補強された。特にアメリカ合衆国における〈デュー・プロセス（due process）の観念の展開[3]〉やドイツ連邦共和国基本法が定める〈審問請求権

---

3) アメリカ合衆国におけるデュー・プロセスの観念：アメリカ合衆国憲法修正V条（1791年）には「何人も，……適正手続（due process）を経なければ生命，自由及び財産を奪われてはな

（Anspruch auf rechtliches Gehör)）を巡るドイツ学説・実務の発展[4]に刺激されて議論が更に一般化した。この動向は〈当事者権〉という枠を越えて，より一般的な手続上の権利保障を論じる方向へと進展し，〈手続権の保障（あるいは手続保障）〉を巡る議論が活発化し，民事訴訟手続における最も基本的な権利として〈手続権保障〉の観念が確立するに至った。特に，訴訟手続中で当事者をはじめとする関係人が一定の不利益を課される場合には，その前提として十分な手続が保障されなければならないこと等が認識され，特に判決の効果である既判力を正当化する根拠として，当事者の地位につくことによって手続上対等の立場でその訴訟物たる権利関係の存否について弁論し，訴訟追行をする権能が保障されたことに求める立場（新堂643頁）が有力である。さらにこれを推し進めて，そもそも訴訟手続は対等な当事者間の対論保障の場だとする見解を生んだ。

　訴訟手続では，特に訴訟当事者には口頭弁論の機会（民訴87条）をはじめ，一連の強い手続上の権限が保障されているが，反面で名目上当事者とされながら，実際にはこれらの当事者権，特に弁論権が与えられずあるいは侵害され，手続関与の機会が与えられなかった者には当事者が負うべき様々な負担や不利益を拒絶する権限を認め，その主張を手続内ですることができなければならないということも論理的必然性として承認できる。

らない」旨を定めるが，この観念は19世紀には主として刑事事件に関して用いられた。更に修正XIV条（1868年）も同様に「いかなる州も何人からも適正手続（due process）を経なければ生命，自由及び財産を奪ってはならない」との規定をおいた。これ以降民事手続でもこの観念は重視され，州の裁判権（*Pennoyer v. Neff*, 95 U.S. 714（1878）），仮救済手続（*Sniadach v. Family Finance Corp*, 395 U.S. 337（1969）），第三者に対する判決の遮断効（*Postal Telegraph Cable Co. v. Newport*, 247 U.S. 464（1918）etc.）等の局面で重要な役割を果たした。この観念はその後訴訟手続という狭い枠を越えて様々な手続に拡張して用いられ，〈デュー・プロセス革命〉等ともいわれる（see, *Friedman*, Total Justice, Beacon Press/1987, p.80)。

4）ドイツ連邦共和国における審問請求権：ドイツ連邦基本法103条は「何人も裁判所の面前で法的審問を受ける請求権を有する」と規定する。この規定は手続的基本権として重要な機能を果たしている。その内容は，一般的には①手続の告知，②自ら事実主張をし証拠を提出できること，③事実及び法状態につき相手方が提出したものにつき知りそして意見を表明すること，④裁判所が探知し裁判上公知のものとされる事実・証拠方法につき審問されること等が挙げられている。審問請求権に違反すると321条aによる第一審手続での審問権違背の救済手続（特に上訴の金額制限により控訴ができない場合），上訴審における取消し，さらには憲法裁判所への訴願が許されている（Rosenberg/Schwab/*Gottwald*, ZPR, §82（S.522））。

第2節　二当事者対立の原則

I　原　　則

　民事訴訟手続は二当事者が相互に対立した立場でそれぞれの主張を対立させ，主体的に手続が進められる手続構造を採用している。それぞれの当事者の主張の当否は，公平な第三者として裁判所が判決によって判断するのが原則である。このように当事者が二手に分かれて対立するのが民事訴訟手続の基本構造であることから，これを〈二当事者対立の原則〉という。民事訴訟手続では，多数の者が手続に関与しても基本的には二当事者対立の原則が支配する点に変わりはない[5]。事件によっては，原告側が複数の場合，被告側が複数の場合あるいは双方が複数の場合もあるが，これらの場合でも全体では原告側と被告側の二手に分かれており，そこでは二当事者対立の原則が支配していることに変わりはない。この原則は，当事者以外の者による手続に対する干渉を否定すると共に，当事者がそれぞれ対立する陣営に分かれて，自らの権限と責任によって訴訟手続をすすめ基本事項を決定することができることにして，最もよくそれぞれの利益が手続に反映するように工夫された民事訴訟手続の基本的な枠組みである。もっとも，民事訴訟手続上二当事者対立原則には例外がある。いわゆる独立当事者参加訴訟（民訴47条）では，当事者と独立当事者参加人が三つ巴になって争う訴訟形態を承認している（詳細は⇒第12章）。

II　二当事者対立の消滅と例外

　二当事者対立という民事訴訟手続の基本構造は，手続の過程で何らかの事由により当事者が対立した状況が実質的に消滅すると，それに伴って民事訴訟手続自体もまた終了するのが原則である。

　　† 〔例〕　訴訟係属中に当事者の一方が死亡し相手方がその地位を相続した場合や，会社合併により，二当事者対立関係が終了すれば，訴訟手続も原則として終了する。訴訟の対象になっている権利関係がそもそも相続に適さなければ二当事者対立原則は消滅し，この権利に関する訴訟自体も終了する。

---

[5]　民事訴訟に対して（古典的）非訟事件手続では通常二当事者対立の原則は存在しないことが多い。

例外的に当事者の一方の死亡等により形式的には二当事者対立の関係が消滅したと見られる場合であっても、なお訴訟手続で法律・権利関係を確定することが必要な場合もある。そのような場合には検察官が当事者となる等により、人為的・手続的に二当事者対立形態を作ることにしている。

†〔例〕 身分関係を巡る訴訟では、当事者の一方、特に被告とされるべき者が死亡すると、この訴えの相手方を失い、提訴そのものができなくなる可能性がある。しかしそうなれば、生存している一方当事者と死者との間の身分関係は、もはや訴訟手続によって明らかにすることができなくなる。この場合にはもはや、実体法が予定する法律関係が訴訟上明確化されず、その権利関係の実現ができなくなるおそれがある（死後認知〔民787条但書〕）。そこでこのような場合には、現行法は例外的に検察官等を被告とすることができることにして（人訴12条3項）、当事者が死亡した後も、法律上人為的に二当事者対立関係を創設して当事者の提訴権を確保した（旧人訴2条3項〔現行人訴12条3項〕につき、吉村徳重＝牧山市治編・注解人事訴訟手続法〔改訂〕〔青林書院・1993〕59頁〔河野正憲〕）。

このような被告として特に定められた検察官の法的地位は、実定法が予定する身分法秩序を特に訴訟手続によって明確にするために必要な訴訟上の法的関係を手続上創設する必要性があることから与えられた特殊な公的地位であると見ることができる[6]。

この場合の検察官は職務上は当事者ではあるが実質的な利害関係を持たず、当事者としての役割を十分に果たし得ないことから従来様々な問題が指摘されていた（特に相続を目的とした死後認知請求訴訟での実質的訴訟追行ができず真実に反した判決の阻止が困難であった）。人事訴訟法はこのために、訴訟の結果相続権を侵害されるおそれのある者の訴訟参加を認めた（人訴15条）。ただし、その地位は補助参加人であって当事者ではない（これらの者は審判の対象となっている身分法関係の直接の主体ではなく、訴訟への関与は身分関係から派生する相続権という財産上の地位に関する法律関係に基づく）。

---

[6] 検察官が原告となる場合がある（参照、民744条1項）。この場合には、検察官は被告となる場合とは異なった機能を持つ。検察官は公益の代表者として、より積極的に、当事者のみに委ねていたのでは是正されない当事者間の不法な法律関係で、しかも社会的に見ても放置できない関係を是正するために、訴えを提起する権限が与えられている（これらについては⇒第4章第2節Ⅴ3）。

第3節　当事者の確定

〔文献〕

伊藤眞・民事訴訟の当事者（弘文堂・1978），坂原正夫「当事者の確定」石川・古稀（下）171頁，佐上善和「当事者確定の機能と方法」講座民訴③63頁，新堂幸司「訴訟当事者の確定基準の再構成」同・基礎163頁，高橋宏志「当事者の確定」同・重点（上）135頁，中務俊昌「当事者の確定」民訴講座(1)73頁，中山幸二「氏名冒用訴訟の判決の効力について」木川・古稀(上)285頁，納谷廣美「当事者確定の理論と実務」新実務(1)239頁，福永有利「当事者の確定理論の意義」新堂編・特別講義301頁，松原弘信「当事者の確定と任意的当事者変更」争点3版64頁

I 意　義

　民事訴訟手続は訴え提起行為に始まり，二当事者対立原則のもとで，両当事者が対立する形でその主導のもとに進められるのが原則である。当事者こそは手続の最も重要な主体である。しかし訴訟手続を進めるにあたりその前提として，手続過程で具体的に誰が訴訟当事者であるのかが明確でなければならない。そもそも〈原告〉とは一体誰なのか，また〈被告〉は誰なのかが明確でなければ民事訴訟手続を具体的に進めることさえできず，裁判所にとっても当事者にとっても手続上困難な状況が生じる。もっとも通常の事件では当事者が誰であるのかは訴状から自ずと判明し明白なことが多い。しかし例外的に誰が当事者であるのかが不明確な場合もありうる。例えば，訴状の提出により訴えが提起されていること自体は明らかであっても，送達の段階でそれが誰からのまた誰に対する訴えかが明確でなければ（通常は訴状提出の際に一応審査されるが），裁判所は誰に訴状を送達してよいのかさえわからず，以後の具体的な手続は進めようがない。訴えが，現存しない者（死者や架空の者，会社）に対して提起されているのであれば当事者自体が存在せず，訴訟が成立し得ないから，このような訴え自体が不適法である。また訴訟当事者と一定の身分関係にある裁判官は除斥，忌避の対象になりうるが（⇒第1章第4節），その判断のためには，具体的に当事者が誰であるのかが明らかでなければならない。さらに，判決が下された後でも，本来確定判決の効力は原則として訴訟当事者間にのみ及ぶとされるから（民訴115条1項1号），判決効の及ぶ当事者とはいかなる者かが明らか

でなければならない。このように，具体的に当事者を特定し，確認する作業が必要な場合は手続の様々な局面で想定される。

また，当事者とされた者自身が当事者の同一性につき誤りを手続内で指摘することもあり，この場合にはその是正方法が問題となる。これらの問題は従来一般に〈当事者の確定〉と呼ばれてきた。もっとも，最近ではこれら従来当事者の確定の問題とされてきたものの中には性質の異なるものが含まれているとの指摘もあり，当事者の確定の問題は根本的な見直しの必要がある。

II 当事者の確定を巡る学説と問題

1 当事者の確定を巡る従来の学説

従来，当事者確定の問題は，主としてどのような基準に基づいて当事者としての確定を行うのかという観点から，代表的な見解として意思説，行動説，訴状記載説の3見解があるとされてきた（中務〔文献〕75頁以下）。

① 意思説　「当事者としての意思」が重要と説く。訴状に記載されている氏名は内心で考えられている人の単なる表示にすぎないから，その意思が確認できれば表示の不正確さや不適当さは問題にならないと説く。もっとも，このように内心の意思を重視すると，誰の意思をいかなる方法で確定するのかが不明だとの批判を受けた。また，その際裁判所の意思を基準にするのであれば，それは処分権主義に反するとも批判された。

② 行動説　これに対して決定的なのは訴えている人物又は訴えられている人物であり，その人物の氏名ではない，と考える見解がある。この見解は，特に被告として他人の氏名を冒用した訴訟で当事者となるのは冒用された者ではなく，この者には判決の効果は及ばず再審による救済措置を執る必要もないと説く。しかし「当事者として行動した者」といってもその意味するところが不明確だとの批判は免れない。わが国の学説にも，古く原告の確定については②行動説を，被告については①意思説を採用する見解が存在した（井上直三郎「誰が当事者であるかに就て」同・破産・訴訟の基本問題〔有斐閣・1971〕20頁）。

③ 訴状記載説（表示説）　当事者を確定するに際して訴状の記載が基準になるべきだとする（兼子・概論95頁，同・体系106頁）。当事者は申立行為によって定まるが，内心の意思を基準とする意思説や行動説は基準として不明確であり，訴状の記載が基準として明確であることを理由とする。もっとも，訴状の記載を基準とするにも，訴状の記載のうち当事者欄の記載のみを基準とするのではなく，訴状記載の全体の趣旨から当事者が誰であるかを明らかにすべしという（修正訴状記載説）。従来の通説である。

④ 規範分類説　以上の見解に対して、当事者の確定は手続の進行に即して考えるべきであり、統一的基準によることはできないとの見解がある（新堂126頁、同〔文献〕170頁以下）。この見解は、まず、これから手続を進めるにあたり誰を当事者として扱うかという観点から見れば単純明快な基準を提供する③訴状記載説が優れているが、すでに進行した手続を振り返ってその手続の当事者が誰であったのかを考える場合は手続の安定、訴訟経済の要請が強く働き、手続の遡及的覆滅をできるだけ防止する方向で当事者の確定を図るべきだと説く。この局面では当事者確定の資料を訴状の記載内容に限定する必然性はないが、訴状は裁判所や当事者の行動の指針として働いていたのでそれを利用するのが合理的だとし、訴状に示された原告意思の合理的解釈と、その者が手続で当事者としての地位と機会が現実に与えられていたのかを判断すべきだという。近時有力な見解である。

⑤ 確定問題領域限定説　当事者確定問題が混迷を極めたのは、この問題に雑多な問題が取り込まれたからだとし、純粋に当事者の確定に関する問題を限定しようとする。即ち訴え提起の際の当事者特定が原告の責任でなされなければならないが、それを受けて裁判所は原告の意思を解釈し、当事者を確定する。当事者の確定問題は当事者の特定の補完的作用を有するにすぎず、それは第1回口頭弁論期日までのものであり、それまでは「表示の訂正」として処理しうるが、それ以降は当事者確定問題ではなく、多くが任意的当事者変更として処理すべきと説く（納谷〔文献〕250頁）。

⑥ 当事者特定責任説　当事者の確定は紛争主体の特定責任の一環として位置づける必要があるとの認識のもとに、当事者間の役割分担として当事者特定責任を構想する（佐上〔文献〕71頁以下）。しかし、当事者の確定問題が、直ちに当事者の行為責任の問題となるのか、その結果として〈特定責任〉を生じるのかの点に疑問がある。〈当事者〉の修正の方法として任意的当事者変更・表示の訂正との関連を指摘するが、これらの問題との関連性の前に、当事者の確定問題の実質の分析が求められる。

2　当事者の確定に関する問題類型

当事者の確定の問題は具体的な事件においてどのような形態で現れているのだろうか。従来判例は手続の様々な局面で、当事者の確定の観点から事件を処理する方策を示してきた。その局面を大別すると、(A) 死者に対する訴え提起行為、(B) 氏名冒用訴訟の場合の当事者、(C) 法人格の異別性に関し訴訟で法人格否認が問題とされるなどの事例が顕著である。

†〔判例〕(A)　死者に対する訴え提起の有効性：　① 大判昭和11年3月11日民集15巻977頁[7]（原告自身が手続中に被告の記載を死者から相続人への修正を求

めた例）　X（原告・控訴人・上告人）は杉田司を被告として，立替金の支払請求訴訟を提起し（昭和9年3月13日），第一審では被告不出頭のままX勝訴の判決が言渡された。その後，杉田司は昭和7年4月12日に死亡し，杉田司郎が家督を相続していることがわかったので，Xは第一審判決を取り消し差し戻すことを求めて控訴を提起した。控訴審は「凡ソ死亡者ヲ相手取リ訴ヲ提起スルハ不適法」として，原判決を取り消し，訴えを不適法却下した。大審院は，以下の理由でこの原判決を破棄し，訴えを第一審裁判所に差し戻した。「本訴ハX力訴状ニ杉田司ヲ被告トシテ表示シ昭和9年3月13日広島区裁判所ニ提起シタルモノナル処司ハ是ヨリ先昭和7年4月12日死亡シテ被上告人杉田司郎其ノ家督相続ヲ為シタルモノナルヲ以テ本訴ニ於ケル実質上ノ被告ハ即被上告人司郎ニシテ只其ノ表示ヲ誤リタルニ過キサルモノト解スルヲ相当トス故ニ同裁判所ハ宜シク民事訴訟法第352条〔現行法270条〕第224条〔現行法133条2項〕第228条〔現行法137条〕ニ則リ訴状ニ於ケル被告ノ表示ヲ杉田司郎ト訂正セシメ尚同人ハ未成年者ナルヲ以テ其ノ法定代理人ヲ記載セシメタル上訴訟手続ヲ進行セシムヘキモノナルニ拘ラス茲ニ出テス被告ヲ杉田司トシテ審理判決ヲ為シタルハ違法タルヲ免レス雖右ノ如ク被告ノ表示ヲ誤リタルカ為本訴ハ実質上訴訟関係ノ不成立ヲ来シタルモノト謂フヘカラス若シ之ヲ反対ニ解シ実質訴訟関係ノ不成立ヲ来シタルモノトセンカ司ノ家督相続ヲ為シタル被上告人ニ於テ其ノ訴訟手続ノ受継ヲ為スニ由ナク随テ又ハ被上告人ヲ相手方トシテ上訴ヲ為スニ由ナク斯ル上訴ハ不適法ニシテ当然却下セラルヘキノ理ナリサレハ原審カ本訴ハ実質上訴訟関係ノ成立セサルモノト為シナカラ被上告人ヲ相手方トセル本件控訴ヲ却下スルコトナク其ノ控訴ニ依リ第一審判決ヲ取消シタルハ理論上ノ矛盾タルノミナラス本訴ハ実質上訴訟関係ノ成立セサルモノト為シ之カ却下ノ判決ヲ為シタルハ違法」とする。

　②　**最(1小)判昭和41年7月14日民集20巻6号1173頁**[8]　XはYに対して訴えを提起したところ，その後訴状が到達する前にYは死亡した。Y相続人Zがこの訴訟の受継の申立てをし第一審裁判所により許可された。第一審ではX勝訴。Zの控訴は棄却。Zは，Yが死亡したのは訴状送達前であったから当事者ではあり得ず，したがってZの受継もあり得ず，訴えは却下されるべきであったと主張して上告。上告棄却。「Zは，……みずから被告たるYの訴訟を承継する手続をとりこれを承継したものとして，本件訴訟の当初からなんらの異議を述べずにすべての訴訟手続を遂行し，その結果として，Xの本訴請求の適否について，第一，

---

7) 兼子・判例17頁，樫村志郎・百選2版44頁，上野泰男・百選Ⅰ80頁，北村賢哲・百選3版24頁。
8) 奈良次郎・最判解説民事昭和44年度330頁，松浦馨・続百選148頁，佐上善和・百選2版100頁，長谷部由起子・百選Ⅰ28頁。

二審の判断を受けたものである。このように第一，二審を通じてみずから進んで訴訟行為をしたZが，いまさら本件訴訟の当事者（被告）が死者であるYであったとしてみずからの訴訟行為の無効を主張することは，信義則のうえから許されないものと解するのが相当である〔最(1小)判昭和34年3月26日民集13巻4号493頁参照〕」。

(B) 氏名冒用訴訟： ③ **大判昭和10年10月28日民集14巻1785頁**[9]（**被冒用者からの再審の訴え**）Y（再審被告・再審事件被控訴人・第一審原告）は，X（再審原告・再審事件控訴人・第一審被告）に対して，XがD株式会社の株主だと称して株金の払込みの訴えを提起し，東京地裁でY勝訴の判決を得，判決が確定したことによりX所有の動産に対して強制執行を行った。XよりYに対して再審訴訟を提起し，Xは本件訴訟代理人に対して訴訟委任をしたこともなく，偽造委任状による訴訟代理であり氏名が冒用されたと主張する。原審は，本件はXの名義が冒用されたのでありXは当事者とならないから既判力が及ばず，したがって何ら手続上の救済の必要がないとして再審の訴えを不適法却下。X上告。破棄差戻し。「他人ノ氏名ヲ冒用シテ訴訟ヲ為ス者アル場合ニ於テ訴訟行為カ冒用者ノ行為トシテ為サレ訴訟ノ判決カ其ノ冒用者ニ対シテ言渡サレタルトキハ其ノ効力ハ冒用者ノミニ及ヒ被冒用者ニ及フコトナシト雖モ訴訟当事者ノ氏名ヲ冒用シ当事者名義ノ委任状ヲ偽造シテ訴訟代理人ヲ選任シ被冒用者名義ヲ以テ訴訟行為ヲ為サシメ裁判所カ之ニ気付カスシテ被冒用者ニ対シ判決ヲ言渡シタルトキハ其ノ被冒用者ハ訴訟当事者トナリタルモノナレハ判決ノ既判力ハ冒用者ニ及ハスシテ被冒用者ニ及フモノト謂ハサルヲ得ス従テ被冒用者ハ判決ノ確定前ニ在テハ上訴ニ依リテ之ヲ取消ヲ求ムルコトヲ得ヘク確定後ニ在テハ民事訴訟法第420条第3号〔現行法338条1項3号〕ニ依リ再審ノ訴ヲ起スコトヲ得ヘキモノトス」。

(C) 法人格否認： ④ **最(2小)判昭和48年10月26日民集27巻9号1240頁**[10]
Xは，N株式会社がホテル居室の賃料等の支払を怠ったので，Nを相手として居室の明渡しと賃料等の支払を求める訴えを提起した。第一審では，Nは適式の呼出を受けながら口頭弁論期日に出席せず，答弁書その他の準備書面も提出せず弁論の全趣旨から争ったものとは認められないとして，Xの主張する事実を自白したものとみなされ敗訴した。控訴審では約1年にわたる審理の後，口頭弁論が終結されたが，その後になってNの代理人は弁論の再開を申し立て，控訴人は旧会社（N株式会社）とは別の会社だと主張して債務負担を否定し，控訴審第1回期日で為した自白を撤回した。控訴棄却。N上告。上告棄却。「原判決が適法に確定し

---

9) 兼子・判例11頁，佐上善和・百選3版22頁。
10) 東條敬・最判解説民事昭和48年度45頁，髙見進・百選Ⅰ30頁，河野正憲・北九州3巻1号109頁。

たところによれば，（一）Ｉ株式会社（旧商号Ｎ株式会社，以下旧会社と称する。）が昭和42年10月中Ｘから本件居室に関する賃貸借解除の通知を受け，かつ占有移転禁止の仮処分を執行されたところ，同会社代表者ｉは，Ｘの旧会社に対する本件居室明渡，延滞賃料支払債務等の履行請求の手続を誤まらせ時間と費用とを浪費させる手段として，同年11月15日旧会社の商号を従前のＮ株式会社から現商号のＩ株式会社に変更して，同月17日その登記をなすとともに，同日旧会社の前商号と同一の商号を称し，その代表取締役，監査役，本店所在地，営業所，什器備品，従業員が旧会社のそれと同一であり，営業目的も旧会社のそれとほとんど同一である新会社を設立したが，右商号変更，新会社設立の事実を賃貸人であるＸに通知しなかったこと，（二）Ｘは右事実を知らなかったので同年12月13日『Ｎ株式会社（代表取締役　ｉ）』を相手方として本訴を提起したこと，（三）ｉは第一審口頭弁論期日に出頭しないで判決を受け，原審における約１年にわたる審理の期間中も，右商号変更，新会社設立の事実についてなんらの主張をせず，また，旧会社が昭和38年12月以降本件居室を賃借し，昭和40年12月１日当時の賃料が月額16万2200円であることならびに前記Ｘから賃貸借解除の通知を受けたことをそれぞれ認めていたにもかかわらず，Ｎは，いったん口頭弁論が終結されたのち弁論の再開を申請し，その再開後初めて，Ｎが昭和42年11月17日設立された新会社であることを明らかにし，このことを理由に，前記自白は事実に反するとしてこれを撤回し，旧会社の債務について責任を負ういわれはないと主張するにいたったこと，以上の事実が認められるというのであり，論旨は右自白の撤回を許さず，Ｎが旧会社の債務について責任を負うとした原審の判断を非難するのである。

　おもうに，株式会社が商法の規定に準拠して比較的容易に設立されうることに乗じ，取引の相手方からの債務履行請求手続を誤まらせ時間と費用とを浪費させる手段として，旧会社の営業財産をそのまま流用し，商号，代表取締役，営業目的，従業員などが旧会社のそれと同一の新会社を設立したような場合には，形式的には新会社の設立登記がなされていても，新旧両会社の実質は前後同一であり，新会社の設立は旧会社の債務の免脱を目的としてなされた会社制度の濫用であって，このような場合，会社は右取引の相手方に対し，信義則上，新旧両会社が別人格であることを主張できず，相手方は新旧両会社のいずれに対しても右債務についてその責任を追求することができるものと解するのが相当である（最高裁判所昭和43年(オ)第877号同44年２月27日第１小法廷判決・民集23巻２号511頁参照）。

　本件における前記認定事実を右の説示に照らして考えると，……Ｎは，取引の相手方であるＸに対し，信義則上，Ｎが旧会社と別異の法人格であることを主張しえない筋合にあり，したがって，Ｎは前記自白が事実に反するものとして，これを撤回することができず，かつ，旧会社のＸに対する本件居室明渡，延滞賃料

支払等の債務につき旧会社とならんで責任を負わなければならないことが明らかである。」

3 当事者の確定の意義と表示の訂正

当事者の確定問題は以上概観したように，手続の様々な局面で取り上げられている。これの妥当性の再検討には，まず問題のゆえんを基本から確認する必要があるが，その出発点は〈当事者概念〉にあり，また訴え提起行為の性質を確認することにある。

本来，形式的当事者概念は，訴訟〈当事者〉の概念形成にあたりその訴訟手続の対象とされた実体的権利関係を遮断し，それを専ら手続的・形式的観点から定めている。それによれば，訴え提起行為において専ら自らの名で訴えを提起する者が原告であり，その相手方とされる者が被告とされる。そこで，まず第一にそこで前提となる〈訴え提起行為〉が問題となる。

1) 訴え提起行為　訴え提起行為は原告が裁判所に対して，彼が被告と名指した者との間で一定の権利又は法律関係について一定内容の判決を求める〈意思に基づく行為〉であり，この行為は特に〈訴状〉という要式に基づいて行われなければならない（民訴133条1項）。その際訴状には，原告は自らを特定して明示しなければならないと共に，相手方である被告を特定記載する必要がある。このように原告によって〈訴状〉という書面の形式で裁判所に提出された判決要求につき裁判所がまず行わなければならないことは，それが誰から誰に向けられた訴えであるのかを明らかにすることである。これは，〈訴え提起行為〉に示された原告の意思を解釈する行為に他ならない。訴え提起行為は原告の意思による行為であるから，その表示に誤りがあれば原告はそれを修正することができる。一般の意思表示では〈表示の誤り〉は修正ができ，要式行為においても同様である。そこで訴訟過程で，訴状の当事者に関して記載に誤りがあることが判明した場合には，実質的に当事者に変更がなく単に記載が誤りがあるにすぎないときは，当事者はその旨を裁判所に明らかにして訴状の当事者の変更をすることができる。

当事者の確定は，まず第一に訴え提起行為の基礎になっている当事者意思の解釈の問題である。訴えは要式行為として訴状を必要とするから訴えで基礎となるのは〈訴状〉であり，その限りで訴状記載説の主張は正当である。しかし，それのみが唯一の判断資料ではない。さらに当事者意思は補充的に他の要素を用いて解釈することも許される（兼子説が表示説であるにかかわらず，意思説的実

質を有する〔新堂〔文献〕166頁以下〕のは，このような考慮によるとも見うる）。

　2）　訴訟手続内での当事者の確定と修正　　手続の過程で，訴状で当事者と記載された者と現実に当事者として手続上で扱われている者との間に齟齬があることが明らかにされる可能性がある。これは裁判所が職権で調査して明らかになることもあれば，当事者からの申立てによる場合もある（〔判例①〕は被告が提訴前に死亡していたことを理由に，原告が訴状修正の申立てをした事案）。この場合に誰が当事者であるかを判断し，さらに訴状の記載につきどのような措置をとるべきかが問題になる。〈当事者〉である者を手続上も明確にし，場合によって修正するためには，訴状の記載自体を修正すればよいのか，あるいはそれ以上の措置として当事者自体の変更が必要かが検討されるべきである。

　　〔判例①〕は，提訴前に訴状名宛人が死亡していたケースであるが，この場合にも原告の意思解釈が重要である。死亡の事実を知っていたとすればその相続人を被告としたであろうということ，実際に訴状が相続人に送達されていた点が考慮されるべきだろう。この場合には，相続人が当事者適格を持つが，ここでは当事者適格の帰属自体から直接に〈当事者〉が決定されうるわけではない。あくまでも原告の提訴行為の意思解釈として，当事者適格の帰属が一つの判断要素とされたにすぎない。

　3）　判決確定後の当事者の確定と修正　　終局判決が言い渡されて手続が終了した後で，その訴訟で誰が当事者であったのかが改めて問題となる場合がある。この場合には，訴えが誰から誰に向けてのものであったのかという訴え提起行為における意思解釈の面は希薄である。むしろ，判決文において当事者とされた者が現実に存在するのか，それが誰なのかの確定が問題となる。この者の確定においては，まず第一に判決の表示が重視されなければならない。給付判決の判決文は債務名義となるが，その際強制執行手続における形式性の必要性からその記載を重視すべきだからである。しかし，この記載上の当事者が，実際の訴訟手続で〈当事者〉として手続上実質的な地位が与えられていたのかもまた問題になりうる。当事者には，当事者としての手続上の権限と地位が保障されていなければならない。これが保障されなかった場合，当事者とされた者はその重大な手続上の瑕疵を理由に「当事者ではない」（〈当事者〉として扱われなかった）と主張することも許されるべきである。またこの場合本案判決がなされていれば当事者は，裁判所による訴訟要件の審査を経ている（訴訟要件不存在による却下判決ではない）から，当事者としての適格を有する。こうして

この場合に〈判決効が及ぶ当事者〉を確定するためには判決文の当事者の記載のみならず，当事者としての実質的地位が実際に与えられたか否かが検討されなければならない。

第4節　当事者能力

〔文献〕

飯倉一郎「民法上の組合の当事者能力」争点新版100頁，来栖三郎「民法上の組合の訴訟当事者能力」菊井・古稀(上)331頁，高見進「法人でない団体の当事者能力」争点3版68頁，高橋宏志「当事者能力・訴訟能力」同・重点(上)151頁，長谷部由起子「法人でない団体の当事者能力」争点新版102頁，福永有利「権利能力なき社団の当事者能力」木川・古稀(上)305頁

I　意義と概念

〈当事者能力〉とは，民事訴訟の「当事者」になることができる一般的資格をいう。民法上権利義務の主体としては権利能力が認められているように，民事訴訟法上訴訟手続の独立した主体として，その資格が認められる者をいう。当事者能力の観念は民法上の権利能力の訴訟手続への反映であり，両者は共通の価値原理に基づく。実体法上権利能力者として権利義務関係の独立した主体となることができる者は，自己の有する権利や義務について訴訟手続上も独立した主体としてこれを行使し，防御する地位が民事訴訟手続上で承認される。

II　当事者能力者

権利能力を有する者は，その権利を訴訟手続で実現するための権限として当事者能力を有する。

1　自　然　人

自然人はすべて当事者能力を有する。訴訟は権利の行使手続であり，権利主体となることができる者はすべてその権利を訴訟手続で行使するに際しても，その主体としての地位が認められるべきである。こうして，権利能力を有する者には当事者能力が承認されている。民訴法28条はこのような実体法上の権利能力と当事者能力の関連性を明示した。

自然人の権利能力はその出生に始まり（民3条1項），死亡によって消滅するか

ら，当事者能力もこれと同じである。しかし実体法は例外的に，特定の請求権について胎児にも権利能力を認めている。例えば，不法行為に基づく損害賠償請求権（民721条），相続（民886条1項），受遺者（民965条）については既に生まれたものとみなすこととして権利能力を有するから，これに関する訴訟については胎児も独立した当事者としての能力が与えられる（訴訟手続自体は母を法定代理人として行う）。胎児が死産の場合は当事者能力を欠き訴えが却下される。自然人はその死亡により当事者能力を失うが，破産によっては当事者能力は失わない（この場合の手続の承継につきなお⇒第12章第5節Ⅱ2）。

2 法　人

法人もまたすべて権利能力を有する。法人は解散又は破産となった場合（一般法人206条）にも解散又は破産目的の範囲内で存続するから（一般法人207条），当事者能力を持つ。しかし清算が終了し清算結了登記（一般法人311条）がなされた後は当事者能力を失う。

外国法人も，本国法で権利能力を有する限り，わが国で当事者能力を持つ。国もまた権利義務の主体となるから当事者能力を持つ。ただし，抗告訴訟では，行政庁に被告となる当事者能力及び当事者適格が与えられる（行訴11条）。

単なる法人組織の構成部分は当事者能力を持たない（最(3小)判昭和60年7月19日民集39巻5号1266頁）[11]。

Ⅲ　法人格のない社団・財団の当事者能力

1　団体としての社会的活動と当事者能力の必要性

自然人の他に現実には様々な団体が社会的な活動を行っているが，これらが実体法上法的関係の主体となりうるためには〈法人格〉の取得が必要である。しかし，団体が法人格を取得するためには，そのための手続が必要であり，社会活動を行っている団体のすべてが〈法人格〉を取得しているわけではない。多くの団体が法人格を取得することなく社会的には一つの団体として活動を行っている。

　†〔例〕　同業者団体，同窓会，各種親睦会，学会，ボランティア団体[12]など。

---

[11]　国立大学は従来国の機関でありその一部であったが，「国立大学法人法」（平成15年法律112号）6条により，平成16年4月より，独立した法人格が与えられた。その結果，当事者能力を取得した。

[12]　特定非営利活動を目的とする団体については容易に法人格を付与することで，ボランティア

これら法人格を持たない団体（社団・財団）もまた，社会的な活動のために権利を行使し，また義務を履行しなければならないことはいうまでもない（具体例につき，注釈民訴(1)〔高見進〕428頁）。そこで権利能力がないにもかかわらず，これらの法人格を持たない団体（社団・財団）が自ら民事訴訟の当事者として，原告・被告になることができるかが問題になる。これらの団体の当事者能力が否定されれば，取引から生じた紛争等を解決するために訴訟が必要になっても，団体自体ではなく，その構成員が訴訟の当事者にならざるを得ないことになる。しかし，その構成員が多数に上る場合にその構成員の正確な確定は容易でない。それでは訴訟手続を利用して権利行使をすることは実際上困難又は不可能とならざるを得ない。そこで，一定の場合に法人格を持たない団体にも当事者能力を与える必要がある。わが国の民事訴訟法はこの点について明文規定を置き，その団体が，①法人でない社団又は財団であり，②代表者又は管理人の規定があるものは，その名において訴え又は訴えられることができることとしている（民訴29条）。このような団体は，団体として社会的な活動を行う以上，その相手方としては訴えを提起するに際してその団体自体を名宛人とすることが便宜であるし，反対に団体側でも自ら訴えを提起するに際して団体自体の名前で提起できるのが便宜であり[13]，その団体としての行動は代表者又は管理人が定められているから対外的な活動の中心が明白だからである。

2 要　件

団体として当事者能力を付与されるためには，それが構成員から独立した存在であることが必要である。民訴法29条はその要件として，団体が「社団又は財団」であることを挙げている。

1) 社　団　　法人格のない〈社団〉の意義について，学説上従来一般に，「一定の目的のための多数人の結合体であってその構成員各自の生活活動から独立した社会活動を営むと認められる程度に達したもの」とされてきた（兼子・体系110頁）。しかしその後，人の結合体であり，その団体の活動から生じ

活動をはじめとする市民の自由な社会貢献を増進するために，「特定非営利活動促進法」（平成10年法律7号）が定められている。

[13]　わが国の民事訴訟法が原告・被告で区別せずに訴訟能力を認めるのに対して，ドイツ民事訴訟法は原告としての立場での訴訟能力を認めず，被告の立場としての訴訟能力のみを認めている（ド民訴50条2項）。しかし，このような立法者の決定にかかわらず，その後の個別立法や判例・学説は，労働組合などにつき権利能力なき社団の原告としての訴訟能力を承認する努力を続けてきた（MüKomm ZPO-*Lindacher* § 50, Rdnrn. 35 ff.）。

た債務の引き当てに供しうるような独自の財産があるものをいうとの見解（新堂138頁）や，さらに詳細に分析を試みて，①団体の内部関係での独立性があり，構成員の変動にかかわらず独立性があること，②財産的に独立し，構成員の財産から独立した財産を有すること，③対外的に代表者が定められて独立した行動がなされること，④内部組織として代表者の選出，意思決定などの方法が明確であることを挙げる見解もある（伊藤95頁）。しかし，この見解に対しては異論もある。即ち，一般に給付訴訟では債務者の責任財産の現実的存在自体は要件とはならないのだから，②の要件は不要だとする批判がある（長谷部〔文献〕）。判例も上記②の要件を要求していない（〔**判例③**〕参照）。当事者能力を認めるのに最低限必要な要件としては，（強制執行の実施は困難でも）責任財産の存在は不要だといえよう。

† 〔**判例**〕　（A）　法人でない社団の一般的成立要件について判断した判例：　① 最（1小）判昭和39年10月15日民集18巻8号1671頁14)　訴外〈引揚者更生生活協同連盟杉並支部〉が権利能力なき社団といえるかが問題とされたケースにつき，最高裁は次のように述べて肯定した。「権利能力のない社団といいうるためには，団体としての組織をそなえ，そこには多数決の原則が行なわれ，構成員の変更にもかかわらず団体そのものが存続し，しかしてその組織によって代表の方法，総会の運営，財産の管理その他団体としての主要な点が確定しているものでなければならないのである。しかして，このような権利能力のない社団の資産は構成員に総有的に帰属する。そして権利能力のない社団は『権利能力のない』社団でありながら，その代表者によってその社団の名において構成員全体のため権利を取得し，義務を負担するのであるが，社団の名において行なわれるのは，一々すべての構成員の氏名を列挙することの煩を避けるために外ならない（従って登記の場合，権利者自体の名を登記することを要し，権利能力なき社団においては，その実質的権利者たる構成員全部の名を登記できない結果として，その代表者名義をもって不動産登記簿に登記するよりほかに方法がないのである。）。」

（B）　伝統的・血縁的団体：　② 最（2小）判昭和55年2月8日民集34巻2号138頁（沖縄蔡氏門中事件)15)　本件は沖縄における血縁団体であるいわゆる門中の代表者Xにより，Y（選定当事者）に対し，本件土地がXとY及び参加人Z（門中）とYの間で，Zの所有であることを，また被告Yらに対して所有権登記の抹消等を求め，またZはZとYらとの間で本件土地がZの所有であることの確認等を求めた訴えである。Yは訴訟上の抗弁として，Zが当事者能力を有しないと主張

---

14)　宮田信夫・最判解説民事昭和39年度408頁。
15)　岨野悌介・最判解説民事昭和55年度96頁。

した。第一審は，X及びZの請求を認容。控訴審は，本件Zがいわゆる権利能力なき社団に該当するとしたが，権利能力なき社団であるZの資産はその構成員全員に総有的に帰属しているから，Z自体が権利義務の主体となることはないとして，Zの所有権を確認するとの請求を棄却した。上告棄却。Zが当事者能力を有することにつき次のように判示した。「(1) 被上告人Zは，蔡崇の子孫によって構成された血縁団体であり，蔡氏二世譲の女，亜佳度によって寄附された本件各土地を含む土地及びその地上の祠堂を共同で管理し，それから生じる収益によって祖先の祭祀及びこれに附随する諸行事をとり行ってきたが，遅くとも明治時代には同門中の財産の管理運営に必要な諸機関がおかれ，大宗家であるA家及び中宗家であるB家，C家，D家の当主が代表者となり，その任期は特別の事情のない限り生存期間中とし，かつ，右事業運営のための諸業務の執行機関として毎年恒例の彼岸祭に参集した同門中構成員の総意によってアタイ（当番員）が選任され，右アタイが書記，会計その他の雑務を分担して諸業務を執行し，さらに，重要事項は同門中の長老の集りによってこれを決定する，という慣行があり，右慣行は現在不文の規約として確立存在し，(2) 明治時代以降，同門中は，祭祀及びこれに附随する事業のほか，門中の子弟に対する学事奨励，門中模合（頼母子講の一種），門中の貧困者に対する前記土地の一部の貸与などの相互扶助事業を続けてきたところ，第二次大戦後，本件各土地の所有権をめぐって同門中員の間で対立を生じたため，従来の事業の執行がいちじるしく困難となり，その多くを一時中断しているが，なお祭祀及びこれに附随する事業を行っている，(3) また，同門中は前記土地のうちの一部の売却及び本件各土地の一部の賃貸による収入及び本件各土地の山林での伐木，採草等による収益等をもって祠堂の改築，祭典費，税金，アタイの手当その他の費用をまかなってきた，(4) 現在，同門中に属する者の範囲は，大宗家，中宗家，小宗家及びその分家に備えられた家譜記録及び現行の戸籍簿を照合し，姓名に関する特殊な法則ないし口伝により基本的系統を推測し，これと併せて同門中員として名乗り出た本人の口述を斟酌することによって，これを確定することができる，(5) さらに，原審口頭弁論終結時において，被上告人X〔略〕は中宗家の一つであるD家の当主たる地位を有するものであった，というのである。右事実関係のもとにおいては，被上告人Zは代表者の定めのある権利能力なき社団であって，民訴法46条〔現行法29条〕により当事者能力を有する」。

(C) 固定資産ないし固有の財産の必要性： ③ 最(2小)判平成14年6月7日民集56巻5号899頁[16] X（原告・控訴人・上告人）は本件ゴルフ場の特別会員，正会員及び平日会員によって組織され会員相互の親睦とクラブライフの向上を目的とした預託金会員制のゴルフクラブである。Y（被告・被控訴人・被上告人）は，

---

[16] 高部眞規子・最判解説民事平成14年度444頁，山本弘・百選3版28頁。

本件ゴルフ場を経営する株式会社である。Yの元代表取締役の不正行為による刑事事件の後、XY間で本件協約書が締結されXに経理内容の調査権が認められている。本件は、この協約に基づいて目録記載の書類等の謄本の交付を請求した事案である。第一審及び控訴審は、Xが固定資産を有しておらず、他にYの財産から独立して存立の基盤となり得るX固有の財産が存在するといえない等の理由で民訴29条にいう「法人でない社団」にあたるとはいえないとの理由で当事者能力を否定した。最高裁は原判決を破棄し、第一審へ差し戻した。「民訴法29条にいう『法人でない社団』に当たるというためには、団体としての組織を備え、多数決の原則が行われ、構成員の変更にかかわらず団体そのものが存立し、その組織において代表の方法、総会の運営、財産の管理その他団体としての主要な点が確定していなければならない〔**判例①**〕を引用〕。これらのうち、財産的側面についていえば、必ずしも固定資産ないし基本的財産を有することは不可欠の要件ではなく、そのような資産を有していなくても、団体として、内部的に運営され、対外的に活動するのに必要な収入を得る仕組みが確保され、かつ、その収支を管理する体制が備わっているなど、他の諸事情と併せ、総合的に観察して、同条にいう『法人でない社団』として当事者能力が認められる場合があるというべきである」。本件については、「Xは、Yや会員個人とは別個の独立した存在としての社会的実体を有しているというべきである」として、〈法人でない社団〉にあたると判断した。

2) 財　団　〈財団〉とは個人への帰属を離れて一定の目的のために管理機構に服している独立した財産集合体である（兼子・体系111頁）。

法人格のない財団についても法律（民訴29条）は代表者又は管理人の定めがあることを条件に当事者能力を与えた（設立中の財団につき、最（1小）判昭和44年6月26日民集23巻7号1175頁）。権利能力を取得するためには認可手続が必要だが、このような認可を経ていないが財団としての実質を有する権利能力のない〈財団〉についても（育英団体やクラブ財産など）、代表者又は管理人が定められてこれにより社会活動を行っている場合について、訴訟手続上も独立した主体としての地位を承認した。

3　権利帰属及び登記訴訟との関係

権利能力がない団体にも当事者能力を認める結果、これらの団体は訴訟上は独自に当事者（原告・被告）及び参加人としての地位を取得し、権利能力を有する団体と同等の取扱いを受ける。しかし、これらの団体は実体法上は権利能力の主体になることはできないから、原告として自らが権利者であることの確認等を請求することは不可能である（これらの請求は棄却される。反対、兼子・体

系111頁は「個別的事件の解決を通じて，権利能力を認めることに帰する」という）。登記請求訴訟では登記能力がないから，団体名義の請求はできない。代表者が受託者たる地位で登記をすることができる（〔判例〕）。

† 〔判例〕 最(2小)判昭和47年6月2日民集26巻5号957頁[17]　訴外A連合会は権利能力なき社団であるが，その資産として本件土地建物を所有している。しかし本件土地建物はAに法人格がないことから，当時その会長であったYの個人名義で登記がなされた。その後Yは会長を辞任し，Xが会長に選任された。そこでXはYに対して，会長職交替を理由に，本件土地建物の所有権移転登記を訴求した。これに対して，Yは権利能力なき社団が原告になるべきであり，Xには当事者適格がないと主張した。第一審はXの請求を認容。Yの控訴棄却。Y上告。上告棄却。「本件訴訟において権利能力なき社団たる訴外Aがみずから原告となるのが相当であるか，その代表者の地位にある者が個人として原告となるのが相当であるかは，権利能力なき社団の資産たる不動産につき公示方法たる登記をする場合に何ぴとに登記請求権が帰属するかという登記手続請求訴訟における本案の問題にほかならず，たんなる訴訟追行の資格の問題にとどまるものではないのである。」「権利能力なき社団の資産はその社団の構成員全員に総有的に属しているのであって，社団自身が私法上の権利義務の主体となることはないから，社団の資産たる不動産についても，社団はその権利主体となり得るものではなく，したがって，登記請求権を有するものではないと解すべきである。……権利能力なき社団が不動産登記の申請人となることは許されず，また，かかる社団について前記法条〔旧不登36条1項2号，3号：現行法18条，不登令3条2号，3号〕の規定を準用することもできない」。「社団構成員の総有に属する不動産は，右構成員全員のために信託的に社団代表者個人の所有とされるものであるから，代表者は，右の趣旨における受託者たるの地位において右不動産につき自己の名義をもって登記をすることができるものと解すべきであり，したがって，登記上の所有名義人となった権利能力なき社団の代表者がその地位を失ってこれに代る新代表者が選任されたときは，旧代表者は右の受託者たる地位をも失い，新代表者においてその地位を取得し，新代表者は，信託法の信託における受託者の更迭の場合に準じ，旧代表者に対して，当該不動産につき自己の個人名義に所有権移転登記手続をすることの協力を求め，これを訴求することができるものと解する」。

団体が被告となる場合には，団体が受けた給付判決の効果は団体のみに及び，構成員の責任財産には及ばない。

---

17)　吉井直昭・最判解説民事昭和47年度614頁，下田文男・百選Ⅰ86頁，同・百選3版30頁。

Ⅳ　民法上の組合

1　問　　題

　社会生活上，共同して一定の事業を行うために組合契約に基づいて〈組合〉が形成されることが稀でない。この〈組合〉は取引上独立した主体としての役割を果たしているが，民事訴訟手続でも組合に当事者としての独立した地位を認めうるかが問題となる。〈組合〉成立の基礎となった組合契約は，共同の事業を営むために各人が出資をして，当該事業を営むことを約束する契約をいう（民667条）。この組合契約によって成立した〈組合〉が，組合員とは独自の存在として団体性を有するかが問題になる。

2　組合の団体性

　しばしば組合と対比される社団は，一定目的のための多数人の結合体であって，その構成員から独立して社会活動を営む。社団にはその団体成立の基本となる定款が存在し，財産も構成員から独立しており，構成員の加入・脱退によって財産名義に変動を生じることはない。これに対して民法上の組合は，組合契約による組合員相互間の契約関係を基本にして成立する。組合構成員は組合から脱退する場合には他の組合員全員への意思表示を必要とし，組合財産を共有名義にした場合には，組合員に変動が生じればそのたびに財産の名義も変動する。このようなことからその団体性は希薄だともいわれる[18]。

　　　このような基本的性格を有する組合について，当事者能力を否定する見解は，組合の業務執行組合員は各組合員の代理人であり組合はその名で当事者となる能力はないとし，組合財産は組合員の合有に属するからこれに関する訴訟は組合員全員が共同ですべきであり，組合債務は組合員各自の債務であるから（民674条，675条）組合員に請求すべきであると説く（兼子・体系110頁）。これに対して，民法上の組合についても訴訟当事者能力を肯定する見解は，民法上の組合についても組合財産は目的財産として組合員の財産自体からは独立して管理される建前になっているから（民676条1項，677条参照），代表者の定めがあれば，権利能力なき社団の当事者能力の定めに基づいて当事者能力を認めてよいとする（新堂138頁，伊藤96頁，来栖〔文献〕）。この見解に賛成すべきである。

　〔判例〕は，原告側・被告側双方につき組合の当事者能力を認める。

　　†〔判例〕　最(3小)判昭和37年12月18日民集16巻12号2422頁[19]　　東京

---

18)　組合と社団とを対立的に考える従来の見解とその問題については，鈴木禄弥編・新版注釈民法(17)（有斐閣・1992）5頁以下〔福地俊雄〕。

銀行大阪支店，大和銀行新町支店及び住友銀行道頓堀支店は訴外Aに債権を有していたが，Aの経営を管理し，その営業の再建を図るとともに自己の債権の回収を図るために民法上の組合として，X（3銀行団債権管理委員会）を結成し，Bがその代表者とされている。Xは，AがYに対して有する債権を譲り受けたとしてYに対して支払を請求した。YはXの当事者能力を争ったが原審は当事者能力を認めてX勝訴。Y上告。上告棄却。「かかる組合は，民訴46条〔現行法29条〕所定の『権利能力なき社団にして代表者の定あるもの』として訴訟上の当事者能力のあることは，累次の大審院判例の趣旨とする所であって，現在維持せられて居る。(昭和10年(オ)第295号，同年5月28日大審民事部判決，大審民集14巻1191頁，昭和15年(オ)第304号同15年7月20日大審民事部判決，大審民集19巻1210頁参照)」。

　民法上の組合契約は，団体形成の基礎であるが，それ自体が団体の実体を示すものではない。成立した組合の団体性は一律ではなく，管理人又は代表者が定められて対外的にこの者によって活動がなされていれば当事者能力を認めてよい。

V　住民団体・消費者団体などの当事者能力

　民事訴訟では個人の権利義務に関する紛争のほかに，個人のレベルを超えた広がりを持つ法律問題に関して訴えが提起されることがある。例えば，一定地域の環境を巡る問題は個人の問題であると共に単に一人ひとりの個人的利益を超えてそこで生活する者すべてに関わるし，また大量の消費物資の販売に伴う売買その他の契約に関する問題は，個々人の被害者を超えて消費者一般の保護が必要となる[20]。これらの保護は，個人の利害を超えていることから，その利益を擁護するために設けられた機関や団体に訴訟当事者としての地位を承認すべきではないかが問われる（これらに関する一般的な問題について，小島武司「住民団体・消費者団体の当事者能力」新実務(1)279頁）。一般的な形でこれらの団体に訴訟能力を与えることができるかは極めて疑問だが，特定の法領域で，環境の保護，消費者契約秩序の維持，不正競争の防止などの政策目的を実現するために設けられた明確な法的関係についてこれらの団体に当事者能力[21]を与えることは立法政策上極めて有益である[22]。

---

19)　真船孝允・最判解説民事昭和37年度497頁。
20)　いわゆる〈拡散利益〉を巡る問題である。これらを単に個別的な個人の権利が広範に拡散していると見るか，個人の利益を超えた社会のあり方に関わる特別の利益とみるかに関わり〈拡散利益〉という名称で十分かは問題があろう。しかし，少なくともこれらの利益について個人が民事訴訟によって権利救済を求めることは，少額であるが故に極めて困難である。他方でこれを放置することは問題であり，立法政策上の考慮を必要とする。

消費者契約法は，平成18年の改正（平成18年法律56号）により適格を有する団体（適格消費者団体）に差止請求訴訟の当事者としての地位を与えた。これらの団体は内閣総理大臣の認定を受けて（消費契約13条），事業者受託者等が消費者契約の締結について勧誘をするに際し不特定多数の消費者に，消費者契約法4条1項から3項までに規定した行為を行い又は行うおそれがあるときはその事業者等に対して当該行為の停止若しくは予防等を請求することができ（消費契約12条），これらの団体は差止請求訴訟の当事者能力が認められる。これらの団体は，当該権利関係につき当事者適格を有し，訴訟を追行できる（詳細は⇒第4章第2節Ⅴ4）。

Ⅵ 当事者能力のない者の取扱い

当事者能力は，訴訟要件の一つである（訴訟要件については⇒第4章）。したがって，裁判所は訴訟能力の存在について職権で調査し，それが欠けているときは，訴えを却下しなければならない。

当事者能力がないにもかかわらず，それを看過して本案判決をした場合には，違法な判決として控訴又は上告により（民訴305条，312条3項）取り消さなければならない。しかし判決がいったん確定すればもはや取り消すことはできない（再審事由には該当しない。民訴338条参照）。

第5節　訴訟能力

〔文献〕

高橋宏志「当事者能力・訴訟能力」同・重点(上)151頁，166頁

Ⅰ　意義と概念

訴訟能力とは，訴訟当事者（補助参加人を含む）として自ら訴訟上の行為を行い，また裁判所や相手方当事者が行った訴訟上の行為を受けることができる能力をいう。訴訟上の行為は，一面で権利行使行為であるから，民法上の行為能力制度と同じく，当事者は権利行使の一環として訴訟上の行為を行うに際して自ら判断しその結果について責任を負う能力があることが求められる。したが

---

21) 特定法領域での当事者能力の付与は，当事者適格の付与をも意味する（小島・本文前掲279頁）。
22) ドイツのみならず欧州連合諸国では，これらについて団体に訴え提起の権限を与えた。これを〈団体訴訟（Verbandsklage）〉という。団体訴訟については，上原敏夫・団体訴訟・クラスアクションの研究（商事法務研究会・2001）。

って両者は共通の価値基盤に立つ。しかし，訴訟能力は訴訟手続に関する行為の際に求められる能力であり，行為能力とは権利行使の局面と形態が異なることから規律に若干の違いがある（なお訴訟行為との関連について⇒第6章）。

II 訴訟能力者

訴訟能力の有無は，別段の定めがない限り民法等の法令によるものとされており（民訴28条），行為能力の有無によって判断される。行為能力を有する者はすべて訴訟能力を持ち，自ら独自で訴訟法上の権限を行使することができる。

外国人の訴訟能力については，本国法で行為能力がない場合でも，日本法で行為能力がある場合は訴訟能力ありとして取り扱う（民訴33条）。人の行為能力はその本国法による（法適用4条1項）から，外国で行為能力があれば日本法でそれがない場合であっても訴訟能力を有する。反対に日本法で行為能力を有する場合にも本国法で行為能力を持たない場合であっても，当該法律行為を行った当時当事者すべてが日本に在った場合には訴訟能力が認められる（法適用4条2項）。

III 訴訟能力を欠く者及び制限能力者

1 未成年者及び成年被後見人

(1) 基礎にある基本観念

行為能力がない者は，民事訴訟手続に関しては原則として訴訟能力がない（民訴31条参照）。

民法上は，制限能力者（未成年者及び成年被後見人）は完全な行為能力を持たず，未成年者が法律行為を行うにはあらかじめ法定代理人の同意を要し，これに反する法律行為は取り消すことができるとされている（民5条，例外：民5条3項，6条）。また成年被後見人の法律行為は取消しが可能である（民9条）とされる。これに対してこれらの者は通常の民事訴訟では訴訟能力を持たず，法定代理人によらなければ〈訴訟行為〉をすることができない（民訴31条）。この違いは裁判外で行われる法律行為と民事訴訟手続に関して当事者が行う訴訟行為に要求される訴訟能力とでは，その権利行使の形態に違いがあるからである。

> 裁判外での法律行為の場合に〈取消し〉を許すのは，一般に後にその効力が具体的に問題になった際に制限能力者の最終的な救済が確保されればよいとの考慮による。これに対して民事訴訟手続はそれ自体が権利行使の最後の局面であり，そこで

なされる権利行使には最終的な判断を必要としそれに基づいて直接に重大な法的結果を招来する。また訴訟手続は訴えの提起から段階をおって進展するから，行為の効力を後になって蒸し返して問題とする余地を残せば，その間になされた全ての訴訟上の行為の効果が覆るといった状況が発生する。そこでこのような事態を極力防止しなければならないという〈手続の安定〉の要素や手続行為を行った相手方当事者保護をも考慮しなければならない。訴訟能力制度が異なった規定を置くのはこのような点を考慮したからである。そこで，これらの考慮が直接妥当するのは裁判所で行われる訴訟行為についてである。しかし〈訴訟行為〉は，裁判所で行われる行為に限られない。訴訟外で行われる訴訟行為（管轄の合意，不起訴の合意，訴え取下げの合意など）についても訴訟能力を必要とすべきかについては争いがある。通説は，これらについても，訴訟能力を要求する（新堂145頁は手続の安定性を強調する）。しかし，裁判外の行為では訴訟能力は必要ないと解すべきである。これらが訴訟手続で主張された時点で，改めてそれを取り消すか否かを決定すればよいからである。（なお訴訟行為の分類・効果などにつき⇒第6章第2節Ⅱ）。

(2) 例　　外

未成年者であっても，婚姻により成年に達したとみなされる者（民753条）は完全に訴訟能力を持つ。未成年者が独立して法律行為を行うことができる場合（民6条）も同様であり，その事項に関する限度で，独立して訴訟行為を行うことができる。賃金請求についても未成年者は独立して請求する権限を有し，親権者又は後見人は未成年者の賃金を代わって受け取ってはならないから（労基59条），この請求については未成年者自身が訴訟能力を有すると解すべきである。

2　被保佐人及び被補助人

被保佐人が訴訟行為を行う場合は，予め保佐人の同意を得なければならない（民13条1項4号）。

3　人事訴訟の特則

人事訴訟は，個人の身分関係について審理判断するものであり，財産関係を対象とする訴訟とは異なって，そこでは個人の意思が最大限尊重されなければならない。このために，人事訴訟では通常は行為能力を持たないとされる者についても，意思能力があるかぎり，身分関係についてその者の意思を尊重し手続に反映させようとしている。こうして，人事訴訟法は訴訟能力について民事訴訟の特則を置いている（人訴13条）。即ち，未成年者の行為能力（民5条1項，2項），成年被後見人の行為能力（民9条），被保佐人の行為能力（民13条）及び

被補助人の行為能力（民17条）並びにこれらに基づく訴訟能力の規定（民訴31条，32条1項，2項）は人事訴訟手続には適用しないものとしている。訴訟行為について能力制限を受けた者が人訴手続上の訴訟行為をする場合には，必要があれば裁判長は申立てにより弁護士を訴訟代理人に選任することができる（人訴13条2項）。また申立てがない場合でも職権で弁護士を訴訟代理人に選任することができる（同条3項）。

Ⅳ 訴訟能力を欠く者の取扱い

1 原　則

訴訟能力は，訴訟行為を行うための有効要件であり，これを欠く者の訴訟行為又は訴訟要件を欠く者に対する相手方等の訴訟行為は無効である。

2 追認の可能性

訴訟能力を欠く者の行った行為も意思能力が欠けた場合の他は行為としてはそれ自体存在しており，不存在ではない。その行為が裁判所に対して一定の行為を求めるものであれば，裁判所はそれに対して応答をしなければならない。制限能力者の行為であっても，その者が能力を取得するに至った場合又は法定代理人が〈追認〉をすることによって，行為時に遡って有効となる（民訴34条2項）。

〈追認〉は，裁判所に対して明示又は黙示の意思表示によってすることができる。また追認は，手続の複雑化を避けるため，過去に行われた行為を一体として行うべきであり，個別的な行為について行うことはできない。

3 裁判所の処理

裁判所は訴訟能力の有無について常に職権で調査しなければならない。これを欠く行為は無効ではあるが，追認によって有効になる可能性があるから，これらの行為があっても直ちに排除せず，期間を定めてその補正を命じることができる（民訴34条1項）。さらに，追認を待っていたのでは，遅滞のために損害が生じるおそれがある場合には，一時訴訟行為を行わせることができる（民訴34条1項）。

Ⅴ 弁論能力

弁論能力とは，法廷で実際に弁論を行うための資格をいう。わが国の民事訴訟法は弁護士強制主義を採用していないから，すべての事件で当事者は法廷で

の口頭弁論手続で弁論を行う能力を有する。

ただし、訴訟関係を明瞭にするために必要な陳述をすることができない当事者、代理人又は補佐人の陳述を禁止することができる。この場合は、裁判所の命令によって弁論能力が制限されたことになる。口頭弁論を続行するためには、新たな期日を設定し、また必要があれば弁護士の付添いを命じることができる（民訴155条）。

第6節　訴訟代理

〔文献〕

伊藤眞「弁護士と当事者」講座③115頁、梅本吉彦「代理と訴訟担当との交錯」講座民訴③139頁、上田徹一郎「本人訴訟・弁護士代理原則と法令上の訴訟代理人」木川・古稀(上)399頁、加藤新太郎・弁護士役割論〔新版〕（弘文堂・2000）、高橋宏志「訴訟上の代理」同・重点(上)179頁

I　意義と概念

1　訴訟上の代理制度の必要性

民事訴訟手続を追行するにあたり、当事者は自ら手続を行う必要はなく、それを代理人によって行わせることができる。一般の社会生活上、法律行為について代理制度が設けられているが、同様に訴訟手続も代理制度に親しむ。また訴訟能力を欠く者は独自の判断で重要な訴訟上の行為をすることが困難であり、自分だけで複雑で技術的な知識を必要とする訴訟行為を独自に行うことはできないから、これを助けるために代理人の制度は不可欠である。更に、法人が訴訟を行う場合には、常に自然人であるその法人の代表権を有する者によって行われなければならない。

一般に民事訴訟手続についてその当事者が訴訟に関する行為を行うにつき、準備手続や口頭弁論期日に常に当事者や代表者自らが出席して必要な訴訟行為を行わなければならないわけではない。訴訟手続は法技術上複雑で専門的知識を必要とすることから、必要な書類の作成や訴訟行為を行うについては専門的知識を有する者による代理に馴染み、その利用が認められている（法定代理人の訴訟上の行為の場合や法人の行為の場合も同様）。

訴訟政策上、訴訟手続が極めて専門的であることから、むしろ一定の民事訴訟に

については弁護士による代理を強制する制度（弁護士強制主義）を採用している国もある[23]。しかし，わが国は弁護士強制主義を採用しておらず，簡易裁判所から最高裁での上告事件に至るまですべての審級での訴訟手続につき当事者が自ら訴訟行為を行うことができる（「本人訴訟」という）[24]。わが国で弁護士強制主義を採用していない理由としては，全国的に十分な弁護士が配置されていないことが大きい。弁護士強制の制度を導入するには，その他にも法律扶助制度の充実，弁護士費用制度の再検討などが必要不可欠である。ただ，法律審である上告審の手続などについては，これら一般的な問題とは別に弁護士強制制度の導入を早急に検討すべきである。

2 訴訟上の代理人の概念と種類

訴訟上の代理人とは，本人の名において，代理人であることを明示して，本人に代わって自己の意思に基づき訴訟行為をし，又は訴訟行為を受ける者をいう（新堂158頁）。代理人が行った行為の効果は直接本人に帰属する。この場合に「本人」とは，広く本来の〈当事者〉（〈当事者概念〉については⇒第1節参照）のみならず補助参加人を含む。

訴訟上の代理人と区別すべき者に，他人の訴訟行為を伝達するにすぎない者がある。この者は自らの意思で行為する者ではないから代理人ではなく〈使者〉である（例えば他人の訴状を裁判所に提出する弁護士事務所の事務員など）。また，訴訟代理人は〈本人の名において〉訴訟行為をする必要があるから，たとえその行為の効果が他人の訴訟に重要な影響を及ぼす者であっても，共同訴訟人や補助参加人は代理人ではない。これらの者は〈自己の名において〉訴訟行

---

23) 弁護士強制主義を採用するのはドイツである。ドイツ民事訴訟法78条1項は次のように定めている。「地方裁判所では，当事者は何れかの区裁判所又は地方裁判所で許可された弁護士によって代理されなければならない。州上級裁判所では，何れかの州高等裁判所で許可された弁護士によって代理されなければならない。裁判所構成法施行法第8条により，州最高裁判所を設けている州では，この裁判所では何れかの州高等裁判所で許可された弁護士によって代理されなければならない。連邦裁判所では，当事者は，連邦裁判所で許可された弁護士によって代理されなければならない。（以下略）」。審理中の裁判所で許可された弁護士のみが代理できるとする伝統的な「地域原則（Lokalization）」は，区・地裁では2000年1月1日から，高裁では2002年7月23日から変更された。

24) アメリカ合衆国も弁護士強制を採用していない（28 U.S.C. §1654）。もっとも，少額事件をのぞいて本人訴訟は稀といわれる（*James/Hazard/Leubsdorf*, CP, §1.3 (p.9)）。これは，アメリカ合衆国の連邦民事訴訟手続では，公判準備段階での裁判所の関与は特別の場合を除き稀で，当事者間で証拠開示などを利用しつつ交渉で争点を絞り，また和解交渉をするなどタフな交渉能力が必要とされることから，素人による訴訟追行は実際上困難で弁護士による代理が要請されるからであろう。

為を行うからである。訴訟担当者もまた自己の名において訴訟行為を行うから，当事者本人であって代理人ではない[25]。

3　訴訟上の代理の種類

訴訟代理は代理権が発生する根拠の違いに応じて，〈法定代理〉と〈任意代理〉に区別される。前者は法律上の原因に基づいて代理権が発生し，本人の自由意思に基づいて代理権が授与されるのではないのに対して，後者は専ら本人がその自由な意思に基づいて代理権を授与する場合である。前者の代理人を〈法定代理人〉，後者の代理人を〈訴訟代理人〉又は〈任意代理人〉という。

法定代理人は更に，実体法に基づいてその代理権が与えられる場合を〈実体法上の法定代理人〉，訴訟法上特別に選任される代理人を〈訴訟上の特別代理人〉という。任意代理人は，更に当事者からの〈訴訟委任に基づく代理人〉と，〈法令上の訴訟代理人〉に分類される。後者は，一定の地位にある者に法律が訴訟代理権を与えた場合である。

　†〔例〕　法令上の訴訟代理人：支配人（会11条1項），船舶管理人（商700条1項），船長（商713条1項）等。

4　双方代理の禁止

民法上双方代理は禁止されているが（民108条），同様に訴訟上の代理の場合にも双方代理は許されない。民事訴訟手続では，基本的に当事者双方が対立した立場で権利行使を行うことを基本としており（二当事者対立の原則），それぞれの当事者の利益が十分に主張される必要がある。双方代理はこのような基本的観点に反する。

①　法定代理人の場合　　民法上法定代理人については，明文で代理権が制限されている（民826条，860条）。

②　法令上の代理人の場合　　法令上の訴訟代理人の場合，民法108条によって双方代理が禁止される。会社支配人も会社に代わって事業に関する一切の裁判上又は裁判外の権限を有するが（会11条），競業が禁止され会社の許可を要する（会12条）。

③　任意代理人の場合　　任意代理の場合には，通常弁護士が代理人となる

---

[25]　訴訟担当と代理との区別は微妙である。元来訴訟担当の概念は学説上代理概念から独立したものである。破産管財人については訴訟当事者だとする明文規定があるが（破80条）これはドイツ法における職務説の考え方を立法したものである。これに対して遺言執行者は法律上は相続人の代理人とされるが（民1015条），通説は訴訟担当者だと理解する（これらにつき⇒第4章第2節Ⅴ）。

が，この場合には弁護士法上双方代理は禁止されており（弁25条1号，2号），これに反する場合には懲戒処分の対象となりうる。

II 法定代理人

1 意　義

代理権が本人の意思に基づいて授与されるのではなく，法令によってこれが授与される場合を法定代理人という。法定代理人のうち実体法によって代理権が授与されている場合には，訴訟法上もそのまま代理権が認められる。

2 実体法上の法定代理人

実体法上法定代理人とされている者は，訴訟法上も法定代理人とされる（民訴28条）。未成年者については親権者（民824条），後見人（民859条）が，また成年被後見人については成年後見人（民859条）が訴訟上も法定代理人となる。

3 訴訟法上の特別代理人

民事訴訟法の規定に基づき，裁判所が個々の手続で代理権を付与する場合である。

1)　訴訟制限能力者の特別代理人　　本来実体法上法定代理人が必要とされる場合でも，現実にその人がいない場合又は法定代理人がいても実際に代理権の行使をすることができない場合には，行為能力を制限された者のために，実体法上の特別代理人が選任されなければならない（民826条，860条）。訴訟手続ではこれらの選任がなされるまで，訴訟上相手方の不利益を避けるために特別代理人を選任することができる（民訴35条）。

†〔例〕本人と法定代理人との利益相反の場合等。

2)　選任と改任　　法定代理人がない場合又は法定代理人が代理権を行うことができない場合に，未成年者又は成年被後見人に対して訴訟行為をしようとする者は，遅滞のため損害を受けるおそれがあることを疎明して，受訴裁判所の裁判長に特別代理人の選任を申し出ることができる（民訴35条1項）。選任に特別の基準はなく裁判長の判断にゆだねられる。選任申立てを却下する命令には抗告による不服申立てができるが，選任命令に対する不服申立ては認められない。

裁判所は，いったん選任した特別代理人をいつでも改任することができる（民訴35条2項）。改任とは，従来の特別代理人を解任して新しい特別代理人を選任することをいう。

4 法定代理人の権限と範囲

法定代理人の代理権の範囲は，民事訴訟法に特別の定めがある場合をのぞき民法その他の法令が定めるところによる（民訴28条）。

5 法定代理権の消滅

法定代理権がどのような場合に消滅するかについては，それぞれ法定代理権が発生する事項について定める規定による。本人が死亡した場合（民111条1項1号），代理人が死亡又は破産手続開始決定を受けた場合若しくは代理人が後見開始の審判を受けた場合（同項2号），又は法定代理権発生の原因が消滅した場合である。

もっとも，これらの事由が生じても，それが直ちに相手方及び裁判所に明白に知れるわけではない。そこで，これらの特則を設けて，法定代理権の消滅は本人又は代理人から相手方に通知しなければその効力を生じないものとした（民訴36条1項）。また法定代理権消滅の通知をした者は，その旨を書面で裁判所にも通知しなければならない（民訴規17条）。

Ⅲ 法人等の代表者

法人は自然人と異なりそれ自体が意思を持つわけでもなくまた独自に行動することができるわけでもない。それは常に自然人である代表者の行動によって活動を行っている。そこで，法人の代表者に関しては，法定代理及び法定代理人に関する規定を準用することとしている（民訴37条）。代表者とは，一般社団等の法人の理事（一般法人76条），株式会社の取締役（会349条），法人でない社団や財団の代表者・管理人などである。これらの者が訴訟行為をするに際しては，その代表権を証明するために法人登記簿抄本又は商業登記簿抄本などの書面が必要である（民訴規15条）。

法人を被告として訴えを提起する場合には，誰がその法人の代表者かを確認するためにはその商業登記を利用せざるをえない。しかし，登記された事項が実体を反映していない場合がある。登記された者に対して訴えが提起されても，その者が真の代表者でなかった場合，追認がなされなければその間の訴訟行為は結局無効になってしまう。また判決がなされても訴訟代理権が欠けていれば上訴や再審で取り消されることになる（民訴312条2項4号，338条1項3号）。

この場合に，原告は登記簿を信頼して代表者を決定しているから実体法における表見法理の適用の可能性が問題になる。判例はその適用を否定するが，学

説上はその適用を主張する見解が有力である。もっとも手続上の具体的事案において表見法理を用いる状況であったかは慎重な考慮を要する（⇒第6章第3節Ⅲ）。

Ⅳ 訴訟代理人（任意代理人）

1 意　義

民事訴訟手続では一般に〈訴訟代理人〉を用いることができる。訴訟代理人は，民事訴訟手続を追行するために包括的な代理権を有する代理人である。訴訟代理人には，法令に基づいて代理権が付与される法令上の訴訟代理人の他に訴訟委任に基づく代理人とがある。通常訴訟代理人という場合後者を指す。これにはいくつかの特別の問題がある。

2 訴訟委任に基づく訴訟代理人

特定の事件について〈訴訟委任〉を受け代理権を付与された代理人である。この訴訟委任に基づく代理人は原則として弁護士でなければならない（民訴54条1項本文）。わが国では，弁護士強制主義が採られていないから，すべての審級で当事者は自ら訴訟追行をすることができる。しかし，他人に自らの事件についての訴訟追行を委任する場合には，法律問題を取り扱う専門家である弁護士に委任しなければならない（弁護士代理の原則）。

3 訴訟代理人の地位と権限

(1) 代理権の授与

任意代理に基づく代理人の権限の根拠は，当事者から包括的に訴訟追行をなすことの委任に基づく。訴訟代理権の授与行為は主として訴訟手続の追行を目的とし，その授与行為は訴訟行為に属する。このことから，通説は訴訟代理権の授権には本人に訴訟能力が必要だとする（伊藤120頁）。確かに訴訟代理人の行為は直接訴訟手続に関連するから訴訟行為としての性格を有することは否定し得ない。しかし，訴訟委任は裁判外で行われる行為であり，また授権を受けた訴訟代理人は訴訟手続に関連して，一連の訴訟行為のほか実体法上の法律行為を行うこともできる。したがって，訴訟委任は訴訟行為のほか実体法上の代理権の授与の性格をも併せ持つ[26]。未成年者や被保佐人の行為で法定代理人や保佐人の同意を得た訴訟委任は有効と解すべきである。

---

[26] *Henckel*, Prozessrecht und mat. Recht, 1970, S. 37; *Blomeyer*, ZPR. S. 77.

(2) 代理権の範囲

訴訟代理権の範囲については，個別的に決定するのではなく画一的に定めて，当事者がこれを任意に制限することを禁止している（民訴55条）。これは，代理権の範囲が事件ごとに異なるのでは手続の安定性を害するからであり，また訴訟代理人である弁護士に対する信頼を基礎にしているともいえる。訴訟代理人の権限は，委任を受けた事件について，当該事件に関するすべての訴訟行為を行う権限を含み，またその前提となる実体法上の権利行使行為，即ち時効中断，取消権・解除権・相殺権等の形成権行使等を行う権限をも有する。

訴訟代理人はそのほかに，委任を受けた事件について反訴，訴訟参加，強制執行，仮差押え及び仮処分に関する訴訟行為を行うことができる。さらに当該請求について，裁判外で弁済を受ける権限も有する（民訴55条1項）。

以上の事項に対して，特別の授権を受けなければならないものが存在する。即ち，反訴を提起する場合，訴えの取下げ，和解，請求の放棄・認諾，訴訟脱退，上訴及びその取下げ，手形訴訟の異議の取下げ又はその取下げについての同意並びに副代理人の選任の行為を行う場合である（民訴55条2項）。これらは，通常の訴訟手続の流れとは異なる性格を持ち，そのような行為については改めて当事者の意思を確認する必要があるからである。ただし，通常は訴訟委任がなされる際にこれらの事項も，委任状に不動文字で記載されている。

訴訟代理人は本人のために数人の代理人が選任されている場合でも，代理人は単独で本人を代理する権限を持つ（個別代理の原則〔民訴56条1項〕）。

(3) 代理権の消滅

代理権は一般に本人の死亡によって消滅するのが原則である（民111条1項1号）。しかし，訴訟代理権には特則が定められている（民訴58条）。訴訟手続を円滑に進めるためであるが，その基礎には法律専門職として弁護士の当事者に対する地位が考慮されている。即ち，当事者の死亡又は訴訟能力の喪失（同条1項1号），当事者である法人の合併による消滅（2号），当事者である受託者の信託に関する任務の終了（3号），法定代理人の死亡，訴訟能力の喪失又は代理権の消滅若しくは変更（4号）があってもその訴訟代理権は消滅しない。これが依頼人の地位が交替することとどのような関連性を持つかについては理解に違いがある（⇒第12章第5節Ⅱ3）。

(4) 弁護士法違反の訴訟行為

訴訟代理人である弁護士の行為については，法律専門職として民法の基本規定を

前提にしつつ，弁護士法に更に詳細な職務制限規定をおいている。これは，依頼者の保護，当事者の公平の確保，弁護士としての品位の維持等の要請に基づく。弁護士がこれらに違反した場合には，弁護士会の懲戒処分に服することになる。その際，更にそれに違反して行われた訴訟行為の法的効果のいかんが問題になる。

　弁護士は依頼者との関係で委任契約を締結しており，依頼者に対して善管注意義務を負う（民644条）。そこで，弁護士には依頼者に対しての誠実義務が課され，これに反する行為や疑念を生じうる行為を禁止している。弁護士法25条は弁護士が職務を行ってはならない事件を定めるが，「相手方の協議を受けて賛助し，又はその依頼を承諾した事件」（同条1号），「相手方の協議を受けた事件で，その協議の程度及び方法が信頼関係に基づくと認められるもの」（同条2号）はこのような事件に属する。これに違反した行為が為された場合には，初めに協議を受けた者との関係で誠実義務に違反することになる。裁判所は相手方の申立てによりこの違反が証明されればその弁護士を訴訟手続から排除する決定をなし得る（青山善充「弁護士法25条違反と訴訟法上の効果」ジュリ500号315頁）。しかしその効果は将来に向かってであり既に行われた行為の効果には当然には及ばない。もっともこのことはこの行為が当然に有効というわけでもなく，相手方もその効果の排除を求めることができる。双方代理禁止に違反し相手方の追認がない場合には無効とすべきであろう。しかし，それには該当しない場合には相手方がこれに同意し，又は違反行為を知りながら何も異議を述べない場合にまでこの当事者を保護する必要はないといえる（異議説）。なおこの点に関しては，同条1号違反は懲戒処分で目的が達成されるから行為自体は有効だとする見解（有効説），絶対無効とする見解（絶対無効説），追認があれば有効とする見解（追認説）などがあった。最高裁は大法廷を開いて異議説を採用した（最(大)判昭和38年10月30日民集17巻9号1266頁[27]）。

V　補　佐　人

　補佐人とは裁判所の許可を得て，当事者又はその訴訟代理人と共に期日に出頭し，これらの者の陳述を補佐する者をいう（民訴60条）。代理人の一種であるが期日における付添人にすぎない。当事者又は代理人と一緒でなければ陳述をすることができない点でその権限は限定されている。補佐人の発言は，当事者又は代理人が直ちに取消し又は変更することができる。これをしないときは，それは当事者又は代理人が発言したものとみなされその効果は本人に帰属する。

---

[27]　宮田信夫・最判解説民事昭和38年度271頁，佐々木吉男・百選50頁，伊藤眞・百選Ⅰ118頁，椎橋邦雄・百選3版54頁。

第3章　訴えの提起と手続の進行

[本章の概要]

訴訟手続は，紛争の当事者から裁判所に対して訴えを提起することによって開始される。本章では訴訟手続の出発点である訴えの提起を中心に，これに関連する事項を考察する。

まず，**第1節**では訴えについて，その意義を考え，訴えの類型について検討する。訴えによって一定の裁判を要求するに際しても，紛争の類型に即して求める判決が異なる。そこで原告はどのような内容の判決を求めるのか，その内容を特定しなければならない。その際の重要な選択肢となり，基礎となる訴えの類型を明らかにしなければならない。**第2節**では具体的な訴え提起行為を検討する。訴状の記載事項やそれを受訴裁判所に提起し裁判所でこれをどのように取り扱うか等である。**第3節**では訴え提起の効果を考察する。さらに，**第4節**では手続の進行に重要な〈期日〉や〈期間〉について検討する。

第1節　訴えの意義と類型

I　訴えの意義

民事訴訟手続は原告が裁判所に〈訴え〉を提起することによって開始される。わが国の民事訴訟手続では，当事者からの訴え提起がないのに裁判所が職権で訴訟手続を開始することは許されない（伝統的に nemo iudex sine actore〔訴えなければ裁判なし〕の原則が認められている）。様々な紛争解決手段の中で，民事訴訟という手段を用いて私的紛争を解決すると決断するか否かは，紛争に直接関係する当事者の自主的判断に委ねられる。そして，民事訴訟の結果生じる利益・不利益は，訴訟による解決を決断をし，訴訟手続を自らの責任で追行した当事者の自己責任とされている。これは，民事訴訟手続の最も基本的な手続原則である〈処分権主義〉（⇒第5章第4節I）の，訴え提起の段階での現れである。

訴えは，原告が被告との間に存在する法的紛争につき裁判所の公権的な判断

による解決を求める〈申立て〉であり，裁判所に対して一定内容の判決を下すように求める原告の〈要求〉を主たる内容とする。それゆえ，訴えは直接には原告が裁判所に対してなす裁判の〈要求〉であり，訴訟上の意思の表明である。しかし，その訴えの内容は被告との間の法的関係につき，裁判所の判決による最終的解決を求めているから，この行為は同時に被告に対する原告の訴訟手続による〈請求〉であり，それは被告に対する権利行使を包含する。訴訟手続は，訴訟当事者双方が有する権利・権限を〈訴訟〉という公の場で行使し，その最終的な確定・決着を図るための過程でもある。その際，裁判所は，訴えが訴訟要件を具備して適法である限り（⇒第4章第2節），原告の訴えである裁判要求に含まれた申立事項に拘束され，原告から申し立てられた要求に対して，そしてその限りで（民訴246条），判決による応答をする義務を負う（もっとも当事者は，いったん裁判所の判決による紛争解決を求めて訴えを提起しても，常に最後までこれを貫く必要はない。⇒第7章）。

II 訴えの類型

〔文献〕
岡徹「訴えの類型論の意義」講座民訴②217頁，同「訴えの類型」争点新版156頁，高橋宏志「訴え」同・重点(上)61頁

1 救済要求としての訴えとその類型

原告は，裁判所に対して一定内容の判決を求めて〈訴え〉を提起するが，その訴えの内容と形式を，原告が恣意的に自由に決定できるわけではない。国家機関として裁判所が与えることのできる救済の形態には一定の形式が予定されており，これに対応して，原告からの裁判要求に対して国家機関である裁判所がなす応答は〈判決〉という形式を採る（⇒第10章第5節I）。その判決の内容は訴えに対応した類型として予め定められている。

処分権主義のもとでは，原告が，訴え提起に際してどのような要求を裁判所に対して求めるのかを示す必要がある。原告は一定の予め想定された訴え類型の中から，自らの事件に適切な類型を選択し，どのような内容の判決を求めるのかを，訴え提起に際して明確に示さなければならない。

訴えは様々な観点から分類される。最も重要な分類の観点は，当事者が訴訟で求めることのできる裁判内容に即した分類であり，特に原告が最終的に求め

る裁判（終局判決）の内容に基づく分類である[1]。

　わが国では，ドイツ民事訴訟法学の影響を受けて，訴えの類型として今日では一般に，〈給付の訴え〉，〈確認の訴え〉及び〈形成の訴え〉の3基本類型が承認されている[2]。しかし，学説上はこれらの一般的な分類の他にも，特殊な訴訟手続において特別に認められる訴訟類型として，救済訴訟，命令訴訟等の類型が一部の有力説によって提唱されている。

2　給付の訴え

(1)　意　　義

　原告が裁判所に対して，被告に一定の「行為（作為・不作為）をなすことを命じる判決」を下すように求めて提起する訴えである。

　　†〔例〕　不法行為に基づく損害賠償金の請求，貸金や売掛金の弁済，家屋の明渡請求等被告に対して一定の作為を求める訴えでは，被告に対して一定の積極的な行為をなすことを求めている。また，被告に対して一定の行為をしないこと（不作為）を求める旨の判決を求める不作為の訴えがある。汚水の排出や騒音を出すことの差止めを求める訴えなどがこれであり，いずれも〈給付の訴え〉に数えられる。

　給付の訴えは，原告が被告に対して一定の具体的な行為（作為・不作為）を求めうる実体法上の権限（請求権）が存在することが前提とされている。こうして原告の要求として掲げられている，被告に対する一定の行為を命じる権限が法的に是認されうるのか否かの判定を裁判所に求めることがその基本である。給付を命じたにもかかわらずそれが任意に履行されなければ，通常，判決を得た債権者は強制執行という形で国家の強制執行機関の力を借りて強制的にその有する請求権を実現することができなければならない[3]。そこで，給付判決には〈執行力〉が与えられるのが原則である。

　　　　給付の訴えは，歴史的に最も古くから承認されてきた訴訟類型である。例えば，

---

1) この他にも，原告から被告に対する訴えが単一か複数かという観点から単一の訴えか併合の訴えかが分類される。本書では，まず前者について手続を一通り検討する。併合の訴えには対象が複数の場合（客観的併合⇒第11章）と当事者が複数の場合（主観的併合⇒第12章）がある。詳細はそれぞれの箇所に譲る。
2) 比較法的に見ると，訴訟類型では長年の裁判所での慣行が根強く支配している例が多い。フランスの訴えの類型につき，後掲注4）参照。コモンロー諸国では対人訴訟（in personam）及び対物訴訟（in rem）の区別がなされていた（*James/Hazard/Leubsdorf*, CP, p. 28）。
3) 被告に一定の意思表示を求める訴えも給付の訴えである。この場合には，判決が確定することにより，強制執行として被告の意思表示がなされたものと擬制される。登記請求訴訟では，相手方の登記に必要な意思が判決によって擬制されると観念されている。

ローマ法以来のactioの体系は，基本的に相手方に給付を命じる訴訟であった。もっとも，actioは個別的に与えられたものであったが，それを最終的に統一的な給付訴訟という観念にまとめ上げたのはドイツ普通法学説の基礎づけを経てドイツ帝国民事訴訟法であった。これにより，給付対象により訴えの類型を異にするフランス法[4]などと異なる方向が確立された。給付の訴えという類型に一本化し，更に実体法上の請求権概念により当事者の救済要求はより柔軟に裁判所の救済に反映されることになった。

(2) 現在の給付の訴え・将来の給付の訴え

給付の訴えには，原告の要求する請求内容である請求権が判決の基準となる最終口頭弁論の終結時点で既に現在化している場合と，いまだ現在化していないものがある。前者を〈現在の給付の訴え〉，後者を〈将来の給付の訴え〉という。

1) 現在の給付の訴え　〈現在の給付の訴え〉は，最終口頭弁論終結時点で既に給付請求権が現在化している請求をいう。それ故，この場合には既に紛争は顕在化しており，この勝訴判決に基づいて原告は直ちにその判決内容の実現を求めることができる点に特徴がある。

2) 将来の給付の訴え　口頭弁論終結の時点でいまだ給付請求権が現在化していないが，それ以後の時点で現在化するはずの請求に基づいて予め訴えることができる訴えを〈将来の給付の訴え〉という。本来このような請求は原則としてその請求が現在化した将来の時点で訴えを提起すれば足りるはずである。しかし，その時まで待っていたのでは原告の権利が十分に保護されないことがあり得る。そこでこのように例外的に，権利救済が急を要する場合に，予め訴えを提起し，将来に備えて判決を得ておくことが必要である。こうして，将来の給付の訴えは予めその請求の必要がある場合に限り許容されるものとしている（民訴135条）。将来の給付の訴えが許容されるためには特別の利益が具備される必要がある（将来の給付の訴えの利益につき⇒第4章第2節Ⅳ3 (1)）。

---

[4] フランス民事訴訟では訴えの類型として，実体権の性質に応じた古典的分類方法として①物権に基づく訴えとして〈対物訴訟（actions réelles）〉，②契約など債権関係に基づく訴えとして〈対人訴訟（actions presonnelles）〉，③物権と債権の両者を含む〈混合訴訟（actions mixtes）〉の区別がなされてきた（*Héron/Bars*, DJC, 41）。また更に不動産についての訴え（actions immobillières）と動産についての訴え（actions mobillières），本件の訴え（actions pétitoires）と占有の訴え（actions possessoires）とが区別される。

(3) 不作為（差止め）請求訴訟

　被告に対して，一定の行為を行わないように求める不作為請求訴訟は，侵害行為が行われた後だけでなく，侵害行為が行われる前に予防的に不作為を求めることができるかが問題になる。不作為請求について，かっては作為請求と同じような請求権（不作為請求権）が存在するのかが争われたことがある。この訴えは実体法の請求権を基礎にする訴えではなく訴訟法上特別に認められた訴えだとする見解も見られた。しかし，今日ではこの訴えの基礎にも〈請求権〉が存在すると考えられている。不作為請求権はその発生の基礎から見れば，契約によるもの及び制定法によるものがある。後者については制定法による不作為請求の可能性は現行法上十分なものでなく，特に生活侵害や人格権の侵害などについて一般的に不作為請求が許容されるか否かが問題になる。その請求権発生の要件を巡り，特に侵害行為の違法性の判断についてどのような要素を考慮要素とするか，訴訟手続上もどの限度で不作為義務を特定すればよいかなど，基本的な考え方についていまだ見解が一致しない[5]。

(4) 給付判決の特色

　給付の訴えが許容され，それを命じる旨の判決（これを〈給付判決〉という）が下されて，その判決が確定してもはや覆されない状態になると，原告は当該判決の内容に応じて給付請求権を現実に実現する権限を取得する。判決で命じられた内容の給付請求権は，被告に対して強制的にでも実現され得る必要がある。単なる判決という裁判所の命令を得ただけでは現実にその内容が実現されるわけではなく，権利保護は画餅に等しい。被告が自由意思で任意に判決内容に応じた履行をすることだけをあてにするのでは，判決は実効性に乏しく紛争の解決にはならない。そこで，このような給付判決を強制的にでも実現するために，給付判決の内容が国家の設営する執行機関によって強制的に実現できるように民事執行法により強制執行制度が準備されている。この強制執行制度を利用して給付義務の実現を図ることができる権能を〈執行力〉という。給付判決には，その性質が強制執行に反しない限り，〈執行力〉が付与されている（⇒第10章第6節）。

　　執行力は給付確定判決のみが持つ効力ではない。民事執行法は公証人が作成した執行証書，訴訟上の和解調書や認諾調書等にも執行力を与えている（民執22条）。

---

[5]　不作為請求についてはとりあえず，河野正憲「不作為請求の訴えの実体法的基礎」名法201号1頁参照。予防的不作為請求訴訟について訴訟法的観点からの包括的研究として，野村秀敏・予防的権利保護の研究（千倉書房・1995）がある。

3 確認の訴え

(1) 意　義

裁判所に対して，原告が被告との間に一定の権利・法律関係が存在することあるいはそれが存在しないことについて判決で確認を求める訴えである。

積極的に権利・法律関係が存在することの確認を求める訴えを「積極的確認の訴え」，これが存在しないことの確認を求める訴えを「消極的確認の訴え」という。

> 一般的な判決の類型として確認の訴えが承認され，判決によって権利・法律関係を確認することで当事者間の紛争を解決することができるようになるには，まず第一に伝統的な actio の体系とは異なった，抽象的な〈権利の体系〉が整備される必要があった。ドイツ諸国で実体私法に関する立法の進展に伴って，確認の訴えを独自の訴訟類型として確立し承認したのは19世紀中葉のことであった。1877年のドイツ民事訴訟法は，このような動きを受けて，確認の訴えを独自の一般的訴訟類型として承認した[6]。

(2) 特色と機能

確認の訴えは，給付訴訟の場合とは異なって，訴えに対応した裁判所の判決（確認判決）によって，具体的な法的状態を当事者間において現実に強制的にも実現することを目的とするものではない。むしろ，裁判所の判決によって当事者間の現在の法律関係を確定しその内容を後に覆されない効果を付与することによって当事者間の紛争を解決しようとする制度であり[7]，紛争の進展を予防する機能をも持つ。

(3) 確認の訴えの対象

1) 原　則　　確認行為自体は本来様々なものを対象とすることができる。しかし，国家の裁判制度として民事訴訟手続が対象とすることができるものは無制限ではあり得ず，自ずと限定されざるを得ない。確認の訴えの対象となりうるのは，原則として現在の法律関係である。事実に関する争いは原則として，

---

[6] *Hahn/Stegemann*, S.255. 立法者は実際上の強い要求を考慮したし，また判決理由中の判断に既判力が及ばないこととの関係で，確認の訴えを一般的に認めることが必要だとも述べる（S.256）。

[7] 確認訴訟のこのような機能から，確認訴訟こそがすべての訴訟類型の基本だという考え方（確認訴訟原型説）がある（兼子・体系144頁）。しかし，権利関係の確定が各訴訟類型で共通であることは，訴訟制度一般の特性であるにすぎない。確認訴訟は，これを独立した訴訟類型に高め，審判対象とした点に特色・特異性がある。

確認訴訟の対象にはならない。

> この訴えを一般的に独自の類型として承認した1877年のドイツ民事訴訟法は確認訴訟について,「法的関係又は証書の真否が判決によって即時に確定されることにつき,原告が法的利益を有する場合に」許容されるものとした。こうして,確認の訴えを提起するには原告が確認の利益を持つことが必要であり,これは本案判決のために必要な要件(訴訟要件⇒第4章第2節)でありその存否は裁判所の職権で審査される。この確認の訴えに関する基本観念はわが国にも引き継がれている。

2) 証書真否確認の訴え　確認訴訟が法律関係を対象とすることの例外として〈証書真否確認の訴え〉が明文で認められている(民訴134条)。証書の真否とは,法律関係を証明する文書については,その成立に際して名義者の意思に基づいて実際に作成されたかを確定するものであり,その内容は事実の確認である。しかし,その結果が直接当事者の法的関係に重要な意味を持つことからこれを確認訴訟の対象として認めた。

3) 現在の法律関係の確認　確認訴訟の対象となりうるのは,原則として現在の権利関係の確認である。しかし,紛争解決に必要な場合には,過去の事実関係であっても法的に重要なものでありそれによって様々な法律関係が派生する事実の存否については,制定法は特別に確認訴訟の対象にしている。

†〔例〕　新株発行等の不存在確認の訴え(会829条),株主総会等決議の不存在確認の訴え(会830条1項)等。

なお,法律関係であっても抽象的な法律関係に関する争いは審判の対象にならず,紛争を解決するのに不可欠な程度に具体化している必要がある(対象適格)。さらに法律行為の効力確認訴訟の適法性が論じられる(⇒第4章第2節)。

4　形成の訴え

(1) 意　義

裁判所の確定判決によって,一定の権利・法律関係の変動(発生・変更・消滅)を求める訴えである。この訴えが承認されるためには,原則としてそこで求められている権利・法律関係の変動が裁判所の判決によって実現されうることを定めた法的根拠が必要である。したがって実定法上あるいは理論上これを認める規範の存在が前提になる。

> 裁判所の判決によって権利・法律関係の変動を実現することを一般的な判決類型として承認し,この訴えを「形成の訴え(Gestaltungsklage)」と呼び,それを命じる判決を独自の訴えの類型として承認し,「形成判決(Gestaltungsurteil)」の用語

が与えられたのは，ドイツ民事法学の貢献であった[8]。

(2) 特色と類型

形成訴訟は，確定判決によって直接当事者間の法律関係や権利関係を変動させる制度である。このような訴えの必要性は，法律関係の変動を当事者の自由にゆだねず，専ら裁判所の判決によるものとする法政策的考慮が基礎に存在する[9]。そこでは確定判決がなければ何人も権利関係の変動を主張することができないとするのであり，このような必要性はいくつかの法領域で認められてきた。これらには，主として家族法領域，会社法領域そして訴訟法領域がある。

　†〔例〕　**身分法律関係**：法律関係の画一的変動を招来すること及関係人の意思を明確にするために裁判所のコントロールを確保する必要がある場合につき形成訴訟が定められている。離婚の訴え（民770条），婚姻取消しの訴え（民744条），嫡出否認の訴え（民775条），認知の訴え（民787条）等。

　会社法の領域：多数の関係人間の法律関係を画一的に処理する必要性から法律関係の変動を裁判所の判決によるものに限定する必要があり形成訴訟が承認され規定されている。会社の組織に関する行為の無効の訴え（会828条），株主総会等決議取消しの訴え（会831条），会社設立取消しの訴え（会832条），会社解散の訴え（会833条）等。

　訴訟法の領域：手続関係の画一的処理を保障するために，主として解釈によって形成の訴えが承認されている。定期金による賠償を命じた確定判決の変更の訴え（民訴117条），請求異議の訴え（民執35条），第三者異議の訴え（民執38条）等[10]。

---

8) 実体法における形成権と並んで，訴訟法上このような独自の性質を持つ判決が存在することは，すでに1880年代にワッハによって認識されていたが，いまだこれを独自の訴えの類型とするまでにはいたらず，給付訴訟の下位類型としていた（*Wach*, Handbuch des Deutschen Civilprozessrecht, 1885, S. 12. は「法的規律（Rechtsnormierung）」を求める給付の訴えとみる）。しかし，これを形成権，形成訴権という統一的な呼称を与えて，概念として確立するのに功績があったのは，ローマ法学者ゼッケル（*Seckel*, Die Gestaltungsrechte des bürgerliches Rechts, FS. f. Koch, 1903, S, 205.）であった。実体法上の形成権と併せて形成訴権の発見は，「20世紀における法的発見」と賞賛された（*Dölle*, Juristische Entdeckungen, Verhandlungen des 42. Deutschen Juristentages. II B., S. 10 f.）。

9) これに類似する制度に，実体法上の〈形成権〉がある。形成権は，その権利者が単独の意思表示で法律関係を変動させることができる権利の総称であり，これらの形成権の行使によって法律関係が変動する。これに属するのは，取消権，解除権，相殺権などである。この場合には，訴訟上ではその形成権行使によって形成された法律関係が主張され，あるいは訴訟上でそれを行使することによって相手方の主張する権利を変更し，その結果を防御方法として主張することができる。

10) 仲裁判断取消しは仲裁法上決定手続に変更された（仲裁6条）。従来これは再審手続類似の手続と見られてきた。もっとも，仲裁判断に既判力を認めず当然無効の主張ができる（争いあり）とすれば（仲裁45条参照）上訴類似の仲裁判断破棄手続とも位置づけうる。検討を要する。

5　その他の特殊な類型——形式的形成訴訟

　伝統的に私的紛争を法的に解決するために〈訴訟〉という形態がとられ，訴訟手続で審理・判決されるが，その紛争の実態が通常の民事訴訟における手続形態に該当しないものがある。訴えとしては，権利関係の形成を求めるという形式をとり〈形成訴訟〉とされるが，実際にはその内容はかなり異質であり処分権主義，弁論主義などの当事者の自由な手続上の処分権を前提とした訴訟原則の適用がない訴えの類型がある。これに属するものとして，土地境界確定の訴え，共有物分割の訴え，父を定める訴えがある。

　1)　土地境界確定の訴え　　当事者間で土地の境界線につき争いがある場合に，裁判所の確定判決（既判力）で境界線を確定しその間の関係を以後争いえないものとし，明確にすることを目的にした訴えである[11]。明文で認められたものではないが，この訴えが適法であるとして伝統的に承認されている。この訴訟では裁判所には土地の筆界を確定するために境界線を具体的に引くことが求められており，所有権の存否などの訴えのように原告の請求の当否を判断してその可否による結論を出すのではなく，境界線を具体的に引かなければならない。したがって，この訴訟手続では具体的に事実認定のために現地で測量などをすることによって境界線を明らかにする作業が審理の中心となる。このためには，裁判所は当事者の〈主張〉には拘束されずに境界線の確定をすることができなければならないとされる[12]。

　　　このような訴訟手続は技術的であり，かなりの手間と時間を要するものであった。そこで筆界を特定する手続をより実効的にするために，行政機関である筆界特定登記官による「筆界特定」の手続が設けられた（不登123条以下）。

　2)　共有物分割の訴え　　共有物の分割について，共有者の間で分割についての協議が調わない場合に裁判所にその分割を求める訴えである（民258条）。裁判所は具体的な分割案を示さなければならない。

---

11)　境界確定の訴えの性質については争いがある。通説は，これを私的所有権とは無関係の公簿上の地番と地番の間の境界線（いわゆる「筆界」）を定める公法上の境界を定めるものであり，原告は特定の境界線を主張する必要がなく，裁判所にとって申立事項による判断の制限がなく，控訴審における不利益変更の禁止も適用されないと説かれる。

12)　このような訴えの処理は通常の訴えに関する観念，特に処分権主義にはそぐわない。しかし，このような特殊な訴えは既に普通法訴訟手続で認められていた。そこではいわゆる〈双方の訴え〉といわれる制度が存在した。この訴えでは原告だけでなく被告からの訴えをも当然に前提にしているから，裁判所は原告に申立事項に拘束されずに判断ができる。

3) **父を定める訴え** いわゆる待婚期間（民733条1項）に違反して婚姻した結果生まれた子について，嫡出関係に関する法律上の推定が重複する場合に，この法律上の推定を調整する必要上その父を裁判所が決定することとし，そのために設けられた制度である（民773条）。この場合にも請求棄却は許されず，裁判所は常に，その父が前婚の夫か後婚の夫のいずれであるかを判決で決定しなければならない。

第2節　訴え提起の手続

I　訴え提起とその準備行為

1　訴え提起

民事訴訟手続は訴えの提起によって始まる。訴え提起は原告が被告との間で一定の判決を求めて裁判所に対して行う訴訟上の行為であり，(a) 誰（被告）との間で，(b) どのような権利・法律関係につき（訴訟物⇒第4章第3節），(c) 具体的にどのような内容の判決を，(d) どの限度で求めるのかという点につき，(e) 特定の裁判所（受訴裁判所）に対して，判決要求という形で具体的になす行為である。この行為はまた，原告が被告に対して求める権利行使の行為でもある。

〈訴え〉によって原告の具体的な要求内容が示されなければ，裁判所は原告がどのような内容の裁判を要求しているのかを知ることができず，また被告側も原告の裁判要求に対してどのような自己の法的主張を裁判所に示すべきかが分からない。こうして〈訴え〉により原告が一定内容の裁判を行うように裁判所に要求し，裁判所はこの原告の要求につきそれが正当か否かを判断することが民事訴訟の基本である。その際，二当事者対立の原則（⇒第2章第2節）に基づき，訴えの相手方である被告は，このような原告の裁判要求に対して反論をし，原告の主張に対して自らの主張を明らかにして，争点を明確にしたうえで裁判所に対してその法的な判断を求めることができる。こうして民事訴訟手続では，公正な訴訟手続においてそれぞれが十分にその主張と立証を尽くすことを通して裁判所の妥当な判断を獲得することができるとする制度を保障している。

訴え提起に始まる訴訟手続は，まず第一に原告にとって自己の法的地位を主

張することを意味し，被告にとってはこれに対して十分な防御をすることにより各々の有する権利を行使する場である。民事訴訟手続は特に当事者の主体的な訴訟追行を前提とした処分権主義や弁論主義を建前とし，必要的口頭弁論主義を採用してそれぞれの当事者にこのような自己の主張を十分に尽くすことを手続として保障している。こうして当事者にとっては，当該訴訟手続で争われる権利関係については，そこで審判の対象とされた範囲では，その機会にその主張の当否にききちんと権利行使をして決着をつけることが求められる。この訴訟手続の結果，原告の裁判要求が最終的に裁判所の判決で承認されれば，原告は求める法的利益を現実に享受することができる地位を取得する。しかし，反面でこれが認められなかった場合には，その判決の効果として以後同一の裁判要求を裁判所で蒸し返すことができないことにしなければならない（このような判決の効力を〈既判力〉という⇒第10章第5節）。裁判にこのような当事者を規律する拘束力がなければ，そもそも紛争は永遠に決着をつけられないことになってしまうからである。こうして，訴訟手続の利用は原告の権利を擁護し利益をもたらす制度であると共に，その主張が容れられない場合は，権利要求を蒸し返して紛争を繰り返すことができなくなるという不利益をも伴うことを覚悟しなければならない。訴え提起行為はこのような訴訟手続を利用する行為の第一歩でありその要求の基礎である。

2　訴え提起の準備

　訴訟で各当事者がそれぞれ有する権利あるいは法的地位を十分に主張し，納得のいく訴訟手続を実現するためには，訴訟前及びその過程で当事者が十分に準備をすることが必要である。特に訴訟手続を充実したものにし，またできる限り無駄を省いた実質的な集中した審理による迅速な手続にするためには，訴え提起の後に初めて訴訟の準備がなされるのでは十分でない。むしろ，訴え提起前に可能な限りの準備がなされることが必要である。このために現行法は，訴え提起前に訴訟準備のために必要な情報を確保する手続を設けた。提訴予告通知と照会及び訴え提起前の証拠収集処分がこれである。

(1)　提訴予告通知と照会

　迅速で適正な裁判運営を実現するためには，当事者は訴え提起前に訴訟の見通しを立てることが有益である。訴え提起に際して，双方の当事者は互いにどのような訴訟進行を図るかを判断するのに必要な情報を獲得し，これに基づいて訴訟過程での主張や立証に関する予測が立てられれば訴訟が開始しても準備不足はある程度避

けることができよう。そこで，訴え提起前に訴訟当事者となるべき者双方が訴訟に関する情報を獲得することができる方法として〈提訴予告の通知〉制度を設けた（民訴132条の2)[13]。

　これは，まず，訴えを提起しようとする者が，訴えの被告となるべき者に対して訴え提起を予告する通知（予告通知）を書面でなした場合（予告通知の書面の記載内容については，民訴規52条の2）に，その予告通知をした者（予告通知者）は予告通知を受けた者に対して通知をした日から4カ月以内に限り，訴えの提起前に，訴えを提起した場合の主張又は立証を準備するために必要であることが明らかな事項について，相当の期間を定めて書面で回答するよう，書面で照会をすることができる，とする制度である。この書面には提起しようとする訴えに係る請求の要旨及び紛争の要点を記載しなければならない（民訴132条の2第3項）。この照会の書面にはその他に，民事訴訟規則52条の4に定める事項の記載が必要である。ただしこの照会は，①当事者照会の制度で照会をすることができないと定められている事項に該当する場合（民訴163条各号の事項），②相手方又は第三者の私生活についての秘密に関する事項についての照会であって，これに回答することにより，その相手方又は第三者が社会生活を営むのに支障を生ずるおそれがあるもの，及び③相手方又は第三者の営業秘密に関する事項についてはすることができない（民訴132条の2）。

　また，予告通知を受けた者（被予告通知者）も，予告通知者に対して，その予告通知の書面に記載された民訴法132条の2第3項の請求の要旨及び紛争の要点に対する答弁の要旨を記載した書面でその予告通知者に対して，その予告通知がなされた日から4カ月以内に限り，訴え提起前に，訴えが提起された場合の主張又は立証を準備するために必要であることが明らかな事項について，相当の期間を定めて，書面で回答するよう書面で照会をすることができる（民訴132条の3第1項）。

　これらの照会に違反した場合には制裁の規定は存在しない。これらは裁判所を介することなくあくまでも当事者間で近く行われる予定の訴訟に関する情報交換のための制度として設けられた。いまだ当事者間では訴訟上の法的関係（⇒第5章）が発生しているとはいえないが，その事前効といえるものであり，提訴の予告から4カ月に限定して承認された当事者双方の行為義務である。当事者はこの提訴予告行為によって課された〈訴訟法上の義務〉について，誠実にその責任を果たすことが求められる。特に事件を受任した弁護士は，このような責任を果たすべき職業上の義務が課される。特に被告側は早期に代理人を選任して準備をすることが可能にな

---

[13] 類似するものに，英国民事訴訟における Pre-action Protocols の制度がある。これは①将来の訴訟に関して早期にかつ完全な情報を交換することを促すこと，②訴え提起前の和解によって訴訟を避けることを促すこと，及び③訴訟が避けられない場合に効率的な訴訟運営を補助することが目的とされている（*Andrews*, ECP, 1.13）。

り，被告側に構造的に生じる準備時間不足による劣勢をいささかなりとも避けることができる。

(2) 訴え提起前の証拠収集処分

裁判所は，訴えが提起される前であっても，提訴予告通知者又は提訴予告による照会に対して返答をした被予告通知者の申立てにより，訴え提起前にその証拠に関する処分をすることができる。この申立ては，予告通知がなされた日から4カ月の不変期間内にすることができる（民訴132条の4。その管轄につき民訴132条の5，手続につき民訴132条の6）。ただし相手方の同意があれば期間経過後に申立てをすることもできる（民訴132条の4第2項）14)。

その要件は，①当該予告通知に係る訴えが提起された場合の立証に必要であることが明らかな証拠となるべきものについて，②申立人がこれを自ら収集することが困難であると認められるときに，③その予告通知の相手方又は返答の相手方の意見を聴いた上でなすことが必要である。ただし，その収集に必要な時間又は嘱託を受けるべき者の負担が不相当なものであることその他の事情でこのような処分をすることが相当でないと認められるときは，この処分をすることができない（民訴132条の4第1項本文）。

この処分でできる内容は，①文書の所持者にその文書の送付を嘱託すること，②必要な調査を官庁若しくは公署，外国の官庁若しくは公署又は学校，商工会議所，取引所その他の団体に嘱託すること，③専門的な知識・経験を有する者にその専門的な知識・経験に基づく意見の陳述を嘱託をすること，④執行官に対し，物の形状，占有関係その他の現況について調査を命ずることである（民訴132条の4第1項各号）。

3 訴状による訴え提起

訴えを提起しようとする者（原告）は，地方裁判所に訴えを提起する場合には必ず，〈訴状〉を提出することによって行わなければならない（民訴133条）。ただし，簡易裁判所に訴えを提起する場合は口頭ですることができる（民訴271条）。この場合は裁判所書記官が当事者の陳述に基づいて調書を作成する（民訴規1条2項）。

訴え提起行為は，原告が裁判所に対して一定内容の裁判を求める旨の意思を表明する行為であり，処分権主義の下では裁判所がなしうる判断権限は原告が求めている裁判内容を示した〈申立事項〉に拘束される（民訴246条）。そこで，

---

14) 類似した制度に，ドイツの独立証拠調手続（das selbständige Beweisverfahren）がある（ド民訴485条）。訴訟係属前には，書面による鑑定人による鑑定の申立てができる（同条2項）。

原告はその意思内容を明確にする必要があるが，特に以後の訴訟手続の出発点である訴え提起行為には原則として，訴状という書面により一定の形式に基づいてその要求内容を明示することを求めて万全を期した（要式行為）。訴状には，作成者である原告又はその代理人が記名押印しなければならない（民訴規2条1項）。

II 訴状の記載事項

1 記載事項の種類

訴状の記載事項には，その記載を欠けばそもそも訴状としての効力が認められない〈必要的記載事項〉と，訴状の記載内容の充実化を図り裁判所や相手方に事件内容を早期に理解させるのに必要な事項である〈実質的記載事項〉[15]の区別がある。

(1) 必要的記載事項（民訴133条2項）

訴状には必ず以下の事項を記載しなければならない。

1) 当事者及び法定代理人の表示（民訴133条2項1号）　訴状には，誰が誰に対して訴えを提起しているのかを明示しなければならない。この記載がない訴状は不適法である。特に問題になるのは被告の特定であり，被告が特定できるだけの具体性を持った記載が必要である。不明者に対する訴えも不適法である。当事者は通常氏名によって特定される。しかし，正確を期するため住所も記載されるのが通常である。これは訴状の送達の便宜でもある。法定代理人がいる場合その記載も必要的記載事項とされるが，これは当事者が無能力者や法人である場合に実際の訴訟追行者を明確にする意味を持つ。

2) 請求の趣旨（同条2号）　訴状には，どのような判決を求めているのかを明示しなければならない。〈請求の趣旨〉は原告が判決によって求める結論を的確に表示すべきものであり，そこではどのような種類の判決を求めているのか（給付の訴えか確認の訴えか形成の訴えか），また給付の訴えではどの範囲（いくらの金額か）で判決を求めているのかを明らかにしなければならない。処分権主義のもとで求められている裁判所の判断内容がこれによって明確になる。

---

[15] 訴状の効力に直接影響しないことから，従来「任意的記載事項」といわれた。しかし，この用語法はこれらの事項の記載が原告の任意だとの誤解を招きやすい。現行法は，これらについても以下に記すようにその記載を強く求めており，訴状の記載内容の実質化を狙った事項であることからこの用語法を採用した。

†〔例〕 **給付訴訟の場合**：「被告は，原告に対し金○○円を支払え。」といった形で示される。しかしその表示はなお抽象的であり，それだけでは求める請求がいかなるものであるかはなお不明確であることが多い。それがどのような金銭債権であるか等の具体的内容は，請求の原因の記載と併せて初めて明確になる。

形成訴訟の場合：「被告と原告を離婚する。」等と表示する。判決主文で求める裁判内容である。離婚原因までは表示しない。これは，請求の原因の記載によって明らかにする。

確認訴訟の場合：積極的確認の場合には，「○○番地の土地が原告の所有であることを確認する。」と表示し，消極的確認の場合，「原被告間の平成○年○月○日の金銭消費貸借に基づく原告の元本△△円の返還債務が存在しないことを確認する。」と表示する。この場合確認の対象となっている事項は請求の趣旨自体によって特定される。

3）**請求の原因（同条2号）** 請求の趣旨の欄に記載された原告の請求を成立させる根拠を記載する。これを〈請求の原因〉という。請求を特定するためには，給付訴訟では，請求の趣旨として示された請求がどのような原因によって生じたのか，また形成訴訟では形成の原因となる事項がいかなるものかを示す必要がある。

この記載は，審判の対象となっている事項を特定するのに必要な程度の具体性が必要である。請求の原因をどの程度記載すべきかは，訴訟物をどのように理解するかに依存している（⇒第4章第3節Ⅲ）。

(2) **実質的記載事項**

訴状には，これらの必要的記載事項の他に記載すべき事項に〈実質的記載事項〉がある。これは，訴訟手続を充実したものとし手続の当初から裁判所及び相手方に対して原告の請求内容を具体的に示すことによって裁判所には審理の方針を予測するのに必要な情報を与えると共に相手方に対しては防御を行うための具体的手がかりを示すために，請求を理由づける事実を具体的に記載し，かつ立証を必要とする事由ごとに，当該事実に関連する事実で重要なもの及び証拠を記載しなければならない（規53条1項）ものとしている。その記載にあたっては，〈請求を理由づける事実についての主張〉と〈請求を基礎づける事実に関連する事実についての主張〉とを区別して記載しなければならない（同2項）。

1）**攻撃方法としての請求原因** 〈実質的記載事項〉のうちで最も重要な事項は，〈攻撃方法としての請求原因事実〉である[16]。これは，原告が主張責

任を負っている（主張責任については⇒第5章第4節Ⅱ6）請求を理由づける具体的事実（民訴規53条2項）であり，訴状に自分が主張責任を負っている一定の法律効果を発生させる要件に該当する具体的事実（主要事実）を記載しなければならない[17]。

2） 主要な間接事実等と証拠　訴状には，主要事実（要件事実）の他に，間接事実や補助事実（⇒第5章第4節Ⅱ5(2)2)），さらにはこれらに該当しないがなお紛争の経過などに関して有益と思われる様々な事実[18]をも記載することが多い。

これらの事実について証明に必要な証拠についてもできるだけ早期に明確にさせる必要から，証拠との対応関係をも記載することが求められる。

3） その他の記載事項　訴状にはその他の事項として，年月日，裁判所の記載をする。当事者の表示中で，訴訟代理人の氏名，住所，郵便番号，電話番号及びファクシミリの番号を記載し，当事者又は代理人の記名押印が必要である。また，事件名の表示をする。さらに証拠方法，付属書類の表示をし，送達場所及び送達受取人の届出がなされる。

2　付属書類等

(1)　付属書類等

訴状には事件によってそれぞれ付属書類を添付しなければならない。例えば不動産訴訟では登記謄本を，人事訴訟では戸籍謄本を，また　手形・小切手訴訟では手形・小切手の写しを添付しなければならない。これらによって，訴状の記載が正確であるかを精査し誤記などを発見するのに資する手がかりが得られる。

(2)　副　本　等

訴状は被告に送達する必要から，原本の他に副本が必要である。副本の数は被告の数だけ必要であり，これが被告に送達される。

その他に，訴状には書証の写し，委任状の他印紙を貼付しなければならない。

Ⅲ　訴状の提出と審査

1　訴状の提出・裁判所書記官による訴状の点検と事件の回付

訴えは訴状を裁判所に提出して行う。提出された裁判所を〈受訴裁判所〉と

---

16) これに対して，〈請求を特定する方法としての請求原因事実〉がある。これは，訴訟物として主張されている一定法律関係の性質を決定するために，その特定に必要な請求原因である法的主張をいう。
17) あるいは〈要件事実〉ともいわれる。
18) これらの，間接事実や補助事実以外の様々な事実は，実務上「事情」といわれる。

いう。

　訴状が裁判所に提出されると，裁判所ではまず受付において裁判所書記官による訴状の点検を行う。これは，訴状に瑕疵がないかどうかを一応点検するものであり，形式的である。訴状に形式的要件について問題がなければ，受付がなされ事件ごとに事件番号が付される。

> 　事件を受け付けた（官署としての）裁判所に複数の裁判官がいる場合には，どの裁判官が当該事件を担当するかは下級裁判所事務処理規則（昭和23年最高裁規則16号）6条が定める。地方裁判所では，事件は原則として単独裁判官によって審査される。したがって，単独裁判官に事件が配布されるのが通常であるが複雑・困難な事件や訴額が大きい事件は合議体に配布される。いったん単独裁判官に配布された事件が合議体に，また合議体に配布された事件が単独裁判官の担当に移されることもある。

2　訴状の審査と補正命令

　事件が担当の裁判官に配布されると，裁判官はまず訴状の審査をしなければならない。訴状に形式的な不備が発見されるとその不備を是正することを原告に求める〈補正命令〉が出される。この段階での訴状の審査は，補正命令による形式的要件の不備の補正が可能な限りで効率的訴訟運営のために行われる。

　補正命令を発する前提としては，①訴状の必要的記載事項が記載されているか，②民事訴訟費用等に関する法律3条所定の手数料相当額の印紙が貼られているか等の形式的事項について審査する。これらに不備があれば，裁判長は原告に対して必要な補正を促し，あるいは必要な期間を定めて補正命令を発する（民訴137条1項）。裁判長は必要な補正を促す場合は裁判所書記官に命じて行わせることができる（民訴規56条）。実質的記載事項も趣旨から，強制力はないが，補正を促すことができると解すべきである。

　補正命令に従って補正がなされ，あるいは手数料が納付されたときは訴状は訴え提起の時期にさかのぼって有効になる。その期間内に補正がなされないときは，命令で訴状を却下する（民訴137条2項）。これに対しては原告は1週間以内に即時抗告をすることができる（同条3項）。

　たとえ訴状に不備があっても，被告に対する訴状の送達がなされた後は，訴訟係属が発生し，当事者双方間にも訴訟上の法律関係が生じるからもはや訴状却下をすることはできない。この場合には訴え却下の判決による必要がある。

　訴えが不適法であり訴状記載の不備が補正することのできない場合にも口頭

弁論を経ずに訴えを却下することができる（民訴 140 条）。さらに訴状の記載が不備とされる場合以外にも訴状却下がなされる場合がある。この場合には相手方への訴状の送達は不要とされる（〔判例〕）。

†〔判例〕　最(3小)判平成 8 年 5 月 28 日判時 1569 号 48 頁　　先行する訴訟で X は Y（国）を相手に年金額の変更を求める訴えを提起し第一審で請求が棄却され，これに対する控訴，上告も棄却され，この判決は確定した。その後，X は再度 Y を相手に右最高裁判決の無効確認及び年金額の変更を求めた行政訴訟を提起した（本人訴訟）。第一審は訴状を被告国に送達せず口頭弁論を開くことなく訴えを却下した。控訴審も口頭弁論を開かずに控訴を棄却し控訴状及び控訴判決正本を国に送達しなかった。X 上告。上告棄却。「確かに，訴えが不適法な場合であっても，当事者の釈明によっては訴えを適法として審理を開始し得ることもあるから，そのような可能性のある場合に，当事者にその機会を与えず直ちに民訴法 202 条〔現行法 140 条〕を適用して訴えを却下することは相当とはいえない。しかしながら，裁判制度の趣旨からして，もはやそのような訴えの許されないことが明らかであって，当事者のその後の訴訟活動によって訴えを適法とすることが全く期待できない場合には，被告に訴状の送達をするまでもなく口頭弁論を経ずに訴え却下の判決をし，右判決正本を原告にのみ送達すれば足り，さらに，控訴審も，これを相当として口頭弁論を経ずに控訴を棄却する場合には，右被告とされている者に対し控訴状及び判決正本の送達をすることを要しないものと解するのが相当である。けだし，そのような事件において，訴状や判決を相手方に送達することは，訴訟の進行及び訴えに対する判断にとって，何ら資するところがないからである」という。

裁判官は，審理を開始する前に請求に関する主要事実（要件事実）を念頭に置きながら訴状の記載を検討し，それが不明確である場合には書記官を介して釈明権を行使することができる。第 1 回口頭弁論から充実した審理を行うためには，予め十分に訴状を検討しておくことが必要である。

3　手続進行に関する意見の聴取

充実した審理を行うために審理計画を立てて事件に応じた審理を計画的に行うには，当事者から早期に訴訟の進行に関する意見を聴取する必要がある。第 1 回口頭弁論期日以前にこのような参考事項について聴取を行う場合，それを裁判所書記官に行わせることができる（民訴規 61 条）。

4　費用の予納

訴え提起に際して，原告は〈申立手数料〉を納付しなければならない。申立手数料は訴額などを基準に定められている。これは原則として，印紙の貼付によって行

われる。また，この他に，送達費用などの予納が必要であり（民訴費11条1項1号），この予納を命じたにもかかわらず予納がなければその行為を行わないことができる（民訴費12条2項）。なお訴訟費用の詳細は⇒第15章第2節。

5 訴訟費用の担保

　原告が日本国内に住所，事務所及び営業所を有しないときは，裁判所は，被告の申立てにより，決定で訴訟費用の担保を立てるべきことを原告に命じなければならない（民訴75条1項，詳細は⇒第15章第3節）。

IV　訴状その他の書類の送達及び通知制度

1　意　　義

訴訟手続中，当事者その他の関係人に対して，訴状その他の手続上の重要事項及び書類などを確実に送り届け，手続上必要な情報を伝達することは民事訴訟手続の重要な要素である。また，必要な情報を相手方に伝えたにもかかわらず，相手方が必要な手続をしない場合には一定の不利益が課されることもあるが，その場合には手続上相手方に確実に情報が伝達されたことが明確に証明される必要がある。このように，情報伝達の明確さを確保しまたその結果を公証することを兼ね備えた制度が〈送達〉である。送達は，民事訴訟手続における手続保障を支え，情報伝達を確実なものにするための基本的な制度である。

わが国の民事訴訟では，送達は特別の定めがある場合をのぞき（公示送達は当事者の申立てによるのが原則。民訴110条1項，ただし2項，3項参照），裁判所が〈職権で〉行うものとしている（民訴98条1項)[19]。

2　送達機関

(1)　国内での送達

送達は裁判所が職権で行う（職権送達の原則〔民訴98条1項〕）。具体的に送達に関する事務を取り扱うのは裁判所書記官である（同条2項）。ここで送達に関する事務とは，送達に関する一連の行為を含む。即ち裁判所書記官は，送達すべき書類を受領又は作成し，送達実施機関や実施方法及び送達場所を決定したうえで送達を実施させる。さらに送達終了後は送達実施機関から送達報告書を

---

[19]　送達については，職権で行う国とそうでない国とがある。例えば，フランスでは送達は執達吏によって行われるが，裁判所の職権により行われるものではない。アメリカ合衆国連邦民事訴訟規則では，送達は必ずしも公的機関によるものとはされていない。当事者以外の18歳以上の者によればよい。もっとも原告の求めにより裁判所は連邦保安官等による送達を命じることができる（同規則4条 (c) (2)）。

受領し一件書類として保管しなければならない。

送達を現実に行う〈送達実施機関〉は，特別の定めがある場合をのぞき（例えば廷吏による送達につき，裁63条3項），郵便又は執行官である（民訴99条1項）。

(2) 外国で行う送達

送達を外国で行う必要がある場合（外国に居住する被告を相手に訴えを提起する場合等）は，裁判長がその国の管轄官庁又はその国に駐在するわが国の大使，公使もしくは領事に嘱託して行う（民訴108条)[20]。送達は基本的に国家主権の行使という面があり，外交手段を介して行われる。これを実施するために国際司法共助により訴状等の送達が行われるが，その際条約等により異なった取扱いがなされる。

① 二国間で司法事務に関する共助を開始する取決めがなされている場合

二国間取決めで裁判長が外国裁判所に対する嘱託により民事事件の文書を嘱託する場合，嘱託書及び送達すべき文書には送達実施国の公用語による訳文を添付して最高裁判所事務総長宛てに送付を依頼する。

② 民訴手続条約（ヘーグ条約）によって権限を有する当局に要請する場合

裁判長は文書の名宛人が在住する外国のわが国領事官に対してあるいは送達実施国の指定当局所在のわが国領事官に対して送達を要請するよう依頼し，これを受けて領事官は当該指定当局に送達を依頼する。送達すべき文書には公用語による訳文を添付しかつ外交官若しくは受託国の宣誓した翻訳者の翻訳証明が必要である。

③ 送達告知条約（民事又は商事に関する裁制上及び裁判外の文書の外国における送達及び告知に関する条約）締約国である国の中央当局に要請を行う場合　中央当局に対する要望書によるが，これは英語，フランス語又は受託国の公用語で記載し，各国の公用語による訳文を添付する必要がある。

(3) 送達の証明

送達をした公務員は，書面を作成して送達に関する事項を記載し，裁判所に提出しなければならない。

3 送達の対象となる書類

現行法は民事訴訟手続上送達を必要とする書類を手続上重要なものに限定し

---

[20] 外国における送達の詳細については，最高裁判所事務総局編・国際司法共助執務資料〔改訂版〕（法曹会・1996），服部壽重「民事事件における国際司法共助」新実務(7)161頁，最高裁判所事務総局民事局監修・民事事件に関する国際司法共助手続マニュアル（法曹会・1999）。

ている。即ち，訴状（民訴138条1項），独立当事者参加の申出書（民訴47条3項），訴え変更の書面（民訴143条3項），判決書（民訴255条1項），訴え取下げの書面（民訴261条4項），控訴状（民訴289条1項），支払督促（民訴388条1項），仮執行の宣言（民訴391条2項）等が送達を必要とするものとされている。

送達は，厳格な方法によっている反面，時間と費用を必要とすることから，必要最小限のものに限定し，その他のものについては簡易の方法で連絡をすることにしている（以下⇒8参照）。

4 受送達者

〈受送達者〉はその者を名宛人として送達が行われる者であり，送達名宛人ともいわれる。誰が送達の名宛人になるかは送達される書類の内容によって定まる。受送達者は通常当事者などの訴訟関係人本人であるのが原則であるが，その者が無能力者の場合には法定代理人が受送達者になる（民訴102条1項）。法人については代表者が名宛人になる（民訴37条参照）。また，訴訟代理人が選任されているときは，訴訟代理人が送達の名宛人となる[21]。

これに対して，現実に送達を受領する者を送達受領者という。

5 送達場所の届出による送達制度

送達はその目的書類が確実に送達名宛人に届けられなければならない。しかし送達を受けるべき者の住所の変更などにより，名宛人の住所等の調査等を行う業務は裁判所書記官にとってかなりの負担であり，訴訟手続遅延の原因の一つでもあった。このような負担を軽減するために，〈送達場所の届出〉の制度が設けられている。即ち，当事者，法定代理人又は訴訟代理人は，送達を受けるべき場所を受訴裁判所に届け出なければならない。この場合〈送達受取人〉をも届け出ることができる（民訴104条1項）。この場所は日本国内に限られる。この届出がなされた場合は，本来の送達場所が存在するにかかわらず，この届け出られた送達場所で送達をする（同条2項）。

しかし，この規定に反して送達場所が届け出られない場合には，交付送達により送達を受けるべき者の住所等で送達がなされたときはその場所で，第2回以降の送達もその送達をなした場所ですれば足りる（民訴104条3項1号）。これらの場合にその場所での送達ができなかったときは，〈付郵便送達〉（⇒6(2)）を行うことが許される（民訴107条1項3号）。

---

[21] もっとも，判例は当事者本人に送達することも妨げないとする（最(2小)判昭和25年6月23日民集4巻6号240頁）。

これらの規定は送達の重要性に鑑み当事者等に届出義務を課すと共に，それを懈怠した場合の処置を示したものである。

6 送達の方法

(1) 交付送達の原則

送達は送達の名宛人に対して送達すべき書類の謄本を交付する方法（交付送達）で行うのが原則である（民訴101条）。交付送達は，送達場所，送達受領者及び送達実施機関との関連で次の種類に分けられる。

1) 原則（民訴103条1項）　まず交付送達は，送達を受けるべき名宛人の住所，居所，営業所又は事務所（住所など）において行われるのが原則である。ただし法定代理人に対する送達は，本人の営業所又は事務所で行うこともできる。

2) 就業場所における送達（民訴103条2項）　交付送達は，原則的には送達名宛人の住所などで行うが，補充的な送達場所として，就業場所での送達が認められている。これは，国民生活が変化し，共稼ぎ家族などの増加によって昼間に住所などでの送達が困難になったこと等に伴って昭和57年旧民訴法改正で導入されたものである。就業場所への送達は，(i) 送達を受けるべき者の住所等が知れないとき，(ii) その場所において送達するのに支障があるとき，(iii) 送達を受けるべき者が就業場所で送達を受ける旨を申述したときは，送達を受けるべき者が雇用，委任その他の法律上の行為に基づいて就業する他人の住所等（これらは一括して「就業場所」と呼ばれる）においてなすことができる。

3) 出会送達（民訴105条）　交付送達の一種として，送達実施機関が本来の送達場所とは異なる場所で送達名宛人と出会った場合に，その場所で送達を行うことができる制度である。これが許されるのは，(i) 名宛人が日本国内に住所等を有することが明らかでない場合，(ii) 名宛人が日本国内で住所を有することが明らかであるか送達場所の届出がなされている場合であっても名宛人が送達を受けることを拒まない場合である。出会った場所での送達ができる。

4) 裁判所書記官による送達（民訴100条）　交付送達の一種としてなされる送達であるが，裁判所書記官自身が送達を行う点，裁判所で行う点に特色がある。裁判所書記官は，その所属する裁判所の事件について出頭した者に対しては自ら送達することができる（民訴100条）。「裁判所書記官送達」あるい

は「簡易送達」等ともいわれる。例えば，判決期日に出頭した当事者，代理人等に対して裁判所書記官が判決言渡後に判決書を交付する場合，別の事件で出頭している代理人に交付する場合などである[22]。この場合，差置送達（後述⇒6））も許される。

　5）　補充送達（民訴106条1項，2項）　就業場所以外の送達場所で，送達実施者が名宛人に出会わないときは，使用人，その他の従業員又は同居者であって，書類の受領について相当のわきまえのある者[23]に書類を交付することができる。この交付によって送達の効力が生じる。この場合に送達された書類が送達を受けた同居者等から受送達者に交付されたか否かは送達の効力を左右しない。したがって送達を受けた者と受送達者の間に事実上の利害関係の対立がある場合でもそのこと自体は送達の効力に影響しない（最(3小)決平成19年3月20日民集61巻2号586頁）[24]。これは，郵便の業務に従事する者が，郵便局で書類を交付するときも同様である。

　就業場所での送達の場合には受領義務が課されていないから，受領を拒まない場合にのみ補充送達をすることができる。差置送達をすることはできない。

　6）　差置送達（民訴106条3項）　送達名宛人及び代理人は，民訴法105条後段及び106条2項の場合を除いて送達の受領義務を負っている。しかしそれにかかわらず，正当な理由なしに受領を拒んだ場合，送達実施機関はその送達場所に書類を差し置くことを認めている（民訴106条3項）。送達を円滑にするための制度であり，送達の受領義務があるから，書類を差し置くことで送達の効力が生じる。送達が適式に行われていない場合は，受領を拒む正当な理由がある。

（2）　書留郵便に付する送達

　〈書留郵便に付する送達〉は裁判所書記官が名宛人の住所など本来の送達場所に書留郵便で送達書類を発送し，この発送のときに送達の効力を生じさせる特殊な送達制度である。交付送達によって送達等を行うことができなかった場合にもなお送達をすることができるようにすることを確保した制度である。例

---

[22]　判決名宛人である弁護士の法律事務所に勤務し，その指揮命令を受けている事務員に対する送達もこの場合に当たる（最(2小)判昭和27年8月22日民集6巻8号707頁）。

[23]　7歳9月の児童に対する訴状の送達は無効である（最(1小)判平成4年9月10日民集46巻6号553頁）。

[24]　この判決については⇒第13章第5節Ⅲ11）。事実上利害関係が対立する妻に対する送達が無効であるとするのは，大阪高判平成4年2月27日判タ793号268頁。

外的な送達制度であり補充的である。〈付郵便送達〉ともいわれるこの場合裁判所書記官が送達実施機関でもある。就業場所への付郵便送達は許されない。

書留郵便に付する送達は，(i) 本来の送達場所及び就業場所での交付送達，補充送達及び差置送達ができない場合（民訴107条1項1号），(ii) 届け出られた送達場所で送達をすることができなかった場合（同項2号）[25]，(iii) 送達場所の届出義務が懈怠されしかも104条3項に定める場所で交付送達等ができなかった場合（同項3号）に行うことができる。

(3) 公示送達

公示送達は，裁判所書記官が送達すべき書類を保管し，その名宛人が裁判所に出頭すればいつでもこれを交付すべき旨を記載した文書を裁判所の掲示場に掲示して行う送達方法である（民訴111条）。民事訴訟では被告の住所が不明確な場合が少なくないが，この場合には交付送達や付郵便送達は不可能である。しかし，それにもかかわらずおよそ送達をすることができないのでは，そもそも訴訟手続自体を進めることができず，原告の権利保護が実現されないことになってしまう。公示送達の制度はこのような場合のために設けられた特殊な送達制度である。この場合，実際には送達はなされておらず，送達を法律によって擬制している。

公示送達が許されるためには以下の要件が必要である（民訴110条1項）。(i) 当事者の住所，居所その他送達をすべき場所が知れない場合（1号）。この場合に「送達をすべき場所が知れない場合」とは通常の方法によって送達場所が判明しない場合をいう。(ii) 民訴法107条1項の規定により付郵便の方法で送達することができない場合（2号）。(iii) 外国でなすべき送達で民訴法108条によることができず，又はこれによっても送達をすることができないと認められる場合（3号）。(iv) 民訴法108条の規定により外国の管轄官庁に送達の嘱託を発した後6カ月を経てもなお送達報告書が返送されてこない場合（4号）である。

公示送達の手続は，当事者又は参加人など利害関係人からの申立てに基づき，裁判所書記官によって行われるのが原則である（民訴110条1項柱書）。しかし，

---

25) 長期出張中の者に対する就業場所での送達につき，現に労務に従事している場所であるとの誤った理解のもとになされた就業場所不明の回答に基づいて裁判所書記官が行った付郵便送達の結果原告欠席のままなされた判決が確定したので相手方及び国に対して損害賠償請求をなしたケースとして，最(1小)判平成10年9月10日判時1661号81頁（渡部美由紀・百選3版100頁）。

これらの場合に裁判所は，訴訟の遅滞を避けるため必要があると認める場合にはたとえ当事者からの申立てがなくても，裁判所書記官に公示送達をすべきことを命じることができる（同条2項）。

同一当事者に対する第2回目以降の公示送達は，裁判所が職権で行う。ただし民訴法110条1項4号が定める，民訴法108条の規定により外国の管轄官庁に送達の嘱託を発した後6カ月を経てもなお送達報告書が返送されてこない場合についてはこの限りでない（民訴110条3項）。

公示送達は，民訴法111条の規定によって掲示を始めた日から2週間を経過することによってその効力を生ずる。ただし同一当事者に対する2回目以降の公示送達の効力は，掲示を始めた日の翌日に効力を生じるものとしている（民訴112条1項）。このように送達の効果は，掲示をすることによって名宛人に一定期間中に送達書類の取得の可能性を与え，その期間が経過したときに法律の規定によって送達の効果の発生を擬制している。なお，外国にある者に対しては，この効力発生までの期間は6週間とされている（同条2項）。これらの期間は短縮することができない（同条3項）。

7 送達の瑕疵

送達に瑕疵がある場合には送達は無効である。訴状が適法に送達されなかった場合はそもそも訴訟係属が発生せず，その後に行われた訴訟行為もすべて無効となる。

公示送達については，その濫用により公示送達の事実を知らされず訴訟行為をすることができなかった者に対しては救済の機会が与えられなければならない（⇒第13章第5節Ⅵ3）。

8 その他の通知制度

送達制度は，当事者等に対する通知制度として厳格な手続に基づいており，確実であるが費用と手間がかかる。送達によって一定の法的効果が生じる場合（例えば，判決書の送達と上訴期間の進行）に送達がなされる必要があるのは当然だが，すべての書類を送達手続により送付するにはあまりに費用と手間がかかりすぎ，またその必要性にも乏しい。そこで，現行法は送達を必要とする書類は，それによって訴訟上の重大な効果が発生するものに限定し，それ以外の書類の送付や通知については送達の手続による必要はないものとした。これらについては簡易な通知方法である〈直送〉が設けられている。これは，当事者が相手方に対して直接の送付をするものであり，この直送その他の送付は，送付

すべき書類の写しの交付又は，その書類をファクシミリを利用しての送信により行う（民訴規47条1項）。

第3節　訴え提起の効果

〔文献〕

石黒一憲「国際的訴訟競合」争点新版160頁，加藤哲夫「二重起訴の範囲と効果」争点新版158頁，酒井一「重複訴訟論」鈴木・古稀265頁，住吉博「重複訴訟禁止原則の再構成」同・民事訴訟論集(1)(法学書院・1978) 287頁，高橋宏志「二重起訴の禁止」同・重点(上)108頁，松本博之「重複起訴の成否」中野・古稀(上)347頁，三木浩一「重複訴訟論の再構築」法研68巻12号115頁

I　序

　訴えが提起されると，それに基づいて様々な法的効果が発生する。これらの効果には，大別して訴訟法上の効果と実体法上の効果とがある。ただし，訴え提起手続にも段階があり，①原告によって訴状が裁判所の窓口に提出された段階，②訴状が裁判所によって審査される段階，③審査を経て被告に送達される段階，④訴状が被告によって受領される段階に大別される。訴え提起によって生じる法的効果の時期は，それぞれの法制度の趣旨に応じて同一ではない。

II　訴訟法上の効果

　訴え提起によって訴訟法上重要な効果が生じる。原告からの訴えが提起され，その訴状が裁判所の審査を経て（前述⇒第2節Ⅲ），被告に送達されることによって，原告と裁判所の間だけでなく被告との関係でも一定の法律関係が生じるものと観念される。こうして形成された法的関係を〈訴訟係属〉という。このような法律関係の発生は関係人の間で一定の法的効果を生じるが，その最も重要な訴訟法上の効果は，重複（二重）訴訟の禁止（民訴142条）である。

1　重複訴訟の禁止
(1)　沿革と趣旨

　訴えが提起されると，裁判所による訴状の点検がなされた後，被告へ訴状の副本が送達されることによって〈訴訟係属〉が生じる。その結果，「裁判所に係属する事件については，当事者は，更に訴えを提起することができない」

（民訴142条）との効果が生じる。これを〈重複（二重）訴訟の禁止〉という。この効果は，訴訟係属によって発生する最も重要な訴訟法上の効果である[26]。

> わが国民事訴訟法が基礎としたドイツ民事訴訟法の前身である普通法民事訴訟手続では，訴訟係属（Litispendenz）は争点決定（Litiskontestation）の効果であると観念されていた。この制度は，ローマ法以来の伝統を持ち，被告の応訴行為による当事者双方での審判対象を特定するための手続であった。これによって対象は固定され，以後審判手続（judicium）に移される。その結果，ただ一度だけ訴えを提起する権限（actio〔訴権〕）を持つ原告は，これによってその訴権をもはや撤回し得ない形で行使した結果消耗し，被告は同一物に対しては新たな訴えに対応する必要がなくなることから訴訟係属の抗弁（exc. litis pendentis）で対抗することができるとされていた。

重複訴訟の禁止の制度は，訴訟係属中の事件の審理について当該裁判所での審理判断に集中し，そこに審判事項を固定化するために他の裁判所での審理判断を排除することを意味する。判決が確定した後はそれによって発生する既判力にその効果が引き継がれることになる。

重複訴訟の禁止は，沿革的に見て，訴えとして提起した事項については，専らその裁判所において十分に争い，最終的な決着をつけることを当事者に要求することから発生した効果である。いったんある対象について訴訟が係属したならば，同じ事項について更に別の裁判所に訴えを提起し並行した審理を求めることは，このような訴えによる終局的な解決の趣旨に反するし，また判決の矛盾が生じるおそれもある。さらには，このことは同じ訴訟を更に別の裁判所で強いられる被告にとっても迷惑であり訴訟経済にも反する（新堂214頁はこれらを趣旨とする。同旨，松本＝上野209頁。しかし，このような当事者の迷惑は副次的な理由であるにすぎない[27]）。

(2) 要　　件

重複訴訟の禁止の効果は，同一当事者間で，「裁判所に係属する事件については，当事者は，更に訴えを提起することができない」という効果を生じることから次の要件が必要である（民訴142条）。

---

[26] ドイツ民事訴訟法では，その他に訴訟係属の結果，当事者恒定の効果が生じ，目的物の譲渡はできるがその結果当事者の訴訟上の地位に変動を及ぼさず，原則として，旧権利者は目的物の譲渡の後も当事者としての地位を（訴訟担当という形態で）保持する（ド民訴265条）。

[27] 重複訴訟禁止の原則は，今日では抗弁事由ではなく職権探知事由である。当事者の迷惑という観点から根拠づけるとすれば，当事者が重複訴訟を許容することができよう。

1) **当事者の同一性**　当事者が同一であれば重複訴訟の禁止に抵触する。当該訴訟での当事者としての役割（原告か被告か）は問題とならず，原告と被告とが逆転していても重複訴訟となる。しかし民事訴訟は当事者間の相対的解決が原則であり，当事者が異なれば重複訴訟の禁止は問題とならない。当事者は形式的当事者概念による。もっとも，判決効が拡張される場合には判決効を拡張的に受ける者に関して重複訴訟禁止が問題になりうる。訴訟担当の場合には，担当者と本人が別々に訴え，又は訴えられると，同一審判対象についてこれを別に訴求することになり重複訴訟の禁止に抵触する。なお，債権者代位訴訟の係属中に本人が債権者の代位権限を否認して独立当事者参加を申し立てることは，重複訴訟禁止の趣旨に反しない（最(3小)判昭和48年4月24日民集27巻3号596頁[28]）。

2) **事件の同一性**　既に係属中の事件について，同一の事項に関して訴えが提起されたときは，この後の訴訟が重複訴訟として禁止される。したがって，提起された二つの訴えの間で前の訴えが優先されることになる。この場合に，両訴訟で「事件」が同一であれば重複訴訟になるが，「事件」の同一性（民訴142条）をどのように見るかについては見解が対立する。訴訟物である権利関係が同一である場合は，原告が求める判決の内容が同一でなくても重複訴訟になる。訴訟物については裁判所は必ず審判しなければならず，当事者としてはその訴訟物たる請求の存否について，当該訴訟において全力を尽くさなければならない。

第一に，両訴訟で訴訟物（⇒第4章第3節）が同一であれば，重複訴訟の禁止に抵触する。この場合は審判の対象が同一であり，重複訴訟の典型的な場合である。

第二に，二つの訴えで訴訟類型を異にし訴訟物は異なっても，一定の給付請求訴訟（金額の支払請求事件，建物明渡請求事件）が係属中に，その前訴の基礎になっている請求権に対応する義務（当該金銭債務，建物明渡義務）の不存在確認を求める別訴も重複訴訟の禁止に抵触する。後者は，前者を判断する際の不可欠の前提を基礎としており両者は訴訟物は異なるが〈同一事件〉に属する。これを確定するために訴えを提起するのであれば，前訴において反訴の形式でその債務の不存在を確認する必要があるといえる。

---

[28] 川口冨男・最判解説民事昭和48年度66頁，池田辰夫・百選2版92頁，吉野正三郎・百選Ⅱ386頁。

第三に，先に債務不存在確認訴訟が係属していれば，後に別訴として給付訴訟が提起された場合にも，重複訴訟禁止により後の訴訟を不適法とすべきである。この場合にも後の給付訴訟の前提となる請求権自体（その不存在）は既に前訴の審判対象となっており，前訴で確実に審判される。この限りで後の給付訴訟の前提部分が前訴で確定されることになる。給付訴訟は当該確認訴訟で反訴として提起することができるし，訴えの方法はそれに限られるとすべきであろう（結論同旨，兼子・体系176頁，高橋〔文献〕116頁）[29]。

　　これに対して，この場合には後発の給付訴訟は不適法とはならず，かえって前の確認訴訟が訴えの利益を欠くに至るとの見解がある（松本〔文献〕372頁）。この見解は主として訴えの利益の考量を基準にしている。しかし先に訴えた訴訟が後の別訴である給付訴訟によって訴えの利益を欠くに至り結局不適法却下されるというのは武器対等の原則に反するともいえる。両者が異なる裁判所に係属した場合に後の給付訴訟を許容し既に係属中の訴訟が中途で不適法となるのでは独立した訴えとしての消極的確認の訴えの意義を殺ぎ，またそれ自体訴えとしては適法であった訴えに対して被告側の別訴を優位に扱うが，給付訴訟が常に認容されるわけではない。

　3）　主要な争点の共通と重複訴訟　　主要な争点を共通にするということだけでは重複訴訟の禁止には抵触しないというべきである。これに対して，主要な争点を共通にする場合に後訴が重複訴訟の禁止に抵触すると説く見解が近時有力である（新堂216頁）。しかし，単に両訴訟で主要な争点が共通というだけでは基準としては不明確であり，また主要な争点自体も訴え提起に際して当然に自明ではなく，当事者の争い方などによって変わりうる。争点のみの比較では，訴え提起の効果とされる重複起訴の禁止についての基準にはなり得ない。

　重複訴訟の禁止と相殺の抗弁との関係については後に検討する（⇒第6章第5節）。

　4）　手続双方の関係　　既に訴訟が係属中に「更に訴えを提起」することが禁止される。ここで禁止されるのは，別の訴えであるが，既に係属中の訴訟手続内で請求の併合をすること又は反訴の方法で審判の申立てをすることは重複訴訟の禁止には抵触しない。

　(3)　効　　果

　重複訴訟の禁止に抵触する後訴は不適法であり却下される。重複訴訟となる

---

[29]　兼子説は，確認訴訟原型説（前掲注7）参照）に基づく。

か否かの判断は裁判所による職権調査事項の一つであり，消極的な訴訟要件である（⇒第4章第2節）。当事者は合意によって重複した訴訟を行うことはできない（被告の迷惑が制度の第一の目的ではない。もしもそうであれば合意による重複起訴も可能となろう）。重複訴訟の禁止違反を看過した判決に対しては上訴で争うことができる。しかしこれが確定してしまえば，再審事由にはあたらないから，いずれか先に確定した判決の既判力の拘束が他方に及ぶ可能性がある。

(4) 国際的な関連

重複訴訟の禁止は国外で係属する訴訟との関係でも問題になりうる。既に国外で係属している事件について，わが国の裁判所に更に訴えが提起された場合に，民訴法142条が適用されるか否かが問題になる。

この点に関する明確な規律は存在せず様々な見解が主張されている。伝統的には，重複訴訟禁止原則は国内の訴訟間で働く規律であり，国外裁判所に係属する事件とは無関係だとする見解が主張されていた（条解841頁）。しかし，最近では，既判力の抵触などを避けるために重複訴訟の禁止を承認しようとする見解もある。この見解は，外国判決がわが国で承認される可能性あるいはその蓋然性がある場合に重複訴訟の禁止に触れると説く（澤木敬郎「国際的訴訟競合」新実務(7)105頁，116頁）。

しかし，既判力抵触の面のみから問題を見るのは一面的である。重複訴訟の禁止の趣旨が，当該訴訟での集中的な訴訟追行の義務に基づくとすれば，外国での訴訟についてわが国の裁判所がこれを当事者に要求し職権で顧慮すべきかが問題になる。また，訴訟手続の利用という面から見ると，原告が外国で既に係属している事件について更に内国で同一事件の訴えを提起した場合と，被告が外国で自己に対して起こされている訴訟に対抗して訴えを提起した場合とでは異なった評価がなされる可能性がある。外国での応訴を強制し得ないとすれば，専ら原告の都合による前者については重複訴訟に抵触し不適法とし得ても，後者ではそれを強制することはできず重複訴訟禁止は否定される。

2 その他の訴訟上の効果

訴訟係属が発生したことにより，訴訟法上の効果が生じる。訴訟参加（民訴42条，47条，51条）・引受け（民訴50条）が可能となり，訴訟告知（民訴53条）などの訴訟行為が可能になる。また，関連裁判籍（民訴7条）も発生する。

Ⅲ その他の法律上の効果

1 総　説

訴え提起により，訴訟が開始されるとこの訴えが開始されたという事実につ

いて民法その他の法律が一定の法律効果を付与する場合がある。これらの場合に，その効力発生・消滅は，特別の規定があればそれによるのはもちろん，それがなければ，それぞれの制度の趣旨によって判断しなければならない。

なお，原告が訴状中で被告に対する履行請求，法律行為の取消し，契約解除等の意思表示をした場合は，たまたま訴状を利用したにすぎず，これらは訴え提起の効果とは考えられない。

2 時効中断及び期間遵守の効果

民事訴訟法は訴え提起に時効中断及び期間遵守の効果を認めている（民訴147条）。時効中断の発生時期は，裁判所に訴状を提出した時点であり，簡易裁判所における口頭起訴の場合（民訴271条）は口頭による陳述がなされた時である。

Ⅳ 不当な訴えの提起と不法行為

民事訴訟は本来，原告の権利を行使する手続であり，原告・被告の間で行使される権利を巡る主張を双方が十分に尽くしてその間の紛争を解決する場でもある。したがって訴え提起行為自体は本来正当な行為であるといえる。しかし，ともすると権利行使に名を借りた不当な訴え提起行為がなされることも避けがたい。この場合には，そのような訴訟上は一応正当といえる行為が他方では実体法的にみると一つの不法行為を構成し（民709条），損害賠償請求の対象となりうるのではないかが問われる。

†〔判例〕最(3小)判昭和63年1月26日民集42巻1号1頁[30]　前訴で勝訴の確定判決を得たXがその原告Yを相手に，前訴が不当提訴にあたるとして前訴で要した弁護士費用と慰謝料を請求する訴えを提起した。第一審は請求を棄却，X控訴。控訴審は弁護士費用の賠償を命じた。これに対してY上告。最高裁は原判決を破棄して控訴を棄却した。以下の理由による。「法的紛争の当事者が当該紛争の終局的解決を裁判所に求めうることは，法治国家の根幹にかかわる重要な事柄であるから，裁判を受ける権利は最大限尊重されなければならず，不法行為の成否を判断するにあたっては，いやしくも裁判制度の利用を不当に制限する結果とならないよう慎重な配慮が必要とされることは当然のことである。したがって，法的紛争の解決を求めて訴えを提起することは，原則として正当な行為であり，提訴者が敗訴の確定判決を受けたことのみによって，直ちに当該訴えの提起をもって違法ということはできないというべきである。一方，訴えを提起された者にとっては，応訴

---

[30] 瀬戸正義・最判解説民事昭和63年度1頁，水元宏典・百選3版88頁。

を強いられ、そのために、弁護士に訴訟追行を委任しその費用を支払うなど、経済的、精神的負担を余儀なくされるのであるから、応訴者に不当な負担を強いる結果を招くような訴えの提起は、違法とされることのあるのもやむをえないところである。」「以上の観点からすると、民事訴訟を提起した者が敗訴の確定判決を受けた場合において、右訴えの提起が相手方に対する違法な行為といえるのは、〔1〕当該訴訟において提訴者の主張した権利又は法律関係（以下「権利等」という。）が事実的、法律的根拠を欠くものであるうえ、〔2〕提訴者が、そのことを知りながら又は通常人であれば容易にそのことを知りえたといえるのにあえて訴えを提起したなど、〔3〕訴えの提起が裁判制度の趣旨目的に照らして著しく相当性を欠くと認められるときに限られるものと解するのが相当である。けだし、訴えを提起する際に、提訴者において、自己の主張しようとする権利等の事実的、法律的根拠につき、高度の調査、検討が要請されるものと解するならば、裁判制度の自由な利用が著しく阻害される結果となり妥当でないからである。」本件では〔2〕の要件を欠き、Xに対する違法な行為であるとはいえない。

結論的には不法行為を否定したが、訴え提起という訴訟行為が実体法上不法行為と判断されるための要件を示した判決である[31]。訴え提起もまた不法行為となりうることを示した点で重要な判例である。要件は、不法行為一般の要件に対して訴え提起行為が持つ正当な権利行使という性質が反映されて限定的に設定されている。

第4節　訴訟手続の期間・期日と停止

I　総　説

訴訟手続は、原告による訴えの提起から最終審での判決に至るまで様々な当事者及び裁判所の行為の連鎖によって成り立っている。概括的には、訴えが提起されると、その訴状や呼出状を被告に送達し、期日を指定してその準備をし、口頭弁論をはじめとする弁論準備手続等の期日や証拠期日を実施し、手続が終了すると終局判決を言い渡す。この判決は当事者に送達する必要があり、判決が送達されると上訴期間が進行する。このように進行する訴訟手続は様々な期日や期間の定めにより時間的経過に対して明確な定めが置かれている。訴訟手

---

31) 訴訟当事者間で、訴え提起という訴訟上の行為により不法行為という実体法上の効果を発生させる法律関係が認められている。

続は一定の時間的な制約の中で当事者双方が十分にその言い分を尽くすことが期待されておりまた時間的な規律においてはそれが可能なものでなければならない。

II 期日・期間

1 期　　日

期日とは，当事者その他の訴訟関係人が会合して，訴訟に関する行為を行うことを目的として定められた時間及び場所をいう。

民事訴訟手続上，その性質に応じて〈期日〉にはいくつかの種類がある。

†〔例〕〈口頭弁論期日〉,〈準備的口頭弁論期日〉,〈弁論準備手続期日〉〈進行協議期日〉〈和解期日〉〈判決言渡期日〉など。

期日は，裁判長又はその期日を主催する裁判官が申立て又は職権で指定する（民訴93条）。日曜日その他の一般の休日に期日を指定するのはやむを得ない場合に限られる（同条2項）。

期日を変更するには厳格な要件がある。これを容易に許すと手続が遅延するからである。口頭弁論期日及び弁論準備手続期日については「顕著な事由がある場合に限り」その変更を許す。ただし最初の期日については，当事者の都合を聞かずに設定されているので，当事者の合意がある場合にも変更が許される（同条3項）。

弁論準備手続を経た口頭弁論期日の変更は更に厳格であり，「やむを得ない事由がある場合でなければ，許すことができない」（同条4項）。

民事訴訟手続においては口頭弁論期日を開くことが不可欠である（必要的口頭弁論〔民訴87条〕）。口頭弁論は公開の法廷で行われる。この期日が一回ですべてを終了しなければ期日は続行される。このように期日が数度にわたるときは，口頭弁論は一体として取り扱われる（口頭弁論の一体性）。（期日の具体的運営については⇒第8章）。

2 期　　間
(1) 期間の意義と種類

一定の時間的経過が訴訟手続において意味を持つことがある。その場合の時の経過を〈期間〉という。民事訴訟法上様々な種類の期間が定められている。

1) 行為期間と猶予期間　期間には，手続の進行を迅速にするために当事者に一定の行為をその間にさせるための〈行為期間〉と，当事者その他の関係

人に一定の行為をするか否かを考慮させ，行為の機会を保障するための〈猶予期間〉がある。補正期間，担保提供期間，準備書面提出期間，要約書面の提出期間，上訴期間，再審期間などである。これらの期間内にその行為をしないと当事者は，期間の経過によりその行為を行う機会を失うなどの不利益を受ける。

　2）　法定期間と裁定期間　　期間の長さが法律で定められているものを〈法定期間〉といい，それを裁判所が場合に応じて定めるものを〈裁定期間〉という。

　3）　通常期間と不変期間　　法定期間のうち，法律が特に〈不変期間〉としているものがある。これは，裁判所が自由に変更することのできない期間である。不服申立期間等がこれに属する。不変期間には〈追完〉の制度が設けられている（民訴97条）。このような不変期間以外のものは〈通常期間〉といわれる。裁判所は，不変期間以外の期間についてはその伸縮・変更をすることができる（民訴96条）。

(2)　期間の計算と進行

期間の計算については，民法の定めるところによる（民訴95条）。

(3)　期間の懈怠と救済

　1）　期間の懈怠　　当事者その他の関係人が本来定められている期間内に当該訴訟行為をしないことを〈期間の懈怠〉という。これによって通常はその行為を行う機会を失う。しかし，当事者がその責めに期すことができない事由により期間の遵守ができなかった場合には，救済の必要がある。通常期間については，なお手続が係属しておりその手続の中で救済を図れば足りる。これに対して，不変期間の場合には，その懈怠によって手続が終了する等の重大な結果が生じる。またその期間も比較的短期であることが多い。そこで，〈訴訟行為の追完〉の制度が設けられている（民訴97条）。

　2）　訴訟行為の追完　　当事者はその責めに帰すことのできない事由により不変期間を遵守することができなかったときは，その事由が消滅した後1週間以内に限り，その不変期間内にすべきであった訴訟行為をすることができる（外国にある当事者についてはこの期間は2ヵ月）。これを〈訴訟行為の追完〉という（民訴97条1項）。

当事者の責めに帰すことができない事由に該当するものとしては，予期しない天災・地変がある（大地震，台風など）。この他に，通常人の予想を超えた郵便局員の争議行為等もこれに含まれる。また当事者が過失なくして送達の事実

を知らなかった場合もこれに該当する。

　公示送達の不知は当然にはこれに該当しない。公示送達の制度はそもそも被送達者の住所等が不明であり送達ができない場合につき送達を擬制した制度であり，公示送達がなされていなされていることを知らないことなどの被告側の事情を問わないことが前提となっている訴訟制度である。しかし，原告がこのような公示送達の制度を濫用して訴えを提起し，相手方の訴訟関与をできなくしたうえで判決を得た場合は別で，上訴の追完を許すべきである（最(2小)判昭和42年2月24日民集21巻1号209頁[32]）。公示送達を利用した判決詐取に対する救済方法としての機能を持つ（これに対する救済として，再審手続は十分でない。河野正憲・百選3版102頁）。

　訴訟行為の追完は，該当する事由が発生したために行うことができなかった訴訟行為を，追完期間内（その事由が消滅した後1週間以内）に行い，併せてその責めに帰することのできない事由により当該行為をすることができなかったことを主張・立証しなければならない。裁判所はこの行為の適法性について中間判決又は終局判決で明確にする。なお上訴行為の追完の場合には，既に判決が確定していれば，判決の効力の執行停止については再審の場合のそれ（民訴403条1項1号）を類推すべきである。

Ⅲ　訴訟手続の停止

1　意　義

　訴訟手続の係属中に，法律上その訴訟手続を進行しない状態が生じることがある。これを〈訴訟手続の停止〉という。単に事実上手続を進行しない場合とは異なり，手続を進行しないことにつき法律上の原因が存在する場合である。現行法上，手続の停止には訴訟手続の〈中断〉と〈中止〉がある。

2　中　断

　中断は訴訟手続の係属中に，当事者の一方につき訴訟追行をしている者の変更があり当事者が実際上，訴訟手続に関与することができない事態に至った場合に，新たな訴訟追行者が訴訟手続関与することができるようになるまで手続の進行を停止する制度である。訴訟手続の中断は，法定の事由（民訴124条等）が生じたときに当然に発生する（中断事由の詳細は⇒第12章第5節Ⅱ2, 3）。

---

32)　この判例については⇒第13章第5節Ⅴ3。

3 中　止

　裁判所又は当事者に障害があることから手続を進行することが適切でない場合に，法律上当然に又は裁判所の訴訟指揮によって手続を停止することをいう。中止には以下の場合がある。

　①　裁判所が職務を行い得ない場合（民訴130条）　天災その他の事由により裁判所が職務を行い得ない場合である。このような事項が生じた場合，中止は当然に発生する。またその事由が解消すれば，当然に中止も解消する。

　②　当事者の故障による場合（民訴131条）　当事者に不定期間の故障があって訴訟手続を追行できない場合に認められる。この中止は職権又は申立てよって生じ，これを取り消す決定によって解消する。

　†〔例〕　天災により交通が途絶して回復の見込みが立たない場合等。

　③　その他の場合　他の法令で訴訟の進行をすることが不適当とされて，裁判所に手続中止をすることを認める場合がある。

　†〔例〕　事件につき調停が行われている場合（民調規5条，家審規130条），特許審判が進行中の場合（特許168条2項），適格消費者団体による差止訴訟の係属中に，他に差止請求を認容した確定判決がある場合に，その適格団体の認定取消等が問題となる場合（消費契約46条）。

第4章　審判の対象

[本章の概要]

　本章では，民事訴訟で裁判所が審理する対象となるものがどのような事項であるのかを検討する。民事訴訟では，基本的に，原告から申し立てられた裁判要求について，その被告に対する請求が正しいか否かを判断するのが基本である（これを「本案」という）。しかし，その判断の前提として，はたして当該裁判所が，当該事件について審理し判断する権限を有しているのかが問題になる。これは，訴訟要件といわれる。裁判所は訴訟要件についても判断をしなければならない。
　第1節では，まず民事訴訟手続で審判される対象について一般的な考察をする。第2節では，本案判決を行うに際して要件となる〈訴訟要件〉について，それがどのような性質を持ち，それには具体的にどのようなものがあるのか等を中心に検討する。なお訴訟要件を裁判所がどのようにして審理し判断すべきかについては後に終局判決全体を考察する際にそれに関連して改めて検討する。ここでは訴訟要件の意義と内容が中心になる。第3節では，審判の対象として当事者が求めた「請求」について検討する。民事訴訟の審理・判断の対象となるのは，訴訟上原告が被告との関係で裁判所に対して行っている裁判要求事項である訴訟上の「請求」である。これは一般に〈訴訟物〉ともいわれる。訴訟物は，その訴訟手続で審理し判断される対象として原告により特定・識別されなければならない。特にどの範囲で裁判所の判断を求めるのか，その判断が及ぶ外枠を明らかにする基準をどのように考えるかが中心になる。

第1節　総　　論

　訴えが提起され，裁判長による訴状の形式的要件の審査を経てその副本が被告に送達されることによって当該事件が受訴裁判所に係属する法状態が生じる。これにつき第1回口頭弁論期日が定められると，いよいよ受訴裁判所によって事件の審理が開始される。その際，まず問題になるのは裁判所で行われる手続における〈審理の対象〉が何かという問題である。
　原告は，訴えによって被告に対する一定内容の権利主張をし裁判所がこれについて判決による判断を示す（これを「本案判決」という）ように求めている。

しかし裁判所は，この点の判断をするにあたり，その前提としてそもそものようような本案判決をすることが裁判所にとって許されるのか，またそのために必要な前提となるべき要件が欠けていないか検討しなければならない。これらの事項を〈訴訟要件〉という。訴訟要件には性質上様々なものがあるが，それが欠けていれば裁判所は最終的には当事者が求める法的紛争についての実質的な判断を行うことができない。訴訟要件はこのような，裁判所が原告の要求に基づいた本案判決をするために必要な前提要件である。裁判所は，訴訟要件が存在しないことが明らかになった場合には，直ちに訴えを〈却下〉しなければならない（この判断は，本案についての判断をせず，訴訟要件が欠けているという判断であり「訴訟判決」ともいわれる。⇒第10章第3節）。

訴訟要件が欠けていなければ，そのまま本案の法律関係について判断をする。この点について何ら特別の判断をする必要がないのが原則である。

本来裁判所で行われる審理・判断の対象として中心になるのは，本案判断の対象である法律・権利関係である。これは，原告が裁判所に審理・判断を求めた〈訴訟上の請求〉であり，これについて裁判所は審理・判断をしなければならない。この〈訴訟上の請求〉は，裁判所が審理・判断をする際の対象となるべき事項の最小単位であり，講学上「訴訟物」ともいわれる。それがどのような範囲かの特定は，特に処分権主義を基礎にした民事訴訟手続では極めて重要であり，それは原告がその責任で果たさなければならない事項である。民事訴訟では，裁判所は当事者が申し立てない事項について裁判をすることができないから（民訴246条），裁判所はその判断において当事者が設定したこの枠を自由に超えて判断をすることは許されない。しかしその内容や特定の基準などをどのように考えるべきかについては争いがある（⇒第3節）。

第2節　訴訟要件

〔文献〕

柏木邦良「訴訟要件と訴訟内紛争」民訴19号66頁，高橋宏志「訴訟要件」同・重点（下）1頁，竹下守夫「訴訟要件をめぐる二，三の問題」司研65号1頁，宮川聡「訴訟要件の審理」鈴木・古稀145頁

I　訴訟要件の意義と概念

　民事訴訟では，本来裁判所は原告から提起された訴えにより申し立てられた事項につき，当事者の権利又は法律問題に関する争いに対して，その主張の当否を最終的に判決によって判断し紛争を解決することを主たる目的にしている。裁判所がこのような判断を行うには前提があり，原告の求める判断要求が，そもそも国家機関である裁判所の審理・判断，即ち国家の司法権を行使する国家裁判所としての権限行使になじむものでなければならない。そこで，例え原告から裁判要求がなされても，そもそも裁判所にこのような権限がなければ，裁判所としては原告の求める本案に関する問題につき立ち入り判断を下すことはできない。このような前提要件が存在しないことが明確になれば，その訴えは〈不適法〉である。このように裁判所が原告の訴えについて判断するための前提要件を〈訴訟要件〉という。訴訟要件がなければ訴えを〈却下〉する判決を下す（その具体的な審理・判決の方法等については⇒第10章第3節）。

　　「訴訟要件」という用語はその実体を十分に示したものではない。今日一般に承認されている見解によれば，それは〈本案判決の要件〉であるとされる。即ち，それが存在しなければ，裁判所は終局的な本案の判断をしてはならないのであり，訴訟手続自体を開始するのに必要な条件とされているわけではないからである。したがって裁判所は，原則としては訴訟要件の存否にかかわらず，事件について口頭弁論を開いて審理することができるのであり，その過程で訴訟要件の存在が否定されれば訴え却下の判決をすることになるにすぎない。しかし，慣用的にこの「訴訟要件」という用語が使われており，ここでもそれに従う。なお，このような訴訟要件の存在自体は，訴権学説において権利保護請求権説がもたらした重要な寄与である（⇒序章第2節Ⅱ）。

Ⅱ　訴訟要件の種類

1　類　　型

　訴訟要件には様々な種類がある。大別すると，すべての訴訟類型で共通する〈一般的訴訟要件〉と，個別の訴訟類型に特殊な〈個別訴訟要件〉とに分けることができる。また，これらの訴訟要件には，それが存在することが裁判所の審理・判断をするうえで必要な〈積極的訴訟要件〉と，それが存在しないことが裁判所の本案判決のための要件とされる〈消極的訴訟要件〉とがある。

　これらの訴訟要件の存否を判断する権限と方法に関連した分類としては，裁

判所が職権で調査をする必要がある事項を〈職権調査事項〉という。裁判所がその要件が具備されているか否かを独自に審査する〈職権探知事項〉も存在する。これに対して，当事者からの援用をまってはじめて審理・判断することができる訴訟要件がある。これを〈抗弁事項〉という（これに属するものの例として仲裁合意の存在〔仲裁14条1項〕がある）。

2　一般的訴訟要件

すべての訴えに共通の一般的な訴訟要件としては，以下のような事項がある。

①　適式な訴え提起　　適式に訴えが提起されていることが必要である。これを欠いていれば訴えは却下される。また，訴え提起に際して必要な事項が訴状に記載されているかなどの形式的要件が審査され補正が求められるが，これに当事者が応じず又はその修正をすることができない事項である場合は，その後の審理手続を開始するまでもなく，訴状自体が却下される。

②　裁判所に関する訴訟要件　　当該事件の当事者などが外国との関連性を持つ場合はその事件がわが国の国際裁判権に服する必要がある。また，受訴裁判所が当事者や事件について管轄権を有する必要がある。また当該裁判所は土地管轄を持つ必要がある（応訴管轄の可能性に注意）。ただしこれに反しても移送の制度があり訴えが直ちに却下されるわけではない。

③　当事者に関する事項　　当事者は訴訟能力が必要である。訴訟能力は個別的な訴訟行為を行う場合に要件としても問題になりうると共に本案判決要件でもある。適法な代理権の存在もまた訴訟要件である。また当事者には〈当事者適格〉が必要である（⇒Ⅴ）。

3　審判対象と訴訟要件

以上のような訴訟要件の他にも，特に訴訟物として原告が求めた事項との関係で，裁判所に具体的な審判権限が存在するか否かが問題となる事項がある。これらは，具体的に原告から示された訴訟物である事項との関係で，裁判所がその事項について審理・判断することができるのかという，審判対象自体の法的性質による制約と，審判対象とされた事項についての審理判断を当事者とされた者との間で行うことが適切であるのかの問題がある。

①　審判対象に関する事項　　訴えられている審判対象の関係でも，裁判所はその審判権限との関連で重要な制約を受ける可能性がある。訴訟対象について裁判所が審判する権限を持つか否かの問題である（具体的には⇒Ⅲで検討）。

②　訴えの利益の存在　　原告が，その事件の審判対象に関して判決による

解決の利益を持っているかが問題になる。これも詳細には訴えの対象について一般的に訴訟の対象とする利益を持つか（狭義の「訴えの利益」⇒Ⅳで検討）が問題となる。

③　当事者適格　　訴訟物である権利法律関係が審判の対象となり得てもそれを当該原告と被告の間で審理をし判決をすることに個人的利益を有するか（いわゆる「当事者適格」の問題）が問題となる（詳細は⇒Ⅴで検討）。

Ⅲ　裁判所の審判権とその限界

1　概　　観

裁判所は，国家の裁判機関として当事者から判断を求められた事項に対して判決によって回答を与え，原告・被告間の民事紛争を解決しなければならない義務がある。しかし，このような裁判所の裁判活動も，そもそも裁判所が司法機関であり国家機関の一部として裁判を行うことについて，憲法及びわが国の司法制度が前提とする民事司法制度の観念に合致する限りで行いうるにすぎない。これに外れた裁判要求に対しては，裁判所はそれを不適法として却下しなければならない。

2　司法権の観念そのものからの審判権の限界

(1)　意　　義

憲法上司法権は最高裁判所及び法律の定めるところにより下級裁判所に属しており（憲76条1項），これを受けて特に裁判所の活動の基礎的事項を規律する裁判所法3条は，裁判所の権限として，「一切の法律上の争訟を裁判し，その他法律において特に定める権限を有する」と定める。また民事訴訟に関して裁判所がその裁判権を行使するにあたり，司法権の観念自体から，それを行使することに制約がある。これらは，当事者が審判対象とした権利・法律関係の判断がそもそもわが国における〈司法権〉に合致するか否かの問題であり，その検討にはわが国の司法権の観念が明示されなければならない。

(2)　審判対象の性質

裁判所に対して求める裁判要求の性質が司法権によって判断される性質のものでなければ，裁判所はおよそその事件を取り上げて審理・判断することができないが，その性質は当事者が求めた審判対象の性質の如何によって異なる。

1）　具体的争訟性の存在　　今日わが国で一般に承認された見解によれば，裁判所はその裁判権を行使するにあたり，判決を求める審判の対象自体が具体

的な紛争を前提とし，それを解決するために不可欠の判断であることが必要だとされる（いわゆる「事件性」の観念）。事件が具体的紛争を解決するためのものではなく抽象的法律判断を求めるにすぎない場合はそもそも裁判所が行う司法権の観念には属さないとされる。これは，わが国の裁判所が具体的な私人間の法的紛争を解決するために設けられた制度であって，抽象的な法令の審査権を有しないと考えられたことによる（兼子一「違憲提訴における事件性の問題」同・研究Ⅱ 119頁)[1]。もっとも，このような抽象的法律判断がそもそも司法権の観念に該当しないと当然に割り切ることはできない。抽象的な法令の違憲判断を行う裁判所も存在するからである。ただ，わが国の憲法は，最高裁にこのような特別の権限を与えているわけではなく司法権の一部として下級裁判所と共に違憲立法審査権を最終審として有するにすぎない（憲81条）ことからすれば，抽象的法令審査権は否定されるべきである（警察予備隊違憲事件：最（大）判昭和27年10月8日民集6巻9号783頁[2])。

　2) **法律的な判断ができる争いであること**　裁判所の判断の対象として認められる事項は，法律的にその内容を決定することができるものでなければならない。単なる事実に関する争いは民事訴訟の対象にはならないのが原則である。これに対する例外として民事訴訟法は証書真否確認の訴えを設けている（民訴134条）。法律関係の存否について文書は証拠方法として重要な意味を持つが，その法律関係が訴訟上争われる場合に，当該書面の成立の真正がその実質的証拠力の基礎になる。そこで，このような書面について，それを確認訴訟の対象とすることによって，その文書の作成が名義人によってその意思に基づいて作成されたのかを既判力で確定し，以後争い得なくすることが有用である。このような観点から，この確認訴訟を例外的に承認した。既にフランス民事訴訟法が認めていた方法であり，ドイツ帝国民事訴訟法の立法者は確認訴訟を正式に承認する際にその例外としてこの証書真否確認訴訟を立法化した。

---

1) いわゆる〈事件性〉の観念が成立した過程については，笹田栄司・裁判制度（信山社・1997）55頁。
2) これは，昭和26年以降国がなした警察予備隊設置に関する行政行為の取消しを求めて，直接最高裁判所に提起された事件である。この訴えにつき，最高裁大法廷は，「特定の者の具体的な法律関係につき紛争の存する場合においてのみ裁判所にその判断を求めることができるのであり，裁判所がかような具体的事件を離れて抽象的に法律命令等の合憲性を判断する権限を有するとの見解には，憲法上及び法令上何等の根拠も存しない」として不適法却下した。

3 三権分立の観点からの裁判所の審判権の制約

わが国の憲法上，三権が分立しそれぞれの国家機関は一定の自律権を有している。そこで民事訴訟でもこれら司法権以外の国家機関の権限を尊重し，司法権としての裁判所は審判の対象となっている事件が，他の国家機関の行為に直接かかわる問題である場合には，積極的な判断を差し控えるべきかが問題となる。このような司法権として立法権の決定を尊重する観点から，裁判所は抽象的な立法の無効宣言などについてその法的判断を避けており，これらについては民事裁判権の行使を差し控えるべきだとしている（前掲最（大）判昭和27年10月8日）。

4 基本的人権尊重の観点からの制約

形式的には民事訴訟の対象となりうる事項であっても，それについて裁判所が審理し判断をすることが憲法の定める様々な基本的人権との関係で対立的な問題を生じる場合がある。一方で原告側からの具体的な法的問題につき裁判所の判決による解決を求める要求があるが，他方で裁判所の紛争介入が憲法の保障する基本的人権規定に抵触し，司法権の行使が他の基本的人権との抵触問題を生じる場合には一般に，裁判所がその事件についての審理・判断を積極的に行うことを思いとどまるべきであるとの主張がなされる。この問題について積極的な実定法上の規律は存在しない。しかしこれに関するいくつかの分野では既に最高裁判決を中心とした一連の判例法が生成されている。特に宗教問題を含む民事事件で裁判所がどの限度の介入をすることができるかが問われ，多くの最高裁判決により判例法が生成されている。

(1) 団体の自律権との抵触

憲法上団体結社の自由が保障され（憲21条1項），団体は何らかの形で自律権を持つ。社会には様々な団体が社会的活動を行っているがこれらの団体はその存立・運営上他の一般社会から独立した意思決定により団体内部を規律することが必要である。そこで，これらの団体が行った団員に対する規律や処分行為の効力を巡って紛争が生じたとき，裁判所がどの程度介入しうるかが問題となる。最高裁は，これらの団体が行った組織的な判断などについて民事訴訟でその当否を判断することを差し控えなければならない場合があることを承認した。この理由として最高裁はいわゆる「部分社会」の法理を示した（国立大学〔当時〕の学生に対する単位不認定の効果が争われた事件に関し，大学の単位認定権は，それが一般市民法秩序と直接の関係を持つことが主張・立証されない限り，純然た

る大学内の自主的自律的判断に委ねられるとする，最(3小)判昭和52年3月15日民集31巻2号280頁[3])。ただ団体が「部分社会」として自律権を持ちうる場合があるにせよ，それが団体のどのような事項について司法権を排除することを認めるほどの自律権であるのかは必ずしも明確に示されていない。

団体の自律権との関係で裁判所が採りうる方法には，①問題の審理判断自体を拒絶するとして訴えを却下する場合，②自律権自体を承認しその内容を判断せずに団体が下した結論が正しいとして請求を棄却する場合，③団体が行った処分決定の手続部分のみを審理するとして本案判決を下す場合，④手続部分に加えて実体部分については団体に裁量権の逸脱がないかを判断して結論を下す場合，⑤手続・実体の両面について審理判断を行う場合がある（竹下守夫「団体の自律的処分と裁判所の審判権」裁判所書記官研修所編・書研創立40周年記念論文集〔法曹会・1990〕1頁）。

(2) 宗教団体の内紛と裁判所の審査権

宗教団体の内部紛争でも，その判断に国家機関である裁判所が宗教的問題に深く介入し判断せざるを得ない場合にその可否が問題視された。最高裁判所は一連の判例を通じて次第にその処理の方向を明らかにしてきた。裁判所はこの問題の取扱いに際しては，できる限り中立性を保つことが重要であるが，宗教問題は訴訟手続上様々な形態をとる。

†〔**判例**〕 宗教問題をどの限度で審理・判断しうるかに関しては多くの判例がある。幾つかの重要事例を取り上げよう。

① 最(3小)判昭和55年1月11日民集34巻1号1頁（種徳寺事件）[4] Xは，曹洞宗に属する種徳寺の住職であったが，同人の不行跡を理由にY_1（宗教法人曹洞宗）によって住職を罷免された。そこで，XはY_1を相手にXが種徳寺の代表役員であることの確認を求める訴えを提起した。また，Y_2（種徳寺）はXに対して，同人が罷免されたことを理由に現在Xが占有中の物件の引渡しを求める訴えを提起した。第一審ではXの請求却下，Y_2の請求認容。X控訴。Xは控訴審で，XがY_2の住職たる地位の確認を求め，両請求は併合された。Xの新請求は却下，その余は控訴棄却。X上告。最高裁は種徳寺の住職たる地位の確認について，「原審の適法に確定したところによれば，Y_1においては，寺院の住職は，寺院の葬儀，法要

---

3) 第一審は〈特別権力関係〉の理論により訴えを却下した。最高裁は単位認定は原則として司法審査の対象とはならず，専攻科修了認定をしないことは，「実質的にみて，一般市民としての学生の国公立大学の利用を拒否することにほかならない」と述べて司法審査の対象になるとする。園部逸夫・最判解説民事昭和52年度95頁，高橋宏志・百選Ⅰ6頁。

4) 吉井直昭・最判解説民事昭和55年度1頁。

その他の仏事をつかさどり、かつ、教義を宣布するなどの宗教的活動における主宰者たる地位を占めるにとどまるというのであり、また、原判示によれば、Y_2の住職が住職たる地位に基づいて宗教的活動の主宰者たる地位以外に独自に財産的活動をすることのできる権限を有するものであることはXの主張・立証しないところであるというのであって、この認定判断は本件記録に徴し是認し得ないものではない。このような事実関係及び訴訟の経緯に照らせば、Xの新訴は、ひっきょう、単に宗教上の地位についてその存否の確認を求めるにすぎないものであって、具体的な権利又は法律関係の存否について確認を求めるものとはいえないから、かかる訴は確認の訴の対象となるべき適格を欠くものに対する訴として不適法であるというべきである（最高裁判所昭和41年（オ）第805号同44年7月10日第1小法廷判決・民集23巻8号1423頁参照）。もっとも、Xは、Y_1においては、住職たる地位と代表役員たる地位とが不即不離の関係にあり、Y_2の住職たる地位は宗教法人Y_2の代表役員たりうる基本資格となるものであるということをもって、住職の地位が確認の訴の対象となりうるもののように主張するが、両者の間にそのような関係があるからといって右訴が適法となるものではない。」と述べて住職たる地位の確認を求める訴えを却下した判断を是認した。

これと併合審理された、Y_2のXに対する不動産引渡し請求について、Y_1管長のした住職罷免行為を法律的争訟としたことは理由齟齬の違法があるとの上告理由に対して、最高裁は両事件は当事者を異にし、訴訟物をも異にするから理由齟齬の違法を生じる余地がないとし、さらに加えて、「のみならず、Y_2のXに対する右不動産等引渡請求事件は、Y_2の住職たる地位にあったXがその包括団体であるY_1の管長によって右住職たる地位を罷免されたことにより右事件第一審判決別紙物件目録記載の土地、建物及び動産に対する占有権原を喪失したことを理由として、所有権に基づき右各物件の引渡を求めるものであるから、Xが住職たる地位を有するか否かは、右事件におけるY_2の請求の当否を判断するについてその前提問題となるものであるところ、住職たる地位それ自体は宗教上の地位にすぎないからその存否自体の確認を求めることが許されないことは前記のとおりであるが、他に具体的な権利又は法律関係をめぐる紛争があり、その当否を判定する前提問題として特定人につき住職たる地位の存否を判断する必要がある場合には、その判断の内容が宗教上の教義の解釈にわたるものであるような場合は格別、そうでない限り、その地位の存否、すなわち選任ないし罷免の適否について、裁判所が審判権を有するものと解すべきであり、このように解することと住職たる地位の存否それ自体について確認の訴を許さないこととの間にはなんらの矛盾もない」という。

② **最(3小)判昭和56年4月7日民集35巻3号443頁（板まんだら事件）**[5]

---

5) 篠田省二・最判解説民事昭和56年度212頁。

Xらはいずれも宗教法人Yの会員であり，寄付をなしたが，この寄付は錯誤によるものだと主張し，寄付金の返還を求めた。第一審は本件が宗教問題だとして訴えを却下したのに対してX控訴。控訴審は，本件が不当利得返還請求権の存否の判断であり当事者間の具体的な権利義務又は法律関係の存否に関する紛争だとして原判決を取り消し，第一審に差し戻した。最高裁は以下のように述べて，原判決破棄，控訴を棄却した。

　「裁判所がその固有の権限に基づいて審判することのできる対象は，裁判所法3条にいう『法律上の争訟』，すなわち当事者間の具体的な権利義務ないし法律関係の存否に関する紛争であって，かつ，それが法令の適用により終局的に解決することができるものに限られる（最高裁昭和39年(行ツ)第61号同41年2月8日第3小法廷判決・民集20巻2号196頁参照）。したがって，具体的な権利義務ないし法律関係に関する紛争であっても，法令の適用により解決するのに適しないものは裁判所の審判の対象となりえない，というべきである。

　これを本件についてみるのに，錯誤による贈与の無効を原因とする本件不当利得返還請求訴訟においてXらが主張する錯誤の内容は，(1)　Yは，戒壇の本尊を安置するための正本堂建立の建設費用に充てると称して本件寄付金を募金したのであるが，Yが正本堂に安置した本尊のいわゆる『板まんだら』は，日蓮正宗において『日蓮が弘安2年10月12日に建立した本尊』と定められた本尊ではないことが本件寄付の後に判明した，(2)　Yは，募金時には，正本堂完成時が広宣流布の時にあたり正本堂は事の戒壇になると称していたが，正本堂が完成すると，正本堂はまだ三大秘法抄，一期弘法抄の戒壇の完結ではなく広宣流布はまだ達成されていないと言明した，というのである。要素の錯誤があったか否かについての判断に際しては，右(1)の点については信仰の対象についての宗教上の価値に関する判断が，また，右(2)の点についても『戒壇の完結』，『広宣流布の達成』等宗教上の教義に関する判断が，それぞれ必要であり，いずれもことがらの性質上，法令を適用することによっては解決することのできない問題である。本件訴訟は，具体的な権利義務ないし法律関係に関する紛争の形式をとっており，その結果信仰の対象の価値又は宗教上の教義に関する判断は請求の当否を決するについての前提問題であるにとどまるものとされてはいるが，本件訴訟の帰すうを左右する必要不可欠のものと認められ，また，記録にあらわれた本件訴訟の経過に徴すると，本件訴訟の争点及び当事者の主張立証も右の判断に関するものがその核心となっていると認められることからすれば，結局本件訴訟は，その実質において法令の適用による終局的な解決の不可能なものであって，裁判所法3条にいう法律上の争訟にあたらないものといわなければならない。」[6]

---

[6] これには寺田治郎裁判官の意見がある。本件宗教問題は前提問題にすぎず，宗教上の論争その

③ 最(2小)判平成元年9月8日民集43巻8号889頁（蓮華寺事件）[7]　X（蓮華寺）は，Yに対して本件建物の明渡しを求める訴えを提起したが，その理由として包括宗教法人日蓮正宗（以下「日蓮正宗」という）がYを僧籍剥奪処分たる擯斥処分（以下「本件擯斥処分」という）に付したことに伴いYが蓮華寺の住職たる地位を失いひいてはXの代表役員及び責任役員たる地位を失い，本件建物の占有権原を失ったという。Yは，これが無効な処分であると主張し本件請求を争っている。第一審はXの請求を認容。Y控訴。控訴審は原判決取消し，本件訴えを却下。最高裁は上告棄却。「宗教団体における宗教上の教義，信仰に関する事項については，憲法上国の干渉からの自由が保障されているのであるから，これらの事項については，裁判所は，その自由に介入すべきではなく，一切の審判権を有しないとともに，これらの事項にかかわる紛議については厳に中立を保つべきであることは，憲法20条のほか，宗教法人法1条2項，85条の規定の趣旨に鑑み明らかなところである（最高裁昭和52年(オ)第177号同55年4月10日第1小法廷判決・裁判集民事129号439頁，前記昭和56年4月7日第3小法廷判決〔前掲**判例②**〕参照）。かかる見地からすると，特定人についての宗教法人の代表役員等の地位の存否を審理判断する前提として，その者の宗教団体上の地位の存否を審理判断しなければならない場合において，その地位の選任，剥奪に関する手続上の準則で宗教上の教義，信仰に関する事項に何らかかわりを有しないものに従ってその選任，剥奪がなされたかどうかのみを審理判断すれば足りるときには，裁判所は右の地位の存否の審理判断をすることができるが，右の手続上の準則に従って選任，剥奪がなされたかどうかにとどまらず，宗教上の教義，信仰に関する事項をも審理判断しなければならないときには，裁判所は，かかる事項について一切の審判権を有しない以上，右の地位の存否の審理判断をすることができないものといわなければならない（前記昭和55年4月10日第1小法廷判決参照）。したがってまた，当事者間の具体的な権利義務ないし法律関係に関する訴訟であっても，宗教団体内部においてされた懲戒処分の効力が請求の当否を決する前提問題となっており，その効力の有無が当事者間の紛争の本質的争点をなすとともに，それが宗教上の教義，信仰の内容に深くかかわっているため，右教義，信仰の内容に立ち入ることなくしてその効力の有無を判断することができず，しかも，その判断が訴訟の帰趨を左右する必要不可欠のものである場合には，右訴訟は，その実質において法令の適用による終局的解決に適しないものとして，裁判所法3条にいう『法律上の争訟』に当たらないとい

ものを訴訟の目的にするのではないから，審判の対象としうるとし，前提問題である錯誤の判断をなし得ないことになるから，請求を棄却すべきだという。ただ，第一審判決にはXのみが控訴し，Yが控訴していないから，不利益変更禁止の法理により多数意見と同じ結論になるという。

7) 魚住庸夫・最判解説民事平成元年度286頁，谷口安平・百選Ⅰ4頁。

うべきである（前記昭和56年4月7日第3小法廷判決参照）。」

　この他にも，④　**最(3小)判平成5年9月7日民集47巻7号4667頁（日蓮正宗管長事件）**[8]では代表役員が管長たる地位を有さないことの確認を求めたが，その判断には法主であるか否か，更には日蓮正宗の秘儀である血脈相承に対する判断が必要不可欠だとして一審，控訴審ともに訴えを却下した。上告棄却。

　一連の判決で最高裁は，①訴訟物自体が法的問題ではなく，宗教上の地位の確認である場合には裁判所の審判権が及ばないこと，②訴訟物の性質自体は法律問題であっても，その請求を基礎づける事実が深く宗教問題にかかわる場合には，裁判所はそもそもこのような争点について審理し判断をすることができず，訴えは却下されなければならないという。

　このように，訴え自体の形式・内容において裁判所が裁判権を行使するのに何ら問題がないように見えても，訴訟の過程で明らかになった〈争点〉が極めて微妙な宗教問題を包含する場合には裁判所の判断権限が及ばず，その点の実質的判断が否定される場合があり得る。これには，請求自体については通常の訴訟の場合と同様に一定の法的請求であり判断をするのに何ら問題はないが，その請求自体を基礎づける事由（原告側の請求の基礎）が裁判所の判断を排除する性格をもつ場合，及び被告側から提出された抗弁事由が裁判所の判断に馴染みにくい事項である場合があり得る。この場合に，当該争点が司法権としての制約から裁判所の審判権が及ばない事項となるにしても，それを手続上どのように処理すべきかは更に検討の余地がある。

　一つには，この場合には当該争点についてのみ裁判所の判断権限が及ばないとして当該事項について主張・立証がない場合と同視することによって本案判決をするという方法である。この立場では，原告側の請求の基礎にあたる事項について裁判所の判断権が及ばないということになれば，結局訴えは原告側の証明すべき事実に証明がないこととなり原告の請求は棄却されることになる（〔**判例②**〕の寺田裁判官の意見）。また被告側主張の抗弁事由が裁判所の判断権の及ばない事由である場合には，結局当該抗弁事項について主張・立証がなかったものと同視して，原告の請求が認容されることになる（中野貞一郎「憲法と民事訴訟」同・論点 I 1頁, 12頁）。

---

8) 滝沢孝臣・最判解説民事平成5年度728頁。なお，本件には，大野正男裁判官の反対意見があり，「血脈相承」は直接に判断できないが，間接事実の主張・立証による判断は可能だとして破棄差戻しをすべきだという。

しかし，この取扱いとは異なり，たとえ請求自体は一応裁判所の判断に適した法的紛争の形態をとっても，その判断に対する実質的争点が裁判所の判断を排除すべき事項である場合には，結局訴え自体が不適法となるという取扱いがある。判例（〔**判例②**〕の多数意見）はこの立場を採用した。その争点が原告側の主張・立証事項であれこの争点は必ず審理・判断しなければならず，訴え却下は免れない。これに対して被告側の主張・立証すべき抗弁事項である場合については〔**判例①**〕において明示されていない。しかし，より実質的に見てその争点がその訴訟にとって重要な必争点であり審理・判断上必須のものである場合には，翻ってそのような争点を持った訴えではたとえその争点が被告から主張された事項であっても，訴え自体の適法性が問題となりうると考えて，訴え自体を却下するとの取扱いにまで及ぶとも見ることができる。

もっともこのような方向に対して，却下では紛争解決にならないから請求自体が宗教問題でなく，また手続上の瑕疵がない限り，団体の自律的判断を前提にしそれが行った判断を尊重して実体判断をすべきだとの見解も学説では有力である（新堂 242 頁，高橋・重点(上)306 頁，松本＝上野 78 頁）。

IV 訴えの利益

〔文献〕

上北武男「訴えの利益にかんする一考察」民訴 21 号 113 頁，高橋宏志「訴えの利益」同・重点(上)309 頁，三ケ月章「権利保護の資格と利益」同・研究Ⅰ1 頁，山木戸克己①「法律行為の効力確認訴訟の適法性」同・論集 101 頁，同②「訴えの利益の法的構造」同・論集 114 頁

1 意 義

原告が本案につき裁判所の審理・判断を求めることができるためには，原告が，要求している判決が認められた場合にそれによって法的に正当な利益を得ることができることが必要である。これを，狭義の〈訴えの利益〉という。訴えの利益は，本案判決によって当事者間の紛争解決が実効的になされることを確保するための要件である。このような，紛争の実効的解決が何故必要かという点については理解に違いがみられる。原告は，自らの費用で訴えを提起するのだから，何らかの利益を感じていることは疑いない。しかしそのような原告の利益も彼の主観的な事情だけでは足りず，国家制度である裁判制度を利用する以上，第三者との関係でも是認しうる客観的なものでなければならない。こ

のような必要性がなければ訴えは〈不適法却下〉されるところに〈訴えの利益〉の意義がある。

　　訴えの利益の概念は，19世紀にドイツ民事訴訟法の制定に際して確認訴訟が承認される過程で一般的な承認を得てきた。本来確認行為は，論理的にはあらゆる事項について考えることができる。しかし裁判所の手続で求める確認には自ずと限定があるはずであり，1877年ドイツ民訴法立法者は，確認訴訟について「法律関係又は証書の真否が裁判によって即時に確定されることにつき原告が法律上の利益を有するときは，法律関係の存否の確認，文書の承認又はその不真正の確認を求めて訴えが提起されうる」と定めた（ド民訴231条，現行256条1項）。このような確認の利益の観念はその後，その他の訴えの類型にも承認することができるとされ，一般的な〈訴えの利益〉概念が成立した。

2　訴えの利益の構造

　訴えには一定の利益が必要であるが，その利益がどのような利益なのかが明らかにされなければならない。この点に関して，一般には裁判制度を設営する国家の利益を強調する見解がある（三ケ月〔文献〕37頁）。これに対して，このように国家的利益のみを強調すると，本来憲法が裁判所に期待した役割が不当に回避されかねないと批判し，むしろ訴えの利益の判断には，①原告の実体法的地位についての裁判所による保護の利益，②被告側の無益な訴えに煩わされない利益，③紛争解決に役立たない訴えについては本案審理に立ち入らないことで負担軽減ができる裁判所の利益等，様々な利益を考量することが不可避だと説く見解がある（新堂246頁）。しかしこのような考量においてもなお，その基本となるのが原告の利益にあることを強調する見解がある（山木戸〔文献②〕128頁，130頁以下）。訴えが本来原告の裁判要求であり，その利益を問うことが訴えの利益である以上，その出発点は基本的にはやはり原告の利益を中心にすべきであり，その訴えによって求める客観的利益が是認されうるか否かの判断が中心となるべきだろう。

3　各訴え特有の訴えの利益

(1)　給付訴訟

1)　現在の給付の訴え　　給付の訴えは，原告が被告に対して主張する具体的な給付請求権を基礎にして訴えが提起されていることから，このような請求権の存在自体から一般には訴えの利益があるとされる。しかし，詳細に見るとなお訴えの利益が問題にされる場合があり，原告の請求権の性質が訴訟で請求

することに適しているか否かの問題にかかわる。基本的に，原告が主張する請求権が訴えによって強制できる性質のものである場合に，訴えの利益が認められるといえる。

　請求権の性質が相手方に強制できるものであれば，その行使について具体的な紛争が発生しているか否かは問題とならない。原告が既に訴え提起の前に履行を催告したか否かは訴えの利益の有無の判断には無関係である。これに対して，請求権の性質が訴えによる強制に適さない場合は，訴えの利益がない。

　　†〔例〕 自然債務については訴えの利益がない。不起訴の合意が訴訟手続で主張・立証された場合は訴えの利益がないと見るのではなく，当該合意の効果として当事者が訴えを提起しないという訴訟法上の不作為義務を負担したことにより直接訴え提起行為を無効とする効果が訴訟上で発生すると見るべきだろう（⇒第6章第4節Ⅱ3(2)）。

　原告の主張する請求権が強制執行によって実現することができないという事情は直接原告の訴えの利益を否定するものではない。判決の執行力は，給付判決に対してそれによって命じられた請求権の実効性を確保するために，強制執行可能性の観点から付与された効果ではあるが，その実現には強制執行が唯一のものではないからである。

　　†〔例〕 当事者間で，ある債権について強制執行をしない旨の合意を結んでも（不執行の合意），この請求権につき給付訴訟を提起することは妨げられない。

　さらに，原告が被告に対して既に何らかの債務名義を有する場合にも，給付判決の必要性が承認されなければならない場合がある。

　　†〔例〕 原告が既に執行証書を所持していても，請求権を確定的なものにするために被告に給付を命じる判決を取得する利益がある。

　既に，給付判決を得ている場合は訴えの利益がない場合が普通だが，例外的にそれを紛失した場合等特に必要な場合には，再度訴えを提起する利益が認められる。

　2) 将来の給付の訴え　　将来の給付の訴えは，特に事前に訴訟手続で判決を得ておく必要性がある場合に限り認められる（民訴135条）。現在か将来かの判断の基準となる時点は口頭弁論終結時であり[9]，その時に履行期が到来しない請求は，特に予め請求することが正当化できる必要性を訴訟手続で示すこと

---

[9] 将来の給付請求は，最終口頭弁論期日で決まるから，それに該当するか現在の給付の訴えになるかは訴え提起時には必ずしも明白ではない。

が原告に求められる。

予め請求をなすことが許される必要性に関しては，二つの類型がある。

① 請求権に確定期限がついており，その履行が少しでも遅れるとその債務の本旨に従った履行にはならない場合。

　† 〔例〕 定期金債務など。

定められた履行期において債務不履行があった場合に，直ちに債権者に重大な損害が発生するおそれがある債権についても，事前に将来の給付請求を認めなければならない。

　† 〔例〕 扶養請求権を請求する場合など。扶養請求権の履行が遅滞するとこれに依存して生活している者は直ちに生活に窮することになる。このような事態が発生した後でなければ給付請求訴訟を許容しないのでは十分な救済になり得ない。

これらの場合には，債務者が予めその履行を確約していても，訴えを許容することの障害にはならない。

② 債務者の態度が予め判決を得ることを正当化する場合　債務者の態度から，予め給付請求訴訟で判決を得ておく必要性が認められる場合がある。

　† 〔例〕 債務者が，債務の存在を争いあるいはその他履行を拒絶する態度を示しており，将来履行期が到来しても到底その履行を期待することができない状態が既に存在する場合。

なお，現在の給付の訴えと併せて，それが将来履行不能になった場合あるいは執行不能が生じた場合に備えて，これに代わる代償請求を訴求する場合がある（代償請求）。この代償請求権は将来の給付の訴えとなる。このような代償請求の必要性は承認されるべきである。

(2)　確認の訴え

1)　原則　確認の訴えは，論理的にはあらゆる事項がその対象になりうる。しかしそれをすべて訴訟の対象として許容したのでは，国家が設営する民事訴訟の対象としては不必要に多くの事項を取り込みすぎ，司法機関としての役割を果たし得ない。そこで，確認訴訟の対象となりうる事項を原則として法律・権利関係に限定し，さらに権利保護についてその利益が存在する場合に限って訴えを許容している。

確認訴訟の対象とすることができる事項は，通常は訴訟当事者間の権利・法律関係の存在又は不存在の確認である。しかし第三者との関係も確認の利益が認められる限り確認訴訟の対象となる。

†〔例〕 建物転借人は賃貸人と賃借人との間に賃借権が存在することの確認を求めることができる。この権利関係自体は他人間の関係だが，自らの賃借関係の基礎をなしているからである。

　確認訴訟の対象となりうるのは原則として現在の権利関係に限られる。本来，私人間の法律・権利関係は当事者の権利処分行為やその他時の経過等様々な事由に基づいて変動する。したがって，当事者間に何らかの法律・権利関係についての争いが生じても，それが過去の権利・法律関係に関する争いである場合，たとえそれについて裁判所が法的判断を下しても，過去の法律関係にすぎず現在の法律関係でなければ，直接現在の権利・法律関係に関する解決にはなり得ず，有効適切な解決手段とはなり得ない。そこで，確認訴訟の対象となりうる適格を持つ権利・法律関係は，現在即時に確定する利益を有する権利・法律関係に限定され（「即時確定の利益」という），一般には過去の権利・法律関係の確定を求めることは即時確定の利益を欠き確認訴訟の対象とはなり得ない，と説かれてきた。

　しかし，このような基準は絶対的なものではなく，過去の事実関係や法律関係の確認であっても，それが現在の紛争を解決するのに必要不可欠であれば確認訴訟が許容される場合がある。法律上明認された例外取扱いの他，解釈上拡張取扱いがなされる事例が存在する。

　2）証書真否確認の訴え（民訴134条）　過去の事実の確認について法が特に明文規定で確認の訴えの利益を認めその許容性を肯定した例である。この訴えは，書面が作成者とされる者の意思によって作成されたか否かの事実を確定することを目的とする。判決によって保護されるべき原告の地位が専らその文書の真否にかかっている場合には，その文書がそれを作成した者の意思によって作成されたか否かの事実を確認することを許容し，判決で直接確認することが紛争解決に資するからである[10]。文書の作成の真否に限定される。

　　†〔例〕 契約の成立につき争いがあり，その契約締結に際して取り交わされたとされる文書がその名義人によって作成されたか否かが問題になる場合にその権限者による署名の有無が訴訟対象になりうる。

　この訴えの対象となる書面の内容につき，それが客観的事実に合致している

---

10) この訴訟類型はフランス法で承認されたものを，ドイツ民事訴訟法が確認訴訟を一般的に認める際に承認した。この訴えは，実体法上重要な契約締結に際して書面を要求する法制度を採用する場合に特に重要な機能をもつ。

か否か,即ちその文書の客観的証拠力を確定する訴えは事実関係そのものの確定を求める訴えであるから,訴訟の対象にはならず,却下される(最(1小)判昭和27年11月20日民集6巻10号1004頁)[11]。

3) 過去の事実又は法律関係の確認　現在の権利関係又は法律関係を個別的に確定することが必ずしも現在する紛争を抜本的に解決することにならず,むしろ過去の基本的法律関係又はその要件となった法的に重要な事実関係を確定することが抜本的解決のために有効・適切である場合にはこれらの確認を求める訴えもその利益が認められる。

① 過去の事実関係・法律関係の確認　過去の事実関係であってもそれから派生する様々な個別的な法律関係の発生原因となりその事実の確認をすることが派生する現在の権利・法律関係を統一的に確定する必要がある場合には,その法律効果である各権利・法律関係を個別に訴訟対象とするのではなく,その発生原因である法的に重要な〈過去の事実〉について,法律は明文で確認の訴えを承認している。

†〔例〕新株発行等の不存在の確認の訴え(会829条),株主総会決議無効又は不存在確認の訴え(会830条),婚姻無効確認の訴え(人訴2条1号,民742条),養子縁組無効確認の訴え(人訴2条3号,民802条)等。

このような関係は明文規定の場合に限られない。法律上定められた事例と同様の事情があれば,明文規定が存在しない場合であっても解釈上確認の訴えを許容すべきである。過去の法律関係を巡る訴えの許容性が問題となった例としては,いわゆる〈国籍訴訟〉がある。

†〔判例〕国籍訴訟:米国で生まれて日米二重国籍を有した者が日本国籍を離脱した後日本に居住することを余儀なくされることにより日本国籍回復を受けざるを得なくなったために米国国籍を失ったとして,日本国籍の離脱と回復が無効であることの確認を求めた訴訟である。最高裁は当初この訴えが「〔原告等〕の有する日本の国籍が出生によるものであって国籍の回復によるものでない」ことの確認を求める訴えであり過去の事実の確認の訴えであるから不適法だとした(最(3小)判昭和24年12月20日民集3巻12号507頁)。しかしこの訴えはその後も続発し,最高裁は大法廷を開き,この訴えを許容した[12]。

---

[11] 訴訟代理権の有無の確認はそれが問題になる当該訴訟で行うべきであり,証書真否確認訴訟も同様であり,訴訟代理権の存否確認の訴えがその利益を欠く場合,訴訟代理権の確定に資すべき書面の真否確定を求める別訴も確認の利益を欠く(最(2小)判昭和30年5月20日民集9巻6号718頁)。

最(大)判昭和 32 年 7 月 20 日民集 11 巻 7 号 1314 頁（国籍訴訟）[13] Xは大正9年日本国籍を持つAを父として，アメリカ合衆国カリフォルニア州で出生し，日米両国の国籍を有するいわゆる日系二世である。ところが，Aは，昭和11年7月に内務大臣に対してA名義でXの日本国籍離脱の届出をし，さらに戸主Bがその旨の戸籍の届出をした。その後Xは日本に居住することになったので昭和17年7月に内務大臣に日本国籍回復の申請をし，同年9月に許可を得て10月に国籍回復の届出をし戸籍簿に記載された。第2次大戦終結後の昭和24年XはY（国）を相手に，「Xが出生による日本の国籍を現に引続き有することを確認する」ことを求める訴えを提起した。Xはその理由として，本件国籍離脱の届出は，Xが知らない間に，しかも当時16歳であったX本人ではなく父A名義でなされたものであり無効であり，したがって国籍回復処分も無効である。このことによりXの米国国籍の有無が決定されるから即時確定の利益がある，という。第一審請求棄却。控訴審原判決取消，請求認容。Y上告。上告棄却。「Xの国籍離脱の届出がX主張の如く，Xの意思にもとづかず，かつ，Aの名義をもって為された事実は原判決の確定するところであるから，前記Xの国籍離脱の届出は無効であり，かつ，その後，右国籍離脱を前提として為された前記国籍回復に関する内務大臣の許可もまた無効であるといわなければならない。

しかるに，Xの戸籍簿には，現に，右国籍の離脱ならびに回復に関する記載のなされていることは，原判決の確定するところであり，かかる戸籍の訂正をするには戸籍法116条によって，確定判決を必要とすることはあきらかであるから，Xは，少くともこの点において，本訴確認の判決を求める法律上の利益を有するものというべきである。

ただYは戸籍法116条によって国籍回復の戸籍の訂正をするがためには，判決の主文において国籍回復の許可の無効なることを宣言する確定判決を要する旨主張するけれども，同条は確定判決の効力として戸籍の訂正を認めるものではなく，訂正事項を明確ならしめる証拠方法として，確定判決を要するものとする趣旨であるから，判決の主文と理由とを綜合して訂正事項が明確にされている以上，必ずしも，主文に訂正事項そのものが表現されていることを必要としないと解すべきである。」[14]

その後，このような訴えは様々な分野に及び，最高裁は柔軟に確認の利益を

---

12) 国籍訴訟の背景については，鈴木忠一「国籍訴訟」曹時6巻3号217頁。なお，吉村徳重・百選 I 122頁。
13) 田中真次・最判解説民事昭和32年度168頁，吉村・前掲注12）。
14) 本件には，島保裁判官，河村又介裁判官の意見及び真野毅裁判官の意見がある。

許容する方向に転じた。このような判例としては，遺言無効確認の訴え（〔**判例①**〕，なお特異な例として〔**判例②**〕），親子の一方死亡後の親子関係確認の訴え（〔**判例③**〕），新株発行不存在確認の訴え（最(3小)判平成9年1月28日民集51巻1号40頁）などがある15)。この新株発行不存在確認の訴えは，その後会社法改正により明文で承認された（会829条）。

†〔**判例**〕（a）**法律行為の効力確認の訴えの適法性**： ① **最(3小)判昭和47年2月15日民集26巻1号30頁（遺言無効確認の訴え）**16) Xら及びYらはいずれも亡Aの相続人である。Aは自筆証書遺言をなし，その後死亡した。その遺言書は家庭裁判所の検認を得た。XらはYらを相手に，本件遺言が全財産を共同相続人の一人にのみ与えようとするもので憲法24条に反すること，その一人が誰であるかを確定できず権利関係が不明確であり無効だとして遺言無効確認の訴えを提起した（別に遺産分割審判事件が係属中である）。第一審裁判所は，遺言は過去の法律行為でありその無効確認の訴えは確認の利益を欠くとして訴え却下。控訴審は控訴棄却。Xら上告。最高裁は原判決を破棄し事件を第一審へ差し戻した。「いわゆる遺言無効確認の訴は，遺言が無効であることを確認するとの請求の趣旨のもとに提起されるから，形式上過去の法律行為の確認を求めることとなるが，請求の趣旨がかかる形式をとっていても，遺言が有効であるとすれば，それから生ずべき現在の特定の法律関係が存在しないことの確認を求めるものと解される場合で，原告がかかる確認を求めるにつき法律上の利益を有するときは，適法として許容されうるものと解するのが相当である。けだし，右の如き場合には，請求の趣旨を，あえて遺言から生ずべき現在の個別的法律関係に還元して表現するまでもなく，いかなる権利関係につき審理判断するかについて明確さを欠くことはなく，また，判決において，端的に，当事者間の紛争の直接的な対象である基本的法律行為たる遺言の無効の当否を判示することによって，確認訴訟のもつ紛争解決機能が果たされることが明らかだからである。」

---

15) 新株発行不存在確認の訴えの必要性につき最高裁は，「商法は，このように新株発行無効の訴えを創設しているが，新株発行不存在確認の訴えについては何ら規定するところがない。しかしながら，新株発行が無効であるにとどまらず，新株発行の実体が存在しないというべき場合であっても，新株発行の登記がされているなど何らかの外観があるために，新株発行の不存在を主張する者が訴訟によってその旨の確認を得る必要のある事態が生じ得ることは否定することができない。このような新株発行の不存在は，新株発行に関する瑕疵として無効原因以上のものであるともいうことができるから，新株発行の不存在についても，新株発行に無効原因がある場合と同様に，対世効のある判決をもってこれを確定する必要がある。したがって，商法の明文の規定を欠いてはいるが，新株発行無効の訴えに準じて新株発行不存在確認の訴えを肯定する余地があ」るとする。

16) 柴田保幸・最判解説民事昭和47年度300頁，井上治典・百選2版110頁，紺谷浩司・百選I 124頁，松村和徳・百選3版62頁。

② **最(2小)判平成11年6月11日判時1685号36頁（遺言者生存中の遺言無効確認の訴え）**[17]　Y_1は，所有する土地の一部を甥のY_2に遺贈する旨の公正証書遺言をした。これに対して，Y_1の唯一の推定相続人であるXはY_1及びY_2を被告として，本件遺言がY_1の意思能力を欠いた状態で，かつ方式に反してなされたものだとして本件遺言が無効であることの確認を求める訴えを提起した。Y_1は生存中であるが，本件訴え前にアルツハイマー型老人性認知症により心神喪失の常況にあった。第一審は訴えを却下。控訴審は，遺言無効確認の訴えは遺言者が生存中は原則として不適法だが，本件のように遺言者がこれを取り消し，変更する可能性がないことが明白な場合は，遺言者の死亡を待つまでもなく適法だと判断し，第一審判決を取り消し差戻しをした。Y_1及びY_2が上告。最高裁は原判決を破棄し，Xの控訴を棄却した。「本件において，Xが遺言者であるY_1の生存中に本件遺言が無効であることを確認する旨の判決を求める趣旨は，Y_2が遺言者であるY_1の死亡により遺贈を受けることとなる地位にないことの確認を求めることによって，推定相続人であるXの相続する財産が減少する可能性をあらかじめ除去しようとするにあるものと認められる」。「ところで，遺言は遺言者の死亡により初めてその効力が生ずるものであり（民法985条1項），遺言者はいつでも既にした遺言を取り消すことができ（同法1022条），遺言者の死亡以前に受遺者が死亡したときには遺贈の効力は生じない（同法994条1項）のであるから，遺言者の生存中は遺贈を定めた遺言によって何らの法律関係も発生しないのであって，受遺者とされた者は，何らかの権利を取得するものではなく，単に将来遺言が効力を生じたときは遺贈の目的物である権利を取得することができる事実上の期待を有する地位にあるにすぎない（最高裁昭和30年(オ)第95号同31年10月4日第1小法廷判決・民集10巻10号1229頁参照）。したがって，このような受遺者とされる者の地位は，確認の訴えの対象となる権利又は法律関係には該当しないというべきである。遺言者が心神喪失の常況にあって，回復する見込みがなく，遺言者による当該遺言の取消し又は変更の可能性が事実上ない状態にあるとしても，受遺者とされた者の地位の右のような性質が変わるものではない。」

(b) **過去の法律関係の確認**：　③ **最(大)判昭和45年7月15日民集24巻7号861頁（死者との親子関係存否確認の訴えの適法性）**[18]　X女はY（検察官）を被告として亡A（昭和19年戦死）がXの子であることの確認を求める訴えを提起した。Xの主張によれば，亡Aは，亡B男と亡C女との間の庶子としてBの戸籍に入籍されその後BCが婚姻したことによりその嫡出子とされた。しかし実はXとD男の間に生まれた子だというのである。第一審は過去の法律関係に関する訴

---

17)　徳田和幸・百選3版68頁。
18)　野田宏・最判解説民事昭和45年度643頁，山本克己・百選Ⅰ132頁。

えであるとの理由で却下，第二審控訴棄却。X上告。最高裁は原判決を破棄し，第一審判決を取り消し第一審への差戻し。「親子関係は，父母の両者または子のいずれか一方が死亡した後でも，生存する一方にとって，身分関係の基本となる法律関係であり，それによって生じた法律効果につき現在法律上の紛争が存在し，その解決のために右の法律関係につき確認を求める必要がある場合があることはいうまでもなく，戸籍の記載が真実と異なる場合には戸籍法116条により確定判決に基づき右記載を訂正して真実の身分関係を明らかにする利益が認められるのである。人事訴訟手続法で，婚姻もしくは養子縁組の無効または子の認知の訴につき，当事者の一方が死亡した後でも，生存する一方に対し，死亡した当事者との間の右各身分関係に関する訴を提起し，これを追行することを認め，この場合における訴の相手方は検察官とすべきことを定めている（人事訴訟手続法2条3項，24条，26条，27条，32条等〔現行人訴12条3項〕）のは，右の趣旨を前提としたものと解すべきである。したがって，父母の両者または子のいずれか一方が死亡した後でも，右人事訴訟手続法の各規定を類推し，生存する一方において死亡した一方との間の親子関係の存否確認の訴を提起し，これを追行することができ，この場合における相手方は検察官とすべきものと解するのが相当である。この点について，当裁判所がさきに示した見解（昭和28年(オ)第1397号，同34年5月12日第3小法廷判決，民集13巻5号576頁）は変更されるべきものである。」

② 効果的・抜本的方法の有意　訴えを提起するに際しては，より効果的・抜本的な方法を選択すべきであり，自己の権利について積極的に確認ができる場合にはそれによるべきであって，相手方の権利の消極的確認を求めるべきではない（兼子・体系157頁，三ケ月・全集66頁，新堂264頁，伊藤152頁）。しかしこれも一応の基準であり，相手方の権利の不存在の確認がより抜本的であれば訴えの利益が認められる（最(1小)判昭和39年11月26日民集18巻9号1992頁）[19]。

(3) 形成の訴え

形成の訴えは，確定判決により権利・法律関係を変動させることを求める訴えであり，基本的には必要性に即して法律上で個別的に規定を置いて確定判決によるその変動を定めている。それゆえ，一般的にはこのような個別規定を置くに際して既に訴えの利益に関する考慮が併せてなされている。

しかし，一般的に形成の訴えが認められるにしても，訴訟手続係属中に発生

---

[19] 併存する商標権を巡る争いで，相手方の商標権が存在しない旨の確認の利益を認めた。

した事情によりもはや確定判決を得ても対象とされて権利・法律関係の変動が無意味になる場合がある。この場合は，訴訟の中途で訴えの利益が消滅する。

†〔判例〕　① **最(大)判昭和28年12月23日民集7巻13号1561頁**[20]　Xは，昭和27年5月1日メーデーのために皇居外苑の使用を求めてその使用許可を求めたところ，Y（厚生大臣）は使用不許可の処分をした（昭和26年11月10日）。そこでXはその不許可取消訴訟を提起した。第一審は昭和27年4月28日に不許可処分の取消しを認める判決をした。Yが控訴をしたがその訴訟係属中に予定していた5月1日が経過した。控訴審は，5月1日の経過を理由に第一審判決を取り消し請求を棄却した。X上告。上告理由でXは，行政権の違法行使に対する救済是正の必要は5月1日の経過によって消失しないとした。上告棄却。最高裁は，「狭義の形成訴訟の場合においても，形成権発生後の事情の変動により具体的に保護の利益なきに至ることあるべきは多言を要しないところである。（例えば離婚の訴提起後協議離婚の成立した場合の如きである。）また，Yは同年5月1日における皇居外苑の使用を許可しなかっただけで，Xに対して将来に亘り使用を禁じたものでないことも明白である。されば，Xの本訴請求は，同日の経過により判決を求める法律上の利益を喪失したものといわなければならない」という。

② **最(1小)判昭和45年4月2日民集24巻4号223頁**[21]　役員選任の株主総会の決議取消の訴えが第一審で認容されたが，控訴審に係属中に当該決議で選任された役員が任期満了となり，新たな役員が選任された場合には，特別の事情がない限り訴えの利益は消滅する。

③ **最(3小)判昭和58年6月7日民集37巻5号517頁**[22]　Y会社は，昭和45年11月開催の第42回定時株主総会で一部の株主を入場させず修正動議も受け付けずにわずか4分間の間に行われた決算書類等の承認を行ったとして株主Xらはこの株主総会決議の取消しを求める訴えを提起した。第一審はXの請求を認容し，当該株主総会の決議取消しを命ずる判決をした。Y控訴。控訴棄却。Yは，決算書類承認の総会決議に対して取消しの訴えが提起されてもその決議により資産の社外流出がない場合には後の総会決議で決算議案が承認されこれに対する決議取消しの訴えがなければ，最初の決議を取り消してみても現在是正するものは何もなく，訴えの利益を欠くに至るなどの理由により上告。最高裁は上告棄却。「株主総会決議取消しの訴えのような形成の訴えは，法律に規定のある場合に限って許される訴えであるから，法律の規定する要件を充たす場合には訴えの利益の存するのが通

---

[20]　本間義信・百選Ⅰ 144頁，町村泰貴・百選3版76頁。
[21]　後藤静思・最判解説民事昭和45年度721頁，鈴木正裕・続百選83頁，本間靖規・百選2版118頁，林田学・百選Ⅰ 142頁，伊藤眞＝杉山悦子・百選3版74頁。
[22]　塩崎勤・最判解説民事昭和58年度209頁。

常であるけれども，その後の事情の変化により右利益を喪失するに至る場合のあることは否定しえないところである。しかして，XらのYに対する本訴請求は，昭和45年11月28日に開催されたYの第42回定時株主総会における『昭和45年4月1日より同年9月30日に至る第42期営業報告書，貸借対照表，損益計算書，利益金処分案を原案どおり承認する』旨の本件決議について，その手続に瑕疵があることを理由として取消を求めるものであるところ，その勝訴の判決が確定すれば，右決議は初めに遡って無効となる結果，営業報告書等の計算書類については総会における承認を欠くことになり，また，右決議に基づく利益処分もその効力を有しないことになって，法律上再決議が必要となるものというべきであるから，その後に右議案につき再決議がされたなどの特別の事情がない限り，右決議取消を求める訴えの利益が失われることはないものと解するのが相当である。

そこで，叙上の見地に立って，本件につきかかる特別の事情が存するか否かについて検討する。この点に関し，論旨は，本件決議が取り消されたとしても，右決議ののち第43期ないし第54期の各定時株主総会において各期の決算案は承認されて確定しており，右決議取消の効果は，右第43期ないし第54期の決算承認決議の効力に影響を及ぼすものではないから，もはや本件決議取消の訴えはその利益を欠くに至ったというのであるが，株主総会における計算書類等の承認決議がその手続に法令違反等があるとして取消されたときは，たとえ計算書類等の内容に違法，不当がない場合であっても，右決議は既往に遡って無効となり，右計算書類等は未確定となるから，それを前提とする次期以降の計算書類等の記載内容も不確定なものになると解さざるをえず，したがって，Y会社としては，あらためて取消された期の計算書類等の承認決議を行わなければならないことになるから，所論のような事情をもって右特別の事情があるということはできない」という。

④　最(1小)判平成4年10月29日民集46巻7号2580頁[23]　Y会社が昭和62年3月に開催した株主総会で退任取締役及び退任監査役に退職慰労金を贈呈する旨の決議（第1の決議）がなされた。Xが第1の決議の取消しを求める訴えを提起し，第一審はこの決議を取り消す旨の判決を言い渡した。Y控訴。Y会社が昭和63年3月に開催した株主総会で同一の議案が可決され（第2の議決）この第2の議決には取消訴訟等の提起がなく確定した。第2の決議は，第1の決議の取消しが万一確定した場合，さかのぼって効力を有するものとされていた。原審は，第一審判決取消し，訴え却下。X上告。上告棄却。最高裁は，「そうすると，本件においては，仮に第1の決議に取消事由があるとしてこれを取消したとしても，その判決の確定により，第2の決議が第1の決議に代わってその効力を生ずることになるのであるから，第1の決議の取消しを求める実益はなく，記録を検討しても，他に

---

[23]　大内俊身・最判解説民事平成4年度437頁。

本件訴えにつき訴えの利益を肯定すべき特別の事情があるものとは認められない」
という。

V　当事者適格

〔文献〕

伊藤眞「任意的訴訟担当概念をめぐる解釈と立法」鈴木・古稀 89 頁，河野正憲①「当事者適格の拡大」別冊判タ 13 号 104 頁，同②「当事者」理論と実務(上) 147 頁，高橋宏志「当事者適格」同・重点(上) 210 頁，福永有利「当事者適格理論の再構成」山木戸・還暦(上) 34 頁，中野貞一郎「当事者適格の決まり方」同・論点Ⅰ 93 頁

1　意　義

裁判所が原告の請求の当否について本案判決をするには，その前提として当該訴訟物である権利関係について判断することに関して原告及び被告が当事者として正当な利益を有していることが必要である。今日，民事訴訟では一般に形式的当事者概念のもとで，当事者の概念自体は実体的権利関係や実質的紛争関係を考慮することなく定められている。しかし，実際の訴訟で原告・被告とされている者が，訴訟物となっている権利・法律関係に何らの利益も持たないとすれば，たとえ裁判所が判決をしたとしても現実に紛争を解決することにはならず，その訴訟手続自体が無益となってしまうおそれがある。そこで，形式的に当事者とされている者について，更に審判対象につき正当な利益を有しているか否かを審査し，これが欠けていれば本案に対する判断をせず，訴えを却下することにしている。これが，〈当事者適格〉の問題である。

　　かつて，普通法時代には当事者適格の概念の独自性は意識されていなかった。訴権が個別的に与えられたから，訴権はそれが与えられた者の訴訟上の権限と密接に結びついていたことによる。これに対して，形式的当事者概念は破産管財人などを当事者として取り扱うために提唱されたので，いったん当事者概念のレベルでは係争権利関係から遮断しながら，更に実質的観点に立って当事者の地位が訴訟追行に十分かを再度明らかにし，検討する必要がある。その基本的要件は，その後ドイツでヘルヴィッヒ（Hellwig）によって，財産的訴訟に関しては〈財産管理権〉という観点から統一的説明が試みられた。しかし，この理由づけにも異論はあり，その後もヘンケル（Henckel）は例えば財産関係訴訟では，処分権と法的利益の双方から根拠づけようとした。わが国の通説は，この問題を訴えの利益の一局面と理解しつつ，なお訴訟担当に関しては管理処分権を基準としていた（兼子・体系 159 頁）。これに対して，このような二元的説明が不明確だと批判し〈訴訟の結果に係る利

益）で一元的に見る見解が注目されている（福永〔文献〕）。

当事者適格は，原告側及び被告側で必要である（それぞれ「原告適格」，「被告適格」という）。訴訟物について裁判所の判断を得るについて正当な利益を有する者のみが終局判決を求めて訴訟を追行することができるから，当事者適格は〈訴訟追行権〉ともいわれる。

2 民事訴訟の当事者適格一般

通常の民事訴訟手続では一般に，当該訴訟の審判対象となっている権利・法律関係について，その権利主体となっていると主張する者（原告適格）あるいはその者から実体権の相手方とされている者（被告適格）あるいは管理処分権限を持つ者が〈正当な当事者〉として当事者適格を持つ。民事訴訟手続では，当事者間で当該訴訟の審理対象となっている権利・法律関係につき終局的な確定を図るが，機能的にはその訴訟手続を追行することにより最終的に下される判決の内容によって結局当該権利の実体的〈処分〉と同等の事態を招来する。それゆえ，その権利者及びその相手方と手続で主張されている者こそが最も利害を有する主体として訴訟手続にも関与すべきだと考えられる。

一般の給付訴訟では，審判対象とされる権利・法律関係の主体が当事者としての適格を有する。したがって給付請求権が自らに存在すると主張する者が原告としての適格を持ち，その者により給付請求権の相手方とされる者が被告としての適格を有する。

確認訴訟では，一般に訴訟の対象となっている権利・法律関係について原告・被告の間で判決をすることにより何らかの紛争解決の実効性が認められるかが重要であり，この考慮・検討によって当事者適格の判断も併せて行われる。

形成訴訟では，一般に判決によって権利・法律関係が形成されなければならない事例が法定されており，その法的規律に際して誰がその訴訟を追行すべきか（原告適格）が明示されていることが多い。

†〔**例**〕　**人事訴訟**：婚姻取消の訴えは，各当事者，その親族又は検察官が原告適格を持つ（民744条1項）。重婚規定に反した婚姻及び再婚期間に反した婚姻については当事者の配偶者又は前配偶者も原告適格を持つ（同条2項）。離婚訴訟は夫婦の一方が原告適格を持つ（民770条）。嫡出否認の訴えは夫が原告適格を持つ（民774条）。認知の訴えの原告適格は子，その直系卑属又はこれらの法定代理人が持つ（民787条）。

　　会社関係訴訟：会社の組織に関する訴えの原告適格は，各訴訟の類型に応じて明

文で示されている（会828条2項）。

被告については，明文規定が置かれている場合があるが（例えば，人訴12条），必ずしも明確でない場合が少なくない。その場合には形成訴訟の趣旨に応じて，また形成される権利関係についてその当事者の手続関与の権限を考慮して解釈で正当な被告を明確にしなければならない。

　　　法人の内部紛争では，誰を当事者とすべきかについて見解が対立していた。このうち，取締役解任の訴えについては，会社を被告とすべしとする見解，会社を解任される取締役を被告とすべしとする見解が対立していた。しかしこの訴えで問題とされ，その判決で直接変更される権利・法律関係が会社と取締役との間の関係である以上，その法主体である会社と当該取締役の両者を必要的共同当事者（固有必要的当事者）であると解すべきであるとされていた（最（2小）判平成10年3月27日民集52巻2号661頁）。このことによって初めて当事者の手続権が十分に保障されるからである。会社法はこのような問題を解決するために被告適格についても明文規定を設けた（会834条）。

なお，当事者適格と区別すべき概念として，〈事件適格〉ないし〈本案適格 (Sachlegitimation)〉と呼ばれるものがある。これは，訴訟の対象となっている権利自体の実体的帰属を示す概念であり，審理の結果判明する。当事者適格が，原告の主張する権利関係で判断するのとは区別される。

3　第三者の訴訟担当
(1)　意義と種類

当事者適格は，審判対象である権利関係の主体だと主張する者が原告，その相手方と主張される者が被告となるのが一般である。しかし，例外的にこれらの実体権の主体とは別の第三者が，原告又は被告として訴訟に関与する場合がある。これを〈第三者の訴訟担当〉という。この場合の第三者は代理人とは異なって，自ら〈当事者〉として訴訟を追行し，判決を受ける点に特徴がある。この場合に，訴訟担当者が受けた判決の効力は，「当事者が他人のために原告又は被告となった場合」，その「他人」にも及ぶのが原則である（民訴115条1項2号）。ただし，これに該当するようにみえてもそのすべての場合に当然に判決効が拡張されるのかについては個別的な検討が必要である（⇒第10章第5節Ⅳ4 (3)）。

第三者の訴訟担当は，それが発生する根拠との関連で，法律上の根拠に基づくものを〈法定訴訟担当〉という。このうちその者が有する職務上の地位に付

随して法律が訴訟当事者とする場合がある。これを，〈職務上の当事者〉という。さらに当事者の自由意思で訴訟追行権限を第三者に付与する場合がある。これを〈任意的訴訟担当〉という。

(2) 法定訴訟担当

1) 趣　旨　〈法定訴訟担当〉は，第三者が訴訟担当者として訴訟に関与する場合であるが，その権限の根拠が法的に明示されている場合である。

法律の規定により定められた者が本来の利益帰属主体に代わって第三者として訴訟当事者となるが，法がこれらの者を訴訟担当とする実質的根拠については次の違いがある。大別すると，

① 自己の権利を保全しあるいは実現するために法律が第三者に訴訟担当を許容する場合がある。

†〔例〕 債権者代位訴訟の場合の債権者（民423条），債権質権者（民366条1項），株式会社の責任追及訴訟を行う株主（会847条1項），取立訴訟の差押債権者（民執157条1項）など。

② 一定の財産の管理人として訴訟当事者となる場合がある。この場合に，当事者であることが法律上明示されている場合もあるが，法律上は代理人とされているにかかわらず解釈上当事者としての地位が認められる場合がある。

†〔例〕 破産管財人（破80条)[24]，遺言執行者（民1012条），相続財産管理人（民952条)[25] 等。

ただ財産管理権の存在は必ずしも明確ではない。例えば遺言執行者については事情によりその管理処分権限が一様でなくその位置づけに議論がある。遺言執行者について法律文言上は代理人としているが，判例（最(2小)判昭和43年5月31日民集22巻5号1137頁[26]）及び通説は職務上の当事者としている。

　　しかし常にそういえるわけではなく，遺贈がなされ遺言の執行として受遺者に遺贈による登記等がなされている場合には，相続人がこの登記の抹消を求める訴えの被告は遺言執行者ではなく受遺者とすべきである（最(2小)判昭和51年7月19日民集30巻7号706頁[27]）。また相続をさせる旨の遺言がある場合，この遺言により特

---

[24] 破産手続終結後，破産者の財産に関する訴訟について破産管財人が当事者適格を有するかにつき，最(2小)判平成5年6月25日民集47巻6号4557頁は原則として，被告適格を否定した。

[25] これらはいずれも，代理制度から転化したものである。破産管財人について，河野正憲「企業倒産と責任財産の管理・処分」河野正憲＝中島弘雅編・倒産法大系（弘文堂・2001）29頁，31頁以下参照。

[26] 吉井直昭・最判解説民事昭和43年度405頁。

[27] 田尾桃二・最判解説民事昭和51年度278頁，坂原正夫・百選2版54頁，松下淳一・百選I

定財産が直接相続人によって相続されることになるから，遺言執行者の管理を介する余地がなくなる。したがってこの相続の対象となった不動産の賃借権確認の訴えの被告適格は，特段の事情がない限り遺言執行者ではなく相続人である（最(2小)判平成10年2月27日民集52巻1号299頁[28]）。これに対して，相続開始後相続目的不動産につき被相続人から他の相続人に遺言内容に反して所有権移転登記が行われている場合には，遺言執行者の職務権限が顕在化することから遺言執行者が真正な登記名義の回復を現任とする所有権移転登記請求訴訟の当事者適格は遺言執行者だとするのが判例である（最(1小)判平成11年12月16日民集53巻9号1989頁[29]）。賛成すべきだろう。

2) 職務上の当事者　権利関係の主体が自ら訴訟追行権を行使することが困難な場合に，その権利主体又はその相手方が訴訟手続で権利を追求し，また法的関係を明確にすることができるように，一定の法的地位にある者に訴訟当事者となる資格を与えている場合がある。この場合には法律上何らかの職務にある者がその職務上訴訟当事者になる。

†〔例〕　人事訴訟事件における検察官（原告として，民744条，被告として人訴12条3項），成年後見人，及び後見監督人（人訴14条）がこれにあたる。海難救助料請求訴訟における船長（商811条2項）についてはこれにあたるとする見解が多い（兼子・体系160頁，新堂282頁）。

(3)　任意的訴訟担当

1)　趣　旨　本来の権利主体が，第三者に対して訴訟追行権を〈授権〉する場合をいう。授権された第三者は，これによって他人の権利・法律関係に関する訴訟についての正当な当事者としての地位を取得する。実定法上，任意的訴訟担当を許容する例として，選定当事者の制度がある（⇒3)）。このほかにも手形の取立委任裏書（手18条）も一般には任意的訴訟担当とされているが（兼子・体系161頁），自己の行為での取立ての可能性については異説がある（中野〔文献〕112頁）。

これらの他に，実定法上，明文で任意的訴訟担当を許容する規定がない場合に，なおこれが許容されうるかが問題になる。

任意的訴訟担当では，授権によって第三者が訴訟を追行するが，債権取立

92頁，菱田雄郷・百選3版36頁。
(28)　野山宏・最判解説民事平成10年度212頁。
(29)　河邉義典・最判解説民事平成11年度988頁。

を専門とする者の訴訟追行の横行や弁護士代理の原則の回避などその弊害を避けるためにはこれを無条件に許容することはできず，その許容性の範囲が検討されなければならない。

　2)　**任意的訴訟担当の許容性**　実定法上明示されていない任意的訴訟担当がどのような要件のもとに許容されるのかに関しては見解が一致しない。ただ，これを全く認めないという見解は存在しない。しかし，原則としてこれを認めず，ただ正当な業務上の必要がある場合にのみ許容するとの見解が支配的であった。これは，弁護士代理の原則（民訴54条1項）及び訴訟信託の禁止（信託10条）の潜脱の危険を危惧したからであった（正当業務行為説，兼子・体系161頁）。

　これに対して，この見解は厳格にすぎるとしてその緩和を説く見解もある。

　†〔**判例**〕　従来判例は，無尽講の講元には当該講の債権に関する訴訟の当事者適格を認めていた（大判昭和11年1月14日民集15巻1頁）。しかし，民法上の組合について組合員の一人を清算人に選定してその者の名によって裁判外・裁判上の行為を行う授権は訴訟担当であり許されないとしていた（最(2小)判昭和37年7月13日民集16巻8号1516頁）。その後最高裁は大法廷を開いてこの判例を変更した。

　最(大)判昭和45年11月11日民集24巻12号1854頁30)　A建設共同企業体はY県知事の発注した水害復旧建設工事の請負等を協同で営むことを目的として，Xほか4名の構成員によって組織された民法上の組合であり，その規約上代表者であるXは建設工事の施工に関して企業体を代表して発注者及び監督官庁等第三者と折衝する権限並びに自己の名義をもって請負代金の請求，受領及び企業体に属する財産を管理する権限を有するものと定められていた。本件では，YがA建設共同企業体との間で締結した請負契約を解除したことによってAが被った被害の賠償をXが原告となって訴求した。第一審は請求棄却。控訴審は，本件は任意的訴訟担当であるが，訴訟追行権は訴訟上の権能であり，民訴法47条（現行法30条）のような法的規制によらない任意の訴訟信託は許されないとして，第一審判決取消し，却下。最高裁は，破棄差戻し。「任意的訴訟信託は，民訴法が訴訟代理人を原則として弁護士に限り，また，信託法11条〔現行法10条〕が訴訟行為を為さしめることを主たる目的とする信託を禁止している趣旨に照らし，一般に無制限にこれを許容することはできないが，当該訴訟信託がこのような制限を回避，潜脱するおそれがなく，かつ，これを認める合理的必要がある場合には許容するに妨げないと解すべきである。そして，民法上の組合において，組合規約に基づいて，業務

---

30)　宇野栄一郎・最判解説民事昭和45年度813頁，中野貞一郎・続百選36頁，上原敏夫・百選2版60頁，松原弘信・百選Ⅰ100頁，名津井吉裕・百選3版40頁。

執行組合員に自己の名で組合財産を管理し，組合財産に関する訴訟を追行する権限が授与されている場合には，単に訴訟追行権のみが授与されたものではなく，実体上の管理権，対外的業務執行権とともに訴訟追行権が授与されているのであるから，業務執行組合員に対する組合員のこのような任意的訴訟信託は，弁護士代理の原則を回避し，または信託法11条〔現行法10条〕の制限を潜脱するものとはいえず，特段の事情のないかぎり，合理的必要を欠くものとはいえないのであって，民訴法47条〔現行法30条〕による選定手続によらなくても，これを許容して妨げないと解すべきである。したがって，当裁判所の判例（昭和34年(オ)第577号・同37年7月13日言渡第2小法廷判決・民集16巻8号1516頁）は，右と見解を異にする限度においてこれを変更すべきものである。」

〔判例〕は本件で従来の判例を変更し，懸念される弁護士代理の原則及び訴訟信託の危険がなければ，そしてその合理的な必要性があれば，一般的に任意的訴訟担当を許容することを明らかにした。もっともこのような方向に対しては反対の見解も有力に主張されている（中野〔文献〕120頁）。

　3）　選定当事者　　現行法上，任意的訴訟担当が明文で許容されている例として選定当事者の制度がある。選定当事者の制度は，共同の利益を有する多数の者が共同訴訟人として訴訟を追行すべき場合に，その中の一人又は数人を当事者として訴訟を追行させるものであり，訴訟手続の簡素化・迅速化を目的としている。この制度は，大正民訴改正の際に新たに設けられた規定であり，イギリスにおける代表訴訟（representative action）を参考にしたといわれる（注釈民訴(1)444頁〔徳田和幸〕）。当初は，複雑化した訴訟運営を強いられた入会事件などが念頭にあった。

　①　選定の要件　　選定当事者の制度は，共同の利益を有する多数の者で，法人でない団体として当事者能力が認められない場合に，その中から原告又は被告となるべき者を選定して（被選定人），訴訟手続を当事者として追行させることができるとするものである。選定行為は，訴訟提起前及び訴訟係属中にもなすことができる。

　まず第一に，訴えを提起する前に，共同の利益を有する者はその中の一人又は数人を原告又は被告として選定することができる。この場合には，選定をした者は当事者とはならないが，判決の効力はこの者にも拡張される（民訴115条1項2号）。

　第二に，既に訴訟が係属中でも，それぞれ原告又は被告の中で一人又は数人を当事者として選定することができる。この場合には，選定を行った（従来の）

当事者は当該訴訟手続から当然に脱退する（民訴30条2項）。この場合にも，選定者は被選定者が行った訴訟手続の結果について判決の効力を受ける（民訴115条1項2号）。同じく，既に訴訟が係属している場合に，いまだ当該訴訟手続の当事者ではない者であって原告又は被告と共同の利益を有する者は，既に係属中の訴訟の原告又は被告を自己のためにも原告又は被告になるべき者として選定することができる。この場合には，例えば金銭請求事件などの場合には，請求額の拡張をすることが必要になる。そこで原告は「口頭弁論の終結に至るまで，その選定者に係る請求の追加をすることができる」（民訴144条1項）とされている。被告となるべき者の選定があった場合も，原告は口頭弁論の終結に至るまで，その選定者に係る請求の追加ができる（同条2項）。

これらの，訴訟前あるいは訴訟係属中に原告又は被告となるべき者を選定した者は，いつでもその選定を取り消し又は変更をすることができる。

② 選定当事者の地位　選定当事者は選定者のために一切の訴訟行為を行うことができる。選定当事者が複数いる場合には，これらの者は必要的共同訴訟人となる。これらの者は，通常の訴訟追行行為はもちろん，訴え取下げ，請求の放棄・認諾，訴訟上の和解などの行為をもすることができる。

選定者の地位は，選定の取消し又は選定当事者の死亡によって消滅する。

4　拡散利益の訴訟上の主張

民事訴訟は，私人が自らに関係する様々な具体的な法的紛争を解決するために設けられた手続であり，そこでは個々人の持つ権利や法的主張がその個人の費用によって訴訟手続で行使されるのが原則である。このような制度の下では訴訟制度の利用はかなりの費用と労力を必要とする。しかし，今日の社会では一方で巨大な企業や団体による経済活動による様々な法的問題が発生すると共に，これらはまた非常に広範囲な影響力を及ぼしている。特に今日の社会では商品の大量生産による画一的条件による商品販売とこれを購買する多数の消費者が存在する構造をなしている。このような社会ではしばしば，商品の個々の額は僅少であるがその購買者が多数に上る。このような商品販売で購買者に損害が発生した場合あるいはそのおそれがある場合に，このような損害の賠償やその危険を差し止めるために民事訴訟手続を利用することができないかが問われる。このように社会に拡散した利益を民事訴訟手続で行使することは，通常の手続ではかなり困難である。そこでこれを民事訴訟手続で実現するためには特別の工夫が必要になる。

環境侵害等に対してその是正を求める訴えについては，従来の訴訟手続上の理論では十分に対応することができないことから，訴え提起前の紛争過程で相手方と交

渉を行い，原因となっている事由を除去するために継続的に重要な役割を果たしてきた団体や個人に当事者適格を与えるべきだとする主張がある。このような権限は〈紛争管理権〉ともいわれる（伊藤〔文献〕163頁）。紛争に関与したことにより，直接の被害者とは別の第三者が訴訟追行権限を取得するとして，財産訴訟における「管理権」概念に基づいて理論的な基礎づけを行おうとするものである。これに対して，最高裁はこのような授権について，「そもそも法律上の規定ないし当事者からの授権なくして右第三者が訴訟追行権を取得するとする根拠に乏し」い，としてこの見解を採用しない旨を表明した（最(2小)判昭和60年12月20日判時1181号77頁）。

多数の関係人が存在する訴訟について，アメリカ合衆国ではクラス・アクション（class action）[31]の制度が設けられている。これは主として多数当事者による訴訟がその訴訟追行上困難を生じる場合に認められる共同訴訟の形態であり，被害者の一部が当事者として参加していることが求められる。またドイツなどのヨーロッパ諸国では，一定の違法な行為を差し止めることを目的にして，一定の団体に〈不作為訴権〉を付与している。これを団体訴訟（Verbandsklage）[32]と呼んでいる（これらの包括的な研究として，上原敏夫・団体訴訟・クラスアクションの研究〔商事法務研究会・2001〕）。ヨーロッパではクラス・アクションのような集団型の訴訟の承認・導入も論じられている。わが国でも消費者契約法でこの制度が導入された。

VI 訴訟要件の審理

1 訴訟要件審理

訴訟要件は，今日では本案判断の要件とされている。今日の訴訟手続では，訴訟要件の審理のために特別の手続は存在せず，訴訟要件は本案の審理と並行して行われる。その結果，訴訟要件の不存在が明らかになれば，訴えは不適法

---

31) クラス・アクションは，多数の当事者がいてこれらが共同の当事者として訴訟をすることが極めて困難な場合に，その一部が全員を代表して訴訟をするための制度である。アメリカ合衆国連邦民事訴訟規則23条が定め，各州でも類似制度が設けられている。原告は，事前の明示的な授権なしに，一定のクラス（集団）に属する者の持つ訴権を一括して訴訟上行使することができる。クラス・アクションには4つの要件がある。①集団があまりに大きく全員の共同訴訟が実際的でない，②集団に法的又は事実に関する共通の問題がある，③代表者の請求又は防御がその集団にとって典型的なものであること，④代表当事者が公正かつ適切に集団の利益を防御していることである。

32) 団体訴訟の制度は，不正競争防止法及び普通取引款法に基づき違法行為の差止めを一定の団体に許容する制度である。従来，個々の権利者の権利を団体が訴訟担当により行使すると考えられてきたが，最近では，これら団体固有の訴権だと理解する見解が有力になっている。

として却下される（詳細は⇒第10章第3節）。

2 職権調査

訴訟要件の審査は原則として職権調査事項である。これは当事者からの申立てがなくても，裁判所は職権でその事項を取り上げて判断しなければならないことを意味する。訴訟要件の多くはこれに属するが，その中には資料の収集について職権で探知しなければならない事項もある（国際裁判管轄，裁判権など）。これに対して任意管轄，訴えの利益などの審査は当事者の提出した資料による。また仲裁判断の存在について審理判断するためには被告の申立てが必要である（仲裁14条1項）（訴訟要件の審査の詳細については⇒第10章第3節）。

第3節　本案判決の対象

〔文献〕

加藤雅信①「実体法学からみた訴訟物論争」新堂編・特別講義121頁，同②「請求権の競合と統一的請求権論」法教294号36頁，兼子一「給付訴訟における請求原因」同・研究Ⅲ79頁，小山昇・訴訟物論集〔増補版〕（有斐閣・1972），河野正憲「訴訟物論」法教208号5～8頁，酒井一「訴訟物における相対性」中野・古稀(上)165頁，新堂幸司①「『訴訟物』の再構成」同・訴訟物(上)1頁，同②「訴訟物論争は終わったか」同・訴訟物(下)305頁，髙橋宏志「訴訟物」同・重点(上)24頁，中野貞一郎「訴訟物概念の統一性と相対性」同・論点Ⅰ20頁，三ケ月章①「請求権の競合」同・研究Ⅰ77頁，同②「法条競合論の訴訟法的評価」同・研究Ⅰ129頁，同③「占有訴訟の現代的意義」同・研究Ⅲ1頁，同④「訴訟物理論における連続と不連続」同・研究Ⅲ67頁，同⑤「新訴訟物理論について」同・研究Ⅲ201頁，同⑥「訴訟物再考」同・研究Ⅶ19頁，三木浩一「訴訟物概念の機能」争点3版134頁，山本克己「訴訟物論争の回顧と現状」争点3版130頁

Ⅰ　総　説

民事訴訟手続は，原告が裁判所に対して一定内容の裁判を求める〈訴え〉提起の行為によって開始される。この〈訴え〉により原告が裁判所に対して求める裁判内容は，被告に対して原告が行っている法的主張が正当であり，したがって，その内容に応じた裁判をするように求める裁判の〈要求〉である。民事訴訟法上は，この原告の要求に「請求」という用語を用いている（民訴133条2項2号，136条，144条，145条，146条など）。しかし，ここで用いられている

「請求」という用語は、実体法上の「請求権」と紛らわしい[33]。そこで、これと区別するために訴訟法学上はこれを〈訴訟物〉あるいは〈訴訟上の請求〉と呼ぶのが一般である[34]。

〈訴訟物〉は、裁判所に対して原告が求める〈裁判要求の最小単位〉を意味する。民事訴訟手続では、原告は一定の法的紛争に関してこれを裁判所の判決によって法的に解決してもらうために裁判の要求をするが、裁判所にとって原告がどのような法的問題につき、どの限度で、どのような形態の裁判を求めているのかが明確でなければ裁判をすることができない。本来、処分権主義のもとでは、裁判所は当事者が求める以上の裁判をすることは禁止されているから（民訴246条）、当事者が求める裁判要求がどの限度であるのかは裁判所が判決をする場合の判断権限の限界を画する基準でもあり、裁判の前提となる重要な事項であるから予めそれが明確でなければならない（⇒第10章第5節Ⅱ）。また、それを変更するのであれば原告はその変更を明示的に求め、新たな要求をしなければならない。こうして、民事訴訟ではまず原告がどのような事項についてどのような判決を、どの限度で求めているのか、その要求内容を自ら明らかにする必要がある。この〈裁判要求の最小単位〉が〈訴訟物〉である。この意味で訴訟物は訴訟の過程でも、裁判所による判断の限界を画する機能を持ち、また当事者にとってはこの訴訟物を指針として訴訟上の主張や立証を行うことになるために攻撃・防御の指針となる機能を果たし、極めて重要な役割を担っている。

伝統的に、〈訴訟物〉は審判対象の最小限の範囲であることから、一連の訴訟手続上で、重複訴訟の禁止が及ぶ範囲（民訴142条）、訴えの変更（民訴143条）となるか否か、訴えの併合（民訴136条）であるか単なる攻撃・防御方法の付加にすぎないか、既判力の範囲（民訴114条1項）に含まれて再度の提訴が阻まれるのかあるいはそのような拘束力が働かないか等という四つの重要な手続

---

[33] 〈請求権〉とは、他者に対して作為又は不作為を要求する権利をいう。ドイツ民法はその内容を実定法でこれが時効に服することを明記している（ド民194条）。〈請求権〉は、所有権などの実質的な権利とは異なり、〈形成権〉と同じく、これらの実質的な権利を実現するために構成された手段的権利であるといわれ、あるいは前者を一時的権利というのに対して後者を二次的権利ということがある。なお、ヴィントシャイト（Windscheid）以降の請求権概念については、奥田昌道・請求権概念の生成と展開（創文社・1979）、同・債権総論〔増補版〕（悠々社・1992）7頁以下。

[34] 〈訴訟物〉とは、Streitgegenstand（ドイツ語）の訳語であり、「紛争の対象」を意味する。

問題について[35] 訴訟物の同一性がこれらの効力の判断基準を提供するとされてきた（「訴訟物の四つの試金石」ともいわれる）。しかし，今日ではこれらが当然に訴訟物概念と連動し同一基準によってその範囲が統一的に判断されなければならないのかという点は改めて検討が必要である。少なくとも既に見たように重複訴訟の禁止原則が働く範囲の確定は，訴訟物自体を一つの手掛かりとして決めることができてもそれが唯一の基準であるわけではない。ただ，訴えの変更や併合[36]並びに既判力の客観的範囲の確定[37]については〈訴訟物〉の範囲確定が重要な機能を果たしていることは否定し得ない。

II　訴訟物理論

1　訴訟上の請求とその沿革

訴訟物をどのように理解すべきかについてこれまでに様々な見解が主張されており，これらの論争はかつて「訴訟物論争」とも称されてわが国の民事訴訟法学界の重要なテーマとされてきた。しかし，今日では訴訟物論自体に対しては以前ほどの注目を集めてはいない（山本〔文献〕130頁，三木〔文献〕134頁）。このような現状は，その問題がすべて解明し尽くされたことから生じているわけではなく，むしろ訴訟物が持つ手続内での様々な制度との直接の関連性が見失われてしまったことに基づく面が大きい。訴訟物の概念決定のみから演繹的に結論を引き出すかつての手法に問題があることは確かであり，改めなければならない。むしろ，それぞれの訴訟上の制度の機能と訴訟物の機能を再検討する必要があろう。これらの検討に先立って，訴訟物を巡る見解の変遷を見よう。

---

[35]　この四つの項目に加えて，訴え取下げの場合の再訴禁止が及ぶ範囲（民訴262条2項）についても訴訟物が基準とされるとの見解がある（伊藤171頁）。しかし，再訴の禁止は訴訟物の範囲で当然に生じるわけではなく，取下げ後の当事者間の関係によって左右される。相手方の主張が変わり，争いが生じて新たな訴えが必要になれば，再訴が禁止されるわけではない（⇒第7章第2節）。

[36]　訴えの変更や併合の範囲も，訴訟物によって自動的に決定されると考えるべきではあるまい。これらの制度が訴訟手続の中で果たす機能などから，これらの場合について訴訟物の枠を前提にしながら具体的な考察が必要だろう。

[37]　もっとも，既判力の範囲が訴訟物の範囲確定によって当然に確定されるのかについては見解が錯綜する。特に，より広く〈判決効〉の及ぶ範囲の観点から見ると，既判力のほか信義則による拘束などがあり，これらを訴訟物概念との関係でどのように理解するかには変化が見られる。しかし，既判力制度は，その効力範囲が訴訟物の範囲と同一とはいえないが，少なくともその基本は訴訟物に連動しているといえる。

2 訴訟物理論の展開

(1) 実体法説（旧訴訟物理論）から訴訟法説（新訴訟物理論）へ

　1）　実体法説（旧訴訟物理論）　　民事訴訟手続の審判対象についてはローマ以来，特に普通法訴訟手続ではアクチオ的思惟のもとで，アクチオ（actio）が訴訟の対象だとされた。このアクチオにはその後相手方に対する〈請求権〉と，国家に対する〈訴権〉との二面があり，そのうち〈請求権〉が審判の対象となると理解された。このような訴訟物に関する伝統的観念によれば，〈訴訟物〉として民事訴訟手続の審理・判断の対象とされるものは実体法上の権利に他ならず，実体法上，原告は被告に対して一定の法的主張をしているのであり，このような権利又は法律関係の存否の主張として訴訟物は特定されなければならないとされる（兼子・体系162頁）。このような実体権は通常，実体法上の請求権に裏付けられているから，実体法上1個の請求権を主張する場合には訴訟物は1個であり，これが複数存在する場合にはそれに対応して複数の訴訟物が存在すると考える。そこでこの見解によれば，同じ明渡請求権でも，それが所有権に基づいて明渡請求権を主張する場合と賃貸借の終了に基づいて主張する場合とでは〈請求〉が別だと考える。判決の効果が及ぶ客観的範囲もまた，ある請求についてなされた判決の効果は他の請求には及ばず，一つの請求で敗訴しても，他の請求に基づく訴えは可能だと考えられた。

　2）　訴訟法説（新訴訟物理論）　　これに対して，訴訟物は実体法上の権利又は法律関係に基づき発生する（実体的）請求権概念とは区別された訴訟法上の概念であり，その確定は専ら訴訟法上の規律原理に基づいて行われなければならないとする見解が主張された。このような見解は〈訴訟法説〉といわれる。

　この考え方は，当初ドイツで主張され，訴訟物を特定する要素として，実体的権利関係から遮断された訴訟法上の概念である「申立て」のみで特定するのか（一分肢説），「申立て」だけでは足りず，更に「事実関係」をも考慮すべきか（二分肢説）が争われた。今日では二分肢説が通説である。

　わが国では早い時期にドイツの新たな見解に対して厳しい拒絶的見解が示されていた（中田淳一「請求の同一性」同・訴訟及び仲裁の法理〔有信堂・1953〕1頁。初出は論叢35巻3号）。その結果，基本的には実体法説が通説を占め揺るぎないものとなっていた。

　しかし，その後わが国でも実体法説に対する批判的見解が学説では次第に強くなり，訴訟物の特定を巡り強い論争が巻き起こった。新たな方向を模索した見解としては，特に給付訴訟について実体法上の請求権の構成から離れて訴訟の対象を特定する試みには，まず，訴訟対象を〈一定の生活利益〉だと見る見解が主張された（小山〔文献〕1頁）。この方向は更に進められ，訴訟上の請求が実体法上の権利の違いによって分断されない訴訟上の上位概念であるとして，「相手方から一定の給

付を求めうる法律上の（実体法上の）地位があるとの権利主張」だとする見解（三ケ月・全集 101 頁，同〔文献①〕）が唱えられた。また〈紛争解決の一回性の理念〉も強調された。いずれも訴訟物の特定につき実体法上の請求権とは別の基準を提示するが，ドイツ学説のようにこれを純然たる手続的な基準で画そうとするわけではない[38]。画定基準として給付訴訟の機能や原告の申立ての意思解釈などにその手がかりを求めた[39]。この見解によれば，土地明渡しを求める給付訴訟では，原告は〈賃借権に基づく明渡請求権〉と〈所有権に基づく明渡請求権〉とを区別して請求しているわけではなく，その訴訟上での要求は端的に〈明渡請求権〉が存在しそれに基づいて相手方の当該不動産の明渡しを求めているにすぎないのだと見る。この見解によれば，そこに一個の紛争があるにすぎずこの紛争の全体が訴訟における審判対象として一個の単位をなすと考える。

(2) 新実体法説

ドイツにおける訴訟物の議論では，純粋に訴訟法的な観点から訴訟対象を特定識別する見解が有力化したが，このような訴訟法的要素のみで訴訟物の範囲を画定しようとする傾向に対しては，その後それが実体法から完全に分離した訴訟法独自の構造（訴訟法モンロー主義）を採用したことを問題視する見解が強くなった。このような立場から両者の関連性を回復する試みも有力になされた。

このような試み自体は多様であるが，その一つの試みとして，特に問題となった請求権競合問題について実体法の側からの解決策を模索し，競合する請求権を統合し再構成する試みがある。もっとも，このような方向に対しても，実体法は個々の請求権につき異なった規律をしており（例えば時効に関する規定は不法行為と債権による場合とでは異なる），これを統合して一個の実体法上の請求権を構成することができるのかという点に対する疑念も根強い。

(3) 実体的価値の再評価

他方で，ドイツでは訴訟において問題となる訴訟対象を，請求権そのものを基準として判断するのではなく，その基礎になっている実質的価値を重視し，訴訟が実質的にその審判対象を処分する機能を有していることから（訴訟で敗訴すれば自己の法的地位を処分したと同様の結果となる），このような〈処分対象の同一性〉を基準に訴訟物の範囲を確定しようとする見解も主張された。この見解は，請求権が持つ様々な機能のうち，実体法上の請求権が処分対象の範囲を確定する機能を持つこ

---

38) この点を強調するのは，三ケ月〔文献⑥〕23 頁。
39) わが国ではドイツとは異なって訴訟物の特定について純粋に訴訟法的要素のみによって特定識別する見解は最近に至るまで存在しなかった。これには中田淳一教授のドイツ訴訟物論の訴訟法説に対する批判が強く意識されていた。しかし最近では純粋にドイツ法の二分肢説をわが国でも採用する見解がある（松本＝上野 188 頁）。

とに着目したものであり，訴訟中における対象の譲渡などの場合を念頭に置いて審判対象の範囲を統一的に見ようとする試みである。この見解は，わが国の新訴訟物理論が示した規準である「相手方から一定の給付を求めうる（実体法上の）地位があるとの権利主張」だとする見解に近い面がある（参照，三ケ月〔文献⑥〕25頁以下）。

このように，訴訟物特定の基準を巡っては学説上，見解に変遷がある。しかしなおこの問題に決着がついたわけではなく，いわば手詰まり状態が続いている。

わが国の判例は，基本的には旧訴訟物説の立場に基づいているといわれる（伊藤172頁，上田160頁[40]）が，明確ではない。

III 訴訟物の特定

1 給付訴訟の訴訟物

(1) 訴訟物特定の意義

1) 実体法上の請求権を基準にした識別の問題点　給付訴訟の訴訟物を特定識別する基準として，実体法上の請求権自体を基準とすべきだとする見解（実体法説）は，民事訴訟の基本を訴権的に考える場合は，その限りで極めて明快であり，説得的であった（今日明示的にこの見解を主張するのは，伊藤172頁，梅本235頁）。

しかし，実体法上の請求権を基準に訴訟物の画定を図る見解は，いわゆる請求権競合問題を整合的に説明することが困難であり，また訴訟手続の構造に関する理解に問題があるといえる。この請求権競合問題は訴訟物論争の出発点であり，実体的に一個の事実から発生する競合する複数の請求権を訴訟手続でどのように取り扱うべきかが問題となる。

実体法説によれば，それぞれの請求権ごとに訴訟物が特定・区分されるから請求権ごとに判決がなされなければならないはずである。しかし，実体法上複数の請求権が発生しても，請求権競合事例では判決は一つであると考えるのが常識的であり，必ずしも実体法上の請求権の識別と訴訟物の同一性とが一致していないと指摘された（三ケ月〔文献①〕77頁）。

---

[40] 公刊された判例は多くはない。最(3小)判昭和35年4月12日民集14巻5号825頁，最(3小)判昭和36年4月25日民集15巻4号891頁等が引用される。これらはいずれも訴訟物論争初期の時代の判例であった。損害賠償請求訴訟における訴訟物について修正をした判例としては，最(1小)判昭和48年4月5日民集27巻3号419頁がある（後掲⇒IV 2）。

†〔例〕 **請求権競合事例**：①運送中の貨物が運送者の過失により損傷した場合，契約責任（商577条）と不法行為責任（民709条）との競合が問題になる。総額500万円の損害を受けた場合に判決はそれぞれの請求権ごとになされるというのは実情にあわない。②ある動産を所有している者が，その物を奪われた場合に，占有権に基づいた占有回収の訴え（民200条1項）に基づいて返還を求めるか所有権に基づいて返還を請求するかが問題となりうるが二個の返還を命じる判決がだされるのは実情にあわない。③不動産につき所有権に基づいて明渡請求をする場合と賃借権終了に基づいて明渡請求をする場合（民616条，597条1項）とがあるが二個の明渡し判決がなされるべきではない。

　法律文言上は複数の請求権が発生するという外観を有しても，それが直ちに判決の個数と直接に結びついていないことは，既に実体法説も容認するところであり（兼子〔文献〕84頁），この場合について，あるいは(a)請求権が併存し各請求権は共通せず重複して請求ができる場合を認め（〔例②〕の場合）（兼子〔文献〕86頁），(b)実体法レベルで法条（法規）競合の理論により調整を図る方策を模索し（〔例①〕の場合）（兼子〔文献〕85頁），(c)競合する請求権につき（〔例③〕の場合）訴訟手続上客観的併合の類型として選択併合理論を提唱することにより（兼子〔文献〕88頁）これを回避することができるとの主張がなされた。また，裁判所の釈明権の行使等によっても避けうるとの見解も主張されている（伊藤175頁，276頁）。

　しかし，これらの修正は，基本的には実体法上の請求権自体が訴訟物の枠を画定する機能を有していないことを自認しており，請求権と訴訟物の関連を論理的に説明していないという決定的難点がある。

2)　**新訴訟物理論**　他方で，純粋に訴訟法的観点から訴訟物を特定しようとする見解もいくつかの問題に逢着する。実体法上の請求権自体を識別基準とするのではないが，なお実体的社会生活上の関連性を保持しようとするわが国の〈新訴訟物理論〉は，訴訟手続自体から離れて直ちに社会生活上の基準を求めた点に，訴訟手続における対象の画定・識別の基準という観点から見れば具体性に難点があったことは否めない。

(2)　**訴訟手続の機能と訴訟物**

　訴訟物がそもそもいかなる観念であるかを明らかにするためには，訴訟手続自体の機能を考慮しつつそこで審判の対象となる事項の最小の単位として，それを特定識別する基準を探る必要がある。そのためには，まず訴訟手続全体が

当事者の法的救済を求める地位との関係でどのような機能を持つかを評価しておかなければならない。少なくとも給付訴訟の対象となるべき事項は，被告に対して判決により一回的給付を求めることができる最小単位として特定識別されるべき単位である。この単位は，訴訟上一個の紛争単位として救済を求める法的地位であり，他の単位から区別され，特定識別されるべきである。それは訴訟手続中においても原則として一個の単位として行使されるべきであり，また手続処分や譲渡の対象となりうる単位でなければならない。訴訟手続が，当事者の有する法的地位につき最終的な権利行使を行うための場として提供され，最終的な決着がつけられるのだとすれば，訴訟の結果敗訴をした当事者はその地位を最終的に失うことになる。

これに対して実体法上の請求権はそれぞれ，当事者の主張する法的主張の根拠を明らかにしそれを正当化する基礎を提供する。それは一個の社会的事実に基づく救済要求であっても，法的評価の違いにより別の根拠がありうることから複数の請求権が競合して発生しうる。このような実体法上の請求権自体は紛争解決のための単位との関係ではそれが当然に，救済を求める一個の単位として法的救済の外枠を画する基準・機能を有するわけではない。

以上のように，実体法上の請求権は訴訟手続の対象となる一個の訴訟物として判決の外枠を決定する基準とは別の次元のものであることがわかる。訴訟物を画する外枠は，前述のように訴訟手続の実体的機能から見ると，それは〈一定の処分対象として統一的に扱われるべき実体的な地位〉であると見ることができよう。この法的に保護すべき地位は，請求権との関連で見れば効果としての請求権が識別基準となるのではなく，それを発生させる事実の同一性から発生する訴訟上の処分としての最小単位が基準となる。その結果，この事実から発生する複数の請求権によって，相手方に請求しうる実体的な根拠づけが重複し複数成立しうる[41]。訴訟物は訴訟上の〈請求〉といわれるが，これは実体法上の請求権が相手方に作為・不作為を請求しうる実質的基礎を示すものであるのとは異なり，原告が裁判所に対して求める一個の判決による救済要求の範囲の外枠を決定する概念であり，またその限度で意味を持つにすぎないと見るべ

---

41) 実体法理論としても，「競合する請求権のそれぞれの性質から，合理的に選択して単一の請求権の属性（法的性質）を決定する」として「法規の重畳的適用」を認める見解がある（奥田・前掲注33）375頁，377頁。なおこれらの議論の詳細についてはさらに，加藤〔文献②〕137頁参照。

きである。もっとも訴訟手続においては，審理の対象となる事項の実体は実体的請求権自体の存否であり，これが存在すれば，訴訟物の範囲で一個の救済が与えられると見るべきである。

訴訟物である審判範囲の外枠は，当事者（原告）が申立事項として画定しなければならない。これは一個の法的地位として，当事者が画定した範囲で一個の判決による救済が与えられるのが原則であるからである。

> もっとも，当事者には一個の事実から生じる給付を求める地位を更に分断することが認められる場合がある。〈一部請求訴訟〉の場合である。すなわち一定金額の支払請求訴訟では，その訴訟で保護されるべき法的地位は本来一個である。しかし，それが原告の自由な処分に服する場合にはその意思に基づいて更に分断することがあり得る。もっともこの場合にも，本来訴訟物の外枠決定は機能的にみれば一回的な請求の単位を示したものであるから，相手方の一回的解決への期待を無視し得ない。そこでこのような分断した請求を許容しない見解もある。しかし原告側の事情も無視し得ない。そこで判例はこの場合に，原告が勝訴した場合には更に残額請求をする旨留保した部分につき後の訴えで請求を行うことを明示することによって，残部請求の可能性を相手方に予告し，場合により被告側の対応の可能性を留保することで（例えば残債務不存在確認の訴えの反訴），両者の利害の調整を図っている（一部請求訴訟と残部請求との関連については⇒第10章第5節Ⅵ）。

2 確認訴訟の訴訟物

確認訴訟は，直接実体法上の権利の存否自体を訴えの対象にする。それ故，保護の対象とされる実体権自体が訴訟の対象とされ，訴訟物になる。この点では今日では，確認訴訟の訴訟物に関して見方に大きな違いはない。

3 形成訴訟の訴訟物

形成訴訟においては原告は個別的に定められた形成原因を基礎に訴えを提起する。この場合にも，その対象は給付訴訟の場合と同様に，具体的に〈形成訴訟で保護される地位〉とその実現のために予定されている〈形成訴権〉とが存在し，この関係をどのように理解するかが問題になる。この場合にも，個々の形成訴権が訴訟の単位を決定するのではなく審判の外枠はその訴訟で保護される原告の地位が基準となるといえよう。実定法上形成訴訟はその多くが当事者の手続的処分を許さない領域で設けられている場合が多い。

形成訴訟においても訴訟手続上一個の判決により権利・法律関係の変動を求める法的地位が予定され，その実現の手段として形成訴権が規定されている。もっともこれらの実体法が定める形成訴権の間で規範の調整が行われている。

† 〔**例**〕 離婚訴訟では，各離婚原因（民770条1項各号）ごとに訴訟物が異なると見るのが伝統的な見解であったが，実体法の解釈としても，「その他婚姻を継続し難い重大な事由」（同項5号）との包括的規定が存在することから全体で一つの実体的な離婚請求訴権が存在するとの見解がある（山木戸克己「離婚原因の相対化と離婚訴訟」同・研究137頁，特に147頁）。

Ⅳ　訴訟物と実体権

1　占有権と本権の関係

　新訴訟物理論が提示した問題の一つに占有権に基づく訴えと本権に基づく訴えとの関係がある。これは，目的物を占有した所有者がその物を奪取された場合の取戻し請求訴訟の訴訟物につきこれを所有権に基づく請求とするか占有権に基づく請求とするかで別の訴訟物と理解することは不当であり，これを一個の訴訟物を構成すべきだとする問題提起であった。

　目的物の引渡請求訴訟では，その根拠として占有権が主張される場合（民200条）があり，また所有権を有する者は所有権に基づく返還請求の訴えを提起することができる。また，この両者が対立して主張される関係にある場合には，新訴訟物理論では占有回収の訴えの中で被告は所有権の存在を理由に対抗することができることになる。しかしこの点に関しては民法202条が「占有の訴は本件の訴えを妨げず，また，本権の訴えは占有の訴えを妨げない」と定め（1項），更に「占有の訴えについては，本権に関する理由に基づいて裁判をすることができない」（2項）と定めて，両者が別のものであることを前提にしていることから，このような理解は実体法にあわず，むしろ新訴訟物理論が実体法規定を無視した不当なものだと非難された（兼子〔文献〕86頁）。

　問題は，結局占有の訴えをどのように見るかに帰着する。この規定がフランス民法に由来し保全処分的な機能を持つことから請求権による構成に異質の要素を持ち込んでおり，両者を別の訴訟で行うように留保すべき正当な理由は存在しないとする見解がある（三ケ月〔文献③〕57頁）。占有訴訟の略式手続的性格に由来する別取扱い規定は，ドイツ法が占有訴訟のこのような特別訴訟的性格を排斥し給付請求権として統一的構成をなしたこと，保全処分手続を占有訴訟とは別の手続形態としたことにより占有訴訟を略式訴訟として取り扱う実質的意味を喪失した等の事情から本来の存在意義を失ったといえよう（⇒第14章注4））[42]。〔**判例**〕は対抗的な反訴を許している。これによれば訴訟物は別だが，

同一訴訟手続での審理を許容する取扱いである。しかし，さらに進んで明文規定には反するが本権の防御方法としての主張も許すべきであろう。

　†〔判例〕　最(1小)判昭和40年3月4日民集19巻2号197頁[43]　　訴外Aは本件係争地をBに譲渡し，Bは更にこれをYに譲渡した。その際三者の合意により移転登記は中間省略の形によることとしたが書類の不備により直ちに登記をすることができなかった。このためYは，代金の支払いを一時留保した。そこでBはYに対して売買契約の解消を申し出るとともにAB間の売買契約を合意解除し，更にAはこの土地をXに売却した。これに対してYは契約解除に応じずその後移転登記を完了した。他方XはAから本件土地の引渡しを受けて建物を移築した。その際Yは，この移築工事を実力で阻止しようとし，また工事終了後は建物の撤去を迫った。そこで，XはYを相手として立入禁止等の仮処分を申請しこれを執行した。更にXは占有妨害の禁止を求める訴えを提起した。これに対してYは所有権に基づき建物収去土地明渡の反訴を提起した。第一審は，Yが不法に占拠している事実はないとしてXの請求を棄却し，AB間の売買契約は解除されたが，BY間では合意解除の事実がなく，二重譲渡の関係にあり登記の存在により反訴請求を認容した。X控訴。控訴審は，本訴を占有保全の訴えと解してXの請求を認容し，反訴については第一審判決を引用して認容，控訴を棄却した。Xは反訴を提起することは許されないとして上告。上告棄却。最高裁は次のようにいう。「民法202条2項は，占有の訴において本権に関する理由に基づいて裁判することを禁ずるものであり，従って，占有の訴に対し防禦方法として本権の主張をなすことは許されないけれども，これに対し本権に基づく反訴を提起することは，右法条の禁ずるところではない。そして，本件反訴請求を本訴たる占有の訴における請求と対比すれば，牽連性がないとはいえない。」

　本件では本訴及び反訴の両請求が共に認容される結果となった。これは民法202条により，両者の統一的審理が否定された結果である。

2　損害賠償訴訟の訴訟物

　不法行為に基づく損害賠償訴訟の訴訟物は一個の金銭支払請求権とみるべきか，それとも実体法上の発生根拠に応じて，積極損害，消極損害（逸失利益）及び慰謝料などに分断されるべきかが問題とされてきた。かつては被侵害利益ごとに訴訟物が異なるとの見解が有力であった（兼子・研究Ⅰ415頁）。これに

---

[42]　もっとも，1877年ドイツ民事訴訟法は，フランス法地域（ライン川左岸）を考慮して占有の訴えを別扱いとする規定を残した（1898年改正まで）。フランス法では占有の訴えと本権の訴えとでは異なる訴訟類型とする扱いは残されている（⇒第3章注4)）。

[43]　森綱郎・最判解説民事昭和40年度68頁，船越隆司・続百選106頁，広中俊雄・百選2版140頁，出口雅久・百選3版84頁。

対して，身体障害については侵害行為とその結果発生する損害との関係で見れば身体障害という大枠で括ることができる一個の請求権が生じるとの見解も主張された（鈴木淳一「不法行為に基づく損害賠償請求において，各種の損害につき当事者の主張を超えた額を認定することの可否」近藤完爾＝浅沼武編・民事法の諸問題Ⅱ〔判例タイムズ社・1966〕207頁）。これらは基本的に実体法説を前提にした結論であったが，後者の結論は，新訴訟物理論を唱える見解からも，紛争自体を一個と捉える点で支持されているといえる。この点について以下の〔判例〕がある。

†〔判例〕 最(1小)判昭和48年4月5日民集27巻3号419頁[44]（**身体傷害による財産上及び精神上の損害の賠償請求権及び訴訟物の個数及び一部請求における過失相殺の方法**）　XはYに対して交通事故による損害賠償請求の訴えを提起し，第一審で，療養費29万6266円，逸失利益1128万3651円，慰謝料200万円の各損害の発生を主張し，療養費，慰謝料につき各全額，逸失利益の内金150万円の合計379万6266円の支払いを求めた。第一審裁判所は，療養費，慰謝料について右主張の全額，逸失利益については916万614円の各損害を認定し，全額1145万6880円につき過失相殺により3割を減じ，更に支払済み保険金10万円を差し引いてYの支払うべき債務総額を791万9816円と認め，その金額の範囲内であるXの請求の全額を認容した。Yの控訴に対してXは控訴審で，第一審の認定どおり逸失利益の額を916万614円，損害額の合計を1145万6880円と主張を改めたうえ，自ら過失相殺として3割を減じて，Yの賠償すべき額を801万9816円と主張し，附帯控訴により請求を拡張して，第一審の認容額との差額422万3550円の支払いを新たに請求したが，Yはこの請求拡張部分につき消滅時効の抗弁を援用した。原判決は，療養費及び逸失利益の損害額を原告主張どおり認定したうえ，その合計945万6880円から過失相殺により7割を減じた283万7064円についてYが支払いの責を負うべきだとし，また慰謝料の額はXの過失をも斟酌した上で70万円が相当だとし，支払い済みの保険金10万円を控除して，結局Yの支払うべき債務総額を343万7064円と認め，第一審判決を変更して右金額の支払いを命じ，その余の請求を棄却し，更に付帯控訴部分については右損害額を超えるから消滅時効の抗弁を判断するまでもなく失当だとしてその部分の請求をすべて棄却した。Y上告。上告理由の第二点は民訴法186条〔現行法246条〕違反をいう。上告棄却。

「右の経過において，第一審判決がその認定した損害の各項目につき同一の割合で過失相殺をしたものだとすると，その認定額のうち慰藉料を除き財産上の損害（療養費および逸失利益。以下同じ。）の部分は，（保険金をいずれから差し引いた

---

[44] 野田宏・最判解説民事昭和48年度454頁，萩屋昌志・百選3版170頁。

かはしばらく措くとして。）少なくとも239万6266円であって，Xの当初の請求中財産上の損害として示された金額をこえるものであり，また，原判決が認容した金額のうち財産上の損害に関する部分は，少なくとも（保険金について右と同じ。）273万7064円であって，右のいずれの額をもこえていることが明らかである。しかし，本件のような同一事故により生じた同一の身体傷害を理由とする財産上の損害と精神上の損害とは，原因事実および被侵害利益を共通にするものであるから，その賠償の請求権は一個であり，その両者の賠償を訴訟上あわせて請求する場合にも，訴訟物は一個であると解すべきである。したがって，第一審判決は，Xの一個の請求のうちでその求める全額を認容したものであって，Xの申し立てない事項について判決をしたものではなく，また，原判決も，右請求のうち，第一審判決の審判およびYの控訴の対象となった範囲内において，その一部を認容したものというべきである。そして，原審における請求拡張部分に対して主張された消滅時効の抗弁については，判断を要しなかったことも，明らかである。

　次に，一個の損害賠償請求権のうちの一部が訴訟上請求されている場合に，過失相殺をするにあたっては，損害の全額から過失割合による減額をし，その残額が請求額をこえないときは右残額を認容し，残額が請求額をこえるときは請求の全額を認容することができるものと解すべきである。このように解することが一部請求をする当事者の通常の意思にもそうものというべきであって，所論のように，請求額を基礎とし，これから過失割合による減額をした残額のみを認容すべきものと解するのは，相当でない。したがって，右と同趣旨において前示のような過失相殺をし，Xの第一審における請求の範囲内において前示金額の請求を認容した原審の判断は，正当として是認することができる。」

〔**判例**〕は，同一事故により発生した財産的損害と精神的損害とは原因事実及び被侵害利益を共通にするから一個の訴訟物であり，その間では損害額の認定につき，かれこれ融通することができるとする。事件が同一であることから財産上の損害に対する請求と精神上の損害に対する請求を一個と見ており，処分の対象として両者を別個に取り扱うことはできないことを前提としている。この考え方は，伝統的な実体法説を実体法上の請求権の性質の局面で修正したものだといえる。

3　手形債権と原因債権

　原告が手形債権と原因債権の両者を有する場合に，その手形による支払請求訴訟の訴訟物をそれぞれ別のものと見るべきか，あるいは両者を統合して一個の請求権を有すると見るべきかが問題とされた。この対立は訴訟物の新旧学説の対立とは別に，特に手形債権の特殊性を巡って見解が分かれる。

訴訟物に関連して手形債権と原因債権との関連が特に問題になるのは，手形受取人が直接手形振出人に対して手形金請求をする場合である。この場合には，直接には手形金請求がなされているが，更に原因債権の請求の併合請求の可能性がある。この場合に，原告の申立てを重視して訴訟物が一つと見るか（新堂302頁），原因債権と手形債権では基礎になる事実関係が異なるとの理解により原告がこれを一個として訴訟に持ち出すか分けて主張するかは原告の自由だとする見解もある（三ケ月〔文献⑥〕42頁，56頁，同・双書119頁）。

　手形債権については，訴訟係属中にこれが第三者に譲渡される場合がありうるが，その場合には原因債権と手形債権は分離する可能性がある。訴訟物は，譲渡の際には分断されてしまうが，それ以前は共通して規律されることになる。原因関係と手形の振出とは別の事実に基づき，また訴訟手続上も別取扱いの可能性があるから，処分対象としては別だと見るべきであろう。

V　相対的（発展的）訴訟物論と統一的請求権論

1　伝統的な訴訟物観

　訴訟物に関する伝統的な観念によれば，実体法を基準にするにせよ訴訟法的基準を提唱する見解にせよ，訴訟物は原告が訴えを提起する際に明確に提示し，これに対して裁判所の審理・判断がなされるべきものであるとする点では共通の認識が存在した。当事者が申し立てた事項は判決の外枠を決定し，以後訴えの変更等による修正はあるものの，このようにして特定された訴訟物が以後の手続で引き続き審判範囲を決定するとの観念を前提としたわけである。これらの見解は，固定的な訴訟物の定立は，訴訟物が果たす手続内での様々な機能からして不可欠だと考えた。

2　相対的訴訟物

(1)　訴訟物概念の相対化

　　訴訟物論が進展する中で，他方では重複訴訟禁止原則や既判力の客観的範囲について，訴訟物が決定的基準を提供できないとの認識が広まった。このような中から，訴訟物概念について従来のように手続の開始から終結に至るまで統一的に把握する必要はなく，これを手続の局面に応じて相対的に理解する見解が有力に主張されている（中野〔文献〕32頁，酒井〔文献〕274頁）。

(2)　相対的訴訟物論

　　この見解は，従来の訴訟物の観念の概念法学性を批判し，訴訟物概念が訴訟の過

程で変動するものであると説く。即ち，訴訟物の四つの試金石が統一的に把握できない根拠を探り，それは訴訟過程が十分に訴訟物概念に反映できていなかったからだとし，そこから訴訟物は手続過程で機能する場面が時間的に異なり，それに応じて，審理対象は手続内の訴訟物であるのに対して判決対象は訴訟終了段階での訴訟物というように異なった様相を示すとする。訴訟を通じて審理対象から判決対象へと訴訟物は変容し，訴訟の時間的要素に基づく訴訟資料と心証度の差異が，訴訟物の相対化を招くとする（酒井〔文献〕180頁）。

(3) 問 題 点

訴訟物の相対的な見方に対しては，既存の訴訟物概念に対してなされた批判がより強く妥当することになろう。そこでは訴訟手続の中で訴訟物が果たす具体的機能自体を分析することが放棄され，訴訟物を専ら動態的なものとして観象的に観察することに終始しているにすぎないからである。むしろ，訴訟物概念の意義は何よりも訴訟手続の中で当事者が行う攻撃・防御行為，それに対する裁判所の判断の制御機能といった手続的な機能が直視されなければならない。

従来の訴訟物概念の問題点は，訴訟物の決定により訴訟過程における四つの試金石を中心とした問題が演繹的に解決できると見た点にあるとする批判自体は正当だろう。しかしこのことから，訴訟物概念が手続上の役割を果たしていないと見るのは早計である。まず，訴訟物の観念は，その限界が裁判所の審判権を限定する機能を持つことが重要であると考えるべきである。判決の効果，特にその客観的範囲につき後の手続の裁判所に対する既判力の拘束は，訴訟物についての判断が拘束力を持つことが前提となり，それが訴訟手続上の攻撃・防御行為の基礎となっていることが出発点である。この点を，訴訟過程においても明白にするためには判決対象の明確化が必要である。訴訟物の変更は，訴え変更となり，その複数は併合訴訟となるとされるのはこれを手続上で顕在化させる目的のために他ならない。確かに，訴訟物の範囲と既判力範囲が異なる現象は生じる可能性がある。しかしそれも，訴訟物として提示された範囲で既判力が及ぶことが制度的に前提とされたうえで，更に争点とされた事項についての当事者の実質的な攻撃・防御行為の拘束力を及ぼしうるかを更に考慮し判断した結果である。制度としての既判力の拘束には，論理的に拘束力の範囲を予告する確固たる枠組みが制度として前提とされなければならない。訴訟物に付加される要素は様々であり，各訴訟制度との関連でその実体が明らかにされなければならないが，それらの基礎には明確な統一的な訴訟物の観念が前提にされているといえる。訴訟物の概念自体を相対化することは，審判対象の手続内における意義を不明確にし，結局その理論的基礎を見失うことになる。

3 統一的請求権論

　訴訟物と実体法上の請求権との関連を巡り，近時〈統一的請求権〉論が提案されている（加藤〔文献①〕137頁，同〔文献②〕40頁）。この見解は，訴訟手続の進展に即して，請求原因，抗弁，再抗弁と展開される訴訟手続で，これらを統合した請求権（その際規範調整は後順位規範優位の原則による）を構想するものである。請求権競合論と訴訟物理論とを架橋することを目的にした新たな観念であり，被告の防御行為に対抗して主張される再抗弁を考慮しつつ実体法規範の形質を判決に反映させようとする意欲的試みである。ただ，ここでいう〈請求権〉は従来観念されてきた実体法上の請求権とは異なる，実体的な〈法的地位〉でありそれを請求権というべきか，伝統的請求権概念との関連性，更には訴訟物との関連性（あるいはこの統一的請求権自体が訴訟物か？）は必ずしも明確ではないように思われる。少なくとも，訴訟物の観念とは別のものであるといえる。

第5章　手続の基本構造と手続原則

[本章の概要]
　本章ではわが国の民事訴訟手続が有している基本的な構造を明らかにし，またそれがどのような基本原則によって成り立っているのかを示す。民事訴訟手続は当事者からの申立てにより，私人間の法的紛争について裁判所の適切な判決による解決を求め，これに応じて裁判所が判決を下すために裁判所と当事者が行う一連の手続行為からなる。これらの行為を規律する手続は，一定の価値に基づいて構成された構造をもっており，このような手続を通して得られた判断のみが，当事者間に存在する法的紛争を強制的に解決するために必要な社会的通用力を持った〈正当な判決〉だと観念される。本章ではこのような基本問題に関わる手続の基本構造と手続原則とを考察する。
　まず，**第1節**では，本章全体の総論として，以後の考察の前提となる基本的な観点とわが国の民事訴訟手続の基本構造を示し，それがどのような特徴を持っているかを明らかにする。**第2節**では，更にわが国の民事訴訟手続の法的構造や理解に関する問題を検討し，特に民事訴訟手続において当事者が重要な手続上の権限を持っていること，また裁判所及び当事者の手続に関する法的関連を明らかにする。**第3節**では，民事訴訟が単なる技術的な手続ではなく，一定の社会的価値を体現する〈訴訟原則〉から成り立っていることを大局的に考察する。これを承けて，**第4節**では民事訴訟手続の対象と裁判の結果に関する責任分配を巡る訴訟原則の具体的内容を考察し，**第5節**では，民事訴訟手続の形態に関する基本原理を考察する。**第6節**では，訴訟の進行に関する基本原則を考察する。
　この章でのこれらの考察を通して，わが国の民事訴訟手続が一連の訴訟原則から成り立っており，民事訴訟制度自体が社会の価値を体現する社会的な制度であることを十分に理解することが重要である。

第1節　総　　論

I　序

　民事訴訟手続（判決手続）は，当事者（原告）から裁判所に対する訴えの提起

に始まり最終審の判決に至るまで、裁判所と当事者その他の関係人によって行われる一連の手続である。これらの手続の内実は、法が要求する手続に従って行われる一連の行為によって成り立っている。訴訟手続における一連の行為を通して裁判所によって事件が審理され判断されるから、この裁判所でなされるべき審理手続がどのように構成され、どのような原理によって成り立っているのかは、民事訴訟手続の基本的な性格を決定するといってよい。近代国家においては正当で公正な民事訴訟手続を設けており、社会に存在する私人間の私的紛争を国家の裁判所で強制的に解決することができる体制を設けている。民事訴訟手続は社会における必要不可欠の社会的な制度であるが、その存立のためにはこの制度自体が当該社会を構成する支配的な価値原理と整合し、またその手続を通してなされる判決の結果は社会的に正当化され認知されうるものでなければならない。

　裁判所の最終的な判断は〈終局判決〉によって行われ、それは当事者間で強制力を持ち、その判決によって判断され確定した事項は以後〈当事者間で争い得ない〉という拘束力を持つことが制度的に予定されている。このような当事者間における強制的な拘束力が発生するためには、その判決が特に不利益を受ける者に対して強制力を行使しうる社会的に正当化される根拠を持たなければならない。民事判決が当事者間でこのような拘束力を持ちうるのは、それが専ら〈国家の裁判所〉によってなされたという官権的な性格によるのではない。むしろ、その判決に至る過程が正当で公正なものとして社会的に承認され得る手続を経ており、しかも特に当事者自らがその手続に参加する機会を与えられた結果として下されたものであるからに他ならない。民事判決の正当性は、まさにそれに先行する手続が〈正当な手続〉であったことを根拠にしており、それが保障されて初めて承認することができるといえる。民事訴訟手続を考察するにあたり、それが持つ社会的機能、特に訴訟手続が持つ裁判所の判断の社会的正当性の観念とそれを支える手続構造の分析は、極めて重要な問題である。特に民事訴訟法理論との関連ではどのような手続が訴訟手続の持つべき判断の正当性を支えているのかを明らかにすることが必要だといえる[1]。

---

1)　近代社会において様々な決定の正当性が「手続」を通してなされることを強調したのは、ドイツの法社会学者ルーマンであった（*Luhmann*, Legitimation durch Verfahren, 2. Aufl. 1975）。もっとも、民事訴訟手続では、どのような手続を通してなされた決定が正当性を獲得するのかが問題であり、アプローチが異なる点に留意が必要だろう。

もっとも，この判決に先行する民事訴訟手続の具体的構造は国によって異なり，そこにはその国の司法の伝統や文化が色濃く反映されている。わが国の現行民事訴訟手続は，基本的にドイツ民事訴訟法を継受し発達したものであり，訴訟手続の基本構造はドイツ法系の諸国の訴訟手続と共通する面が多い。また，このドイツの民事訴訟法自体はフランス革命期の社会思潮の影響を受けて，近代的手続原則が当時急速に発展した学説および諸領邦国家の立法の試みにより意識的に形成された点に特徴がある[2]。

　このような訴訟原則を明確にする方向は更に最近のヨーロッパにおける民事訴訟法典の再編の中で更に明らかになっている。最近のヨーロッパの主要民事訴訟立法では，訴訟原則を手続規定の中で明確にすることが一つの傾向となっている[3]。またこの方向は国際的な民事訴訟手続の調和の試みの中でも取り入れられている[4]。わが国の民事訴訟法やドイツ民事訴訟法はこのような訴訟原則自体を制定法中に直接定めているわけではないが，その基礎にこのような訴訟原則が存在することが当然の前提になっている。

II　民事訴訟手続構造の類型

　わが国の民事訴訟手続は，訴えが提起されてから判決に至るまですべての手続過程を裁判所が管理し，主として裁判所で行われる口頭弁論手続を中心にした継続的な関係を維持し，この過程で紛争の実体について裁判所が心証を獲得し判断する構造を採っている。この民事訴訟手続の構造では，特に訴訟の進行や管理について裁判所に極めて強い主導権を与えている。

　比較法的に見るとこのような基本構造が民事訴訟手続の唯一で普遍的な形態では

---

2)　多くの国で，訴訟手続は長い歴史に裏打ちされた裁判手続の実務の伝統の中で発展してきた。イギリスやフランスなどでは，このような傾向が強い。これに対して，ドイツでは立法と学説が制度の発展に強い影響を及ぼした点に特徴がある。ドイツにおける近代的民事訴訟法理論の出発点は，フランス革命の基本観念を訴訟法理論に取り入れた *Grolmann*, Theorie des gerichtlichen Verfahrens in bürgerlichen Rechtsstreitigkeiten, 1800. である。

3)　フランス民事訴訟法においては，その冒頭の章（1条〜24条）に訴訟原則についての定めを置いている。特に当事者の役割については *Héron/Bars*. No 245.
　英国の1999年民事訴訟法においても，訴訟原則が重視されている。英国民事訴訟手続における訴訟原則については，*Andrews*, ECP. Chap. 3-5.

4)　ALI/ UNIDROIT, Principles and Rules of Transnational Civil Procedure. では，特にビジネスを巡る国際訴訟で基本となる手続原則につき，31の事項について検討した。その訴訟原則に関する部分は，Uniform Law Review, NS- Vol. IX (2004-4) P.750. に公表されている。またその後，ALI/UNIDROIT, Principles of Transnational Civil Procedure, Cambridge 2005. が出版されている。

ない。これに対照的な手続構造を持つ民事訴訟手続としては,アメリカ合衆国の民事訴訟手続がある。そこでは基本的に,訴えが提起されても直ちに裁判所が事件全体を全面的に管理するのではなく,それは専ら当事者(あるいはより正確には訴訟代理人)に委ねられ,争点は当事者が自主的に絞り込み,当事者対立原則のもとで最終的にそれが明確になった時点で裁判所が判断をする基本構造が採用されている。このアメリカ合衆国連邦民事訴訟手続は,特に陪審制が国民の基本的な権利とされていることに規定されている面が大きい(このような日米民事訴訟手続の比較についての優れた研究として,田辺公二「英米型事実審理と大陸型事実審理」同・民事訴訟の動態と背景〔弘文堂・1964〕1頁以下)[5]。このアメリカ型民事訴訟では当事者対立の形で専ら当事者の主導で手続が進められる基本構造になっている(アドヴァーサリー・システム)。

わが国及びその母法のドイツの民事訴訟は,裁判所が手続を中心的に管理する構造を採用していることから,とりわけ手続の進行中において手続内での当事者と裁判所の権限と責任の分配の原則が明確にされなければならない。

Ⅲ　民事訴訟手続と基本的人権

わが国の民事訴訟手続は,裁判所が主宰する裁判所における〈口頭弁論期日〉等で行われる一連の行為を中心にして構成されており,これらは基本的に裁判所の面前で行われる行為の連鎖である。そこで,これらがどのような原則に基づいて構成されているのかは極めて重要である。わが国の憲法も「対審判決」については公開の法廷で行わなければならないと定めて,手続の基本的な形態について規律し,その確保を憲法上重要な機構として保障している(憲82条)。

> 訴訟手続の在り方は市民の基本的人権の実現に関わり,極めて重要な事項であることはいうまでもない。訴訟手続自体が公明・公正であり,またその運営が適切でなければ,いくら憲法が市民に基本的人権を保障しても,その崇高な理念も現実化の手段を欠いて結局画餅に帰する。民事訴訟手続の基本原則を基本的人権の保障という観点から確立することは,社会的に裁判の正当性を実現するために必要不可欠であり,基本的人権保障のコロラリーをなす。各国民事訴訟法典や民事訴訟法理論においてのみならず,憲法上も民事訴訟の在り方について明文規定を置いてその保障につとめているが[6],実務上もその実現への努力が不断に進められなければなら

---

[5] アメリカ合衆国の民事訴訟手続一般についての研究として,小林秀之・アメリカ民事訴訟法〔新版〕(弘文堂・1996),その運営の実体について,浜野惺ほか・アメリカにおける民事訴訟の運営〔司法研究報告書46輯1号〕(司法研修所・1993)。

ない。このような努力は単に国内立法の段階のみには留まらない。今日では手続的基本価値は，国際社会でもその実現に極めて強い関心が注がれており，様々な民事訴訟手続に関する国際条約でも審理方式や手続の在り方に関する基本規定をおいている7)。

第2節　訴訟手続の法的構造

〔文献〕
河野正憲「民事訴訟手続における裁判官と当事者の権限と責任」司研 96 号 81 頁，中野貞一郎「訴訟関係と訴訟上の義務」同・訴訟関係 1 頁

I　民事訴訟の法的構造分析の必要性

1　意　　義

わが国の民事訴訟手続は，訴え提起から終局判決に至るまでその訴訟手続は裁判所によって管理・運営される。この手続全体を適正に規律するためにはその〈法原理〉あるいは〈法的構造〉を明確にする必要がある。そこで裁判所と両当事者間に一定の法的関係を措定し理解しようとする学問的努力が続けられた。

2　訴訟法律関係と法状態

民事訴訟手続全体を法的にどのように理解すべきかについては，学説上対立する見解が展開されてきた。

---

6) アメリカ合衆国憲法修正 14 条（1868 年修正）は，適正手続の保障を定め，民事訴訟においても重要な意味を有するし，同修正 7 条（1791 年）は，民事訴訟でもコモンロー事件につき陪審制を市民の権利としている。また，ドイツ基本法 103 条 1 項は，法的審問請求権（Anspruch auf rechtliches Gehör）を保障している。

7) 世界人権宣言（1948 年）は，基本的権利の侵害行為に対して，「権限を有する国内裁判所による効果的な救済を受ける権利」を宣言し（8 条），昭和 54 年にわが国でも発効した市民的及び政治的権利に関する国際規約 14 条 1 項も刑事上の罪の決定と並び「民事上の権利及び義務の争いについての決定のため，法律で設置された，権限のある，独立の，かつ，公平な裁判所による公正な公開審理を受ける権利を有する。報道機関及び公衆に対しては，民主的社会における道徳，公の秩序若しくは国の安全を理由として，当事者の私生活の利益のため必要な場合において又はその公開が司法の利益を害することとなる特別な状況において裁判所が真に必要があると認める限度で，裁判の全部又は一部を公開しないことができる」と定める。ヨーロッパ諸国では，1950 年に成立したヨーロッパ人権条約 6 条が公正手続の保障を定め，その遵守のためにヨーロッパ人権委員会と共にヨーロッパ人権裁判所を設置して（ストラスブール），その実効性確保に意を用いている。

民事訴訟手続につき，訴え提起により裁判所と両当事者の間で三面の訴訟法律関係が発生し，しかもこの法律関係は一歩一歩前進する動的性格を有すると把握すべきだと提唱してこのような学問的努力に重要な一石を投じたのは，オスカー・ビューロー（Oskar Bülow, 1837-1907）であった。彼はこのような法律関係が発生する要件として〈訴訟要件〉を構想した。しかし，その後この〈訴訟要件〉自体は訴訟開始の要件，したがって訴訟法律関係発生の要件ではなく，実は〈本案判決〉の要件にすぎないとの批判を受けた（ビューロー自身も後に改説）。またこの法律関係の存在自体についても批判が提起された。訴訟内では確定的な法律関係を考えることはできず，そこでは既判力を目指した当事者間の攻撃・防御行為があるにすぎず，それは権利・義務の関係ではなく，自己に有利な結果を見込んだ行為とそれに対応する結果を裁判所の判決で獲得することができるか否か，それに失敗したときはその不利益を当事者が自ら負担するという流動的な〈法的状態（Rechtslage）〉が存在するにすぎないとの見解がゴールドシュミット（James Goldschmidt, 1874-1940）によって有力に主張された。

　もっとも，このように訴訟手続において法律関係を一切否定するのも行きすぎであることはその後の学説によって認められた。特に訴訟上も当事者間に一定の〈訴訟法上の義務〉が存在することは一般的，また個別的に承認されている。訴訟上も当事者に特定の行為が要求され，それに反する行為は手続上承認されない場合がある。この場合には様々な責任追及の可能性があり得る点で，法的関係とその効果を考えることができ，それは必要な行為を怠ることから発生する単なる〈負担〉とは異なる（参照，河野・当事者行為20頁以下）。

II　訴訟構造と訴訟手続に関する裁判所・当事者間の法的関係

1　序

　民事訴訟手続上，当事者・裁判所の関係についても原則的に〈法律関係〉を構想することは可能だが，具体的にどのような関係で，いかなる性質の法律関係が発生するのか（裁判所と当事者の関係か，当事者間の関係か，どのような内容の関係か）が問題となる。

　考察の出発点となる基本観念は，民事訴訟手続においては訴訟当事者が単なる審理の客体として取り扱われてはならず，むしろその〈主体〉として，手続上の様々な権限を行使しうること，そしてそのために必要な手続上の地位が正当に位置づけられなければならない。このような当事者の訴訟手続における地位・権限を法的に明確にするためにも，裁判所や当事者の間にどのような法的関係があるのかを明確にする必要がある。また，訴訟追行に関する一般的な関

係だけでなく，当事者の訴訟に関する具体的な行為によってもまた，それに対応して訴訟手続上の具体的行為義務が発生すると考えられる（訴訟契約，違法収集証拠の取扱い，文書提出命令等による訴訟上の効果の発生等）。これらは具体的に訴訟行為論その他の関連する箇所で考察する。

2　裁判所と当事者の法的関係

(1)　法律関係の成立

訴え提起とそれに伴う訴状の送達によって，裁判所と両当事者間で一定の法的関係（訴訟係属）が生じる。原告は訴え提起行為によって裁判所に一定内容の判決を求め，裁判機関（裁判所）を利用するために所定の費用を支払い，裁判所による紛争解決を求めるが，これを受けた裁判所も，当事者の正当な裁判要求に応えて適切な裁判をする義務を負う。この関係は，国が設営する裁判機関の利用に関する公法的な法律関係である。

(2)　裁判所の義務

1)　判　決　　裁判申立てを受けた裁判所は，それが適法である限り，その内容に応じた裁判をしなければならない責務を負う。これが免除されるのは，主として当事者が自主的な紛争解決の途を選択し，訴訟手続で裁判所に対して判決を不要とする意思を表明した場合である（⇒第7章）。このような裁判を不要とする行為は当事者の手続上の処分行為として裁判所を拘束するが，これらの行為は共通して，裁判所に対して判決を不要とする意思の表明であり，この行為に基づいてはじめて裁判所にとっては訴訟手続を裁判によらずに終結することが正当化される。またこれらの行為はいずれも裁判所に対する当事者の意思による行為として承認された行為である点に特徴がある。

2)　手続の適正・迅速な運営　　わが国の民事訴訟手続は訴訟の進行について裁判所に主導権を与えている（職権進行主義⇒第6節）。そこで裁判所には手続の様々な局面で手続が公正で迅速に行われるように運営に努める責務を課している（民訴2条前段）。このような裁判所の責務は決して裁量的なものではなく，法的に要求された職務上の義務だと見ることができる。

具体的な手続運営に関しては，裁判所には事案解明のための争点整理等についての手続マネージメントの職務が課されている。

(3)　当事者の手続上の責務

訴訟当事者もまた訴訟手続の追行に関して様々な権利を持ち手続上の義務を負う。現行法は，これら当事者の訴訟追行上の責務について明文で包括的に

「信義に従い誠実に民事訴訟を追行しなければならない」と定める（民訴2条後段）。特に現行民事訴訟手続では，訴訟当事者は手続の重要な局面で根本的な決定権を持ち，また事件の解明に関しても，弁論主義により基本的な責任を負っている。訴訟当事者は互いに相手方の訴訟上の行為を考慮しそれに基づいて自己の行為を行う関係にあるから，互いに手続上も相手方を顧慮して信義に従い誠実に手続を追行することが求められる。

3　当事者間の関係

1) 不当提訴と損害賠償・訴権濫用　　訴え提起行為は当事者にとって権利行使行為であり，そのような行為は憲法上も裁判を受ける権利の保障（憲32条）に見られるように基本的人権として尊重されなければならない。しかし，訴えが提起された相手方にとっては，訴訟手続に応じて自己の権利擁護に力を尽くすことも極めて大きな苦痛であり膨大なエネルギーを要する行為であることは否定し得ない。したがって，不当な目的をもって行われた提訴によって不利益を受けた相手方は，これを忍受しなければならないいわれはなく，場合によりこれに基づく損害賠償請求による救済を求めうる（⇒第3章第3節Ⅳ）。また，訴え自体が権利濫用だと評価される場合がある（最（2小）判平成18年7月7日民集60巻6号2307頁）。

2) 事案解明　　訴訟手続上当事者間で争いのある事実については証拠による事案の解明が必要である。この事案の解明は，本来当事者双方が自らの責任と負担によって行わなければならず，それがうまくいかない場合，敗訴もやむを得ない。このような観念は，訴訟において必要な証拠は各当事者が自らの責任で獲得することができ，その努力で必要な争点を証明することが可能だということを前提にしている。しかし現実にはこのように訴訟手続上必要な争点につき，事案の解明に必要な証拠は必ずしも各当事者に均等に存在し獲得しうるわけではない。社会生活上，証拠の偏在が構造的に認められる場合も存在する。このような現実に目をつむり，立証に必要な証拠について当事者の自己責任のみを強調してもその不正義は解消されない。そこで，訴訟になった事項については，公正・公平な裁判を実現するために，争点の解明に必要な証拠獲得に関しても訴訟当事者は手続上の事案解明を図るべき義務があると観念される。

3) 訴訟促進　　迅速で適正な訴訟手続の実現は民事訴訟手続の最も重要な課題の一つである。長きにわたって迅速で適正な裁判を実現する努力が積み重ねられてきた。しかし民事訴訟手続が基本的に訴訟当事者の自己責任を基礎に，

そのイニシアティヴで進められるから，いくら裁判所が手続に関するマネージメントの努力を行い，訴訟促進に努力を傾注してもその実現は困難である。むしろ訴訟の様々な局面で重要な役割を演じその責任が重視される当事者が，訴訟の迅速な運営に積極的に関与し主体的な役割を演じることが重視されてきた。こうして，裁判所のみならず訴訟当事者もまた，訴訟促進についての責務を担い，事件の進行について早期の争点の確定，攻撃防御方法の提出などの面で責任を負うと見るべきである。

第3節　民事訴訟の審理原則

〔文献〕

春日偉知郎「民事訴訟における審理の基本原則」争点3版156頁，河野正憲「民事訴訟の訴訟原則」民訴42巻1頁，竹下守夫「弁論主義」演習民訴369頁，三ケ月章「弁論主義の動向」同・研究Ⅰ49頁，山木戸克己「弁論主義の法構造」同・論集1頁

Ⅰ　意　　義

　近代的民事訴訟手続はいくつかの近代社会に共通の基本的価値原理の上に成り立っている。民事訴訟手続の基本構造を決定するうえで最も基本的な審理の基本原則としては，まず市民が民事訴訟手続を利用するうえで問題となりうる責任分配を定めた原理が存在する[8]。これは，民事訴訟手続の利用に関して，市民がその間に存在する法的紛争を解決するために，①そもそも訴訟手続を利用するか否か，②民事訴訟手続を利用するにしてもどの限度で利用するのか，③いったん訴訟手続を利用する途を選択してもそれを最後まで貫くのか，あるいは判決による解決を断念して自主的解決方法を採るかなど，手続の利用上重要な局面で誰が決定権を持ちその結果について誰が責任を負うのかを示した責任の所在を明らかにした原理である。

　これらの原理は，手続の各局面で当事者がその決定権を持ちその責任で選択

---

[8] 訴訟原則には様々なものが挙げられる。かなり広く訴訟原則として拾い上げているのは，ALI & Unidroit, Princples of Transnational Civil Procedure. であり，31項目にわたる事項を提示している。これは，国際的な民事訴訟の確立を目指す趣旨から各国での法整備を顧慮したが故に他ならない。なお，河野正憲「ビジネス紛争の国際化と民事訴訟手続」井上・追悼43頁，55頁以下。

をするのか（当事者主義），あるいは裁判所がこのような権限を持つのか（職権主義）の対立的観点があるが，民事訴訟手続では当事者こそが基本的決定権と自己責任を負うとすることを明確にしたものである。

II　歴史と現状

　個人の自主的な判断とそれに基づく自己責任原則が妥当している今日の我々の近代社会では，民事訴訟手続もまたこの価値観に裏付けられた手続による個人の有する権利行使の場として理解されている。そこではこれらに共通する原理として市民の個人に与えられた自由と決定権を承認し，それを重視する価値原理に基づいた民事訴訟の基本原則が一般承認されている。

　わが国の民事訴訟法を制定する際に基礎とした 1877 年のドイツ帝国民事訴訟法（Civilprozeßordnung von 1877）は，ドイツ領邦地域のうち，当時主としてライン川左岸地域で行われたフランス民事訴訟制度の影響のもとに，フランス革命で普及した近代的法観念に基づく当事者主義の訴訟原則を採用した。この原則は，フランス革命期における市民の自由を基礎に，私的自治と自己責任原理を基礎としており，私人の私的な利益に関わる民事訴訟手続にもまたこのような一般的な社会の価値原理が妥当するものとして構想されていた。その審理形式も，裁判所における公開法廷で行われる口頭弁論を中心に構成された。ただし，手続の進行を専ら当事者に委ねる建前は排除した。立法者はこれによって，これまでの書面主義に基づく訴訟手続が構造的に持っていた難点を克服し，口頭主義による相互の対論によって迅速な訴訟運営が可能になると考えた。もっともこの予測ははずれ，その後訴訟遅延が問題化した（⇒第 8 章第 1 節 II 1）。

第 4 節　手続対象と結果に関する責任分配の原則

I　処分権主義

〔文献〕
河野正憲「民事訴訟の訴訟原則」民訴 42 号 1 頁

1　意義と機能

〈処分権主義〉は，市民が民事訴訟の当事者として民事訴訟手続を利用するにあたり，その手続上の権限とそれに伴って発生する可能性がある不利益の負担という民事訴訟の基本問題につき定めた原則である。処分権主義はこれを専

ら当事者の自由な処分行為に委ね，当事者が責任を負うとする民事訴訟手続の基本原理である。当事者の権限と責任を中心としたこの民事訴訟の手続の原則は，当事者の権限を重視する訴訟原則である〈当事者主義〉の一部をなす。

　民事訴訟手続は，基本的に私人の財産権を巡る法的な争いの解決を目的とした手続をモデルとして構築されている。そこでは原則として私人が自由に処分することができる私的財産権を巡る争いを解決するのに適切な手続構造が前提とされる。このような争いを解決するに際しては，まず第一に市民がそもそも民事訴訟手続を利用して私的な紛争を解決するのか否かを決定する権限を持つのでなければならない（「訴えなければ裁判なし」の原則）。紛争解決手続選択の自由は，市民の財産権行使の一環でもある。またこれを利用するにしても，どの限度で利用するのかという審判対象を特定する権限を有し（訴訟物の範囲の画定），さらにいったん民事訴訟手続による解決を目指しても中途で裁判所の判決による解決を放棄して，当事者双方の意思に基づいて紛争を解決する途を探ることにするという選択権限を持つ（訴訟中における自主的な紛争解決の選択）。このように手続の様々な段階で，民事訴訟手続の利用の可否に関する根本的な決定権を，あくまでも民事訴訟手続を利用する訴訟当事者の自由な意思に任せた原則を特にドイツ法系の訴訟法学では，手続上の重要問題につき当事者が専らその自律的意思によって処分をする権限を持つことから〈処分権主義（Dispositionsmaxime)）〉と呼んでいる[9]。

　訴訟手続の利用の可否という基本問題を当事者の意思による処分行為に委ねる〈処分権主義〉は，第一に，民事訴訟手続上当事者の権限と責任を重視するという意味を持つ。処分権主義が妥当する民事訴訟手続では，手続の基本的な事項は専ら当事者がその自律的意思に基づいて決定する権限を持つと共に，そのような決定により民事訴訟手続を利用した結果生じるかもしれない不利益な結果（例えば敗訴）も専らそれを決断した当事者自身の意思決定の結果であり，その当事者が自らそれを甘受しなければならないという理念（自己責任）に基づいている。これは私法一般の基本原理である〈私的自治〉の一局面だといえる。裁判所で行われる訴訟手続もまた，社会で行われる取引活動と同じ価値基準に基づいた行為の一環としての機能を果たすといえる。

---

[9] フランス新民訴1条も，原則として当事者のみに手続の開始，終了の権限があると定め，同5条は「裁判官は，要求されたもの全てについて，また要求されたもののみについて裁判をしなければならない」と定める。

第二に，この原則のもとでは裁判所自身が手続の対象となった事件の審理に対して特別の利害関係を持たないことから，裁判所の立場につき〈手続的中立性〉を維持する機能を持つ。この観点からは，実体的な処分の自由よりも広い局面で処分権主義が観念される。この場合の提訴権限は，裁判所以外の公的機関に委ねられることがある（例えば検察官の提訴権限〔民744条1項〕）。
　わが国の民事訴訟手続もこの〈処分権主義〉を採用している（一般的には⇒序章第5節）。

　　〈処分権主義〉に対立する原理は〈職権主義〉である。〈職権主義〉のもとでは手続の開始やその対象の特定などについて，その利害関係者の自由に委ねず，提訴権限を第三者にも与えてチェック機能を持たせている。非訟事件手続では原則として職権主義が採用されている（職権探知〔非訟11条〕，検察官の手続関与〔非訟15条，16条〕）。

　〈処分権主義〉のもとでは，裁判所の手続権限は最終的に当事者の意思に基づいた手続処分行為に拘束されなければならない。またこれらの当事者の行為の意味を判断する際の指針としても当事者意思を考慮した解釈が必要となる。

2　処分権主義発現の局面と内容

　処分権主義は，民事訴訟手続を利用するか否かを決定する権限を当事者の自主的な判断に委ねており，当事者のこの決定権限は訴訟手続の各重要局面で必要とされ，手続的にも顕在化する。裁判所の手続権限は当事者の処分行為に拘束され，逸脱は厳しくチェックされる構造になっている。

　① 訴訟手続の開始とその結果　　そもそも民事訴訟手続を用いて当事者間の紛争を解決するか否かの決定は当事者（原告）自身がしなければならない。本来，財産権を巡る私人間の争いは一般に，その権利主体が財産権自体を自由意思に基づいて処分することができるから，これは財産権の保障の一環であり憲法上の要請ともいえる（参照，憲29条）。したがってその財産権を巡って紛争が生じた場合にも，あるいは当事者間の自由な交渉により自律的に解決を図ることができればそれで十分である。民事訴訟による解決手段は，このような私人間の自主的解決が奏功しない場合に，予め定められた実体法が示す基準に基づいた法的解決を実現しようとするものである。この場合に裁判所は，当事者とは全く利害関係がない公正・中立の第三者としての立場で提起された事件について判断をする。訴えが提起されれば，裁判所はそれが適法である限り，当事者によって求められた限度で（審判対象たる〈訴訟物〉の枠内で）本案につ

いての法的判断を示さなければならない（民訴246条）。この判断につき，もはや上訴などの方法でその内容を争う通常の手段が尽きれば最終的にその判決は確定したものと取り扱われ，その内容が通用力を取得して，もはや訴訟手続で蒸し返して争うことができないという拘束力を与えられる（これを〈既判力〉という。⇒第10章第5節）。この場合に当該〈紛争〉は，判決による解決が与えられた限度で，訴訟法上はもはや〈解決された〉ものとして取り扱われる。これには，同一問題を蒸し返すことを防止し，これを裁判所が再度取り上げることを禁止するという制度的拘束力が付与されている[10]。訴えを提起することは，このような効果を持った民事訴訟手続を選択することに伴った当事者の権限の行使であり，当事者はそのような選択をなした以上，その帰結である訴訟の結果（例えば原告敗訴の不利益）を，自己の意思による選択行為の結果として甘受しなければならない。

② 審理対象の決定　訴訟手続を利用するにしても，当事者はどの限度で裁判所の判決による解決を求めるのかが問題になる。審判対象（訴訟物）の決定とその限界を画することは当事者の権限であり，裁判所はその決定に従わなければならない。裁判所は当事者が申し立てた事項に拘束され，これを超えた内容の判断をすることができない（民訴246条）。審判の対象を画定することは訴訟手続における裁判所の〈判断の外枠〉を明らかにすることであり，被告から見ればその訴訟で自己が受ける可能性がある最大限の不利益が明示されていることを意味する。裁判所がこれを超えて判断することができるとすれば，被告にとってはその訴訟による不利益の予測がつかなくなってしまう。裁判所はこうして一個の裁判要求に対して対応する判決を下さなければならない。これはいわゆる〈訴訟物〉を巡る問題であり，その基礎には当事者の自己責任原理が存在する。したがって，この範囲を変更するためには裁判所及び被告に対してその旨を明らかにするための明示的な手続が必要であり，〈訴え変更〉の手

---

[10] なお，ここで紛争の解決とは，社会的な意味でのその紛争が現実に解決されることを意味するものでないことは当然である。社会的紛争自体の解決は，より複雑な経緯をたどり，その成否は様々である。大局的に見れば，この判決によって紛争自体が現実に解決されるか否かとは直結しない。しかし，当事者が設定した事項について，少なくとも以後訴訟で争うことができず，給付判決の場合には，それによって強制執行をする権限をも与えてその内容を強制的に実現することができることで，当事者間の社会的存在としての紛争に強力なインパクトを与えうることにその意味がある。確認訴訟の場合にも，権利関係の公権的決定をし，形成訴訟においては裁判所のみが法的関係の変更について決定しうるからその持つ社会的意味は少なくない。

続が設けられている（民訴143条）。また複数の対象を定立する場合は〈訴えの客観的併合〉（民訴136条）となるが，これも審判対象を明確にする要求に応えたものである。

③ **訴訟手続の自主的終了**　いったん民事訴訟手続による解決を求めて訴えを提起しても，この民事訴訟手続を最後まで貫かなければならないわけではない。訴訟の過程で判決によるのではなく当事者の意思により訴訟を終了させたいと決断した場合には，当事者意思による自主的な訴訟終了が認められることが基本とされている。特に当事者間で話し合いがつき判決による解決の必要性がなくなった場合には訴訟手続を終了させることが必要である。そこで訴訟当事者にはこのような自主的に手続を終了させる権限があることを明示する規定が置かれている。これもまた当事者の自由意思による手続上の処分行為であり，その結果発生する当事者間での拘束力は専ら当事者の意思による行為の結果である。この結果発生する拘束力は，正当化の根拠の点で判決の拘束力とは根本的に異なる点に注意が必要である（⇒第7章第1節）。

④ **上訴手続における権利保護**　終局判決による裁判所の判断が示されても，当事者が常にその判決の結果に満足するわけではない。判決に不服の当事者は，自らの意思で上訴を提起することによって上級裁判所により再度事件の判断を求めることができる。このように更に上訴審による審査を選択するか否かもまた専ら当事者の意思による処分行為（上訴，附帯上訴の提起）に委ねられる（⇒第13章）。

II　弁論主義

〔文献〕

鈴木正裕「弁論主義に関する諸問題」司研77号1頁，高橋宏志「弁論主義」同・重点(上)362頁，竹下守夫「弁論主義」演習民訴369頁，山木戸克己「弁論主義の法構造」同・論集1頁

1　弁論主義の意義と機能

(1)　弁論主義と職権探知主義

民事訴訟手続では訴訟物である審判対象について，最終的には裁判所が判決によって判断をし，求められた紛争を解決しなければならない。その際，裁判所がその事件につき法的判断の基礎とするのに必要な事実を確定するのに用いる資料（訴訟資料）をどのようにして収集するのかが問題になる。その資料獲

得の源を大別すれば，これを専ら当事者が提出するものに限定しその収集提出の責任を専ら当事者が負うとする立場と，それを裁判所が職権で収集し利用することができるとする立場に分けることができる。このうちこれを専ら当事者の権限であり責任とする前者の原則を〈弁論主義〉という。通常の民事訴訟手続では弁論主義が採られる。これに対して，裁判所もまた職権で収集し利用することができるとする後者の建前を〈職権探知主義〉という。人事訴訟手続では職権探知主義が採られている（人訴20条）。

(2) 弁論主義の作用局面

民事訴訟手続では，裁判所が事件を審理し判断するためには法を適用して判断を行わなければならない。しかし，法を適用するためには法がその効力の発生に必要な前提として定めた構成要件に該当する事項（その多くが〈事実〉である）を確定するための資料が必要であり，それが十分に獲得されていなければ裁判所は当該法規を適用して裁判をすることができない。〈弁論主義〉は，裁判に必要なこのような訴訟資料の収集とその提出を専ら訴訟当事者の責任とした原則である。この原則によれば，訴訟当事者が行う弁論での陳述や証拠の提出が直接に訴訟の結果を左右するが，それらが法を適用するのに十分でなければ，裁判所は当該法規を適用することができず，当事者のいずれかがそれによって不利益を受けることになる。この結果もまた，専ら訴訟当事者の自律性とその自己責任に基づく訴訟制度による責任分配原則の帰結であるといえる。

〈弁論主義〉は，通常の財産権を対象とする民事訴訟手続の基本原則である。それによれば，裁判所は当事者が弁論手続に上程した資料のみを判断に利用することができ，裁判所がたとえそれ以外の資料を別に獲得したとしても，それを利用して事件の判断をすることが禁止される。今日では弁論手続は専ら口頭であるのが原則（口頭弁論）であるから，口頭弁論に上程された資料のみが裁判所の判断に利用されるにすぎない。この口頭弁論は，当事者双方がそれぞれの主張を明確にし，それを裁判所の前で――口頭で――述べる（弁論する）ために設けられた〈手続上の機会〉であり，裁判所はこの手続に上程された資料のみを判断に利用することができるとした。どのような資料を訴訟手続で判断材料として用いるのかの決定は専ら訴訟当事者の判断に委ねられている。

弁論主義では各当事者は，裁判所が判断に利用できる資料が弁論により当事者の眼前に提示されることになることから，専ら自らの提出した訴訟資料と相手方が提出した訴訟資料のみを前提にして，自己が行うべき攻撃・防御行為を

予定し実行することができ，それで十分である。こうして当事者の手続上の自律性を尊重すると共に，併せて，手続における攻撃・防御行為の際の予測可能性を保障することに弁論主義の最大の意味と機能が存在する。これによって，当事者には，裁判所が思いもよらぬ資料を用いて不意打ちとなる判断を行うことがないようにする保障が与えられる。

他方で，当事者が手続に上程しなかった資料は裁判所の判断材料にはならないから，この不提出の結果として不利な判決を受ける可能性がある。これは提出をしなかった当事者の自己責任といえる。こうして，弁論主義は裁判に要する資料収集面における当事者の権限とその責任原理を明らかにした訴訟手続上の基本原則の一つである。

> 弁論主義は，裁判に重要な意義を持つ事実の提出を専ら当事者の責任とするから，訴訟資料の提出という当事者の行為は直接訴訟の帰趨を左右する。その結果，自己に有利な事実を主張しないで敗訴をした当事者は，このような訴訟上の行為によって，自己の実体法上の権限を処分したと同様の結果を負担することになり，その意味で，当事者の行為による自己責任原理が直接妥当し，処分権主義と共通の価値基盤に立つ。しかし手続上両者は具体的目的，意義を異にしており，その作用の局面や発現の形態も異なる[11]。

(3) 職権探知主義

手続の対象となった権利・法律関係について当事者の処分の自由や自己責任原則が直接には妥当せず，判決が当事者の訴訟追行行為における手続処分に直接影響することが正当化されない事案では，当事者の訴訟上の行為に直結した判決の形成を避けて，むしろ裁判所はこれに煩わされないで当事者間の真の事実関係を探求し，それをもとに判断をすることが強く求められる。このような事案では，当事者が行った訴訟追行行為が直ちに裁判所の判断に対して拘束力を持ってはならず，またこれに対応した手続構造が必要である。この場合には，裁判所には当事者の訴訟資料の収集・提出が十分でないと判断すれば当事者が主張した資料以外の資料を考慮の対象とすることができる権限を与え，また職権でこれを補充することを認めており，裁判所はできる限り真の実体関係に基づく裁判を行う必要がある[12]。この観点に立った訴訟手続が，〈職権探知主義〉

---

11) かつては〈処分権主義〉の内容もまた広義で〈弁論主義〉の用語に含めて理解された時期が存在した（兼子・体系198頁）。しかし，今日では両者は明確に区別されて用いられている。

12) 職権探知主義では，裁判所には当事者の主張に拘束されずに事実関係の探求をすることが許

である。人事訴訟は一般に，この原則を採用している（人訴20条）。そこでは，「裁判所は，当事者が主張しない事実をしん酌し，かつ，職権で証拠調べをすることができる」と定める。もっともこの場合でも，当事者が主張した資料以外の資料を裁判所が突然判断の基礎に用いるとすれば，当事者にとって不意打ちになるおそれがある。職権探知手続であっても，当事者の不意打ちは避けなければならない。そこで，人事訴訟法20条は，上記に引き続き，「この場合においては，裁判所は，その事実及び証拠調べの結果について当事者の意見を聴かなければならない」として，不意打ち防止に意を用いている（行政事件手続は職権調査規定を有している。行訴24条）。

2 弁論主義の史的背景

民事訴訟手続では，一般に裁判所は判決をするにあたり必要な資料の収集に関しては，専ら訴訟当事者により「弁論に上程された訴訟資料のみが裁判所によって顧慮される」との原則が支配していると理解されている。この民事訴訟手続上の責任分配に関する原理を，ドイツ民事訴訟法学では19世紀初頭以来一般に〈弁論主義（Verhandlungsmaxime）〉と称している13)。

〈弁論主義〉という観念は，啓蒙期におけるドイツの法学者，ゲンナー（Gönner, 1764-1827）によって，普通法民事訴訟を支配し，プロイセン一般裁判所法を支配する原則と対立する手続原則として主張された（*Gönner*, Handbuch des deutschen gemeinen Prozesses, 1 Aufl., 1801, Bd. 1)。ゲンナーによれば，すべての民事訴訟手続の基本目的は当事者に審問権を保障する点にあるが，これも無制限ではなく訴訟手続という時間的に限られた範囲内で保障されるにすぎない。この許された範囲で自己の権利の防衛をしない者はその権利を放棄したものとみなされ，その結果が既判力で確定される（aaO., S. 131)。この既判力の発生には前提として当事者の権利の行使・防御の行為を必要とするが，その判断には裁判所が事実の心証を得ることが不可欠である。ただ市民が自由意思で活動しうる領域では裁判所の職権による手続は存在せず，裁判所は当事者が提出した事項に拘束される。ここでは裁判官の判断は当事者の弁論に拘束されることからこれを〈弁論主義〉というと述べる（aaO., S. 261)。この見解はその後普通法民事訴訟手続の基本原理であると承認され，ドイ

される。ただし，どの限度でそれを行うべきかは裁判所の判断に委ねられる。その際裁判所の機構上，裁判所が独自に事実を調査探知することができる事項は自ずと限られる。事案の公共性と裁判所の事案解知の責任とは区別すべきであり，事案の解明について当事者が第一義的に責任を負うことにかわりはない。なお，山田文「職権探知主義における手続規律・序論」論叢157巻3号1頁以下。

13) これに対して〈弁論主義〉は，〈提出主義（Beibringungsprinzip）〉ともいわれる。口頭弁論に上程・提出された資料のみが考慮されるという内容をより直截に示す用語だからである。

ツ民事訴訟法のその後の立法でも基本原理として承認されている（なお，ゲンナーの弁論主義についての研究として，山木戸〔文献〕1頁，本間義信「ゲンナーにおける弁論主義」静法37巻2号1頁がある）。

弁論主義に対しては，その後原則思考（Maximendenken）であり疑問だとの批判も見られたが[14]，今日では民事訴訟手続の基本価値を体現した原則として一般的な承認を得ている。

3 弁論主義の基礎・根拠
(1) 弁論主義の根拠をめぐる見解

民事訴訟手続においてなぜ弁論主義が基礎にされなければならないのかという，弁論主義の根拠についてはわが国でも根本的な見解の対立がある。

① 本質説　民事訴訟手続の対象は，本来私人による自由意思による処分を許す財産的紛争が基本になっているから，個人の私権の実現を目的とする民事訴訟では，これらの権利関係を巡る紛争を裁判で解決する局面であるが，できる限り当事者の自主的解決に近い方法が望ましい。そこで裁判所での紛争解決にあたってなされる裁判所の判断も，争っている限度でまた当事者が申し立てている事項について与えればよく，争いがない事実などについてまで判断するのは当事者間での自律的な関係に干渉するもので許されないと見る見解である。この見解は，弁論主義が民事訴訟の本質に根ざした制度だと捉える。この見解は今日わが国ではなお通説的な位置を占めている（兼子・体系197頁，同「民事訴訟の出発点に立返って」同・研究Ⅰ475頁，489頁，新堂410頁，伊藤265頁，松本＝上野43頁）。

② 手段説　財産関係をめぐる紛争でその結果にもっとも利害を感じるのはその当事者であるから，当事者は自己に有利な事実を裁判所に提出するに違いない。したがって，当事者に，自己に有利な資料の提出の責任を負わせることが訴訟手続で労少なくして真実を発見するために最良の手段である。不十分な資料の提出によって敗訴した当事者は，その結果は自己責任として甘受すべきである。裁判所としても，当事者間における私事について複雑な事実関係を自ら余すところなく探知し解明する能力は存在しない。民事訴訟における弁論主義の採用はこのような合目的的・政策的考慮に基づいていると理解する見解である（三ケ月・全集157頁）。かつ

---

[14] ドイツでの古典的弁論主義批判は既に，Bernhard等の所説の批判的検討を通して三ケ月章博士によって紹介主張されていた（同「弁論主義の動向」同・研究Ⅰ49頁，69頁）。その後，ドイツにおける弁論主義の詳細な学説史的な再検討は，Bomsdorf, Prozeßmaximen und Rechtswirklichkeit, 1971. においてなされた。彼はゲンナーによる原則形成は誤りの展開であり，主たる誤りは，①当事者が訴訟中で権利処分をすることができると同様に事実をも処分することができると信じた点，②伝統的な思考を何の批判もなく保持し続けた点にあるという（aaO., S. 278 ff.）。これに対しては多くの反批判がある（例えば，Bettermann, ZZP 88, S. 348）。

て有力であった。
　③　多元説　　弁論主義を一つの根拠によって説明することは不可能であり，本質説や手段説が説く根拠のほかに，不意打ち防止や公平な裁判への信頼も含めてこれが多元的な根拠に基づいて形成された一つの歴史的な所産だと説く見解もある（竹下〔文献〕375 頁，三ケ月・双書 187 頁〔改説〕）。

(2)　検　討

　手段説は，弁論主義もまた真実発見を無視するものでないことを説明し得ても，弁論主義と職権探知主義を採用する手続（例えば人事訴訟手続や行政事件訴訟手続）との違いを十分に説明できない。多元説も，弁論主義が持つ様々な機能を説明するが究極的な職権探知主義との違いは十分に説明し得ていない。

　弁論主義は，究極的には当事者が裁判所の判決に必要な事実を弁論に上程しなかった場合に生じる不利益を誰に帰するかという責任原理を明らかにした制度であり，当事者が持つ権利の自由な処分をしうる権限に連動した訴訟上の行為の自己責任原理だと理解するのが正当である。弁論主義は派生的に不意打ち防止などの機能を持つが，これは民事訴訟手続では根本的に当事者の審問権が保障されなければならず，したがって不意打ち防止が保障されなければならないことの帰結である。もっともこの要請自体はひとり弁論主義のみに特有のものではなく，職権探知主義のもとでも保障されなければならない。しかし，弁論主義と職権探知主義では審問権の保障の仕方及び不意打ち防止の保障の仕方が異なる。弁論主義ではそれはあくまでも事件判断に必要な訴訟資料を，当事者が口頭弁論に上程することによってはじめて裁判所の判断ができるという制限を課し，これによって当事者の訴訟資料に関する処分権限を保障すると共に当事者の自己責任に連動した制度としている。これに対して，職権探知制度では当事者の自己責任と連動させること自体が否定される。当事者が有する私権を訴訟上で行使する民事訴訟手続では，弁論主義が最も適切な手続形態である[15]。

4　弁論主義の具体的内容

　弁論主義は一般に次のような具体的内容を持つと理解されている（兼子・体系 198 頁，伊藤 265 頁，松本＝上野 41〜42 頁，高橋〔文献〕362 頁）[16]。

---

[15]　ドイツで弁論主義をこのように位置づけるのは，*Henckel*, Prozeßrecht und naterielles Recht, 1970, S. 144.
[16]　弁論主義の要素に関して以下①〜③は，ドイツでも主張されている。例えば *Blomeyer*, ZPR, S. 95 f.

① 当事者により弁論での事実主張が必要　　裁判所は，当事者が主張しない事実を判決の基礎にして判断をしてはならない。この事実主張は口頭弁論で行われなければならない。たまたま証拠調べで明らかになった事実については，裁判官はいずれかの当事者の〈主張〉がない限り判決の基礎にすることができない。この結果，当事者が自己に有利な事実を主張せず，相手方当事者からも結局口頭弁論手続に上程されなかったならば，裁判所はこの事実について判断することができないから，彼は結局その結果として不利な判決を忍受しなければならないことになる。このように，いずれの当事者からも一定の事実が主張されないことによって裁判所が判決に必要な事実を認定することができないということから受ける不利益を〈主張責任〉という（主張責任については⇒6）。また裁判官は，私的に知り得た事実も裁判で考慮することができない。

　② 当事者間に争いのない事実は判決の基礎にしなければならない　　裁判所は，当事者に争いがない事実については，そのまま判決の基礎にしなければならない。このような当事者間で争いのない事実に関しては証拠による確定の必要がないだけではなく，むしろ裁判所はそれに反する認定をしてはならないという拘束を受ける。この場合に，当該事実についてはたとえ裁判官がその事実の真偽に疑いを持っていてもその証拠調べ自体が排除され，当事者が主張する事実をそのまま裁判の基礎にしなければならない。当事者が裁判上自白した事実（なお裁判上の自白のより積極的存在理由については⇒第8章第6節），擬制自白による事実なども裁判所はそれに反した認定をすることができない。

　③ 当事者の申し立てた証拠による認定　　裁判所は，当事者間に争いのある事実又は公知とはいえない事実を認定するためには必ず当事者が申し出た証拠によらなければならない。わが国では，原則として職権による証拠調べは認められていないが[17]，これには若干の例外がある（民訴186条，218条，228条3項等）。この原則は厳密に見れば，弁論主義自体から直接論理的に導かれたのではなく，弁論主義が基礎とする当事者主義を徹底したことから証拠調べの段

---

17) これに対してドイツでは同じく弁論主義を採用するが，証人尋問以外では例外的に職権による証拠調べを認めている。職権による検証物の証拠調べ及び鑑定（ド民訴144条），文書（ド民訴142条）及び記録（ド民訴143条）が定められている。これらの規定は裁判官の実質的釈明権（ド民訴139条）と関連して，当事者の不明確で不十分な事実主張を裁判所の裁量によるこれらの行為で明らかにするのだといわれる。これが弁論主義から職権探知主義への部分的移行かは争われるが，基本的には当事者主義の補完であると理解されている（Stein/Jonas/*Leipold*, ZPO., § 144, Rdnr. 5)。

階でも当事者の権限と責任を重視しこれを明示するものとして併せて提示されていると見るべきであろう（参照，高橋〔文献〕363頁）。通説は共同訴訟人の一部について申し出られた証拠調べの結果を他の当事者の関係に拡張することを自由心証との関係で許容しているが（いわゆる〈共同訴訟人間での証拠共通〉⇒第12章第2節Ⅱ4），これはこの原則の派生的な性格に由来するといえる。

5 弁論主義の妥当領域

(1) 事　　実

弁論主義は当事者が弁論に提出した〈事実〉に限って妥当する。裁判所は様々な事実のうちで，当事者が弁論に提出した事実に関する資料のみを判決の基礎にすることができる。これに対して，〈法〉については裁判所はそれを知っていることが前提とされており，当事者は弁論で主張・証明をする必要がないのが原則である（Jura novit curia〔裁判所は法を知る〕）。もっともこの原則も，厳密にはわが国の国内法のみについていえることであり，外国法や国内の慣習法などについてはこれとは別の考慮が必要である。しかしこれらに弁論主義が妥当することを意味しない（⇒第9章第2節Ⅲ4）。

弁論主義が専ら〈事実〉に妥当する原則ではあるが，裁判上問題になるすべての事実について妥当するわけではない。本来訴訟手続では様々な事実が問題になるが，そのうち，裁判所が事実認定に際して弁論主義による拘束を受けるのは，その事実が訴訟の帰趨に直截に影響する〈手続上重要な事実〉である。煩瑣な個別の事実のすべてについて弁論主義が妥当するのではなく，これらは裁判官は当事者が上程しない資料の中からこれを収集・判断することを妨げられない。このように弁論主義が妥当する手続上重要な事実をいわゆる〈主要事実〉であると理解するのが一般である。

　　法領域でなされた当事者の合意が裁判所を拘束するかについては争いがある。

(2) 主要事実への限定

1) 従来の通説　　従来の通説は，弁論主義が適用されるのは様々な事実のうちで，〈主要事実〉のみに限定してきた。即ち，本来裁判所は判決をするにあたり法規を適用してその判断をなすが，その前提として，当該法規が法律効果発生の要件としている法的事項（構成要件要素）に対応する具体的事項を確定しなければならない。その際これらの構成要件とされる事項はその多くが〈事実〉によって定められていることから（これらの事実は「要件事実」ともいわれる），裁判所は法的判断に際してこの要件事実に対応した具体的事実（主要事

実)の存否を確定しなければならない。従来一般に，この要件事実と主要事実とは同一のものだと考えられてきた。この意味での主要事実こそが弁論主義の適用される事実だとされた[18]。

   2) 主要事実と間接事実・補助事実　裁判所は判決を下すためには〈主要事実〉の他にも様々な種類の〈事実〉についてその存否を確定しなければならないが，その際，これらの〈間接事実〉や〈補助事実〉には弁論主義は適用されないと説かれてきた（新堂414頁）。

〈主要事実〉の意味につき，従来の通説はそれが権利の発生・変更・消滅という法律効果を発生させる要件となった事実に対応する事実であり，その存在が認定されるとその法規が定めた法律効果が発生したものと認定される事実だとしてきた。そこでこの事実は，法律効果発生にとって直接に作用する重要な事実であり，弁論主義のもとでは当事者がこの事実を訴訟上弁論で主張しない限り裁判所は判決の基礎にすることはできないとされた。こうして，主要事実は弁論に上程することによってはじめて裁判所の判断対象とされることが明確になる反面で，提出されない事実を裁判所が判断することはないことから，この事実を主張しなかったことが直接当事者に不利に作用する可能性がある，とされた。もっとも〈主要事実〉をこのように要件事実と同じだと理解する立場に対しては最近では批判が強い（この見解は今日ではもはや通説としての地位を維持しているとはいえないともいわれる）。

〈間接事実〉は主要事実の存在を推定させる事実である。主要事実が存在することを直接に証拠で証明することが困難な場合に，我々の様々な経験に基づいて形成された法則（これを「経験則」という）に照らして，主要事実とは別の事実がこの主要事実の存在を推定させる関係にある場合に，この事実を〈間接事実〉と呼んでいる。従来この間接事実には弁論主義の適用はないとされてきた。しかし最近ではこの点については異なった見解が主張されている。

〈補助事実〉とは，主要事実や間接事実の証明に際してその信憑性を判断するために必要な事実をいう。この事実についても弁論主義の適用はない。

 3) 通説の根拠　従来の通説は，主要事実についてのみ弁論主義が適用されるとする命題の根拠を次のように説明してきた。

まず法律効果の発生に直接必要な〈主要事実〉については，当事者の主張が必要である。これがなければ裁判所は直接当該法規の適用をすることができない。これらの主要事実は当該法条が定める権利の発生・変更・消滅などに直接影響する重要な事実だからである。したがってこれらについて当事者の主張が

---

[18] 司法研修所編・増補民事訴訟における要件事実(1)（法曹会・1986）3頁はこの見解を採用する。

なければ，裁判所は当該法条を適用することができず，法定された法律効果を引き出すことはできないことになる。こうしてこの場合にはその事実を弁論で主張をしなかったことが直接に不利益な結果を生むことになり，これは結局法定された権利を処分することと同等の機能を営む。

これに対して〈間接事実〉や〈補助事実〉は〈主要事実〉とは異なり，その主張がなくても裁判所は判決の際の資料にすることができる。その根拠としては，主要事実はその不提出が直接訴訟物たる権利関係に影響するのに対して，間接事実や補助事実については主要事実の存否を判断するに際して経験則などを介在させたうえでその存否を判断しなければならないことから，その事実の存否と主要事実の存否との関係を見れば，間接事実や補助事実は主要事実を証明するための証拠と同様の役割・機能を営むと考えられる。そこで，間接事実の証明を通じて主要事実を証明する場合には，裁判官が主要事実が存在するとの心証を証拠資料から得ているにかかわらず，間接事実の主張がないことからその主要事実の認定ができないのでは裁判官として合理的判断を行うことが阻害され，自由心証主義（⇒第9章第3節Ⅰ）とも相容れないと説かれる。こうした根拠から間接事実や補助事実には弁論主義が適用されないとした（兼子・体系199頁）。

(3) 批 判 説

〈間接事実〉に弁論主義の適用がないとする従来の通説に対しては最近では様々な観点から批判がある。批判説は主要事実とされる事実の理解も一様ではない。これは主要事実とされるもの自体が具体的な事実から極めて抽象的な事実まで幅広く存在し，特に抽象的な主要事実については実際上それ自体が証明対象になりにくく，どうしても間接事実による証明が中心にならざるを得ないという現実を背景にしている（概観は，高橋〔文献〕375頁）。

1) 一般条項に関する批判　　まず一般条項の取扱いが問題になる。信義則（民1条2項），権利濫用（民1条3項），公序良俗（民90条），正当な理由（民110条），過失（民709条）等の一般条項では法規が定める〈事実〉は極めて抽象的でありその適用に際しては常にその評価を必要とする。その場合にも，あくまでもこれらの「過失」等の一般概念を主要事実とし，これを推認する個々の具体的事実を間接事実と解すると，訴訟において具体的に証明の対象となる極めて重要な個々の事実がすべて間接事実となり弁論主義の適用対象外に追いやられてしまうことになる。そうすると，この結果として当事者にとっては予期し

ない事実が裁判所によって認定される可能性があり，不意打ちの危険が生じ弁論主義本来の趣旨にも合致しない。そこで，主要事実の概念自体を，実際の審理の対象になる事実に合わせようとする努力がなされた（山内敏彦「一般条項ないし抽象的概念と要件事実（主張・立証責任）」本井巽＝賀集唱編・民事実務ノート(3)〔判例タイムズ社・1969〕1頁）。この見解は一般条項のレベルで主要事実を捉えず，むしろそれを構成する個々の具体的事実を主要事実と把握すべきと説く。

2）区別不要説　これに対して弁論主義の妥当を主要事実のみに限定する根拠はなく，不意打ち防止の観点から見れば主要事実，間接事実を問わず弁論主義の適用があるとの見解がある（竹下〔文献〕377頁以下）。間接事実であっても訴訟の勝敗に重大な影響を与えるものがあり，これらについて当事者の主張を待たずに判決の基礎にすることは相手方に不意打ちとなり防御権を奪うことになるからだと主張する。

3）主要事実の再構成　このような批判的見解の展開を受けて，通説的見解も最近では法規が要件とする事実と主要事実は区別すべきであり，特に要件事実が一般抽象概念で規定されている場合はその要件事実に該当する個々の事実が主要事実であるとする理解が有力となっている。そして弁論主義はこの意味での主要事実に妥当すると説かれる（新堂414頁）。基本的にはこの見解に賛成すべきである。

(4)　訴訟資料と証拠資料・自由心証主義

1）訴訟資料と証拠資料の区別　裁判所は，弁論主義により〈訴訟の帰趨を決定する重要な事実〉が弁論において当事者によって〈主張〉されている場合に初めて，それを判断の対象とすることができる。このように主張の中に含まれる資料を〈訴訟資料〉という。

これとは区別して〈証拠〉の中に含まれている資料は〈証拠資料〉といわれる。弁論主義が妥当する事実については，それが当事者の主張する訴訟資料の中には存在しなければ，例えば証人の証言中など証拠の中に含まれていた資料（証拠資料）から獲得しても，それ自体を裁判所はその判断の基礎にすることはできない。

民事訴訟ではこのように〈訴訟資料〉と〈証拠資料〉が厳密に区別されなければならない。これは民事訴訟では当事者の弁論こそが紛争の対立点（争点）を顕在化させる手段であり，それによって特に争いになっている事実関係を顕

在化させることが期待されるからである。その結果，弁論主義に基づき〈主張責任〉の観念が生じ，およそ弁論で主張されていない事実は証拠調べがなされないのが原則である（新堂414頁）。

　†〔例〕　売買契約が成立したこと（民555条）について当事者が主張していなければ（訴訟資料でない），たとえその事実の存在につき証人の証言から裁判官が確信を得ても（証拠資料），それを判決の基礎に使用することはできない。

　2）　通説の論理の問題点　　訴訟資料として弁論へ提出することと，証拠資料についての評価とが区別されるべき問題だとした場合に，弁論主義の適用が専ら主要事実に限るとし，間接事実に対する弁論主義の不適用を自由心証主義に基づいて理由づけた通説の〈論理〉自体の正当性は更に検討する必要がある。

　まず第一に，すべての事実について弁論主義が適用されるとすれば裁判官の事実認定が窮屈となり事案に即した判断ができなくなるおそれがあることは明らかである。したがって，些細な事実については弁論主義の適用が排除され，当該事件の勝敗に直結する重要な事実について弁論主義が適用されるとすること自体は正当であり当然といえる。しかし，勝敗に直結する事実とそうでない事実の区別に，〈主要事実〉と〈間接事実〉の区別を利用したことの当否は問題になりうる。間接事実を弁論主義の妥当領域から排除した根拠として挙げられる〈自由心証主義〉の類推は，本来自由心証主義自体が証拠評価の基本原則であることから，その前提となる主張段階での問題の弁論主義の妥当領域を確定するための根拠としてこれを持ち出すこと自体が論理的に適切さを欠くといえる（比喩としての説明であれば，論理的な証明を欠く）。

　これに対して〈主要事実〉は直接当該法規適用に必要な事項として証明の対象になりうるから，これに弁論主義が適用されることは一つの基準とはなりうる。ただし，そもそもその〈主要事実〉をどのように把握するか自体が問題である。特に一般条項では法が規律する抽象的な要件は法的評価を伴った事項であり（例えば「信義則」「権利濫用」「過失」「正当事由」等），それ自体は直接証明の対象となりうる事実ではない。したがってこの場合〈主要事実〉は具体的事実であるとすべきである。この事実と法が規定する事項との関係は，単なる経験則による事実関係の推論ではなく，その間には法倫理的評価を伴う高度の法的推論であるというべきである[19]。

---

19)　例えば，「過失」（民709条）の認定に際しても，〈脇見運転〉という事実が法の要求する注意

第二に，論理的には〈主要事実〉とされる事実のうちでも当該事件における手続上の具体的な状況（当事者の争い方）によっては争点にはならないものもありうる。このことは，法規の構成としては論理的に見れば主要事実とされるものであっても，実際には弁論主義を適用する必要がないものがありうる。反対に，法規の構成からは論理的に〈間接事実〉であっても，その事実が訴訟の勝敗に極めて重要であるならば，弁論主義の適用を肯定すべきである。これらは具体的には主張責任との関連で問題とされる。

6　弁論主義と主張責任
(1)　主張責任の概念と意義

　弁論主義が妥当する〈事実〉については，当事者が弁論で主張しない限り裁判所はそれを判決の基礎にすることができない。そこで，一般には各当事者は自己に有利な事実を弁論で主張しないと裁判所によって判決の基礎とはされず，結局その事実は存在しないものとして扱われ，敗訴してしまう可能性が高い。このように自己に有利な事実を主張しない結果不利益な判決を受ける当事者の負担を〈主張責任〉という。この主張責任は，当事者の主張しない事実を裁判の基礎にすることができないという弁論主義の帰結であり，弁論主義が妥当する手続でのみ妥当する点で，弁論主義や職権探知主義を問わず必要な証拠が存在しないことから自己に有利な判決を得ることができない結果となる〈証明責任〉（⇒第9章第4節）とは異なる観念である。

　　訴訟の過程で，弁論主義が適用されるか否か，主張責任が問題になるか否かが特に問題とされる場合がある。

　　1)　代理権の存在　　代理人によって行われた法律行為の効果について判断するためは常に代理権の存在が主張されなければならないか。これが主張されていないのに代理人による法律行為がなされたことの認定を証拠に基づいて行うことは弁論主義に反するかが問題になる。判例にはその主張がないにかかわらず代理人による法律行為を認定したことが弁論主義に反しないとするものがある（最(3小)判昭和33年7月8日民集12巻11号1740頁[20]）。その理由を「当事者本人によってなされたか，代理人によってなされたかは，その法律効果に変りはないのであるから，……弁論主義に反するところはな〔い〕」という。この判決に対しては，代理権の

義務に違反するという法的判断を必要とする。このような不確定概念の特殊な性格につき特に上告理由との関連で，河野正憲「不確定概念（一般条項）の上告可能性」同・当事者行為285頁以下。

20)　三淵乾太郎・最判解説民事昭和33年度197頁，坂本慶一・百選Ⅰ194頁，松下祐記・百選3版116頁。

存否は主要事実であり弁論主義の適用がないとした判断には批判が多い。しかし，主要事実だからすべて弁論主義の適用があるともいえず，その事実が訴訟の帰結に重要な意味を持つか否かにより争点とすべきか否かが異なるといえる[21]。

　　2）　公序良俗違反・信義則違反・権利濫用　　これらの一般条項の適用について当事者の弁論での主張を要するか。〈公序良俗〉による売買契約の無効に関し，判例（最(1小)判昭和36年4月27日民集15巻4号901頁[22]）は，裁判所が，当事者が「特に民法90条による無効の主張をしなくとも同条違反に該当する事実の陳述さえあれば，その有効無効の判断をなしうる」という。これが一般条項であることから等しく弁論主義の適用を排除されるというのであれば，すべて一般条項について当事者の主張を必要としないことになる。しかし，これらはそれぞれ別個の考慮を必要とする。

　〈過失〉等の一般条項では，それを基礎づける事実が主要事実であり，これについて当事者は一般に主張を要するというべきである。したがってこれが一般条項だからというだけの理由で弁論主義の適用を排除することはできない。

　これに対して〈公序良俗〉については，同じく一般条項である点では共通であるが両者を同一に考えることはできない。〈公序良俗〉は公益性が強く，当事者が処分をすることができない事項である。それ故たとえ当事者の主張がなくても裁判所はそれに該当する事実が確認できれば，それに対する裁判による保護を与えることができない（篠田省二「権利濫用・公序良俗違反の主張の要否」新実務民訴(2)35頁）。

　〈権利濫用〉はそれ自体が公益を理由にした事項とは言い難く，原則として当事者の主張を要するというべきである。

　　3）　過失相殺　　過失相殺は，債務不履行及び不法行為による損害賠償請求において，債務不履行に関して債権者に過失があるときはその責任及び額につき（民418条），又は不法行為による損害賠償請求において被害者に過失があれば損害賠償額につき（民722条），裁判所は斟酌をすることができる制度である。その存在意義は，被害者の過失だけではなく加害行為の悪質性とを比較考量の上，損害負担の衡平（損害の減額）を図る制度だとされる。しかしこのような性格がそのまま訴訟手続上弁論主義を排し裁判所の職権による認定を正当化するわけではない。過失

---

[21]　このような見方の相違は，論理的に代理権の問題が権利発生にとって必要な事項として常に考慮されるべきであり，したがってその訴訟上の主張が不可欠だと見るか（この見解は，坂井芳雄「契約が代理人によって成立したことの主張を要するか」近藤完爾＝浅沼武編・民事法の諸問題Ⅰ〔判例タイムズ社・1970〕73頁），代理権は常に取り上げられるべき事項ではなく，争点との関係で省略が許されるとする反対説（田辺公二「反対論として」同書82頁，85頁）の対立がある。争点とされていない場合は相対的にその重要度が低いといえる。この場合には主張がなくても裁判所はこれを判断の中で取り上げることができるといえよう。

[22]　石田穰雄・最判解説民事昭和36年度138頁，篠田省二・百選Ⅰ196頁，梅善夫・百選3版118頁。

相殺は，実体法上は抗弁として債務者の援用がなくても裁判所は考慮することができる（最(3小)判昭和43年12月24日民集22巻13号3454頁[23]）。しかし，訴訟上（いずれかの）当事者から何ら原告側の過失事由が主張されていないのに，その事実を証拠などによって裁判所が職権で探知し，それを（過失相殺の減額）判断の基礎にすることは弁論主義に違反する。

　4）　**不動産の所有権移転経過と弁論主義**　所有権の移転経過は，現在所有関係に至る権利の来歴であり，従来判例はこれ自体には弁論主義の適用がないとしていた。しかし，現在の権利関係について主張をするためにはその要件となる事実の主張が過去における所有権の取得事実の主張を介して行わなければならない。それ故，権利の来歴であるとの一事で弁論主義の適用がないと断定することはできず，要件事実との関係で弁論主義の適用される重要な事実か否かを判断すべきである。最高裁（〔**判例**〕）はこのような観点から先例である大審院判決を変更した。

†〔**判例**〕　**不動産所有権移転経過の認定と弁論主義**　かつて大審院（大判昭和11年10月6日民集15巻1771頁[24]）は，不動産の移転経過について弁論主義の適用がないとしていた。すなわち，Xが家督相続により取得したと主張して不動産所有権の確認を求めたのに対してYは，当該不動産を自ら買い受けたので被相続人の所有に帰したことはないと争ったが，裁判所は証拠により，当該不動産は相続開始前に被相続人からYに譲渡されたと認定しXの請求を棄却したのは違法でないと判決していた。

　最(1小)判昭和55年2月7日民集34巻2号123頁[25]はこれらの判例を変更した。事実関係は以下の通りである。Xらは，係争不動産はXらの被相続人Aが訴外Bから買い受けたがAが死亡したので共同相続したと主張し，所有名義人であるYに所有権移転登記を求めた。これに対してYは，当該不動産はYの夫CがBから買い受け，Cの死亡によりYが相続したのだと争った。控訴審は，AがBから買った後Cに死因贈与をしたと認定しXらの請求を排斥した。最高裁は以下のように述べて破棄差し戻した。「相続による特定財産の取得を主張する者は，(1)被相続人の右財産所有が争われているときは同人が生前その財産の所有権を取得した事実及び　(2)　自己が被相続人の死亡により同人の遺産を相続した事実の二つを主張立証すれば足り，(1)の事実が肯認される以上，その後被相続人の死亡時まで同人につき右財産の所有権喪失の原因となるような事実はなかったこと，及び被相続人の特段の処分行為により右財産が相続財産の範囲から逸出した事実もなかっ

---

23)　豊水道祐・最判解説民事昭和43年度994頁，倉田卓次・続百選132頁，戸根住夫・百選Ⅰ198頁。
24)　兼子・判例206頁。
25)　榎本恭博・最判解説民事昭和55年度79頁，上村明広・百選2版162頁，藤原弘道・百選Ⅰ192頁，坂原正夫・百選3版114頁。

たことまで主張立証する責任はなく，これら後者の事実は，いずれも右相続人による財産の承継取得を争う者において抗弁としてこれを主張立証すべきものである。これを本件についてみると，Xらにおいて，AがBから本件土地を買い受けてその所有権を取得し，Aの死亡によりXらがAの相続人としてこれを共同相続したと主張したのに対し，Yは，前記のとおり，右Xらの所有権取得を争う理由としては，単に右土地を買い受けたのはAではなくCであると主張するにとどまっているのであるから（このような主張は，Aの所有権取得の主張事実に対する積極否認にすぎない。），原審が証拠調の結果Bから本件土地を買い受けてその所有権を取得したのはAであってCではないと認定する以上，XらがAの相続人としてその遺産を共同相続したことに争いのない本件においては，Xの請求は当然認容されてしかるべき筋合である。しかるに，原審は，前記のとおり，Yが原審の口頭弁論において抗弁として主張しないCがAから本件土地の死因贈与を受けたとの事実を認定し，したがって，Xらは右土地の所有権を相続によって取得することができないとしてその請求を排斥しているのであって，右は明らかに弁論主義に違反するものといわなければならない。」

(2) 主張共通の原則

1) 意　義　　弁論主義は裁判所が判決をするのに必要な裁判資料を専ら当事者が弁論に上程したものに限定する原則をいう。しかし，裁判に必要な事実の主張をいずれかの当事者がなさなければならないかは問うところではない。どちらの当事者からであれ当事者から主張があればよい。弁論主義は，裁判所と当事者の間での役割・責任分担の原則であり，当事者双方の間での役割分担を定める原則ではないからである[26]。裁判所は，当事者から主張された事実であればその判断のためにその事実を自由に利用することができる。その結果それを主張した当事者に常に有利にのみ判断しなければならないわけではない。当事者からの主張があれば，裁判所は主張した者に有利にもまた不利にも判断をすることができる。これを〈主張共通の原則〉という。

2) 主張共通の原則とその問題点　　弁論主義は裁判所と当事者間での責任分配原則であり当事者間の責任分配原理ではないから，裁判所としては，自らが事件の判断をするのに必要な重要事実が当事者から弁論に上程されていればよく，それがいずれの当事者から提出されても，その限度では問題がない。

この原則を適用するうえでしばしば生じる問題に，当事者が自己に不利な事

---

[26] これに対して，当事者間の関係を考慮すべきだとする見解も存在する（井上治典「民事訴訟の第三の波」同・民事手続論〔有斐閣・1993〕29頁，50頁）。

実を陳述し，しかも相手方がこれを援用しない場合がある。この場合に相手方がその事実を援用すれば一般には自白が成立するとされる（いわゆる「先行自白」）。しかし相手方の援用がなければ，その事実についてはなお争点として残っているから裁判所は更に証拠調べをしたうえでその事実についての認定をしなければならない（兼子一「相手方の援用せざる当事者の自己に不利なる陳述」同・研究Ⅰ 199 頁，**判例①**）。

　通常の訴訟手続では，当事者はそれぞれ専ら自己に有利な事実を主張するのが一般であり，それで双方の対立点が顕在化し争点は明確になる。しかし当事者が自己に不利な陳述をし相手方がこれを援用しない場合の多くは，その陳述をした当事者は当該を前提として更に自らに有利な事実を付加して積極的な防御を展開する場合が多く，そのような主張で先回りして最終的には自己に有利な事実に導くためにこのようなそれ自体は不利な事実主張をする。しかしこのような事実については，両者の間で対立が際立たず，必ずしも争点として顕在化しない可能性がある。相手方としてもこのような事実をそのまま承認することはその後の事実の展開の全体を考慮すると問題を感じていることが多く，またその事実自体やその前提について双方の認識の食い違い等があり，相手方はそれを積極的に自己に有利には援用しない場合がある。こうしてこのような事実が明確な争点として顕在化されないにもかかわらず，裁判所は弁論主義上これを当事者によって主張された争いのある事実として証拠により認定しなければならない結果，当事者が予想しない争点に対して裁判所が予想しない判断を示してその結果に驚くことがないとはいえない。そこで，この場合には判断の前提として裁判所の釈明権行使による争点を顕在化すること（⇒Ⅲ）が求められる（河野正憲・百選Ⅰ 218 頁参照）。判例（**判例②③**）もまた，弁論主義が持つ不意打ち防止機能が十分に働かないおそれがあることを考慮して，釈明権行使などの補完的な処理方法を指示している（釈明権については⇒Ⅲ）。

　†〔**判例**〕　**①　最（1小）判昭和 41 年 9 月 8 日民集 20 巻 7 号 1314 頁**[27]　Ｘとその妹であるＹとが本件宅地の所有権を巡って争い，ＸはＹに対して本件の所有権移転登記手続を請求し，他方ＹはＸに対して本件宅地上にある建物の収去・土地明渡しを請求し，この二請求は併合審理された。この訴訟で，Ｘは次のように主張した。すなわち，Ｘ及びＹの父Ａは，負債のため同人が所有する本件宅地を

---

[27]　枡田文郎・最判解説民事昭和 41 年度 405 頁，吉村徳重・続百選 18 頁，林淳・百選 2 版 176 頁，河野正憲・百選Ⅰ 218 頁。

訴外Bに売渡担保とし同人の所有名義としていた。Aは，債務を完済し同宅地の所有権移転登記を受けるに際して他の債権者からの差押えをおそれ，Yとの通謀によりYが買い受けたように装いY名義の登記をした。その後Aが死亡しXが家督相続したので本件宅地の所有権を取得した，また仮にAに所有権がないとしてもXは取得時効が完成している，と。

これに対してYは，本件宅地がもとAの所有であったこと，その後AはこれをBに売り渡したこと，Yは本件宅地をBから買い受けたこと，YはXと本件宅地の使用貸借契約を結んでいたが，その後XがYの所有権を否認するので，訴状により使用貸借契約を解除したと主張した。

第一審はXの請求を棄却し，Yの請求を認容したのでX控訴。控訴審は，YはBから本件宅地を買い受け所有権を取得したが，Xにその使用を許した事実を確定したうえで，本件宅地の所有権に基づく明渡し等を求めるYの請求を認め，Xの控訴を棄却した。Xは上告し，Yが控訴審口頭弁論期日で，「Xの本件土地に対する占有はYとの間の使用貸借契約に基づくものである」と陳述したにもかかわらず使用貸借に何ら言及せずにYの請求を認容したのは弁論主義の原則に反すると主張した。一部上告棄却，一部破棄差戻し。

「Yの本訴請求については，YがXに対し本件宅地の使用を許したとの事実は，元来，Xの主張立証すべき事項であるが，Xにおいてこれを主張しなかったところ，かえってYにおいてこれを主張し，原審がYのこの主張に基づいて右事実を確定した以上，XにおいてYの右主張事実を自己の利益に援用しなかったにせよ，原審は右本訴請求の当否を判断するについては，この事実を斟酌すべきであると解するのが相当である。しからば，原審はすべからく，右使用貸借が終了したか否かについても審理判断したうえ，右請求の当否を判断すべきであったといわねばならない。しかるに，原審が，このような措置をとることなく，前記のように判示しているのは，ひっきょう，審理不尽の違法を犯したものというほかない。」

② 最(1小)判平成9年7月17日判時1614号72頁は，このような場合につき，「適切に釈明権を行使するなどした上でこの事実をしんしゃくし」とのべる。③ 最(2小)判平成12年4月7日判時1713号50頁でも同じく釈明権の行使に言及した判示がなされている。

3) **等価値陳述** 被告側が自己に不利な事実を陳述した場合に，ドイツ法ではこれが原告の陳述と同様の評価を受けるとして〈等価値陳述〉と呼んで特別の取扱いがなされている。これは特にドイツ法では欠席判決制度との関係で，原告が請求に必要な要件事実を完全に主張していない場合には有理性を欠くとして請求を棄却することが一般に認められていることと関連する。これは，たとえ原告の主張が有理性を欠いていても，被告が自己に不利な陳述を行った結果これが原告の陳述の不

足部分を補うことになれば，原告の陳述で直ちに原告の請求を棄却するのではなく，被告の陳述を考慮して，証拠調べをすることなく原告の請求を認容するとする取扱いである。しかしこのような取扱いはわが国では不要である。

7 弁論主義違反

弁論主義は，まず第一に裁判所がその事件の判断において考慮すべき重要な要素として機能する。裁判所の判断が弁論主義に違反しているとされる場合は，その判断は裁判所が遵守すべき手続の基本に違反しており，不利益を受けた当事者は，高等裁判所に対する上告の場合にはその是正を求めることも上告理由となる（民訴312条3項）。もっとも，最高裁判所に対する上告の場合には，最高裁で審理されるには上告受理の申立てに該当し受理される必要がある（民訴318条1項参照，なお⇒第13章第3節Ⅱ5）。

Ⅲ 裁判所の釈明権

〔文献〕

園部秀穂＝原司「釈明権及び釈明処分」争点3版186頁，高橋宏志「弁論主義」同・重点(上)362頁，392頁以下，中野貞一郎「訴えの変更と釈明義務」同・推認229頁，山木戸克己「弁論主義の法構造」同・論集1頁

1 意　義

裁判所は，口頭弁論の期日又は期日外において訴訟関係を明瞭にするために，事実上及び法律上の事項に関して当事者に対して問いを発し，又は立証を促すことができる権限を有する（民訴149条）。これを〈釈明権〉という[28]。

民事訴訟手続は弁論主義に基づいており，裁判所はその事件の判断に必要な資料につき専ら当事者が主張し提出したものに限定される。しかし，このような当事者の訴訟手続での主張や資料の選別・提出自体，一定の法的判断を前提とし，それに基づいて行っている。このような当事者の訴訟上の主張の内容やその当否が判断者である裁判所に十分に理解され，また反対に当事者の主張とその前提となっている法的判断が裁判所から見て妥当なものであり了解可能でなければ，当事者の訴訟活動と裁判所の判断は齟齬をきたし，事件に適合した裁判所の適切な事件判断は望めない。裁判所の釈明権はこのような当事者と裁

---

[28] 〈釈明権〉とは，当事者が裁判所から不明確であると指摘された事項について釈明する（当事者の）権限をいうのではなく，裁判所が当事者に不明確な事項につき釈明を求めることができる権限をいう。

判所との間の相互理解を促し，適切な判断を獲得するために必要不可欠な手段として設けられている。

　裁判所の釈明権は，裁判所が手続の最初の段階から判決に至るまで積極的に関与し，事件を管理する手続構造を採用しているわが国やドイツの民事訴訟手続では，特に必要であり有効に機能しうる法制度であるといえる。裁判所は，一連の訴訟の過程で，当事者の提出した準備書面や弁論準備でのやりとり，口頭弁論での陳述をもとに，当事者が主張する内容を十分に理解するためには不明な事項を示して当事者の釈明によりそれを質す機会が是非とも必要である。

　　　釈明権を体系的にどのように位置づけるべきかについては異なる理解がある。あるいは裁判官の釈明権はしばしば弁論主義を制約する原理だと説かれることがある（例えば，上田334頁以下）。その趣旨が釈明権を弁論主義と対立する制約原理だと理解するのであれば問題があろう。本来，釈明権はドイツ法系民事訴訟法では歴史的に古くから知られており，自由主義的色彩が色濃いと評価される1877年のドイツ民事訴訟法もこれを当然の規定として規律していた29)。また釈明権は，その対象が事実のみに限定されない点で弁論主義の対象を超えている。したがってこれを専ら弁論主義との関連で取り上げ，弁論主義の制約原理だと理解することは実態に則さない。

　釈明権は，当事者の事実及び法的主張の不備を明らかにし，当事者が手続中で弁論を十分に行うために，裁判所が当事者の主張や陳述の不明な点を質し，裁判所と当事者間相互の情報の交換について万全を期すために設けられた制度であり，弁論主義を補完しその万全を期する意味を持つと位置づけられる。特に弁論主義のもとで裁判所は専ら当事者が弁論に提出した資料のみを判断に用いることができるとの制約が課されているから，裁判所は当事者がどのような趣旨でその主張・陳述をしたのかを誤解なく明確に把握することが制度の大前提だといえる。裁判所と当事者間の情報の共有が確実になされる必要があり，またそれを確保する制度として設けられたものであり，弁論主義と両立しまた弁論主義にとって不可欠の制度だと理解すべきである（山木戸〔文献〕21頁）。またこのような関係は，弁論主義が採用されていない手続でも決してその必要性が減少するわけではない。職権探知の手続のもとでも裁判所の釈明権が必要

---

29) 裁判所の質問権の歴史的展開についてはドイツでは，*Stürner*, Die richterliche Aufklärung im Zivilprozeß, 1982. があり，また最近では *Strodthoff*, Die richterliche Frage- und Erörterungspflicht im deutschen Zivilprozeß in historischer Perspektive, 2004. がある。

である。

2 釈明権の対象
(1) 基本観念
　裁判所は当事者が主張する事項について，その趣旨を十分に理解し，当事者間にある争点を明確に認識したうえで法的・事実的判断を的確に行わなければならない。当事者としても，その紛争事案に適合した訴えにより適切な判決を獲得するためには訴訟手続の過程で十分に自己の立場を主張・陳述をし，必要な証拠に基づいて事案の証明をすることが必要である。このような作業の前提となる釈明権の対象は，事実関係だけでなくそこで問題にされている法的問題にも及ぶ（民訴149条）。法的問題についても互いに理解が共有され，共通の前提に立つことが必要不可欠である。そうでなければ裁判所の判断は当事者にとって不意打ちとなり，公正な裁判が保障されたとはいえないからである。

(2) 法的問題との関連
　釈明権の対象は事実問題に限定されない。当事者がその主張の前提とする法的問題についても裁判所は問いを発し，その内容を確認し，場合によっては問題点を指摘することができる。弁論主義が「事実上の事項」のみを対象とするのに対して釈明権はより広く，法律問題にも及ぶ。

　本来，裁判は法を適用して行わなければならない以上，そこで問題となる「事実」の選択も，この法的事項に強く規定されざるを得ない。訴訟で争いとなる主要事実やそれに関連した間接事実及び補助事実の選択は，終局的には当該事件に適用されるべき具体的な法によって規定されざるを得ないからである。裁判所が，当事者の主張や様々な陳述を聞いて，当該事件について適用されるべきだと考える法的関係と，当事者がその主張の前提としている法的問題とが一致しなければ，法的判断の前提となる弁論手続での法的コミュニケーション自体が成立せず，弁論主義の存立の基盤自体が揺らぐことになる。そこで当事者がどのような法的判断のもとで弁論を行っているのかを裁判所は常に探り，明確に認識・確認することが必要である。釈明権は，こうして裁判所が訴訟手続を単に形式的に進めるだけではなく，むしろ実質的・内容的な面についても裁判所が積極的に指導権を発揮し適切な判決を獲得するために必要不可欠な手続上有力な手段であり，特に訴訟手続の構造がその最初から判決に至るまで裁判所が管理する現行民事訴訟手続では極めて重要な機能を営む制度であるといえる。近年裁判所の訴訟手続内での役割が再評価され，その位置づけが再検討

されているが，このような中で特に釈明権の意義が極めて重要とされている[30]。
(3) 釈明権の具体的対象
いかなる事由が釈明権の対象となるのかについて判例の立場には変遷がある。特に，釈明権の範囲を考える場合には，裁判所が釈明権を行使することができる範囲と，釈明権を行使しないことが違法となる場合，即ち〈釈明義務〉の範囲について一応区別しておく必要がある。後者に違反した場合は上告審により破棄される可能性がある。

> 判例上は，昭和初期から昭和10年前後まで，釈明権不行使を理由に原判決を破棄した大審院判決が多数存在した。しかし第二次大戦後は，釈明権不行使を理由とする破棄判決は姿を消した。その後昭和30年頃から変化が現れ，昭和40年頃から最高裁はかなり積極的に，当事者が適切な申立てや主張をしていない場合にもその旨を釈明権行使で明らかにすべきだとの判決が現れた（判例の釈明権の動向につき，中野貞一郎「弁論主義の動向と釈明権」同・推認215頁）。

このような判例の動きを受けて，釈明権の行使について判断の基準を示すための努力がなされた。その結果として，①裁判所は当事者の申立てや主張が不明な場合にそれを質す権限を有するだけでなくこれを行う義務があること（これを〈消極的釈明〉という），そしてまたこれに限定する必要はなく，更に〔**判例**〕は，②当該請求自体の立て方が問題だと見られる場合にも訴え変更を促すことができるとした（これは〈積極的釈明〉といわれることがある。中野〔文献〕）。今日ではこのような積極的釈明も許されるとする見解が学説上も一般的である（中野ほか編・新民訴205頁〔鈴木正裕〕）。

---

[30] ドイツ民訴法139条は2001年の改正で，実質的訴訟指揮（materielle Leitung）を規定し，次のように定める。「① 裁判所は，必要な限りで，事実及び法的側面に関し，当事者と討論をし質問をしなければならない。裁判所は，当事者が適時に，そして完全にすべての重要な事実について説明をし，特に，主張をした事実について不完全な陳述を補充し，証拠方法を示し，証拠方法を示し，そして事案に即した申立てをするように働きかけなければならない。②当事者の一方が明らかに見落とし，又は重要でないと考えた観点については，単なる補助的要求のみに関するものでない限り，裁判所がそれについて指摘をし，その点に関して意見表明の機会を与えた場合に限り，裁判所はそれを判決の基礎にすることができる。③裁判所は，職権で考慮すべき点に関して存在する疑問に対して注意を促さなければならない。④この規定による指摘は，できるだけ早期に与えなければならず，また書面で明確にしなければならない。与えられた指示は書面の内容によってのみ証明することができる。この書面の内容に対しては，誤りの証明のみが許される。⑤当事者の一方が，裁判所の指摘に対して直ちに表明をすることが不可能な場合，その申立てにより，裁判所は当該当事者が表明を書面で追完をすることのできる期間を定めなければならない。」

† 〔判例〕 最(1小)判昭和45年6月11日民集24巻6号516頁[31]　X（原告・被控訴人・被上告人）は，訴外Aに農産物包装用木箱を納入していたY_1会社（被告・控訴人・上告人）から，会社の都合で納入できなくなったのでY_1に代わって納入してほしい旨の依頼を受けて，Aとの間で上記木箱類を売り渡す旨の契約を締結した。XはAの注文を受けて合計82万4810円相当の木箱類を納入した。この取引については，Aの取引機構上表面的にはY_1とAとの取引名義にしてほしいとのことであり，Y_1会社及びその代表取締役Y_2は，Xに対しXがY_1名義でAに商品を納入する限り，その販売代金の支払いにつき連帯して保証する旨の約束をした。

　これに対し原判決摘示の請求原因事実は，「Y_1は，従来，Aに対して農産物包装用木箱類を納入してきたが，会社の都合で納入ができなくなったとして，Xに対し，代金はY_1においてXに支払い，Y_1の代表者たるY_2が右代金債務について個人保証をするから，昭和41年4月1日以降Y_1の名義を用いてXからAに木箱類を納入してもらいたい旨依頼したので，Xは，これを承諾し，前同様の期間内に合計82万4810円相当の木箱類をAに納入したが，右代金のうち42万810円についてはいまだその支払を受けていないので，Y_1らに対しその支払を求める」というものであり，この請求原因の記載は，控訴審第2回口頭弁論調書にXの陳述として，「本件取引において，木箱の納入は，Y_1名義でなし，Xに対する代金の支払義務は，Y_1において負担する約定であり，Y_2は右債務について連帯保証をした。よって，右約定に基づいて代金の支払を請求する。」旨記載されたXの主張に基づいてなされたものである。控訴審は，Y_1及びY_2は，Y_1においてXを下請けとして使用することにより，Aに対する木箱類の納入を継続するため，Xとの間に右請求原因記載の内容の契約を締結し，Xは，Aから注文を受けたY_1の指図により，木箱類をAに納入したものと認定してXの請求を認容すべきものとしてY_1Y_2の控訴を棄却した。Y_1Y_2は上告をし，その理由として，控訴審第2回口頭弁論期日におけるXの前期陳述内容は，控訴審裁判所がXに対し釈明を求めた結果なされたもので，その釈明に対しXの訴訟代理人は，「そのとおりである」旨を陳述したにとどまるが，このような釈明権の行使は著しく公正を欠き釈明権限の範囲を逸脱したもので，このような釈明の結果に基づいてなされた控訴審判決は違法だと述べた。最高裁は以下のように述べて上告を棄却した。

　「釈明の制度は，弁論主義の形式的な適用による不合理を修正し，訴訟関係を明らかにし，できるだけ事案の真相をきわめることによって，当事者間における紛争の真の解決をはかることを目的として設けられたものであるから，原告の申立に対応する請求原因として主張された事実関係とこれに基づく法律構成が，それ自体正

---

[31]　吉井直昭・最判解説民事昭和45年度288頁，池田浩一・百選2版166頁，紺谷浩司・百選Ⅰ202頁，小林秀之・百選3版124頁。

当ではあるが，証拠資料によって認定される事実関係との間に喰い違いがあって，その請求を認容することができないと判断される場合においても，その訴訟の経過やすでに明らかになった訴訟資料，証拠資料からみて，別個の法律構成に基づく事実関係が主張されるならば，原告の請求を認容することができ，当事者間における紛争の根本的な解決が期待できるにかかわらず，原告においてそのような主張をせず，かつ，そのような主張をしないことが明らかに原告の誤解または不注意と認められるようなときは，その釈明の内容が別個の請求原因にわたる結果となる場合でも，事実審裁判所としては，その権能として，原告に対しその主張の趣旨とするところを釈明することが許されるものと解すべきであり，場合によっては，発問の形式によって具体的な法律構成を示唆してその真意を確めることが適当である場合も存するのである。

本件についてこれをみるに，前述したところによれば，Xの主張は，当初，YらがXとAとの間に成立した本件木箱類についての売買契約上の代金債務を連帯保証したものとして，Yらの負担する右保証債務の履行を求めるというにあったところ，原審第2回口頭弁論期日におけるXの陳述によって，その主張は，本件木箱類の売買契約はY_1とAを当事者として成立したことを前提とし，XとY_1との間で，右契約に基づきXがなすべき木箱類の納入をXが代ってなし，Y_1はその代金相当額をXに支払う旨のいわば一種の請負契約が成立したものとして，Y_1に対しては右請負代金の支払をY_2に対しては右請負代金についての連帯保証債務の履行を求めることに変更されたものと解されるから，その間には請求原因の変更があったものというべきである。しかし，本件記録によると，第一審以来の訴訟の経過として，Xは，本件でAをもYらの共同被告として訴を提起し，Aが本件取引の相手方であることを主張して前示請求原因のもとに売掛代金の支払を求めたところ，第一審は，XとAとの間に直接の契約関係が成立したことを否定し，Xによる木箱類の納入はAのY_1に対する注文に基づいてY_1の下請的立場でなされたものにすぎないものと認定し，Aに対する右請求を棄却したが，Xからの控訴はなく，第一審判決が確定したこと，しかし，Yらに対する請求については，Yらは，Xに対し，XがY_1の名においてAから代金の支払を受けられることを保証したもので，Xの請求をそのような約束の履行を求める意味に解すれば正当であるとして認容したので，Yらは右第一審判決に対して控訴し，本件が原審に係属するに至ったこと，Yら訴訟代理人は，原審第2回口頭弁論期日において，すでに事前に提出してあった証拠申請書に基づき，Y_2の本人尋問を申請したが，その尋問事項の一には，『Y_2がY_1の保証人または連帯保証人になった事実のないこと』について尋問を求める旨の記載があり，Y_2自身においても，すでに自分がY_1の負担する債務を保証したことをも積極的に争う態度に出ていたことが窺われることなどが認めら

れるのであって，このような第一審以来原審第2回口頭弁論期日までの訴訟の経過に照らすと，右口頭弁論期日におけるXの陳述内容が原裁判所のした所論のような釈明の結果によるものであるとしても，その釈明権の行使は，事実審裁判所のとった態度として相当であるというべきであり，原審に所論釈明権行使の範囲を逸脱した違法はない」。

裁判所の釈明権は具体的には次のような事項に及ぶ。

① 当事者が陳述した事項が不明確である場合にそのことを当事者に示してその内容の説明・補充を求めることができる。訴状の記載，答弁書の記載自体が不明確である場合に，その内容について明確にするためにも裁判所はその当事者に釈明を求めることができる。

② 釈明対象が別個の請求原因に及ぶ場合であっても，裁判所は釈明権を行使することができる（積極的釈明）。

3　釈明権の行使

裁判所は釈明権を〈口頭弁論期日〉その他の期日（弁論準備期日，和解期日等）においてだけでなく，書面による準備手続でも行使することができる。さらに〈期日外〉においてもその行使ができる。当事者は，口頭弁論の期日又は期日外において裁判長に対して必要な発問を求めることができる（民訴149条3項）。これを〈求問権〉という。当事者は自ら相手方に問を発することはできず，常に裁判長を通して相手方に対する質問をすることができるにすぎない。

釈明を求められた当事者はこれに応じなければならない義務があるわけではない。しかし，そもそもその陳述内容が不明だとして裁判所から釈明を求められているのにこれに応じない場合，裁判所にとっては当事者の陳述を十分に理解することができず，その内容についての納得を得ることができないから，その結果として不利益な裁判を受ける可能性がある。

(1) 期日における釈明

裁判所が期日において釈明権を行使する場合には，裁判長がこれを行使し（民訴149条1項），陪席裁判官は裁判長に告げて釈明を行うことができる（同2項）。この裁判所の釈明権行使は裁判長の訴訟指揮権の一環として行われる。

(2) 期日外釈明

裁判所は期日外でも釈明を行うことができる。この場合には裁判長又は陪席裁判官は，釈明を裁判所書記官に命じて行わせることができる（民訴規63条）。この期日外で行われた釈明権の行使では，それが攻撃・防御方法の重要問題

に関わる場合にはその内容を相手方にも通知しなければならない（民訴149条4項）。一般に釈明権が行使されるとその当事者は従来の主張を補充したり訂正をすることが多い。そこでこのような事態が生じると，裁判所がどのような釈明をしたかは相手方当事者にとってもその攻撃・防御に重要な影響を及ぼすおそれがある。これが口頭弁論期日に行われる場合は，相手方当事者の面前で行われるから，その内容を直ちに認識することができる。しかし，期日外ではその内容を直接認識する手段がなく，一方当事者と裁判所のみの内容に関わるやりとりは他方当事者にとって，裁判所の手続的公正さの点で疑念を抱かせるおそれがある。そこでこのような疑念を払拭し，手続の公正を確保するために，釈明の内容について相手方にも通知をすることが必要だとした（一問一答152頁）。

通知の方法は限定されない。通知書の送付，ファクシミリでの通知更には電話による方法など，事情に応じ適宜選択することができる（一問一答153頁）。

(3) 釈明権行使に対する不服の手続内での主張

1) 釈明権行使に対する不服　釈明権は当事者が完全な陳述をすることを保障するために裁判所に与えられた権限である。しかし，その行使が常に適切だということが保障されるわけではない。本来訴訟手続における当事者の弁論は当事者が自らの判断と責任で行うことを基本としているから，このような当事者対立の原則と裁判所の中立的判断者の立場の堅持こそが民事訴訟手続の最も基本的な構造でありまた護持すべき手続価値であることはいうまでもない。このような観点から見れば，裁判所の釈明権の行使は当事者の主張や立証事由に直接影響を及ぼす可能性が極めて高く，これに対する当事者の不服を吸収するための手続が不可欠である。

当事者の不服は手続の過程で異議として提示されることがある。このように裁判長の釈明権行使に対して当事者が異議を述べたときは，裁判所はその異議に対して決定で裁判をしなければならない（民訴150条）。

2) 釈明権行使に対する不服の内容

① 釈明権の行使が不公正であり相手方に有利だとする不服　訴訟手続の過程で裁判所によって行われた釈明権の行使が相手方にとって著しく有利だとする不服の申立てがなされることがある。裁判所が当事者間で中立的な立場を保持すること自体は重要だが，このことは当事者の一方が不十分な陳述をしている場合にもこれを見過ごすことを裁判所に要求するものではない。むしろ，

この場合には釈明権を行使して当事者が十分な陳述をすることを保障することに，裁判所の職務権限と義務が存在するといえる。釈明権行使が相手方に有利か否か自体は決定的な要素とはなり得ないというべきだろう。裁判所の釈明に応じた当事者の陳述自体を無効とすることはできない。この限りでは，釈明権行使を問題とする余地はない。ただし，このような裁判所の行為が著しく公正を害する行きすぎた釈明とされる場合には，忌避申立てが問題になりうる（伊藤274頁）。

② 釈明権が行使されなかったことで自己の陳述が十分になされ得なかった場合　本来，訴訟手続における陳述の内容自体は当事者がその自己責任で行うべきであり，釈明が十分でなかったということ自体は不服になり得ないというべきである。しかし，当事者が行った陳述が裁判所にとって不明瞭である場合にはその旨を当事者に対して明らかにし是正の可能性を示すべきであり，これを行わなかった場合には，釈明をすべき義務に違反し，違法であると評価される。裁判所は釈明権を行使する権限を有するだけでなく，釈明権を行使すべき義務が発生する。このような裁判所の釈明義務の不行使は手続違背となり，また事件について裁判所が十分な審理を尽くしていないことになることから，上告裁判所での審査の対象として上告受理申立て事由となる可能性が生じる（伊藤276頁，園部＝原〔文献〕186頁）。

4　釈明処分

裁判所は，訴訟関係を明瞭にするために，釈明権の行使の他にも次のような〈処分〉をすることができる（民訴151条）。

①当事者本人又はその法定代理人に対し，口頭弁論の期日に出頭することを命じること（1号）。②口頭弁論の期日において当事者のために事務を処理し，又は補助する者で裁判所が相当と認めるものに陳述をさせること（2号）。これらの者は当事者よりも事情をよく知っていることが多いことから，これらの者から事情を直接に聴取することが事実関係を明らかにし争点等の整理に資すると考えられるからである（一問一答154頁）。③訴訟書類又は訴訟において引用した文書その他の物件で当事者の所持するものを提出させること（3号）。④当事者又は第三者の提出した文書その他の物件を裁判所に留め置くこと（4号）。⑤検証をし，又は鑑定を命ずること（5号）。⑥調査を嘱託すること（6号）。これらを〈釈明処分〉という。

5 法的観点指摘義務

　裁判所は，当該事件に適用されるべき法的観点について，当事者が陳述した事実との関係で十分に理解していると見えない場合に，積極的に裁判所が認識した法的観点を当事者に示し，その理解を共有する義務を負うかが問われている。これは，本来法的判断は裁判官の職責に属するにかかわらず，特に法的観点が当事者と裁判所とで共有されなければ当事者の事実主張なども確実な観点を失い，その攻撃・防御行為自体が無駄になりかねないからである。裁判所には法的観点を指摘する義務が存在するとの見解は，当該事件で問題となる法的観点について裁判所はその心証を当事者に披瀝し，当事者と十分な討論を尽くすことをもとめる（山本和彦・民事訴訟審理構造論〔信山社・1995〕）。

　すべての事件について，このような必要性はないというべきであるが，新たな問題について，法創造が問題になりうる場合には，裁判所の積極的な心証の披瀝が必要であろう。釈明権とは全く独自にこれを位置づけるべきかは問題であるが，その独自性を示すには，独立して論じる必要があろう。

第5節　手続の形態に関する基本原則

〔文献〕

伊藤眞「民事訴訟における秘密保護」争点3版160頁，河野正憲「口頭弁論の必要性とその活性化」吉村・古稀194頁，竹下守夫「『口頭弁論』の歴史的意義と将来の展望」講座民訴④1頁，中野貞一郎「民事裁判の公開と秘密保護」同・論点Ⅱ1頁

I　総　　論

　民事訴訟手続がどのような形態で行われるべきかは民事訴訟手続の基本原則に関する政策的選択である。一般にこのような手続の形式に関する基本原則としては，〈口頭主義〉と〈書面主義〉がある。前者は訴訟手続の形態として，裁判所の法廷において両方の当事者がそれぞれの主張や陳述を口頭で行うことを基本とする原則であり，これに対して後者はそれを必ず書面で行わなければならないとする原則である。この両者は，必ずしもそのいずれかのみが妥当し他を排斥しなければならないという対立関係にあるわけではない。双方は補完しあって手続が形成されることが多い。しかし，その場合であってもいずれを手続の基本とするかは立法政策上最も基本的な価値判断である。

　またこれらの手続形式と密接に関連して，民事裁判を公開の法廷で行う〈公

開主義〉と，これを公開しないで行う〈非公開制〉がある。あるいは，その中間的な形態として，当事者等の関係人にのみ公開する〈当事者公開主義〉がある。

さらに，当事者が行う弁論や証拠調べと事件を判断する裁判官との関係についても，これらの手続で弁論をしそれに関与した裁判官のみが事件を判断することを要求する〈直接主義〉と，受命裁判官又は受託裁判官にそれを行わせその報告に基づいて裁判所が事件の判断をする〈間接主義〉とがある。

これらはいずれも民事訴訟手続がどのような形態で行われるべきかに関する原則であり，立法者は手続の合理性の観点からそのうちの様々なものを併用して採用した。しかしこれらの訴訟原則の選択にあたっては，単に訴訟手続における合目的性の考慮だけでなく，その根底には民事訴訟手続が市民の権利保護機関として公正な手続を保障するために最も基本的な価値が何であるのか，それがどのような手続形態において最もよく実現されるのか，裁判官が事件に対する責任のある判断者としてその職務を行うのに最も適切な手続構造がどのようなものであるのか等根本的な価値判断・考量がなされており，またなされなければならないことを見失ってはならず，これらが現実の手続で十分に保障されなかった場合は，その救済がなされる[32]。

II 口頭主義と書面主義

1 口頭主義の原則

わが国の民事訴訟手続は，手続の基本構造として〈口頭主義〉を採用している（民訴87条）。これは，1877年ドイツ民事訴訟法が採用した原則[33]を継受したものであり，当事者はその弁論手続を口頭で行われなければならないとする原則である。

> ドイツ民事訴訟手続の基礎になったドイツ普通法訴訟手続では，書面主義が支配していた（これを示す法格言として，"quod non in actis, non est in mundo〔書面中に

---

[32] 例えば公開規定に違反した場合は，絶対的上告理由になる（民訴312条1項5号）。

[33] ドイツ民事訴訟法は必要的口頭弁論につき，1900年までは同法119条に定めていた。その後1950年改正で，当事者の合意により口頭弁論を排除することができる旨の規定を付加した（2項）。更に1976年簡素化法でこの規定は128条となり，1項及び2項を修正したほか，少額の財産上の紛争の場合に職権で口頭弁論を排除することを認める規定（3項）が付加された。しかしこの第3項は2001年の改正で削除され，訴訟費用に関する任意的口頭弁論の規定に置き換えられた。第4項は判決以外の裁判につき任意的口頭弁論とする。

存在しないものはこの世に存在せず」")。しかし，この手続では双方からの書面の提出とそれに対する応答に時間を要し訴訟手続は著しく遅延した。これに対して，当時ライン川左岸地域で妥当していたフランス民事訴訟手続では口頭主義が採用されており極めて好評であった。1850年のハノーファー民事訴訟法を嚆矢として口頭主義が採用されるに到り，1877年ドイツ民事訴訟法立法者もこれらを勘案して口頭主義を採用した。また，19世紀ドイツでは刑事訴訟をはじめとして民事訴訟についても裁判の公開が一つの政治問題となり，次第にその要求と実施が広まった。今日では，民事訴訟の口頭主義は公開主義と結びついて，近代的民事訴訟の基本構造と考えられており，フランス，ドイツなどの民事訴訟手続はこの原則に基づいている。条約上もヨーロッパ諸国では，ヨーロッパ人権条約（1950年）が口頭主義に基づく公正な裁判を保障し，ヨーロッパ人権委員会とヨーロッパ人権裁判所（所在：ストラスブール・フランス）を設けて強くその実現を保障している（河野〔文献〕205頁）。

わが国でも明治民事訴訟法制定以前には，江戸時代からの裁判実務慣行の影響から書面主義が原則であった。

2 口頭主義と書面主義

裁判所での審理手続の形態については，わが国の民事訴訟法は口頭弁論を基本としその実施を必須の要件としている（民訴87条）。これを〈必要的口頭弁論〉という。しかし，このことは口頭主義と書面主義が論理的に対立関係にあり書面の利用を排斥していることを意味するわけではない。両者にはそれぞれ長所があると共に短所があることから，併用することでそれぞれの短所を補っている。

口頭主義は，裁判官の面前で両当事者がそれぞれの主張を口頭で開陳し，これに対して裁判所は直ちにその場で不明な点を質し，これによって判断に必要な理解を直ちに得ることができ，また当事者としても重要点の強調や様々なニュアンスを伝えることができる特質を持つ。裁判所は当事者が行う弁論の様子を観察して総合的な判断をしてその裁判の資料にすることができる（弁論の全趣旨）といった長所がある。

これに対して書面の利用は，複雑な内容を正確に他人に伝えなければならない場合に適している。また手続が比較的長時間に及ぶ民事訴訟手続ではそれぞれの陳述が口頭のみで行われるとその内容を保存することができず，その正確な内容が後日問題にされた場合にも記憶が薄れ，再生が困難であり不便である。特に上訴審手続を予定する場合等には，書面により陳述の内容を固定化・明確

化して保存することが必要であり，書面にはこれを可能にする長所があり，民事訴訟手続でも不可欠の要請である。他面で書面主義を採用してすべてについて書面を要求するとすれば，陳述内容等をすべていちいち書面にしなければならず，弁論手続で即座に対応することができない等の欠点がある。また書面に頼る裁判では実態を正確に把握し得ない場合がある。

　この両者は性質上互いに排斥しあうものではないから，口頭主義と書面主義はそれぞれの長所を生かして併用することによって，訴訟手続が活性化し，迅速で充実したものにすることができる。そこで，民事訴訟手続の基本的な形態としていずれが原則であるかを明らかにすること，更には両者を適切に併用したコンビネーションが重要である。ただし，書面の利用は時として口頭主義を形骸化させるおそれがあり，手続運用では戒心が必要である。

　わが国の民事訴訟法は口頭弁論主義を基本としている。しかし，手続の重要な局面では書面の提出を要求し，書面主義をも併用することによって口頭主義が持つ難点を補完している。なお最近では訴訟手続において書面だけでなくその他の電子媒体をどの程度用いることができるのかが問題になる。そこで平成16年の民事訴訟法改正により新たに電子情報処理組織による申立て等に関する規定が設けられた（民訴132条の10）。また，わが国でも既に弁論準備手続などではテレビ会議システムが用いられているが，更に口頭弁論手続自体にこれを利用することができるかなどの関連性が問題になる。その際には〈口頭弁論〉の概念自体を再検討することが必要になろう。既にこのような方向への兆候を，外国民事訴訟法の改正などに窺うことができる[34]。

---

34)　ドイツ民事訴訟法128条aは「映像及び音声の中継による弁論」について定める。2001年法で改正され2002年1月1日から施行されている。それは次のように規定する。「(1)　両当事者の同意により裁判所は，当事者及びその代理人並びに訴訟上の補助人（Beistand）に対して，申立により，弁論の間他の地に滞在すること及びその地で手続の弁論を行うことを許容することができる。この弁論は同時に，映像及び音声で，当事者，代理人及び訴訟上の補助人が滞在する地及び法廷とが中継される。(2)　両当事者との同意により裁判所は，証人，鑑定人及び当事者が取調べ中他の地に滞在することを許容することができる。この取調べは，映像及び音声において同時に法廷に中継される。当事者，代理人及び訴訟上の補助人が第1項により他の地に滞在することが許されている場合は，この取調べは映像及び音声において同時にこの地にも中継される。(3)　中継は記録されない。1項及び2項の裁判は取り消すことができない。」3項による記録の禁止は人格権保護のためであり，例外のない禁止規定であり，一時的な録画・録音も，当事者や証拠調べ関係者の同意によっても不可とされる（Stein/Jonas/*Leipold*, ZPO, §128a Rdnr. 31）。外国とのビデオ・コンファレンスは外国の国家主権との関係があり，その国の同意がある場合にのみ適法である（Stein/Jonas/*Leipold*, aaO, Rdnr. 37）。ヨーロッパ証拠条約10条4項はこれを承認している。

† 〔例〕 書面の利用：①手続上重要な当事者の意思表示は書面でしなければならない。特に訴訟手続開始を申し立てる訴状（民訴133条1項），訴えの変更の申立て（民訴143条2項），反訴の提起（民訴146条3項），上訴の申立て（民訴286条1項，314条），上告理由書の提出（民訴315条1項），訴えや上訴の取下げ（民訴261条3項，292条2項）等。
　②手続の記録や主張の内容の明確化のためにも書面が利用される。調書の作成（民訴160条1項），準備書面の提出（民訴161条1項）。

3　必要的口頭弁論

　民事訴訟では当事者は訴訟手続について口頭弁論を行うことが必要である（民訴87条）。これを，〈必要的口頭弁論〉という。わが国の民事訴訟法は，訴訟手続の形態的な基本構造として〈口頭主義〉を採用して，終局判決には必ず口頭弁論を開いて審理をすることが必要だとしている。この必要的口頭弁論の概念には次の二面がある（河野〔文献〕208頁）。
　第一に，裁判所は口頭弁論を開くことなしに終局判決をしてはならないことを意味する。裁判所に対して，当事者のために必ず口頭弁論を開かなければならないことを求めているが，これは弁論手続の公開制と相まって，当事者にとっては強い手続上の権限を保障していることになる。
　第二に，口頭弁論で審理されたもののみが裁判の基礎となりうることを意味する。弁論主義との関連では，そこで問題の弁論の形式は，〈口頭〉弁論を意味する。口頭弁論形式を採用することによって，当事者には口頭で弁論をし，その見解を裁判所に対して直ちに伝え審理に反映させることが保障されている。

4　口頭主義の例外

　必要的口頭弁論の原則（民訴87条）にはいくつかの例外がある。これらの場合には裁判所は口頭弁論を開くことなく訴訟手続を終了することができる（河野〔文献〕210頁）。
　①　原告が必要な担保を立てなかった場合（民訴78条）　原告が日本国内に住所，事務所及び営業所を有しないときに，被告の申立てによって決定で訴訟費用の担保を立てるべきことを原告に命じなければならず（民訴75条1項），原告がこの命令に従わずに期間内に担保を立てなかった場合に口頭弁論を経ないで訴えを却下することができる（⇒第15章第3節）。
　②　訴えが不適法でありその不備を是正し得ない場合（民訴140条）　訴えが不適法でありその適法要件の不備を是正することができない場合にはたと

え口頭弁論を開いても結局は訴えが却下されざるを得ないのだから口頭弁論を開く必要がないとの考慮に基づく[35]。控訴が不備でその是正をすることができない場合も同様である（民訴290条）。

　裁判所は、この場合に訴えを不適法却下することになるがそれは手続のどの段階でなされるのかが問題になる。訴えが提起され裁判長が訴状を審査する段階でその不備が補正されなかった場合及び手数料が納付されなかった場合は訴状が却下される（民訴137条）。それ以外の場合は訴状は被告に送達されるのが原則である（民訴138条）。しかし、これら以外にも訴えが許されないことが明白な場合にも相手方への送達を不要とする場合がある（⇒第3章第2節Ⅲ〔**判例**〕）。

　③　上告審で上告棄却をする場合（民訴319条）　上告審は法律審であり、上告状、上告理由書、答弁書等の書類により上告理由がないと判断される場合には口頭弁論を開くことなく上告を棄却することができる。これに対して、原判決を破棄する場合にはこの規定の反対解釈から、なお口頭弁論を開く必要があるとされている（問題点につき、河野〔文献〕213頁以下）。

　④　上告審で訴えが不適法であり、原判決を破棄する場合　訴えが不適法であり、その不備を是正することができないにもかかわらず原判決が本案判決をしていれば、口頭弁論を経ないで原判決を破棄し、訴えを却下することができる〔**判例**〕。

　†〔**判例**〕①　**最(3小)判平成14年12月17日判時1812号76頁**　予備的請求が主位的請求と重複し不適法であるにもかかわらずこれを棄却した原判決を破棄し訴えを却下すべき場合に訴え却下の前提として原判決を破棄する判決も口頭弁論を開かないですることができる。②　**最(3小)判平成17年9月27日判時1911号96頁**　衆議院選挙を無効とする判決を求める訴訟は、衆議院の解散によって訴えの利益を失い、控訴審が本案の判断をした場合について、最高裁は口頭弁論を開かずに原判決を破棄し訴えを却下した。

Ⅲ　公開主義

1　意義と歴史的基礎

　民事裁判手続を一般公衆に公開して、その公正さを確保しようとする原則を

---

[35] この規定は明治民事訴訟法及びその元になったドイツ民事訴訟法には存在しなかった。大正改正で新たに設けられた規定である（旧法202条）。

〈公開主義〉という。これは，かつての密室司法を排除し，手続を公開することによって裁判の公正・公平に対する国民の疑惑を一掃し，裁判の適正な運用によりその信頼を確保しようとする点に最大の意義がある。

　　　ドイツ普通法訴訟手続では非公開の書面主義が採用されていた。これに対してライン川左岸地域で妥当したフランス民事訴訟手続では公開法廷での口頭主義が採られ，その後フランス民訴法（旧87条）も公開の口頭主義を採用したが，その高い評価はその後の19世紀ドイツ諸国の民事訴訟法立法に強い政治的影響力を及ぼした[36]。

2　わが国憲法が要求する公開原則

　わが国憲法は，裁判の「対審」及び「判決」について，公開原則を保障している。ここで，裁判の「対審」とは，裁判所でなされる弁論期日をいう。これらの期日は公開の法廷でなされなければならない。また「判決」とは判決言渡期日をいう。これらの民事訴訟手続の中核部分については，公開の法廷で行うことが憲法上の要請である。これに対して，これ以外の付随的な手続については〈公開主義〉の適用はない。したがって，弁論準備手続，裁判所外で行われる証拠調べ手続等については裁判の公開は要求されない。また，同じく裁判所が主宰して行う手続ではあっても，訴訟手続とは異なり非訟事件手続では公開原則の適用はない（非訟13条，家審7条，家審規6条）[37]。

　公開には，一般公衆の傍聴を許す〈一般公開〉と，当事者等関係人のみに傍聴を許す〈当事者公開〉がある。訴訟事件については原則として一般公開が求められる。

3　公開の制限

　裁判所は，裁判官全員の一致で「公の秩序又は善良の風俗を害する虞があると決した場合」には，〈対審〉は公開しないで行うことができる（憲82条2項）。この場合には，公衆を退廷させる前に，その旨を理由と共に言い渡さなければならない（裁70条）。しかし，判決を言い渡す場合には公開を制限し得ないし，また憲法第3章で保障する基本的人権が問題になっている場合には，常にこれ

---

36)　1849年フランクフルト憲法178条1項は，「裁判所の手続は，公開，かつ，口頭たるべし」と規定していた。

37)　従来の典型的な非訟事件ではこのようにいうことができるが，今日では，かつて訴訟事件とされてきたものが非訟事件に組み込まれており（例えば，家事審判法9条乙類事件），憲法の求める公開原則との関連でも問題が指摘されている。しかし，これらは単に公開すればすむ問題ではない。関係人の実質的な手続権保障が再検討されるべきだろう。

を公開しなければならないものとしている(憲82条2項但書)。

　このような憲法の裁判公開に対する強い要請は，他面で訴訟当事者の権利保護の観点から極めて大きな問題を生じている。即ち，裁判の公開自体が訴訟当事者の基本的人権を阻害する場合があるからである。このような例として，プライバシーの保護及び営業秘密の保護が挙げられる[38]。

(1) プライバシーの保護

　訴訟手続が一般に公開され，そこでの弁論を傍聴することにより訴訟当事者のプライバシーが一般公衆に暴露されると，当該訴訟当事者は回復しがたい心身の損害を被る虞がある。このような事態は，本来市民の権利を保護すべき訴訟手続自体が訴訟当事者に著しい精神的損害を与えることになりかねず，当事者としては訴訟手続を利用すること自体を躊躇せざるを得ない。このことは，結局，国民の裁判を受ける権利をも侵害することになる。したがってこの点に対する十分な配慮がなければ，民事訴訟はその本来の機能を果たすことができない。もっともこのような訴訟手続でのプライバシー保護は，訴訟手続が一般公開であることから生じる面が強い。したがって，この観点からすれば，審理手続，特に証人尋問・当事者尋問手続において，一般への暴露を防止する措置が必要となる。その際，プライバシーの内容によりその措置も一様ではない。事件の特殊性から原告個人の特定がなされることを防止する必要がある場合には(例えば，HIV訴訟における原告のプライバシー保護)，公開の全面的停止ではなく原告の一般的な暴露を防止する方法で，裁判の公開との調整が可能である。これに対して，離婚事件など，個人の私生活上の事実が訴訟手続で問題にされる場合には，公開停止の措置が必要になる。人事訴訟法はこのような場合について公開停止の手続を定めた(人訴22条)。

(2) 営業秘密の保護

　不正競争防止法は「不正競争」によって営業上の利益を侵害され，又は侵害されるおそれがある者は，侵害の停止又は予防を請求することができ(不正競争3条)，また，故意過失によって不正競争を行って他人の営業上の利益を侵害した者は損害賠償義務を負うものと定めている(不正競争4条)。これらの不正競争に該当する行為として，〈営業秘密〉の侵害が挙げられる(不正競争2条1項4号以下，6項)。営業秘密の侵害を理由として，侵害行為の差止めや損害賠

---

38) これらについては，笹田栄司・裁判制度(信山社・1997)119頁以下参照。

償請求を求める訴訟手続では，保護の対象となっている〈営業秘密〉自体の内容が問題とされることは必至である。ここにいう営業秘密とは「秘密として管理されている生産方法，販売方法その他の事業活動に有用な技術上又は営業上の情報であって，公然と知られていないもの」を指すが（不正競争2条6項），これらの秘密保持は単に公衆一般に対してだけではなく，特に訴訟の相手方に対する関係でも十分に保障されなければならない。訴訟手続でこれらが相手方に開示されてしまうと，本来これが秘密であるが故に財産的価値を持ちうるにもかかわらず，その根底が覆されることになってしまうからである。秘密であるが故に有していた財産的価値が訴訟手続の公開によって損なわれるとすれば，それは憲法が保障する財産権（憲29条）が訴訟手続自体によって侵害されることになる。プライバシーの保護に比較しても，この場合には，営業秘密の保護と訴訟手続の公開とは対立する原理であり，より根本的な問題を内蔵しているといえる[39]。

　　この場合に，裁判の非公開を許す前提として，憲法が予定する例外事例についてのみ裁判公開の停止ができるとする見解，憲法のいう「公の秩序」を広く解釈し，営業秘密が裁判公開によって損なわれる場合を含むと見る見解，憲法32条と82条の関連について前者を基本的なものとし後者は公正な裁判の制度的保障であって，後者における「公の秩序善良の風俗」は例示だと見る見解，裁判の公開により実効的な救済が不可能となる場合，原告は非公開審理を求める権利を有すると見る見解などが唱えられている。

　少なくとも，裁判の公開自体は自己目的であり得ず，あくまでも公正・公平な訴訟手続を確保するための手段である。したがって公開を行ったために当事者の基本的人権が侵されることがあってはならない。手続の公正・公平を確保するための代替手段を確保することにより，公開を制限することができる（特許権又は専用実施権侵害訴訟の当事者尋問等の公開停止につき，特許105条の7）。また，不正競争による営業利益の侵害についての訴訟で営業秘密を保持するために〈秘密保持命令〉を命じることができる（不正競争10条，11条，特許105条の4，105条の5）。

---

[39]　もっともこのような営業秘密は，差止請求や損害賠償請求が認められるからといって，それが「権利」として保護されているわけではないとの見解も有力である。しかし，一方でこれらの保護を実定法で宣言していながらそれを実現する手続において，これと対立する方法しか存在しないのは手続として不完全であり，その手続が完備されるべきであることはいうまでもない。

4　訴訟記録の取扱い

(1)　公開禁止の場合の記録閲覧

民事訴訟手続の審理判決が公開であることから，訴訟記録についても公開が原則である。しかし，裁判手続について公開が禁止された場合については，訴訟記録の閲覧は，当事者及び利害関係を疎明した者に限定して閲覧を許すことにしている（民訴91条2項）。

(2)　秘密保護のための閲覧制限

当事者の秘密を保護するためにも記録の閲覧が制限される（民訴92条1項）。これは，①訴訟記録に当事者の私生活に関する重大な秘密が記載又は記録されており，かつ第三者が秘密記載部分を閲覧することでその当事者が社会生活を営むのに著しい支障を生じる虞がある場合（1号），また，②訴訟記録中に，当事者が保有する営業秘密が記載され，又は記録されている場合（2号）であり，これらの場合には以下の手続を経て閲覧が制限される。

(3)　手　　続

閲覧制限に該当する事由について当事者から疎明があった場合には，裁判所は当該当事者の申立てにより決定で当該訴訟記録中，当該秘密が記載され又は記録された部分の閲覧又は謄写，その正本，謄本若しくは抄本の交付又は複製の請求をすることができる者を当事者に限定することができる（民訴92条1項）。

他方，秘密記載部分等について，第三者がその閲覧などを申請するためには，訴訟記録が存在する裁判所に対して民訴92条1項の要件が欠けていること，又はこれを欠くに至ったことを理由として閲覧制限をした決定の取消しを求めることができる。この申立てを却下した裁判及び取消しをした裁判に対しては即時抗告をすることができ，決定を取り消す裁判は確定しなければ効力を生じない（民訴92条3項，4項，5項）。

Ⅳ　直 接 主 義

1　趣　　旨

当事者の弁論や証拠調べを当該事件について裁判をする裁判官の面前で行わせ，これに直接に関与した裁判官のみが当該事件について判断をすることができるとする原則を〈直接主義〉という。これに対して，これらを別の裁判官に行わせ，その結果を聞いて裁判を行う原則を〈間接主義〉という。直接主義に

より裁判を行う裁判官自身が直接に当事者の弁論を聞き判断すべしとするのは，直接にこれらのことを行った者こそが事件を適切に判断し，また証拠についての明確な心証を形成することができることに配慮したものである。直接主義は口頭弁論に関する原則である。

> かつての普通法訴訟手続では書面主義に依拠した間接主義が採用されていた。しかし1877年ドイツ民事訴訟法は原則として〈直接主義〉を採用した。これは，従来の書面主義から口頭主義への転換と無縁でない。書面主義のもとでは，証拠を取調べ書面を作成する者とこれを判断する者とが区別されていた。これは，判断の客観性を維持しまた長期にわたる訴訟手続では不可欠だとの考慮によるとも見られる。しかし，口頭主義を採用し当事者が直接口頭で弁論をする手続では，その裁判官の面前で行われる弁論や証拠調べについて裁判官が直接疑問を質して得た心証に基づいてできるだけ迅速に判決をすることが事件の判断にとってより重要であり，近代訴訟手続が直接主義を採用しているのは当然だともいえる。

直接主義はこれを厳格に貫くといくつかの困難な問題も生じる。裁判官の交代によって再尋問が必要となり，遠隔地の証人の出頭などでは費用と労力をかける等の欠点がある。そこで現行法は，直接主義を基本とし，「判決は，その基本となる口頭弁論に関与した裁判官がする」ものとしている（民訴249条）。しかし，裁判官交代の場合，証拠調べについては直接主義を擬制することにより例外的に実質は間接主義的扱いを認めている（なお⇒第9章第2節Ⅱ2）。

2 内　　容

直接主義が採用されていることから，具体的には手続上次の取扱いがなされる。① 判決はその「基本となる口頭弁論」に関与した裁判官がしなければならない（民訴249条）。ここで「基本となる口頭弁論」とは弁論を終結する最終口頭弁論期日をいう。口頭弁論は通常数回開催されるが，この最終の口頭弁論に参加していれば，その裁判官は判決には関与することができる。口頭弁論はそれが数回開催されてもすべてについて〈口頭弁論の一体性〉の原則が働く。

② 合議体で裁判官が交代した場合，当事者は従前の口頭弁論の結果を陳述しなければならない（民訴249条2項）。これらの口頭弁論の途中で交代した裁判官は，交代前の口頭弁論には関与していない。そこで，この場合に新たな裁判官が全口頭弁論に関与した上で判決にも関与するためには，当事者が〈口頭弁論の結果の陳述〉をしなければならないものとした[40]。これに該当するのは，事実審合議体の裁判官が1名でも交代した場合であり，弁論の更新が必要であ

る（ただし，補充裁判官が審理に関与していればその限りでは交代の必要はない）[41]。また事件が単独体から合議体に移された場合は常に弁論の更新が必要である。これに対して，事件が合議体から，合議体の構成員である裁判官による単独体に移されたときは弁論の更新は不要である。また弁論の準備手続中に裁判官が交代しても，裁判の基本となる口頭弁論にはあたらないから弁論の更新は行うべきでない。

③　単独審の裁判官が交代した場合又は合議体の裁判官の過半数が交代した場合に，その交代前に尋問をした証人について，当事者が更にその証人について尋問を求めて申出をした場合，裁判所はその証人を再度尋問しなければならない（民訴249条3項）。

④　第一審手続が終了してもそれに不服があり控訴が提起された場合，手続は控訴裁判所の審理に移行するが，控訴審での審理構造は続審主義を採用しており（⇒第13章第2節Ⅰ），控訴審の裁判官は第一審での口頭弁論手続を前提とし，それに加えて新たな当事者の主張・立証を経て事件の判断がなされる。そこで，直接主義との関係で，「当事者は，第一審における口頭弁論の結果を陳述しなければならない」としている（民訴296条2項。なお，⇒第13章第2節Ⅳ2）。

第6節　手続の進行・運営に関する基本原則

〔文献〕

加波眞一「口頭弁論再開要件について(一)(二)」民商91巻3号353頁，5号730頁，齋藤哲「裁判官の訴訟指揮等に対する異議」吉村・古稀225頁，奈良次郎「弁論の再開をめぐる若干の問題について」中野・古稀(上)423頁

Ⅰ　総　　論

民事訴訟では処分権主義が妥当しており，原告が訴えを提起することによりそのイニシアティヴで手続が開始される。しかし，いったん手続が開始された

---

[40]　この場合にも厳格に直接主義を貫くと，3名の合議体で1名の裁判官が交代した場合に常に，証拠調べをやり直さなければならないことになる。しかし，それは，交代しなかった裁判官との関係でも，既になされた弁論や証拠調べの効力を一律に失わせることも合理性に欠ける。そこで，当事者による口頭弁論の結果の陳述の制度が採られている。

[41]　上告審で，書面審査により口頭弁論を開かない場合にはこの問題は生じない。

ならば，以後誰の手で手続が進行されるのかはこれとは別の観点から問題になる。既に係属している事件について，その手続進行面での主導権が当事者にあるのかそれとも裁判所にあるのか，より具体的にはいつ審理のための期日を開くのかについて決定権を持つのは当事者かそれとも裁判所か，期日のために関係人を呼び出すのは誰か，そのための呼出状を送付するのは誰か，更にはいったん定められた期日を変更することができるのか等が問題になる。これらについて，当事者が決定権を持つ原則を〈当事者進行主義〉といい。裁判所がその点について責任を持つ原則を〈職権進行主義〉という。

II 職権進行主義の原則

わが国の民事訴訟法は，訴訟の進行について基本的に〈職権進行主義〉を採用している（例えば，期日指定〔民訴93条1項〕，期日の変更〔同条3項，4項〕，弁論の制限，分離併合〔民訴152条〕，弁論の終結・再開〔民訴153条〕）。

> 訴訟進行について，1806年のフランス民事訴訟法は極端な当事者進行主義を採用していた。他方で，伝統的に訴訟の開始から終結まで裁判所の管理が及んだドイツでは，1877年民事訴訟法が口頭主義を採用することで訴訟促進が図れると期待されたが，手続の進行については当事者の権限が残されていた（送達は当事者のイニシアティヴで執達吏が行い，第1回期日は当事者の申立てで定められ以後は裁判所が期日を決定する。なお当事者が合意で延期申請すれば認められた）。このような当事者の訴訟進行に対する権限を大幅に承認することが結局著しい訴訟遅延を招いた。
>
> 1895年オーストリア民事訴訟法は職権進行主義を採用し，これがその後のドイツの訴訟法改革に強く影響した。この影響はわが国にも及び，大正改正では職権進行主義を採用しこれまで認められていた当事者支配を制限した（訴訟休止制度の廃止，合意による期日変更を最初の期日に限定）。

III 集中審理主義・計画審理主義

現行法は，職権進行主義を採用するが，更に訴訟手続の進行について〈計画審理主義〉を採用した。これは，平成15年の改正で新たに採用された原則である。計画審理の原則自体は，アメリカ合衆国で試みられたケース・マネージメント[42]や管理裁判官制度（加藤新太郎・手続裁量論〔弘文堂・1996〕94頁），イ

---

42) アメリカにおけるケース・マネージメント（case management）の実情についての報告は，浜野惺ほか・アメリカにおける民事訴訟の運営〈司法研究報告書46輯1号〉（司法研修所・

ギリスにおけるケース・マネージメントの試み[43]等の動きを参考にしつつ，その間わが国の実務で試みられてきた試行的実践を基礎にして（その試みについて，坂本倫城「計画審理（訴訟の各段階での審理計画）の実際」上谷清＝加藤新太郎編・新民事訴訟法施行3年の総括と将来の展望〔西神田編集室・2002〕81頁）立案された新しい制度である。

　民事訴訟手続の審理を漫然と行うのではなく，集中して行うべきだとする考え方はかなり以前から有力に主張されてきた。その際，訴訟手続をどのようにすれば集中した実効性を保持しつつなお迅速な訴訟手続が実現しうるのかは長い間の課題であった。

　集中した審理を実現するにあたりまず問題となりうるのは，民事訴訟手続をどのような審理体制で行うのかの問題である。民事訴訟手続を進めるに際して裁判所が採用する審理の体制についての原則としては，極めて図式的に大別すれば，裁判所が扱う多くの事件を同時に並行して進めていく〈並行審理主義〉と，一つの事件処理を集中して行い，それを終えた後に次の事件の審理を中心に行う〈集中審理主義〉がある。現実の事件処理としては，数多くの事件が裁判所に提起されており，並行審理主義を採用せざるを得ない。しかし，その際裁判所は，多くの事件を同時並行して進めていきながら，それぞれの事件については，その処理をできる限り集中して効率的に行い，またそれぞれの期日が充実したものとなるように努めなければならない。できるだけ集中した迅速な審理を行うことは民事訴訟に寄せられた社会の期待に応えるための課題だといってよい。

　充実した迅速な民事訴訟手続を実現するためには，特に複雑な事件の進行についてはこれを漫然と進めるのではなくできる限り計画的に行い，事件の審理が無駄のないように努めなければならない。もっとも，訴訟の審理を計画的に行うためには，裁判所のみが努力をしても，とうてい実現できることではない。むしろ特に両当事者が予め計画を策定しそれに従って訴訟活動を行うことが有効である。特に複雑な事件ではこのような計画的な審理は不可欠であり，それ

1993) 92頁以下，*James/Hazard/Leubsdorf*, CP., p 350.
43) イギリスにおけるケース・マネージメントについて。イギリス民事訴訟手続は，当事者主導の対立型（アドヴァーサリー・システム）であったが，ウルフ改革で，裁判所の裁量権の拡大によるケース・マネージメントが重要な要素として取り入れられた（ウルフ・レポートについては，我妻学・イギリスにおける民事司法の新たな展開〔東京都立大学出版会・2003〕，また，*Andrews*, ECP., 13.01）。

によって当事者が具体的にいかなる行為を訴訟手続上どの時点までに行うべきかを予測し準備をするための行為規範を設定することができる。計画審理主義はこのような観点に立って，裁判所による職権進行主義を前提としつつ，当事者が訴訟審理過程で具体的にどのような行為を行うのかといった行為規範を設定する点に特色がある（計画審理の具体的内容については⇒第 8 章第 2 節）。

Ⅳ　裁判所の訴訟指揮と当事者の申立権

1　裁判所の訴訟指揮権

　訴訟手続の進行や争点の整理は裁判所のイニシアティヴで進めるのが原則である。これらを当事者の支配のみに委ねると，当事者の利害による恣意によって訴訟の進行が阻害されるおそれがあるからである。また各当事者は手続中で，単独では十分に訴訟進行について努力してもそれに応じた成果を挙げることが困難な場合もありうる。そこで，現行法は基本的に手続の進行に関する権限を裁判所に与え，職権でこれらの権限を行使しうることにした。こうして裁判所は手続が適切かつ迅速に進行するように配慮しなければならないのであり，このような訴訟手続を整序し進行させるために裁判所が行う行為を〈訴訟指揮権〉という。

2　訴訟指揮権の内容

　裁判所の訴訟指揮権は，大別して手続の進行と整理・運営に関連するものと，適正な審理を確保するための審判内容にわたるものに分けられる。前者は形式的な訴訟指揮権であるのに対して，後者は当事者が行った陳述の内容等にわたり裁判所がその不十分な点を質す，〈釈明権〉を主要な内容とする。釈明権については既に検討した（⇒第 4 節）。

　手続の進行や運営等に関する裁判所の訴訟指揮権は手続の全般にわたる。その範囲は広く様々な事項が含まれるが，以下の事項が重要である。

　①　手続の進行に関する事項　　手続の進行のために重要な行為としては，期日の指定や変更がある（民訴 93 条）。期日は申立て又は職権で裁判長が定める（⇒第 4 章第 5 節）。

　②　弁論手続の整理・明確化のために行われる事項　　弁論の制限・分離・併合（民訴 152 条）及び弁論の再開（民訴 153 条）を命じる行為。また事件の移送についても職権で行うことができる（民訴 16 条，17 条，18 条）。

　③　口頭弁論期日などで行われる当事者の行為を整序するための行為　　口

頭弁論期日での当事者の行為は裁判長の訴訟指揮に基づいて行われる。期日における発言は裁判長の許可を得て行われなければならず，命令に従わない者の発言を禁じることができる（民訴148条）。

　④　その他　　一般に，裁判長は法廷の秩序維持のための権限を有する（裁71条）。

3　訴訟指揮権の行使

　訴訟指揮権は一般に裁判所に帰属する。しかし，この権限は裁判長が裁判所を代表して行使する。裁判長が行った弁論の指揮などについて当事者に異議がある場合には，裁判所がその点について裁判をする。また，受命裁判官，受託裁判官が命じられたときは，これらの裁判官が授権された事項について訴訟指揮権を持つ。

　裁判所又は裁判官の訴訟指揮に対して当事者が異議を述べたときは，裁判所はその異議に対して決定でその異議についての裁判をする。

4　訴訟指揮権の行使と当事者の手続権

　訴訟指揮権は裁判所の権限であるから，一般には当事者が訴訟指揮について裁判所に申出をしても，裁判所はいちいちそれに応答する必要はないのが原則である。裁判所はいつでも手続の進行や方法に関して必要な処置をすることができ，またその必要がなくなればいつでもこれを取り消すことができる。

　しかし，これらの事項が，当事者の訴訟上の利害に重大な影響をおよぼす虞がある場合には，裁判所はこのような当事者の申立てを全く無視することはできない。これを無視した処置を行った結果，手続的正義に反する事体が発生する場合には，そのような裁判所の処置が違法になり，取消しを命じられる場合がある。弁論再開の申立てがなされたにかかわらず裁判所がこれを無視した事案につき再開をしないことが違法になる場合があることを示した例（**判例**）がある。

　†〔**判例**〕　最(1小)判昭和56年9月24日民集35巻6号1088頁[44]（**口頭弁論の再開と手続的正義**）　X_1はYに対して本件不動産が自己の所有物であるにかかわらずYのために所有権移転登記，抵当権設定登記などがなされているとして各登記の抹消を求める訴えを，弁護士を代理人として提起した。これに対してYは次のような抗弁を提出した。即ち，YはX_1から一切の権限を与えられた訴外Aと

---

[44]　遠藤賢治・最判解説民事昭和56年度541頁，新谷勝・百選Ⅰ182頁，山田文・百選3版106頁。また，河野正憲・判タ472号237頁。

の契約により本件不動産を取得した，仮にAに代理権がなかったにしてもX₁又はその代理人であるX₂がAに実印及び本件不動産権利証交付し代理権を与えた旨を表示した，仮にそうでないにしてもX₁の代理人であるX₂は本件土地をBに売り渡す契約の委任をしておりAがその権限を越えて本件契約を締結したのでありYには，その権限を信ずるに足りる正当な理由があった，と。本件訴訟が控訴審に係属中X₁は死亡しX₂がその地位を承継した。しかし訴訟代理人がいたため手続は中断せず弁論が終結した。判決言渡期日の前にYはX₁の死亡を知り，口頭弁論再開申立書とX₁の死亡を証明する戸籍謄本を提出したが，控訴審は弁論を再開せず証拠に基づいてYの抗弁をすべて排斥し，X₂の請求を認容した。Y上告。破棄差戻し。最高裁は次のように判示した。「いったん終結した弁論を再開すると否とは当該裁判所の専権事項に属し，当事者は権利として裁判所に対して弁論の再開を請求することができないことは当裁判所の判例とするところである（略）。しかしながら，裁判所の右裁量権も絶対無制限のものではなく，弁論を再開して当事者に更に攻撃防禦の方法を提出する機会を与えることが明らかに民事訴訟における手続的正義の要求するところであると認められるような特段の事由がある場合には，裁判所は弁論の再開をすべきものであり，これをしないでそのまま判決をするのは違法であることを免れないというべきである。

　これを本件についてみるのに，前記事実関係によれば，YはX₁が原審の口頭弁論終結前に死亡したことを知らず，かつ，知らなかったことにつき責に帰すべき事由がないことが窺われるところ，本件弁論再開申請の理由は，帰するところ，X₂がX₁を相続したことにより，X₂がX₁の授権に基づかないでAをX₁の代理人として本件の不動産のうちの一部をBに売却する契約を締結せしめ，その履行のためにX₁の実印をAに交付した行為については，X₁がみずからした場合と同様の法律関係を生じ，ひいてAは右の範囲内においてX₁を代理する権限を付与されていたのと等しい地位に立つことになるので，Yが原審において主張した前記一(2)〔略〕の表見代理における少なくとも一部についての授権の表示及び前記一(3)〔略〕の表見代理における基本代理権が存在することになるというべきであるから，Yは，原審に対し，右事実に基づいてAの前記無権代理行為に関する民法109条ないし110条の表見代理の成否について更に審理判断を求める必要がある，というにあるものと解されるのである。右の主張は，本件において判決の結果に影響を及ぼす可能性のある重要な攻撃防禦方法ということができ，Yにおいてこれを提出する機会を与えられないままY敗訴の判決がされ，それが確定して本件各登記が抹消された場合には，たとえ右主張どおりの事実が存したとしても，Yは，該判決の既判力により，後訴において右事実を主張してその判断を争い，本件各登記の回復をはかることができないことにもなる関係にあるのであるから，このよう

な事実関係のもとにおいては，自己の責に帰することのできない事由により右主張をすることができなかったＹに対して右主張提出の機会を与えないままＹ敗訴の判決をすることは，明らかに民事訴訟における手続的正義の要求に反するものというべきであり，したがって，原審としては，いったん弁論を終結した場合であっても，弁論を再開してＹに対し右事実を主張する機会を与え，これについて審理を遂げる義務があるものと解するのが相当である。」

　この〔**判例**〕は，一方で口頭弁論の再開の必要性について，裁判所の職権事項である場合であってもそれが絶対的ではなく，当事者の手続権の保障が極めて重要であること，またその際の判断要素を示した点で重要である。

　以上の訴訟原則の他にも証拠についての訴訟原則として〈自由心証主義〉（⇒第9章第3節Ⅰ2）がある。

第6章　当事者の訴訟上の行為

〔本章の概要〕

　本章では，訴訟手続に関連して当事者が裁判上あるいは裁判外で行う様々な行為の規律原理を考察する。訴訟手続は，訴え提起に始まり判決の確定に至るまでの間に，当事者及び裁判所が行う様々な行為の連鎖によって成り立っている。本章ではこれらのうち当事者が行う行為について概観する。

　わが国の民事訴訟手続では，訴えが提起されると訴訟手続に関する一連の重要な訴訟当事者やその他関係人の行為は，主として裁判所の面前で行われる口頭弁論期日及びその準備手続期日を中心に行われる。しかしこれらの行為のほかにも訴訟に関して行われる当事者等の行為があり，その態様やその内容は様々である。その内容から見ると原告側が求める裁判要求を中心にして，それを基礎づけるために行う攻撃行為，それに対して被告側が防御をする行為等がある。その行為には，法的性質上も純粋に訴訟上の行為であることもあれば実体法上の法律行為も存在する。また当事者が行う訴訟に関連した行為が行われる場所についても，裁判所における手続内で裁判機関の面前で行われる訴訟に関連した行為のみには限定されない。訴訟外でも訴訟手続を想定して様々な行為が行われる。これら様々な行為がどのような原理に基づいて規律すべきかを明らかにすることが，本章の目的である。

　第1節では，訴訟に関する当事者の行為一般について概観する。それに引き続き，第2節では訴訟行為の概念とその分類方法について検討する。第3節では，訴訟行為と実体法上の行為の規律原理の関連について考察する。訴訟上で行われる当事者の行為は訴訟行為のほか実体法上の権利行使行為等が含まれ，その規律原理を明確にする必要があるからである。第4節では，訴訟上の合意について考察する。訴訟手続に関して当事者が様々な合意をすることがあるが，それらには法が定めたものの他にも多様なものがある。これらの適法性や要件，効果などが明らかにされなければならない。第5節では，特に相殺の抗弁を取り上げて総合的に考察する。相殺の抗弁は訴訟手続中で行使される抗弁であるが，手続上様々な特別の取扱いが要求されており，これらを総合的に考察する。

第1節 序　　論

〔文献〕
小山昇「日本における訴訟行為論の現状」民訴20号54頁，河野・当事者行為1頁

I　民事訴訟と当事者行為

　民事訴訟手続は，当事者間の法的紛争を解決するために原告が裁判所に対して裁判要求をする行為によって始まり，これに対して裁判所の判断を示す終局判決という行為によって終わるが，その間この判断内容を形成するために必要な裁判所及び訴訟当事者その他の訴訟関係人が行う一連の様々な行為を中核として構成されている。こうして原告が訴え提起行為により提示した訴訟上の〈請求〉を巡って，原告・被告がそれぞれ裁判所で開催される口頭弁論期日を中心とした訴訟手続において，一連の攻撃・防御の行為を繰り返しつつ進行する。裁判所は，これらの当事者の訴訟に関する行為が十分に行われるように手続を管理し必要に応じて発生した手続の問題について適切な処理・判断を下して手続の整序をしつつ，最終的には事件の内容自体について自らの判断を終局判決によって行うことで当事者の判決要求に応える必要がある。また裁判所が下した判決に対して不服がある当事者は，自らのイニシアティヴで更に上訴を提起することによって判決内容の修正を求めることができる。

　これらの様々な行為のうちで裁判所が行う行為は，国家機関が行う行為としての特別の性格を持つのに対して（このため別個の考察が適当である。⇒第10章第2節），当事者が行う様々な行為は，特に処分権主義及び弁論主義に基づいた民事訴訟手続では，手続の形成・進行の上で決定的な影響を与える重要な効果を持ち極めて重要な意味を持つ。しかし民事訴訟法には，このような当事者が行う訴訟手続に関連した行為（以下適宜「当事者行為」という[1]）を規律するための一般的原則を定めた法規定は存在しない。そこで，当事者の訴訟に関する様々な行為についてその規律の原理を明らかにする必要がある。従来，これは主として〈訴訟行為論〉として取り扱われ論じられてきた。しかしそこで前提とさ

---

[1]　「当事者行為」という言葉で理解される対象は，訴訟に関して当事者が行う行為を指す。そのうちのある行為が〈訴訟行為〉概念で把握できるか否かは更に検討を要する。

れた訴訟行為の概念等については，その形成や内容について特殊な問題が伏在しており慎重に検討すべき点が少なくない。従来の見解の問題点を探りつつ，訴訟における当事者行為の規律原理を探求しよう[2]。

II　当事者行為の諸相

　民事訴訟手続は，当事者間の法的紛争を公権的に解決するために設けられた国家機関である裁判所で行われる特別な私人の権利行使の過程である。わが国の民事訴訟手続は，その構造上，訴え提起による手続開始から終局判決に至るまで，専らその手続は裁判所が設営する〈口頭弁論期日〉その他特に定められた〈期日〉で行われることを前提としている。当事者に対して裁判所が提供するこれらの裁判所における〈期日〉は，各当事者にとっては相手方に対する主張を尽くし，それぞれが有する権利を十分に行使した結果，その当否の判断を中立的な第三者である裁判所に求めるために特に設けられた〈法定の特別の機会〉であるといえる。当事者双方はこのような特に設けられた場で，自らが有する権利・権限を行使し主張を尽くすことが期待されており，その結果裁判所が最終的に下した判断は，当事者の言い分を十分に聴いたうえでなされることが制度的に予定されている。

　期日を中心に行われる当事者の行為の具体的内容は様々であるが，原告が求めている訴訟物についての判決要求（「申立て」といわれる）を中心に，原告側は自己の要求が正当であることを主張するために，法律上・事実上の主張をし，更には争点となった事実を証明するための証拠方法などを口頭弁論手続に提出してその主張の正当性を基礎づける（攻撃方法）。これに対して被告側もまた，これに対抗する法的主張やそれを基礎づける事実を主張しそれを証明する方法を提出して，自己の主張・立場が正当なことを示す事項を口頭弁論手続で明らかにしなければならない（防御方法）。

　これらの行為は，訴訟手続の中では，具体的には口頭弁論期日又はその準備のための手続において，裁判所の面前で裁判所に対して行われるから手続の基本をなしており，それらは手続の中核をなしているといえる。しかし，訴訟に関する当事者の行為はこのような裁判所で行われる行為のみには限定されない。訴訟外で，将来の裁判手続を想定して行われる行為を予定し（例えば管轄の合

---

[2]　ドイツにおける訴訟行為論の形成とその問題点の概要については，河野〔文献〕1頁以下参照。またわが国の訴訟行為論の展開と問題点については，小山〔文献〕54頁。

意）、あるいは既に進行中の訴訟手続に関して裁判手続外で当事者間で行われる行為も存在する（係属中の訴えの取下げの合意など）。このように当事者が訴訟手続に関連して行う行為は様々である。

　また裁判所における口頭弁論期日において行われる行為も、その形態は訴訟上の攻撃・防御行為の行使として行われる行為であっても単に裁判所に対する訴訟上の効力発生を目的とする行為のみにとどまらず、これに関連して当事者は様々な実体法上の権利を行使することがある。訴訟手続で防御方法として形成権を行使する場合が典型である。そこで、訴訟手続に関して行われるこれらの様々な当事者行為に関して、その概念とその性質を明確化し、その要件・効果について明らかにする必要がある。

　†〔例〕　**訴訟における実体権行使の例**：原告の売買代金請求に対して売買契約について取消権、解除権を行使し、又は別の債権での相殺権行使により請求棄却を求める等。

第 2 節　訴訟行為の概念と分類

〔文献〕
河野正憲「序説」同・当事者行為 1 頁

I　訴訟行為の概念

1　訴訟行為の意義と独自性
(1)　訴訟行為論

　当事者が訴訟に関して行う様々な行為のうちで、実体法上の法律行為とは異なり主として訴訟手続に直接重要な作用を及ぼし、専ら訴訟法上意味を持つ当事者の行為が存在する。それらを〈訴訟行為〉という概念で統合し、その法的性格を明らかにすることが試みられてきた。特にドイツ法系民事訴訟法学では、長きにわたり学説上〈訴訟行為論〉が展開されて、〈訴訟行為〉の概念構成、規律原理についての検討がなされた（その概要につき、河野〔文献〕1 頁以下）。

　　これらの訴訟行為論が形成・展開してきた過程で専ら関心を集めた中心的な問題は、独立した訴訟行為概念の形成にあった。これには当時のドイツ民事訴訟法学が置かれた歴史的状況を無視し得ない。それは民事訴訟法学に先行して優れた学問的成果を誇った民法学における〈法律行為論〉と対比をしつつ、訴訟法学独自の成果

を生みだそうとする努力であった。その際このような行為が主として国家機関である裁判所での手続であることから公法的な性格が強調され，民法の規律する法律行為とは別の価値原理が妥当するとの観念が当然のごとくに主張された。確かに，訴訟手続に関して当事者が行う行為は，実体法上の法律行為に対して独自の存在理由があることは否定できず，その要件や効果を明確化することが必要である。しかしその際，どのような理由でその独自性が認められるのか，反対に訴訟上の行為が当事者の意思による行為であることからの共通性はないのかなど，多角的な検討が不可欠である。

　民事訴訟法学では長い間，ことに民法学の基本観念から脱却して独自の学問体系を構築しようとする強い学問上の指向が支配的であったために，民事訴訟手続が裁判所で行われ，裁判所に対して行使される行為を中心として〈訴訟行為〉の規律原理をうち立てようとした。その際，民法上の法律行為論に対する独自性・異別性を過度に強調し主張する傾向が散見された[3]。しかし，当事者行為の規律にはこのような過度の訴訟行為の独自性を排して，適切な手続規律の原理を確立することが課題である。

(2)　実体法上の法律行為と訴訟行為

　当事者の訴訟に関する行為には，手続上の取扱いに関して行われる行為であることから，実体法における法律行為とは異なる点が多いことは確かである。

　本来実体法上の法律行為は，訴訟外での契約関係の形成など当事者間で行われる私人間の権利の発生・変更・消滅に関する効力発生のための構成要件としての事実であり，これに疑義があれば，後日訴訟手続で当該法律行為が果たして有効であるかが問題にされ，その効果がどのように判断されるのかが規律の中心となる。そこでは法律行為に基づき発生する法律効果について，当事者がその結果を訴訟上で主張しその当否が裁判所によって判定される。

　これに対して，当事者が直接的又は間接的に主として裁判所で行われる訴訟手続に対して働きかける行為が存在する。これらの行為は，当事者の実体的な権利義務関係について直接に働きかけることを目的としたものではなく，訴訟手続という特殊な生活領域において手続形成的に作用することを直接の目的とした行為である。これらの行為は訴訟手続の中で裁判所に対して行使される場

---

[3]　このように訴訟行為が実体法上の法律行為とは異質のものだということを説明するために，訴訟法上の規律には実体法とは別の公法上の規律原理が働くという，いわゆる「実体法・訴訟法二分論」が有力に主張された。しかし，訴訟手続上で当事者が行う行為について当然に実体法とは別の価値原理に基づいた規律原則が妥当していると結論づけることはできない。

合が中心となるが,その際,①当事者がその手続の中で当該行為を行うこと自体が訴訟法上許容されるか,②それが許容されるにしても,果たして具体的な行為が有効になされたか,更には,③裁判所との関係で,その行為が有効になされた場合でも手続上裁判所によって考慮されるのかが問題になる。

当事者が行う訴訟に関する行為は,その〈行為を行う場〉についても裁判手続内のみに限定されない。訴訟手続の外でも,当事者は訴訟に関する行為をすることが稀でない。

†〔例〕 裁判手続外で行われる訴訟に関する当事者の行為の例:契約締結にあたり,管轄の合意をし,提起された訴訟について訴え取下げの合意をし,上訴をしない旨の合意をするなどの行為。

2 訴訟行為の識別基準

訴訟当事者等が訴訟に関して行う行為のうち,どのような行為が〈訴訟行為〉として,訴訟法上独自の意義を持ちうるかが問題にされてきた。そのためにはどのような行為が〈訴訟行為〉と位置づけられるのか(性質決定)が明らかでなければならないが,このような目的のため従来から〈訴訟行為〉の概念を巡り様々な見解が提唱されてきた。その際この概念をどのような観点から定立すべきか自体が問題であり,またこのような概念の確定と共に,これらの訴訟行為をどのような価値基準に基づいて規律すべきかが問題になる。両者は同一の観点から考察されたこともあるが,これを当然視することは問題であり,一応区別して理解しなければならない。

〈訴訟行為〉という概念は,当事者の様々な行為のうち訴訟法上特別の意味がある行為を分別し,その規律のために確立されるべき訴訟法上の概念である。

> ある行為が〈訴訟行為〉に帰属するか否かの識別基準を,その要件及び効果の両者が訴訟法によって規律されていることに求め,このような行為のみを訴訟行為と見るべきだとする見解がある(要件・効果説)。しかし,訴訟行為に関する一般的規律が実定法上は存在せず,個別的な規定がいくつかの特定の行為について存在するにすぎないが,この見解では,要件と共に効果までが訴訟法によって規定されている行為のみを訴訟行為だとすることになる。そうするとそれに該当する行為は極めて少数で,必ずしもその全てが把握されてはいないとの懸念が残る。また訴訟行為の概念が訴訟法の概念であるにせよ,訴訟法の規律はその効果発生のために必要な要件及び構成要件要素の独自性に関して実体法から完全に区別されているわけではないから,この見解は十分な説得力を持たない[4]。むしろ,訴訟に関する当事者

---

[4] 当事者の行為が訴訟行為であるかあるいは実体法上の行為かを識別するに際して,その行為の

の行為が多様な様相を呈することからすれば,そこでは〈訴訟行為〉の概念の形成及びそれへの帰属と,それらを規律する訴訟上の価値評価に基づいた訴訟行為としての要件の決定とは別個になされなければならない5)。

このような観点から今日では,当事者が行う行為のうち,その行為の主要な作用領域が〈訴訟〉という生活領域にあるのか,あるいは実体的な権利行使という場にあるのかの差に着目して,前者の場合を〈訴訟行為〉,後者の場合を実体法上の〈法律行為〉6) と分類する見解が一般になっている(主要効果説)7)。

〈訴訟行為〉の概念構成に際しては,訴訟行為の多様性を考慮しなければならない。当事者の訴訟行為は訴訟当事者の行為であり,その行為の主要な客観的目的によれば,手続に形成的に作用し手続を成立・変更・消滅させる行為であるといえる8)。これらの行為は最終的に裁判所において判断されることから,その行為については許可・不許可,有効・無効,重要・重要でないこと,考慮・不考慮といった内容の異なる判断に服する当事者の行為をいう。

II 訴訟行為の分類

1 従来の訴訟行為分類

〈訴訟行為〉は様々な場所で行われ,また異なった内容を持った行為から成り立っている。そこで,その特色を明らかにするために,従来様々な観点から訴訟行為の分類がなされてきた。行為の分類においてもそれをどのような観点から分類するかが重要であり,分類についてその前提との関連を明らかにする

作用場面の違いによって判断するにしても,当該行為において当事者が具体的に目指した主観的〈意図〉は決定的基準にならない。むしろ当該行為が行為類型として客観的に有する〈機能〉が重要であるといえる。これは今日ドイツで有力になっている見解であり,その解明には,*Baumgärtel*, Wesen und Begriff der Prozeßhandlung einer Partei im Zivilprozeß, 1957, S. 92, *Henckel*, Prozessrecht und materielles Recht, 1970, S. 26 ff, bes. S. 30. などの功績が大きい。

5) このような分析は *Henckel*, aaO., S 31. による。
6) 〈訴訟行為〉と比較対照される民法上の〈法律行為〉の概念はドイツ普通法学説により形成された。わが国民法は第1編総則第4章を,ドイツ民法は第1編総則第3節を「法律行為」として一般規定をおいている。このような抽象的な法律行為概念を定立することの意義の有無については比較法的には異なった評価がある。
7) 訴訟手続に密接に関連する当事者の行為であっても,例えば係争物の譲渡行為はその主要な効果は実体法上の処分行為である。その行為は訴訟手続上当事者適格に影響するが,それは副次的であり,このことがこの行為を訴訟行為として位置づけることにはならない。
8) 行為の主要な客観的目的が重要であり,行為の副次的効果や主観的目的などは識別基準にはならない。例えば訴訟上の行為も不法行為の要件を満たす限り損害賠償請求訴訟の対象になりうる。しかし,損害賠償請求権は行為の副次的効果であり,損害賠償請求権自体を主要な効果とした行為は〈訴訟行為〉とはいえない。

必要がある。

(1) 行為の形態による分類

　当事者が行う訴訟に関連した行為のうち，弁論で行われる陳述の形態等に着目して分類をする方法として，それを，①申立て，②法律上の陳述，③事実上の陳述，に分ける見解がある（兼子・体系208頁，新堂400頁，上田285頁）9)。

　〈申立て〉は裁判所に対して一定の訴訟行為を要求する意思表示行為であり，申請，申出などといわれる。このうち特に終局判決で裁判される事項についての当事者の陳述は，原告が請求の趣旨を陳述し，被告がこれに対して請求を争って本案又は訴訟要件についての陳述を行う形式で行われる。

　これに対して，原告の申立て，被告の申立てを理由づける方法は攻撃・防御方法であり，これは〈法律上・事実上の陳述〉によって行われる。さらに訴訟行為として行われる当事者の主張の内容として実体法上の法律行為が行使されることがあり，その内容を巡って見解の対立が見られる。

　このような分類方法を提唱する見解は，訴訟行為が裁判所に対してなされるのが通常であることから，訴訟手続の安定性を尊重し，また裁判所に対する公的な陳述として明確を期する必要があるとして，これらの訴訟行為には表示主義，外観主義が貫徹されること，特別な場合（再審事由が存在する場合が挙げられる）以外は，錯誤，虚偽表示，詐欺強迫等があったことによってその効力が影響されないと説く（兼子・体系213頁）。このような，行為の分類自体は重要であるが，これらが当然に実体法上の行為と異なった規律原理に服するとの主張にはなお検討が必要であり，直ちに是認することはできない。

(2) 取効的訴訟行為と与効的訴訟行為

　民事訴訟手続が，基本的に裁判所の判決を求める動態的考察方法が支配する領域であることを前提として，当事者の訴訟行為を〈取効的訴訟行為〉と〈与効的訴訟行為〉に分類する見解がある（三ケ月・全集267頁）10)。

---

9) このような分類方法は基本的にドイツでヘルヴィッヒ（*Hellwig*）によって提唱された見解（*Hellwig*, System des deutschen Zivilprozeßrechts, Teil 1, 1912, S. 426 ff.）に基づいている（参照，河野〔文献〕6頁。及びわが国の直接の影響については同書注(20)）。ただし，ヘルヴィッヒは，このほかに訴訟上の法律行為の概念を提唱している。これは訴訟法が当事者の行為の効果意思を承認するものであり，直接拘束力のある効果を生じるものを指している兼子説はこれを採用していない（参照，兼子・体系211頁）。

10) この見解は，ドイツにおいてゴールドシュミット（*Goldschmidt*）によって提唱された（*James Goldschmidt*, Prozess als Rechtslage, 1925, S. 364 ff.）。この見解は，民事訴訟制度の目的が，最終的には裁判所により下される既判力を求めた手続だと見，それに至る過程は訴訟法律関係と理解することができるような確実な権利義務によって規律された関係ではなく，裁判所の下す判決を求めて双方の当事者がその見込みとそれがはずれた場合に負わなければならない負担に

〈取効的訴訟行為〉は，裁判所が行う行為（例えば，判決）に対する働きかけを直接に行うことを目的とした当事者の行為であり，この見解によればそれ自体が独自に直接的に手続を形成する効果を持つものではない。申立て，主張及び挙証行為がこれに属するが，これらは裁判官に対して心理的働きかけを行うことにより一定内容の判断を獲得する点で共通の性格を持つ（三ケ月・全集277頁）。

これに対して，〈与効的訴訟行為〉はこれら以外の当事者の訴訟行為を総称するものであり，この行為は裁判所に対して直接に働きかけるのではなく，これとは別の方法で訴訟状態に作用を及ぼす行為をいうものとされる。この行為についてはその相手方も様々で，裁判所に向けられたもの（例えば，訴え又は上訴の取下げ），相手方に向けられた行為（例えば，代理権消滅の通知），さらには第三者に向けられて当該訴訟手続を越えて効果を生じる行為（例えば，訴訟告知）も存在するとされる（三ケ月・全集283頁）。

(3) 評　　価

従来の訴訟行為の分類方法にはいくつかの問題を指摘することができる。訴訟行為を分類するに際して，従来は一般に訴訟行為が実体法上の法律行為とは異なった価値原理によって規律されていることを当然の前提としてきた。それは特にこの観点が，訴訟行為を実体法上の法律行為から際立たせ〈訴訟行為〉の特色を明示するのに有効と考えられたからであった。しかし，この前提が果たして当然のものであるのかについてはなお検討が必要である。訴訟行為と実体法上の法律行為には相違点だけでなく共通点も存在するはずであり，より広い観点からの分析が必要である。

また，〈取効的訴訟行為〉と〈与効的訴訟行為〉とで分類する見解は，訴訟行為の特色を，主として裁判官に対する当事者の働きかけを中心にして考えており，両者のうちでも，その特色がより明確なものは〈取効的訴訟行為〉だと見ている。そこでこの観点からは，訴訟手続における当事者双方の攻撃・防御の行為などの手続内での当事者の行為相互の関係については，これを何らかの法的な関係として直接に規律する原理を抽出することを断念しているといえる[11]。そうだとすれば，このような観点は訴訟行為の分類・見方としてはなお

　基づく関係だと理解する。これをダイナミックで現象的な観察方法だと誇った。この見解はドイツで今日では，その理論自体は受け入れられていないが訴訟行為の分類のみに関しては支配的な見解である。

11)　実際，この観点を提唱したゴールドシュミットは，訴訟手続内における当事者間の訴訟法律関係を否定し，当事者間には法的状態（Rechtslage）が存在するのみだと説いた（ders., aaO., S. 362 ff.）。しかし，今日では訴訟手続内で当事者間に法律関係，特に法的義務の存在を観念する

一面的であるとの批判は免れないであろう。

2 訴訟行為の要素と機能

このように見ると，訴訟行為の分類は，当該行為が客観的にどのような訴訟上の機能を持つのか，(行為者の主観的目的からは離れた) 行為自体の典型的な効果がどのようなものかなどの考察からの分析が不可欠である。訴訟行為の考察には，まずその内容と機能に基づき以下の区別が有用であろう。

① 訴訟行為は，訴訟手続に対して直接に形成的に作用し（訴訟手続を開始・進行・変更・消滅させる効果を持ち），訴訟手続という生活局面にその主たる効果を及ぼす行為である。その際その効果の発生は訴訟当事者がその効果の発生を意図して，その意思に基づいて行った行為の結果であるから，訴訟当事者の〈意思〉の要素を否定することができない。典型的訴訟行為とされる〈申立て〉は，その基礎に申立人が裁判所に対して一定の行為を求める意思が存在し，これによって裁判所は応答を義務づけられる。当事者の〈法的主張〉や〈事実主張〉もその行為の基礎には〈意思〉が存在する。訴訟行為においても当事者のこの意思を無視することはできない。このような訴訟行為に意思の瑕疵がある場合の取扱いについて，訴訟行為であることからこれを顧慮しないとの原則が主張されてきたが，むしろこれは見直しが必要である（⇒第3節Ⅱ）。

② 訴訟行為のうちで，民事訴訟の中心となる裁判所の面前での訴訟手続の中で行われる当事者の手続は，その多くが連続した行為の一部を構成しており，それらは相互に関連して訴訟手続自体を形成している（訴訟形成的効果）。これは法律行為とは異なる特色であり，この行為の特性に即した取扱いが必要である。訴訟手続の中で行われる行為は，連続した行為であることから後の行為が前の行為の有効なことを前提として組み立てられていることが多い。これらの行為については，後になって前の行為の効果を覆滅し手続全体をすべて無効にすることを阻止する工夫がなされる必要がある。

③ 訴訟手続上裁判所に対して直接行使される行為は，裁判所がその内容について不明確な点があれば〈釈明権〉を行使してその内容を確認することができ，またその義務がある。当事者はこれらの行為を行っても手続の中で修正の

ことができることについては異論がない（これは，*Lent*, Zur Unterscheidung von Last und Pflichten der Parteien im Zivilprozeß, ZZP. 67, 344, 350. の功績である）。訴訟法律関係については中野貞一郎「訴訟関係と訴訟上の義務」同・訴訟関係1頁。ドイツでも，最近では，訴訟手続における法律関係の理解についての再評価がなされている（Rosenberg/schwab/*Gottwald*, ZPR. §2）。

可能性が残されていることが多い。これらの行為は，手続を管理する裁判所との関連では，裁判所が当事者の意思を確認するなどの方法で，当該手続内で当事者の行為自体の管理・コントロールをすることができ，一個の確定的な行為としてではなく修正の可能性がある点に訴訟外で行われる行為の規律とは異なる取扱いがなされることが多い。

④　訴訟行為のうちでも，直接手続を終了させる行為などは，直接裁判所に対して行使される行為ではあるが，②とは異なってそれに引き続いて更に手続が積み重ねられるわけではない。そこではむしろ，当該行為が持つ手続上の処分効果が，直接当事者の意思に基づく行為の結果として発生すると考えられる。これらについても，その当事者意思の確認等につき裁判所の役割は否定できないが，その行為は直接には処分権主義に基づき訴訟終了の効果を生じさせるから，この行為の持つ拘束力は直接当事者の意思による処分効果だといえる。

⑤　手続の性質としては手続を形成し，したがって〈訴訟行為〉と性格づけられる行為ではあっても，それが訴訟手続外で取引行為の一環として行われ，後に訴訟上の援用を待って訴訟上の効力が生じる行為（管轄の合意など）は，その行為による効力発生要件につき，中核的訴訟行為の性格（上記②③）を持たず，実体法上の法律行為に接近した取扱いがなされるべきである。

III　訴訟行為の規律原理

訴訟行為の特色を探り，規律原理を明らかにするためには，訴訟手続の中核を構成する一群の当事者行為について，その典型的な特色を確定し，その特徴的な性格を探ることから考察を始め，さらにそのほかの訴訟行為についてもその行為の行われる場に即して行為の特色を明らかにする必要がある[12]。

1　従来の見解と行為の機能に即した規律原理

従来の見解は，訴訟行為の規律について原則としてすべての〈訴訟行為〉につき統一的にその規律原理を定めてきた。その際これらの行為が裁判所に対して行われるということから公法行為であり，訴訟手続外で私人間で行われる法律行為とは異なる規律がなされるべきだとの点を強調し，その結果，訴訟行為では表示主義が妥当し行為者の意思は問題にはならず，したがって意思の瑕疵

---

[12] 以下の考察は基本的に，ドイツにおける訴訟行為の展開に示唆を受けたものである。特に，*Baumgärtel*, Wesen und Begriff der Prozeßhandlung im Zivilprozeß, 1957, S. 79 ff. 及び，*Henckel*, Prozessrecht und materielles Recht, 1970, S. 26 ff. によるところが大きい。

も問題にならない等の，訴訟行為に独自の「原則」が主張された。しかしこのような原則は十分な検討を欠いており，必ずしも説得力を持たないといえる。特にその思考の前提は，訴訟行為について実体法上の法律行為とは別の規律原理が働くことを当然視する特別の観念によって支配されていた。この観念は，〈訴訟法実体法二分論〉とでも称すべき観念であり，学説史上一時期のドイツ民事訴訟法学が形成した特異なイデオロギーだともいえる（その展開の概要につき，河野〔文献〕1頁）。その内容は今日，全面的に見直しが必要である。

見直しの視点としては，特に①多様な訴訟行為についてその機能の違いを重視し，その規律原理を探る必要性があること，②規律原理については，訴訟手続では当然に実体法とは異なる価値原理が働くと見るべきではなく，その共通性と異質性をより詳細に検討すべきこと等が挙げられる。

そこでこのような観点から見ると，従来〈訴訟行為〉とされて一括して扱われた当事者の行為についても，訴訟手続の中核を構成する行為と訴訟手続外で行われる手続では規律原理に違いがありうるといえる。

2 手続を構成する中核的訴訟行為

当事者が行う訴訟に関する行為のうちで，係属中の民事訴訟手続の中で裁判所に対して行われる訴訟手続は訴訟行為の中核を構成しており，そこには共通の特色が見られる。これらに属する行為としては，訴え提起行為，本案の申立て，訴訟上の申立て，主張，証拠の提出，裁判上の自白，上訴提起行為等が挙げられる[13]。

これらの行為に共通する典型的な訴訟行為の効果は，直接に〈訴訟手続の形成〉にある。すなわち，これらの行為は民事訴訟手続に対して直接に効力を及ぼし，これによって手続が開始・変更され，また裁判所の審査範囲が修正される等の効果がある。これらの行為が持っている典型的な訴訟形成的効果を明らかにするためには，これらの訴訟行為の内容を明らかにする必要がある。

これらの行為は，まず第一に当事者の意思に基づく行為であり，その多くは裁判所に対して向けられた当事者の一方的意思表示である。その際それがどのような意思に基づいて行われたのかが重要である。もっとも，通常の法律行為の場合のように，その訴訟上の効果は当事者の（契約自由原則等により自由に定

---

13) 訴え取下げ行為もまた手続的には直接的な形成的効果（その成立・変更・消滅）を持つ。しかし，実質的に見るとそれに後続する行為が存在せず，手続の消滅をもたらす行為は別に扱うことが適切である。

められた）意思の内容を直接法的効果として承認するのではなく，訴訟上の行為の効果は訴訟法上手続的に客観的に定められているのが一般である。これらの行為が裁判所に対してなされた場合，裁判所はその行為を合理的に解釈し，不明確な部分については釈明権を行使してその内容を明確にする必要がある。これらの行為の中心的効果としては，裁判所の判断に対する働きかけあるが，この場合には，当該行為がなされてもその行為によって直接に法的な効果が発生するのではないから，当事者は後にその内容を修正することができる。この意味で，民法の意思の瑕疵に関する規定を直ちに適用又は準用する必要がないことが多い[14]。

　　ただし，これらの中でも〈裁判上の自白〉は特別の意味を持つ。裁判上で自白がなされた場合，その事実については訴訟手続の過程で相手方の立証が不要とされる効果を持つから，訴訟手続における当事者，特に相手方にとっては訴訟追行上重要な意味・機能を持つ。当事者が行った裁判上の自白行為には，訴訟法上撤回ができないという拘束力が付与され，立証を必要とする事項から排除される効果が与えられており，手続過程での当事者の処分行為（争点排除の効果を持つ）としての特別の訴訟上の制度として位置づけられている（⇒第8章第6節）。

3　自主的手続終了行為

　訴訟手続の〈中核的行為〉とは異なって，訴訟を終了させる行為はそれ自体が一定の確定した訴訟上の効果を伴う。それゆえこれも〈訴訟行為〉に数えられるが，この場合には後行する行為との関連性は問題にならず，中核的訴訟行為が手続の連続性を考慮しなければならないのとは異なる。

　訴訟終了行為は裁判所に対してなされるから，裁判所はその行為者の意思を確認する必要がある。これらの行為は通常は明確な形式に基づいて行われ，その内容は明白である。しかし，これも万全ではなく，裁判所による確認の可能性があることをもって当該行為における当事者意思の考慮が不要だとの結論を引き出すことはできない。これらの行為は当事者には，中核的な訴訟行為のように後に内容を変更しあるいは撤回する等の可能性がない〈処分行為〉である。この意味で，これらの行為には民法上の意思の瑕疵に関する規定の適用ないし

---

[14]　民法上の意思の瑕疵に関する規定は，法律行為によって発生した法的関係（例えば売買契約）を覆すための法制度であり，そこでは当事者間に存在する実体法上の確定的に生じた拘束が前提となり，その拘束力をなくす点に存在意義がある。したがっていまだ確定的な拘束力がない状態では意思の瑕疵を論じる必要はない。

準用が必要である（⇒第7章第2節Ⅱ1(4)，第7章第3節Ⅴ，第7章第4節Ⅵ2）。

4　訴訟手続外で行われる訴訟行為

訴訟手続内だけでなく訴訟外でも訴訟手続に影響する行為が行われる。例えば，管轄の合意，仲裁契約などいわゆる訴訟契約はこれらの行為の典型である。これらの行為の適法性については明文で定められて，訴訟手続上の効力の発生が実定法上予定されているものが多いが，これらが訴訟行為に属することは一般の承認を得ている。しかし，これらを越えて，明文規定が存在しないにもかかわらずなされた〈当事者の訴訟に関する合意〉が有効か，またどのような効果を持つのかが問題にされてきた。これらの合意もまた直接に訴訟法上の効果を持つのであれば，それは訴訟行為ということができる。これらは「訴訟契約」といわれる（⇒第4節）。

Ⅳ　訴訟行為と信義則

1　信義則と民事訴訟手続

民事訴訟に関して行われる当事者の行為は「信義に従い誠実に」行われなければならない（民訴2条）。このように明文で定められた〈信義則〉は今日では単に民法のみに適用が限定された法原則（参照，民1条2項）ではなく，民事訴訟手続を含めて私法一般に妥当する基本原則としての意味が承認されている。民事訴訟法は特に処分権主義や弁論主義が妥当し，当事者が行う訴訟上の行為は，相互に依存した関係にあり誠実な行為が極めて重要な機能を持つ。そこで，民事訴訟法は訴訟手続の全体を貫く基本的な観念として，信義則に関する一般法規定を置いた。

　　本来信義則は，一般に積極的には三つの特徴的な任務を持っているとされる[15]。
　　①　信義則は，立法者が予定した価値計画（Wertplan）を，裁判官が有意的に実現するために用いられる手段とされる。これは，債権法上裁判官に与えられた判断権限を意味し，本来法が（あるいは契約法では更に契約当事者が）実現することを意図した内容を裁判官は個別的な事件に対応して実現する任務を持つ。それは本来の裁判官の職務権限（officium iudicis）であり，その結果として保護義務や行為義務等がこれから具体化されてきた。裁判官は些事に拘泥せず（minima non curat praetor）の原則や，最近〈手続裁量〉といわれる領域もまたこれに属するといえる。

---

[15] 信義則についてのドイツでの優れた分析として，*Wieacker*, Zur rechtstheoretischen Präzisierung des §242 BGB, 1956, Mohr, Bes. S. 20 ff. が提示する機能分類である。

② 信義則の第二の中核領域は，権利の行使が信義則に反する場合にはその行為が不適法とされたことである。裁判官は訴訟当事者の人的な法倫理的行為の促進を図る必要がある。ここでは普通法上のいわゆる〈悪意の抗弁（exceptio doli）〉が適用される。訴訟上信義則違反の問題が生じるのはその多くがこの類型に属する。
　③ さらには信義則は制定法の修正の機能も果たす。行為基礎論などがこれに属する。なおドイツ民法は先の債務法改正でこれを独立して明文化した（ド民 313 条）。

　民事訴訟手続は，特に原告及び被告（及びその他参加人）との間で，原告の訴訟上の請求を巡ってなされる一連の攻撃・防御行為の連鎖から成り立っており，それぞれの行為は互いに相手方の主張に対する応答といった関係があり相互に密接な依存的な関連性を持つ。確かに，訴訟手続では原告と被告とは直接には対立した関係にあるが，このような対立関係の中でそれぞれの言い分を尽くして，各々が持つ権能や権利，言い分を十分に提示し，裁判所の公正な立場からの判定を受けることが予定されている。このような民事訴訟の構造は，訴訟当事者が訴訟手続内で思いのままに行動し，また不誠実で相手方を奸計で陥れるような行動をすることを許容するものでないことはいうまでもない。むしろ，それぞれの当事者が手続の中で誠実な訴訟追行をすることによってはじめて，充実して適切な訴訟の運営が可能になるというべきである（「フェアプレイ」の精神）。相手方の立証の妨害，訴訟の引き延ばし等の訴訟当事者の不誠実な訴訟活動や奸計は公正かつ迅速な訴訟の運営の妨げになることから，このような不誠実な訴訟活動を防止して法の理念が適切に実現されることが求められる。この目的を実現するために，現行法は明文で一般的に信義誠実義務を当事者に課している（一問一答 29 頁）。しかしこの訴訟手続における信義則は，更に訴訟手続という行為の場の特性に応じて具体化がなされなければならない。

2　不誠実な訴訟追行行為

　訴訟過程で当事者は不誠実な訴訟追行行為を行ってはならない。訴訟手続上不誠実とされる行為は，より具体的には次の 4 種類に分類される。これらの行為が行われた場合，裁判所はその訴訟上の行為を却下しあるいは相手方を救済するために適切な措置を講じなければならない。

　① 訴訟上の法状態を悪意で形成することの禁止　　悪意で主として相手方に苦痛を与える行為をすることを禁止する原則である。

　　†〔例〕　管轄権を悪意で作出する行為（札幌高決昭和 41 年 9 月 19 日高民集 19 巻 5

号 428 頁16))などが典型である。この場合には，適切な管轄裁判所に移送される。

②　訴訟上矛盾する行為の禁止　　同一当事者が前後で矛盾した行為態様を行うことは，相手方との関係で不誠実と評価されることがある17)。訴訟上当事者の攻撃・防御行為は相手方の行為を前提に，自己の行為を行うのであり，相互に依存している。このような関係があるにかかわらず，前に行った自己の行為に反する行為を後で行うことを許せば，相手方当事者にとって自己の行為の指針を得ることができず，奸計を許すことになりかねない。そこで，このような自己が前に行った行為に反する行為を行うことは信義に反する行為として禁止されるというべきである。もっともこのことは，前の行為が一定の拘束力を有し，相手方に対して内容的に強い信頼付与の効果を持つことを意味する。そこでこの先行行為が信頼に値する行為であったこと，相手方が現実にこれを信頼したことが必要であり，具体的にどのような場合に前の行為がこのような信頼付与の効果を持ちうるのかは具体的事情を考慮しなければならない。〔**判例**〕は，矛盾した訴訟上の主張行為が訴訟上の信義則に違反しうることを一般論として認めたが，外形的に行為内容が矛盾することのみをもってこのような拘束力を直ちに認めるわけではなく，この判例は前の訴訟手続で行われた訴訟上の行為がこのような拘束力を持ちうるかを具体的事情のもとで考察し，否定した。更に，同一訴訟手続内での攻撃・防御行為について相互に矛盾する行為がなされた例につき，信義則違反を認定したものがある（最(3小)判昭和 51 年 3 月 23 日判時 816 号 48 頁18)）。

†〔**判例**〕　最(2小)判昭和 48 年 7 月 20 日民集 27 巻 7 号 890 頁19)　　X は訴外 A に対して本件手形金債権に基づき同人方で有体動産の仮差押えをしたところ Y はこれに対し第三者異議の訴えを提起し，同人において既に A から営業を譲り受け，仮差押え物件の所有権を取得しているから仮差押えは違法である旨を極力主張し，かつ右の主張に沿う証拠を提出した。そこで X は本件訴訟を提起し，右営業

---

16)　X は約束手形所持人として手形金支払請求の訴えを，その際振出人 Y_1，第一裏書人 Y_2 に対して提起した。この両者に対する請求は手形支払地であり Y_1 及び Y_2 の住所地でもある大船渡市を管轄する盛岡地裁のみに管轄権が存在した。しかし X はその住所地である釧路に住む Y_3 に対して釧路地裁に訴えを提起し，Y_1Y_2 に対する請求を併合した。その後第 1 回口頭弁論期日に Y_3 に対して訴状陳述をしないまま訴えを取り下げた。Y_1 は管轄違いを理由に盛岡地裁への移送申立てをしたが却下されたので即時抗告をした。原決定取消し，盛岡地裁への移送決定。
17)　一般に，〈先行行為に矛盾する行為の禁止（venire contra factum proprium)〉といわれる。
18)　松浦馨・百選 2 版 142 頁，春日偉知郎・百選 3 版 108 頁。
19)　田尾桃二・最判解説民事昭和 48 年度 336 頁，奈良次郎・百選 I 26 頁。

譲受けがあったことを前提としてＡの営業により生じた本件手形金債権をＹに請求した。Ｙはその後第三者異議の訴えの追行をせず，この訴えは取下げが擬制された。しかし本訴でＹは一転して右営業譲受けを否認し，そのような事実がない旨を主張した。第一審は，「前訴で同一当事者に対し攻撃方法として営業の譲受，商号の続用を主張立証した者が後訴で突然これをひるがえし，右と全く両立しない営業譲渡を受けたことも商号続用をしたこともない旨の主張を立証をすることは特段の事情のない限り信義則上許されない」としてＸの請求を認容。控訴審は，営業譲渡の事実があったことの確定ができないとしたうえで，Ｙの主張が信義則に反するとの主張に対して，「別訴である事実を主張してそれに沿う確定裁判を得た場合には，もはや，後訴でこれと全く矛盾する事実を主張することは，それを正当化する特段の事情のない限り，信義則に反し許されないものというべきである。しかしながら，別訴が取下げられた場合には，別訴は初めから係属しなかったものとみなされるのであるから，後訴において，別訴の主張と矛盾する主張をしたとしても，直ちにこれを信義則に反し許されないものとして排斥しなければならない理論上の根拠はない」として第一審判決を取り消しＸの請求を棄却した。Ｘ上告。最高裁は次のように述べて上告を棄却した。「思うに，先にある事実に基づき訴を提起し，その事実の存在を極力主張立証した者が，その後相手方から右事実の存在を前提とする別訴を提起されるや，一転して右事実の存在を否認するがごときことは，訴訟上の信義則に著しく反することはいうまでもない。しかし，原審の適法に確定したところによると，Ｙが先に第三者異議訴訟において主張していた営業譲受けの事実はなく，その主張が虚偽であったのであり，かえって本訴における右の否認が真実に合致した主張であり，しかも右第三者異議訴訟はすでに休止満了によって訴の取下とみなされているというのであって，かかる事実関係のもとにおいては，Ｙの前記否認は，信義則に反せず有効であると解するを相当とする。」

この判例では，前の行為に矛盾する行為がなされた場合，前の行為が信頼付与の効果を持ちうることを述べつつ，しかしなおこのことのみで結論を引き出す（第一審はこの立場）ことはできず，前の訴えが取り下げられた場合はその訴訟手続内で行われた当事者の訴訟行為はなかったものとみなされることから先行行為に矛盾する行為を直ちに違法とすることはできない点（控訴審の付加的判断事由）及び事実認定の結果かえって後の行為が正しいことをも具体的判断要素として示した。事実認定の結果を判断要素とすることは，結論的にこの原則の適用が限定的であり補助的であることを意味する[20]。

③　訴訟上の権限の失効　　当事者が持つ訴訟上の権限も常に当然行使する

---

[20] このことは，最高裁が後行する訴訟での安易な信義則の適用により具体的な事実認定をすることの必要性を軽視することをおそれた結果ともいえる。

ことができるわけではない。これを行使することができたのに適時に行使せず後になって訴訟手続を用いてこれを蒸し返すのであれば，そのような訴訟上の権限は失効する。権利失効の原則は本来，その有する権限を長期にわたって行使せず，相手方にとってはもはやその行使をしないのではないかとの信頼状態が生じたとしてもやむを得ない事情があり，これに基づいた行動をとっている場合に，今更自己の権限を行使することができないとする制度である（権利失効の原則）。訴訟手続では，当事者は訴訟手続という定められた限界の中でその権限を行使すべきであることからこの原則を適用することが考えられる。この観念自体は，訴訟手続上の失権に関する規定を支える実質的な価値判断として多くの訴訟上の制度に具体化されている。これらの他にも訴権についてこの原則が認められるのか等が問題にされるが，一般には権利保護の観点から否定される。

④　訴訟上の権限の濫用　　訴訟法上当事者に与えられた権限を濫用して訴訟行為をする場合には，当該行為は不適法であり却下される。

†〔例〕忌避権の濫用，訴権濫用の例として最(2小)判平成 18 年 7 月 7 日民集 60 巻 6 号 2307 頁

V　訴訟行為の解釈

訴訟行為は，当事者が訴訟手続に直接に働きかける意思による行為である。この当事者の行為は様々な形式によって行われる。その際当事者の意思が常に明確であるわけではない。したがって裁判所は具体的行為において当事者がどのような意図に基づいてその行為を行ったのかの解釈が必要になることが少なくない。また不明確な行為については釈明権を行使してその明確化に努めなければならない。

違法な当事者行為がなされても，裁判所はそれを常に不適法として処理することが命じられているわけではない。この行為が別の要件を満たす場合には，〈無効行為の転換〉がなされる[21]。

VI　訴訟手続内で行われる法律行為

当事者は訴訟手続内で，攻撃方法としてあるいは防御方法として，直接実体

---

21) 無効行為の転換については，中田淳一「訴訟行為の転換」同・訴と判決の法理（有斐閣・1972）1 頁。

法上の形成権を行使することがある。例えば，原告の売買契約に基づく代金請求に対して被告が，売買契約が詐欺・強迫によるものでこれを取り消すとの意思表示を行い，あるいは別に被告が原告に対して有している債権で相殺する等の意思表示を行う場合である。これらの場合には，被告は原告に対してそれぞれ，取消し又は相殺の意思表示をし（実体法上の形成権行使＝意思表示），その結果発生した原告の訴求債権の消滅という法的効果を裁判所に対して主張する行為（裁判所に対する訴訟行為）に分析される。これらの行為は口頭弁論で行使されるが，実際にはその前提として，答弁書やその他の準備書面等でこれらの意思表示をなす旨が記載されており，この記載が相手方に到達することによって実体法上の効果は発生していると解される。

　　これらの行為は，別の防御方法との関係では予備的に行使されることがある。即ち第一義的には，訴求債権の存在を否認し（例えば売買契約の不存在），それが認められない場合に備えて形成権を行使する等である。これらの場合には，形成権は主たる防御方法が認められない場合に考慮されるが，実体法上は訴求債権の存在が形成権行使の要件であることから，法定条件であり実体法が命じる形成権についての条件禁止（例えば相殺につき，民506条1項）には反しない。

第3節　訴訟行為と実体法上の行為の規律原理

〔文献〕
河野正憲①「序説」同・当事者行為1頁，同②「訴訟行為と意思の瑕疵」同・当事者行為155頁，同③「訴訟行為論と実体法」新堂編著・特別講義21頁，松本博之「当事者の訴訟行為と意思の瑕疵」講座民訴④283頁

I　意　　義

〈訴訟行為〉については，それを規律するための原理を定めた一般的法規定は存在しない。他方民法は法律行為について一般的な定めを置いている[22]。そ

---

22)　わが国民法典はドイツ民法にならい，その「総則」に法律行為の基本原則を明文で定めている。このようなドイツ私法の体系は19世紀ドイツ・パンデクテン法学の学問的成果，特にサヴィニーの作品『現代ローマ法体系』に由来する（河野〔文献①〕3頁）。立法政策上このような「総則」規定を一括して規律する方法は，債権法や物権法などの個別問題を判断するに際して必要な共通する基本事項をカッコで括りこれを一括して抽出したものである（*Zweigert/Kötz*, Einführung in die Rechtsvergleichung, 3. Aufl., 1996, S. 144 f.）。

こで，当事者の個々の訴訟上の行為について，その規律原理を探るための有力な指針として，実体法上法律行為についての法理が〈訴訟行為〉にも妥当するのかが問題にされてきた。

訴訟行為もまた当事者の意思に基づく行為である。そこで，特に民法が法律行為の規律原理として定めている意思の瑕疵に関する規定や表見法理に関する規定が当事者の訴訟行為についても適用又は準用される可能性があるかが問題とされる。

II 訴訟行為と意思の瑕疵

1 伝統的な見解による取扱い

訴訟行為もまた当事者の意思に基づく行為であるが，この当事者の意思によりなされた訴訟上の行為につき，当事者が本来求めていた内容とその結果とが食い違う場合が生じる。実体法上は，このように当事者が意図した行為内容とその結果が食い違う場合については，意思の瑕疵に関する法的規律が用意されている（民93条以下）。これに対して訴訟行為には意思の瑕疵に関する実体法規律は適用又は準用されないとするのが伝統的な見解であった。しかし，訴訟行為だということだけで意思の瑕疵が全く考慮されないという結論を引き出すことはできない。訴訟行為の実体に即してより詳細な検討が必要である。

2 訴訟行為の意思の瑕疵と訴訟手続内での考慮

(1) 基本観念

訴訟行為もまた意思に基づいた行為である以上，その行為を行った当事者の意思に何らかの瑕疵が存在する場合に，その瑕疵の主張を許し是正の可能性が考慮されなければならない。このような可能性を，当該行為が訴訟行為だとする性質決定だけで一切排除することには理由がない。もっともこれを考慮するに際して問題となるのは，どのような方法でまたどのような事項について意思の瑕疵を考慮しその是正の可能性を認めるかにある。訴訟法上特別に，いったんなされた訴訟行為につきその是正方法が存在する場合には，訴訟手続ではそれによるべきであり，民法上に定める方法を準用して訴訟行為の意思の瑕疵を顧慮する必要はない。これらは様々な訴訟行為の性質によって異なる考慮を要する。

(2) 中核的訴訟行為と意思の瑕疵

民事訴訟手続を構成する中核的な訴訟行為が，意思に基づいた行為であるこ

とはいうまでもない。これらの多くの手続の中核的訴訟行為は，専ら裁判所に対して一定の判断を求める点に手続的な特徴があり（いわゆる取効的訴訟行為がこれにあたる），それ自体によって直ちに確定的な訴訟上の効果が発生するわけではない。これらの行為について意思の瑕疵があった等により行為内容の修正を必要とする場合については，いくつかの手続上の可能性が存在する。

① 修正・補充・撤回 　当事者は裁判所に対して行った申立て，主張，証拠申出を修正・補充又は撤回することができる。

② 訴えの変更・取下げ　訴訟手続の開始と裁判所の審理の枠組みを定めることのために必要な訴訟行為である〈訴え提起〉行為自体についてはその変更（民訴143条），取下げ（民訴261条）が明文で定められている（訴え変更については⇒第11章第4節，訴え取下げについては⇒第7章第2節）。これらについては自由に行うことができる。

③ 当事者が行った行為について裁判所が疑義を認めたときは，釈明権（民訴149条）を行使して，その疑義を質すことにより修正を促すことができる（釈明権については⇒第5章第4節Ⅲ）。

したがって一般にこれらの行為には民法上の意思の瑕疵の規定を準用することによる是正の方法は不要である。しかし，これらの手続の中核的訴訟行為に属しても，訴訟手続上相手方の行為に直接影響する行為については行為者に手続上の拘束力が発生する場合がある（例えば裁判上の自白）。そこでこれらの行為は訴訟法上の処分行為としての性格を持ち，その意思に瑕疵があれば特別の撤回要件が課される（詳細は⇒第8章第6節Ⅴ）。

(3) 訴訟を終了させる行為と意思の瑕疵

訴訟手続を消滅させる行為は，中核的訴訟行為とは異なってそれ自体の意思が裁判所に到達することによって意図された効力が直接に発生するのが基本である。これらの行為について従来これらは訴訟行為としての性質を持つことから意思の瑕疵に関する規定の準用はなく，一般に意思の瑕疵は考慮されないとされていた。もっともその行為に重大な瑕疵があり再審事由に該当する場合は，刑事有罪判決などの民訴法338条2項の要件がなくてもその救済ができるとしてきた。しかし，これらの場合に本来確定判決の取消しを前提とした再審事由の存在という要件の必要性は論理的でない。むしろこれらの行為が当事者の意思による行為であることから直截に，意思の瑕疵があればそれを主張してその行為の訴訟法上の効力を否定することができるとすべきである（河野〔文献

②〕)。特に錯誤がある場合にもその瑕疵の主張を一切排除する理由はない（自主的訴訟終了行為と意思の瑕疵についての詳細は⇒第 7 章第 2 節Ⅱ 1 (4)）。

3 訴訟外で行われた訴訟行為と意思の瑕疵

訴訟外で行われる行為であってもそれによって訴訟に直接関連する訴訟手続上の効果が発生するものは，その法的性質としては〈訴訟行為〉だと分類される。これらの行為が行為者の意思に基づく行為であることは当然であり，その行為について意思の瑕疵が問題になりうる。この行為は，訴訟手続内で行われる行為とは異なって行為の連続性は存在しない。

†〔例〕 売買契約などを締結する際にこれと併せて締結された管轄の合意，仲裁合意，訴え取下げの合意。

これらの行為の内容につき意思の瑕疵があれば，訴訟手続上で瑕疵を主張しその効力を否定することができる。

Ⅲ 訴訟行為と表見代理

訴訟行為は専ら訴訟手続について作用することを目的としており，通常の取引行為自体とは異なる。そこで実体法における表見代理の規定もまた適用されないとの見解が従来一般的であった。最高裁もまたこのような見解を採用している（〔判例〕）。しかしこのような見解は一面的であるとの批判が強く，今日の多数説は表見法理の適用ないし準用を認めるに至っている。ただし，問題は表見法理の適用の可否のみにあるのではない。例えば訴え提起行為において表見法理の適用が問題とされこれを認めて訴え提起を有効とした場合でも，相手方が訴訟手続中で代理権不存在を明らかにしその是正を求めれば，その是正が必要であり，どのように是正するのかという手続内での是正のための法理が問題になる。この場合は表見法理そのものの適用の問題ではない。表見法理は，このような是正の手段が尽きた段階で問題が顕在化し，表見的行為の効果を承認するための結果責任の規律であるのに対して，手続内での是正はそれに至る前の段階の問題であることに注意しなければならない（河野〔文献③〕30 頁）。

†〔判例〕 最(3 小)判昭和 45 年 12 月 15 日民集 24 巻 13 号 2072 頁[23]　X は Y 有限会社を相手として売買代金請求訴訟を提起した。その訴状では Y の代表者を商業登記簿上の記載により A と表示した。訴状副本ははじめ Y 会社本社宛に送

---

[23] 宇野栄一郎・最判解説民事昭和 45 年度 703 頁，松本博之・百選Ⅰ 110 頁，同・百選 3 版 48 頁。

達されたが送達不能のため，改めてAに送達された。Aは第1回口頭弁論期日で，自分は代表取締役に選出されたことがなく本件訴えは不適法だと主張した。第一審は本件訴えを適法と判断し，請求を認容した。控訴審は本件訴えは不適法だとして，原判決を取り消し，訴えを却下した。最高裁は原判決を破棄，第一審に差し戻した。「民法109条および商法262条の規定は，いずれも取引の相手方を保護し，取引の安全を図るために設けられた規定であるから，取引行為と異なる訴訟手続において会社を代表する権限を有する者を定めるにあたっては適用されないものと解するを相当とする。この理は，同様に取引の相手方保護を図った規定である商法42条1項〔現行法24条。但書は訴訟上の行為についての定めを削除，相手方悪意の場合に変更〕が，その本文において表見支配人のした取引行為について一定の効果を認めながらも，その但書において表見支配人のした訴訟上の行為について右本文の規定の適用を除外していることから考えても明らかである。したがって，本訴において，AにはY会社の代表者としての資格はなく，同人を被告たるY会社の代表者として提起された本件訴は不適法である旨の原審の判断は正当である。」代表権のない者に宛てた送達をもってしては，適式の訴状送達の効果を生じないから，「裁判所としては民訴法229条2項〔現行法138条2項〕，228条1項〔137条1項〕により，Xに対し訴状の補正を命じ，また，Y会社に真正な代表者のない場合には，Xより申立に応じて特別代理人を選任するなどして，正当な権限を有する者に対しあらためて訴状の送達をすることを要するのであって，Xにおいて右のような補正手続をとらない場合にはじめて裁判所はXの訴を却下すべきものである」。

本件では，表見法理を適用すれば，Aへの送達により訴えが適法とされて，もはやその修正が不要だとの帰結になりうる。この意味で，単に表見法理の適用のみを説くのでは不十分である。判決の理由づけは不十分だが，代表者の是正を基礎づける法理としてその趣旨は理解できよう。

Ⅳ　訴訟行為と条件

　裁判所に対して行使される中核的訴訟行為については，行為の明確性を確保するために，一般的に条件や期限をつけることはできない。

　しかし，訴え提起行為や抗弁権の主張など訴訟上の申立てや主張で，裁判所の判断との関連で条件を付加することは，これらの判断内容は裁判所にとっては明白な事実であるからこのような条件は，ここにいう制約には服さない。例えば予備的な訴え提起や抗弁権の行使などである。

　　†〔**例**〕　訴えの客観的予備的併合の場合。この場合に原告が訴えAとBとを併合請求するが，Aの請求が裁判所によって認められれば，B請求を解除するとの申立

てである。また，他の抗弁事由が認められることを解除条件として主張する予備的相殺の抗弁等。

第4節　訴訟契約

〔文献〕
青山善充「訴訟法における契約」芦部信喜ほか編・基本法学4（岩波書店・1983）241頁，兼子一「訴訟に関する合意について」同・研究Ⅰ239頁，鈴木忠一「民事訴訟に於ける当事者自治の限界と実務上の問題」新実務(1)85頁以下，竹下守夫①「訴訟契約の研究(1)〜(3)」法協80巻1号1頁，4号459頁，81巻4号373頁，同②「訴取下契約」立教2号50頁

Ⅰ　意　義

　訴訟当事者は，将来発生する可能性のある訴訟手続や現在既に進行中の訴訟手続に関してその間で一定の合意を結び，彼らが得た合意内容を直接にこれらの訴訟手続に反映できるよう期待することがある。このような合意には訴訟法自体が明文規定で定めたものもある。
　　†〔例〕　**明文で定める訴訟上の合意**：管轄の合意（民訴11条），訴訟上の担保変換の合意（民訴76条但書），最初の期日の変更（民訴93条3項但書），訴訟上の和解（民訴264条，267条），上告する権利を留保した控訴をしない旨の合意（民訴281条1項但書），仲裁合意（仲裁14条）等。

　これら明文で定められた以外にも，訴訟に関する合意が訴訟法上有効になされうるかが問題とされてきた。実体法の分野では，契約自由の原則が支配しており，明文規定が存在しなくても，公序良俗に反しない内容の契約であれば契約を自由になすことができるのが原則である。そこで民事訴訟手続でもこのような当事者間でなされた法律に明文規定のない合意事項が直接訴訟法上の効果を持ちうるか，またその前提として訴訟法上このような当事者の合意は適法かが問題とされてきた。〈訴訟契約論〉はこのような場合についての規律原理を巡る学問的努力である。

　なお，両訴訟当事者が一致して裁判所に対して行う合同行為は，訴訟契約からは区別される。これは裁判所に対する当事者双方の単独の訴訟行為が集合したものである。

II 訴訟契約論

1 明文の定めのない訴訟契約の許容性

明文規定がない訴訟契約について，かつては，明文で訴訟法が許容した場合でなければ訴訟上の合意を許容する余地がないとの見解が主流であった。この見解は，訴訟法規は公法であり裁判所と当事者間の関係は公法関係であること，裁判制度は国家が設けた公法上の制度でありそこでは私人による〈任意訴訟又は便宜訴訟（Konventionalprozess）〉は禁止されると論じた。しかし，その後にこの見解が示す根拠は十分なものではなく（この点につき，兼子〔文献〕247頁以下），これらの事由が訴訟上の合意の可能性を否定する根拠にはなり得ないとの見解が有力となった。かえって訴訟当事者は訴訟手続上義務を負担する場合があることから，このような訴訟法上の義務負担の基礎として，訴訟上の合意を考えることができるといえる。

2 訴訟に関する合意の法的性質

訴訟に関連する契約がどのような法的性質を持つか，それが実体法上の契約かあるいは訴訟法上の契約か，更には両方の性質を持つ契約か等の判定は当該契約の具体的内容に即して決定しなければならない。当該契約において訴訟当事者の行為意思が訴訟手続規定の修正や訴訟上の権限の処分に向けられている場合，その契約の性質は〈訴訟契約〉と位置づけられるべきである。訴訟的事項に関する実体法契約は存在しない（反対，伊藤294頁）。訴訟上の事項に関する実体契約の存在を主張する見解は，その要件と内容とが実体法と訴訟法とに分断されて位置づけられることになるが，これは分析的に誤りであるだけでなく不要な構成であるといえる（同旨，松本＝上野135頁以下）。訴訟法上も，訴訟手続上の義務を課す契約の存在が承認されるべきであり，これを実体法的に構成するのは回りくどく不要だからである[24]。

3 訴訟契約の効力とその履行要求

(1) 訴訟契約の効力

1) 序　当事者が訴訟手続に関して締結する契約であり，その意思の主たる内容が直接訴訟手続に関するものを〈訴訟契約〉又は〈訴訟上の合意〉という[25]。訴訟法は一定の事項についてこのような契約が適法であることを前提に，

---

[24] このような考察は，最近ドイツで訴訟契約についての優れた包括的研究である，*Wagner*, Prozeßverträge, 1998, S. 46 f. の説くところでもある。

その訴訟法上の要件や効力を定めている。これらの契約自体は，基本的に訴訟手続外で行われる。例えば，管轄の合意（民訴11条）や控訴をしない旨の合意（民訴281条⇒Ⅰ〔例〕）では，これらの行為は訴訟手続外で行われ，これに反した行為がなされると，相手方当事者はこのような契約の存在を訴訟手続で主張し，その存在を証明すると，裁判所はその行為の訴訟法上の効果につき，合意に即した訴訟法上の効果を承認しなければならないものとしている。

2) 処分効果　訴訟契約の効果は，通常当事者間で合意された訴訟法上の効果が直接発生する点にある。その際，訴訟上新たな効果を積極的に発生させる合意（積極的効果）と本来訴訟法上存在する効果を特別に発生させない旨の合意（消極的効果）とがありうる（例えば，管轄の合意では，法律上は存在しない管轄を当事者間の合意によって創設する場合があり，また既に法律上存在する法定管轄を合意によって排除する場合がある）。このような合意は，その合意の効果として訴訟法上管轄権を発生又は排除することになり，直接訴訟法上の処分効果を持つ。

3) 義務づけ効果　当事者の合意により当事者に対して一定の訴訟法上の行為を義務づける効果を承認することができるのかについては争いがある。

学説上，従来この義務づけ効果を伴う訴訟契約は否定されていた。しかし，これを否定する理由はないというべきである。例えば，訴え取下げ契約などは，訴訟係属の関係を直接消滅させる消極的な処分効果を伴った訴訟上の合意だとされている。しかし，それではこの合意はその目的を十分に達成することはできない。この場合には，合意によって原告は訴え取下げの行為を行うことが義務づけられるといえる。このような義務づけ行為については，訴訟契約としての性質を否定する見解がある。一般に処分効果のほかにそれ独自の訴訟内の効果を認めることはできず，義務違反があった場合には損害賠償請求は可能だが，その行為を要求する（別の）訴え[26]は不適法だとする見解もある（Rosenberg/Schwab/*Gottwald*, ZPR, §66 Ⅱ 2 (S.368)）。しかし，このような別の訴えによるのではなく，（構造的にはこのような訴えを訴訟手続内に取り込んだ形態で）当該訴訟内でその行為が行われたと同じ訴訟上の効果を承認する点に訴訟契約の効果を認めることの意義があるというべきである[27]。

---

25) 間接的に訴訟手続に効果を及ぼす契約は訴訟契約ではない。例えば訴訟係属中に係争物を譲渡する契約は，実体法上の売買契約であり，それが間接的に訴訟手続上当事者の地位の変動をもたらすにしても，それは売買契約の副次的な効果であって，契約の主要効果ではない。

26) 否定説の考え方は，当該訴訟内での直接の効果を前提にしないから，この合意の性質は実体行為だと見ていることになる。

(2) 当該訴訟での履行請求

合意された訴訟契約の内容について，それをどのようにして実現すべきかが問題になる。訴訟契約の内容によって以下のように扱うべきである。

1) **明文規定がある訴訟契約**　訴訟法上訴訟契約が適法でありその定めが置かれている場合については，訴訟上の合意があることが主張された場合，裁判所はその有効要件を審査して，有効であればその内容通りの訴訟法上の処分効果が承認されるのが基本である。

†〔例〕　管轄の合意（民訴11条）がなされた場合には，合意された裁判所に訴えが提起されれば適法な訴えとして処理し，別の裁判所に提起されたときは，合意された裁判所に移送する（民訴16条1項）。ただし，管轄の合意が当事者間で衡平に反する場合には，裁判所は当事者間で行った訴訟契約の内容について修正する権限を有する（民訴17条⇒第1章第3節Ⅲ4）。仲裁契約がなされている場合にこれに反した訴え提起があれば，被告からの申立てにより訴えを却下しなければならない（仲裁14条1項）。

2) **処分効果がある訴訟契約**　直接に訴訟契約についての定めが置かれていない場合についても，その契約内容が直接訴訟法上の処分行為に該当する場合には，裁判所はその内容に即した効力を承認しそれに対応した取扱いをすべきである。一定の行為をしない合意がある場合には，これに反した訴訟行為は無効であるとの取扱いがなされるべきである。

†〔例〕　不起訴の合意がなされているにかかわらず訴えが提起された場合，合意により訴え提起行為が無効であり不適法却下すべきである。一定の証拠を提出しない旨あるいは証拠を限定する旨のいわゆる証拠制限契約がなされたときは[28]それに反する証拠の提出は無効である。

3) **義務づけ効果がある訴訟契約**　訴訟当事者が訴訟手続上一定の行為をすることによって直接訴訟上の効果が発生する場合に，当事者間で当該行為をする旨の合意をしたにかかわらず，これに反して当該行為をしなかった場合が問題になる。この場合に相手方は，当該訴訟手続中で訴訟契約の存在を主張立証し，その効果として合意された内容の行為が訴訟手続中で行われ，その結果

---

27) この見解によれば，訴訟契約は直接訴訟手続上の効果を持つからその性質は〈訴訟行為〉としての性質を持つことになる。
28) 東京地判昭和42年3月28日判夕208号127頁は，証拠制限契約が適法である旨を述べる。ただし具体的事案でこれを証拠制限契約と見るか法律行為の方式の制限契約と見るかについては争いがある（柳田幸三・百選Ⅱ274頁以下）。

裁判所が当該訴訟契約の内容通りの効果を承認する取扱いをすることができれば最も簡易にその効果が承認されることになる。この場合に相手方の行為はないが，訴訟契約の内容に従って，合意内容通りの行為がなされたものと擬制し，効果が直接発生したものと取り扱うことが必要である。

† 〔例〕 訴訟外での和解により訴え取下げの合意がなされたにかかわらず，訴えが取り下げられない場合（⇒第7章第2節Ⅰ3）や上訴取下げが合意された場合，それぞれ訴え取下げ行為や上訴取下げ行為がなされた旨を擬制すべきである。訴訟外で一定の事実について争わないで自白する旨の合意がなされたにかかわらずこれを訴訟手続において争う場合，この合意の存在が訴訟上明らかになれば裁判所は当該事実関係につき（及び先決的法律関係についても）裁判上の自白があり，合意に反して争うことは違法だと取り扱うべきである[29]。

(3) 独立した別訴訟での履行請求

当事者間で訴訟手続に関して一定の行為を行い又は不作為に関する合意をしたにかかわらず当事者がこれに反する行為をした場合につき，その救済を当該訴訟手続内においてではなく，別の訴訟手続で求めることができるかが問題になりうる。形態としては，損害賠償請求訴訟が問題になるが更に契約内容の実現を求める別訴の可能性があるかが一応問題になりうる。

1) 損害賠償請求訴訟　訴訟上の合意に反した行為が行われた結果，損害を被った当事者はその損害の賠償を求める訴えを提起することができる。これは，例えば訴え取下げの合意がなされそれを信頼していたのに訴えが取り下げられずに判決がなされて確定した等により損害を被った場合である。

2) 訴訟契約の内容の実現を求める別訴　訴訟上の合意の内容を直接当該訴訟手続で実現することができない場合にも，合意当事者はそれを実現すべき義務を負うことから，この内容を訴え（又は仮処分）の形で請求することができないかが問題になりうる[30]。問題の訴訟がいまだ係属中にこのような訴えを別訴で提起することになるが，このような訴えに果たして訴えの利益があるかが問題になる。前述のように訴訟契約の性質が訴訟行為であり直接その効果を訴訟手続内に反映するこ

---

[29] 自白契約の理解には異なる見方がある。これを権利等の有否，内容を定める「権利自体の処分」と見る見解もある（兼子〔文献〕286頁）。訴訟契約と見る見解では，訴訟上争う権利を放棄する処分を伴う契約とするものもある（*Schiedermair*, Vereinbarung im Zivilprozeß, 1935, S. 120）。もっともこの見解では，効力の発生を訴訟上の抗弁にかからせている点で問題がある。むしろ，相手方の主張する自己に不利な事実を争わない旨の義務を一方当事者に課す訴訟上の合意とすべきである（*Wagner*, Prozeßverträge, 1998, S. 640）。

[30] 別に係属する訴訟手続に対して働きかけをする訴訟の形態は，コモンロー訴訟手続で，対訴訟手続に関する保全手続（Anti-suit injunction）として認められている。

とができるのであればこのような別訴による請求は訴えの利益を欠き不適法である。

III 訴訟契約の規律原理

1 訴訟契約締結の要件

民事訴訟法は，訴訟契約の取扱いについて若干の明文規定を除き十分な規定をしていないために，訴訟契約の有効要件などにつきその大部分は解釈によって規律原理を探らなければならない。その際，民法の契約法の要件に関する規律原理が参考になる。訴訟契約は，その契約内容が専ら訴訟手続上で形成的に効力を及ぼすものであるが，それは両当事者の合意であり，その限りでは性質において民法上の契約と違いはない。したがって民法上の法律行為に関する規律はこれらの契約関係についても適用される一般的な規律である。

(1) 訴訟契約締結の主観的要件

訴訟契約を締結するに際してその行為者には主観的な要件が具備されなければならない。必要な要件については，訴訟内で行われる訴訟契約と，訴訟前に行われる訴訟契約とを区別する必要がある。

訴訟内で行われる訴訟契約については，それらの行為は既に係属中の訴訟手続に直ちに効果をもたらすから，訴訟能力等の訴訟行為要件を必要とする。

これに対して，訴訟手続前に締結された訴訟契約（管轄の合意，訴え取下げの合意，仲裁契約など）については見解が対立する。一般には，これらの行為も訴訟行為であり行為の明確化のためにも訴訟行為行使の要件として訴訟能力が必要だと説かれる。手続の安定を根拠とする（新堂145頁）。確かに，訴訟手続の明確化，及び相手方当事者の立場からすれば，不確定状態を排除し訴訟能力の存在を要求することがベターであろう。もっともそうだとすると制限的行為能力者が訴訟上の合意を締結した場合，この訴訟上の合意は常に無効になる。しかしその行為は主たる実体法契約間で行われる行為に付随する行為であることが多いが，これを常に無効にしなければならないのかが問題である。そこでこれについて特別に訴訟能力が必要であるのかを改めて問い，これは訴訟行為ではあるが訴訟能力は不要とし，通常の実体法上の行為能力があればよいとする見解がある[31]。この見解によれば，行為者保護という観点を貫き，訴訟契約の

---

31) この見解は，訴訟行為の規律原理につき訴訟中核的行為と裁判外で行われる行為とを区別することから主張される。訴訟手続外で行われた限定能力者の行為につき（例えば管轄の合意等），訴訟手続で常に無効とする必要はない。訴訟手続でその効果を援用するに際して考慮すれば十分

効果が訴訟手続上で主張された場合にその援用行為には訴訟能力が必要であるが，その際に確定的な行為により当該行為を取り消しあるいは必要な同意を与えて有効とする取扱いがなされれば十分だとする。この見解に賛成する。

(2) 条件，期間，留保事項など

訴訟契約には条件，期間，留保事項などその効力発生を不確実にする事項を付加することはできない。訴訟手続での効果発生は明確である必要があるからである。

(3) 無効，取消し

中核的訴訟行為は主として裁判所に対して当事者から一方的になされる訴訟行為であり，当事者の意思内容の明確化のために必要に応じて裁判所の釈明が行われ，場合によっては撤回ができることから意思の瑕疵規定の準用は不要である（ただし，訴訟終了効をもつ行為は別⇒第2節Ⅲ3）。これに対して，訴訟契約は訴訟手続の外で当事者間で締結され，それにより当事者双方には拘束力が生じる。これらの契約締結過程では，実体的な主契約と同様に訴訟契約の締結にあたっても意思の瑕疵が存在する場合がありうる。そこでこの場合については民法の意思表示に関する規律の適用ないし準用がある。訴訟手続で訴訟上の合意の存在が主張立証された場合に，相手方はその締結過程に意思の瑕疵が存在したことを主張立証してその拘束を免れることができる。

　　†〔例〕 管轄の合意を締結するに際して意思の瑕疵が存在することからその合意は無効であり，あるいは取り消して移送を求め，訴え取下げの合意について意思の瑕疵が存在したと主張し訴え取下げの要求を拒否する場合。

2 訴訟契約の効果の主観的範囲

訴訟契約がその合意当事者間で効力を有することはいうまでもない。さらにその承継人に対して効力を及ぼしうるかが問題になる。一般承継の場合と特定承継の場合とでは異なった取扱いが必要である。

(1) 一般承継人

被承継人が行った訴訟上の合意の効力は一般承継人に対しては，有利・不利に及ぶ。一般承継人は，前主から当事者の地位を包括的に承継するから，前主が訴訟に関して結んだ合意についても併せて承継することになる。

　　†〔例〕 相続人は被相続人が締結した訴訟上の合意に拘束される。相続財産管理人も同様である。破産管財人もまた破産者がした訴訟契約に拘束される。

である（*Henckel*, Prozeßrecht und materielles Recht, 1970, S. 74, auch *Blomeyer*, ZPR, S. 162）。

(2) 特定承継人

1) **学説** 前主が締結した訴訟上の合意が特定承継人についてもその効力を有するかについては見解に変遷がある。訴訟契約を訴訟行為と理解した見解のうちで，訴訟上の合意の主観的範囲について訴訟法上の規律が妥当するとする見解は，ここで既判力に関する訴訟法上の規定の準用を主張する。しかし，訴訟上の合意の主観的範囲と，判決確定後の既判力の範囲とは同一視することができない。今日では，訴訟上の合意の主観的範囲は実体法上の権利関係の承継や義務に関する引受けの法理が妥当すると理解するのが一般である。

2) **具体的検討** ① 債権譲渡・債務引受け 一般にはある債権関係（主たる債権関係）について債権譲渡がなされた場合それに付随する権利関係は承継人に移転することから，これと同様に訴訟上の問題について定められた合意（管轄の合意，仲裁契約等）も，その譲受人に有利・不利に及ぶとするのが従来の見解であった[32]。債務引受けの場合にはこれに対して承継人には思わぬ不利益が生じるおそれがある（例えば仲裁契約では承継人は裁判所への提訴権を失うことになる）ことから拘束力が及ぶことを否定する見解も有力である。

② **物権の変動** 物権に関して定められた訴訟上の合意は，原則として物権の譲受人には及ばない。物権法上の請求権につき，第三者が譲渡人に対して有する権利と，物権譲受人に対する権利とは別のものだからである。訴訟上の合意についても当然にその効力は承継人には及ばないといえる。

第5節 相殺の抗弁

〔文献〕

梅本吉彦「相殺の抗弁とに二重訴訟の禁止」新実務(1)381頁，河野正憲①「不適法な相殺の抗弁とその実体法上の効果」同・当事者行為35頁，同②「相殺の抗弁と重複訴訟禁止の原則」同・当事者行為75頁，中野貞一郎①「相殺の抗弁」同・訴訟関係と訴訟行為（弘文堂・1961）90頁，②「相殺の抗弁」同・論点Ⅱ136頁，松本博之①「不適法な相殺と実体法上の効果」石川・古稀(上)653頁，同②「相殺の抗弁と訴訟上の要件」谷口・古稀113頁，山木戸克己「訴訟における契約解除ならびに相殺」同・研究41頁

---

[32] 仲裁契約に関して，参照，注解民訴(11)428頁〔河野正憲〕（ただし，仲裁規定改正前の状況）。

I　意　　義

　訴訟の過程で被告は，原告側からの金銭支払請求訴訟に対する防御方法として，別に原告に対して有する金銭債権を自働債権として〈相殺の抗弁〉を主張する場合が稀でない。この相殺の抗弁は，①原告側の請求債権に対して被告側で別に有する債権を自働債権として相殺権を行使し（民506条），②その結果請求債権が全部又は一部対等額で消滅したと主張する被告の防御方法である。本来この相殺の抗弁では当該訴訟の訴訟物である債権には直接には関係しない自己の債権（相殺債権又は自働債権）を犠牲にして請求債権を消滅させる防御手段であり，また相殺の抗弁が請求債権の存在を前提としたうえで自働債権と名目額で消滅させることから，請求債権自体に対する本来のその他の防御方法（訴求債権の不成立，取消し，弁済，時効など）のいずれかが認められれば相殺の主張はしないとする意味で用いられる抗弁であることから，いわゆる「予備的抗弁」といわれる[33]。

　本来，相殺権の行使（上述①）は民法上単独の意思表示によって行使される（民506条1項）。相殺権が行使されると双方の債権は対等額で相殺適状の時点に遡って消滅するから（同条2項），相殺権が裁判外又は訴訟手続上で有効に行使されるとその結果両債権，したがって特に訴訟物である訴求債権がその相殺適状発生時に遡って消滅し，判決基準時（口頭弁論終結時）に訴求債権は対等額分は消滅して存在しないことになる。それゆえ，この相殺の抗弁は訴訟手続上は有力な防御行為となりうる。相殺は民法典の中では債務消滅原因とされているが，機能的には自働債権を名目額で強制的に行使・実現する機能をも有する。

　相殺の〈抗弁〉は，直接には実体法上の行為である相殺権行使の結果を裁判手続で主張する訴訟行為をいう（上述②）。その際相殺の意思表示（上述①）自体が訴訟手続上で行使される場合には，これに併せてその結果が抗弁として裁判所に対して主張されるから両方の行為が訴訟上で行使されることになる。

II　法的性質とその訴訟上の取扱い

1　相殺権行使とその訴訟上の援用行為

　相殺の抗弁は，通常は被告側が原告の訴求債権に対する有力な防御方法とし

---

[33]　このような性質は，相殺の抗弁自体が持つ特色であり，その主張者が明示的に予備的抗弁だと示す場合だけでなく，明示しない場合でもこのような取扱いをすべきである。

て行使されることが多い。その際，相殺の抗弁は内容的に，①訴訟外で行われた相殺の意思表示の結果を訴訟上で陳述する場合（訴訟外相殺）がある。これは訴訟外で行われた相殺の意思表示（実体法上の相殺権行使）と，その結果を訴訟上で陳述する行為（相殺の結果訴求債権が存在しないという陳述）の二つの行為である。更に，②口頭弁論で防御行為としてはじめて相殺の抗弁が行使される場合（いわゆる訴訟上の相殺）がある。

相殺の抗弁は，実体法上の相殺権行使の意思表示を基礎とする。この行為を行うについてその形態やその場所に制限はなく相殺の意思が相手方に到達すればよい。したがって，訴訟外で行う場合はもちろん，訴訟内で相殺が行われる場合（いわゆる訴訟上の相殺といわれる場合）にも，現実に，例えば準備書面で相殺の意思が示されていれば（答弁書等に記載が必要なことについて，民訴規80条1項），これが相手方に到達すること（準備書面の直送）によって，実体法上は相殺の意思表示がなされたと解される[34]。口頭弁論での相殺の抗弁の主張自体は，その意思表示で発生した実体法上の結果を裁判上で援用する行為である（なお，この点で相殺の再抗弁との関係が問題になる。⇒Ⅴ）。

2 相殺の抗弁の取扱い

訴訟手続で相殺の抗弁が提出された場合には，その性質は〈抗弁〉であるが，他の抗弁一般とは異なった特別の取扱いが必要である。

法律行為の取消し，契約解除，弁済や時効消滅など通常の抗弁が訴訟手続で提出された場合には，それらはいずれも訴求債権の消滅を基礎づける事由ではあるが，そのいずれかが明らかになれば，訴求債権が消滅する点では共通であり，またそれ以上の特別の効果を持つものではない。その判断は判決の理由中の判断であって，その点自体について判決の拘束力が及ぶわけではないから，どのような理由で訴求債権の消滅が認定されたかということは債務者にとって重要な意味を持たない。被告から提出された複数の抗弁事項のいずれを判決において取り上げるかは裁判所の便宜でありその間の裁判所の選択権を承認することができる。

これに対して，相殺の抗弁には特別の事情があり一般的な抗弁と同じ取扱いをすることができない。相殺は，前述のように，民法上債務消滅原因として定められており，この点は弁済などと同じ機能を持つ。しかし相殺は更に，自働

---

[34] 古くは，中田淳一・訴と判決の法理（有斐閣・1972）293頁，297頁。またこれにより相手方欠席の場合にも相殺の抗弁の主張は可能である。

債権に着目すれば，その債務者の債務弁済の可能性や能力などの経済状態や弁済意思に関わりなく相殺に供した名目額で強制的に相手方の債権と自らの債権とを共に消滅させることができるから，相殺の自働債権の強制的貫徹機能を持つ。その結果，相殺についての裁判所の判断については既判力が拡張される（民訴114条2項）。このことは，この抗弁の訴訟手続内での取扱いに影響する。

　相殺権を行使する者は，この抗弁については自らの債権を犠牲にするから，特に訴訟上の相殺は他の抗弁が成り立たない場合に初めて考慮してもらうという意味で，予備的に行使することが多い（予備的相殺の抗弁）。また，裁判所としても，一般に相殺の抗弁の審理はほかの抗弁事由について審理をした結果それが成り立たない場合，すなわち受働債権が存在することを確認したうえではじめて行うべきであり，審理順序に制限が加わっている。

Ⅲ　不適法な相殺の抗弁

1　不適法却下された相殺の抗弁の取扱いと問題点

　訴訟手続で原告の求める一定金額の支払いを求める請求に対する防御方法として被告側から相殺の抗弁が提出されても，これがその手続の中で当然に取り上げられるわけではない。この裁判所に対する訴訟上の抗弁が訴訟上の理由で不適法却下され，裁判所によってその内容が考慮されない場合がある。不適法却下される理由としては，①相殺の抗弁が「故意又は重大な過失により時機に後れて提出」され，その結果「訴訟の完結を遅延させることとなる」と認められる場合，裁判所はこれを〈時機に後れた防御方法〉として却下することができる（民訴157条）。またこの他にも，②自働債権に仲裁条項が付着している場合（参照，仲裁14条）や国際裁判管轄が合意されてわが国の裁判所の判断権が排除されている場合のように，相殺のために用いられた自働債権について裁判所が審理・判断をする権限を持たない場合等[35]が重要な事例である。

---

35) 仲裁法14条は，直接には「仲裁合意の対象となる民事上の紛争について訴えが提起されたときは，受訴裁判所は，被告の申立てにより，訴えを却下しなければならない」と定める。したがって，相殺の自働債権に仲裁条項が付着している場合には直接には該当しない。しかし，仲裁合意の趣旨・目的が当該債権について国家裁判所の審判を排除することにあるとすれば，この債権を相殺権者が一方的に相殺のために訴訟手続で援用することによって仲裁合意に反して国家裁判所の審判に服させることはできないはずで，このような相殺の抗弁は不適法として却下すべきことになる。この場合，相殺権を行使すること自体が実体法上禁止されるわけではないし，その相殺の意思表示も訴訟内で行われるだけでなく訴訟外で行われることも十分にあり得る。いずれにせよ相殺をすること自体は実体法上は何ら問題はない。相殺と仲裁手続については，①国家裁判

これらの場合には相殺の抗弁が不適法却下されるとその結果は，訴訟手続上裁判所が当該訴訟手続内で主張された相殺の抗弁を考慮しないことを意味するが，それ以上の意味を持つものではない。その結果について伝統的な見解は次のように理解した。被告が行使した相殺の意思表示により実体法上は相殺が有効になされており，その結果既に判決基準時において実体法上は訴求債権が消滅しているが，裁判所がその訴訟上の援用行為である相殺の抗弁を時機に後れた等の理由により不適法であるとして却下した結果，相殺による訴求債権消滅の事実を判決に反映させることはできず，結局原告の請求が認容される結果となる。そうすると，被告の（相殺に供した）債権が無益に消失する結果となるが，それは不当だという非難を（特に訴訟行為説から）浴びた。この場合に，被告が前訴で相殺の抗弁が不奏功であったことから，後日この債権を自分の方から改めて訴求すると，前の訴訟の原告がこれに対してその債権は既に実体法上前訴の手続で行使された（が手続上は不奏功であった）相殺で消滅して現存しないとの抗弁で対抗することができることになりそうだからである。そうすると，前訴被告は相殺に供した債権につき後訴で請求しようにも相殺により既に消滅していると判断されて，自働債権とした債権を無益に失ってしまい，相手方の債権への弁済が要求されるが他方で自己の債権の実行ができない不利益を負うことになる。このような不合理な結果を回避するために，様々な見解が提案されてきた（これらにつき，河野〔文献①〕37頁以下）。

2　学　　説

相殺の抗弁が訴訟手続上の理由で不適法却下された場合に発生しうる実体法的困難を避けるために，学説は様々な努力を試みた。訴訟上の相殺の性質につき，これを民法が定める実体法上の相殺とは別の，訴訟法上承認された特別の相殺制度でありこれは意思表示ではなく判決によって行われるが，相殺の抗弁が却下された場合にはそもそも相殺の効力自体が発生しないと説く見解がある。この見解は相殺の抗弁が実体法上の相殺制度とは別の訴訟法上の制度だと説く（訴訟行為説。わが国では，中野〔文献①〕110頁によって詳論され主導されたがその後改説，同〔文献②〕151頁）。しかし，同じ相殺権の行使であるのに，実体法が認める相殺とは別の制度を

所で仲裁条項のついた債権を相殺債権として相殺がなされた場合，②仲裁手続で仲裁条項が付着していない債権を相殺債権として相殺がなされた場合，③仲裁判断の執行あるいは仲裁判断の取消手続で相殺が主張された場合の取扱いが問題になる（*Kawano*, Aufrechnung und Schiedsgerichtsbarkeit, ZZPInt., Bd. 4 (1999), S. 393 ff.）。この場合につき相殺の抗弁は適法だとするのは，松本〔文献②〕であるが，仲裁契約の持つ意義を無視している。

提案するところにこの見解のそもそもの問題が存在した。今日では提案者自身の改説もあり，この提案を支持する見解は少ない。

これに対して，最近では相殺の抗弁が実体法上の相殺の意思表示とその訴訟上の援用行為の二つの行為からなることを承認しつつ，訴訟上の援用行為が不適法とされたことでその本来の目的を達成し得なかった場合に，それが何らかの形で相殺の実体法上の意思表示に影響するとの見解が多数となっている。しかし，その理由づけは一致しない。訴訟上相殺の場合にそれが口頭弁論で行われることから，その援用が適法に行われることが相殺の実体法上の条件だとする見解がある（条件説。山木戸〔文献〕，中野〔文献②〕149頁）。また，訴訟上相殺の場合，相殺の意思表示とその援用行為は密接に関連した一個の行為であり，その一部が無効の場合他方も無効とするする見解もある（一部無効・全部無効説。石川明「不適法な訴訟上の相殺」同・訴訟行為の研究〔酒井書店・1971〕113頁，127頁）。さらには，この場合には法に欠缺があり訴訟上の援用行為が無効な場合相殺の効果も消失するとの規律を補充すべきだと説く見解も特にドイツで有力である。私見によれば，以下に述べるように相殺の意思表示についてその撤回を例外的に承認すべきである。

3 訴訟内・外相殺の統一的解決

相殺の抗弁に関して発生する問題点は，以上の点のみに留まらない。更にこれが訴訟上の相殺のみに特有な現象であり，その場合のみについて特殊な解決策を必要とするのか，あるいは裁判外の相殺についても併せて考慮すべき，より一般的問題なのか等の問題点自体の認識についても見解が異なる。条件説，一部無効・全部無効説は専ら訴訟上の相殺のみを対象にし，その解決策を提示する。その基礎には時機に後れた不適法却下については被告の相殺権行使が遅かったのであり訴訟外相殺について自働債権を失うのはやむを得ないとの考慮がある。しかし，この訴訟物には直接関連しない自働債権自体を失う結論が当然かはかなり問題である。また仲裁契約が付着している等の場合には裁判所が当該債権自体について審判権限を持たず，相殺の抗弁を却下すべきであるが，相殺自体は訴訟外で，取引過程で行われることも多い。このような場合をも視野に入れて，訴訟内相殺と訴訟外相殺の場合を統一的に解決するためには，単に相殺の意思表示自体が援用行為と一体化して行われる場合のみに着目するのでは十分でなく[36]，両者は別だという相殺の抗弁の本来の構造を前提にしながらその間の調整を図る以外にない。そうすると，その調整は相

---

36) 松本博之・訴訟における相殺（商事法務・2008）66頁以下も，訴訟内外での統一取扱いを説く。しかし，相殺権行使行為を解除条件としたために，相殺の意思表示の時点が訴訟の前後で大きく異なる結果を主張することになった。この結論は著しく妥当性を欠く。これによれば，訴訟外でなされた意思表示時期（この時期がいつかが大きな問題になる）の違いで被告側自働債権自体が失権するか否かが全く異なるからである。条件つきとする構成の問題点と限界を示している。

殺の意思表示行為自体に着目するのではなく，別の観点から結果の不発生を導く必要がある。ところで，本来相殺権など形成権については，実体法上その行使行為は撤回が禁止されているが，これは撤回された場合に生じるおそれがある相殺権行使の相手方の不利益を考慮したからに他ならない。しかし，このような不利益は一般にはいえても，この相殺の抗弁が訴訟上不適法却下された場合には該当しない。この場合には，いったんなされた相殺の意思表示も，その訴訟上の援用が否定されたことにより訴求債権の存在が判決によって確定し，給付判決がなされたことにより相殺権行使による法状態とは矛盾する結果となる判決がなされ，確定している。結局相殺の意思表示が無視された法的状態が生じている[37]。この場合に相殺権行使者は例外的に，相殺の意思表示が撤回されたことを前提に更に相殺に供した債権行使をすることができる。また，別途相殺権行使も可能であり，この相殺に供した債権の訴え提起行為は，明示的に前の相殺権行使行為の撤回行為を内包すると解すべきである（撤回説。河野〔文献①〕70頁）。

Ⅳ 相殺の抗弁と重複訴訟禁止の原則

1 問 題 点

相殺の抗弁は他の抗弁とは異なって，被告が有する訴訟物である債権とは別個の債権を自働債権としてこれを強制的に行使するから，単なる訴求債権に対する防御機能以上の性質を持っている。その結果，相殺の抗弁について裁判所が判断をすると訴求債権についてだけでなく，訴訟物とはなっていない自働債権についても既判力が生じる（この点については⇒第10章第5節Ⅳ3）。また，このような相殺の抗弁に対する手続上の特別の取扱いは，単に判決効の局面だけでなく訴え提起や抗弁提出の段階から重複訴訟禁止原則（民訴142条⇒第3章第3節Ⅱ）との関係でも意味を持ち，これが〈訴え提起〉と同視されないかが問題とされた。

2 学説と判例

従来の通説的見解は相殺の抗弁はあくまでも〈抗弁〉であり，これを重複起

---

[37] 問題点として，第三者に不利益を与える点が耐え難いと指摘される（例えば，中野〔文献②〕149頁）。しかし，相殺の結果が発生しなかったという結論は，判決によって結果的には招来しており，保証人などに対して請求される可能性があることは，相殺が無効であった場合の一般的な取扱いと同等であり，それ自体は撤回によって生じたとは言い難く，この場合は一般的な撤回禁止とは異なる利害状況である。撤回説は，さらに自働債権とされた債権の不当な消滅を阻止するために，この事実を相殺権行使者が明示的に承認しその債権を行使する行為に撤回の意味を認めるにすぎない。

訴と同視することはできず，重複訴訟禁止規定によって排除することはできないとしてきた。相殺の抗弁は当該手続で考慮されるべきだとして，その根拠について，①相殺の抗弁は一つの防御方法であり，訴えの場合とは異なってそれが判決において斟酌されるかどうか不明であり，このように判決で斟酌されるか否かが不明な防御方法を重複訴訟禁止を理由に制限するのは，被告の防御の自由を侵害すること，②既判力の抵触は，当事者と裁判所が慎重な訴訟運営をすることで避けられること，③相殺を訴えと同等に扱うのであれば，相殺の抗弁を撤回するにも相手方の同意を要求するのが筋ではないか，等を挙げた（中野〔文献①〕120 頁，松本＝上野 303 頁）。

これに対して，重複訴訟禁止原則の適用を認める見解は，①既判力の矛盾防止，②重複訴訟禁止は訴訟物のみを規準とすべきではなく，手続間の重複をできるだけ防止すべきであり「訴え」にこだわらず「抗弁」も対象になりうるという（新堂 217 頁，伊藤 193 頁）。最高裁（〔**判例**〕）は，重複訴訟禁止にあたると判断した。

† 〔**判例**〕 ① 最(3 小)判平成 3 年 12 月 17 日民集 45 巻 9 号 1435 頁[38]　X は Y を相手方として輸入原材料残代金等 207 万円余の支払いを求める本訴を提起した（A 事件）。また Y も，X に対して売買代金 1284 万円余の支払いを求めて別訴を提起した（B 事件）。両事件は高裁で同一部に係属し，裁判所は両事件を併合した。その後 Y は B 事件の訴求債権を自働債権として A 事件の訴求債権と相殺する旨の相殺の抗弁（訴訟上の相殺）を提出した。しかし，控訴審は A 事件と B 事件を分離したうえで A 事件を結審し，重複訴訟の禁止を定めた規定の趣旨につき，別訴の訴求債権を自働債権とする相殺の場合にも類推されるとの解釈のもとに相殺を不適法として X の請求を認容した。Y 上告。上告棄却。「係属中の別訴において訴訟物となっている債権を自働債権として他の訴訟において相殺の抗弁を主張することは許されないと解するのが相当である（最高裁昭和 58 年(オ)第 1406 号同 63 年 3 月 15 日第 3 小法廷判決・民集 42 巻 3 号 170 頁参照）。すなわち，民訴法 231 条〔現行法 142 条〕が重複起訴を禁止する理由は，審理の重複による無駄を避けるためと複数の判決において互いに矛盾した既判力ある判断がされるのを防止するためであるが，相殺の抗弁が提出された自働債権の存在又は不存在の判断が相殺をもって対抗した額について既判力を有するとされていること（同法 199 条 2 項〔現行法 114 条 2 項〕），相殺の抗弁の場合にも自働債権の存否について矛盾する判決が生じ法的安定性を害しないようにする必要があるけれども理論上も実際上もこれを防止

---

[38] 河野信夫・最判解説民事平成 3 年度 511 頁，松本博之・百選 3 版 92 頁。

することが困難であること，等の点を考えると，同法231条の趣旨は，同一債権について重複して訴えが係属した場合のみならず，既に係属中の別訴において訴訟物となっている債権を他の訴訟において自働債権として相殺の抗弁を提出する場合にも同様に妥当するものであり，このことは右抗弁が控訴審の段階で初めて主張され，両事件が併合審理された場合についても同様である。」

② **最(3小)判平成10年6月30日民集52巻4号1225頁（一部請求と相殺の抗弁）**[39]　本件訴訟でXはYに対して，Yが本来支払うべき相続税，固定資産税，水道料金等をXが支払ったとしてその不当利得返還請求の訴えを提起し，1296万円余及びそれに対する遅延損害金の支払いを求めた。この訴訟で，Yは不当利得請求権の存在を争うと共に，相続によってX・Yの共有財産となった不動産のYの持分に対してXが不当な仮処分の執行を行ったとして，その損害賠償請求権を自働債権として相殺の主張をした。

本件訴訟提起に先立ってYは，Xが本件不動産について申請した違法な仮処分によってその持分2分の1を通常の取引価格よりも低い価格で売却することを余儀なくされその差額2億5260万円相当の損害を被ったと主張し，Xに対して不法行為に基づきそのうち金4000万円の支払いを求める別件訴訟を提起していた。本件訴訟では，Yは相続税等の立替分についての不当利得返還請求義務の存在を争うと共に，予備的に違法仮処分による損害賠償請求権4000万円を超える部分を自働債権とする相殺を主張した。またYは控訴審でこの相殺に加えて，預金及び現金の支払請求権を自働債権とする相殺を主張し，また違法仮処分に対する異議申立手続の弁護士費用として支払った2000万円及びこれに対する遅延損害金の合計2478万円余の損害賠償債権を自働債権とする相殺を主張した。第一審は，Xの不当利得返還請求権を112万1489円と認定し他方Yの損害賠償請求権は少なく見ても4113万2000円だとしたうえで相殺により消滅したとして請求を棄却した。X控訴。控訴審は相殺の抗弁につき，別訴として係属中の債権を自働債権として別の訴訟で相殺の抗弁を主張することは不適法だとした。Y上告。破棄差戻し。

「1　民訴法142条（旧民訴法231条）が係属中の事件について重複して訴えを提起することを禁じているのは，審理の重複による無駄を避けるとともに，同一の請求について異なる判決がされ，既判力の矛盾抵触が生ずることを防止する点にある。そうすると，自働債権の成立又は不成立の判断が相殺をもって対抗した額について既判力を有する相殺の抗弁についても，その趣旨を及ぼすべきことは当然であって，既に係属中の別訴において訴訟物となっている債権を自働債権として他の訴訟において相殺の抗弁を主張することが許されないことは，原審の判示するとおりである〔前記〔**判例①**〕参照〕。

---

[39]　河邉義典・最判解説民事平成10年度642頁，三木浩一・百選3版96頁。

2 しかしながら,他面,一個の債権の一部であっても,そのことを明示して訴えが提起された場合には,訴訟物となるのは右債権のうち当該一部のみに限られ,その確定判決の既判力も右一部のみについて生じ,残部の債権に及ばないことは,当裁判所の判例とするところである(最高裁昭和35年(オ)第359号同37年8月10日第2小法廷判決・民集16巻8号1720頁参照)。この理は相殺の抗弁についても同様に当てはまるところであって,一個の債権の一部をもってする相殺の主張も,それ自体は当然に許容されるところである。」

3 検　　討

　この問題の検討には,〔A〕前訴で相殺の抗弁として使用した債権を改めて別に訴求する場合と,〔B〕既に訴求中の債権を別の訴訟で自働債権として相殺のために使用する場合を一応区別して考察する必要がある(以下の点については,河野〔文献②〕112頁以下)。

　〔A〕の場合　　相殺の抗弁自体は〈抗弁〉であり訴えそのものではない。しかしそれは機能的には自働債権の強制的な貫徹手段であり,この相殺の抗弁につき裁判所が判決において判断すれば既判力がこの点に拡張されて(民訴114条2項),自働債権につき既判力の拘束力が生じる。ただし前訴ではその過程で相殺の抗弁が必ず審理されるという保障はない。本来相殺の抗弁の判断は他の抗弁事由が尽きたときに判断されることになるのであり(⇒Ⅱ2),手続の最終段階に至るまで裁判所は自働債権についての判断を留保することになる。他の抗弁事由が認められれば前の訴訟で相殺の抗弁について審理・判断はなされない。したがって直接には民訴法142条の準用はないといえる。しかし,この債権は既に相殺の抗弁として行使されていることも事実であり,この点について裁判所の判断がなされると他の抗弁とは異なって既判力が,この本来訴訟物ではない自働債権にも発生する可能性は残る。ところでこの相殺に供した債権についてはこの訴えの中でも(防御方法である相殺の抗弁に)関連した債権として,(予備的)反訴の形式を採って訴えることができる(民訴146条1項。反訴につき⇒第11章第5節)。そこで問題は,このような形で既に相殺の抗弁として利用した債権を,当該訴訟手続内での反訴ではなく,あえて別訴として提起しうるのかが問われるべきである。一般には反訴の提起が被告の便宜のために設けられた制度であり,その強制はされないと理解されるが,このように相殺の抗弁として利用された債権についてもこのような一般論のみをもって論じるのは適当ではなく,この場合には既判力拡張の可能性からも,原則として〈別訴

として提起する訴えの利益〉は認められず，それにもかかわらず提起された別訴は直ちに却下するのではなく前の訴訟の判決まで中止すべきである[40]。

〔B〕の場合　自働債権とされた債権については既にそれを訴訟上で請求するために別に訴えが提起されている。そこで，本来は，この債権についての審理・判断は専らこの手続で行うこと，これを他の手続で行うことを排除する点に重複訴訟禁止原則の基本がある（重複訴訟の禁止原則の意義につき⇒第3章第3節Ⅱ）。この観点から見れば基本的に後の相殺の抗弁は排除されるとすべきである。相殺の抗弁が後の訴訟手続で主張され，これがその訴訟手続で当然に考慮されるべきだとすれば，その裁判所は相殺の判断をするにあたり本来訴訟物ではない自働債権についてその存在の確定をしなければならない。しかしその確定のために別の訴訟手続が進行中であるにかかわらずこれとは別に改めてそれがなされなければならないが，それはその訴訟手続を著しく遅延させる可能性がある。確かに相殺は単に自働債権の存在を確定するだけではなく，受働債権との間での簡易決済などの機能を持つ。しかし，そのことが当然に手続上もこのような二重の確定手続を許すことにはならない。自働債権の確定は原則として別に進行中の訴訟手続にその確定を委ねるべきである。ただしこのような必要性はこの確定の対象となっているのは，その債権自体が別の訴訟の訴訟物の範囲に含まれる限度でいえるにすぎないことはいうまでもない。別訴ではその範囲を超えた確定はなされないから，別の訴訟が債権の明示された一部についての請求であれば（この点につき⇒第10章第5節Ⅵ），原則として残部について別の訴訟でこれを自働債権として相殺の抗弁を主張することは可能である（〔**判例②**〕）。

Ⅴ　一部請求と相殺の抗弁

債権の一部であることを明示して訴求した金銭支払請求訴訟で，被告が防御

---

[40]　訴訟手続の中止は，裁判所の職務執行の不能による中止（民訴130条），当事者の故障による中止（民訴131条）がある。しかしこのように，別訴の審理を前提とする中止を，裁判所に与えられた権限として認めるべきである。ドイツ民事訴訟法148条は，裁判の判断又はその一部が他に係属中の裁判の対象を構成し又は行政機関の確定を必要とする権利関係の有無に依存する場合には，これらの他の手続が終了するまで弁論の中止を命じることができると定める。この規定は，平行して行われる手続による余分な労力を省き矛盾した判断を回避するための処理方法である（Thomas/Putzo/*Reichold*, ZPO. 26. Aufl., §148, Rdnr. 2）。わが国の訴訟法では規定上はこのような処理を定める明文規定を欠くが，更に様々な手続間の調整が図られなければならない。裁判所の手続裁量としても許されよう。

手段として相殺の抗弁を提出した場合に，相殺の判断はこの訴訟物である一部請求金自体についてなすべきか（「内側説」といわれる），あるいはまず全体の金額がいくらかを確定してこの全体金額からなすべきか（「外側説」といわれる）が問題になる。最高裁〔**判例**〕は外側説を採用した。しかしこれには根本的な疑問がある。

† 〔**判 例**〕 **最(3小)判平成6年11月22日民集48巻7号1355頁**[41]　　XはYとの間で本件家屋の改築及び店舗の新築のための請負契約を締結した。しかしこの工事は未完成であり，XはYに対して本件契約を解除する旨の意思表示をした。またYが行った工事は瑕疵があり建物として安全性を満たしていないとして契約を解除し，これによって合計959万5100円の損害を被ったがその内金として376万3000円及びこれに対する遅延損害金の支払いを求める訴えを提起した。これに対してYは，仮にXのYに対する損害賠償請求権があるときは，工事完成部分の工事代金194万6850円があり，これを自働債権として相殺する旨の意思表示をした。裁判所は，XのYに対する損害賠償請求権が401万100円と認定し，またYのXに対する工事代金額は96万5000円と認定しこの分を控除した304万5100円及びその遅延損害金の支払いをYに命じた。Y控訴。控訴審ではXは請求を改め388万5100円を請求したのに対して，YはXに対する債務不履行による損害賠償請求権（486万8318円）を自働債権とする相殺の抗弁を控訴審口頭弁論期日で主張して対抗した。裁判所は，この自働債権は61万円と認定し，これを控除して残額327万5100円の請求を正当としたが，不利益変更禁止原則から控訴を棄却した[42]。Y上告。上告棄却。「特定の金銭債権のうちの一部が訴訟上請求されているいわゆる一部請求の事件において，被告から相殺の抗弁が提出されてそれが理由がある場合には，まず，当該債権の総額を確定し，その額から自働債権の額を控除し

---

41) 水上敏・最判解説民事平成6年度574頁。
42) 本件事実関係を図示すると以下のとおりである。

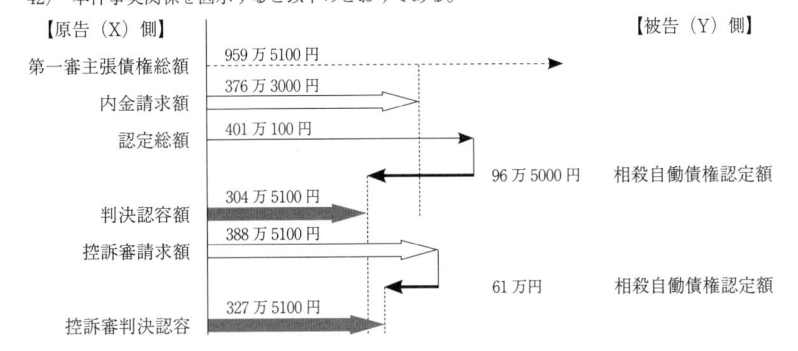

【原告（X）側】		【被告（Y）側】
第一審主張債権総額	959万5100円	
内金請求額	376万3000円	
認定総額	401万100円	
		96万5000円　相殺自働債権認定額
判決認容額	304万5100円	
控訴審請求額	388万5100円	
		61万円　相殺自働債権認定額
控訴審判決認容	327万5100円	

た残存額を算定した上，原告の請求に係る一部請求の額が残存額の範囲内であるときはそのまま認容し，残存額を超えるときはその残存額の限度でこれを認容すべきである。けだし，一部請求は，特定の金銭債権について，その数量的な一部を少なくともその範囲においては請求権が現存するとして請求するものであるので，右債権の総額が何らかの理由で減少している場合に，債権の総額からではなく，一部請求の額から減少額の全額又は債権総額に対する一部請求の額の割合で案分した額を控除して認容額を決することは，一部請求を認める趣旨に反するからである。

そして，一部請求において，確定判決の既判力は，当該債権の訴訟上請求されなかった残部の存否には及ばないとすること判例であり（最高裁昭和35年(オ)第359号同37年8月10日第2小法廷判決・民集16巻8号1720頁），相殺の抗弁により自働債権の存否について既判力が生ずるのは，請求の範囲に対して『相殺ヲ以テ対抗シタル額』に限られるから，当該債権の総額から自働債権の額を控除した結果残存額が一部請求の額を超えるときは，一部請求の額を超える範囲の自働債権の存否については既判力を生じない。したがって，一部請求を認容した第一審判決に対し，被告のみが控訴し，控訴審において新たに主張された相殺の抗弁が理由がある場合に，控訴審において，まず当該債権の総額を確定し，その額から自働債権の額を控除した残存額が第一審で認容された一部請求の額を超えるとして控訴を棄却しても，不利益変更禁止の原則に反するものではない。」

相殺の抗弁は，被告が当該訴訟の訴訟物とは無関係の債権を自働債権として原告の請求に対して行う防御方法である。この訴訟で当面手続の対象となっているのは，訴訟物とされた請求部分である。一部請求の場合には，この訴訟の対象とされた一部が訴訟物であり残部ではない。この訴訟物である原告の請求部分に対する防御方法が抗弁であり，相殺の抗弁である。したがって相殺の場合にはこの抗弁の意義が問われるべきである。〔**判例**〕の立場では，相殺は訴訟物になっていない全体債権の額が極めて重要な意味を持つ。しかし本来この部分の確定は判決理由中の判断にすぎない。外側説では，訴訟物になっていない全体債権額を確定しそこから相殺により，自働債権部分を控除することになるから，全体債権額がいくらかが極めて重要な意味を持つことにならざるを得ない。しかし，相殺の抗弁は訴訟物として請求されている部分に対する直接の防御方法であり，〔**判例**〕が一部請求の趣旨のみから外側説を正当化しようとするが説明としては成功していない。この説では，残額が多額で被告の自働債権を上回る場合，相殺の抗弁につき審理判断がなされ相殺が肯定されても，原告の請求は認められ，相殺の判断は訴訟物になっていない請求部分についてな

されて既判力も生じず，残額請求がなされた場合には拘束力が働かないことになって結論的にも不当である。相殺の判断は訴訟物とされた一部請求部分についてなすべきであり（内側説），相殺の抗弁に対しては，原告は請求の拡張をもって対抗する必要があるというべきである。

Ⅵ 相殺の再抗弁

相殺は防御方法の一つとして被告側から抗弁として主張されることが多い。しかし，原告側から相殺の主張がなされることもある。これにも，①原告が予め（訴え提起前に）相殺をした後その残額を訴求する場合，及び被告側の相殺の抗弁に対して，②被告が用いた相殺の自働債権が既に別に行使された（裁判外の）相殺によって消滅していると主張する場合である。これらの相殺が手続上主張された場合その主張自体は手続上適法である。

この他に，③被告が相殺の抗弁のために用いた債権に対して原告が訴訟上の相殺を行うことによりこの被告側の自働債権が消滅したとの再抗弁で対抗することができるかが問題になる。この場合に，原告側の再抗弁による相殺の主張が有効とされるためには，原告側の行使した相殺の意思表示が被告側のそれよりも早く到達し，したがって原告が相殺の意思表示をした時点で既に被告側の自働債権が消滅して存在しない旨の原告側の主張でなければならない。しかしこのような相殺の再抗弁は一般には有効には成立しないと考えられる。被告側が相殺の抗弁に供した自働債権は訴訟物とは無関係な別債権であるが，原告がこれをねらって訴訟上で相殺権を行使したのは，そもそもこの被告側の債権が相殺に利用されたからに他ならない。この場合，被告側の相殺の意思表示は既にその旨の準備書面が原告に到達することにより実体法上は有効に成立している。それゆえ，原告が訴求債権とは別債権を自働債権として相殺の意思表示をしたときには被告側債権は訴求債権との相殺によって既に存在しないはずである。これに対して相殺の再抗弁につき最高裁（〔判例〕）は，訴訟上の相殺を不適法とした。しかしその根拠は，相殺の抗弁の基本的な考え方とは相容れない（かつての訴訟行為説の理解に近い）。

†〔判例〕 最(1小)判平成 10 年 4 月 30 日民集 52 巻 3 号 930 頁[43]　　Xの亡夫AはYに対して数度にわたり貸し付けた貸金債権を有しており，また担保としてYが交付した約束手形が不渡りとなったためこれらを目的とする準消費貸借契約

---

[43] 長沢幸男・最判解説民事平成 10 年度 497 頁，山本和彦・百選 3 版 186 頁。

を締結した。本件はこれらの債権合計544万円及び遅延損害金の支払を求めた訴えである。この貸金債権にあたりAは利息を天引きしたがそれは利息制限法所定の制限利率を超過していた。Yは訴求債権の成立を争うと共に，制限利息超過分が不当利得になるとして，これらを自働債権として相殺の抗弁を準備書面に基づいて口頭弁論期日で主張した。これに対してAは，同一口頭弁論期日で，準備書面に基づいて，担保として交付した手形債権を自働債権として不当利得の発生時期の早いものから順に対等額で相殺する旨の訴訟上の相殺の意思表示をした（再抗弁）。第一審裁判所は，利息制限法に違反した貸付けであるとして元本充当を行いこれに対して不当利得返還請求権が上回るので，相殺により消滅したと認定して請求を棄却した。A控訴。控訴審は同一口頭弁論期日でなされた相殺の抗弁と再抗弁の関係につき，「時間的には，再抗弁におけるそれのほうが早くなされたことは本件記録上明らかであるから，まず，この再抗弁における相殺の効力を判断すべきこととなる」として，これによりYが相殺の抗弁に用いた自働債権が消滅したことを理由に第一審判決を変更し，Xの請求を一部認容した。Y上告。A死亡によりXが承継。原判決破棄，控訴棄却。

　「1　被告による訴訟上の相殺の抗弁に対し原告が訴訟上の相殺を再抗弁として主張することは，不適法として許されないものと解するのが相当である。けだし，(一)　訴訟外において相殺の意思表示がされた場合には，相殺の要件を満たしている限り，これにより確定的に相殺の効果が発生するから，これを再抗弁として主張することは妨げないが，訴訟上の相殺の意思表示は，相殺の意思表示がされたことにより確定的にその効果を生ずるものではなく，当該訴訟において裁判所により相殺の判断がされることを条件として実体法上の相殺の効果が生ずるものであるから，相殺の抗弁に対して更に相殺の再抗弁を主張することが許されるものとすると，仮定の上に仮定が積み重ねられて当事者間の法律関係を不安定にし，いたずらに審理の錯雑を招くことになって相当でなく，(二)　原告が訴訟物である債権以外の債権を被告に対して有するのであれば，訴えの追加的変更により右債権を当該訴訟において請求するか，又は別訴を提起することにより右債権を行使することが可能であり，仮に，右債権について消滅時効が完成しているような場合であっても，訴訟外において右債権を自働債権として相殺の意思表示をした上で，これを訴訟において主張することができるから，右債権による訴訟上の相殺の再抗弁を許さないこととしても格別不都合はなく，(三)　また，民訴法114条2項（旧民訴法199条2項）の規定は判決の理由中の判断に既判力を生じさせる唯一の例外を定めたものであることにかんがみると，同条項の適用範囲を無制限に拡大することは相当でないと解されるからである。」

　この判決の理由には，まずその前提とする相殺の抗弁自体の理解に問題がある。

そもそも訴訟上の相殺を実体法上の相殺とは別の特別の制度と考えた点には、かっての訴訟行為説の残滓が見られる。先に見たように訴訟行為説は採用することができない。またこれを条件説として、特にそれを停止条件と見るのであれば、相殺の実体法上の効果が判決に至るまで発生していないことになり、訴訟行為説と変わらない。解除条件と見ても実体的効果が浮動的である点に大差はない。本来相殺の抗弁は実体法上の相殺の意思表示とその結果の訴訟上の主張行為（相殺によって訴求債権が対応額で消滅し現存しないとの主張）からなるが、実体法上は相殺権の行使自体には形態の制限はなく何らかの形で相殺権行使の意思表示が相手方に到達すればよい。これを事案に即してみると、準備書面上に相殺の抗弁を口頭弁論において行使する旨の記載がある場合は（本件はこれにあたる）、相殺の意思表示が口頭弁論期日ではじめて行使されるように見えても、実は実体法上は相殺の意思表示が準備書面により相手方に到達することによりその効果を生じている。また実際にもそうでなければ不自然でおかしい。原告が行った相殺の対象は本来訴訟物にはなっていない債権であり訴訟手続上は無関係であるが、これが原告側の相殺の対象として受働債権に選ばれたのは、そもそも被告がそれを用いて相殺を行ったことが原告側に認識されているからであり、このことはその意思表示が実質的に相手方に到達していることが自認されているからに他ならない。口頭弁論期日での主張は、このような実体法上の効果の訴訟上の主張である。「相殺の効果を裁判所の判決で考慮されることを条件とすると仮定の上に仮定が積み重ねられて不当だ」という最高裁の説明はこのような実体法上の関連からみて不適切であり、その理論的前提は相殺の抗弁の構造に沿わない点で問題がある。もっとも、結論は、Yの相殺の抗弁を認めてXの請求を棄却した点が正当であることはいうまでもない。

＊　相殺の抗弁と判決効（参照、民訴114条2項）については、⇒第10章第5節Ⅳ2(4)。
＊　既判力の遮断効と相殺権の行使については、⇒第10章第5Ⅳ3（3）3）③。
＊　反訴と相殺の抗弁については、⇒第11章第5節Ⅲ2（4）。

第7章　当事者の行為による訴訟の終了

〔本章の概要〕
　本章は，当事者が訴えによって当初求めていた裁判所の判決による紛争解決を断念し，当事者の自主的な意思決定により訴訟手続を終結させるために行う一連の行為を取り扱う。原告による訴え提起により訴訟が開始されても，常にそれを判決で解決をしなければならないわけではない。その間に当事者間で話し合いがつき，あるいは当事者が訴訟追行を断念することがありうる。これらの場合には，当事者はその自主的な訴訟上の行為によって訴訟手続を終了させることができることが必要である。民事訴訟法はこれらを一括して「第2編第6章　裁判によらない訴訟の完結」のもとにまとめて規定した。これに属する行為としては，〈訴えの取下げ〉，〈請求の放棄・認諾〉及び〈訴訟上の和解〉がある。
　まず第1節で自主的訴訟終了行為の基礎的な問題について全般的な考察をする。これらの行為には共通して，判決による訴訟終了とは異なる問題がある。第2節では訴えの取下げについて考察する。訴えの取下げは，原告がいったん訴えを提起したものの，その訴え提起行為を撤回する原告の意思表示であり，訴えは初めからなかったものと取り扱われる。第3節では請求の放棄・認諾を扱う。これはそれぞれ，原告が訴えた請求自体を放棄しあるいは被告が原告の請求をそのまま承認する行為である。そして第4節では訴訟上の和解について考察する。訴訟上の和解は，双方が譲り合って訴訟手続を終了させる行為である。

第1節　総　　論

〔文献〕
河野正憲「裁判によらない訴訟の終了」講座新民訴(2)377頁

I　当事者の自主的な行為による訴訟終了

1　判決を不要とする当事者の行為

　民事訴訟手続は原告から被告に対する訴え提起行為によって開始される。この訴え提起行為は，既に見たように，裁判所に対して一定内容の判決を求める

旨の原告の要求である。裁判所はこれに基づき，訴えが適法である限り原告の申立てに対応した判決の形式で応答をしなければならない。このように訴え提起行為により裁判所と当事者の間には訴訟法上の法的関係が形成され，裁判所には判決で応答をする義務があると観念される（⇒第5章）。しかし，提起された訴えがすべて裁判所の〈判決〉によって解決されなければならないわけではない。いったん成立した訴訟法上の法律関係も二当事者対立原則が壊れて判決をなすべき条件がなくなること（当事者の死亡で相続人がおらず，また対立する会社合併で対立関係が解消した場合等）がある（⇒第3章第2節Ⅱ）。

当事者もまた自らの意思で，いったんは訴えの形式で求めた判決による紛争解決を不要として手続の終了を求めることができる。これは訴訟終了の局面で当事者の手続処分権限が承認されているからであり，訴え取下げ，請求の放棄・認諾及訴訟上の和解といった行為は，このような当事者の自主的な意思に基づいた訴訟終了の行為である。これらの当事者の意思による訴訟上の行為により，裁判所は判決による紛争解決を行う義務から解放されて，訴訟手続の終了を招来するものとしている。統計上によれば，かなりの割合で当事者の意思による訴訟終了行為によって訴訟が終了している[1]。

2　処分権主義と当事者意思による訴訟終了

民事訴訟は本来個人間の利害に関する紛争解決の手続であるから，そもそも民事訴訟を利用して法的紛争の解決を図るか否かの決定自体，最終的には当事者の意思に委ねられるべき性質の事柄である。民事訴訟法が当事者に手続の重要な局面で決定権限を与えているのは，このような一般的な社会の価値を訴訟手続の基本原理としても重視し〈処分権主義〉として承認しこれに基づいた手続構造によっているからに他ならない。具体的には既に見たように（⇒第5章第4節Ⅰ），まず訴え提起の局面で，訴訟手続を利用して紛争を解決するかあるいはこれとは別の方策で紛争を解決するのかを選択・決断する自由と権限が専ら当事者に存在することを前提にしている。しかし，訴訟手続を利用するか否かに関する当事者の決定権限は，単に訴え提起の段階のみに限定されない。訴訟手続上このような手続利用の可否に関する当事者の権限は常に尊重されてお

---

[1]　司法統計（平成19年）によると，地方裁判所の既済事件17万2975件のうち，終結区分別の件数は，判決によるもの6万1368件，和解によるもの4万9812件，放棄180件，認諾907件，訴え取下げ5万7219件である（最高裁判所事務総局編・司法統計年報1民事・行政事件編・平成19年〔法曹会・2008〕36頁）。

り、いったん訴えを提起し訴訟手続が開始した後も自己の意思で、いつでも判決を求めた当初の要求を放棄し、判決によることなく訴訟を終了させることができる権限を当事者に与えている。この権限もまた、専ら当事者の意思によって手続を更に引き続き利用するか否かを決定する権限であることから、〈手続的処分行為〉である。これは訴訟終結の局面における〈処分権主義〉の現れである（河野〔文献〕380頁）。

II　自主的な訴訟終了の基礎

　当事者が判決によることなくその自主的な意思行為によって訴訟を終了させることができることを前提として、民事訴訟法はその具体的な手続上の行為類型として、〈訴え取下げ〉、〈請求の放棄・認諾〉及び〈訴訟上の和解〉を定めている。これらはいずれも訴訟当事者が、裁判所の判決によらないでむしろ〈自らの意思〉で訴訟を終了させようとする行為である。民事訴訟法はこの行為に基づいて、その主たる効果として判決によらずに訴訟を終了させるという手続に関する当事者の処分意思を含む意思決定に基づく行為に対応した訴訟法上の効果を承認している点で共通する。

　法がこれらの当事者の自由な意思による行為によって、いったん係属した訴訟を終了することを許す実質的な根拠は民事訴訟の基本に根ざしている。即ち、たとえ原告が国家裁判所による判決を求めて訴えを提起し、訴訟手続がいったん係属したにしても、その後何らかの理由で当事者が判決を不要としているのであれば、裁判所はあえて判決による解決を押しつけることは不要だけでなく、それは本来民事訴訟という制度自体が当事者の求めに応じて、しかも当事者が求める限りで裁判所の解決を与えるものだというその本来の在り方からしても、このような当事者の意思に反してまで判決をすることが本来の役割にもそぐわないからである。

　本来、民事訴訟の主要な対象をなしている財産権については、一般に当事者には私的自治原則によりその意思に基づいて自由に管理・処分をする権限が与えられている（私的財産の処分自由）。その際、実体法は当事者にこのような財産権を自由に処分する権限を与えるとともに、当事者が自由意思によって行った権利処分の結果については自らの行為による自己責任としてその効果を承認し、またそれに伴う拘束や不利益をも受忍しなければならないものとしている。このような、我々の社会で一般的に承認された個人の人格とその意思尊重に基

づいた私的財産処分の自由という基本的価値原理は，単に訴訟外の取引行為において妥当する原理であるだけでなく（実体私法領域における私的自治原則による自己決定と自己責任原則[2]），取引に関連して生じた法的紛争の処理・解決をする過程である民事訴訟手続でも同様に妥当する原理であると考えられる。

民事訴訟手続という私人間の紛争解決制度を利用するか否かの決定権限については，少なくともそもそも手続を利用するのかという訴訟手続開始の段階や，どの限度で利用するのかなどの対象画定の局面だけでなく，訴訟終了の局面でも妥当している。ここでは当初予定していた判決による解決のみにこだわるのではなく，むしろ自由意思による紛争解決を許容し，特にこのような解決方法は判決による解決に対しても優先するものと位置づけた。

　　このような基本的手続価値を承認したうえでそれを手続法上実現するためには，特にいったん開始した訴訟手続を当事者が自ら終了させることができる手続権限の明確で具体的な理論的根拠を必要とする[3]。特に，わが国の訴訟手続はドイツ民事訴訟手続の構造を承継して，その基本的構造としてはいったん訴訟手続が開始されると，それ以降判決に至るまで当該事件については，訴訟係属による法律関係の成立により裁判所に当該事件の管理の権限と責務が生じることを前提としている。このように裁判所に事件の管理権限があるにもかかわらず，なお審判対象に対しては全般的に当事者に手続的な処分権限が帰属していることを明示する必要がある。こうして，訴訟手続終了の局面についても当事者に様々な訴訟上の処分行為を行う権限があることを承認し，その行為自体の直接の訴訟法上の効果としていったん係属した訴訟手続が終了する効果を与えた。これに対してこれらの当事者による訴訟終了に関する行為とその効果発生について直接訴訟法上の効果が発生するとの観念を持たない法制度のもとでは，訴訟手続の消滅を，例えば職務解除の裁判によって確認する形態が採られることがある[4]。

---

2) これは承知のように，民法における法律行為論の基礎となっている原則である。
3) フランス民事訴訟法1条第2文は，「彼ら〔当事者〕は，判決の効果により又は法の定めにより終了する前に〔手続を〕終了させる自由を有する」と定めて，当事者の手続終了の処分権を明文で定めている。
4) ドイツ19世紀以降の民事訴訟法理論は，裁判所が訴え提起以後事件を管理する訴訟構造を前提に，裁判所で行う当事者行為を訴訟外で行う実体的行為と区別しその他手続事項の明確化と独自の概念構成に努めた。これは様々な分野で見られるドイツ法系民事訴訟法理論の特色であるが（⇒第6章），訴訟終了の局面でも例えばフランス法と著しい違いを示している。フランス法でも訴訟手続は，判決の他，和解，認諾，訴え取下げによって消滅すると定める（フ民訴384条）。この場合に裁判上の和解と裁判外の和解は区別されていない（江藤价泰「フランス民法典における和解概念の成立」菊井・古稀(上)55頁以下）。これらが行われると，「職務解除」の裁判によって訴訟手続の消滅が確認される（同条2項）。

現行法は，それらの自主的訴訟終了行為の直接の効果やそれに伴う拘束力の基礎がまず第一に当事者の自律的意思によることを定めている。したがって裁判所の判決による訴訟終了が持つ拘束力が（必然的に）法の定める制度的拘束力として〈既判力〉を不可欠とするのに対して，ここではこれとは別の価値原理である当事者意思による処分自由の拘束力を明確化することが制度上の前提にされている。

当事者意思による訴訟終了行為にはいくつかの形態があるが，それぞれの行為で以下の共通する点が存在する。

第一に，それらの行為は訴訟法上の制度としていったん係属した訴訟手続を終結させる効果を持つ点である。第二に，これらの行為は訴訟手続上，裁判所に対して行使される当事者の意思に基づいた行為である点に共通する要素がある。しかし，更に進んで具体的にそれぞれの行為の形態や内容を見ると，手続を終了させるにすぎないという意味で手続的処分行為であるもの（訴えの取下げ）とその行為が実体的な権利・法律関係に直接・間接にかかわる手続的処分行為とともに実体的処分行為を伴うものとがある（請求の放棄・認諾，訴訟上の和解）。

　これらの行為の規律は，従来法典上異なった箇所に散在していた。例えば訴え取下げは訴え提起に関連して定められていた。しかし現行法はこれらをその実質に着目し，判決によらない訴訟終了という共通の効果に即して〈当事者の意思に基づく訴訟終了〉の諸制度として一つの章にまとめ，また不十分な条文を補った。このことは，単に条文構成上の問題にとどまらず，これらの制度の本質を考察するうえでも重要である。これらが判決による訴訟終了の場合とは異なった性質を持ち，当事者意思による訴訟終了という共通の根拠と要素とともに特にその拘束力の正当化根拠の違いがより鮮明になったと見うる（河野〔文献〕380頁）。

第2節　訴え取下げ

〔文献〕
河野正憲「訴訟行為と意思の瑕疵」同・当事者行為155頁

Ⅰ　意　　義

1　訴え取下げの意思表示

訴え取下げは，原告が〈訴え〉提起行為，即ち被告との間で一定の判決をな

すように裁判所に求めた申立てを撤回する旨の意思表示である。訴え提起が適法になされると，裁判所は本来原告側から求められた裁判要求に対応した判断を終局判決によって示さなければならないはずである。しかし，このような判決を求める原告の申立行為がなされても，それが後に自主的に撤回されると，裁判所はもはや判決を下す必要がなくなるだけでなく，むしろその判決権限自体を失うことになる。この訴え取下げ行為の結果，いったん生じた訴訟係属の効果は訴え提起の最初に遡ってその効力を失うものとされる（民訴262条1項）。

現行法は，訴え取下げ行為を裁判所に対する原告の単独の意思表示だと構成している。この行為は，それによっていったん発生した訴訟係属という訴訟法上の効果をそのはじめに遡及して消滅させるという訴訟法上の効果を直接に発生させることから[5]，その行為の法的性質は〈訴訟行為〉であると考えられている（いわゆる与効的訴訟行為）。またこのような訴え取下げ行為の趣旨を考慮して，一般には訴え提起に伴って発生した実体法上の効果も消滅させる効果を生じる（時効中断効の消滅）。もっとも，このような効果は，その間に行われた当事者の行為の効果を全て当然に消滅させることが必然的であるわけではない。訴えが取り下げられたことによる実体法上の効力は，訴訟手続上で行われた実体法上の行為の特質に応じて解釈する必要がある。

訴え取下げをするためには，原告は取下げの意思表示を直接裁判所に対して行使しなければならない。原告がこの行為を行うについては，自由な意思で行えば足りる。

訴えを取り下げる現実的な根拠は様々で，いずれも訴え取下げ行為意思の前提ないしはその動機となっている。しかし，法は訴え取下げ自体を原告の自由とし，これらの事情のいかんにかかわらず，原告によって有効な訴え取下げの意思表示が裁判所に対してなされれば，それのみによって訴訟係属は消滅するものとしている。これは原告の固有の権限である。

　　†〔例〕 訴えを提起したが，その後に明らかになった事情や証拠に照らすとそれが誤解に基づくものであったことが明らかである場合，訴え提起がなされた後に被告が任意に履行をしたことで訴えが不要になった場合，当事者間で訴訟外で和解が成立し，その条項の一つとして係属中の訴えを取り下げる合意がなされた場合など。

---

[5] 訴え取下げと上訴の取下げとは区別しなければならない。上訴の取下げは，上訴行為を撤回するのであって，その結果上訴提起行為が遡って消滅し，移審の効果及び前判決の確定遮断の効果が消滅する。上訴期間が尽きれば，前審の完結が確定する。

2 訴え取下げと処分権主義（手続的処分行為）

　訴え取下げ行為には，進行中の訴訟手続を消滅させる効果が付与されていることから処分権主義の現れの一つだと理解されている。もっともここでいう処分権主義の基礎は，実体権の処分権限と全く同一というわけではない。むしろここでいわれる処分権は〈手続的処分権〉であり，実体法上の処分行為よりも広い意味を持つことに注意しなければならない。

　訴訟物である権利関係又は法律関係について，通常の財産関係訴訟では，その対象となっている権利・法律関係につき原告が自由に処分をすることができる場合は，いったん提起した訴えを自由に取り下げることができることに問題はない。この場合には実体法上の権利処分の自由が手続に反映したと見ることもできよう。これに対して原告が，訴訟の対象となっている権利・法律関係について自由な処分権限を有していない場合の訴え取下げの権限の有無が問題になりうるが，この場合にも訴え取下げは許容される。

　†〔例〕　親子関係訴訟などの身分法関係が審判対象となっている場合，この人事訴訟事件では当事者は自由に実体法上の身分法関係を形成・処分することはできない。しかし，訴え取下げ行為自体は実体的権利・法律関係には何ら影響せず，単に係属中の訴訟手続を遡及的に消滅させるのみであり，それは手続的な意味を持つにすぎず，当該訴訟手続を続けることを断念するにすぎない。したがって，当事者が実体法上の処分権限を持たない場合であっても，それに関する訴えを取り下げることは可能である。

　これに対して，当事者の処分権限が手続的観点から否定される場合がある。手続上共同訴訟が要求される場合に，当事者の一人が訴えを取り下げることで原告適格自体が消滅する結果を生じ，他の共同訴訟当事者の訴訟上の地位に影響を及ぼす場合には，いったん訴えを共同で提起した以上当該当事者には単独での手続的処分権限はもはや存在せず，このような訴え取下げは許容されないものとされる（〔判例〕）。もっとも，この場合に訴え取下げを認め，必然的に訴えが却下されるとの見解もある（三ケ月・双書500頁）。

　†〔判例〕　固有必要的共同訴訟の場合に，いったん共同原告として訴えを提起した一部の原告が訴えを取り下げることはできない（最(1小)判昭和46年10月7日民集25巻7号885頁[6]）。同じく固有必要的共同訴訟で共同被告の一部に対する訴え取下げの効力も生じない（最(3小)判平成6年1月25日民集48巻1号41頁[7]）。

---

[6] 小倉顕・最判解説民事昭和46年度585頁，若林安雄・百選2版76頁。

この場合に当事者の訴訟終了についての手続的処分権限は，当事者が作り出した共同訴訟関係から否定されることになる。これを認めるといったん生じた当事者適格を喪失することになり，訴え自体が不適法となるが，このような結果をもたらす行為は，原告共同の場合には他の原告に重大な不利益を及ぼす。いったん訴えを共同で提起した以上，他の原告は訴訟追行について出費をし利益を有しており，これを無にすることは相互に否定されるという原告間の相互の関係から一部当事者は訴え取下げは独自にはできないという拘束をうける（共同で訴えを提起する以前の段階では，共同提訴を拒否しうるのとは異なる）。また，被告共同の場合には，原告にはその一部のみを相手とすることができないことから，全体として訴えを取り下げるか8)，そのまま全員を被告とする訴訟を継続するか，いずれかの方法によるしか途がない。

3　訴え取下げの合意

(1)　意義と問題点

　訴訟当事者間で係属中の訴訟を取り下げる旨の合意が成立することが稀でない。例えば裁判外で和解が成立し，その和解条項の一つとしてこのような合意を結ぶことは日常的に見られる。訴え取下げの合意は，このような訴訟外でなされる和解では紛争全体の解決のためには重要な要素になるといえる。この合意に基づいて原告が任意に訴えを取り下げれば，それは原告の訴え取下げ行為がなされたのであり，何ら問題はない。これに対して，このような訴え取下げの合意がなされたにもかかわらず，原告が訴えを取り下げない場合の取扱いが問題になる。訴え取下げ行為の性質が原告が裁判所に対して行う訴え提起行為の撤回という単独意思表示であることからすれば，専らその行為は原告の意思表示によって行われなければならず，これが原告によって行われない以上，訴え取下げの結果を実現することはできないともいえなくはない。

　しかし，原告が被告との間で行った訴え取下げの合意の効果として，当事者が意図した合意の内容に即した法的効果が与えられるべきではないかが問われる。もちろん，このような合意に反した行為（原告による訴訟手続の継続）により損害が生じたのであれば，実体法上損害賠償請求（参照，民709条）をすることは可能であり，それは別訴でその請求をすることになることから間接的救済にとどまる。しかし，それ以上にこのような合意の効果について，訴訟法上の明文規定はないが，当

---

7)　特定財産が遺産に属すること，即ち共同相続人による遺産分割前の共有関係の確認訴訟で，原告が被告の一部に対する訴えを取り下げた。第一審は取下げを有効とし，訴えを却下し控訴審もこの判断を支持した。しかし最高裁は訴え取下げを不適法とした。三村量一・最判解説民事平成6年度34頁。

8)　もちろんこの場合に相手方が応訴をしていれば，全員から訴え取下げについての同意を得る必要があることになる。

該訴訟手続内で被告はこのような合意の存在を主張立証して、この合意に沿った訴訟法上の効果を求めることができないかが問題となる。

(2) 学説と判例

訴訟法上明文規定が存在しない訴訟上の合意の許容性について、かつては〈任意訴訟の禁止〉を根拠にこれを否定する見解が有力であった。しかし、単に明文規定が存在しないことのみを根拠に、明文規定のない訴訟法上の合意が一切許容されないという結論を引き出すことは法実証主義であり、説得力に欠ける（訴訟上の合意一般について⇒第6章第4節）。そこでこのような状況を打破するために、訴え取下げの合意について訴訟手続上直接の効果を許容することはできないが、実体法上の行為としては有効であり、この合意によって原告は訴え取下げの実体法上の義務を負うとする見解が主張された（私法行為説）。この見解によれば、合意に反して訴えが取り下げられない場合には、原告は損害賠償義務を負うほか、この合意の存在によって当事者間では紛争が終了しているから原告は訴えの利益を失い、結局係属中の訴えは不適法却下されると理解する（兼子・研究Ⅰ 277 頁）。わが国の最高裁もこの私法行為説を採用している（〔判例〕）。

†〔判例〕 最（2小）判昭和 44 年 10 月 17 日民集 23 巻 10 号 1825 頁[9]　XはYに対して建物所有権確認、保存登記抹消請求訴訟を提起し第一審で勝訴した。Yが控訴し、控訴審でY代理人とXとの間でYがXに対して示談金として 22 万円を支払うこと、またXは本訴の取下げをする旨の和解が成立したと主張した。控訴審はこの和解成立並びに対価支払の事実を証拠で認定したうえで、「訴訟外で当事者間に示談が成立し、訴取下げの合意ができた場合、その訴訟が如何なる主文を以て終結するのが相当であるかにつき、わが民訴法上明文の規定もないので、当裁判所は、それが訴をこれ以上実施する利益、必要のない、客観的要件を欠く場合の一種であるとして、原告の訴を却下するのが相当であると解する」として、原判決を取り消して訴えを却下した。Xは対価支払がなされていないとして上告。上告棄却。最高裁は、「原判示のような訴の取下に関する合意が成立した場合においては、右訴の原告は権利保護の利益を喪失したものとみうるから、右訴を却下すべきものであり、これと結論を同じくする原審の判断は相当である」と述べた。

(3) 訴え取下げ行為の擬制

私法行為説に対しては、一方で訴え取下げの合意に私法上の効果のみを認めて訴訟法上の効果を否定しながら、他方ではこの合意の結果、訴えの利益が不存在となるということを媒介にして訴訟法上の効果を引き出そうとするのは回りくどく、直

---

[9] 千種秀夫・最判解説民事昭和 44 年度 793 頁、柏木邦良・続百選 98 頁、豊田博昭・百選Ⅰ 168 頁、小野寺忍・百選 3 版 200 頁。

接に訴訟法上の効果を承認すべきだという見解（訴訟行為説）が対立する。この見解によれば，当事者間で訴えを取り下げる旨の合意が有効になされたことが主張立証されれば，原告が訴え取下げ行為を行ったと同等の訴訟係属の消滅という訴訟法上の処分効果を直截に承認し，裁判所は訴え取下げによる訴訟終了の宣言をなすべきだとする（条解民訴874頁，三ケ月・双書501頁）。

　訴え取下げの合意が有効になされたことが訴訟上明らかになった場合，この合意の直接の効果として，訴えが取り下げられたと同等の効果を承認することが必要である。その際，この効果の発生を具体的にどのように根拠づけるかについても見解は一致しない。訴訟行為説が原告の訴え取下げの訴訟法上の義務を認め，他方で合意の直接の効果として訴え取下げの効果を説明するのは説明として成功していないと批判し，むしろ訴え却下のほうがわかりやすいと説く見解もある（新堂331頁，梅本924頁）。確かに，訴え取下げの合意が有効になされた場合に，この合意によって直接訴え取下げの効果が発生すると考える（処分効果）のでは訴訟上の取扱いで問題が残る。訴訟手続内で合意の存在が主張立証される必要があるからであり，訴え取下げがなされたとする手続的論理が明確でないからである。しかし，訴えを却下する取扱いは訴え取下げとは異なる。この場合の扱いとしては，この合意が有効になされたことにより原告は訴え取下げ行為を行うべき訴訟法上の義務を負うと見るべきである（義務づけ効果）。その結果この合意の存在が訴訟手続内で主張立証されたならば，原告は訴え取下げの訴訟法上の行為義務を負い，その結果，訴え取下げ行為がなされたことが訴訟手続上（原告の訴訟行為である意思表示が）擬制をされて，裁判所は，〈訴え取下げにより訴訟が終了した〉と宣言することができると考えられる[10]。訴訟の終了効果の発生を訴え却下という方法で行うのではなく，あくまでも訴えが取り下げられた場合と同等の取扱いがなされる必要がある。両者は，特に再訴がなされた場合にその効果を異にする（新堂334頁は，訴え取下げの合意には不起訴の合意の趣旨を含むとする）。終局判決後になされた合意による訴え取下げには再訴禁止の効果が類推されるべきである（鈴木忠一「民事訴訟に於ける当事者自治の限界と実務上の問題」新実務(1)85頁，97頁）。

---

[10] この場合に，訴訟上の効果のみならず実体法上の効果が発生するとしてこの行為の性質を訴訟行為と実体行為の併存するものと説く見解がある（伊藤412頁）。しかし，実体法上の効果として損害賠償義務を考えるのであれば，それはこの行為の主要な効果とはいえない。合意の直接の目的は原告が訴えを取り下げる行為であり，実際上も訴訟行為としての性質を認めれば十分である。

II　訴え取下げの要件と方式

1　訴え取下げの要件
(1)　訴えの撤回
　訴え取下げ行為は，いったん提起した訴えを撤回する行為であり，原告は訴え提起から判決が確定するまでの間，自由にこの訴え取下げをすることができるのが原則である（民訴261条1項）。したがって，第一審の終局判決に至る前に訴えを取り下げることができるのはもちろん，終局判決がなされた後にも訴えの取下げをなすことができ，事件が上訴審（控訴審・上告審）に移審した後にも訴えを取り下げることができる。この場合には上訴の取下げとの違いに注意が必要である（⇒前掲注5））。

(2)　相手方の応訴と訴えの取下げ
　訴えがいったん提起されても訴状が相手方に送達され，それに対して被告が応訴をするまでは，原告の意思で訴え取り下げがなされても被告側には格別の不利益は存在しない。訴え取下げ行為は原告の裁判所に対する単独の意思表示であり，相手方の不利益がないから，原告はこの局面では訴え取下げを自由になし得る。

　これに対して，被告が原告の請求に対して本案に関する応訴行為を行った場合，即ち，相手方が本案について準備書面を提出し，弁論準備手続で申述をし，又は口頭弁論をした後は，この相手方の同意を得なければ訴え取下げの効果は発生しないものとしている（民訴261条2項本文）。この場合には，被告は原告の請求を争い，本案について自己に有利な判決を求めているから，相手方は訴えに対して対抗し，この機会に請求棄却の判決を求めて自己の法的地位の確保を求める期待権を有する。そこで，手続がこのような段階に至ったならば，原告はもはやこのような被告側の利益を無視して一方的に訴訟関係を遡及的に解消することはできない。こうして訴え取下げ行為がなされても，その効力が発生するためには，相手方の同意を必要とした[11]。

　この相手方の同意行為もまた，裁判所に向けられた単独の訴訟行為である。

---

[11]　フランス民訴法394条は，「訴え取下げは被告の同意がなければ完成しない」と定め（同条1項），「原告が訴え取下げをしたときに被告が本案に対する防御又は訴訟不受理事由の提出もしていないときは同意は不要」とする（同条2項）。

(3) 訴訟行為としての要件

　訴え取下げ行為は直接裁判所に向けられており，その結果訴訟係属を消滅させる効果を発生させる訴訟行為である。この行為は手続中で行われ，それによって手続関係に形成的に作用し，特に訴訟係属関係を消滅させる効果を発生させる。したがってこの行為を行うためには原告には訴訟行為を行うための主観的要件が備わっていなければならない。

　この行為を行うために必要な主観的要件としては，原告が〈訴訟能力〉を有していなければならない。この行為は直ちに訴訟上の効果を発生する行為であり，実体法上の行為能力を有するだけでは不十分である。またこの行為は訴訟手続自体を終了させる効果を持ち，訴え提起のために訴訟委任をした場合とは異なった状況が発生するから，これが訴訟代理人によって行われる場合には特別の授権が必要である（民訴55条2項2号）。訴訟終了の効果は直ちに無条件に発生すべきであり，この訴え取下げ行為には条件を付することができない。

(4) 意思の瑕疵

　訴え取下げ行為は，原告の自由な意思による訴訟上の行為である。この訴え取下げ行為に意思の瑕疵があることを理由に，民法95条，96条を準用してその行為の無効又は取消しの主張をすることができるか否かについては見解が対立している。従来の通説（兼子・体系213頁，三ケ月・双書327頁）及び判例（**[判例]**）は専ら訴え取下げ行為の性質が訴訟行為であることを主たる理由に，意思の瑕疵の主張は許すべきではなく，ただ詐欺・脅迫という明らかに刑事上罰すべき他人の行為で訴えが取り下げられた場合については，再審事由に関する民訴法338条1項5号の「法意」に照らして無効だとした。

　†**〔判例〕　最(2小)判昭和46年6月25日民集25巻4号640頁**[12]　　XからYに対する認知請求訴訟で，第一審ではXの請求認容判決がなされたが，控訴審でXの法定代理人A（Xの母）名義で訴え取下書が裁判所に提出された。しかしその翌日，取下げは相手方の脅迫でなされたから取り消す旨の上申書が提出され，更にXの代理人が口頭弁論で取下げの無効を主張した。控訴審は本件取下げは，無効と判断し控訴を棄却した。Y上告。上告棄却。最高裁はその理由を次のように述べた。「訴の取下は訴訟行為であるから，一般に行為者の意思の瑕疵がただちにその効力を左右するものではないが，詐欺脅迫等明らかに刑事上罰すべき他人の行為により訴の取下がなされるにいたったときは，民訴法420条1項5号〔現行法338

---

[12]　野田宏・最判解説民事昭和46年度273頁，石渡哲・百選2版138頁，大須賀虔・百選Ⅰ166頁，村上正子・百選3版198頁。

条1項5号〕の法意に照らし，その取下は無効と解すべきであり，また，右無効の主張については，いったん確定した判決に対する不服の申立である再審の訴を提起する場合とは異なり，同条2項の適用はなく，必ずしも右刑事上罰すべき他人の行為につき，有罪判決の確定ないしこれに準ずべき要件の具備，または告訴の提起等を必要としないものと解するのが相当である。」

　この判例で最高裁は，一方で訴え取下げの行為が訴訟行為であるということから意思の瑕疵のある訴え取下げ行為によってその効力が左右されるものではないとしつつ，他方では詐欺・脅迫など明らかに刑事上罰すべき他人の行為で訴え取下げがなされたときは再審規定の「法意に照らし」て，取下げ行為が無効だとする。しかし，訴訟行為だからということのみで意思の瑕疵が考慮されないとする根拠づけは適切ではなく説得力がない。むしろ，最近では学説上，訴え取下げ行為についてたとえその性質は訴訟行為であっても，それは原告の意思表示でありそれによって訴訟係属が直接消滅するという訴訟上の効果を生じる行為であるから意思の瑕疵に関する民法規定の準用があるという見解が有力となっている（新堂335頁，条解民訴877頁，河野〔文献〕155頁，200頁）。通説も，実は詐欺・脅迫について結論的にこの結果を認めているが，その際再審規定の「法意に照らし」という迂路を経てこの結論に至っている。なぜこのような迂路を経てこの結論を導かなければならないのか，その実質的な判断の根拠が問題であり，それは結局原告の訴え取下げの意思の形成に問題があったことを訴訟手続上も考慮しなければならないことを意味している。そうすると両者の決定的な違いは錯誤の取扱いに現れる。裁判外の和解の一環として訴え取下げの合意がなされ，それに基づいて訴えが取り下げられた場合などについても錯誤の主張を一切封じてしまうことは妥当でない。錯誤の主張を一切封じて当該訴訟の再開を認めず，再訴の可能性のみを示すのでは救済として不十分であり，訴え取下げにより前訴の終了の効果をそのまま維持することには極めて問題がある。そもそも訴え取下げ制度が本来原告の意思による行為だという制度の基本に立ち返れば，意思の瑕疵の主張を許容することがその趣旨に適う。否定説は〈訴訟行為〉の独自性という学説上克服された観念を過大に拡張している（⇒第6章第2節Ⅲ）。再審制度の迂路を経るというその論理自体も，再審が本来既判力のある確定判決に対する攻撃であるのにその要件を曖昧な「法意」というレトリックで拡張しこの場合に利用して説明せざるを得ない論理の不自然さがその問題性を自認した形になっている（河野〔文献〕182頁以下）。

2　訴え取下げの方式

　訴え取下げの意思表示の方式には特別の定めがある。この行為は，裁判所に対して書面で行うのが原則である（民訴261条3項本文）。これは，訴え取下げ行為が訴訟係属を消滅させるという重要な効果を伴うことから，原告の取下げの意思を明確にする必要があり，そのために法は原則として書面という形式を要求した。この場合に事件が係属している裁判所に取下書を提出すれば足り，期日で口頭で行う必要はない。ただし，訴え取下げ行為が口頭弁論期日，弁論準備期日又は和解の期日においてなされる場合には，その意思は直接裁判所又は裁判官に対してなされるから，その意思を直接に確認することができる。そこでこの場合には，書面を必要とせず，訴え取下げ行為は口頭で行うことができる（民訴261条3項但書）。また，進行協議期日は専ら訴訟手続の進行について協議するためのものだが，ここで訴え取下げがなされることも当然に予想されうる。その場合には，口頭弁論におけると同様に，直接裁判所に対して訴え取下げの意思表示がなされるから書面を求める必要もない。そこで法はその旨を明記し，また相手方が欠席した場合についても口頭弁論期日の場合と同様の取扱いを認めた（民訴規95条2項，3項）。これらの場合に訴え取下げがなされた旨はその期日の調書に記載される。

3　被告の同意の方式と訴え取下げの擬制

(1)　訴え取下げの同意

　訴え取下げの効力発生に相手方の同意が必要な場合には，訴え取下げの書面又はその調書の謄本は相手方に送達をしなければならない（民訴261条4項）。これによって相手方は訴え取下げに対して同意を与えるか否かについて態度決定をすることができ，またそれをしなければならないことになる。

　訴え取下げに対する同意の方式について明文の規定は存在しない。同意の意思表示は書面又は口頭でしなければならない。その際，この訴え取下げの同意は確定的にしなければならず，条件等を付すことはできない。相手方は，訴え取下げの書面等が送達された場合には，その日から2週間以内に異議を述べなければ，訴え取下げに同意したものとみなされる。訴え取下げが口頭弁論等の期日で口頭でなされた場合に，相手方がその期日に出頭したときは訴え取下げがあったその日から，出頭しなかったときは期日の調書の謄本の送達があった日から2週間以内に異議を述べない場合も同様である（民訴261条5項）。

(2) 訴え取下げの擬制

　当事者が訴訟追行に不熱心で，双方が口頭弁論期日若しくは弁論準備手続に出頭せず，又は出頭しても弁論若しくは弁論準備手続において申述をせずに退席した場合には，1カ月以内に期日指定の申立てをしなければ，訴えの取下げがあったものとみなされる。また当事者双方が連続して2回口頭弁論若しくは弁論準備手続に出頭せず，又は弁論若しくは弁論準備手続において申述をしないで退廷した場合も同様に訴えが取り下げられたものとみなされる（民訴263条）。

III　訴え取下げの効果

1　訴訟係属の遡及的消滅

　訴え取下げ行為が有効になされると，原告の訴え提起行為が撤回されたことになり，いったん係属した訴訟手続も初めから係属していなかったものとみなされる。その結果，訴え提起によって発生した訴訟法上の効果及び実体法上の効果も原則として遡って消滅する。

　まず，訴訟法上の効果としては，訴えの取下げがあった部分については，初めから訴訟が係属していなかったものとみなされる（民訴262条1項）。その結果，当事者が訴訟上で行使した攻撃防御方法の提出，訴訟告知をしたこと，応訴をしたことなどの訴訟上の効果は遡って消滅する。

　訴え提起行為に付加された実体法上の効果（例えば時効中断の効果）や訴訟手続内で行われた私法上の行為（訴状や答弁書で，また口頭弁論等の期日に行われた法律行為など）の効果が遡及して消滅するか否かはこれらの行為の趣旨に応じて具体的に考察しなければならない。特に，訴え取下げが裁判外の和解契約の一環として行われた場合には，この和解との関係でこれらの行為の効果を考える必要がある。同じく，重複訴訟を解消する目的で訴えが取り下げられた場合には，前の訴訟の請求がそのまま維持されている限り，前訴の提起によって発生した時効中断の効果は消滅しない（最(3小)判昭和50年11月28日民集29巻10号1797頁[13]）。相殺の抗弁についても，相殺権行使による実体法上の効果はその相殺権行使の趣旨に基づいて判断されなければならない（⇒第6章第5節Ⅰ）[14]。

　13）田尾桃二・最判解説民事昭和50年度615頁。
　14）例えば，訴訟中で相手から行使された相殺の抗弁により敗訴の可能性が濃厚となった原告が

2 再訴の禁止

　訴えの取下げがなされた場合には，初めから訴えが係属していなかったものとみなされる点で請求の放棄の場合（⇒第3節Ⅳ）とは異なる。それゆえ原告は同じ問題について再度訴えを提起することも禁止されないのが原則である。しかし，本案について終局判決がなされた場合については，特別の拘束力が生じ，訴え取下げをなした者は，同一の訴えを提起することができない（民訴262条2項）。この規定は，大正15年の改正に際して創設された規定である。

　この再訴禁止の効果がいかなる趣旨に基づくのか，その目的が何かに関しては異なる理解がある（角森正雄「訴え取下げと再訴の禁止」中野・古稀（下）35頁）。まず，裁判所がせっかく判決をしたのに，その後に訴えを取り下げるのは裁判所の出した解決案を失効させ徒労に帰せしめたから二度と同一の紛争を訴求しても相手にしない趣旨だと，再訴禁止を国家の制裁の観点から理解する立場がある（兼子・体系297頁，新堂338頁，三ケ月・双書498頁）。これに対して，この再訴禁止を訴権の濫用という観点から理解しようとする見解が対立する（条解民訴883頁）。

　前説では，結局終局判決後に訴え取下げ行為をすること自体が批判されているが，一方で終局判決後の訴え取下げ行為自体は認めつつそれを批判して再訴禁止の効果を与えるのは結局一貫しない[15]。後者は，起訴と訴え取下げを自由とするとこれを繰り返すことにもなることの弊害を説くが，起訴と取下げを繰り返すことは病理的にはあり得ても，それを制度趣旨とするのは制度の理解としては極端で，このことから直ちに終局判決後の取下げの場合の再訴禁止の趣旨を説明したことにはなるまい。むしろ，その趣旨は公益的な利益の侵害あるいは制裁に求めるべきではなく，当事者間での判決による紛争解決の選択を巡る責任原理との関連でその根拠を探る必要があろう。問題となるのは原告の再訴の必要性との関係であり，再訴禁止の根拠は，いったん終局判決が下されたにかかわらずその後に，その判決に対して不服を申し立てるのではなくむしろ訴え自体をあえて取り下げたのは，当該権利関係について原告はもはや訴訟による解決の必要性がないとして，あえて判決による解決を放棄ないし失権した

　　相手方の同意を得て訴え取下げをした場合，訴訟上でなされた相殺の実体法上の効果は消滅しないと解すべきである。
[15]　訴え取下げ自体は認めつつ，同じ訴えを禁止するというのは中間的な規律ともいえるが制度の説明としては成功していない。

と見ることができる点にその根拠を求めることができよう（当事者間の公平を強調するのは，坂口裕英・続百選100頁）。

　再訴禁止の効果が発生するためには，訴えの取下げが本案の終局判決の後になされた場合でなければならない。ただし，第一審の本案判決が控訴審で取消差戻しになり，未だ第一審の本案判決がなされる前に訴えの取下げがあったときは，再訴禁止には該当しない（最(3小)判昭和38年10月1日民集17巻9号1128頁[16])。

　さらに，この効力が生じるには再訴が前訴と同一である場合に限られる。単に当事者や権利関係が同一であるというだけでなく，原告が訴えを提起する事情が同一であることが必要である。訴え取下げ後に相手方の主張が変わり，争いが生じて新たな訴えの必要性が生じたのであれば，再訴は否定されない（最(3小)判昭和52年7月19日民集31巻4号693頁[17])。旧訴の取下げが原告の責めに帰し得ない場合にも再訴が許される（最(2小)判昭和55年1月18日判時961号74頁）。

IV　訴え取下げについての調査

　原告から訴え取下げの意思表示がなされると，裁判所はその有効性について職権で調査し，判断をしなければならない。それが有効な場合には，訴訟は取り下げられたものとして終了する。訴え取下げが口頭弁論期日で行われた場合は，その旨を口頭弁論調書に記載しなければならない（民訴規67条1項1号）。

　訴え取下げの効果が後に当事者間で争われ，訴え取下げが無効だとして期日指定が申し立てられたときは，裁判所は口頭弁論を開いて，この点について審理すべきである。その結果，訴え取下げが有効と判断される場合は，訴えは取下げで終了した旨の終局判決をすべきである。訴え取下げが無効な場合には，中間判決により又は終局判決の理由中でその旨を明らかにすべきである。

---

[16]　安倍正三・最判解説民事昭和38年度254頁，坂口裕英・続百選100頁。
[17]　牧山市治・最判解説民事昭和52年度240頁，白川和雄・百選2版136頁，角森正雄・百選Ⅰ170頁，青木哲・百選3版202頁。

第3節　請求の放棄・認諾

〔文献〕

河野正憲「請求認諾について」同・当事者行為215頁，木川統一郎「請求の抛棄・認諾」民訴講座(3)797頁，中野貞一郎「請求認諾と訴訟要件・既判力」同・論点Ⅰ189頁，松本博之「請求の放棄・認諾と意思の瑕疵」法雑31巻1号167頁

Ⅰ　意　義

　請求の放棄及び請求の認諾は，あるいは原告自身がその請求の内容自体について理由のないことを自認し（請求の放棄）又は原告の請求が正当であることを被告が自認することによって（請求の認諾）判決に至らずに訴訟を終了させる当事者の訴訟上の行為である。これらの行為が有効になされると裁判所はその旨の調書を作成して訴訟手続を終了するのがこの制度である。

　これらの行為はいずれも訴訟当事者が行う裁判上の行為であり，裁判所に向けられた当事者の一方的な意思表示としての性質を持つ。したがってそれは実体法上相手方に対する権利主張を放棄しあるいは相手方の権利主張を承認するといった実体法上の行為とは異なる。その主たる内容は原告が自らの訴訟上の請求を放棄し（請求放棄），あるいは被告が原告側の訴訟上の請求を認容すること（請求認諾）によって，判決によらずに直ちに訴訟を終結したいとする訴訟法上の行為であり，それには当該意思表示をした当事者の手続的処分意思を伴っている。法はこの当事者の意思を尊重しそれに従って，判決によらないで訴訟終了の効果を生じさせる効果が発生するものとしている。したがってこれらの行為がなされると，裁判所はその訴訟行為としての要件が存在するか否かを調査し，それが存在して意思表示が有効になされたと判断した場合は，裁判所書記官に命じて，請求につき放棄又は認諾がなされた旨を調書に記載させなければならない。この調書の記載によって正式に訴訟手続は終了するが，更に法はその調書の記載に「確定判決と同一の」効力を持つとの効果を与えている（民訴267条)[18]。

---

18)　請求の放棄・認諾の制度は明治民事訴訟法ではドイツ法の規定に倣い，放棄・認諾がなされた場合相手方の申立てによりそれぞれ判決で「却下又ハ敗訴ノ言渡」をしなければならないと定めた（明治民訴229条)。放棄・認諾を判決制度と結びつけたのはドイツ1877年民訴法立法者で

II 法 的 性 質

　請求の放棄・認諾の行為が裁判所に対してなされると，請求の放棄の場合には請求棄却判決と同じく原告の訴訟物である権利関係が存在しないとのと同じ結果が発生し，また請求認諾の場合には，原告の請求した訴訟物である権利関係が存在する結果となる。そこで，これらの行為がどのような法的性質を持った行為であるのかが問題にされてきた。その際特に伝統的にはこれらの行為が訴訟行為であるのか，あるいは実体法上の行為であるのかが争われてきた。これを，純粋の訴訟法上の行為と見る見解が通説といえる（兼子・体系300頁，三ケ月・双書503頁，新堂343頁）。これはこの行為が訴訟手続の中で行われ，直接に訴訟手続を終了させる効果を有すると考えられたからである。

　これに対して，請求の放棄・認諾行為の実質は実体法上の行為に他ならないと説く見解がある。この見解によれば，これらの行為は本来それぞれ実体法上の権利の放棄又は認諾の行為に他ならず，これに裁判所の公証行為が付加されているにすぎないとみる（石川明「請求認諾の法的性質」民訴13号87頁以下）。さらに，請求の放棄・認諾行為が，訴訟法上の行為だけでなく実体法上の処分行為としての性格をも持つとする両性説ないし併存説も主張されている（条解民訴706頁，注釈民訴(4)498頁，505頁〔山本和彦〕）。

　請求の放棄・認諾は，それぞれ訴訟物たる権利又は法律関係につき原告がその訴訟上の請求を放棄し，被告が原告の請求を認諾する旨の意思表示であり，裁判所はこの意思表示に拘束されて，その旨を調書に記載し手続を終結させなければならないと考えられる。このように，この当事者の意思表示自体は直接には裁判所に向けられ，訴訟上の請求を放棄し又は承認することで訴訟を終了させるという訴訟上の効果を発生させるものである。ここで訴訟行為か否かの判定を，その主要な効果の発生領域によって判断をする限り，これは訴訟行為だと見ることができる。ただし，この行為はその実質的な機能としては，結果

あった（参照，河野〔文献〕244頁以下）。ドイツ現行民事訴訟法では，放棄の場合には被告の請求棄却の申立により請求棄却判決が（ド民訴306条），認諾の場合には原告の請求認容の判決（ド民訴307条）が下される。わが国では大正15年改正に際して，それまでのドイツ法に倣った放棄・認諾判決の制度を改めて，当事者からの申立てがほとんどなかったこともあり調書の記載によって訴訟手続を終了する制度を採用した。平成8年改正においてもこの基本的立場は変更されなかった。なおフランス法は，和解取下げと並んで，請求の放棄・認諾も判決によらない訴訟終了原因としている（フ民訴384条，更に408条）。ドイツ普通法もこれと同様であった。

的に訴訟物である権利又は法律関係を構成する実体法上の権利関係について得喪変更を招来する点は明らかであるから，特にその要件については実体的な権利処分権限といった価値基準との関連性を無視できない。

なお，これらの行為が意思表示であることを否定し，観念の通知だとする見解もある。しかし，少なくとも放棄・認諾判決制度を採用しないわが国の現行法の下では，訴訟法上の効果はすべて直接に当事者の意思に基づくと見るべきであり，それは意思表示だと考えるべきである。

Ⅲ　要件と方式

1　要　　件

(1)　訴訟行為要件

請求の放棄は，原告が被告に対する自己の請求を放棄することを内容とする裁判所に対して行う訴訟行為であり，また請求の認諾は，原告が自らに対して裁判上で求めている請求を認容する旨の，被告の裁判所に対して向けられた訴訟行為である。そこで，これらの行為が有効になされるためには，訴訟行為として必要な要件を具備する必要がある。特にこれらの行為は，それぞれ訴訟上の請求を無条件に放棄するか認諾するかのいずれかであり，条件を付することはできない。いずれの行為も，相手方の協力なしに一方的に訴訟を終了させる行為であり，この点が明確でない中間的なものは許されない。ただし請求金額の量的一部についての請求の放棄・認諾は可能である。

(2)　訴 訟 要 件

請求の放棄・認諾の前提要件として，訴訟要件を具備していることが必要か否かが問題になる。判例によれば，不適法な訴えにおいてなした請求の認諾は訴訟法上の効果を生じないものとされる。例えば，過去の事実を示す文書が偽造であることの確認を求める訴えにおいてなされた請求の認諾は無効であり（最(1小)判昭和28年10月15日民集7巻10号1083頁[19]），また相続無効確認の訴えにおける請求認諾も無効だとする（最(2小)判昭和30年9月30日民集9巻10号1491頁[20]）。通説もまた，判例と同じく訴訟要件の存在が請求の放棄・認諾には必要だという立場を採っている（兼子・体系301頁，三ケ月・双書504頁，注解民訴(5)201頁）。これは請求の放棄・認諾制度が判決によっていたこと，そして

---

[19]　富樫貞夫・百選166頁。
[20]　青山義武・最判解説民事昭和30年度172頁。

現行制度が判決の代用物だということを根拠にしているといえる。

しかし，現行法ではこれらは判決によらずに，当事者の自主的な紛争解決の意思表示を基礎にしていることから，本来本案判決の要件とされる訴訟要件の存在がこれらの場合にも必要であるのかが問われる。この点について否定説の中でも，一般的にこのような訴訟要件の存在を否定する見解（法律実務(3)175頁，林屋262頁），個別的に訴訟要件についてその必要性の有無を判断しようとする見解（条解708頁，中野〔文献〕198頁）が主張されている。訴訟要件自体は多種多様であり，最終的には本案判決の要件とされる。しかし，このうち訴訟行為の要件となるものが請求の放棄・認諾に際しても要求されうることに問題はない。これに対して，純粋に裁判所の本案判決に必要とされる要件は請求放棄・認諾には不要であろう。請求の放棄や認諾がなされたにかかわらず，裁判所はそのような要件の審査を更に職権で続ける必要はなく，直ちに調書を作成して訴訟を終了することができると解すべきである。

(3) 訴訟物たる権利関係の処分権

請求の放棄の場合には原告に，また請求認諾の場合には被告にそれぞれ訴訟物たる権利関係について実体法上の処分権限がなければならない。請求の放棄・認諾はそれぞれ訴訟物である権利関係について処分効果を伴うからである。通常の財産権に関する訴訟では審判対象について当事者に管理・処分権限が存在するから，請求の放棄や認諾をする権限も認められる。これに対して，特別な訴訟手続で果たして請求の放棄・認諾が許容されるのかが問題になる。

① 人事訴訟　特に問題となるのは身分法上の争いに関する人事訴訟に関する手続についてである。一般に身分関係についての紛争を取り扱う人事訴訟手続では，当事者が自由に権利・法律関係を処分することができないことから，民事訴訟法の請求の放棄・認諾に関する規定（民訴266条）及び訴訟上の和解に関する規定（民訴267条）は適用しないものとしている（人訴19条2項）。しかし，離婚の訴えに関する訴訟においては，和解（これにより離婚がされるものに限る）及び請求の放棄・認諾については例外として，人訴法19条にかかわらず民訴法266条及び267条の規定を適用するものとしている（人訴37条1項）。わが国民法は協議離婚を原則としており（民763条），これらの事件では当事者は実体的にはその自由意思によって訴訟の対象となっている権利・法律関係を処分することができる。そこで訴訟手続でもこのような実体法の原則に対応した規定を設けたものであり，同様に養子縁組事件についても人訴法37

条の規定が準用されている（人訴44条）。

②　行政訴訟　　行政訴訟では職権調査が妥当し（行訴24条），一般の民事訴訟手続とは異なり訴訟物についても当事者の処分権限が否定されているのではないかが問われる。しかし，行政訴訟であっても訴訟物に関する処分権限が否定されるわけではない。取消訴訟においても被告行政庁の取消権限が存在する限り請求認諾を認めてよいし，請求放棄についても原告は処分の取消しを求めることを訴訟の途中で断念することは差し支えないというべきである（河野〔文献〕233頁以下参照）。

③　会社関係訴訟　　判決効が拡張されることから，請求の放棄・認諾を否定する見解がある。しかし，これらの事由は訴訟物に関する当事者の処分権限を否定する理由にはならない。

2　方　　式

請求の放棄・認諾行為は，裁判所に対してそれぞれ原告又は被告からなされる意思表示である。この意思表示は，口頭弁論等の期日（民訴261条3項参照），すなわち口頭弁論期日，弁論準備期日，和解期日において出頭した当事者がこれを直接に行うことができる（民訴266条1項）。進行協議期日においても同様である（民訴規95条2項）。また，請求の放棄・認諾をする旨の書面を提出した当事者が口頭弁論等に出席しないときは，裁判所又は受命裁判官若しくは受託裁判官はその旨の陳述をしたものとみなすことができる（民訴266条2項）。

裁判所又は裁判官は，当事者がこれらの行為が有効にしたことを確認したならば，裁判所書記官に命じて調書を作成させる（民訴規67条1項1号）。

Ⅳ　効　　果

1　調書の記載

原告による請求を放棄する旨の，また被告による請求を認諾する旨の意思表示が有効になされた場合には，裁判所書記官はその旨を調書に記載しなければならない。ただし，請求の放棄又は認諾自体は，その行為が裁判所に有効になされることによってその拘束力が発生するものと考えられる。

請求の放棄は，原告の訴訟上の請求の全部又は一部を被告との関係で放棄するという意思表示であり，この行為が有効になされることによって，原告は被告との間で，要求していた訴訟物である権利関係についての請求内容自体を放棄して訴訟手続を終結させる効果を生じる。この行為は裁判所に向けられた原

告の自律的な意思に基づく訴訟上の行為であり，実体法上の権利処分行為自体ではない。請求認諾についても同じことがいえる。これらの行為は，その結果として係属中の訴訟手続について訴訟終了の効果を伴う。もっとも，このような行為の形式を度外視してより実質的に見れば原告の放棄行為，被告の認諾行為とその結果を証書に記載することによって，放棄・認諾の効果が明確になることから，訴訟物たる権利関係が実体法的にも処分されたと同等の機能を持つ。要件・効果の判断に際しては，このような実体的価値関係を無視することはできない。

2 調書の記載と確定判決と同一の効果の発生

(1) 放棄・認諾行為と調書の記載の関係

請求の放棄・認諾の効果について，法は形式上，原告によって請求の放棄がなされた旨を，また請求認諾の場合には，被告によって請求認諾の行為がなされた旨を裁判所書記官が調書に記載することによって，「その記載は，確定判決と同一の効力」を有するものとしている（民訴267条）。これらの記載がなされた調書はそれぞれ，〈放棄調書〉，〈認諾調書〉と称される。そこで，この規定の趣旨，特に当事者の放棄行為，認諾行為と裁判所書記官による調書作成行為との関連が問題となる。請求の放棄・認諾が有する原告及び被告に対する拘束力の基礎は，それぞれが自己決定による自律的な意思表示に基づいて行った訴訟法上の処分行為にある。したがって請求の放棄・認諾の効果はこれらの行為によって生じる。書記官による調書の作成自体はこのような拘束力の基礎を構成し正当化するものではない。放棄調書，認諾調書自体はこれらの当事者が行った訴訟上の行為の結果を明確な公的文書で明証する役割を果たすといえる。

(2) 放棄・認諾調書の既判力の有無

請求の放棄・認諾調書が既判力を有するか否かについては見解に違いがある。まず，放棄・認諾を判決と同様に見る立場から既判力を肯定する見解がある（兼子・体系303頁，三ケ月・双書506頁）。また有効に請求の放棄・認諾がなされた場合に既判力が発生するとして制限的既判力を認める見解がある（注釈民訴(4)503頁，506頁〔山本和彦〕，中野〔文献〕202頁，伊藤426頁）[21]。これに対して

---

21) 制限的既判力説の中には，既判力否定説が執行力や形成力の問題にならない放棄調書や確認訴訟の認諾調書については訴訟終了効のみが認められるとするが（例えば，伊藤426頁），これは誤解であろう。この場合にも放棄をし認諾をした当事者の自己責任として拘束力が与えられるのは当然の前提だからである。問題になるのはこれを全て「判決効」で説明しなければならない

これらの行為の基礎が当事者の意思表示にあるとの立場から既判力を否定する見解がある（条解民訴711頁，新堂349頁）。この問題も，請求の放棄・認諾の上記の基本構造から考える必要がある。

　本来，請求の放棄や認諾においては，その中核となるのは当事者が請求を放棄しあるいは認諾する意思を裁判手続上で行った結果裁判所の判決が不要となる点にある。裁判所による判断行為たる判決が排除されており専ら当事者の自律的な意思表示に基づいて手続が終了する構造となっている。したがって，その拘束力の基礎も当事者の意思決定による自己責任にあると見なければならない（河野〔文献〕244頁）。これに対してこの場合にも既判力を認める見解があるが，既判力は本来，このような当事者の自己責任で解決することのできない紛争について，当事者の攻撃防御行為を前提にした裁判所の裁断がなされた場合に与えられる法定の拘束力であり，制度的拘束力である（その基準時点は最終口頭弁論終結時である）。こうして，両者はその拘束力の正当性から見れば全く異なる根拠を有している。この場合に安易に既判力制度に依拠した説明を利用することは制度の根本原理を無視しており，その理論的基礎が不明確であるとの致命的批判は免れない。

　請求の放棄調書は，原告の放棄行為によって発生した請求放棄の効果及びその拘束力を公的に証明する効果を生じる。また，請求認諾の場合には，被告が認諾をしたことの拘束力のほか，これに基づいて請求が給付請求である場合には，その存在を被告が明示的に認めており，これにより強制執行自体を許す〈債務名義〉となる（民執22条7号）。また形成訴訟では形成力が付与される。

V　効果を巡る争い

　請求の放棄・認諾により訴訟が終了した場合，それが当事者の意思による手続処分である以上，その効力を巡って後日争いが発生することを全く排除することはできない。この場合に，その効果を争う者はどのような内容の主張をどのような手続で行使することが許されるのかが問題になる。

> 　　請求の放棄・認諾調書に既判力を肯定する見解は，確定判決に対する場合と同様に再審事由が存在する場合に限って救済を認め，再審訴訟に準じる独立の訴えによって調書の取消しと事件の再審判を求めることができるとする（兼子・体系304頁）。

ことの不当さであるが，拘束力の根拠についての根本的な問題点が十分に意識されていないというほかない。

しかし、この訴えは再審訴訟そのものではなく通常の訴えであるとすれば、その構造は再審訴訟とは大きく異なることに注意しなければならない。結局この見解によれば再審事由が存在する場合に限り訴えを許容することになるが、その論理のみならず手続についても妥当性は疑わしい。制限的既判力説は当事者の意思とは別の根拠に基づく既判力に拘束力を求めるが、意思の瑕疵の主張は許す（伊藤 427 頁）。しかし、この帰結の論理的関連性、特に既判力概念との関連性は明確でない。

　請求の放棄・認諾が結局のところ、当事者の意思に基づく行為であるとすれば、その拘束力や正当性の基礎も（法定の拘束力を前提にした）既判力による拘束ではなく当事者の意思に求めなければならない。その結果として、また意思の瑕疵の主張をも許さなければならない。この場合の紛争（救済）形態は、直截に請求の放棄又は認諾行為自体の効力を対象にするものであり、それによる訴訟終了の効果を争っている。したがって、この場合には期日を指定して、旧訴の再開の可否を審理すべきである（この取扱いは、旧訴を再開させるという意味ではかえって再審の取扱いに近くなる。参照、民訴 340 条 1 項）。

第 4 節　訴訟上の和解

〔文献〕

大石忠生＝三上雅通「訴訟上の和解の規整をめぐる若干の問題」講座民訴④ 321 頁、河野正憲「訴訟上の和解とその効果をめぐる争い」同・当事者行為 255 頁、草野芳郎・和解技術論〔第 2 版〕（信山社・2003）、高橋宏志「株主代表訴訟と訴訟上の和解」商事 1368 号 74 頁、中村英郎「裁判上の和解」民訴講座(3)819 頁、吉田元子・裁判所等による和解条項の裁定（成文堂・2003）

I　意義と効用

1　訴訟上の和解

　訴訟上の和解は、訴訟手続の進行中に裁判官が関与して両当事者間が和解を締結し、これによって係属中の訴訟手続を終結させるとの意思を示す行為である。

　そもそも、紛争当事者は相互に譲歩をすることによってその間の法的紛争を和解によって解決することができるのが原則である（民 695 条）。このような私的紛争を当事者の合意によって解決しようとする行為は、裁判手続外で日常的

に行われており，その結果について民法上は和解契約としてその実体法上の効果が承認されている（民696条）。これに対して，和解の締結に何らかの形で裁判所が関与するものを一般に〈裁判上の和解〉という。これには，①訴えが提起された後に裁判所が関与して行われる和解でありこれによって係属中の訴訟手続が判決によることなく終了する〈訴訟上の和解〉と（あるいは〈起訴後の和解〉ともいう），②訴えが提起されていない事件について，当事者間で成立した和解について裁判所がその旨の証明を与えてその解決を確実なものとする和解（これを〈起訴前の和解〉という）がある。

　訴訟上の和解は，訴訟手続の係属中に裁判所が当事者に対して和解によって事件を解決することを勧め（民訴89条），裁判所が関与して訴訟手続の中で和解がなされた場合に，当事者の和解によって係属中の訴訟手続を終了させるとする制度である[22]。この訴訟上の和解は多くの場合に，裁判所が口頭弁論期日外で双方の事情を聴きながらその紛争の実情に即した和解案を提示し，両当事者がそれを受け入れることを訴訟手続で表明することによってなされる。

　もっとも，同じく訴訟上の和解とはいっても実際の形態や裁判所が関与する度合いは事件によって一様ではない。一方の極には，裁判所が当事者双方に和解による解決を勧めてもその内容については積極的に関与することなく主として当事者間の交渉によって和解を促しそれに従って和解が成立し，その結果が訴訟手続で確認されるという当事者主導で行われる訴訟上の和解が存在する[23]。他方では，裁判所が積極的に和解内容について関与し，具体的な和解条項を提示し，当事者双方に対して説得活動を続けてようやく訴訟上の和解が成立する場合まで，態様は事件によって千差万別である[24]。また，和解内容として第三

---

22) ドイツ法系では，訴訟係属との関係で，この効果を消滅させる点で，訴訟上の和解を裁判外でなされる和解と区別している。このような観念の成立には訴訟行為論が寄与した。フランス法では裁判外の和解との区別は存在しない（江藤・前掲注4）155頁以下）。

23) この例として，2000年12月8日に大阪高裁で和解が成立した尼崎公害訴訟がある（日本経済新聞2000年12月9日朝刊）。自動車の排ガスにより健康被害を受けたとする被害者が道路を設置・管理する国と阪神高速道路公団に損害賠償や汚染物質の排出差止めを求めた訴訟であり，国は和解条項で具体的排ガス対策を約束した。この和解は当事者間で合意し，いったん終結した口頭弁論を再開して損害賠償と差止めを分離し，前者について和解条項の確認をし，後者については原告が請求を放棄した。

24) いずれの場合にも，当事者は和解によって訴訟を終了させる旨の意思を裁判所に示す必要がある。訴訟終了の基礎はこの意思に基づいており，単に当事者間で和解が成立したということだけが訴訟上の和解の内実ではない。このような構造は事件を裁判所が管理するドイツ法系民事訴訟制度に特有の性質である。

者を（例えば保証人として）更に関与させる場合もある。

わが国の民事訴訟手続の基本構造は，手続の開始から終局判決に至るまで裁判所が手続対象を管理する形態を採用しているが，その訴訟手続進行の間に裁判所は事件について，単に手続的に事件の進行について管理するだけでなく，内容的にも判決の基礎になる心証を（事件整理の段階から）次第に形成することができる構造になっている。一般的にわが国の実務では，訴訟上の和解に際して裁判所が和解内容を具体的に提示して行うことも多く，また当事者（代理人）も自発的に和解を行うのではなく，専ら裁判所が積極的に和解を勧め説得することを期待しそれへ依存することが極めて大きい[25]。そのために，その説得の材料として裁判所の心証内容の開示を求める等の当否が問題とされている。その際に和解が受け入れられなければ裁判所は手続上判決による解決に戻らなければならない。そこでこのようなわが国の訴訟構造を前提にしたうえで，改めて〈訴訟上の和解〉の過程で裁判所が両当事者に対して公正な立場を維持するためにはいかなる手続規律を確立すべきか，和解が成立しなかった場合の裁判所の立場にも配慮して手続的公正を基本とした原理の確立が求められる。

さらに，新たに創設された〈裁判所等が定める和解条項〉（民訴265条）では，書面で当事者が共同で裁判所又は裁判官に事件の解決のために適当な和解条項を定めることを求め，この条項に服する旨の意思を記載しなければならないとするものであり（後述⇒Ⅱ3），裁判所に対する依存度が極端に強い形態である。この制度は裁判官による仲裁という外観を呈しているともいえる（吉田〔文献〕11頁以下）。もっとも，この外観からこれを直ちに仲裁だと割り切ることはできない。仲裁制度では，仲裁人の判断作用が基本となっていることから，これに不服があれば仲裁判断取消制度を完備している（仲裁44条参照）。しかし裁判所等が定める和解条項の制度には，このような不服申立ての制度は設けられていない。この制度はあくまでもその基礎が当事者双方の合意にあることを前提にしている。

2　和解の長所と短所

訴訟上の和解は，民事訴訟手続の中で積極的に推奨され，また実際上しばし

---

[25] 訴訟手続における和解手続の取扱いとその方法は法制度によって大きく異なるが，わが国の訴訟上の和解が裁判官の和解の関与に極めて強く依存している現実は改めて反省が必要であろう。わが国の訴訟上の和解で，裁判所が和解案を提示して行う「訴訟上の和解」の実質は〈調停〉としての性質に近いといえる。特に訴訟代理人が付いた事件では，そもそも訴訟代理人の役割との関係で検討が必要であろう。

ばこれによって事件が解決している。和解による解決は特に判決によって解決することができない問題についても柔軟に解決をすることが可能で，訴訟手続上紛争解決の観点からは重要な意義を有している。しかし，訴訟手続を判決によらずに和解によって終結することには，長所と共に短所も存在する。そこで，このような訴訟上の和解の長所と短所とを十分に意識したうえで裁判所は和解を勧め，あるいは当事者はその締結をすることが必要である[26]。

(1) 長　　所

訴訟上の和解の長所としては，第一に，訴訟上の和解は訴訟手続を早期に終結させることができる点が挙げられる。証拠調べが行われる前に和解が成立する場合はもちろん，証拠調べが行われた後でも，和解によって解決がなされた場合は判決による解決に比べて格段に解決が早い。特に，訴訟上の和解は調書の記載によって確定判決と同一の効果が付与されるから（民訴267条），判決起案の必要がないだけでなく上訴の可能性は絶たれる。第二に，訴訟費用の点でも無駄な出費を抑えることができる。第三に，判決の場合とは異なって，必ずしも明白に白黒をつける必要がなく，当事者間の関係を悪化させることを防ぐことができる。このことは，特に継続的な関係が当事者間に存在する場合あるいは更に維持したい場合には重要な観点となる。また和解の結果も当事者が任意に履行する可能性が高い。第四に，訴訟上の和解による解決の場合にはその解決方法が法的に限定されないから，紛争の実体に最も適切な方法を選択することができる。判決の場合には，その解決方法は実定法が予定する解決方法に限定されざるを得ず，そこでの解決は自ずと法の定める要件事実を基礎にして，過去の事象の証拠による確認・判断により法の定める効果に限定されることになる。これに対して和解の場合にはこのような制約はなく，当事者の合意を軸に，自由な立場から紛争の解決を図ることができる。その際，むしろ被害者の救済についての将来の見通しに基づいたより幅の広い（法律上定められた救済方法には限定されない）解決策を選択することができる。このような和解の例は，食品製造過誤訴訟，薬害訴訟などで試みられた（例えば，森永ドライミルク事件，スモン訴訟，HIV訴訟，C型肝炎訴訟などの和解）。

(2) 短　　所

これに対して訴訟上の和解にも次のような欠点ないし短所が指摘されている。

---

[26] 訴訟上の和解の様々な技術についての考察は，草野〔文献〕。

第一に，訴訟上の和解の場合には，当事者の正当な権利主張が貫徹されないとの懸念が存在する。第二に，訴訟上の和解については，既判力が生じないというのが一般の理解であるが，そうするといったん解決したはずの紛争が蒸し返されるおそれがある，などの点が挙げられている。しかし，このような和解の欠点とされるものは決定的ではない。第一の点も，当事者の権利主張は自己目的的なものではない。和解により十分な納得のいく解決が得られたのであれば，この点は全く問題はない。また第二の点も，和解による解決についても当事者の自律的な意思決定によって決断した結果であり，当然にその結果として拘束力を受けるのだから，問題は和解に至る方法にあり，できる限り疑問を将来に残さない解決策を提示しうるのか否かにかかるものである。これを無視して既判力概念で紛争解決を押しつけることにはその基本的態度に問題がある。

かつて，和解による解決は望ましいものではなく，できるだけ避けるべきだとの観念が裁判官の間に広く存在した。しかし，和解の長所は顕著であり，これを全面的に否定することは適切ではない[27]。問題は和解の仕方にある。特に和解手続において裁判所が果たす役割については手続的な公正の観点からの検証が必要である。裁判所が和解案を押しつける等を避けるべきは当然であり，また和解の過程で両当事者に対して適切でフェアーな和解手続を維持することが重要である。さらに，和解は常に成立するとは限らないから判決手続へ回帰する場合の手続的公正は特に重要である。

3 起訴前の和解（即決和解）

訴訟上の和解とは異なって，同じく裁判所が関与する和解であっても起訴前の和解は簡易裁判所で行われる和解であるが，特に訴訟係属を前提としない点に特色がある。これは，係属する訴訟手続を終結させる性格のものではないから，裁判によらない訴訟終了原因である訴訟上の和解とは異なった性格を持つ。しかしその効果において訴訟上の和解と共通点があり，便宜上その概略をここで述べよう。

紛争当事者は，請求の趣旨及び原因並びに争いの実情を示して，相手方の普通裁判籍の所在地を管轄する簡易裁判所に和解の申立てをすることができる（民訴275条）。裁判所で和解が整えば，裁判所書記官は調書を作成し（民訴規169条），この調書は確定判決と同じ効果を持つ（民訴267条）。

実務上は，この和解が申し立てられるに際してはすでに当事者間で手続外で和解

---

[27] 比較法的に見ても，最近では和解による解決の重要性が各国で強調されている。イギリスでは，1999年の民事訴訟法でも和解が推進されている（*Andrews*, ECP. p.539）。ドイツ法は2002年の改正で，調停前置を採用した（ド民訴278条2項）。

が成立していることが多く，双方がそろって裁判所に出頭して予め作成された和解条項に基づいて和解調書を作成してもらう場合が大部分だといわれる（このことから〈即決和解〉といわれる）。裁判所は，和解を斡旋するのではなく，当事者が作成した和解条項の公証の役割を果たしていることになる。公正証書が金銭その他の代替物のみを対象とした債務名義であるのに対して，起訴前の和解はその対象に制限がない点に簡易な債務名義作成の方法として利点がある。

なお，この和解が成立しなかった場合には和解期日に出頭した当事者双方の申立てがあるときは，裁判所は直ちに訴訟の弁論を命じる（民訴275条2項）。申立人又は相手方が和解期日に出頭しない場合にも，裁判所は和解が調わないものとみなすことができる（民訴275条3項）。

II 和解の試みと和解の類型及び手続

1 和解の試み

現行法は，民事訴訟手続において和解による解決を重視し，裁判所は手続がいかなる段階であるのかを問わず，当事者に対して和解を勧めることができるものとしている（民訴89条）。現行法は基本的に，いったん訴訟が開始してもその過程で和解による紛争の解決が達成されればそれは極めて望ましいものだという立場を採用しているといえる。

裁判所は，当事者の様子や手続の進行具合を見ていつでも和解を当事者に勧めることができる。裁判所が当事者に和解を勧めるにあたり，手続上時期的な制限はない。したがって手続の早い段階で和解を勧めることができるし，争点整理が進行中あるいはそれが終了した段階で和解を勧めることもできる。上告審でも和解を勧めることができる。

裁判所が和解を勧めるに際して，一定の心証を得たうえでそれを披瀝してなすべきかが問題になる。もしそうだとするならば，手続の早期の段階での和解は適切でないことになろうが，一概にこのように断定することはできない。もっともこれは訴訟上の和解における裁判所ないし裁判官の役割とも関連している。訴訟上の和解において，裁判所や裁判官が常に具体的な和解案を提示して和解を勧めるのか，あるいはむしろ当事者の主体的な交渉を促すことで和解を促進するのかが問題になる。特に双方に代理人が付いた事件では，常に裁判所が和解の具体案を提示するのではなく当事者間の交渉による和解ができる方策を探ることも，手続的公正の観点からは極めて重要である。

裁判所が和解を勧めるのは，通常は裁判所における〈口頭弁論期日〉や〈弁

論準備手続）あるいは〈和解期日〉においてである。特に〈和解期日〉は和解を当事者に勧めるために特別に定められた期日であり，これは法廷外での自由な雰囲気のもとに行うことができる点で（さらには限られた法廷を利用しないことから期日の設定が容易である等手続運用上も）長所があるといわれる。

　　当事者に和解を勧めるためには，裁判所は当該事件の背景や発端などについて十分な理解を得ておくことが有益であることから，当事者から具体的に事情を聴くにあたり，それぞれの当事者から個別に事情を聴く方法（交互面接）が採られることが多い。口頭弁論の場合とは異なって，両方の当事者の対席が必要とされておらず，当事者としても相手が在席しない場合の方が率直に事情を述べることができるからだといわれる。しかしこの方法は裁判所は当事者と意見を交わし獲得した情報について他方当事者は認識ができず公正さからいえば問題がある。裁判所は，当事者と率直に意見を交わし，最も適切な解決策を探ることが求められるが，交互面接の方式を採用するのであれば，相手方の主張を十分に伝えて相互の事情が互いに十分に理解され，このような共通の理解のうえに和解案が提示されることが必要である。これが不十分であれば裁判官の誘導によって双方の当事者に異なる情報が提供され不適切な和解が強制されたとの批判の余地を残しかねず，かえって当事者に不満を生じさせるおそれがある。最近ではできるだけ当事者対席のもとで和解を勧めることが，一部で試みられているが，このような試みは極めて重要である。

　訴訟上の和解を勧めるのは，裁判所で行われる期日での諸手続においてのみにとどまらない。民事訴訟規則は，裁判所又は受命・受託裁判官が必要と認めるときは裁判所外で和解を勧めることを認めた（民訴規32条2項）。これは，いわゆる〈現地和解〉といわれるもので，境界線が争われていたり建物の瑕疵が争点となっている場合には，むしろその現場で状況を確認しながら和解を勧め，締結することが便宜である。そこでこのような可能性を明確に認めた。

2　和解条項の書面による受諾

　裁判上の和解が成立するためには必ず当事者が裁判所で行われる期日などに出頭して和解をなすことが必要だとすると，当事者が既に期日前に和解条項案を受諾する旨を表明して実質的に訴訟上の和解が成立している場合にも，必ず当事者は期日に出席しなければならなくなる。しかし，それでは手間がかかり，またその必要性も薄い。そこで，〈和解条項案の書面による受諾〉の制度が採用された（園部秀穂＝原司「和解①」大系(3)325頁）。これは，当事者が遠隔の地に居住している等の理由で出頭することが困難な場合に，その当事者が裁判所又は裁判官から予め書面によって示された和解条項案（民訴規163条1項）を受

諾する旨の書面を提出しており，期日に他の当事者が出頭してその和解条項案を受諾したときは，当事者間に和解が調ったものとみなすというのである。この場合には，形式的に受諾の書面の提出のみでは十分でなく，裁判所等はその当事者の真意を確認しなければならないものとして和解成立に万全を期した（民訴規163条2項）。

3 裁判所等による和解条項の裁定

さらに，〈裁判所等による和解条項の裁定〉の制度がある。これは，当事者双方が共同で，書面によって裁判所又は受命・受託裁判官に事件解決のために適当な和解条項を定めることを求め，この条項に服する旨の意思を記載した申立てをした場合には，裁判所等が和解条項を定めて当事者に提示することによって和解が成立したものとされる制度である（民訴265条1項，2項）。この場合には和解条項の結論自体についてその当否や受入れの可否を改めて判断する余地はなく，むしろそれを受け入れることが事前に表明されている点で和解としては特異である。

III 訴訟上の和解の法的性質

訴訟上の和解がどのような法的性質を持っているのかが争われる。訴訟上の和解は，訴訟手続の中で何らかの形で裁判所が関与してなされる和解であり，それに基づいて調書が作成されると係属中の訴訟手続は終了する点にそれに属する全ての類型に共通の性質がある。また，これは和解であるから，その条項において原告側及び被告側の双方に譲歩（互譲）があることが必要になる（民695条）。しかし，この条項について当事者の合意の意味とその獲得の過程については，従来から行われてきた伝統的な和解の方式と，裁判所等が定める和解条項の裁定手続との間には大きな違いがある。

> 伝統的な和解では，和解条項の内容自体について当事者双方の合意が取り付けられそれに服する旨の双方の意思が裁判所に対して表示されている。これに対して，裁判所等が定める和解条項の裁定では，当事者の意思は，裁判所の示した裁定に服するという包括的な意思表示の形でなされているにすぎず，裁判所等によって示された具体的な条項自体についてこれに服する意思が示されているわけではない。したがって，両者は一応区別して考察すべきである。
>
> 伝統的な訴訟上の和解については，これが当事者間でなされた和解の結果を裁判所に示す行為だと理解して，専らこれを訴訟行為だと見る見解がある（兼子・体系

306頁,中野貞一郎ほか編・民事訴訟法講義〔第3版〕〔有斐閣・1995〕405頁〔松浦馨〕,合同行為だとするのは,三ケ月・双書508頁)。これに対して,訴訟上の和解といっても訴訟の期日において締結された和解内容を公証するものであって訴訟の終了は和解によって紛争が消滅したことに伴って当然に生じるとする私法行為説(石川明・訴訟上の和解の研究〔慶應義塾大学研究会・1966〕3頁,新堂357頁)が対立する。さらに,訴訟上の和解には訴訟手続を終了させようとする訴訟行為と私法上の和解契約が併存してしていると見る併存説,訴訟上の和解には私法上の和解と訴訟行為としての性質の二面性があると見る両性説がある(最近では,両者の違いがなくなっている。例えば,吉村徳重「訴訟上の和解」三ケ月章ほか編・新版・民事訴訟法演習(2)〔有斐閣・1983〕65頁,中野ほか編・前掲403頁〔松浦〕など)。

　訴訟上の和解はその締結の過程が様々ではあるが,一般には訴訟物である権利関係について当事者間で互譲をすることによって和解契約を締結すると共に,これによって係属中の訴訟手続を終結させようとする裁判所に対する両当事者の意思表示を含むものであり,この意思表示に基づいて,裁判所はその和解内容を確認して調書を作成するのだと見ることができよう。その意味で,この当事者の意思には,直接に権利関係の変動を生じさせようとする意思と,訴訟を終結させようとする意思が共に存在すると見ることができる。裁判所等が定める和解条項の裁定については,裁判所等の示す和解条項に服するという意思が包括的な形で事前に示されており,具体的条項についての当事者の合意は存在しない。しかし,このことは裁判所の裁定についてまったくの白紙委任を当然に意味するわけではなく,そこにはおのずと制約がある。

　もっともこのような法的性質論自体は,訴訟上の和解の要件や効果を考えるにあたり決定的な意味を持つものではない。性質論から直ちに様々な法的取扱いを引き出そうとすることが方法論的に問題だという指摘は今日では多くの支持を得ている(新堂358頁,吉村・前掲63頁,高橋・重点(上)678頁など)。

IV 訴訟上の和解の要件

1 処分可能性

　訴訟上の和解が有効に成立しうるには,まず第一に当事者が審判対象について自由に処分をすることができることが必要である。この点に関して問題となる事例として以下のものがある。

　① 人訴法上の事件　　人事訴訟の適用される事件では,一般に請求の放棄・認諾の規定と同様に訴訟上の和解についての規定も適用されないのが原則

である（人訴19条2項）。ただし，人事訴訟に属する事件であっても，離婚事件については協議離婚を基本とする民法規定との関係上，民訴法267条が適用される結果，訴訟上の和解が許容されその調書は確定判決と同一の効果が認められる（人訴37条1項）。ただ当事者が遠隔の地に住んでいる場合などに同時通話装置を用いて行う弁論準備手続の期日では，この期日に出席しないで手続に参加した当事者は和解を行うことができない（人訴37条3項）。裁判所による当事者の意思を直接に確認することに万全を期したからである。また，訴訟上の和解の類型のうち，和解条項案の書面による受諾（民訴264条）及び裁判所等が定める和解条項の裁定（民訴265条）も，離婚訴訟には適用されない。このことは，養子縁組訴訟についても同様である（人訴44条）。

②　責任追及訴訟　　財産関係訴訟のうち，株主が株式会社の役員等に対して行う責任追及訴訟（従来のいわゆる「株主代表訴訟」）では，原告である代表株主と被告との間で訴訟上の和解を締結することが許されるのかが問題とされてきたが，旧法上でも実務では訴訟上の和解がなされてきた（例えば，日本サンライズ事件・商事1354号134頁）。しかしこれに対して株主代表訴訟の訴訟構造が法定訴訟担当であり，訴訟物である会社の損害賠償請求権について原告株主は処分権限を持っていないことを前提に，この場合になぜ訴訟上の和解ができるのか，またどのような方法でできるのかにつき学説は対立していた。

代表株主による責任追及訴訟で訴訟物とされる会社の損害賠償請求権について当該株主が全く処分権限を有していないと見るべきかについては検討の余地があった。訴え提起に際しては，株主からの訴え提起の催告にかかわらず会社が積極的に訴訟追行をしなかったことから，当該株主に提訴権限が法律上付与されている（会社847条）。その際，原告株主が請求する損害額についてはいかなる額を訴訟物とするかについては専ら原告がその決定権限を有しており会社は関与しないからである。その限りで株主の自由な決定権が承認されているともいえよう。もっともこのことのみから当然に，提訴株主が和解権限についても自由な処分権限を有し，この点について会社がその後も何ら関与する権限がないと断定することにも問題は残りうる。そこでこのような疑問を立法的に解決するために会社法は原告が当然に自由な和解権限を有するのではないとしつつ（会社850条1項），限定的に①会社の承認がある場合には和解権限をあたえ（同項但書），更に，②会社の積極的承認がなくても裁判所は訴訟上の和解を勧めることができ，その場合に当事者が和解内容を受け入れる場合は会社に対し

てその和解内容を通知するものとし，この訴訟上の和解内容に異議がある場合には会社は2週間以内に書面で異議を述べるべき旨を催告する必要があるものとした（同条2項）。そして，③それに対して会社側からの書面による異議がなければ裁判所から通知された和解内容で株主が和解をすることを承認したものとみなすとした（同条3項）。

会社にとって訴訟上の和解の内容は必ずしも当然に予想しうるものではない。会社はその具体的内容に即して当否を判断する必要があり，その機会が与えられる必要がある（会社の承諾を停止条件としていると解すべき）[28]。

訴訟上の和解は，それが当事者の申立てによってなされ既に事前に会社の承認を得て和解をする場合には和解の効力は和解成立によって調書が作成されればそれによって効力が発生する。しかし，会社の承認を得ていない場合は，会社の承認が得られた時点で，訴訟上の和解の効力が生じることになる[29]。

2 和解内容

和解の内容については，それが公序良俗に違反しないこと，その他法令の定めに反しないことが必要である。裁判所は，和解の内容についてこれらを十分に審査・検討することが必要である。

両方の「互譲」が必要であるのかについては見解が対立する。訴訟物である権利関係について互譲が必要だとする見解と，何らかの点で互譲があれば，訴訟物についてのそれは必要でないとする見解まで，ヴァラエティに富む（この点につき，注釈民訴(4)482頁〔山本和彦〕，高橋・重点(上)680頁）。

3 手続上の要件

訴訟上の和解が成立するための手続上の要件としては，以下の事由が満たされなければならない。

①　そもそも民事訴訟自体が係属していることが必要である。訴訟上の和解はこの係属中の訴訟手続を判決によらずに和解で終結させる点に特色がある。

②　訴訟上の和解は，係属中の訴訟手続を終了させるという訴訟法上の効果

---

[28] このような関係は，請求の放棄・認諾の場合には存在しない。特に請求の放棄については，会社側は提訴に応じなかったのであり，格別の利害を持たない。

[29] 期日の調書はその都度作成すべきであるが，訴訟上の和解の際には原告はその点に関する会社の承諾の有無を明示すべきであり，その調書にはこの点を記載しなければならない。事前に承諾がない場合は後に改めて，裁判所書記官は会社の異議の有無についてこの調書に付記すべきである。異議の有無が判明した後に証書を作成することは，調書が期日の証明機能を果たすことなどを考慮すると適切ではない。できる限り期日の事態の経過を記載に反映させる必要がある。

を発生させる。そこで当事者には訴訟能力があること，また訴訟代理人が選任されている場合には訴訟代理人に和解を締結する特別の権限が付与されていることが必要である（民訴55条2項2号）[30]。特別の代理権が与えられていてもなお，訴訟物以外の事項を和解条項に取り込む権限を有しているのかが争われることがある。基本的には，訴訟代理人はこのような権限を有しているといえる（最（1小）判昭和38年2月21日民集17巻1号182頁[31]）[32]。しかし，特別に制限することも（参照，民訴55条3項），全く否定すべきと解すべきではない（加藤・前掲注30）307頁，312頁）。

③　訴訟要件の具備は必要ないと考えるべきだろう。訴訟要件は一般に本案判決の要件であり，和解による解決の場合にはその前提を欠くからである。

V　訴訟上の和解の効果

1　調書の記載

当事者から訴訟手続で和解成立の陳述があったとき，あるいは裁判所又は受命・受託裁判官により提示された和解案について当事者が受諾した場合には，裁判所はその要件が存在することを確認し和解が調ったと判断した場合には，裁判所書記官にその旨を弁論調書に記載させなければならない（民訴規67条1項1号，163条3項，164条2項）。

裁判所等が定める和解条項の裁定においては，その内容を当事者双方に告知しなければならないが，この当事者双方へ告知によって和解が調ったものとみなされる（民訴265条5項）。

和解がその効力を生じるための実質的な基礎は，当事者による和解案の受諾又は包括的な合意の陳述にある。調書への記載は効力発生の形式的要件であるにすぎない。

---

[30]　この点の研究として，小林秀之＝田村陽子「訴訟代理人の和解代理権限の制限」判タ987号37頁以下，加藤新太郎・弁護士役割論〔新版〕（弘文堂・2000）294頁以下。

[31]　中島恒・最判解説民事昭和38年度50頁，清田明夫・百選2版64頁，栗田陸雄・百選Ⅰ114頁，垣内秀介・百選3版52頁。

[32]　しかし訴訟代理人の行動準則としては，依頼者と十分な打ち合わせをせずに当然これを行うのでは妥当ではない。実際に和解をする場合には法的権限とは別に慎重に考えるべきであり，具体的に和解内容を説明し当事者の了解を得なければ，後に和解の効力を巡る紛争が生じかねない（最判昭和38年2月21日の事案はこのような争いであった）。弁護士倫理・行動規範ともかかわる問題である。

2 効　果

和解が成立すれば，その和解条項に従って実体法上の効果が発生する。第三者を和解条項に組み込むこともできる（例えば，保証人として）。この第三者との関係では起訴前の和解と同じ法律関係が生じる（兼子・体系305頁）。

和解を締結した者の間では，和解内容に従った権利関係が確定される実体的な効力が生じる。さらに，和解条項で被告側に一定の給付義務が定められている場合には，和解調書は執行力を持ち債務名義となる（民執22条7号）。また，調書への記載によって，当事者の訴訟上の和解行為が確認されそれによって訴訟手続は終了する効果が発生する[33]。

3 既 判 力

訴訟上の和解が成立しその調書が作成された場合に，それに既判力が発生するのかという点については争いがある。その概要は，請求の放棄・認諾の場合と同様であるが，特に訴訟上の和解の場合には，当初の請求内容とは異なった和解条項が取り決められることが多く，その具体的内容について当事者が十分に納得して受諾・合意しているか否かが重要である。

　　訴訟上の和解の効力の基礎は当事者の意思の合致にある。しかし訴訟上の和解の拘束力を強固なものにしたいとの観点から，その根拠を当事者の意思以外の制度的な拘束力に求め，このことから訴訟上の和解にも〈既判力〉が生じるとの見解が主張されることがある。しかし，この場合には既判力が前提とする裁判所の裁断行為がなく（裁判所等が定める和解条項案の裁定についても事前の包括的受諾意思が基礎になっており判決の場合とは異なる），既判力による拘束を基礎づけることはできない。既判力を認める見解は調書の作成をもってその基礎とするが，書記官による調書の作成行為自体に，当事者の間で生じる拘束力の基礎を求めることはできない。また，本来既判力は，当事者間での合意による自律的解決ができない場合に，審判対象について裁判所がなした裁断の通用力を付与するために与えられる制度的拘束力であり，現行法はこれを判決の主文に包含されるもののみに限定している（民訴114条1項）。しかし訴訟上の和解においては，合意された条項は様々でありこのような既判力制度が前提とする状況とは全く異なる。なぜ訴訟上の和解においては，訴訟物である権利関係ではなく締結された条項に既判力が生じるのかが不明確でありその基準時も同一でない。既判力肯定論は現実的でもないし，このような拘束力を既判力で説明するのは既判力概念の拡散化を招く。

33) イギリス法上は，訴訟係属後に和解がなされると合意による判決（Judgment by consent）がなされる。この場合の不服申立ては，上訴又は別訴により錯誤又は強迫を理由とすることができる（*Andrews*, ECP. 23. 37-23. 38）。

訴訟上の和解の拘束力の基礎とその内容は，既判力によってではなく，専ら和解の内容に関する当事者の自由意思による合意を根拠にして考えるべきである[34]。

VI 訴訟上の和解の効果を巡る争い

1 紛争の可能性

訴訟上の和解が成立し，調書が作成されて訴訟手続が終了した後でも，この和解を巡って紛争が発生することを阻止することができない。訴訟上の和解では，裁判所が関与して和解が締結されるのではあるが，それでもなお和解の内容について事後的に紛争が発生することを全く排除することはできない[35]。

訴訟上の和解が成立し，その内容が調書に記載されると，この調書の記載には「確定判決と同一の効果」が発生するものとされている。しかし，いったん訴訟上の和解によって終了した訴訟手続に関して，改めて特に和解の効果を巡って紛争が発生した場合に，これに基づく訴訟上の主張を裁判所は手続的に適法として取り上げることができるのか，もしそれができるとした場合に，どのような手続で異議を主張させるのかが問題になる。

この点についての方策は，実定法上は何ら手続的な規定が存在せず，専ら解釈に委ねられている。また，紛争の形態についても，大別すれば，和解の締結過程に意思の瑕疵があることを理由にその効力を否定する場合と（以下⇒2），訴訟上で締結された和解につきその後の事情によって，和解の解除を主張する場合がある（以下⇒3）。それらの場合に，訴訟手続自体は既に終了しているから，それとの関連でこれらの主張を手続上どのような方法で許すのかが問題になる。

---

34) かつて既判力の拘束力やその本質を専ら実体的に把握し，これを法定の証拠と理解した時代があった。このような理解であれば共通性を見ることができる。事実フランス法ではこのような取扱いがなされてきた。しかしわが国の訴訟構造が訴訟係属により専ら裁判所が管理し判断する形態を採用し，また既判力制度のドイツでの展開，更には実体法における法律行為論の展開などを考慮すると，それぞれについてその正当性の根拠を明確にした解釈論を樹立する必要がある。

35) しばしば，既判力否定論への反論として訴訟上の和解については裁判所が関与することでその内容の確実性が確保されうるとの点が挙げられる（例えば，伊藤439頁）。しかし，裁判所の側から見れば，裁判所の関与による問題点の解決が万全だと主張したい気持ちは理解できないではないが，現実には必ずしもそういう事例ばかりでないことは多くの紛争が生じていることが示している。

2 和解締結の過程で生じた瑕疵

まず，訴訟上の和解を締結する過程で意思の瑕疵があったと主張して訴訟上の和解の効力を否定することができるのかが問題になる。判例は様々な救済方法を承認している。

†〔**判例**〕①和解の締結過程で意思の瑕疵があったことを理由にして，いったん終了した訴訟手続につきその原告が期日の指定を求めたのに対してこれを許すべきことを判示したものがある（大決昭和6年4月22日民集10巻380頁。また最(1小)判昭和33年6月14日民集12巻9号1492頁36)もこの取扱いの例である)。

② これに対して，前訴の被告（の相続人）から和解が無効であったことを理由に期日の指定ではなく，和解無効の訴えが提起された事案につき，これを許容したものがある（大判大正14年4月24日民集4巻195頁，最(1小)判昭和38年2月21日民集17巻1号182頁37))。これらでは紛争の対象は，締結された和解の内容に変化しており，もはや前訴で争われた訴訟物自体ではない。

③ さらに，同じく前訴の被告側からの請求異議の訴えを許したものもある（大判昭和10年9月3日民集14巻1886頁)。被告側から見れば当面は強制執行を阻止することが最大の課題であった。

学説では，訴訟上の和解が判決代用物だという理由で既判力を肯定する見解がある（兼子・体系309頁)。この見解によれば，和解の無効・取消しは専ら再審事由がある場合にのみ許されるとする。これに対して，既判力を否定する見解は，訴訟上の和解が当事者の意思による行為だという点を強調する。前述のように訴訟上の和解の締結過程で裁判所が関与しても，当事者が和解を締結するに際して意思の瑕疵が生じることを全く排除することはできず，その救済を全く否定してしまうことは適当でないと主張する（新堂357頁，条解民訴718頁，三ケ月・双書511頁，高橋・重点(上)684頁など)。なおこれに類するが，和解の締結が有効になされた場合に既判力の発生を限定する制限的既判力説も有力になっている。この見解は，不服の主張方法については既判力否定説とほとんど変わらない立場をとる（伊藤438頁)。

既判力を否定する見解の中でも，訴訟上の和解の効力について異議を主張する手続・方法については見解が分かれる。和解は無効で，手続は終了していないから原則として期日指定によるべきだとする見解，別訴によるべきだとする見解などが対立している。しかし，根本的な問題として，救済方法をこのよう

---

36) 三淵乾太郎・最判解説民事昭和33年度160頁。
37) 前掲注32), 33)。

な論理的・演繹的考慮で一つに絞る必要があるのか，またそれがこの場合に特有の紛争解決に適切であるのかが問題となる。訴訟上の和解の効力を巡る紛争は多様である。それは和解の締結の過程が事件によって異なり，和解内容もまた事件によって千差万別であるからである。このような和解内容についていずれの当事者が異議を述べているのかによっても，紛争の内容は全く異なった様相を呈する。例えば，前訴の原告が和解内容について不服を述べる場合には，もう一度前の訴訟に立ち返るという意味で，期日指定が求められることがある。これに対して，前訴の被告にとって和解内容について異議を述べるに際して，前の訴訟自体はもはや意味を持たず，それを復活させる期日指定がこの段階の紛争の実体からかけ離れていることが多い。また和解調書が債務名義となることから，この際債務名義としての効力を否定するためには，特に執行に直面している債務者にとってはとりあえず請求異議の訴えが最も適切と考えられるであろう。このような，締結された訴訟上の和解の内容に関する紛争の実体を，手続的に正面から取り上げて救済を図ることが求められる。

このように見れば，訴訟上の和解の瑕疵の主張方法は，救済を求める者の救済要求をどのような方法で取り上げるのが最も適切であるのかという点がまず第一に考慮されるべきである。そのうえで，申立人の選択が，著しく不適切な場合には，釈明により（民訴149条），又は移送（民訴17条）によって調整を図るべきである（河野〔文献〕277頁）[38]。

3　和解の解除

訴訟上の和解が成立した後に，和解自体の瑕疵によるのではなく，締結された和解の内容が履行されないことを理由に和解を解除することができるか否かが問題になる。訴訟上の和解といっても，その内容が履行されるか否かは，もはや裁判所の手を離れた後に生じた当事者間での事由だから，このような事態の発生は裁判所によって防ぐことはできない。訴訟上の和解の効力として既判

---

[38]　これに対しては，異議者側の利益に偏し相手方の利益が軽視されているとの批判も見られる（例えば，松本＝上野499頁）。期日指定の方法によるべしとの根拠として和解に関与した裁判所が無効取消しについて判断することができるというが，裁判所の裁判官の構成は変わるからこれが常に確保されるわけではない。旧資料の利用も常に不可欠の要請ではない。むしろ，和解後にどのような紛争が生じているのかが重要であり，これを実態に即して取り上げるスキームを確立することが紛争解決制度に求められているといえる。形式論理的考慮のみを理由として具体的紛争解決要求を否定することは当事者にとっては全く納得がいかないであろう。多様な救済要求も多くは相手方との関係でも合理的であることが具体的事件で見ることができる。

力を承認する見解も和解の解除は当然に許しており（兼子・体系309頁），この点について異説は存在しない（判例も古くから解除を認める。大判大正9年7月15日民録26輯983頁）。しかし，この場合に訴訟上の和解の解除の主張をどのような手続で行うべきかという点については見解が分かれる。

　見解が対立する局面として，訴訟上の和解が解除された場合にそれが訴訟終了の効果にどのように働くと見るのかについて対立がある。前訴は訴訟上の和解によって終了したのだから，たとえ和解が解除されても当然に前訴が復活すると理解すべきではなく，新しい訴え（和解無効確認の訴え，請求異議の訴え等）を提起すべきだと主張する見解がある（兼子・体系309頁，三ケ月・双書513頁）。これに対して，解除がなされた場合に，訴訟上の和解によって生じた訴訟終了の効果も消滅すると理解する立場では，期日指定を申し立てるべしと主張する（佐上善和「訴訟上の和解」小山昇ほか編・演習民事訴訟法（下）〔青林書院新社・1973〕13頁，条解民訴723頁）。さらにまた，和解の内容に着目して，和解が従前の法律関係を前提にして，それを量的に和解条項によって変更したにすぎない場合（通常型）と，和解の内容が従来の権利関係の変更にまで及び和解条項によって新たな法律関係が創設される場合（更改型）とを区別して，前者（通常型）については期日の指定が，後者（更改型）については法律関係の変動が生じているからもはや前の訴訟状態に戻しても無意味で，新訴の提起が適切だと見る見解もある（中野ほか編・前掲414頁〔松浦〕）。

　† 〔判例〕　最（1小）判昭和43年2月15日民集22巻2号184頁[39]　家屋収去土地明渡訴訟でなされた土地を譲渡する旨の訴訟上の和解につき，被告側が代金の支払をしなかったことを理由に和解の解除がなされたケースにつき，前訴原告が再度家屋収去土地明渡の別訴を提起したのに対して第一審及び控訴審は訴えを適法とした。重複訴訟（二重訴訟）の禁止にあたるとする上告に対して最高裁も訴えを許容し，訴訟係属の抗弁を否定した。

　「訴訟が訴訟上の和解によって終了した場合においては，その後その和解の内容たる私法上の契約が債務不履行のため解除されるに至ったとしても，そのことによっては，単にその契約に基づく私法上の権利関係が消滅するのみであって，和解によって一旦終了した訴訟が復活するものではないと解するのが相当である。従って右と異なる見解に立って，本件の訴提起が二重起訴に該当するとの所論は採用し得ない。」

---

[39] 奥村長生・最判解説民事昭和43年度183頁，柏木邦良・続百選200頁，杉浦智紹・百選2版256頁，田頭章一・百選Ⅱ354頁，原強・百選3版204頁。

和解の解除を実体法的な論理のみから見れば，和解によって発生した法的効果が遡及して消滅し，和解締結前の法的状態に復すると観念されうる。しかし，期日指定を唯一の救済手段だとすることは，和解条項の不履行によって生じうる様々な事情が手続的には十分に考慮されていない点に問題がある。この場合にはいったん訴訟が終了していることは明らかで，また紛争の実体が変化していれば別訴の可能性も否定し得ない。和解の内容によって救済手段を分けようとする提案も，当事者に対する手続選択の指針を与える趣旨であればその意味はありうるが，いささか技巧的であり決定的な要素ではない。これを唯一の方法として，別の選択を排除するのであれば，当事者は誠に困難な選択とそれによるリスクを負うことになり，採用することはできない。ここでも，結局救済を求める者の選択を重視すべきであり，特に不都合が生じる場合にのみ，釈明による修正又は移送による調整を図れば足りる（吉村・前掲71頁，小林秀之・プロブレム・メソッド新民事訴訟法〔判例タイムズ社・1997〕336頁。ただし高橋・重点(上)688頁は，そのうえで原則的ルートは期日指定だとする）。結局，和解成立の過程に瑕疵があったと主張する場合と格別に異なる取扱いをする必要はないといえる（河野〔文献〕277頁）。

第8章 争点の整理と口頭弁論

〔本章の概要〕

　本章では，裁判所が事件について判決による最終的な判断を下すための前提として行う争点の整理及びそれに続く口頭弁論を中心に検討する。これらにより事実認定が必要となれば証拠で確定し（第9章），それを前提に判決が下される（第10章）。

　訴状が被告に送達されると，これによって訴訟係属が発生する（第4章）。この訴えに対して被告側では，自分の立場を明確にし，防御行為をするために〈答弁書〉を提出するのが通常である。この訴状と答弁書の記載を前提に第1回の口頭弁論では，原告と被告の言い分の違いが明らかにされ，手続はいよいよ具体的な審理に向けて進むことになる。しかし，訴訟が迅速にかつ充実した形で進むためには，両者の間にある争点を早期に具体的に明らかにし，更に絞りこむ必要がある。特に複雑困難な事件では，事件処理が長期化することのないようにするためには，それぞれの当事者が主張・立証を計画的に行う必要がある。そのためには裁判所は手続を十分にマネージし，また当事者は適時に十分な攻撃・防御をなすよう弁論を準備しなければならない。このような目的を達成するには事前に審理計画を立て，裁判所及び当事者双方がこれを納得しそれに基づいて訴訟を追行する必要がある。

　第1節では民事訴訟法の審理に関する手続目標と，それを実現するための基本的概念を確認し，第2節では，これを具体化するための計画審理の方策を検討し専門訴訟の審理の特色を検討する。第3節では，原告の訴えに対する被告の対応，更にそれに対する原告の対応を概観する。第4節ではこれらを受けて弁論準備の手続概要を検討し，第5節では口頭弁論を考察する。第6節では，当事者の攻撃・防御行為のうちでも，特に裁判所の判断を排除し，争点を限定する機能を持つ裁判上の自白について検討する。第7節では，当事者が口頭弁論に出席しないなど，本来行うべき行為を懈怠した場合の取扱いについて検討する。当事者の手続懈怠の対策が必要である。第8節では，訴訟手続の記録について検討する。

〔文献〕

河野正憲「新民事訴訟法の理念とその実現」司研（創立50周年記念特集号）第1巻308頁

第1節　総　　論

I　民事訴訟手続の基本構造と裁判所による事件管理

　裁判所は提起された訴えについて，適正な内容の裁判をできるだけ迅速に下さなければならない。そのためには，原告が求める訴訟上の請求に関して当事者間にどのような具体的な〈争点〉が伏在しているのかを手続の早い段階で明らかにしなければならない。〈争点〉が十分に明らかにされ，それにつき当事者双方が十分な攻撃・防御を尽くすことができて初めて裁判所は事件について適正な判断を下すことができる。当事者間で〈争点〉を明確にすることは実効的な民事訴訟手続を実現する第一歩であり極めて重要である。

　争点の明確化は第一義的には当事者双方が行うべき事項であり責任である。しかし，裁判所もまた当事者が十分に法律上・事実上の争点を解明できるように力を貸すと共に，争点整理について公平・適切な判断をして手続を指揮する必要がある[1]。

　争点を明らかにし，それに対して裁判所が最終的な判断を下す過程で基礎になる当事者の主張・立証などの一連の〈弁論〉は，専ら裁判所においてその主導のもとに開催される〈口頭弁論期日〉で行われる。この口頭弁論期日で当事者が充実した弁論を実質的に行うことが何よりも重要であることはいうまでもない。もちろん現実には，当事者が裁判所外で相互の交渉を行い，これによって紛争の解決を図る試みをなすことが多い[2]。しかし，わが国の民事訴訟手続では，訴え提起から判決に至るまでの全手続は，裁判所が継続して関与し管理して進める手続構造を採用している（⇒第5章第1節II）。裁判所で開催される〈口頭弁論期日〉等，主として裁判所での手続を中心に形作られているわが国の民事訴訟の構造のもとで，裁判所には，提起された事件について当事者が十分に争点を明らかにし，それぞれが持つ実体法上・訴訟法上の権限を訴訟手続，特に口頭弁論期日で十分に行使することができるように，常に事件を適正に管

---

[1]　このような訴訟構造は，既に様々な箇所で指摘したようにドイツ法系に特有であり，事件を受理した段階から争点整理の段階を経て判決に至るまで裁判所が積極的に手続進行を主導し管理する。

[2]　アメリカ合衆国の民事訴訟手続では，公判に至る前の交渉で，提起された事件の90％以上が取り下げられるといわれる。

II　訴訟促進・充実審理に関する法政策

1　口頭主義と迅速な裁判

　民事訴訟手続では原告が自らの請求について，それを基礎づける法律上・事実上の事項を主張し，相手方もこれに対して防御をする等，当事者がそれぞれ有する権限を行使するために，一定の時間・場所として定められた形式として〈口頭弁論〉の方式が採用されており，これを行うために裁判所は，〈口頭弁論期日〉を開催しなければならない（民訴 87 条）。この要請は，裁判所が当事者に口頭弁論の機会を保障するが，そこで当事者が実際に行う具体的な攻撃・防御行為の内容まで指示・強制するわけではない。当事者が具体的にどのような行為を行うか，またそれを手続のどの段階でいつ行うかは，従来当事者（及びその代理人）の自由な意思・決断に委ねてきた。

　本来民事訴訟手続の基本構造として口頭主義を採用したのは，当事者が口頭弁論期日で自由な弁論を口頭で闘わせることによって，生き生きとした審理が実現されうるであろうこと，裁判所もそれに積極的に関与し，疑問点を質すことによって当事者の充実した弁論行為と裁判所の審理と適正な判断が迅速に得られることが予定され，期待されたからであった。

　　〈口頭主義〉の採用は，わが国明治民事訴訟法の基礎になった 1877 年ドイツ帝国民事訴訟法にならったものである。ドイツ民事訴訟法立法者は，当事者が口頭で行う弁論こそが訴訟手続の中心となるべきだと考えた（⇒第 5 章第 5 節 II）。

　　ドイツで当時新たに採用した口頭主義のもとでも，常に口頭弁論期日が一度限りで終了するわけではなく，判決に至るまでに数度の口頭弁論が開かれることが予想された。これら口頭弁論期日相互の関連について〈口頭弁論の一体性〉の原則を設け，数度行われる口頭弁論期日は，たとえその間に時間的な差異があってもすべてが一体として扱われ，口頭弁論を終結する時点が判断の基準とされる。

　　口頭主義の採用は，旧来の書面主義が必然的に有した訴訟手続の硬直した運用を廃し，柔軟で迅速な手続進行を期待したものであった。しかし，その際当事者が訴訟手続で行う行為の動機やその心理的基礎が十分に分析されておらず，訴訟資料の後出しなどの現象を生み著しい訴訟遅延を招いた。その後，訴訟促進を実現するために，1895 年のオーストリア民事訴訟法にならい，ドイツでも裁判所による職権

---

3)　わが国の民事訴訟手続では，多くの場合提訴前に交渉が行われ決裂し，あるいは事件についての対応で当事者間に様々な心理的軋轢が生じており，複雑なケースが少なくないといわれる。

進行権限の強化策などが導入された（1924年改正）。このような努力はさらに，準備手続を強化し早期1回期日や書面による準備手続の方式を導入した1976年の民事訴訟法改正へと発展した。

わが国でも，職権強化を企図した大正15年民訴法改正には1895年のオーストリア民事訴訟法の強い影響を見ることができる。しかし，大正15年改正で新たに設けられた準備手続などは十分に利用されず，その後も〈雨垂れ式〉の訴訟運営が続いたため，訴訟遅延に対する国民の批判は極めて強く，国民の司法離れが懸念された。こうして，弁論準備と証拠調べ手続の集中・充実と迅速化を中心とした訴訟手続の改革が進められた。

2　訴訟遅延とわが国での克服策

「訴訟の遅延は裁判の拒否」といわれるように，訴訟遅延に対する対策は歴史的にもまた各国における訴訟に関する立法政策においても最大の課題であり，実際の訴訟運営上も大きな目標であった。わが国でも既に長くその対策が論じられてきた。特に，民事訴訟に時間がかかりすぎることは，民事訴訟自体が今日の迅速な経済活動と乖離し，裁判からの国民の離反を生んだとの深刻な批判を招き，その改革が焦眉の急務であったが，特にドイツにおける1976年改正などの影響も受けて，民事訴訟手続の実務的改善の提案と試みが続けられた。重視された観点の中心点は，早期に十分な準備を行い，集中した口頭弁論手続を実現することにあった。わが国の実務は，この目的を実現するための実務的改善の努力の一つとして，〈弁論兼和解〉等の試みをしてきた。

〈弁論兼和解〉は，弁論期日と和解期日を併せて指定する実務上の方策である。通常の口頭弁論では期日で当事者がそれぞれの主張を早期にまた十分に提出せず，相手方の主張を見たうえで自分の主張を後日提出する傾向が強かったために，せっかくの弁論期日が単なる準備書面を交換するのみの機会になっていた。他方で，和解期日においては法廷外で，法廷の堅苦しい雰囲気から離れて裁判所は事件に関する様々な情報を当事者から獲得し，事件の全容を早期につかむことができた。そこでこの両期日を併せることによって，手続の初期の段階で裁判所が事件についての多くの情報を獲得し，適切な訴訟指揮・運営を実現しようと企図した。

このことは一面で，訴訟促進策において事前の周到な準備こそが重要であり，そのための手続の充実が不可欠であるとの認識を共有する契機となった。しかし，他方では，このような試みには手続の法的基礎がなく，弁論兼和解という曖昧な手続に基づいてこの目的を達成しようとすることに手続法上問題がないか，特に裁判の公開や手続の公正の維持などの点で疑問が投げかけられ，これまでの様々な実務上の試みについて十分な評価と批判的再検討が必要とされた。平成10年改正民事訴訟法では，こうしてその立法的解決策として準備手続の整備・充実を掲げた。

3 迅速な訴訟実現の前提としての弁論準備と当事者の役割

弁論を準備するために設けられた手続がその本来の目的を実現し実効性を発揮しうるにはいくつかの前提が存在する。

第一に，民事訴訟手続はあくまでも当事者間の私的な紛争を法的に解決するための制度である。その準備手続も，その意義を当事者が十分に理解したうえで，そのイニシアティヴによって手続が進められる手続構造を整備するとともに，その結果発生する事項についての最終的責任もまた当事者が負うという責任分配原則を明確にすることが前提とされなければならない。

　　当事者が手続に積極的に関与し，手続の早期に十分な主張を尽くすための手続的方策として伝統的に用いられてきたものの一つに〈失権効の強化〉があった。これは，時機に後れて提出された攻撃・防御方法は手続から排除するとの心理的威迫効果により，当事者の攻撃・防御行為を促進し手続の迅速化を実現しようと企図するものであった。しかし，この方策は，弁論の内容的充実という観点からは極めて問題で（例えば失権を恐れるあまり不必要な事項まで主張し，争点の絞り込みが困難となりうる），また本来手続の主体が当事者だという民事訴訟の基本にも合致しない。歴史的に見ても，このような方策は成功していない（山本和彦・民事訴訟審理構造論〔信山社・1995〕335頁以下）。むしろ，口頭弁論手続で，当事者が自発的にその主張を手続の早期に行うことを誘発するための方策が求められる。

第二に，民事訴訟の審理過程における裁判所の役割が十分に分析・検討されなければならない。裁判所は，民事訴訟では一面で事件の最終的な判断を行う判断者の役割を担うが，他方で当事者が求める判断事項について，その当事者間にある〈争点〉を明確にし，真に判断を必要とする事項を当事者に顕在化させることを誘導する役割を果たすことが期待され，積極的に手続に関与する必要があることが認識されなければならない。このような裁判所の関与は，事件について最終的な判断をする責務を負った裁判官の公正な役割とは極めて鋭い緊張関係をはらむことから，時にはこれを最終的事件の判断者としての裁判官とは別の裁判官が行うことが試みられた（例えば，かつてのわが国の準備裁判官の制度の採用）。しかし，他面で争点となりうる事項の整理は，自ら事件の判断をしなければならない裁判官が行って初めて真の整理となるのであり，他人が行った争点整理では，十分にその問題点を把握したうえで判断するという任務を果たすことができない[4]。

---

4) かつて，わが国で行われた準備裁判官の制度が結局失敗したこと，またアメリカ合衆国におけるマネジアルジャッジの制度が所期の成果を上げ得ていないといわれるのもこの点に問題がある

第三に，このような早期の弁論準備と訴訟手続の実践には，裁判所が訴訟手続上適切な事件整理を行い当事者に対して適切な訴訟指揮を行うのに必要な情報を獲得することが必要である。そのためには前提として当事者もまた訴訟に関する情報を早期に獲得し訴訟の見通しを立てる必要がある。従来，この点に関する手続的な対策は全く行われていなかった。しかし現行法では訴訟提起前にも一定の情報を獲得する方法を設けた（訴え提起前の照会等）。

　第四に，裁判所は事件の整理や進行，更にその判断を適切に行うためには，その事件の判断を行うのに必要な専門的知識を有さなければならない。特に事実の認定に関し専門技術制の強い訴訟手続ではこのような専門知識の獲得が重要となる。従来この面はあまり重視されず，その必要性は専ら鑑定などの手段に委ねられてきた。しかし，鑑定制度は証拠調べにおいて部分的に利用しうるにすぎず，それは事件の整理や見通しなどの点では十分な機能を発揮し得ない。現代的な高度な技術を問題にする訴訟では，これらの点での特別の配慮を必要とする。以上の観点に立って，訴訟手続で当事者が積極的に弁論を行うためには，当事者，特に訴訟代理人が積極的に訴訟手続に関与し十分な準備をすることが求められる[5]。さらに現行民事訴訟法は，複雑な事件について〈計画審理の原則〉を正面に掲げてこのような訴訟に関する基本原理を実現しようとしている。また，一般的には弁論準備のための手続を複数用意して，充実した弁論実現のために必要な制度的な条件を整備することに意を用いた。更に専門性の強い事件については，必要な専門的知見を有する専門家を手続に関与させるなどの方策を採用した。

　もっとも，これらの諸制度の利用は強制的ではない。個々の事件に応じて，これらを利用するか，あるいは伝統的な訴訟運営をするかの自由も残されている。しかし，後者の場合でも弁論の準備が重要なことは変わりがない。

　　といえる。なおこのマネジアルジャッジの試みと問題については，例えば，加藤新太郎「マネジアル・ジャッジ編」同・裁量94頁。
 [5]　訴訟代理人の訴訟手続における積極的役割について，高橋宏志司会「〔シンポジウム〕民事手続と弁護士の行動指針」民訴52号53頁，特に山浦善樹報告（57頁）と関連する討論参照。

第2節　計画審理の実施と専門訴訟

〔文献〕

笠井正俊「当事者照会の可能性」谷口・古稀221頁，加藤新太郎「専門委員による専門的知見の導入」谷口・古稀193頁，河野正憲「当事者照会①」大系(2)144頁，森脇純夫「当事者照会②」大系(2)165頁，竹田真一郎「当事者照会③」大系(2)183頁，園尾隆司「当事者照会④」大系(2)200頁

I　目　　的

　民事訴訟手続の進行を促し，しかも充実した内容の審理を実現するための重要な方策として，すでに述べたように平成15年民事訴訟法改正により〈計画審理〉の原則（民訴法第2編第2章，147条の2⇒第5章第6節Ⅲ）が，また専門委員の制度が取り入れられた（民訴92条の2以下⇒V）。

　当事者が十分に争点を整理し，それに基づいて明らかになった争点について効果的な攻撃・防御行為を行い各当事者がその主張と立証を十分に尽くすことを実際に実現するには，審理手続の進行が計画性を持ち合理的でなければならない。これは充実した迅速な訴訟手続を実現するための基本的前提となる。もっとも，訴訟手続の進行を専ら当事者のイニシアティヴとその行為のみに委ねるのでは，訴訟手続の迅速かつ充実した進行を実現し，所期の成果を上げることは困難である。他方で裁判所のみがやみくもに訴訟の促進を唱え集中した期日を設定しても，当事者がそれに対応した準備をすることができなければ審理は空回りするにすぎない。そこで，訴訟の初期の段階で裁判所が主導して，当事者との間で審理過程について大まかな計画を作成・合意し，これに基づいて当事者が攻撃・防御方法の提出や立証などを行うことを目的に導入された制度が〈計画審理〉である。このような計画審理の要請は，特に事件の内容が複雑で当事者が多数にのぼるいわゆる大規模訴訟で必要性が大きい。

　†〔例〕　大規模な公害訴訟や製造物責任訴訟，専門性が強く複雑な医療過誤訴訟や建築訴訟などでは，争点が容易に定まらず証拠調べも多数の証拠調べが行われ，また鑑定などにも長期の時間を要するなど審理に時間がかかることが多い。そこでこれらの訴訟においては，裁判所と当事者とが協議して，事件の審理に関して予めスケジュールを設定して，これに依拠した合理的な計画案を策定し，当事者もこれ

に基づいて準備を進めて，計画的な審理を図ることが有益である。

　審理計画を定めるにあたり，各当事者の手続に関する準備の程度が異なることを予め考慮する必要がある。原告は，ある程度の準備を経て訴えを提起できる。これに対して，被告側は多くの場合多かれ少なかれ訴状の送達を受けて初めて訴訟手続に対する具体的対応をするのが通常だからである。

　更に，専門的な訴訟手続（例えば，医療過誤事件，建築事件，知的財産権に関する事件等）ではその争点の整理や事件の判断に専門的な知見が不可欠である。従来このような専門的知見を獲得することは必ずしも容易ではなかった。この手段としては鑑定の制度が存在したが，これは証拠手続で利用ができても手続の初期の段階から用いることはできず，適切な鑑定人を見つけることが容易でなかった。そこでこのような事件について予め選任された専門家を委員として訴訟手続に関与させることができることとした（⇒Ⅴ）。

Ⅱ　審理計画の策定

　計画審理の原則によれば，裁判所は，審理すべき事項が多数でありまた錯綜しているなど事件が複雑であることその他の事情により，その適正かつ迅速な審理を行うため必要があると認められるときは，当事者双方と協議をしたうえでその結果をふまえて，審理の計画を定めなければならない（民訴147条の2）。

　〈計画審理〉の原則は，主として大型で複雑な事件について合理的でしかも充実した訴訟審理を確保するために定められた。これらの事件では当事者が攻撃・防御行為を行う際して，予め定めたプランに沿って行うことが審理の混迷に陥ることを防止するのに極めて有益だからである。したがって通常の日常的事件でわざわざこのような審理計画を予め定めるまでもないともいえよう。しかし，これらにあってもできる限りその趣旨を尊重し，計画的審理と，訴訟進行について裁判所と当事者の代理人とが共通認識を得ることができる手続の運営に努めることが必要なことはいうまでもない。

Ⅲ　計画審理に関する当事者の義務と裁判所の役割

1　計画審理の基礎

　〈計画審理〉の実現には，その理論上の基礎として裁判所及び当事者の間にどのような法的関係が存在するのかを明らかにすることが有益である。現行法は新たに訴訟手続の計画的進行に関する裁判所と当事者の責務を法律上明規し，

審理計画の策定にあたって裁判所と当事者の協働関係が発生するものとしているが、これを訴訟法上具体的にどのように理解すべきか、これに反した場合の手続的な問題の理解について理論的基礎を明らかにする必要がある。

　現行民事訴訟法は訴訟手続に関する裁判所と当事者の責任について、一般的な法的関係を定めている（民訴 2 条）。しかし、裁判所と当事者双方の間で審理計画を立てて審理を行う場合には、より具体的にその計画審理を実現するために、裁判所には更に特別の権限が与えられ、それを実現するための義務が課されており、特別の能力が求められていると見ることができる。またそれに対応して当事者にも計画審理に積極的に協働することが求められる。そこで、このような裁判所と当事者の関係を法的に位置づけを明確にする必要がある。

　　計画審理がなされる場合の裁判所と当事者の法的関係を理解するための理論的基礎については基本的な見解の違いがある（その概要につき、加藤新太郎「民事訴訟の審理における裁量の規律」ジュリ 1252 号 114 頁）。大別すれば、裁判所に与えられた〈手続裁量〉の観点から基礎づけようとする立場と、〈審理契約〉の観点から基礎づける立場とがある。

　　手続裁量論は、一般的に「裁判官が、訴訟における適正・迅速・公平・廉価という諸要素を満足させるため無駄を省いた効率的な審理を目標として、一方において、事件の性質・争点の内容・証拠との関連等を念頭に置きつつ、他方において、訴訟の進行状況、当事者の意向、審理の便宜等を考慮し、当事者の手続保障にも配慮したうえで、当該場面に最も相応しい合目的的かつ合理的な措置を講ずる際に発揮されるべき裁量」と定義される（加藤・裁量 67 頁）。この見解は、審理計画の策定を、このような裁判官に与えられた裁量権の一環として捉える。

　　これに対して、審理契約論は、裁判所と当事者とが、審理の進め方について三者間で締結する訴訟上の契約関係であるとみる見解であり、「民事訴訟手続の審理に関して、訴訟法上形成の余地の認められている事項について、裁判所と両当事者（訴訟代理人）との間でなされる拘束力のある合意」と定義されている（山本・前掲 399 頁）。

　裁判所が計画審理を行うについても、その根拠に関して特別の実定法規定がなかった時期には、そもそも裁判所がこのような方策を手続において採用し訴訟当事者にこれに基づいた訴訟追行を求める権限があることを示す根拠として、裁判所に手続的な裁量権が存在することを明らかにし、あるいはそれを改めて確認し実践した点で手続裁量論が果たした意義は高く評価することができる[6]。裁判官には、一方で訴訟手続上様々な局面で裁量権の存在が承認されることに

異存はない。しかし他面では訴訟手続の公正・公平な運用と当事者の手続上の権限を保障するために裁判所の恣意的な手続運営を厳格に規律することも手続規律の重要な任務であることは否定し得ない。問題は手続上どのような点において，どの限度で裁判所の手続裁量権が存在するのかであり，限界を画する基本原理が求められる。その際，特に当事者の権限と責務に関わる問題は，裁判所の裁量権という観点のみでは十分にその解答を示すことはできない。計画審理が明文で定められた現行法のもとでは，特に，当事者の権限と責務の明確化が問われる。そこで，計画審理についても三者の間で合意がなされた場合に，この合意の側面，特に当事者が自らこのような合意をしたこと，そしてその後の手続行為がこの合意内容と離反した行動である場合にもそれを修正し自主的に回復すべきこと，更には計画違反が生じた場合に，それに対する誠実な対応がなされなかった場合の帰責について，合意の観点から当事者の責任を根拠づけることが有益でありまた必要だろう[7]。

2 計画による審理

審理計画では，合理的な手続進行を確保するために大まかな審理の段階とそれに基づく時間的スケジュールを定めることが中心となる。

裁判所は，手続を進めるにあたり，一般的にどのように手続を進めるかを見通すための資料として，「最初にすべき口頭弁論の期日前に，当事者から，訴訟の進行に関する意見その他訴訟の進行について参考とすべき事項の聴取をすることができる」ものとしている（民訴規61条）。この意見聴取は，裁判長が裁判所書記官に命じて行わせることもできる。意見聴取の結果は，裁判所が事件の進行について一般的な予測と計画を立てる際の重要な資料になり，また十

---

6) 裁判官が訴訟手続で一定の裁量権を持つことについて，その裁量権の幅は時代により異なるが，それ自体は古くから認められていた。特に実体判断との関係では，例えば，信義則論における裁判官の職務権限（officium judicum）として承認されてきた。しかし，手続面では〈職権進行主義〉が唱えられ，また「裁判官の権限と当事者の自由」などが論じられたが，裁判官の権限の手続的な内実については十分に検討されていなかったといえる。もっとも，その裁量がどの程度許されるかが個々の点で問題であり，その領域と範囲が重要であることはいうまでもない。

7) 合意の観点から理由づける場合，伝統的訴訟契約論との関係でこれをどのように位置づけるかが問題になる。この契約は一般的な訴訟契約とは異なり裁判所も直接関与する点で特異である。したがってこれが厳格な意味での訴訟契約といえるかは疑問だが，合意に反して攻撃・防御行為の提出が遅延した場合の排除などで一定の拘束力の基礎を，裁判所の権限からではなく，当事者の自らなした意思の観点から基礎づける可能性を示しうる点では高く評価できる。河野正憲「民事訴訟法改正の動向と問題点」法教142号48頁，同「民事訴訟へのアクセスと審理の充実」民訴39号105頁。

分に反映されなければならない。

計画審理の必要性とその重要性は，審理すべき事項が多岐であり，錯綜した事件に特に強く求められる。これらの事件で適正かつ迅速な審理を行うために必要があると認められるときは，裁判所は当事者双方と協議をして審理計画を定めなければならない（民訴147条の3第1項）。その際，特に，①争点及び証拠の整理を行う期間，②証人及び当事者本人の尋問を行う期間，③口頭弁論の終結及び判決の言渡しの予定期間について定めなければならない（同条2項）[8]。

3 計画の変更と違反

(1) 変更の可能性

審理計画は，それが策定されれば当事者はできるだけその計画に沿って手続を進め攻撃・防御行為を行い，またそれに基づいて立証を行う必要がある。しかし，一度立てた計画は絶対でこれを変更することが一切できないというほどに硬直的なものではない。特に大型で複雑な事件では訴訟の初期の段階で立てられた計画がその後の審理の進行に照らして必ずしも適切ではないと感じられることが少なくない。そのような場合にまで一切計画の変更を許さないとすればかえって手続の実態に適さないものになる。そこで現行法はこのような場合を想定して，計画の変更を協議することができることにしている（民訴147条の3第4項）。

計画の変更は裁判所が，①審理の現状，②当事者の訴訟追行の状況その他の事情を考慮して必要があると認める場合に，③当事者双方との協議を踏まえて行う。計画の変更は，その必要性が客観的に認められる場合に初めて，当事者双方の協議を経て行われる点に特色がある。

(2) 違反行為と制裁

計画的な審理を目指していったん審理計画が策定されても，それが常に遵守されるわけではない。そこで審理計画の変更について協議を経ることなくこの合意に反してなされた当事者の訴訟追行行為をどのように取り扱うかが問題に

---

8) 審理計画には，例えば①争点整理手続の予定（おおむね〇〇回程度で争点整理手続を終了する，おおむね〇年〇月頃までに争点整理手続を終了する，現時点で予定される争点は〇〇である，その他），②証拠調べの予定（〇年〇月頃までに陳述書及び人証申請を提出する，証拠調べは原告側〇人程度，被告側〇人程度とする，おおむね，〇年〇月頃までに証拠調べを終了する，その他），③審理の終期の予定（概ね〇年〇月頃までに審理を終了する，その他）が記され，更にその項目で裁判所と当事者で合意した事項が明示された書面が作成され当事者双方に交付される等の方法が採られている。

なる。その際，最終的には，審理計画違反に対する制裁の可否が問題となりうるとしても，この審理計画に対する違反行為が存在したという事実だけから直ちに制裁を科すべしとする帰結が生じるわけではない。

制裁は，まず第一に時機に後れた攻撃・防御方法の提出に関する規律（民訴157条）との関係が考慮されなければならない。その際，審理計画が定められた場合にはこれによって当事者にはその合意により訴訟手続上の具体的行為規範が定められたといえる。にもかかわらずなぜこれが遵守されなかったのか，その理由が問われることになる。違反した当事者は，それに対する弁明の機会が与えられ，その弁明が十分なものと認められない場合には，自らの責任としてその攻撃・防御行為は時機に後れたことについてのサンクションが科され，却下される可能性がある（民訴157条の2）。

IV　訴訟手続に関する情報

1　訴訟に関する情報と証拠の収集

迅速で充実した審理を実現するためには，単に当事者と裁判所がその実現について合意し，あるいはそれぞれがその最大限の努力をすべきだと抽象的に求めるだけでは十分でない。そのためには当事者が，訴え提起前の早期の段階で訴訟手続の見通しをつけ，手続の準備に必要な情報などの獲得をすることができるための客観的な基盤を整備することが必要である。

> 従来，訴訟手続に関する情報収集の手段は法律上何ら規定されていなかった。そこで通常は，口頭弁論期日で双方が準備書面を交換することによって初めて相手方の出方を探ることが可能となり，そのうえで自らの訴訟戦略を決めなければならないなど，いわば手探りで訴訟における態度決定のための情報獲得がなされていた。このようなシステムは，従来のわが国の訴訟手続自体の規律が専ら裁判所と当事者間の関係に主眼をおいてなされていたこと，そして特に当事者間の行為の規律が重視されなかったことに起因するといえる[9]。

現行法は，このような従来の手続が持つ問題点を是正するために，当事者が手続進行に必要な訴訟手続に関する情報を相互に交換し，手続の見通しを立て

---

9) 相手方からの情報獲得手段として，訴訟手続上にそのような手段が整備されていない法制度のもとでも，これと独立した形で，情報獲得を可能にする制度が設けられている場合がある。ドイツ法は，実体法上様々な分野で明文の情報請求権を認め，更に補充的に当事者間の信義則（ド民242条）から様々な情報請求権を認める。

ることができるようにする趣旨で，当事者間で訴訟に関する情報を獲得する手段として〈当事者照会〉の制度を設けた（民訴163条）。この〈当事者照会〉制度は，訴訟手続を進めるうえで必要な情報を獲得するために，裁判所を介在させずに当事者間で必要な情報を請求することができるとする制度である（その成立の経緯などにつき，河野〔文献〕146頁以下）。

2 当事者の情報収集権（当事者照会制度）

(1) 趣　　旨

各当事者は，訴え提起前及びその後に訴訟追行に必要な情報を相手方当事者から要求するために，〈当事者照会〉の制度を利用することができる。

当事者照会の制度は，訴訟手続に関して必要な様々な情報につき，訴え提起に伴って発生する訴訟当事者間の法的関係による行為義務を基礎に，相手方に対してその提示を求める権限を明示したものである。このような訴訟当事者の権限とそれに対応する相手方の義務は，一般的に訴訟当事者に課された〈信義誠実に訴訟追行に努めなければならない義務〉を基礎にして，更にその具体的な形態として相手方配慮の義務が生じると考えられる。その際，更に具体的に，必要な訴訟手続に関連した情報を相手方から獲得することができる情報請求権を観念することができ，当事者照会の制度はこのような情報請求権を法律上明確にした制度だと理解することができる。いずれにしても，わが国の当事者照会の制度は，訴訟手続上相手方から直接証拠を獲得するための制度として設けられたものではなく，それは「主張又は立証を準備するために必要な事項」についての情報を相手方から獲得することができるとする制度であると理解される。

現行法は特に迅速で充実した訴訟進行を確保するために当事者に事件についての審理の準備を充実するように求めている。このために攻撃・防御行為につき〈適時提出主義〉を採用し，訴訟手続の進行に応じて適切な時機にこれらを提出し充実した訴訟審理の促進を図るために，当事者に対して手続上早期の段階での具体的対応や態度決定を迫っている。しかしそのためには当事者はできる限り早期に手続に関する情報を獲得できなければならない。これなしに単に当事者に対して攻撃防御方法を早期に提出することを強制し手続上重要な決定を迫ることは，場合により不意打ちをもたらす可能性がある。このような事態を避けるために，訴訟当事者間では一般に〈相手方顧慮の義務〉があることを前提にしつつ，更にそれを具体的な手続として顕在化させる必要がある。〈当

事者照会〉はこのような状況に対応して設けられた訴訟に関する情報獲得の制度である。

　訴訟に関する情報獲得の必要性は，訴えが提起された後はもちろん，訴え提起前の段階でも存在する。そこで充実した訴訟準備を，訴え提起の最初の段階から行うことができるようにするために，提訴予告通知を行いその通知日から4月以内に限り〈当事者照会〉を行うことができることとし，更に裁判所は〈証拠収集処分〉をすることができる旨の改正を平成15年（法律108号）に行った（民訴132条の2以下）（⇒第3章第2節Ⅰ2）。

　　このような情報請求権は基本的には具体的な訴訟手続との関連で発生すると考えられるが，現行法はこの関係を訴え提起前の段階にも拡大した。このような拡大の根拠は，「訴え提起の予告通知」をすることによって，基本的には訴訟内で発生する訴訟上の法律関係から派生する〈相手方顧慮の必要性〉が，訴え提起よりも前に遡って発生すると考えることによって正当化している（民訴132条の2，132条の3）。

　当事者照会制度は，訴訟手続に関する当事者間の情報の交換のための制度であること，特にそれが専ら当事者双方の間で発生する法的関係であり，その行使に裁判所を介しない法制度であり，その結果直接裁判所の命令が出されずまたその違反に対する裁判所による制裁が法定されていない点に特徴がある[10]。

(2)　要件と手続

1)　**要　件**　　当事者照会制度により訴訟に関する情報を請求するためには以下の要件が必要である（民訴163条）。

①　**訴訟が係属中あるいは提訴の予告をしていること**　　当事者照会は，充実した迅速な民事訴訟手続を実現するために，係属する訴訟の両当事者の間では信義則上特別に相手方に訴訟手続に関して不測の損害を生じさせることがないよう配慮する義務だとみることができるが，このような具体的な当事者間での義務の発生は，まず訴訟が係属した場合に生じる特別の関係として承認することができる（相手方顧慮義務）。もっともこのような信義則上の義務の発生は，

---

[10]　この制度を立法するに際して参照されたものに，アメリカ合衆国連邦民事訴訟規則のディスカヴァリー（同規則26条以下）の中での質問書（interrogatories）の制度がある。これは，裁判所を介することなく直接相手方に文書で質問をすることができる制度（同規則33条）であり，他のディスカヴァリー制度（例えば，証言録取）と併用することができることからその前提として利用された。その後，ディスカヴァリー制度については濫用の弊害が指摘され，1993年の改正でディスクロージャーによる手続の早期段階での情報交換によりディスカヴァリーの濫用を防止する試みがなされている（河野〔文献〕152頁）。

必ず訴訟係属後でなければならないわけではなく,訴訟提起前であっても訴えが不可避の状況にあれば,その事前の効果として承認することができる。現行法は,この義務を提訴前にも拡張し,提訴予告通知がなされた後4月間に限って当事者照会を用いることができることとした(民訴132条の2)。

② 訴訟の相手方に対して請求　当事者照会は訴訟の相手方に対して行うことができるのであり,これを越えて第三者に対して請求することはできない。このような情報請求権は訴訟手続の当事者間で認められる相手方顧慮義務を基礎としているからである。

③ 主張又は立証を準備するために必要な事項　相手方に対して求めることができる請求権の具体的内容は,訴訟手続において自らが主張し立証をするための準備に必要な事項についての情報の取得である。即ち,「主張又は立証を準備するために必要な事項」であれば照会をすることができる。ただし,(i)具体的又は個別的でない照会,(ii)相手方を侮辱し,又は困惑させる照会,(iii)既にした照会と重複する照会,(iv)意見を求める照会,(v)相手方が回答するために不相当な費用又は時間を要する照会,(vi)証言拒絶に関する事項(民訴196条,197条)と同様の事項についての照会をすることはできない(民訴163条各号)。

④ 相当の期間を定めて書面で回答することを求める　相手方が回答に要する相当な期間的猶予を与えなければならない。

⑤ 照会は書面で行わなければならない

2)　手　続　照会は,相当の期間を定めて文書で相手方に送付して行う[11]。相手方に代理人が付いている場合は代理人に対して送付しなければならない(民訴規84条1項)。当事者照会制度は,基本的に相手方に代理人が付いている場合に適正な運用が期待できる制度である。代理人が付いていない場合にも利用ができないわけではないが,照会者側代理人は慎重な配慮が必要である(森脇〔文献〕180頁)。

(3)　効　　果

当事者照会制度では,照会に対して違反した場合のサンクションを予定せず,その運用は照会者の側及びその相手方のいずれにも誠実な対応を期待している。このことは,裁判所の関与について十分な注意を必要とする。

照会者の側では,この制度を濫用して相手方の手持ち証拠の中から自己に有

---

[11] 書式例は,西村健「当事者照会」論点新民訴128頁,145頁。

利なものを探す，いわゆる〈証拠漁り〉に利用してはならない。裁判所はそのような利用の可能性がある場合に軽々に意見を述べるべきではない。また当事者照会に対する回答がなされなかった場合や不適切な回答がなされた場合についても，そのことのみをもって直ちに弁論の全趣旨としてこれを不利益に扱うことについては慎重であるべきだろう。当事者もこれらの規律につき直ちに裁判所に頼る態度は慎むべきであり，まずは当事者（代理人）間の信義に基づいた制度として定着させる努力が求められる（園尾〔文献〕200頁）[12]。

V 専門委員制度

1 意　義

今日の高度な科学技術が発達した社会では，民事訴訟手続においてもこれらに関連する紛争が後を絶たない。これらの民事訴訟では事件の審理・判断の中心となるのは高度に技術的な事項であることが多く，従来このような専門技術的事件（例えば，医療過誤，建築事件，知的財産権事件等）ではその手続上の取扱いに様々な困難が存在した。これらの事件では，本来裁判所がこれらの専門技術的事項について十分に知悉しているのでなければ事件について適切な争点の整理をし手続審理を誘導し実体について判断を下すことができないはずである。またそもそも訴訟当事者（特に訴訟代理人）もこれらの専門的事項について十分な理解力がなければ，争点の特定や証拠の収集において困難を来す。従来の民事訴訟手続では，このような高度に専門的な知識の獲得をするための手段としては，〈鑑定〉の制度が存在したにすぎない[13]。しかし，鑑定制度は本来証拠調べの一部にすぎず，また適切な鑑定人の選任自体が極めて困難であり，この制度のみに頼るのでは不十分でこれらの事件の審理は一般に遅延しがちであり，抜本的解決策が求められていた。高度に専門的な事項に知悉した者を訴訟手続に関与させることによってこれらの困難を回避するために，平成15年民事訴訟法改正（平成15年法律108号）により，専門委員の制度が（民訴92条の2～92条の7），また知的財産事件についてはその管轄を集中化し，専門的知識を有する者を裁判所の調査官とする制度を設けた（民訴92条の8及び92条の9）。

---

[12] 当事者照会の制度はあまり利用されていない。その代理人側の問題点について，山浦善樹報告「〔シンポジウム〕訴訟手続と弁護士の行動指針」民訴52号70頁。

[13] 訴訟代理人については，その専門知識の獲得は専ら訴訟代理人の個人的な努力とその事件準備にあたっての入念な調査に委ねられた。今後さらに代理人の専門化が求められるであろうが，これを専ら個人の努力とすることはもはや不十分であり，系統的な教育システムの構築が，特に法科大学院などで求められよう。

2 専門委員

　裁判所は，高度に技術的な知見を必要とする事件の審理にあたり，専門委員を手続に関与させることができる（民訴92条の2）。
　専門委員には，様々な専門分野で学識経験が豊かな人物が「専門委員」として最高裁判所により任命される（専門委員規則1条）[14]。専門委員には欠格事由がある（同規則2条）。その任期は2年であり，専門委員は非常勤の裁判所職員である。手続に関与した場合には旅費，宿泊費，日当が支給される（同規則7条）[15]。

3 専門委員の手続関与

　専門委員が関与することのできる訴訟手続は，①争点整理，②訴訟進行の協議手続，③証拠調べ手続，④訴訟上の和解手続である。それぞれについて裁判所は〈決定〉でその手続関与を決定する。これを超えて，専門委員は裁判所の最終的な事件判断には関与することができない。

　①　争点整理　　裁判所は争点整理のために必要があると認めるときは，当事者の意見を聴いて，決定で，専門委員を争点整理手続に関与させることができる（民訴92条の2第1項）。争点整理の段階ではそのすべての手続での関与が可能である。争点整理手続では書証の取調べが行われるが，専門委員はこれに関与することができ，書証について意見を述べることができる。

　②　訴訟進行の協議　　訴訟手続の進行に関しても，その円滑な進行を図るために必要であると認めるときは，裁判所は当事者の意見を聴いて訴訟手続の進行協議に専門委員を関与させることができる。進行の協議は，通常，進行協議手続でなされるが（民訴規95条，34条の2），進行協議手続であれば専門委員の関与はこれに限定されない（民訴92条の2第1項）。

　③　証拠調べ手続　　証拠調べの手続において，訴訟関係又は証拠調べの結果の趣旨を明確にするために必要があると認めるときは，裁判所は当事者の意見を聴いて決定で専門委員の手続関与を定める（民訴92条の2第2項）。専門委員は求めに応じて，裁判所及び当事者に対してこれらの説明をすることができる。

　④　訴訟上の和解　　裁判所は裁判上の和解を試みるにあたっても，必要があると認めるときは，専門委員の手続関与を決定で定めることができる（民訴92条の2第3項）。この場合には裁判所は当事者の同意を得てこれを行う必要がある。和解案の作成においても重要な事項について専門的見地から意見を述べて，その参考に

---

[14]　平成19年2月1日現在の専門委員の数は，医事関係730人，建築関係496人，知的財産関係207人，その他134人，合計1567人である（最高裁判所編著・裁判所データブック2007〔判例調査会・2007〕24頁）。

[15]　専門委員は鑑定人とは異なり裁判所の非常勤職員である。専門委員に関しては「専門委員規則」（平成15年最高裁規則20号）が定められている。

供することができる。
4　手続上の地位
　専門委員は裁判所及び当事者に対して，審理に必要な専門的知見を補充するために手続関与が認められており，事件の審理・判断自体を行う権限が与えられているわけではない。その関与は，あくまでも裁判所及び当事者に対して専門的知識を補充することにある。
5　知的財産権事件等における調査官制度
(1)　制度の趣旨
　最高裁判所，各高等裁判所及び各地方裁判所には裁判所調査官が置かれており，特に地方裁判所では知的財産権や租税関係訴訟に限り裁判長の命を受けて審理判断に必要な調査その他，法律で定める事項を行うことができる（裁57条）。これを受けて，既に知的財産関係訴訟を担当するために裁判所調査官が東京高裁に配置されていた[16]。民事訴訟法は特に知的財産に関する審理・判断について必要があると認められる場合には，高等裁判所又は地方裁判所で知的財産に関する事件の審理及び裁判に関して調査を行う裁判所調査官に一定の事項に関して事務を行わせることができることとした（民訴92条の8）。調査官は，裁判所における常勤の職員である。
(2)　手続関与
　知的財産に関する訴訟手続において専門の調査官が関与することができるのは民事訴訟法で列挙された事項についてであり（民訴92条の8各号），すべての手続ではない。調査官は直接に事件の判断自体に関与することはできないが，その前段階では事案の持つ技術的法律的な複雑性をその専門的知見に基づいて解明するために，いくつかの局面でこれらの者の手続関与が認められる。
　　1）　関与が可能な一般的期日及び手続　知的財産に関する事件では事実関係が強い専門技術性及び複雑な法律関係のゆえに，当事者の主張が不明確であり十分に明確にできていない場合がある。そこでまず，いくつかの期日又は手続に関与して直接当事者に対して裁判所が釈明権を行使し事件について訴訟関係を明瞭にする必要がある場合がある。これらの専門の調査員が関与することができる期日及び手続としては，①口頭弁論又は審尋の期日，②争点又は証拠の整理を行うための手続，③文書の提出義務又は検証の目的の提示義務の有無を判断するための手続，④争点又は証拠の整理に係る事項その他訴訟手続の進行に関し必要な事項についての協議を行うための手続がある（民訴92条の8第1号）。専門の調査官は裁判長の命を受けて，これらの期日又は手続で，複雑な訴訟関係を明瞭にするために，事実上及び

---

[16]　東京高裁への裁判所調査官の配置は昭和24年であり，それ以後の長期の実績がある。この間の状況については，高林龍「知的財産権関係訴訟における裁判所調査官の役割」工所法20号37頁以下。

法律上の事項に関して問いを発し，又は立証を促すことができる。

　2)　証拠調べ期日　　証拠調べの期日で直接に証人，当事者本人又は鑑定人に対して直接に問いを発することができる（同2号）。

　3)　和解期日　　和解期日において，その専門的な知見に基づいて説明をすることができる（同3号）。

　4)　上記期日や手続以外にも，裁判官に対して意見を述べることができる（同4号）。

(3)　手続上の地位

　知的財産に関する訴訟に関与する調査官は，あくまでも裁判所の補助機関として訴訟に関与する。知的財産に関する専門の知見を有する者であり，これを管轄する裁判所に配属されている。調査官については，除斥，忌避の手続が定められている（民訴92条の9）。

第3節　訴えに対する被告の対応と原告の反応

〔文献〕

森勇「積極否認と訴訟への影響」大系(2)62頁，飯村敏明「第1回口頭弁論期日前の参考事項の聴取について」大系(2)89頁

I　序

　訴えが提起され，訴状が裁判所の審査を経てその副本が被告に送達されると，被告はこれに対する何らかの態度決定をし，それを示した応答を裁判所にするのが通常である（もっとも，被告が応答をせず，口頭弁論期日にも全く出席しない場合もある。⇒第7節）。被告のこの応答は，まず〈答弁書〉によってなされる。答弁書とは，被告が作成・提出する最初の準備書面である（準備書面一般については⇒第4節Ⅲ）。

II　訴えに対する被告の態度

1　総　　論

　民事訴訟では弁論主義のもとで裁判所は当事者間に争いのある事項についてのみ判断をするから，どの点に争いがあるのか，〈争点〉を明確にしなければならない。争点は原告側の請求に対して被告が一定の応答をすることによって

当事者間で争われる事項が明らかになり，争いのない事項と分別される。争いのある事項について，以下の訴訟手続で裁判所は更に審理し判断を行う必要がある。

　審理を開始するに際して，まず，原告はその請求する事項について，具体的にどのような主張をするかその態度を明らかにし，被告はその請求を争う場合には原告がその請求を基礎づけるために主張している事項のどの点を争おうとするのかを明らかにしなければならない。

2　被告の態度決定

　被告は，原告の請求とそれを基礎づける事実や法的主張に対して，訴訟法上は具体的に次のような対応をすることができる。もっとも原告の請求に対して，被告が全く応答をせず具体的対応をしないことも可能である。被告は応訴を強制されるわけではなく，実際にもかなり多くの事件で，被告側からは何らの応答もなされず，被告側欠席のまま事件が終結している（このような事件の取扱いについては⇒第7節）。この場合には結局原告の請求とそれを基礎づける主張が一方的に認められて，被告には敗訴をする危険性がある。

　被告が原告の請求と具体的な主張に対して応答をし，自らの立場を明らかにするには，その対応の仕方には結論的に以下の可能性がある。

　①　認める　　原告の〈請求〉自体を被告が認める場合は〈請求認諾〉となり，訴訟物自体について被告の処分行為が行われて，もはや，裁判所の判決による紛争の解決は必要でない。この場合は認諾調書が作成されて訴訟手続は終了する（⇒第7章第3節）。これに対して，請求を基礎づけるために原告が主張した事実について争わず，被告が「認める」と応答する場合には，それによって最終的に当事者間で当該事実の存否につき争いがない状況になり，弁論主義の原則上裁判所はもはやそれとは異なる事実の認定・判断をすることができない。

　その事実が被告にとって不利なものであれば，原告はその事実の証明を免れるという手続上有利な地位を取得する。同じことは被告の主張する事実について原告が認めた場合にもいえる。このような証明を不要とする手続上生じた有利な地位を訴訟手続の過程内で相手方当事者に保障するためには，特にこのような当事者の陳述に拘束力を与えてそれが以後の手続過程で容易に覆されない手続上安定した地位を相手方に保障する必要がある。これを，〈裁判上の自白〉という（⇒第6節）。

② 否　認　　被告は原告の主張する事項を否定する場合に，原告の主張を〈否認〉することができる。〈否認〉は，原告が証明責任を負う事項につき（この点の詳細は⇒第9章第4節）その主張を否定する場合であり，これによって原告が主張する事項について被告が争うことになるから，原告はこの主張事項について裁判官の確信を得るべく立証に努めなければならないことになる。その結果としてなお裁判官の確信を得ることに成功しなければ，たとえその真偽が不明であっても証明責任に基づく判断により，結局原告に不利益な判断が下される。否認をする場合にも，単に否認をする場合と別の事実やその理由を積極的に述べて否認する場合がある。前者を〈単純否認〉，後者を〈積極否認〉あるいは〈理由付否認〉という。

③ 不　知　　原告が主張する事実について被告が知らない場合には，「不知」の答弁がなされる。この場合には，当該事項について被告が争ったものと推定され（民訴159条2項），〈否認〉した場合と同様に原告はその主張する事実につき証明が必要である。証明が成功しない場合や真偽不明の場合には証明責任の定めによりその事実の認定はなされず，その結果発生する不利益は原告の負担となる。

④ 抗弁の提出　　被告は，原告の主張に対して積極的に自らが証明責任を負う事実の存在を主張して防御をすることもできる。このような事項を〈抗弁〉という。〈抗弁〉は，被告が自ら証明責任を負う事項を主張して，原告の請求する事項に対する防御をする場合である。このような被告側の抗弁に対して原告が否認し又は不知と答弁することによって争えば，被告は自らその事由が存在することについて証明をしなければならず，これに積極的に成功しない場合，又はその事由について真偽不明の場合には証明責任による判断に基づき不利益な判断という負担を受けることになる（証明責任の基本観念，及びその分担法則については⇒第9章第4節）。

このうち，②以下は被告の防御行為である。これらの防御方法のほか，被告は自分に対する訴訟手続を利用して，この手続内で積極的に原告に対する訴えを提起することができる。これを〈反訴〉という（民訴146条，なお反訴については⇒第11章第5節）。

3　否認と抗弁

(1)　否認の形態

被告が行う防御方法のうち，否認及び原告の主張を知らない旨の陳述は，

「事実を争ったものと推定する」との規定（民訴159条2項）により，黙示的には相手方の主張に対する証拠調べを要求する行為である。これは単なる観念の通知とみるべきではなく，訴訟上の意思表示行為である（松本＝上野278頁）。否認はその形態としては，①単純否認と，②積極（理由付）否認がある（「間接否認」とも呼ばれる）。

単純否認は，相手方の主張に対して具体的理由を示さないで否認する場合をいう。これに対して，積極否認は，相手方の事実主張に対して，これと両立し得ない事実を主張することによって，相手方の主張する事実を否定する場合をいう。

　†〔例〕　**積極否認**：貸金返還請求訴訟で原告が消費貸借契約の成立と金銭の授与を主張するのに対して，被告が金銭の授受自体は認めるが，それは贈与契約による履行として受けたものだと答弁する場合など。

従来，わが国の実務では一般に単純否認が無条件で許されてきた。そのために，原告の主張に対して被告側ではとりあえず原告の主張を否認して相手方の様子をうかがいその間に更に詳細な主張・立証の準備を行うなどの対応がなされてきた。このような訴訟のやり方では口頭弁論が開始してもなかなか争点が明確にならず，口頭弁論期日では形式的な応答に終始し徒に日数のみが費やされ，雨垂れ式の訴訟進行の原因となり，訴訟遅延の大きな原因だとされてきた。このような状況を改善するために，現行法は，否認をする場合には原則として具体的な事実による理由づけを要求した（民訴規79条3項）。原告が具体的な事実をあげて，請求をしている場合に，そのような請求を基礎づける事実について被告がそれを否定するには，それなりに何らかの理由が存在するのが通常だからである。このような具体的事実に基づいた否認がなされることによって初めて当事者間での具体的紛争関係が明確になる。充実した審理を実現するためには，手続のはじめから具体的な争点をできる限り明らかにする必要がある。

もっとも，被告側代理人は事件を受任して早々に答弁書を提出しなければならないなどの事情がある場合には，答弁書に具体的な理由を記載した否認を要求することは期待が困難であろう。また，被告側に対して単純否認ではなく，積極否認を要求することができるためには，そもそも原告側が訴状で具体的な事実に基づいた主張をしている場合に初めて可能であることも確かである。被告側代理人に時間的余裕がなかった場合には，答弁書の記載を補充した準備書面を答弁書提出後にできるだけ早く提出することが求められる（民訴規80条1

項後段)。また，原告側・被告側を問わず，訴訟を提起するための事前の情報取得の必要がある場合が少なくない。その要請を実現するために現行法は訴えを提起する前の準備段階で情報や証拠を獲得するための手段を整備しており，これらを積極的に利用して事件の準備を十分に行うことが望まれる（上述⇒第2節Ⅳ1）。

本来，被告の〈否認〉が，相手方の主張する事実につき相手方に証明を要求する訴訟上の意思の表明であることからすれば，被告はできる限り，単純否認は避け，またやむを得ずなされた単純否認もできるだけ早期にその理由を示して積極否認をすべきである（積極否認については，森〔文献〕62頁)[17]。

(2) 抗　　弁

被告が提出することができる〈抗弁〉には次の類型がある。

① 権利障害抗弁　　原告側の請求を根拠づける請求原因事実の主張に対して，その事実に基づく権利関係の発生自体を阻止する事由が存在する旨の主張である。

†〔例〕　売買契約に基づく代金支払請求訴訟で，その売買契約が心裡留保（民93条），通謀虚偽表示（民94条1項）や錯誤（民95条）により無効だと主張する場合，契約が公序良俗に反し無効だと主張する場合（民90条）など。

② 権利滅却抗弁　　原告が主張する事実に基づいて発生した権利関係について，後にこの権利関係を消滅させる事由が存在する旨の主張である。このうち，相殺の抗弁は，単に訴求債権の消滅だけでなく訴訟物とは別の自働債権の行使を伴う点（特に既判力の客観的範囲の拡張。民訴114条2項参照）で訴訟手続上特別の取扱いがなされる。

†〔例〕　弁済（民474条），代物弁済（民482条），相殺（民505条），更改（民513条)，免除（民519条）など。

③ 権利阻止抗弁　　原告が主張する事実に基づいて発生した権利関係について，その権利の実行を阻止する事由が存在する旨の抗弁である。

†〔例〕　原告が，係争物について売買契約に基づく引渡請求訴訟を提起したのに

---

[17] 答弁書に具体的事実の記載が要求されているが（民訴規80条1項），この要求は訓辞規定とされている（条解規則176頁）。しかし，その後の準備書面などによる補充により被告に否認を具体化する義務を認めることができる。被告がこれを怠っていれば裁判所は釈明でこれを促すことが必要である。さらに進んで，（サンクションとして）このような答弁を否認とは認めず擬制自白として処理し，また適時に積極否認がない場合には時機に遅れた防御方法として却下すべしと説くのは，森〔文献〕82頁。

対して，被告側が同時履行の抗弁権（民533条）を提出した場合，不動産の明渡請求訴訟で，被告側が当該不動産について賃貸借契約（民601条）の存在を主張する等。

(3) 抗弁に対する原告の対応

被告から抗弁が提出された場合には，原告側はこれに対する態度を明確にしなければならない。原告は抗弁に対して，①認める，②不知，③否認する，④抗弁に対して再抗弁を提出する，などの主張をすることが通常である。被告の答弁により原告側で更に反論を要する場合には，原告は，速やかに，答弁書に記載された事実に対する認否及び再抗弁事実を具体的に記載し，かつ立証を要する事実ごとに，当該事実に関する事実で重要なもの及び証拠を記載した準備書面を提出しなければならない（民訴規81条）。

4 最初の口頭弁論期日

(1) 最初の口頭弁論期日の指定

訴え提起後裁判長の訴状審査を終えると，訴状は被告に対して職権で送達されるが，その際さらに裁判長（単独審の場合は担当裁判官）は，第1回の口頭弁論期日を指定して当事者を呼び出さなければならない（民訴139条）。

この口頭弁論期日の指定については，「訴えが提起されたときは，裁判長は，速やかに，口頭弁論の期日を指定しなければならない」（民訴規60条1項）と定めており，特別の事由がない限り訴えが提起された日から30日以内の日に第1回口頭弁論期日を指定しなければならないものとしている（同条2項）。

もっとも第1回口頭弁論期日の指定については，①これを早期に指定して実施する方法と，②ある程度の期間をおいて実施する方法の二様の方法がある（飯村〔文献〕91頁）。通常は①の方法が採られる。

(2) 最初の期日前の事情の聴取

事件の振り分けや審理の方法を決めるためには，その事件が訴えられるまでにどのような経過をたどったのか，また当事者がどのような手続運営を望んでいるのかを知ることが重要な手がかりになりうる。そこで，裁判所は最初の口頭弁論期日前に当事者から，訴訟の進行に関する意見その他訴訟進行について参考とすべき事項の聴取をすることができるものとしている（民訴規61条）。この当事者からの意見聴取は口頭弁論外で行われるため，裁判長は裁判所書記官に命じて行わせることができる（同条2項）。

(3) 最初の口頭弁論期日

1) 期日の内容　最初の口頭弁論期日をどのように運営すべきかについては明確な定めがあるわけではない。一般的には，最初の口頭弁論期日は次のような形でなされる。

まず原告が訴状に基づいて本案の申立て及びこれに関する主張を陳述する。これに対して，被告側は答弁書に基づいてその主張を陳述する[18]。第1回口頭弁論期日が開かれる前に，既に弁論準備の手続が行われた場合は，最初の期日で当事者は弁論準備調書（民訴規88条）又はこれに代わる準備書面に基づいて弁論準備手続の結果を陳述しなければならない（民訴173条）。これによって証明が必要な点があれば証拠調べが行われる。証拠調べは，裁判所外で行わなければならない場合を除き，口頭弁論期日を開いて行われる。

弁論準備の手続がまだ開かれていない場合には，最初の口頭弁論期日における当事者の陳述によって，事件についての争点整理が必要であれば争点整理のための手続が続けられる（当事者が欠席した場合の取扱いは⇒第7節）。

2) 期日の続行　口頭弁論手続は，事件が終局判決に熟するまで続けられる。開かれた口頭弁論期日内では足りないときは，裁判長は期日を続行する。これらの数度にわたる口頭弁論は一体として取り扱われる（「口頭弁論の一体性」の原則）。

第4節　争点整理

〔文献〕

秋山幹男「訴状・答弁書・準備書面の記載事項と攻撃防御方法の提出時期」講座新民訴(1)243頁，上原敏夫「弁論準備手続」講座新民訴(1)309頁，福田剛久「準備的口頭弁論と書面による準備手続」講座新民訴(1)291頁，加藤・裁量1頁，加藤新太郎「弁論準備手続の機能」争点3版164頁，西野喜一「争点整理と集中審理」争点3版162頁

I　争点及び証拠整理の意義と裁判所の役割

充実した訴訟手続を迅速に行うためには，当事者間で事件の争点が十分に明らかにされ，この争点に関して集中した証拠調べがなされなければならない。民事訴訟手続は，口頭弁論期日において事件の審理を進めることを原則とするが，このように予め指定された特定の期日における手続を充実したものにする

---

18)　もっとも，実際には原告側は「訴状記載の通り」と述べ，被告側も「答弁書記載の通り」と述べるに留まることが多い。

ためには，事前にそのための十分な準備を行い，特に解明を必要とする争点を明らかにし，それに必要な証拠を整理・準備しておくことが必要である。

　弁論主義が支配する民事訴訟手続では，裁判に必要な資料は専ら当事者が提出しなければならない（⇒第5章第4節Ⅱ）。しかし，訴訟の過程で当事者がどのような主張をし，またその主張を裏付けるためにどのような証拠資料を提出しなければならないのかの決定を，専ら当事者それぞれの自主的な判断のみに委ねたのでは充実した訴訟手続の運営は必ずしも十分には期待し得ない。また当事者も裁判所も何の準備をすることなく，いきなり口頭弁論期日を中心にした訴訟進行を行うのでは，当事者双方の主張や立証が十分にかみ合ったものとはなり得ない。そこで，これらを十分に調整し期日がメリハリのきいた充実した手続にするためには，できるだけ重要な争点を明確にすると共に枝葉末節を（主張の取下げや裁判上の自白などで）排除し，その争点となった事実の認定に必要な証拠を確認するなどの事前の準備・調整を必要とする。

　　事前の準備・調整の形態は，民事訴訟手続がどのような基本構造を有しているかによって大きく異なる（手続の構造については⇒第5章第1節Ⅱ）。伝統的なアメリカ民事訴訟手続のように，裁判所の積極的関与が，原則として手続の流れのうちで最終的な公判手続（trial）に限定される構造の訴訟手続では，争点の整理・調整は，専ら当事者双方（即ち双方の訴訟代理人）の責任で行われることが多い[19]。これに対して，訴訟手続の最初から，主として裁判所の主導の下で手続が進行するわが国やドイツの民事訴訟手続では，これらの，争点や立証事項の整理や証拠の整理などは当初から裁判所が関与して行う手続形態を採用している。そのために，民事訴訟法は〈準備書面〉だけでなく，裁判所が関与して行われる〈弁論準備のための手続〉を設けている。

Ⅱ　準 備 書 面

1　準備書面の必要性

　民事訴訟手続における当事者の主張や立証は主として，そのために特に定められた期日において，口頭での弁論という形式によって行われる（民訴87条）。しかし，この口頭弁論が充実した内容であるためには，当事者が口頭弁論で行

---

[19]　アメリカ民事訴訟手続でも，近時は公判前準備手続（pretrial conference）が行われるが，訴訟手続全体の構造はドイツやわが国の場合とは根本的に異なる。イギリスでは，新民事訴訟法の下で，ケースマネージメントが取り入れられ当事者支配から裁判所の関与の強化が指摘されている（*Andrews*, The Modern Civil Process, 2008, 2.13, 2.17）。

う行為の内容につき，予め書面で十分に主張すべき事項を準備し相手方や裁判所に予告したうえで，口頭弁論期日ではそれぞれの対応を明確にして充実した手続追行がなされなければならない（民訴161条1項）。この口頭弁論で行われる手続の準備のために提出される文書を〈準備書面〉という。

〈準備書面〉は，当事者が口頭弁論期日で提出しようとする攻撃・防御方法や，相手方の攻撃・防御方法に対する自らの回答を記載した文書であり，これを裁判所に口頭弁論期日前に提出し，また相手方に対しても裁判所を経由することなく〈直送〉することによって，裁判所及び相手方に対して次回期日で行おうとする訴訟行為の内容を予告する機能を持つ。また，口頭弁論期日で行われる予定の訴訟行為の内容はすでにこの準備書面で予告されているから，たとえ口頭弁論期日に相手方が欠席しても，その者にとって不意打ちになるおそれはない。そこで準備書面に記載された事実については，相手方欠席の場合でも在廷の当事者はそれを主張することが許される。

準備書面は，同名の文書だけでなく，訴状も必要的記載事項の他に攻撃方法などが記載されている場合は準備書面を兼ねる。控訴状や上告状についても同様である。

準備書面は当事者双方が提出しなければならないが，特に被告が訴状の送達を受けて，これに対する自らの応答を記載して裁判所に提出する最初の準備書面及び控訴がなされた場合に被控訴人が提出する最初の準備書面を〈答弁書〉という。

準備書面には準備書面として必要な事項（⇒2(1)）の他，期日指定の申立て，証拠申出，受継の申出など，裁判所に対する一定の申立事項が記載されているときは，その記載は準備書面としての記載ではなく，これらの裁判所の行為の申立て行為であり，それは訴訟行為としての性質を持つ。

さらに，準備書面には訴訟上の防御方法として口頭弁論で主張する実体法上の形成権の行使の意思表示等を記載することがある（その効果につき⇒3(1)）。

なお，準備書面は口頭弁論を準備するために，それに先行して作成され相手方及び裁判所に送付される文書であり，それが口頭弁論自体を代替するものではない。

2 準備書面の記載事項とその交換

(1) 準備書面の記載事項

準備書面に記載すべき事項は一般に，①攻撃又は防御の方法及び，②相手方

の請求及び攻撃又は防御の方法に対する陳述である（民訴161条2項各号）。

これを受けて，民訴規則では詳細に準備書面に記載すべき事項とその記載方法とを定めた。

① 事実主張の記載　準備書面に事実についての主張を記載する場合には，できる限り請求を理由づける事実，抗弁事実又は再抗弁事実についての主張とこれらに関連する事実についての主張とを区別して記載しなければならない（民訴規79条2項）。またこれらの場合に，立証を要する事由ごとに，その証拠を記載しなければならない（同条4項）。

② 答弁書の記載　準備書面のうち，特に〈答弁書〉には，請求の趣旨に対する答弁を記載するほか，訴状に記載された事実に対する認否及び抗弁事実を具体的に記載し，かつ，立証を要する事由ごとに，当該事実に関する事実で重要なもの及び証拠を記載しなければならない。やむを得ない事由によりこれらを記載することができなかった場合は，答弁書を提出した後速やかに，これらを記載した準備書面を提出しなければならない（民訴規80条1項）。また，立証を要する事由については，重要な書証の写しを添付しなければならない。やむを得ない事由でこれを添付することができない場合は，答弁書の提出後速やかにこれを提出しなければならない（同条2項）。

③ 答弁に対する反論　原告が被告の答弁に対して反論をする必要がある場合には，原告は速やかに，答弁書に記載された事実に対する認否及び再抗弁事実を具体的に記載し，かつ，立証を必要とすることになった事由ごとに，当該事実に関連する事実で重要なもの及び証拠を記載した準備書面を提出しなければならない（民訴規81条）。この準備書面には，立証を必要とすることになった事由について，重要な書証の写しを添付しなければならない。

(2)　準備書面の交換と裁判所への提出

準備書面を作成することの主要な目的は口頭弁論の準備にあり，それは主として当事者双方がそれぞれの言い分を明らかにし事前に相手に知らせて，相手方の言い分を十分に検討したうえで更に反論を尽くすことで双方の言い分の合致点と相違点とを明確にする点にある。したがって，準備書面は，それぞれの当事者がそれを受け取ってから更にそれに対応する準備をすることができるのに必要な時間的な余裕がなければならない。そこで，準備書面については期日前に，相手方がそれに対する準備をするのに必要な期間を置いて相手方に「直送」し（民訴規83条），その準備書面を更に裁判所にも提出しなければならないものとしている（民訴規79条1項）。

準備書面の直送を受けた当事者は，それを〈受領した旨を記載した書面〉を

直送すると共にその書面を裁判所に提出して，当事者間での準備書面が確実に交換されていることを明らかにしなければならない（民訴規83条2項）。

また，準備書面に引用した文書については，当事者は裁判所又は相手方当事者の求めがあればその写しを提出しなければならず，またその写しを相手方にも直送しなければならない（民訴規82条）。

3 準備書面記載の効果

準備書面の記載には一定の訴訟法上の効果が与えられている。しかし，準備書面はあくまでも口頭弁論を準備するための書面だから，たとえ準備書面が交換されてそれぞれの主張などが明確になったとしても，そのことのみで口頭弁論自体が不要になるわけではない。むしろ，このような準備書面の交換を前提にしたうえで，充実した口頭弁論が実施されなければならない。準備書面を提出した場合としなかった場合とではその効果に違いがある。

(1) 準備書面を提出した場合

準備書面を提出した場合には，たとえ相手方が口頭弁論期日に欠席しても，出席した側の当事者はその準備書面の記載の事実を主張することができる（民訴161条3項）。相手方には既にその内容が示されているからである。もっとも，準備書面が交換・提出された場合であっても，口頭弁論期日でその内容が陳述されなければ，口頭主義の原則から裁判所はそれらの事項を訴訟資料として判決の基礎にすることができず，準備書面としての意義はないのが原則である。

しかし，最初の期日についてだけは，この点について例外が定められている。最初の期日に限り，準備書面を提出しておけばたとえその当事者が欠席しても，準備書面に記載した事実を陳述したものとして取り扱われ（民訴158条），これを前提に出席した相手方に弁論をさせることができる。そうでなければ，当事者の欠席によりそもそも事件を進行させること自体が困難となるからである。

> これらの訴訟法上の取扱いの他に，準備書面が当事者間で直送され，交換される文書であることから，その書面に実体法上の意思表示が記載される場合がある（例えば，法律行為の取消し，解除，相殺の意思表示など）。この場合に，準備書面が相手方に直送されたことによって，実体法上の意思表示の効果が発生する。これらの行為を準備書面に記載することは，口頭弁論でその陳述をすることを予定しているが，実体法上の効果自体はその意思が相手方に到達することによって発生するのであり，口頭弁論での陳述によって初めて効果が生じるのではない（なお，この点に関し⇒第6章）。

(2) 準備書面を提出しなかった場合

　準備書面が提出されない場合や，たとえ提出されても準備書面に記載されていない事実は，相手方が在廷しなければ口頭弁論で主張することができない（民訴161条3項）。このような事実は欠席した当事者には予告されていないが，それにかかわらず出席当事者の主張を許すと，欠席者には応答の機会が与えられないことになるからである。この場合に相手方当事者が口頭弁論で主張した事実に対して「争うことを明らかにしない場合」だとしてその事実を自白したものと擬制し（民訴159条），直ちに結審するのは不公平である[20]。

　ここでいう「事実」に攻撃・防御方法が含まれることに争いはない。これに対して，単なる〈認否〉は，当然に予想されることだから，ここにいう〈事実〉には含まれない。ただし，積極否認の場合には，新たな事実が含まれることが多いのでこれに含まれると解される（注釈民訴(5)472頁〔竜嵜喜助〕）。

　〈証拠申出〉がこれに含まれるかについては争いがあるが，証拠申出もこれに含まれると解すべきであろう。証拠調べへの立会やその結果についての弁論も事実認定に重大な影響がある以上，その機会を奪うことは不公平なこと，また職権証拠調べの場合でも必ずその結果について当事者の意見を聴かなければならないのだから（参照，人訴20条），通常の事件で当事者の一方が不知の間に証拠調べを済ますことは許されないと考えられるからである（兼子・体系221頁，新堂472頁）。判例は，被告欠席の第一審期日で書証の提出がなされ，原告主張の消費貸借成立の事実が認定されたケースにつき，控訴裁判所が，書証につき準備書面に記載がなくまた書証の写しの送達もないのにこの書証を用いて消費貸借の成立を認定しても，控訴審でも第一審の認定事実が主張されることが被告には予想できたから，違法ではないとしている（最(3小)判昭和27年6月17日民集6巻6号595頁[21]）。また，証拠の申出と証拠調べは区別すべきであり，証拠申出は許容されるが，証拠調べの実施まで許すべきでないとの見解もある（上田256頁）。

　相手方が出席していれば，準備書面に記載しない事実も主張することができる。しかし，予告がないために相手方が直ちに回答できず，続行期日が必要に

---

20) 〈欠席判決制度〉を採用する場合，出席当事者は欠席判決の申立てができる。しかしその場合異議により，欠席したこと自体による判決からの回復ができる。わが国は欠席判決制度を採用していない。なお欠席判決制度については⇒第7節Ⅰ。
21) 宮脇幸彦・百選2版152頁。

なることがあり得る。そのための余分な費用は，たとえ勝訴してもこの事実を主張した当事者に費用負担が命じられる可能性がある（民訴63条）。

Ⅲ　争点整理の手続

1　総　　論

充実した口頭弁論を行うためには，口頭弁論期日に行われる弁論につき，その争点を十分に明らかにし，また必要な証拠について十分に整理をするための事前の手続が必要である。現行法は，このために争点及び証拠整理のための手続を整備し，特に人証の取調べをその後で集中して行うことができるように配慮した。このために〈準備的口頭弁論〉（民訴164条～167条），〈弁論準備手続〉（民訴168条～174条）及び〈書面による準備手続〉（民訴175条～178条）の制度を設けた。また，民事訴訟規則にも専ら手続進行に関する協議を行う手続として〈進行協議期日〉（民訴規95条～98条）を規定している。これらのうちどの準備のための手続を採用するか，あるいは事件が簡単である等の理由でその必要がないと判断するかは裁判所の裁量による。

裁判所は，訴えが提起された後，速やかに第1回口頭弁論期日を開かなければならないが，そこで，争いがある事件と争いがない事件の振り分けを行う必要がある。特に争いがある事件については，当事者の意見を聴きながら，どのような方法で争点や証拠を整理するかを判断しなければならない。もっとも，書面による準備手続が適切だと考えられる場合は，それは第1回口頭弁論期日に先立って行われる。

2　準備的口頭弁論

(1)　意　　義

準備的口頭弁論の制度は，専ら後に行われる口頭弁論の準備のために口頭弁論手続自体を利用するものである。口頭弁論を行うにあたり複雑な事件について漫然とそれを行うことは混乱を招く可能性が高い。そこで，口頭弁論自体を，専ら準備のために行うものと本来的な口頭弁論とを意識的に区別して運用しようとするものである。

　　　このような運用自体は既に旧法時に存在したが（旧民訴規26条），それは，運用上の可能性として規則で定められていたにすぎず，現実はその意義が理解されず十分に利用されていなかった。民事訴訟法は，この制度を弁論準備のための制度としてその意義を再確認し，明文規定でその内容を明確にした。

準備的口頭弁論は，専ら弁論準備のために用いられるにせよ，口頭弁論であることにかわりはない。したがってこの争点の整理手続は公開の法廷で行われなければならない。このような特色を有するこの手続は，利害関係者が多く争点の整理自体を非公開で行うことに困難が予想されるような手続形態，例えば多数当事者の関与する労働事件や環境訴訟，特に多数被害者の損害賠償請求や不作為請求（差止請求）事件などにおいて争点や証拠を整理するのに適する。

(2) 準備的口頭弁論の開始と手続

この手続は口頭弁論手続であることから，そこで部分的に証拠調べを行い，また中間判決などを行って不必要な争点を排除することができる点にその特色と長所がある。そこで裁判所は，特にこの手続を利用して公開法廷で争点や証拠を整理することが適当と認めたときは，この準備的口頭弁論を行うことができる（民訴164条）。この手続を行うか否かは，受訴裁判所の裁量に委ねられている（民訴148条）。この手続には，必要があれば当事者の意見を聴いて決定で，専門委員の関与をさせることができる（民訴92条の2）。

準備的口頭弁論手続では，他の準備手続とは異なり，争点の整理や証拠の整理に必要なあらゆる行為をすることができる。しかし，公開法廷で行われるべき弁論手続であるから，電話会議の方法を採ることはできない。

3 弁論準備手続

(1) 意義と特徴

弁論準備手続は，準備手続であるから口頭弁論手続そのものとは異なり，手続の一般公開（⇒第5章第5節Ⅲ）はされない。しかし，当事者双方の立会いはもちろん，裁判所が相当と認める者の傍聴を許し，特に当事者が申し出た者については，手続を行うのに支障を生じるおそれがあると認める場合を除き，その傍聴を許さなければならない等の規定を置いている（民訴169条2項）。

> この弁論準備手続は，公開法廷の厳格な雰囲気を避け，法廷外で当事者と裁判官とが和やかな雰囲気のもとにテーブルを囲んで対話を尽くし，必要な資料を検討しながら争点と証拠を効果的に整理するための手続として，和解兼弁論の実績を経て構想された。この手続は口頭弁論自体ではないから，その結果を，後に行われる口頭弁論手続に上程しなければならない。また，この手続は準備のための手続ではあるが，書証についてはこの手続の中で調べることができる。これは書証が必ずしも公開法廷での審理に馴染むとはいえず，また書証を争点整理の段階で取り調べることで少なからず争点が明確になり，不要な争点をなくすことができ効率的な争点

整理を可能にすることに着目したことによる。

　この手続は，裁判所が直接行うだけでなく受命裁判官に行わせることもできる（民訴171条1項）。また当事者が遠隔地にいる場合には電話会議によってこの手続を行うこともできる。

(2)　手続の開始

　裁判所は，必要があると認めるときは，決定により，事件を弁論準備手続に付することができる。しかし，この手続に付する場合には，裁判所は必ず当事者の意見を聴かなければならない（民訴168条）。したがって，多くの場合，裁判所は直ちにこの手続を開始するのではなく，一般には第1回口頭弁論期日を開いて当事者の意見を聴いた後で決定する。

　いったんこの手続に付することを決定しても，裁判所は相当と認めるときは，申立てにより又は職権でこの決定を取り消すことができる。また，当事者双方の取消の申立てがあるときは，裁判所は決定を取り消さなければならない（民訴172条）。弁論準備手続は，当事者の協力がなければ十分な成果を得ることができないから，この手続を選択するに際しては，特に当事者の意向を重視した。

(3)　当事者の手続関与権と関係人の傍聴

　弁論準備手続は口頭弁論ではなく，一般公開はなされない。この手続は，基本的に非公開を前提とした手続であるが，弁論準備手続期日については，当事者の立会権及び第三者の傍聴などについて特別の定めを置いている。

　まず，弁論準備手続期日では，当事者双方が立ち会うことが保障されなければならない（民訴169条1項）。したがって，一般的には，交互面接方式は採用することができないであろう。ただ，和解を勧める場合については，そのことを当事者双方に明示し，了解を得たうえで交互面接を行うことができよう（ただしその問題については⇒第7章第4節Ⅱ1）。

　第三者の傍聴についても，裁判所は，相当と認める者の傍聴を許すことができる。また，当事者が傍聴を申し出た者については，手続を行うのに支障を生ずるおそれがある場合を除き，その傍聴を許さなければならない（民訴169条2項）。手続を行うのに支障がある場合としては，①傍聴者が無断で発言をし，審理に支障をきたす場合，②傍聴者がいることで，当事者が心理的に萎縮する場合などが指摘されている（上原〔文献〕323頁）。

(4)　弁論準備手続における訴訟行為

　弁論準備手続に付する決定がなされると，そのための特別の期日（弁論準備

期日）が設定され，当事者に対して通知・呼出がなされる。また裁判所は，この期日の準備のために当事者に準備書面を提出させることができる（民訴170条1項）。この手続で以下の行為をすることができる。

1) **裁判所の手続進行・整序等に関する訴訟行為**　弁論準備手続に関しては，受訴裁判が口頭弁論期日で行うことのできる手続の進行や整序等に関する行為がほぼ全面的に準用されている（民訴170条5項）。

†〔例〕　裁判長の訴訟指揮権の行使（民訴148条），期日及び期日外の釈明権の行使とそれに対する異議，釈明処分（民訴149条～151条），弁論の制限，分離若しくは併合を命じる裁判とその取消し（民訴152条1項），弁論の再開（民訴153条），通訳人の立会（民訴154条），弁論能力を欠く者に対する措置（民訴155条）。

またこれらの規定の他，攻撃・防御方法に関する適時提出主義（民訴156条）や時機に後れた攻撃・防御方法の却下（民訴157条）の規定，当事者が欠席した場合の措置に関する欠席者の陳述の擬制（民訴158条），擬制自白（民訴159条）の規定が準用される（民訴170条5項）。欠席者が提出した準備書面によってその陳述が擬制されるのは最初の期日に限定される（これに対して弁論準備手続では最初の期日に限定する必要はなく，書面の記載が考慮されるとするのは，新堂481頁）。

和解の試み（民訴89条）や責問権喪失（民訴90条）の規定は，総則規定であり，弁論準備手続に直接に適用される（上田260頁）から，弁論準備手続で，裁判官は必要に応じて和解を勧めることができる。

2) **証拠に関する裁判**　受訴裁判所は弁論準備手続で証拠申出に関する裁判をすることができる。即ち，この手続では文書提出命令や検証物の提示命令についての裁判等をすることができる。さらに，この手続では文書等の証拠調べをすることができる（民訴170条2項）。当事者の主張や証拠を実質的に整理し，真の争点を明らかにして充実した口頭弁論に必要な事項を明らかにするためには，裁判所が事件の筋についての見通しを立てる必要がある。このため，従来は弁論準備段階では認められていなかった証拠調べについても，文書などについてはこの手続で取り調べることができることとした。

3) **公開法廷で行う必要のない裁判**　裁判所は更に弁論準備手続で，口頭弁論期日において行う必要がない裁判をすることができる。訴訟手続内で行われる手続に関する裁判所の裁判は〈決定〉によって行われるが，この裁判は弁論準備手続でも行うことができる。

†〔**例**〕 補助参加の申出に対する許否の裁判（民訴44条），訴訟承継についての裁判（民訴128条, 129条），訴訟手続の中止の命令（民訴131条），訴えの変更申立てを許容するか否かの裁判（民訴143条4項），選定者のための請求の追加に関する裁判（民訴144条3項）。

4） 受命裁判官がすることのできる行為　　裁判所は弁論準備手続を受命裁判官に行わせることができる（民訴171条1項）。この場合，原則として受訴裁判所及び裁判長が行うことのできる事項については，当該受命裁判官が行う。ただし，これらのうち，証拠申出に関する裁判及び口頭弁論期日外ですることができる裁判（民訴170条2項），訴訟指揮等についての異議に関する裁判（民訴150条），審理計画が定められている場合の攻撃防御方法の却下の裁判（民訴157条の2）の裁判を行うことはできず，受訴裁判所に留保されている。なお，受命裁判官は，証拠に関する裁判を行うことはできないが，文書・準文書の証拠調べを行うことはできる（民訴171条2項括弧書）。

5） 電話会議の方法による期日　　裁判所は，当事者が遠隔の地に居住しているとき，その他相当と認めるときは，当事者の意見を聴いたうえで，電話会議の方法によって弁論準備手続を行うことができる（準備的口頭弁論の場合とは異なる）。この方法を用いることができるのは，少なくとも当事者の一方がその期日に出頭した場合に限られる（民訴170条3項）。期日に出頭しないで電話会議の方法で弁論準備手続に関与した当事者は，その期日に出頭したものとみなすことにしている（同条4項）。

> 電話会議の方法によって弁論準備手続を行う場合，相手方の確認が重要であり，裁判所又は受命裁判官は通話者及び通話先の場所の確認をしなければならない（民訴規88条2項）。この手続では，期日に出頭しないで電話のみで手続に関与する当事者は，自分に聞こえないところで裁判官と相手方が接触し，特別の心証を得ているのではないかとの疑念を持つおそれがあり，この運用には手続の公正さの確保の点で問題がないわけではない（上原〔文献〕325頁）。運用上留意すべき点である。

6） 書記官の関与　　弁論準備手続では期日ごとに書記官が関与し，弁論準備手続期日調書が作成される。

4　書面による準備手続

(1) 意　　義

口頭弁論準備のための手続の一つとして，〈書面による準備手続〉が設けられている。この手続は，弁論の準備を，そのために特別な〈期日〉を開いて行

うのではなく，専ら書面の交換によって行う点に特徴がある。弁論の準備には，当事者が一堂に会してお互いに十分な意見を交換しつつ行うことが望ましいことはいうまでもない。しかし，当事者が遠隔の地に住んでいるなどの事情がある場合には，口頭弁論の準備のために当事者に期日への出頭を強制することは，当事者に対して費用や時間の面で過大な負担を強いることになりかねず，その出席が困難であれば，弁論の準備が十分にできず，また大幅に遅延するおそれがある。そこで，このような場合には，このような問題点を回避し迅速な弁論の準備を行うために，当事者に期日への出席を求めずに行う弁論準備の手続として，専ら書面の交換によってそれを行う手続が創設された。準備のための手続としては例外である。

(2) 手　　続

1) 開始の要件　書面による準備手続の開始には次の要件が必要である。

① 当事者が遠隔の地に居住しているときその他裁判所が相当と認めるとき（民訴175条）　当事者が裁判所から遠隔の地に居住しているときは，弁論準備のためにわざわざ裁判所に出頭することは困難であるが，このことは訴訟代理人が遠隔の地に居住している場合も同じく当事者に過大な財政的負担を強いることになる。そこで，「その他相当と認めるとき」の典型例として，この例が挙げられる（一問一答213頁）。

当事者の一方のみが裁判所から遠方の地に居住する場合についても，この制度の利用を全く排除するものではない。しかし，この場合には，弁論準備手続に付して，遠方に居住する当事者については，電話会議により期日に参加することもできることから，このような取扱いがなされるべきであろう（福田〔文献〕303頁）。

裁判所が「その他相当と認めるとき」にもこの手続を利用することができる。この場合に該当するか否かが問題とされる事案として，当事者や訴訟代理人が疾病，負傷などで裁判所に出頭することができない場合が挙げられるが，このような事案に限る必要はなく，事件の性質がわざわざ準備手続期日を開催する必要がなく，準備書面や書証の写しの交換と電話会議による協議で足りると考えられる場合にも，当事者が望めば，この手続によって弁論の準備を行うことができる（福田〔文献〕304頁）。

② 事前に当事者双方の意見を聴くこと　書面による準備手続は，期日を開かないで準備手続を進めることになるが，それが可能か否かを判断するため

にも事前に当事者の意見を聴くことが必要である。

2）手　続　　この手続によって事件の整理を行うには，裁判所はまず当事者の意見を聴かなければならない。そのうえでこの手続によることを決定する（民訴175条）。

この手続は，裁判長が行う。高等裁判所では受命裁判官にこれを行わせることができる（民訴176条）。この手続は期日を開いて行う準備手続とは異なって書面による準備であり，一人の裁判官が行いうる性格のものである。しかし，法が地裁合議事件であえて裁判長が行うことにしたのは，経験の浅い陪席裁判官による準備手続を排除したためである。高等裁判所では，陪席裁判官も相当の経験を積んでいることから受命裁判官に行わせることを認めた（一問一答214頁）。

書面による準備手続を行う裁判長（又は受命裁判官）は，双方の当事者に対して，弁論準備に必要な書面の提出のための期間を定めて通知しなければならない（民訴176条2項）。この期間内に当事者は裁判所に対して書面により争点となる点を明らかにする。もっとも，書面だけではどうしても十分にその意が伝わらない場合があり得る。その場合には，最高裁規則（民訴規91条）で定めるところにより，裁判所及び当事者の双方が音声の送受信により同時に通話することができる方法で争点及び証拠の整理に関する事項，その他口頭弁論の準備に必要な事項について当事者双方と協議をすることができる（民訴176条3項）。

5　弁論準備のための手続の終了

裁判所は，口頭弁論を準備するために選択し行った手続が所期の目的を達成したならば，その手続を終えて口頭弁論期日を開催し，整理された事項に基づいて口頭弁論を行い，特に当事者間に争いのある事項について証拠調べの手続を行う。しかし，そのためにはこれらの準備手続で行ったことについて十分に整理し確認をしておくことが必要である。特に当事者にとって，この確認に沿って引き続き証拠調べによって争点となった事実の認定がなされるが，その証拠調べの指針となる事項だからである。これらの整理・確認の方法は，選択された準備のための手続によって異なる。

1）準備的口頭弁論の終了　　裁判所は，準備的口頭弁論手続を選択し，そこで争点や証拠の整理が完了すれば，この準備的口頭弁論手続を終了する。また，当事者が出席せずまた準備書面を提出しないなどの怠慢な行為があるときにも，裁判所は準備的口頭弁論手続を終了することができる（民訴166条）。

準備的口頭弁論を終了するに際して，裁判所はその後に行われる証拠調べ手続で証明すべき事実を当事者との間で確認するものとしている（民訴165条1項)[22]。準備的口頭弁論では，口頭弁論の形式を用いて，当事者の様々な主張のうち最終的にどのような主張をするのか，またそれぞれの主張を根拠づけるためにどのような証拠調べをするのかを明確にする点にある。特に当事者双方がどの問題について立証を行うべきかを明確に意識することが重要であることから最小限の必要性として，この手続を終了するにあたり，裁判所は「その後の証拠調べにより証明すべき事実を当事者との間で確認するもの」とした（民訴165条1項）。この手続自体が口頭弁論手続であるから，その手続において直接に証明すべき事実を確認することで十分に争点が整理される。

ここで確認されるべき事実は，主要事実に限定されない。争われている間接事実もこれに含まれる。この場合に，裁判所は相当と認めるときは，「裁判所書記官に当該事実を準備的口頭弁論の調書に記載させなければならない」ものとしている（民訴規86条1項）。

さらに，裁判長は相当と認めるときは準備的口頭弁論を終了するにあたり当事者に，準備的口頭弁論における争点及び証拠の整理の結果を要約した書面（「要約書面」という）を提出させることができることとした（民訴165条2項）。これら争点及び証拠を整理するに際しては，それを裁判所に依存して行うのではなく，むしろ証拠調べの主体である当事者自身が積極的に行う必要がある。当事者や裁判所の間での理解の齟齬をできるだけ避け，また積極的に証拠調べを行うためには，当事者，特にその訴訟代理人が争点や証拠の整理の結果を自ら要約した文書を作成すると共に，相互で共通の理解を得ておくことが望まれる。

2）　弁論準備手続の終了　　弁論準備手続が選択された場合，そこで争点及び証拠についてその整理が完了したと判断される場合，裁判所はこの手続を終了する。また，当事者の怠慢によりその目的が達成されなかった場合にも，裁判所は弁論準備手続を打ち切ることができ，特に当事者が不出頭の場合にはこの手続を終了することができる（民訴170条5項による166条の準用）。この手続終了後に当事者が攻撃・防御方法を提出した場合には当該当事者に弁明を求め，納得できる十分な弁明がなければ，裁判所は以後の攻撃・防御方法を却下する

---

[22]　証明すべき事実がない場合，裁判所はそのことを確認した上で弁論を終結することも可能である。

こともありうる（民訴174条，167条）。

　弁論準備手続を終了するに際して，裁判所又は受命裁判官はその後の証拠調べで証明すべき事実を当事者との間で確認する必要がある。また相当と認めるときは，当事者に争点や証拠の整理の結果を要約した書面（「要約書面」）を期限を定めて提出させることができる（民訴170条5項による165条の準用）。何が証明すべき事実かは当事者の立証行為に極めて重要であるが，この点の認識が裁判所と当事者の間でずれることを防ぐ目的を持つ。

　当事者は，その後に開催される口頭弁論期日で，弁論準備手続の結果を陳述しなければならない（民訴173条）。弁論準備手続自体は口頭弁論ではないから，弁論準備手続で行われた結果を直接口頭弁論において陳述しなければならない（口頭弁論への上程）。弁論主義との関連で，弁論準備手続で提出された資料を訴訟資料とすることが必要であるからである。その際，かつて行われたような，「証書記載の通り」という陳述では不十分である。詳細は調書の記載によりうるとしても，その争点の要旨などを口頭でも陳述するなどの実質化が望まれる。

　3）　書面による準備手続の終了　　書面による準備手続がなされた場合にはその終了に際して，その手続の中で整理され確認された事項を明確にし，後に続く口頭弁論や証拠調べ手続で混乱が生じないようにしなければならないが，このためには，この手続が終了した後に開催される口頭弁論期日において，この手続で整理・確認された事項及びその結果として証拠調べが必要な事実の確認がなされなければならない（民訴177条）。

　書面による準備手続が終了した後に開催される口頭弁論手続では，こうして準備手続の結果のとおり当事者が陳述することによって初めて整理が完成し（一問一答220頁），それに引き続いて証拠調べがなされる。

6　進行協議期日

　　主として手続進行の協議をするために，裁判所と当事者が口頭弁論期日外で特別の期日を持つことができる。これは裁判所が指定することができる特別の期日であり「進行協議期日」といわれる（民訴規95条）。この期日では，事件の争点や証拠の整理について立ち入った協議をすることを目的としておらず，審理の進め方や口頭弁論で行う証拠調べと証拠との関連について確認を行うなど，専ら手続の進行について協議を行うことを目的とする。このような点について裁判所と当事者が共通の理解を得ることは口頭弁論期日における審理の充実に有益であることから設けられた。また特許等知的財産権についての訴訟では，専門家から簡易に説明を受け共

通の認識を得ることができれば便宜でありこの目的のためにも利用できる（条解規則214頁）。

　この手続は民事訴訟法自体に定められた手続ではなく，民事訴訟規則に定められたものである[23]。この進行協議期日も両当事者が出席して行われる手続であることから訴えの取下げ，請求の放棄・認諾をすることができる（民訴規95条2項）。

　進行協議期日は，当事者が遠隔地に居住しているときその他裁判所が相当と認めるときは当事者の意見を聴いたうえで，音声の送受信による通話の方法によって行うことができるが，これも一方当事者が期日に出席した場合でなければならない（民訴規96条）。この場合には期日に出頭しないで手続に関与した当事者は期日に出頭したものとみなされるが，訴えの取下げや請求の放棄・認諾をすることはできない（同条2項，3項）。

　この進行協議期日は，裁判所が相当と認めるときは裁判所外で行うことができる（民訴規97条）。事件の現場などで現況を確認しながら専門家から説明を受ける等の方法が有益である場合があるからである（条解規則221頁）。

　なお，この手続は受命裁判官に行わせることができる（民訴規98条）。

Ⅳ　攻撃・防御方法の提出時期

1　総　　論

　民事訴訟手続では裁判所は，専ら当事者双方が手続上，口頭弁論を介して裁判所に提出した資料のみを基にしてその判断内容を形成することが許される。そこで当事者双方はそれぞれ自己の有する攻撃・防御方法を口頭弁論手続において十分に行使し，その言い分を尽くす権限が与えられその機会が保障されなければならない。しかし，このような当事者の権限もいつまでも無制限に与えられるものではあり得ない。訴訟手続は限られた時間的制約のもとにできるだけ迅速かつ内容的に充実したものでなければならない。そこで現行法は当事者の攻撃・防御の方法の提出時期について，「訴訟の進行状況に応じ適切な時期に提出しなければならない」と定めている（民訴156条）。これを，〈適時提出主義〉という。

2　口頭弁論と当事者の攻撃・防御方法の提出

（1）　口頭弁論の一体性

　民事訴訟手続における弁論の形式について，現行法の基礎である1877年ド

---

[23]　同様の例として，刑事訴訟規則178条の10。

イツ帝国民事訴訟法は〈口頭弁論主義〉を採用し，また他方でそれまでの普通法訴訟手続において行われてきた攻撃・防御方法の提出時期や順序についての厳格な法律による規律を廃止した[24]。そこで複数回開催される可能性がある口頭弁論期日相互の関連についてもこれらの口頭弁論期日をすべて一体として取り扱い，その中での陳述の時間的な相互関係を捨象して，その内容については最終口頭弁論期日を規準にして判断するとの原則を採用した（〈口頭弁論の一体性〉）。即ち，複数回開催される口頭弁論期日において行われた当事者の攻撃・防御の行為は，いずれも時間的には区別されることなく一体として取り扱われ，口頭弁論を終結する時点を基準として判断がなされる。

(2) 随時提出主義から適時提出主義へ

口頭弁論主義のもとで，以上のような〈口頭弁論の一体性〉が採用されると，当事者の攻撃・防御方法の提出はこの口頭弁論期日において提出すればよく，その時期は当事者の自由な意思により，訴訟戦術上の考慮に基づいて必要に応じて定めてよいとされた。提出された攻撃・防御方法はその提出時期にかかわらずすべて〈口頭弁論の一体性〉により等しく裁判所の判断の対象にされ，判断の規準時期は最終口頭弁論期日とされた（この原則を〈随時提出主義〉という）。

> この随時提出主義という用語法は，当事者の攻撃・防御方法の提出時期に関する規律を示す用語としては必ずしも適切ではない。当事者は最終口頭弁論期日までいつでも攻撃・防御方法を提出できる自由があるように見えるからである。このような理解は，口頭弁論における提出時期について具体的な規律を置かなかった時代には妥当しえても，手続の集中・迅速を予定して弁論の準備手続により争点や証拠の整理を迅速に行わなければならない現行法の手続では妥当ではない。むしろ当事者はできるだけ迅速に，手続上適切な時期に攻撃・防御方法を提出すべき義務を負うと理解すべきだからである（適時提出主義）。

提出の時期についての具体的な規律は，準備のための手続などが定められれば，当然にその手続においてそれぞれ必要な攻撃・防御方法の行使について手続に提出したうえで整理をする必要がある。このような機会が与えられているのにそれを利用せず，またそれがなされなければ，その後に提出する攻撃・防

---

[24] 普通法訴訟手続では，〈法定序列主義〉が行われ弁論の段階と証拠調べの段階を区別した。また弁論も主張，抗弁，再抗弁と手続は段階を追って進められ，弁論の終結に際しては証拠判決による確認がなされた。またこれらの手続では新たな主張を後に行うことができなかったから当事者はすべての資料を同時に提出しなければならなかった（同時提出主義）。主張と証拠調べが厳密に区別された手続であった（証拠分離主義）。

御行為は，その理由如何によっては〈時機に後れた攻撃防御方法〉だと評価されてもしかたがないことになる。弁論準備のために開かれる手続での提出が，一応手続上は「訴訟の進行状況に応じ適切な時期」と評価される。

(3) 計画審理と攻撃・防御方法の提出

現行民事訴訟手続では，更に手続進行をできるだけ合理的に行うために計画審理の原則を定めた。これは特に当事者双方及び裁判所との間で計画審理の協議を行うことが成立した場合には，裁判長は審理の計画に従った訴訟手続の進行上，当事者の意見を聴いて，特定の事項についての攻撃又は防御方法について提出すべき期間を定めることができるものとしたものである（民訴156条の2）。攻撃・防御方法をいつ提出すべきかは，計画審理の中核をなす問題であり，それを定めた審理計画のもとでは，これに基づいた訴訟追行を当事者が実践することが必要である。

3 攻撃・防御方法の却下

(1) 趣　旨

現行民事訴訟手続では適時提出主義を採用したが，これに基づいて適時に攻撃・防御方法が提出されず後になって提出されると，手続は大幅に遅延する。これを無制限に許すと訴訟手続は合理的な進行が確保できず，当該手続の相手方が多大の損害を被るだけでなく，訴訟制度の運営も著しく害される。そこでこのように時機に後れた攻撃・防御方法が提出された場合には，当事者の申立てにより又は職権で却下されるものとした。その結果，時機に後れて提出され却下されたこれらの事項は裁判所が事件の判断をするにあたりもはや考慮されないことになる。

(2) 要件と効果

1) 時機に後れた攻撃・防御方法　　民事訴訟手続では裁判所の最終判断は当事者が訴訟手続の中で行った攻撃・防御方法に基づいてなされる。訴訟手続自体様々な私的紛争の解決のために設けられた社会的な制度であり，その利用は効果的で適正なものでなければならない。手続の進行上最も重要なことは，当事者に適切な訴訟上の機会が与えられ，当事者はこれを有効に利用して攻撃・防御を尽くし適正な裁判所の判断を得ることができる点にある。当事者の攻撃・防御方法が時機に後れて提出され，それによって手続が著しく遅延することになる場合には，それをそのまま手続で許容し無制限に考慮することはこのような手続の基本的な観念に合致しない。そこでこのような時機に後れて提

出された攻撃・防御方法は訴訟手続ではもはや考慮しないことにして「却下」すべきである（民訴157条1項）。

確かに，当事者が訴訟手続で攻撃・防御方法を行使することは，それぞれの当事者が持つ実体的権限の行使であり最大限尊重されるべきである。しかしその行使は，民事訴訟という社会制度として定められた公的な訴訟手続を利用する場合に必然的に伴う一定の制約の中でなされるべきであり，実体的にもその権利行使の態様として無制限ではあり得ない。当事者は与えられた権限を訴訟手続の中で適時に行使すべきであり，これを怠れば与えられた権限は手続的のみならず実体的にも失権すると解される。一般的には，訴訟手続を利用して自己の権利義務の確定を求める当事者には，このように限定された訴訟という機会を利用してその権限を行使する必要があり，訴訟当事者として〈訴訟促進義務〉が課されているといえる（訴訟促進義務については⇒第5節Ⅲ2）。時機に後れた攻撃・防御方法の不適法却下制度の背景には，このような実質的価値判断が存在すると考えられる。その却下の要件は以下の通りである。

① 攻撃・防御方法の提出が時機に後れたこと　攻撃方法又は防御方法を提出した時期が，手続の進行上適切な時機・機会に後れたと判断される場合である。控訴審では，続審としての性質から第一審からの手続の進行を考慮して適切な時機か否かが判断されなければならない。審理計画が定められ，これに基づいて裁判長が特定の事項についての攻撃・防御方法を提出すべき期間を定めた場合（民訴147条の3第3項，156条の2）には特に，理由なくこれに反して提出された攻撃・防御方法は却下をすることができる旨を特別規定で明示している（民訴157条の2）。また，弁論準備手続がなされた場合，原則として攻撃・防御方法の主張はそこでなして争点を整理すべきであり，この段階で提出せずに，これが終結した後に新たに攻撃・防御の方法を提出することは原則として時機に後れたものと評価されうる。

② 当事者の故意又は重大な過失によること　攻撃・防御方法を時機に後れて提出したことが，その当事者の「故意又は重大な過失」によるものである必要がある。単なる過失はこれにあたらない。第一審手続をすべて欠席した場合，その欠席が故意又は重大な過失によるものである場合には控訴審ではじめて防御方法を提出しても不適法却下される（大判昭和6年11月4日民集10巻865頁[25]）は，第一審で全て欠席し敗訴した被告からの控訴につき，控訴審第一回口頭弁論で提出した防御方法を却下し，控訴棄却した原判決を破棄差戻しした。故意又は重大な

過失の有無の判断を要するという）。

　③　訴訟の完結を遅延させること　　提出された攻撃・防御方法を新たに審理し判断することによって，訴訟手続の完結が遅延することになる場合でなければならない（〔判例②〕）。特段に証拠調べを必要としない場合（建物買取請求権につき〔判例①〕）や，新たに提出された証拠であってもその場ですぐに調べられる場合はこれにあたらない。また次回の期日を開いて取り調べなければならない場合でも，別に取調べを必要とする事項がありいずれにせよ期日を開かなければならない場合は訴訟の完結を遅延することにはあたらない（新堂444頁）[26]。

†〔**判例**〕**建物買取請求権**：　①　最(3小)判昭和30年4月5日民集9巻4号439頁[27]　　XはYに対して賃借権の無断譲渡を理由に家屋収去土地明渡請求訴訟を提起し勝訴した。Yは控訴し，控訴審の第2回口頭弁論期日で建物買取請求権を行使したところ，控訴審裁判所は，第一審での数回にわたる口頭弁論期日でYは建物買取請求権を主張することができたとして建物買取請求権の主張を却下した。Y上告。破棄差戻し。

「記録によって調べてみると，所論の買取請求権行使は，原審第2回の口頭弁論において（第1回は控訴代理人の申請により延期）はじめて陳述されたものであるところ，Yが第一審第1回口頭弁論において陳述した答弁書によれば，本件賃借権の譲渡についてXの承諾を得ないことを認め，右不承諾を以て権利らん用であると抗弁していることがうかがわれるから，すでに第一審において少くとも前記買取請求権行使に関する主張を提出することができたものと認めるのを相当とし，所論のように，Yが第一審において当初の主張にのみ防禦を集中したというだけの理由をもって，Yが第二審において始めてなした買取請求権行使に関する主張が，故意又は重大なる過失により時機に後れてなされた防禦方法でないと断定することはできない。しかし時機に遅れた防禦方法なるが故にYの右主張を却下するためには，この主張を審理するために具体的に訴訟の完結を遅延せしめる結果を招来する場合でなければならないこと前示のとおりであるところ，借地法第10条〔参照，

---

25)　兼子・判例176頁，石川明・百選104頁（⇒第6節Ⅶ4）。
26)　わが国と同様に，時機に後れた攻撃・防御方法の却下を定めたドイツ民事訴訟法296条の「時機に後れた」との概念については，〈絶対的遅滞概念〉と〈相対的遅滞概念〉とが対立している。前者は，当該攻撃防御方法を考慮することで手続の終結が遅れる場合を指す。これに対して後者は，当該攻撃防御方法が適時に提出されていたと仮定した場合よりも手続の完結が遅延する場合をいう。前者は連邦通常裁判所（BGHZ 75,138）の採る見解であり，後者は通説の見解である（*Schilken*, ZPR., Rdnr. 388）。
27)　大場茂行・最判解説民事昭和30年度37頁。

現行借地借家法13条〕の規定による買取請求権の行使あるときは，これと同時に目的家屋の所有権は法律上当然に土地賃貸人に移転するものと解すべきであるから，原審の第二回口頭弁論期日（実質上の口頭弁論が行われた最初の期日）において，Yが右買取請求権を行使すると同時に本件家屋所有権はXに移転したものであり，この法律上当然に発生する効果は，前記買取請求権行使に関する主張がYの重大なる過失により時期に後れた防禦方法として提出されたものであるからといって，なんらその発生を妨げるものではなく，またこのため特段の証拠調をも要するものではないから，Yの前記主張に基き本件家屋所有権移転の効果を認めるについて，訴訟の完結を遅延せしめる結果を招来するものとはいえない。従って訴訟の完結を遅延せしめることを理由として，前記所有権移転の効果を無視し，なんらの判断をも与えずに判決することは許されないものといわなければならない。」

② **最(2小)判昭和46年4月23日判時631号55頁**[28]　Xは，Y_1に対して建物収去土地明渡し，Y_2に対して建物退去等を求めて訴えを提起した。第一審では，Y_1Y_2は口頭弁論期日に欠席し建物収去等を含む判決を受けた。Y_1Y_2は控訴し，第11回口頭弁論期日で建物買取請求権を行使したが，第12回口頭弁論期日で却下され，控訴も棄却された。Y_1Y_2上告。上告棄却。

「本件記録によれば，所論建物買取請求権の行使に関する主張は，Xが借地法10条〔現行借地借家法13条〕所定の時価として裁判所の相当と認める額の代金を支払うまで，Y_1らにおいて本件建物の引渡を拒むために，同時履行等の抗弁権を行使する前提としてなされたものであることを窺うことができるが，所論指摘の各証拠によっては到底右時価を認定するに足りるものとは認められず，かくては右時価に関する証拠調になお相当の期間を必要とすることは見やすいところであり，一方，原審は，本件において，前述のように右主張を却下した期日に弁論を終結しており，さらに審理を続行する必要はないとしたのであるから，ひっきょう，Y_1の前記主張は，訴訟の完結を遅延せしめるものであるといわなければならない。」

2）　**釈明に応じない攻撃・防御方法の却下**　裁判所がなした釈明に当事者が応じない場合にも，時機に後れた攻撃・防御方法と同じ要件のもとで攻撃・防御方法は却下される（民訴157条2項）。

3）　**弁論準備の手続終了後の新主張の制約**　準備的口頭弁論，弁論準備手続又は書面による準備手続がなされた場合，このことが考慮されなければならない。弁論準備行為は，ここで当事者の攻撃方法や防御方法を具体的に確定し，これらの確定された事項に基づいて証拠調べを行おうとする趣旨である。した

---

[28]　梅善夫・百選2版144頁，廣尾勝彰・百選I 192頁，長谷部由起子・百選3版112頁。

がって、これに後れて手続終了後に新たな主張を提出することはこのような制度を設けた趣旨からみて問題がある。もちろんこれらをすべて絶対的に排斥するわけではないが、それを許容するためには、相手方の要求に応じて、提出することができなかった理由を説明しなければならない（民訴法167条、174条、178条）。そのような正当性が認められない限り、新たな主張は制約され、却下される。

4) 審理計画が定められている場合の防御方法の却下（民訴157条の2）
審理計画の中で攻撃・防御方法を提出すべき期間について特別の定めをなした場合（民訴147条の3第3項、156条の2）に、これに反して期間経過後に攻撃・防御方法が提出されたときは、裁判所はこれにより審理計画に従った手続の進行に著しい支障を生じるおそれがあると認めたときは、当事者の申立てにより又は職権で、却下の決定をすることができる。ただし、この場合であっても、当該当事者がこれらの提出をすることができなかったことについて相当の理由があることを疎明した場合は却下できない（民訴157条の2）。

第5節　口頭弁論の実施と当事者の義務

I　意　義

　弁論準備のための手続が終了し、その中で事件の〈争点〉が明確になると、これらの争点を巡って口頭弁論が行われる。当事者が当初主張した様々な事項のうちで真に争いとなっている事項と副次的な事項とを分けたうえで、真に争点となっている事項については具体的にどのような主張をし立証をするのかがこれらの準備手続で確認される。しかしそれだけではいまだ民事訴訟手続上は十分でない。口頭弁論主義を採用する民事訴訟手続では、これらの事項は〈口頭弁論期日〉で主張され証拠調べの手続を行って証明がなされなければならない。そのためには準備手続でなされた事項が、口頭弁論に上程されることによって、当事者双方の法的主張と証拠調べをする事項が口頭弁論手続で確認されなければならない。争点とされた当事者間に争いがある事実は更に引き続き証拠調べ手続を経て証拠による認定がなされる。また主張された事実であっても、争点を整理する過程で争いがない、又は争わないとされた事実については主張自体が取り下げられる場合の他、裁判上自白された事項として以下の証拠調べ

の対象から排除されるものもある。こうして当事者双方の主張が明確になった後に、口頭弁論を実施して集中して証拠調べを行うとする手続運営こそが現行民事訴訟法が採用する手続の要である。

当事者双方にはこの口頭弁論期日において十分にそれぞれの言い分を尽くし立証を行うことが保障されており、それぞれの当事者にはその有する（と主張する）法的権限を十分に行使する機会が与えられている。またこのことは他面で当事者に対しては民事訴訟手続を利用する以上は与えられた機会を十分に利用することを求めており、後日これが十分でなかったという言い訳は許されないことをも意味する。

> この意味で、訴訟手続上で行われた当事者の弁論準備行為及びその後の口頭弁論における行為は、単に訴訟手続上重要な意味を持つだけではない。このような機会の保障は、当事者が保有すると主張する実体権を行使する〈権利行使の過程〉とも評価され、その過程でなされた処分行為や権限の不行使は実体的価値評価の対象ともなりうる。

II　準備手続後の口頭弁論

1　口頭弁論の意義

弁論主義に基づく民事訴訟手続では、裁判所は当事者が口頭弁論に提出した訴訟資料のみを判断の対象とすることができるにすぎない。口頭弁論における当事者の主張こそが民事訴訟手続の要である。準備手続はこの口頭弁論を実質的なものにするために行われる。口頭弁論では、不必要な事項を除外し、実質的に重要な争点とそれの判断に必要な証拠を選んで重点的かつ集中して審理をする必要がある。

2　準備手続の結果の上程

民事訴訟手続では口頭弁論主義が採用され必ず口頭弁論期日での審理が必要とされている（必要的口頭弁論〔民訴87条〕）。それゆえ判決に必要な事項は必ず口頭弁論に提出されなければならない（⇒第5章第5節II）。しかし弁論準備手続又は書面による準備手続が行われた場合、その結果は口頭弁論そのものでなされたのではないから、整理された事項は後続する口頭弁論期日で正式に審理されその結果が判決に反映されることになる。そこで準備手続と口頭弁論手続を架橋するために、準備手続での結果を口頭弁論手続に〈上程〉する必要がある。これによって審理の対象となっている事項のうち口頭弁論で審理される事

項を明確にし，特に証拠調べ手続での対象を明確にする。具体的な方法は，弁論準備手続の場合と書面による準備手続とで異なる。なお準備的口頭弁論はそれ自体が口頭弁論であるから上程の手続を必要としない。

① 弁論準備手続がなされた場合　　当事者は，後続する最初の口頭弁論期日で，弁論準備手続の結果を陳述しなければならない（民訴173条）。この場合特にその後に続く証拠調べで証明すべき事項を明らかにしなければならない（民訴規89条）。

② 書面による準備手続がなされた場合　　裁判所は，書面による準備手続が終了すると，その後に開かれる最初の口頭弁論期日で，その後の証拠調べによって証明すべき事項を当事者との間で確認するものとしている（民訴177条）。またその結果は調書に記載して明確にしなければならない（民訴規93条）。

III　当事者の訴訟上の義務

1　総　　論

　民事訴訟手続が，主として訴訟当事者双方の訴訟追行行為によって進行することはいうまでもない。そこで訴訟手続を充実させ，それが迅速に進行するか否かは主として当事者双方がそれぞれ誠実に訴訟手続を行うか否かにかかっている。確かに訴訟手続では両当事者はそれぞれ自らの法的主張を対抗させることにより，それぞれが勝訴判決を目指して最大限の努力を行うことが目指されていることは明らかである。しかし，このことから直ちに訴訟手続内での当事者の行為が全く無制約であり，目的のために手段を選ばず，相手方に対して奸計を弄し，不誠実な方法で勝訴判決を獲得することをも許すとすることはできない。そのような行為を訴訟手続で許すことは国家の設営する民事訴訟制度としてはその存立の基盤を揺るがすことになる。むしろ民事訴訟手続では，双方の当事者が誠実な訴訟追行行為を行うことを前提に，それに基づいた公正な裁判所の判断を確保することによって，迅速で適切な裁判所の判断を得ることが目指されなければならず，訴訟当事者にはこのような誠実な行為態様をとることが求められる。わが国民事訴訟法は，当事者に対する一般的な要求として，「信義に従い誠実に民事訴訟を追行しなければならない」（民訴2条）との一般的行為義務を定めたが，更に訴訟の進行と口頭弁論における当事者の主張や立証の内容，またそれに関してその前提となる準備手続との関連で具体化される当事者の訴訟上の義務としては，より具体的な〈訴訟促進義務〉と〈真実義

務〉が問題にされる。

2 訴訟促進義務

訴訟当事者には訴訟の進行について〈訴訟促進義務〉が課されていると解することができる。

民事訴訟手続では，当事者間に争いのある事項について裁判所が判断をするためには適用されるべき法規が要求する要件事実に該当する具体的事実を認定することによって行われるが，これらの主張・陳述・立証等はすべて当事者が口頭弁論に提出した事実を基礎にしなければならない。その際それらの主張・陳述・立証等について準備が不十分で，その争点が定まらず立証も適切でなく不明確な内容のままで手続が推移するならば，いたずらに時間を要し十分に納得のいく判断を適切な時間で獲得することはおぼつかない。現行民事訴訟手続では集中した訴訟の運営による迅速裁判の実現を目指しているが，そのための重要な手段が当事者の〈訴訟促進義務〉である。訴訟当事者は相互に，訴訟手続に関して促進義務を負うと理解することができる。

訴訟当事者は，迅速な訴訟を実現するために，できるだけ手続の早期の段階で，攻撃・防御方法を提出しなければならない。現行法はかつての厳格な意味での段階訴訟の手続構造を採用してはいないが，訴訟の運営上，十分な弁論の準備手続を経て選択された重要な争点について集中した証拠調べを行うという形で，訴訟手続の進行にメリハリの利いた区別をすることが前提とされている。弁論準備の段階で提出すべき事項はその段階で提出すべきであり，それに後れて提出する場合にはそれを正当化する事由による説明が求められ，それが合理的でなければ時機に後れた攻撃・防御方法の提出として却下を免れない。

3 真実義務

民事訴訟手続では争点となっている事項の最終的な判断として，当該事項について適用されるべき法規の要求する要件事実に対応する事実の認定は，専ら当事者が主張・陳述し証明した事実である。そこで，当事者がどのような事実を主張・陳述・証明するのかが重要な意味を持つ。また訴訟において裁判所が行う事実認定の内容の確定には当事者の陳述が極めて重要な役割を果たす。民事訴訟が専ら私権を巡る争いであり対立するものであるとはいえ，訴訟手続で当事者が行う主張・陳述・立証の行為が意図的に虚偽であることが許されるとすれば，当事者主義に基づいた民事訴訟手続の運営はその根底を揺るがされることにもなりかねない。そこで，当事者の主張や陳述の内容についても，真実

に合致したものであることが求められる。

訴訟の当事者は，事実の主張・陳述に際して，主観的には真実だと考える事項を述べなければならず，意図的に真実でないことを述べることは禁止される。これに対して，単なる推測によって，一定の事実を述べることや相手方の主張を否認することは許される。

真実義務とは，訴訟手続で当事者があえて真実に反した事実を述べることを禁止した原則だと理解することができる。

第6節　裁判上の自白

〔文献〕

法律実務(4)18頁，池田辰夫「訴訟追行行為における自己責任」同・新世代の民事裁判（信山社・1996）160頁，宇野聡「裁判上の自白の不可撤回性について」鈴木・古稀433頁，春日偉知郎・民事証拠法論集（有斐閣・1995）159頁，河野憲一郎「民事自白法理の再検討(1)～(3)」一橋法学4巻1号299頁，4巻2号475頁，4巻3号975頁，松本博之・民事自白法（弘文堂・1994），山本・基本151頁

I　裁判上の自白とその意義

1　概　　念

当事者は，口頭弁論手続期日又は弁論準備手続期日において，自己に有利な判決を得るために様々な主張・陳述をするのが一般である。しかし当事者があえて自己に不利な事実を陳述することが稀でない。特に相手方がなした自己に不利な事実に対して他方の当事者がこれを認める旨の陳述を訴訟手続内で裁判所に対して行った場合，この当事者の陳述は〈裁判上の自白〉とされて，訴訟手続上特別な取扱いがなされる。

これに対して同じく相手方が主張する自己に不利な事実を認める旨の当事者の行為であっても，その行為が訴訟手続外でなされた場合には，この行為はそれ自体では直接に訴訟手続上特別の効果を持たない。これは〈裁判外の自白〉であり，自白された事実は当該訴訟手続ではたかだか事実認定の際の一つの証拠としての役割を果たすにすぎない。両者は厳格に区別される。

†〔例〕売買契約に基づく代金請求訴訟で，原告が売買契約が成立した旨を陳述したのに対して，被告がこの売買契約の成立の事実を弁論準備手続あるいは口頭弁

論期日で裁判所に対して認める陳述をした場合，この事実は裁判上の自白となる。同じ事実が訴訟外の交渉過程で述べられた場合は，裁判所や当事者を直接に拘束する効果は認められず，これはその内容に即した証拠としての意味を持つにすぎない。したがって，この場合には証拠調べが行われその中でこの事実が主張・立証されなければならない。

現行民事訴訟法は明文で，「裁判所において当事者が自白した事実……は，証明することを要しない」（民訴179条）と定めて，この裁判所でなされた〈裁判上の自白〉につき，それが証明を不要とする一つの特別の手続法上の効果を有する制度であることを明らかにしている。

　　この規定自体は，大正民訴改正に際してドイツ民事訴訟法の規定を参考に設けられたものであり，現行法はそれをそのまま承継した。しかし，わが国の規定とドイツの規定とを詳細に対比してみれば両者には異なった点がある[29]。わが国では，〈自白〉の裁判所に対する効果のみを定めており，ドイツ法が明文で定める自白の撤回規定（ド民訴290条）は存在しない。なお，それ以前の明治民事訴訟手続では，旧民法が裁判上の自白を当該事実について証拠と位置づけており（旧民法証拠編36条），また，裁判外の自白と区別していなかった。この旧民法規定はフランス法に由来する。

　　なお，〈裁判上の自白〉に特別の手続上の意義を与え，裁判外のそれと厳格に区別し，特別の訴訟上の制度と位置づけたのは19世紀のドイツ普通法学説であった。即ち，訴訟手続内における当事者の処分行為としてこれを位置づけ，特に訴訟手続構造上，主張段階と立証過程との区別を前提に，当事者が相手方の主張する自己に不利な事実をあえて主張する場合にはこれを裁判上の自白として，そのままその事実が真実だと仮定し（「形式的真実」といわれる），証明の対象から排除した。この行為は〈証明段階〉以前の〈主張段階〉で，当事者間での争点を限定することを主要な目的とした行為である。当事者が裁判所に対して行う通常の主張行為とは異なり，裁判所に対する行為ではあるが，相手方当事者の攻撃・防御行為（その本来必

---

[29]　ドイツ民訴法は自白について3条にわたり，やや詳細に次のような規定を置いている。288条（裁判上の自白）「(1)当事者の一方によって主張された事実は，訴訟の過程で相手方から，口頭弁論に際して又は受命裁判官又は受託裁判官の作成した調書により，その自白がなされた限りでは，証明を要しない。(2)裁判上の自白が有効であるためには，その受諾を必要としない」。289条（自白に対する付加的事項）「(1)裁判上の自白の効力は，独立した攻撃防御方法を含む主張を自白に付加することによって，その効力を妨げられない。(2)裁判所においてなした認容の陳述が，どの限度で他の付加的又は制限的主張を考慮せずに自白とみなされるべきかは，個々の事件の事情によって決定される」。290条（自白の撤回）「撤回は，撤回をする当事者が自白真実に合致せずかつそれが錯誤によることを証明した場合に限り，裁判上の自白に効力を及ぼす。この場合には，自白はその効力を失う。」

要とされる立証行為を不要にする機能を持つ）を考慮して，原則として自由に撤回をすることができない（通常の訴訟行為は撤回が自由である）と考えられている（その沿革と評価につき，河野（憲）〔文献〕4巻2号475頁以下，4巻3号986頁）。

一般に〈裁判上の自白〉は，当事者が口頭弁論手続期日又は弁論準備手続期日において，相手方が主張する自己に不利な事実を認める旨の陳述することをいう。その際，このような「相手方が主張する自己に不利な事実を認める旨の陳述」を，当事者がどのような意図のもとに行ったのかが問題となりうる。これを単なる事実の陳述とみる見解もある（菊井維大・民事訴訟法（下）〔補正版〕〔弘文堂・1969〕292頁）。しかし，自白制度は相手方が主張する事実のうち，当事者が自己に不利な事実をあえて認める旨の陳述をした以上，この事実については当事者が証明をすること自体を不要とし，当事者間で争いのある事実から排除される機能を持つ。これは争点とされた事実の確定に必要な証拠による確定からその事実を排除しようとする陳述（争点排除効）である。裁判上の自白は，このような当事者の意思に基づく手続上の処分効果を持つ行為を制度として明確に手続上で承認したのであり，当事者の自白行為は当事者の意思に基づく手続的処分行為だと理解できる。

裁判上の自白は，訴訟当事者が手続上自由な意思で争点を定めまた処分することができる訴訟構造を採る弁論主義に基づく訴訟構造で許容される。職権探知主義の訴訟手続では裁判上の自白は認められない（人訴19条1項，20条）。

2　先行自白

当事者の一方が訴訟手続上で自己に不利な事実を先行して自ら陳述した場合には，相手方がこれを援用した場合にはじめて裁判上の自白が成立するものとされる（大判昭和8年2月9日民集12巻397頁[30]）。これを，〈先行自白〉という。相手方が援用する前に行為者が（不利に気づいて等）撤回すれば自白は成立しない（この撤回は自由である）。たとえ一方当事者が一方的に自ら不利な陳述をしても，それだけではいまだ双方の陳述が一致せず，相手方がこれを援用せずに争う場合には裁判上の自白は成立しない（兼子一「相手方の援用せざる当事者の自己に不利なる陳述」同・研究 I 199頁，235頁）。このような事実については更に当事者による立証が必要であり，裁判所はこの事実について証拠による認定が必要である。もっとも，その場合の取扱いについては，当事者には十分に争点と

---

[30]　兼子・判例214頁，高島義郎・百選100頁。

して意識されないことが稀でない。

3 制限付自白

　当事者が自己に不利なある一定の事実を主張したにしても，①それがこの事実に関連した事実の一部である場合や，②この事実に依拠した別の事実を付加して主張することが稀でない。このような場合には，結局全体的に見ればその当事者は自己に有利な事実を主張していることとなる。このような場合には，不利益陳述が一致する限りで自白を認めてよい。これを〈制限付自白〉という。

　もっとも，このような事実が相手方の陳述に先行してなされた場合には，いまだ自白は成立していない。相手方もこの部分のみを当然に承認するわけにはいかないことが多い。このような状況では，たとえ一方当事者が一方的にある特定の自己に不利な事実を陳述しても，それだけを取り出して孤立的に，それが自己に不利な事実であり手続上争点から排除する意思による処分行為としてその効果を与え得ると判断することができない。全体として見ればこの行為は手続的な処分行為とは評価されえないからである。釈明権の行使により，意図の明確化が必要である。

II 法 的 性 質

1 争点排除の制度としての〈裁判上の自白〉

　民事訴訟法は〈裁判上の自白〉を定めている（民訴179条）。しかし，そこでは裁判上の自白制度の存在を当然に前提としてその効果の一端を規律したにすぎない。したがってその内容やその規制原理を明らかにするためには，裁判上の自白制度自体の持つ独自の根拠を理論的に解明しなければならない。

　　一般に自白制度の存在意義については，この制度が弁論主義に基づくものと説明される。しかし，弁論主義は専ら訴訟で必要な事実の認定につき裁判所と当事者間の役割分担に基づいて生じる責任原理を明らかにしたものであり，弁論主義は当事者間で裁判上の自白によって発生する撤回禁止の効力のような当事者間の主張の局面での行為責任と責任分担についての原理を規律するものではない。裁判上の自白制度は裁判所に対する拘束力だけではなく，その前提として当事者間での主張の局面での拘束力を併せ持つ制度であるから，これを弁論主義だけで十分に説明することはできず，更に積極的に裁判上の自白制度自体の存在理由を解明することが必要である。その際，当事者間での拘束力について別に信義則などの観点からの理由づけがなされることがある。これによれば，裁判所に対する拘束力の根拠と当事者に対する拘束力の根拠とを異なる局面から二元的に説明することになる。しかし，こ

のような一般的説明では裁判上の自白制度が持つ独自の意義と特色を十分に説明し得たとはいえないし，方法論的にも極めて問題がある。この説明方法は，自白制度が存在することを前提としたうえで，それについて訴訟法上の一般的な原理との関連性を指摘し説明したにすぎず，裁判上の自白制度そのものの存在理由を示したことにはならない。反対に，もしも，このような一般的根拠づけで裁判上の自白についての十分な理由づけとするのならば，あえて〈裁判上の自白〉という制度が独自に存在するものとしてその法規定や理論が必要であるのかが改めて問われる。訴訟上の独自の制度としての裁判上の自白制度は，より立ち入ったその制度独自の存在理由を探求する必要があるとみなければならない。ドイツにおける19世紀の裁判上の自白制度の展開の沿革は，このような制度確立への過程を示している。

2　当事者の意思に基づく手続的処分行為

　裁判上の自白制度は，当事者が直接裁判所に対して行う意思の表明であり，それは相手方が主張した事実が自己に不利であるにもかかわらずそれが真実であると表明することで当該事実を〈争点〉から排除し，したがって相手方の当該事実についての証明を不要にすることを主たる内容とする行為であり，意思に基づく手続的処分行為であるといえる。このような当事者の意思が訴訟手続上，口頭弁論期日又は準備のための期日において直接に裁判所に対して示されることによって，民訴法は特に〈裁判上の自白〉としての訴訟法上の効力を生じるものとした。これは手続上相手方の証明がないにもかかわらず，自己に不利な事実を裁判所が認定することを承認する行為である。このような行為が裁判手続外で相手方に対して行われ，その結果が訴訟手続で陳述されても，直接訴訟法上の行為とはいえず争点排除の効果は発生しない。〈裁判外の自白〉は〈裁判上の自白〉とは区別される。裁判外の自白では，それが手続上で主張されると（後述⇒Ⅵ），裁判外で当事者の一方が相手方の主張する自己に不利な事実を自認したという事実により当該事実が真実だという点についての証拠として取り扱われるにすぎず，それ自体が訴訟手続に直接の効果を持つわけではない。これに対して，裁判上の自白行為がなされると，直接訴訟法上の効果が発生し，これを行った当事者はその自白の撤回をすることができないという拘束力（不可撤回効）を受ける。

3　不利な陳述が先行する場合

　当事者の一方が自ら不利な事実を先行して陳述する場合には，この行為自体に当然に手続的処分意思があると断定することはできない。相手方の援用があれば結局自白として取り扱われるが（先行自白。前述⇒Ⅰ2），その場合でもその

前提として争点整理の段階で十分な注意が必要であり，機械的な処理をすべきではない。

本来裁判上の自白においては，相手方が主張する自己に不利益な事実を前提に，それが真実だと陳述することによって，その事実についての当事者の証明行為自体を不要にし，裁判所による証拠に基づいた当該事実の認定を排除する。またこれによって当該事実を争点とすること自体を排除することになるが，それは，相手方が先行して自己に不利な事実を主張している場合に，これを当該当事者が真実だと陳述することで当事者間の主張の一致を意図的に作出するからである[31]。

これと異なって，当事者の一方が自ら先行してたとえ自己に不利な事実を陳述しても相手方がそれを援用せず，かえってこれを争う場合には，結局当事者間の主張の一致の状態は実現されない。もっともこのようなことは，当事者が不用意に不利な事実を陳述し，また当事者の意図が不明確なままにそのような行為を行うこともあり得る。これらの場合には当事者が，当該事実が立証を要する事実であることを意識せず，結果的に十分な立証行為がないことがあり得る。当事者が先行して自己に不利な事実を陳述してもそれが裁判上の自白にあたらず，当該事実については依然争点から排除されていないとすれば，裁判所がその事実の認定をするには当事者の証明を必要とする。しかし証明を必要とする事実であることが当事者間で十分に意識されていなければ，裁判所の認定は当事者にとって不意打ちになる可能性が大きい。そこでこのような事実については，裁判所の釈明により争点として明確化し自覚を促す必要がある。

Ⅲ　裁判上の自白の要件

1　基本原則——手続処分としての裁判上の自白

裁判上の自白の多くは，相手方が主張した事実のうち，当事者が自己に不利な事実を認容する旨を訴訟手続上で裁判所に対して陳述をすることによって成

---

31) これに対して，アメリカ合衆国連邦民事訴訟規則（Federal Rules of Civil Procedure for the United States District Courts）36条には，一定の事実の存否について，それを承認し争わないとの態度決定をすることを積極的に相手方に裁判外で要求することができると規定されている。開示手続（Discovery）の制度の一つである〈承認の要求（Requests for Admission）〉がこれである。ドイツ及びわが国の裁判上の自白では，当事者の一方が自発的に行った行為が裁判所及び相手方との関係で争点排除の効果を持つのに対して，〈承認の要求〉では開示手続として積極的に相手方に一定事実の承認を求め争点から排除することを，専ら当事者間で行う点に特徴がある。

立する。裁判上の自白が，裁判所の判決に必要な事実を確定するに際して，その存否を証拠によって認定する必要があるか否かの範囲を画定するために，個別的な事実に即して行われる手続的な処分行為として位置づけられるとすれば，当事者が訴訟上で行う事実に関する陳述は，このような当事者の意思を示す行為でなければならない。裁判上の自白の位置づけについては学説上必ずしも見解が一致せず，その要件にも見解に相違がある。しかし，裁判上の自白が，争点を減縮し当該事実に関する証拠調べを不要にする性質を持つという直接訴訟法上の効果が発生する当事者の行為であるためには，当事者が手続的な処分を行ったことが明らかになる必要がある。

2　裁判上の自白の要件

裁判上の自白が有効になされるためには次の要件が必要である。

①　**口頭弁論又は弁論準備手続で，〈弁論〉として裁判所に対してなされた陳述であること**　　当事者が裁判所に対する陳述として，口頭弁論期日又は弁論準備手続において行った行為でなければならない。訴訟手続外でなした行為は裁判外の自白としての意味は持ち得てもそれは単なる証拠としての意味を持つにすぎない。裁判上の自白として直接に特別の訴訟法上の効果を持つには，その行為が訴訟手続上定められた期日で直接に裁判所に対して行われることが必要である。準備書面に記載された事項も口頭弁論期日で陳述されることによってはじめて裁判上の自白としての意味を持つ。また同じく当事者が訴訟手続上で述べた相手方が主張する自己に不利な事実に関する陳述であっても，それが証拠調べの過程での当事者尋問としての供述であれば裁判上の自白にはならない。これは，〈証拠資料〉にすぎない。裁判上の自白になるには，証拠調べの前提として行われる弁論行為であり，〈訴訟資料〉でなければならない。

②　**相手方の主張と一致した陳述であること**　　相手方が行った主張と一致した陳述であることが必要である。当事者があえてこの相手方の主張に合致する陳述を行ったことに，訴訟上の処分意思を見ることができる。通常は，相手方が既になした主張と一致した事実を陳述することによって裁判上の自白が成立することが多い。しかし，相手方の主張前に当事者の一方が予め当該事実を陳述し，相手方がそれが自己に有利だとして援用をした場合でも，陳述の内容が相手方の主張と一致すれば，裁判上の自白が成立する（先行自白。上述⇒Ⅰ2。なお，Ⅱ3）。

③　**自己に不利な事実の陳述**　　当事者が行った陳述の内容が，その当事者

にとって不利なものでなければならない。有利な事実を陳述することは当然だが，当事者が自己に不利であることを意識しつつ，あえてこのような陳述を行う点に手続的な処分意思を見ることができる。もっともこの「自己に不利な事実」とはいかなる事実であるかについては学説上見解の対立がある。これを，敗訴の可能性がある事実だと見る見解がある（兼子・体系246頁，新堂509頁）。この見解は，その事実を自ら陳述し，それがそのまま裁判上で認められることによって自己が敗訴する可能性がある点を重視する。必ずしもその立証責任が相手方にある場合だけに限らず自分が立証責任を負う事実を自ら否定する場合も自白になるとする。これに対して，相手方が証明責任を負う事実を自ら認める陳述をすることが必要だとする見解がある（三ケ月・全集388頁，同・双書426頁，伊藤310頁）。裁判上の自白が主張段階での手続的処分行為であり当該事実に関する立証自体を排除する制度であることに鑑みると，証明責任が問題になる手続段階での裁判所の判定の問題ではなくまず第一には当事者の訴訟追行過程で問題にされるべき手続処分を巡る意思形成の段階における問題であり，これを証明責任事項に限定する必要はない。むしろ敗訴の可能性という直接自己の利害に関わる訴訟の結論自体との関連での問題として，当事者の処分意思を判断すべきであろう。

†〔**例**〕 要物契約の成立を主張しながら，自ら物の引渡しがなかったことを陳述する場合，敗訴可能性説では，この事実について自白が成立し，証明なしに引渡しがなかったとの判断をすべきだとする（兼子・体系246頁）。また，貸金返還請求訴訟で原告が主張する弁済時期を前提に，被告が消滅時効を援用した場合に，この原告による弁済時期の主張を改めることが自白の撤回にあたるかが論じられている（中野ほか編・新民訴286頁〔春日偉知郎〕）。

3 裁判上の自白の対象

(1) 事　　実

裁判上の自白は裁判上重要な〈事実〉について問題になる。その際，〈主要事実〉は，直接その存否が訴訟の結果を左右する。そこでこの主要事実が裁判上の自白の対象となるのは当然である。これに対して，間接事実や補助事実が裁判上の自白の対象となりうるのかが問われる。

1） **間接事実**　　間接事実について裁判上の自白の成立を否定するのが通説である。この見解によれば，裁判官は証拠調べなどから疑いのある間接事実を前提にして，主要事実についての心証を形成することは無理な注文だとする

(兼子・体系248頁)。これに対して，間接事実についても裁判上の自白の成立を認める見解がある（新堂511頁）。主要事実について争いがあっても，間接事実について自白の成立を認めることが裁判所の判断を困難にするとはいえず，別の間接事実による認定の可能性があり，自由心証による判断ができるとする。判例（〔判例〕）は間接事実は裁判上の自白の対象にならず，裁判所だけでなく当事者に対しても拘束力がないとしている。

† 〔判例〕 最(1小)判昭和41年9月22日民集20巻7号1392頁[32]　X（原告・控訴人・上告人）は，その父Aが Yら（被告・被控訴人・被上告人）に対して有する貸金債権30万円を相続したと主張してその支払を求める訴えを提起した。この第一審手続でYらは，Aはこの債権を既にBに譲渡していたとの抗弁を提出し，その事情につき，この債権譲渡は，AがBの所有する建物の売買代金70万円の一部の決済としてなし20万円は即時払いしたこと，Yらはこの債権譲渡を承認し後にBに対して有する債権で相殺したと主張した。これに対してXは，AB間での建物の売買契約の事実を認め20万円を支払ったことを認めたが，債権譲渡についてはその予約がなされたにすぎずその後建物の売買契約は合意解除されたと主張した。第一審は，AがBから家屋を70万円で買い受け20万円を支払ったことは当事者間に争いがない（自白）とし，証拠調べの結果として債権譲渡を認定してXの請求を棄却した。X控訴。控訴審でXは，第一審でAがBから本件家屋を代金70万円で買い受けたことを認めたのは真実に反しかつ錯誤によるとして取り消すと主張した。控訴審は，自白の取消しを認めず，債権譲渡を認定して控訴を棄却した。X上告。最高裁は以下のように述べて破棄差戻し。「Yらの前記抗弁における主要事実は『債権の譲渡』であって，前記自白にかかる『本件建物の売買』は，右主要事実認定の資料となりうべき，いわゆる間接事実にすぎない。かかる間接事実についての自白は，裁判所を拘束しないのはもちろん，自白した当事者を拘束するものでもないと解するのが相当である。しかるに，原審は，前記自白の取消は許されないものと判断し，自白によって，AがBより本件建物を代金70万円で買い受けたという事実を確定し，右事実を資料として前記主要事実を認定したのであって，原判決には，証拠資料たりえないものを事実認定の用に供した違法があ」る。

間接事実であっても，訴訟手続上重要な意味を持つ事実についてはその主張・立証が手続上重要な意味を持つことは否定し得ない。このような事実は，当事者間でその主張を巡って重要な争点になりうる。これらについて訴訟当事

---

[32]　川嵜義徳・最判解説民事昭和41年度377頁，三ケ月章・判例民事訴訟法（弘文堂・1974）246頁，中務俊昌・続百選128頁，山木戸克己・百選2版171頁，福永有利・百選Ⅰ210頁，同・百選3版128頁。

者が自己に不利な事実であるにかかわらず手続上で自白をした場合には，このような事実を争点として争わない意思を示したといえる。にもかかわらず一切その当事者に対して拘束力を否定し，当事者はその自白に拘束されず，後にこれと異なった主張や陳述を自由にすることが可能であり，裁判所もまたこの点について常に証拠による認定が必要だとすることは，裁判上の自白が持つ争点排除機能を極めて狭く限定しすぎることになろう。

2) 補助事実　補助事実は，直接に要件事実又はそれを推測する事実ではない。むしろこれらの信憑性に関して問題となる事実であり，その確定は直接要件となる事実についてのものではない。判例は，補助事実についても裁判上の自白の適用はなくその拘束力が認められないとする（最(2小)判昭和52年4月15日民集31巻3号371頁[33])。

3) 公知の事実　当事者の一方が公知の事実に反する事実を陳述し相手方がこれについて自白をしても裁判上の自白の効果は認められない。

公知の事実については，「顕著な事実」として，そもそも当事者は証拠による証明を必要とせず，裁判所もまた証拠によらないでその認定をすることができるからである（民訴179条⇒第9章第2節Ⅲ5(2)）。

> たとえ公知の事実に反する事実でも，当事者がこれに基づいて紛争の解決を求める態度に出る以上裁判所もこれを容れるべきであり，自白の成立を認めるべきだとの見解（兼子・体系248頁）は，自白制度が争点排除の機能を持つこととの関連では共感できる。しかし，この事実はそもそも当事者が争点として争いうる事項ではないとすべきであろう。

(2) 権利・法律関係についての自白（権利自白）

1) 意　義　民訴法179条は裁判所において当事者が自白した「事実」について証明を不要としている。そこで，訴訟物である法律関係の前提をなす権利又は法律関係について，自己に不利なそれの存在を自認する行為をしたとしても，それに裁判上の自白としての効果を認めることができないのではないかが問われる。このような自白は〈権利自白〉ともいわれる[34]。この行為につい

---

33) 書証の真正について，被告がいったん委任状の成立を認めながら後にこれは白紙委任状であったが転々した後に代理権授与の記載が補充されたと主張した事例。裁判所を拘束せず撤回が許されるという。東條敬・最判解説民事昭和52年度161頁，田尾桃二・百選2版174頁，飯倉一郎・百選Ⅰ212頁。

34) もっとも，「権利自白」という用語は誤解を招きやすい。事実に関する自白と同様に〈権利〉についても自白法理がそのまま適用されるのかという形で理解される可能性があるからである。

て学説上は，裁判上の自白としての意義を認めることができないとする見解（兼子・体系246頁）と，自白として承認すべきだとの見解（新堂515頁）が対立する。

　権利・法律関係についての当事者の自認行為であっても，それが訴訟物自体を構成する場合には，原告側であれば請求の放棄となり被告側であれば請求の認諾となって，直接にその内容を審理判断せずに訴訟手続上も承認して訴訟手続を終了する効力が認められる（⇒第7章第3節）。これに対して，訴訟物である権利関係につき当事者間で争いがある以上，裁判所は判決による判断を行う任務から免れることはできない。その際，判断の前提となる権利・法的判断について当事者がそれを自認する陳述をした場合にこれを当然の前提とすることができるのかが問われる。

　†〔例〕 所有権侵害に基づく明渡請求あるいは損害賠償請求訴訟で，被告が原告の「所有権を承認する」場合。被告側の「過失を認める」という陳述もこれにあたる。

　2）　取扱い　相手方が主張した法律関係又は権利関係について他方がこれをそのまま自認する行為を見ると，その内容は当該権利関係に基づいて具体的に適用した事実関係に関する主張そのものを全体として自認していると考えられる場合がある。この場合に当事者がこれら一連の事項について訴訟手続内で争わないという意思が明確に示されていると判断される場合には，それに手続的処分行為としての意味を与えることができる。これに対して，当事者は訴訟手続で相手方の主張する法律関係又は権利関係を自認しているように見えても，これに関連する具体的な事実の陳述がこれと矛盾する場合などにおいては直ちにこのような当事者の包括的な手続処分意思を認定することはできない。こうして，これらの権利関係について当事者には処分権限があると見るべきであるが，その際，処分行為の内容を確定し判別することが必要である。裁判上の自白の対象が「事実」であることから，それ以外の権利・法律関係について処分権限が及ばないとすることはできない[35]。

---

35) 裁判上の自白を，専ら事実の報告であると見る立場からすれば，権利等については処分ができないとの見解が採られ得るのかもしれない。しかし，これは請求の放棄・認諾を許している現行法の立場と基本的には相容れないであろう。

Ⅳ　裁判上の自白の効果

1　趣　　旨

　裁判上の自白がなされた事実は「証明することを要しない」（民訴179条）。裁判上の自白の効果は，裁判所が当該自白された事実をそのまま手続上当事者の証明なく判決で認定しなければならないことを意味する。このことは，手続上はまず当事者間で当該事実についてそれが手続上重要な〈争点〉から排除されることを意味する。当事者は，訴訟手続においてそれぞれの主張をする中で，対立する〈争点〉を明らかにし，この〈争点〉を解決するために必要な事項の法的判断のために，当該法律問題の前提となる〈要件事実〉及びそれを推測しうる事実（間接事実）の存否等について証拠による確定が必要である（参照⇒第9章第2節Ⅲ）。この過程で，当事者が裁判上で自白した事実については証明の必要がなく，当該事実について当事者による立証行為を排除しており，結果として争いのない事実となり裁判所も当事者の自白内容に拘束される。

2　当事者間での拘束力

　裁判所が判決をするにあたり重要なある事実について裁判上の自白が有効になされると，この自白行為により自白された事実は，訴訟手続上当事者間の争点から排除される。その際自白をした当事者は，自己が行った陳述に拘束され，以後の手続過程で（第一審でなされた裁判上の自白は控訴審手続でも拘束力を持ち）これを自由に撤回することができないという拘束力を受ける。これを「裁判上の自白の自己拘束力」という。このような自白当事者に対する拘束力があることから相手方当事者は，当該事実について最終的には証拠による認定を必要とすることなく，当該事実が確定される手続的地位を得て，安心して以後の手続追行をすることができる。

　本来，民事訴訟手続では，一般に原告及び被告はそれぞれ最終的な勝訴判決の獲得を目指して訴訟上自己に有利な攻撃方法及び防御方法を提出し，十分にその主張を尽くすことができるのが原則である。その際，当事者は相互にまず自らの責任で訴訟手続で具体的に争い裁判所の確定を求めるために〈争点〉を明らかにしなければならない。〈争点〉となった事項は，当事者の一方に有利な主張事実であり，その相手方がその存否を争うことからその最終的な確定・判断を裁判所に求めなければならない。裁判所の判断は証拠に基づいて行われなければならないから，その前提として証拠による裁判所の認定手続が必要で

ある。この証拠による認定の必要性は、専ら当事者が当該事実について争った結果であり、争いがなければこのような証拠による認定の必要性はない。

〈裁判上の自白〉の制度は、当事者の一方が相手方の主張する自己に不利な事実の陳述を承認することにより、当該事実を〈争点〉から排除しようとする行為である。特に、当事者の弁論手続における行為のうち、主張と立証が区別され、主張段階でどのような事実について当事者が争うのか、そしてその争点について証拠によりその事実の確定をする手続のために主張整理がなされる場合、これは後に続く立証の対象を限定する行為であり、そこでなされた限定行為は後続する手続内での当事者の行為を規律するために拘束力を持たなければならない。そうでなければ、そもそも争点の限定自体が無意味になる。特に自白がなされると相手方にはその立証行為を不要とする効果が生じることからこのような拘束力は不可欠である。こうして主として主張段階での手続における両当事者間での相互の行為を合理的に規律するためには〈裁判上の自白〉制度が必要である。この制度が持つ当事者間の拘束力の基礎は、相手方の信頼を保護する行為[36]と見るべきではなく、むしろ自白者の証拠による確定を不要とする手続的処分行為と見るべきである。

3　裁判所に対する拘束力

裁判上自白が有効になされると裁判所に対する拘束力を持つ。裁判上の自白の効力については「裁判所において当事者が自白した事実……は、証明することを要しない」（民訴179条）と明記されている。この自白された事実については、単に当事者にとって証明が不要だとするだけではなく、当該事実について裁判所が独自に審理し当事者のなした自白内容とは別異の判断をする権限が排除されて、裁判所は当事者が自白した通りの事実をそのまま確定しなければならないことを意味する。この裁判所に対する拘束力は、弁論主義の効果のようにも見える。弁論主義の基本観念によれば、当事者間で争いがなかった事実はそのまま認定しなければならず裁判所に対して拘束力を持つからである。しかし裁判上の自白の場合、単に結果的に争いがない事実ではなく（擬制自白とは異なる）、当事者が意識的に裁判上で自白行為をした結果、争いが排除されて

---

[36]　「信頼保護」という用語自体はしばしば曖昧に用いられることが多い。この言葉は、一定の行為がなされた場合にその行為の外観を信頼して行った相手方を保護する場合に用いられるのが本来の意味であるといえる。これに対して、裁判上の自白の場合、相手方の信頼自体を根拠にしているわけではない。信頼したか否かに関わりなく証拠調べを排除するという独自の意味が与えられている。

いる点に特徴がある。

このような拘束力は，自由心証主義との関係ではこれを制約する原理と見るべきではない。むしろ，自由心証主義は証拠調べが必要な事項について裁判所が行う証拠評価の基本原則であるが，裁判上の自白はこの原則の前提として，それが作用する領域を排除し限定する機能を営む。

4 上級審との関係

第一審でなされた裁判上の自白の効力は当該審級においてだけでなく，上級審をも拘束する。控訴審では，第一審でなされた裁判上の自白の拘束力を前提に，事件の審理・判断をしなければならない。

5 例　　外

裁判上の自白は，当事者の自由意思で争点を排除することを主要な目的とした手続的な処分行為である。このような行為が当事者に許容されるのは，手続構造上弁論主義が採られ，訴訟手続においてなされた当事者の行為が手続上処分効果を持ちうる場合でなければならない。手続の対象が，当事者間で自由に処分することができない法的関係に基づく場合には当事者が手続上行う事実の陳述に関しても弁論主義が認められず，このような法律関係又は権利関係についての職権による探索の途を残している。いわゆる職権探知主義の訴訟手続であり，この手続では当事者が手続内で行った裁判上の自白についても直接の手続上の拘束力を認めることはできない。そこでこのような事項については裁判所の証拠による認定を必要とする。当事者の主張・立証が十分でなければ，裁判所は職権で証拠調べをする権限が与えられている。もっともその場合にも，裁判所が探知した証拠について当事者に対してその内容を開示し，当事者にとって不意打ちとならないように配慮する必要がある。

V　裁判上の自白の撤回

1　裁判上の自白とその撤回可能性

当事者が訴訟手続内でいったん裁判上の自白をしても，後の審理過程で当該自白行為を撤回し，自白した事実を争うことができるのかが問題になる。これができるとすれば，当該事実については最終的に裁判所の審判権を排除する効果が消滅するから当該事実については当事者間で争いのある事実となり，更に証拠による確定が必要とされる。

2　裁判上の自白の撤回要件

　裁判上の自白が有効に成立した後，後続する審理の過程でその当事者が，裁判上自白した事実が真実に反するとしてこれを撤回したいとの意思を表明する場合がある。これを当然に許せば，当該事実が争点にならず証明を不要とする手続上の地位を取得していた相手方当事者に不測の不利益を生じるおそれがある。裁判上の自白が当事者間では自由に撤回することができないという拘束力を持つことを前提にしてもなおこの点を巡って紛争が生じる可能性がある。この紛争は当該訴訟手続内で早急に決着を必要とする，いわゆる手続関連紛争であるといえる。そこで，いかなる場合に撤回が可能かについて，その要件が明確にされなければならない。

　①　撤回について相手方が同意をした場合　　裁判上の自白は，まず第一には争点減縮を目的にした訴訟上の処分行為であるが，それは相手方当事者との関係で問題になる。相手方が裁判上の自白行為の撤回に同意した場合，自白者への拘束は不要であり自白が撤回されて，当該事実は明示的に争点に復帰する。本来ある事実が争点になるかあるいはそれを排除するかを決定するのは当事者の権限だからである。相手方が同意すれば，手続上の紛争は発生せず，撤回を有効としてよい。

　②　自白が相手方又は第三者の欺罔行為又は脅迫行為によってなされた場合
　裁判上の自白がこのような行為でなされた場合，その行為は自白者の自律的意思によってなされたわけではない。争点排除に関する意思決定について行為者には責任を課し得ず，自白の拘束力を課すことはできない。この場合にはその撤回を許すべきである[37]。

　③　自白をしたことが錯誤による場合　　自白をした事実が，そのまま自白者のいう真実に合致している場合は自白を否定する意味がない。そこで，この場合，自白者としてはその事実が真実に反していること，そしてそのような陳述が錯誤に基づいてなされたことを主張する。中心となるのは，自白者が錯誤によってその陳述をしたことにある。この場合にも，錯誤に基づいてなされた場合にはその撤回を許すべきである。

---

[37]　結論的には大差がないが，一般的には再審事由である民訴338条1項5号が援用され「刑事上罰すべき他人の行為」に該当する場合であり，しかも同条2項の刑事有罪判決等の要件を不要であるとする。しかしこのような説明は，既判力ある判決を打破する要件である再審事由を介した理由づけであり，いまだ訴訟が終了していない段階での訴訟内紛争の処理要件としては適切ではない。裁判上の自白という訴訟行為自体の瑕疵の問題として，直接に取り扱うべきである。

3 裁判上の自白の撤回に関する手続問題

(1) 意　　義

いったんなした裁判上の自白を後に撤回しうるか否かが争われることがある。裁判上の自白を行った者が後に自己の行った自白の効力について，その効力を否認し異議を述べると，撤回の可否を巡る問題が手続内で顕在化する。特に控訴審では，第一審でなされた自白について撤回が主張されることがある。これは訴訟手続において派生する法律問題である。自白の撤回が許されれば当該争点については当事者間に争いが再生することになり，この点について裁判所が事実認定をするためには改めて当該事実について証拠による確定が必要になる。

(2) 手　　続

裁判上の自白の撤回行為は，自白者が裁判所に対して行う訴訟行為であり，自らが行った自己に不利な事実の陳述を撤回しようとする行為である。自白者からその自白行為を撤回する旨の意思表示がなされると，裁判所は相手方に対して撤回に同意するか否かを問い合わせなければならない。

1)　相手方が同意する場合　　裁判上の自白が撤回されて，当該事実関係は当事者間で争いのある事実となる。その点について立証責任がある当事者——通常は自白当事者の相手方——は，この争点となった事実について証明をしなければならない。

2)　相手方が自白の撤回に同意しない場合　　①　自白が相手方又は第三者の欺罔行為又は脅迫行為によってなされたと主張する場合は撤回を求める者はこれらの行為がなされたことを具体的に主張・立証しなければならない。裁判所は，撤回を許すか否かについて中間判決によって明確にできる。

②　自白が自らの錯誤によってなされたと主張する場合[38]，自白者は，真実が自白した事実とは異なること，そして自らの自白が錯誤に基づいてなされたことを主張・立証しなければならないとされる[39]。自ら真実に反することを意識しながらなした裁判上の自白は撤回をすることができない。自白を錯誤で行った旨の主張・立証行為はあくまでも訴訟内での紛争であり，当該事実について相手方が証明を必要とする争点に復帰するか否かの争いであると見るべきで

---

[38]　たとえ裁判上の自白に相当する行為がなされても，当該当事者が直ちにこれを撤回する場合は裁判上の自白としての拘束力は生じない。

[39]　ドイツ民事訴訟法は裁判上の自白の撤回につき不真実及び錯誤の証明を要求している（前掲注29））。

ある。そこで自白をしたことが錯誤に基づいたのであり訴訟上の処分行為としての責任を負わせるべき事由にあたらないのだということが示されればよい。したがってその事実について自白した事実とは異なること及び錯誤があったことについても疎明を必要とし，それで十分だといえるのではないか。これに対して，真実の事実関係が自白事実と異なること及び錯誤について完全な証明を必要とすると理解するのが一般である。そうするとこの場合には当該事実については訴訟法上の行為により当該事実に関して証明責任の転換がなされていることを意味するといわれる[40]。しかし，相手方の証明行為を排除したままで，当該事実を認定することは行きすぎである。

わが国の判例には，厳格に二段の証明を求めず，不真実の証明があれば錯誤を推定することができるとした例がある（最(3小)判昭和25年7月11日民集4巻7号316頁）。このような取扱いでは，主張と立証とを厳格に区別しなかった時代において，自白の撤回と見るか果たして当該事実を自白と評価するかが必ずしも明確ではなかったからだとも見うる。現行法上，これが当然に先例として作用しうるかについては検討が必要だろう。

Ⅵ　裁判外の自白

　　自白は裁判手続で裁判所に対して直接行われるだけでなく，裁判手続外でも訴訟当事者が相手方の主張する自己に不利な事実を自認する旨の行為をすることがある。これを〈裁判外の自白〉という。この行為は裁判上の自白とは異なって，直接訴訟手続内での効力を持たず，当事者に対する訴訟手続上の拘束力もまた裁判所に対する拘束力もない。しかしこの行為は，有力な証拠としての効果を持ちうる。もっともその判断は裁判官の自由心証により，特別の効果を有するものではない[41]。

Ⅶ　擬 制 自 白

1　意　　　義

当事者が口頭弁論又は弁論準備期日で行った一定の訴訟上の行為態様が，明らかに相手方の主張する事実を争わないと見られるときは[42]，これを争う意思

---

[40]　ドイツでの通説である（Stein-Jonas-*Leipold*, ZPO. § 290, Rdnr. 3; MüKommZPO-*Prütting*, § 290. Rdnr. 4）。
[41]　相手方に対して，裁判上の自白をするという約束をする場合は〈自白契約〉となる。
[42]　この場合には明示的な裁判所に対する自白行為がなされているわけではない点で自白とは区別される。

がないものと認め，自白とみなしてその事実について証明を不要として裁判所はそのままその事実を認定することができる（民訴159条）。これを〈擬制自白〉という。これは，当事者の処分意思による行為ではなく，あくまでも裁判所が当事者の行為態様を総合的に判断して，相手方の事実主張を争っていないと評価することができる場合に，事実の証明なしに当該事実を認定してよいとする制度である。当事者の主張や陳述を判断して課される結果としての意味を持ち，裁判上の自白の効果が当事者意思による行為に基づいて生じるものであるのとは異なる。

2 適用範囲

擬制自白は，当事者が訴訟追行行為について自由な処分権限を有する弁論主義の適用される手続においてのみ適用される。人事訴訟手続では適用されない（人訴19条）。また擬制自白は，事実に関する主張についてのみ適用される。請求の放棄・認諾は訴訟物自体についての処分行為であり，当事者が明示的にこれらの行為をしない以上，裁判所は訴訟物について裁判をし判決を言い渡さなければならない（新堂514頁）。

3 態様

裁判所によって擬制自白が認められるのは，当事者が手続上相手方の主張する自己に不利な事実について争う機会がありながら，これを争わなかった場合である。このような行為の態様には次の場合がある。

① 当事者が口頭弁論に出席していて相手方の主張する事実を争わない場合（民訴159条1項本文）　口頭弁論では当事者は主張すべき事項は十分に主張しなければならない。相手方の主張する事実を争わない以上，それを放棄したものと見なされてもやむを得ない。弁論の全趣旨を考慮して裁判所が規範的な判断することになる。

② 口頭弁論に欠席した場合でも，出席当事者の準備書面で示された事実を争わない場合（民訴159条3項。161条3項参照）　相手方の準備書面によりどの点を争うべきかを考慮する機会が与えられているのにかかわらず口頭弁論に欠席し，その点に何らの態度を表明しない場合，これを争わないものとすることで手続を進行することができる。ただし，公示送達の場合には相手方の具体的主張は伝えられていないから，自白を擬制することはできない（民訴159条3項但書）。

4 効　果

　裁判所は擬制自白とみなされた事実については証拠調べを要せずに，当該事実を認定することができる。擬制自白とみなされるか否かは口頭弁論終結の時点を基準とする。したがって当事者に対する拘束力はない。このため撤回などの問題が生じる余地もない。第一審でたとえ擬制自白が認められてもその効力は当然に控訴審で維持されるわけではない。控訴審では，擬制自白ありとして認定された事実を争うことができる（控訴審での攻撃・防御方法の提出につき，民訴301条）。しかし第一審で争点や証拠整理の手続を経ている場合には，なぜそこで提出することができなかったのかを説明する必要がある。これが十分でなければ，時機に後れた攻撃・防御方法として却下される可能性がある（民訴297条，167条，174条，178条）。

第7節　訴訟手続に関する当事者の懈怠

〔文献〕
池田辰夫「不熱心訴訟追行とその帰責原理」同・新世代の民事裁判（信山社・1996）129頁，宇野聡「当事者の欠席」争点3版170頁，本間靖規「期日における当事者の欠席」鈴木・古稀464頁

I　総　論

　民事訴訟手続では，各当事者が訴訟手続に積極的に関与して自己の法的地位についてその言い分を十分に尽くすために〈口頭弁論期日〉を設けて手続に関与する機会を保障した（手続権の保障）。しかし，このことは当事者が常に訴訟手続に出席し，あるいはそこで陳述をしなければならない〈義務〉を負っていることを意味しない。特に，民事訴訟では被告に〈応訴義務〉が課されてはおらず，欠席当事者に期日への出席を強制するための特段の手段は存在しない。しかし，欠席により，当事者は手続上及び実際上の不利益を受ける可能性がある。これを，手続理論上「負担」[43]ということがある。

43）　訴訟手続における当事者の関係につき「訴訟上の義務」を否定し，*James Goldschmidt*, Prozess als Rechtslage, 1925, bes. S. 253 ff. によって主張された概念が手続上の「負担（prozessuale Last）」である。学説史につき，中野貞一郎「訴訟関係と訴訟上の義務」同・訴訟関係1頁。また，河野・当事者行為7頁，*Kawano*, Verfahrennsstruktur und Parteiverhalten im Zivilprozeß, Festschrift für K.E.Beys, 2003, Sakkoulas Verlag Athen, S. 675, bes. 686 ff.

訴えが提起されても，被告が訴訟手続に積極的に関与せず，口頭弁論期日に欠席する場合がある。原告自身が弁論期日に出席しない場合や，当事者双方が弁論期日に出席しない場合もある。また，たとえ出席しても全く事件について弁論をせずに退席する場合もありうる。このような当事者の行為は求められる口頭弁論への出席を〈懈怠〉する行為である。当事者の欠席により裁判所は手続を進めることができなければ事件処理は空転し，裁判所には処理できない事件が集積する。そこで，手続懈怠について手続上十分な対策を立てる必要がある。

当事者が口頭弁論期日に欠席した場合の取扱いにつき，立法政策上は欠席した当事者に対して，出頭した当事者の申立てにより，期日に欠席をしたことを理由にして判決を下すことができる制度がある。これが〈欠席判決〉[44]の制度である。

> わが国でも，明治民事訴訟法の下で原告が欠席した場合は欠席判決により訴えを却下し（明民訴247条），あるいは被告が欠席した場合は，被告が原告の事実に関する陳述を自白したものとみなして欠席判決で被告敗訴の言渡しをし又はその請求が正当でない場合は訴えを却下すべしとしていた（明民訴248条）。欠席判決を受けた当事者はこの判決に対して14日以内に〈故障の申立て〉をすることができ（明民訴255条），故障が適法なときは訴訟は欠席前の程度に復するものとしていた（明民訴260条）。また，双方が欠席した場合はその当事者の一方から更に口頭弁論の期日を定めるべきことを申し立てるまで手続を休止するものとしていた（明民訴188条3項）。

---

[44] ドイツ民訴法の〈欠席判決（Versäumnisurteil）〉（ド民訴330条以下）：当事者のいずれに限らず，欠席した場合に下される。特に被告欠席の場合，一般的前提として訴えが適法で，また原告側の主張が訴訟物となっている請求権を正当化するのでなければならない。これに反すれば通常の判決で不適法却下される。(1)欠席判決の一般的要件：まず当事者に対して適法な呼出しのもとで口頭弁論が行われたこと，当事者の一方が手続の懈怠をしたことが必要である。懈怠には弁論期日に出席しなかったこと，出席したが陳述しなかったことが含まれる。更に，本案判決要件が存在しなければならない。これがなければ本案判決ができず，したがって欠席判決ができない。(2)原告欠席：被告の申立てにより訴えを棄却すべき旨の欠席判決をしなければならない。この判決は本案の審理をせずに，原告の欠席のみを理由に下される。(3)被告欠席の場合：原告側の口頭弁論での事実主張が被告によって自白されたものと擬制され，裁判所はこの原告の主張が申立てを理由づけるかどうかを審査する（いわゆる〈有理性ないし主張の首尾一貫性（Schlussigkeit）〉）。この要件が満たされていれば被告に対して〈欠席判決〉を下す。満たされていなければ訴えは棄却される。(4)特別の救済方法：欠席判決に対しては〈異議（Einspruch）〉の制度がある（ド民訴338条）。事件は上級審に移審しないのが原則で（例外，二度目の欠席判決），判決の確定を遮断するにすぎない（確定遮断の効果）。ドイツ欠席判決制度の成立史の詳細は，北村賢哲「欠席判決論序説(1)(2)」千葉22巻3号15頁，22巻4号1頁。

わが国現行法はこのような欠席判決の制度を採用せず，あくまでも対席判決の形態をとる。出席した当事者の主張内容と欠席した当事者の主張を擬制することによって判決をする制度を採用している[45]。わが国では，実務上「欠席判決」の用語が用いられているが，本来の意味での〈欠席判決〉制度を採用しているわけではないことに注意しなければならない。

II　最初の期日における当事者の一方の欠席

　当事者の一方のみが最初の口頭弁論期日に欠席し，あるいは出席しても弁論をしないで退席した場合（以下一括して「欠席をした場合」という）には，この当事者が既に訴状，答弁書，その他の準備書面を提出していれば，そこに記載した事項が口頭弁論期日で陳述されたものと擬制して取り扱われ（民訴158条），出席した当事者がなした陳述と併せて手続の進行が図られる。出席した当事者は，自分が準備書面に記載した事項に限り，この期日で主張することができるのが原則である（民訴161条3項）。この結果，主張事実が準備書面で争われていれば，その期日又は続行期日で証拠調べなどの手続を行う。これに対して，欠席当事者が，出席した当事者の主張を準備書面等で明らかに争っていない場合は，当該事実について擬制自白が成立し（民訴159条3項），原告勝訴の判決を下すこともできる。この判決も対席判決でありそれに対する不服は通常の上訴手続によることになる[46]。

　この規定は控訴審でも準用され，控訴審で行われる最初の口頭弁論期日において同じ取扱いがなされる。

III　続行期日における当事者の一方の欠席

　続行期日において当事者の一方が欠席した場合には，民訴法158条は適用されない。この規定は，最初の期日において欠席した当事者の陳述を擬制することによって，ともかく手続を進行させようとする趣旨で設けられたものである。しかし，これを続行期日にまで認めると，結局陳述擬制が重なり，基本原則とされる〈口頭弁論主義〉の実質を空洞化するおそれがある。そこで，続行期日

---

[45]　〈審理の現状に基づく裁判〉は，当事者の双方又は一方が口頭弁論期日に欠席しあるいは弁論をしないで退席した場合に終局判決をすることができる制度であるが，対席判決の制度に属する。

[46]　〈故障〉の制度は存在しない。故障申立ての場合，判決の確定は遮断されるが移審の効果はなく判決裁判所が事件を審理する。

に当事者が欠席した場合には，たとえ弁論開始後その期日までに準備書面が提出されていても，その記述については口頭陳述は擬制されない。この場合，裁判所は欠席者のそれまでの陳述と，出席者のそれとをつきあわせて判断し，裁判に熟していると認められる場合には弁論を終結することができる。いまだ不十分だと判断すれば続行期日を指定する。

Ⅳ 双方当事者の欠席

1 双方欠席と訴訟手続

定められた口頭弁論期日に当事者双方が欠席した場合は，当事者の一方が期日に欠席した場合とは異なる取扱いが必要である。証拠調べや判決言渡期日は当事者双方が欠席しても，裁判所は予定した手続を行うことができる。しかし，それ以外の場合には手続がなされず，遅延するから現行法は特別の対策を立てている。それには，①訴え取下げの擬制及び，②審理の現状による判決の制度がある。

2 訴え取下げの擬制

口頭弁論期日又は弁論準備のための期日に当事者双方が欠席した場合，当該期日において予定した訴訟上の行為はなされず，その期日は所期の目的を達成することができずに終了せざるを得ない。このような事態が生じたのは，当事者間で和解等が進行中のこともあれば当事者双方に手続を進める意欲がなくなったことも考えられる。この場合に当事者になお訴訟手続を進める意欲があれば，新たに期日の指定を求めることとし，それが1月以上の長きにわたって求められない場合には，訴訟手続が取り下げられたものとみなして判決をせずに訴訟手続を終了するものとした（民訴263条）。1月以内に新期日指定が申し立てられても，この期日に連続して双方が欠席した場合についても同様であり，この場合にはそれによって手続は取り下げられたものとみなされる。弁論準備手続に出席しなかった場合も同様である（民訴263条）。たとえ出席しても，弁論又は弁論準備手続で申述をしなかった場合も同じ取扱いがなされる。

3 審理の現状による判決

本来，裁判所は訴訟が裁判をするのに熟したときに終局判決をするのが原則である（民訴243条1項）。しかし，当事者が訴訟追行に熱心でなく，欠席を重ねている場合には事件の審理は進展しない。この場合に，いたずらに期日を重ねても審理は進行しない。そこでこの場合には審理の現状を考慮し，当事者の

訴訟追行の状況を考慮して相当と認めるときは，裁判所は弁論を終結して判決を言い渡すことができるものとした（民訴 244 条⇒第 10 章第 4 節 II 3）。

第 8 節　手続実施の記録

〔文献〕
上田正俊「新民事訴訟法における調書と記録」講座新民訴(3) 279 頁，奥田隆文「裁判所書記官の権限と役割」理論と実務(上) 307 頁，佐上善和「秘密保護と訴訟記録の閲覧の制限」講座新民訴(1) 339 頁

I　調書の必要性

　訴訟手続はその開始から終了まで，進行に一定の時間的経過を必要とし，その間に裁判所及び当事者が様々な行為を行う。その際，これらにつきどのような内容の行為がいつ行われたのか，その詳細が不明確になり後日争いになるおそれがある。また審級制を採用していることから（詳細は⇒第 13 章），後に上級審で前審の手続内容を確認する必要が生じ，手続に誰が関与しどのような攻撃・防御の行為が行われたか等について疑念が生じる可能性もある。そこでこのような場合に備えて明確な形でその実態を記録に残しておく必要がある。民事訴訟手続は，口頭弁論期日を中心に，その前提となる弁論準備のための手続や和解のために開催される様々な〈期日〉を中心に運営されている。これらの期日で行われた行為が裁判所の判断の基礎になるのであり，これらが明確な記録に残されることは民事訴訟の正当性を担保するための基本事項でもある。またこのような期日の記録を残し手続自体に関する事項についての疑義をなくすためには，期日の実際についての記録内容につき公の証明をする必要がある。そこで，民事訴訟法はその記録作成権限者として裁判所書記官を定め，その基本事項を規定する（民訴 160 条）と共に，詳細を民事訴訟規則に定めた（民訴規 66 条〜78 条）[47]。

II　調書の作成

1　作成権者

　調書の作成権限を有する者は，裁判所書記官である。裁判所書記官は，期日ごとにその調書を作成しなければならない（民訴 160 条）。調書を作成した裁判所書記

---

[47]　民事訴訟における一件記録を中心にした教材として，加藤新太郎編，前田恵三＝村田渉＝松家元著・民事訴訟実務の基礎〔第 2 版〕（弘文堂・2007）。

官は作成者としての責任を明示するために署名(又は記名)押印しなければならない。裁判長も，当該口頭弁論の内容について自らが認識している事項とその期日の調書の記載が一致していることを確認するために押印する(民訴規66条2項)。もっともこの裁判長の認印は調書の有効要件ではあるが，調書の記載の権限を示すものではない。調書の記載内容は裁判所書記官が，その認識に基づいて行う[48]。

2 調書の完成時期

調書をいつまでに完成すべきかについては争いがあった。旧法上は関係人の申立てがあった場合，調書の記載を読み聞かせなければならない旨の規定があったことから当該期日が終了するまでに期日調書を完成させなければならないのではないかともいわれた。しかし実際には調書の読み聞かせの申立てはなく，また実際に期日終了までに調書を作成することは困難であった。現行法は期日における調書の読み聞かせ規定を削除した。調書は原則として次回期日までに相当期間を確保して完成させることが必要だと解されている(上田〔文献〕281頁)。後日作成された調書も違法ではないが控訴審での口頭弁論の方式が違法だとして上告理由で指摘された後に欠缺がない旨の調書を作成することはできない(最(3小)判昭和42年5月23日民集21巻4号916頁[49])。

III　期日の調書

1　口頭弁論調書

(1)　意　義

各口頭弁論期日において，裁判所書記官は当該口頭弁論期日における手続経過の概要を書面に記載して保存しなければならない。この書面を〈口頭弁論調書〉という(民訴160条)。この調書には，当該口頭弁論に出席した者，行われた手続などの概要を記載して，当該口頭弁論期日で行われた手続等について後日争いが生じたり混乱が生じることのないように，予め記録を作成して備えようとするものである。

口頭弁論調書には，それを作成した書記官が末尾に記名押印しそのうえで裁判長が認印をしなければならない(民訴規66条2項)。

(2)　記載事項

口頭弁論調書の記載事項には形式的記載事項と実質的記載事項とがある。

1)　形式的記載事項(民訴規66条1項各号)　口頭弁論がどのように行われたのか，その出席者など，裁判所書記官が口頭弁論期日における形式的な事項を観察

[48) これに対して，裁判官の認識を記載すべしとの見解もある(これらにつき，上田〔文献〕281頁)。

[49) 安倍正三・最判解説民事昭和42年度274頁。

した結果に関する記載である。これに属するのは，①事件の表示，②裁判官及び書記官，③立ち会った検察官（当事者としてではなく意見を述べるために立ち会った場合。人訴23条参照），④出頭した当事者，代理人，補佐人及び通訳人の氏名，⑤弁論の日時及び場所，⑥弁論を公開したこと又は公開しなかった時はその旨及び理由である。

　2）　実質的記載事項（民訴規67条1項）　　裁判所書記官は，当該口頭弁論期日で行われた弁論の内容について，以下の項目に関する記載をしなければならない。

　①弁論の要領（攻撃・防御方法の陳述及びこれに対する陳述の要旨であり，具体的には当事者の申立て，主要事実の陳述，これに対する相手方の陳述，証拠申出である。さらに間接事実，及びそれに対する認否，裁判所が行った訴訟指揮などの訴訟行為も記載される），②審理計画が定められ，又は変更されたときはその内容，③訴えの取下げ，訴訟上の和解，請求の放棄・認諾並びに裁判上の自白，④証人，当事者本人，鑑定人の陳述，⑤証人，当事者本人及び鑑定人の宣誓の有無及び宣誓をさせなかった場合はその理由，⑥検証の結果，⑦裁判長が記載を命じた事項及び当事者が記載を求め許された事項，⑧書面の作成をしないでした裁判の内容（これには，弁論の分離，併合，弁論の終結等の訴訟式の裁判，証拠採否の決定等がある），⑨裁判の言渡し（口頭弁論でなされた裁判の言渡しの事実）がこれに属する。

　裁判所書記官は，裁判長の許可があった場合には口頭弁論調書の記載についての定めにかかわらず，証人，当事者本人又は鑑定人の陳述を録音テープ又はビデオテープに記録し，これをもって調書の記載に代えることができる（民訴規68条1項）。もっともこの場合にも，訴訟が完結するまでに当事者の申出があったときは証人等の陳述を記載した書面を作成しなければならない（同条2項）。訴訟が上級審に係属する場合に裁判所が必要とする場合も同様である（同項）。

　3）　原本に基づかないで言い渡した判決の記載　　一般に判決は判決原本に基づいて裁判長が公開法廷で主文を朗読して行うのが原則である（民訴250条，252条）。しかし，当事者間に争いのない事件は，判決原本に基づかないで口頭で，判決主文を告げて言渡しをすることができる（民訴254条2項）。この場合には〈調書判決〉の制度を採用し，裁判所は判決書の作成に代えて，裁判所書記官に当事者及び法定代理人，主文，請求並びに理由の要旨を，判決言渡しをした口頭弁論期日の調書に記載させる。

2　争点整理手続に関する調書

(1)　準備的口頭弁論期日調書

　争点や証拠の整理のために〈準備的口頭弁論期日〉が開かれた場合には，裁判所書記官はその調書を作成しなければならない。準備的口頭弁論期日は口頭弁論期日であるから，基本的にその記載事項は口頭弁論期日のそれと同一である。ただし，

この期日が専ら口頭弁論の準備のために開かれることから特に記載すべき事項がある。即ち、裁判所はこの手続を終了するにあたり、その後の証拠調べ手続で証明すべき事実が確認された場合で相当と認めるときは、裁判所書記官に当該事実を準備的口頭弁論調書に記載させなければならない（民訴規86条）。

(2) 弁論準備手続期日調書

弁論準備手続期日の調書には、当事者が期日に行った、①攻撃・防御方法、②相手方の請求及び攻撃・防御方法に対する陳述を記載しなければならない。また証拠については何が申し出られたのかを明示しなければならない（民訴規88条1項）。

3 その他の期日調書

期日には、口頭弁論期日、準備的口頭弁論又は弁論準備手続の他にも和解期日、進行協議期日、証拠調べ期日などがある。これらについては別の様式の調書が作成される（証拠調べ調書につき⇒第9章第6節Ⅲ2(6)）。

Ⅳ 調書の記載の効力

口頭弁論調書については特別の効力を付与している。即ち、「口頭弁論の方式に関する規定の遵守」は、調書によってのみ証明することができる（民訴160条3項）。口頭弁論の方式とは、口頭弁論が公開で行われたか否か、証人は宣誓をしたか否か、弁論が更新されたか否か、判決が言い渡されたか否かなどの事項をいう。これらの事項は専ら口頭弁論調書によって証明をすることができる（民訴160条3項）。

Ⅴ 供述調書

証人等が行った陳述は供述調書（第5号様式）に記録される。現行法は、争点を十分に整理したうえで集中して証拠調べをすることが基本となる（⇒第9章第2節Ⅱ4）。これらの証拠調手続では証人などの取調べは極めて重要であり、その供述の記録をとることが必要である。これは裁判所書記官及び速記官によって行われる。その際、増大した事務の合理化のために、要領を調書として残す方式（要領調書）と供述を逐語的に残す方式とがある。また記録化の方式についても、要領調書による方式、速記録、録音反訳による書記官の逐語調書、録音テープ等による調書の代用などの方法がある。

Ⅵ 訴訟記録

特定の訴訟手続に関して裁判所が審理の過程を記録した書類や当事者が裁判所に提出した書類など、訴訟手続に関連する書類を編綴したものをいう。これらの書類は、裁判所が作成した書類、当事者が提出した書類、その他の書類という3種類に

分類した形で編成されるのが一般である[50]。この書類は裁判所書記官が保管している。保存期間は，判決確定後判決原本が50年である。

VII　秘密保護と訴訟記録閲覧の制限

　訴訟記録は公開され，一般に閲覧することができるのが原則である。裁判の公正を担保するために，訴訟手続自体の公開とあいまって事件記録についても一般的な閲覧を許した。しかし，民事訴訟事件は私益を巡る争いであり，これに全く無関係の者が自由に閲覧をすることができるとするのは再検討の余地がある。裁判自体の公開と記録閲覧の自由とは区別すべきである。

　訴訟記録中に，①当事者のプライバシーに関する重大な事項が記載されており，第三者がこれを閲覧することによりその当事者が社会生活を営む上で著しい支障を生じるおそれがある場合，②営業秘密が記載されている場合につきその疎明があれば裁判所はその記録の閲覧，謄写などの請求ができる者を当事者に限ることができる（民訴92条）。

---

[50]　その雛形は，裁判所職員総合研修所監修・民事書記官事務の解説〔記録編〕〔改訂版〕（司法協会・2005）に見られる。

第9章　証拠調べと事実の認定

［本章の概要］
　本章では、裁判所が事件を判断するうえで実際に極めて重要な意味を持つ〈事実認定〉を巡る諸問題を考察する。裁判所の事件判断は、当事者間に争いのある事実について法を適用することによって行われるが、具体的事件に法を適用して結論を得るには、その前提として法が法律効果発生の要件とする事実を認定することが必要となる。とくに争いのある事実の認定行為は、裁判の客観性を確保するために、法定の手続で客観的な証拠によって行われなければならない。本章で取り扱う証拠調べと事実認定を巡る問題は、通常の民事訴訟実務で最も中心的な課題であり、重要な意味を持つ。
　まず第1節では証拠調べの持つ意味を一般的に考察する。第2節では、証拠に関する基本概念のいくつかを確認する。証拠に関する事項は、民事訴訟手続で裁判所が獲得する判断内容を直接に左右することから厳格な概念に基づく制度と規律が求められる。第3節では、事実認定の基本原則について考察する。その際、特に裁判所の自由心証による判断の原則を基本に、事実認定に必要な証明度などについて概観する。第4節では、〈証明責任〉について考察する。証拠による証明には限界があり、常に証明に成功するとは限らない。その場合にも裁判所はなお本案についての裁判をしなければならないが、このように事実の存否について真偽が不明の場合の判断の指針を示す原則が証明責任である。民事訴訟に不可欠のルールといえる。
　以上の基本的な観念を明確にした後で具体的な手続について考察する。第5節では、証拠収集手続の基本問題について、第6節では、証拠調べ手続について、それぞれの証拠方法に即して具体的な手順や問題点を考察する。最後に、第7節では、証拠保全手続について概観する。なお、都合上証拠保全手続は最後に解説しているが、手続上は訴え提起前に問題となることが多いことに留意が必要である。

第1節　総　　論

［文献］
小林秀之・新証拠法〔第2版〕（弘文堂・2003），春日偉知郎・民事証拠法論集（有斐

閣・1995)，法律実務(3)

　民事訴訟手続で裁判所が行う事件の判断は，法令に基づいて行われなければならず，裁判官の個人的・恣意的な判断であってはならない。当事者間に争いがある事項について裁判所は法的判断を行うことが求められるが，その基礎となる法令は一般に，権利関係の発生・変更・消滅などという観念的・抽象的事象を，我々が客観的に認識することの可能な外的事実の存在に結合した形で定めている。そこでは，予め法が要件として定立した一定の外的事実が存在する場合にはじめて一定の法的効果が発生するものと構成している。

　　例えば，不法行為による損害賠償請求訴訟において請求を基礎づける根拠となる法条はまず民法709条であるが，そこでは，〈故意又は過失〉，〈他人の権利又は法律上保護された利益の侵害行為〉，〈損害の発生〉，〈行為と結果の間の因果関係〉などの事実（図9-1：T1＋T2……）が存在する場合に，その行為の結果発生した損害を賠償する責任を行為者に課している（図9-1：R）。

図9-1
法規定　：もしも T1＋T2 の場合，法律効果 R 発生
事実認定：t1＋t2 ＝ T1＋T2
法的判断：t1＋t2 の事実により R の法律効果が発生

　それゆえ，裁判所がこの条文を適用して法的判断を行うためには，そこで適用される法規が要件とした事実に該当すると判断される具体的事実が実際に存在したことが，裁判所によって認定されなければならない（t1＋t2の具体的事実が存在し，要件事実 T1＋T2 に該当すること）。

　この，法規が前提にした事実に該当する具体的事実が現実に存在したことの判断（認定）は，〈証拠〉に基づいて客観的になされることが求められる。

　民事訴訟における事実の認定は，裁判官の恣意的判断であってはならず，客観的証拠に基づいて厳格な法定の手続を通して公正に行われなければならないから，このような証拠による判断の公正さを確保するために，民事訴訟法は，証拠に関する様々な原則を設けている。これら証拠に関する原則は，制定法上明示されたものもあるが，不文の原則として承認されているものもある。

　　民事訴訟手続上，証拠によって認定される必要がある事実は，訴訟手続の具体的展開によって定まる。まず原告は訴えの基礎にしている権利の発生に必要な事項を口頭弁論で主張しなければならず，これに対して被告がその認否をし，更に被告が口頭弁論で主張する抗弁事由についても原告側の認否により争点になった事項につ

いて初めて証拠による確定が必要になる。これらの争点は，準備の手続段階で精選される必要があり，そこで現れた不可欠の争点についてその当否の決定に必要な事実を判断するために〈証拠調べ〉がなされる。

以下では，まず証拠を巡る基本的な概念や原則を考察し，そのうえで具体的な手続を見ることにしたい。

第 2 節　証拠に関する基本概念

〔文献〕

間渕清史「証拠能力」争点3版212頁

I　証拠に関する概念と証明の対象

1　総　　論

民事訴訟において裁判所は争点になっている事実の存否に関する判断を客観的〈証拠〉に基づいて行わなければならず，恣意でなしてはならない。判断を行うにあたり法定の原則によることが当該民事裁判の正当性を確保し判決の説得力を保持し，更には社会における判決の強制的通用力を獲得するために必要不可欠である。証拠に関する訴訟手続上の規律は，民事訴訟における裁判所の公正な判断を担保するための根幹であり，極めて重要である。このために，手続上様々な証拠に関する事柄を正確に表現・理解する必要から証拠に関し厳格な概念が用いられる。

2　証拠の概念

〈証拠〉とは，裁判所が事実を認定する過程で裁判の基礎とする資料を意味する。しかしこの言葉は日常的には多義的で様々な意味に用いられることから，その手続上の意味を明確にし裁判所の判断の客観性を保持するために，証拠に関する概念が明確に定められなければならない。民事訴訟手続では，一般に〈証拠〉に関して以下のような基本概念が用いられる。

①　証拠方法　〈証拠方法〉とは裁判官が判決をするに際してその判断の基礎資料を獲得するために，直接に裁判官の五官（目・耳・鼻・舌・皮膚）の作用によって取調べをすることができる有形の対象をいい，当事者が証拠として裁判所に提出するものをいう。大別して，人的証拠（人証）と物的証拠（物証）

に分けられる。

〈人証〉には，証人，鑑定人及び当事者本人の3種類がある。このうち〈証人〉とは当事者本人及びその法定代理人以外の人に対して可能な証拠方法であり，訴訟手続上は口頭で質問し応答する形式で取調べを行う。〈鑑定人〉は裁判官が裁判に必要な専門的知識が欠けている場合にそれを補うために用いられる専門の学識経験を有する者である。当事者（法定代理人を含む。しかし任意代理人は含まない）もまた証拠方法になる[1]（かつては，当事者は証拠方法としては例外扱いがなされ，〈当事者尋問の補充性〉[2]が定められていたが現在では採用されていない）。

〈物証〉には〈書証〉と〈検証物〉の2種類がある。〈書証〉は，文書を見読してその内容を証拠とするものである。これに対して，〈検証物〉は事物の形状を検査して（これを〈検証〉という）その結果を証拠とする証拠方法である。

　物証に関しては，最近急速に進んだ多様な技術革新の結果，様々な新たな証拠に関する媒体が現れた。写真，録音テープ，ビデオテープ，コンピュータ媒体などは伝統的な分類方法である書証か検証物かに明確に分類することが困難であり，〈新種証拠〉といわれる。これらを訴訟手続上どのように取り扱うべきかについては見解が対立しているが，現行法は，図面，写真，録音テープ，ビデオテープその他情報を表すために作成された物件で文書でないものについて，書証に関する規定を準用することとしている（民訴231条）。これらは〈準文書〉といわれる[3]。

② 証拠能力　　一般にある対象を証拠方法として利用することができるか否かに関する適性を称して〈証拠能力〉という（例えば，兼子・体系240頁）[4]。

---

1) それゆえ，当事者がなした陳述は，それが〈主張〉であるか，証拠としてなされたかの区別が必要である。当事者尋問中になされた当事者の陳述は，証拠としてのそれであり，その陳述が当事者（いずれかを問わない）によって主張された事項の範囲内であるか否かにより，裁判所は弁論主義の制約，更には釈明の可能性を考慮しなければならない。
2) 当事者を証拠方法として尋問するのは例外であり，他に証人がない場合などにはじめて認めた原則をいう。現行法はこのような制限を撤廃した（民訴207条）。
3) 新種証拠の証拠調べについては，加藤・裁量210頁以下。
4) これに対して，一定の証拠資料を事実認定のために用いる適格を証拠能力とするとの見解がある（三ケ月・全集380頁）。用語の違いは証明過程のどの段階について証拠排除などの規制をするかの観点の違いを示している。証拠方法の局面で規律する見解は，証拠調べの段階で行おうとするのに対して，証拠資料の段階で行う見解は，証拠方法については制限がなく，調べられた内容について制限を課そうとする点で異なる。証拠調べ手続を適正な手続構造として考察・構築する必要があり，証拠方法は制限がないと当然に前提とすべきではないと考えるから，前者の見解を採用すべきであろう。

従来，民事訴訟手続では証拠能力について制限はなく，すべての対象が証拠方法として利用することができるとされてきた。他方で，刑事訴訟法では，捜査及び証拠収集過程の適法性を維持するために証拠能力については制限がなされている（例えば，伝聞証拠の排除，違法収集証拠の排除など）。しかし，民事訴訟手続でも，証拠収集過程の適法性を維持することによる民事訴訟手続の公正さの確保は必要であり，違法に収集された証拠に関しては，サンクションとしてそれを当該手続内で利用することを阻止できるとするための法理として，その証拠能力を制限することの可能性等が問題になる（⇒第5節Ⅳ）。

　③　証拠資料　　〈証拠資料〉とは，証拠調べによって具体的な証拠方法から裁判官が獲得した内容をいう。具体的には，証人の発言した証言内容，当事者が行った陳述の内容，鑑定人の示した鑑定意見，文書の内容，検証の結果獲得された事実などを指す。

　④　証拠力（証拠価値，証明力）　　〈証拠力〉とは証明の対象とされている事実の認定に，証拠資料がどの程度役立ちうるのかを示す概念であり，それが証拠として利用されうる能力を指していう概念である。

　⑤　証拠原因　　〈証拠原因〉とは裁判官が心証を形成するにあたって基礎となった資料や状況をいう。証拠資料だけでなく，〈弁論の全趣旨〉もこれに含まれる（参照，民訴247条）。〈弁論の全趣旨〉とは，取調べの対象となった証拠方法の他にも弁論の過程で獲得したその他の事項をいう。こうして裁判所は，弁論の全趣旨として証拠方法以外のものをも証拠原因とすることができる。

　⑥　直接証拠・間接証拠　　主要事実の存否を直接に証明する証拠資料を〈直接証拠〉という。これに対して，間接事実や補助事実を証明する証拠資料を〈間接証拠〉という。

3　証明の種類

(1)　証明と疎明

　民事訴訟手続では，争点となっている事実を確定するためには，証拠による〈証明〉が必要である。ここにいう〈証明〉とは，〈疎明〉と区別される概念であり，両者は裁判官が証拠調べをした結果，心の中で得なければならない認識の程度（心証）の違いにより区別される。

　〈証明〉は，一般に裁判官の心証の程度が証明を必要とする事実（要証事実）の存否の判断について「確信を生じさせる程度にまで高い状態」，又は「このような状態を生じさせるための当事者の証拠提出行為をいう」ものとされてい

る（ただし，異論がある）。この証明の程度については，要証事実の存否につき〈高度の蓋然性〉を超える程度である必要があり，「通常人が疑いを差し挟まない程度の真実に関する確信を得る」ことが必要だとされる（後述⇒第3節Ⅱ2）。民事訴訟において本案に関する事実認定を行うについては〈証明〉が必要である。

これに対して，〈疎明〉とは，事実判断について，一応確からしいという程度の蓋然性による判断及びその証拠取調べの方法をいう。疎明は手続上迅速な処理を必要とする場合のほか，手続上の問題や派生的問題について，一応の確からしさを裁判所が判断する必要がある場合に用いられる。疎明は，即時に取調べをすることができる証拠によってしなければならない（民訴188条）[5]。疎明は原則として，明文でこれを許容している場合に認められる。

　†〔例〕**疎明が要求される場合**：仮差押え仮処分（民保13条2項），補助参加の利益の判断（民訴44条1項），訴訟救助の要件（民訴規30条）等。

(2)　厳格な証明と自由な証明

証明の仕方についての区別である。〈厳格な証明〉とは，民訴法180条以下に定められた規定に従い厳密な手続に基づいて行われる証明の仕方をいう。これに対して，〈自由な証明〉とは，このような制限のない証明の仕方をいう。両者の違いは，証明の方法による違いであり，証明度はいずれも証明であり両者に違いはない。自由な証明は，元来刑事訴訟法で用いられた概念であるが，民事訴訟手続にも導入された。しかし，はたして民事訴訟手続でこれが必要であるのかという点では疑問が提出されている。民事訴訟手続で自由な証明が用いられる分野としては，訴訟要件の証明や外国法の証明[6]が挙げられている（新堂504頁，507頁）。確かに民事訴訟手続でも厳格な証明のみですべてを律することはできず，これらの厳格な証明が求められる以外の分野での証明には〈自由な証明〉の概念は有用であろう。

(3)　本証と反証

〈本証〉は，自分が証明責任（⇒第4節）を負う事実について証明をするために，証拠を提出し証明活動を行うことをいう。自ら証明責任を負う事実を証明

---

5) 「即時」とは，裁判所が直ちに取り調べることができることを意味する。口頭弁論や審尋期日が開かれる場合はそこで直ちに，これらが開かれない場合にはその申立てに際して直ちに取り調べることができる場合をいう。

6) 外国法の証明は，証明責任による判断がないなど事実の証明とは異なる点が多い（この点につき，後述⇒Ⅲ4）。

するためには，当該事実の存否について裁判官が確信を抱くように働きかけをしなければならない。このためには高度の証明である〈本証〉が要求される。

これに対して〈反証〉は，相手方が証明責任を負う事実について，相手方が行った事実に関する証明について，反対の証明を行って，その事実の存否について再び〈真偽不明〉[7]の状態に持ち込むことをいう。真偽不明となればもはや当該事実が認定されることはないから，〈反証〉の所期の目的を達成することができる。〈反証〉では当該事実について反対の証明を行うにつき，裁判官の確信を得るまでの必要はなく，疑問を抱かせる程度の証明ができれば足りる。

II 証拠法の理念と基本原則

1 証拠による事実の認定

民事訴訟における証拠に関する規律は，裁判所が当事者間で争いのある事実の存否を判断するために必要な事項の基本となる法的規律である。その規律は単に裁判所が事実を確定するために必要で便宜な技術という観点だけから形成されているのではない。むしろ，そこでは民事訴訟手続における証拠法の持つ基本的な理念が実現されなければならない。

まず第一に，民事訴訟においてなされる事実の確定は，極めて重要ではあるが，その範囲は弁論主義などの基本原則によって限定され，決してそれ自体が自己目的であるわけではない。それは民事訴訟における紛争解決のための手段としての意義を持つ[8]ことが忘れられてはならない。

第二に，証拠調べにおいて裁判所ないし裁判官は，事実認定においては個人としての立場でその作業をするのではない。むしろ社会的制度として設けられた民事裁判制度における公正な判断者である裁判所の構成員として，その役割を果たさなければならないという点が確認されなければならない。しばしば，事実認定が裁判官の主観的な心理過程のごとき外観を呈するが，実は訴訟における事実認定は純粋な裁判官の個人としての主観的判断過程ではなく，そこでは常に民事訴訟制度を支える裁判所の社会的な役割を考慮しなければならないという意味で制度的要求が存在する。事実認定において裁判官に「社会的に通

---

[7] 真偽不明：証明すべき事実について裁判官が未だ確信を得るに至らない状態をいう（⇒第4節 I 2）。

[8] 民事訴訟における〈真実の探究〉は，この意味で一つの手段であってそれ自体が目標となるべきものではない。

常人が疑いを入れない程度の確信を要求する」と言われるのも，このような裁判所の社会的役割に由来する。

第三に，証拠による認定の過程は，公正で明確な手続によるものでなければならない。民事訴訟制度では，裁判官はあくまでも公平な第三者としての地位に基づいて事件の判断をしなければならない。したがって裁判官は個人として偶然に知り得た事実を基礎にして裁判をすることは許されない。これは，従来から〈裁判官の私知の利用の禁止〉の原則として知られる。公正な第三者の立場で判断することによってはじめて，当事者及び社会の納得と判断の正当性を獲得することが可能になる。

2 証拠調べと直接主義
(1) 原　　則

民事訴訟手続では，既述のように〈直接主義〉が妥当し（⇒第5章第5節Ⅳ），判決をする裁判官が直接その判断の「基本となる口頭弁論」に関与し，弁論を聴取しなければならない（民訴249条1項）。「基本となる口頭弁論」に関与しなかった裁判官が関与してなされた裁判は，「法律に従って判決裁判所を構成しなかった」場合として上告審での絶対的な破棄事由となり（民訴312条2項1号）[9]，また再審事由となる（民訴338条1項1号）。

証拠調べもその〈期日〉で行われるのが原則であり，その期日は裁判所の法廷で開くのが原則である（裁69条1項）。しかし，証拠調べについては，当該証拠の性質により相当と認められる場合，裁判所外ですることができる。

　†〔例〕　**裁判所外**での**証拠調べ**：病気で入院中の証人・当事者の尋問，交通事故等の現場検証，境界確定の訴えでの現場の測量等。

直接主義を採用した根拠は，証拠調べについても直接に取調べをし心証を獲得することができた裁判官のみが事件の判断をすることができ，また最も事件について正当な判断をすることができる，との考慮に基づいているといえる。しかしこの理念を実現する枠組みとして掲げられた直接主義のもとでも，この原則が現行法上厳格に貫かれているわけではなく手続上修正を必要とする。

わが国の訴訟手続では，合議体で審理する事件での証拠調べについて，裁判

---

[9] 最(2小)判昭和32年10月4日民集11巻10号1703頁は，最高裁が職権で調査した結果，原判決の基本たる口頭弁論に関与した裁判官は，裁判長裁判官A，裁判官B，裁判官Cであることが記録上明らかであるが，原判決には判決をなした裁判官として裁判長裁判官A，裁判官D，裁判官Bの署名押印がなされていることが明らかな事例であった。

所外で行う場合,それを常に全員で行わなければならないわけではなく,相当と認めるときは受命裁判官に委ねまた他の地方裁判所又は簡易裁判所に嘱託して行うことができる(民訴185条)。また裁判官が転勤などで審理の途中で交代することがかなり頻繁であることや,控訴審では,続審制を採用する関係上第一審手続との連続性が予定されており,これらの場合にいちいち証拠調べを初めからやり直すこともまた不当である。このようなアポリアを解決するために,証拠調べの結果調書が作成され弁論に上程される。また裁判官の更迭がある場合には形式的な報告行為として〈弁論の更新〉手続を設け,当事者が一括して既に行った証拠調べの結果を新たな裁判官の面前で行うことで直接主義との妥協を図った。当事者が主導して行われる証拠調べについては,直接主義も当事者の利益に資するものであり,その利益をどの程度手続で追求するかは当事者に委ねても差し支えないからである。

(2) 証人の再尋問の必要性

直接主義が証拠調べとの関係で問題となるのは,単独体の裁判官が交代した場合又は合議体において裁判官の過半数が交代した場合である。交代前に証人尋問がなされたが当事者が更にその証人の再尋問の申出をした場合には,裁判所はその尋問をしなければならない(民訴249条3項)。裁判所の構成が大きく代わったことにより,弁論を更新するだけでは十分に証拠調べについて直接主義の要請を満たすことができないことが予想される場合であり,当事者がその点に危惧を抱いて再度証人尋問を求めるのであれば,裁判所はこれを許さなければならないものとした。既になされた証拠調べの結果は,証拠調べ期日の調書で記録されているから,交代した裁判官はそれを読むことで概要を知ることができる。しかし,調書の多くは要約調書であり,また逐語調書でもそれから証人の直接の証言による様々な印象を獲得することはできない。そこで直接主義の原則に戻って,再尋問をすることが必要となる。

3 証拠方法の獲得と弁論主義

民事訴訟手続は〈弁論主義〉に基づいており(⇒第5章第4節Ⅱ),この弁論主義の具体的内容の一つとして,裁判所の判断の資料となる証拠は当事者が口頭弁論(証拠調べ)手続に上程したもののみの使用が許されると説かれる(いわゆる弁論主義の具体的内容に関する第3のテーゼ⇒第5章第4節Ⅱ4)。

弁論主義は当事者の訴訟手続での主体的判断とその責任とを基本としており,証拠調べ手続もまたこのような観念のもとに構成されている。こうして証拠調

べ手続でも当事者の手続上の地位を重視する立場からみれば，弁論主義と証拠の提出に関する当事者の権限・責任とが共通の基盤にあることは明らかである。もっとも，裁判所が証拠資料として用いることができる証拠方法の獲得の問題は厳密に言えば弁論主義そのものと完全に一致するわけではない。わが国の民事訴訟法は戦後の改正で，当事者主義をさらに徹底する趣旨で，職権による証拠調べを廃止し，原則として裁判所は当事者が口頭弁論手続に上程した証拠資料のみを判断の対象とすることができる。しかし民事訴訟法はいくつかの特別の取扱いを認めている。

　証拠についてこの関係を見ると，まず，文書の証拠調べについては弁論準備手続でも行うことができる（民訴170条2項）。したがって，口頭弁論手続のみで証拠調べが行われるわけではない。もっとも文書も，当事者が手続に提出したもののみが証拠調べの対象となりうるにすぎないことは言うまでもない。また職権でも取り調べることができる証拠として当事者尋問がある（民訴207条1項）。詳細は後述（⇒第6節Ⅲ3(3)）。

4　集中証拠調べ
(1)　意　　義

　充実した口頭弁論に基づいて迅速に裁判を行うためには，証拠調べもまた集中して行わなければならない。このことを明らかにするために，現行法は〈集中証拠調べの原則〉を定め，「証人及び当事者本人の尋問は，できる限り，争点及び証拠の整理が終了した後に集中して行わなければならない」と定める（民訴182条）。

> 　　従来，弁論を行うに際して十分な争点整理が行なわれず証拠も必要に応じて調べる等の方法による〈五月雨式の弁論〉が行われてきた。これは，かつて普通法訴訟手続では弁論手続と証拠調べ手続とを意識的に分割して前者が終了した際に証拠判決によって証拠調べの対象を明らかにする厳格な分離制度（証拠分離主義）を採用していたのに対して，わが国民事訴訟法の基礎となった1877年ドイツ民事訴訟法が弁論と証拠調べを手続段階として明確に区別せずに一体として進め得る制度を採用し実践してきたことにより，両者の区別が極めて曖昧になっていたことによる。証拠分離主義自体は手続構造としては硬直的であるが，他面で両者を全く区別せずに並行的に行う方式も，十分な争点整理を行わずに漫然と証拠調べが行われ，手続がどの方向に向かっているのかが不明確な「漂泊型の訴訟審理」に陥る可能性が高いという難点があった。

　現行法では，従来の審理構造の持つこれらの問題点を改善するために，弁論

手続と証拠調べ手続との区別を明確にし，手続にメリハリをつけて，充実・迅速な手続の実現を図ろうと試みた。民訴法182条はこのような立場を前提に，証拠調べについては十分な争点整理を行ったことを基礎にした〈集中証拠調べの原則〉を明らかにしている。

(2) 方　　法

集中証拠調べを行うためには，その前提として争点整理を十分に行う必要がある。現行法は，このために複数の手続を準備して，利用しやすいようにした（⇒第8章第4節Ⅲ）。このように争点を明確化すると共に裁判官と両当事者が，明確化した争点について共通の認識を確保する必要がある。現行法はこのために，争点を確認するための手続を用意して，裁判所及び当事者がこの点について意識的に確認を行うことを求めた。

集中証拠調べを行うには，①証拠の事前提出を求め（民訴規102条），②立証計画を作成すること，③予定される人証の出頭確保の努力等が必要である。

　　集中証拠調べ手続では，複数の人証を同一期日で取り調べることになるが，その結果いくつかのメリットが指摘される。例えば再尋問も可能になるが，これにより，複数の証人の証言の間にある矛盾を容易に解明することができる。また，在廷尋問により，後に尋問する証人を在廷させたままで尋問することにより供述の矛盾点がよくわかるといわれる（基本法コンメⅡ163頁〔西口元〕）。

5　専門委員の関与

事件によっては事実関係が複雑で，その判断には極めて専門的知見を必要とする場合がある。これらの事件では技術的な細部に関する専門的知識を持たない裁判官が争点を整理し証拠調べを行って専門的事実関係を適切に判断することは容易でない。そこでこれらの専門的な知見を必要とする訴訟手続（例えば医療事故，建築紛争等）では，争点の整理だけでなく証拠調べの手続においても，争点が極めて専門的な事項にわたる場合に，裁判官に必要な知識や情報を補充する必要がある。そこでこのような必要性に対処するために〈専門委員〉の制度が導入されている。

この制度は専門的知見を持つ者を専門委員として手続に関与させ，審理の充実と正確さを実現するために活用することができることにしたものである。ただし，その事件評価は裁判官のみで行わなければならず，それに専門委員を参加させることができないのは当然である。

Ⅲ 証明の対象

1 証明の対象となるもの

証明の対象となるのは，一般には〈事実〉である。しかし，証明の対象となりうる事項は単に〈事実〉のみには限定されない。〈経験則〉もまた一定の場合には証明が必要である。これに対して法的知識は裁判官が職責上有すべき知識であり，証明の対象にはならない。しかし，〈外国法〉や特殊な法的知識は裁判官が当然に知るべきものとはいえず，その存在や内容についても証明が要請される。もっとも，事実の証明とその他の経験則や外国法などの証明はそれぞれの訴訟手続における機能の違いに応じて異なった取扱いがなされる。

2 事　　実

民事訴訟では，裁判官の個人的な恣意的判断による裁判は厳格に排除されており，その判断は常に法に基づいて行わなければならない。その際，権利の発生・変更・消滅自体が抽象的でかつ観念的な事項で具体的に把握しがたいことから，民事訴訟手続で裁判所の判断の規準になる実体法規定は，これらの事態の発生を，様々な具体的な外的事実の発生に結びつけて規律している。裁判所は，法的判断に際してこれらの法が要件として規定している事実（要件事実）に対応する具体的事実（主要事実）が実際に存在したとの心証を得た場合にはじめて，当該法規を適用することができることになる。こうして民事訴訟において証明の中心になるのは，要件事実に対応する具体的〈事実〉の存否である。もっとも，この事実の認定には弁論主義が妥当する。また，証明の対象になる事実には，直接要件事実に対応する〈主要事実〉の他，主要事実の存在を経験則を媒介にして推認させる〈間接事実〉，さらには証拠の証明力を明らかにするために必要な〈補助事実〉等についても証明が必要になる。これらはいずれも〈事実〉の証明である点では共通するが，その手続上の役割は異なる（これらの事実の意義，特に弁論主義との関連については⇒第5章第4節Ⅱ5）。

3 経　験　則

民事訴訟手続では，法が規定する要件事実に対応する〈主要事実〉についてはそれが争われている限り，証明をすることが必要であり，それが成功した場合にはじめて裁判官は当該法規を適用してその法的効果に基づく救済を与えることができる。しかし，このような主要事実による証明は，主要事実の規律自体が抽象的である場合やその事実自体が，例えば人間の内面的な事実等（善

意・悪意，故意・過失等）であり，直接的な証明に適さない場合も多くあり，必ずしも容易でない。そこで，民事訴訟手続では，通常は様々な間接事実を組み合わせることによって，主要事実の存在を〈推認〉するという手法が採られる。このような過程では，〈間接事実〉の存在を証明することから〈経験的推論〉によって一定の主要事実の存在が推定されることになる。こうして，このような推論の過程で重要な機能を営むのが，〈経験則〉である。

〈経験則〉とは，社会生活上一定の事実から一定の結果が発生することにつき我々が経験的に理解し，しかもそれが単に個別的な事案における関連性を越えて一定の蓋然性を持った一般的法則として社会的に承認されるに至っているものをいう。しかし，〈経験則〉の概念はかなり曖昧であり，また経験則の内容も通常の社会人が経験的に存在すると考える程度の法則から，極めて専門的な事項に至るまで様々なものが存在する。

経験則は民事訴訟における事実認定に極めて重要な役割を果たしているが，その存在及び内容について当事者間に争いがある場合には，これ自体も証明の対象とする必要がある。専門的な経験則については，鑑定などによる明確化が必要になる。

4 法的知識の獲得と外国法等の取扱い

(1) 「裁判所は法を知る」の原則

裁判官はその職責上，法的事項については専門的知識を有しており，またそれを有していなければならないのが原則である。したがって，その内容については当事者が証拠によって証明をする必要はない（iura novit curia〔裁判所は法を知る〕の原則[10]）とされる。この原則は，わが国の国家法については全面的に妥当するが，一部地域のみに妥当する慣習法や特定の団体内部の規律などについては当然に前提にすることはできない。したがって，これらの適用が当該事件の解決のために必要であり，しかもその内容が必ずしも明確ではない場合には，当事者はそのような特殊な規範が存在すること及びその内容を証明する必要がある。これが十分に証明できなければ，裁判所はそのような特別の規範が存在しないものとして事件の判断をせざるを得ない。

---

10) もっともこの iura novit curia の原則は，本来特に神聖ローマ帝国帝室裁判所訴訟手続での訴訟原則であった。帝室裁判所は神聖ローマ帝国最上級裁判所として設立されたが，そこでは各領邦国家が特別法を制定している場合はそれにより，それがなければ帝国普通法（帝国立法，ローマ法）を適用することとしていた。前者は厳格に解され，その内容は証明を必要とした。後者について，この原則が適用された。

(2) 外 国 法 等

わが国の裁判所であっても，自らに係属する事件を判断するために外国法を適用すべき場合がある[11]。そこでこの場合には裁判所は，当該事件に適用すべき外国法の具体的内容を探知し確定する必要がある。外国法を適用するに際しては単に当該国の法条文だけではなく，先例となる判例や具体的な解釈など様々な法情報が必要になる。裁判所はこれらの情報の獲得に努力すべきだが，常にわが国の裁判所が独力で十分な外国法の知識を獲得しうることは期待し得ない。そこで，これらを裁判所はどのようにして収集するのか，またそれを十分に収集することができない場合にどのような取扱いをすべきかが問題になる。

わが国の裁判所は，事件判断に必要な外国法に関する知識や情報の詳細を当然に知っているわけではない。そこで，これらの多くは主として当面，当事者から獲得せざるを得ない。しかしその取扱いは，一般の事実問題に関する証明の取扱いとは異なる。一般に事実問題について裁判所が証拠によってその存在や内容等について十分な確信を得ることができなければ，当該事実について真偽不明として証明責任による裁判（⇒第4節Ⅰ）をしなければならない。しかし，外国法は法律問題であるから，これを〈真偽不明〉として取り扱うことはできない。裁判所は常に，これらの法律が最終的には〈既知のもの〉として判断しなければならず，そのためにも適用すべき外国法令の内容を裁判所がどのようにして確定するのかが厳しく問われる。

> この点に関して，従来大別して二つの対立する見解があるとされてきた（三ケ月・前掲注11) 53頁）。第一は，民事訴訟手続で事件を判断するに際して，外国法も法的判断の大前提をなすことから，これを規範として取り扱う立場であるとされる。これに対して第二は，裁判官が外国法について十分知識を有さないことを前提にそれを主として原告から獲得することを基礎にした立場である[12]。

わが国民事訴訟法はこの点について特別の規定を置いていない。裁判所が外

---

[11] わが国の裁判所で外国法が問題になる場合について，①どの場合に裁判所は外国法を適用すべきか，その場合に適用されるべき外国法をどのようにして定めるか（抵触法問題），②適用されるべき外国法がどのような内容のものか，③法令違反として上告審の判断の対象になるか等の問題がある（参照，三ケ月章「外国法の適用と裁判所」同・研究Ⅹ 53頁, 55頁）。

[12] 英国では，外国法は「事実」に位置づけられている。もっともこれは特殊な事実であり，他の事実とは異なって，専ら裁判官によって判断され，陪審員によって判断されるものではないとされる。その証明は，専門証人（expert witnesses）によってなされる（*Collier*, Conflict of Laws, 3. ed., 2001, Cambridge Unv. Press, p. 33)。また，その詳細は，*Andrews*, English Civil Justce and Remedies, 2007, Chapter 5, p. 87.

国法を知り得ない場合の処理方法としてしばしば近似地（国）の法制度を適用すべしとも言われる。しかし近似地（国）の法を適用することを正当化し根拠づける論拠はない。類似した法を適用することは極めて大ざっぱであり，またわが国では実用的でもない（ヨーロッパなどのように一部の法が身近である場合にのみ次善の策として妥当しうるにすぎない）。わが国の裁判所にこれを求めることは不可能である。実際にはわが国では外国法を適用する必要のある事件が少なく，そのために必要な，外国法の組織的な調査等に必要な事項の整備は全く行われていないのが現状である[13]。

　　比較法的に見るとドイツ民訴法[14]は，この点に関して特別の定めを置き，基本的に外国法の探求は職権調査事項としている。アメリカ連邦規則もまたこの点について特別の定めをおいている[15]。もっとも，これらの立法でもそれ以上に外国法調査の特別の体制や方法についての制度上の整備がなされているわけではなく，ドイツでは比較法研究機関などへの鑑定嘱託が多くなされているが，なお多くの問題が指摘されている。フランスにおいても破毀院の判決は混迷しているようである。この点については国際的にも十分な協力体制が成立しておらず，研究も十分でないのが現状である[16]。

13) その現状については，西野喜一「裁判所における外国法の利用」同・司法過程と裁判批判論（悠々社・2004）174頁以下。今日経済活動のグローバル化が著しく進展し，法的な問題についても国際的な関係が著しく進展している。特にヨーロッパにおけるEU統合に基づく加盟各国の法制の相互調整や新たな進展は急である。しかしわが国では一般にこれらは十分に考慮されておらず，わが国での外国法研究も伝統的な枠組みに留まり偏っており，またその関心も現在では極めて低いのが現状である。しかし，このような状況は早急に改革する必要がある。

14) ドイツ民訴法293条は外国法，慣習法，条例等について，「他の国に妥当する法，慣習法，条例は，それが裁判所に知れていない場合に限り証明を必要とする。これらの法規範の探求に際して裁判所は，当事者が提出した資料のみに限定されない。裁判所は，別の認識源を利用し，その利用の目的のために必要な命令をする権限を有する」と定める。

15) アメリカ合衆国民事訴訟規則44.1条は，「外国の法に関する争点を提起する当事者は訴答又はその他合理的な書面による方法で，通知をしなければならない。裁判所は外国法を決定するに際して，当事者から提出されたか否か，又は連邦証拠規則上許されるか否かにかかわらず，取調べを含むいかなる重要な資料又は〔情報〕源をも考慮することができる。裁判所の決定は法律問題についての決定として取り扱われる」と定める。この通知は訴訟の当初からなす必要はないが，外国法に関する争点が明らかになった時点では必要である。当事者が書面による通知を行わなかった場合裁判所は外国法を適用する義務を負わないものとされている（See, *Newmann=Zaslowskz*, Litigating International Commercial Disputes, 1996 ed. § 12.1）。

16) 外国法の調査に関しては，ヨーロッパでは1968年6月7日に締結された「外国法についての情報に関するヨーロッパ条約（ロンドン条約）」がある。しかしこの条約も十分には機能していないといわれる。なお，この点について2006年に名古屋で開催された国際シンポジウムで様々な国の現況が報告・討論された。その結果は近日中にドイツで公刊される。

(3) 地方慣習・団体の規則等

ある地方に固有の慣習についても，裁判所は当然にそれを知悉しているわけではない。したがってこれらについてもまず当事者がこれを提出して明らかにすべきである。最終的にその内容が不明確である場合，裁判所はそれを確定して判断の基礎にすることができない。最終的に不明確な場合には，そのような特別の規律がないものとして一般的な規律により判断をせざるを得ない。

5　証明の対象とならないもの

(1) 総　説

判決に必要な事実の確定のために，裁判所には争いのある事実につきその真の事実関係を解明することが求められる。しかし民事訴訟手続で証拠による事実確定手続自体は，手続の究極目的ではなく，専ら〈当事者間で争いのある事実〉を確定するための手段である。そこで，民事訴訟手続ではその性質上証拠による事実を確定すること自体が排除されている場合がある。これに該当するのは，①裁判所において当事者が自白した事実（裁判上の自白につき⇒第8章第6節），及び，②裁判所に顕著な事実である。これらについては，裁判所は証拠による認定を必要としない（民訴179条）。裁判上の自白は，当該事実を争点とすることから排除する行為であり，証拠調べ自体が排除される点に特徴がある。

(2) 裁判所に顕著な事実

裁判所に顕著な事実については，当事者による証明を必要とせず裁判所はその事実を認定することができる。裁判所に顕著な事実とは，①公知の事実，及び②職務上顕著な事実である。

1)　公知の事実　　裁判所は民事訴訟で社会的に中立な第三者として裁判を行うが，裁判に必要な事実であって当事者に争いがある事実については一般に証拠による確定が必要である。しかし社会に一般に知られた事実は，そもそも裁判所もまた社会における存在として当然に知るべきであり，これを無視して当事者に対して証拠による確定を求めることはできない。歴史上有名な事件，事故等がこれに当たる。裁判所はこのような事実は証拠によらずに認定することができる。

　　† 〔例〕　**天変地異の発生**：関東大震災，阪神淡路大震災等。**歴史的事実**：太平洋戦争の終結（昭和20年8月15日）等。

2)　職務上顕著な事実　　裁判所が職務上知ることのできる事実についても，裁判所はそれを職権で調査すべきであり，改めて当事者がそれを証明する必要

はない。

　†〔例〕　先例となる最高裁判決，既判力が及ぶ確定判決の存在，裁判所で宣告された失踪宣告，破産手続開始決定等。

第3節　事実認定の方法

〔文献〕

伊藤滋夫・事実認定の基礎（有斐閣・1996），春日偉知郎「自由心証主義の現代的意義」講座民訴⑤27頁，加藤新太郎「証明度軽減の法理」同・裁量124頁，加藤新太郎＝河野正憲＝須藤典明＝山浦善樹＝吉田和彦「〔座談会〕民事事実認定の実務と課題」林屋礼二ほか編・法曹養成実務入門講座(2)（大学図書・2005）2頁，兼子一「経験則と自由心証」同・研究Ⅱ185頁，金洪奎・証拠契約の研究（法律文化社・1975），杉山悦子「証拠制限契約の新たな意義とその許容性について」同・民事訴訟と専門家（有斐閣・2007）433頁以下，髙橋宏志「証拠調べ」同・重点（下）25頁，田尾桃二＝加藤新太郎編・民事事実認定（判例タイムズ社・1999），山木戸克己「自由心証と挙証責任」同・論集25頁。

I　事実認定と自由心証主義

1　事実認定の重要性

　民事訴訟において事件について判決をするために，裁判所（その構成員たる裁判官）は，当事者が主張する法的判断の基礎になる事実に関して当事者間に争いがあれば，その真偽について認定（事実認定）をしたうえでそれに基づいた法的判断をしなければならない[17]。その際，当事者の法的主張はその正当性を主張するために基礎となる一定の〈事実〉を基礎にしている。民事訴訟は裁判所の恣意的判断を許すものではないから，この法的に重要な事実を認定するにあたり，裁判所がどのような原則に基づいてその認定を行うかが明確でなければならない。事実認定は民事訴訟手続の要であり，これがどのような原則に基づいて行われるかは，民事訴訟手続の在り方を決める重要な事項であるといってよい。実際事実認定に関しては様々な原則が設けられている[18]。

---

[17]　事実の認定に際して裁判所は一定の事実を認定し，あるいは認定することができない場合は証明責任の原則に従って事実を確定しなければならない。その際，裁判所が単独裁判官によって構成されている場合は，担当裁判官の認定によってこれを決定すればよい。これに対して合議体の場合には，各裁判官の心証をもとに，裁判所としての判断を合議によって決定しなければならない。この過程については⇒第10章第4節Ⅱ2。

2 自由心証主義
(1) 意　義
　当事者間に争いのある事実の認定について現行民事訴訟法は、「裁判所は、判決をするに当たり、口頭弁論の全趣旨及び証拠調べの結果をしん酌して、自由な心証により、事実についての主張を真実と認めるべきか否かを判断する」（民訴247条）と定める。この裁判所（裁判官）の〈自由な心証による判断〉を基礎にすべしとする原則を〈自由心証主義〉という（これに対立する原則を〈法定証拠主義〉という）。

　〈自由心証主義〉は、証拠調べに際してかつて〈法定証拠主義〉のもとで要求されていた法律上の厳格な拘束を取り去って、裁判官の自由な判断を基礎にして行わなければならないとするものであり、歴史的な裏付けをもった重要な原則である。

(2) 自由心証主義の歴史的基礎
　　現行民事訴訟法は、裁判官が行う事実に関する判断を規律する基本原則として〈自由心証主義〉を採用したが、歴史的にみると、この〈自由心証主義〉が事実認定の唯一の方法であったわけではない。わが国の民事訴訟法の基礎になったドイツ民事訴訟手続の歴史では事実認定に関する基本原則にはいくつかの変遷があった。

　　ドイツ民事訴訟法はローマ法の影響が強く伝統的に学説形成上、その訴訟手続に言及がなされてきた。まず、古典期ローマの訴訟手続では、審判官（iudex）は、事実関係を確定する権限を有しており（これに対して法務官は法的問題を確定する権限を有した）、自由心証による判断を行ったとされる。この原則は、官憲訴訟に替わった後も残されたが、後期皇帝時代にはオリエントの絶対君主制下での裁判官への不信から証拠法則が発達したとされる。特に、証言に対する不信は書証の優位を生んだ。証人に対する制限は更に進み、証人の職業による差別をも生んだ。

　　中世普通法訴訟手続は、カノン法に起源を有し特に刑事手続においては1532年のカール5世のカロリナ法典の影響のもとで、法定証拠主義が浸透した。そこでは、十分な法教育を受けていない裁判官を前提に厳格な証拠規定が置かれて、個々の裁判官による恣意の排除が企図されていた。例えば被告人に対する有罪判決には同人の自白か又は2名以上の証人による証言が必要といった法定証拠原則等が支配していた。

　　このような状況に初めて変化がもたらされたのはフランスにおいてであり、革命期に特にカノン法の影響を排除し、裁判官の自由な心証による裁判制度が導入され

---
18)　民事訴訟における事実認定については、田尾＝加藤〔文献〕、加藤＝河野＝須藤＝山浦＝吉田〔文献〕2頁。

た。この新たな方向は,直ちにドイツには影響しなかったが,19世紀中葉にプロイセンでサヴィニーによる自由心証主義導入の提案などがみられた。1877年のドイツ帝国民事訴訟法立法に際して立法者は,ドイツ普通法時代の民事訴訟手続を支配していた法定証拠主義から決別し,特に当時のフランス法地域(ライン川左岸地域)で妥当し[19],また各地の新たな特別法で採用された裁判官の自由な心証による証拠評価の原則の採用にふみきった。また心証形成も証拠のみに限られない。その理由を,「裁判官は,事実審理の結果もまた自由心証で評価しなければならないのだから,彼には,係争事実を,すべての事実審理の結果に基づき,他の不明確な事実とすべての事実関係からの推論から――証拠の提出なしに――真実と認める権限が与えられる。このような非常に自由な地位は,ドイツの裁判官にとっては,その学識,道徳的潔白さ及び独立した地位に対する信頼から保障されたものである」[20]と説明した。

自由心証主義は,これと同時期に成立した裁判の公開主義,口頭主義,直接主義などの手続形態に関する民事訴訟の諸原則(⇒第5章第5節)と深く結びついている。こうして裁判官の事件判断に対する信頼は,一方でこのような訴訟手続の近代的諸原則のうえに成り立った近代的訴訟手続に基づき,また他方では裁判官の判断が専らその理性に基づき他の干渉を排除して,直接に証拠から獲得できることを極力保障するとともに,その手続自体を公開の法廷で行うことによって,審理過程を国民による監視に晒すことで保障しようとした(春日〔文献〕)。

(3) 自由心証主義の内容

1) 基本原則――裁判官の自由な心証による事実判断　　自由心証主義は当事者間に争いがある事実について,裁判官(合議体の場合にはその多数)がその自由な心証に基づいてその真偽を自由に認定できることを内容とする基本原則である。しかし,この原則が裁判官の恣意による裁判を許すものではないことはいうまでもない。自由心証主義を採用したことの具体的意義は以下の点にある。

① 法定証拠主義からの解放　　自由心証主義の採用は,裁判官の事実判断が厳格な法定の証拠法則によらなければならないとした法定証拠主義からの解

---

19) もっとも,当時のフランス法では証拠法則が全くなかったわけではない。むしろそこでは書証や宣誓制度が存在し,また50フラン以上の法律行為については,証言は不適法であり書証が必要であった(Bülow, Gemeines deutsches Zivilprozeßrecht, 2003, S. 84)。

20) *Hahn-Stegemann* S. 275.

放を宣言した点にある。自由心証主義は裁判官の自由な判断を強調するが，そこでは裁判官が，思慮深い社会人として，また良心的な人生経験の豊かな人間として，客観的な根拠に基づき事実を認定すべきことが求められる。

② 裁判官の恣意的判断の禁止　裁判官としての判断は，決して彼の個人的な好みによる主観的判断を許すものではない。その判断は（ⅰ）裁判官として客観的に与えられた条件，即ち〈証拠調べの結果〉及び〈弁論の全趣旨〉を基礎にし，（ⅱ）思考上妥当している論理法則を基礎にしたうえで，（ⅲ）一般的経験から機能された法則（〈経験則〉）に基づいた判断をしなければならない。このような一般的に必要とされる要件を満たさない判断は違法である。また，証拠調べの結果は漏れなく判断されなければならない。

2）　具体的内容　①「証拠調べの結果」に制限がない　自由心証主義のもとでは，証拠調べの対象になる証拠方法（人証及び物証⇒第2節Ⅰ2）には制限が課されていない。裁判官が心証を形成するために用いることができる「証拠調べの結果」（民訴247条）は証拠方法を取り調べた結果得られた証拠資料であり，自由心証主義のもとでは取調べの対象になる証拠方法に制限がないことをも意味する。

　　自由心証主義は，法定証拠原則を排除し裁判官の判断の自由を正面に打ち出した原則ではあるが，その判断の対象となる証拠を収集する過程について十分な法的規律をしていない。そこで，従来，証拠の収集方法の如何を問わず，収集・提出された証拠については裁判官の広範で無制限な心証形成が許容されるとされてきた。しかし，これを無制限に許せば，訴訟手続の公正の見地から見てかえって疑問のある方法で無理に証拠を収集する場合がありうる。そこで近時，証拠収集過程の手続的公正を確保し当事者の手続的な権利を確立するために，違法な証拠収集行為に対するサンクションとして，証拠の収集過程における当事者の行為を規律し，違法に収集された証拠を裁判所の判断対象から排除するための手続原理が模索されている（違法収集証拠の排除原則⇒第5節Ⅳ）。

② 証拠力の評価が自由である　裁判官は，裁判所に提出された証拠をどの程度考慮して事実の認定をするかにつき，その自由に判断をすることができる。

自由心証主義のもとでも裁判官は証拠力を自由に評価することができるという原則には若干の例外的な事例がある（⇒(6)）。

③ 経験則の取扱いが自由　裁判所は事実を判断するに際して様々な経験則を利用する。この経験則の存在及びその内容は裁判官が自由な心証で判断を

することができる。

④ 弁論の全趣旨を斟酌[21]　裁判所は証拠調べの結果だけでなく、〈弁論の全趣旨〉も証拠原因にすることができる（民訴247条）。弁論の全趣旨とは、審理過程において現れた一切の模様を指し、当事者の陳述内容、その態度、攻撃・防御方法の提出時期等を含む。本来事実認定は、証拠により厳格になされなければならない。しかしこれが厳格であればあるほど、民事事件における事実認定は困難で不自然なものになりかねない。そこで、民事訴訟では、当事者間に争いのある事実を認定するにあたっては、証拠による厳格な事実認定を基礎としながら、なお裁判官に自由な裁量の余地を与えて、事実認定が社会的に納得のいくものであることができるようにした。弁論の全趣旨の斟酌とはこのように当事者が行った弁論の全体から、裁判所が一定の心証を獲得することを許したものである。

(4) 証拠説明

裁判所がなす判決には理由が必要であるが、特にその事実認定についての判断は、それが具体的な証拠に基づいた判断であることを判決で示さなければならない。これを「証拠説明」という。これによって具体的に裁判所の判断が証拠との関係で確認されることになる。もっとも新様式判決書では個々の証拠との関連をいちいち個別に説明する必要はないものとしている。しかし、極めて抽象的に「全ての証拠及び弁論の全趣旨によれば以下の事実が認定される」といったものでは証拠説明にはならず、理由を欠いてこのような判決は上告理由となる。

(5) 上告審による審査の可能性

事実認定は裁判官の自由な心証によって行われるが、その判断は無制約ではない。第一審及び控訴審は事実審であり、担当裁判官は直接に事実認定をすることができるのが原則である。これに対して上告審は法律審であり、直接に下級審裁判所が行った事実認定の結果について自ら審査をし、それが不当だとしてこれらの判断を覆すことはできない。しかし、下級審の事実認定の基礎となった証拠の取扱いや経験則の判断が著しく不当な場合には、単なる個別事案の事実判断を越えた一般的な問題が生じる。このような場合には、上告審はそのコントロールを行うことができる。特に経験則違背が上告理由となるかが問題

---

[21] 〈弁論の全趣旨〉については、西野喜一・裁判の過程（判例タイムズ社・1995）16頁以下に、下級審裁判例を調査した詳細な分析がある。

(6) 自由心証主義の例外

自由心証主義に関しては若干の事例で制限がなされており，一定の事実の証明をするために法が特定の証拠に限定している場合がある。これは，訴訟手続上重要な事項で，その証明が多様な方法によることは手続の安定を害すると考えられる事項について，特定の証拠に限定するものである。

†〔例〕 訴訟代理人の権限の証明につき書面を要求し（民訴規23条），口頭弁論の方式に関する規定の遵守については口頭弁論調書のみによって証明することができる（民訴160条3項）。

3 証拠契約

(1) 意　義

当事者は，民事訴訟手続上争いがある事実の確定にあたり，問題となる特定の事実について当事者間の合意で予めその内容を確定しあるいはそれに必要な証拠方法につき合意によって制限するなどの行為をする場合がある。このような当事者の行為が民事訴訟手続上何らかの効果を持ちうるのかが問題になる。本来民事訴訟手続では裁判官が事実認定にあたり自由心証主義に基づいて判断をする権限を有するが，当事者が事実や証拠に関してこのような合意をした場合に，はたしてこの一般原則との関係でこれらの合意に何らかの訴訟法上の効力を認めることができるのか，またどのような場合にそのような事項につきどのような内容の合意が許されるのか，またそれが〈訴訟法上の証拠契約〉として手続法上直接の効果を持つのか（⇒第6章第4節），それとも実体的な契約と位置づけられ，形式や効力に関する実体法上の規律が適用されるのかが問われる。

証拠に関してなされる合意は一般には〈証拠契約〉といわれる。またより狭義には，特に訴訟手続上証明のために用いる証拠方法を制限する合意を「証拠制限契約」と称する。これは，専らこれらの合意が持つ訴訟法上の意義に焦点を置いて解明しようとする目的のために設定された概念である。しかし当事者が事実の証明に関してなす合意は広く，これに限られない。より包括的に検討するために，ここでは「証拠契約」の用語を用いる[22]。

†〔例〕 証拠契約か否かが問題となるものには以下のようなものがある。①自白

---

[22] この点に関してドイツでの注目すべき研究として *Wagner*, Prozessverträge, 1998, S. 608 ff. は，これらの契約が事実についての確認を目的とする契約（実体法上の契約）か，あるいは訴訟手続法上の形成を目的とした契約かを詳細に検討する。

契約：自己に不利な事実の存在を承認する契約だが，これは自白契約か実体法上の契約か。②推定又は擬制契約：契約条項の中で一定の事実を推定しあるいは擬制することで争点からこれらの事項が訴訟上で問題となることを排除する目的でなされる契約であるが，これは許されるか。③証拠方法に関する契約：証拠方法を特定のものに限定する契約（例えば契約に関して書面を用いることを合意した場合等。書面による承諾の合意につき，東京地判昭和42年3月28日判タ208号127頁）はどのような効力を持つか。④仲裁鑑定契約：当事者自治により，問題となる一定の事実の評価を裁判官以外の者に委ねる合意の効力等。

(2) 証拠契約の形態と許容性

1) 許容性一般　　当事者は民事訴訟の証拠に関連した様々な契約をなす可能性があるが，そのうちどのようなものが手続上許されるのか，このような内容の契約がなされた場合にどのような効力が生じるのかが問題となる。

　　従来，特に証拠に関する契約として論じられてきたのは合意により証拠方法を制限する合意の効力であった（上記〔例③〕証拠制限契約）。そしてこの証拠制限契約についても，訴訟契約一般についてそれが許されないとする見解も存在したが，今日では訴訟契約の許容性は承認されている（訴訟契約の許容性一般については⇒第6章第4節Ⅱ）。証拠契約については，裁判所の事実認定権との関連が問題となるが，従来，裁判所の事案の認定権限を制約する契約は不適法だとする見解が存在した。しかし今日では，この点に関しても，弁論主義の下で当事者に処分権限が認められる限り，当事者が合意で裁判上の権限を制約することも可能だとの見解が一般である（三ケ月・全集404頁）。

証拠に関連する当事者の合意には様々な形態がある。これらが訴訟手続上どのように取り扱われるべきか検討しよう。

2) 各類型と許容性及び性質　　①自白契約　　一定の事実が存在する旨又は存在しない旨を当事者間で裁判外で合意をすることがある。このような合意は，事実確認の合意として例えば和解条項の一つとしてしばしば当事者が自己に不利な事実を認める旨の合意事項の形でなされる。この合意は，裁判外の自白としての意味を持つだけでなく[23]，更にこれに裁判上の自白をなすことを強制する合意の意味を付与することができるかが問題になりうる。この合意がなされたにもかかわらず当事者の一方が，訴訟上当該事実を否認した場合に，こ

---

23) 訴訟上は一つの〈証拠〉として取り扱われる。

の合意の存在を主張して相手方当事者の裁判上の自白を擬制しうるのか（義務づけ効果）が問われる（⇒第6章注29））。その際，決定的な意味を持つのは，当事者が行った合意の内容である。この点につき一般には単に自己に不利な事実についての確認に関する合意である場合には当該事実認定に関して証拠とはなりえても，手続上裁判上の自白の強制ではないと解される。しかし進行中の訴訟を念頭に，一定の自己に不利な事実について訴訟手続でその存在を認める陳述をする旨の合意であれば，それは〈自白〉契約である。この契約自体は裁判官の事実認定行為自体について何らかの干渉を意味するわけではなく，むしろ当事者が訴訟手続で争う「争点を限定する旨の合意」であると解することができ，弁論主義のもとではこのような行為を訴訟手続で行う旨の義務を当事者が自ら合意で負うことは可能である[24]。そこで当事者間でこのような行為が有効に行われたのであれば，裁判所は当該事実について裁判上の自白を認めてよい（兼子・体系255頁，三ケ月・全集404頁，松本＝上野136頁）。

② 推定又は擬制に関する契約　当事者間である一定の要件のもとで一定の事実が存在することを推定し，又は擬制する旨の合意である。これが，訴訟法上このような合意に従った事実認定を裁判所に強制するのであれば自由心証主義に反するともいえよう。しかし，このような合意は実体法的に見れば当事者間の実体権の変更を目的とする合意でありそれ自体は適法だと見ることができる。

③ 証拠制限契約　当事者間で，後日あるいは係属中の訴訟手続で利用する証拠方法を特定のもの（例えば書面）に限定する旨の合意である[25]。これは，裁判所に提出する証拠方法を当事者の合意で限定するにすぎず，弁論主義のもとでは適法である。

④ 仲裁鑑定契約　仲裁鑑定契約とは，当事者間で問題となりうる事実関係について争いを生じた場合にそれを第三者に鑑定させてその結果に服する旨の合意である（仲裁鑑定契約については，注解民訴(11)433頁〔河野正憲〕）。事実の確定，品質の鑑定，価格の評価などを専門の第三者の鑑定に付託しその結果に当事者が服する旨の合意をいう。事実認定の一部を裁判所の判断から排除し第

---

24) 職権探知主義のもとでは，このような当事者の合意は拘束力を持たない。
25) 現実には，この契約が実体法上契約の成立要件を定めた規定であるのか，証拠制限を定めた規定であるのかが問題となりうる。土地賃貸借契約における地上建物の増改築について賃貸人の書面による承諾を受けなければならないとする特約を証拠制限契約と解した例として，前掲東京地判昭和42年3月28日。この判決につき，柳田幸三・百選Ⅱ274頁。

三者の判断に服すること自体は、弁論主義のもとでは適法である。

II 証　明　度

1 証明の規準

　自由心証主義のもとで裁判官は自由な心証に基づいて事実認定ができ、またしなければならない。その際、裁判官（裁判所）がどの程度の心証を得た場合に「証明ができた」と判断することができるかという判断基準が問題になる。これは、この基準を超えたと判断される場合に裁判官は当該事実主張を真実であると取り扱うことができ、それに達しないと判断された場合には真実であるとは取り扱われないという一律の判断を導くことを定めた法原則である。ここで〈心証〉とは、ある事実の認定に際して、裁判官がその心に抱いた証明に関する判断をいう。

　　裁判官が、証明が成功したと判断することができない場合は、その事実は〈真偽不明〉となる。この場合にも裁判官は判決をしなければならないが、その判断は心証によって行うのではなく、〈証明責任〉の原則（その内容は⇒第4節）によってしなければならない。証明度が高くなればなるほど、証拠自体による判断では結論を出すことが困難な事例が増加することから証明責任による判断の領域が広くなる。そこで民事訴訟で争いのある事実を認定し事件判断をするのに必要な〈証明度〉をどのように考えるかが問われる。

2 民事事件の事実判断に必要な証明度

(1) 意　　義

　民事事件において、裁判所はどの程度の心証が得られれば当該事件の判断に必要な事実の認定について「証明があった」と結論づけて、当該事実の存在又は不存在についての当事者の事実主張につき認定をすることができるかが問題になる。

　民事訴訟では、事件の判断のためには法を適用して結論を出さなければならない。その際、法適用に必要な要件事実を認定するためには、それを直接に示す〈主要事実〉のみならず、それを推定する前提となる〈間接事実〉、更には証拠の信憑性に係る〈補助事実〉についても〈証明〉が必要である。特に、要件事実の存否に係る証明があったか否かを判定するためには、裁判官の〈心証〉による判断を必要としており、その際の基準として、裁判官はどの程度の心証を得なければならないかが問題とされる。

このような判断の基礎になる裁判官の心証の程度については，裁判官が思慮深い良心的で人生経験の豊かな社会人として，客観的な理由に基づいて得た心証により，当該事実の存否の蓋然性が十分だとみることができる場合に，その判断を肯定することができると考えられる。

(2) 原則――高度の蓋然性

裁判上必要とされる事実の認定には，その判断につき〈完全証明〉が必要である。〈完全証明〉とは，民事訴訟の中心的な判断事項である訴訟物である権利関係の判断に要求される裁判所の事実判断の程度であり，当該事実の存否がほぼ間違いないという程度の高度の蓋然性をいう。これに対して〈疎明〉にはこのような高度の蓋然性は不要であり，その存否について確率が高いという〈優越的な蓋然性〉があれば十分だとされる。優越的な蓋然性は，当該事実の存在についてその蓋然性が優越していれば，一応その存在を認めてよいとするのであり，手続上発生する派生的な事項等の判断に用いられる。これに対して，完全証明の場合にはこの程度ではなお不十分であり，更により高度の蓋然性を要求するが，これは民事訴訟の基本となる本案の判断については裁判所の慎重な判断が必要だからである。

このことは，民事訴訟における完全証明が，自然科学的あるいは数学的な一点の疑念もない程度に完全な証明を要求することを意味するのではない。民事訴訟で必要とされる証明は，民事訴訟制度が本来私人間の紛争を解決するために，ある歴史的事実の存否に関する証明を必要とするのであり，裁判官はその真実性につき疑念を完全には排除できないとしても，実際の社会生活上その存否の判断をしても問題がない程度の高度の蓋然性があると考えるのであれば，それを真実と認めることができ，また認めなければならないとされる。わが国の通説（兼子〔文献〕185頁，190頁）及び判例（**[判例①②]**）はこれを表現して，民事訴訟では事実認定については原則として〈高度の蓋然性〉をもって証明される必要があるとする。

†〔**判例**〕 ① 最(2小)判昭和50年10月24日民集29巻9号1417頁（東大病院ルンバール事件)[26] 本件は，X（原告・控訴人・上告人）に対する東京大学医学部附属病院で行われたルンバール施術が医師の過失に基づく不適切なものであったことから退院後も後遺症として知的障害，運動障害等が残ったとしてY（国）に

---

[26] 牧山市治・最判解説民事昭和50年度471頁，竜嵜喜助・百選2版182頁，鈴木俊光・百選Ⅱ254頁，笠井正俊・百選3版134頁。

対して損害賠償請求をした事件である。医師のルンバール施術行為と結果との間に因果関係があるのかが問題となった。第一審では請求を棄却。控訴審も控訴棄却。X上告。最高裁第2小法廷は以下のように述べて原判決を破棄し差し戻した[27]。

「一 訴訟上の因果関係の立証は，一点の疑義も許されない自然科学的証明ではなく，経験則に照らして全証拠を総合検討し，特定の事実が特定の結果発生を招来した関係を是認しうる高度の蓋然性を証明することであり，その判定は，通常人が疑を差し挟まない程度に真実性の確信を持ちうるものであることを必要とし，かつ，それで足りるものである。

　二　これを本件についてみるに，原審の適法に確定した事実は次のとおりである。

1　X（当時3才）は，化膿性髄膜炎のため昭和30年9月6日Yの経営する東京大学医学部附属病院小児科へ入院し，医師T，同Fの治療を受け，次第に重篤状態を脱し，一貫して軽快しつつあったが，同月17日午後零時30分から1時頃までの間にF医師によりルンバール（腰椎穿刺による髄液採取とペニシリンの髄腔内注入，以下「本件ルンバール」という。）の施術を受けたところ，その15ないし20分後突然に嘔吐，けいれんの発作等（以下「本件発作」という。）を起し，右半身けいれん性不全麻痺，性格障害，知能障害及び運動障害等を残した欠損治癒の状態で同年11月2日退院し，現在も後遺症として知能障害，運動障害等がある。

2　本件ルンバール直前におけるXの髄膜炎の症状は，前記のごとく一貫して軽快しつつあったが，右施術直後，F医師は，試験管に採取した髄液を透して見て『ちっともにごりがない。すっかりよくなりましたね。』と述べ，また病状検査のため本件発作後の同年9月19日に実施されたルンバールによる髄液所見でも，髄液中の細胞数が本件ルンバール施術前より減少して病状の好転を示していた。

3　一般に，ルンバールはその施術後患者が嘔吐することがあるので，食事の前後を避けて行うのが通例であるのに，本件ルンバールは，Xの昼食後20分以内の時刻に実施されたが，これは，当日担当のF医師が医学会の出席に間に合わせるため，あえてその時刻になされたものである。そして，右施術は，嫌がって泣き叫ぶXに看護婦が馬乗りとなるなどしてその体を固定したうえ，F医師によって実施されたが，一度で穿刺に成功せず，何度もやりなおし，終了まで約30分間を要した。

4　もともと脆弱な血管の持主で入院当初より出血性傾向が認められたXに対し右情況のもとで本件ルンバールを実施したことにより脳出血を惹起した可能性がある。

---

[27] 本件は差戻しの後，医師の過失の有無が問題とされた（因果関係が存在することは，最高裁破棄判決の拘束力により，審理の前提とされる）。差戻審は医師の過失を認め，判決はそのまま確定した（東京高判昭和54年4月16日判時924号27頁）。

5 本件発作が突然のけいれんを伴う意識混濁ではじまり、右半身に強いけいれんと不全麻痺を生じたことに対する臨床医的所見と、全般的な律動不全と左前頭及び左側頭部の限局性異常波（棘波）の脳波所見とを総合して観察すると、脳の異常部位が脳実質の左部にあると判断される。

6 Xの本件発作後少なくとも退院まで、主治医のT医師は、その原因を脳出血によるものと判断し治療を行ってきた。

7 化膿性髄膜炎の再燃する蓋然性は通常低いものとされており、当時他にこれが再燃するような特別の事情も認められなかった。

三 原判決は、以上の事実を確定しながら、なお、本件訴訟にあらわれた証拠によっては、本件発作とその後の病変の原因が脳出血によるか、又は化膿性髄膜炎もしくはこれに随伴する脳実質の病変の再燃のいずれによるかは判定し難いとし、また、本件発作とその後の病変の原因が本件ルンバールの実施にあることを断定し難いとしてXの請求を棄却した。

四 しかしながら、(1) 原判決挙示の乙第一号証（T医師執筆のカルテ）、甲第一、第二号証の各一、二（F医師作成の病歴概要を記載した書翰）及び原審証人Tの第二回証言は、Xの本件発作後少なくとも退院まで、本件発作とその後の病変が脳出血によるものとして治療が行われたとする前記の原審認定事実に符合するものであり、また、鑑定人Kは、本件発作が突然のけいれんを伴う意識混濁で始り、後に失語症、右半身不全麻痺等をきたした臨床症状によると、右発作の原因として脳出血が一番可能性があるとしていること、(2) 脳波研究の専門家である鑑定人Hは、結論において断定することを避けながらも、甲第三号証（Xの脳波記録）につき『これらの脳波所見は脳機能不全と、左側前頭及び側頭を中心とする何らかの病変を想定せしめるものである。即ち鑑定対象である脳波所見によれば、病巣部乃至は異常部位は、脳実質の左部にあると判断される。』としていること、(3) 前記の原審確定の事実、殊に、本件発作は、Xの病状が一貫して軽快しつつある段階において、本件ルンバール実施後15分ないし20分を経て突然に発生したものであり、他方、化膿性髄膜炎の再燃する蓋然性は通常低いものとされており、当時これが再燃するような特別の事情も認められなかったこと、以上の事実関係を、因果関係に関する前記一に説示した見地にたって総合検討すると、他に特段の事情が認められないかぎり、経験則上本件発作とその後の病変の原因は脳出血であり、これが本件ルンバールに因って発生したものというべく、結局、Xの本件発作及びその後の病変と本件ルンバールとの間に因果関係を肯定するのが相当である。」

本件では、被告によって行われたルンバールの施術とその後の発作による病変との間に〈因果関係〉を認定することができるかにつき、そのために必要な事実認定に必要な基準と、原審裁判所が認定した具体的事実（間接事実）による〈経験則〉

を示して，この点の先例となる判断を示した[28]。

② 最(1小)判平成11年2月25日民集53巻2号235頁（治療不作為事件）[29]

本件は医師が必要な治療を行わなかったことと患者の死亡との間の因果関係が問題となった事案である。

一 原審が確定した事実関係の概要は以下の通りである。

1 亡Aは昭和58年10月頃，社会保険K病院でアルコール性肝硬変に罹患しているとの診断を受け，同病院医師の紹介で，同年11月4日肝臓病を専門とするY（被告・被控訴人附帯控訴人・被上告人）との間で診療契約を締結し継続的に受診するようになった。

2 その当時Aには肝細胞癌の存在は認められなかったが，肝硬変に罹患した患者に肝細胞癌が発生することが多いことは医学的によく知られていた。また，肝細胞癌の発生する危険性の高さを判断する上での因子としては，肝硬変に罹患していること，男性であること，年齢が50歳代であること，B型肝炎ウイルスの検査の結果が陽性であることの4点が特に重視されていたところ，Aは，当時53歳の男性であって，肝硬変に罹患しており，医師として肝細胞癌発見のための注意を怠ってはならない高危険群の患者に属していた。

3 右当時，肝細胞癌を早期に発見するための検査方法としては，血液中のアルファ・フェトプロテインの量を測定する検査（AFP検査）と，腹部超音波検査が有効であるとされていた。〔略〕

4 Yは，昭和58年11月4日から昭和61年7月19日までの間に，合計771回にわたりAについて診療行為を行った。その内容は，問診をし，肝庇護剤を投与するなどの内科的治療を実施するほか，一カ月ないし二カ月に一度の割合で触診治療を行うにとどまり，肝細胞癌の発生の有無を知る上で有効とされていた前記各検査については，昭和61年7月5日にAFP検査を実施したのみであった。

5 Aは，昭和61年7月17日夜，腹部膨隆，右季肋部痛等の症状を発し，翌18日朝，Yの診察を受けたところ，筋肉痛と診断され，鎮静剤の注射を受けたが，翌19日容態が悪化し，Yの紹介により財団法人KO病院で診察を受けた。その結果，肝臓に発生した腫瘍が破裂して腹腔内出血を起こしていることが明らかとなり，さらに，同月22日，前記急性腹症の原因は肝細胞癌であるとの確定診断がされた。

---

28) なお，民法学説の中には，本件を立証負担の軽減として「一応の推定」の例とする見解がある（例えば，四宮和夫・不法行為〔青林書院・1985〕416頁，またこれを引用する，平井宜雄・債権各論Ⅱ不法行為〔弘文堂・1992〕89頁）。しかし，これは〈一応の推定〉と間接事実による要証認定の認定自体と混同している。本件は，間接事実による因果関係証明の一般論を述べたものであり，「特段の事情」についての説明は，経験則による認定に際して一般にいわれる（なお〈一応の推定〉については，⇒後述3）。

29) 八木一洋・最判解説民事平成11年度133頁。

また同病院における検査の結果，Aの肝臓には，三つの部位に，それぞれ大きさ約2.6センチメートル×2.5センチメートルないし約7センチメートル×7センチメートルの腫瘍が存在していたほか，他の部分に，大きさ約5センチメートルの境界不明瞭病変及び大きさ不明の転移巣数個が存在し，門脈本管に大きさ不明の腫瘍塞栓が存在していることが判明した。

6　当時，肝細胞癌に対する根治的治療法の第一選択は患部の外科的切除術であるとされ，他に，門脈から血流が得られない場合以外の場合について肝動脈を塞栓して癌細胞に対する栄養補給を止めこれを壊死させる治療法（TAE療法）や，腫瘍の直径が3センチメートル以下で個数が3個以下の肝細胞癌について病巣部にエタノールを直接注入して癌細胞を壊死させる治療法（エタノール注入療法）が知られていたが，Aについて肝細胞癌が発見された時点においては，その進行度に照らし，既にいずれの治療法も実施できない状況にあり，Aは同月27日，肝細胞癌及び肝不全により死亡した。

二　本件で，Aの妻及び両者の子であるX（原告・控訴人附帯被控訴人・上告人）らは，Yが当時の医療水準に応じてAにつき適切な検査を実施し早期に肝細胞癌を発見してこれに対する治療を実施すべき義務を負っていたのに，昭和58年11月4日から昭和61年7月4日までの間に肝細胞癌を発見するための検査を全く行わず，その結果，Aは肝細胞癌に対する適切な治療を受けることができないで，同月27日に死亡するに至ったから，主位的に不法行為責任により，予備的に診療契約の債務不履行により損害賠償の支払を求めた。

原審は，Xの主位請求を一部認容し，次のようにその理由を述べた。

「このように，YがAについて当時の医療水準に応じた注意義務に従って肝細胞癌を発見していれば，右各治療法のいずれか又はこれらを組み合わせたものの適切な実施により，ある程度の延命効果が得られた可能性が認められる。

3　しかしながら，右のようにAについて延命の可能性が認められるにしても，いつの時点でどのような癌を発見することができたかという点などの本件の不確定要素に照らすと，どの程度の延命が期待できたかは確認できないから，Yの前記注意義務違反とAの死亡との間に相当因果関係を認めることはできない」と述べて因果関係を否定した。しかし，損害額の判断につき慰謝料及び弁護士費用を認容した。

最高裁は，Yの注意義務違反とAの死亡との間の因果関係を否定した原審の右3の判断を是認できず，損害額についての判断も是認できないとして，次のように述べて原判決中X敗訴部分を破棄し，原審に差し戻した。

「1　訴訟上の因果関係の立証は，一点の疑義も許されない自然科学的証明ではなく，経験則に照らして全証拠を総合検討し，特定の事実が特定の結果発生を招来し

た関係を是認し得る高度の蓋然性を証明することであり，その判定は，通常人が疑いを差し挟まない程度に真実性の確信を持ち得るものであることを必要とし，かつ，それで足りるものである（〔**判例①**〕参照）。

　右は，医師が注意義務に従って行うべき診療行為を行わなかった不作為と患者の死亡との間の因果関係の存否の判断においても異なるところはなく，経験則に照らして統計資料その他の医学的知見に関するものを含む全証拠を総合的に検討し，医師の右不作為が患者の当該時点における死亡を招来したこと，換言すると，医師が注意義務を尽くして診療行為を行っていたならば患者がその死亡の時点においてなお生存していたであろうことを是認し得る高度の蓋然性が証明されれば，医師の右不作為と患者の死亡との間の因果関係は肯定されるものと解すべきである。患者が右時点の後いかほどの期間生存し得たかは，主に得べかりし利益その他の損害の額の算定に当たって考慮されるべき事由であり，前記因果関係の存否に関する判断を直ちに左右するものではない。

　2　これを本件について見るに，原審は，Yが当時の医療水準に応じた注意義務に従ってAにつき肝細胞癌を早期に発見すべく適切な検査を行っていたならば，遅くとも死亡の約6箇月前の昭和61年1月の時点で外科的切除術の実施も可能な程度の肝細胞癌を発見し得たと見られ，右治療法が実施されていたならば長期にわたる延命につながる可能性が高く，TAE療法が実施されていたとしてもやはり延命は可能であったと見られる旨判断しているところ，前記判示に照らし，また，原審が判断の基礎とした甲第七九号証，第八八号証等の証拠の内容をも考慮すると，その趣旨とするところは，Aの肝細胞癌が昭和61年1月に発見されていたならば，以後当時の医療水準に応じた通常の診療行為を受けることにより，同人は同年7月27日の時点でなお生存していたであろうことを是認し得る高度の蓋然性が認められるというにあると解される。そうすると，肝細胞癌に対する治療の有効性が認められないというのであればともかく，このような事情の存在しない本件においては，Yの前記注意義務違反と，Aの死亡との間には，因果関係が存在するものというべきである。」

　〔**判例①**〕は，争点となった事実の証明に必要な証明度として〈高度の蓋然性〉が必要だがそれで足り，それ以上の証明は不要だとの一般原則を示した。その具体的内容は抽象的であるが，最高裁は上記判例でこの概念を，原審認定事実との関連で具体的に示した。具体的事案認定で必要な因果関係等の要件事実の証明は，多くの間接事実の積み重ねによってなされなければならないが，証明すべき事実が具体的にどのような事実か，どのような間接事実によって具体的にどのような証明がなされた場合に，要件事実の証明がなされたと判断してよいかを示した。判示の内容には二つの側面がある。

第一は，損害賠償請求訴訟において「因果関係」の証明に必要な証明度そのものの意味であり，これは一点の疑義も許されない自然科学的因果関係の証明ではないという点である。民事訴訟においてなされる責任追及の基礎となる因果関係の証明は，裁判制度として社会的に必要な責任の連鎖を認めることができる程度であれば足り，それ以上の高度な証明は不要であるとの一般論を示している。ときに訴訟手続で（被告側から）主張されるような，これとはかけ離れた数学的・自然科学的な厳密な因果関係の立証の要求は不要である。原告の証明を不十分とするために極めて厳格な立証の必要性が被告側から主張され，裁判所もこれに影響されて事実の認定を躊躇することが稀でないが，最高裁はこれに対して一般的な指針を示した。もっともその際これには単なる蓋然性では足りず，高度の蓋然性を要求したが，それは誰が見てもほぼ間違いないという程度の確率を要求することで，民事訴訟における責任追及の根拠の確実性に配慮したといえる。

第二に，これらの事件では具体的事件で解明を要するのに必要な〈要証事実〉を明確に認識・確定することが重要であることを改めて示した。この点を曖昧にすると，どのような場合に証明がなされたと判断されるのかということ自体が曖昧になる。①②の判例では，最高裁はこの点を明確にすることを求め，原審が示した間接事実を前提に，そのうちで当該事案の要件事実の判断に必要な経験則による判断を具体的に示した[30]。

なお，これに関連して，**最(3小)判平成 12 年 7 月 18 日判時 1724 号 29 頁（長崎原爆訴訟上告事件）**がある。長崎の原爆被害者 X が原子爆弾被爆者の医療等に関する法律 8 条 1 項の申請をしたところ却下されたので厚生大臣を相手にその取消しを求めた事件である。同条によれば，「医療給付を受けようとする者は，あらかじめ，当該負傷又は疾病が原子爆弾の障害作用に起因する旨の厚生大臣の認定を受けなければならない」と定める。第一審及び控訴審が，要証事実につき「相当程度の蓋然性」の証明があれば足りるとした。これに対して本件最高裁は，一般原則が妥当し，相当程度の蓋然性さえ立証すれば足りるとすることはできない，とした。た

---

[30] この事件では，本件鑑定の大部分がルンバール施術と本件発作及びその後の知能障害などとの因果関係について懐疑的であったことから（本件最高裁判決まで 4 本〔差戻審 2 本〕の鑑定内容の紹介は，小林秀之・新証拠法〔第 2 版〕〔弘文堂・2003〕44 頁），本件最高裁判決に対して疑問視する見解もある。しかし，このような乖離は，この事件でなされた鑑定事項にも問題があったということが無視されてはならない。「通常のルンバール施術」を前提とした鑑定ではなく，「具体的になされた施術」との因果関係が問われているからである。また，この最高裁判決が専門家判断を排して通常人の判断によったことを問題視する見解もある（松本＝上野 386 頁）。しかし，ここで問題となるのは鑑定の在り方及びその結果の法的判断である。またこの見解は間接事実の証明が高度の蓋然性を基礎づけるものではないとも批判するが，問題は個々の間接事実ではなく，いくつかの高裁で認定された間接事実の総合判断である。したがってこれを直ちに「蓋然性を軽減した」と評価するのには疑問がある。

だし本件での原審の事実認定判断について検討し,「本件において放射線起因性が認められるとする原審の認定判断は,是認し得ないものではない」として上告を棄却した。

(3) 一般的証明度軽減の提唱と問題点

1) 意義と主要な学説　　民事訴訟における証明度は「高度の蓋然性」が必要だとする通説・判例(高度の蓋然性説)に対して民事訴訟で一般的に必要な証明度をそのように厳格に解する必要がないとする提案がなされている。これらの見解は,従来の基準があまりにも高すぎて適切な判断に至り得ていないと批判する。これは,判断基準が高ければ高いほど,真偽不明となり証明責任による判決をしなければならない領域が拡大することから,証明度を下げることによってこのような結果を回避し,証拠による認定の幅を広げようとする。

① 証拠の優越説　　民事訴訟における証明度は,刑事訴訟とは異なって,証拠が優越していれば足りるとする見解がある。この見解は,その根拠としてアメリカ合衆国やスウェーデンの議論を援用することがあるが,これらの国における民事訴訟手続ではわが国の訴訟手続の構造と異なって,裁判所が事実について一定期間をかけて認定する構造ではない。また証拠が優越していることでなされる認定は,当該訴訟での偶然に左右されて確実な認定には至り得ない可能性が大きいともいわれる。

② 相当程度の蓋然性説　　通説・判例が前提とする〈高度の蓋然性〉が現実に真に証明度として機能をしているのかを問い直し,むしろ証明度としては〈相当程度の蓋然性〉であれば十分だとする見解がある(伊藤眞「証明度をめぐる諸問題」判タ1098号4頁)。

2) 新たな提案の問題点　　民事訴訟における証明度を一般的に軽減しようとするこれらの提案には,なお問題がある。まず,民事訴訟では当事者が提出する証拠には決定的なものは乏しいのが実際であるが,このような状況下で一般的に証明度を軽減し,証拠の優越又は相当程度の蓋然性で認定が可能だとすると,訴訟の結果は提出された証拠の偶然性に大きく左右され,結果の安定性を欠くことになる。しかも民事訴訟で下された判決が確定すれば強制執行などが可能な場合もあり結果の強制的通用力を持つ。したがって,その事実認定は不確実であってはならず,相当程度の確実性を必要とする。一般には,高度の蓋然性を必要とするとの通説を維持すべきである。

3 個別分野における証明度の軽減

(1) 基本観念

民事訴訟に必要な証明度について，通説は原則として〈高度の蓋然性〉を要求するが，全く例外なくこの規準に達しなければ立証者は証明に成功しなかったものとする取扱いを意味するものではない。解釈上合理的な理由があれば必要な証明度はこの水準を必要としない場合があり得る。このような例外的な証明度の軽減は，それぞれの個別的な分野で，また個別的な事情のもとで承認される。個々の場合にどのような事情が考慮されるのかが問題となる。

(2) 個別分野における証明度の軽減

一般的には高度の蓋然性を前提としつつ，例外的に個別的な局面で証明度軽減が主張される具体的な事案には次のようなものがある。

1) 過失の一応の推定　わが国の判例では，過失の証明に際してしばしば行為の客観的事情の証明がなされると，それによって一応過失が証明されたものと推定し，これに対して相手方の反証を許すが，これがないことにより過失を認定するという手法が採られる（反証不提出責任につき，山木戸〔文献〕31頁）。そこでこれを〈一応の推定〉として承認すべきかが論じられた。これ自体は，間接事実による主観的要件の事実上の推定にすぎない。しかし，類型的な形での証明方法として承認することができる（中野・推認1頁）。

2) 表見証明（Ansheinsbewis, prima-facie-Beweis）　主としてドイツの判例・学説で主張された証明方法であり，わが国でも同調する見解がある。これは事実上の推定の中で，一定の状況下で生活経験上類型的にその結果が発生しうる関連性が濃厚な関係にある場合には，容易にその事実を認定することができるとする法則である。経験則による推定の類型化として承認することができよう。

3) 蓋然性説　公害事件等の特定の領域について，証明度は〈高度の蓋然性〉が必要ではなく，蓋然性があれば足りるとの見解がある（徳本鎮・企業の不法行為責任の研究〔一粒社・1974〕59頁）。このような特定領域では，特に因果関係の認定が問題となるが，特定の損害が発生しこれとの関連性が疑われる状況がある中でその蓋然性が証明されればその認定を許すことができよう（注釈民訴(4)51頁〔加藤新太郎〕は「検討する余地がある」という）。

4) 証明妨害　やや異質の問題として，〈証明妨害〉がなされた場合がある。これは，立証者が必要としている証拠を保持する相手方が，当該証拠を棄

滅する等により，立証者の立証行為を妨害した場合に，当該証拠によって行おうとした証明の内容を認定することを許す効果を与えるものである。このような効果を与えることの根拠には，証拠を所持した相手方当事者が，立証に必要な証拠を棄滅しておきながら，立証者に対して立証の不十分を主張することが信義に反すると評価されるからに他ならない。

5) 疫学的証明　　公害事件や薬害訴訟などのように，原告側に集団的な疾患が見られる場合に，その疾患の発生と発生源との間の因果関係の特定確認のために採られる証明の手法である。これは疫学で用いられる手法を民事訴訟手続に応用しようとするものである（吉田克己「疫学的因果関係論と法的因果関係論」ジュリ440号104頁以下）。病理学が疾患が発生する病理の機序自体を明らかにすることを目的とするのとは異なって，疫学では，原因不明の疾患が集団的に発生した場合にその発生源を特定し，防疫を実施してその拡大を防ぐための手法であり，集団的な損害の発生が見られる場合に，その多数の位置的関係などに着目してこの疫学的方法で原因を示そうとするものである。

疫学的証明で必要な要件としては，①その発生原因が発病の一定期間前に作用するものであること，②当該因子が作用する程度と罹患率に相関関係があること，③当該因子が除去されたところでは罹患率が低下すること，④当該因子が作用するメカニズムが生物学的に矛盾なく説明できること，が挙げられる。疫学的証明も，経験則による証明の一方法として合理性を有しており，訴訟手続上適法な証明方法として承認することができる[31]。

III　損害額の認定の特則

[文献]

伊藤眞「損害賠償額の認定」改革期の民事手続〈原井龍一郎先生古稀祝賀〉（法律文化社・2000）52頁，伊藤滋夫「民事訴訟法248条の定める『相当な損害額の認定』（上）（中）（下）」判時1792号3頁，1793号3頁，1796号3頁，春日偉知郎「比較法から見た損害額の認定」同・民事証拠法論集（有斐閣・1995）141頁，坂本恵三「判決③」大系(3)271頁，高橋宏志「証拠調べ（損害額の認定（248条））」同・重点（下）51頁，三木浩一「民事訴訟法248条の意義と機能」井上・追悼412頁

---

31) これに対して，集団的現象を取り扱う疫学の手法を，個別的な因果関係の証明を必要とする民事訴訟に用いることはできないのではないかとの異論がある（稲橋喬「医事訴訟における因果関係の認定」判タ475号42頁）。しかし，これを排除してしまうのは行きすぎである（高橋・重点（下）43頁）。

1 問 題 点

　損害賠償請求訴訟では一般に，損害賠償請求権を基礎づける事実としてその発生原因事由の存在と共に発生した〈損害額〉が被告によって争われると，それぞれの証明がなされなければならない。これらの事由の証明責任（⇒第4節）は通常は原告が負うから，被害者である原告は損害が発生した事実と共にその被害額が具体的にいくらであるか，その金額もまた高度の蓋然性をもって証明しなければならず，これに成功しなければ結局その訴訟自体で敗訴を免れないことになる。ところが，事件によっては損害が発生したこと自体は証明できても，その具体的な被害額の証明について極めて困難な事情が存在する場合がある。このように具体的な〈損害額〉の算定が困難な事例としては，(A) 現実に発生した損害額の算定自体が事実上困難な場合があると共に，更には (B) 損害が現実に発生したものとして把握はできず観念的な場合がある。これらの場合に，その損害の厳格な証明を常に原告側に要求し，それらの事項について原告側に証明責任を課すとすれば，これらの事実に関する証明が奏功しない可能性が高いことから，証明責任を負わされた原告に極端な困難あるいは不能を強いることになる。損害の発生自体は明確であり実体法上は損害賠償が可能であるにかかわらず損害額の厳格な証明を原告に要求する（強制する）ことで，結局この請求権の行使自体を常に不可能にする結果ともなる。この場合に専ら損害額の証明が十分でないことを理由に請求自体を「棄却」してしまうことは，被害者に極めて不当な結果であり裁判自体の正当性が疑問視されかねない。従来このような場合の取扱いに関して，わずかな例を除いて[32]特別規律が存在しなかったために，結局原告が具体的な損害額の証明ができないことを理由に請求自体を棄却せざるを得ず（最(2小)判平成元年12月8日民集43巻11号1259頁〔鶴岡灯油訴訟〕[33]はその例であり，今回の法改正のための問題を提起した），その不公正感は極めて強かった[34]。そこで，現行法は248条を設けてこのような困難

---

32) 例外は特許法102条1項，著作権法114条1項など。特許法102条1項は特許権侵害があった場合の逸失利益（侵害がなかったならば得ていたであろう利益）の算定が通常は著しく困難であることから，損害額を容易に算定できる方式を示した。

33) 小倉顕・最判解説民事平成元年度455頁，上原敏夫・百選Ⅱ258頁，同・百選3版138頁。

34) ドイツ民訴法287条は，「当事者間で，損害の発生の有無及びその額又は賠償すべき利益の額がいくらかについて争いがあるときは，裁判所が諸般の事情を考慮して，自由な心証に基づいてこの点についての裁判をする。申し立てられた証拠調べを命じるか否かあるいはどの限度で命じるか，又は職権で鑑定人による鑑定を命じるか否かは裁判所の裁量に委ねられる。」と定める。同様の規定は，オーストリア民訴法273条等にも存在する。

是正を図った（同趣旨の規定は，特許105条の3，不正競争9条，著作114条の5）。

2 損害額の認定に関する規定（民訴248条）とその法的性質

(1) 趣　　　旨

1)　民訴248条の新設　　現行法は損害額の算定をめぐって従来存在していた上記のような不都合を解消するために民訴法248条を新設し，「損害が生じたことが認められる場合において，損害の性質上その額を立証することが極めて困難であるときは，裁判所は，口頭弁論の全趣旨及び証拠調べの結果に基づき，相当な損害額を認定することができる」と定めた。しかしこの規定の趣旨は必ずしも明確ではなく，その理解につき見解の違いがある。

2)　規定の趣旨に関する学説　　この民訴法248条の趣旨がどのようなものかの理解にはなお根本的に見解が対立する。

①　証明度軽減説　　損害額の認定について，民訴法248条によりその証明度が軽減されると解する見解がある（中野ほか編・新民訴362頁〔青山善充〕，松本＝上野389頁）。この見解によれば，この規定により証明度が軽減されるにすぎないから，証明がおよそ不可能な場合については原告側の証明ができず，その請求は棄却されざるを得ない。そうすると，この規定が設けられた趣旨として想定された重要な事例の一つである観念的損害（前述(B)）に対処することができないことになる。

②　裁判所の裁量評価説　　この規定の趣旨を損害額の算定について裁判所に裁量的な評価の権限を与えたものだと理解する見解がある（春日偉知郎「相当な損害額の認定」ジュリ1098号73頁，三木〔文献〕416頁）。この見解によれば，そもそも損害額の認定自体が事実認定の問題ではなく，法的評価として損害額の判断をすることを許したと見る。

③　折衷説　　民訴法248条による損害額算定手続を，証明度軽減と裁判所による裁量評価の双方を認めたものと理解する見解である（伊藤眞〔文献〕69頁）。

3)　法的性質　　民訴法248条は，裁判所が損害の発生したことが認められると判断した場合に限定して，しかもその損害額の算定について十分な心証を得て認定するに至らなかった場合に，その額の算定を裁判所に委ね立証不十分による請求棄却を避ける趣旨で設けられた特別の規定である。

損害の認定においては，他の構成要件事実の存否の認定とは異なって，発生した損害の金銭評価が必要であり，そこでは裁判所の評価作業が不可欠である。

しかしこのような損害額算定の基本的性格自体の特殊性に着目してこの条文が損害額算定手続をすべて裁判所の裁量評価に委ねたわけではない。損害額の算定においても一般には，当事者が提出した証拠から高度の蓋然性をもって，発生した損害を認定できる証拠により損害の認定がなされる点で変わりはない。民訴法248条では特に，①既に他の事情から損害が発生したこと自体が認定できる場合であり，しかも②その損害額の具体的証明が性質上困難でありその立証し得ないことに伴う不利益を当該被害者である当事者に課すことが不当だと判断される場合に限定して適用されることとしている。

　本来証明が困難だとされる事案には，先述のように性質の異なったものがある。いずれの場合でも原告には，損害額について主張し証拠による立証が必要であることに変わりはなく，立証の困難を理由に「裁判所が適当と認める額を求める」といった形で当事者の損害額の特定・立証行為自体を免除し，専ら裁判所の裁量による判断を求めることができるわけではない。いずれの場合にも当事者の損害賠償額の特定と主張立証を必要とするが，なおその認定においては，様々な事情を考慮することを許すなど裁判所に当事者の求めた請求額を限度に広い裁量権限を与えて，「相当な損害額」の算定を許し，損害額の算定につき心証が採れなかったことを理由に請求棄却となる帰結を排除したと解される。証明度軽減という観念での理解では，なお原告側の証明ができなかった場合を排除できないから，これは根拠とはなしえない。むしろ，その場合にも様々な要素を考慮して損害額を認定すべきことを命じており，裁判所の裁量を認めた規定と理解すべきである。

3　適用範囲と要件
(1) 要　件

　民訴法248条は，以下の二要件が存在する場合にのみこの特別規定を適用することができるとする。

　①　「損害が生じたことが認められる」こと　　損害が生じたこと自体が不明確な場合にはこの規定の適用はなく，本来の証拠による損害額の証明を必要とする。何らかの意味で損害の発生は認められることが前提となる。したがって，請求棄却，即ち損害の認定が0円となることが結論的に不当である場合に本条が適用される。

　②　「損害の性質上その額を立証することが極めて困難であるとき」　　単に損害額算定の資料となる証拠方法が手に入らなかったというだけでは足りず，

「損害の性質」との関係で，その額の立証が困難な場合でなければならないとされる。損害の認定が困難な場合にも様々な場合がある。本条がこれらすべてについて適用される一般規定と解すべきではない。本規定は，既に確立し従来行われてきた損害賠償の算定の実務をすべて含み本条で対応すべきことを規律したと見るべきではない。むしろ，従来の実務で定着している事案以外で，損害の性質上その額を立証することが現実に極めて困難な場合に限り，裁判所の裁量による認定を補充的に認める趣旨と理解すべきである。

(2) 適用範囲

民訴法248条自体はその適用範囲を明示していない。そこで従来から証明が問題とされていた慰謝料や逸失利益の算定についてもこの規定が適用されうるかが問題となりうるが，これらは，従来の算定方法を用いるべきであるから248条の適用は排除されるべきである。

本条は，これまでその損害の証明について確立した手法が存在しない事案について，上記①②の要件がある場合に限り，その損害の認定を裁判所の裁量でなしうることを明示した補助的な規定であると理解すべきである。

† 〔裁判例〕 ① 東京地判平成11年8月31日判時1687号39頁（三洋電機冷凍庫発火事故製造物責任事件） 本件は，飲食店兼住宅の火災の原因が業務用冷凍庫からの発火であるとして提起された製造物責任訴訟である。XはYが製造した業務用冷凍庫を飲食店の食材の冷凍保存のために使用していたが，平成3年7月1日火災が発生し店舗兼居宅が半焼した。Xは，この火災は業務用冷凍庫からの出火が原因だと主張して損害賠償の請求をした。本件では，発火源が冷凍庫であるかが争点となったが更に当該冷凍庫の欠陥の有無，Yの過失の有無，損害の有無及びその額が問題となった。本件裁判所は，損害額の算定について，民訴法248条を適用して相当の損害額を認定した。

② 最(3小)判平成18年1月24日判時1926号65頁 本件は，金融機関であるXがA社に対する貸金債権の担保のため，A社から本件特許権を目的とする本件質権の設定を受け，その登録申請をしてそれが受け付けられたにかかわらず，特許庁の担当職員の過失によりこれに後れて登録申請をし受け付けられたB社への移転登録が先にされたため質権の効力が生ぜず，債権回収ができなくなったことにより損害を被ったとしてY（国）に対して国家賠償を求め約3億円の損害賠償を求めた。原審が損害の発生を否定したのに対して最高裁は，損害の発生を認め，「以上によれば，Xには特許庁の担当職員の過失により本件質権を取得することができなかったことにより損害が発生したというべきであるから，その損害額が認定

されなければならず，仮に損害額の立証が極めて困難であったとしても，民訴法 248 条により，口頭弁論の全趣旨及び証拠調べの結果に基づいて，相当な損害額が認定されなければならない。」として，破棄差戻し。

4 効　果

民訴法 248 条に定める要件が存在する場合，裁判所は弁論の全趣旨及びすべての証拠により，原告が主張する損害額の範囲内で，合理的な額をその裁量により損害額として認定することができる。

第 4 節　証 明 責 任

〔文献〕

笠井正俊「証明責任の分配」争点 3 版 206 頁，春日偉知郎「証明責任論の視点」同・民事証拠法研究（有斐閣・1991）333 頁，兼子一「立証責任」同・研究Ⅲ 119 頁，小林秀之・新証拠法〔第 2 版〕（弘文堂・2003），髙橋宏志「証明責任」同・重点（上）456 頁，松本博之・証明責任の分配（有斐閣・1987），萩原金美「主張・証明責任論の基本問題」神奈 29 巻 2 号 89 頁

I　概念と意義

1 意　義

民事訴訟において裁判所は事件判断を恣意的に行うことは許されず，常に法に基づいて行わなければならない。その際，法的判断の基準を示した実体法は，権利・法律関係を規律するにあたり一般に，一定の権利関係の発生・変更・消滅などを招来する事由を，当事者の行為や一定の事実の存在又は不存在といった外界の事象の発生に結びつけて規律している。これは，権利の発生・変更・消滅という現象自体が本来観念的なものであり，それ自体を直接に把握することが困難なことから，それを客観的に把握しやすい外界の事象に結びつけて規律しているのである。こうして，権利や法律関係を巡る争いは，一般にそれぞれ法規が権利や法律関係の変動の要件として予定する事実（〈要件事実〉といわれる）に対応する具体的な事実が現実に存在したか否かを巡って争われることになる。民事訴訟においては，当事者それぞれのなした法的主張の当否を判断するために，その主張の基礎になる法的根拠の判断に必要な〈争いがある事実〉に関して，裁判所は客観的な証拠に基づいて，その存否の認定をし確定し

たうえで法的判断をしなければならない。

このように民事訴訟では，法適用に必要な〈事実の認定〉が極めて重要な役割を果たす。しかし，裁判所にとって常にその事実の存否の判断が明確にできるとは限らない。本来人間の判断能力には限界があることから，必要とされる事実判断について，裁判官にとってどうしても存否が明確とはならない場合が少なからず存在するからである。他方で，今日の民事訴訟では裁判所は，確定を必要とする事実がどうしても不明確でありその存否の判断を確定的に行うことができないことを理由にして裁判を拒絶し，あるいは本案に対する判断を回避することは許されないとされている[35]。たとえこのような困難があっても，裁判所にはなお一定の判断を示して紛争を解決すべき任務が課されている。そこで，このような裁判所に課された社会的任務を確実に実行するためには，証拠調べをした結果，なお事実の存否が解明されず不明確さが残された場合であっても，裁判所は事実の認定につき結論を出し，判決をすることができるように保障する制度が必要になる。このために必要な制度として設けられたものが〈証明責任〉である。証明責任の制度は，確定を必要とする事実が証拠によって認定できない状態（真偽不明〔non liquet〕）が生じた場合になお判決をすることを確保するための法的制度である。

2　客観的証明責任

〈証明責任〉は，訴訟において確定が必要な事実に関する証明を当事者が十分に尽くしえなかったことから裁判所が当該事実の存否の判断をすることができない状況（当該事実の〈真偽不明〉の状況）に陥った場合に，その事実が不明であるという結果から発生する不利益を，いずれの当事者に及ぼすのかを定めた法原則である。したがって，この問題は，具体的な事案の解明作業自体からは独立した問題であり，むしろ，事案の解明の作業が尽きた局面で初めて生じる結果責任の当事者間での分配の問題である。

〈客観的証明責任〉は，この真偽不明の事態において，なお裁判所が事件の本案についての判断をしなければならないことから生じる困難に対処するために，客観的に定められた規律である。この真偽不明の状況は，事実の確定を基礎にして裁判をする必要があるところでは常に必要とされる客観的規律であり，弁論主義に支配される民事訴訟手続においてのみ生じるわけではない。職権探

---

[35] 歴史的には，古典期ローマの訴訟ではこの場合に裁判所は判断を回避することが認められたといわれる。

知主義に支配された手続でも，そこで事実に基づく判断が必要であるにもかかわらず，その真偽が不明な状態が生じうる以上，同じく生じる問題である。

証明責任は，いずれか当事者の一方が負担する。それは訴訟の過程で変動する性質を有するものではない。それ自体は，訴訟手続の最終段階で証拠による判断ができない状態で働く基準であり，むしろ実体法規範によって原告又は被告に課される不利益である。したがってそれは客観的に定まっていると観念される。

3 主観的証明責任

客観的証明責任に対する概念として主張されるものに〈主観的証明責任〉がある。これは，訴訟手続上証拠によって確定することが必要な事実について，いずれの当事者が証拠調べの申立てをし，証明をしなければならないのかを明らかにする原理である。〈証拠提出責任〉ともいわれる。この問題は特に弁論主義の妥当する領域で生じる。

弁論主義のもとでは，裁判所は当事者が主張しない事実について判断をすることができない。それゆえ，当事者は自らに有利な事実を弁論で主張しなかった場合には，原則として裁判所によって自己に有利な事実の認定とそれに基づく裁判所の有利な判断を期待することができず，結局敗訴を免れない（一般には相手方が主張する可能性はあるが，現実にはそれに頼ることはできない）。そこで，このような事態の発生を防止するためには，各当事者は自らに有利な事実は自分で主張・立証をする必要がある。このように，主観的証明責任とは客観的証明責任を前提としながら，弁論主義のもとでそれに基づく自己に不利な裁判所の判断を避けるために，当事者に一定の証明行為（証拠提出）の負担を発生させるものであり，客観的証明責任が当事者の立証行為に反映したものであるといえる。

立証段階では，それぞれの当事者は真偽不明に陥り証明責任による不利益な判断がなされることを避けるために，自らが証明責任を負った事実については自分で立証をすべきだとの行為規範が課されているといえる。その際，このような立証段階での行為規範に則した立証活動を行わなかった当事者が負う不利益について，結果責任である客観的証明責任とは別に，主観的証明責任の独自の意義を承認することができるかが問題にされる。

　　客観的証明責任と主観的証明責任は基本的には一致することから，主観的証明責任は客観的証明責任の単なる反射であり主観的証明責任の独立した意義を否定する

見解も一時有力であった（兼子〔文献〕129頁)36)。しかし，最近では審理過程における立証行為への影響を重視する見解が有力になっている（松本〔文献〕10頁，新堂533頁)。この見解は，主観的証明責任に独自の意義があることを指摘する。例えば，裁判所が，（客観的証明責任を負う）一方の当事者に対して証拠の提出を促す釈明を行ったにかかわらず，この（客観的）証明責任を負う当事者が証拠を提出しない場合は，証拠がないことを理由に裁判所は訴訟を打ち切ることができるが，この場合に生じる不利益は主観的証明責任の帰結だとする。また，本証について証明責任を負う当事者が証拠提出行為を怠った場合には，そもそも相手方からの反証について証拠調べを要しないことになる。これらについて，結局立証がないことからすれば，それは結果として真偽不明となったのであり（客観的）証明責任による判断がなされると考えることもできる。しかし，このような帰結は純粋に結果責任とは言いがたいことから，立証過程における規律として立証行為を尽くさなかった負担だと理解するのが適当である37)。

4 証明責任の諸機能

証明責任は，当事者の証明が尽きて裁判所が本案についての最終的な判断をする段階で，なお要証事実の存否の確信を得ることができない場合に作用する（客観的証明責任)。証明責任の制度は，裁判官に課された避けることのできない職務として本案に関する判決を行わなければならないことから設けられた制度であり，真偽不明の事件の判断を可能にするために極めて重要な機能を持つ。

しかし，その機能はこの裁判官の事件についての最終的な判決の局面だけに限定されない。当事者にとって，証明責任原則による不利益な判決を避けることは極めて重要な手続上の事項であり，手続過程で行う立証行為の重要な課題である。当事者はその証明活動が奏功しなかった場合の証明責任原則と，それによる自己の不利益を考慮しながら，できる限りこの不利益を避けることを目指して訴訟活動を行うのが通常である。そのためには，まず，証明の段階に至る前の主張の段階でも，この証明責任の分配が考慮されなければならない。

主張の段階でも，各当事者はそれぞれどのような主張をしなければならない

---

36) その他に，弁論主義では当事者間に争いのない事実や裁判所に顕著な事実について証明の必要がなく，裁判官の心証は当事者が申し出た証拠によればよく立証者のそれによる必要がないこと等が主観的立証責任概念の否定の根拠とされる（兼子〔文献〕128頁)。
37) 証明責任を負わない当事者に対して証拠提出義務が課されるとすれば，その義務が履行されなかった場合の不利益も問題になりうる。この場合の不利益を主観的証明責任の観念で理解するか，提出義務違反の効果として理解するかについては見解に違いが生じる。これは後者に賛成すべきである。

か，どの事実について証明を尽くさなければならないかの判断をする際に，証明責任の分配法則が重要な拠り所となり，方針を立てる確実な根拠となる。

　　弁論主義が支配する訴訟手続では，裁判所は当事者が主張しない事項について判断することができず，各当事者は自らが証明責任を負う事項について主張がなければ，結局その事実について裁判所の判断を得ることができず敗訴の負担を負わざるを得ないからである。これら〈主張責任〉については既に検討したとおりである（⇒第5章第4節Ⅱ6）。

　こうして既に〈主張〉の段階においても，証明責任の分配原則が間接的な作用をする。

　主観的証明責任の観念にどの限度の独自の存在意義を認めることができるのかについては見解の相違があることは既に見た。いずれにせよ立証段階での当事者の行為を規律する原理として客観的証明責任の観念がその基礎となって指針を示していることは否定し得ない。

　更に，裁判所の釈明などの行為に際しても，いずれの当事者にどのような事実について立証を促す釈明をするかについて，その規準を示す機能を有する。

　証明責任の観念は手続全体を通じて主張・立証などの面で当事者や裁判所の行為準則を決定する際にも重要な機能を持つ（「証明責任は民事訴訟のバックボーン」といわれるゆえんである）。

Ⅱ　証明責任の分配

1　証明責任分配の規律の必要性

　証明責任原則は，法が要求する要件事実について，そのそれぞれに対応する具体的事実につき証明行為がなされたにかかわらず裁判官がなお確信を得ることができなかった場合になすべき判断内容を具体的に示す必要がある。これは，証明が奏功しなかったことによる責任（不利益）をいずれの当事者が負うべきかを意味し，その不利益の分配原理である。これを〈証明責任の分配〉という。

　民事訴訟において，要件事実の証明ができなかった場合にも一定内容の判決をすることができることとするためには，法適用の前提になる要件事実のすべてについて，いずれの当事者が証明責任を負うべきかが明らかでなければならない。証明責任は，当事者のいずれか一方が負う責任であり（いずれもが負うことやいずれもが負わないことはあり得ない），その明確な分配原則が示されなければならない。しかし，実定法上これを明示している場合は必ずしも多くはない

(明示の例として民法117条1項,453条,949条但書)。そこで,各場合につき,いずれの当事者が証明責任を負うのか,またその際の判断基準を解釈によって明確に示すための基本原理が必要となる。

2 証明責任分配の基本的観念と証明責任規範

(1) 証明責任分配の基本原則

一般に,当事者が民事訴訟手続において有利な判決を獲得するためには,法適用の効果として一定の法的利益が与えられる必要がある。そのためには法が前提要件とする事実(要件事実)に対応する具体的事実が現実に存在することについて自ら積極的に主張し,また主張する法的地位の正当性を積極的に明らかにするために,法的救済に必要な立証行為をする必要がある。証明責任の分配においてはまさにこの一般的な考慮がその基礎になっている。

証明責任分配の出発点は,特別の証明責任に関する規律又は証明責任に関する合意が存在しない限り,裁判官は法律上定められた構成要件に対応する事実が現実に存在する場合にのみ,当該規範を適用することができるとする原則である。これはいわゆる証明責任の〈消極的基本原理〉ともいわれる。ある法規が要件とする事実の存在につき当事者間に争いがあり,未だその点の心証を十分に得ていない限り裁判官はその法規の適用を控えるべきだとする。その結果,各当事者は,自己に有利な規範の要件事実については,それに対応する事実に関して証明責任を負うことになる。

(2) 証明責任分配についての学説

証明責任の分配を巡る基本原則について,ドイツの民事訴訟法学説がわが国でも強い影響力を持った。ドイツでは,従来からこれを巡って様々な見解が主張されてきた。これらの中で長らく通説とされた見解は,証明責任の分配につき実体法規定を重視し,その構造を規準として考えようとするものであり,特に民法規定は,その法律要件を定めるに際して個別的に証明責任の分配を考慮したうえで分配法則に従って要件を定めていると理解する[38]。わが国でも基本的にはこの考え方に沿った見解が長年通説をなしてきた(兼子〔文献〕136頁)。これを〈規範説〉あるいは〈法律要件分類説〉という。しかし,この見解に対

---

[38] この見解はレオ・ローゼンベルク(Leo Rosenberg, 1879-1963)の著作,"Die Beweislast"に由来する。その5版(1965年)序文でシュワーブ(Schwab)は,「レオ・ローゼンベルクは1963年12月18日にミュンヘンで死亡した。証明責任論は彼の法律学の処女作であり,彼は弱冠21才でブレスラウのオットー・フィッシャーの下で博士の学位を取得した」と述べている。初版は1900年刊でありドイツ民法施行の年にあたる。

しては，わが国では特に公害訴訟や製造物責任訴訟などにおいて原告側に一連の立証困難な事例が頻発した際にその妥当性が疑問視された。その結果更には民事訴訟における証明責任論の在り方全体が問われ，激しい論争が繰り広げられた（その集大成的なシンポジウムとして参照，小山昇ほか「証明責任（挙証責任）の分配」民訴 22 巻 150 頁以下）。主張された主要な見解としては以下のものがある。

① 規範説（法律要件分類説）　まず議論は従来からの通説的な見解である規範説が出発点となった。証明責任の分担について，その規準を，適用される法規の法律要件の規律の仕方及び性質に求め，法規の構造により各当事者の証明責任が分担されるとする。この見解は，法規の構造を次のように説明する。即ち，現在の権利関係を判断するためには様々な法規を適用して判断しなければならないが，法規には，法律効果の発生を定めた法規やその不発生や消滅を定めた規定があり，訴訟手続上はこれらの複数の法規を適用して判断する。これらの法規の性質を分析すると，その法律効果の成立や取得を定めた規定（権利根拠規定）があると共に，その反対に，その法律効果の発生の障害事由（権利障害規定）や，いったん発生した法律効果の消滅事由を定めた規定（権利減却規定）がある。これらの規定については，立法者が証明責任を考慮したうえで立法をしたとの前提のもとに，法規の規律の仕方を重視し，各当事者は自己に有利な事由について証明責任を負っている，と理解する（兼子〔文献〕139 頁）。

　†〔例〕　売買契約に基づく代金請求訴訟では，原告は代金請求権を基礎づける売買契約の成立（民 555 条）につき証明責任を負う（権利根拠規定）。これに対して，虚偽表示（民 94 条），要素の錯誤（民 95 条）等が問題になる場合は，この規定が権利障害規定であるから，それによる無効を主張する被告が証明責任を負う。更に，錯誤の主張で被告側に重過失があるかが問題となる場合には，条文が本文と但書とを書き分けて，権利障害事実の発生について障害事実（重過失）を定めているから原告側に証明責任があると説かれる（大判大正 7 年 10 月 3 日民録 24 輯 1852 頁）。

② 利益考量説　証明責任の分配基準として権利根拠規定，権利障害規定という実定法の性質による区別を否定し，むしろ個々の条文ごとに証拠との距離や立証の難易等の要素を比較考量して，実質的な考量により立証責任を分配しようとする見解である。この見解は，個々の規定について証明責任分配に関する立法者の意思が明白であればそれによるが多くは不明確だとし（法規の欠缺），これらについては，いずれの当事者が証拠との距離においてより近いか，いずれの当事者が当該事実の証明について容易か，また事実の蓋然性を考慮し

て分配を行うべきだとする（石田穣・民法と民事訴訟法の交錯〔東京大学出版会・1979〕143頁）。

　†〔例〕　要素の錯誤に関しては，錯誤及び重過失の不存在のいずれについても錯誤を主張する者の側の事由であるから，証拠との距離と取引の安全を考慮して，錯誤者が証明責任を負うべしとする。

　③　修正法律要件分類説　　法規の性質上，権利根拠規定，権利障害規定，権利滅却規定の区別を前提とするが（この限りでは①に同じ），各法規の規定の仕方や表現を重視するのではなく，当該規定の趣旨や価値判断を基礎に，解釈による変更の可能性を認める。

(3)　基 本 原 則

　証明責任の分配は，まず第一に当該事案に適用される法規の構造によって定まるというべきである。民事裁判が基本的にはまず具体的な法規の適用によって行われるわが国の法制度のもとでは，この基本的な原則を無視することはできない。その際，当該法規がどのような証明責任分配法則を有しているのかは，当該法規の適用に際して検討されるべき解釈問題を含んでいる。すべての法規が一義的に明確な証明責任の分配原則を明示しているわけではないからである。また，具体的な事案に適切な法規が存在せず，裁判所の法創造を必要とする場合も存在する。これらの場合には，裁判所はその使命に基づき，法規の創造とその際の証明責任規範とを明確にすべきである。

(4)　間 接 反 証

1)　意義と概念　　主要事実を証明するに際してこれを直接に証明することができないことが稀でない。その場合には，主要事実を推認することのできる間接事実を証明することにより，経験則を介して主要事実を推認することで証明をする方法が採られる。このような証明の過程で，間接事実の証明をすることによって推定された主要事実の証明に関して，更に別の間接事実の証明による〈間接反証〉が提唱されている。これは証明責任の分配をめぐって規範説によって提唱された手法である。

　〈間接反証〉とは，ある事実について証明責任を負う当事者が，この事実を証明するために，間接事実（**図9-2**〔間接事実a〕）を証明することによって，経験則上主要事実の存在が強く推定される状況となった場合に，相手方がこの間接事実aとは両立する別の間接事実bを証明することによって間接事実aからの推認を妨げ，結局主要事実の存在が真偽不明の状態に陥ることをいう。こ

れは，主要事実の証明という点から見れば，相手方の行う間接事実bが証明されることによって，間接事実aによる主要事実の推認が疑問とされることになることから，これは反証であるとされる。そこでこれは〈間接反証〉と呼ばれる。

図9-2

主要事実 — 経験則 — 間接事実a ?←------ 経験則 — 間接事実b

　†〔例〕　交通事故による損害賠償請求訴訟で被告の過失を証明するにあたり，脇見運転行為が主張・立証された場合に，第三者が突然車道に飛び出したという別の間接事実により，（脇見がなくても）衝突が避けられなかったと主張する場合。

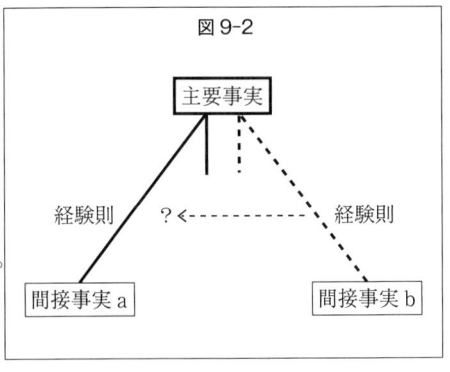

2）　問題点　〈間接反証〉の理論は，ある主要事実を証明するために主張された間接事実群を，本証のための間接事実と反証のための間接事実に分類し，証明の過程を二段に分けて分析・説明する点に特色がある。このような間接反証の理論は果たして採用することができるのか。近時，この理論に対しては批判的な見解が少なくない（批判説として，賀集唱「間接反証」争点3版210頁）。

現実の訴訟手続では，主要事実を直接に証明することが困難であり，これを多くの間接事実群を主張・立証することによって果たさなければならないが，その際〈間接反証〉理論が言うように，これらを〈本証〉のための事実と〈反証〉のための事実という系列的な位置づけをすることができるのかについては疑問の余地がある。

3　証明責任規範の意義と性質
(1)　意　　義

規範説は証明責任に関する基本的観念について，証明されるべき事実が真偽不明の場合には一般に，判断の基礎となる法規を適用することができないという〈法規不適用〉の原則を前提にした。しかし，この帰結は実体法規定自体から当然にでてくる帰結ではない。実体法規範は，一般には単に裁判において裁判官の法適用の局面のみを念頭に置いて規律しているわけではなく，より広く当事者の取引行為を適正に行うように規律しているものも多いと見るべきであり，必ずしもその要件とする事実について（主として裁判過程で問題となりうる）証明ができなかった場合についての明確な指示を常に明確な形で示していると

はいえない[39]。そのような実体法規範を適用する際、裁判所が裁判過程で法規が前提とする事実が存在すると判断した場合にはそこに定められた法的効果を認め、その事実が存在しない場合にはそれを否定しなければならないことは明白である。しかし、当該事実の存否が不明確な場合の結果は必ずしも明白でない。このような実体法規範についてそれが訴訟手続で適用される局面での取扱いは、当該規範の要件事実に対応する事実が真偽不明の場合に、裁判官は当該規範を積極的に適用することも、また消極的に適用しないことも、論理的には可能である。その際、特に民事訴訟の場で裁判官がこのような実体法規範を適用するに際して、要件とされた事実の証明がなされていない場合には当該規定を適用すべきでないという証明責任に関する特別の規範が存在すると考えることができる。このような、実体法規範自体とは別の特別の規範を〈証明責任規範〉と呼ぶ。

この特別の〈証明責任規範〉を考えることで、実定法規定が単なる裁判規範ではなく、より広く行為規範でもあることを考慮したうえで、そのような実体法規範を裁判過程で適用する際に必要になる証拠との関係とその適用の具体的態様の論理関係を明らかにしうる。

(2) 証明責任規範の法的性質

以上のような〈証明責任規範〉はその法的性質に特徴がある。証明責任規範は、実体法が予定する要件事実について、それに対応する事実の証明ができない場合に、特に裁判官のためにどのような本案判決をすべきかを指示するための付加的裁判規範であると考えることができる。即ちこれは、それ自体では何らかの実質的な規範内容を示しているわけではなく、むしろ専ら裁判過程での裁判所の法適用のために、実体法規範に付加されて真偽不明の場合につき具体的な判断内容を指示している独自の規範だと理解することができる。

(3) 証明責任の分配基準

1) 原則　当事者間の争点を確定するために必要な証明が尽くされず、当該事実が真偽不明の状況に陥った場合の証明責任の分配法則については、実体法規範に、必要な証明責任規範を付加したうえで、具体的に証明責任分配の基本原則が示されなければならない。その出発点は、民事裁判が具体的法規を適用してなされるのであるが、その問題となる事実の確定には、裁判官が合理

---

[39] 実体法規範が専ら裁判過程を念頭に置いて定められていると見る見解も存在する。しかし、現行実定法の性質をこのように限定的に見るのは実体に即していない。

的な疑いをいれない程度に合理的な確信を必要とする点にある。したがって，このような心証に至らない事実について裁判官はこれが不確実なままで当該法規を適用することができないのが原則である。こうして，一般的にはその存否が不明確な事実は〈不存在〉として取り扱われることはやむを得ないものと考えられる（証明責任の消極的基本原則⇒前掲2 (1)）。

これに対して，実定法上明文で，証明責任規定が定められている場合や，法律上の推定規定が定められている場合は，証明責任規範が積極的に定められており，〈証明責任規範の積極的作用〉と呼ぶことがある。

2）　**分配基準**　実定法が常に明文で具体的に証明責任の分配基準を明示しているわけではない。しかし，裁判上での法規の適用を考慮した規定では，一般的には各法規定の表現内容により証明責任の分配基準を知ることができる。基準となる分配法則は，当該規定の性質上，それを適用した結果利益を受ける者が当該規定につき証明責任を負うのが原則である。また，規定によっては一般原則と共に例外事例を定めて，当該規定が特別な事情がある場合には適用されない旨を，但書規定で明示している場合がある（「ただし，……ときは，この限りでない」と定める場合）。この場合，その事由の主張立証責任は相手方に転換するとされる[40]。

一般的に法規の性質から以下の基準が提示されている。

①　**権利根拠事実**　請求権を根拠づける規範の法律要件事実は，それが争われ証明がなされたにもかかわらずその存在につき裁判官の心証を得ることができなければ，その事実は存在しなかったものとして取り扱われなければならない。一般には，ある者が相手方に対して自己に一定の請求権が存在すると主張して訴えを提起したが十分にそれを根拠づける事実が証明されていないのにその要求を認めることは，社会の法的秩序を乱すことになりかねないからである。そこでこの事実の証明責任は，それが証明された場合に利益を得る者（通常は原告）が負わなければならないのが原則である。

　†〔**例**〕　売買契約による目的物の引渡しを請求する者，同じく代金請求をする者はその訴訟で売買契約の成立（民555条）について証明責任を負い，不法行為による損害賠償請求訴訟では，原告は不法行為の成立（民709条等）を，貸金返還請求

---

40)　これに対して，同じく但書規定でも，「ただし，……に限る」と定める場合はその規定の適用が一定の事案に限定されることを示すのであり，付加的に要件を定めているのであり証明責任が転換されるわけではない（例：破162条1項1号）。

訴訟では金銭消費貸借契約と金銭の引渡し（民587条）について証明責任を負う。

② **権利障害事実** 実体法上，権利の発生を阻害する事由がある。この事由は，権利発生のための消極的要素として，請求者がそのような事実が存在しないことまで証明しなければならないと構成することも考えられなくはない。しかし，請求者にそこまで要求することは酷であることから，このような権利の発生を阻害する事実は法規定上，別個の事実としている。そこで，この事実についてはそれが認定されることによって，それにより利益を得る者に証明責任を課した。したがって権利発生を主張する者の相手方（通常は被告）がこの権利障害事由について証明責任を負う。どこまでが権利発生のために必要な事実（上述①の「権利根拠事実」）かの判断には法条文上の表現が手がかりとなるが決定的ではなくなお個別的な検討を必要とする。また，更に権利の障害を制限する事由については，更に別の判断が働き，それによって利益を得る者に証明責任が課されていると理解するのが一般である（⇒4）。

†〔例〕 通謀虚偽表示による無効の主張（民94条1項），要素の錯誤による無効の主張（民95条本文），詐欺・強迫による取消しの主張（民96条1項），無権代理の主張（民113条1項）。

③ **権利滅却事実** 実体法上，いったん権利が発生しながら，これをその後に消滅させる事由が存在する。債権関係が有効に発生してもその後に債務者等によりそれが履行されれば債権関係は消滅する。この事実の証明責任は，権利消滅によって相手方の権利請求を拒絶することに利益を有する者にある。したがってこの事実を証明することができなければ，相手方の請求を拒絶できないことになる。

†〔例〕 弁済（民474条），相殺（民505条），免除（民519条），解除（民540条〜548条），消滅時効の完成（民166条）等。

4 証明責任分配の具体例

証明責任規範の存在を想定することは，裁判過程で問題になる具体的な証明責任の分配原則の論理的な関係を明確にし，より事案に適切な形で明らかにすることができるメリットがある。もっともこのような抽象論だけでは具体的な事案で証明責任に関する分配規範はなお明確でない。様々な事案について具体的な証明責任の所在が争われ裁判所は解釈による具体化を求められ，判例による具体化がなされてきた。

†〔判例〕 ① **虚偽表示の第三者の善意**：通謀虚偽表示に基づいて行われた法律

行為は当事者間では無効である（民94条1項）。しかし，この無効は善意の第三者に対抗することができない（同条2項）。この場合に「第三者の善意」に関する証明責任は，それを主張・立証することにより利益を受ける第三者が負うべきか，それとも虚偽表示による無効を主張する者が負うべきかが問題とされた。判例は，第三者が自己が善意であることを主張・立証しなければならないとした（最（3小）判昭和35年2月2日民集14巻1号36頁[41]）。

② **要素の錯誤の主張と表意者の重大な過失**：要素の錯誤により法律行為が無効だとの主張に対して，表意者に「重大な過失」があれば無効の主張ができない（民95条1項但書）。この「重大な過失」に関する証明責任は相手方が負うとするのが通説判例（大判大正7年12月3日民録24輯2284頁）である。

③ **履行不能の場合の債務者の帰責事由**：損害賠償請求訴訟で債権者は一般に，債務者がその債務の本旨に従った履行をしない場合，それによって生じた賠償を請求することができ，この債務不履行の事実は債権者が証明責任を負う。更に民法415条後段の規定によれば，履行不能の場合にも，「債務者の責めに帰すべき事由によって履行をすることができなくなったときも，同様とする」と定めるから，この履行不能の場合も債権者は債務者による履行が不能であるとの事実について証明責任を負うようにみえる。しかし，他方で「履行不能」の事由は，専ら債務者の領域内で生じた事由であり，これについて債権者が履行不能ではなかったとの事実を立証することは容易でない。そこで判例は以前から債務者は損害賠償義務を免れるために，履行不能が自己の責めに帰すべからざる事由によることを主張・立証しなければならないとしている（大判大正14年2月27日民集4巻97頁，最（1小）判昭和34年9月17日民集13巻11号1412頁[42]）。

④ **準消費貸借の旧債務の存在**：準消費貸借契約では目的とされた旧債務が存在しなければ効力を生じないが，この「旧債務」については，これが存在しないことを理由に準消費貸借契約の効力を争う者が，旧債務の不存在について証明責任を負うとするのが判例である（最（2小）判昭和43年2月16日民集22巻2号217頁[43]）。

⑤ **解除権と背信的行為と認めるに足りない特段の事情**：土地賃貸借契約の賃借人が賃貸人の承諾を得ないで第三者に賃借物の使用収益をさせた場合に，賃借人のこの行為が賃貸人に対して「背信行為」と認めるに足りない特段の事情があれば賃貸人は契約を解除することができない（民612条2項）が，判例は，この「背信行為と認めるに足りない特段の事情」の証明責任は，明渡請求を受けている賃借人（最（1小）判昭和41年1月27日民集20巻1号136頁[44]）又は無断譲受人・転借人

---

41) 三淵乾太郎・最判解説民事昭和34年度10頁，伊藤俊明・百選3版148頁。
42) 三淵乾太郎・最判解説民事昭和34年度217頁，賀集唱・百選Ⅱ186頁。
43) 平野栄一郎・最判解説民事昭和43年度263頁，森勇・百選Ⅱ276頁。

(最(3小)判昭和44年2月18日民集23巻2号379頁45))の側にあるとする。

III 証明責任分配の調整

1 問題

事件についてその争点となる事実関係が容易に証拠によっては認定できず，証明責任の分配による判断の可能性が類型的に極めて高く，その結果が社会的に妥当と判断し得ない場合については，これを調整することが必要である。その典型は，実定法で証明責任原則を逆転させる〈証明責任の転換〉であり，また法律で，必要とされる要件事実の存在を別の事実の証明によって推定する〈法律上の推定〉がある。

2 証明責任の転換

一般の証明責任の分配とは異なって，特別に法律によって又は解釈上証明責任の分配を逆転させ，反対事実について相手方に証明責任を負わせている場合がある。これを〈証明責任の転換〉という。

(1) 立法による転換

特別の事情がある場合に制定法上，一般的な証明責任の分配を転換する例がある。この場合には，政策的な考慮から立法者はあえて反対事実の証明を相手方に負わせている。

　†〔例〕　自動車損害賠償保障法（自賠法）3条但書：一般に不法行為による損害賠償請求事件では，損害の賠償請求をする原告側が，被告の過失について証明責任を負う（民709条）。しかし，自動車事故による損害賠償請求事件では，自賠法3条但書は「自己及び運転者が自動車の運行に関し注意を怠らなかったこと，被害者又は運転者以外の第三者に故意又は過失があったこと並びに自動車に構造上の欠陥又は機能の障害がなかったことを証明したときは，この限りでない」と定めて，証明責任の転換を立法によってなしている。これは，通常の証明責任原則によってもたらされる帰結が極めて妥当性を欠くと判断されることから，立法政策上そのような事態を避けるべく特別の規定を設けた。この自賠法はわが国においてようやく自動車の普及が著しくなり始めた昭和30年に立法された法律であり，「自動車の運行によって人の生命又は身体が害された場合における損害賠償を保障する制度を確立することにより，被害者の保護を図り，あわせて自動車運送の健全な発達に資するこ

---

44) 川嵜義徳・最判解説民事昭和41年度39頁，渡辺武文・百選2版188頁，並木茂・百選II 280頁，大村雅彦・百選3版150頁。

45) 豊水道祐・最判解説民事昭和44年度48頁。

とを目的」(同法1条) として設けられ,「自己のために自動車を運行の用に供する者は, その運行によって他人の生命又は身体を害したときは, これによって生じた損害を賠償する責」任があることを基本原理としている (同法3条本文)。

(2) 証明妨害

立法上証明責任が転換される場合とは別に, 証明責任を負わない当事者が, 証明責任を負う当事者の立証行為を故意又は過失により妨害し, 失敗させた場合 (証明妨害) にも証明責任の転換を認めることができる。

従来の通説は, この場合には裁判官の自由心証の範囲で処理すれば足りるとしてきた。しかし, 実際には証明されていない事実の判断であるが, 証明責任を負わない当事者が故意又は過失によりそのような事態の発生を惹起させながら, 証明されていないと主張して訴訟手続上の利益を享受することは信義に反する行為であり許されないとみうる[46] (証明妨害につき, 本間義信「証明妨害」民商65巻2号181頁, 渡辺武文「証拠に関する当事者行為の規律」講座民訴⑤161頁)。

3 法律上の推定

法律上定められた要件事実の証明が, 要件事実自体の性質上又は当該法律関係上困難であり, 一般的な原理のみで規律することが法政策上問題があると考えられる場合に, 明文規定で要件事実の証明を他の事実の証明によって推定する場合がある。これを,〈法律上の推定〉という。

〈事実上の推定〉が当該事実関係につき経験則に基づいて推定されるのに対して, この〈法律上の推定〉は, 立法により推定がなされているから経験則の介在が不要である。証明者は, この推定により, 本来必要とされる要件事実の証明を免れ, 相手方がこの推定を破る事実を証明しなければならないことになる。この関係は立法政策上の判断によるものであり, これによって証明責任が転換されることになる。

†〔例〕① 破産手続開始要件としての支払不能を債務者の支払停止行為によって推定 (破15条2項): 破産法は破産手続開始の一般要件を〈支払不能〉とした。しかしこの要件は債務者の財産状態が一般的にその総財産をもってすべての破産債権の弁済に充てることができない客観的常況であり, その証明はかなり困難である。そこで, 債務者の〈支払停止〉行為がなされた場合これを証明することで支払不能が法律上推定されることにした。これには反証が許される。

---

[46] 訴訟手続外で行われた相手方の行為 (証拠棄滅などの妨害行為) に対するサンクションとして訴訟手続上での効果を認めることができる。

② 特許権侵害訴訟における過失の推定（特許103条）：他人の特許権又は専用実施権を侵害した者は，その侵害の行為について過失があったものと推定される。特許権侵害を理由とする損害賠償請求訴訟での法律上の推定であり，〈侵害行為の過失〉については証明責任を転換した。特許権が与えられた発明物については公報で公示されており，侵害者には過失があったものとして，特許権者を保護した。推定であり反証が許されるが困難である。意匠法にも同種の規定がある（意匠40条）。

第5節　証拠の収集

〔文献〕
春日偉知郎「実体法上の情報請求権」同・民事証拠法論集（有斐閣・1995）71頁

I　意　義

　民事訴訟の勝敗は，当事者間で争点とされた事実を裁判所が認定し法的判断をするために必要な決定的証拠を当事者が獲得して裁判所に提出し，その取調べがなされること，そしてこの証拠によりいかに説得的に自己の主張をすることができるかに大きく依存している。そこで，民事訴訟において当事者にとって，①どのようにしてこの重要な証拠を獲得するか，②それを裁判所の判断のために提出して，いかにして十分な説得をすることができるのか，が極めて重要である。したがってそのための手続構造を明らかにする必要がある。

　　本来，民事訴訟法は訴訟手続における当事者と裁判所の行為を規律することを中心に規律しているから，提訴前の段階での当事者の証拠収集についての具体的規律はその本来の規律対象ではない。しかし，近時は，充実した迅速な訴訟運営の見地から訴訟提起前における証拠収集についても，その在り方が問われており，現行法は〈訴え提起前における証拠収集処分〉手続を設けた（民訴132条の4以下）。ただしこの手続は，対象として限定された期間内で限られた範囲での文書送付の嘱託，官公署への調査の嘱託等に限定している。

II　証拠収集手続と民事訴訟手続の構造

1　基本原則

　わが国の民事訴訟法は証拠に関して，主として裁判所による証拠調べ手続を中心に定めており，その前提になる当事者の証拠の収集それ自体については包

本来一般に，様々な法律関係に関する〈証拠〉は必ずしも訴訟手続との関係のみで収集・保存されるわけではない。またそもそも具体的な訴訟との関係で何が証拠となるのか自体についても一義的に定まるわけではなく事前に収集しておくことには限界がある。しかし当事者間の様々な権利・法律関係を明確化し，また将来の紛争の発生を予防するために一定の〈証拠〉が作成され，収集保存されることも明らかである。証拠は，必ずしも訴訟手続の中でのみ収集される必要はなく，より一般的に当事者間の日常生活や取引関係の中でその収集・保存がなされ，また様々な法律・権利関係に付随して情報の獲得が問題にされる。こうして，実体法上，明文で又は黙示あるいは解釈によって様々な情報請求権や証拠の取得のために必要な実体法上の請求権が定められている。

　†〔例〕　受取証書の交付請求権（民486条），受任者の報告義務（民645条），準委任（民656条）[47]。商法上も代理商の通知義務（商27条），会社法上の株主の帳簿閲覧請求権（会433条，434条〔会計帳簿の提出命令〕）。

　他方で，権利・法律関係について疑義が生じ，訴訟手続でその確定を必要とする場合には，訴訟手続上当事者間で争いがある事実について，裁判所は証拠による事実の認定を必要とする。そのためには当事者は立証に要する証拠を収集する必要がある。このような双方の立証活動の前提としてそれに必要な情報を獲得し，立証計画を立てる必要がある。訴訟で必要な証拠は，主として立証を必要とする当事者（証明責任を負う当事者がその責任で）が収集し，裁判所に提出することによって係争事実関係を証明するのが原則だといえる。このようなわが国民事訴訟法の規律方法はドイツ法系の民事訴訟手続に見られる手続の構造である[48]。

2　裁判外での証拠・情報の収集

　必要な情報や証拠を具体的な裁判手続とは別の方法で収集する手段がある。これに属するものには以下の手続がある。

---

47)　診療契約は準委任とされており（加藤雅信・契約法〔有斐閣・2007〕413頁），医師は診療の結果治療方法等について報告義務を負う。

48)　ドイツ法系訴訟手続では，主として裁判所における手続が規律され，裁判所の証拠調べの一環として，当事者の手持ち証拠の他相手方及び第三者が所持する証拠についても（当事者自身が取得するのではなく）裁判所への提出を命じる形が採られる。この手続はしたがって証拠の収集自体ではなく，裁判所が行う証拠調べの前提であり，提出は裁判所の具体的命令によって基礎づけられる。

① 任意の入手方法　　訴訟手続に必要な様々な文書，例えば登記関係の書類，不動産に関する固定資産税に関する書類などの多くは関係各役所などで取得することができる（その具体的な方法は，司法研修所編・四訂民事弁護における立証活動〔日本弁護士連合会・2005〕資料【1】171 頁参照）。

② 弁護士法 23 条の 2 による照会　　訴訟代理人は弁護士法 23 条の 2 により受任事件につき，代理人弁護士が所属弁護士会を通じて，特定の公務所又は公私の団体に対して必要な事項の報告を求めることができる。

3　提訴前の証拠収集処分

①　当事者照会　⇒第 3 章第 2 節 I 2
②　証拠保全手続　⇒第 7 節

4　裁判上の証拠・情報収集手続

訴訟法上も，各種の情報の収集あるいは簡易の証拠調べの方法を定めている。

1) 当事者照会（民訴 163 条）　　訴訟係属中当事者が裁判所によらずに直接相手方に対して訴訟に関する情報を求める方法である。⇒第 8 章第 2 節Ⅳ

2) 各種の嘱託　　裁判所が官公所に対して調査，鑑定又は文書送付の嘱託を行うことができる。

① 調査嘱託（民訴 186 条）　　裁判に必要な事項のうち，証拠調べの公正さに疑問を生じさせるおそれのない事項について，裁判所は必要な調査を委託することにより獲得した調査報告を証拠資料とする簡易・迅速な証拠調べの方法である。調査嘱託は，当事者の申立て又は職権で行う。嘱託については裁判所の決定により裁判所書記官が行う（民訴規 31 条 2 項）。嘱託先は官庁その他の団体であり，公法人だけでなく私法人でもよい。ただし自然人には適用されない。調査嘱託の申立ては，調査事項を明示して書面でしなければならない。

†〔例〕　一定地域における特定日の天候につき気象台に問い合わせをする等。

調査嘱託は，報告された結果をそのまま証拠資料として用いる簡易の証拠調べである。このような形で簡易の証拠調べが許されるのは，調査嘱託を求められた機関が公正であり報告書の作成が確実であることが期待できるとされるからである。

② 鑑定嘱託（民訴 218 条）　　鑑定嘱託は，受訴裁判所が官公署，外国の官公署又は相当の設備を備えた法人に鑑定の嘱託をする手続をいう。鑑定は，鑑定人によることもできるが（⇒第 6 節Ⅲ 3(4)），鑑定事項が高度で複雑な場合，個人の鑑定人による鑑定は困難であり高度の学識と施設を備えた機関によって行われることが必要だからである。

③ 文書送付嘱託（民訴 226 条）　　書証の審理には，それを所持する当事者が直接裁判所に提出して行う方法及び裁判所に文書提出命令を申し立てる方法（民訴 219 条⇒第 6 節Ⅲ 4(2)）の他，第三の方法として，本条により文書送付の嘱託を求

めることができる。

　嘱託先は文書提出義務を負うか否かにかかわらない。相手方がこれに応じないとしても制裁はないが，一般に官公署は原則としてこれに応じる一般的な公法上の義務があると解されている。当事者が行った文書送付嘱託の申立てに対して裁判所が送付嘱託の決定をする。この決定に基づいて，裁判所書記官が名義人となって送付嘱託の手続を行う（民訴規31条2項）。これを却下する決定に対しては独立して不服申立てをすることはできない。文書が送付されてもその文書は当然に証拠調べの対象とはならず，当事者は改めて必要なものを書証として裁判所に提出すべきである。

　なお，当事者が法令により文書所持者に文書の正本又は謄本の交付を求めることができる場合は当事者が直接その交付を受けてそれを書証として提出すべきである（民訴226条但書）。

†〔例〕　不動産登記簿の謄本・抄本（不登119条以下），商業登記簿の謄本・抄本（商登10条以下），戸籍簿の謄本・抄本（戸10条以下）。

　3）　文書提出命令　⇒第6節Ⅲ4
　4）　証拠保全手続　⇒第7節

Ⅲ　事案解明義務論

　民事訴訟手続で事案を解明するために必要な証拠は，その事実につき証明責任を負う当事者が自らの責任で収集し裁判所に提出して証明するのが原則だが，場合により必要な証拠を相手方あるいは第三者が所持していることがある。このような場合に，証拠を必要とする当事者がこれらの証明責任を負わない当事者又は第三者に対して必要な証拠を裁判所に提出することを要求することができるかが問題になりうる。特に，証拠が偏在している事件では，このような相手方又は第三者が所持する証拠（したがって特に物証）を裁判所に提出させてそれを証拠として審理対象にするための法的基礎が問われる。

　ドイツ法系の民事訴訟手続では，このような証拠の提出義務は立証者との関係で何らかの実体法上の提出義務を基礎に観念されてきた。そこで，このような実体的事案解明義務を定めた明文規定があるが，その他にも信義則（ド民242条）を根拠にかなり広範に認めてきた。これに対して，このような個別的な実体法上の証拠又は情報請求権による基礎づけに疑問を呈し，より一般的に訴訟手続上〈事案解明義務〉の存在を肯定し，これに基づいて，個別事案において裁判所は，事案解明を求める当事者がそのための手掛かりと具体的な事情

を明らかにすることによって個別的に事案の解明を命じることができるとする見解が主張された。このような解明義務は，特に物証についてそれを所持する相手方当事者又は第三者の提出義務あるいは検証については検証物の提出義務や検証受忍義務の形で顕在化する。

民事訴訟手続において事案の解明の必要性が具体化するのは，専ら争点として顕在化した部分であることはいうまでもない。争点は一方当事者が主張する要証事実を相手方が否認することによって顕在化する。その際証明責任を負う当事者が証明に努めて真偽不明状態に陥ることを回避すべきことは当然だが，それに必要な証拠を相手方が所持する場合，手続でその旨を明らかにしたならば証明責任を負わない当事者も，事案解明を要する事実を否認しつつその解明に必要な手持ちの証拠を所持しているのにその解明への協力を断ることは許されず，それを提出して事案の解明に協働すべき義務を課したと見ることができる。また第三者であっても，訴訟に関連する証拠を保持する以上，その証拠の提示が自らに直接不利益が及ぶ場合以外，事案解明に協力すべきでありこれを拒絶することは許されない。事案解明義務はこのような実質的考慮を基礎にしている。

Ⅳ　証拠収集過程の法的規律

〔文献〕
春日偉知郎「違法収集証拠」同・民事証拠法研究（有斐閣・1991）159頁，河野憲一郎「違法収集証拠をめぐる訴訟当事者間の法律関係」立教64号100頁，河野正憲「違法収集証拠」Law School 51号94頁，間淵清史「民事訴訟における違法収集証拠(1)(2)」民商103巻3号453頁，103巻4号605頁，森勇「民事訴訟における違法収集証拠の取扱い」判タ507号18頁

1　意　義

民事訴訟の帰趨は，当事者が事件の判断に重要で決定的な自己に有利な証拠を法廷に提出することができるかによって決せられることが多い。当事者は訴訟で必要な証拠を主として裁判外で獲得し，これを裁判所に提出し，これによって争点となっている事実の認定において有利な裁判所の判断を獲得しようとする。そのためには当事者は自己に有利な証拠の獲得に最大限の努力を傾注する必要がある。これらの証拠収集行為は原則として当事者自身に課された責務であり，その自由な行動に委ねられる。しかし，当事者にとって有利な証拠が

訴訟の勝敗を決するうえで極めて有用であるがゆえに，あるいは証拠収集過程で違法な手段を用いてでもこれを獲得しようとする事態が発生しうる。そこでこのような違法な方法で収集された証拠についても，それを訴訟手続で無制限に利用することができるのかが問題になりうる。

違法に収集した証拠を民事訴訟手続で利用しうるか否かについて定めた明文規定は存在しない。そこで，そもそもこのような証拠を民事訴訟手続で利用すること自体が民事訴訟の基本である〈公正な手続〉の観念に合致しているのかが問題になりうる。また，当事者の一方が違法に収集された証拠を訴訟手続で利用することについて相手方当事者には手続的にこれに対抗し救済を得る途が全く存在しないのかが問われる。

2 違法収集証拠の排除

(1) 証拠収集の基本観念と問題

証拠収集は本来各当事者自らの責任で行うべき事項であるとされて現行法上当事者が証拠を収集する過程を直接に規律する法規は存在しない。そこでこの証拠収集過程で当事者又は第三者が必要な証拠を違法に収集し，こうして獲得した証拠を民事訴訟手続で利用して自己に有利な判決を得ることが当然に当事者に許容されるのかが問題となるが，従来刑事訴訟手続とは異なり，民事訴訟手続では，このような証拠であってもその証拠能力には制限がないと考えられてきた。しかし，このような取扱いに対しては，近年では反省が裁判例や学説上に見られる。

(2) 違法収集証拠排除を巡る学説と裁判例

違法に収集されたとされる証拠が民事訴訟手続において提出された場合に，これをその手続でどのように取り扱うべきかについてこれを当然に許容してきた従来の取扱いに対して反省し一定の制約を課そうとする方向は既にいくつかの下級審裁判例に見られた。しかし，その多くは結論的に証拠能力を肯定しており，否定したものは少数に留まる。

†**〔裁判例〕〔1〕 無断録音**テープ：話者の同意なしに録取された録音テープの反訳が証拠として提出されたケースにつき証拠能力を否定したケースとして，①大分地判昭和46年11月8日判時656号82頁がある。これは債務不存在確認訴訟で原告が被告の同意を得ずに録音したテープの反訳文書を書証として提出したケースであるが，「相手方の同意なしに対話を録音することは，公益を保護するため或いは著しく優越する正当利益を擁護するためなど特段の事情のない限り，相手方の人格権を侵害する不法な行為と言うべきであり，民事事件の一方の当事者の証拠固め

というような私的利益のみでは未だ一般的にこれを正当化することはできない。従って，対話の相手方の同意のない無断録音テープは不法手段で収集された証拠と言うべきで，法廷においてこれを証拠として許容することは訴訟法上の信義則，公正の原則に反するものと解すべきである。」

これに対して，問題点を指摘しつつ証拠能力を肯定したケースとして，②東京高判昭和52年7月15日判時867号60頁がある。これはテレビ映画の制作・放映に関する契約の債務不履行を理由にした損害賠償請求訴訟の第一審で敗訴した原告Xが控訴審で録音テープの反訳書面を提出した。これに対して，被告Y会社側が違法収集証拠であり証拠能力がないとの証拠抗弁を提出した。Y側の主張によれば，本件録音テープはXが第一審で敗訴した後X代表者がY会社職員の幼友達であったことを奇貨として迷惑をかけたので詫びたいなどと話を持ちかけ飲食を供した席で密かに録音したものだという。判決は，一般論では証拠能力の適否について述べるが，本件については未だ人格権を反社会的な方法で侵害したと認めることができず証拠能力があると結論づけた。

〔2〕 **手帳の無断コピー**：③名古屋高決昭和56年2月18日判時1007号66頁
原告Xの書証の申出に対して，これらが被告Y会社取締役人事部長の個人的備忘録である手帳であり，本人の意思に反して違法な手段（窃取）により収集されたからこれを書証として取り調べることは人格権を侵害し許されないと主張した。裁判所は，「書証の場合においても，当該書証が窃取等正当な保持者の意思に反して提出者によって取得されたものであり，かつ，これを証拠として取調べることによってその者あるいは相手方当事者の個人的秘密が法廷で明らかにされ，これらの者の人格権が侵害されると認められる場合（私的な日記帳，手紙などがその適例である。）には，その書証を証拠方法とすることは許され」ないとしたが，本件ではXにより持ち出されコピーされたか否かは不明であり，内容も個人の私生活に関するものではないとして，証拠能力を認めた。

これらの下級審判決に対応して学説にも変遷がある。

① 無制限利用許容説　民事訴訟手続では証拠方法に関する制約がなく，どのような証拠でも提出することは妨げないとする見解である（従来の通説）。

② 証拠能力制限説　違法に収集された証拠の証拠能力が制限されうることを認める学説であるがその根拠としては，信義則を理由とするもの，裁判所の証拠調べが憲法上人格権侵害となることを根拠とする見解（森〔文献〕41頁），当事者に訴訟法上与えられた「証明権」の内在的制約と見る見解（間淵〔文献〕103巻4号630頁）がある。

③ 違法収集証拠による立証差止説　違法に収集した証拠を用いて立証する当事者に対して，相手方はその利用を差し止める権限を有するとする見解である（河

野(憲)〔文献〕140頁)49)。

(3) 違法収集証拠排除の手続構造

違法に獲得された証拠方法に基づいて一定の事実の証明がなされようとする場合に，その相手方は当該証拠方法が違法に獲得されたことを理由に，救済を求めることができるか，またその手続構造をどのように考えるべきか。

民事訴訟手続が本来公正な手続であるべきことを前提とするならば，違法に獲得された証拠を何の制約もなく審査の対象とすることは極めて問題だといわなければならない。この意味で，このような観点を無視した従来の無制限利用許容説には疑問がある。そこでこれをどのような形で考慮するかが問題になるが，一般的には当該証拠の証拠能力の問題だとされてきた。しかし，証拠収集の公正を疑わせる事由がある場合には，裁判官の判断に委ねる形で単なる証拠能力の問題とするのではなく，このような問題点を手続的に顕在化させ，手続の公正さを確保する必要がある。相手方当事者は提出された証拠が違法に収集されたものである場合，そのことを明らかにして，当該証拠調べを阻止する手続的な権利関係により，そのサンクションとして裁判所の証拠調べ手続を差し止めることができるというべきだろう（河野(正)〔文献〕97頁）。

第6節 証拠調べ手続

〔文献〕

大竹たかし「人証の集中証拠調べ」上谷清＝加藤新太郎編・新民事訴訟法施行3年の総括と将来の展望（西神田編集室・2002）207頁，塚原朋一「集中証拠調べの理念，効用及び実践」理論と実務(下)39頁

I 証拠調べ手続の意義

民事訴訟では，裁判所は当事者間に争いがある事実を確定するためには証拠を取り調べ，それによって両当事者の主張する争いのある事実について判断をしなければならない。多くの事件で証拠調べの結果によりその勝敗が決せられるから民事訴訟において証拠調べは手続の根幹をなす。裁判所の公正で適切な

---

49) 近時，ドイツでもこのような見解が明らかにされている。Reichenbach, §1004 BGB als Grundlage von Beweisverboten, 2004（紹介：河野憲一郎「ドイツ民事訴訟法理論における違法収集証拠排除論の新たな展開」商学討究56巻2/3合併号303頁）。

判断を確保するために，当事者には証拠に関する基本的な手続上の権限が付与されており，また裁判所が行う証拠調べ手続に厳格な規律がなされている。

証拠調べ手続は，基本的に当事者の間で争いのある事実を確定するために当事者の申立てにより，また当事者が提出した証拠に基づいて，またその費用で行われる。証拠調べの手続はこうして当事者のイニシアチブにより行われるから，当事者はどのような事実を争いのある事実として，どのような証拠に基づいて証明するのかを明確に認識しなければならない。

II 集中証拠調べ

1 証拠調べ手続——証拠結合主義

証拠調べ手続は，そのために指定された特別の期日（証拠調べ期日）において行われるのが原則である。この〈期日〉は，通常は裁判所における公開法廷で行われる（裁69条）。しかし，相当と認めるときは裁判所外で証拠調べを行うことができ（民訴185条），また書証は弁論準備手続でも取り調べることができる（民訴170条2項）。

現行法は，証拠調べの期日と主張や抗弁を提出するための弁論期日とを厳格には分離しない方式を採用している（証拠結合主義）。しかし，証拠調べは集中して行う原則を採用して（民訴182条），従来の分散した証拠調べの方式からの脱皮を明記している。もっともこれは，証拠結合主義自体を排斥するものではなく，適時提出主義の範囲内で（民訴156条），証拠調べの後にも必要であれば新たな攻撃・防御方法の提出が許される。しかし，それはあくまでも例外であり，集中証拠調べの方法が求められる。

2 集中証拠調べ手続

(1) 集中証拠調べの概念と必要性

1) 概　念　　証拠調べの方式に関して民事訴訟法は，特に証人や当事者尋問はできるだけ争点や証拠の整理手続を終えた直後に開催される最初の口頭弁論期日に集中して行わなければならないことにしている（集中証拠調べ）。民事訴訟法はこの集中証拠調べの原則を宣言している（民訴182条）。これらの証拠方法については原則として公開法廷での証拠調べ期日を開いて集中して行う。もっとも書証の取調べは，弁論準備手続でも行うことができる（前述）。

2) 集中証拠調べ制度成立の経緯　　平成8年に民事訴訟法が改正される前の証拠調べ手続では，争点の整理と証拠調べ手続とを明確に区別することなく

手続を細切れで行い，裁判所は同時に多くの事件を並行して審理する方式が一般であった。争点整理は不十分で，訴状，答弁書，弁論準備書面の交換を主とした短時間の弁論期日を繰り返し，特に人証調べは必要に応じて行うやり方が採られていた。その結果，事件の審理についてなかなか基本的な方針が定まらず，不必要な証拠調べがなされるなど無駄が多かった。そこで，改正法では，十分な準備を経て不要な争点を排除して基本的で重要な争点を見極め，これについて集中して証拠調べを行う方式を採用した。

(2) 集中証拠調べの方法

1) 前　提　　集中して証拠調べを行うためには，それに先行する段階で既に十分に争点が整理され，必要な証拠が整えられていることが前提となる[50]。争点整理については既に見たように現行法は事案に即した手続を複数準備している。また，これとの関係で，既に弁論準備手続で書証の取調べをすることができるようにして，不要な争点を排除することができるように配慮している。そのために必要な書証は，既に手続の初期の段階において裁判所に提出することを求めている（民訴規55条）。弁論の準備と必要な証拠の早期の提出・整理は，充実した審理を実現するために不可欠の要素である。

集中証拠調べは，特に当事者及び裁判所の間で確認された争点を確定するために，特に複数の人証調べを一回又は近接した複数の期日に集中して行う方式をいう。

2) 準　備　　① 必要な証拠の事前提出　　人証調べ等において使用される書証等については，相手方もその書証を検討することができるように相当な期間をおいて事前に提出することが必要である（民訴規102条）。

② 計画的立証　　集中証拠調べは，複数の人証調べを効率的に行おうとするものであり，そのためには事前に人証調べの具体的方法，特に時間や順序などについて十分な打ち合わせが必要である。そこで，証人及び当事者本人の尋問申出はできる限り一括してしなければならない（民訴規100条）。

③ 人証の出頭確保　　人証調べで予定された人証が期日に出頭しないので

---

[50] 従来の訴訟手続では，弁論準備が集中して十分に行われず，証拠調べと併せて行われることが多かったため，争点が拡散し，結局は不必要な争点についてもそのまま争点として残され証拠調べが行われるなどの無駄が多く，手続遅延の原因となっていた。また，争点が絞られないままに証拠調べ，判決がなされることによって，控訴審でも新たな争点，証拠などが制約なしに提出されることが多かった。集中審理方式では，十分な争点・証拠の整理を前提に，明示的に争点となった点について必要な証拠調べを集中して行おうとするものである。

は十分な証拠調べの実をあげることができない。人証調べで予定された証人などはそれぞれ予定された役割があり，それぞれの陳述をつきあわせてその間の矛盾や問題点を明らかにすることができる。したがって，予定された人証が欠席してしまえば，本来予定された証拠調べの全体の意味が失われかねない。人証の出頭を確保することが極めて重要である。

3) 方　法　集中証拠調べでは，複数の証人や当事者あるいは鑑定人を含めて集中して行おうとするものである。これは，個々の人証を別々の期日で取り調べる場合にはできなかった様々な方法を柔軟に組み合わせて行うことができ，再尋問，在廷尋問，対質等の方法が可能となる点に大きなメリットがある。

Ⅲ　証拠調べの実施

1　総　　論

裁判所は，当事者間で〈争点〉となっている事実の真偽を確定するために，必要な証拠調べを行わなければならない。そのために当事者は，確定を必要とする争点である事実の性質に応じて必要な証拠方法を選択しなければならず，これに応じて証拠調べの手続・方法も異なる。

証拠調べの手続は，当事者の〈証拠申立て〉により〈証拠調べの決定〉を経て行われるのが原則である。ただし，書証については明示的な決定はしなくてもよい。書証は必要に応じて当事者が裁判所に提出するのが原則であり，わざわざ決定を待って手続が行われる必要性は乏しいからである。

2　証拠調べの開始

(1) 証　拠　申　出

1) 原　則　通常の民事訴訟事件では，当事者間で争いがある事実を確定するために裁判所は証拠による認定をしなければならず，その前提として証拠調べ手続を行う必要がある。弁論主義の支配する手続では原則として職権証拠調べを禁止しており，証拠調べ手続を開始するためには当事者の申出を必要とする。この申出を特に〈証拠申出〉という。

証拠申出は，裁判所に対して証拠調べを行うように求める当事者の訴訟行為である。裁判所は当事者から証拠申出があった証拠方法について，必要があれば〈証拠決定〉をしたうえで証拠調べの手続を行う。

2) 職権証拠調べの例外　通常の事件でも，いくつかの証拠方法や事項について例外的に職権による証拠調べが許される。まず，当事者尋問（民訴207

条1項）や鑑定の嘱託（民訴218条）は職権によって行うことができる。さらに，裁判所が職権探知をすることができる事項や手続上様々な前提事項や副次的な事項についても事実関係の確定が必要となる場合がある。訴訟要件のうち職権で探知しなければならない事項についても証拠調べを必要とする場合がある。これらについては，職権による証拠調べが認められている。

†〔例〕 職権証拠調べ事項：管轄に関する事項（民訴14条）

3) 人事訴訟・行政訴訟の例外　人事訴訟手続では，〈職権探知主義〉が採用されており，裁判所は当事者が主張しない事実を斟酌することができる。また人事に関する事件について裁判を行うのに必要な，確定を要する事実について裁判所は，職権で証拠調べを行うことができる。この場合においては，裁判所はその事実及び証拠調べの結果について，当事者の意見を聴かなければならない（人訴20条）。当事者の主張しない事実や当事者が申し立てない証拠調べによって裁判所が一定の事実を認定することが当事者にとって不意打ちとなることを防ぐためである。

行政事件訴訟手続では，〈職権証拠調べ〉が採用されており，裁判所は必要があると認めるときは，職権で証拠調べをすることができる。この場合には，当事者の不意打ちを防ぐために証拠調べの結果について当事者の意見をきかなければならないものとしている（行訴24条）。

(2) 証拠申出の時期と方式

証拠申出は当事者が裁判所に対して特定の証拠方法の取調べを要求する訴訟行為であり攻撃・防御方法の一種であるから，その申出の時期は手続上適時にしなければならない（民訴156条）。時機に後れてなされた証拠申出は却下される可能性がある（民訴157条）。証拠申出は期日前にもすることができる（民訴180条2項）。

証拠申出の時期は証拠方法によって異なる。書証は弁論準備手続で取り調べることができ，これによって争点を絞ることができる場合がある。

†〔例〕 契約代金請求訴訟で契約の成立につき争いがある場合に，準備手続で契約書を取り調べることにより，成立が明確であれば，当事者は契約の成立については争わず，その問題を争点から外すことによって実質的な争点に絞って攻防を尽くすことができる。

証拠申出は，一般原則では書面又は口頭で行うことができるが（民訴規1条1項），通常は書面により行われる。その際，申立人は，①証明すべき事実を特定し，②これと証拠との関係を具体的に明示してしなければならない（民訴規99条1項）。なお，証人及び当事者本人の尋問申出は，できる限り一括してし

なければならない（民訴規100条）。

証拠申出を記載した書面は，準備書面と同様，相手方当事者に直送しなければならない（民訴規99条2項，83条）。またこの証拠申出の際に，申出人は原則として証拠調べの費用の概算額を予納しなければならない（印紙貼用の必要はないが，証人に支払う日当，旅費，鑑定料等の予納が必要）。予納がなされなければ裁判所は証拠調べを行わないことができる（民訴費11条，12条）。

証拠申出行為は訴訟当事者の訴訟行為であり，申出人は証拠調べが実施されるまではいつでも撤回することができるのが原則である。しかし，いったん証拠調べが開始されれた後は，証拠共通の原則から申出人はもはやこれを撤回することはできない。証拠調べが完了すれば申出は目的を達成し，裁判官の心証が形成されて，もはや撤回の余地はない（最(3小)判昭和32年6月25日民集11巻6号1143頁[51]）。

(3) 証拠調べにおける当事者の権限

1) 証明権　　証拠調べの手続は，当事者間で争点となっている事実関係を確定するために必要な手続であり，当事者が裁判所に対して証拠調べを求めることは，当事者が訴訟手続に関して有する基本的な権限の一つである（証明権）。こうして当事者には訴訟手続で証明を行う行為及びそれへの参加の機会を求める手続上の基本権が認められる。裁判所は，当事者から証拠の申出があった場合，その採否を決定するにあたり裁量権を持ってはいるが，他方で，常に当事者が持つこの証明権に配慮しなければならない。

2) 立会権　　証拠調べにおいて当事者はそれに立ち会って，証人尋問の場合には自らその取調べにあたり，また意見を述べることができる（立会権）。そのために，裁判所は証拠調べの期日と場所とを当事者に告知し，呼出しをしなければならない。もっとも期日に当事者が欠席しても，裁判所は証拠調べをしなければならない。

(4) 証　拠　決　定

当事者から証拠申立てがなされると，裁判所は当該証拠を取り調べるか否かを判断しなければならない。この判断は，決定の形式で行う。その際，相手方

---

[51] Aの連帯保証人Yに対する売買代金の支払請求訴訟で，被告Yは証人としてBを申請したが，Bが原告Xと通謀して虚偽の証言を行うおそれがあるとして証人尋問申請を撤回する趣旨で訴訟費用を予納せず，かつ最終口頭弁論に先立つ準備書面で右証人尋問申請を撤回する旨を述べた，裁判所は，費用をXに予納させた上で証拠調べを実施した。土井王明・最判解説民事昭和32年度136頁。

には証拠抗弁などを主張する機会が与えられる（民訴161条2項2号参照）。証拠申出に基づいて，証拠調べを行う旨の決定をするか否かは，裁判所が取調べの必要があるか否かの判断によって決する。もっとも，証拠調べをする場合にはあえて形式的な形で証拠決定をするまでもなく，証拠調べがなされることが多い。この場合には，証拠調べの決定が擬判されている。裁判所は裁量により，証拠調べの必要性がないと認められるものについては証拠調べをする必要がない（民訴181条1項）。また，証拠調べについて不定期間の障害がある場合についても裁判所は証拠調べをしないことができる（同条2項）。

1）証拠調べを却下する場合　　① 申立てが不適法な場合　　証拠申出が民訴法180条に違反している場合不適法であり，却下される。

② 申立ての時機が不適法である場合　　証拠調べの申出は当事者の攻撃・防御方法の一種であるから適時に提出されなければならない（民訴156条）。当事者が故意又は重大な過失により時機に後れて証拠申出をした場合，これによって訴訟の完結を遅延させることとなると認めるときは，裁判所はその証拠申出を却下することができる（民訴157条）。

2）不要な証拠調べ　　裁判所は，当事者が申し立てた証拠方法について証拠調べをする必要がないと判断する場合には，申立てを棄却する。この必要性は立証事項との関係（訴訟物との関係で意味のない証拠，争点と関連性のない証拠，裁判所が既に心証を得ている事項についての証拠等），証拠方法との関係（鑑定，当事者尋問で行いうる事項）から判断される。

3）証拠調べの不定期間の障害（民訴181条2項）　　証拠調べを行うにつき不定期間の障害があると判断される場合，裁判所は当事者の証拠申出を却下し，またいったん証拠調べの決定をしてもこれを取り消して却下することができる。

　†〔例〕証人が重篤な病気であり臨床尋問のできない状態であり回復の見込みがたたない場合，証人の所在が不明である場合，証人が外国旅行中でいつ帰国するか不明な場合等。

(5) 唯一の証拠方法

証拠申出の採否に関して裁判所に認められる裁量には一定の限界がある。当事者が申し出た証拠方法が唯一のもので他に証拠が存在しない場合，判例はこれを正当な理由なく却下することは許されないとし（最(1小)判昭和27年12月25日民集6巻12号1240頁），特段の事情がない限りこの証拠方法の取調べをし

なければならないとした（最(1小)判昭和53年3月23日判時885号118頁[52])。民事訴訟では，争いのある事実の認定を証拠でしなければならず，これに対応して当事者には証明権が認められているが，このような当事者の手続上の地位を尊重すべきだからである。証拠価値が薄弱だという理由で唯一証拠の申出を却下することは，証拠評価を予め行った結果，結局証拠調べを全くしないことになり許されない。もっとも当事者の立証行為自体に問題がある場合には，単に唯一証拠だという理由のみでこれを常に取り調べなければならないわけではない（最(2小)判昭和39年4月3日民集18巻4号513頁[53])。

(6) 証拠調べの調書の作成

1) 必要性　証拠調べの結果は調書に記載されて保存される必要がある。当該審級での事件の判断においてのみならず控訴審でも，第一審で行われた証拠調べの結果に基づいて事件の判断が行われるが（続審制⇒第13章第2節II)，そのためには証拠調べの結果が保存されていなければならないからである[54]。証拠調べが口頭弁論期日で行われた場合，証人等が行った供述の結果は口頭弁論期日調書に記載される（民訴規67条1項3号，5号)。それ以外の場合には，証拠調べの結果は証拠調べ期日調書に記載される（民訴78条)。

2) 逐語調書と要領調書　調書の記載には，証人等の陳述内容を逐語的に残すやり方とその要領を記載する方法がある（前述⇒第8章第8節V)。一般には，要領調書の方法による（民訴規67条1項)。要領調書は，争点との関係を考慮して，尋問や陳述の内容がよりよく理解できるように整理して記載される（以下は，司法研修所編・四訂民事弁護における立証活動〔日本弁護士連合会・2005〕177頁以下)。具体的には，①争点に関する重要な点は尋問事項毎に争点との関係をふまえて詳細に，関係の薄い事項は簡潔に記載し，②内容は主要事実に関する証言，重要な間接事実に関する証言だけでなく供述の信憑性を含めて，補助事実についても詳細に記述し，③時間的又は論理的順序により関連事項をまとめてわかりやすく記載することが求められる。争点が多岐にわたる複雑な事件（例えば，公害事件，医療過誤事件，知的財産権事件）では，証言が事実認定に決定的な役割を及ぼすことから逐語的な尋問調書が作成される。そのため，この場合には，尋問自体が争点をふまえて適切に行われることが必要であり，また裁判所により適切に介入がなされて陳述の明確化がなされる必要がある。

　　記載の方式にも，①問答体方式，②物語体方式，③混合方式がある。証言の内容

---

52) 櫻井孝一・百選2版198頁，小野寺忍・百選II 286頁。
53) 坂井芳雄・最判解説民事昭和39年度93頁。
54) 少額訴訟では，調書に証人等の陳述を記載する必要がない（民訴規227条1項)。

に応じてこれらから選択して記載される。

　3）録音による記録　　裁判所書記官は裁判長の許可があったときは，証人，当事者本人又は鑑定人の陳述を録音テープ又はビデオテープ（又はこれに準じる方法）に記録し，これをもって調書の記載に代えることができる（民訴規68条1項）。この場合に，訴訟が完結するまでに当事者の申出があったときは証人等の陳述を記載した書面を作成しなければならない。訴訟が上訴審に係属する場合に，上訴裁判所が必要があると認める場合も同様である（同条2項）。

3　人証の取調べ
(1)　総　　論

　人の陳述を証拠調べの対象とする人証には証人，当事者本人及び鑑定人があるが，これらの人証の取調べは公開の法廷で，当事者（又はその代理人）あるいは裁判官からこれらの者に対する尋問という形式で取り調べられるのが原則である。これらはそれぞれ人証の種類に応じて，証人尋問，当事者尋問，鑑定人尋問といわれる。

　　　人証の証拠調べの方法には異なったタイプがある。大陸法系に属するドイツでは，伝統的に証人は専ら裁判所のためのものであるという観念のもとに，裁判官が直接証人に尋問し，物語式に陳述をさせる方式が採られている。そのため，代理人が証人に事前に接触することは，証言を汚染するおそれがあることから禁止されている。これに対して，コモンロー系の諸国では，交互尋問（closs examination）形式を採り，証人は当事者（の代理人）が交互に尋問し，裁判所はこれを第三者の立場で聴取する形を採る。必要があれば補充的に尋問する。わが国では戦前はドイツ方式を採っていたが，戦後の民事訴訟法改正で交互尋問方式を取り入れ現在に至っている（民訴202条)55)。鑑定人についても長い間証人尋問の方式が準用されてきたが，改められた。

　なお，裁判所は相当と認めるときは裁判所外で証拠調べをすることができる（民訴185条）。この場合，合議体の構成員に命じて（受命裁判官），又は他の地方裁判所若しくは簡易裁判所の裁判官に嘱託して（受託裁判官）証拠調べを行うことができる。裁判所外で行われた証拠調べの結果は，公開主義との関係で口頭弁論に上程する必要がある（基本法コンメⅡ167頁〔西口元〕）。

　　†〔例〕入院患者の病院での尋問等。

55）この点について，西川佳代「証人へのコンタクトと尋問」吉村・古稀487頁。

(2) 証人尋問

1) 証人　「証人」とは，過去に経験したある歴史的事実を法廷で報告することを命じられた当事者以外の第三者である。証人のうちでも特に，専門的学識経験に基づいて知った過去の事実を供述する者は「鑑定証人」と呼ばれる[56]。

2) 証人能力　民事訴訟手続では，基本的にはすべての者が証人能力を有する。年齢や精神的な能力，当事者や審判対象となっている事項との関連性等に関係なくすべての者に証人としての能力が肯定される。

3) 証人義務　わが国の裁判権に服する者にはすべて，〈証人義務〉が認められる。即ち，「裁判所は，特別の定めがある場合を除き，何人でも証人として尋問することができる」（民訴190条）。この証人義務そのものは一般的抽象的な義務である。しかし，当事者が特定の者を証人として尋問の申出をし，この者を裁判所が証人として尋問することを決定すると，この義務は具体化する。証人義務は具体的には，裁判所への出頭義務，陳述義務，宣誓義務からなる。この義務は国家に対する公法上の義務とされている。わが国の裁判権に服する者はすべて証人義務を負う。

① 裁判所への出頭義務　証人として適式の呼出し（民訴規108条）を受けた者は証拠調べ期日に出頭しなければならない。出頭することができない事由が生じたときはその事由を明らかにして裁判所に届け出なければならない（民訴規110条）。証人が正当な理由なく出頭しないときは，裁判所は決定で，これによって生じた訴訟費用の負担を命じ，かつ10万円以下の過料に処する（民訴192条1項）。この決定に対しては即時抗告ができる（同条2項）。さらに，正式な理由がなく出頭しない証人については拘引を命じることができる。この場合には刑事訴訟法における勾引に関する規定（刑訴152条以下）が準用される（民訴194条）。

なお，裁判所への出頭義務は，正当な理由がある場合に限り免除される。その例としては，（ⅰ）出頭できない程度の重い病気であること，（ⅱ）交通機関の故障等により出頭できないこと，（ⅲ）業務又は家事に関して社会通念上やむを得ないと認められる事由があること（出張，結婚式，葬式等），（ⅳ）不在で過失なくして呼出しを知らなかったこと等が挙げられる。これらの事由は，証

---

56) 専門的知識又はこれに基づく意見などを裁判所に報告する〈鑑定人〉は証人ではない。

人が疎明しなければならない。理由なく出頭しない場合，裁判所は決定で，これによって生じた訴訟費用の負担を命じ，秩序罰として過料の制裁を科すことで証人の出頭を確保しようとしている。不出頭の情状が悪質な場合，10万円以下の罰金又は拘留に処せられる（民訴193条）。これは刑罰であり，受訴裁判所は捜査機関に告発し，通常の刑事訴訟手続で処理される。

② 陳述義務　証人は，期日において尋問された事項について陳述をしなければならないのが原則である。しかし，証人は一定の事由がある場合に証言を拒むことができる。

（ⅰ）証言拒絶権　証人自身又は証人と一定の関係を有する者が刑事訴追又は有罪判決を受けるおそれがある場合には証言を拒絶することができる（民訴196条）。即ち証人が行う証言が証人又は証人の配偶者，四親等内の血族若しくは三親等内の姻族の関係にあり又はあった者に関係する場合である（同条1号）。証言がこれらの者の名誉を害すべき事項に関するときも同様である。これらの事由があるにかかわらず証人に証言を強いることは，無理を強いるに他ならず証人の基本的人権を無視する結果となるからである。

また，公務員や公務員であった者（民訴197条1項1号）又は，医師，歯科医師，薬剤師，医薬品販売業者，助産師，弁護士（外国法事務弁護士を含む），弁理士，弁護人，公証人，宗教，祈禱若しくは祭祀の職にある者又はあった者が職務上知り得た事実で黙秘すべき事項についても証言拒絶権が認められる（同項2号）。さらに，技術又は職業の秘密に関する事項について尋問を受ける場合についても証人は証言を拒むことができる（同項3号）。報道関係者の取材源について証言を拒むことができるか否かについて〔**判例**〕は，その詳細な判断基準を示した。

†〔**判例**〕　最(3小)決平成18年10月3日民集60巻8号2647頁[57]　「報道関係者の取材源は，一般に，それがみだりに開示されると，報道関係者と取材源となる者との間の信頼関係が損なわれ，将来にわたる自由で円滑な取材活動が妨げられることとなり，報道機関の業務に深刻な影響を与え以後その遂行が困難になると解

---

[57]　本件は，X（抗告人）がアメリカ合衆国を被告として合衆国アリゾナ州地区連邦地方裁判所に提起した損害賠償事件（基本事件）における証拠開示（ディスカヴァリー）手続として，日本に居住するY（相手方）に対して申請された証人尋問手続である。Yは，本件の基本事件の紛争の発端となった日本放送協会のニュース報道の取材源の特定に関する証言を拒否した。原々審は証言拒否に理由があるとし，原審も同意見であったのでXから最高裁に抗告がなされた。抗告棄却。

されるので，取材源の秘密は職業の秘密に当たるというべきである。そして，当該取材源の秘密が保護に値する秘密であるかどうかは，当該報道の内容，性質，その持つ社会的な意義・価値・当該取材の態様，将来における同種の取材活動が妨げられることによって生ずる不利益の内容，程度等と，当該民事事件の内容，性質，その持つ社会的な意義・価値，当該民事事件において当該証言を必要とする程度，代替証拠の有無等の諸事情を比較衡量して決すべきことになる。

そして，この比較衡量にあたっては，次のような点が考慮されなければならない。
すなわち，報道機関の報道は，民主主義社会において，国民が国政に関与するにつき，重要な判断の資料を提供し，国民の知る権利に奉仕するものである。したがって，思想の表明の自由と並んで，事実報道の自由は，表現の自由を規定した憲法21条の保障の下にあることはいうまでもない。また，このような報道機関の報道が正しい内容を持つためには，報道の自由とともに，報道のための取材の自由，憲法21条の精神に照らし，十分尊重に値するものといわなければならない（最高裁昭和44年（し）第68号同年11月26日大法廷決定・刑集23巻11号1490頁参照）。取材の自由の持つ上記のような意義に照らして考えれば，取材源の秘密は，取材の自由を確保する為に必要なものとして，重要な社会的価値を有するというべきである。そうすると，当該報道が公共の利益に関するものであって，その取材の手段，方法が一般の刑罰法令に触れるとか，取材源となった者が取材源の秘密の開示を承諾しているなどの事情がなく，しかも，当該民事事件が社会的意義や影響のある重大な民事事件であるため，当該取材源の秘密の社会的価値を考慮してもなお公正な裁判を実現すべき必要性が高く，そのために当該証言を得ることが必要不可欠であるといった事情が認められない場合には，当該取材源の秘密は保護に値すると解すべきであり，証人は，原則として，当該取材源に係る証言を拒絶することができると解するのが相当である。」

（ⅱ）　証言拒絶権の申立てと審査　　証人が証言を拒絶しようとする場合にはその理由を疎明しなければならない（民訴198条）。証言拒絶の申立てに対して裁判所は当事者を審尋して決定で裁判をする。この裁判に対しては当事者及び証人は即時抗告をすることができる（民訴199条）。

証言拒絶に理由がないのに証言を拒む場合は，司法権の適切な行使に対する阻害事由となり制裁が科される（民訴200条）。

③　宣誓義務（民訴201条1項）　　証人には特別の定めがある場合を除き宣誓をさせなければならない。この場合に裁判長は，宣誓の前に宣誓の趣旨を説明し，かつ偽証罪の罰を告げなければならない。宣誓をさせるか否かについて裁判所に裁量権は与えられていない。

宣誓書は通常裁判所で定型文書が用意されており，「良心に従って真実を述べ何事も隠さず，また何事も付け加えないことを誓う」旨の文書を読み上げて，氏名を記載し押印するのが一般である。証人が朗読できないときは裁判所書記官に朗読させなければならない。

　16歳未満の者又は宣誓の趣旨を理解することができない者には宣誓をさせることができない（民訴201条2項）。

　宣誓をさせるべきであったがそれを欠いた証人の陳述も，当事者が異議を述べない限り責問権放棄により有効になるとされる。

　証言拒絶権を有する者が証言拒絶権を行使しないで証言をする場合，裁判所は宣誓をさせないことができる（民訴201条3項）。宣誓免除の決定は，証人尋問を受命裁判官又は受託裁判官が行う場合，これらの裁判官が職権で行い，これに対して不服申立てはできない。宣誓の有無，宣誓をさせなかった理由は口頭弁論調書に記載しなければならない（民訴規67条1項4号）。

　4）　証人尋問の手続（民訴202条）　　証人尋問については〈交互尋問制〉が採用されている。

　　交互尋問は一般に次のような順で行われ，これに関して以下の点が問題になる。
　　①　人定尋問・宣誓　　裁判長は証人が本人であることを確認するために，氏名，住所，年齢，職業等を尋ね，誤りがなければ宣誓をさせる。
　　②　尋　　問　　尋問はその申出をした当事者側の尋問から始める（主尋問）。ついで相手方が尋問する（反対尋問）。更に申出をした側の再度の尋問（再主尋問）と続く（民訴規113条1項）。ここまでの尋問は裁判長の許可なく行うことができるが，更に裁判長の許可を得て尋問をすることができる（同条2項）。
　　③　介入尋問　　交互尋問において，裁判長は必要がある場合はいつでも自ら尋問し，また当事者の尋問を許すことができる（民訴規113条3項）。これは，証言内容が不正確だと判断される場合などにその内容を質すために行われる。
　　④　順序の変更　　裁判長は当事者の意見を聴いて尋問の順序を変更することができる（民訴202条2項）。
　　⑤　質問の制限　　裁判長は訴訟指揮権に基づき不相当な質問を制限することができる（民訴規115条2項）。
　　⑥　異　　議　　当事者は尋問の順序や質問制限などについて裁判長が行った裁判に対して異議を述べることができる（民訴規117条1項）。これに対しては裁判所は決定で直ちに裁判をしなければならない（同条2項）。
　　⑦　対　　質　　裁判長は必要があれば，証人と他の証人との〈対質〉を命じるこ

とができる(民訴規118条)。対質は2人以上の証人に同時に同じ質問をしたり他の証言を聞いたうえで事実を尋ねるなどの方法である。

　　5)　証人保護のための措置　　証人の精神的不安を軽減するための措置として,証人の付添い(民訴203条の2),遮蔽の措置(民訴203条の3)及び映像の送受信による通話の方法による尋問(民訴204条)が認められている。

　6)　陳述書　　今日実務上しばしば用いられているものに〈陳述書〉がある。しかし,実定法上これについて明文の定めはなく,実務慣行として定着してきたものである。これは,事件について当事者や証人がその経験等を文書にしたものであり,手続の様々な局面で裁判所に提出されることが多い。しかしその手続上の意義については様々な評価がある。一般には〈書証〉として取り扱われるが,当事者が提出した陳述書には主張が含まれることが多い。

(3)　当事者尋問

〔文献〕

濱口浩「実務からみた当事者尋問の問題点」判タ1070号121頁

　1)　当事者尋問の意義　　訴訟当事者に,証拠方法としてその認識を訴訟手続で陳述させ証拠として用いることを〈当事者尋問〉という。

　民事訴訟手続において当事者は訴訟の主体であり,当事者は弁論として事実の陳述を行い,また裁判所の釈明処分として,本人の出頭を求めて事実について陳述をさせることがある。これらはいずれも訴訟資料の提出の意義を持つ。これに対して当事者尋問は,当事者を証拠方法として尋問するからその陳述は〈弁論〉としての陳述とは異なる[58]。

　事実関係の解明において当事者は最もその事実を知る者であることは明らかであり,その陳述は重要な意味を持つ。しかし従来,当事者は訴訟の主体としてその陳述には利害関係が絡むことから信頼性に疑問があり,手続上は証人を重視し,当事者尋問は証人その他の証拠による立証が困難な場合に限り補充的に扱うとの原則が採られていた(「当事者尋問の補充性」の原則)[59]。もっとも,

---

[58]　弁論主義のもとでは,当事者尋問で述べた事実であっても当事者が弁論として陳述しない事実を判決の基礎として考慮することができない。

[59]　平成8年改正前民訴336条は,「裁判所カ証拠調ニ依リテ心証ヲ得ルコト能ハサルトキハ申立ニ因リ又ハ職権ヲ以テ当事者本人ヲ訊問スルコトヲ得」として〈当事者尋問の補充性〉原則を定めていた。これは,テッヒョウ草案以来のものであり,オーストリア民訴法に由来する。もっともオーストリア民訴法は1983年改正で当事者尋問の補充性原則を削除した。ドイツ法では伝統

このような前提には以前から疑問が提起されており、わが国の実務では比較的緩やかに当事者尋問を認めてきたともいわれる。そこで現行法は、〈当事者尋問の補充性〉の原則を廃止した。その結果証人尋問との併用を認める。

当事者尋問は、単に主要事実の証明のためだけでなく、争点の明確化など様々に活用されている（その実務の実情につき、濱口〔文献〕）。

2）手続　裁判所は、申立て又は職権で、当事者本人を証拠方法として尋問することができる。尋問をする場合には、その当事者に宣誓をさせることができる（民訴207条1項）。

同一期日で証人と当事者とを併せて尋問する場合には、まず証人を尋問するのが原則であるとした。しかしこの尋問順序は厳密に求められているわけではなく、現行法では裁判所が適当と認めるときは、当事者の意見を聴いて、まず当事者本人の尋問をすることができる（民訴207条2項）。

当事者尋問に際してその当事者が正当な理由なく指定された期日に出頭しない場合、また出頭しても宣誓若しくは陳述を拒んだときは、裁判所は尋問事項に関する相手方の主張を真実と認めることができる（民訴208条）。相手方は、当事者尋問によって尋問事項が立証できないからといって更に証人尋問や書証の申出をすることは不要であり、裁判所は相手方の当事者尋問の尋問事項を真実であると認めることができる。しかし、そのためには予め尋問事項が個別的・具体的に記載されていなければならず、これが抽象的である場合には本条の不利益を課すことはできない（基本法コンメⅡ215頁〔鈴木重勝〕）。

(4) 鑑　　定

〔文献〕
春日偉知郎「鑑定人の責任」同・民事証拠法論集（有斐閣・1995）279頁、木川統一郎編著・民事鑑定の研究（判例タイムズ社・2003）、中野貞一郎編・科学裁判と鑑定（日本評論社・1988）

的に宣誓制度を採用していた（もっとも、1877年の民訴法立法時にはこの点について議論があり、イギリス法に倣って当事者宣誓制度を廃止すべきとの意見も根強かった。*Hahn/Stegemann*, S. 330.）。しかし立法者は当事者宣誓制度を採用した。その後1931年草案の提案により1933年改正法で当事者宣誓制度をオーストリア民訴法（371条以下）に倣い当事者陳述制度に換え、当事者尋問の補充性原則が取り入れられ現在まで維持されてきた（ド民訴445条1項）。証人については中立性が維持されている（事前に当事者や代理人が接触することの禁止など）のに対して当事者は自らの事件として訴訟の結果に強い利害関係を持つ点で区別されたからである。もっともその弊害も指摘されており、平等取扱い原則から両方の当事者を等しく尋問すべきとの提案もなされている（Rosenberg/Schwab/*Gottwald*, § 122 Rdnr. 22 (S. 858)）。

1) 鑑定の意義　民事訴訟では，その対象である紛争が専門・技術的な問題にわたることが稀でない。特に今日の高度な科学技術の進展は民事訴訟手続においてもこのような社会の急速な進展が反映されて法的紛争を解決するために専門技術的な判断を不可欠にしている。しかし，民事裁判官は一般にこのような専門技術的な問題に知悉しているわけではない。そこで，これらの問題について裁判官が事件についての適切な判断をするためには該当する専門技術的な問題について，裁判官の判断能力を補充する必要がある。こうして，特別な学識経験を有する第三者に専門知識又はこれに基づく事実判断について報告をさせる証拠調べを〈鑑定〉という。またこの報告を行う第三者を〈鑑定人〉という[60]。

　鑑定の対象となる事項には，裁判において大前提となる法規・慣習・経験則と，小前提となる事実に関する判断とがある。

　　なお，鑑定は証拠調べの一種であることからその利用は手続上限定されている。また費用が高額となり当事者の負担も大きいうえ適切な鑑定人を選任することが困難である等の問題がある。これらを克服するために，現行法は専門委員の制度を導入した。現在では争点整理の進展などから鑑定についても包括的鑑定から事案に即した医学的知見の獲得に進みつつあるとされる（東京地方裁判所医療訴訟対策委員会「医療訴訟の審理運営指針」判タ1237号67頁以下，72頁）。

2) 鑑定人とその義務　鑑定は裁判所によって命じられた鑑定人が鑑定事項についてなす鑑定意見を報告することによって行う。この鑑定意見は書面又は口頭で行う（民訴215条）。鑑定意見を書面で報告するときでも鑑定は鑑定人を証拠方法としており，人証の一種であることにかわりはない。

　鑑定人が，訴訟中で裁判所の命令によって形成した専門的判断を鑑定意見として報告するものであるの対して，証言は訴訟前又は訴訟外で経験した認識の報告である点で異なる。したがって，証人には代替性がないのに対して，鑑定人は鑑定事項について必要な判断をする能力を持つ者であれば誰を選んでも，その目的を達成しうる。このように鑑定人には代替性があることから，欠格事由（民訴212条2項）と共に忌避事由が定められている（民訴214条）。

　鑑定に必要な学識経験を有する者は，一般に鑑定をする義務を負う（民訴212条1項）。この義務は，裁判所の命令がある場合にそれに協力する義務であ

---

[60] コモンローの国では，鑑定に対応するものに「専門家証人（expart witness）」がある。

り公法上の義務と解されている。もっともこの義務は鑑定に必要な学識を持つ者のみに課されており，これを客観的に有さない者にこの義務はない。

鑑定人は期日に出頭し鑑定意見の陳述義務があるが，そのためには出頭費用や鑑定料を請求し，その支払等を受けることができる（民訴費18条）。

3）　手　続　（i）鑑定申出　鑑定は当事者の申出により実施する（民訴180条）。鑑定は，裁判所の職権ですることはできないとするのが通説である（反対，三ケ月・双書459頁）。当事者は鑑定の申出に際して，証明すべき事実を特定しまた鑑定すべき事項を特定した書面を提出しなければならない（民訴規129条1項）。この書面は相手方に直送し，相手方はこれに対して意見書を提出することができる（同条2項，3項）。鑑定の申出を採用するか否かは裁判所がその必要性を判断して裁量により決定する。裁判所は，この申出書面と相手方の意見を考慮したうえで鑑定事項を定め，これを鑑定人に送付する（同条4項）。

当事者は鑑定申出に際して鑑定人を指定する必要はない。鑑定人は受訴裁判所，受命裁判官又は受託裁判官が指定する（民訴213条）。たとえ当事者の指定があっても裁判所はこれに拘束されず，独自の判断で鑑定人を指定することができる。実際上，適切な鑑定人を得ることは容易でない。そこで近年ではその困難を打開するために様々な試みがなされている。特に，医事関係訴訟や建築関係訴訟では，学界や専門家の団体の協力を得て特別の委員会が最高裁に設置されて候補者の選定を行っている。

（ii）鑑定人の宣誓　裁判所は鑑定人に鑑定を命じる場合，宣誓をさせなければならない。鑑定人の宣誓は，期日に出席してするほか宣誓書を裁判所に提出してする方式（書面宣誓）のいずれかによる（民訴規131条2項）。宣誓をさせない場合にはその旨及びその理由を口頭弁論調書に記載しなければならない（民訴規67条1項4号）。

（iii）鑑定人の陳述　裁判長は鑑定の結果について鑑定人に，書面又は口頭で意見を述べさせることができる（民訴215条1項）。実際にはごく簡単な事項以外は書面による陳述の方式が採られる。この場合，あるいは期日で鑑定人に宣誓をさせたうえで鑑定事項を告げて書面による陳述を命じ鑑定書の提出期限を告げて期日を終えるか，あるいは期日を開かずに書面を鑑定人に送付し，書面宣誓の方式で行う。鑑定人は後日，鑑定書を裁判所に提出することで鑑定意見を述べたことになる（改めて期日に出頭して鑑定書に基づく陳述をする必要はない）。

鑑定人が期日に出頭して意見の陳述を行うに際して複数の鑑定人が命じられた場合は，裁判長は鑑定人に共同して又は各別に意見を述べさせることができる（民訴規132条1項)[61]。

4）　鑑定人の責任　　鑑定人の負う鑑定義務は，直接には裁判所との関係での公法上の義務であり，訴訟当事者との関係で直接に発生する義務ではない。しかし，鑑定人は，各当事者の法益を考慮して誠実に鑑定を行うべきであり，これに反して誤った鑑定を行った結果裁判所の判断を誤らせた場合，これによって不利益を被った当事者に対して不法行為による損害賠償責任を負う可能性がある（鑑定人の責任につき，春日〔文献〕279頁）。

5）　私鑑定　　鑑定とは異なり，当事者が専門知識や経験を有する第三者に依頼して行うものであり事件について専門的知識や経験に基づく判断を記載した文書を作成して裁判所に書証として提出する。これを〈私鑑定〉と呼んでいる。

4　物証の取調べ

(1)　総　　論

人証が証人や当事者あるいは鑑定人が行う陳述の内容を裁判官が獲得してその内容を証拠とするのに対して，物証は，有形物を裁判官が直接に取り調べ，その五感により獲得した内容を証拠とする証拠調べの方法である。この意味で物証は客観的な証拠であり，事実認定においては重要な意味を持つ。特に書証は，文書の記載内容を証拠資料とするものであり，現代社会において文書が持つ意義がますます増加していることから[62]，訴訟手続におけるその取扱いは極

---

[61]　医療過誤訴訟の審理で，東京地裁では近時〈カンファレンス鑑定〉を行っている（東京地方裁判所医療訴訟対策委員会・前掲67頁以下，特に81頁以下)。これは「原則として3名の鑑定人が，事前に鑑定事項に対する意見を簡潔な書面にまとめて提出した上で，口頭弁論期日において，口頭で鑑定意見を陳述し，鑑定人質問に答えるという複数鑑定の方式」である。従来行われてきた単独鑑定人による書面鑑定では，「鑑定人経験者からは，訴訟の帰趨を決しかねない鑑定意見を一人で作成することの精神的負担や，大量の鑑定資料に基づき，詳細な書面を作成することの時間的負担が指摘され，これらにより，鑑定人の選任に困難を来し，ひいては医療訴訟の遅延を招く一つの原因となっていた。また，鑑定事項や鑑定資料を送付し，鑑定意見書の作成を鑑定人に委ねるのみでは，裁判所や当事者が鑑定を求めた趣旨が伝わらず，鑑定を求めた趣旨からは外れた鑑定意見が提出される傾向も見られた」との極めて重要な難点が指摘されている。この〈カンファレンス鑑定〉方式はこれらの難点を克服しようとする試みである。

[62]　わが国の法制度の下では，契約の成立に関しては意思が重視され，基本的に書面主義は採用されていない。もっともわが国では伝統的に契約に際して書面が作成されるが，その真正については争う余地が大きく，証人尋問や当事者尋問などが併用される。これに対して，重要な契約については成立要件として書面を要求し，またそれについて公証を必要とする法制を採用する国がある。この制度の下では，契約の成立を争うことが，その限度では排除又は限定されるから口頭

(2) 書　　証

〔文献〕
上野恭男「文書提出義務の範囲」講座新民訴(2)33頁，三木浩一「文書提出命令の申立ておよび審理手続」講座新民訴(2)59頁，高橋宏志「書証の申出」吉村・古稀537頁

1) 書証の意義　〈書証〉とは，裁判官が「文書」を閲読してそこに記載されている特定の意思や認識などの意味内容を証拠資料とするために行われる証拠調べである。ここに文書とは，作成者がその意思や認識などを文字その他の記号（暗号などをも含む）を組み合わせて言語に表現した紙片その他の有体物（紙片に限らない）をいう。文書を証拠調べの対象とする場合であっても，そこに記載されている意思や認識を対象とするのではなく，文書の紙質や筆跡などを調査するのは〈検証〉である。

書証としての証拠調べの対象となる証拠方法[63]には次のものがある。

①　文　書　書証は文書の内容を証拠資料とする証拠調べであり，その対象となるものが文書である。文書は，文字その他の記号によってそれを作成した者の思想が表現されているものでなければならない。文書自体は，このような思想が表現されそれが読みとれるものであればよく，その媒体は紙に限られない。

> 文書は，証拠調べの対象として裁判官がそれから証拠資料を獲得するから，文書が外国語で書かれている場合にはその翻訳文が必要である。また，点字，速記，電信文などの場合には反訳分や解説が必要である。

②　準文書　文字その他の記号を用いて思想や認識の内容を表現するのではなく図面，写真，地図，録音テープ，ビデオテープ等により，情報を表象の形態で表現したものは本来〈文書〉ではない。しかし，これらは検証物であっても様々な情報を表現するためのものである点では〈文書〉に類している。そこで，これらの検証物は，〈準文書〉といわれ，書証の取調べの方法が準用される（民訴231条）。

2) 文書の種類　文書は様々な観点から分類されている。

弁論の意義は低下する。

[63] 検証物である文書と区別するために，書証の対象となる文書のことを「書証」と呼ぶ場合がある（例えば，民訴規55条2項，139条等）。

①　公文書・私文書　　文書を作成した者による分類である。〈公文書〉は，公務員がその職務に基づいて作成した文書であり，それ以外の者が作成した文書はすべて〈私文書〉である。公文書のうち，公証人や裁判所書記官のように，公証権限を有する者がその権限に基づいて作成した方式に則った文書を〈公正証書〉という。

②　処分文書と報告文書　　〈処分文書〉とは，当該文書によって証明しようとする法律上の行為が直接その文書によってなされたものをいう。

　　†〔例〕　処分文書の例：判決書，手形，遺言状，契約書，契約解約告知書等。

処分文書以外の，作成者が見聞した事柄や意見等を記載した文書を〈報告文書〉という。

　　†〔例〕　報告文書の例：日記，メモ，診断書，戸籍謄本，会計帳簿，内容証明郵便の証明書，預かり書，領収書。

③　原本，正本，謄本，抄本　　〈原本〉は，文書作成者が最初に作成した確定文書であり，基本的な文書としての意義を持つ。〈正本〉は公官署が特に正本として作成した写しであり，法律上原本が持つ法的効力を有する文書である。〈謄本〉は原本の内容をそのまま写した文書であり，〈抄本〉は原本のうち関係がある部分のみを写した文書をいう。

　　3）　文書の証拠能力と証拠力　　①　文書の証拠能力　　自由心証主義のもとでは一般に文書の証拠能力には制限がなく，裁判官の自由な心証によって判断されるのが原則である。したがって，文書が紛争発生後に，挙証者自らが作成した文書であっても，証拠能力が否定されるわけではない（最(2小)判昭和24年2月1日民集3巻2号21頁）。ある文書に基づいて争点となっている事実を証明するためには，まず第一に当該文書が書証の対象として，特定人の意思や判断等を持つものであることが必要である（形式的証拠力）。このような形式的証拠力を有する文書のみについてはじめて，当該文書が記載する内容につきそれが特定の要証事実の証明に有効であるのか（実質的証拠力）が問題になりうる。

②　文書の形式的証拠力　　挙証者が主張する特定の人の意思，判断，思想，報告や感想等の表現が当該文書から認められることを〈文書の形式的証拠力〉という。ある文書が形式的証拠力を持つためには，その文書が当該特定人の意思に基づいて作成されたものであることが前提となる。これを〈文書の真正〉（あるいは，文書の成立の真正）という。

（ⅰ）　文書の形式的証拠力の証明　　ある事実の証明に用いられる文書がそ

もそも文書として証拠力（形式的証拠力）を持つか否かが問題になる。そのためには当該文書が名義人の意思によって作成されたものでなければならない。形式的証拠力を持つか否かは一般的に自由心証主義に基づいて判断され，その証明責任は挙証者が負う。その際，文書はその成立が真正であること（偽りでないこと）について証明が必要である（民訴 228 条 1 項）。

（ⅱ）　文書の真正の推定　　文書の真正については，一定の文書にはその真正が推定される。

まず，文書がその方式及び趣旨により公務員が職務上作成したものと認められる場合，その文書は真正に成立したものと推定される（民訴 228 条 2 項）。公文書の真正に疑いがあるときは，裁判所は職権で当該官庁又は公署に照会をすることができる（同条 3 項）。

私文書も，本人又はその代理人の署名又は押印があるときは，真正に成立したものと推定されるとされる（同条 4 項）。

（ⅲ）　二段の推定　　私文書では本人又は代理人の署名又は押印があれば当該文書は真正に成立したものと推定されている。しかしより正確には当該文書への署名又は押印がその本人又は代理人の意思によってなされたものでなければならない。単に文書に署名又は押印があるだけで当然にそれがこれらの者の意思によってなされたと断言することはできないからである。もっともこの点についてすべて挙証者に証明責任を課すことは一般の取引常識にあわない。そこで，判例は文書に押印がありそれが本人の印章によるものであることが明らかな以上，その捺印は本人の意思によってなされたことが推定できるとした（最（3 小）判昭和 39 年 5 月 12 日民集 18 巻 4 号 597 頁[64]）。この結果，その文書には民訴法 228 条 4 項が適用できることになり，更に文書の成立の真正に関する推定が働くことになる。これを〈二段の推定〉という。

③　文書の実質的証拠力　　形式的証拠力を有する文書は，更にその記載内容との関係で実質的証拠力が問題となる。契約書の場合には，当該文書に記載された内容の契約が締結されたことについての証拠力が当該文書にあるか否かの問題である。これは，裁判官の自由心証によって決定される。

4)　書証の申出　　書証は，立証者が裁判所にその申出をすることによって開始する。その際，書証の対象となる文書を誰が所持しているかによって異な

---

[64]　蕪山厳・最判解説民事昭和 39 年度 111 頁。

る取扱いがなされる。

① 挙証者が自ら文書を所持する場合　この場合は挙証者はその文書を直接裁判所に提出して当該文書の取調べを求めれば足りる。

② 対象となる文書を訴訟の相手方当事者が所持する場合，又は第三者が所持する場合　この場合には挙証者は，裁判所から文書の所持者に対して〈文書提出命令〉を求める申立てをし，裁判所の「命令」（〈文書提出命令〉。〈決定〉としての性質を持つ）により，当該文書を裁判所に提出するように相手方に求めることができる。

5）文書提出命令　ⅰ）意　義　書証の対象となる文書を相手方当事者又は第三者が所持する場合に，挙証者が裁判所に〈文書提出命令〉を発することを求めて，これらの者から裁判所に当該文書の提出をすべきことを要求し，この文書によって証明を行うものである。この裁判所の裁判により，所持者に対して立証に必要な文書の提出を命じてその提出を強制することができるためには，そもそもその命令を発する基礎として，文書の所持者に当該文書を裁判所に提出すべき義務が存在しなければならない（文書提出義務）。この義務は抽象的であるが，更にこれを基礎に具体的に裁判所が審査のうえで申立てに理由があると認めるときは，決定の形式の裁判により特定の者に対して具体的・明示的に文書の提出を命じる。

ⅱ）文書提出義務　裁判所が具体的な提出命令を発するにはその前提として，文書保持者に文書を提出すべき義務が存在しなければならない。この義務について現行法は個別的な法的関係によって課される提出義務（民訴220条1号～3号）と，必ずしもこの様な個別的関係はないが一般的な裁判所に対する関係で認められる提出義務（民訴220条4号）とに分けて定めている。

個別的な関係で課される提出義務は，提出命令申立人と所持人との間の特別の法的関連性又は利害関係に基づいて裁判所が当該文書の提出を命じることから，当該提出義務が認められる限りその提出が強制されることになる。これに対して，一般的な提出義務にはこのような具体的関係がない場合についても，文書所持人が裁判所に対して負う公法上の義務を基礎にしており，より具体的に当該文書の性質との関係でそれには一連の除外事由が定められている（4号イ～ホ）。

① 引用文書（1号）　「当事者が訴訟において引用した文書を自ら所持するとき」である。この場合当該文書を所持する当事者がその文書を訴訟手続上

で引用しており当該訴訟手続で引用した文書はその訴訟手続で利用することを予定したものであるから，これを自ら保有する当事者は，裁判所に提出してその審査をうけることがフェアーであるといえる。

② 引渡し又は閲覧権のある文書（2号）　挙証者が当該文書の所持者に対してその引渡し又は閲覧を求める権限を有する場合には，挙証者が所持者に対してそれを提出して裁判所の審査を求めているのであれば所持者は当該文書を裁判所に提出しなければならない。所持者は，挙証者の実体権を基礎にした求めに応じなければならない義務があるからである。この提出を別の訴訟手続で求めて執行する等の迂遠な途を経ることなく，直接略式の訴訟手続内手続で裁判所がなした提出命令で提出義務の履行を求めることができる。

③ 利益文書又は法律関係文書（3号）　当該文書が挙証者のために作成され（利益文書），又は挙証者と文書の作成者との間の法律関係について作成されたもの（法律関係文書）である場合，その文書の所持者は挙証者のために裁判所に当該文書を提出する義務を負う。

　　†〔例〕　**利益文書**：診療録（肯定：スモン訴訟被告製薬会社が申し立てた原告の診療記録につき，福岡高決昭和52年7月13日高民集30巻3号175頁，否定：大気汚染による健康被害を理由とする高炉建設差止請求訴訟の被告製鉄会社が申し立てた原告に関する診療録につき，東京高決昭和59年9月17日高民集37巻3号164頁），検診録（水俣病認定手続過程で作成された検診録につき知事の提出義務を肯定，大阪高決平成4年6月11日判タ807号250頁）。

　　法律関係文書：タクシー運転日報（福岡高決昭和48年12月4日判時739号82頁），賃金台帳（肯定：大阪高決昭和53年3月15日労判295号46頁，否定：大阪高決昭和54年9月5日労民集30巻5号908頁），元警官が提起した分限免職処分取消訴訟での勤務実績表（大阪高決平成6年7月4日判タ880号295頁），差押許可状・捜索差押令状請求書（捜索・差押えが違法であることを理由とする国家賠償請求訴訟で，最（2小）決平成17年7月22日民集59巻6号1837頁）。

④ その他一般文書　　上記①から③以外の文書である。このように挙証者と文書の保持者との間に個別的な権利関係やその他訴訟上の関係が存在しない場合であっても，文書保持者が裁判所との関係で当該文書の提出を命じられる場合がある。これは，証人義務と同じく文書所持者が裁判所との関係で，文書の提出を命じられればそれに応じなければならない一般的な公法上の法律関係があるとされるからである。これは，当該文書が民事訴訟手続で争点となっている事項の解明に不可欠である場合に，この事案の解明に協力する義務がある

と観念されており，この趣旨を明確にするためにその義務が明文で規定された。これは抽象的な意味での提出義務にすぎず，それが認められるためには所持者と裁判所との個別的な法律関係を作り出すためにより具体的な調整を必要とする。この場合には，所持者の側にも当該文書に関して特別に考慮すべき事由が存在する可能性がある。そのため，作成された文書の性質に応じた除外事由が定められている。これらの文書に関しては，このような除外事由に該当しない限りで，一般的に当該文書を裁判所に提出しなければならないことになる（民訴220条4号）[65]。

除外事由は以下の通りである。

（a）　刑事訴追の可能性がある文書（同号イ）　文書所持者又は文書所持者と民訴196条各号に掲げる関係を有する者（証言拒絶権者）について刑事訴追を受け又は有罪判決を受けるおそれがある事項が記載された文書である場合である。このような場合に所持者に文書の提出を課すことは，所持者に無理を強いることになる（参照，憲38条）。

（b）　公務上の秘密文書（同号ロ）　公務員の職務上の秘密に関する文書でその提出により公共の利益を害し，又は公務の遂行に著しい支障を生じるおそれがあるときは，当該文書の提出を命じることができない。この場合，申立てに理由がないことが明らかな場合を除き，当該文書が，〈公務上の秘密文書〉に該当するかどうかにつき，監督官庁の意見を聴いたうえで判断をする。

（c）　職業上の秘密文書（同号ハ）　医師，歯科医師等民訴法197条1項2号に掲げられた職にある者又はあった者が職業上知り得た事実又は技術又は職業の秘密に関する事項で黙秘の義務が免除されていない事項が記載された文書はその所持者に提出を命じることができない。その具体的内容につき，〔**判例**〕が準則を示した。

---

[65] 個別義務と一般義務の関係。文書が1号から3号に該当する限り，これらの定めにより文書の提出が命じられるから4号の例外の適用を問題にする必要はないはずである。しかし，判例は，当該文書が4号所定の除外文書に該当する限り，1号から3号の文書には該当しないと判示している（後掲〔**判例②③**〕）。この判例の論理の理解につき，4号が一般的な規定でありすべての文書について4号所定の除外事由が妥当するとの見解もある（同旨，松本＝上野466頁以下）。このような理解では，立法論的には1号から3号の存在する意味は薄れる。しかし1号から3号までの文書に該当するとしつつ除外事由を考慮することは論理矛盾である。ただし，利益文書にあたるか否かの判断では，その文書が専ら内部で使用するために作成されたのか否かが問題となりうるから，「内部文書」である限り「利益文書」にはあたらないことになりうる。後掲〔**判例②③**〕はこのように解すべきだろう。

† 〔判例〕 最(2小)決平成16年11月26日民集58巻8号2393頁（保険管理人によって設置された弁護士及び公認会計士を委員とする調査委員会の作成した調査報告書)66)　「第1　事案の概要

1　記録によれば，本件の経緯等は次のとおりである。

(1)　本件の本案訴訟（東京高等裁判所平成15年(ネ)第833号損害賠償請求本訴，利益配当金支払請求反訴事件）のうち，本訴請求事件は，生命保険事業を営む株式会社である相手方〔以下X〕が，損害保険事業を営む相互会社である抗告人〔以下Y〕を被告として，Yから，Yについての虚偽の会計情報を提供されたことによりYに対し300億円の基金を拠出させられたなどとして，不法行為による損害賠償を求めるものであり，反訴請求事件は，Yが，Xを被告として，Xの株主たる地位に基づく利益配当金の支払を求めるものである。

本件は，Xが，Yの旧役員らが故意又は過失により虚偽の財務内容を公表し，真実の財務内容を公表しなかったという事実を証明するためであると主張して，Yが所持する原決定別紙文書目録記載1の調査報告書（以下『本件文書』という。）につき文書提出命令を申し立てた事案である。Yは，本件文書は，民訴法220条4号ニ所定の『専ら文書の所持者の利用に供するための文書』に当たり，かつ，同号ハ所定の『第197条第1項第2号に規定する事実で黙秘の義務が免除されていないものが記載されている文書』に当たると主張している。

(2)　Yは，平成12年5月1日，金融監督庁長官により，保険業法（平成11年法律第160号による改正前のもの）313条1項，241条に基づき，業務の一部停止命令並びに保険管理人による業務及び財産の管理を命ずる処分を受け，公認会計士A及び弁護士Bが保険管理人（以下『本件保険管理人』という。）に選任された。

金融監督庁長官は，同法313条1項，242条3項に基づき，本件保険管理人に対し，Yの破たんにつき，その旧役員等の経営責任を明らかにするため，弁護士，公認会計士等の第三者による調査委員会を設置し，調査を行うことを命じた。これを受けて本件保険管理人は，同月25日，弁護士及び公認会計士による調査委員会（以下『本件調査委員会』という。）を設置した。本件調査委員会は，Yの従業員等から，任意に資料の提出を受けたり，事情を聴取するなどの方法によって調査を進め，その調査の結果を記載した本件文書を作成して，本件保険管理人に提出した。本件保険管理人は，本件文書等に基づき，平成13年3月29日，Yの経営難が平成7年から始まったことを公表するとともに，Yが，平成11年3月に関係会社に対し所有不動産を時価よりも高い価格で売却し，決算で利益を計上し，税金9億3000万円を支払ったこと，平成12年3月に債務超過であったにもかかわらず基金を拠出していた企業に利息を支払ったことなどにつき，旧役員11名に対し，21億

---

66)　中村也寸志・最判解説民事平成16年度750頁。

2075万円の損害賠償請求をすることを公表した。Yは、平成13年4月1日、保険契約の全部を他に移転したことにより、保険業法152条3項1号に基づき解散した。

　2　原審は、本件文書は、民訴法220条4号ニ所定の『専ら文書の所持者の利用に供するための文書』に当たらないし、本件保険管理人が本件文書等に基づき旧役員に対する損害賠償請求することを公表したことによって本件文書に記載された事実につき黙秘の義務が免除されたものであるから、同号ハ所定の『第197条第1項第2号に規定する事実で黙秘の義務が免除されていないものが記載されている文書』にも当たらないなどと判断して、抗告人に対して本件文書の提出を命じた。」

　第2〔略：本件文書は『内部文書』に当たらない。〕

「第3〔抗告理由〕第3について

　民訴法197条1項2号所定の『黙秘すべきもの』とは、一般に知られていない事実のうち、弁護士等に事務を行うこと等を依頼した本人が、これを秘匿することについて、単に主観的利益だけではなく、客観的にみて保護に値するような利益を有するものをいうと解するのが相当である。前記のとおり、本件文書は、法令上の根拠を有する命令に基づく調査の結果を記載した文書であり、Yの旧役員等の経営責任とは無関係なプライバシー等に関する事項が記載されるものではないこと、本件文書の作成を命じ、その提出を受けた本件保険管理人は公益のためにその職務を行い、本件文書を作成した本件調査委員会も公益のために調査を行うものであること、本件調査委員会に加わった弁護士及び公認会計士は、その委員として公益のための調査に加わったにすぎないことにかんがみると、本件文書に記載されている事実は、客観的にみてこれを秘匿することについて保護に値するような利益を有するものとはいえず、同号所定の『黙秘すべきもの』には当たらないと解するのが相当である。」抗告棄却。

(d)　内部文書（同号ニ）　　専ら文書の所持者の利用に供するために作成された文書（国又は地方公共団体が所持する文書にあっては公務員が組織的に用いるものを除く）は裁判所への提出義務を負わない。いわゆる〈内部文書〉といわれる文書である。文書作成者が専ら自らの使用のために作成したものであり対外的に公表することを予定していなかったものであるから、その趣旨を尊重してこの文書の提出を免除した。どのような文書がこれに該当するかについては、かなり微妙な判断を要求される。それゆえこの点については様々なケースで提出義務の対象となる文書か、それとも「内部文書」としてその対象から排除されるのかが争われた。文書作成の目的、文書の性質、当該文書に関する当事者間の法的関連性などが判断要素とされている。〔判例①〕がその判断の準則を示し、その後具体的事案について判断したケースが続いている。

†〔判例〕〔1〕 銀行の稟議書： ① 最(2小)決平成11年11月12日民集53巻8号1787頁[67]　本件は，亡Mの承継人であるXのY銀行に対する損害賠償請求事件を本案とする訴訟の控訴審でXがYに対して文書提出命令を申し立て，これを控訴審が許容したのでYが最高裁に許可抗告を申し立てた事件である。最高裁は次のように述べて原決定を破棄し，自判した。

「一　記録によれば，本件の経緯は次のとおりである。

1　本件の本案訴訟〔略〕は，亡MがYから6億5000万円の融資を受け，右資金で大和証券株式会社を通じて株式等の有価証券取引を行ったところ，多額の損害を被ったとして，Mの承継人であるXが，Yの九段坂上支店長は，Mの経済状態からすれば貸付金の利息は有価証券取引から生ずる利益から支払う以外にないことを知りながら，過剰な融資を実行したもので，これは金融機関が顧客に対して負っている安全配慮義務に違反する行為であると主張して，Yに対し，損害賠償を求めるものである。

2　本件は，Xが，有価証券取引によって貸付金の利息を上回る利益を上げることができるとの前提でYの貸出しの稟議が行われたこと等を証明するためであるとして，Yが所持する原決定別紙文書目録記載の貸出稟議書及び本部認可書（以下，これらを一括して『本件文書』という。）につき文書提出命令を申し立てた事件であり，Xは，本件文書は民訴法220条3号後段の文書に該当し，また，同条4号ハ〔現行法同号ニ〕所定の『専ら文書の所持者の利用に供するための文書』に当たらない同号の文書に該当すると主張した。

二　本件申立てにつき，原審は，銀行の貸出業務に関して作成される稟議書や認可書は，民訴法220条4号ハ〔現行法同号ニ〕所定の『専ら文書の所持者の利用に供するための文書』に当たらず，その他，同号に基づく文書提出義務を否定すべき事由は認められないから，その余の点について判断するまでもなく，本件申立てには理由があるとして，Yに対し，本件文書の提出を命じた。

三　しかしながら，原審の右判断は是認することができない。その理由は，次のとおりである。

1　ある文書が，その作成目的，記載内容，これを現在の所持者が所持するに至るまでの経緯，その他の事情から判断して，専ら内部の者の利用に供する目的で作成され，外部の者に開示することが予定されていない文書であって，開示されると個人のプライバシーが侵害されたり個人ないし団体の自由な意思形成が阻害されたりするなど，開示によって所持者の側に看過し難い不利益が生ずるおそれがあると認められる場合には，特段の事情がない限り，当該文書は民訴法220条4号ハ〔現行法同号ニ〕所定の『専ら文書の所持者の利用に供するための文書』に当たると解

---

[67]　小野憲一・最判解説民事昭和平成11年度772頁，中島弘雅・百選3版162頁。

するのが相当である。

　2　これを本件についてみるに，記録によれば，銀行の貸出稟議書とは，支店長等の決裁限度を超える規模，内容の融資案件について，本部の決裁を求めるために作成されるものであって，通常は，融資の相手方，融資金額，資金使途，担保・保証，返済方法といった融資の内容に加え，銀行にとっての収益の見込み，融資の相手方の信用状況，融資の相手方に対する評価，融資についての担当者の意見などが記載され，それを受けて審査を行った本部の担当者，次長，部長など所定の決裁権者が当該貸出しを認めるか否かについて表明した意見が記載される文書であること，本件文書は，貸出稟議書及びこれと一体を成す本部認可書であって，いずれもYがMに対する融資を決定する意思を形成する過程で，右のような点を確認，検討，審査するために作成されたものであることが明らかである。

　3　右に述べた文書作成の目的や記載内容等からすると，銀行の貸出稟議書は，銀行内部において，融資案件についての意思形成を円滑，適切に行うために作成される文書であって，法令によってその作成が義務付けられたものでもなく，融資の是非の審査に当たって作成されるという文書の性質上，忌たんのない評価や意見も記載されることが予定されているものである。したがって，貸出稟議書は，専ら銀行内部の利用に供する目的で作成され，外部に開示することが予定されていない文書であって，開示されると銀行内部における自由な意見の表明に支障を来し銀行の自由な意思形成が阻害されるおそれがあるものとして，特段の事情がない限り，『専ら文書の所持者の利用に供するための文書』に当たると解すべきである。そして，本件文書は，前記のとおり，右のような貸出稟議書及びこれと一体を成す本部認可書であり，本件において特段の事情の存在はうかがわれないから，いずれも『専ら文書の所持者の利用に供するための文書』に当たるというべきであり，本件文書につき，Yに対し民訴法220条4号に基づく提出義務を認めることはできない。

　四　また，本件文書が，『専ら文書の所持者の利用に供するための文書』に当たると解される以上，民訴法220条3号後段の文書に該当しないことはいうまでもないところである。」

　②　最(1小)決平成12年12月14日民集54巻9号2709頁（信用金庫会員が代表訴訟でなした貸出稟議書と文書提出命令)[68]　　「一　記録によれば，本件の経緯は次のとおりである。

　1　本件の本案事件〔略〕は，Yの会員であるXが，Yの理事であった者らに対し，理事としての善管注意義務ないし忠実義務に違反し，十分な担保を徴しないで原々決定別紙融資目録記載の各融資（以下『本件各融資』という。）を行い，Yに

---

[68]　福井章代・最判解説民事平成12年度921頁。

損害を与えたと主張して，信用金庫法（以下『法』という。）39条において準用する商法267条〔現会社847条〕に基づき，損害賠償を求める会員代表訴訟である。

　2　本件は，Xが，理事らの善管注意義務違反ないし忠実義務違反を証明するためであるとして，Yが所持する原々決定別紙文書目録記載の本件各融資に際して作成された一切の稟議書及びこれらに添付された意見書（以下，これらを一括して『本件各文書』という。）につき文書提出命令を申し立てた事件であり，Xは，本件各文書は民訴法220条3号後段の文書に該当し，また，同条4号ハ〔現行法同号ニ〕所定の『専ら文書の所持者の利用に供するための文書』に当たらない同号の文書に該当すると主張した。

　二　原々審は，本件各文書が民訴法220条3号後段の文書に該当せず，同条4号ハ所定の『専ら文書の所持者の利用に供するための文書』に当たるとして，本件申立てを却下したが，原審は，次のとおり判断して，原々決定を取消し，本件を原々審に差し戻した。

　信用金庫が所持する稟議書は，本来対外的利用を予定していないものであるが，事務処理の経過と理事等の責任の所在を明らかにすることがその作成目的に含まれている以上，会員代表訴訟の訴訟資料として使用されることはその属性として内在的に予定されているということができるのであり，また，信用金庫自身が理事の責任追及の訴えを提起するときにはこれを証拠として利用することに特段制約があるとは考えられないのであるから，会員の代表訴訟の提起が正当なものである限り，信用金庫が右訴訟を提起した会員に対して稟議書が内部文書である旨主張することは許されない。したがって，本件申立てに対しては，本件各文書の訴訟資料としての必要性や重要性を検討して民訴法220条各号の文書といえるか否かを判断すべきところ，原々決定は，これをせずに本件各文書の提出義務を否定して，申立てを却下したものであるから，取消しを免れない。

　三　しかしながら，原審の右判断は是認することができない。その理由は，次のとおりである。

　記録によれば，本件各文書は，Yが本件各融資を決定する過程で作成した貸出稟議書であることが認められるところ，信用金庫の貸出稟議書は，特段の事情がない限り，民訴法220条4号ハ〔現行法同号ニ〕所定の『専ら文書の所持者の利用に供するための文書』に当たると解すべきであり（〔**判例①**〕参照），右にいう特段の事情とは，文書提出命令の申立人がその対象である貸出稟議書の利用関係において所持者である信用金庫と同一視することができる立場に立つ場合をいうものと解される。信用金庫の会員は，理事に対し，定款，会員名簿，総会議事録，理事会議事録，業務報告書，貸借対照表，損益計算書，剰余金処分案，損失処理案，附属明細書及び監査報告書の閲覧又は謄写を求めることができるが（法36条4項，37条9

項),会計の帳簿・書類の閲覧又は謄写を求めることはできないのであり,会員に対する信用金庫の書類の開示範囲は限定されている。そして,信用金庫の会員は,所定の要件を満たし所定の手続を経たときは,会員代表訴訟を提起することができるが(法39条,商法267条),会員代表訴訟は,会員が会員としての地位に基づいて理事の信用金庫に対する責任を追及することを許容するものにすぎず,会員として閲覧,謄写することができない書類を信用金庫と同一の立場で利用する地位を付与するものではないから,会員代表訴訟を提起した会員は,信用金庫が所持する文書の利用関係において信用金庫と同一視することができる立場に立つものではない。そうすると,会員代表訴訟において会員から信用金庫の所持する貸出稟議書につき文書提出命令の申立てがされたからといって,特段の事情があるということはできないものと解するのが相当である。したがって,本件各文書は,『専ら文書の所持者の利用に供するための文書』に当たるというべきであり,本件各文書につき,Yに対し民訴法220条4号に基づく提出義務を認めることはできない。また,本件各文書が,『専ら文書の所持者の利用に供するための文書』に当たると解される以上,民訴法220条3号後段の文書に該当しないことはいうまでもないところである。」原決定破棄,原々決定に対する抗告を棄却。

〔2〕 技術・職業上の秘密: ③ 最(1小)決平成12年3月10日民集54巻3号1073頁[69] 本件は,文書提出命令に対して技術・職業上の秘密を理由にこの命令を拒むことができるかが問題になったケースである。

「一 記録によれば,主文第一項の文書に係る本件の経緯は次のとおりである。

1 本件の本案の請求は,大阪地方裁判所平成4年(ワ)第8178号事件判決別紙電話機目録記載の電話機器類(以下『本件機器』という。)を購入し利用しているXらが,本件機器にしばしば通話不能になる瑕疵があるなどと主張して,Yに対し,不法行為等に基づく損害賠償を請求するものである。

2 本件は,Xらが,本件機器の瑕疵を立証するためであるとして,本件機器の回路図及び信号流れ図(以下『本件文書』という。)につき文書提出命令の申立てをした事件であり,Yは,本件文書は民訴法220条4号ロ〔現行法同号ハ〕所定の『第197条第1項第3号に規定する事項で,黙秘の義務が免除されていないものが記載されている文書』及び同号ハ〔現行法同号ニ〕所定の『専ら文書の所持者の利用に供するための文書』に当たるとして,本件文書につき文書提出の義務を負わないと主張した。

二 原審は,本件文書は,本件機器を製造したメーカーが持つノウハウなどの技術上の情報が記載されたものであって,これが明らかにされると右メーカーが著しく不利益を受けることが予想されるから,民訴法220条4号ロ〔現行法同号ハ〕所

---

[69] 長沢幸男・最判解説民事平成12年度291頁。

定の文書に当たり，また，本件文書は，本件機器のメーカーがこれを製造するために作成し，外部の者に見せることは全く予定せず専ら当該メーカー，Y及びその関連会社の利用に供するための文書であるから，同号ハ〔現行法同号ニ〕所定の文書にも当たり，Yは本件文書を提出すべき義務を負わないとして，本件文書提出命令の申立てを却下した。

　三　しかしながら，原審の右判断は是認することができない。その理由は，次のとおりである。

　1　民訴法197条1項3号所定の『技術又は職業の秘密』とは，その事項が公開されると，当該技術の有する社会的価値が下落しこれによる活動が困難になるもの又は当該職業に深刻な影響を与え以後その遂行が困難になるものをいうと解するのが相当である。

　本件において，Yは，本件文書が公表されると本件機器のメーカーが著しい不利益を受けると主張するが，本件文書に本件機器のメーカーが有する技術上の情報が記載されているとしても，Yは，情報の種類，性質及び開示することによる不利益の具体的内容を主張しておらず，原決定も，これらを具体的に認定していない。したがって，本件文書に右技術上の情報が記載されていることから直ちにこれが『技術又は職業の秘密』を記載した文書に当たるということはできない。

　2　ある文書が，その作成目的，記載内容，これを現在の所持者が所持するに至るまでの経緯，その他の事情から判断して，専ら内部の者の利用に供する目的で作成され，外部の者に開示することが予定されていない文書であって，開示されると個人のプライバシーが侵害されたり個人ないし団体の自由な意思形成が阻害されたりするなど，開示によって所持者の側に看過し難い不利益が生ずるおそれがあると認められる場合には，特段の事情がない限り，当該文書は民訴法220条4号ハ〔現行法同号ニ〕所定の『専ら文書の所持者の利用に供するための文書』に当たるというういうことは，当審の判例とするところである（〔**判例①**〕）。

　これを本件についてみると，原決定は，本件文書が外部の者に見せることを全く予定せずに作成されたものであることから直ちにこれが民訴法220条4号ハ〔現行法同号ニ〕所定の文書に当たると判断しており，その具体的内容に照らし，開示によって所持者の側に看過し難い不利益が生じるおそれがあるかどうかについて具体的に判断していない。」破棄差戻し。

(e)　刑事事件・少年事件記録等（同号ホ）　刑事事件の訴訟書類若しくは少年の保護事件の記録又はこれらの事件で押収されている文書についても提出義務はない。この除外事由に該当するか否かの判断は，一般に当該文書の所持者の合理的な裁量に委ねられる。所持者による文書の提出の拒否が裁量を逸脱していると認められる場合は提出を拒否できない。

†〔判例〕 刑事事件等の記録の提出に関する判例： ① 最(3小)決平成16年5月25日民集58巻5号1135頁[70]　交通事故をめぐる保険金詐欺事件に関し保険会社が，X(申立人)及びその共犯者らを故意に交通事故を作出し保険金名で208万円を詐取したとして訴えた損害賠償事件で，XがY₁(検事正，抗告人)を相手方として共犯者とされた者の検察官又は司法警察員に対する供述調書のうち，Xを被告人とする詐欺等被告事件の公判に提出されなかったものにつき，民訴法220条2号又は3号に基づき文書提出命令の申立てをした。Xは，刑事事件で共謀の事実を否認して争ったが，有罪判決を受け確定した。本件でもXは不法行為の成立を争っている。原々審は提出義務を否定して本件申立てを却下。原審は，本件文書が民訴法220条3号後段にあたり，Yがこれを提出しないのは裁量権を逸脱しており，提出義務が認められるとした。Y₁抗告。これに対して最高裁は次のように述べて原決定を破棄し，Xの本件申立てを却下した原々審の決定は正当だとしてこれに対するXの抗告を棄却した。「民事訴訟の当事者が，民訴法220条3号後段の規定に基づき，刑訴法47条所定の『訴訟に関する書類』に該当する文書の提出を求める場合においても，当該文書の保管者の上記裁量的判断は尊重されるべきであるが，当該文書が法律関係文書に該当する場合であって，その保管者が提出を拒否したことが，民事訴訟における当該文書を取り調べる必要性の有無，程度，当該文書が開示されることによる上記の弊害発生のおそれの有無等の諸般の事情に照らし，その裁量権の範囲を逸脱し，又は濫用するものであると認められるときは，裁判所は，当該文書の提出を命ずることができるものと解するのが相当である。」しかし本件でXが，その主張事実を立証するためには，本件各文書が提出されなくても，本件共犯者らの証人尋問の申出や，本件刑事公判において提出された証拠等を書証として提出することが可能であり本件各文書を取り調べることが立証に不可欠とはいえない，とする。

② 最(2小)決平成17年7月22日民集59巻6号1837頁[71]　Xの住所地で行われた本件捜索差押えが違法であることを理由にY(東京都)に対して国家賠償法1条1項による損害賠償請求訴訟において，Yが所有する本件捜索差押えにかかる捜索差押令状請求書及び捜索差押許可状につき文書提出命令の申立てがなされて事件である。最高裁は，捜索差押許可状の提出を拒否したのは裁量権の濫用にあたるが，捜索差押令状請求書の提出を拒否したのは濫用にはあたらないとした。

③ 最(2小)決平成19年12月12日民集61巻9号3400頁[72]　被疑者の拘

---

[70] 加藤正男・最判解説民事平成16年度337頁。
[71] 加藤正男・最判解説民事平成17年度499頁。
[72] 本件には吉田佑紀裁判官の補足意見がある。「当該文書の取調べの必要性，程度は，本案訴訟の具体的な争点との関係で判断されるべきもの」とする。

留請求の資料とされた告訴状及び供述調書が民粗放220条3号所定の法律文書に該当し，刑訴法47条に基づく当該文書の提出拒否が具体的事案のもとで裁量権の範囲を逸脱したとする。

ⅲ) 文書提出命令の申立手続とその裁判

(a) 申立て　文書提出命令を申し立てるためには書面により（民訴規140条），以下の事項を明らかにしてしなければならない（民訴221条1項）。

記載事項は，①文書の表示（1号），②文書の趣旨（2号），③文書の所持者（3号），④証明すべき事実（4号），⑤文書の提出義務の原因（5号）である。これらのうち，④は当該文書が証拠として持つ意味を判断するのに役立つと共に，文書が提出されない場合の申立人の主張を認定判断する資料として有用である。

なお，対象となる文書について，上記①②に掲げる事項を明らかにすることが著しく困難な場合がある。このような場合には，これらの記載に代えて文書の所持者が申立てに係る文書を識別することができる事項を明らかにすれば足りることとした。この場合，申立人は裁判所に対して，文書の所持者に当該文書について前記①②の事項を明らかにすることを求めるように申し出て，裁判所は相手方にこの点を明らかにすることを求めることができるものとした（民訴222条1項，2項）。

(b) 審　理　裁判所は，文書提出命令の申立てに対して，その旨の命令を出すか否かについて審査し，その理由が認められるときは〈決定〉でその所持者に提出を命じる（民訴223条1項）。

(c) 秘密証拠調べ　文書所持者が，提出を求められている文書が所持者にとっての秘密事項を記載していると主張する場合，果たしてその文書を訴訟手続に提出させるべきかが判断されなければならない。この場合，文書の性質に従って異なった手続が予定されている。

①　公務上の秘密文書（民訴220条4号ロ）　公務員の職務上の秘密に関する文書であると主張される場合，提出命令の申立てに理由がないことが明らかな場合を除き，当該文書が公務上の秘密文書に該当するかどうかについて，裁判所は当該監督官庁の意見を聴かなければならない（民訴223条3項）。監督官庁は当該文書が4号ロの秘密文書に該当すると判断する場合，その理由を述べなければならない。またこの場合に監督官庁が，その理由として，民訴法223条4項に定める事由，即ち「国の安全が害されるおそれ，他国若しくは国際機関との信頼関係が損なわれるおそれ又は他国若しくは国際機関との交渉上

不利益を被るおそれ」(同項1号) 又は「犯罪の予防, 鎮圧又は捜査, 公訴の維持, 刑の執行その他の公共の安全と秩序の維持に支障を及ぼすおそれ」(同項2号) を理由として挙げた場合, 裁判所はその意見について相当の理由があると認めるに足りない場合に限って文書所持者に提出を命じることができる (同条4項)。

② その他の文書の審査　文書提出命令の申立てに対してその文書に220条4号イからニまでに掲げられた除外事由が存在するか否かを判断するために, 必要がある場合には, 裁判所はその文書所持者に文書の提示を命じることができる。この場合, 当該文書については何人も開示を求めることができず, その文書は裁判所が秘密手続で直接当該文書を閲読して審査を行う (民訴223条6項)。この秘密文書に該当するか否かの判断は, 裁判所の執務室で行われることから「イン・カメラ (in camera)」手続ともいわれる。この審査のために裁判所に提出された文書は一時裁判所に保管することができる (民訴規141条)。この手続は, 専ら除外事由が存在するか否かの判断のために設けられたものであり, この手続で証拠調べの必要性自体を併せて判断することはできない。

(d) 不服申立て　文書提出命令の申立てに対する決定に対しては即時抗告を申し立てることができる (民訴223条7項)。

ⅳ) 文書提出命令違反の効果　文書提出命令が出されその名宛人が命令に従って文書を裁判所に提出しない場合, 相手方が当事者の場合とその他の第三者の場合とでは異なった取扱いがなされる。

① 当事者の場合 (民訴224条)　当事者が命令に従って文書を提出しなかった場合, 裁判所は「当該文書の記載に関する相手方の主張を真実と認めることができる」こととしている (同条1項)。この効果は, 単に当該文書の記載内容に関する判断を超えて, 当該文書に基づいて証明しようとした事実に関する当事者の主張自体を真実と認めることができることとした点に特色がある[73]。不提出により, 命令に従わない当事者の訴訟の結果に直接影響する不利益を課すことにより, 文章が提出されたならば認定できたはずの事実を認定できることとして文書が提出されたのと同等の結果を与えることによって, 不提出によ

---

73) 旧法時に, 東京高判昭和54年10月18日判時942号17頁は, 自衛隊機墜落事故により死亡した遺族の損害賠償請求訴訟で航空機事故調査報告書の提出を命じられた被告国がこれに従わなかったケースにつき, 原告がこの報告書で立証しようとした事実, 即ち墜落事故が整備不良によるとの主張を真実と認定した。

る不当な利益が生じないように配慮した。
　②　第三者の場合（民訴 225 条）　文書提出命令が当事者以外の第三者に対してなされ，この第三者が文書提出命令に従わない場合，裁判所はこの者を決定により 20 万円以下の過料に処する。
　(3)　検　　証
　1)　検証の意義と対象　　検証は，裁判官がその感覚作用により直接に，証拠調べの対象の性状や現象を検査，観察して得た認識を証拠資料とする証拠調べの方法である。その対象となる目的物を〈検証物〉という。同じく物証であるが，書証が文書に表された思想内容を証拠とするのに対して，検証は直接裁判官の感覚によって得たものを判断対象とする点で異なる[74]。
　検証の対象となるのは物だけでなく人も含まれる。物については有体物，無体物，生物，無生物等を問わない。また人については，その身体・容貌，声色等が対象となる。
　　†〔例〕医療過誤や薬害による損害賠償訴訟において，被害を訴える原告の健康状態などを直接に検証する場合，境界確定訴訟で現地での測量をする場合，建築過誤訴訟で建築物を直接現場で検証する場合等。
　2)　検証協力義務　　裁判所が検証を行うには，当事者又は第三者がそのために検証目的物を裁判所に提出し（人が対象の場合はその出頭），又はその提出が困難な場合あるいは提出が不可能な場合にはその物が所在する場所で検証することを認容する義務を負う。これを〈検証協力義務〉という。
　この検証協力義務は，正当な理由がなければ拒むことができず，証人義務と同様わが国の裁判権に服する者が負う公法上の義務であると解されている（兼子・体系 281 頁）。
　3)　検証の申出　　検証は当事者の申出によって行われる（民訴 232 条 1 項，219 条）。検証申出は，口頭弁論において書面で行う（「検証申出書」又は「検証申請書」という）。この文書には，以下の事項を記載する。
　①　検証によって証明すべき事実（民訴 180 条，民訴規 99 条）　　直接事実，間接事実，補助事実の他経験則の立証等を特定して記載する。またこれと検証物との関連を明示しなければならない（民訴 180 条 1 項）。
　②　検証の目的物（民訴規 150 条）　　検証の対象となる目的を特定表示し

---

74)　文書もその紙質等を証拠にする場合は検証となる。人の場合も，その陳述ではなく，健康状態，容貌等を観察し証拠とする場合は検証となる。

て示さなければならない。

　4)　検証の実施　　検証の方法は，書証に準じて行われ（民訴232条1項），次の方法による。

　①　検証物の提示（民訴219条の準用）　　検証申出者が検証物を所持している場合，これを裁判所に提示して行う。目的物を移動させることが困難な場合，いつでも検証の用に供する旨を申し出ることによる。

　②　検証物提示命令又は検証受忍命令の申立て（民訴223条の準用）

　③　検証物送付嘱託の申立て（民訴226条の準用）

　裁判所は検証の申出があると，その必要性を考慮してその採否を決定する。検証の申出が採用された場合，裁判所又は検証物の所在地で，対象となる検証物を裁判官が直接に観察して検証を実施する。

　検証の結果は，裁判所書記官によって調書に記載される。合議体の裁判所によって行われた検証で，各裁判官の認識が異なるときは，合議の結果を記載すべきとされる（基本法コンメⅡ254頁〔田村幸一〕）。

　5)　検証の際の鑑定　　検証の施行にあたって裁判所に専門知識を必要とする場合，裁判所は鑑定人鑑定を命じることができる。この場合鑑定人は裁判官と共に検証を実施し，その判断を裁判官に報告する。受命裁判官，受託裁判官も必要があると認めるときも同様に独自の判断で鑑定を命じることができる（民訴233条）。

Ⅳ　外国での証拠調べ

1　意　　義

　わが国の裁判所に係属し審理されている民事訴訟手続で必要な証拠が外国に存在する場合には，その証拠調べを外国で行わなければならないことがある。ただ，本来裁判所が行う証拠調べはわが国の国家主権としての裁判権の行使であるから，わが国の裁判所が独力で行うことができる証拠調べはわが国の裁判権が及ぶ範囲内（わが国の領土内）に限られており，外国でこれを直接に行うことはその国の主権を侵害するおそれがあるからできない[75]。そこで外国での証拠調べは，外国との司法共助により行うのが原則である[76]。

---

　75)　この点でアメリカ合衆国民事訴訟のディスカヴァリー手続が問題にされる。ディスカヴァリーが当事者間で広く行われており，それが外国で行われることも稀でない。一般には，アメリカ大使館などに設置された証言録取室（デポジションルーム）などでおこなわれる。

民事訴訟法は，証拠調べが必要な国における管轄官庁に嘱託して行う方法及びその国に駐在するわが国の大使，公使若しくは領事に嘱託して行う方法を定めている（民訴184条1項）。
　外国との司法共助については，多国間条約及び二国間条約を締結している。この点に関する多国間条約としては，1954年3月1日ハーグ国際私法会議で締結された「民事訴訟手続に関する条約」がある（以下適宜「民訴条約」という。わが国は，1970年5月28日に批准書を寄託，同6月5日に条約6号として公布，同7月26日発効）[77]。この条約をわが国で実施するために，「民事訴訟手続に関する条約等の実施に伴う民事訴訟手続の特例等に関する法律」（昭和45年法律115号）が制定されている。

　　なお，外国での証拠調べに関する多国間条約としては，1970年3月18日に締結された「民事及び商事事件における外国での証拠調べに関するハーグ条約」があるが，わが国は未承認である。

2　外国での証拠調べの種類と方法[78]

　　外国でわが国の民事訴訟手続に必要な証拠調べをする場合には，その国との関係で証拠調べに関する条約が存在するか否かで異なった取扱いが必要である。
　　①　領事証拠調べ（民訴184条1項）　わが国の在外領事等に証拠調べを嘱託して行う方法である。これの根拠としては（ⅰ）「領事条約」が締結されている場合（アメリカ合衆国，連合王国〔イギリス〕との間で締結），（ⅱ）民訴条約による場合（各条約国は相手国が拒絶しない限り自国の在外公館等で直接証拠調べをすることができる。同条約15条）。（ⅲ）個別の応諾による場合（条約などによる一般的合意がなくても，相手国が個別に自国内でわが国在外領事等による証拠調べを応諾する場合）がある。
　　領事証拠調べは，その嘱託書を作成し，嘱託をする裁判所の長から最高裁民事局長等に宛てた送付依頼書を作成して嘱託書の送付を依頼する。嘱託書等は最高裁民事局長等から外務省に送付され，外務省から在外領事等に送付されて証拠調べが実施される。証拠調べはわが国民事訴訟法の規定に基づいて行われる。
　　②　指定当局証拠調べ　民訴条約の締約国内で証拠調べを行う場合，指定当局

---

76)　この手続の詳細については，最高裁判所事務総局編・国際司法共助執務資料（最高裁判所事務総局・1992）3頁，関連条約・法規は33頁以下，最高裁判所事務総局民事局監修・国際司法共助手続ハンドブック（法曹会・1999）173頁以下。
77)　この条約には，アメリカ合衆国及び連合王国（イギリス）は加入していない。
78)　外国で行う証拠調べの嘱託の概要及び国別手続の詳細は，最高裁判所事務総局民事局監修・前掲注76）173頁以下参照。

は証拠調べを行うことができる（民訴条約8条）。この場合，証拠調べの嘱託ができるのは民事又は商事の事件に限られる。この場合，権限を有する当局（受託当局）宛の嘱託書を，受託当局の用いる公用語の翻訳文を付して（民訴条約10条），最高裁民事局長等から外務省へ送付され，外務省から外国に駐在するわが国の領事官に送付され，領事官から受託国の指定当局に送付され，受託当局によって証拠調べが行われる（民訴条約9条）。この証拠調べは受託国の国内法によって行われる。

③　民訴条約に基づく外交経路による証拠調べ　民訴条約によれば，各締約国は外交上の経路を通じて証拠調べの嘱託がなされることを希望する旨を宣言することができる（民訴条約9条3項）。この場合には，わが国の大使に対して，受託国の外務省に証拠調べの嘱託を転達することを依頼する。したがってこの場合の経路は，大使宛の依頼書が，最高裁民事局長等から外務省に送付され，外務省から外国に駐在するわが国の大使に送付され，更に大使から受託国の外務省に証拠調べの嘱託の転達がなされ，受託当局によって証拠調べがなされる。

④　管轄裁判所証拠調べ　外国管轄裁判所で証拠調べを行うことを嘱託するものであり，その根拠としては，（ⅰ）二国間共助による場合，（ⅱ）個別の応諾による場合がある。相手国の管轄裁判所に宛てた証拠調べの嘱託書を，嘱託をする裁判所の長から最高裁民事局長等に送付依頼書と共に送付し，嘱託書などは最高裁民事局長等から外務省に送付され，外務省から外国に駐在するわが国の大使館へ送付され，更に大使館から相手国の外務省に送付され，相手国の管轄裁判所で証拠調べが行われる。証拠調べは受託国の法律により行われる。

第7節　証拠保全手続

〔文献〕

小林昭彦「証拠保全」講座新民訴(2)325頁，高見進「証拠保全の機能」講座民訴⑤321頁，町村泰貴「証拠保全制度の機能」争点3版228頁，東京地裁証拠保全研究会編著・証拠保全の実務（金融財政事情研究会・2006）

Ⅰ　意義と機能

1　意　義

証拠調べ手続は，係属中の訴訟手続の中で当事者間に争いのある争点を確定するのに必要な事実問題について，当該事件が係属する事実審裁判所によって行われるのが原則である。しかし，未だ訴訟手続が係属していないが，将来予想される訴訟手続に必要な証拠がその間に減失しあるいは改ざんされて，後に

訴訟になって証拠調べをしてももはやそれが極めて困難あるいは手遅れになってしまうことが予想される場合がある。また訴訟係属中であっても，将来開かれる証拠調べ期日を待ったのでは間に合わなくなる可能性もある。これらの場合，現在直ちに証拠調べをしておく必要がある。このように「あらかじめ証拠調べをしておかなければその証拠を使用することが困難となる事情があると認め」られる場合に，裁判所は，申立てにより，直ちに証拠調べをすることができることとした（民訴234条）。この手続が〈証拠保全手続〉である。

　†〔例〕　証人が重病で，証言を直ちに得ておかなければ死亡してしまい証言を得ることができなくなる可能性がある場合，証人が海外に移り住む可能性がある場合，事故の状況が変わってしまう可能性が強い場合，検証物の所持者が改ざんするおそれがある場合，文書などの保存年限が切れて廃棄されるおそれがある場合等。

　証拠保全手続はドイツ普通訴訟法，特にカノン法のprobatio ad perpetuam rei memoriam（事物の永遠の保存のための証明）に由来する。これは，急迫の事情がある場合に，事件について管轄権を有する裁判所に証拠調べを求める手続であり，その調書は裁判所に保管された（*Bülow*, Gemeines deutsches Zivilprozeßrecht, 2003, S. 233）。

　なおこの証拠保全手続の他にも，当事者は〈訴え提起前における証拠収集処分〉（以下，適宜「提訴前証拠収集処分」という）を申し立てることができる（民訴132条の4)[79]。もっともこの手続は当事者が行う証拠収集手続であり，証拠保全手続が裁判所の行う証拠調べ手続であるのとは異なる。

2　機　　能

　提訴前に証拠保全がなされると，相手方当事者の手持ちの資料を見ることができ，訴訟手続の方針を定め進行を決定するのに極めて有効な資料となりうる。そこで，制度自体は裁判所による事前の証拠調べ手続ではあるが，現実には証拠〈開示〉の機能を持ちうる[80]。

　†〔例〕　医療過誤事件では，原告患者側にはほとんど経過が分からない病院内での診療行為の詳細が診療録等に記載されており，これらを対象にして証拠保全がな

---

79) ドイツ民訴法は1990年の司法簡素化法で，証拠保全手続を発展させて独立証拠調べ手続の制度を採用した。訴訟前に事実を解明することで当事者が訴訟を回避することを目的とする。この手続は，検証，証人調べ及び鑑定が許容され，書証と当事者尋問は許されない。各国の事情につき，注釈民訴(7)276頁〔春日偉知郎〕。

80) イギリス法は，このような証拠保全手続を持たないが，証拠の収集をインジャンクションの方法で行うことを認める。Search Order（以前は*Anton Piller* Orderといわれた）である（*Andrews*, ECP, 17. 106）。

されると，これらが開示されて，具体的な主張や立証を行うために有力な手掛かりを与える。

II　証拠保全の必要性

1　要　件

証拠保全手続は，直ちに証拠調べをしておかなければ，後の訴訟手続の中でその証拠を使用することが困難となる事情があると認められるときに，申立てにより裁判所が行うことができる証拠調べ手続である。この手続が行われるべきか否かは，緊急性が存在するか否かによる。

証拠保全命令の対象については何らの制限がない。当事者尋問を含むすべての種類の証拠方法について行うことができる。

2　必要性の意義

「あらかじめ」証拠調べの必要がある場合でなければならない。訴え提起前であっても予め証拠調べをしておく必要が生じた場合には申立てをなし得る。また，訴え提起後であってもその手続の中で通常の証拠調べを待っていることができない場合がある。訴訟が未だ争点整理の段階にある場合や既に証拠調べの段階であっても証拠決定がなされていない場合等にも証拠保全の申立てをすることができる。また，第一審で当該証拠調べがなされなかったが控訴審での証拠調べを待っていたのでは遅くなってしまう場合などもありうる。このような場合には証拠保全の必要性があると考えられる。

医療過誤事件では，保全の必要性として「証拠の改ざんのおそれ」が挙げられることが多い。この要件は一般には緩く解されて，証拠保全が認められている。実際にはむしろ申立人側に事件について判断するのに十分な資料がないため，これによって診療過程についての資料を獲得するための方策として用いられていることが多い。

(1)　提訴前の申立て

証拠保全手続はその必要があればいつでも行うことができる。本訴が提起されている必要はない。本訴提起前であっても必要性があれば証拠保全の申立てをすることができる。

本訴提訴前の場合，その管轄裁判所は尋問を受ける者若しくは文書を所持する者の居所若しくは検証物の所在地を管轄する地方裁判所又は簡易裁判所である（民訴235条2項）。申立人はそのいずれかを選択することができる。

(2) 提訴後の場合

本訴が提起された後に証拠を保全する必要がある場合，証拠保全手続の管轄は，その証拠を使用すべき審級の裁判所である（民訴235条1項）。ただし，最初の口頭弁論期日が指定され又は事件が弁論準備手続若しくは書面による準備手続に付された後口頭弁論の終結に至るまでの間は受訴裁判所にしなければならない（同条1項但書）。一般に，訴えが提起されれば，当該事件に関連する証拠調べは受訴裁判所が行うのが原則である。しかし未だ口頭弁論期日などが指定されていないなどの場合には，受訴裁判所が属する裁判所に申し立てれば足りる。

(3) 急迫の事情がある場合

急迫の事情がある場合には，訴え提起後であっても，訴え提起前と同様，尋問を受けるべき者若しくは文書を所持する者の居所又は検証物の所在地を管轄する地方裁判所又は簡易裁判所に証拠保全の申立てをすることができる（民訴235条3項）。

Ⅲ 手 続

1 申 立 て

証拠保全手続は当事者の申立てによって行う。また裁判所は必要があると認める場合には訴訟係属中に職権で証拠保全の決定をすることができるが（民訴237条），職権で証拠保全手続が行われた例はほとんどないといわれる。

証拠保全命令の申立ては，相手方を特定して行うのが通常だが，相手方が不詳の場合であっても許される。

2 証拠保全の必要性に関する審理と決定

申立人は証拠保全の必要性について疎明しなければならない。審理では相手方を審尋することなくなされ，裁判所は決定でその可否を判断する。

> 決定は相手方に通知し，期日への呼出しがなされなければならない。しかし，保全の必要性が「証拠の改ざんのおそれ」を理由とする場合，証拠保全を行う前に通知をしたのではその目的を達することができない可能性がある。そこで，医療過誤事件における診療録等の証拠保全事件では，証拠調べの場所を相手方病院とし，証拠調べを行う直前の時間を指定して，執行官送達により通知を行う方法が採られる（⇒Ⅳ1）。

受訴裁判所が証拠調べをする場合，常にその構成員全員でしなければならな

いわけではなく，受命裁判官に証拠調べをさせることができる（民訴239条）。

3 不服申立て

証拠保全を認める旨の決定に対しては，不服を申し立てることができない（民訴238条）。証拠保全の必要性が一応認められたものについて，その当否を巡って争いがなされることは，この制度が迅速性を基礎にしていることと相容れないからである。また，証拠保全手続がなされたこと自体が，相手方に決定的な不利益を与えるわけでもないことが考慮されている。

これに対して証拠保全の申立てを却下する決定に対しては，申立人は即時抗告を申し立てることができる（民訴328条1項）。

IV 証拠調べの実施

1 証拠調べ期日の呼出し

相手方の立会権を保障するため，一般に証拠調べ期日には相手方を呼び出し，立ち会う機会を保障している。証拠保全手続でもこの点で大きな違いがあるわけではない。しかし，証拠保全手続では，しばしば「証拠の改ざんのおそれ」などがその必要性を基礎づけることがある。この場合に相手方に事前に通知をすることは，改ざんを許すことになり適当でない。そこで，この場合には相手方への通知の時期（直前の通知）や証拠保全手続を実施する場所（相手方の事務所，病院など）につき適切な選択・考慮をすることによりこのような要請をみたしつつ証拠保全手続の実を挙げる必要がある。

2 証拠保全のための証拠調べ

証拠保全手続で行う証拠調べは各証拠方法に即して行われる。人証については，対象となる者の状況に応じて，その者が居住している場所，入院中の病院などで行われることが多い。検証については，不法行為が行われた現場での検証などが代表的である。また，診療録などは，それを保管する病院などで検証が行われる。

3 記録とその利用

証拠保全手続が実施されると，それぞれの証拠方法に従ってその結果が記録され，訴えその記録は証拠保全手続を行った裁判所で保管される。後に別の裁判所に訴えが提起されると，証拠を保管する裁判所書記官は当該記録を本訴が係属している裁判所に送付しなければならない（民訴規154条）。この場合に，原告は訴えを提起するに際して，訴状に一般的な訴状記載事項の他，証拠保全

による証拠調べを行った裁判所及びその証拠保全事件の表示をしなければならない（民訴規54条）。提訴後に証拠保全手続が受訴裁判所以外で行われたときは，その裁判所の裁判所書記官は，受訴裁判所書記官に記録を送付しなければならない。

　証拠保全手続でなされた証拠調べは，本訴で行われる証拠調べと同等の意義を持つ。しかし，証拠保全手続で尋問した証人について，更に後の訴訟手続で当事者が口頭弁論での尋問を申し出た場合，裁判所はその尋問をしなければならないものとされる（民訴242条）。証拠保全手続では，本訴裁判所の裁判官との関係では，直接主義の要請が必ずしも十分でないとの懸念を払拭できない。そこで証人について今一度尋問の可能性が生じた場合は（重篤であった患者が快癒した場合等），この機会を特に保障した。

第10章　終局判決

[本章の概要]

　本章では，終局判決について考察する。終局判決は，訴求された訴訟事件について審理した審級裁判所の訴訟手続を終結させる判決であり，事件に対する裁判所の最終的な回答である。ここではこの終局判決を巡る諸問題を考察することを主要な目的とするが，その前に，判決に関連する一般的事項をも一瞥しておくことにしたい。

　まず第1節では判決全般について序論的考察をする。それに引き続いて第2節では裁判所が行う〈裁判〉の全体を概観して〈判決〉と〈その他の裁判〉との違いを明らかにする。ついで，第3節では，終局判決のうち，訴訟要件の欠缺により本案の判断に至ることなく訴えを却下する〈訴訟判決〉について考察する。第4節では，本案判決の内容形成及びその言渡しなどの手続について考察する。こうして成立した本案判決は，様々な効果を取得するが，その判決が本来求められた効果のうち，第5節ではすべての本案判決が取得する判決の重要な効果である〈既判力〉を，第6節では，給付判決が取得する効果である〈執行力〉を，そして第7節では，形成判決の効果である〈形成力〉について考察する。第8節では，その他に判決が取得する様々な効果について検討し，第9節では，確定した判決の修正の可能性について考察する。

第1節　総　　論

[文献]

井上治典「紛争過程における裁判の役割」同・手続 197 頁

　民事訴訟は，原告が訴えを提起することにより裁判所に対して一定内容の判決を求め，それによって当事者間の法的紛争の終局的解決を図ることを目的とする。もっとも訴えを提起しても自主的意思によって訴訟を終了させる（⇒第7章），当事者の死亡などによる二当事者対立関係の解消により判決によらずに訴訟が終結する場合もあるが，このような事情がなければ，原則として裁判所

は原告から申し立てられた事件について〈判決〉によって決着をつける責務がある。当該審級の手続を終結させる判決を特に〈終局判決〉という。

〈判決〉は，裁判機関である裁判所が行う意思表明行為である〈裁判〉の一つである。もっとも民事訴訟手続で〈裁判〉を行う機関（裁判機関）は裁判所に限られない。そのほかに裁判官もまた独立した裁判機関として裁判を行う場合がある。民事訴訟手続では，これら裁判を行う機関の違いや，裁判に至る過程で行われることが予定される手続の違いに応じて，様々な種類の裁判がなされる。以下ではまず裁判一般について概観した後に，判決について詳細な検討をすることにしよう。

第2節　裁判とその種類

〔文献〕

池田辰夫「裁判の種類」講座民訴⑥65頁

I　意　義

訴え提起によって開始した民事訴訟手続は，通常受訴裁判所の主導・管理のもとに進められる。この過程で，手続に関与しそれを主宰する裁判所その他の裁判機関は，当該手続を進行させるために様々な行為を行い，手続過程で発生し解決が必要となった事項につき必要な判断を示しながら手続を進めなければならない（当事者が行う行為については⇒第6章）。事件について最終的な判断を〈終局判決〉の形で示すことはその最も重要な任務である。これらの手続の過程や審理の最終段階で必要な判断行為を行う主体である裁判機関は裁判所だけではない。裁判官もまた，裁判長として，又は受命裁判官あるいは受託裁判官として，様々な裁判を行うことが予定されている。

本節では，終局判決自体の問題に立ち入る前に，これら裁判機関が行う裁判一般についてその種類や特色を検討し，さらにそのうちの中心的な裁判である〈判決〉について，その種類や意義・特色等について一般的な考察をしよう。

II　裁判所の判断行為

1　裁判の概念

〈裁判〉とは，裁判機関が行う意思表示をいう。民事訴訟が裁判所の終局判決による事件の解決を求めることを基本とした制度である以上，裁判所が行う本案についての最終的な裁判が極めて重要な行為であり，当事者が求める最終目標であることはいうまでもない。しかし，裁判行為は事件について最終的な裁判所の判断行為として行われるだけでなく，手続上様々な局面でもなされる。特に手続のはじめから終結に至るまでそれを裁判所が主導するわが国の手続構造のもとでは，手続上問題となる事項について責任ある裁判機関が裁判によってその都度問題を整序する必要がある。その裁判の種類や判断を必要とする事項，更にそのために必要な手続の違いや裁判機関の違いに応じて裁判は様々な区別がなされるが，その主体たる裁判機関は裁判所及び裁判官に限定される。

　　　手続上は同じく判断行為としての性格を持つものでも，これらの裁判機関が行うのではなく，裁判官以外の職員によって行われる裁判に類した意思表示がある。裁判所書記官や執行官が行う判断行為は〈裁判〉と区別して〈処分〉といわれる。

　†〔例〕　訴訟費用額確定の処分（民訴71条1項，3項）

〈裁判〉は，裁判機関が行う意思表示又は判断行為であり，裁判機関が行う事実行為（例えば，弁論の聴取，証拠取調べ，判決言渡しなど）とも区別される。

2　裁判の種類

(1)　裁判の主体・手続による分類形式

裁判機関が行う〈裁判〉には，それをなす主体及びその前提として行われる手続の違いに応じて，〈判決〉，〈決定〉及び〈命令〉の区別がある。

1)　判　決　　裁判機関として裁判所が行う裁判である。民事訴訟手続の最も根幹の事項につき裁判所が下す判断である。したがって，原告が求める請求について最終的な判断を下す場合や（終局判決），手続の中間で争いになった事項について判断を行う場合（中間判決）は〈判決〉の形式によらなければならない。

〈判決〉によって裁判をするには手続上も原則としてその前提として口頭弁論を開く必要がある（必要的口頭弁論〔民訴87条〕）。またそれは言渡し行為が必要であり（民訴250条），言渡しは原則として判決書の原本に基づいて行わなければならない（民訴252条，例外，民訴254条）。この第一審判決に対する不服の

申立ては〈控訴〉，第二審判決に対する不服申立ては〈上告〉である（詳細は⇒第13章）。

2）決　定　〈決定〉は，民事訴訟法上は訴訟指揮や手続の附随的な問題に関して裁判所が行う裁判である。訴訟指揮に関する決定はいつでも取り消すことができる（民訴120条）。

†〔例〕① **訴訟指揮の裁判**：特別代理人の選改任（民訴35条），訴訟代理人の許可（民訴54条1項但書），弁論の制限・分離・併合（民訴152条1項），期日の指定（民訴93条1項），期間の伸縮（民訴96条1項）等。

② **訴訟手続の附随的な事項（単独制の場合又は合議制の場合）の裁判**：移送の決定（民訴21条），除斥・忌避の裁判（民訴25条），訴訟救助の決定（民訴82条1項），訴訟記録に関する閲覧制限（民訴92条1項），受継についての裁判（民訴128条1項），証人不出頭の際の過料の裁判（民訴192条），証言拒絶に対する裁判（民訴199条1項），文書提出命令（民訴223条1項），証拠保全の決定（民訴237条），第一審裁判所による控訴の却下（民訴287条1項），原裁判所による上告却下（民訴316条1項）等。

〈決定〉は判決とは異なり口頭弁論を開くか否かが裁判所の裁量に委ねられる（民訴87条1項但書）。また言渡しは必要ではなく，相当と認める方法で告知すれば足りる（民訴119条）。決定に対する不服申立ての方法は抗告又は再抗告である（⇒第13章第4節）。

3）命　令　〈命令〉もまた民事訴訟手続において必要な訴訟指揮及び派生的に発生した事項について裁判官が行う裁判である[1]。

†〔例〕① **裁判長として行う場合**：訴状却下の命令（民訴137条2項），控訴状の審査（民訴288条），原裁判所裁判長による上告状の審査（民訴314条2項）等。

② **受命裁判官（裁判長による指定につき，民訴規31条）として行う場合**：審尋（民訴88条），和解の試み（民訴89条），弁論準備手続（民訴171条1項），証人尋問（民訴185条，195条），高裁における書面による準備手続（民訴176条1項），大規模事件の場合の裁判所内での証人または当事者尋問（民訴268条）等。

③ **受託裁判官（裁79条参照）として行う場合**：和解（民訴89条），裁判所外の証拠調べ（民訴185条）等。

決定と同様，〈命令〉についても効力の発生に必要な特別の方式は存在せず，

---

[1] 「命令」という名称が付いた裁判であっても性質が〈決定〉であるものが存在することに注意が必要である。例えば，「文書提出命令」（民訴223条）は裁判所が発する〈決定〉である。同条1項は「決定で」と明示する。

「相当と認める方法」で告知をすれば足りる（民訴119条）。命令に対する不服申立ては抗告又は再抗告である（詳細は⇒第13章第4節Ⅰ）。

　4）　判事補の権限　　決定及び命令は判事補も単独で行うことができる。

（2）　判決の分類

判決はその内容から以下の区別がなされる。

　1）　終局判決と中間判決　　〈終局判決〉は，係属する訴訟の全部又はその一部について当該審級での手続を完結する判決をいう。終局判決をなすためには，訴訟の全部又は一部について裁判に熟することが必要である（民訴243条）。終局判決自体についても，審判の範囲との関係で，それが審判事項の全部について判断をする場合を〈全部判決〉，一部のみについて判断をする場合を〈一部判決〉という（この両者については⇒2））。

　終局判決の内容が本案，即ち訴訟物である権利・法律関係自体についての判断である判決を〈本案判決〉という。〈本案判決〉は，原告の申立てを認容する判決では，その申立ての内容に応じて，給付，確認，形成の訴え類型（⇒第4章）に応じた判決がなされる。請求を棄却する判決は，確認判決の性質を持つ。本案を判断するための前提となる事項である訴訟要件が不存在であることから本案についての判断を拒否し訴えを却下する判決を〈訴訟判決〉という（訴訟判決については⇒第3節，本案判決については⇒第4節以下）。

　〈中間判決〉は終局判決に対立する概念である。中間判決は，受訴裁判所が独立した攻撃又は防御方法，その他中間の争い，請求の原因及び数額について争いがある場合に，その原因について裁判をするのに熟したときになす裁判である（民訴245条）。いずれも，主として手続の過程で生じた中間的な争いに対して裁判所がその判断を示すことによって最終的な判断に至る訴訟手続を整序し，以後当事者が行う訴訟上の攻撃・防御行為のために明確な指針を示すことで審理の対象を明確にし，散漫な手続進行を避ける点に存在意義がある。その裁判は，これらの事項の存否について確認をする形式でなされる。

　〈中間判決〉は，訴訟指揮の問題として裁判所がその裁量に基づいてなす裁判である。裁判所はこれらの事項についてあえて中間判決を行わずに終局判決まで持ち越し，その中で判断をすることも許される。中間判決は当事者の申立てに基づいて行うわけではない[2]。

　2）　中間確認の訴え（⇒第11章第3節）との違いに注意。中間確認の訴えは，当事者の申立てにより行われる裁判所の判決である。

ⅰ) 中間判決の対象　　中間判決の対象とされる事項には，次の３種類の事項がある。
　① 独立の攻撃・防御方法　　他の攻撃・防御方法から独立した権利関係やその他法律関係を基礎づける事項をいう。独立した権利取得事項（例えば，売買，取得時効など），権利消滅に関する事項（例えば，弁済，相殺など）がこれにあたる。これに対して，権利発生原因を構成する個々の要件事実についての判断はこれにはあたらない。これらの権利発生原因事実の一部を個別的に確認しても，それだけで権利発生自体が明確になるわけではないからである。したがってこれらの事実の存否について，いちいち中間判決で確定することはできない。
　② 中間の争い　　訴訟手続の進行に関して，中間的に当事者間で争われている事項で口頭弁論に基づいて判断すべき事項に関する裁判所の判断である。
　　†〔例〕　訴訟要件に関する訴訟内紛争（裁判権等）につき訴訟要件が存在する旨の判断，訴え取下げの効力に関する争いにつき訴え取下げの効力がないとの判断，訴訟上の和解の効力を否定する判断等。

　もっとも，それによって直ちに訴訟手続を終結すべき結論となる場合は終局判決となる。
　　†〔例〕　訴訟要件の不存在により訴え却下の場合，訴え取下げが有効で訴訟が終了した場合，訴訟上の和解が有効で訴訟が終了した場合等では訴訟終了の宣言がなされる。

　③ 原因判決　　一定金額の支払請求訴訟で，その請求の原因と金額の双方に争いがある場合はその原因が中間判決の対象となる。このような訴訟では，請求の原因が存在する場合にはじめてその数額が問題になりうる。請求の原因事項の存在が否定されれば，金額について算定をすることは無駄となるので，前提となる請求の原因についてまず中間判決で明確にすることにした。この場合に請求原因事実の存在を認める判決を〈原因判決〉という。原因の存在が否定される場合は，請求を棄却する終局判決をなす。
　ⅱ) 中間判決の効力　　中間判決は，訴訟物である権利・法律関係自体について裁判をするのではないから，後の裁判所に対する判決の内容的拘束力である既判力は持たない。中間判決は，当該訴訟における審理過程を整序し，終局判決を行うために前提となる事項を予め裁判所が判決によって明確にすることを目的とする制度であるから，中間判決は当該訴訟手続のなかで裁判所を拘

束する（裁判所に対する自己拘束力）。この拘束力がなければ，当事者は事後の攻撃・防御行為を行うために必要な明確な基礎を欠くから，中間判決はその存在意義を失う。

中間判決に対して独立した上訴は認められず，中間判決を前提として判断された終局判決に対する上訴の中で，中間判決に対する不服も申し立てることができるにすぎない（民訴283条参照)[3]。中間判決は，当該審級の終局判決を下すためになされるから，当該中間判決を前提にした終局判決がなされた後上訴が提起された場合には，原審の中間判決は上訴裁判所を拘束しない。したがって，中間判決に対する不服も，控訴審は続審として判断することができる。

2）　全部判決と一部判決　　一つの訴訟手続で求められている事項のすべてについて裁判所が下す判決を〈全部判決〉という。これに対して，その一部についてのみ下す判決を〈一部判決〉という。

裁判所は，事件について裁判をするに熟したときは終局判決をすることができるが（民訴243条1項)，一つの訴訟事件で数個の請求がなされている場合に，その一部について裁判をするのに熟した場合にはその部分のみについて判決をすませることによって，事件の処理を迅速にする趣旨である。この一部判決も終局判決であり，それのみが上訴の対象になる。

一部判決をすることが許されるためには，その部分が他の部分から独立して終局判決をなすことができる場合でなければならない。この場合には，その一部につき弁論の分離がなされ，裁判をするに熟した部分について判断がなされる。したがって，訴えの客観的併合の場合には，それぞれの請求間で条件関係にないことが必要である。例えば，主請求と予備的請求のように前者と後者の間で（解除）条件関係がある場合のように相互に依存した関係がある場合には一部判決をすることはできない。

> 主観的併合（⇒第12章第2節）の場合にも，相互に独立性がある場合には一部判決が許される。したがって原則として通常共同訴訟の場合がこれに該当する。ただし，通常共同訴訟に属する場合でも〈同時審判の申出〉がある場合については両請求が依存関係にあり，常に同時審判が必要とされるから，一部判決をすることはできない（同時審判の申出については⇒第12章第2節Ⅲ）。

---

[3]　ドイツ民訴法では，原因に関する中間判決に対しては上訴が許されている。この判決は，上訴との関係では終局判決とみなされる（ド民訴304条2項）。

第3節　訴訟要件の審理と判断

〔文献〕
坂口裕英「訴え却下判決と請求棄却判決」講座民訴⑥89頁，鈴木正裕「訴訟要件と本案要件との審理順序」民商57巻4号507頁，高橋宏志「訴訟要件」同・重点(下) 1頁，竹下守夫「訴訟要件をめぐる二，三の問題」司研65号1頁

I　意　義

　裁判所は，本案に関する判断を行う過程で訴訟要件が存在しないことが明らかになった場合，当該訴えにつき終局判決により訴えを不適法として〈却下〉しなければならない。訴訟要件は，既に見たように（⇒第4章第2節），裁判所が本案判決をするために必要な要件であり，これが存在しないことが明白な場合は本案に関する判断をすることができず，審理を打ち切る必要がある。この場合には本案に対する判決と区別して訴えを〈却下〉する形式でなす。この判決は〈訴訟判決〉といわれる。

II　訴訟要件の審理

1　訴訟要件の多様性と審理

　裁判所が事件の実体的な事項（本案）について判決をするにあたり，その前提として訴訟要件の審査・判断が必要であるとされる。

　今日では一般に訴訟要件は〈本案判決の要件〉と理解されており，その要件が欠けていることが明らかになれば裁判所は本案判決をすることができないと考えられている。もっとも，〈本案〉について〈判決〉をすることができないことを意味するにすぎず，手続的に本案の〈審理〉自体を並行して行うことが排除されるわけではない[4]。また訴訟要件の有無は裁判所は原則として職権で調査すべきであり，当事者の援用を待って行われるものではないとされる。

　訴訟要件審理の上記の一般原則に対して若干の例外があり，これらの訴訟要件の審理は本案審理に先立って提出される被告の抗弁を待ってなされる。被告

---

[4]　この意味で，ドイツでも「訴訟要件」という伝統的な呼称は内容を正確に表現したものではなく，むしろ「本案判決要件」という方が適切であり，更には「本案についての弁論要件（Sachverhandlungsvoraussetzungen）」ともいわれる（*Schilken*, ZPR, Rdnr. 254.)。

側は，これらの抗弁を，本案についての審理に入る前に提出する必要がある。その結果この事由が存在すれば，訴訟手続の審理自体が排除される。抗弁が提出されなければ裁判所はそのまま本案についての審理を続け，被告はもはや後から抗弁を提出することができなくなる。これらを〈訴訟阻却事由〉という。

†〔例〕① **仲裁契約の抗弁** 訴訟物である権利関係について当事者間に仲裁合意が存在するにかかわらず，原告がこの権利関係に関して国家裁判所に訴えを提起した場合，被告は〈仲裁契約の抗弁〉を提出することができる。これに基づいて審理の結果，有効な仲裁合意が存在することが証明されれば，国家裁判所の審判権は排除され，訴えは不適法却下されなければならない（仲裁14条1項）。仲裁合意の申立ては被告が本案の弁論をする前又は弁論準備手続での申述をする前にしなければならない（仲裁14条1項3号）。

② **不起訴の合意** 当事者間で，提起された訴訟物である権利関係について，不起訴の合意（⇒第6章第4節）がなされているにもかかわらず，原告が訴えを提起した場合，明文規定はないが，被告側からの主張により当該不起訴の合意が有効になされていることが証明されれば，この合意の効果として訴えが却下されるべきである[5]。

③ **訴訟費用の担保提供がなされていない場合** 原告が日本国内に住所，事務所及び営業所を有しないときは，裁判所は被告の申立てにより決定で，訴訟費用の担保を立てるべきことを命じなければならず，この申立てをした被告は原告が担保を立てるまで応訴を拒むことができる（民訴75条⇒第15章第3節）。

2 訴訟要件の審理と本案の審理

(1) 訴訟要件に関する二つの審理モデル

訴訟要件は裁判所が本案判決をするための前提要件とされる。そこで訴訟手続で裁判所がこれを審理するにあたりどのような順序で行うのか，その結果をどのような形で示すか，またその裁判にどのような効力があるのかが問題になる。

> 本案の審理と訴訟要件の審理との審理順序の関係に関して制度的にみると大別して2種類の異なった審理の手続モデルがある（高橋〔文献〕1頁）。
> ① **段階審理方式** 両者の審理手続につき段階を設け，まず訴訟要件についての審理を行い，訴訟要件の存否については，訴訟要件が存在する場合にはその旨を

[5) 訴訟上の合意の効力に関しては，合意の訴訟法上の直接の効果を認めるべきである（訴訟行為説）。実体法上の行為と位置づけたうえで，合意により訴えの利益が喪失するとの見解があるが，迂遠であることについては上述箇所（⇒第6章第4節）を参照。

中間判決で確認した後に本案に関する事項についての審理に入る方法である。手続が厳格な段階的構造になっている点に特徴がある。具体的形態には変遷があるが基本的にかつてのドイツ普通法訴訟で行われていた方法である。また現行法も再審の訴えでは，例外的に再審要件とその後の本案に関する訴訟手続との関係では段階的構造を採用している（⇒第13章第5節Ⅱ）。

② 並行審理方式　厳格に二分した手続を採用せず，本案に関する事項の審理と並行して必要に応じて訴訟要件についての審理・判断を行う制度である。

わが国の現行民訴手続は基本的に訴訟要件の審理と本案の審理につき並行審理方式を採用している。したがって一般に訴訟要件と本案について審理の順序の厳格な定めはなく，裁判所は自由にその審理をし判断をすることができるのが原則である。しかし，訴訟要件の種類・性質によっては本案の審理に立ち入る前にまずその審理・判断を行うことが必要なものがある。特に裁判所の権限に関わる事項など（裁判権，管轄権）は，そもそもその裁判所が審理判断を行うことができるか否かを決定する審理判断権限に関わる前提事項であり，本案の判断に先立ちその審理判断を行う必要がある。この場合に裁判所はその結論について中間判決で判断を示すことができる。ただ，これとても厳格に二分された手続の区切りとして行われるわけではなく，中間判決を行うか否かも裁判所の裁量に委ねられる。

(2)　本案の判断と訴訟要件の存在

裁判所が事件の判断をするに際して，訴訟要件が存在しないことが明白になった場合は，本案判決をすることができない。反対に，裁判所が本案の判断を行う場合には，必ず訴訟要件の存在が前提になるのか，特に必ずその積極的確認を要するのかが問題になる。

一般に訴訟要件が本案判決のための要件であることから，訴訟要件の存在を確認してはじめて本案についての判断をすることができるのだとされる。このような通説的見解によれば，本案判決の前提として訴訟要件の存否の判断が行われなければならないから，両者が並行して審理され，先に本案判決要件が存在しないことが明らかになっても，なお訴訟要件の存否が不明である間は，その存在が明らかになるまで本案についての判断をすることはできない。またそれは原則として職権調査事項であるから，裁判所は当事者からの指摘がなくても訴訟要件の審査をすべきだとされる。いずれにしてもこの場合原告は結論的に敗訴を免れず，訴え却下又は請求棄却の終局判決を得るにすぎないが，訴訟

要件の存在が不明確なままで請求棄却の判断をすることはできないと説かれる。

　これに対して，本案についていずれにせよ請求が棄却されることが明らかであれば，さらに訴訟要件の審理を続ける必要はなく，請求棄却の判決をすることができるとする見解がある。この見解も，大別すれば訴訟要件の理解について根本的に異なる二つの立場がある。一つは，訴訟要件の種類は様々で，これらを一律に判断するのではなく個別的に見て被告保護の色彩が強い訴訟要件（例，訴えの利益，抗弁事項）はその存否が不明でも請求棄却判決をすることができるという（鈴木〔文献〕507頁）。これに対して，訴訟要件自体の位置づけに関して根本的な疑問を提示し，訴訟要件は本案判決要件ではなく単なる訴訟阻却要件にすぎないとの見解もある。この見解によれば，その欠缺が訴訟で現れない限り本案判決をすることが可能であり，その欠缺が明らかになってはじめて訴訟手続で審理する価値が否定されるという（坂口裕英「訴訟要件論と訴訟阻却（抗弁）事由」小山昇ほか編・裁判法の諸問題（中）〈兼子博子還暦記念〉〔有斐閣・1969〕223頁以下，244頁）。

　訴訟要件は若干の妨訴抗弁を除き，一般にそれらは裁判所が職権で考慮すべき事由である。しかしこのことはこれらの訴訟要件のすべてについて，裁判所がその存在を積極的に〈職権探知〉をして確認しなければならないことを意味しない。裁判所の職権探知が求められるものについては，裁判所はその責任で当該訴訟要件の存在を確定しなければならない。また訴訟要件には裁判所による職権調査ができるとされるものもある。この場合に裁判所は，訴訟要件の存在について疑念があればその旨を示唆し当事者に必要な資料を提出を求めうる。裁判所は当事者の主張責任などには制約されずに資料の調査が可能であるが，それによっても十分な判断がつかない場合に，裁判所はあくまでもその解明のためにのみ訴訟手続を続ける必要はない。この場合の取扱いにつき通説によれば，存在が明確でなければ結局この訴えを却下することになる。しかし，訴訟要件がすべて明確に存在することを確認しなければ本案判断をしてはならないことまで意味しない。積極的に存在することが確実ではなくても蓋然性が高ければ，明確に不存在であることが確認されない限り，一般には訴訟要件が存在するものとして請求棄却の本案の判断をしてもよいといえよう[6]。

Ⅲ　訴訟判決の機能と効力

　訴訟要件は裁判所がその判決によって当事者間の法的紛争を解決するにあたり，

---

6) ドイツの通説は，訴訟要件について原告に主張・証明責任があるという（*Schilken*, ZPR, Rdnr. 332.）。

当事者の主張する権利・法律関係（本案）の当否につき判断をするための前提事由である（⇒第4章第2節Ⅰ）。この訴訟要件が欠けていることが明白であれば，裁判所は本案について判断をすることができない。この旨を明らかにするために，本案に対する判断とは区別して訴えは不適法であり「却下」する判決をする[7]。この判決は，訴訟の対象になっている訴訟上の請求（訴訟物である権利関係）の内容に立ち入った判断をしない旨の判決である。

　訴訟要件が存在しないとする裁判所の判決は，原告にとっては求めた判決内容を獲得できない点で請求棄却の場合と共通し，いわゆる「敗訴」判決である。しかし，訴訟要件の不存在を理由に訴えを却下する判決は，問題とされた訴訟要件の種類に応じていくつかの異なった機能がある。

　① 裁判所の審判権に関わる訴訟要件　受訴裁判所がその事件について審理し判断をする権限を持つか否か自体に関する事項であり，わが国の裁判権行使の限界に関わる。この訴訟要件が存在しなければ，当該受訴裁判所はその事件について裁判権限自体がないから訴えを却下して直ちに訴訟手続を打ち切らなければならない。渉外的な事件では，しばしばどこの国の裁判所で訴訟を行うかが極めて重要であり，この点を巡る激しい攻防がなされる。この点に争いがあり審理の結果わが国の裁判所が審理の権限を有すると判断する場合は，そのまま本案について審理を続けるのではなく，中間判決でその旨を明らかにすることが望ましい（⇒第2節Ⅱ2）。訴え却下判決は，被告にとっては原告提訴の裁判所の裁判権限自体を否定した判決であり，他方で請求棄却は裁判権に服した結果としてなされた本案判断であることから，両者は機能的に大きく異なる。裁判権不存在を理由に訴え却下を求めたにかかわらずそれが認められず請求棄却となった場合には，審判権を争うために被告にも上訴の利益が肯定されるべきである（後述⇒第13章第1節Ⅲ5）。

　② 憲法上の要請から裁判所の裁判権限が否定される場合　この要件は，当該紛争の解決のために国家機関である裁判所を利用することを問題視するものである。これが否定されて，訴え却下判決がなされれば，当事者間の紛争解決につき当該訴訟物に関して裁判所がその裁判権限の行使を自制する意味を持つ。これは公益的観点からの訴え却下の形をとるが，原告にとってはその請求についてはそもそも裁判所での権利行使をすることができないことを意味する。どの限度で裁判所が本案判断をするかは請求や争点の性質という紛争の実体によって定まり，「憲法訴訟」の形になることが稀でない。被告にとっても裁判所が実体判断をすること自体が憲法問題となるために裁判所の関与を拒絶し裁判権を否定する主張がなされることが多

---

[7] 訴権論の権利保護請求権説によれば，権利保護の要件として訴訟要件と実体的権利の存在とは明確には区別されず，判決の形式も原告敗訴判決はすべて〈請求棄却〉された。訴訟判決を本案判決と区別する考え方の定着は，本案判決請求権説の一般化による。

③ 訴えの利益や当事者適格の不存在を理由とする訴え却下　裁判所における紛争解決の実効性を確保するために不可欠な紛争対象でないこと，当事者として正当な地位にないことを理由とする。この意味で，その訴訟要件の不存在は，当事者間での紛争解決に判決が及ぼす実効性の判断を内包しているともいえる。反対に本案判決がなされた場合，その当事者は適格を有するとの判断を含有する。

第4節　本案判決の内容形成と判決の成立

〔文献〕

岩松三郎「民事裁判における合議」同・民事裁判の研究（弘文堂・1961）1頁，倉田卓次「裁判内容の形成と判決書」講座民訴⑥21頁，吉川愼一「判決書」理論と実務（下）111頁，河野正憲「申立事項と判決事項」争点3版136頁

I　意　義

1　判決言渡し

終局判決は当事者に対する〈言渡し〉によって効力を生じる（民訴250条）。裁判所は判決を言い渡すにあたり，予め判決内容を形成し確認しておかなければならない。予め形成・確認された判決内容は更に判決書の形式で文書化しその〈原本〉を作成し，これに基づいて判決を公開法廷で当事者に言い渡すのが原則である（民訴252条）。

　〈判決書〉には異なった種類がある。まず，判決の基本となる文書として〈判決原本〉がある。これは作成された後，裁判所に保存される（その保存期間は50年である）。また，判決書として正式の文書となり，当事者に交付されて強制執行などで利用されるために効力を有する判決内容が記載された文書を〈判決正本〉という。判決正本は各当事者及び補助参加人に送達されるから，それは当事者等の数だけ作成する必要がある。判決に基づいて強制執行を行う場合には，この正本に基づいて強制執行の申立てがなされる。これとは別に，判決内容をそのままの形で再生した文書を〈判決謄本〉という。これは，他の訴訟手続やその他の手続などで判決の内容を証明する場合などに用いられる。

2　判決内容の形成に関与することができる裁判官（直接主義）

判決内容を形成するためには，直接主義の要請により（⇒第5章第5節Ⅳ），

当該事件審理の「基本となる口頭弁論」に直接関与した裁判官のみが事件を判断し，判決を行うことができるのが原則である（民訴249条1項）。もっとも，この直接主義の要請はその厳密な意味で貫かれているわけではない。

II 判決内容の形成

1 裁判をするのに熟したこと

裁判所は，事件の審理が「裁判をするのに熟した」と判断される場合には弁論を終結し，終局判決を下す（民訴243条1項）。

裁判所が事件の審理を進めるにあたりどのような状態に達したときに審理を打ち切り，事件について終局的な判断をすることができるのかを決定するための規準となる状態につき法律は，「裁判をするのに熟したとき」であるとしている（この問題につき，太田勝造『「訴訟カ裁判ヲ為スニ熟スルトキ」について』新堂編・特別講義429頁）。これは，裁判所が当該事件について十分に審理を尽くしたと判断する心証に達した状態であり，その決定は一般には裁判所の裁量的判断だとされる。裁判所はいったんは裁判をするのに熟したと判断して口頭弁論の終結を宣言してもなお審理が不十分であり，心証を得るのに更に審理が必要だと判断される場合は弁論を再開して，審理を続けることができる。

2 評 決

単独審では，担当裁判官がその心証に基づいて事件の判断をすればよい。これに対して合議体では裁判内容を確定するために，裁判内容について担当する複数の裁判官が合議をしたうえでその結論を出さなければならない。その際，裁判官同士で見解に相違があれば，結論を出すために〈評決〉がなされる必要がある。

合議体で評決をするに際しては，事件判断に必要な判決理由となる論点ごとに一つひとつ評決を行い，最高裁判所が特別の定めをした場合を除き，過半数で決定しなければならい（裁77条1項）。その際，各裁判官は，各論点毎に評決を行い，各論点につき結果が自らの意見とは異なる意見が全体の意見となった場合には，次の論点では，この多数意見を前提としなければならない[8]。また，数額について意見が3説以上に分かれ，その説が各々過半数に至らないときは，過半数になるまで最も多額の意見の数を順次少額の意見の数に加え，その中で最も少額の意見によるとしている（裁77条2項1号）。もっとも現実の審理では担当裁判官の起案した判決文について裁判官同士の意見の交換で自ずと結論が決まることが多いといわれる。

3 審理の現状による裁判

裁判所が弁論を終結し終局判決をすることができるのは，原則として訴訟が

「裁判をするのに熟したとき」である。しかし，未だこのように裁判をするのに熟していない場合であってもなお裁判をすることを認めなければならないことがある。それは，当事者の手続懈怠によって審理が進まず，これ以上手続を進めようがない場合である。このような場合に備えて，裁判所は当事者の双方又は一方が口頭弁論期日に出頭せず，又は弁論をしないで退廷をした場合に，審理の現状及び当事者の訴訟追行の状況を考慮して相当と認めるときは，終局判決をすることができるものとした（民訴 244 条）。これを「審理の現状による判決」という（⇒第 8 章第 7 節Ⅳ 3）。裁判所が実際には事件の実体を十分に解明してはいないのにかかわらず，この状態で裁判所が最終的な判断をすることができるのは，専ら当事者の訴訟追行行為を懈怠したことによりこれ以上訴訟手続を進めることが期待できない状態が生じたからである。もっとも，定められた口頭弁論期日等に当事者双方が欠席し，その後 1 月内に期日指定の申立てをしない場合は訴え取下げの擬制をすることができる（民訴 263 条）。したがって，これとの対比のうえで，実体判断をすることが妥当だと判断する場合に，裁判所は本条による判決をすることになる（加藤新太郎「不熱心訴訟追行に対する措置②」大系(3) 300 頁，314 頁）。

当事者の一方が口頭弁論期日に出頭しない場合等においては，出頭した相手方の申出がある場合にのみ審理の現状に基づく判決をすることができる（民訴 244 条但書）。もっとも，判断結果が出席をした申立人に不利となる場合にもこの判決をすべきかについては問題があろう（加藤・前掲 321 頁）。なお，この規定による判決とするとして判決期日が指定された場合に，当事者は弁論再開（民訴 153 条）を求めることができる。

なおこの規定は，人事訴訟には適用されない（人訴 19 条）。人事訴訟では，訴訟当事者の手続における自己責任原則に基づいた不利益処分が否定されてお

---

8) 各裁判官の個人的心証としては結論的に請求棄却と考えても，各争点毎の評決の結果，合議体の判断（右端欄）はこれに反することがありうる（下表参照）。

裁判官	A	B	C	事項別評決結果
売買契約成立	×	○	○	○
錯　誤	×	×	○	×
弁　済	×	○	×	×
時　効	○	×	×	×
各裁判官の判断	×	×	×	○

り，訴訟追行行為の懈怠の結果を直截に訴訟の結果に反映することは適切ではないからである。

Ⅲ　申立事項と判決事項

1　判決内容形成の要件

裁判所は終局判決をするにあたり，その判断内容を形成するためにはどのような事項につきどの限度で判決をなしうるのか，裁判所の判断権限が予め明確でなければならない。

裁判所の終局判決は，本来原告が申し立てた判決要求である一定の〈訴訟上の請求〉に対して，その当否を判断することである。そこで，裁判所の判断の意義を，字義通り原告が求める請求の当否であると厳密に考えれば，その判断内容は主張されている請求が認められるか否かの二者択一となる。

　†〔例〕　原告の所有権の確認請求や離婚請求事件ではその請求の当否自体が問題であり，裁判所の判断は原告の請求を認容して，目的物の所有権が原告に帰属すると宣言し，離婚訴訟では原告と被告が離婚することを宣言するか，あるいはこれらを否定するのかの判断を行うことが求められている。

しかし，請求内容によっては一般に，判決内容を確定するに際して原告の請求の当否を二者択一的に判断するのみでは十分でない場合がある。例えば一定の金額の支払が請求された事件では，原告にその請求権が存在するという判断の基礎は承認されても，それに基づいて原告が請求する一定金額と，これに対して裁判所が認定した金額とが厳密には一致しない場合がある。この場合にも，裁判所に許される判断は，基本的に原告の請求に対する当否の回答のみだとしてこれを厳格に貫けば，裁判所の得た結論が原告の請求内容と少しでも齟齬する限り，その請求を認容することはできず，結局請求を棄却せざるを得ない。しかし，この結論はあまりに形式的で現実的でない。裁判所が得た判断内容が，たとえ原告の求める判決内容と齟齬する場合であってもなお，裁判所の認定に即して判決をすることが許される場合があるのではないかが問われる。

裁判所が判断内容を形成するにあたり，第一に前提とすべき基本原則は〈処分権主義〉である（⇒第5章第4節Ⅰ）。〈処分権主義〉によれば，裁判所の判断内容は当事者（原告）の裁判要求に拘束される。処分権主義は審判対象を特定するについて当事者と裁判所との間での権限とその責任とを明らかにした原則であり，専ら当事者の自律的判断と自己責任によって審判対象が特定・限定さ

れ，裁判所はこの制限を逸脱することができない。現行法は明文で，「裁判所は，当事者が申し立てていない事項について，判決をすることができない」(民訴246条)と定めてこの原則を宣言している。この裁判所に対する拘束力は，当事者が申し立てない事由について裁判所が判決をすることができないことを明確にして，当事者(被告)が予期しない内容の判決を受けることを防止した。その結果，一定金額の支払請求訴訟では，訴訟当事者は敗訴した場合に当該訴訟で被る可能性がある最大限の不利益を予測することができる等の配慮をして不意打ちを防止し，手続の結果被りうる不利益の予測可能性を確保した。

　この処分権主義による当事者の自己責任原理を実現するためには，まず訴え提起に際して原告が一定の内容の判決を求める旨を具体的に示し，求める判決内容を明示しなければならない(⇒第3章第3節Ⅱ)。そもそも請求が特定されていなければ，裁判所にとっては具体的にどのような判決をすべきかが明確でなく，判決をすることさえできない。相手方も具体的に防御をすることができず，極めて不当な結果となりうる。

　　† 〔例〕　**原告が求める判決内容の具体例：給付訴訟**では金1000万円の支払を求める，一定の物の引渡しを求める，特定の目的不動産の登記名義の移転を求める等。**確認訴訟**では，特定の不動産が原告の所有に属することの確認を求める，原告は被告との間で被告が主張する特定の債務が存在し又は存在しないことの確認を求める等。**形成訴訟**では，特定の日時に行われた株主総会決議を取り消す判決を求める，被告との間で離婚を求める等。

2　申立事項による制約

1)　**原　　則**　　裁判所が終局判決をなすにあたりその実体判断の対象となるのは，原告が申し立てた具体的内容の請求であり，原告の申立て又は被告の反訴の当否を判断することが中心になる。裁判所は当事者が申し立てた事項を越えた救済を与えることはできない。

2)　**一部認容判決**　　申立事項に拘束される結果，裁判所が認定した結果と当事者が申し立てた事項との間に齟齬があっても裁判所の認定が当事者の主張を越えない限度で救済をすることができる。裁判所は，当事者の申立事項の一部である限り，裁判所が認定した額につきその請求を認容することができる。これを〈一部認容判決〉という。どの限度で請求の一部を認容することができるのかの判断は，結局原告の請求の意思解釈による。分量的一部について一部認容が認められるのは当然だが，性質上一部と考えられる場合にも一部判決と

することができると解すべきである。

　†〔例〕**給付訴訟**：① **分量的に一部の場合**　1000万円の貸金債権の請求訴訟で500万円の債権が存在すると認定された場合にはその限度で支払を命じる。
　② **性質上一部の場合**　一時金請求に対して定期金給付を命じる場合，性質上一部認容とされる。
　債務不存在確認訴訟：1000万円を超えて債務が存在しないことの確認を求める訴訟で，債務が1200万円を超えて存在しないと判断する場合は一部認容である。

　3）**例　外**　判決にあたり裁判所は原則として当事者の申立事項に拘束されるとの原則には次の例外がある。
　① **付随事項の裁判**　訴訟費用の負担に関する裁判（民訴67条1項⇒第15章第2節Ⅱ），仮執行宣言及びその免脱宣言については当事者の申立て又は職権で裁判をすることができる（民訴259条）。これらは終局判決の中心部分ではなくその付随的な部分であり，処分権主義の適用がないからである。
　② **形式的形成訴訟**　形式的形成訴訟とされる類型では，紛争の形式が当事者の権利処分を基礎にしたものではなく，そもそも裁判所は当事者の申立てに拘束されない（⇒第3章第1節Ⅱ5）。
　③ **損害賠償額の認定の特則（民訴248条）**　損害の発生自体は認定されておりながら損害の額の認定が困難な場合には，その立証が十分でないことを理由に請求自体を棄却してしまうことが公平感に反するからであり，原告は金額を明示しなければならないが，一応の目安としてであり，その限度で裁判所は申立事項に拘束されないというべきである（⇒第9章第3節Ⅲ）。
　④ **少額訴訟手続の判決の場合**　裁判所は特に申立てがなくても支払猶予や分割払いを命じることができる等の権限を有する（民訴375条）。性質上の一部認容ともみうるが，特に明文で承認した。

Ⅳ　判決書と判決言渡し

1　意　　義

　終局判決は言渡しによって判決としての効力を生じる（民訴250条）。この判決言渡しは原則として〈判決原本〉に基づいて行わなければならない（民訴252条）。ただし，被告が全く争わなかった場合には例外的に判決書の作成を免除している（⇒5⑵）。民事訴訟手続で，判決書の作成は裁判官にとって極めて重要な作業である。判決書の記載事項は最低限を法律で定めているにすぎず

(民訴253条1項各号)，多くは裁判所の裁量に委ねている（判決書については，吉川〔文献〕111頁）。判決書の具体的記載は，判決書の持つ趣旨に即してなされなければならない。

2 判決書の機能

判決はその審級で行われた手続の集大成として裁判所が当該事件に対して行った最終判断であるが，その結論だけでなく，結論に至る推論の過程を書面で明らかにしたものが〈判決書〉である。裁判所の判断は，単にその結論だけでなく，その過程に至る理由が重要である。これは，裁判所の判断が法的要求に即して行われたこと，またその判断内容が妥当なものであることを検証する必要があるからに他ならない。このような検証は，第一には訴訟当事者の側から要求される。当事者としては裁判所がなした結論が，裁判所の示す判決理由によって十分に正当化されるのかを知りうるものでなければならない。

判決書の第一の機能は，裁判所の判決を求めた当事者の裁判要求に応えて裁判所が行う回答である。その内容を正確に伝えるために書面で行われる。その際，当事者にとって判決内容が説得力を有することを確保し明らかにするためには単にその結論だけではなく，その理由も示す必要がある。判断の正しい理解のために理由を付した判断を当事者に伝える点に判決書の存在理由がある[9]。また当事者が判決に不服がある場合にも，裁判所の判断のどの部分に問題があるのかを判断するにあたり判決書に示された理由が手掛かりとなる。当事者が上訴をして判決の是正を求めるに際して事実認定や法的判断について原審裁判所が具体的にどのような判断過程を経て結論に至ったのかを知ることができるのは専ら判決書によってであるからである。

第二に，確定判決によって当事者間の将来の権利関係を明確にし，その同じ問題点についての紛争再発を防止しなければならず，その蒸し返しを排除しなければならない。そのためには裁判所がどのような判断をしたのかが将来的にも明確である必要がある。こうして判決書は，当事者間において判決で確定された関係を確認し示すための重要な証拠となる公的文書である。

第三に，給付判決については判決正本が強制執行の債務名義となることから，裁判所の判断の内容が，強制執行手続との関係でも明確である必要がある。

---

[9] 従来，判決書の機能について様々な指摘がなされてきた。その際，多くは専ら裁判所からの観点を中心としており，裁判所における作成・審理の便宜，控訴審裁判所からの観点等が中心であった。吉川〔文献〕もこのような観点が中心となっている。

こうして，一定内容の判決書が作成され，その原本は裁判所に保管され，正本は当事者に送達される。また必要に応じて当事者や利害関係人は判決の謄本を取得することができる。

3 判決書の記載事項

判決書の重要性に鑑みて，法律上判決書には以下の事項を最低限必要な事項として記載しなければならない（民訴253条1項)[10]。

① 主　文　　原告の求める請求に対して裁判所が示す最終的な判断である。原告の請求がそのまま認容されるときは，その請求に応じて，給付請求の場合には原告の請求に沿って，金額請求では，「被告は原告に対して〇〇円を支払え」，物の引渡しなどでは「被告は原告に本件〇〇を引き渡せ」等，確認訴訟では，「本件〇〇の土地は原告の所有であることを確認する」，形成訴訟では「原告と被告を離婚する」等の主文を示した判決をする。これに対して，原告の言い分が認められないときは，「原告の請求を棄却する」とのみ記載される。また，訴訟要件が存在せず不適法な訴えについては，「本件訴えを却下する。」と記載される。

上訴審では，申し立てられた上訴行為に対する裁判所の応答の形で表示される（具体的内容については⇒第13章第2節Ⅳ4，第3節Ⅳ2）。

この他に裁判所が職権で判断すべき事項として，訴訟費用の裁判（民訴67条），申立て又は職権で付与される仮執行宣言や仮執行免脱宣言（民訴259条），仮執行宣言が失効したことに伴う原状回復命令（民訴260条2項），上訴権の濫用に対して課される金銭の納付を命じる裁判（民訴303条，313条，327条2項）が記される。

② 事　実　　事実の記載については，特に「請求を明らかにし，かつ，主文が正当であることを示すのに必要な主張を摘示しなければならない」と定めている（民訴253条2項）。そこでまず，「請求」を明らかにする必要がある。これは審判の対象，すなわち訴訟物である権利法律関係を明らかにすることによって既判力の範囲を判決書に明示する必要があるからである。また「主文が正当であることを示すのに必要な主張」の記載が必要である。請求に対する判断の前提となった事実について，当事者間で争いのない事実や争点となった事実，及びこれに対する証拠に基づいて認定された事実[11]や当事者の主張を要約して示さなければならない（なお新様式につき，⇒4）。

③ 理　由　　裁判所が「主文」で示した判断の基礎となる推論を示した部分である。これは判決主文と共に，判決書の最重要部分であり，当事者はこれによって

---

[10] 判決書の記載についての詳細は，加藤新太郎編，前田惠三＝村田渉＝松家元著・民事訴訟実務の基礎〔解説編〕〔第2版〕（弘文堂・2007）208頁。

[11] 判決書における事実記載の歴史及びその機能についての優れた研究としては，兼子一「民事判決に於ける事実の意義」同・研究Ⅱ29頁。

裁判所が下した判断の当否を判断することになる。適切な理由が示されていなければ、その判決は理由不備であり、不利益を得た当事者は上訴審での再審査を求める際の有力な契機となる。

④ 口頭弁論終結の日　口頭弁論が終結した年月日を記載しなければならない。口頭弁論終結日は、判決効の基準となる時点である。特に確定した終局判決が基礎にする権利・法律関係、特に既判力は口頭弁論の終結した日を基準とする。また確定した給付判決に対して請求異議の訴えが許されるためには、その異議事由が最終口頭弁論の終結後に発生したものでなければならない（民執35条2項）。そこで判決書には口頭弁論終結の日を明記しなければならないものとした。

⑤ 当事者及び法定代理人　当事者には判決の効力が直接に及ぶことからその効力の主観的範囲（民訴115条1項1号、民執23条1項1号）を確定するうえで基礎になる。そこで判決書に明示する必要がある。

⑥ 裁判所名　判決を下した裁判所名を記載する。また判決をした裁判官が署名・押印をしなければならない（民訴規157条1項）。合議体の場合その裁判官が判決書に署名・押印をするのに支障があるときは（病欠、転任等）他の裁判官がその旨を判決書に付記して署名・押印する（民訴規157条2項）。

4　判決書の様式

判決書は、一定の書式に基づいて作成される。もっともその様式が詳細に法定されているわけではない。そこでどのような形式の判決書が最も適切であるのかが従来から論じられ実践されてきた。歴史的に見るとかなりの変遷がある。特に事実摘示の方法について旧法時から様々な改革案が提示されてきた。

旧民事訴訟法の下では長い間、当事者がなした事実主張を、主張責任・証明責任の原則によって分類し既述する方式がとられてきた（在来様式の判決書）。これによれば、請求を理由あらしめる事実主張とこれに対する被告の認否、抗弁事実の主張とこれに対する原告の認否、原告の再抗弁事実に対する被告の認否の形式で記載していた。この方式では一連の事実が主張・証明責任の原則によって分断して記述され、またどこが重要な争点であったのかが十分にわからず、裁判所が認定した事実の把握が当事者にとって理解しがたいなどの批判が根強かった。そこで、争点を中心として判決書を記述する方式（新様式判決）が最高裁によって提案・実施されている。この方式は、「事実及び理由」の部分は、「第1　請求（又は申立て、請求の趣旨）、第2　事案の概要、第3　争点に対する判断」からなる。現行民事訴訟法はこの方式を意識して立法している。

5　言渡手続

(1)　判決言渡しの必要性——原則

判決が有効に成立するためには原則としてその言渡しが必要である（民訴250条）。たとえ判決内容が確定し更にその判決原本が完成していても，判決が言い渡されない以上，判決としての効力は発生しない（特則は民訴254条）。判決の言渡しは，判決言渡期日に判決書の原本に基づいて（民訴252条）[12] 公開の法廷で行われなければならない（参照，憲82条）。当事者が在廷しない場合でも，裁判所は判決の言渡しをすることができる（民訴251条2項）。判決の言渡しは，裁判長が主文を朗読して行うのが原則である。

(2)　判決言渡しの特則

判決は原則として判決原本に基づいて行わなければならないが，原告の請求を認容する場合であって次の場合には，わざわざ判決原本を作成して判決言渡しを行うことを免除している（民訴254条1項）。

①　被告が口頭弁論で，原告の主張した事実を争わず，その他何らの防御の方法をも提出しない場合（同項1号）

②　被告が公示送達による呼出しを受けたにもかかわらず，口頭弁論の期日に出頭しない場合（同項2号）

これらの特別規定に基づいて判決言渡しをした場合には，裁判所は，判決書の作成に代えて，裁判所書記官に，当事者及び法定代理人，主文，請求及び理由の要旨を，判決言渡しをした口頭弁論期日の調書に記載させなければならない（同条2項）。

6　判決書の送達と上訴期間

判決を言い渡した後，裁判所はその判決正本又は言渡方式の特則に基づいて作成された調書の謄本を送達しなければならない（民訴255条）。またそのために判決書を裁判所書記官に交付しなければならず，交付を受けた裁判所書記官はその判決書に判決言渡しの日及び交付の日付を記載して押印をしなければならない（民訴規158条）。この判決原本に基づいて裁判所書記官は〈判決正本〉を作成し，判決正本を原告及び被告，参加人に送達する。

判決が送達された日から，2週間が上訴期間である（民訴285条，313条）。上

---

[12]　民事訴訟手続とは異なり，刑事訴訟手続では「判決は，公判廷において，宣告によりこれを告知する」ものとされる（刑訴342条）。また上訴提起期間は「裁判が告知された日から進行する」（刑訴358条）。

訴期間はそれぞれの訴訟当事者に送達された日から進行する（なお，補助参加人については，独自に上訴期間は進行しないとするのが判例〔最(1小)判昭和50年7月3日判時790号59頁〕である。⇒第12章第3節注43））。

　　裁判所書記官は，判決言渡期日に当事者が在廷する場合には出会送達の形式で判決書を当事者に送達することもできる。仮執行宣言が付されて直ちに強制執行をすることができる場合には，原告側も裁判所書記官から言渡後直ちに判決書を取得し，執行文を得て直ちに強制執行をすることもあり得る。

V　判決の確定——形式的確定力

1　意　義

　裁判所によって判決言渡期日に終局判決が言い渡されると，これによって有効な判決が成立する。しかし，それによって判決に本来予定された効力のすべてが一般的に直ちに生じるわけではない。この判決に対しては，不服申立てのための上訴が可能であり，適法に上訴がなされると事件は更に上級裁判所による再審査を経ることになるから，いったん下された終局判決も上級審の判決によって覆される可能性がある。しかし，このような上訴審による判決の是正は，上訴がなされずに定められた上訴期間が満了した場合やすべての上訴手段が尽きた場合にはもはやその可能性が排除される。こうして通常予定された上訴手続によって判決に対する通常の不服申立手段が尽きた状態を，〈判決の確定〉という。またこのような状態に至った判決のことを〈確定判決〉という（なお上訴との関連につき⇒第13章第1節Ⅲ7）。手続的に不服申立ての手段が尽きたことによって判決に与えられる効力を，手続との関連で〈形式的確定力〉という。

　　判決が確定すると様々な効果が発生する。そこで判決が確定したことを証明する必要がある。このための「判決確定証明書」は第一審裁判所書記官が当事者又は利害関係が存在する旨を疎明した第三者の請求により交付する（民訴規48条）。事件がなお上訴審に係属中であるときは，その裁判所の書記官が，判決が確定した部分のみについて「判決確定証明書」を交付する（同条2項）。

2　判決の自縛力

　判決が言い渡されると，これを言い渡した裁判所は原則としてもはやこの判決を勝手に変更することができないとの拘束力を受ける。これを〈判決の自縛力〉という。いったん判決をしておきながら，その裁判所がその後に勝手にこれを変更することは混乱を生じるからである。判決の形式的確定が，上訴手続

による判決内容の変更の可能性が消滅したことによる拘束力であるのに対して，判決の自縛力は判決をした裁判所自体に対する拘束力である。ただし，この点については若干の例外がある。判決に間違いが発見された場合の〈変更の判決〉と〈更正決定〉の可能性である。

3 判決の変更と更正

いったん判決が言い渡されても，その判決に間違いが発見された場合，裁判所はこの判決を一定の条件のもとで変更し，又は修正することができることにしている。これは，裁判所自身が判決の間違いに気づいた以上，わざわざ当事者に上訴をさせてその修正をしなければならないのは不親切なだけでなく，裁判所の職務としても問題があるからであり，この場合には一定の制限のもとに，判決の修正をすることができることにしている。

判決に形式的な事項について誤りが発見された場合は判決をした裁判所はいつでも職権で〈判決の更正〉をすることができる。これに対して判決の内容が法令に違反しているときは，〈変更判決〉をすることができる。

(1) 判決の更正（民訴 257 条）

1) **意　義**　判決の内容自体を変更するのではなく，判決その表現や計算上の過誤が発見された場合に裁判所が簡易な手続でこれを修正することをいう。判決に明白な過誤がある場合に，判決をした裁判所自体が決定で簡易に修正することができる[13]。

2) **要　件**　判決に計算違い，誤記その他これに類する明白な誤りがある場合に裁判所は更正決定をすることができる（民訴 257 条 1 項）。訂正できるのは表現上の誤りであり，判決内容についての誤りではない。用言上の誤りであることは判決の全趣旨から明白でなければならない。誤りは単に判決書からだけでなく，記録を参照することも許される（最(1 小)判昭和 30 年 9 月 29 日民集 9 巻 10 号 1484 頁[14]）。誤りは，裁判所が犯した場合だけでなく，当事者が陳述した内容に明白な誤りがありこれに基づいて裁判所の判決書が書かれた場合であってもよい（原告が明渡しを求める土地の表示を誤った場合につき，最(2 小)判昭和 43 年 2 月 23 日民集 22 巻 2 号 296 頁[15]）。

3) **手　続**　更正決定は，当事者からの申立て又は職権で，いつでもすること

---

[13] ドイツ民訴法 319 条は同様の規定である。この制度を，後に判明した判決の誤りを訂正するために裁判所が利用してはならない（*Schilken*, ZPR., Rdnr. 604）。

[14] 大場茂行・最判解説民事昭和 30 年度 170 頁。給料請求を認定した原判決中に「昭和 26 年」とあるのは「27 年」の誤りであり判決の更正決定ができる。

[15] 鈴木重信・最判解説民事昭和 43 年度 87 頁。

ができる（民訴257条1項）。更正決定は，判決言渡し後上訴がなされた後であっても可能である。ただしこの場合に，判決をした裁判所が更正をする権限を持つのか（兼子・体系328頁はこれに限るべしとする），上訴裁判所もまた更正の権限を持つのかが問題になる。更正の権限は判決をした裁判所に与えられたものであるが，事件が既に上訴審に移審してしまっていれば上訴審もこれをなすことができると解すべきである（最(3小)判昭和32年7月2日民集11巻7号1186頁16))。

更正は決定で行い，判決原本及び正本に付記しなければならない。ただし相当と認めるときは，裁判所は決定書を作成してその正本を当事者に送達することもできる（民訴規160条1項）。

　　4)　効　果　　更正決定はもとになった判決と併せてその効果を生じる。

更正決定に対しては，即時抗告をすることができる（民訴257条2項）。判決に対して適法な控訴があった場合は控訴審で判断すれば足りるから，もはや即時抗告は許されない（同項但書）。

(2)　判決の変更

　　1)　意　義　　裁判所は自らが下した判決の内容に法令違反があることを発見したときは，その言渡し後1週間以内に限り，変更の判決をすることができる（民訴256条）。これは，判決内容自体を変更するのであるから，判決の自縛力とは相容れない。判決内容の修正は本来当事者が上訴を提起し又は再審の訴えで行うのが通常である。しかし，判決内容が法令に違反していることが，判決後直ちに判決裁判所に明らかになった場合に，これの訂正を上訴審に委ねるのでは迂遠であり不十分でもある。また当事者に対しても多大の負担をかけることになる。そこで，いまだ判決が確定していない段階で，その言渡し後1週間以内に限り，判決裁判所が職権で判決の内容を修正することができることにした。

　　2)　要　件　　変更判決が許されるのは，①判決に法令違背があること（事実認定の誤りは変更判決の理由にならない）（民訴256条1項），②判決言渡し後1週間以内であること（この期間内であっても判決が確定した場合〔不控訴の合意，上訴権の放棄等〕には変更判決の余地はない）である（同項但書）。なお，③口頭弁論の必要性がないことも必要である（同項但書）。

　　3)　手　続　　判決の変更は常に裁判所が職権で行う。当事者にその申立権は認められない。この変更判決は，前の判決に関与した裁判官のみがなしうる。

変更判決を行うためには判決言渡期日を開いて行わなければならない。しかし，これを上訴期間内に行うためには通常の期日指定の方法では間に合わないことが多いことから発送主義を認め，送達をすべき場所にあてて呼出状を発送したときに送

---

16)　川添利起・最判解説民事昭和32年度147頁。

達があったものとしている（民訴256条3項）。

　　4）効　果　　変更判決がなされると，既になした判決は撤回され，新たな判決がこれに替わる。当事者が前の判決について既に上訴を提起しているときは，控訴は変更された判決についてなされたものとみなされるべきである（兼子・体系327頁，新堂634頁）。上訴期間は変更判決の送達によって新たに進行する。変更判決によって前の判決は確定的に撤回されるから，上訴審が変更を不当として取り消しても，これによって前の判決が復活するわけではない。変更された判決のみの取消しでありその前提で処理される。

(3)　判決の脱漏

　　判決は当事者の求めた事項のすべてについてなされなければならない。これを欠いた判決はその部分についていまだ判決をしなかった状態が続いているから，この部分はなお判決裁判所に係属している（民訴258条1項）。裁判所は引き続きこの部分について審理・判断をしなければならない。

4　判決の形式的確定と内容的確定

判決が手続上もはや通常の不服申立手段では修正されない状態になり〈形式的確定〉の状態になれば，その判決は手続上覆されない状態を取得する（上述⇒1）。そこでその判決については内容的にも確定したものとみなして，その内容が通用力を持つ効果を付与した。これによって，判決が一般的に持つべき内容についての効果が与えられる。これを〈判決の実質的確定力〉という。

第5節　判決の効力一般と既判力

[文献]

岩松三郎「民事裁判における判断の限界」同・民事裁判の研究（弘文堂・1961）51頁，小山昇「既判力と一事不再理」同・著作集(2)（信山社・1990）56頁，新堂幸司①「民事訴訟における一事不再理」同・訴訟物(上)125頁，同②「判決の遮断効と信義則」同・展開3頁，竹下守夫「判決理由中の判断と信義則」山木戸・還暦(下)72頁，渡部美由紀「判決の遮断効と争点の整理(1)〜(3)」法学63巻1号31頁，63巻2号251頁，64巻3号306頁

I 判決効一般

1 判決の効力

　裁判所が下す終局判決には，その判決の種類に応じて様々な法的効果が付与される。わが国の法制度では上訴により当事者は判決に対して不服申立てをすることが通常の手続として制度的に予定されていることから，判決が一般に持つ様々な内容の効果には，判決が確定することによって安定的な状態を取得した段階ではじめてその効果を付与されているものが多い[17]。

　これに対して，例外的に判決確定前に付与される効果も存在する。この例としては，特に仮執行宣言の制度がある（⇒第6節Ⅲ）。この場合判決の確定を待たずに直ちにその効果を与える必要があり，判決の言渡しと同時にその執行力が発生するものとしている。

2 本来的効果と附随的効果

　確定判決が持つ内容的な効力には，本来その判決の直接の効力として制度的に一定の効力が予定されたものがある。これを〈本来的効果〉という。原告は訴えを提起するに際して，求める判決につきそれに適合した訴えの類型を選択して裁判所に対して一定内容の裁判を要求し，被告もまたこれに対して一定内容の判決を求めるが，裁判所がこのような当事者の求める判決内容に即した判断を行った場合に与えられる効力が判決の本来的効果である。判決が求められた趣旨に対応して，その性質上判決が本来的に有すべき効果であると見られるものである。この本来的効果としては，すべての判決について紛争を解決するために後の蒸し返しを禁止するために与えられる〈既判力〉，給付判決を求める訴えに対応しこれを許した判決の持つ〈執行力〉，そして形成判決が持つ権利関係の変動を生じるものとされる〈形成力〉がある。

　これに対して，判決に付随して与えられた効果がある。これは判決自体が本来有する効果とは見られないが，判決が存在すること自体に訴訟法・実体法が何らかの法的効果を付与したものであり，判決の存在自体が当該効果発生の基礎となる。

　　†〔例〕　①　**訴訟法上定めのあるもの**：補助参加による参加的効果（民訴46条⇒第12章第3節Ⅱ5）。人訴法において，訴え変更又は別訴で主張することができた

---

[17]　このようなシステムはドイツ法系に一般的である。これに対してフランス法では既判力，執行力などの効力は判決言渡しと同時に生じる。

事項による訴え禁止による失権効（人訴25条）。
② **実体法上のもの**：短期消滅時効の長期化（民174条の2）。
③ **学説上提唱されている効果**：争点効，反射効（⇒第8節Ⅲ）。
④ **事実上の効果**：証明効[18]，波及効[19]等。

3 すべての確定した本案判決が持つ効果としての〈既判力〉

判決の本来的効力のうち〈既判力〉は他の本来的効力とは異なる特徴を持つ。既判力以外の本来的効力は，原告の請求が裁判所によって認められた場合に，その訴えの特色に応じて与えられる効力である。給付を命じる判決では執行力が，そして形成判決では形成力が発生する[20]。これに対して既判力は，すべての本案判決について与えられる効果である点で一般的な判決の効力であるということができる[21]。

請求を認容する判決の既判力は，給付訴訟では判決基準時において原告が被告に対して訴訟上の請求について給付を求める権限が存在すること，また形成訴訟では法律関係の形成を求める地位が存在することを確定し，更に確認訴訟では既判力によって，求められた権利・法律関係の存在・不存在を判決で確認しこれを覆し得ない効果を与える。

請求棄却の判決の場合は，当該請求を求める地位が原告には存在しないことが判決によって確定され，もはやこの本案に関する裁判所の終局判決は覆すことができないものとされる。

> 訴訟判決にも既判力が生じると解されるが，その効力は請求の内容自体に対しては拘束力や失権効を持たず，単に訴訟要件の不存在についての判断のみに拘束力を持つ点で特殊である[22]。訴えを却下した判決は，欠けた訴訟要件が充足されない

---

18) 証明効：判決の効果そのものではないが，確定判決が存在することによってそこで問題とされ判決された事項について，その確定された判決内容につきそれが有力な証拠としての機能を営むことを指して命名された効果である。
19) 波及効：判決が存在することによりその判決で確定された内容が，同種の後続訴訟に対して事実上の影響力を及ぼすことをいう。
20) 既判力は確認訴訟に特有の効果というわけではない。既判力の観念は，既に確認訴訟の類型が発見される前から判決に固有の効果として承認されてきた。確認訴訟では，その判決による権利関係の確認が既判力によって更に確定的なものとして保障されているにすぎない。確認訴訟原型説については，⇒第3章第1節注7）。
21) かつて形成判決に既判力が生じるかについて見解が対立していた。これは，形成判決では，確定判決によって従来の権利・法律関係が変動することから，既判力が持つ権利関係確定の意味を見出せないのではないかとされたことによる（参照，三ケ月・全集48頁）。しかし，今日では既判力の趣旨は主として前の訴訟過程での瑕疵の主張を排除する点にあるとされる（改説，三ケ月・双書53頁）。

限り再度の訴えを既判力により拒絶するが，訴訟要件が充足されれば請求の内容について主張を制限することはない。以下の論述では，却下判決の既判力問題は度外視する。

既判力は，すべての判決に与えられる効果であり，その判決の内容についての通用力である。その具体的な作用・機能は，後に同一問題が訴訟手続で審理された場合に，裁判所はこれに反する判断をすることができず，また当事者もこれに反する主張を訴訟手続上ですることができないとする点にある。

4 既判力の双面性

既判力は当事者にとって有利にもまた不利にも二面的に作用する。既判力には前訴で敗訴した当事者がこれに反する主張をして争いを蒸し返すことができない効力が生じるだけでなく，勝訴した当事者もこれに拘束され，後の訴訟でこの判決内容に反する主張をすることができないとの拘束力を受ける。これを，〈既判力の双面性〉という。

　†〔例〕　前の家屋の所有権確認請求訴訟で勝訴した原告は，後の訴訟で当該家屋の収去及び土地明渡しを求められた場合には，当該家屋が自己の所有物ではないと主張して収去義務を否定することはできないとの拘束力を受ける。これに対して，前の訴訟が所有権に基づく移転登記請求訴訟であった場合，その所有権が原告にあることを理由に原告が勝訴しても既判力は所有権の存否には及ばないから，既判力の双面性による主張の拘束は受けない。

II　既判力制度の存在意義と既判力論

1　既判力制度の意義

民事訴訟では原告が裁判所に対して〈訴訟上の請求〉につきその当否の判断を求め，そのために各訴訟当事者は訴訟手続で弁論の機会を与えられ，それぞれが有する権利・権限について訴訟手続内で十分に自己の立場を主張し立証を尽くす機会が与えられている。裁判所の判断は，これらの当事者の弁論手続の結果に基づいて，処分権主義・弁論主義等の訴訟原則のもとで，各当事者が有する権限を手続で十分に尽くしたとの前提のうえで中立的な立場からなされる。このように慎重な手続を経て下された判決に対しては更に上訴手段が与えられ，当事者には上級審の異なった裁定者により，いったんなされた判断を是正する

---

22) 却下判決の既判力の特殊性につき，坂口裕英「訴え却下判決と請求棄却判決」講座民訴⑥89頁。高橋・重点(上)640頁，栗田隆「却下・棄却判決の既判力」争点3版242頁。

機会が与えられている。このように当事者には十分な権利主張の機会が与えられて、それがすべて尽きて判決が確定するに至った以上、当事者はこれに対して更に不服を述べて際限なく争うことは社会制度として設けられた紛争解決制度としてはもはや許されず、当事者が求めた法的紛争はこの確定判決によって解決されたものとみなされる必要がある。おおよそこのような限定がなければ、紛争解決制度としての民事裁判制度の社会的目的は十分に果たされず、民事訴訟制度はそもそもその存立の基盤が問われる。この、私的紛争を解決するために確定判決に付与された機能は求められた判決の類型に応じて一様ではないが、少なくともすべての確定判決に共通する基本的な要素として、裁判所が審理し判決をした事項のうち最低限の範囲として、訴訟手続で審判の対象として明示された事項である〈訴訟上の請求（訴訟物）〉については、当事者に対してもはや同一の問題について争いを蒸し返すことを禁止し、裁判所は重ねて審理をしないとする効果を付与している。少なくとも同一当事者間及び特定の第三者の間では同じ問題を再度裁判所に持ち出して裁判所の判決を求めることができず、それが試みられた場合には、前の確定判決の内容が通用力を有してこのような当事者の試みを排除する必要がある。このようにいったん裁判所が判断し確定した事由には後に同一内容を容易に争うことができなくする効果を付与しているが、この伝統的に裁判所の確定判決に与えられている効果を〈既判力（res judicata）〉という[23]。多くの国の民事訴訟手続で承認されている効果である。

2　既判力理論の変遷と現況

(1)　既判力本質論

既判力制度は民事訴訟制度の基本的な制度の一つである。しかし、それが具体的に法的制度として法技術的にどのような意義や効果を持つのか、その本質をどのように理解すべきかについては従来様々な見解が示されてきた。既判力制度は民事訴訟による紛争解決に必要不可欠な制度であること自体は各国でも一般の承認を得ているが、具体的内容の把握、特に訴訟制度としての理解は必ずしも一様ではない。既判力制度は各国の訴訟制度の歴史を反映して異なる制

---

23)　ドイツ法では materielle Rechtskraft といわれる。アメリカ合衆国では、判決の拘束力につき、以前は Res Judicata 及び Collateral Estoppel が用いられたが最近では Claim preclusion（訴訟原因の遮断）、Issue preclusion（争点の遮断）の用語が用いられている（*James/Hazard/Leubsdorf*, CP, §11.4, p.678）。また、イギリス法では Claim Estoppel, Issue Estoppel といわれている（*Andrews*, ECP, 40.10）。共にエストッペルの観点が中心となっている。これに対して、フランス法では Authorité de la chose jugée（既判事項の権威）といわれる（なお、次注参照）。

度的構造を示している。

わが国の制度の基礎となったドイツ法系民事訴訟法学では，この問題は学説史上，既判力本質論として論じられた。これは，前の裁判所が行った判決内容が，どのような根拠で後の訴訟に影響するのか，その拘束力の基礎を法理論的に解明しようとする試みであった。

> 既判力本質論の意義についてわが国では今日では否定的評価も散見される。既判力が今日では既にその作用の様々な側面で確立した法制度として承認されているように見えること，また個別的な利益衡量を重視する立場からは，個々の解釈問題に際して改めてその基礎に遡って考察するまでの必要性が感じられないとされたこと等がこのような反応を生んだともいえる。しかし，既判力の理解には，今日でも各国で争いが絶えずまた新たに様々な問題提起がされている。わが国の国内的な問題に限定しても，確定判決の遮断効について，既判力だけではなく信義則による遮断効が判例によって承認され，更に一部請求訴訟で敗訴した者の再訴を排除する理由としても信義則が挙げられている。
>
> 信義則は，現存する法制度に不備が存在する場合に，制度の形式性を打破し実体に即した判断を模索する際に用いられる補完的法技術としても作用してきた。そうすると既判力論もまた今日その基本観念を根本的に再検討すべき時期にあるのではないかともいえる。そのためには既判力論の基本に立ち返り，我々が前提にしてきたドイツ既判力学説とその他の国の既判力の観念の歴史的・比較法的研究により，この基本観念を今一度再検討したうえで，新たな方向を探ることは不可欠であろう。

(2) 学　説

既判力の持つ拘束力の内容をどのように理解するかについての見解の対立は，そもそも民事訴訟制度自体をどのように理解するかという基本問題の対立にも連なる。以下，わが国既判力論の基礎となったドイツ学説の展開を概観し，わが国の学説との関連をみよう（参照，渡部〔文献〕，ハンス・F. ガウル（松本博之編訳）・ドイツ既判力理論〔信山社・2003〕）。

1) ドイツ既判力学説概観　ドイツ既判力理論の発展には，特に 19 世紀ドイツ訴訟法学，特に後期普通法学説が大きな貢献をした[24]。まず啓蒙自然法学説は既判力を審問請求権との関係で理解していた（例えばゲンナー〔Gönner〕）が，その

---

[24] フランスでは既判力は伝統的に実体法的に考えられてきた。既判力にあたる既判事項の権威（Authorité de la chose jugée）につきフランス民法 1351 条は，法律による推定（Des prescription etables per la loi）の一つとして，「既判事項の権威は，判決の対象であった事項と同一の事項に生じる。要求事項が同一の場合，要求が同一原因に基づく場合，要求が同一当事者間でのものであり，当事者のため又は当事者に対して同一の性質をなすものでなければならない」と定める。

後ドイツで支配的となった歴史法学派の影響のもとにローマ民事訴訟の伝統に倣い訴訟法理論全体を再構築する過程で，アクチオに基礎を置く既判力理論の枠組みが模索された[25]。そこでは既判力を訴権消耗との関連で理解した。それによれば，アクチオに基づいて訴えが提起され，相手方の応訴によって争点決定（Litis contestatio）がなされると，訴えられた訴権自体は消耗し，この訴権消耗の結果として前の訴訟で審理される事項について後の裁判所はもはや再度審理・判断をすることができないという〈一事不再理（ne bis in eadem）〉の効果が主張された。また判決により既判力（res judicata）が生じるとした。既判力には訴権消耗の消極的効果だけではなく，裁判所が行った〈実体的権利に関する判断内容の積極的通用力〉が重要な意味を持つことを指摘したのはサヴィニー（Savigny）であった。サヴィニーによれば，既判力とは判決内容についての〈真実の擬制〉以外の何者でもなく，これによって既判力ある判決は，これに反するあらゆる試みに対して確保されるのだと説明した[26]。この見解は，判決が真の権利関係に対応している場合は判決によってそれが確認され，不幸にして対応しない不当な判決の場合には必要悪として真の権利関係が変更されると説いた。この見解は，既判力を実体的権利関係に対する作用を前提として理解することから実体法説といわれる。この見解はその後ドイツ領邦国家の立法にも影響し，ドイツ帝国民事訴訟法成立後もこの見解を承継・発展させる主張者は続いた。この見解は既判力につき当事者に対する行為規範と，裁判所に対する裁判規範の両面があることを指摘したとの評価もある。

　その後，19世紀終わりから20世紀初頭にかけて，シュタイン（Stein），ヘルヴィッヒ（Hellwig）等により既判力は専ら後の裁判所に対する拘束力であり，その性質は公法上のものだとの見解が主張された。また，既判力は抗弁事由ではなく裁判所が職権で考慮すべき事由だとする見解がビューロー（Bülow）によって主張された。これらの訴訟法説は，以来今日まで，ドイツ（Schilken, ZPR., Rdnr. 1011.）及びわが国で通説としての位置を占めている。この見解は実体法説の難点として，実体法説が真実の擬制というが，判決内容は単なる事実関係ではなく法的判断でもあることから〈真実の擬制〉という観念に馴染みにくいこと，判決により実体的権利関係が変動することを前提とするが，これは既判力の効果が基本的に訴訟当事者限

---

25) これは，神聖ローマ帝国における法制度が1495年に設立された帝室裁判所（Reichskammergericht）ではいわゆる「ローマ法継受」により，原則的に共通法としてはローマ法により，訴訟手続もローマ・カノン法に基礎を置く帝国民事訴訟手続に由来することによる。これを強調した歴史法学はフランス法学とは別の法制度を発展させた。
26) この見解は，既判力を有する判決内容が〈真実〉と擬制されることにより，後訴の裁判所はその判断をそのまま前提として自らの判断をせざるを得ないという意味で，判決内容の判断を今一度独自に行うことを排除する意味を持ち，これまでの既判力を証拠の一種とする見解から，後の既判力を手続的に把握する見解に至る展開の契機となったと評価できる。この点で極めて重要な学説史的意味を持つ。

りの相対的効力を持つにすぎないという基本観念に馴染まないこと等を挙げる[27]。

また，訴訟前には具体的権利は存在せず，訴訟によって具体的権利が発生すると説く見解も存在した（権利形成説。わが国では，兼子・体系336頁，同・実体法と訴訟法〔有斐閣・1957年〕140頁，161頁）。

2) 訴訟法説の問題点と新たな方向　既判力本質論に関して今日わが国でも通説となっている訴訟法説は，既判力を専ら後の裁判所に対する訴訟法上の拘束力と把握する。この見解は，後訴では当事者が行う訴訟上の請求に関する様々な主張に対して裁判所が判決によって判断をするにもかかわらず，既判力を専ら裁判所間の拘束力のみの問題とし，それが裁判所の判断の形成過程に直接作用し，職権で考慮されるのだと理解し，当事者に対する拘束力を全く無視する。しかし，このように既判力を専ら裁判所間の拘束力だと理解することには問題があると指摘されており，このような観点から近時，訴訟法説を修正する見解が主張されている。この見解では，基本的には訴訟法説を基本にしつつ，なお当事者に対しても拘束力を認める点に特色がある（Rosenberg/ Schwab/ *Gottwald*, ZPR., § 150, Rdnr. 9）。

また，訴訟上の現象を専ら訴訟法的価値のみから考察することの不十分さを指摘し，実体的価値との関連を説く見解がある。この見解は，民事訴訟手続が当事者双方に与えられた最終的な権利行使の場だと把握し，そこで当事者は自己の権限を，与えられた手続を通して十分に行使すべきであり，この機会を十分に利用して権利行使をしなかった場合は，実体法上も広く承認されている権利失効（Verwirkung）の思想により，手続終了後はもはや有していた法的権限を失権すると根拠づける（*Henckel*, Prozessrecht und materielles Recht, 1970, S. 93 ff., bes. S. 96）。この見解は，アメリカ法やイギリス法の判決効理論のように拘束力を禁反言（estoppel）の観点から根拠づける見解にも接近すると評価される（Rosenberg/Schwab/*Gottwald*, ZPR., § 152 Rdnr. 9（S. 1063））。

(3) 既判力の拘束力の構造

今日のドイツ及びわが国の支配的な理解によれば，既判力の内容は，前の裁判所が下した訴訟物についての判断内容が，後の裁判所が行う事件判断に対して及ぼす公法的な拘束力だと理解されている（訴訟法説）。この見解は，一面で

---

[27] 既判力が実体的権利関係を変動させるのであれば，その効力は主観的に当事者のみに限定されずすべての者に妥当するから既判力の主観的範囲の相対性の観念に合致しないとみる。このような既判力観念の変動は，従来既判力の効果を主として実体的権利関係の確定に見てきた派生的法分野においてその法的根拠を再検討する必要を生じる。これは特に破産債権確定等の分野で顕著である。ここでは，法律関係の確定は後の訴訟との関係ではなくまず第一に破産債権の分配の基礎を明確にするためであり，これに合致した理論的根拠が確立されるべきである。詳細は破産法の検討に譲る。

既判力が当事者間での相対的効果を持つにすぎないとの原則に適合していることなどが長所として強調される。他面で民事訴訟制度は本来訴訟過程での当事者の訴訟追行行為を基礎にして成立しているにかかわらず，訴訟法説はこのような訴訟当事者に対する拘束力の側面を全く無視する点で一面的で，なおその理論は既判力制度の全体を十分に把握しきれていないと考えられる。

そこで，既判力の拘束力は，判決基準時における訴訟当事者間での法的関係について前の裁判所が下した最終判断の内容が，後に提起された訴訟手続に及ぼす拘束力であるが，それは一面で後の裁判所の判断に及ぼす効果であると共に，当事者が後の裁判所で主張する権限に対する拘束力をも持つと理解すべきである。既判力にはこのような当事者の主張に関する拘束力が伴うことを明らかにして，手続権の保障の観点からも基礎づけることが今日では極めて重要である。

3 既判力と当事者の手続的地位（手続権の保障）
(1) 前の訴訟手続の経過と当事者の地位

既判力は，後に当事者が再度の訴えにより紛争を蒸し返した場合に，その訴訟手続（裁判所及び当事者等）に対して前の判決内容が及ぼす一定の拘束力である。この拘束力は，一面で民事訴訟が有する制度的要請を基礎としており，これは原告によって示された明示的判決要求である訴訟物の範囲について，裁判所が下した判決により当事者間での紛争の解決を図るために必要最小限の範囲で制度的に設けられた拘束力である。既に終結した訴訟手続で下した判決で実質的に判断をしたはずの当事者間の訴訟物である権利関係について，結論に不服のある当事者が更に訴えを提起して争いを際限なく蒸し返すことを許すとすれば，民事訴訟制度自体がその存在意義自体を失うことから，このような紛争の蒸し返しを防ぐ既判力制度は，民事訴訟手続が存立するうえで中核をなす制度だといえる。

しかし近代的訴訟手続では，国家の裁判所の判断である確定判決が持つ既判力によってこのような拘束力を当事者にも及ぼすためには，当事者の側にそれによって受ける拘束に伴う不利益を甘受すべき正当化事由が存在しなければならない。一般に近代国家において市民は，国家機関の活動により何らかの拘束力を受ける場合には，それを正当化する合理的根拠が必要であり，これを無視した権力的強制はあり得ない。特に，近代訴訟手続では，市民が訴訟手続へ参加する権限を保障しており，そのために必要的口頭弁論の原則をはじめとした

様々な手続上の権限を当事者に与えている。したがって確定判決の拘束力も，それが単に国家裁判所の判断であることのみでは正当化されず，それに先立つ訴訟手続で双方当事者が，与えられた機会を十分に利用して自らの主張を尽くすことができたことに拘束力を支える正当性の基礎が求められるべきである。手続でどのような機会が与えられるかは，そこで審理される対象との関係で決定されなければならないが，これらの当事者の手続関与の権限を中心とした自己責任原理による正当化事由は，一般に〈手続権の保障〉と呼ばれる。

　前の訴訟手続での審理の結果，裁判所が下した判決は，その前提となった訴訟手続で当事者がなした訴訟追行行為（作為・不作為）の結果である。その手続は処分権主義・弁論主義等の手続原則によって，当事者が十分に攻撃・防御行為を尽くして各々が有する実体的・手続的権限を行使する機会を与えており，またそれが与えられたにかかわらずそれを行使せず，後になってこれを蒸し返すことは当事者の自己責任原理に反すると判断される。このような当事者の訴訟上の行為態様の規範的評価は，単に手続的なものではなく実質的な価値原理にも支えられたものでなければならず，拘束力を基礎づける実質的な価値評価によって合理的な根拠づけが与えられているとみられる[28]。

(2) 手続権の保障とその限界

　手続保障の観点から見ると，一般に民事訴訟手続は当事者に手厚い手続関与の権限と機会を保障している。訴訟当事者にとって，判決に先行する訴訟手続は自己が持っている権限を主張し行使するための最後の機会である。そこで当事者双方はそれぞれが持つ権限を十分に行使し，その主張・立証を尽くすことが保障されていると共に，また制度的にも期待されている。

　ただし例外的にこのような手続上の機会が当事者に十分に保障されず，その機会を十分に利用し得なかった場合は，その者に既判力等の拘束を課すことができない。この場合にはこの当事者は既判力の拘束から解除され，下された判決自体を取り消して新たな判決を求める必要がありその権限が与えられる。この制度として，民事訴訟法は〈再審〉制度を予定している。再審制度は，問題とされる訴訟手続がいったん終結し確定したにかかわらずこの手続を再開し，

---

28) この観点は，前述のようにドイツではヘンケルによって主張された（*Henckel*, Prozessrecht und materielles Recht, 1970）。ドイツにおける既判力論は訴訟法的理解が一般であり，当事者の手続権保障との観点が希薄であった。この観点は，既判力においても訴訟当事者の責任原理を導入し，実体的価値原理と共通の観点を探る点で重要であるが，ドイツではなお一般的ではない。

事件を再審理する手続である。そこでこの再度の審理手続を許容するか否かにつき予め審理するために厳格な特別の手続を設けている。

> 判例は、再審制度のほかに、判決が詐取されたことを理由とする救済手段として、再審手続を経由せずに直接に損害賠償請求をする途を許容しており、また公示送達の悪用によって判決が詐取された場合には、上訴行為の追完を許容している。いずれも、裁判所による救済手段の拡張であり、法創造作用であり、手続権の保障に意を用いたものである（詳細は⇒第13章第5節Ⅵ参照）。

既判力の拘束力は、二面的に作用する。それは、①後の裁判所に対して直接に効力が及ぶと共に、②その〈当事者〉との関連でも、当該判決で示された判断内容に反する主張を後の訴訟手続ですることができないとの拘束が生じ、既判力の拘束はこの両者の総合的な判断だと理解すべきである。

(3) 判決の不存在と無効

1) 判決の不存在　判決の外観を有するものではあっても、裁判官ではない者が言い渡した「判決」、裁判官が作成した判決であってもまだ言渡しがなされていない「判決」は、そもそも〈判決〉として存在していない。この場合、未だ手続は終了していないから、当事者は新たな期日の指定を求めることができる。

2) 判決の無効　判決が裁判官によって作成され、適法に言渡しがなされた場合は、たとえその手続や判決内容に瑕疵があっても、その判決は当然に無効とはならない。このような判決の瑕疵は、手続によって明示的に取消しをすることが必要であり、当然に無効としての取扱いはしない。

4　既判力を有する裁判等

既判力制度は、訴えにより解決が求められた法的紛争について裁判所が下した判断に法律上の拘束力を与えることによって紛争解決の実効性を維持・確保することを目的とした制度的拘束力である。この拘束力は、当事者が自律的な行為によって紛争を解決することができない場合に与えられる他律的拘束力を基礎とする効果であり、その拘束力の正当性根拠は、専らそれに先行する訴訟手続に依拠している。この点で、当事者が自らの自律的意思で紛争を解決する場合に生じる拘束力とはその正当性の基礎が異なる（⇒第7章第1節Ⅱ）。

① 確定判決　裁判所の終局判決は、それが確定することによってはじめて内容的通用力である既判力が生じる。既判力は、原告の請求を認容した給付、確認、形成判決、及び原告の請求を棄却した終局判決（確認判決の性質を持つ）

のすべてにつき生じる。また，訴えを却下する訴訟判決についても同一事由が存在する限り再度の訴えが拒絶される限度で既判力が生じる。

② 決　定　　決定手続は民事訴訟では手続的な派生問題についての紛争に対する裁判所の判断について設けられていることが多く，これらは実体関係とは別に，当面の訴訟手続に関する裁判所の判断であることが多い。これらには例えば訴訟指揮についての決定などが該当するが，既判力などの拘束力はなく，自己拘束力もない（兼子・体系330頁）。

③ 仲裁判断　　仲裁手続は当事者間での仲裁合意を基礎にしている。仲裁合意は当事者の意思により国家裁判所による審判権を排除し，仲裁人による仲裁判断によって紛争を解決することを目的とする。その基礎は当事者の私的自治による自己責任を根拠とする拘束力であるが，仲裁手続の結果として示された仲裁判断は仲裁人が下した裁断であり，当事者はそれを受容しなければならない。仲裁判断には裁断的機能があり，それには「確定判決と同一の効力」が付与されている（仲裁45条1項）。これには既判力が生じると解すべきである。これに対する不服は仲裁判断取消しの申立て（仲裁44条）により，国家裁判所による審理と裁判とを経ることができる[29]。

④ 外国判決　　外国の裁判所で下された判決自体は，わが国では直接の拘束力を有さない。しかし，外国判決はわが国でも承認要件を満たしていれば最大限尊重されなければならない。その結果外国判決が持つ既判力及びこれと対応する効力はわが国でも尊重される。これらをわが国で執行するためには執行判決を取得しなければならず，この外国判決を認容又は棄却する判決は，確定によって既判力を持つ。

---

[29]　仲裁法45条1項は，「仲裁判断……は，確定判決と同一の効力を有する。ただし，当該仲裁判断に基づく民事執行をするには，次条の規定による執行決定がなければならない」と定めるが，同2項は，「前項の規定は，次に掲げる事由のいずれかがある場合……には，適用しない」と定めて，既判力を前提とせず専ら執行力のみを問題にする表現となっている。仲裁判断に対する異議は原則として仲裁判断取消手続によるべきであり，仲裁判断書の写しの送付日から3カ月を経過したとき又は同法46条の執行決定が確定したときは仲裁判断取消しの申立てをすることができないとしている（仲裁44条2項）。既判力が存在しないとすれば，仲裁判断無効の訴えなども排除されず，わが国の仲裁判断は極めて不安定なものとなる。この点につき，改正前のものではあるが，河野正憲「仲裁判断の承認・執行とその取消」石川・古稀（下）251頁。

III 既判力の作用

1 意　義

(1)　既判力の作用一般

　既判力はまず第一に，ある裁判所が下した確定判決の内容が，後にこの判決事項と一定の関連性を持つ事件が提訴された場合にこれを判断する裁判所に対して内容的拘束力を及ぼすことを意味する。前の判決が確定すると，その判断内容が後の訴訟における判決対象とされる事項との間で一定の関連性があると認められる場合には当該事項は既に前の判決で解決済みだとして既判力の拘束力が発生し，その結果，前の判決内容が後の訴訟の判断に通用力を有すると観念される。このような両者の関連性が承認されるためには，①前の訴訟の訴訟物と後の訴訟の訴訟物とが同一の場合（同一訴訟物関係），②前の訴訟の訴訟物である権利関係が，後の訴訟の訴訟物たる権利関係の前提問題を構成している場合（前提問題），③前訴の訴訟物たる権利関係と後の訴訟の訴訟物とが矛盾した関係にある場合（矛盾関係）が挙げられている（詳細は⇒2）。

　第二に，既判力は単に前の裁判所と後続裁判所との間だけで生じる拘束力ではなく，後の訴訟で当事者が行う訴訟上の行為との関連でも拘束力を持つと考えるべきである。後訴の当事者は，提起された後訴の訴訟物に関してそれぞれ自らの請求する事項を基礎づけ，またこれに対立する事由を主張することができるのが通常である。しかしそれが確定した判決の内容に一定の関連性がある場合には，その判決の既判力に拘束され，原則としてこの前訴の既判力を覆し，またそれに実質的に反することになる攻撃・防御の方法を提出し，それに矛盾した主張をすることはできないという拘束力を受ける（このような観点から，特にわが国で既判力の正当化事由を強調するのは，新堂643頁以下）。

　第一の作用は制度的に後の裁判所が職務上受ける既判力の効果であるのに対して，第二の作用は当事者が後の訴訟で行う〈主張〉に対する既判力の作用である。当事者は前の訴訟で自らに与えられた攻撃・防御方法を尽くすことが求められておりこれを尽くさないで後に蒸し返すことは原則として禁止される。例外的にその主張において，前の訴訟手続でこれを行使し得なかった特別の事情が存在し，拘束力を及ぼすことが手続的正義の観点から是認できないことを明らかにした場合にのみ，その拘束力を否定する旨の主張ができるというべきである。この場合には，制度的拘束力を及ぼすのに必要な前提となるべき手続

保障を欠き，当事者には前の訴訟手続で十分な攻撃・防御行為を行うべき〈期待可能性〉が存在しなかったからである[30]。

(2) 消極的作用と積極的作用

前の訴訟で発生した既判力が後の訴訟において作用するに際して特に後の訴訟の裁判所が事件を判断する場合に，既判力が及ぶことによる作用形態には異なった二様の働きがある。

第一は，前になされた裁判所の判断事項について，後の裁判所の手続では再度の審理・判断をすること自体を拒絶すべきだという形で作用する形態である。これを〈既判力の消極的作用〉という。この作用は，〈一事不再理 (ne bis in eadem)〉として，歴史的にも古くから承認されてきた。

第二に，後の訴訟で裁判所は，前の裁判所が下した判断内容に矛盾した判断をすることができず，その判断をそのまま受け入れたうえで更に同一内容の判断をしなければならないとする作用形態である。このような作用を，〈既判力の積極的作用〉という。この場合には，裁判所は今一度審判対象である法律関係について実質的な判断を行うことになるが，その際，前の裁判所がなした判断内容に拘束され，積極的に同一の判断を繰り返すことになる。民事訴訟が対象とする権利関係は過去に存在した事実や権利関係を確定する[31]のではなく，常に現在の権利関係をその対象としているから，後の訴訟では常にその判断をする時点の権利関係を判決に反映させるべきであり，民事訴訟では積極的作用が中心だとする見解がある。

このように，既判力の作用には大別して二通りがあるが，今日ではこのうちのいずれか一つのみが妥当しているとは考えられておらず，両者が併せて用いられている。それによれば，①前の訴訟で勝訴した原告が再度同一の訴えを提起する場合は原則として再度訴えを提起する理由がなく，新たな訴えは既判力により却下される。②前の訴訟で敗訴した原告が再度同一の事由について訴えを提起した場合，原則として訴えの理由はなく却下される。ただし，特に前の訴訟の基準時（最終口頭弁論終結時）以降に生じた事由に基づいて訴えが提起された場合は，前の訴訟における基準時の判断を前提にしたうえで，更にその後の事由を考慮することによって新たな法的判断をしなければならない。判決基

---

30) 法的事項について裁判所の釈明がなかったことは，この事由にあたらない。
31) これに対して刑事訴訟手続では，公訴手続で追及されている過去の犯罪行為が実際に存在したかを問うのであり，異なった性格を持つ。

準時が変わる。

2 既判力の作用する後訴との関連性

既判力の作用は，前の訴訟の審判対象及びそれに対する裁判所の判断と，後の訴訟の審判対象との間で一定の関連性が存在する場合にはじめて生じる。このような関連性は，①両訴訟の訴訟物が同一の場合に典型的にみられる。しかし，その他にも，②前の訴訟の訴訟物が後の訴訟の訴訟物である法的関係の判断の前提問題を形成し，先決・後決の関係にある場合，③両訴訟の訴訟物自体は異なるがその権利関係が実質的に矛盾する場合にも既判力が及ぶとされる。①は伝統的に訴訟物の同一性から既判力が直接に及ぶとされてきた典型例であるが，②③はその後既判力の効力が解釈により拡張されてきた局面であり，訴訟物自体は同一でない。

① 同一訴訟物　前の確定判決の既判力が後の訴訟にその効力が及ぶ作用形態としては，前の訴訟の訴訟物と後の訴訟の訴訟物が全く同一の場合が典型である。この場合には，原則として前の訴訟の既判力が後の訴訟に対して直接に及ぶ。それゆえ前の訴訟で勝訴した原告が再度同一の後訴を提起したのであれば，前の訴訟の判決基準時以後に発生した新たな事情により新たな訴えを正当化する事情がない限り後訴は訴えの利益を欠き不適法却下される（一事不再理）。新訴の訴訟物である法律関係と，裁判所が既になした確定判決の訴訟物が同一であるかどうか，またそれによって前訴の既判力の拘束力に基づき後の訴訟手続での当事者の主張及び裁判所の判断が拘束されるか否かにつき，後訴裁判所は職権で判断しなければならない。

　　確定判決の訴訟物と第二の訴訟の訴訟物について若干の文言上の違いが見られる場合であっても，両者の対象が解釈上その核心をなす部分において同一であると判断される場合には，訴訟物が同一であるとみることができる（不作為請求の場合の「核心説」）。したがって，この場合には前の訴訟の既判力が直接後訴に及ぶとみてよい。

　　更に，前の訴訟の訴訟物と後に訴訟の訴訟物とが数量的に相違する場合でも既判力が及ぶ場合がある。前の訴訟で確定された金額に比べて，後訴の金額が少ない場合には前の訴訟の判決によって事件の全体に既判力が及ぶ。

② 前訴の訴訟物が後訴の訴訟物の判断のための前提問題となる場合　本来，訴訟物である権利関係が異なる場合には，原則として既判力は及ばないはずである。しかし，前の訴訟で確定した権利関係が，後の訴訟の訴訟物の前提

問題をなしている場合には，この前提問題の判断に前の訴訟の既判力が及び，後の裁判所は前の裁判所の判断に拘束されるのが原則である。この場合，後の裁判所は，前の訴訟の基準時における前提問題について既判力が及ぶことを前提に判断をしなければならない。

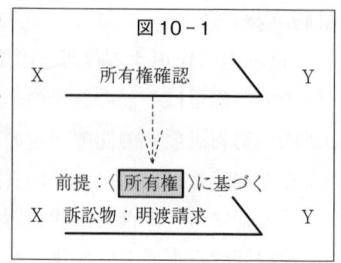

```
図 10-1
X ─── 所有権確認 ─── Y
         ↓
前提:〈 所有権 〉に基づく
X ─── 訴訟物:明渡請求 ─── Y
```

†〔例〕 前の訴訟で建物所有権確認の訴えが提起され，原告の所有権が確認された後，所有権による建物明渡請求がなされた場合，後の訴訟では被告は原告の所有権について争い得ない（**図 10-1**，ただし，判決基準時後目的物を買い受けた等の事由の主張は可能）。

③ 矛盾関係　　前の訴訟の訴訟物と後の訴訟の訴訟物とが同一ではないが，実質的に矛盾する場合にも，これを既判力の問題として後の訴えを排除する見解が有力である。この場合には，例えば既判力の矛盾を排除するのは実体（物権）法が予定する一物一権の原則から原告の所有権が承認されると反射的に相手方の所有権確認が否定されなければならないことなどの事由がある場合に既判力が生じる。

†〔例〕 前訴でXがYに対して対象物の所有権確認訴訟で勝訴した後，Yが同一物につき自己の所有権確認を求める場合，Xが1000万円の債権の支払請求訴訟で勝訴後Yが当該債務の不存在確認を求める場合や，不当利得として同一金額の返還を求める場合。

3　既判力の調査──職権調査事項

ある訴訟が提起された場合に，この訴えが先行する訴訟の確定判決の既判力の効果を受けるのか否かに関する調査は裁判所が職権で行う。

かつては既判力は抗弁事項であり当事者の抗弁がなければ考慮されないと理解されていた（既判力の抗弁）。しかし今日では一般に，前の訴訟における判決の拘束力の有無，その範囲については当事者が提出した抗弁によるのではなく，裁判所が職権で調査しなければならない事項であると解されている。

Ⅳ　既判力の効果の限界

1　意　　義

既判力は確定した判決が持つ拘束力であるが，その拘束力は無制限ではあり得ない。裁判所が判決で判断した様々な事項のうち一定の事項・対象について

（客観的限界），一定の時間的経過の中で定められた基準時点の判断が（時的限界），一定の当事者その他の利害関係人間での（主観的限界）後の訴訟手続における当事者の主張及び裁判所の判断に対して内容的に拘束力を持つとする法制度である[32]。この既判力は主として後に同じ問題が訴訟手続で蒸し返された場合に拘束力を生じ，蒸し返しを許さない効果を持つ。したがって，既判力のある判決に対してその効力を争い，あるいは否定することは当然にはできず，これを攻撃するにはそのために特に設けられた再審手続で行わなければならないのが原則である。

　　もっとも再審手続は，当該既判力を有する判決を正面から攻撃し，既に終了し確定した手続の再開・再審理を求めるために特に設けられた手続である。これに対して既判力ある判決自体を直接攻撃するのではなく，別の審判対象に関する訴訟手続での前提問題として前の訴訟の既判力ある判決内容を攻撃する場合がある（判決詐取を理由とする損害賠償請求，身分判決の詐取と相続権の否定等）。この場合には，前提問題に前訴の既判力が働くが，判決を直接攻撃する場合とは異なり，特別の事情があれば前訴の判決内容の審理を行うことが可能と解すべきである。これは既判力ある判決への副次的攻撃であるが，当該訴訟との関連のみで相対的に前判決が否定されるにすぎず，前の判決自体は依然として存続する点に再審の場合との違いがある。

2　既判力の客観的限界
(1)　総　　論

　裁判所は，原告が求める〈訴え〉及び被告が訴訟中に提起した〈反訴〉など，当事者が訴えとして提起し，判決を明示的に求めた事項に対しては終局判決で応答をしなければならない。その際，裁判所が当事者の要求に応えて判決で示した様々な判断事項のすべてに既判力の拘束力が与えられるわけではない。既判力の拘束力は，裁判の紛争解決機能を実現するのに必要な範囲に限られる。

　既判力の対象は，当事者が再度訴えを提起して紛争を蒸し返すことを阻止するために，先行訴訟の判決が確定した事項について後続する訴訟手続での同一の裁判上の争いを遮断するのに必要な事項である。そのためには，少なくとも，当事者が判決を求めている事項に裁判所が下した事項として「主文に包含するもの」に拘束力を及ぼすことが必要である。民訴法114条はその原則を明らか

---

[32]　一般には三側面から既判力の限界を説明するが，既判力の客観的限界と時的限界の関係については議論がある。提出責任を強調する見解は，両者を一括して取り扱う（例えば，上田466頁，同様の立場は，中野ほか編・新民訴460頁以下〔高橋宏志〕）。

にした。この規定はドイツ民訴法（現行ド民訴322条）を継受したものであり，共通の法政策を示している。

(2) 原則――「主文に包含するもの」

既判力が及ぶ客観的範囲について現行法は「主文に包含するものに限り，既判力を有する」と定める（民訴114条1項）。ここで，「主文に包含するもの」とは，〈訴訟物〉に対して判決で裁判所が示した判断をいう。判決の主文は，原告が求めた訴訟物についてなされた法的判断の結論を述べているが，主文自体からは必ずしも十分にその内容を特定することができない場合がある。例えば，「原告の請求を棄却する」との主文のみからは直ちにその判断内容を明確に了解することができない。その内容は，原告の〈請求（訴訟物）〉を考慮することによってはじめて確定することができる。即ち，既判力は原則として原告が画定し主張した訴訟物である権利・法律関係について及ぶ。これは，訴訟物こそがその訴訟で〈審理・判断されるべき最小限の単位〉とされているからに他ならない。この単位について裁判所が判断をしそれが確定して，以後不可争とすることは，私人間の紛争を強制的に解決する任務を持つ民事訴訟手続の最も基本的な制度的要請である。

(3) 判決理由中の判断の拘束力

「主文に包含するものに限り，既判力を有する」との原則は，まず訴訟物に限り既判力が発生するとの原則を示すが，その反面，判決理由中でなされた判断に原則として既判力が及ばないとの原則をも表すと理解されている。

> 判決の理由中の判断にも既判力の拘束力が及ぶのかという点につき，かつてドイツ普通法学説では争いがあり，この部分の判断にも既判力が及ぶとする見解が有力であった（サヴィニーに代表される見解）。しかし，ドイツ民事訴訟法立法者はこの見解を採用することを否定し，既判力が及ぶ範囲を狭く「主文に包含するもの」に限定した。これには，ドイツ帝国民事訴訟法がドイツ普通法訴訟手続の原則であった同時提出主義を廃止し，随時提出主義を採用したことにより攻撃・防御方法が口頭弁論で自由に提出することができるようにしたこと，また口頭主義を採用して当事者には口頭弁論で自由に攻撃・防御行為を行うことが期待されたことが基礎になっている。こうして立法者は，当事者が個々の攻撃・防御方法について後の訴訟における拘束力を考慮・心配することなく，専ら当該訴訟のみでの必要性を考慮して自由に攻撃・防御方法を提出して有効な訴訟行為をすることができるよう配慮した。

(4) 例外――相殺の抗弁

確定判決の既判力の客観的範囲は訴訟物に関する判断に限られ理由中の判断

には及ばないとの原則に対して，民事訴訟法は相殺の抗弁につき例外を明示している。すなわち「相殺のために主張した請求の成立又は不成立の判断は，相殺をもって対抗した額について既判力を有する」（民訴114条2項）と定める。これは，原告からの訴求債権に対して被告側が相殺の抗弁で対抗し，裁判所がこの抗弁について判断をした場合の取扱いに関する。

被告が〈相殺の抗弁〉を提出した場合，裁判所は訴求債権が存在することを確認したうえで，更に相殺に供された自働債権の存在について確認をし相殺による消滅の判断をしなければならない。この点で弁済の抗弁などとは取扱いが異なる（これらの抗弁は複数主張されても一般にその一つが成立すれば請求は成り立たないから審理の順序の制約はない。しかし相殺の抗弁は自働債権への既判力拡張のゆえにすべての抗弁が成り立たない場合にはじめて考慮される）。相殺の抗弁が不適法却下された場合には，相殺の抗弁の審査をしなかったから既判力は拡張されない。

裁判所が被告側の提出した相殺の抗弁を容れて原告の請求を棄却しあるいは一部棄却した場合，被告の自働債権は訴求債権と対応額につき相殺によって消滅し，この本来訴訟物ではない被告側の自働債権の不存在につき既判力が働く。また被告が相殺の抗弁の自働債権とした債権が存在しないとの判断がなされた場合にもまた，この自働債権の不存在につき既判力が働く[33]。

†〔例〕右の例（図10-2）では，原告Xが1000万円の債権を訴求したのに対して，Yが別にXに対して有する1500万円の債権を自働債権として相殺した場合，この相殺の抗弁が認められれば，Xの債権が相殺で消滅したとして請求が棄却されるだけでなく，Yの債権も相殺で消滅した1000万円について

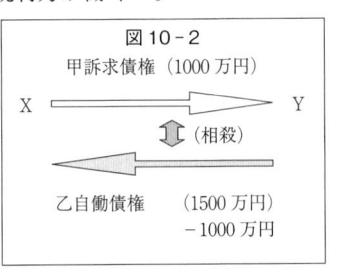

図10-2
甲訴求債権（1000万円）
X → Y
⇕（相殺）
乙自働債権　（1500万円）
　　　　　　－1000万円

---

[33] 相殺の抗弁が容れられた場合における自働債権についての判断は，論理的には自働債権が存在し，これが相殺により相殺適状時に遡って訴求債権と対等額で消滅する結果，①自働債権が判決基準時に存在しないという限度で確定されるか（中野貞一郎「民訴199条第2項について」同・訴訟関係141頁，同・論点Ⅱ136頁），②自働債権は存在し，相殺によって消滅したことについて既判力を生じる（兼子・体系343頁，吉村徳重「相殺の抗弁と既判力」法政46巻2～4号620頁）のかについては争いがある。①が通説である。これに対して②説では，基準時以前の自働債権の存在にも既判力を働かせて，訴求債権が相殺によって消滅したことを確定しようとする。訴求債権が元々存在しなかったことを理由として後に不当利得請求等による蒸し返しを防ぐためと主張される。しかし，自働債権の不存在が既判力で確定すれば，それが不当であるとして不当利得請求をすることは許されず，自働債権が存在したことまでの既判力拡張は不要であろう。新堂説はこの観点から改説した（新堂659頁）。

は既判力によって不存在が確定される。Yが別訴で乙債権1500万円を訴求しても1000万円は既判力により不存在となる。ただし残部500万円については既判力は及ばないからその存否は改めて別に判断される可能性が残されている。

立法者が被告側の自働債権にも既判力を及ぼしてその不存在を確定しておくことにした趣旨は，そうでなければ相殺に供した自働債権が後に訴求される可能性を残すことになるが，それが認められればこの債権は前の訴訟だけでなく後の訴訟でも行使されて，二重の行使を許すことになってしまうおそれがあると判断したからである。この規定はそのような可能性を既判力拡張によって予め封じようとした。したがってこの場合の既判力の拡張の趣旨は，裁判所が単に重要な理由中の判断を行ったという意味を持つからではなく，むしろ訴訟物とは別の請求権が訴訟手続で自働債権として行使されその当否が判断されたにかかわらずこの債権が更に後の訴訟で独自に訴求される可能性がある点にある[34]。

(5) 判決理由中の判断の拘束力等——争点効その他

1) 原則と問題点　民事訴訟法は，裁判所が判決理由中でなした判断に対しては，相殺の場合を除き既判力が及ばないとの原則を示したとされる（民訴114条）。しかし，その結果，前後の訴訟で訴訟物自体は異なるが，実は後の訴訟で前訴において争われたものと同じ争点が主張されて，前の訴訟と実質的に同じ争いを蒸し返す場合が生じうる。このような場合にも当然に蒸し返し訴訟を許すのは，当事者間の公平に反するのではないかが問われる。

†〔例〕所有権に基づく移転登記請求訴訟で請求が認容されたが，敗訴した被告が今度は自己の所有権の確認を求めて訴えを提起した場合。前訴原告の所有権が前提となって移転登記が認められているが，後訴では被告の所有権確認請求訴訟が提起されて前の訴えの主要な争点である原告の所有権の存在を否定する形になりうる。

---

[34] 原告側の行った相殺との関連について。原告側が相殺をする場合として，①原告が被告の債権と相殺をした後にその残額を訴求する場合，②原告の訴求債権に対して被告が主張した自働債権が既に訴訟前に相殺によって（全部又は一部）消滅していると主張する場合である（原告の再抗弁として訴訟上ではじめて相殺を主張することができないことについては，前述⇒第6章第5節Ⅵ）。①は原告が請求する訴訟物の額について差し引き計算の前提として相殺をしたにすぎず，その確定について被告は関わっておらずその相殺について既判力の拡張は働かない。②についても，原告は訴訟外でなされた相殺により抗弁とされた被告側の自働債権額を攻撃するが，それが被告の相殺の抗弁の基礎となる自働債権額の算定の前提とはなっても（そしてその限度での既判力の拡張はあっても），原告が行った相殺と訴求債権との関連は間接的である。原告の別債権（自働債権）と被告の債権との裁判外での相殺についての判断は被告の債権額を確定する限度で意味があるにすぎず，既判力は働かない。

実質的に同じ紛争でありながらその蒸し返しである訴えを無制限に許すことは，民事裁判による紛争解決機能が極めて弱いことを意味する。既判力の範囲が「判決の主文に包含するもの」であることから，それを原則として原告が提示した訴訟上の請求である訴訟物に限定しその客観的範囲を限定すると，結局訴訟上の請求を変えれば訴訟手続による紛争が繰り返される可能性が残る結果となる。そうすると終局判決を得ても紛争は最終的な解決には至らず，民事訴訟の紛争解決機能や判決を得た相手方当事者の法的地位の保障との関係で極めて不当だとの認識は強く残ることになり，この不満は無視できない。そこでこの認識のもとで，前訴の実質的争点を蒸し返す後訴に対しては何らかの形でそれを阻止し，紛争解決の実効性を確保する努力がなされた。

2) 中間確認の訴え　このような紛争の蒸し返しの危険は，既に立法者も意識しており，これに対処するために現行法は〈中間確認の訴え〉を設けた（民訴145条⇒第11章第3節）。しかし，中間確認の訴えによって既判力を及ぼすには，当事者が請求を拡張して前提事項について明示的に判決を求める必要があり，その申立てがなされない限り既判力は判決の前提となる事項には及ばない。前訴の過程で当事者が将来の訴訟手続を見越して争点となる事項について既判力を拡張するために中間確認の訴えを提起することを求めるのは理論倒れであり，この意味で，立法者が構想した中間確認の訴えという方法は実際の必要性に応じうるための十分な解決策にはなっていなかったといえる[35]。

3) 争点効の提唱　蒸し返し訴訟を阻止する手段としてわが国で解釈論として提唱された理論に〈争点効〉がある。これは，前の訴訟で重要な争点となり裁判所が判断をした事項については通用力を取得し，前訴と同一の争点を主要な先決問題とする後訴の審理で，その判断に反する主張・立証を許さず，これと矛盾する判断を許さないとの拘束力が及ぶとする理論である（新堂669頁以下）。

　　†〔例〕 XはYに対して，土地をYから買い受けたことを理由にした土地明渡請求訴訟で，Yがその売買契約が無効であること又は詐欺を理由に取り消すと主

---

[35] この問題点を克服するために，〈黙示による中間確認の訴え〉を提唱する見解がある（坂原正夫「黙示による中間確認の訴え」同・民事訴訟法における既判力の研究〔慶應義塾大学法学研究会・1993〕121頁以下）。しかし，「黙示の訴え」という構成はそもそも〈訴え〉概念と矛盾する。これまでこのような方向が採られなかった（同書129頁注12）のは，決してそれが忘れられたからではなく，むしろそのような構成自体が持つ基本的問題ないし不自然さのゆえであったからではないか。

張して争ったが容れられずXが勝訴し判決が確定した（前訴）。その後，YはXを相手に，当該土地の売買を原因とするXの所有権取得登記の抹消を求める訴訟を提起し，売買契約が無効であるとして争う場合。売買契約の効力は前訴で十分に，また主要な争点として争われている。

〈争点効〉の理論は，基本的には紛争解決の一回性の観念を基礎に，前の訴訟における裁判所の判断を主文に包含するものに限定せず，実質的に争点となり裁判所が判断した事項にも判決の拘束力を及ぼそうとする見解である。わが国で主張されていた当然の補助参加の理論（⇒第12章第2節Ⅱ3(3)）及びアメリカ合衆国における判決効に関するコラテラル・エストッペルの法理[36]に想を得て展開された理論である。

争点効は以下の要件がある場合に認められるとされる。①前訴と後訴の請求の当否を判断するにあたり主要な争点となった事項についての判断であることが必要である。ここに「主要」な争点とは，その判断が訴訟の結論を左右する事項であるとされる。②当事者が前訴においてその争点について主張・立証を尽くした場合でなければならない。これは裁判官が心証を形成するのに必要な通常の主張・立証行為がなされたことを意味し，裁判上の自白や証拠契約をした場合を除く趣旨とされる。③裁判所がその争点について実質的な判断をしたこと。裁判所の実質的な判断がなければそもそも判決の効果としての争点効が生じる余地はない。④前訴と後訴の係争利益がほぼ同等であること。これは当事者が前訴と後訴でほぼ同一の労力を訴訟手続にかけることが予想されるからであり，両者が著しく異なれば争点についての関与の度合いが異なりうることが想定されるからである。⑤争点効については当事者の援用を待って判断する。争点効は当事者間の公平を図ることを主目的としているからである。

以上の争点効の要件は，抽象的には了解可能であるともいえよう。しかし，それは結局，後の訴訟手続で前の訴訟手続を比較し，特に後の判断者，すなわち後の裁判所の観点からなされた判断要素の抽出であり，現実の訴訟手続の展開の過程（特に前訴）では当事者はその具体的内容を絞りきれない。当該前訴手続で当事者にとっていかなる場合にその効力が後に及ぶのかは把握し得ず，明確ではない。判例（最(3小)判昭和44年6月24日判時569号48頁)[37]はこの理

---

[36] コラテラル・エストッペル（Collateral estoppel）。アメリカ合衆国民事訴訟手続では，判決の効力は請求事項だけでなく争点にも拡張される。今日では争点排除効（Issue preclusion）といわれる（小林秀之・アメリカ民事訴訟法〔新版〕〔弘文堂・1996〕244頁以下）。

論の採用を否定した。立法者は，前の訴訟の過程での当事者の攻撃・防御行為の自由を損なわないことを重視したが，この点を無視することはできない。

4）　既判力の拡張　　ドイツを中心に根強く主張され，わが国でも賛同者のある見解としては既判力拡張説がある。同じく結論的に既判力を一定の場合に判決理由中の判断に及ぼすべきだと主張する見解にも，その内容は必ずしも一致しない。あるいは判断内容の実体的な意味関連を重視して，まず前の判決で示された裁判所の判断の持つ〈実体的意味関連事項〉に既判力が及びうるとする見解がある[38]。この見解は裁判所の下した判決理由と後訴とが実体的に一定の意味関連を持つ場合に，その理由で示された判断の拘束力を認めようとする。これに対してこのような実体的な関連性ではなく，訴訟手続上の当事者の攻撃・防御行為の具体的な展開との関連を重視する見解もある。この見解は，民事訴訟手続自体を権利行使の過程とみて，訴訟手続による既判力の拘束を権利失効の原則から基礎づけ，判決の拘束力が既判力として及ぶ客観的事項は，当事者が訴訟手続で行うべきであった攻撃・防御方法に関して期待可能性が存在し得た限りであり，その可能性がなければこれが及び得ないとしたうえで，判決効の客観的範囲についても前の訴訟での攻撃・防御の行為事情を実質的に評価すべきだとする[39]。

5）　信義則による遮断効の拡張　　わが国では更に信義則による遮断を認める見解が主張されており（例えば，小山〔文献〕），判例もまた一定の場合に信義則による拘束を認める（後掲）。もっとも，信義則による拘束は，信義則自体が前の確定終局判決における裁判所の判断自体の持つ拘束力でない点でやや異

---

37)　XはYに本件不動産を売却し，登記を経たが建物を明け渡さなかった。XはYに対し錯誤を理由に登記抹消を訴求（本件）。Yは別訴で，売買契約を理由に本件建物の明渡し等を訴求。Xはこれに対して売買契約の錯誤無効を争った。2つの訴えにつき，第一審では同一裁判官が，錯誤の主張をしりぞけて，本件のXの請求を棄却，別件のYの請求を認容した。控訴審では別々の部に配てんされ，別件は，Xが新たに追加した詐欺取消しも排斥され，Xの控訴は棄却，上告も棄却され確定した。本件については，その後売買契約の詐欺取消しがみとめられて，第一審判決を取り消しXの請求が認められた。これに対してYが上告したケース。

38)　はじめにドイツでツォイナーによって提唱され（Zeuner, Die objektiven Grenzen der Rechtskraft im Rahmen rechtlicher Sinnzusammenhänge, 1959），わが国では上村明広教授の提唱・主張する見解である。

39)　ドイツでヘンケルの主張する見解である（Henckel, Prozeßrecht und materielles Recht, 1970, S. 149-232）。この部分の紹介は，文字浩・論叢87巻5号74頁。ツォイナー以降のドイツ学説についての展開の紹介は，吉村徳重「判決理由の既判力をめぐる西ドイツ理論の新展開」法政39巻2～4号453頁。

質である。これは判決の前提になった前の訴訟手続内で行われた当事者の訴訟行為自体が，後の訴訟手続における当事者の主張と照らし，後者の主張が信義に反する場合にその主張を許さないとする拘束である。この意味で，「判決理由中の判断の拘束力」というカテゴリーからははずれる要素を持っている（なお⇒V）。

6) 判決に必須の請求原因事項についての判断　　以上従来の様々な努力は蒸し返し訴訟の可能性をできる限り排除しようとする試みであった。確かに既判力による拘束力の客観的範囲を厳密に訴訟物に関する裁判所の判断のみに限定すると，蒸し返し訴訟が生じる確率が高いことは明らかである。そこでそれを減少させることが必要であるが，その際の方法は無限定なものではなく，民訴法114条1項の趣旨を前提にしそれと適合していることが必要である。そこでこの規定がどのような価値を体現しているのかを確認する必要がある。

①　「主文に包含するもの」が，裁判所の訴訟物についての判断であることは明確である。本来訴訟物は予め裁判所及び相手方に対して原告が示した裁判要求の範囲の外枠に他ならない。この部分について，裁判所の判断が求められ，裁判所はその点についての判断を避けることができない。判断の外枠は，裁判所及び当事者にとっては明確である。

②　訴訟物自体ではなくても，当該訴訟物たる権利・法律関係の判断をするにつき当然前提となりまた裁判所によって必ず判断されるべき事項は，当事者が争点となることを予想すべきものである。そこでこの点について裁判所が判断をした場合には，それについて当事者間で拘束力を及ぼしても不都合はない。〔**判例**〕は，限定承認による相続財産の限度での支払を命じる判決につきこれは訴訟物の属性を決定し執行力の範囲を画定する事項であり，これを認める判決はその旨を明確にするために主文に記載すべきであり，またこの判断に反する事由を後に主張することは封じられるとするが，この観点からは肯定できる。

†〔**判例**〕　最(2小)判昭和49年4月26日民集28巻3号503頁[40]　「被相続人の債務につき債権者より相続人に対し給付の訴が提起され，右訴訟において該債務の存在とともに相続人の限定承認の事実も認められたときは，裁判所は，債務名義上相続人の限定責任を明らかにするため，判決主文において，相続人に対し相続財産の限度で右債務の支払を命ずべきである。

ところで，右のように相続財産の限度で支払を命じた，いわゆる留保付判決が確

---

[40]　田尾桃二・最判解説民事昭和49年度298頁，柏木邦良・百選2版，東松文雄・百選Ⅱ328頁。

定した後において，債権者が，右訴訟の第二審口頭弁論終結時以前に存在した限定承認と相容れない事実（たとえば民法921条の法定単純承認の事実）を主張して，右債権につき無留保の判決を得るため新たに訴を提起することは許されないものと解すべきである。けだし，前訴の訴訟物は，直接には，給付請求権即ち債権（相続債務）の存在及びその範囲であるが，限定承認の存在及び効力も，これに準ずるものとして審理判断されるのみならず，限定承認が認められたときは前述のように主文においてそのことが明示されるのであるから，限定承認の存在及び効力についての前訴の判断に関しては，既判力に準ずる効力があると考えるべきであるし，また民訴法545条2項〔現行民執35条2項〕によると，確定判決に対する請求異議の訴は，異議を主張することを要する口頭弁論の終結後に生じた原因に基づいてのみ提起することができるとされているが，その法意は，権利関係の安定，訴訟経済及び訴訟上の信義則等の観点から，判決の基礎となる口頭弁論において主張することのできた事由に基づいて判決の効力をその確定後に左右することは許されないとするにあると解すべきであり，右趣旨に照らすと，債権者が前訴において主張することのできた前述のごとき事実を主張して，前訴の確定判決が認めた限定承認の存在及び効力を争うことも同様に許されないものと考えられるからである。

そして，右のことは，債権者の給付請求に対し相続人から限定承認の主張が提出され，これが認められて留保付判決がされた場合であると，債権者がみずから留保付で請求をし留保付判決がされた場合であるとによって異なるところはないと解すべきである。」

③ 抗弁事項については，本来被告からその主張がない限り争点にはならない。またたとえその主張があってもそれが複数主張されればすべてが必ず同程度の重要性を持った争点になるとは限らず，そのうちいずれを選択して請求棄却の判断をするかは裁判所の裁量に委ねられる。この裁量の範囲外であることが明示されている相殺の抗弁を除き，抗弁事由については判決理由中の判断に拘束力を与えることは控えるべきである。

以上によれば，極めて限定的だが，訴訟物についての判断につき当然の前提となるべき事項に限定して，既判力の拡張を認めることができる。これは，「主文に包含するもの」について〈必然的な判断事項〉であるともいえる。

なお，これらの他に前訴と後訴の関係について信義則による調整が考えられる。しかしこれは前述のように，裁判所が行った前訴判決の効力そのものが及ぼす効果ではなく，むしろ前訴における判決に至る過程で当事者が行った行為の結果を後訴で規範的に判断した結果として課された拘束だと見るべきである（なお後述⇒Ⅴ）。

3 既判力の時的限界

〔文献〕

池田辰夫「形成権遮断と既判力」同・新世代の民事裁判（信山社・1996）171頁，上田徹一郎「遮断効と提出責任」同・判決効223頁，河野正憲「形成権の機能と既判力」同・当事者行為121頁，坂田宏「既判力の時的限界の意義」鈴木・古稀665頁，坂原正夫・民事訴訟法における既判力の研究（慶應義塾大学法学研究会・1993）8頁以下，中野貞一郎「形成権の行使と請求異議の訴」同・強制執行・破産の研究（有斐閣・1971）36頁

(1) 総　論

民事訴訟で直接審判の対象とされる訴訟物の内容をなす訴訟当事者の権利・法律関係は，本来当事者が行う様々な実体的処分行為やその他法律上重要な事象によって時間的経過の中で変化する性質を持つ。裁判所はこれに対して判決により権利関係について判断しその間の法的紛争につき裁断を下すが，その判決内容は，裁判所がその判断内容を形成することができた一定時点（最終口頭弁論終結時）での判断を示すにすぎない。裁判所が下す判決は，本来その内容形成において，一定の基準時点がなければならない。裁判所の判断はこの時点の法的状態の判断をもとにし，それを不可争とすることによって当事者間の紛争が強制的に解決されたものとし，これによる判決内容が確定した以上，もはやその判決内容が以後の基準となるとの通用力が与えられる。既判力はこの時点を基準とした裁判所の判断の内容的通用力である。またこのような判決の通用力を維持するために，これを覆すような当事者の矛盾する攻撃・防御の主張は遮断すべきであるとしている。このような効果を〈既判力の遮断効〉という。

(2) 既判力の遮断効の基本原則

裁判所の終局判決による最終的な判断は，原告の請求と被告の答弁を基礎に，原告及び被告が行った一連の口頭弁論期日における攻撃・防御行為をもとにして，最終口頭弁論期日における原告被告間の権利義務について得られたものである。

この裁判所の判断内容が，既判力による拘束力を取得し，後の訴訟手続で内容的な通用力を確保するためには，この後の訴訟手続で当事者が，前の訴訟の既判力を実質的に覆すことになるような事項を主張することを遮断しなければならない。この，後の訴訟手続での攻撃・防御方法の主張を遮断する効果は，前の裁判所が行った判決の判断自体がそのまま直接に作用する効果ではない。

それはむしろ既判力のある裁判所の判断を後の訴訟手続でも維持するために，前の訴訟で当事者が主張することができたはずの攻撃・防御行為の主張を後の訴訟で蒸し返すことを禁止するという，当事者に対する禁止の効果である。

当事者は，前の訴訟手続で訴訟物に関する権利関係を終局的に確定するために，判決の基礎になるはずの攻撃・防御行為は遅くともその最終口頭弁論期日までに提出し，裁判所

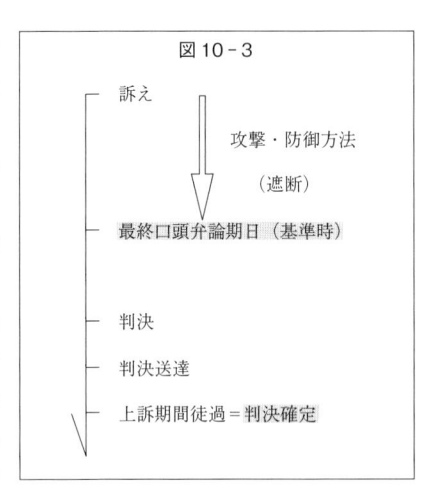

```
         図 10-3
      ┌ 訴え
      │       攻撃・防御方法
      │         (遮断)
      │   最終口頭弁論期日 (基準時)
      ├ 判決
      ├ 判決送達
      │ 上訴期間徒過＝判決確定
      ↓
```

の判断の基礎とすべきことが期待される。口頭弁論期日が複数回開催された場合にはこれらはすべて一体として判断されその基準はその最終的な終結時点とされる（口頭弁論の一体性）。その手続で当事者がこれらの攻撃・防御方法の提出を懈怠し，裁判所の判断を得ることができなかったのであれば，当事者は訴訟手続が終了した後に後続訴訟でこれを蒸し返して主張することはもはや許されない。これに伴う不利益は，前の訴訟手続で与えられた機会を十分に行使しなかった自らの責任として，それによる不利益を自ら負担しなければならない。後の訴訟手続で，前の判決内容を実質的に覆すことになる攻撃・防御方法を主張することを当事者に禁止する遮断効の実質的な基礎は，こうして，当事者が前の訴訟で与えられた権利行使の機会を十分に行使しなかったにかかわらず，再度これを持ち出して争うことを禁止するという衡平の観念を基礎とした権利行使権限の喪失にある。〈既判力の遮断効〉はこのような本来権利行使自体が持つ実質的な価値原理に基づいており，それは特に当事者の，後の裁判手続での主張権限の喪失である。これは，訴訟物たる権利関係の確定に必要な最低限の事項であり，当事者の知・不知，過失の有無を問わない。

もっとも，他面でそのような不利益を課すことが当事者に要求された防御手段の行使と訴訟手続への提出行為について，当該当事者には客観的にその期待可能性が全く存在しない例外的な場合にまでこれを課すことは，不可能を強いることになり，できないことをも意味する。そこで，遮断効が及ぶ事項を判定するにあたっては，訴訟手続において当該事項が訴訟物である権利・法律関係

の確定に当然に必要な防御方法だと判断しうるか否かによって画定する必要がある。基準時後に新たに発生した事項を根拠にする場合がこれに該当しないことはいうまでもない。

　†〔例〕　売買契約に基づく代金支払請求訴訟で，被告側がその訴訟手続で売買契約の不成立，錯誤による無効，弁済による債権の消滅，消滅時効などの事項が既に口頭弁論終結時までに存在したのであれば，被告はその訴訟手続で当然にこれらを主張することができたといえる。それにかかわらず，これらを当該口頭弁論で主張せずに訴訟が終了し敗訴判決が確定したならば，これを後に主張することはできない。後の訴訟（例えば請求異議訴訟〔民執35条〕）でこれらの事由を主張して債務の存在を争うことは，基準時に給付請求権が存在したという既判力による確定を覆すことになるから，遮断効により禁止される。

(3)　形成権の行使と既判力による遮断効

1)　問題点　　前訴の確定判決の内容を維持するために，後の訴訟手続で当事者はどのような事項について既判力の遮断効を受けその主張を遮断されるのかが特に問題となるのは，実体法上の形成権行使との関連である。すなわち，前の訴訟手続で，被告に実体法上形成権が存在し，それを訴訟手続内で行使すれば原告の請求権に対して防御が可能であったにかかわらずこれを行使せず，その訴訟が終了し判決が確定した後になって形成権を行使して防御をすることができるかが問われる。

　実体法は様々な〈形成権〉を規定しているが（取消権，解除権，相殺権等），これらの形成権は単独の意思表示によって当事者間の実体的権利関係を直接変更する効力を持つ権限である点で共通する。その際，その形成権行使の意思表示は相手方に到達することによって，遡ってその効力が発生するとされることが多い。そこで，既判力の基準時点で既に形成権が発生しており当事者がこの形成権を訴訟手続内で防御方法として行使することができたにもかかわらずこれを行使せず，判決確定後になってはじめて形成権を行使すると，判決基準時後に形成権を行使したにかかわらずその効果は基準時前に遡ることから，基準時には判決の基礎になった原告の請求権が存在しないことになり確定した判決の効力を実質的に否定する結果となる。このような取扱いが果たして許されるのかが既判力との関係で問題となる（以下につき，河野〔文献〕参照）。

　†〔例〕　売買契約などの法律行為が詐欺・強迫によってなされたと主張される場合，それにより不利益を被った者は実体法上取消権を行使し，相手方の法的主張

(例えば契約が有効であることを前提とした代金請求等)に対して防御をすることができる(民96条)。被告が取消権を行使すると，当事者間の法律関係は遡ってその効力を失う(民121条)。訴訟手続内での取消権の行使・主張により当事者間の売買契約による権利関係は消滅し，原告の請求はその基礎を失う。判決基準時である最終口頭弁論時点での法的関係についてみれば原告は被告に訴求していた請求権をこの取消権の行使により失うことから，請求は棄却されなければならない。しかし，この取消権が前訴手続中で行使されず，最終口頭弁論終結後にはじめて行使された(例えば請求異議訴訟において〔民執35条〕)場合に，このような取消権行使が前訴の既判力ある判決との関係で適法といえるのかが問題になる。また訴求債権とは別の債権を自働債権とする相殺の抗弁が，前の訴訟手続中では行使されず，後の訴訟手続で行使・主張された場合はこれと同様に考えることができるか，あるいはこれとは別の考慮が必要かが問題になる。

2) 学 説　わが国の通説的な見解は，〈形成権〉一般について遮断効を考えるのではなく，個々の形成権の性質・特色に応じて考量し，その取扱いを異にしている。これに対して，形成権の行使自体が重要であり一般に形成権の行使は既判力の遮断効によっては遮断されないとの見解が存在する(中野〔文献〕44頁)。この見解は，形成権行使は形成権者の自由意思に委ねられていることを根拠とする。しかし，形成権行使が一般的には形成権者の自由意思に委ねられているとしても，訴訟手続で訴求債権について当該訴訟手続での最終的確定が求められている場合には，この機会にそれに関する実体的な権限行使が期待され，訴訟手続が終了すればその訴訟物である権利関係についての疑義を排除することが制度的に要求されているとみることができる。そこで，被告側は訴訟物である権利関係について自己が有する防御方法は，極力これを提出して権利関係の最終的確定を図ることが期待される。これを行わなかった当事者が後にそれを持ち出すことは許されず，その権限を実質的に失効してしまうというべきである。

このような形成権の持つ実質的な意義は各形成権毎に異なるから，わが国の通説はそれぞれの形成権の特性に応じて遮断効の有無を判定する。

そもそも，実体法上〈形成権〉という一個の権利が存在するわけではない[41]。

---

41) 形成権は請求権と共に，ある実質的な価値を実現するために法技術的に設けられた二次的な権利だともいわれる(Reiser, Der Stand der Lehre vom subjektiven Recht im deutschen Zivilrecht, ders, Die Aufgabe des Privatrechts, 1977, S. 98, 101)。「形成権」としての概念の成立は，最終的には20世紀初頭のドイツ法学に基づく。このことは「形成権」自体が判断対象ではなくそれによって実現される個別的利益が価値判断において重要だということを示しているといえる。

本来形成権は様々な個別の権利についての共通概念として，特にその権利関係変更のメカニズムに着目して提唱され，展開された。その際，それを許容する根拠や内容，そこで保護される利益は個々の形成権の制度目的によって実質的には極めて異なる。このような形成権の性質から見ると，これを個別的に考察することは各形成権が持つ固有の価値評価を重視し，それに適合的な判断をしようとするのであり，方法論としても正当化できる。

　既判力の遮断効は，訴求請求権に対する裁判所の判断の通用力を実質的に確保するために，訴求請求権について終局判決で確定された権利・法律関係についての判断を覆すことになるような防御方法を後の訴訟手続で主張することを遮断する制度である。それは，その当然の前提として，訴訟当事者に対して前の訴訟手続内でそれに該当する防御方法や，場合により攻撃方法を提出すべきことを求めると共に，それをしないでおいて後の訴訟でこれを行おうとする主張を排除することを意味する。そこで排除される事項は訴訟物である権利関係の確定に必然的な攻撃・防御方法であり，前に懈怠により提出されなかった事項である。当該事項を訴訟手続で提出することについて当事者に客観的に期待可能性がなかった場合はともかく，専ら防御方法として機能する事項や権利行使に当然必要な事項は，その行使が期待されていたといえる。〈形成権〉についてもそれぞれの形成権の実体とその機能に即して，訴訟という場で訴求請求権の最終的確定のためにこのような形成権を行使すべき義務が形成権者にあるか否かをこのような基準によって個別的に判断すべきである（河野〔文献〕138頁参照）[42]。

　3）　個別的検討　　各形成権について，当該訴訟手続でそれを防御方法として行使・主張することが要求され得るか否かが実質的に検討されなければならない。

　①　取消権　　取消権は，実体法上取消事由が存在する場合に取消権者が相

　「形成権」概念は特に，ドイツのローマ法学者，ゼッケルにより提唱された（*Seckel*, Die Gestaltungsrechte des bürgerlichen Rechts, Festgabe für Koch, 1903, S. 205ff.〔Sonderausgabe 1954〕）。

42)　この意味で，形成権の行使に関する考慮は実体的な形成権を行使すべきだったか否かの判断である。これに対して，訴訟上の要素などをも含めて様々な判断要素を並列的に提示し，複合的な判断を主張する見解がある。しかしこれは問題をいたずらに複雑にするだけでなく，様々な要素のきめ細かい考慮と称して，十分な整理がされないままに判断に持ち込むことは，方法論としても問題がある。形成権という実体法上の権利行使であるから，すべての要素は実体的判断の対象として考慮すべきであろう。

手方に対して法律行為取消しの単独の意思表示をすることによって行使される。訴訟上原告が，一定の法律行為（例えば売買契約）が有効になされたことを前提にその効果の履行を求めて訴えを提起した場合に，被告側はその効果を否定し，その前提として取消権を行使しその結果を当該訴訟手続で主張する防御方法である。取消権は，法律行為の形成過程に瑕疵があることから，当該法律行為の効力自体を否定する権限を当事者に与えたがその主張は専ら取消権者の意思に委ねた。その取消権行使の前提となる〈取消権〉自体は訴訟物である権利・法律関係自体に付着する瑕疵である。このような瑕疵がある法律行為の効果が相手方から主張され，当該権利・法律関係自体が訴訟の対象として問題とされ争われているにかかわらず，この瑕疵を主張して当該権利・法律関係の効果を否定し相手方の請求を拒絶する有力な防御方法を有する権利者がその権限を訴訟上で主張せず，訴訟が終了し既判力により当該訴訟物である権利関係の存在が確認されて原告の請求が認容された後にこの取消権を行使することが許容されるのかが問題である。

　わが国の通説（兼子・体系340頁）及び〔**判例**〕は，この場合には取消権は前の訴訟手続で行使すべきであったのであり，訴訟終了後判決が確定した後に，後の訴訟で取消権の行使による当該権利・法律関係について認容した判決の内容を否定する主張をすることは既判力の遮断効により許されないとしている。

　　†〔**判例**〕　最（1小）判昭和55年10月23日民集34巻5号747頁[43]　　本件は，X（原告・控訴人・上告人）のY（被告・被控訴人・被上告人）に対する本件土地につきなされた所有権移転登記の抹消登記請求事件を第一次請求とし，2万4800円の支払と引替えに本件土地の所有権移転登記請求を第二次請求とする。Xは次のように主張する。本件土地はもと国の所有であったが，Xは昭和43年12月27日国から本件土地の払下げを受け，所有権を取得した。XとT村（後Yと合併）との間には，昭和43年12月13日に，公証人A作成の公正証書で，本件土地の5分の4にあたる土地を，XはYに対して原告が払下げを受けると同時に払下げ価額と同価額で売り渡すものとした売買契約を締結した。この売買契約にはこの土地の近くに公民館を建設する旨の条件が付されていた。ところが，昭和45年にYはXを被告として，本件売買契約により本件土地（全部）を取得したとして，所有権確認及所有権移転登記手続を求める訴訟を提起したが，X敗訴の判決があり確定した。Xは，このように本件売買目的物件が本件土地の全部だったとすれば，こ

---

[43]　塩崎勤・最判解説民事昭和55年度319頁，上谷清・百選2版230頁，片山克行・百選Ⅱ320頁。

の売買契約は通謀虚偽表示等を理由に無効であったと主張し，更に予備的にT村村長はXに本件土地の一部部分のみを買い受けると申し向けてXを誤信させた詐欺行為を働いたのであり，Xは本件訴状により本件売買契約の承諾を取り消すと主張した。第一審Xの請求棄却。X控訴。控訴棄却。X上告。上告棄却。

「売買契約による所有権の移転を請求原因とする所有権確認訴訟が係属した場合に，当事者が右売買契約の詐欺による取消権を行使することができたのにこれを行使しないで事実審の口頭弁論が終結され，右売買契約による所有権の移転を認める請求認容の判決があり同判決が確定したときは，もはやその後の訴訟において右取消権を行使して右売買契約により移転した所有権の存否を争うことは許されなくなるものと解するのが相当である。

これを本件についてみるに，原審が適法に確定したところによれば，本件Yを原告としXを被告とする原判示……事件においてYがXから本件売買契約により本件土地の所有権を取得したことを認めてYの所有権確認請求を認容する判決があり，右判決が確定したにもかかわらず，Xは，右売買契約は詐欺によるものであるとして，右判決確定後である昭和49年8月24日これを取消した旨主張するが，前訴においてXは，右取消権を行使し，その効果を主張することができたのにこれをしなかったのであるから，本訴におけるXの上記主張は，前訴確定判決の既判力に抵触し許されないものといわざるをえない。」

学説上，これに反対し取消権は取消権者に与えられた権限であり，既判力による訴訟物である権利・法律関係の確定はこのような取消権行使を強制するものではなく，いつでも行使でき既判力によっては遮断されないとの見解がある（中野〔文献〕）。しかし，実体法上取消権が取消権者に与えられてそれが5年間の除斥期間に服するとしても，このことは取消権者には取消権行使を最大限5年間行使することを許したのにすぎず，更にこれを当然に5年間常に自由に行使できることまで認めたわけでないのはいうまでもない。特に相手方が訴訟手続で問題の請求権を行使してその履行を求めているときは，当然にその訴訟手続で請求権の最終的確定が求められているのであり，これに関連する必然的な防御方法はそこで行使すべきだというのが被告に課された義務だといえる。これを行使しないで後日これを蒸し返して覆そうとするのは与えられた防御の機会を十分に利用しなかったのであり，請求権の既判力による確定により取消権自体が実体的にも失効してしまうというべきである（河野〔文献〕141頁）。

② 解除権　契約関係又はその他法律上の規定により当事者の一方に解除権が与えられている場合，その行使は相手方に対する単独意思表示によって行

うことができる（民 540 条）。解除権は，その行使に期間の定めがないときは相手方は相当の期間を定めて解除をするか否かを催告することができる（民 547 条）。解除権者は解除権を行使することによって一方的に，従来の法律・権利関係を覆滅させ原状に復させる権限を持つ（民 545 条 1 項）。そこで，相手方が訴えによって一定の法律・権利関係の履行を求めている場合には，解除権行使は有力な防御方法となりうる。訴訟手続では，解除可能な法律・権利関係について，その紛争の決着を図ることを相手方は求めており，実質的に見ればその訴訟手続内での解除権行使の催告としての意味を持つと評価できる。しかるに，解除権がその訴訟手続で容易に行使できたのに被告側がそれを行使せずその訴訟が終了し判決が確定してしまった後に改めて解除権を行使し，既に確定した判決内容を覆滅しようとすることは，解除権が持つ防御的性質に反する。そこでこのような解除権行使は既判力によって遮断されると解すべきである（河野〔文献〕142 頁）。

　③　相殺権　　相殺制度は相対立する二債権を対等額で相殺適状時に遡って消滅させる制度であり，それは当事者の一方から相手方に対する単独の意思表示によって行われる（民 505 条，506 条）。相殺は，機能として受働債権について債務消滅制度としての意味を持つ（民法はこの観点から債務消滅原因の一つとして定める）だけでなく，より積極的に自働債権を強制的に実行する行為としての意味をも持ちうる。わが国の民法は相殺に供しうる債権について何ら制約を設けておらず，両債権がその成立上相互に全く無関係であってもなお相殺による債権債務関係の清算ないし自働債権の強制的行使は可能である。訴訟手続でも，原告の訴求する債権（訴訟物）に対して被告側は，自己が有するこれとは無関係の債権を自働債権として相殺によって対抗することができる（いわゆる「相殺の抗弁」⇒第 6 章第 5 節）。しかし，これを前訴の訴訟手続内で行使せず，訴訟が終了してから（請求異議訴訟，債務不存在確認訴訟などで）相殺権の行使を主張し，相手方債権の不存在を理由として確定判決による債権行使に対抗することができるかが問われる。わが国の古い判例は相殺権の行使も確定判決の遮断効に服し，事後の行使は許容されないとしていた（大判明治 39 年 11 月 26 日民録 12 輯 1582 頁，大判明治 40 年 7 月 19 日民録 13 輯 827 頁）。しかし判例はその後立場を変え相殺権行使を許容する（大判明治 42 年 4 月 17 日民録 15 輯 360 頁，大判〔連〕明治 43 年 11 月 26 日民録 16 輯 764 頁）。最高裁も，相殺につき既判力による遮断効を否定する立場を採り，請求異議を許容する（最(2 小)判昭和 40 年 4 月

2日民集19巻3号539頁[44]）。学説でも，相殺権行使は確定判決により遮断されないとの見解が通説である（新堂652頁）。しかし，相殺権行使についても既判力によって遮断されるとする見解も主張されている（坂原〔文献〕80頁）。

そこで，そもそも被告には既に発生している相殺権を当該訴訟手続内で行使することが要求されているのかが問題となる。本来相殺は取消しや解除などとは異なって訴求債権自体に付着する抗弁事由ではなく，これとは全く別の債権による債権債務関係の清算方法であり，特に自働債権の独自の（貫徹）行使としての機能を持つ。特に，被告が原告に対して複数の債権を持っていることがあるが，相殺の抗弁を行使しなかった場合に遮断効を肯定するとすれば，これらのうちのどの債権が遮断効を受けるのかが問われることになろう。また遮断効を認めれば，結局その訴求債権自体が判決の確定によって既に被告が有した弁済期到来の債権との関係では相殺禁止債権と同じ実体的な効果を付与されることになる。しかしこのような効果を現実に承認することが実質的に適切であるのか，特にこの訴訟の原告であった債権者の経済状態がその後に悪化した場合に，その時点でこの債権に対して相殺による決済ができないのか等を考慮すれば，単に相殺権行使の可能性があったことのみを理由に一律の遮断効を認めることが実質的考慮を欠き妥当ではないのは明白である（河野〔文献〕145頁，147頁）。

④　建物買取請求権　　賃借地の建物収去土地明渡請求に対して建物買取請求権（借地借家13条）が与えられている。その趣旨は，借地権者がその権限に基づいて借地上に設けた建物につき，当該土地借地権が満了した場合に本来はこれを収去し土地を原状に復して返還すべきところ，建物の社会的価値及び賃借人の投下した経済的価値の回収を認めるために，その請求権行使により建物の買取りを求めることができる特別の権限である。そこで，原告が賃貸借契約の終了を原因として，その上にある被告所有の建物の収去・土地明渡しを求めた訴訟では，これに対抗して被告側からの抗弁としてこの買取請求権が行使されると，建物の所有権は原告側に移り，原告の請求は建物退去土地明渡しの限度で認容される，とされる。しかし被告がこの権限を訴訟中では行使せず敗訴した後，建物収去土地明渡しの強制執行に対する請求異議訴訟等ではじめてこの買取請求権を行使して対抗することができるかが問題となる。この買取請求

---

[44]　安倍正三・最判解説民事昭和40年度159頁，白川和雄・続百選178頁。

権は，原告側の建物収去の要求に対する防御方法として与えられた権限であり，時間的な制約なしにいつでも自由に行使ができる権限として当然に被告に与えられた権限だとはいい難い。したがって，これに基づいた法的地位を主張するには，当該建物収去が求められた被告は当該訴訟手続でこれを行使すべきであり，これを行使しなければ，以後その行使は遮断されると解すべきである（河野〔文献〕144頁）。もっともこのような見解は少数で，多数説は遮断効を否定する。〔判例〕も遮断効を否定した。

† 〔判例〕 最(2小)判平成7年12月15日民集49巻10号3051頁[45]　Y（被告・控訴人・上告人）と訴外A及びXら（原告・被控訴人・被上告人）の間には大阪高裁が言い渡した確定判決があり（最終口頭弁論期日昭和60年2月6日），それによればA及びXに対して本件建物収去土地明渡し及び土地明渡しまでの賃料相当損害金の支払を命じている（甲事件）。その後Aは死亡しXらがその地位を承継した。YとXの間には更に大阪地裁が言渡した確定判決があり（乙事件），Xに対して本件土地賃料相当額のうち高裁判決との差額198万4000円の支払を命じた。Xは平成元年12月1日に被告に到達した書面で本件建物につき買取請求権を行使した。またXは乙事件の口頭弁論期日（昭和63年10月28日）でYに対し建物買取請求権を行使した。Xは，本件請求異議訴訟を提起したが，これに対してYは買取請求権は甲事件で行使できたから請求異議事由とはならないと主張する。第一審請求認容。Y控訴。控訴棄却。Y上告。上告棄却。

「借地上に建物を所有する土地の賃借人が，賃貸人から提起された建物収去土地明渡請求訴訟の事実審口頭弁論終結時までに借地法4条2項〔現行借地借家13条1項，3項〕所定の建物買取請求権を行使しないまま，賃貸人の右請求を認容する判決がされ，同判決が確定した場合であっても，賃借人は，その後に建物買取請求権を行使した上，賃貸人に対して右確定判決による強制執行の不許を求める請求異議の訴えを提起し，建物買取請求権行使の効果を異議の事由として主張することができるものと解するのが相当である。けだし，(1) 建物買取請求権は，前訴確定判決によって確定された賃貸人の建物収去土地明渡請求権の発生原因に内在する瑕疵に基づく権利とは異なり，これとは別個の制度目的及び原因に基づいて発生する権利であって，賃借人がこれを行使することにより建物の所有権が法律上当然に賃貸人に移転し，その結果として賃借人の建物収去義務が消滅するに至るのである，(2) したがって，賃借人が前訴の事実審口頭弁論終結時までに建物買取請求権を行使しなかったとしても，実体法上，その事実は同権利の消滅事由に当たるものではなく（最高裁昭和52年(オ)第268号同52年6月20日第2小法廷判決・裁判集

---

[45] 井上繁規・最判解説民事平成7年度1017頁，三上威彦・百選3版178頁。

民事121号63頁[46])，訴訟法上も，前訴確定判決の既判力によって同権利の主張が遮断されることはないと解すべきものである。(3) そうすると，賃借人が前訴の事実審口頭弁論終結時以後に建物買取請求権を行使したときは，それによって前訴確定判決により確定された賃借人の建物収去義務が消滅し，前訴確定判決はその限度で執行力を失うから，建物買取請求権行使の効果は，民事執行法35条2項所定の口頭弁論の終結後に生じた異議の事由に該当するものというべきであるからである。」

この判決によれば，土地賃貸借の解消を巡る紛争では，その土地に被告の建物が存在する限り，判決手続だけでは最終的な決着には至らず，原告がたとえ建物収去土地明渡の確定判決を得ても，なお強制執行の段階まで相手方からの建物買取請求権の行使を覚悟しなければならないことになる。十分な争点整理を基本とし防御方法の明確化を求める現行法においても果たしてこの判決の立場が維持されるべきかはなお検討の必要性があろう。

⑤ 白地手形補充権　白地手形を有する者がその白地部分を補充することなく訴えを提起したことにより請求棄却の判決を受け[47]，これが確定した後に，その原告が更にその白地部分を補充して訴えを提起することができるかが問題とされた。白地補充権が果たしていわゆる形成権であるかはかなり問題があるが，白地手形の補充権を行使すること自体はいわば「一挙手一投足」でなし得る事柄であり，これをせずに敗訴した場合に更に再訴をして請求を求めることは遮断されると解するのが一般である。〔判例〕もこのような立場を表明している。

†〔判例〕　最(3小)判昭和57年3月30日民集36巻3号501頁[48]　X（原告・被控訴人・上告人）は約束手形1通（額面50万円，満期昭和49年8月31日，振出人Y，第1ないし第3裏書人訴外A，同B，X，各被裏書人はいずれも白地）を所持していたが，振出日欄白地のまま振出人Y（被告・控訴人・被上告人）に対して手形金請求訴訟を提起したが振出日欄が白地であることから請求を棄却する旨の判決を受けた。Xは異議申立てをしたが，この異議審係属中に異議を取り下げたがYがこ

---

46) この事件は，土地所有者から借地上の建物の譲受人に対して提起された建物収去土地明渡請求訴訟の認容判決確定後，譲受人が建物買取請求権を行使し，土地所有者に対して建物代金の支払を求めた訴えである。最高裁は，前訴口頭弁論終結時までに建物買取請求権があることを知りながらそれを行使しなかったとしてもその事実は実体法上建物買取請求権の消滅事由にあたるものではなく，その後にも建物代金の請求をすることができると判示した。
47) 白地手形は未完成手形であり，そのままでは手形請求権を行使することはできない。
48) 伊藤瑩子・最判解説民事昭和57年度300頁。

れに同意したので右手形判決は確定した。その後，Xは本件手形の白地部分である振出日欄を「昭和49年6月15日」と補充したうえでYに対して本件訴えを提起した。なお，Xは前訴である手形訴訟を本人訴訟として行っていたが異議審では弁護士に訴訟委任をした。しかし訴訟代理人弁護士も白地部分を補充することなく訴訟代理人弁護士によって異議が取り下げられ，その後1年4カ月経過した昭和51年7月17日に白地部分を補充した本件手形に基づいて本件訴え（手形訴訟）を提起した。

　第一審は，手形判決でXの請求を認容（被告欠席による擬制自白）。異議訴訟では手形判決認可。Y控訴。手形判決取消し，Xの請求棄却。X上告。上告棄却。

　「手形の所持人が，手形要件の一部を欠いたいわゆる白地手形に基づいて手形金請求の訴え（以下「前訴」という。）を提起したところ，右手形要件の欠缺を理由として請求棄却の判決を受け，右判決が確定するに至ったのち，その者が右白地部分を補充した手形に基づいて再度前訴の被告に対し手形金請求の訴え（以下「後訴」という。）を提起した場合においては，前訴と後訴とはその目的である権利または法律関係の存否を異にするものではないといわなければならない。そして，手形の所持人において，前訴の事実審の最終の口頭弁論期日以前既に白地補充権を有しており，これを行使したうえ手形金の請求をすることができたにもかかわらず右期日までにこれを行使しなかった場合には，右期日ののちに該手形の白地部分を補充しこれに基づき後訴を提起して手形上の権利の存在を主張することは，特段の事情の存在が認められない限り前訴判決の既判力によって遮断され，許されないものと解するのが相当である。

　これを本件についてみると，原審が適法に確定したところによれば，(1) Xは，Yを被告として本訴請求にかかる約束手形の振出日欄白地のまま手形上の権利の存在を主張して手形金請求の訴え（手形訴訟）を提起し，該訴訟（前訴）は横浜地方裁判所昭和49年(手ワ)第225号事件として係属した，(2) 同裁判所は，昭和50年1月21日，該約束手形の振出日欄は白地であるから，Xが右手形によって手形上の権利を行使することはできないとして，Xの請求を棄却する旨の判決を言渡した，(3) Xは右手形判決に対し異議を申し立てたが，右異議審においても白地部分を補充しないまま昭和50年3月13日同人の訴訟代理人弁護士が右異議を取り下げ，同年4月14日Yがこれに同意して右手形判決は確定した，(4) Xは，右判決確定後に前記白地部分を補充した本件手形に基づき昭和51年7月17日本訴（後訴）を提起した，(5) Xにおいて右前訴の最終の口頭弁論期日までに白地部分を補充したうえで判決を求めることができなかったような特段の事情の存在は認められない，というのである。右事実関係のもとでは，Xが，本訴において該手形につき手形上の権利の存在を主張することは，前訴確定判決の既判力により遮断

され，もはや許されないものといわざるをえない。したがって，これと同旨の原審の判断は正当として是認することができる。また，記録にあらわれた本件訴訟の経過に照らせば，原判決に所論釈明権不行使，審理不尽の違法があるとは認められない。」

4 主観的（人的）限界

〔文献〕

池田辰夫・債権者代位訴訟の構造（信山社・1995）145頁，上田徹一郎「口頭弁論終結後の承継人」中野・古稀(下)141頁，上原敏夫「取立訴訟の判決の債務者に対する効力」同・債権執行手続の研究（有斐閣・1994）107頁，上野泰男「既判力の主観的範囲に関する一考察」関法41巻3号907頁，新堂幸司「訴訟当事者から登記を得た者の地位」同・訴訟物(上)297頁，三ケ月章「わが国の代位訴訟・取立訴訟の特異性とその判決の効力の主観的範囲」同・研究Ⅵ1頁，吉村徳重①「判決効の拡張と手続権保障」山木戸・還暦(下)118頁，同②「既判力の第三者への拡張」講座民訴⑥139頁，山木戸克己「訴訟物たる実体法上の関係の承継」法セ30号44頁，河野正憲①「判決効の主観的範囲」林尾礼二＝小島武司編・民事訴訟法ゼミナール（有斐閣・1985）297頁，同②「身分判決の対世的効力と第三者の地位(1)～(3)」法学56巻3号203頁，56巻5号433頁，57巻1号75頁

(1) 既判力の拘束力の相対性の基礎

1) 既判力の主観的範囲を当事者のみに限定することの根拠　民事訴訟手続で裁判所が下す終局判決は，専ら当事者が設定した訴訟物について，その範囲内でなされなければならない（民訴246条）。その裁判所の判断内容は，専ら当事者が行った訴訟上の攻撃・防御行為に依拠して形成され，特に弁論主義による訴訟手続では，訴訟当事者が手続内で行った裁判上の自白などの手続的処分行為が判断内容に直截に影響する構造となっている。訴訟当事者には訴訟手続において，一方で訴訟主体としてその有する実体法上及び訴訟法上の様々な権限を行使しそれぞれの主張を十分に尽くす機会が与えられている（手続権の保障）。しかし反面で，与えられた機会を十分に利用しその権限を十分に行使すべきことが期待され，裁判所の判決もこのような当事者の決断と一連の行為によって外枠が画された範囲内で権利関係確定のために行われるから，判決によって生じうる不利益を当事者が承認しその結果を引き受けなければならない。訴訟の結果はこのような当事者が訴訟手続において行った（又は行わなかった）自らの決断による訴訟上の攻撃・防御行為に基づいた自己責任原理を基礎にしていると考えられる。そこで，専ら当事者の自律的訴訟活動に依拠する民事訴

訟手続を通して形成された裁判所の判断内容は，その通用力である確定判決の既判力が及ぶ人的範囲に関しても，訴訟手続に関与しあるいは関与する機会が与えられた訴訟〈当事者〉間でのみ正当性を主張することができ，その効力を有する（民訴115条1項）のが原則である（既判力の相対性）。

  2） **既判力の作用の二面性**　既判力が及ぶ範囲は主観的に制限され，訴訟当事者間のみに及ぶ相対的効力を原則とするが，その作用の仕方も具体的には前述のように，①後の裁判所が受ける拘束力である共に，②後の訴訟当事者が受ける拘束力としての二面がある。こうして後訴裁判所は，①を前提にしつつ，②の主張の可能性を考慮しなければならない。特に当事者の主張について拘束力を課すにあたり，前の手続で期待された必要な行為を当事者が行わなかったことにつき期待可能性がない場合には，結局既判力による拘束の根拠を欠き，拘束を課すことができないことになる。

  ①　**後の裁判所に対する拘束力**　後の裁判所は，前の訴訟当事者と後の訴訟当事者が同一である場合（及び拡張事例）には，前の裁判所が下した判断について主文に包含される事項について既判力による拘束が働き，これに矛盾する判断をすることができないのが原則である。反対に，当事者以外の者に対しては，拡張事例として示された場合を除き原則として既判力は及ばない。

  ②　**当事者間の拘束力による主張制限**　前訴の〈当事者〉が拘束力を受ける根拠としては，少なくとも手続権との関連で判決に至る手続過程で十分な手続関与の機会が与えられており同一訴訟対象について判決確定後は再度訴訟手続でその内容を争うことができず，前の判決内容に反する主張をすることができないことにある。このように当事者には通常は拘束力を受けることを正当化するのに十分な手続的基礎が存在するが，ここに〈当事者〉とは，形式的当事者概念を意味する。もっともその〈当事者〉は当事者適格を有し，しかも前の訴訟に関与する機会が与えられた〈当事者〉である。このような機会が全く与えられなかった〈当事者〉には，判決効が及ばないとの主張も可能であると解すべきである（当事者の地位を冒用された者等。「当事者の確定」問題参照。⇒第2章第3節Ⅱ3）。

(2) 当　事　者

  1） **形式的当事者概念**　既判力は，前の訴訟における〈当事者〉の間でその効力が及ぶ（民訴115条1項1号）。ここでいう〈当事者〉とは，形式的当事者概念により定められた当事者をいう。この当事者は判決文において当事者と

して表示されている者であり，形式的に決定される。もっとも，こうして定められた〈当事者〉も，そもそも当事者適格が存在しないのであれば，それを理由に却下されたはずであるから，判決の当事者は当事者適格を有する者であるといえる。実際に訴訟で攻撃・防御を尽くしたか否かとはかかわりなく，この当事者には手続上十分な機会と地位とが保障されていたからである。

　2)　法人格否認の法理　〈当事者〉の概念は形式的に判断されるが，特に会社を当事者とする訴訟では，法人格につき濫用的に〈当事者〉概念の形式性を悪用して会社が異なることを主張し，判決効が及ぶことを免れようとする事例がある。これに対処する方法として法人格否認の法理が主張されている（この点につき，高橋・重点(上)622頁）。一般的にこの法理を用いて異なる法人に対しても積極的に既判力の効果を拡張し内容判断を排除することは，当事者概念に合致しないが，法人に対する判決効が及ぶことを避けるために法人格が濫用されている場合には，法人格の違いを主張して判決効（既判力・執行力）を免れることはできないといえる（執行力につき，最(2小)判平成17年7月15日民集59巻6号1742頁）。

(3)　既判力の第三者に対する拡張

当事者以外の第三者は，原則として当該訴訟に関与する機会を持たなかったから，他人が受けた判決自体に拘束されるいわれがないともいえる。この者は他人間で確定判決が存在しても，後の訴訟で前の訴訟当事者間の判決内容には拘束されず，（前の訴訟当事者間の法律関係についても）この確定判決での判断に反する主張をすることができ，また後の裁判所もこのような先行する裁判所の判断に拘束されずに判断をしなければならないのが原則である。

しかし，これをそのまま形式的に貫けば，当事者が異なるという一事で前の当事者に対する判決はすべて無意味となってしまう。他面で，前の訴訟の〈当事者〉ではない者でも，その者が実質的には前の当事者間の判決内容を尊重すべき立場にありその拘束力を受けるにつき何らかの合理的な根拠があれば，前の判決の効力をこれら第三者に及ぼしても不合理ではない。そこで，民訴法115条は，当事者の他に判決の効果が及ぶべき第三者を明示し，これらの者にも既判力が拡張される旨の規定を置いた[49]。しかしその規定内容は極めて一

---

49)　明治民訴法は既判力の主観的範囲について明文規定を持たず，学説は一般に，既判力の拡張を否定していた（小山昇「口頭弁論終結後の承継人の基準に関する学説の展開について」同・著作集(2)180頁）。これは，母法であるドイツ帝国民事訴訟法が当初この既判力の主観的範囲に関する規定を有していなかったことによる。もっとも，当時のドイツ法が既判力の主観的範囲を当

般・抽象的で，特に実体権との関連・調整は不十分であり，理論的考察とそれに基づく補充が必要である[50]。

　民事訴訟法は，確定判決に至る訴訟手続に実際には関与しなかった一定の第三者につき既判力が拡張されその拘束に服する場合を明示して，確定判決による紛争解決機能の実効性を高めることを企図した。しかしこれらの者への既判力拡張は，単に実効性の要請だけで根拠づけることはできない。既判力拡張の必要性と共にそれを正当化する実質的根拠が必要である。

　訴訟手続に関与しなかった第三者への既判力拡張を正当化する根拠は，当該第三者が手続に関与し判決を受けた当事者と何らかの法的関係を持ち，このことから後の訴訟でこの第三者が前訴当事者間で下された判決内容を改めて争うことを拒否され遮断されることを正当化するだけの実質的な根拠がなければならない。特に前訴で敗訴した当事者が受けた判決の既判力を拡張される第三者は，直接前訴手続には関与しなかったにかかわらず，前主の敗訴の不利益を甘受することになる。そこで特に拡張された判決の効果を受ける第三者が後の訴訟手続でどのような地位にあるのか，前主が受けた判決内容に反する事実の主張が制約されるべきだとすれば，なぜこの主張の可能性を保障しなくてよいのかを明らかにする必要がある。

　当事者以外の第三者に既判力が拡張される場合，その結果として，ここでも二面の拘束力が生じることが前提となる。即ち，(A) 第三者と相手方当事者の間で審理される後続訴訟手続で，当初の訴訟当事者間において生じた既判力の効果として前訴当事者間で示された裁判所の判断は，後訴裁判所の判断内容に直接の拘束力を及ぼす。そこで後訴裁判所は，前訴裁判所の判決内容に拘束されることを前提として自らの判断をしなければならない。またその際更に，(B) 第三者もまた原則として，これと異なる主張（前の当事者間での既判力に反

　　事者のみに限定し第三者への拡張を否定していたわけではない。むしろ，当時，既判力自体が基本的に実体法上の事項だと解されてその規律が民法に委ねられ，これが当初はラント法の規律に，次いで民法第1草案192条に定められ，民事訴訟法には定められていなかったからであった。この規定はその後1898年のドイツ民訴法改正で民事訴訟法に取り込まれた（*Blomeyer*, ZPR, S. 508)。普通法理論でも *Savigny*, System des heutigen römischen Rechts, Bd. 6. S. 469 ff. は，〈当然の拡張（natürliche Erweiterungen)〉として，一般承継の場合（AaO., S. 469）だけでなく，特定承継，例えばその後の売買や担保権設定により承継人に既判力が拡張される（AaO., S. 470) と述べていた。

50) ドイツ民訴法325条2項は，「無権限者から権利を取得した者に有利な民法上の規定はそれに準じて妥当する」と定める。

する主張）を後の訴訟手続で行うことができないという拘束力を受ける。

このうち（B）の拘束力が最終的に認められるためには，第三者の手続権保障の観点から，なぜ手続に関与しなかった第三者が前の手続の当事者間での既判力に拘束されるのかを明らかにしなければならない。この観点から見れば，形式的には既判力が拡張されて第三者が後行手続で自己の権利主張を排斥されるように見えてもなお第三者側に既判力の拘束を受けない旨の主張を正当化する特別の理由があれば，裁判所は（A）にかかわらず，その主張を許し，その点の判断をして判決内容を形成しなければならない。

既判力の主観的拡張は，原告側及び被告側に生じ得る。有利な判決のみならず不利な判決も第三者を拘束する。特に既判力に拘束される第三者は，前の訴訟の当事者が受けた敗訴の不利益を引き受けなければならない。

1）　訴訟担当の場合の本人　　訴訟当事者が他人（第三者）のために原告又は被告となって訴訟手続を行った場合（訴訟担当の場合），現行法は明文でその他人（本人）にも確定判決の効力を拡張した（民訴115条1項2号）。これは，当事者概念につき現行法がいわゆる〈形式的当事者概念〉を前提としていることを意味し（⇒第2章第1節），権利ないし利益帰属者以外の第三者がいわゆる〈訴訟担当〉者として当事者の地位で訴訟を追行した場合は，この者が（当事者として）直接判決効を受けるだけでなく，一般には実質的法律関係の主体である被担当者もまた判決効を受けることとした。

財産権に関する訴訟では，訴訟担当の場合には原則として，担当者と被担当者との間に，被担当者の財産に関する管理処分権限を担当者に帰属させ，被担当者はその管理処分の権限を剥奪されて，管理処分権限を有する者が行った行為の結果を甘受しなければならないという，実質的な依存関係がある。

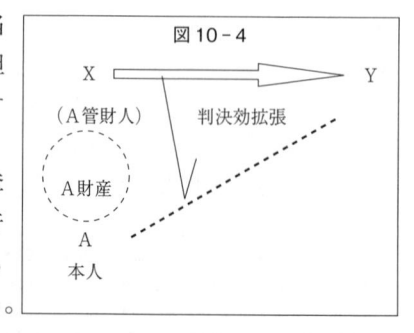

図10-4

X ──────────▶ Y
（A管財人）　　判決効拡張
　A財産
　A
　本人

この場合には，被担当者は担当者が行った訴訟追行行為の結果を甘受しなければならず，当該訴訟手続及びその結果である判決も担当者がなした実体的処分と同視される。その際，被担当者がそもそも，担当者の行う行為について実体的にもこれに反する主張をすることができない立場にあるから訴訟手続で改めて当事者としてそのような主張をする機会を保障する必要性もない。

財産権に関する訴訟手続において訴訟担当者が有する地位には，一方で被担当者の財産権を管理・処分する権限を行使する局面があるが，他方で彼自身の固有の財産権の主体としての立場があり，この両者は区別しなければならない。

　訴訟担当によって担当者に訴訟当事者の地位が与えられても，このことによってすべての場合に常に自動的に，被担当者についてその財産の権利行使権限が完全に剥奪され，担当者に移されるわけではない。被担当者の権利行使権限が完全に剥奪されるか否かは個別的に慎重な検討がされるべきである。

　他方で財産権に関わらない訴訟では，財産の管理・処分権限の帰属は決定的要素とはならない。この場合には，「管理処分権」という比喩的説明によるのではなくむしろ担当者が当事者として被担当者の権限を訴訟上で行使するについて，担当者にはどのような彼自身の固有の法的利益を有するかを明確にすることが重要である。以上の観点に立って，個別事案について検討をしよう。

　①　破産管財人　　破産管財人は破産者の責任財産につき形成される〈破産財団〉の管理・処分権を専属的に与えられる（破78条）。破産管財人が当事者として関与した訴訟で受けた判決の効力は破産者に及ぶ。この場合には手続権保障の観点から見ても，破産管財人が追行した訴訟手続に破産者に当事者としての手続上の地位を保障することは不要である。破産手続開始決定により破産者に破産原因の存在が確認されている限り，破産財団に関する破産者の管理処分を剥奪・排除することこそが重要であり，債務者から独自した中立的な立場で破産財団の管理・運営を行う点に破産管財人の存在意義があるからである[51]。破産者は破産財団に関する訴訟についてもはや当事者として独自の実体的・手続的地位を有していない（訴訟担当における判決効拡張を巡る議論では，破産管財人がその典型例として取り上げられるが，この場合は破産者と管財人との間で厳密な意味での利害対立がない場合とされる）。

　②　取立訴訟の債権者　　債務者が第三債務者に対して有する債権に対して差押えをした債権者が，この金銭債権に対する差押命令により（1週間を経過して）被差押債権の取立権限を取得した場合（民執155条1項）[52]，第三債務者が

---

51)　破産管財人の法的地位については，ドイツではかつては代理人としての地位が与えられていた。その後職務説の台頭が著しく，わが国の破産法はこの立場に基づいて立法されている。なお，河野正憲「企業倒産と責任財産の管理・処分」河野正憲＝中島弘雅編・倒産法大系〈林屋礼二先生古稀記念〉（弘文堂・2001）29頁。

52)　現行法では差押命令により，債権者が債務者の取立権限を取得する。しかし，旧法では差押えをした債権者が差し押さえられた債権の処分権を取得するためには更に〈移付命令〉が必要で

任意の弁済に応じなければ取立訴訟を提起することができる（民執157条）。この訴訟では差押債権者は訴訟担当者として債務者に代わって原告の地位を取得し（兼子・体系160頁），これにより追行した取立訴訟で勝訴すればその判決の効力は債務者に及ぶ（民訴115条1項2号）と解するのが通説である（兼子・体系160頁，新堂278頁，上原敏夫「取立訴訟の判決の債務者に対する効力」同・債権執行手続の研究〔有斐閣・1994〕107頁，142頁，竹下守夫・民事執行法の論点〔有斐閣・1985〕235頁。反対，三ケ月・研究Ⅵ1頁）。これに対して，差押債権者は訴訟担当者ではなく独自に当事者適格が与えられるとする見解がある（独自権限説。中野貞一郎・民事執行法〔増補新訂5版〕〔青林書院・2006〕672頁）。この見解によれば，債権者が受けた判決の既判力は債務者には拡張されないことになる。

　　もっともこの場合に債務者に全く既判力が及ばないとすれば他の債権者にも何ら判決の拘束力は及ばず，これらの者が取立訴訟手続に参加する必然性はないことになる。しかし取立訴訟の判決効は，取立訴訟の訴状送達時までに差押えをなした債権者で参加すべきことを命じられながら参加しなかった者にも及ぶことにしている（民執157条3項）。この場合に債務者からの申立てにより差押えをした他の債権者への参加命令のみが既判力拡張の根拠となるわけではなく，その前提として差押債権者[53]が差押えにより債権の取立権限を取得して訴え提起により債務者の訴訟担当者となり，その取立訴訟の判決効が債務者にも拡張されると解するのがこの制度の基本であろう。他の債権者で訴状送達時までに差押えをした者も債権取立訴訟手続に参加を強制されるのは，債務者の第三債務者に対する債権の取立権限が行使されるからであり，類似必要的共同訴訟人としてこの訴訟について利害関係があり，また債務者も取立訴訟を重複して受けることを避ける趣旨で利害関係を持つ。

重複して債権の取立権限及び当事者適格を持つ差押債権者の間で，最初に訴えを提起した者の訴訟係属の効果を債務者との間に拡張することで統一した手続を実現する。第三債務者の申立てにより，他の債権者にはこの訴訟手続へ参加を命じることでその手続権を保障するとともに，個別の取立訴訟を許さずそ

あった（旧民訴法600条1項）。この命令によりはじめて，債務者が第三債務者に対して有する債権の取立権限が債権者に移転すると解されていた（兼子一・増補強制執行法〔酒井書店・1955〕203頁）。現行法はこれを不要とし，差押命令により直接この効果が生じるものとしている。

53）　強制執行では，差押えは債務名義によって行われるが，担保執行では債務名義を必要としない（債権に対する担保執行につき，民執193条1項参照）。特に物上代位により債務者の第三債務者に対する債権の「差押え」（民304条）は担保権により行われる（この点につき，谷口安平「物上代位と差押え」同・民事執行・民事保全・倒産処理（上）〔信山社・2000〕117頁。ただし，民事執行法施行前の状況による）。

の結果として既判力の効果が及ぶとした（民執157条3項）。参加を命じられなかった場合，その債権者は，そのことを主張して既判力の拘束力を免れることができると解すべきである（民執157条3項の反対解釈）。

③　債権者代位訴訟の債務者　　債権者代位訴訟では，債権者は債務者に代位して第三債務者に対して債務者が有する債権の給付を求める訴えを提起することができる（民423条）。この訴訟の判決効が債務者にも及ぶのかについては見解が対立する。

> 判例は当初，代位訴訟の当事者が債権者と第三債務者である事を理由に判決効は債務者には及ばないとしていた（大決大正11年8月30日民集1巻507頁）。しかし，民訴法の大正15年改正で民訴法201条（現行法115条1項2号）が創設されたことを主たる根拠に，判決効は債務者にも拡張されるという立場に転じ（大判昭和15年3月15日民集19巻586頁），通説の支持を受けた（兼子・判例103頁）。
>
> もっとも，債権者が代位訴訟を提起するには直接第三債務者を被告として訴えを提起すればよく，債務者には手続上十分な保障が与えられていない。通説によれば，債権者勝訴か敗訴かで判決効に違いがないから，債務者が知らない間に代位訴訟がなされて債権者が敗訴した場合でもその既判力は当然に債務者に及び，債務者は何ら訴訟に関与する機会が与えられないで自己の債権を失い既判力で確定される。しかし，手続権保障の観点からこのような取扱いを疑問視し，債権者敗訴の既判力は債務者には及ばないとの見解も有力に主張されている（三ケ月〔文献〕1頁，同・双書220頁）。この見解に対しては，第三債務者は見れば，請求が棄却されて自らが勝訴したにもかかわらず更に債務者から訴えが提起される可能性があることから，第三債務者保護の観点から通説を擁護する見解もある（上原敏夫「取立訴訟と債権者代位訴訟」同・前掲書149頁，160頁）。また打開策として，債権者代位訴訟で債務者に対する手続権を保障するために債務者に訴訟告知をすべきことが説かれる。もっとも，その場合に誰が告知をする義務を負うのか（債権者か第三債務者か，あるいは裁判所か），また訴訟告知がなされるにしても，これによって参加的効力ではなくなぜ既判力が拡張されるのかなどの問題が十分に答えられていない。

債権者代位訴訟の債権者は債務者の〈訴訟担当者〉としての地位によって訴訟を追行し判決を得たといえる。そこで債務者と第三債務者の間での後続訴訟では，民訴法115条1項2号により債務者と第三者の関係でも既判力が拡張される結果，裁判所は債権者・第三者間の判決に拘束されることになる。しかし，この取扱いは例外を許さないものではなく，債務者はこの訴訟手続で自己に対する手続権が保障されなかったことを理由に，後訴でその確定判決の既判力が自分には及ばないと主張することができると解すべきである。もっともこの債

務者の主張は，第三債務者が前訴で債務者に対して訴訟告知をして，訴訟手続に参加する機会を与えた場合には排除される。この訴訟告知は，それによって積極的に既判力拡張の根拠となる事由ではない。むしろ，一般に拡張されている既判力の効果を，債務者側で手続権保障がなかった旨の主張をして既判力拡張を排除するための消極的要素と位置づけるべきである[54]。

④ 遺言執行者・相続財産管理人と相続人　　相続開始により（民882条），遺言の効力が発生したにかかわらず相続人があることが明らかでない場合にはその相続財産を管理するため，また遺言の執行をするために相続財産管理人や遺言執行者が選任される。これらの者は，一般には〈訴訟担当者〉と解されている（⇒第4章第2節Ⅴ3）。そこで，これらの者の行った訴訟追行行為の結果は，相続人及び受遺者に拡張される（民訴115条1項2号）。相続財産管理人は，利益帰属者である相続人の存在が明白でない場合に専ら相続財産法人のために訴訟追行を行っており，その効力は相続財産法人に効力が拡張される。遺言執行者は，相続財産の管理権を有し，またこの場合に相続人は相続財産の処分等の権限を持たない（民1013条）から，その判決の効力は相続人に拡張される。

⑤ 株式会社の責任追及訴訟（株主代表訴訟）の会社　　株式会社の責任追及訴訟では，提訴株主は〈訴訟担当者〉として会社が取締役等に対して有する損害賠償請求権に基づいて訴訟追行をすると解される。そこで株主が追行した訴訟手続の結果発生した既判力は会社との関係にも拡張される（民訴115条1項2号）。株主が責任追求訴訟を提起するには，まず会社側に提訴請求をしなければならず（会社847条1項），また現実に提訴をした場合にも，提訴株主は会社に対して提訴したことについて告知をしなければならない（会社849条3項）。この提訴請求及び告知のみで会社が有する当該損害賠償請求権の処分権限及び訴訟追行権が当然に全面的に提訴株主に全面的・専属的に移ると解することはできず，会社にはこの請求権をなお独自に行使する権限が残されているというべきであり，会社は独立当事者参加（民訴47条）が可能だと考えられる（徳田和幸「株主代表訴訟と会社の訴訟参加」曹時48巻8号18頁）。また会社は補助参加による参加も可能だが，その際，参加先は株主側のみに限定されず利害状

---

[54] 最近，民法学においても債権者代位訴訟の位置づけにつき，債権者の代位訴訟提起により債務者は当然に管理処分権を失わず，したがって訴訟追行権も喪失しないという見解（破産手続とは異なり，完備した清算手続ではないが，ミニ破産として限定された範囲での清算的機能を持つとの見解）がある（加藤雅信「債権者代位権と債権者平等の原則」法教289号56頁，68頁以下）。この制度の沿革と実体に即した見解といえよう。

況により被告取締役側への参加も可能である（会社849条2項）。判決確定後は，判決が拡張されることから，会社及び他の株主は当該訴訟が詐害訴訟であることを理由に再審の訴えを提起することができる（会社853条1項）。

⑥ 選定当事者訴訟の選定者　　選定当事者の場合には，選定をした者は当事者にはならず，被選定者にこれらの者の訴訟追行権限が移る（民訴30条2項参照）。被選定者は，選定者のために訴訟を追行する〈訴訟担当者〉であり，選定者はこの者を信頼して訴訟追行権を授権しているから，選定者は全面的に被選定者が行う訴訟上の行為に依存しその結果受けた判決の効果を拡張して受ける。選定行為という明示的な訴訟追行権の授権が判決効拡張の根拠となる。

2）　承継人　　訴訟当事者（民訴115条1項1号）について判決基準時（最終口頭弁論終結時）後に〈承継〉があった場合はもちろん，第三者が訴訟担当者となっている場合も被担当者（民訴115条1項2号）につき口頭弁論終結後に〈承継〉があった場合は，被承継人が受けた既判力は原則としてこの承継人にも及ぶ（民訴115条1項3号）。

ここでいう〈承継〉には，一般承継と特定承継とがある。また，承継は原告側で生じる場合と被告側で生じる場合とがある。

① 一般承継　　一般承継とは，判決を受けた当事者の地位が自然人の場合はその死亡，会社の場合は合併などにより，一般的・包括的に承継される場合をいう。この場合にはこの一般的な地位の承継に伴って，その権利・義務が承継される場合は前主が受けた判決の効果もまたその一部として承継人に移転する。

　　† 〔例〕　一般の民事訴訟では財産権を訴訟対象とするが，その場合に当事者であった者が死亡すると，被相続人に属した一切の財産権上の権利・義務は相続人に承継するものとされている（民896条）。法人の場合には，合併がなされると，合併後存続する一般法人又は会社又は設立される一般法人又は会社は，合併によって消滅する一般法人又は会社の権利・義務のすべてを承継する（一般法人につき，一般法人245条1項，255条，会社につき，会750条1項，752条1項，754条1項，756条1項）。このような承継の効力の一環として，被承継人が受けた判決効も承継人に承継される。判決基準時後にその訴訟当事者につき破産手続が開始した場合には選任された破産管財人が破産財団について包括的な承継人となる（破78条）。ただしどのような事項について判決効が及ぶかは，管財人の地位の独立性との観点から別個に検討しなければならない。

一般承継の場合は前主が有した法的地位が包括して承継人に移転すると考え

られており，訴訟の結果もこれに含まれ，勝訴判決による利益や敗訴判決により負った訴訟上の負担はいずれも承継人にそのまま移転する。こうして裁判所は，承継人との関係でも，前の当事者が受けた判決の効果に反する判断をすることができず，また承継人は，被承継者が受けた判決の結果と異なる独立した主張をすることができないのが原則である。

②　特定承継　　特定承継とは，当該訴訟手続で審判対象とされている特定の目的物について，その実体的権利関係の承継が生じた場合をいう。承継の原因には，目的物の譲渡等の私的な権利処分行為だけでなく，競売等の公的な処分行為が含まれる。これらの場合にも，前の訴訟手続の判決の効果が承継人にとって拘束力を持つ。

†〔例〕　ある不動産が自己の所有物であることを理由にその引渡請求訴訟で勝訴した確定判決の基準時後に目的物が第三者に譲渡されたので，この第三者に対して目的物の引渡しを求める訴えが提起された場合に，前の訴訟の当事者が受けた判決の効果に譲受人も拘束される。

i)　拘束力拡張の根拠　　特定承継がなされると承継人は原則として前主が受けた判決の内容に拘束される（民訴115条1項3号）。有利・不利を問わない。勝訴原告から目的物（権利）を取得した者は，前主が取得した勝訴判決の効力を主張することができ，また前主が敗訴判決を受けた場合，その承継人は前主が敗訴した事実を争うことができないのが原則である。しかし，なぜ訴訟に関与していない承継人が前主の受けた判決に拘束されなければならなのかという拘束力の根拠，特に特定承継の場合に承継人が被承継人が行った訴訟追行行為に基づく確定判決の内容に拘束されることの根拠の理解には見解に変遷がある。

　　(a)　実体的依存関係説から適格承継説へ　　既判力が特定承継人にも拡張される実質的な根拠を，承継人が取得した実体法上の地位が前主の実体法上の地位に依存していることから説明する見解がある（実体法上の依存関係説）。これは，承継人が被承継人から係争物ないし係争権利関係を伝来的に承継取得することにより，前主が有していた実体的地位を引き継ぐと考える見解である（加藤288頁）。この見解は承継人は本来実体法上，前主が有していた以上の地位を取得し得ないのが原則だとの観念を基礎にしており，特に前主敗訴の場合，承継人は前主が受けた敗訴判決の結果を甘受しなければならないという。この見解に対しては，例えば建物収去・土地明渡請求訴訟で敗訴した被告から建物所有権や登記名義を売買により取得した場合，両者の法的地位の関連性について十分な説明がなされていないとの批判がある。前の訴訟の訴訟物は土地所有権による明渡請求権であるのに，売買の対象

が建物所有権であり両者に齟齬があるからである。

　(b)　適格承継説　　占有や登記名義を承継した者は，前の訴訟の訴訟物である権利関係そのものを承継したわけではない。そこで，このような者の地位を権限の承継によって訴訟物につき「当事者適格を当事者から伝来的に取得した」者であると説明する見解がある（新堂662頁）。この見解は〈適格承継説〉といわれる。しかし，わが国の訴訟手続では，承継に関して既判力の主観的範囲はその基準時が事実審における口頭弁論終結時であり，ドイツのように訴訟係属時（ド民訴325条1項）ではない。訴訟自体は既に終結しており承継人はもはや訴訟手続に関与することができない地位にあるから，「当事者適格」が承継されるわけではない。ドイツとの違いが無視されている。

(c)　特定承継人への拘束力拡張の基礎と特定承継人による法的瑕疵の主張　　一般に，特定承継により前主から目的物を〈承継〉取得した以上その者は，その目的物について前主の有した権限を受け継ぐのであり，それ以上の地位を取得するわけではない（原始取得との違い）。その際，承継した物ないし地位につき第三者から権利追及を受けた場合，その権利追及が確定的なものであればそれは目的物に付着する法的瑕疵であるといえる。実体法はこの場合にその瑕疵の主張を売主に対して認めているが，このような価値判断は，前主が確定判決を得た後に当該訴訟の対象となった物を承継取得した第三者の法的地位にも妥当する。確定判決により既判力で確定された地位が承継された場合，承継人は少なくとも前主の地位につきその判決の判断内容に反する主張をこの確定判決の相手方にはできず，承継人はこのような瑕疵についての責任追及は，専ら前主に対して瑕疵担保責任としてできるにすぎない（追奪担保責任）。その際，厳密に訴訟目的物自体に付着する法的瑕疵のみならず，目的物の使用に際して生じうる障害事由もまたこのような瑕疵に含めることができる。こうして，承継取得をした者は前主が受けた負担を甘受せざるを得ないとの原則は，訴訟法上も承認され妥当する。承継人の負担はこの現れである。

ⅱ）　第三者の固有の権限　　民訴法115条は，特定承継人に対する既判力拡張につき，その根拠となる承継事由が判決基準時後に発生した場合を想定する。一般には判決基準時における前主の法的地位がそれによって承継人に受け継がれるからである。しかし，実体法上は，このような場合であってもなお第三者を保護すべき例外的な場合がある。承継人が固有の地位を取得する場合である。現行民訴法はこの場合につき明文で調整手段を規定していない[55]）。そこで，このような実体法が規律する価値原理と，民訴法が定める既判力の主観的

限界に関する規律との関係・調整が解釈論上問題となる。

†〔例〕 通謀虚偽表示を理由に売買契約の無効が認められて敗訴した被告から目的物を善意で取得した場合（民94条2項），所有権に基づく動産引渡し請求訴訟で敗訴した被告から，口頭弁論終結後に第三者が目的動産を善意取得した場合（民192条），占有回収訴訟で敗訴した被告から，訴訟係属につき善意の第三者が目的物の占有を取得した場合（民200条2項）に，この第三者に対する訴えで，この者はその地位を前主が受けた敗訴判決の既判力に対抗しうるか等。

民事訴訟法上，判決基準時後に生じた特定承継により前訴確定判決の効力が承継人に拡張されるとする帰結を例外なく貫くことは，特定承継において善意の第三者保護を定めた実体法規定と矛盾が生じる。そこで，これを解決するために，承継による既判力拡張の可否を判断するにあたり，承継人が善意の第三者であることにより保護されるか否かの要素を，既判力拡張の判断に際して取り込むことが必要である。しかし，その取扱いについては実質説と形式説が対立する。

前訴当事者（Y）の承継人である第三者（Z）に判決の効力が拡張されるか否かを判断するに際して，第三者が実体法上前主の承継人であると判断されるか，あるいは実体法上固有の権限を有する第三者であり，承継人とは見られないのかを実体的に判断することによって既判力がこの者に拡張されるのか否かを判断しようとする見解がある（実質説。兼子・体系345頁，上田487頁）。この見解は要するに第三者が善意者として保護される場合には，そもそも既判力がこの者に拡張されず既判力の拘束を受けないから，ZはXに対して，前の訴訟でのXY間の既判力を受けないと主張できるという。

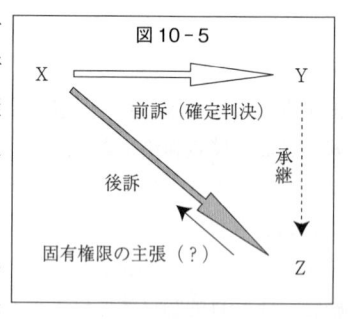

これに対して，原告側が承継の事実を証明した以上第三者は承継人として取り扱われるが，前の訴訟当事者間ではその基準時においての権利関係が確定されたにすぎないが，〈承継〉は判決基準事後に生じた事由であり，後の訴訟で

---

55) ドイツ民訴法325条2項は，「無権利者から権利を取得した者に有利な民法規定は同様に妥当する」と定め，既判力の第三者への拡張規定（同1項）が善意の第三者に不利には適用されないことを明文で定めている。

第三者の固有の地位を主張することはそもそも既判力によって排除されないとする見解（形式説。山木戸〔文献〕47頁，新堂662頁以下，同〔文献〕327頁，河野〔文献①〕303頁）が対立している。

iii）　裁判所に対する拘束力と第三者の主張権限　　両説は，承継自体があったか否かの判断の局面と第三者の固有の権限の問題を同時に判断するか両者を一応分けて段階的にみるかの点で違いがある。実質説は，第三者に固有の権限が認められれば，そもそも既判力が拡張されず，後訴では前主と相手方との間の訴訟の結論自体についても第三者との間では拘束力が否定され争われうることから，既判力の相対性の観念に適合的なように見える。しかし，承継の事実と第三者固有の権限の有無の問題は一応別であり，両者を分けることは可能だと考えられる。第三者との後訴では，まず承継の事実があったか否かを問題にしうる。そもそもこれがなければ，第三者は前主の受けた判断に拘束されることもない。しかしたとえ承継の事実があっても，第三者からその固有の権限が主張されこれが認められれば，第三者は既判力の拘束を受けず相手方と自己の前主との判決内容についても争うことができ，裁判所も前主に対する判決内容に拘束されずに判断しうるというべきである。

3）　所持人　　所持人は，審判の対象となっている物について独自の権限及び利益を持たず，専ら他人のために対象物を占有する者をいう。この場合，所持人は独自の権限や利益を持たないから，この者に特別に手続上の権限を付与する必要はない。この者は他人が受けた判決に服する。

†〔例〕　**所持人の例**：他人の委託を受けて目的物を保管する倉庫業者。

(4)　既判力の対世的拡張

1）　総　論　　通常の民事訴訟手続では判決効の人的範囲は原則として相対的であるが，これは一般に民事訴訟手続では処分権主義及び弁論主義が妥当することから訴訟当事者の訴訟手続上の手続的処分行為（裁判上の自白など）や主張・立証などの行為，訴訟追行の巧拙が直接の結果を左右するからであった。この関係は一般の民事訴訟が当事者の財産権など自由意思で処分できる事項を審判対象とするが，その解決は当事者のみの相対的なものでよいことに基づく。

これに対して財産法上の処分自由の原則が妥当しない事項に関する訴訟手続では，既判力の効果についても相対性原則とは異なる規律原理が妥当する。これらの訴訟手続では，判決の効果は訴訟に関係した当事者のみに限定されず，判決に関与しなかった者にも拡張される。これは「既判力の対世的拡張」とい

われる。もっともどのような場合にどの限度で拡張されるかは訴訟類型によって異なる。一般的に〈判決効〉が第三者に拡張される手続に属するのは，身分関係に関する人事訴訟，会社関係を巡る複数の者の利害にかかわる会社内部訴訟等である。もっとも，両者は規律が異なり，その判決効の具体的内容についてはそれぞれの手続に即した検討が必要である。

2) 人事訴訟における判決効拡張　人事訴訟では，確定判決の既判力の人的範囲は第三者にも及ぶのが原則である（人訴24条1項）。この判決効の拡張は，請求が認容された場合だけでなく，棄却された場合にも等しく及ぶ。なぜこの場合に判決（特に既判力）が拡張されるのか，手続に関与しなかった者にも判決が当然に拡張されるとすればこの者の手続権保障が問題とならないのかが問われる。この場合の既判力拡張の根拠は，実質的に判決の対象となった法的関係が社会生活の基本的関係を形成する身分関係に関わり，そもそも相対的取扱いを許さない性質のものであること，手続もこれに応じて当事者の手続的処分権を認めず裁判所の職権探知を原則とすること（人訴20条）で正当化しているといえる。人事訴訟に属する事件としては，①婚姻関係訴訟，②実親子関係訴訟，及び③養親子関係訴訟がある。その成立や解消について個人の自由意思による処分を許しているものもあるが（①及び③の場合），その判決効を個別相対的な関係とすることは社会の身分関係秩序を混乱させることからこれを許さないものとしてる。もっとも，自らの法的地位が直接その判決によって左右される関係にありながら当該訴訟手続に関与することができなかった者の手続上の地位が保障されなければならないことはいうまでもない。重婚を理由にした婚姻取消訴訟で当該訴訟に関与しなかった旧配偶者にこの訴訟の棄却判決の既判力が例外的に及ばないことを明文で承認しているのはこのためである（人訴24条2項）。したがってこの場合に手続関与の機会がなかった旧配偶者には提訴の権限が保障されている。また，身分関係と相続財産関係との間では既判力拡張にかかわらず，それに対抗する別訴が例外的に可能であると解すべきである（河野〔文献②〕法学57巻1号103頁）。

3) 会社内部（団体）訴訟と判決効の拡張　会社制度のもとでは，会社の組織に関してその成立・機関の変更行為や，機関が行った決定等に瑕疵がある等の疑義が生じた場合には，その重要な事項について異議のある株主が訴えを提起して裁判所の判決により包括的に権利・法律関係を変更して決着をつけることができる。この場合には多数の他の株主をはじめとする利害関係者が存在

することから、これらの問題を訴訟外で個別的・相対的に扱うと混乱を生じる。そこでこれについての権利・法律関係の変更は専ら一つの訴訟手続で統一的に審理・判決をすることを要求した。こうして会社の組織に関する訴え（会834条参照）において請求を認容する確定判決は第三者にもその効力を有するものとした。

† 〔例〕 **会社の組織に関する訴え**：①会社の組織に関する行為の無効に関する訴え（会828条1項），②新株発行等の不存在確認の訴え（会829条）及び株主総会等の決議の不存在又は無効確認の訴え（会830条），②株主総会等の決議の取消しの訴え（会831条）及び会社の解散の訴え（会833条）。

a) **原告勝訴判決の効果** 会社の組織に関する訴え（会828条以下）で原告の請求が認容された場合，その確定判決は第三者に対してもその効力を有する（会838条）。この場合，請求を認容した判決の既判力は原告株主と会社との間で及び会社は受けた敗訴判決に拘束されることにより訴訟に参加しなかった株主にもこれに反する主張はできない。この訴えは提訴期間が比較的短期の一定期間に限定されており（会828条1項），利害関係人はこの期間内に提訴が求められる[56]。複数の提訴がなされると弁論は併合され（会837条），この判決に反する主張を別の訴訟ですることは排除されて，複数の訴訟を統合し統一的な判決ができるようにしている。

b) **原告敗訴の場合** 原告の請求が棄却された場合，判決の効力は当事者間で及ぶにすぎない。この訴訟に参加することができなかった株主に既判力は及ばない。しかし，提訴期間との関係でこれらの者の新訴は困難である。

V 信義則による再訴の遮断

〔文献〕

河野正憲「信義則による確定判決の遮断効」法学57巻6号745頁，竹下守夫「判決理由中の判断と信義則」山木戸・還暦(下)72頁，栂善夫「矛盾・蒸し返しの主張と信義則」中野・古稀(下)225頁，富樫貞夫「民事訴訟における『むし返し』禁止の効力」熊本大学法学会編・法学と政治学の諸相（成文堂・1990）271頁，山本弘「判決理由中の判断の拘束力」鈴木・古稀641頁

---

56) もっとも，新株発行不存在確認の訴えは出訴期間に制限がないとするのが判例である（最(1小)判平成15年3月27日民集57巻3号312頁）。

1 総　　論

　既判力はその性質上，原則として裁判所が判決で訴訟物につき判断した内容が持つ通用力であり，後訴手続で裁判所と当事者に対して働く拘束力である。この既判力によって当事者間での蒸し返し訴訟を排除し，確定した終局判決が示す法的関係を安定したものに保ち，訴訟による法的紛争解決機能を実効的なものにすることができるとするのが一般的理解である。もっとも，既判力によって直接に実現されることが期待される紛争解決の範囲は，訴訟物により限定された事項であり，それは比較的狭い範囲にすぎない。そのために訴訟物が異なれば（あるいは訴訟物である訴訟上の請求さえ変えれば）再度の訴えは妨げられないのが原則である。その結果，後の訴訟で当事者が別の訴訟物につき訴えを提起してはいるが実質は前の紛争の蒸し返しである場合については，既判力自体ではもはや対応し得ない。

　裁判所が実際に前訴判決の中で判断した事項以外の事項との関連であっても，特に当事者が前の訴訟手続で行った訴訟上の攻撃・防御行為からみて，後の手続での当事者の主張が実質的に前の訴訟の蒸し返しで不当だと評価される場合がありうる。この場合にも何らかの拘束力を及ぼすとすれば，それは厳密には「前の訴訟で裁判所が行った判断内容自体の通用力」とはいえない。にもかかわらずこれらの行為を何らかの形で排除することが必要だとすれば，既判力とは異なる判断枠組みが必要となる。判例はこれを〈信義則〉を用いて排除している。

2　既判力の効果と信義則による失権の違い

　既判力の持つ拘束力は，あくまでも〈裁判所が現実に下した判断内容〉が後の裁判に対して持つ効果である。前の訴訟の結果に関して裁判所が行った終局判決の内容が後の訴訟手続で拘束力を持ち，後の裁判所を拘束すると共に当事者もまたこれに拘束されて，内容的にこれと反する主張をすることができない効果であると観念される。そこでは前の判決の前提になった訴訟過程での当事者の行為自体は直接にその評価・判断の対象とはならない。

　これに対して信義則による拘束力の観念は，むしろ前の訴訟において訴訟当事者が行った〈訴訟上の行為態様（作為・不作為）〉自体を評価対象に取り込み，これを後の訴訟における当事者（原告）の主張内容と照らし合わせて後訴での当事者の主張が社会倫理的に許容されないと判断される場合に，後訴で当事者が行う請求や主張を裁判所が不適法であると判断する点に核心がある。後訴で

行った当事者の一定の主張行為が信義則により不適法とされるのは，前の訴訟における当事者の行為との関係で，後行する訴訟での〈当事者の主張〉が「信義」に反すると評価されるからである。前訴における当事者の行為は作為・不作為を問わないし，それが直接判決で判断されたものか否かは別問題である（**図 10-5** 参照）。

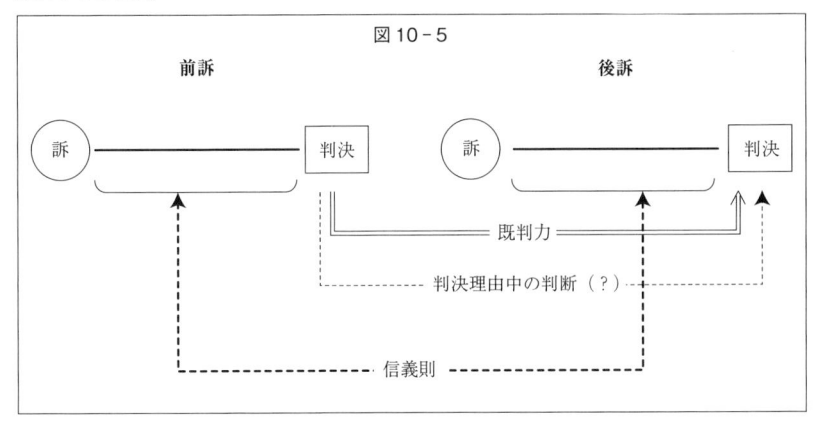

```
                   図 10-5
        前訴                      後訴
   訴 ─────── 判決       訴 ─────── 判決
      ↑             │    ↑        ↑
      │             └── 既判力 ───┘
      │         ┄┄┄ 判決理由中の判断（？）┄┄┄
      └┄┄┄┄┄┄┄┄┄┄ 信義則 ┄┄┄┄┄┄┄┄┄┄┘
```

　信義則に反すると評価される〈不適法な権利主張〉の具体的形態には一般に二類型がある。即ち，①前の訴訟で行われた（先行）行為に相反した行為が後の訴訟手続でなされたが，この行為が各手続で相対的な攻撃防御を許すとする原則に鑑みてもなお不当であり許され得ないと判断される場合，及び，②先行する訴訟手続で当事者には十分にその権限を行使する機会が保障されておりそこで十分に主張することができたが結局その主張が容れられなかったのに，更に実質的に同じ内容を蒸し返すことが社会倫理的に許されないと判断される場合である（竹下〔文献〕）。ある後訴請求が信義則に違反するか否かを判断する場合は，各事案において具体的な行為事情を考慮しなければならない。

3　前訴で敗訴した原告の蒸し返し的再訴

　前訴で敗訴した原告が，前訴で請求した訴訟物とは異なる請求原因事実を主張して再度訴えを提起したが，その実質は前訴の蒸し返しであると判断されうる場合につき，このような後の訴えを信義則違反を根拠にして却下した最高裁判決（〔**判例**〕）がある。

　　†〔**判例**〕　**最(1小)判昭和 51 年 9 月 30 日民集 30 巻 8 号 799 頁**[57]　　昭和 23 年 6 月ごろ，X らの先代である訴外亡 A の所有する本件土地（農地）につき自作農創

設特別措置法による買収処分がなされ,昭和24年7月頃国からYらの先代訴外Bに対して売り渡された。昭和30年頃Aが死亡し,更に昭和35年3月にBも死亡した。Aの相続人X_1（Aの長男）は右売渡処分後の昭和32年5月にBとの間でX_1が本件土地を買い受ける旨の売買契約が成立したとしてBの死後,Bの相続人Y_1,Y_2,Y_3,Y_4（その後訴訟係属中死亡）を相手取って,本件土地につき農地法所定の許可申請手続及び許可を条件とする所有権移転登記手続等を求める訴えを提起しその請求棄却判決が昭和41年12月2日最高裁第2小法廷の上告棄却判決により確定した（前訴）。

ところが翌昭和42年4月,Aの共同相続人であるX等は本件訴えを提起し,前記買収処分の無効等を理由としてY_1,Y_2,Y_3及び前訴係属中にY_1らから本件第3土地について売渡しを受けたY_4のためにされた本件土地の各所有権移転登記についての抹消登記に代わる所有権移転登記手続等を請求した。

最高裁は以上のような原審認定の事実関係に加えて更に「(三)ところでX_1は,前訴においても前記買収処分が無効であることを主張し,買収処分が無効であるため本件各土地は当然その返還を求めうべきものであるが,これを実現する方法として,土地返還約束を内容とする,実質は和解契約の性質をもつ前記売買契約を締結し,これに基づき前訴を提起したものである旨を一貫して陳述していたこと,(四)右Xは,本訴における主張を前訴で請求原因として主張するにつきなんら支障はなかったことが,明らかである。」と述べ,引き続いて,「右事実関係のもとにおいては,前訴と本訴は,訴訟物を異にするとはいえ,ひっきょう,右Aの相続人が,右Bの相続人及び右相続人から譲渡をうけた者に対し,本件各土地の買収処分の無効を前提としてその取戻を目的として提起したものであり,本訴は,実質的には,前訴のむし返しというべきものであり,前訴において本訴の請求をすることに支障もなかったのにかかわらず,さらにXらが本訴を提起することは,本訴提起時にすでに右買収処分後約20年も経過しており,右買収処分に基づき本件各土地の売渡をうけた右B及びその承継人の地位を不当に長く不安定な状態におくことになることを考慮するときは,信義則に照らして許されないものと解するのが相当である。」として,控訴審の判断を維持して上告を棄却した。

VI 一部請求訴訟で敗訴した原告の残額請求

1 いわゆる一部請求訴訟の諸類型

一定金額の支払を請求する訴訟では,原告が訴訟物である権利関係について

---

57) 岨野悌介・最判解説民事昭和51年316頁,原強・百選Ⅰ32頁,高見進・百選3版180頁。

当面はその金額の一部についてのみ訴えを提起し，残部請求は後日に留保することがみられる。このような訴えがなされその判決が確定した場合に，特に前の訴訟での請求が実は請求の一部であったということを理由として，後日残部金額の支払を求める訴えを起こした場合に，果たしてこの残部請求が適法とされるかが問題になる（河野正憲「確定判決後の残額請求」Law School 53 号 85 頁）。

　　金銭支払請求の一部請求とされる形態が問題となる類型を大別すると次の事例に分け得る。
†〔類型 1〕　原告には既に全体額が明白な債権の一部を前訴で請求し，その判決が確定した後に改めて後訴で残額を訴求する場合。
†〔類型 2〕　損害賠償請求訴訟等では全損害額の算定が困難なことが多いことから，多額の請求を最初からすることは費用の点で危険が大きく，まず一部のみを訴求して勝訴した場合に改めて残部を訴求しようとする場合。
†〔類型 3〕　身体障害を理由とした損害賠償請求訴訟で勝訴判決が確定した後に，この判決では予想していなかった後遺症が発生した場合に，それに伴う損害の賠償請求を追加して請求する場合。

　これらのうち〔類型 3〕は，一部請求論として取り扱うべきか否かについて見解が対立する。これを確定判決の基準時後に生じた新たな事態と把握する見解もある。しかし，一般には不法行為による損害賠償請求権は不法行為自体によって発生すると理解されており，後遺症が発生したときにはじめて請求権が生じると理解されているわけではない。したがって，これも一部請求の場合だとすることになるが，結論的にこの場合の請求を不適法とする見解は存在しない。一部請求の適法性を巡る見解の対立の主要な事例は，〔類型 1〕及び〔類型 2〕の場合である。

2　一部請求の適法性と被告の地位

　実体法上債権者は自己が有する金銭支払請求権の一部を分断して請求することができ，裁判外でこのような方法で請求をすること自体は決して不当ではない。しかし原告が，訴訟手続で当面請求権の一部のみを訴求し，残部を後の訴訟手続に留保する形の訴えを提起し，その判決が確定した後に改めて前訴で留保した請求権の残部を更に訴求すること（残部請求）が果たして許容されるのかに関しては見解が対立する。

　学説上は一部請求を適法だとする見解が通説である（一部請求認容説）。債権者は実体法上債権の一部のみを請求する権限を有しているから，これを訴訟手続上も分けて請求することは何ら妨げられないことを根拠とする。この見解によれば，前の訴訟の訴訟物は訴えられた部分のみであり，残部はこれに含まれ

ない。残部の請求が許されるのは当然だとする。この見解には反面で被告側の訴訟上の立場が十分に考慮されていないきらいがある。被告はこの訴えで応訴し一応判決を得たにかかわらず後日また訴えられ応訴をしなければならないことになるからである。

これに対して，訴訟手続を利用して請求する場合には残部を留保した訴えをすることができず，前の訴訟での一部請求はそれが全部の請求であり，残部請求の訴えは不適法だとする有力な見解がある（一部請求否定説。兼子一「確定判決後の残部請求」同・研究Ⅰ391頁，三ケ月・双書116頁，新堂324頁）。紛争解決の一回性が強調されるが，原告にとって常に残部請求ができないとすることも，酷だといわれる（特にわが国では訴訟費用は訴訟物の価額で決まり全体の請求は多額の費用を要することが多い）。

〔判例①〕は，前の訴訟で請求が全体の一部であることを示さなかった場合について，後にそれが請求の一部であったと主張して残額請求をすることはできないとし，またそれが一部請求であることを明示してなした場合には，残部請求が許容されるとする（〔判例②〕）。いわゆる〈明示の一部請求認容〉説である。このような判例の立場は今日では既に基本的に確立されている立場だと見ることができる。

ところで，一部請求を認容する見解は，債権の一部を分断して訴訟物とする権限を原告に許容するのに対して，一部請求否定説はこのような訴訟物分断の権限を原告に認めない点で両者には根本的な違いがある。一部請求許容説は原告の処分権限の一環として当然にこのような分割の可能性を承認するが，この見解ではそれが明示であるか黙示であるかは決定的でない。これに対して，同じく一部請求を承認する立場であっても，判例の示す明示の一部請求に限定して残部請求を許容する立場は，やや異なった理由づけを必要とする。訴訟物を分断する権限を認めても，それが一部であることを明示しない限り，残部の請求ができないことの根拠が改めて問題になりうるからである。

†〔判例〕　①　黙示の一部請求事件：最(2小)判昭和32年6月7日民集11巻6号948頁[58]　X（原告・控訴人・被上告人）の先代AはY₁Y₂（被告・被控訴人・上告人）に対してダイヤモンド入り帯留1個を45万円で売却する旨を委任し同帯留をY₁等に引き渡した。しかし，この委任契約を解除し，帯留めの返還又は損

---

[58] 青山義武・最判解説民事昭和32年度113頁，井上正三・百選154頁，小室直人・百選2版228頁，山本弘・百選Ⅱ332頁。

害金45万円の支払をしないときはAが右のいずれかを選択行使しうる旨の契約を締結した。ところがY_1等が期限内に帯留めの返還をせず金員の支払もしなかったのでこの約束に基づき選択権を行使しY_1Y_2に対して45万円の支払を求めた。この訴訟で第一審裁判所は「Y等はXに対し45万円を支払え」との判決を下した。この判決は控訴されたが控訴棄却により確定した（前訴）。Aは22万5000円の支払を受けた。しかし，AはY_1Y_2がいずれも契約当時骨董商でありこの契約は同人等のために商行為であったから45万円を連帯して支払う義務を負担したという。また，前訴では45万円の2分の1に当たる22万5000円の支払のみを求めたから，本訴では残金の22万5000円につきY_1Y_2に連帯して支払を求めた。第一審は請求を棄却。控訴審は第一審判決を取り消し45万円の支払を命じた（ただし，この判決は請求の趣旨を誤解）。Y_1のみ上告。最高裁は以下のように述べて原判決中Y_1に関する部分を破棄し自判によりY_1等の控訴を棄却し，請求を棄却した第一審判決を維持した。

　「思うに，本来可分給付の性質を有する金銭債務の債務者が数人ある場合，その債務が分割債務かまたは連帯債務かは，もとより二者択一の関係にあるが，債権者が数人の債務者に対して金銭債務の履行を訴求する場合，連帯債務たる事実関係を何ら主張しないときは，これを分割債務の主張と解すべきである。そして，債権者が分割債務を主張して一旦確定判決をえたときは，更に別訴をもって同一債権関係につきこれを連帯債務である旨主張することは，前訴判決の既判力に牴触し，許されないところとしなければならない。

　これを本件についてみるに，Aは，前訴においてY等に対し45万円の債権を有する旨を主張しその履行を求めたが，その連帯債務なることについては何ら主張しなかったので，裁判所はこれを分割債務の主張と解し，この請求どおり，Yにおいて45万円（すなわち各自22万5千円）の支払をなすべき旨の判決をし，右判決は確定するに至ったこと，Yの前記(一)の主張自体および一件記録に徴し明瞭である。しかるにAは，本訴において，右45万円の債権は連帯債務であって前訴はその一部請求に外ならないから，残余の請求として，Y等に対し連帯して22万5千円の支払を求めるというのである。そしてY等が45万円の連帯債務を負担した事実は原判決の確定するところであるから，前訴判決が確定した各自22万5千円の債務は，その金額のみに着目すれば，あたかも45万円の債務の一部にすぎないかの観もないではない。しかしながら，Aは，前訴において，分割債務たる45万円の債権を主張し，Y等に対し各自22万5千円の支払を求めたのであって，連帯債務たる45万円の債権を主張してその内の22万5千円の部分（連帯債務）につき履行を求めたものでないことは疑がないから，前訴請求をもって本訴の訴訟物たる45万円の連帯債務の一部請求と解することはできない。のみならず，記録中の乙

三号証(請求の趣旨拡張の申立と題する書面)によれば，Aは，前訴において，Y等に対する前記45万円の請求を訴訟物の全部として訴求したものであることをうかがうに難くないから，その請求の全部につき勝訴の確定判決をえた後において，今さら右請求が訴訟物の一部の請求にすぎなかった旨を主張することは，とうてい許されない」。

② **明示の一部請求事件：最(2小)判昭和37年8月10日民集16巻8号1720頁**[59]　Xは，Aより譲渡担保目的物として取得した床板を，倉庫業者であるYに寄託していた。しかしYはAからの目的物の引渡請求に対し，AにXの代理権があるか否かを十分確かめずに引き渡した。Aはこれを他に転売した。そこで，XはYに対して，30万円の損害を受けたと主張してその一部である10万円の支払を求める訴えを提起したが，8万円の支払を命じる判決を得てこの判決は確定した。その後Xは改めて残額20万円の支払を求める訴えを提起した。第一審は訴えを却下したのに対して控訴審は前訴の既判力は残額に及ばないとの理由で判決を取り消し，第一審に差し戻した。Y上告，上告棄却。

「一個の債権の数量的な一部についてのみ判決を求める旨を明示して訴が提起された場合は，訴訟物となるのは右債権の一部の存否のみであって，全部の存否ではなく，従って右一部の請求についての確定判決の既判力は残部の請求には及ばないと解するのが相当である。」

　なぜ，請求金額が全体の一部であることを明示した場合にのみ残額請求訴訟が適法とされ，明示しなかった場合にはそれが許容されないのかにつき，上記判例はその理由を明示していない。しかしその根拠は，訴訟手続で専ら相手方(被告)の立場を考慮することとの関係で理解することができる。訴訟手続で金額請求をする場合，一般にはその全額を請求していると見るのが通常であり裁判所もこのような立場に立って判決をすることは〔**判例①**〕がいうとおりである。しかし，請求が全体の一部のみだと請求原因で明示している場合には，残額請求を留保していることになるが，それ自体によって相手方に直接不利益が及ぶわけではない。原告がこの訴訟で勝訴すれば，残額を更に請求する可能性があることが通告されているから，被告の方での対応が可能でもある(残債務の不存在確認の反訴等)。このような相手方への配慮を示したうえでの残額請求の許容は，一律機械的に残額請求を否定する立場に比べて現実に即した柔軟な立場だといえる。

---

59)　上村明広・続百選182頁，佐上善和・百選Ⅱ330頁。

3 一部請求敗訴者の残部請求

判例によれば，訴訟上で請求されている金額が全体の一部であることが明示的になされている場合には，原則としてその残部を更に訴訟手続で請求することが留保されており，後に残部請求訴訟を提起することは訴訟物も別であり当然に許容されるはずであった。

前訴において，訴えが請求の一部であることを明示して提起した訴訟の原告が勝訴した場合には，この勝訴原告が後に請求権の残部の支払を求めて更に訴えを提起することは，本来原告が前の訴訟で明示的に一部であることを留保した趣旨に添うものだといえる。そもそもこのような一部請求訴訟が認容されるとすれば，この残部請求訴訟の訴訟物は，先行した一部請求訴訟のそれとは分別された別個のものであり，前訴の確定判決の既判力は直接には残部請求訴訟には及ばない。その際判決理由中の判断の拘束が原則として否定されるとすれば，この残部請求訴訟では，後の裁判所は前の訴訟の結果にとらわれずに独自にその判断をなさなければならない。その結果として残部請求が認容される場合があると共に，残部請求はそもそも請求権自体の不成立等を理由に否定されることもありうる。

これに反して先行する一部請求訴訟でその請求が棄却された場合にも，残部請求訴訟がこれに無関係に許容されるのかが改めて問題となりうる。一般に残部請求を留保して一部を請求する場合には，その訴訟は単に一個の実体法上の請求権を二分してその一部を訴えているわけではなく，先行訴訟にはそもそも請求が可能であるか否かを試みる趣旨が窺われ，この先行訴訟は実際にもそのような機能を持ちそれを許している。そこでこの先行訴訟で請求が棄却された場合にもなお，続く訴訟で同一請求の残部の支払を求めることが，先行訴訟で原告が勝訴した場合と同一に評価されうるのかが問われ，それはそもそも前の訴訟で明示の一部請求を許容した趣旨自体を問うことになる。

いわゆる〈明示の一部請求〉訴訟は，当面原告が請求権の一部を分割して訴求し，後にさらにその残部をも請求する可能性を残すことを許すが，それは，原告が一定の請求権の一部を分割して訴求し，その勝訴判決を得た場合に残部を更に請求する可能性を示しつつ訴訟の追行をすることがやむを得ないものと評価されたからであった。この場合，前訴の訴訟物は訴求部分のみであり，残部は訴訟の対象にはならない。その結果，一部請求原告の訴えが完全に認容されればその判決効は当該一部に限定され残部には及ばない。この原告は更に残

額請求訴訟を提起することができる。

これに対して，一部請求訴訟で原告が敗訴した場合に，この原告がその残部を更に訴訟上請求することができるかは一部請求を許容した趣旨とかかわる。〔**判例**〕はこのような残部請求は特段の事情がない限り「信義則に反し」許されないという。しかし，その理由がこれに真に適合しているかは疑問である。

†〔**判例**〕 最(2 小)判平成 10 年 6 月 12 日民集 52 巻 4 号 1147 頁[60]　X(原告・控訴人・被上告人)は不動産売買等を目的とする会社であり，Y(被告・被控訴人・上告人)から本件土地を買収すること及び右土地が市街化区域に編入されるよう行政当局に働きかけを行うこと等の業務の委託を受けた。XとYはこの業務委託契約の報酬の一部としてYが本件土地を宅地造成し販売するときは造成された宅地の一割をXに販売又は斡旋させる旨の合意をした。しかしYは本件土地の宅地造成を行わず本件土地をAに売却した。YはXの債務不履行を理由として本件業務委託契約を解除した。

Xは，前訴で業務委託契約に基づき 12 億円の報酬請求権を取得したと主張し，内 1 億円の支払等を求めたが請求を棄却する判決が確定した。

前訴判決確定後，Xは本訴を提起し主請求として，本件報酬請求権のうち前訴で請求した 1 億円を除く残額が 2 億 9830 万円であると主張してその支払を求めた(その他略)。

第一審は訴えを却下したが，控訴審は，本件が一部請求残部請求の関係にあるが信義則に反するとの特段の事情がないとして破棄・差し戻した。X上告。破棄自判(不適法却下)。

「1　一個の金銭債権の数量的一部請求は，当該債権が存在しその額は一定額を下回らないことを主張して右額の限度でこれを請求するものであり，債権の特定の一部を請求するものではないから，このような請求の当否を判断するためには，おのずから債権の全部について審理判断することが必要になる。すなわち，裁判所は，当該債権の全部について当事者の主張する発生，消滅の原因事実の存否を判断し，債権の一部の消滅が認められるときは債権の総額からこれを控除して口頭弁論終結時における債権の現存額を確定し(最高裁平成 2 年(オ)第 1146 号同 6 年 11 月 22 日第 3 小法廷判決・民集 48 巻 7 号 1355 頁参照)，現存額が一部請求の額以上であるときは右請求を認容し，現存額が請求額に満たないときは現存額の限度でこれを認容し，債権が全く現存しないときは右請求を棄却するのであって，当事者双方の主張立証の範囲，程度も，通常は債権の全部が請求されている場合と変わるところはない。数量的一部請求を全部又は一部棄却する旨の判決は，このように債権の全

---

[60]　山下郁夫・最判解説民事平成 10 年度 602 頁，本間靖規・百選 3 版 182 頁。

部について行われた審理の結果に基づいて，当該債権が全く現存しないか又は一部として請求された額に満たない額しか現存しないとの判断を示すものであって，言い換えれば，後に残部として請求し得る部分が存在しないとの判断を示すものにほかならない。したがって，右判決が確定した後に原告が残部請求の訴えを提起することは，実質的には前訴で認められなかった請求及び主張を蒸し返すものであり，前訴の確定判決によって当該債権の全部について紛争が解決されたとの被告の合理的期待に反し，被告に二重の応訴の負担を強いるものというべきである。以上の点に照らすと，金銭債権の数量的一部請求訴訟で敗訴した原告が残部請求の訴えを提起することは，特段の事情がない限り，信義則に反して許されないと解するのが相当である。

　これを本件についてみると，Xの主位的請求及び予備的請求の一は，前訴で数量的一部を請求して棄却判決を受けた各報酬請求権につき，その残部を請求するものであり，特段の事情の認められない本件においては，右各請求に係る訴えの提起は，訴訟上の信義則に反して許されず，したがって，右各訴えを不適法として却下すべきである。」

　本件で最高裁判決は，先行する一部請求訴訟で請求が棄却された後になされた残部請求訴訟が不適法である旨判示し，根拠を信義則に求めた。しかし，その理由には疑問が残る。

　この事案では，一連の判例が採用する明示の一部請求に限り残部請求を許すとする立場を前提としたうえで，前訴で一部請求が全部又は一部棄却された場合にも残部請求が可能かを問う。この場合に前訴と後訴は訴訟物が異なるにもかかわらず後訴が不適法だとする根拠として本件最高裁は，前訴で裁判所が判断した数量的一部請求の全部又は一部を棄却する判決は，「債権の全部について行われた審理の結果に基づいて，当該債権が全く現存しないか又は一部として請求された額に満たない額しか現存しないとの判断を示すもの」であるにもかかわらず残部請求をすることは，ないものの蒸し返しだという。しかしこれは前訴の判断の理由とされた事項に拘束力を認めることになり理由中の判断の拘束力を否定する判例の論理に反する。この場合に残部請求が許されない理由は，明示の一部請求を許した趣旨に遡って考察しなければならない。明示の一部請求に限って残部請求を許すのは，一部請求が認容された場合に残部を請求する可能性があることを相手方に通告し，相手方当事者が前訴における判決によって得ることを期待した紛争の全面的解決の幅を予め限定する趣旨に他ならない。したがって，原告が勝訴すれば，なお残部請求の可能性があり得ることが予測

されるが，原告が前訴で全部敗訴すれば，予告した前提が成り立たないことになる。原告は，前訴での一部請求が不十分であったから今一度残部について請求をするということは信義則（権利失効の原則）に反する。一部棄却はこれにあたらないとすべきであろう。（前掲，明示の一部請求をみとめた〔**判例②**〕参照）。

第6節 執 行 力

〔文献〕

河野正憲「口頭弁論終結後の承継人（その二）」演習民訴 588 頁，住吉博「執行力の意義と範囲」講座民訴⑥ 215 頁，中野貞一郎「執行力の客観的範囲」山木戸・古稀（下）288 頁，林淳「仮執行宣言の理論」講座民訴⑥ 249 頁，吉村徳重「執行力の主観的範囲と執行文」竹下守夫＝鈴木正裕編・民事執行法の基本構造（西神田編集室・1981）131 頁

I 給付判決と執行力

被告に対して一定の行為（作為・不作為）を求める給付の訴えが認容されそれが確定すると，この判決内容を実際に実現することを援助するのもまた国家の任務である。被告が任意の意思で判決内容を履行すればそれにこしたことはない。しかし任意履行に応じない場合に，判決内容は場合により強制力を持ってでも実現されなければならない。判決内容を国家の設営する執行制度を用いて強制的に実現することを保障するために，この確定判決には〈執行力〉を付与している。〈執行力〉は，請求権の強制的な実現をするために設けられた国の設営する強制執行制度を利用することができる権能である。

強制執行手続は，債務者である市民の私生活領域に強制力を行使する手続であることから，市民が勝手に行うことを許さず（自力救済の禁止），専ら国家機関が行うこととしている。その際，強制執行手続は，正当化事由として債権者が債務者に対して〈執行力〉をもって強制的に実現を求めることができる地位にあること（執行の正当性），及び強制的実現を行う具体的手続が法の定める方式で合法的に行われること（執行行為の合法性）が確保されなければならない。

このような〈執行力〉の根拠は，一見すると実体的な給付請求権が存在すること自体であるようにみえる。しかし，執行機関が執行の前提として常に個別的に事前に実体権の存在を実際に確認しなければならないとすれば相当の時間

を要し実効的な強制執行の実現はおぼつかない。そこで，わが国ではこのような給付請求権の存在を示す公文書を特定し，それを提出すれば執行機関はそれに依拠して強制執行手続を行わなければならないことにした。この〈執行力〉を与えられた公文書を〈債務名義〉という。確定した給付判決は債務名義の代表例である（民執22条）が，債務名義自体は確定判決に限定されない。強制執行は執行文の付された債務名義の正本に基づいて行われる（民執25条）。

†〔例〕**確定判決以外の債務名義**の例：執行力は確定判決のみに与えられた効力ではない。そのほかに，仮執行宣言つきの判決，執行証書，和解調書や認諾調書，執行決定を付された仲裁判断，仮執行宣言付支払督促などにも執行力が与えられ，債務名義とされている（民執22条2号以下）。これらの執行力の根拠が何かについては争いがある（中野・前掲民事執行法160頁，竹下守夫「執行力の本体」同・民事執行法の論点〔有斐閣・1985〕60頁)61)。執行力の根拠は請求権そのものの存在ではなく，債務名義とされる文書作成手続の正当性，特に執行を受ける者の手続関与の保障にあると見るべきである。

II　確定判決の執行力の人的範囲

1　原則——当事者間での効力

　確定した給付判決が有する執行力は，既判力と同様，訴訟当事者間でのみその効力を有するのが原則である（民執23条1項1号）。しかし，執行力も例外的に一定の範囲の者との間で拡張されている。

　確定判決の執行力は給付判決を得た原告からその被告に対して，判決が内容として確定した給付請求権を国家の設けた強制執行機関を用いて強制的に行使するために発生する。本来これらの訴訟当事者は，債務名義となる判決形成過程でその訴訟手続に関与する機会が十分に与えられて，裁判所の終局判決はこ

---

61) ドイツ民訴法は，強制執行制度を判決手続の延長として規定し（ド民訴704条以下），基本的に終局判決を債務名義の基本とし，その他の債務名義をこれに付加して規律している（ド民訴794条）。歴史的には，判決を中心とする債務名義と執行証書とでは沿革が異なる。後者は主としてラテン諸国（イタリア・南フランス等）で公証人制度を基礎として発展し，これが後にドイツの一部（ライン左岸地方）に導入され，ドイツ帝国における統一債務名義制度の確立のために1877年帝国民事訴訟法で規定され，最終的には1997年の第二強制執行改正法（1999年1月1日施行）によりラテン諸国と同等の水準で取り扱われることとなった。請求認諾制度（confessio in iure）も中世では後者に基礎を置いて発展した。これらはその根拠を考えるにおいて別個の考察を必要とする事項であり，別に検討する。なお，執行証書の制度はコモンロー諸国や北欧法には存在しない。

の各当事者の主張が十分に尽くされ又はその可能性が与えられた結果下されたものである。そこで，この先行訴訟手続に基礎を置いた終局判決により原告の被告に対する給付請求権の存在を明らかにした判決が確定すると，この確定的に存在する給付請求権を強制的にも実現可能なものとして判決の実効性を確保する必要がある。〈執行力〉は給付請求権を強制的に実現する国家機構である強制執行手続の発動を保障する効力である[62]。

2　執行力の主観的範囲の拡張

(1)　執行力が及ぶ人的範囲を拡張する必要性と正当性

終局判決が持つ執行力は原則として〈訴訟当事者〉にその効力が及ぶ。しかしその効力はこれらの者のみに限定されず，より広い範囲の者にも拡張される。執行力は本来国家の設営する強制執行手続により，私人（特に債務者として強制執行を受ける者）の生活領域に強制力を行使し干渉することを許すから，その拡張にはそれを正当化する事由がなければならない。

第三者への執行力拡張の根拠については見解に変遷がある。かつて執行力拡張は既判力拡張と同様に理解され，その固有性は十分に意識されなかった。しかし，今日では，既判力拡張と執行力拡張とは異なるとされる（この点を明確にした先駆的研究として吉村徳重「既判力拡張と執行力拡張」法政27巻2～4号215頁，225頁，また中野・前掲民事執行法129頁，なお河野〔文献〕588頁）。

第一に，既判力は前訴の確定判決の内容が後訴の審理手続に及ぶ効力を問題としており，前後二つの訴訟手続間で主として後の訴訟手続における裁判所及びその当事者への拘束力が中心問題である。これに対して執行力は，直接には国家の設営する強制執行による強制力を，承継人である第三者にのために又は対して，その者への判決なしに（前主との判決を流用して）その債権者としてまた第三者に対して強制執行をなしうるかという執行力行使の正当性の基礎が問われる。また敗訴判決には執行力がなくこの点でも既判力とは異なる。

第二に，強制執行は執行力を付与された公文書である〈債務名義〉を基礎に行われるのが原則である。確定判決の当事者は判決文に明記されている。しかし，執行力拡張の場合，執行当事者間でこのような債務名義自体は存在せず，他人間（前主の受けた）債務名義が強制執行の基礎とされ，（承継）執行文によ

---

[62] これに対して，執行証書の場合は債務者が強制執行を受諾する意思を明確にしたことに基礎がある。請求認諾の場合も同様に，それによる執行の基礎は債務者（被告）が自由な意思により請求を認諾したことにある。

って補充する形をとる。執行文付与にあたり，その可否を判断する手続が留保されているが，それは承継がなされたことの確認（裁判所書記官による略式手続又は執行付与の訴え）に留まり，それ以上に問題があれば不服のある者から訴えを提起しなければならない（執行文付与の訴え〔民執33条〕，付与に対する異議の訴え〔民執34条〕）。執行力拡張の個別類型は以下の通りである。

(2) 訴訟担当の場合の本人への拡張（民執23条1項2号）

訴訟担当者が当事者として得た確定判決の効力は，原則としてその訴訟担当の本人である利益帰属主体にも効力が及ぶ。

(3) 承継人への拡張（民執23条1項3号）

確定した判決の基準時後（事実審の最終口頭弁論終結時後）に判決当事者の地位又は訴訟担当の利益帰属主体である「本人」について承継事由が生じた場合は，この承継人にも執行力が拡張される。その結果，執行力が拡張される者との関係では，新たに債務名義を取得する必要はなく既に取得した確定判決を基礎に，承継執行文（民執27条2項）を取得することによってこの者のためにあるいはこの者に対して強制執行をすることができる。

1) 一般承継　原告又は被告につき前の判決内容形成の基準時である最終口頭弁論終結時後に一般承継（相続，会社合併等）があった場合には，このような実体的権利の承継と共に前主が訴訟手続上で取得した確定判決の内容も承継人に承継される。承継人は前主の訴訟上の有利・不利の地位を承継取得し，これを相手方に主張することができ，また相手方に対してその義務を負う。新たに判決を取得することなく承継執行により前の判決文を強制執行の債務名義とすることができる。

2) 特定承継と承継人の固有権限の主張　前の訴訟の最終口頭弁論終結後に原告又は被告から，前の訴訟の対象であった〈係争物〉を承継取得した者は，前の当事者間での訴訟の結果を前提に，債権者として前主が取得した判決の内容を相手方に対して強制執行でき又は債務者の地位を承継取得した者は強制執行を甘受しなければならない。これらの場合には，強制執行のために新たな当事者間で更に判決を取得する必要はなく，既に前主との間で取得した判決の基礎となった請求権が拡張され，これに応じて承継人のために又はその者に対して執行力が拡張されると観念される。承継の事実が明確であれば，簡易な手続で承継執行文を取得することで既存の確定判決にこれを補充して第三者との関係で強制執行をすることができるものとしている。また承継の事実について証

明を必要とする場合にも，承継執行文付与の訴え（民執33条）により訴訟手続を経て執行力拡張を主張しうる。

　　ⅰ）　特定承継執行の構造　　承継執行は，本来直接には債務名義が存在しない者のためあるいはこの者に対して承継前の当事者間に存在する債務名義を流用して行う強制執行であることから，それでもなぜ執行を許すのか，その意味や基礎について見解が分かれる（河野〔文献〕583頁）。

　　①　権利確認説　　承継執行の前提として，手続的にも新たな執行当事者間の権利の確認をすることが前提であり，それが執行力拡張の前提だとする（吉村〔文献〕15項，新堂694頁）。かつては，承継執行の前提として承継執行文の付与は裁判長が行うこととしていた。しかし現行法は裁判所書記官の職分としており，裁判官の関与は例外である（民執32条）。したがって現行法上は執行当事者間について前提として常に裁判機関が権利関係の確認を行う構造にはなっていない。

　　②　起訴責任転換説　　承継執行の場合には，既に確定判決を獲得し，強制執行が可能であった前主の地位を尊重し，その者が有した〈既得的地位〉を保障しながら，承継人との間の強制執行の債務名義を形成する形態の手続構造だ，と理解する（中野・前掲民事執行法129頁）。そこで，この場合には，承継の事実が証明されれば，それによって承継執行を許し，特に第三者側で特別な事実がありこれに対して対抗することができる場合には，第三者の側でその主張のための訴えを提起する責任を負担すると理解する。通常は，権利行使者が起訴責任を負担するが，この場合には前主との間にある確定判決が，既得的地位の基礎になるとみる。

　　ⅱ）　係争物の承継と承継人の執行法上の地位　　承継執行は前主が取得した確定給付判決の示す請求権につき承継人が承継取得したことを承認し，強制執行を許容する手続である。承継人は，あるいは債権者の地位を引き継いで，自らが執行債権者として強制執行を行い，あるいは債務者の地位を引き継いで債権者からの執行を甘受する地位を取得するが，これは専ら前主の有した地位を「承継」したからに他ならず，執行債権者は，執行債務者との間でこのような〈承継〉の事実を明らかにすることでその地位を取得する。執行債権者がこの地位を明らかにするために，承継執行文の付与を受ける段階で，「承継」の事実を明らかにすることが基本である。

　　ⅲ）　承継人に固有の事由の主張　　被告側で係争物を承継取得した場合であっても，承継人が固有の権限を取得する場合があるが，わが国の民事訴訟法はこの場合の取扱いについて明文規定を置いていない63)。そこでこのような事由を執行力拡張との関係でどのように取り扱うのかが問題になる。

　　この点につき，原告が，被告の所有権取得が通謀虚偽表示により無効であり自己

---

63)　ドイツ民訴法325条はこの場合につき特別の定めを置いている（⇒注50)）。

が所有権を有することを主張した訴訟で請求を認容する確定判決の基準時後に，目的不動産をその訴訟の被告から承継取得した者に対してなした強制執行の効力が問題となった訴訟手続で，第三者が善意の主張をしたのに対して最高裁は，前主が受けた移転登記手続義務は善意の第三者には対抗し得ず，承継執行文の付与を受けてなされた強制執行が無効だとした（〔判例〕）。もっとも前訴で通謀虚偽表示による無効が理由とされても，それは判決理由に留まる。これが当然に執行手続にも拘束力を及ぼすとは考えられない。

† 〔**判例**〕 最(1小)判昭和48年6月21日民集27巻6号712頁[64]　本件は，X（原告・被控訴人・被上告人）がY（被告・控訴人・上告人）に対して本件土地の所有権等の確認を求めた事件である。Xの主張するところによれば，Xは昭和43年6月27日にAに対する不動産強制競売事件で本件土地を競落した。しかしこれより先にYとAとの間で訴訟手続が係属していた。この間の事実関係についての最高裁の判示は次の通りである。「原審の確定したところによれば，本件土地はもと訴外Aの所有名義に登記されていたが，右登記はYとAとの通謀虚偽表示による無効のものであって，本件土地はYの所有に属していたのであり，Yの破産管財人はAに対しこのことを理由として真正な名義回復のため本件土地所有権移転登記手続請求訴訟を提起し，同訴訟は名古屋地方裁判所岡崎支部昭和42年(ワ)第2206号事件として係属し，昭和43年4月17日口頭弁論終結のうえ，同月26日右請求認容の判決がなされ，同判決はその頃確定したものであるところ，Xは，これらの事情を知らずに善意で，Aに対する不動産強制競売事件において，前記訴訟の口頭弁論終結後である昭和43年6月27日，本件土地を競落し，同年7月22日その旨の所有権取得登記を経由したというのである。

　以上の事実関係のもとにおいては，Yは，本件土地につきA名義でなされた前記所有権取得登記が，通謀虚偽表示によるもので無効であることを，善意の第三者であるXに対抗することはできないものであるから，Xは本件土地の所有権を取得するに至ったものであるというべきである。このことはYとAとの間の前記確定判決の存在によって左右されない。そして，XはAのYに対する本件土地所有権移転登記義務を承継するものではないから，Yが，右確定判決につき，Aの承継人としてXに対する承継執行文の付与を受けて執行することは許されないといわなければならない。

　ところで，原審の確定したところによれば，Yは右確定判決につきXに対する承継執行文の付与を受けて，これに基づき，本件土地の所有名義を自己に回復するための所有権移転登記を経由したというのである。

---

[64] 執筆者不詳・最判解説民事昭和48年度580頁，吉村徳重・百選2版244頁，高見進・百選Ⅱ340頁，高田昌宏・百選3版190頁，河野正憲・北九州3巻1号101頁。

Yの右行為は違法であって，右登記の無効であることは前説示に照らし明らかである。」
　この判決は結論的に通謀虚偽表示による無効を前提にYの執行が許されないことを示しているが，その限度では判決のいう通りである。しかしその理由となった通謀虚偽表示という判決理由中の判断が当然にXに拘束力をもって及ぶわけではあるまい。また無効を主張する手続が問題であり，Xは承継執行文付与に対する異議の訴えを提起して執行を阻止し得たし，執行が終了してしまった本件では所有権確認の訴えを提起して執行結果の是正を求めうるといえる。

III　仮執行宣言

1　趣　　旨

　給付判決の執行力はその判決が確定してはじめて付与されるのが原則である。しかし，それではせっかく原告が第一審で勝訴判決を獲得しても，この判決に対して敗訴した被告から控訴が提起されると，第一審判決の確定が遮断され直ちには執行力が与えられず，給付判決の執行は上訴審での審理中は阻止されてしまう。このような可能性が存在することは，敗訴した被告にとって本来の控訴審による審理の必要性（判決内容に対する不服）を越えて，専ら原告側からの強制執行を当面阻止するためにも上訴をする誘因ともなりうる。これでは第一審判決を軽視し不要な上訴を誘発することになりかねず，訴訟政策的にも対策が必要である。原告は少なくとも第一審で勝訴し給付判決を得たのだから，この判決は重視されてよい。こうして，現行法制度が判決効の発生に上訴制度を取り込んだ構成としたことから必然的に発じる問題点を克服するために設けられた制度が〈仮執行宣言〉である。

　もっとも，判決が確定していない時点で強制執行を許すから，後に判決が取り消され請求が棄却されるおそれがある。その場合には原告には執行前の現状に復する義務がある。そこでこれを許す判決を財産上のものに限定している。

2　要件と手続

（1）　仮執行の要件

　仮執行宣言は以下の要件がある場合になしうる（民訴259条1項）。

　①　判決が財産上の請求に関するものであること　　仮執行宣言を付した判決は後に取り消される可能性がある。財産上の請求権は仮に強制執行をしても，仮執行宣言付判決の執行が終了後に上訴審でその基礎になる判決が取り消され，

請求が棄却されたときには容易に原状回復や金銭賠償が可能であることから，仮執行の範囲をこの限度に限定した。終局判決であれば給付判決のみに限定されない。広義の執行についても仮執行の可能性は否定し得ない。意思表示を命じる判決は，その判決が確定してのみ執行することができる趣旨であることから仮執行宣言を付することはできないとするのが通説である（兼子・体系354頁）。しかし，意思表示を命じる判決も財産上の請求に関する判決であることにかわりはなく，仮執行宣言を否定する根拠とはなり得ない（新堂702頁）。

† 〔例〕 **財産法上の請求の例外**として明文で認められるもの：終局判決における執行停止の裁判（民執37条1項後段）

② 仮執行の必要性が認められること　下された判決につきその確定を待たず直ちに執行する必要性がなければならない。どの場合にその必要性が認められるかの判断は一般に裁判所の自由裁量に任される。その際，当該判決の執行が勝訴原告の権利保護のために必要か否か，また敗訴者にとって，執行が回復しがたい結果をもたらす可能性があるか否かを考慮する必要がある。また，上訴審で当該判決が取り消される可能性があるか否かも考慮要素とされるといわれる。しかし判決を下した裁判所が自らの判決につき上訴審での取消しの可能性を考慮して仮執行に必要性を云々するのはいささか問題であろう。

裁判所は職権又は申立てにより，必要的に仮執行を付さなければならない場合がある（〔例〕参照）。この場合は必ず仮執行宣言を付さなければならない。

† 〔例〕 明文で仮執行宣言を**必要的**とするもの：手形・小切手訴訟による認容判決に対して裁判所は職権で，担保を立てさせないで仮執行宣言を付さなければならない（民訴259条2項）。

少額訴訟で請求を認容する判決に対して裁判所は，職権で，担保を立てて又は立てないで仮執行宣言をしなければならない（民訴376条1項）。

(2) 仮執行宣言の手続

仮執行宣言は原則として原告の申立てにより又は職権で付与される。終局判決で仮執行宣言をするのが原則である（民訴259条1項）。この場合その宣言は終局判決の主文でなされる（同条4項）。またその他にも「決定」で仮執行宣言をすることができる。仮執行宣言の申立てがなされたのにしなかったとき，職権で仮執行宣言をすべきであるのにしなかったときに，裁判所は申立てにより又は職権で，補充の決定で仮執行の宣言をする（同条5項）。

裁判所は仮執行の宣言をするにあたり，担保を立てて又は担保を立てないで

仮執行をすることができる旨宣言することができる（同条1項）。

仮執行の宣言をするにあたり，申立てにより又は職権で，相手方が担保を立てて仮執行を免れることができる旨を宣言することができる（同条3項）。

3 効　　果
(1) 仮執行宣言による強制執行

仮執行宣言による強制執行自体は確定判決の場合と同様であり，執行はその最終段階まで進むことができる。執行手続上両者に違いはない（満足執行が可能）。執行途中で判決に対する上訴がなされても仮執行宣言付判決による執行は影響されない。

　　これを阻止するためには仮執行宣言を取り消す旨の執行力ある裁判の正本による強制執行停止又は取消しの手続（民執39条1項1号）が必要である。

(2) 後の本案の判断との関係

仮執行宣言が付された判決に対して上訴がなされた場合，たとえこの判決により強制執行がなされても，上訴裁判所は強制執行の結果を無視して本案の判断をしなければならない（最(1小)判昭和36年2月9日民集15巻2号209頁[65]）。本来，仮執行宣言は，上訴審で本案についての判断が取り消されることを解除条件として与えられているのに，これによる執行の結果を考慮して本案判断自体につき仮執行の結果請求権が消滅したとの判断を下すのは論理が逆であり，制度の趣旨に反するからである。

4 失　　効
(1) 原　　則

いったん付与された仮執行宣言は，仮執行宣言を変更する判決又は本案判決を変更する判決の言渡しにより失効する（民訴260条1項）。

(2) 原状回復

仮執行宣言がなされ，それによる強制執行が行われた後，そのもとになった本案判決が上訴審で変更又は取り消された場合，強制執行によって実現された結果はその根拠を失い，原状回復がなされなければならない（民訴260条）。

原状回復は，本案判決を変更する場合に被告からの申立てにより，本案を変更する判決の中で，仮執行により被告が原告に対して給付したものの返還及び仮執行により又はこれを免れるために被告が受けた損害の賠償が原告側に命じ

---

[65] 高津環・最判解説民事編昭和36年度31頁。

られる（民訴260条2項）。なおこの原状回復義務は，無過失責任による義務だと解すべきである（通説。兼子・体系357頁，新堂704頁）。

第7節 形成力

〔文献〕
鈴木正裕「形成判決の効力」論叢67巻6号27頁，本間靖規「形成訴訟の判決効」講座民訴⑥283頁

I 形成力の意義

1 趣　　旨

　形成判決[66]は，判決の確定によって判決主文で示された権利関係の変更を生じさせる効果を持つ。この判決が持つ権利・法律関係を変更させる効果を〈形成力〉という。このような形成力を有する判決を社会的に必要とする趣旨は，実質的にはそれに該当する権利・法律関係の変動を専ら裁判所の確定判決によって実現することとし，そのためにこの権利関係の変動を生じさせることを直接裁判所での審判対象とすることによって，必ず訴訟手続を経なければならず，反対にこれを抜きにして法律関係を当事者が自由な意思で変更することができないとすることにある。

　　これは法律行為とされる実体法上の〈形成権〉行使による権利関係変動の場合とは好対照をなす。この場合には，形成権行使は訴訟手続外でも単独意思表示でなすことが可能であり，訴訟手続では通常，行使の結果発生する権利・法律関係が直接の審判対象となる。

　形成判決制度の必要性は，①当該権利又は法律関係の変動の効果を多数の者に及ぼし画一的に処理する必要性が高い場合，②権利・法律関係の変動を招来するために当事者の自立的権利関係変動の処分を許さず，裁判所の審理判断を不可欠とする場合等に認められる。

2 形成力の根拠

　確定した判決により当事者間の権利・法律関係を変更する効果を持つ〈形成

---

[66] 〈形成判決〉の概念はドイツ法上比較的遅く，19世紀の後半に提唱され20世紀になって確立した。これに寄与したドイツの学者としてはワッハ（Wach），ゾイフェルト（Seuffert），キップ（Kipp），キッシュ（Kisch），ゼッケル（Seckel）等が挙げられる（*Blomeyer*, ZPR, S. 523）。

力〉が発生するためには，実体法あるいは訴訟法上の明文規定により又は解釈によって，当事者間の権利・法律関係を確定判決によって変更（発生・変更・消滅）することができる旨の規範が存在する必要がある。

　†〔例〕〔A〕　**実体的規範**：①当事者間の家族法的権利関係を形成する場合，②会社訴訟において株主総会決議等によって成立する多数の利害関係人が関係する法律関係について，決議の瑕疵に伴う権利関係の統一的変動を実現する場合等がある。③行政訴訟における取消訴訟の取消判決は伝統的には形成判決であると理解されている（近藤昭三「判決の効力」田中二郎ほか編・行政法講座(3)〔有斐閣・1965〕325頁）。

　〔B〕　**手続法上形成判決が予定される場合**：権利関係の変動について必ず裁判所の判断を得ることが必要だとすることによって訴訟手続によらない権利主張を制限する必要がある場合（⇒第3章第1節Ⅱ4）。

　形成判決が持つ〈形成力〉の根拠については様々な見解が主張されている。これは形成判決による権利変動の効果が訴訟当事者に限定されず，より広い範囲で承認しなければならないこと（後述⇒4）からその性質及び根拠を明らかにしようとするものである。

　　かつて，形成力の根拠につき法律関係の変動をもたらす〈国家意思〉に求める見解が存在した。これに対して判決の本質は判断作用だとの観点から，形成権又は形成要件を確定判決の既判力で確定しそれによって形成権が実在化するとの見解がわが国でも有力に主張された（兼子・体系351頁）67）。この見解によれば，形成力の及ぶ範囲も既判力と同様に相対的だとする。他方で，形成力の根拠は，実体法や訴訟法規範が裁判所の確定判決による権利関係の変動の判断内容を承認し，その権利変動の効果を一般的に認める点にあるとみる見解がある（三ケ月・全集45頁）。この見解は，形成力は形成判決に法秩序が法形成の効果を結びつけた点にあると見る68）。

　形成力は裁判所が法形成を命じる判決が確定することによって，法律関係が変動する効果を持つが，裁判所の判決で命じたこと自体がこのような権限を当然に正当化しうるわけではない。これは法律が，私人に対して，一定の事由が

67）　形成力を既判力同様に当事者に限定する見解は，ドイツで *Goldschmidt*, Prozeß als Rechtslage, 1925, S. 205, Anm. 1138. 等で主張されていた。今日この見解を採るのは *Blomeyer*, ZPR., S. 524.

68）　いわゆる反射的効力説（⇒第8節Ⅱ）が，確定判決の存在自体を実体法の構成要件として一定の法律効果を当事者が主張しうるとしているのに対して，形成力は，形成判決として裁判所が主文で法形成を命じることを法律効果発生の要件としている点で異なる。

ある場合には裁判所の判決により当該権利関係の変更を求めうる地位を与えており，これに基づいて裁判所に権利変更の裁判要求をしたことが前提になる。このように法秩序が私人に与えた権限に基づいて，裁判所は権利変動を招来するのに必要な要件を審査したうえで，それが満たされる場合にはじめて権利関係の変更を命じる形成判決をなすことができる。形成判決の可能性は限定的である。またこの法律効果は，すべての者が承認しなければならないことを前提としている（法律は様々な局面で，第三者に形成力が及ぶことを明記している。⇒Ⅱ4）。

Ⅱ　形成判決の効果

1　性　　質

形成判決は，原則として法律関係の変更を命じる判決が確定することにより審判の対象とされた法律関係が発生・変更・消滅するとの法律効果を持つ。このような，判決で命じられた権利・法律関係の変動は，直接当該判決により発生する〈形成力〉によって招来されると観念される。この形成力が具体的にどのような効力を持つかは，それを定める実定法規あるいは形成判決の制度を採用した制度趣旨との関係で確定しなければならない。

2　形成の時期

確定判決による権利・法律関係の変動が生じる時期は，その変動を生じさせる法規の規律に応じて異なる。大別すれば，形成判決により法律関係が将来的に変更を生じる場合と，その原因となった事項が生じた時期に遡及して変動が生じる場合とがある。継続的な法律関係を前提とし，それを判決で変更する場合で，既に成立している法律関係について関連する多くの利害関係者がいる場合はその立場を考慮して，法律は将来的権利変動を予定することが多い。

1）　**将来的な権利関係の変動**　　形成を命じる判決が確定することにより判決の基準時に，命じられた権利・法律関係が変更する効果が発生する。

†〔例〕　①　**人事訴訟関係**：婚姻取消しを命じる判決（民748条1項），離婚を命じる判決。

②　**会社訴訟関係**：会社の組織に関する訴え（会834条1号〜12号，18号及び19号に限る）において請求を認容して行為の無効・取消しを命じる判決は，招来に向かって当該行為の効果を無効・取消しとする形成力を持つ（会839条）。

③　**その他**：訴訟法関係では，解釈上通説は請求異議を認容する判決（民執35

条),第三者異議を認容する判決(民執38条)は形成判決であり,債務名義の執行力を排除する効果を持つと解している[69]。

2) **遡及的な権利関係の変動**　形成判決には,確定判決によって基礎になった行為を取り消すことからその効果も対象となった行為の時点に遡って効果が生じる場合がある。

†〔例〕　① **人事訴訟関係**：婚姻の無効,嫡出否認の判決,認知請求を認容する判決(民784条),養子縁組を無効とする判決。

② **会社訴訟関係**：株主総会等の決議の取消しの訴えを認容する判決(会839条参照)。

③ **行政訴訟関係**：取消訴訟を認容する判決(違法な行政行為の是正を目的としており,法治主義の原則から当然とされる)。

3　客観的範囲

形成判決は,審判の対象となった権利・法律関係自体を確定判決によって変更する。〈形成力〉は訴訟物として審判の対象となった権利・法律関係について生じるから,その内容は判決主文で明示される。

形成力は当該判決が確定することによってはじめて権利・法律関係が発生するのが原則である。そこで,判決確定以前の段階では形成の結果を主張することができないのが原則である。

　　形成の訴えは,請求が認容されこの判決が確定することによってはじめて当事者間の権利・法律関係を発生・変更・消滅させる効力(形成力)が生じるとの論理構造を観念しているからである。しかし,この訴訟構造は形式的に例外なく妥当すべきものではなく,例外が認められる。例えば,特許無効審判が確定する前であっても特許権侵害訴訟を審理する裁判所は特許に無効事由が存在することが明らかな場合は,その特許権による差止請求又は損害賠償請求が権利濫用にあたるとの最高裁判決がある(いわゆる「キルビー判決」。最(3小)判平成12年4月11日民集54巻4号1368頁[70])。また形成の訴えが基本的に訴訟手続による裁判所の審理・判断の強制を目的としているとすれば,その審理を必ず訴訟手続で行い,「決定」による中間的判断を示した後でさらに引き続いて訴訟手続での取扱いをする場合(再審手続)も形成訴訟に準じた類型と認めることができよう。

---

69)　執行を具体的に阻止するためには,更に執行機関に認容判決の執行力ある裁判の正本を提出してしなければならない(民執39条,40条)。

70)　髙部眞規子・最判解説民事平成12年度418頁。

4　主観的範囲

(1)　形成力の主観的範囲

　形成力は，当該訴訟当事者の範囲を超えて第三者にも及ぶのが原則である。様々な実定法規がこれを明示している。またその結果として，当該訴訟の当事者の権利関係変更に伴い利害関係の調整・処理を必要とする場合がある。

　†〔例〕　①　**人事訴訟関係**：人訴法24条は，直接には既判力について「民事訴訟法第115条第1項の規定にかかわらず，第三者に対してもその効力を有する」と定める。この規定は，直接には既判力拡張に関するが，形成判決については，その〈形成力〉が第三者に及ぶ。したがって，第三者もこの判決の結果を受忍しなければならない（戸籍簿の記載変更については一般に，戸15条参照）。

　　②　**会社法関係**：会社の組織に関する訴えを認容する確定判決は「第三者に対してもその効力を有する」と定める（会838条）。この規定自体の内容は必ずしも明確ではない。基本的には，形成力について定めたものと解される。形成判決については第三者にその形成力が及ぶことを前提に，その結果発生する問題の処理を会社に命じる（会840条～844条）。新株発行不存在確認の訴え（会829条）や株式会社の決議不存在確認の訴え（会830条1項）を認容する判決もこの規定に含まれるが，勝訴判決のみに判決効が拡張されることから既判力自体の拡張とは異なり会社は受けた敗訴判決を承認しこれに反する主張を第三者に対してもなし得ない義務と解すべきである。

　　③　**行政訴訟関係**：行政処分又は裁決を取り消す判決が確定すると第三者にもその効力が及ぶ（行訴32条1項）。この判決は処分・裁決をした行政庁を拘束するが，これは〈形成力〉そのものではなくそれを前提とした特殊な効果だとされる。

(2)　既判力との関係

　形成判決が既判力を持つかという点に関し，かつては否定説が見られた（三ケ月・全集51頁）。この見解は，既判力が判決基準時における法律関係を確定する効果を持つが，形成判決はこれを変更するから，その存在意義がないとの理由であった。しかし今日では，形成判決が既判力を持つことに異論はない（三ケ月説の改説，同・双書53頁）。既判力は，判決が形成された過程についての異議を排除する機能を持ち，形成判決でもこのような既判力の機能は決して変わらないからである。

第8節　その他の判決の効力

〔文献〕

鈴木正裕①「既判力の拡張と反射的効果(1)(2)」神戸法学9巻4号508頁，10巻1号37頁，同②「判決の法律要件的効力」山木戸・古稀(下)149頁，同③「判決の反射的効果」判タ261号2頁，竹下守夫「判決の反射的効果についての覚え書」一橋論叢95巻1号30頁，高橋宏志「反射効」同・重点(上)657頁

I　総　　論

　終局判決が確定した場合に，実体法規定が当事者間でこの当該確定判決が存在すること自体を要件としてそれによりその当事者の一方と第三者との関係でも一定の法的効果が発生すると定める場合がある。この効果は当該判決の内容自体の直接の効果として作用する場合（本来的効果）とは異なり，単に一定内容の判決が存在すること自体を当該実体法規範が第三者との関係で効力発生の要件として定めているにすぎないから，判決本来の内容的効果とはいえない。この関係はその実体規定が明文で定める場合がある他，解釈上もその可能性が提唱されている。これは〈法律要件的効果〉といわれる（鈴木〔文献②〕149頁）。ドイツ学説によって提唱され，わが国でもその可否が論じられている。

II　制定法上の構成要件的効果

　制定法が明文で，一定の確定判決が存在するという事実を実体法上の法律効果発生の要件としている場合は，それによって直接実体法上の効果が発生する。これらの場合，その効果は訴訟手続との関係では当然に生じるわけではなく，その主張・立証が必要である。

　　†〔例〕判決で確定した権利関係については，本来は短期消滅時効に服する者であってもその消滅時効は10年とされ（民174条の2），委託を受けた保証人が過失なく弁済をなすべき旨の判決を受けて弁済した場合には求償権が発生する（民459条1項）。

III　反射的（構成要件的）効果

　実体法規律の中には，他人間の法律関係がこれとは別の者の間の法律関係に

影響を及ぼすことを明示している場合がある。この場合にこの他人間で一定の終局判決がなされそれが確定すると，この一定内容の確定判決が存在するという事実が，上記の実体法規定上この確定判決の存在自体を構成要件として第三者の法的地位に影響を及ぼす法的効果を発生させ，その主張が許されるのではないかが問題になる。このような効果が承認されるとしても，それは確定判決の内容そのものの効果ではなく，「確定判決が存在する」という事実によって実体的権利変動が発生したと同視することで，それを構成要件的事実として（和解が成立した場合と同じだと見て），第三者との関係でも当該法規が定める法律効果の主張がされるのだとされる。

† 〔例〕 **(1) 有利な関係：主債務と保証債務**　主債務者に対して一定金額の支払請求をした債権者が敗訴しその判決が確定してもこの判決は直接保証人には及ばない。しかし後に，この債権者が保証人に対して保証債務の支払請求をなした場合には，保証人は保証債務の附従性の原則（民 448 条）により，主債務者に対する債権が存在しないという確定判決が存在することからこれを援用して，保証債務の不存在を主張することができるか。

(2) 有利にも不利にも及ぶ場合：持分会社が受けた判決の効力　この判決はその社員には有利にも不利にも及ぶ（会 580 条）。そこで，会社に対して給付判決を得た債権者は社員に対してもその履行を請求しうるか。また，これに敗訴した債権者が社員に別途請求をした場合，社員は会社に対する判決を有利に援用することができるか，が問題になる。

この場合の第三者は，いわゆる既判力の効果を直接に受ける者ではない（参照，民訴 115 条）。しかし，既に判決を受けた当事者との関係では当該実体規定を媒介にして一定の効果を受ける関係にあることから，当事者の一方が受けた確定判決によって反射的に利益を受けあるいは不利益を受ける場合であるとされる。この効力を承認する学説は，これを既判力とは区別して〈反射的効力〉と称する[71]。もっともこのような効果を承認すべきか否かについて見解が対立する。

---

71) この〈反射効理論〉は 19 世紀後半，ドイツにおいてワッハ（*Wach*, Handbuch des deutschen Civilprozeßrechts, Bd. 1, 1885, S. 620 ff.）によって提唱され，ヘルヴィッヒ（*Hellwig*, Wesen und subjektive Begrenzung der Rechtskraft, 1901, §3（S. 21ff.）; *ders.* System des deutschen Zivilprozeßrechts, Bd., 1912, S. 802.）によって展開された。わが国でも多くの見解によって承認された。既判力理論として実体法説は，実体的な依存関係がある場合に既判力が及ぶとしていたが，訴訟法説では，このような場合については既判力の拡張は承認し得ない。そこでこれに代わり反射効理論が提唱された，といわれる。

既判力の性質を専ら訴訟法的に理解する立場では，〈反射的効力〉は既判力とは異なり，①既判力が及ぶ者の間とは異なった当事者の間で及ぶ特殊な効果であること，②その効果は裁判所の職権で考慮される効果ではなく，当事者の援用を待って考慮されることに特色を認める[72]。

否定説は，既判力の他にこのような判決の特別の効果を承認すること自体の意味を認めない。その際，確定判決の効果は相対的であり，既判力拡張が承認される場合以外に，間接的にせよ判決の効果が拡張される場合を否定する立場がある（三ケ月・双書40頁，221頁）。また，このような効力も判決効の拡張に他ならず，既判力拡張の一場面にすぎないと理解する見解がある（竹下〔文献〕）。

このような見解の対立は，一面で既判力そのものの理解の違いに起因する。裁判所の最終的判断としての既判力ある判決内容そのものの効果は，今日の理解では後の裁判所に対する拘束力と共に当事者に対する拘束力の二面から成り立っていると考えるべきであることは既に述べた（⇒第5節Ⅲ1(1)）。しかし，ここで問題の事案はこのような既判力が第三者に拡張される場合には該当しない。確かに既判力拡張の根拠として「実体的依存関係」の存在が説かれる。しかし，それは既判力拡張の必要条件だとはいえても十分条件ではない。少なくとも後の訴訟の裁判所がこの問題を当然に職権で取り上げることはできない。後の訴訟で，当事者は当該訴訟で適用される法規の前提する「構成要件」として，確定判決の存在を主張することによってはじめて判決の確定した事項を援用できるにすぎないというべきである。この場合には，当事者がそれを主張すれば裁判所は，その判決の内容が正当だとしてその内容の当否に立ち入らないことも認められるといえる。この意味ではあくまでもそれは判決の直接の効果そのものではない。

> この観点から見ると，〔例(1)〕については，債権者は主債務者に対する前訴で，主債務の存在に関して主張する権限と機会を与えられており，一般には保証人に対する後訴でそれが不十分であったと主張する機会を与えられる必要性はない。また〔例(2)〕においても，持株会社の社員は会社が受けた判決を承認すべき地位にあり，社員に独自の特別の手続的地位を与える必要性に乏しい。

正式に反射的効力を認めた判例はない。〔**判例**〕は，その可能性を示唆しつ

---

[72] このような効果の性質に関連して，反射効を受ける者が訴訟参加をする場合については共同訴訟的補助参加ではなく通常の補助参加であるとされる。

つ，連帯保証人自身が受けた確定判決の効力によりその援用を否定した。

†〔判例〕 最(1小)判昭和 51 年 10 月 21 日民集 30 巻 9 号 903 頁[73]　Y（被告・控訴人・被上告人）は，亡 A に対し 150 万円を貸与し X（原告・被控訴人・上告人）外 1 名がその連帯保証をしたと主張して A の相続人等及び X を共同被告として該債務の履行を求める訴訟を提起したところ，右相続人等は請求原因事実を争ったが，X はこれを認めたので，X に関する弁論が分離され，Y の X に対する請求を認容する旨の判決がなされ，この判決は昭和 41 年 11 月 12 日に確定した。他方，右相続人らに対する関係では，審理の結果，請求原因事実が認められず，昭和 44 年 12 月 3 日 Y の右相続人らに対する請求を棄却する旨の判決がされ，同判決に対しては Y から適法な控訴の申立てがされたが，控訴審の口頭弁論期日に当事者双方が欠席したことにより昭和 45 年 8 月 26 日右控訴が取り下げられたものとみなされた結果，右判決は確定した。

Y と右相続人らの間の右判決謄本によると，Y の右相続人らに対する請求が棄却された理由は，被相続人である亡 A の Y に対する主債務の成立が否定されたためである。Y は，X に対する確定判決により X 所有の山林の強制競売を申し立て，競売開始決定がなされた。そこで X は Y に対して本件請求異議の訴えを提訴した。第一審は X の請求を認容。第二審はこの判決を取り消し請求棄却。X 上告。上告棄却。

「所論は，要するに，X に対する前記判決は連帯保証債務の履行を命ずるものであるところ，その主債務は，右判決確定後，主債務関係の当事者である X と右相続人ら間の確定判決により不存在と確定されたから，X は，連帯保証債務の附従性に基づき請求異議の訴により自己に対する前記判決の執行力の排除を求めることができる筋合であると主張する。そこで案ずるに，一般に保証人が，債権者からの保証債務履行請求訴訟において，主債務者勝訴の確定判決を援用することにより保証人勝訴の判決を導きうると解せられるにしても，保証人がすでに保証人敗訴の確定判決を受けているときは，保証人敗訴の判決確定後に主債務者勝訴の判決が確定しても，同判決が保証人敗訴の確定判決の基礎となった事実審口頭弁論終結の時までに生じた事実を理由としてされている以上，保証人は右主債務者勝訴の確定判決を保証人敗訴の確定判決に対する請求異議の事由にする余地はないものと解すべきである。けだし保証人が主債務者勝訴の確定判決を援用することが許されるにしても，これは，右確定判決の既判力が保証人に拡張されることに基づくものではないと解すべきであり，また，保証人は，保証人敗訴の確定判決の効力として，その判決の基礎となった事実審口頭弁論終結の時までに提出できたにもかかわらず提出し

---

73) 川口冨男・最判解説民事昭和 51 年度 378 頁，吉野正三郎・百選 2 版 248 頁，松浦馨・百選 II 348 頁，長谷部由起子・百選 3 版 196 頁。

なかった事実に基づいてはもはや債権者の権利を争うことは許されないと解すべきところ，保証人敗訴判決の確定後において主債務者勝訴の確定判決があっても，その勝訴の理由が保証人敗訴判決の基礎となった事実審口頭弁論の終結後に生じた事由に基づくものでない限り，この主債務者勝訴判決を援用して，保証人敗訴の確定判決に対する請求異議事由とするのを認めることは，実質的には前記保証人敗訴の確定判決の効力により保証人が主張することのできない事実に基づいて再び債権者の権利を争うことを容認するのとなんら異なるところがないといえるからである。

そして，原審認定の前記事実に照らせば，本件は連帯保証人であるXにおいて主債務者勝訴の確定判決を援用することが許されない場合であるというべきであるから，Xの右援用を否定した原審の判断は正当として是認することができる。」

第9節　判決内容の変更

〔文献〕

池田辰夫「定期金賠償の問題点」同・新世代の民事裁判（信山社・1996）66頁，河野正憲①「確定判決と事情の変更」木川・古稀(上)770頁，同②「確定判決の変更を求める訴え」ジュリ1098号38頁，越山和広「定期金賠償と新民事訴訟法117条の変更の訴えについて」近法45巻2号79頁，高田裕成「定期金賠償と変更の訴え」講座新民訴(1)169頁，雛形要松＝増森珠美「定期金による賠償を命じた確定判決の変更を求める訴え」大系(2)1頁，山本弘「将来の損害の拡大・縮小または損害額の算定基準の変動と損害賠償請求訴訟」民訴42号62頁

I　総　論

判決内容に将来発生する要素が組み込まれている場合がある。この場合に，その終局判決が確定しても，その判決が内容とした将来的要素がその後に発生した事情に大幅に齟齬することがある。そこで，この場合にはいったん確定した判決内容についてもその変更の可能性が一定限度で認められなければならない。しかし，そもそも確定判決の変更がどの場合に許されるのか，許されるとすればどのような場合に，どのような手段で許されるのかが問題になる。

現行法は，定期金による賠償を命じた確定判決についてその変更を求める訴え（民訴117条）を設けて将来的な事情の変更による確定判決の調整の可能性を定めた。しかしこれまでにも判例は，一時金払いを命じる確定判決についてもその内容を減額する必要がある場合には請求異議の訴え（民執35条）で，ま

た増額の必要がある場合には追加請求訴訟を許容してきた。

Ⅱ　確定判決の内容と修正の可能性

1　判決内容の固定とその例外

　一般に確定判決は，その訴訟手続で審理された判決基準時点（最終口頭弁論期日終了時）における原告・被告間の法律・権利関係を基礎に判断内容を形成している。この裁判所の判断内容は当該判決が確定することで不可争とされ，それについて再度の判断を求めて訴えを提起することは既判力により遮断される。そこで通常は，審理対象となった当事者間の法律・権利関係はこの判決基準時点で確定されてこの判決内容が任意の履行や強制執行などにより実現されることになる。

　しかし，確定判決の中で，その内容に将来の要素を考慮し前提にして判断を行ったものは，性質上その判決内容に判決基準時後に発生する事項が織り込まれて判決が形成されている。たとえ判決が一時金の支払を命じるものであっても，将来の給付を命じる判決の場合（民訴135条），通常の損害賠償請求訴訟でもその損害内容に既に積極的に発生した損害（積極損害）の賠償の他に，当該行為がなければ得ることができたはずの将来の逸失利益の賠償が含まれるが，これは将来発生するであろう損害を予測して計算し，それを予め一時金の形で賠償するものに他ならない。また，定期金の支払を命じる判決では，その判決は将来定期的に履行期に至る債権について，それを予め判決内容に取り込み定期的に強制執行が迅速にできることとするための債務名義が予め形成されて，履行期の到来により直ちにその執行が可能となる。

　このような判決が確定した後にそれを変更することは，一時金の支払を命じた判決では，その確定判決の内容とされた将来的要素の修正を後の判決で行うことの可能性が問われ，他方で判決の確定によって当該請求対象についてはもはや訴訟手続での争いを蒸し返しができないとの拘束力が付与されており，このような判決内容の変更を容易に許すことは確定判決の既判力が持つ紛争解決の最終性の要請に反することになる。定期金払いを命じた判決では将来発生する債務について，少なくともその債務名義の修正の必要性が生じるが，その場合でもなお既判力との関係が問題になりうる。

2　定期金賠償の可能性と判決内容の修正の必要性

　確定した終局判決の内容が将来的な要素を有する場合であっても，その判決

が一時金の支払を目的とする場合と定期金の支払を目的とする場合では，その判決内容の修正の要請には大きな違いがある。

　一時金払いを命じた判決は，たとえその判決内容に将来的要素が内包されており，その後に発生した事情がこの確定判決の内容と合致しない事態に至っても，当該法律・権利関係を巡る紛争は一応当該判決により解決したものとして確定した以上，些細な変化を理由にこれに関する再審査を行うことは，確定判決による紛争解決の観念に合致しない。その修正は原則として許容することができず，それが極めて重大な相違であり，社会的に無視し得ないほどに著しく，それを放置することが社会倫理的に極めて正義に反すると考えられる場合にのみ，例外的措置として，修正処理の可能性が考慮されるべきである（以下⇒Ⅳ）。

　これに反して定期金給付を命じた判決は，制度的に将来発生する事由についても著しい変更はないものとの仮定で予め判決内容には同一事情が織り込まれている。しかしそれがその後に生じた現実と著しく異なり，そのまま判決に基づいて強制執行をするのでは妥当性を欠くと評価される場合にも，この判決は制度上将来到来する履行期に応じた部分がそのときになされる強制執行の債務名義となる。このような将来の執行の基礎となる債務名義の内容が現実の状況と大きく食い違った場合にも，そのままの内容でこの債務名義で強制執行をしなければならないとすれば，矛盾が顕在化しその修正の必要性は大きい。そこで，定期金賠償が命じられた場合について，その損害の算定の基礎になった将来的要素が著しく変化した場合には以後の強制執行に必要な債務名義を修正するための特別の訴えを設けた。「定期金による賠償を命じた確定判決の変更を求める訴え」（民訴117条）がこれである（以下，適宜「確定判決の変更を求める訴え」という）。

Ⅲ　確定判決の変更を求める訴え

1　確定判決の変更を求める訴えの意義

　〈確定判決の変更を求める訴え〉（民訴117条）は，定期金賠償を命じた判決が確定した場合に，その判決の基礎になった事由のうちで将来発生するものについてなされた判断内容とその後の現実とが著しく異なり，そのまま判決に基づいて強制執行をすることが妥当性を欠くと評価される場合に，その判決自体の変更を求める訴えを提起することができる制度である。わが国の確定判決変更の訴えの制度は，定期金による賠償を命じた確定判決のみに対象を限定して

いる。定期金賠償を命じる確定判決では，判決の命じる定期金の履行期が到来した後直ちに執行することができる必要があり，そのためにこの執行の基礎になる債務名義を実体の変更に応じて修正することができることが必要である[74]。そこでこの訴えの性質は，特に定期金支払を命じる確定判決に与えられた執行力を，その後の事情変更に基づき修正するために特に設けられた制度だと理解できる。

定期金給付を命じる判決では，その基礎になった最終口頭弁論終結時において損害額等の算定が必要であるが，その際，特に将来到来する時期の部分に関する損害額の算定は，現状が大きく変更しないことを前提に行われる。判断の基礎になる将来の事情は専ら予想に基づくものであり，いまだ現実に発生していない。そこで，これらの事情が将来大きく異なった場合は，定期金給付判決自体のこの部分の判断のみを簡易に変更することで，引き続き行われる可能性がある強制執行手続にこれを反映させようとするものである。

以上のように見ると，確定判決変更の訴えでは既になされた確定定期金給付判決を前提に，主としてその判決の有する執行力を変更することを目的とする訴えである。その内容は，前の判決が命じた額を増加させる場合と共にそれを減少させる場合がある。しかしこの訴えはいずれの場合にも，前の確定判決を前提に（審理内容は変更を生じたとされる損害額算定の基礎になった事項に限定される）その判決の持つ将来発生する執行力の変更を目的とした特殊な訴えと見るべきであり，その性質は形成訴訟と解すべきである。

2 要　件

口頭弁論終結前に生じた損害につき，定期金による賠償を命じた確定判決について，口頭弁論終結後に「後遺障害の程度，賃金水準その他の損害額の算定の基礎となった事情」に，「著しい変更が生じた場合」に，訴えを提起して確定した判決のうち，その訴えの提起以後に支払期限が到来する定期金に関する部分に限り修正を求めることができる（民訴117条1項）。

① 口頭弁論終結前に発生した損害　　請求の基礎になった損害は口頭弁論終結前に発生したものでなければならない。これ以後に発生した損害は既判力

---

[74] ドイツ民訴法では変更判決についての定めは323条であり，これは既判力に関する322条の後に置かれているが，将来履行期に至る定期金給付を命じる給付判決についてこれを許容しており，確定判決であることを必要としない。その為上訴手続進行中には変更判決を求める訴えは不適法だが，判決変更を上訴で求めるか，独自の変更判決を選択するかは自由だとされる（MükommZPO- *Gottwald*, §323, Rdnr. 33 ）。

による遮断効は及ばず，後に訴えを提起することは阻止されない（民執35条2項参照）。

② 定期金賠償　変更の訴えが許容されるのは，定期金賠償を命じる確定判決に対してである。この場合には，将来到来する履行期については当該確定判決が強制執行の基礎として債務名義となるが，その際にその判決内容と現実の変化した事情とを調整しなければならないからである。

③ 口頭弁論終結後に損害額の算定の基礎になった事情に変更が生じたこと　損害額の算定にあたり，特に定期金賠償訴訟では将来発生する事情が組み込まれている。そこでこれらの事情に変更が生じた場合でなければならない。そもそも基礎になった請求権自体が消滅したなどの事由は請求異議事由（民執35条2項）となる[75]。

④ 著しい変更が生じた場合　些細な変更は考慮されない。これらは既にその確定判決の判断に織込み済みだと考えられるからである。事情が著しく変更し，発生した事情と判決内容とが著しく均衡を欠くに至った時に初めて修正が許される。

⑤ 訴え提起後に支払期限が到来する定期金に関する部分に限る　修正されうる部分は，変更判決を求める訴えを提起した後に支払期限が到来する部分に限定される。これはこの訴えが，必ずしも実体的な事情の変更をそのまま判決に反映することを目的とするのではなく，むしろ将来の強制執行の債務名義の内容を変更することを直接の目的とするからに他ならない。

3　審理手続

(1) 訴　　え

訴えは第一審裁判所の管轄に専属する（民訴117条2項）。再審訴訟とは異なり確定した判決そのものに対する不服申立てではない。確定した債務名義の変更を求める点で請求異議の訴えに類する（参照，民執35条，33条）。この訴え提起に関しては，原則として通常の訴え提起に関する規定が適用されるが，訴状には変更を求める確定判決の写しを添付しなければならない（民訴規49条）。

なお，この訴えを提起した後も既存の確定判決による強制執行は可能である。そ

---

[75] 両者の関係につきドイツでは，請求異議訴訟は，権利消滅事由，権利滅却事由に基づき提起できるが，変更判決は，権利根拠事由につき，予測された事項と発生した内容が異なる場合に提起することができるとされるが，実際にはその区別は困難とされる（Rosenberg/Schwab/Gottwald, ZPR., §157 Rdnr. 16f. (S. 1102)）。

こでこれによる執行を停止しておく必要があるが，この執行停止は，再審の場合とは異なり，請求異議の訴えの場合と同様に確定判決の変更に関する終局判決で，執行停止に対する裁判があるまで既存の確定判決を債務名義とする強制執行を停止する（民訴403条1項6号）。

(2) 審　理

この訴えは，既に確定判決で定期金給付が命じられ，その内容を変更するために特別に設けられた訴えだとする趣旨からすると，その審理は損害額の算定に限定して迅速に行うべきであろう。審理に際しては，損害額の算定部分以外については既存の確定判決を前提にして行う。審理の中心は確定判決でなされた定期金の価額算定の基礎となった特定の事情が前の判決の基準時後に著しく変更したか否かである（雛形＝増森〔文献〕28頁）。変更部分は訴え提起後に支払期限が到来する部分のみである。

4　判決の効力

変更を求める訴えに理由があるときは，その理由に応じて，定期金の支払を命じた確定判決の主文の全部又は一部を変更する旨の判決をする。増額のみならず減額の場合もある。請求に理由がなければその訴えに係る請求は棄却される（雛形＝増森〔文献〕28頁）。

この判決が確定することによって，既存の確定判決は内容的に変更される。以後の強制執行の債務名義は変更された確定判決である。

5　準用の可能性

民訴法117条は「定期金による賠償を命じた確定判決」に対してなされる訴えである。しかし定期金による賠償は，確定判決による場合には限られない。訴訟上の和解や請求認諾による場合，更には執行証書による場合もありうる。外国判決についてもその執行上で変更が問題になりうる。これらの場合にこの規定が準用が問題となりうる。否定説もあるが，この訴えの趣旨が将来行われる強制執行の債務名義の変更を求めることに主眼がある規定であることからすれば，その準用を認めるべきである（河野〔文献②〕41頁）。

Ⅳ　基準時後の事情変更による追加請求又は請求異議訴訟

1　問　題

一時金払いを命じた確定判決には変更判決の規定（民訴117条）は適用又は準用されない。これは，一時金払いを命じる確定判決の場合には，それで一般

に既に発生した損害金の支払を巡る紛争に決着が付いたと考えられるからであり，この判決内容を蒸し返して再度訴訟手続で問題にすることは既判力の遮断効に反すると考えられるからである。しかし，一時金払いを命じる確定判決であっても，その判断内容には最終口頭弁論終結時点ではいまだ到来していない将来の事項を判断内容に予め取り込んでいることが稀でないが，この場合にも何らかの救済措置が考えられないかは別途問題になる。これらの場合にも，その後に損害額が著しく増大し，追加請求をする場合と，損害額が予想を著しく下回り，確定判決による強制執行が濫用にあたると判断される場合がありうる。

2 追加請求の場合

将来の給付の訴えにより一定額の金銭支払いを命じる判決が確定した後，その判決の事実審における最終口頭弁論終結後に判決の基礎になった事情が大きく変動し，認容額が著しく不相当となったと判断される場合に，原告はこの判決の認容額と現実に妥当と思われる金額との差額を追加的に請求することができるかが問題となりうる。〔**判例**〕はこれを承認した。学説も一般にこれを承認している（河野〔文献①〕773 頁）。もっともその場合に，既に確定した判決の既判力によって確定したものと取り扱われ取消しができない部分と，事情の変更による追加請求を許容した部分及びその根拠が問題になる。〔**判例**〕はこれを詳論している。

†〔**判例**〕　最(1 小)判昭和 61 年 7 月 17 日民集 40 巻 5 号 941 頁[76]　Y（被告・被控訴人・上告人）は，昭和 45 年 5 月以前から本件土地をその地上に建物を所有して占有していたが，同月 12 日，本件土地を含む土地を，X（原告・控訴人・被上告人）所有の本件従前の土地の仮換地とする仮換地変更指定処分があり，その効力発生日は同月 16 日と定められた。

X は Y に対し前訴を提起して，本件土地の使用収益権に基づき本件建物部分を収去して本件土地の明渡しを求めると共に，本件土地の不法占拠による賃料相当損害金として昭和 45 年 5 月 16 日から右明渡済みまで月額 5 万円の割合による金員の支払を求めた。第一審では建物収去土地明渡しの請求のみが認容され，控訴審では昭和 53 年 4 月 12 日に終結された口頭弁論に基づいて，Y の控訴を棄却すると共に，X の附帯控訴に基づき損害金の請求についても昭和 52 年 1 月 1 日から本件土地明渡済みまで月額 4 万 7800 円の限度で認容する旨の判決が言い渡された。昭和 54 年 1 月 30 日 Y の上告を棄却する判決があり控訴審判決が確定した。

---

[76] 平田浩・最判解説民事昭和 61 年度 320 頁，池田辰夫・百選Ⅱ 336 頁，齋藤哲・百選 3 版 184 頁，河野正憲・ジュリ 887 号 122 頁。

Yはその後も本件土地の占有を続け本件建物を第三者に賃貸している。また昭和40年頃から本件土地の西側隣接地で駐車場の経営を行っており，本件土地が駐車場として利用されるに至ることは昭和54年2月1日現在予想し得たし，その際の保管料は月額7万円を下らない。

更に，前訴口頭弁論終結後，消費者物価の上昇，土地価格の著しい昂騰，固定資産税と都市計画税の増大等があった。また本件土地の近隣地域には難波駅のほか商業施設，娯楽施設が集中しており，昭和54年から昭和55年にかけて同駅の整備やナンバシティの全面開業に伴う同駅周辺一帯の整備が完了し，それに伴って本件土地付近における駐車場の利用客が増加している等の特殊な事情も存在する。これらにより，本件土地の昭和55年4月1日当時における相当賃料額は，月額13万5042円に達している。

そこでXはYに対して本件訴えを提起し，第一審で，昭和54年2月1日から本件建物部分収去土地明渡済みに至るまで，本件土地を駐車場として使用することによって得べかりし自動車保管料相当額の損害金と前訴確定判決により認容された賃料相当損害金との差額を月額7万7200円であると主張して，右差額の支払を求めた。第一審はXの請求を全て棄却した。Xは控訴し，昭和55年4月1日以降の分の請求額を8万7242円に拡張するとともに，以上と同一の請求金額につき，前訴確定判決後に生じた経済的事情の変更によりその認容額が著しく不相当となり，当事者間の衡平を甚だしく害するような事情があることを理由として，相当賃料額と前訴認容額との差額の支払を求める請求及び前訴確定判決による強制執行を妨害するなどの不法行為による損害賠償を求める請求を選択的に追加した。

控訴審は，(1) 昭和54年2月1日から同55年3月31日までの損害については，前訴における賃料相当損害金の請求は通常生ずべき損害についての請求であり，Xが本訴において請求する駐車場として使用することによって得べかりし損害金の請求は，前訴においては請求されていなかった特別事情による損害の賠償を求めるものであるとして，右請求を原審認定の保管料相当の損害金の額と前訴認容額との差額である月額2万7200円（合計38万800円）の限度で認容してその余の部分を棄却し，(2) Xの昭和55年4月1日から建物収去土地明渡しに至るまでの損害については，前訴における賃料相当損害金の請求が一応損害の全額の賠償を請求する趣旨であっても，前訴確定判決後の事情変更により相当賃料額が昂騰して賃料相当損害金が前訴認容額を上回るときは，その差額を請求することができるとして，前訴認容額が不相当となったことを理由とするXの請求を認容した。Y上告。

最高裁は，原判決中，昭和54年2月1日から同55年3月31日までの間に生じた特別事情による損害の賠償を求める請求に関するY敗訴部分を破棄し，右部分につきXの控訴を棄却した。またこの期間に生じた特別事情以外の事由による損

害に関するXの請求をいずれも棄却した。最高裁は以下のように述べる。

・昭和54年2月1日から同55年3月31日までに生じた損害に関する部分

「従前の土地の所有者が仮換地の不法占拠者に対し仮換地の使用収益を妨げられていることによって受ける損害の賠償を求める請求権は，通常生ずべき損害及び特別事情によって生ずる損害を通じて一個の請求権であって，その履行を求める訴えにおいて，通常損害と特別損害のいずれか一方についてのみ判決を求める旨が明示されていない場合には，たとえ請求原因としてはその一方のみを主張しているにとどまるときであっても，一部請求であることが明示されているのと同視しうるような特段の事情の存在しない限り，これに対する判決の既判力は右請求権の全部に及び，新たに訴えを提起して，右請求を一部請求であったと主張し，他の一方の損害の賠償を求めることはできないものと解するのが相当である。そして，この理は，右請求がすでに発生した損害の賠償を求めるものであるか，将来継続的に発生すべき損害の賠償を将来給付の訴えにより請求するものであるかによって差異を生ずるものではない。原審がこれと異なる見解に立ち……Xの請求を一部認容したのは，既判力に関する法令の解釈適用を誤ったものというべきである。」

・原審で選択的に主張されたXの請求についての判断

「従前の土地の所有者が仮換地の不法占拠者に対し，将来の給付の訴えにより，仮換地の明渡に至るまでの間，その使用収益を妨げられることによって生ずべき損害につき毎月一定の割合による損害金の支払を求め，その全部又は一部を認容する判決が確定した場合において，事実審口頭弁論の終結後に公租公課の増大，土地の価格の昂騰により，又は比隣の土地の地代に比較して，右判決の認容額が不相当となったときは，所有者は不法占拠者に対し，新たに訴えを提起して，前訴認容額と適正賃料額との差額に相当する損害金の支払を求めることができるものと解するのが相当である。けだし，土地明渡に至るまで継続的に発生すべき一定の割合による将来の賃料相当損害金についての所有者の請求は，当事者間の合理的な意思並びに借地法12条〔現行借地借家11条参照〕の趣旨とするところに徴すると，土地明渡が近い将来に履行されるであろうことを予定して，それに至るまでの右の割合による損害金の支払を求めるとともに，将来，不法占拠者の妨害等により明渡が長期にわたって実現されず，事実審口頭弁論終結後の前記のような諸事情により認容額が適正賃料額に比較して不相当となるに至った場合に生ずべきその差額に相当する損害金については，主張，立証することが不可能であり，これを請求から除外する趣旨のものであることが明らかであるとみるべきであり，これに対する判決もまたそのような趣旨のもとに右請求について判断をしたものというべきであって，その後前記のような事情によりその認容額が不相当となるに至った場合には，その請求は一部請求であったことに帰し，右判決の既判力は，右の差額に相当する損害金の請

求には及ばず，所有者が不法占拠者に対し新たに訴えを提起してその支払を求めることを妨げるものではないと考えられるからである。

しかしながら，本件の場合，昭和54年2月1日から同55年3月31日までの間については，原審の適法に確定した前示事実関係のもとにおいては，前訴事実審口頭弁論終結の日である昭和53年4月12日からはもとより，前訴における認容額の始期とされた同52年1月1日からみても，その間の時間的経過に照らし未だ前訴認容額が不相当となったものとすることはできないから，前訴事実審口頭弁論終結後に前訴認容額が不相当となったことを理由とするXの請求は失当として棄却すべきものである。

3 Xは，更に，右の期間についても，執行妨害などの不法行為を理由として，前訴認容額と適正賃料額との差額相当の損害の賠償を求めるのであるが，Xの主張する損害は，本件土地に対するYの仮換地使用収益権をYが不当に侵害してその使用収益を妨げていることによって生じた損害にほかならず，Xの主張の執行妨害などの行為によって生じたものとはいえないから，右請求もまた失当として棄却を免れない。

三 次に，昭和55年4月1日以降の損害に関する部分について判断する。

原審の適法に確定した事実関係のもとにおいては，昭和55年4月1日から本件建物部分を収去して本件土地を明け渡すに至るまでの間につき，前訴の事実審口頭弁論終結後の前示のような事情により前訴確定判決の認容額が不相当となったものとして，右認容額と適正賃料額との差額の支払を求めるXの請求を認容した原審の判断は，さきに説示したところに照らし，正当として是認することができ，これに所論の違法はない。」

3 減額の可能性

交通事故による損害賠償請求訴訟において原告の請求が認容され，一時金の支払を命じる判決が確定したが，その判決で予想された事情（後遺症）が判決基準時後に変わり，予想した被害額が大幅に減少した場合には，この確定判決による強制執行を避けるために，相手方は請求異議の訴え（民執35条）を提起することができる場合がある。〔判例〕はこれを認め，その根拠を権利濫用の法理によって基礎づけた。

†〔判例〕 最(1小)判昭和37年5月24日民集16巻5号1157頁[77] Y（被告・被控訴人・被上告人）を原告としXら（原告・控訴人・上告人）の次男Aを被告とする損害賠償請求事件で，AはYに対して金50万円を支払うべき旨の給付判決が言い渡されこの判決は一審限りで確定した。その後Aは死亡（自殺）し，Xらは

---

77) 右田堯雄・最判解説民事昭和37年度334頁。

その相続人としてAの債務を承継した。Yは，この判決で強制執行をなすべく右債務名義により承継執行文の付与を受けてX所有の全不動産に対して強制競売の申立てをした。この確定判決は，YがAの自動車運転上の過失により負傷させられ，その結果家業である荷馬車挽きができなくなったとの認定に基づき爾後の一生の残存余命についての得べかりし利益の喪失をホフマン方式によって算定した。しかし，Yは右確定判決後にその負傷を回復し，従前どおり荷馬車運送業を自ら経営しているから，右確定判決はその口頭弁論終結後に生じた事情の変更により，執行に適さないというべきで，このような判決による強制執行は権利濫用・信義則違反だという理由で請求異議の訴えを提起。第一審及び控訴審は，確定判決の既判力を理由に請求を棄却。X上告。破棄差戻し。

「思うに，確定判決上の権利と雖も信義に従い誠実に行使すべきであって，これを濫用してならないことは，多言を要しない筋合であるところ，前記判決においてYがAに対して認められた損害賠償請求権は将来の営業活動不能の前提の下に肯定されたのであるから，もしYの前示負傷がXら主張のように快癒し自らの力を以て営業可能の状態に回復するとともに，電話を引きなどして堂々と営業（その規模内容は論旨が特記している）を営んでいる程に事情が変更しているものとすれば，しかも一方においてXら主張のようにAは右損害賠償債務の負担を苦にして列車に飛込自殺をするなどの事故があったに拘らず前記判決確定後5年の後に至ってAの父母であるXらに対し前示確定判決たる債務名義に執行文の付与を受け突如として本件強制執行に及んだものとすれば，それが如何に確定判決に基づく権利の行使であっても，誠実信義の原則に背反し，権利濫用の嫌なしとしない。然るに原判決は叙上の点については，何ら思を運らした形跡がなく，ただ漫然と判決の既判力理論と民訴545条2項〔現行民執35条2項〕の解釈にのみ偏して本件を解決せんとしたのは，到底審理不尽理由不備の誹りを免れない」。

第11章　複雑請求手続

[本章の概要]

　これまでの章では，二当事者の間で単一の請求を巡って裁判所に審判が求められた比較的単純な訴訟モデルを念頭において，その訴訟手続の開始から終結に至るまで一通りの考察をしてきた。しかし，実際に生起する民事紛争を解決するためには，このような単純なモデルに基づいた訴訟手続を考えるだけでは十分でない。同じ二当事者間の訴訟手続ではあっても，その間で複数の法的問題となりうる紛争については，これらを併せて請求を審判対象とすることにより，複雑な権利関係について統一的で迅速な解決が期待できる場合がある。

　この章では，訴訟の対象が複数の場合について生じる問題を取り上げて検討する。また多数の紛争関係者が実際に訴訟手続に関与する場合があるが，これについては別に，改めて第12章で検討する。

　まず**第1節**では，複数の訴訟対象を同一訴訟手続で取り扱うことの意義などについて一般的な考察をする。**第2節**では，原告側が同一の訴訟手続で複数の訴訟対象について審判を求める〈訴えの客観的併合〉について考察する。**第3節**では，〈中間確認の訴え〉について考察する。原告が求める訴訟上の請求である権利関係を判断するうえで前提となる法律関係については，通常は既判力の対象とはならない。しかし，訴訟物である権利関係と並んで中間的な判断であるにもかかわらず既判力による確定を確保するために特にこれを審判対象とする必要性に応じて設けられたものが〈中間確認の訴え〉である。**第4節**では，以上のような，同一当事者間での複数の訴訟対象の発生形態と関連して，いったん提起した〈訴えを変更〉する場合について考察する。さらに，**第5節**では，同一訴訟手続を用いて被告側から訴えを提起する〈反訴〉について考察する。

第1節　総　　　論

[文献]

榊原豊「複数請求の定立と規制」講座民訴(2)305頁

I 一回的紛争解決と複雑請求訴訟

　社会に生起する紛争の多くは複雑であり，このような紛争を訴訟で解決するためには，そのような紛争の実態に対応した訴訟手続上の規律が要請される。本来民事訴訟手続では，処分権主義及び弁論主義が支配しており，訴訟手続上の事項について当事者には大幅な自由処分権限が認められている。そこで民事訴訟手続の基本構造も，紛争はそれに関連する者の間でまたその限りで自らの意思と責任により解決することを前提にして構成されており，訴訟手続の結果についても基本的に当事者間での相対的な解決が予定されている。このような基本観念に基づいた訴訟手続では二当事者間の訴訟手続がその基本類型となるのは当然であり，その対象についても一個の訴訟上の請求を巡り審理・判断を行う訴訟手続が基本的なモデルとなっている。

　しかし，現実の複雑な紛争を処理するに際して，すべての社会的紛争をこのような個別的な規律のみを基礎にした手続に還元して解決することは困難であり，また実効性に欠けるといわなければならない。現実に生起する複雑な紛争について訴訟手続を用いて適切な解決を図るためには，実体的な権利関係の規律の面でもこれを複合的に適用して解決する必要があるが，紛争の実体に応じて訴訟手続のうえでも様々な請求を併せて審理の対象とし判断することができなければならない。そのために，複数請求がなされた場合にどのように手続を規律すべきかが問題になる。

　　†〔例〕　ある土地の所有関係について二当事者間で紛争が生じた場合でも，その所有権の確認を求めること（所有権確認請求），相手方にある登記の抹消等を求めること（抹消登記又は移転登記請求），場合によっては立退き（明渡請求）や損害賠償を求めること（損害賠償請求）などが生じるが，これらを別々の訴訟手続で個々に行うことは合理的でなく，一つの訴訟で統一的観点から審理・判断を行うことが適切である。そうすることによって，一つの訴訟手続で紛争の全体を解決することができて手間が省け，また請求は別であっても，実際には事件全体の統一的な判断を得ることが可能になる。

　歴史的にみれば複数の請求を併せて判断することに対しては否定的態度がとられた時期も存在した。しかし，わが国の現行法は，訴えを客観的に併合することについて，「数個の請求は，同種の訴訟手続による場合に限り，一の訴えですることができる」（民訴136条）と定めて，比較的広く複数の請求を併せて

一つの訴訟手続で訴えを審理することを認めている[1]。

通常の民事訴訟手続では，請求をどのように行うかはその権利者の自由な選択に委ねられており，複数の請求を一括して訴えるかあるいは個別的に訴えるかは当事者の自由な判断に委ねられる。しかし，特別な訴訟手続では一回的・統一的解決が強調されることがある。このような訴訟手続は，例えば人事に関する訴訟のように紛争を細切れにして訴訟手続を利用することは，相手方にとって極めて煩わしくまた訴訟の結果が矛盾する可能性もあり適切ではないと考えられることから，いったん訴訟手続で紛争を解決しようとする以上は関連した事項も統一的に一挙に解決することが必要だとしている。この場合には，民訴法136条の制限にかかわらずさらに広く併合を許し（例えば，人訴17条），また判決確定後は関連した請求に基づく訴えを禁止する（例えば，人訴25条）。

一つの訴えで複数の請求をするという関係は，その発生の局面でも異なった形態がある。まず，訴えの当初から原告が複数の請求を併せて請求する場合がある。これが訴えの〈客観的併合〉又は〈請求の併合〉（民訴136条）である。また，訴訟が係属した後に，その過程で原告が新たな請求を付加する場合も存在する。〈訴えの客観的追加的併合〉である。被告側から訴訟内で原告に対して積極的に訴えを提起することができるが，これは〈反訴〉である（民訴146条）。

もっとも，複数の請求を併せて行うことは，いちいち別の手続を個別的に行う手間が省けて便宜である反面で，無関係な請求を併せて請求することになるとかえってその審理を複雑にし合理的でない場合も存在する。このような場合には，裁判所には事件を分離することが認められている（民訴152条）。

II 当事者の意思と併合の形態

併合した請求をするかあるいは別の訴訟で請求をするのか，またどのような形態の併合を求めるかの決定は，まず第一に原告の意思に委ねられる。同一当事者間で訴訟手続を行う以上はその機会を利用して他の請求をも併せて審理・判断を求めることができることにしたほうが，原告にとって便宜であるのはいうまでもない。被告にとっても，原告が数個の請求を別々の訴訟手続で請求を

---

[1] 明治民訴法191条は，受訴裁判所が各請求につき管轄権を有することを併合の要件としていた。しかし，その後，大正15年改正で併合請求の裁判籍に関する規定が設けられたことから，大正改正ではこの要件がはずされた。

してくることによってそれぞれの手続に応対をしなければならない（別の裁判所による別の期日の指定など）よりも，これらを併せて一括した形で審理・判決を行うほうが手間が省ける。こうして，原告には一つの訴えに併せて別の請求をすること，即ち〈訴えの客観的併合〉をすることが比較的緩やかに許容されている（民訴136条）。

また原告側の請求に関する事項又は防御方法に関する事項で被告の方からも積極的に訴えを提起し，判決を求める必要が認められる場合がある。そこで，この場合にはこの原告の請求と被告の請求とを一つの訴訟手続の中で審理・判断することが特に必要になる。〈反訴〉（民訴146条）はこの要請に応じたものである（⇒第5節）。

このように，訴えが客観的に併合されるのは訴えを提起する者が併合を望みそれを要求する場合が基本となる。しかしこのみではなく，別々の訴えを裁判所が職権で併合することによって発生する場合もある（民訴152条）。

第2節　訴えの客観的併合

〔文献〕
上野恭男「請求の予備的併合と上訴」名城33巻4号1頁，浅生重機「請求の選択的又は予備的併合と上訴」民訴28号1頁，新堂幸司「不服申立て概念の検討」同・訴訟物（下）227頁

I　意　義

同一の原告・被告間で，一つの訴えにより複数の請求をする場合を〈訴えの客観的併合〉という。ここでいう「訴え」とは，訴え提起行為を指し，また「請求」とは，訴訟上の請求（訴訟物）を意味する。したがって，複数の請求について審理手続が統一されることにその特色がある。

請求の客観的併合は，数個の請求を同一訴訟手続で行うから，当事者にとって改めて請求毎に別の手続を行う必要がなく便宜である。さらに，特に各請求間に一定の関連性がある場合には併合した取扱いによる統一的観点からの審理・判断が不可欠であるが，この統一的判断が可能になる。

客観的併合が成立するのは，以下の場合である。

①　訴え提起の当初から，複数の請求が併せて同一の手続で訴えられる場合，

② 一つの訴えが提起された後に、訴え変更によりそのほかの請求が付加される場合がある。これにはさらに、〈中間確認の訴え〉が提起される場合、被告側から反訴が提起される場合があり、予備的な請求の場合もあり得る。

③ 裁判所が請求を既に係属中の別の事件と併合すること（民訴152条）によって、客観的併合が発生する場合もある。

II 種　　類

訴えの客観的併合にはその形態として、①通常の客観的併合、②客観的予備的併合がある。また訴訟物の理解によっては、③客観的選択的併合がある。

1 通常の客観的併合

同一当事者間で複数の請求を単純に併せて行う訴訟形態を訴えの客観的併合といい、また〈単純併合〉ともいわれる。それぞれの請求間は相互に独立しており、相互に依存した特別の関連性が存在するわけではない。手続上もそれぞれの請求は相対的に独立した取扱いがなされる。

†〔例〕 1000万円の売掛代金請求訴訟に、これとは別の500万円の売買代金請求を併合して請求する場合、土地・建物の不法占拠を理由とした明渡請求訴訟でこれに加えて明渡までの賃料相当額の損害金請求を併合して訴える場合、金銭消費貸借による元本の返還請求訴訟で利息の請求を併合請求する場合等がある。物の引渡請求と共にその引渡しが不能な場合又はその執行が不能な場合には損害賠償を求めるとの請求を併合して請求する場合、即ちいわゆる〈代償請求〉も、現在の給付の訴えと将来の給付の訴えとの単純併合である（大判昭和15年3月13日民集19巻530頁）。

2 客観的予備的併合

複数の請求間に原告が指定して主従の差を設ける場合である。これは、原告が求める審判対象についての主たる請求と、この請求が（裁判所の判断で）成立しない場合に備えて行う予備的請求とが併合された形をとる。この訴えの形態では、原告がそれぞれの請求について審理・判断の順序を指定しており、その相互の関係には、両請求は共に訴えとして提起され係属してはいるが、主たる請求が認容されることを解除条件として（即ちその請求が認められれば、予備的請求の判断を不要とする）他方を請求する条件関係が設けられている。

この場合には、裁判所はまず主位請求について審理・判断をし、その請求が認められれば予備的請求部分については判断しない（予備的請求は解除条件が成

就し，訴えないことになる）。これに対して，主位請求が棄却される場合には更に予備的請求部分についての審理・判断が求められ，その判断をしなければならない。この場合，裁判所は主位請求を棄却し，更に予備的請求部分について（訴訟要件が存在すれば）その請求を認容するか棄却するかの判断を示さなければならない。

この客観的予備的請求は，請求間で互いに両立しない関係が存在する場合に限って許されると理解するのが通説である（新堂710頁）。

†〔例〕 売買契約に基づいて代金請求をし，これと併せて売買契約が無効であれば既に給付した売買目的物の返還を求める場合，また所有権確認の訴えを提起し予備的に賃借権確認の請求をする場合。

このような請求間では，実体法上相互に極めて密接な関連性・条件関係を持っている。そこで訴訟手続でもこれらを別々に訴えるのではなく一つの訴えで併せて請求し，その審理・判断を統一的観点から行い，相互に矛盾のない結論を導くことが原告の便宜に合致する。もし，この場合に予備的条件関係を訴訟手続で許容しないとすれば，これらの実体的に矛盾する請求を同順位で請求せざるを得ないことになるが，その場合には前提となる事実において相互に矛盾した主張をしなければならず，一貫した意味をなさないことになってしまう（また主張自体が極めて弱くなり裁判所の心証形成上不利になりうる）。そこで，これらの請求の間に順位をつけることを許し，あくまでも主位の請求が認められることを目指して手続を進め，その結果これが認められればそれで満足であり予備的請求は不要だが，万一主位請求が認められない場合に備えて，実体法上許される別の請求を予備的に訴求することを認めた。

3 客観的選択的併合

一個の訴えで複数の請求をするが，その請求の相互に主従の関係を設けず，請求のうちいずれかが認められれば他の請求を不要とするという併合形態である。

この併合形態が必要か否かは訴訟物に関する見解の違いによって異なることになる。選択的併合は伝統的な訴訟物理論により提唱された併合形態であるが，新訴訟物理論はこのような併合形態は訴訟物についての基本的な観念に反するとして，これを承認しない（⇒第4章第3節Ⅲ1(1)）。

もっとも，この併合形態自体は論理必然的に訴訟物理論と結びつくものではないともいわれる。これはむしろ原告が訴訟上請求をする際の条件をどの限度

で許容するかにかかわる問題である。そこで互いに両立しない請求間でも選択的併合が可能だとする見解がある（浅生〔文献〕1頁, 17頁）。ただ, 両立しない請求間では一般には原告はそのいずれを主位請求とし予備的請求とするのかを決定して請求を立てなければならないのが通常である。特に給付目的物が異なる場合には, そのいずれを請求するかを原告が明らかにしなければ, そもそも申立ての特定が十分でないといえよう。したがってこのような〈選択的併合〉の形態により相矛盾する請求間ではいずれで裁判をしてもよいとする選択はあり得ないと解すべきである[2]。

Ⅲ 要　　件

通常の訴えの客観的併合が許されるためには次の要件が必要である（民訴136条）。

1　数個の請求が同種の訴訟手続によって審判できること

(1)　原　　則

異なった訴訟手続では, それぞれの手続を構成する基本原則が異なるから, 一般にはこれらを併合して審理することは手続運営に混乱を招きかねず, また通常民事訴訟手続とは異なる手続を採用し特別手続を設けた意味（手形訴訟の迅速審理など）がなくなるおそれがあり, 禁止される。

　†〔例〕通常民事訴訟手続と手形訴訟とは併合されない。手形訴訟の迅速性が害されるおそれがあるからである。また通常訴訟と非訟事件とを併合することは原則としてできない。さらに, 訴訟事件の間でも, 通常民事事件と人事訴訟事件とを併合することは原則としてできない（ただし⇒ (2)）。また通常事件と行政事件との併合もできない。

(2)　例外的に併合を許容・強制する場合

異なった訴訟類型の間であっても例外的に法律が併合を許容し, また併合を強制する場合がある。これらでは事件は相互にそれを取り扱う手続原則の種類

---

[2]　例えば, 売買契約の不成立を理由に既に履行した代金の返還を請求し, 予備的に仮に被告が主張するように売買契約が成立したとするならば, 売買目的物の引渡しを求めるという場合には, どちらを主位請求とするかは原告の意思に委ねられる。原告の主張の一貫性は, 代金返還請求を主とするか, 目的物の引渡しを主とするかの選択に係るがそれを支えるのは売買契約が無効を前提にするか有効を前提にするかによる。この点の決定をしたうえで訴えを提起しなければならないか, このいずれでもよいと両者を選択的に主張することは主張の一貫性を欠くことになるのではないのかが問題になる。

は異なるにかかわらず、なお全体として一括した審理・判断をし、統一的な観点から判断をすることが強く求められる場合である。ここでは手続の違いにもかかわらずより強くこのような統一的取扱いの必要性を考慮することを優先し併合する必要が強く求められる。

†〔例〕　**人事訴訟**：人事訴訟に係る請求（例えば婚姻取消し又は離婚請求）と、その請求の原因である事実によって生じた損害賠償請求とは、民訴法136条の規定にかかわらず併合することができる（人訴17条1項）。また、〈附帯処分〉として、申立てにより夫婦の一方が婚姻の取消し又は離婚の訴えに係る請求を認容する判決では、子の監護者の指定その他子の監護に関する処分財産分与に関する処分などの附帯処分について裁判をしなければならない（人訴32条1項）。これらの事項は、本来家事審判法が定める非訟事件であるが、婚姻関係が解消することに伴い必要な処分だからである。

行政訴訟：取消訴訟には関連請求に関する訴えを併合することができる（行訴16条1項）。関連請求としては、当該処分に関する原状回復や損害賠償等がある（行訴13条1号参照）。原状回復や損害賠償は行政処分に付随して発生する事項だからである。

異なる種類の手続の併合が明文で許されている例としては、特に損害賠償請求や原状回復がある。これらはその原因となる事実が主たる請求に関する人事訴訟や行政訴訟における審理結果によって確定され、それが損害賠償請求の前提になることから、この両者を分離して審理するのは適切ではないし効率的でもない。そこで、両者を併合することができることとした。

　　人事訴訟事件とその請求原因事実に基づく損害賠償請求事件とが併合された場合に、損害賠償請求の審理では、通常訴訟の原則である弁論主義が働くとの基本原則に変更はない。その結果、前者では裁判上の自白の拘束力はなく（人訴19条1項）、後者では裁判上の自白について拘束力が働くという事態が発生しうる（民訴179条）。この場合に、①損害賠償請求の審理についても人事訴訟の自白排除原則が働き自白の拘束力がないと見る見解（三ケ月・全集130頁。一般事件で弁論主義を採用するのは合目的的見地からであることを理由とする）、②共通の争点は人事訴訟の自白排除原則によるが損害賠償訴訟に固有の争点（損害額等）については自白の拘束を認めるべきだとする見解がある（新堂708頁）。附帯請求であるとしてもその請求が通常民事訴訟事件としての性格を失うわけではなくまた弁論主義についても手段説は採りえない。したがって②説によるべきであろう（同旨、松本＝上野617頁）3)。

---

3)　この結果として、損害賠償請求権の基礎となる不法行為の原因事実自体については自白の拘束

2 請求の併合が禁止されていないこと

同種の訴訟手続に属する請求の間であっても，特別に併合が禁止される場合がありうる（旧人訴法7条2項は婚姻事件と他の事件との併合を禁止していた）。その場合には，併合請求ができない。

客観的併合の場合，請求相互間で関連性があることまでは必要でない。当事者間で訴訟が係属し訴訟手続を進める以上，この機会を用いて別の請求をすることも便宜にかなうからである。また訴訟の最初から併合されているから，訴訟遅延，審級の利益などの問題も発生しない。

3 各請求につき受訴裁判所に管轄権があること

複数の請求を併合するためには，各請求につきその裁判所に管轄権が存在しなければならない。しかし，たとえ個々の請求について本来は管轄権がなくても，併合することによって〈併合請求の管轄権〉が認められる（民訴7条）ことから多くの場合には一般には問題は生じない。特に問題となるのは，請求につき専属管轄が定められている場合である。この場合には，併合請求による管轄権が発生しないから併合をすることができない。なお，ここでいう〈専属管轄〉は，法律上管轄が専属とされている場合を指し，当事者の合意で特定裁判所を専属的とした場合，即ち〈専属的合意管轄〉の場合は含まない（この点につき旧法上は解釈上問題があった。現行法はこの点を明確にした。民訴13条1項参照）。

> 特許権等に関する訴えについては，民訴法7条（併合請求の管轄）及び11条（合意管轄），12条（応訴管轄）によれば民訴法6条1項各号に定める裁判所が管轄権を持つ場合には，専属規定による除外（民訴13条1項）にかかわらず，これらの規定による管轄権が生じる（民訴13条2項）。

IV 審判と上訴

1 審 理

(1) 併合要件の調査

当事者間で数個の請求が客観的に併合して訴えられた場合，裁判所は個々の請求について一般的な訴訟要件が存在するか否かの調査・判断をしなければならない。この調査は職権で行い（例外的に仲裁契約の存在などは当事者の主張を待って行う），訴訟要件が存在しない場合は当該請求を却下しなければならない

力は働かないが，原因事実が存在する場合には，その額については自白が働き証明は不要となる。

(⇒第10章第3節)。また移送が可能な場合には，当該事件を管轄する裁判所に移送しなければならない。

　この各請求についての一般的な訴訟要件の調査に加えて，裁判所は職権で，客観的併合の要件が存在するか否かの判断をしなければならない。

　たとえ併合請求がなされても，それが客観的併合の要件を欠くときは，それぞれ別の請求がなされているものとして取り扱われうるから，直ちに不適法却下をする必要はない。この併合要件の存否は職権で審査される。併合請求がなされたものにつき，専属管轄に属する請求が存在するときは，その請求を当該（専属）管轄裁判所に移送する。

　弁論の分離や一部判決を行うことは，単純併合の場合には一般的には可能である。もっとも，併合された請求の間で先決関係にある場合や基本的権利・法律関係が共通する場合には，弁論の分離や一部判決を行うことは適当ではない。

　予備的併合や選択的併合（通説）の場合には，弁論の分離や一部判決は許されない。併合された各請求間には条件関係があり，相互に強く依存しているから統一的観点からの判断が必要不可欠である。

　(2)　併合事件の審理・判断

　1)　審　理　　併合要件が存在するときは，すべての請求について共通した審理がなされる。したがって，併合された請求間で争点整理や証拠の整理は共通になされ，また訴訟資料及び証拠資料は共通に取り扱われる（通常共同訴訟との違い）。その結果，併合訴訟では訴訟手続上経済的・合理的な運営が可能となり，また各請求の取扱いにおいても矛盾した判断を避けることができる。

　①　単純併合の場合　　審理の過程で請求を分けて取り扱うことが便宜であれば一部について弁論を行うこともできる。この場合でも審理された一部の請求について得られた結論はすべての請求の資料になる。しかし弁論を分離してしまえば，手続が別のものとなるからもはやこれを一体として扱うことはできない[4]。

　②　予備的併合の場合　　弁論は一体として行わなければならず，これを分離することはできない。請求相互の間で条件関係が設定されており，弁論を分離するとこのような当事者の指定が無視されてしまうからである。

---

4) これらは，〈口頭弁論の一体性〉の観念による。分離されない限り具体的な弁論をどのように行うかは便宜の問題である。しかし両者で弁論が分離されれば，一方で行われた弁論内容を別の事件で使用することは弁論主義違反になる。

2）判　決　併合された請求のすべてについて判決に熟するときは，全部判決をすべきである（民訴243条1項）。併合された請求のうち，一部について判決に熟する状態になったときは，その部分のみについて一部判決をすることができる（民訴243条2項）。一部判決をすれば，必然的に手続は二分されることになる。一部の請求について訴訟要件が存在しないとしてまずその部分のみを却下する判決は一部判決である。これに対して，予備的併合で主位請求を認容する判決は全部判決である（この場合，主位請求が認容されることを解除条件として訴えを提起しているので，予備的請求についての判決は不要である）。

2　上　訴

併合された請求について全部判決がなされ，その一部について上訴が提起された場合には，事件は直接上訴の対象となっていない請求部分を含めてそのすべてが上訴審に移審する（上訴不可分の原則⇒第13章第1節Ⅲ7(2)）。

1）単純併合の場合　各請求について不服が申し立てられたものにつき審理し判断すればよい。各請求は独立しており，控訴審はそれぞれについて判断をする。

2）予備的併合の場合　①　予備的併合において主位請求が認容され，被告が控訴をした場合には，主位請求だけでなく予備的請求も控訴審に移審する。したがって，控訴審は主位請求について判断し主位請求を棄却すべきだと判断した場合は予備的請求についての判断に進まなければならない。原告は主位請求と共に予備的請求についても（解除条件つきで）審理・判断を求めているから，予備的請求についても判断をしない限り事件全体の判断を尽くしたことにはならない。この場合，予備的請求については第一審の審理・判断を経ていないが，その主要部分は主位請求のそれと共通する。また控訴審で訴え変更が可能であることを考慮すると，当事者には格別の不利益を及ぼさない。そこで控訴審は当然に予備的請求についても審理・判断をすることができるとするのが通説（兼子・体系369頁），判例（最(3小)判昭和33年10月14日民集12巻14号3091頁[5]）である。これに対して，控訴審の対象となるのは，第一審で判決がなされた部分であり，また控訴審での訴え変更も訴え変更の申立行為が必要であるから，当然に予備的請求部分について控訴審が審理・判断できるとすべきではなく，原告は予備的請求部分について附帯控訴をする必要があり，これがなければ控訴審は破棄差戻しをすべきだとする見解がある（松本＝上野619頁）。しかし，予備的併合の場合には主請求と予備的請求とは（相互に矛盾する）極めて密接な依存関係にあり，一体として取り扱うことには合理性があ

---

[5]　川添利起・最判解説民事昭和33年度271頁。

② 第一審で主位請求が棄却され予備的請求が認容された場合，主位請求につき原告が，予備的請求につき被告が，上訴の利益を有する。これに対して被告のみが控訴した場合，控訴審が第一審判決をそのまま認容する場合は何ら問題がないが，第一審判決とは異なり，主位請求を認容すべきだと判断した場合の取扱いが問題になる。この場合，主位請求につき原告の控訴がないからである。この場合に主位請求につき原告の附帯控訴を要求し，これがない以上控訴審の審理・判断の対象にはならないとする見解がある（松本＝上野 620 頁）。被告にとって原告の控訴又は附帯控訴がないのに主位請求を認容することは不利益変更禁止に反することを理由とする。判例（最(2 小)判昭和 54 年 3 月 16 日民集 33 巻 2 号 270 頁[6]），最(3 小)判昭和 58 年 3 月 22 日判時 1074 号 55 頁[7]））もこの見解である。しかし，この場合にも両請求の密接性及び訴え提起に際して原告が付した条件を考慮すると，控訴審は主位請求についても審理・判断をすることができると解すべきである（新堂 713 頁，同〔文献〕，上田 506 頁）。

第 3 節　中間確認の訴え

〔文献〕
倉田卓次「訴訟中の訴」同・民事実務と証明論（日本評論社・1987）62 頁，同「盲点としての中間確認」同書 84 頁

I　意　義

〈中間確認の訴え〉とは，訴訟の係属中にその訴訟の訴訟物を判断するに際して，その前提問題になる法律関係の存否について，当該訴訟手続に付随して確認判決を求める訴えである。このことから〈付随的判決〉ともいわれる。

1　概　念

〈中間確認の訴え〉は，裁判が訴訟の進行中に争いとなっている法律関係の成立又は不成立に係るときに，当事者が請求を拡張して，その法律関係の確認の判決を求める訴えである（民訴 145 条 1 項）。

一般に，判決の効力は「主文に包含するものに限り」既判力を生じ（民訴

---

[6] この判決に対しては，大塚喜一郎裁判官の反対意見がある。吉井直昭・最判解説民事昭和 54 年 133 頁。
[7] 飯塚重男・百選 II 410 頁，石渡哲・百選 3 版 234 頁。

114条1項)，その先決関係となる事項について既判力は生じないのが原則である（⇒第10章第5節Ⅳ2）。しかし，その訴訟過程でこれらの先決関係について争いがあり，この点についても既判力による確定による紛争の解決を図りたい場合には，当事者がこの訴えを提起することによってその先決関係自体を正面から訴訟物にして，その判断についても判決主文に掲げて既判力による確定を得ようとする制度である。

> この訴えは，1877年ドイツ帝国民事訴訟法が理由中の判断に既判力が及ぶことを否定することとした際に，なおその必要がある場合を考慮して設けられたものである[8]。
> †〔例〕 所有権に基づく移転登記請求訴訟や物の引渡請求訴訟で，所有権の存在について確認を求める場合，利息の支払請求訴訟で元本債権の確認を求める場合等。

2 特　色

原告が中間確認の訴えを提起する場合は訴えの追加的変更となり，被告がこれを提起するときは反訴になる。これは訴えであり，単なる攻撃・防御方法ではないからその判断も中間判決ではなく，終局判決によらなければならない（兼子・体系379頁）。

この訴えは性質上確認の訴えであるが，独立した確認の訴えの場合とは異なり，既に争われている訴訟手続の中で問題になっている法律・権利関係について確認判決を求めるから，改めて〈訴えの利益〉を必要としない。

Ⅱ 要　件

① 当事者間に訴訟が係属し，かつ事実審の口頭弁論終結前であること

中間確認の訴えは当事者間に訴訟が係属していれば，第一審だけでなく控訴審でもなしうる。その際，相手方の同意や応訴を要しないで提起することができる。中間確認の訴えの対象となる権利・法律関係は当該訴訟の訴訟物である権利関係と密接な関連性を有しており，これが控訴審で提起されても相手方の控訴の利益を害さない（上田515頁）。

---

[8] Hahn/Stegemann, S. 291. は，判決理由中の既判力を否定したことの理由に引き続き，「本草案はしかし同時に223条において確認の訴えを規定したから，草案はサヴィニーによって主張された観点から283条1項〔「既判力は，訴え又は反訴によって提起された請求権について判決がなされた限度で生じる」〕に対する疑問も除去することができる可能性を得た。……違いは，当該訴訟の範囲を超えて効力を有する既判力を持った判決事項を法律に決定させるのではなく，当事者の意思に決定させる点にあるにすぎないとの結論に至る」という。

② 当事者間に法律問題について争いがあり，本来の請求の全部又は一部の判断の前提となる法律関係につき，積極的又は消極的確認を求めること　審判の対象となるのは当事者間の法律関係の存否に限定される。証書の真否確認のような事実の確認はこの訴えの対象にならない。「法律関係の成立又は不成立」とは，過去における法律関係の発生等を意味するのではなく，現在における法律関係の存在又は不存在を意味し，過去の法律関係の存否の確認は原則として不適法である。しかし，それが現在の紛争を解決するうえで重要な意味を持つ場合にはなお中間確認の訴えの対象とすることができる。

③ 確認の請求が本来の請求と同種の訴訟手続であること　確認の請求は本来の請求と同種の訴訟手続でなければならない。これは訴えの客観的併合の一態様であることから，その要件がここでも妥当する（⇒第2節Ⅲ1）。

④ 他の裁判所の専属管轄に服していないこと　中間確認の訴えが提起されることにより客観的併合が生じるから，中間確認の訴えの対象となる法律関係や権利関係について他の裁判所が専属管轄を有さないことが必要である（民訴145条1項但書）。ただしこれには例外がある。訴訟が係属する裁判所が民訴法6条1項各号の裁判所（東京地方裁判所又は大阪地方裁判所）である場合には，但書は適用されず，同条1項により他に専属管轄を有する請求も中間確認の訴えの対象となりうる（民訴145条2項）。

†〔例〕　民訴法6条1項の裁判所である東京地裁及び大阪地裁はそれぞれの管轄事件につき専属管轄とされるが，他の裁判所（東京地裁の場合は大阪地裁，大阪地裁の場合は東京地裁）の管轄事件に属する権利関係や法律関係を中間確認の訴えの対象となしうる。

Ⅲ　手　　続

中間確認の訴えを提起するためには，「中間確認の訴え」であることを明示した書面を提出しなければならない。裁判所はこれを相手方に送達しなければならない（民訴145条3項，143条2項，3項）。

中間確認の訴えは，本来の請求と単純併合して審理・判断される。この場合に中間確認の訴えの対象は本来の請求の前提問題であり，両者は極めて密接な関連性を有するから，両者の弁論を分離することや一部判決をすることはできない。

本来の訴えが取り下げられた場合，中間確認の訴えは不要となるのが通常で

あるから却下する。もっとも，確認の訴えとして独自に判断する必要がある場合には，独立した訴えとして審理・判断される。

第4節　訴えの変更

〔文献〕

菊井維大「訴えの変更」民訴講座(1)185頁，中村英郎①「訴の変更理論の再検討」中田・還暦(上)153頁，同②「控訴審における訴えの変更と反訴」裁判と上訴(中)〔小室＝小山還暦〕(有斐閣・1980)79頁

I　意　義

1　訴え変更の趣旨

いったん訴えが提起され，その訴訟が係属中に原告がその請求である訴訟物を変更することを〈訴えの変更〉という。訴えの変更は，審判対象自体を変更することであり，単なる攻撃・防御方法の変更や補充とは区別しなければならない[9]。

訴え提起により原告は特定された訴訟物について一定内容の判決を求め，これに対して被告は防御行為を行う。訴訟物が特定され，これにより裁判所の審理・判断の最小限の枠組みを決められたことになるから，一連の訴訟追行行為において重要な意味を持つこの訴訟物が，訴訟係属中に原告のみの都合で自由に変更されることは訴訟手続上特に被告側の防御にとって著しく不都合を生じるおそれがある。他方で，いったん訴えを提起したならば一切その変更を許さずとして厳格な形式主義の運営を貫くことは，場合によりそれまでの訴訟手続を無駄にし，改めて新たに別の訴訟を提起しなければならなくなる等の負担を原告に強いることになり手続的合理性にも欠ける。また，控訴審で訴えが変更されると，被告にとってこの請求については第一審手続が無視されることになる。たとえ訴え変更を許すにしても，これらの様々な利害を調整する必要がある。

一般には訴えの変更を比較的広く許容するのが今日の各国の法律の趨勢であ

---

[9]　任意的当事者変更を訴えの変更に加える見解があるが，当事者の変更であり，固有の意味での訴え変更には入れるべきではない。両者は考慮要素がかなり異なるからである（⇒第12章第4節）。

るが[10]，わが国の現行法は，これらの中でも比較的自由に訴えの変更を許容している。

2 沿　革

　　ドイツ普通法訴訟では，訴えの変更に対しては厳格な立場を採用し，争点決定（litis contestatio）で確定した審判対象は被告が同意しない限り変更ができないものとしていた。手続が段階構造をとり，いったん進行した手続を後に自由に変更することは，既に行われた手続との関連で被告や裁判所に多大の負担をかけることが考慮されたからでもあった。しかし，1877 年帝国民事訴訟法は，段階構造を採らずまた口頭弁論主義を採用したことから，手続構造上のこのような阻害事由は消滅した。そこで被告の利益を害さない限りで訴えの補充・変更等を許容することにした。被告の利益との調整という観点から第一審では訴え変更を許したが，控訴審での変更を認めなかった。ただ請求の原因に変更がなければ，その申述の補充・訂正，請求の拡張・減縮，事情変更による別の請求を許した[11]。その後 1898 年改正で裁判所が適当と認めた場合にも変更を許し，更に 1933 年改正ではこれを控訴審に拡張した。現行ドイツ民訴法は変更の要件として，被告の同意又は裁判所が適当と認める場合を挙げている（ド民訴 263 条）。わが国では，明治民事訴訟法は第一審では被告の同意を要件とし控訴審では訴えの変更を認めなかった。大正 15 年改正法は被告の同意をも撤廃し，より客観的な「請求ノ基礎ニ変更ナキ」ことを基準とし，原則的に訴え変更を許容した（旧民訴 232 条）（沿革につき，中村〔文献①〕153 頁）。

II　訴え変更の機能

1　訴え変更の必要性

　訴えの変更は，既に係属中の訴訟物を変更して，これとは別の訴訟物につき審理・判断を求める旨の原告の申立てである。原告はいったん訴えを提起してもその後の事情により，審判対象をそのまま維持したのでは満足な結論を得ることができないことが予想される事態に直面する場合がある。争点を整理してみた結果，あるいは証拠調べがなされた結果，当初原告が求めた事項とは異なった点が問題であることが明らかになり，これに対応した判決を求めたいという場合等の原告側の要求に対処することが必要である。このような場合にその訴訟物を変更し，無駄な訴訟を排除できるだけ柔軟な訴訟手続を提供するた

---

10)　ドイツ民事訴訟法 263 条は，「訴訟係属の発生後は，被告が同意をするか又は裁判所が相当であると認めたときは訴えの変更が許される」と定める。

11)　これらの場合には被告の同意なしに訴えの変更を許す趣旨であった（*Hahn/Stegemann*, S. 259.）。

めに，訴えの変更を許した。

> 訴えの変更は訴訟物の変更であるから訴訟物の理解により訴え変更を必要とする範囲が異なる。給付訴訟及び形成訴訟において，旧訴訟物理論によれば実体法上の請求権や形成原因の変更は訴えの変更にあたることになる。しかし，訴訟法説ではこれらの請求権や形成原因の変更自体は訴訟物の変更にあたらず，単なる攻撃・防御方法の変更にすぎない。前説によればこの場合に訴え変更の手続を必要とするが後説は自由にこれをすることができる（訴訟物の範囲確定については⇒第4章第3節Ⅲ）。

2　訴え変更の方法

原告は必要に応じて，その要件が存在する限り訴えを変更することができる。その際，具体的形式としては，①請求の趣旨を変更する場合，②請求の原因を変更する場合，及び③その両者を共に変更する場合がある。これらのうちどの場合が訴え変更に該当するのか，あるいは訴えの変更ではなく単なる攻撃方法の変更にすぎないのかあるいは請求の趣旨や原因の修正にすぎないのかが問題になる。

①　請求の趣旨の変更　　請求の原因には変更がなく趣旨のみを変更する場合である。請求の趣旨を変更する場合であっても，その内容が訴えの類型（給付・確認・形成）を別の類型に変更する場合は，いずれの訴訟物に関する見解によっても，基本的に訴えの変更になる。どのような訴えの類型を選択するかは訴訟物特定に際して重要な要素であるからである。これに対して，特に金額請求事件などでその基本的性格は維持しながら，請求の程度（金額や目的物の数量など）のみを変更する場合は訴えの変更にはあたらない。これは，訴えの変更とは区別して〈請求の拡張〉あるいは〈請求の減縮〉として別の考慮がなされている（後述⇒3）。

> †〔例〕　所有権に基づいて不動産の明渡請求をする訴訟で，同一事実により所有権確認請求をする場合（給付の訴えから確認の訴えへの変更），売買目的物の引渡請求訴訟で損害賠償請求に変更する場合（特定物給付請求から一定金額の給付請求へ）等は訴えの変更になる。

②　請求の原因の変更　　請求の趣旨には変更がなく，その原因のみを変更する場合がある。この場合には訴訟物に関する見解の相違が結論に影響する場合が多い。旧訴訟物理論ではこの変更は訴訟物の変更になることがある。訴訟法説でも，請求を理由づける単なる攻撃・防御方法の変更にすぎないとみうる

場合がある反面，事実関係を訴訟物特定の要件とすれば訴訟物が異なるとの結論になる。

†〔例〕 金1000万円の支払請求訴訟で，当初は売買代金の支払を求めていたが，不払による損害賠償請求権に変更する場合，ある有体物の引渡しを求める訴えでその理由を占有権に基づいての請求から所有権に基づいての請求に変更する場合，不動産の所有権確認訴訟で目的物を買い受けたと主張していたところ相続により取得したと変更する場合，離婚請求訴訟で離婚原因を悪意の遺棄から不貞に変更する場合等。

③ 請求の趣旨及び原因の変更　　請求を基礎づける事実関係自体の変更はないが，具体的な請求権の発生原因事実などの変更があり，またこれに応じて請求の趣旨も変更する場合である。

†〔例〕 売買契約による目的物引渡請求訴訟で損害賠償請求を追加する場合，不動産明渡請求訴訟で地代又は賃料相当の損害金を追加請求する場合。

3　請求の拡張と減縮

請求を拡張しあるいは減縮する行為は請求の趣旨を変更する行為である。しかし，それは訴訟物である請求の実質を変更したとはいえず，また請求の基礎に変更があるわけでもない。ドイツ帝国民訴法立法者は，前述のように，訴えの変更には被告の同意を要求したが，請求の趣旨を拡張・減縮する場合はこれを不要とし，これらを訴え変更から除外して原告は被告の同意を得ることなく自由に行うことができるとしていた。わが国では，訴え変更に相手方の同意は不要であり訴え変更には相手方の利益は考慮されていない。しかし，特に請求の拡張については，申立事項についての制約との関連で相手方の利益を無視することはできない。

1）請求の拡張　　給付請求訴訟で訴えの当初に掲げた訴訟対象を訴訟の中途で拡張し請求する場合をいう。

†〔例〕 1000万円の支払請求訴訟でさらに500万円の支払を追加して，合計1500万円の支払を求める請求に変更する場合，土地の一部の明渡請求訴訟でその全部の明渡しを求める場合等。

この場合には，訴えの変更にあたると解するのが一般である（新堂714頁）。訴訟物の同一性との関係から見れば訴えの変更といえるかやや問題が残るであろう。しかし，申立事項が裁判所の判断の限界を画することから見れば（民訴246条），被告にとって申し立てられた金額などは自らがその訴訟で負う可能性

があるリスクの最大限を示しており，これが拡大することになる請求の拡張は，訴えの変更としてその手続的な取扱いを必要とするといえる。

2) 請求の減縮　原告が訴えの当初に示した請求の趣旨に記載の要求を，訴訟の中途で減少して請求することをいう。この場合の理解については見解が対立している。

請求の減縮についてはこれを訴えの一部放棄である場合もあるとする見解がある（兼子370頁）。これに対して，判例（最(1小)判昭和27年12月25日民集6巻12号1255頁）は訴えの一部取り下げだとする。

これらに対して，最近では請求の趣旨に変更がある場合については金額の拡張・減縮を問わず訴えの変更にあたるとする見解が有力に主張されている（谷口182頁，条解民訴851頁，新堂714頁）。

請求の減縮は被告にとって不利益を生じる行為ではなく，これを訴え変更として常に書面による通知などを要求する必要性は乏しい。請求の一部放棄と見ることができよう（同旨，松本＝上野627頁）。

III　訴え変更の類型

訴えの変更の形態としては〈追加的変更〉と〈交換的変更〉とがある。もっとも，後者については法制度として独自の存在を承認することができるかにつき見解が対立する。以下それぞれについて検討しよう。

1　訴えの追加的変更

既に係属している訴えは維持しつつ，これに加えて更に新しい請求を申し立てることをいう。従来の請求はそのまま維持したうえで，更に新しい請求が付加されるから，追加された請求は従前の請求と客観的併合関係になる。その場合の請求相互の関係は，①単純併合となる場合，②予備的併合となる場合，及び③選択的併合となる場合（通説）がある。

†〔例〕　土地所有権確認請求訴訟で所有権に基づく土地の引渡請求を追加する場合，所有権に基づく（移転・抹消）登記請求事件で当該不動産の所有権確認請求を追加する場合，売買目的物の引渡しを求める訴訟で目的物の引渡不能の場合に備えた損害賠償請求を追加する場合等。

2　訴えの交換的変更

(1)　意　　義

訴訟手続の中で従来の請求に代えて新しい請求について判決を求める場合を

〈訴えの交換的変更〉という。訴えの交換的変更は，従来の請求を更に維持してこれについて判決を得る必要性がなくなり，むしろこれに代えて別の請求について判決を得る必要が生じた場合に行われる変更の形態である。そこで，この場合には特に従来の請求の取扱いが問題になる。一般には追加的変更の他に独立して交換的変更という観念を承認している。これに対して，交換的変更といわれる場合の旧訴の取扱いは，単にその取下げ又は放棄がなされるにすぎず，訴えの交換的変更という独自の観念を認める実益に乏しく，追加的変更のみを認めれば足りるとする見解もある（三ケ月・双書166頁）。しかし，このように割り切ってしまうと旧請求について審理した訴訟資料は新請求に利用することができなくなる。〈訴えの交換的変更〉というカテゴリーを承認する実益はなお存在するというべきだろう（新堂723頁）。

(2) 訴えの交換的変更と旧訴の取扱い

原告は必要性に応じて，訴訟係属中に新たな請求を追加的に併合することが認められる。その際，この新請求により，これまで係属していた請求（旧請求）が不要となる場合にこの旧請求を手続的にどのように取り扱うべきかについては見解が対立する。

一般には，旧請求を交換的に変更したのだから，その内容は新訴の提起と旧訴の取下げであると見る見解が有力である（兼子・体系374頁）。〔**判例**〕もこの見解による。この見解によれば旧訴の取扱いについては訴え取下げ規定が準用されることになるから，被告が応訴した後はその同意が必要になる（民訴261条2項参照）。これに対して「請求の基礎」に変更がない訴えの変更では，旧請求と新請求とは連続性を保っており，変更前の訴訟行為はその効果を維持し旧訴の提起による時効中断も効力を維持するが，これを新訴の提起と旧訴の取下げの二つの行為に分解する必要はないとする見解が有力に主張されている（中村〔文献①〕192頁）。この見解は，わが国では訴え変更につき大正15年改正以来「請求ノ基礎ニ変更ナキ限リ」許容する建前を採用しており現行法もこの立場を踏襲していることから，訴え変更において被告の利益を考慮する必要性を否定している。

訴えの交換的変更を新訴の提起と旧訴の取下げの複合と構成する見解は被告の利益を重視する。しかし，この場合に旧訴について訴え取下げを措定するのは適切ではないといえる。訴え取下げでは一般に取り下げられた訴えは再訴の可能性を残している。しかし訴えの交換的変更の場合には旧請求の再訴の必要

性は新訴提起により消滅していると取り扱ってよい。したがって，旧請求について原告は訴えを取下げではなくむしろ放棄をしたのだといえる。新たな請求が旧請求を代替しているからであり，その意味では，被告の利益の考慮を不要としこれを一個の訴え変更行為であると見る見解が妥当といえる。時効中断などの効果は旧訴のそれが引き継がれると解すべきである。

† 〔**判例**〕 最(1小)判昭和32年2月28日民集11巻2号374頁[12]　X（原告・被控訴人・被上告人）は昭和25年に，差し押さえた訴外AのY（被告・控訴人・上告人）に対する貸金債権につきAに代位して71万3626円の支払を求める訴えを提起した。YはAがYの保証人とし訴外B銀行に弁済したことによる求償債務をAに負担しているがX主張の借受金はないと主張した。第一審裁判所はX主張の通り貸金債権の存在を認めて請求を認容した。これに対してYが控訴。控訴審でXはAがYに対して有する債権はY主張のように，求償債権でありXはこの債権を滞納処分として昭和28年に差し押さえたのでAに代位して同額の支払を求めると主張し，貸金債権の支払請求は撤回すると述べた。Yはこの訴え変更に異議を述べたが，控訴審はこの訴え変更が請求の基礎に変更がないから許容されるとし，求償債権による代位請求を許容すべきだが既に第一審で71万3626円の支払を命じた判決があることから控訴を棄却した。Y上告。最高裁は控訴を棄却自判し，改めて自ら71万3626円の支払を命じた判決を下した。

「第一審判決が訴訟物として判断の対象としたものは……貸金債権であり，原審の認容した求償債権ではない。この両個の債権はその権利関係の当事者と金額とが同一であるというだけでその発生原因を異にし全然別異の存在たることは多言を要しない。そして本件控訴はいうまでもなく第一審判決に対してなされたものであり，原審の認容した求償債権は控訴審ではじめて主張されたものであって第一審判決には何等の係りもない。原審が本件訴の変更を許すべきものとし，また求償債権に基く新訴請求を認容すべしとの見解に到達したからとて，それは実質上初審としてなす裁判に外ならないのであるから第一審判決の当否，従って本件控訴の理由の有無を解決するものではない。それ故原審は本件控訴を理由なきものとなすべきいわれはなく，単に新請求たる求償債権の存在を確定し『控訴人は被控訴人に対し金713,626円を支払わなければならない』旨の判決をなすべかりしものなのである」。この点に関して原判決は破棄を免れない。「Xは原審において前説示の如く訴の変更をしている。元来，請求の原因を変更するというのは，旧訴の繋属中原告が新たな権利関係を訴訟物とする新訴を追加的に併合提起することを指称するのであり，

---

12) 長谷部茂吉・最判解説民事昭和32年度61頁，三ケ月章・百選62頁，佐々木吉男・百選2版126頁，河野正憲・百選Ⅰ154頁，大橋真弓・百選3版82頁。

……また旧訴の維持し難きことを自認し新訴のみの審判を求めんとすることがある。しかし，この後者の場合においても訴の変更そのものが許さるべきものであるというだけではこれによって当然に旧訴の訴訟繋属が消滅するものではない。……もし原告がその一方的意思に基いて旧訴の訴訟繋属を……消滅せしめんとするには，相手方の訴訟上受くべき利益も尊重さるべきであり，原告の意思のみに放任さるべきではない。それ故法律は原告の一方的意思に基き訴訟繋属の消滅を来たすべき訴の取下，請求の抛棄等に関しては相手方の利益保護を考慮して，これが規定を設けている。すなわち『訴ノ取下ハ相手方カ本案ニ付準備書面ヲ提出シ，準備手続ニ於テ申述を為シ又ハ口頭弁論ヲ為シタル後ニ在リテハ相手方ノ同意ヲ得ルニ非サレハ其ノ効力ヲ生セス』とされ（民訴236条2項〔現行法261条2項〕，なお同条3項以下，並びに237条2項等参照），また請求の抛棄はこれを調書に記載することによりその記載が確定判決と同一の効力を有するものとされているのである（同203条〔現行法267条〕）。されば原告が訴提起の当初から併合されていた請求の一につき既になしたる弁論の結果これを維持し得ないことを自認しこれを撤回せんとするならば，その請求を抛棄するか，または相手方の同意を得て訴の取下をしなければならない。このことは原告が訴の変更をなし，一旦旧訴と新訴につき併存的にその審判を求めた後，旧訴の維持すべからざることを悟ってその訴訟繋属を終了せしめんと欲する場合において……も，その趣を異にするものではない。果して然りとすれば原告が交替的に訴の変更をなし，旧訴に替え新訴のみの審理を求めんとするば場合においてもその理を一にするものといわなければならない。何となればただ原告が訴の変更と同時に旧訴の訴訟繋属を消滅せしめんと欲したというだけで，相手方保護の必要を無視して直ちに旧訴の訴訟繋属消滅の効果を認むべきいわれはないからである。」

Ⅳ 訴え変更の要件

　訴えを変更するためには一般に以下の要件を具備する必要がある。これに対して，事件について関連した紛争を一回で解決することが望ましいとされる場合には，関連した事項を別訴で訴求することが禁止される場合がある。その場合には相手方の利益や手続促進の要請から生じた訴え変更の制約要件は課されず，広く訴え変更による当該訴訟手続内で審理が保障されなければならない。

1　請求の基礎が同一であること

　訴えを変更するにあたり，新たに提起しようとする請求が従来の請求と全く関連性のないものであるときは，係属中の訴訟手続を利用して新たな請求をする必然性がないといえる。そこでこの場合には原告の便宜はありえても，被告

に及ぶ不利益を無視することはできない。被告としては既に訴求されている本訴に対して防御を集中しなければならないのにこれに無関係な新たな請求がなされれば防御に多くの困難が生じる可能性があるからである。ドイツ法は伝統的に被告の利益を擁護するために，訴えの変更には被告の同意を必要とするか又は裁判所がそれを適切だと判断した場合に許されるものとしている（ド民訴263条）。したがって係属する訴訟の審判対象と新たな審判対象が社会生活上関連性を持ち防御をするについて旧請求と新請求とで関連性を持つ必要がある。わが国の現行法はこのような必要性を「請求の基礎が同一」であることを要件とすることによって確保しようとした。これは大正15年改正に際して新たに採用された基準であるが，現行法もこれを受け継いだ。

「請求の基礎が同一」であることとは，従来の請求と新請求とが争点を共通にし，旧請求において審理された訴訟資料や証拠資料が新請求の審理でも利用できる場合であり，またそれぞれの請求の利益が社会生活上同一又は関連している場合（新堂717頁）である。

請求の基礎が同一という要件が課されたのは，被告が予想外の事態に直面する困難を排除しようとする点に重点があるからである。したがって，被告にとってそのような困難が存在しない場合にはこの要件を考慮する必要はない（新堂718頁）。変更が専ら被告の主張に沿って行われた場合は変更を拒絶する根拠がない（**〔判例〕**）。また被告が同意した場合や，積極的に同意はしないがそのまま応訴した場合もこの要件を考慮する必要はない。

† 〔判例〕 最（2小）判昭和39年7月10日民集18巻6号1093頁[13] X（原告・被控訴人・被上告人）はY（被告・控訴人・上告人）の先代（以下承継関係省略）に対して本件家屋（甲家屋）につき賃貸借契約を解除し，家屋がその所有に属するとして所有権に基づき明け渡し，遅延賃料及び賃料相当額の損害金を求める訴えを提起した。Xは，この家屋は訴外AがXの土地上に建築しYに賃貸していたが，その後XがAからこの家屋の所有権を譲り受け，賃貸人の地位も承継したと主張した。YはXの所有権を否定して，第一審手続でAから賃借していた甲家屋はAから賃借していた当時取り壊し，乙建物を建て，しかも乙建物はY所有であるからXの主張は理由がないと主張した。そこで，Xは第一審で，Y主張のようにYが甲建物を取り壊して乙建物を建築しそれがY所有だとすれば，Yに対して土地所有権に基づく家屋の収去土地明渡しを求める旨の予備的請求を追加した。これに対してYは異議を申し立てた。第一審は，異議を容れず，Xの主位請求を棄却し予

---

13) 奈良次郎・最判解説民事昭和39年度260頁，鈴木重勝・百選68頁，我妻学・百選Ⅱ152頁。

備的請求を認容。Y控訴。控訴棄却。Y上告。上告理由は，本件予備的請求は請求の基礎に変更があり訴え変更による追加は許されないとする。上告棄却。

「相手方の提出した防禦方法を是認したうえその相手方の主張事実に立脚して新たに請求をする場合，すなわち相手方の陳述した事実をとってもって新請求の原因とする場合においては，かりにその新請求が請求の基礎を変更する訴の変更であっても，相手方はこれに対し異議をとなえその訴の変更の許されないことを主張することはできず，相手方が右の訴の変更に対し現実に同意したかどうかにかかわらず，右の訴の変更は許されると解するのが相当である（大審判昭和9年3月13日民集13巻4号287頁参照）。そして，右の場合において，相手方の陳述した事実は，かならずしも，狭義の抗弁，再々抗弁などの防禦方法にかぎられず，相手方において請求の原因を否認して附加陳述するところのいわゆる積極否認の内容となる重要なる間接事実も含まれると解すべきである。〔中略〕

右訴訟の経過によると，本件においては，Xは，係争家屋の収去とその敷地の明渡の請求を，Y先代の提出したいわゆる積極否認にかかる事実を是認したうえこれにもとづいて新たに右請求を予備的に追加したものと認められるから，前段説示のところから明かなとおり，右の訴の変更は許容するのが相当である。それゆえ，Xのした訴の追加的変更を許容した原審判決の判断は相当」である。

2 新請求を審理するのに著しく手続を遅滞させないこと

新請求を審理・判断するのに，新たな争点が加わり著しく処理が複雑になりあるいはそのために新たな証拠調べを行って時間を要するなど著しく手続を遅滞させる場合は，新請求について別の訴訟を提起すべきであり，訴え変更によるべきではない。裁判所はこの要件を独自に考慮して訴え変更の許否を判断すべきである。

この要件は被告の利害との調整を目的としたものではない。したがってたとえ請求の基礎に変更がなく，あるいは被告が訴え変更に同意をしたことにより訴え変更が可能とされうる場合であっても，審理が手続を著しく遅滞させる場合はそれを許容することができない（新堂719頁）。

ただし，新請求の審理に著しく手続を遅滞させるおそれがあっても，そもそもこの請求について確定判決があれば別訴での請求ができなくなるという特別の場合には訴えの変更を許さなければならない。関連した紛争を一回の訴訟手続で解決すべきことが強く要求される場合には，手続遅滞は甘受すべきである。

†〔例〕 人事訴訟では訴え変更により請求ができた事項は別訴による請求ができない（人訴25条1項）。この場合には，手続遅滞のおそれにかかわらず訴え変更が

許される（人訴18条）。

3 事実審の口頭弁論終結前であること

訴え変更はその実質が新請求についての新たな訴えの提起であるから，新請求について事実審の口頭弁論がなされなければならない。そのためには，遅くとも事実審の口頭弁論が終結する前に訴え変更がなされなければならない。

訴え提起後，訴状が被告に送達される前であれば，被告応訴前であるからその利益を考慮する必要がなくまた手続を遅延させるか否かの考慮も不要である。したがって原告は自由に訴状の修正をすることができる。これは訴え変更（民訴143条）にはあたらず，訴状の訂正・変更である。

第一審手続では訴えの変更ができるが，その口頭弁論が終結すれば原則として訴え変更はできない。これを行うためには弁論の再開が必要であるがそれには手続遅延の可能性が考慮されなければならない。控訴が提起され，口頭弁論が開かれれば控訴審で訴えを変更することができる。全部勝訴した原告が，訴えを変更することのみを目的で上訴をすることは上訴の利益を欠きできないのが原則である（⇒第13章第1節Ⅲ5）が，控訴審手続が開始されれば，その口頭弁論が終結するまでの間で訴えの変更を申し立てることができるのが原則である。

> 第一審で訴えを却下した判決に対して控訴がなされた場合にも，控訴審での訴えの変更が許容されるかが問題になる。一般に控訴審で訴え変更が許容されるのは，既に係属している請求についての請求と新請求の間で請求の基礎に変更がなく，旧請求を第一審で審理した際に新請求の請求の基礎についても実質的に審査がなされており審級の利益を奪うことにはならないとの実質的判断が基礎になっている。しかし，第一審が訴えを不適法却下した場合には，第一審での請求の基礎に関する審理は不十分であることから，控訴審で提起された新請求については審級の利益が奪われてしまうことになる。原則としてこの場合に訴え変更はできないと解すべきである（吉井直昭「控訴審の実務処理上の諸問題」実務民訴(2)275頁，281頁以下）。もっとも，第一審で実質的に請求の基礎に関する審査が行われた後に不適法却下された場合については控訴審での訴え変更を許容してよい（右田堯雄「民事控訴審実務の諸問題」判タ289号2頁，6頁）。判例もこの立場をとる（最(1小)判平成5年12月2日判時1486号69頁）。

上告審ではたとえ口頭弁論が開かれても，法律審であり口頭弁論も法律問題に限定されるから訴え取下げはできない。しかし紛争の実態が法律的に変動したにすぎず，事実関係の変動がない場合は訴えの変更ができる（事件が上告審

係属中に被告が破産した場合には，制度上金銭支払請求訴訟を破産債権確定訴訟に変更することが必要であり，変更ができる。最(2小)判昭和61年4月11日民集40巻3号558頁[14])。

4　新請求が他の裁判所の専属管轄に属さないこと

　新請求が他の裁判所の専属管轄に属する場合は訴えの変更をすることができない。この場合には受訴裁判所は，新請求を専属裁判所に移送すべきである[15]。その場合に受訴裁判所は訴え変更の許否の裁判をしたうえで訴えを移送すべきか，このような裁判をすることなく移送すべきかが問題になる。

　訴えの交換的変更の場合について〔**判例**〕は前説を採り，訴え変更を許したうえで移送の裁判をし管轄裁判所に移送した。これに対して訴え変更を許したうえで管轄違いの移送をしても意味がないとして反対する見解がある（松本＝上野630頁）。これは，移送決定により移送前の手続がすべて取り消されたことを理由とする。しかし訴え提起の効果は残るとすべきであり，また訴え変更の許否についての争いを明確に判断しなければ旧請求がなお受訴裁判所に残ることになる。訴え変更が適法になされ旧請求から新請求に事件全体が変更したことを明確にしたうえで新請求を移送をすることには意味があるというべきである。

　†〔**判例**〕　最(1小)判平成5年2月18日民集47巻2号632頁[16]　　Y（妻）のX（夫）に対する婚姻費用分担及び扶養料請求申立ての審判がなされ，神戸家庭裁判所尼崎支部よりYは，この審判の執行力ある正本により10度にわたり債権差押命令を得て，その取立てを行った。この差押債権額は782万円余であるのにかかわらず取り立てた金額は923万円余であった。しかしYは更に同支部から債権差押命令を得たので，Xは請求異議の訴えを同支部に提起した。この訴えが第一審に係属中にYは右債権差押命令に基づきXが訴外Aに対して有した前払賃料債権から121万円余を取り立てた。そこでXは，本件訴えを交換的に変更し，本件訴えが不法行為にあたるとして121万円余の損害賠償の支払を求めた。Yは訴え変更に異議なく応えた。第一審は，訴え変更が不適法だとしてXの新請求を却下。控訴審は家庭裁判所で事件を審理中に地方裁判所に専属する損害賠償請求に訴えを変更することは相手の同意があってもできないとし，当初の請求異議訴訟が係属して

---

[14]　加藤和夫・最判解説民事昭和61年度222頁，坂原正夫・倒産判例百選4版128頁。
[15]　訴え変更を許さないということから直ちに新訴を却下すべきではなく，管轄裁判所に移送すべきであり，この点で訴え変更には移送と同様の考慮がなされるべきである。訴えの交換的変更の場合に，それを許したうえで移送をするのであれば，専属管轄の存在は阻害要因にはならない。
[16]　井上繁規・最判解説民事平成5年度257頁，河野正憲・私法判例リマークス1994年（下）3頁。

いるが，これも債権執行手続が終了したから訴えの利益を欠き不適法却下されるとして第一審判決取消し，訴え却下。X上告。原判決破棄，第一審判決を取り消したうえで事件を神戸地方裁判所に移送した。

「家庭裁判所における請求異議の訴えの審理は民事訴訟法によってされるのであるから，右請求異議の訴えの審理中に民訴法232条〔現行法143条〕により訴えの交換的変更の申立てがされた場合には，家庭裁判所は受訴裁判所としてその許否を決める権限を有し，訴えの変更の要件に欠けるところがなければ，これを許した上，新訴が家庭裁判所の管轄に属さない訴えであるときは，同法30条1項〔現行法16条1項〕により，新訴を管轄裁判所に移送すべきものと解するのが相当である。

これを本件についてみるに，前示事実関係によれば，Xの本件訴えの変更の申立ては，その要件に欠けるところはないから，これを許すべきであり，原審としては，第1審判決を取消した上，本件損害賠償請求の訴えを記録上管轄を有することが明らかな神戸地方裁判所に移送すべきであったのである。」「なお，本件請求異議の訴えは，当審における本件訴えの変更の許可により終了した。」

V　手　　続

1　訴え変更の申立て

訴えを変更するためには，訴え変更の申立てをしなければならない。これは，新しい訴えの提起を内容としているから，書面でしなければならないのが原則である（民訴143条）。この訴え変更申立書は被告に送達される。被告にこの申立書が送達された時点で，新たな訴えについて訴訟係属が生じる。

判例では，請求の原因の変更は書面を要しないとするものがある（最(3小)判昭和35年5月24日民集14巻7号1183頁[17]）。そもそも訴えの変更にあたるのか否かが問題となる事案であり，家屋明渡請求訴訟の明渡原因を所有権から使用貸借終了に変更したものであり訴訟物は同一であるとみうるから訴え変更にはあたらないといえる。

時効中断又は法律上の期間遵守の効果は訴え変更の申立てが裁判所になされた時点で発生する（民訴147条）。ただし請求の金額拡張の場合は旧請求の時効中断がそのまま拡張される（新堂721頁）。

---

[17]　井口牧郎・最判解説民事昭和35年度196頁。原告は第一審口頭弁論期日で家屋明渡請求の原因を所有権に基づくと陳述し，控訴審口頭弁論期日では使用貸借の終了を原因とすると陳述し，控訴審は使用貸借の終了を原因とする，と判断した。上告理由は，訴えの変更であり，書面により送達を要するのにそれがなされていないのは違法だという。

2 職権調査
(1) 裁判所の取扱い
訴え変更の有無及びその許否は，裁判所が職権で調査する。その結果，訴え変更が許されなければそのまま審理を続ければよい。しかし被告が訴え変更を争う場合には中間判決又は終局判決でその点の判断を明示する必要がある。
(2) 訴え変更を許さない場合
訴え変更を許さない場合，裁判所は申立て又は職権で，訴え変更を許さない旨の決定をしなければならない（民訴143条4項）。通説によればこの決定は中間的な裁判であり，直接これに対する不服申立て（即時抗告）はできず，終局判決を待ってそれに対する上訴の形で行う（新堂722頁，上田511頁）。この場合には，裁判所は旧請求についての審理判断を行う。

3 新請求についての審判
訴え変更が許容される場合，旧請求のために収集された裁判資料は，新請求のためにも用いることができる。旧請求についてなされた裁判上の自白は新請求についてもその効力を有する（大判昭和11年10月28日民集15巻1894頁）。

追加的変更では，新旧両請求について審理・裁判をしなければならない。交換的変更の場合には，新請求についてのみ審理・裁判をする。

控訴審で訴えの交換的変更がなされた場合，たまたま結論が第一審と一致する場合でも，控訴棄却の裁判をすべきではなく，改めて新請求について裁判をすべきである（前掲〔**判例**〕，松本＝上野634頁）。

第5節 反　　　訴

〔文献〕

雉本朗造「反訴論」同・民事訴訟法論文集（内外出版印刷・1928）160頁，佐野裕志「第三者に対する反訴」鹿法17号1〜2号181頁，中村英郎「控訴審における訴えの変更と反訴」裁判と上訴(中)〈小室直人・小山昇先生還暦記念〉（有斐閣・1980）79頁

I 意　　　義

1 反訴の概念とその必要性
反訴は既に係属している訴訟手続の中で，被告側（反訴原告）から原告（反訴被告）を相手にして新たに提起する訴えであり，被告が行う訴えの追加的併合

である。

　被告は，原告から提起された訴えに対して様々な防御行為を行うのが通常である（⇒第8章第3節Ⅱ）。しかし，被告が行う行為はこのような原告の請求に対する防御行為のみには限定されない。相手側からの訴訟手続を利用して，この訴訟手続の中で原告の請求に関連する請求について被告側から新たに訴えを提起することができることにしたのが〈反訴〉である。

　このように被告に反訴を認める根拠としては，単なる便宜の問題以上に武器対等の観点が指摘できる。原告にとっては提起した訴えについて判決を求めるだけにとどまらず，さらに訴訟手続の過程で新たな訴えを追加する権限が与えられている。またいったん訴えた請求についてもこれを変更する権限が認められている。このような広範囲の訴えの追加・変更の権限を与えられた原告の立場と対比すると，被告側にもこのような積極的な攻撃行為としての反訴を認めるのが公平だと論じられる（新堂724頁）。

　反訴は原告側から被告に対して係属中の本訴として請求中の訴訟手続を利用して，被告側が積極的に提起する新たな訴えであるから，被告（反訴原告）は本訴の訴訟物とは異なる訴訟物について訴え（反訴）を提起するのでなければならないことはいうまでもない。この両者が同一の場合には，重複訴訟禁止の原則（民訴142条）に反することになる。

2　反訴制度の沿革

　　わが国の現行法は反訴についてドイツの法制度を継受した。大陸法上反訴には二つの系譜があった（雉本〔文献〕）。一つはユスチニアヌス法典の示す制度であり応訴期間中に提訴をすれば本訴請求との関連性を考慮することなく反訴を本訴の管轄裁判所に提起することを許容するものであった。これはドイツ普通法及び19世紀ドイツ領邦立法が採用した制度であった。これに対して，反訴に本訴との牽連性を要求する制度はザクセン民事訴訟法が導入し，1864年プロイセン草案を経て1877年帝国民事訴訟法がこれを採用し現在に至っている（ド民訴33条)[18]。ドイツ法立法者は牽連性による制限の必要性について，口頭主義を採用した民事訴訟手続では，相互に牽連性のない反訴とを許すことは，手続の混乱を助長しかねないと指摘する[19]。

　　わが国では，明治民訴法200条は訴求債権と反訴による請求債権との関連性を要

---

[18]　ドイツ民訴法33条は反訴の管轄について定め，訴求債権と牽連する場合又はそれに対する防御方法と関連性がある場合に反訴の提起を許している。

[19]　*Hahn/Stegemann*, S. 158.

求していなかった。大正民訴法239条は牽連性による縛りをかけた。

3 反訴の機能

　反訴の形式を採って行われる被告側の請求も，本来は必ずしも反訴の形式を採る必要はなく，原告が請求している本訴訴訟事件とは独立した別の訴訟手続で請求をすることができるのが原則である。しかし，別訴で請求する場合には，本訴請求の結論と被告側の請求についての判決が統一的観点からなされずに両者の判断が食い違う可能性がある。別々に訴えた請求でもその審理の中途で併合されればこのような統一的判断の可能性は生じるが，併合をするか否か自体は裁判所の裁量事項であり，確実ではない。

　また，被告側の請求内容が原告の本訴請求と密接に関連しており，統一的観点から審理・判決がなされることは矛盾した判決を防いで事案に即した紛争の解決を期待することができる。特に，その両請求に法政策的な観点から，特別に一回的・統一的な訴訟手続と判決とが要求される等の事情があれば，そもそも被告側には別訴を選択すること自体が排除され，反訴による請求が強制されることになる。

　　†〔例〕　**反訴の強制**：人事訴訟法25条は，関連した請求について分断した数度にわたる訴訟を禁止し，原告側については人事訴訟の判決確定後は，請求又は請求の原因を変更することで主張することができた事実に基づいて同一身分関係についての人事に関する訴え提起を禁止する（同条1項）。また，被告側についても，人事訴訟の判決確定後はその人事訴訟で反訴の提起により主張することができた事実に基づいて同一の身分関係についての人事の訴えを提起することができないとしている（同条2項）。

　　別の訴訟で相殺の抗弁に用いた債権を訴える場合，別の裁判所に訴えを提起することが問題になりうる（⇒第6章第5節Ⅳ）。この場合には明文規定で別訴が禁止されているわけではないが，重複訴訟禁止規定の類推による制約が働く。反訴による行使が強制される。

4 反訴の種類

　反訴の形態には〈単純反訴〉と〈予備的反訴〉とがある。また特殊な形態としては第三者に対する反訴などが許されるべきか等の問題がある[20]。

　①　**単純反訴**　被告側がその請求を何の条件を付すことなく反訴の形式で原告に対して提起する形態である。これは被告側から提起する訴えと原告の本

---

20)　アメリカ合衆国では，Cross-Claims が認められている。これは，Counter-Claims がいわゆる反訴であるのに対して，相被告の間でなされる訴えである。

訴請求とが単純併合として審理・判断される。

　†〔例〕 売買などによる土地所有権の存在を根拠に（移転登記などの）登記請求訴訟が提起された場合に，被告側からその土地が自己の所有物だということの確認の反訴を提起する場合，建物の不法占有を理由に明渡しを求める訴えがなされた場合に被告側から賃借権存在確認の反訴が提起された場合，土地所有権確認請求に対して，被告が当該土地の所有権の存在を主張して所有権確認の反訴を提起する場合，原告が被告の不貞を理由に離婚請求訴訟を提起した場合に被告が原告の不貞を理由に離婚請求の反訴を提起した場合など。

　② 予備的反訴　　原告側からの本訴請求が却下又は棄却されることを解除条件として，被告側から反訴請求をする場合である。この場合，原告の本訴請求が認容される場合に，それに対抗して反訴請求をする。本訴に対する防御を主位において反訴請求をしており，それが奏功して本訴が却下され又は棄却されれば原告の反訴請求は不要とするものである。

　†〔例〕 売買契約が無効であり目的不動産の引渡請求訴訟が提起された場合に，これを否認し，予備的にこれまで支払った不動産の管理費用の支払を不当利得として反訴で請求する場合，土地所有権確認請求訴訟において，原告の請求を否認しつつ予備的に被告の賃借権又は地上権の存在確認の反訴を提起する場合，原告側の離婚請求訴訟において，被告は請求棄却を求め，請求が認容される場合に備えて予備的に慰謝料請求の反訴を提起する場合，原告の金額支払請求に対し，相殺の抗弁で対抗し，この自働債権の相殺による剰余部分を反訴で請求する場合（参照，河野・当事者行為116頁）等。

　③ 第三者に対する反訴　　反訴は被告から原告に対して提起するのが通常である。これに対して，被告から第三者に対してなされる反訴が許されるのかが問題となる。わが国では第三者に対する反訴は許容されていない[21]。

II　要　件

1　一般的要件

　被告が反訴を提起するためには，一般的要件として次の要件が必要である。

　① 本訴と反訴とが同種の訴訟手続で審理されること　　一般に反訴は本訴

---

21) ドイツでは，第三者に対して提起することができるのか否かが問題にされ肯定されている。これも，その被告として原告を含めた第三者を被告として反訴の提起をする場合が許容され，第三者のみを被告とする反訴が例外的に承認されている。

と同種の訴訟手続である場合に許容される。反訴は実質的に被告側からの訴えの客観的併合だからである。

② 一般的な訴訟要件を具備していること　反訴は訴えであり，それ自体に一般的な訴訟要件が備わっていることが必要である。訴訟要件が備わっていなければ反訴自体は却下される。

③ 反訴の利益があること　反訴を提起するためには，反訴請求の必要性がなければならない。本訴に対して被告はその請求棄却を求めることができるが，この場合にその判決で被告が求めたとおり請求が棄却されれば原告の給付請求権は存在しないことが既判力をもって確定される。そこで，反訴が許されるには，それ以上の利益がなければならない。

†〔例〕　一定金額の支払請求訴訟で被告側が当該債務の不存在確認を求める反訴は不適法である。訴訟物は異なるが給付請求の裏面であり請求棄却で足りるからである。反対に，一定金額の債務不存在確認請求で被告側がその金額の支払を求める反訴を提起した場合は適法である[22]。所有権確認請求訴訟において被告が自己に所有権があることの確認を求める反訴は原告の請求とは訴訟物が異なり抵触しない。

2　反訴に特有の要件

反訴に特有な要件として以下の要件が必要である。

① 反訴請求が本訴請求や本訴に対する防御方法と関連性があること（民訴146条1項本文）　反訴は原告が提起した本訴請求の訴訟手続で審理判断される被告側の新たな請求であるから，一般には両者の間には何らかの関連性が必要である。本訴請求とは関連性のない被告の請求は当該訴訟手続の中で併せて審理・判断をする必要性に欠け，別訴で請求するのが適切である。

例外的にそもそも別訴が禁止されている場合には，その手続の中で反訴として請求をすることが許容されなければならない。

② 反訴の目的である請求が他の裁判所の専属管轄に属さないこと（民訴146条1項1号）　反訴の対象となった請求が本訴請求とは異なる裁判所の専属管轄に属するときは，反訴を提起することができない。反訴を許容するのは主として当事者の便宜のためであるが，専属管轄はこれを越えた公益的利益が認められるからでありこれが優先する。ただし，管轄の合意に際して当事者が行った〈専属的管轄合意〉が結ばれていてもこれは当事者の便宜のためであ

---

[22]　給付請求訴訟を別の裁判所に（別訴として）提起することは重複訴訟の禁止に抵触する（この点につき⇒第3章第3節Ⅱ1(2) 2)）。

り，〈専属管轄〉の場合とは異なり反訴は許容される。

なお専属管轄であっても，本訴請求が特許権等の請求であり民訴法6条1項各号が定める裁判所（東京地方裁判所〔1号〕又は大阪地方裁判所〔2号〕）である場合に，反訴の目的である請求が同項の規定で他の裁判所の専属管轄に属する場合には反訴禁止規定は適用しない（民訴146条2項）。

†〔例〕 名古屋に本社を置く企業（X）が広島に本社を有する企業（Y）に対して特許権侵害を理由に損害賠償を求める訴えを大阪地方裁判所に提起したが，これに対してYが特許権侵害を理由とする差止めの反訴を提起する場合。本訴は，不法行為による請求としてYの普通裁判籍又は不法行為地として損害賠償請求を大阪地方裁判所に起こしたが（民訴6条1項2号），差止請求訴訟は本来東京地裁に起こすべきことになる（被告住所地及び不法行為地は共に名古屋であり東京地裁の専属管轄）。例外規定がなければ大阪地裁での手続で反訴はできない。

③ 本訴が係属しており，その事実審の口頭弁論終結前に反訴が提起されたこと（民訴146条1項本文）

④ 著しく訴訟手続を遅滞させないこと（民訴146条1項2号）　従来存在しなかった要件である。反訴は単なる防御方法とは異なることから，口頭弁論終結に至るまで提起することができると解されてきた。しかし，反訴の提起が手続上著しく遅くなって行われこれによって手続を遅滞させる場合にまで反訴を許容しなければならないという理由は存在しない。そこで，平成15年改正によりこの要件が付加された。

⑤ 控訴審での反訴提起には相手方の同意が必要（民訴300条）　通常の民事訴訟手続では，控訴審で提起された反訴についてはその対象となった請求につき相手方当事者の審級の利益を保障するためにその同意を要するものとしている。同意を得ることができなければ，別訴によらなければならない。反対に，別訴による権利行使ができない場合は審級の利益を犠牲にしても反訴を許容しなければならない。人事訴訟では民訴法300条の規定にかかわらず被告は第一審又は控訴審の口頭弁論終結に至るまで反訴を提起することができるものとしている（人訴18条）。

†〔判例〕 最(1小)判平成16年6月3日判時1869号33頁　X（夫）からY（妻）に対して離婚請求の訴えが提起され，第一審はXの請求を認容。Yが控訴。控訴審でYは上記離婚請求が認容されることを条件として慰謝料及びこれに対する遅延損害金の支払を求める申立てをした。Xは，この予備的反訴の提起に同意しな

かった。控訴審は，Yの控訴を棄却すると共に，Yの予備的反訴にXの同意がないとしてその訴え及び申立てを却下した。Yから上告及び上告受理の申立て。上告は事実誤認又は単なる法令違背をいうものとして上告棄却。上告受理の申立てのうち，原審が予備的反訴及び財産分与の申立てを却下したのは人訴8条〔現行人訴18条〕の解釈を誤ったものであるという以外は排斥された。反訴の提起及び財産分与に関しては，破棄差戻。「離婚の訴えの原因である事実によって生じた損害賠償請求の反訴の提起及び離婚の訴えに附帯してする財産分与の申立てについては，人事訴訟手続法8条〔現行人訴18条〕の規定の趣旨により，控訴審においても，その提起及び申立てについて相手方の同意を要しないものと解すべきである〔略〕。」

⑥　反訴が禁止されていないこと　　略式の訴訟手続では反訴が禁止される。手続を複雑にし，遅滞のおそれがありこれらの手続目的に合致しないからである。

†〔例〕　手形訴訟では反訴禁止（民訴351条）。少額訴訟事件での反訴禁止（民訴369条）。

Ⅲ　手　　続

1　反訴状と反訴の提起

反訴提起は訴えに関する規定に基づいて手続が行われる。訴状には特に「反訴」として提起する旨を明示しなければならない。なお，反訴については訴えと同額の手数料の支払が必要だが，訴えと訴訟の目的の価値が重複する反訴については，重複する部分の手数料の支払が免除される（民訴費別表第1章6項）。

2　審　　理

（1）　不適法な反訴

反訴が訴えとしての一般的要件を欠くときはその反訴は却下すべきである。防御方法と関連する反訴は，本訴が不適法却下された場合にはこれに伴って却下される。

訴えの一般的要件は充足するが反訴の要件を欠く場合にも，反訴は却下すべしとする見解（兼子・体系378頁）がある。これに対して反訴に特有の要件（前述⇒Ⅱ2）のみを欠く場合は独立した訴えとして取り扱うべしとする見解（新堂701頁）が対立している。判例はこれを却下する（この扱いを是認するのは，最(1小)判昭和41年11月10日民集20巻9号1733頁[23]）。しかし，反訴が本来訴えとしての性質を持つことからすれば，すべてを一律に却下すべきではない。反訴要

件のみが欠ける場合は独立の訴えとして許容すべきである。この場合には必要に応じて管轄裁判所に移送すべきことになる。反訴が独立の訴えとしての性質を持ち，対象を明確にし費用を払って判決を求めている以上別訴として取り扱うべきだろう。当事者がそれを不要とするのであれば取り下げればよい。

(2) 本訴との関係

反訴は，本訴の係属中に被告側から原告に対してその訴訟手続内で提起される訴えであるが，本訴が不適法却下されあるいは本訴について訴えが取り下げられても，その効力に影響はない。

反訴の取下げは本訴のそれに準じるが，本訴が取り下げられた後に反訴を取り下げるには，相手方が反訴に対して応訴をしていても，その同意を要しない。

(3) 審　理

反訴請求は本訴の請求と併合して審理される。本訴又は反訴について弁論の分離を命じることができず，一部判決がなされない限りこれらは一個の全部判決で裁判をすべきである。本訴と反訴は上訴との関係では上訴不可分の原則に服し，統一して扱われる。

(4) 反訴と相殺の抗弁

原告の金額支払請求に対して被告は，別の金銭債権の支払を請求するために反訴を提起することが稀でない。この場合に被告は，既に反訴として提起しているこの請求権を自働債権として訴求債権に対抗して相殺の抗弁を提出することが許されるかが問題になりうる。既に訴求中の債権を自働債権とする別の独立した訴えが重複訴訟の禁止に触れるのではないかについては，既に検討した（⇒第6章第5節Ⅳ）。〔**判例**〕は，これにつき一般には重複訴訟禁止原則に抵触するとの判例準則を前提にしたうえで，反訴の場合には特別にこれを許容し，これに伴って反訴請求自体が職権で予備的反訴となるとの取扱いをする。反訴は同一訴訟手続で審査されるから，特別の考慮が必要であることを根拠とするが，その取扱いは重複訴訟禁止一般との関連でも重要な示唆を与える。

† 〔**判例**〕 **最(2小)判平成18年4月14日民集60巻4号1497頁**　X（本訴原告・反訴被告・被控訴人・控訴人・被上告人）は，平成2年2月28日に建設業を営むAとの間で請負代金額を3億900万円として賃貸用マンションの新築工事請負

---

23) 枡田文郎・最判解説民事昭和41年度484頁。原告は別件訴訟の第一審で反訴を提起したが併合要件を欠くとの理由で却下された。そこで改めて本件で，国を相手として，反訴却下により違法に加えられた損害の賠償を求めるという。

契約を締結し，更に追加工事をAに発注した。Aは本件工事を完成させて建物をXに引き渡した。しかし，その後XはAに対して本件建物に瑕疵があると主張し，瑕疵修補に代わる損害賠償又は不当利得の額は5304万440円として同額の金員及び遅延損害金の支払を求める本訴を提起した。これに対して，Aは本件が第一審に係属中の平成6年1月21日にXに対して本件請負契約に基づく請負残代金の額は2418万円であると主張して同額の金員及びこれに対する平成3年4月1日から支払済みまで商事法定利率年6分の割合による遅延損害金の支払を求める反訴を提起し，反訴状は，平成6年1月25日Xに送達された。

　控訴審の認定によれば，本件請負契約に基づく請負残代金額は1820万5645円である。他方本件建物には瑕疵がありそれによってXが被った損害の額は2474万9798円である。

　Aは平成13年4月13日に死亡しその相続人であるY（本訴被告・反訴原告・控訴人・被控訴人・上告人）らがAの訴訟上の地位を承継した。Yらの法定相続分はそれぞれ2分の1である。

　Yらは，平成14年3月8日の第一審口頭弁論期日において，Xに対し，Yらがそれぞれ相続によって取得した反訴請求に係る請負残代金債権を自働債権とし，XのYらそれぞれに対する本訴請求に係る瑕疵修補に代わる損害賠償債権を受働債権として，対等額で相殺する旨の意思表示をし，これを本訴請求についての抗弁として主張した。

　「2　原審は，次のとおり判示して，Xの本訴請求につき，Yらそれぞれに対して327万2076円及びこれに対する反訴状送達の日の翌日である平成6年1月26日から支払済みまで年6分の割合による遅延損害金の支払を求める限度で認容し，その余を棄却し，Yらの反訴請求をいずれも棄却した。

　(1)　本件相殺により，Xの瑕疵修補に代わる損害賠償債権とYらの請負残代金債権とが対当額で消滅した結果，XのYらに対する損害賠償債権の額は654万4153円となり，Yらは，Xに対して，それぞれ法定相続分割合に応じて327万2076円（円未満切捨て）の損害賠償債務を負う一方，YらのXに対する請負残代金債権は消滅した。

　(2)　注文者の請負人に対する瑕疵修補に代わる損害賠償請求訴訟に対し，請負人が反訴を提起して請負代金を請求し，後に請負代金債権をもって相殺の意思表示をした場合には，反訴の提起をもって相殺の意思表示と同視すべきである。したがって，Yらの瑕疵修補に代わる損害賠償債務（相殺後の残債務）は，本件反訴状送達の日の翌日である平成6年1月26日から遅滞に陥る。

　3　しかしながら，原審の上記(2)の判断は，是認することができない。その理由は，次のとおりである。

(1) 本件相殺は、反訴提起後に、反訴請求債権を自働債権とし、本訴請求債権を受働債権として対当額で相殺するというものであるから、まず、本件相殺と本件反訴との関係について判断する。

係属中の別訴において訴訟物となっている債権を自働債権として他の訴訟において相殺の抗弁を主張することは、重複起訴を禁じた民訴法142条の趣旨に反し、許されない（最高裁昭和62年(オ)第1385号平成3年12月17日第3小法廷判決・民集45巻9号1435頁）。

しかし、本訴及び反訴が係属中に、反訴請求債権を自働債権とし、本訴請求債権を受働債権として相殺の抗弁を主張することは禁じられないと解するのが相当である。この場合においては、反訴原告において異なる意思表示をしない限り、反訴は、反訴請求債権につき本訴において相殺の自働債権として既判力ある判断が示された場合にはその部分については反訴請求としない趣旨の予備的反訴に変更されることになるものと解するのが相当であって、このように解すれば、重複起訴の問題は生じないことになるからである。そして、上記の訴えの変更は、本訴、反訴を通じた審判の対象に変更を生ずるものではなく、反訴被告の利益を損なうものでもないから、書面によることを要せず、反訴被告の同意も要しないというべきである。本件については、前記事実関係及び訴訟の経過に照らしても、Ｙらが本件相殺を抗弁として主張したことについて、上記と異なる意思表示をしたことはうかがわれないので、本件反訴は、上記のような内容の予備的反訴に変更されたものと解するのが相当である。

(2) 注文者の瑕疵修補に代わる損害賠償債権と請負人の請負代金債権とは民法634条2項により同時履行の関係に立つから、契約当事者の一方は、相手方から債務の履行又はその提供を受けるまで自己の債務の全額について履行遅滞による責任を負うものではなく、請負人が請負代金債権を自働債権として瑕疵修補に代わる損害賠償債権と相殺する旨の意思表示をした場合、請負人は、注文者に対する相殺後の損害賠償残債務について、相殺の意思表示をした日の翌日から履行遅滞による責任を負うと解される（最高裁平成5年(オ)第1924号同9年2月14日第三小法廷判決・民集51巻2号337頁、最高裁平成5年(オ)第2187号、同9年(オ)第749号同年7月15日第三小法廷判決・民集51巻6号2581頁参照）。

本件においては、Ｘの瑕疵修補に代わる損害賠償の支払を求める本訴に対し、Ａが請負残代金の支払を求める反訴を提起したのであるが、Ａの本件反訴は、請負残代金全額の支払を求めるものであって、本件反訴の提起が相殺の意思表示を含むと解することはできない。したがって、本件反訴の提起後にされた本件相殺の効果が生ずるのは相殺の意思表示がされた時というべきであるから、本件反訴状送達の日の翌日からＹらの瑕疵修補に代わる損害賠償債務が遅滞に陥ると解すべき理由は

ない。
　4　以上によれば，Yらは，本件相殺の意思表示をした日の翌日である平成14年3月9日から瑕疵修補に代わる損害賠償残債務について履行遅滞による責任を負うものというべきであって，これと異なる原審の判断には，判決に影響を及ぼすことが明らかな法令の違反がある。論旨は理由がある。
　そして，前記事実関係及び訴訟の経過によれば，本訴請求は，Yらそれぞれに対し，本件相殺後の損害賠償債権残額654万4153円の2分の1に当たる327万2076円及びこれに対する平成14年3月9日から支払済みまで年6分の割合による遅延損害金の支払を求める限度で理由があるからこれを認容し，その余は理由がないからこれを棄却すべきである。よって，原判決を主文第1項のとおり変更することとする。なお，反訴請求については，本訴請求において，反訴請求債権の全額について相殺の自働債権として既判力のある判断が示されているので，判断を示す必要がない。」以上の結果，最高裁は次の主文の判決をした。
　「1　原判決を次のとおり変更する。
　　　第一審判決を次のとおり変更する。
　　(1)　YらはXに対し，それぞれ327万2076円及びこれに対する平成14年3月9日から支払済みまで年6分の割合による金員を支払え。
　　(2)　Xのその余の本訴請求を棄却する。
　　2　訴訟の総費用は，これを5分し，その2をYらの負担とし，その余をXの負担とする。」
　別に訴求中の債権を自働債権として相殺の抗弁を提出することにつき一般に重複訴訟禁止の原則（民訴142条）には抵触しないと解する見解によれば，反訴の対象となっている債権を自働債権とする相殺の抗弁も当然に許容される点で問題はない。この見解ではこの場合，反訴原告は相殺の抗弁を提出するために反訴請求自体を修正する必要はない。しかし相殺が認容されれば，それによって消滅した自働債権部分については必然的に反訴請求が棄却されることになる。またこの見解では必然的に既判力の重複が生じ，自働債権の相殺による消滅部分の既判力は，相殺による効力（民訴114条2項）か，反訴の請求棄却の効果（民訴114条1項）かが問題になりうる。被告が事前に予備的反訴への転換を求めることで反訴部分の敗訴を回避することは可能だが，この見解ではその必然性はないし，前提にも反する。したがって，この見解には大きな問題があるというべきであるが，その点についての言及はない。
　これに対して，別訴で請求中の債権を自働債権とする相殺の抗弁が重複訴訟禁止原則に抵触するとする見解によれば，〈反訴〉も訴えである以上，形式的

にはこれに該当し不適法との結論になるようにも見える。しかし，反訴は，相殺の抗弁が提出された本訴と併合して審理・判断されるから反訴請求と相殺の抗弁の判断は統一的になされる。もっとも，この見解によれば，自働債権とされる債権をそのまま反訴請求の基礎とすることはできないから，相殺で用いた部分については，そこで認められることを解除条件として反訴対象とする予備的反訴の形式をとらざるを得ない。そのような関係は必然的であり，〔**判例**〕は職権による予備的反訴への転換を認めた。この場合，自働債権の審査は相殺として用いられた方が主たる対象となり，反訴部分が予備的請求となるから，既判力の重複は生じないし，反訴請求のうち相殺に供して消滅した部分につき必然的に被告（反訴原告）が常に敗訴を免れないという不合理も生じない（〔**判例**〕の反訴についての説示部分および主文参照）。この取扱いを正当とすべきである。

第12章　多数当事者訴訟

[本章の概要]

　これまでの章では，訴え提起から終局判決に至るまで，ほぼ民事訴訟手続の流れに沿って検討したが，そこで前提とした訴訟モデルは基本的に原告と被告とがそれぞれ一人の場合を想定した単純な形態であった。しかし，現実の訴訟手続ではこのような単純なものばかりでない。解決を必要とする現実の紛争には多数の者の間で複雑に利害が絡み合っている場合が多い。そこで手続上もこれに対応して，原告及び被告あるいは双方の側で複数の当事者が訴訟に関与することが必要となる場合が稀でない。その際，訴訟形態としては関係者が独立した立場で訴訟に複数当事者として関与する場合や，当事者を補助する目的で訴訟に関与する場合，更に第三者との間で発生する可能性がある訴訟手続を予見して事前に訴訟係属を告知し，その第三者にこの訴訟への参加の機会を与えると共に後日の訴訟のための準備を行う場合など，複数の者が様々な形で訴訟手続に関与する可能性が設けられている。本章では，このような，広い意味でいわゆる多数当事者が関与する訴訟手続について考察する。

　第1節では，多数の者が訴訟手続に関与する場合についての一般的問題を概観する。これに続き，第2節では，〈当事者〉が複数の共同訴訟について考察する。第3節では，第三者が他人間の訴訟手続に参加する〈訴訟参加〉について考察する。また，これと併せて，当事者の側から第三者に対して訴訟係属の通告をする〈訴訟告知〉制度について考察する。第4節では，訴訟の過程で当事者とされた者が誤りであった場合などにその変更・修正をすることができるか否かが問題とされる〈任意的当事者変更〉について考察する。第5節では，訴訟係属中に当事者が死亡したりあるいは係争物を第三者に譲渡するなどの権利変動の結果，手続上当事者の地位が変動するなどの現象について考察する。最後に第6節では，当事者が多数の大規模訴訟の手続の特則について検討する。

第1節 総　　論

〔文献〕

井上治典「当事者論の外延と内実」民訴51号1頁

I　多数当事者紛争

1　多数関与の法的紛争と訴訟手続

　社会に生起する民事紛争には様々な利害関係を持った多くの人が関与していることが稀でない。また紛争への関与の度合いも一様でなく，役割も異なる。このような多数の者が関与する紛争を，民事訴訟によって解決するためには，その紛争の実態に対応した手続が必要である。

　既に見たように，民事訴訟手続は基本類型としては，二当事者対立構造（⇒第2章第2節）を基本とするが，実際には多数の者が関与している紛争をその実態に即して適切に訴訟手続で解決するためには，一人の原告対一人の被告という二当事者対立の最も単純な訴訟形態に当事者を限定・分解し，その間の問題のみを部分的に取り上げて審理・判決をしても，紛争全体の抜本的解決にならないことが多い。かえってこれが紛争を複雑にし，次々に訴訟提起を誘発し混乱に拍車をかけることもありうる。そこで，紛争に関係する複数の者を直接に何らかの形で同時に訴訟手続に関与させ，一つの手続で統一的観点から紛争を総体的に解決することが考えられる。

　わが国の民事訴訟手続では，紛争に実質的に関係する者が民事訴訟手続に直接に関与する場合の形態として，①〈当事者〉として関与する場合と，②当事者としてではなく，いずれかの当事者の〈補助者〉として手続に関与する場合とに大別される。

　また，紛争関係人が直接に訴訟の当事者又は参加人とはならずに，潜在的ないし間接的な形で手続に関与する場合もある。例えば，選定当事者制度（民訴30条）では，選定者は自己の訴訟追行権を被選定者に委ねているから，直接当事者にはなってはいない（⇒第4章第2節Ｖ3 (3) 3)）。しかし，その者の請求自体は直接訴訟の対象となっており，追加的に原告となるべき者の選定が行われた場合には，訴訟対象の拡張がなされなければならず，手続上も選定者のた

めにも請求の追加をすることができるものとしている（民訴144条1項）から，これらの者は潜在的に訴訟当事者としての役割を持つ[1]。

2 複数当事者の訴訟手続の発生

民事訴訟手続を利用して複数の関係者間の紛争を積極的に自らのイニシアチヴで解決するためには，原則としてこれらの関係者が〈当事者〉として，民事訴訟手続を開始し，追行しなければならない。原告又は被告側あるいはその双方について，複数の者が訴訟手続に〈当事者〉として関与する訴訟形態には，その発生の契機から見ると，①訴えの当初から原始的に当事者が複数で訴訟手続を追行する場合と，②訴訟手続が係属中に，中途から他人間の訴訟手続に新たに当事者が追加される場合とがある。①は〈訴えの主観的併合〉ともいわれる。また原告側が複数の場合を〈能動的共同訴訟〉，被告側が複数の場合を〈受動的共同訴訟〉ということがある。②にも，第三者が自らの意思で他人間に係属する訴訟手続に加わる場合（共同訴訟参加，参加承継）と，既に係属中の当事者側のイニシアチヴで第三者を訴訟手続に加える場合（訴えの主観的追加的併合，訴訟引受け）とがある。

II 複数者手続関与の形態

1 複数者の訴訟手続関与の必要性と問題

純粋に単純な二当事者関与の訴訟手続形態では，訴訟手続上の諸問題は手続に関与した当事者間のみで相対的に処理すれば足りるから，手続構造は極めて簡易で明瞭な形態を採ることができる。これに対して，複数の者が関与する手続ではいくつかの考慮が必要である。

一般的には，複数の者が手続に関与することは，一面で，手続を一本化し共通の期日を設定することによって審理の繰り返しを省くなど費用や労力のみならず判断内容も共通した結論を得ることができる等の長所がある。他面で，多数者の手続関与は手続の運営を複雑にし，進行を遅延させる要素を有していること（各当事者への送達業務の錯綜，個別当事者に関して手続の中断などの可能性）も否定し得ない（これら共同訴訟の問題点や困難性につき，田尾桃二「紛争の一回的一挙的解決ということについて」民訴40号37頁）。特に，当事者間では微妙な利害

---

[1] 比較法的に見ると，このような形で紛争関係者が直接に当事者にはならず潜在的な形で手続に関与する例として，アメリカ合衆国ではクラス・アクションがある（⇒第4章第2節V4）が，提訴に際してその同意を要しない点で，選定当事者制度と異なる。

対立がある。訴訟当事者として自らの費用と努力で積極的に訴訟手続に関与する決断をするにあたっては，様々な考え方があり得るし手続上もこれをできる限り尊重する必要がある。

2 当事者としての関与

〈当事者〉として多数の者が訴訟に関与することを許す代表的な手続形態には〈共同訴訟〉がある。これには，専ら当事者の側での訴訟運営の便宜から認められる場合があると共に，当事者間の法的関係により共同訴訟人間で判決の効力を画一的なものにすることが必要な場合とがある。前者の共同訴訟形態は，いわゆる〈通常共同訴訟〉（民訴39条）であり，後者は〈必要的共同訴訟〉（民訴40条）である。これらの他に，第三者が当事者として他人の訴訟手続に関与することが許される特別として〈独立当事者参加〉の制度がある（民訴47条）。これは，参加人が既に係属中の他人間の訴訟手続に，当事者の一方側に参加して共同当事者となるのではなく，双方からは独立した当事者として参加する特殊な訴訟形態である。また，現行法は〈共同訴訟参加〉を明文で認めている。これは，訴訟の目的が当事者の一方及び第三者について合一にのみ確定すべき場合にその第三者を係属中の訴訟手続に参加させることができるとする制度である（民訴52条）。

> 形式的当事者概念の下では，〈当事者〉自体は原告の訴え提起行為によって定まるが，この当事者が，多数当事者訴訟手続の当事者として適切であるかは別途検討しなければならない。通常共同訴訟手続では，併合して訴えられた当事者間に共同訴訟の要件がなければ，共同訴訟としての取扱いは認められないし，必要的共同訴訟，特に固有必要的共同訴訟では，訴訟を共同して追行するのに必要な当事者を欠けば，その原告又は被告としての当事者適格が存在しないものとして訴え自体が却下される。

3 当事者以外の立場での手続関与

訴訟手続に第三者が関与する形態には，その者が当事者としてではなく当事者の補助者として関与する〈補助参加〉がある（民訴42条）。そのほかにも補助参加の一種ではあるが，判決効が第三者に拡張される場合に学説上承認されているものに〈共同訴訟的補助参加〉がある。いずれも，訴訟当事者ではないから，当事者に認められる手続上の重要な処分権限などは与えられない。しかし，当事者と協力して当該訴訟を勝訴に導くために重要な手続上の貢献をすることが認められ，またその結果得た判決によってその地位・手続上の働きに応

じた責任を負うことが求められる。

これらと関連して、〈訴訟告知〉がある。これは、訴訟の当事者が、訴訟の結果に利害関係を持つ第三者に対して訴訟が係属していることを裁判所を通じて法定の方法で知らせその参加を促す制度であるが、参加を強制するものではない。しかし、参加をしなかった場合でもこの者が一定の効果を受ける点に特徴がある。

第2節　共同訴訟

I　意義と形態

1　共同訴訟の必要性

民事訴訟は基本形態として二当事者対立構造をなし、本来訴訟手続が成立するためには原告・被告の対立関係が形成されることを必要とする。しかしこれは、原告及び被告が常に一名でなければならないことを意味しない。この基本的対立形態を維持しつつ、その原告側又は被告側、さらには両方の陣営で複数の者が同一の陣営での〈当事者〉として訴訟手続に直接に関与する場合がある。これは、多数の者の間での紛争を一挙に解決する必要がある場合に採ることのできる訴訟形態の一つである。

多数の者が共同で訴訟手続を進めることが必要であっても、実際にはその共同訴訟人の間の利害・法律関係は単純ではなく様々に異なる可能性があり、それに基づいて関係者の訴訟手続上の関連性も一様ではない。そこで、そのような訴訟当事者間の関連性の強弱に対応するために、共同訴訟の形態も法律上は、①通常共同訴訟、②必要的共同訴訟に大別し、異なった規律をしている。このうち、②はさらに、訴訟手続の審理及び判決をするにあたり当事者間での統一的な手続上の取扱いを必要とする〈固有必要的共同訴訟〉と、審理過程での共同は必ずしも必要ではないが判決は全員に画一的にする必要がある場合を想定した〈類似必要的共同訴訟〉に区別される。

2　共同訴訟の成立

共同訴訟関係の成立は、提訴の当初から複数の者が当事者として関与することによって多数当事者訴訟関係が発生する場合と、いったん訴えが個別訴訟として提起された後に、当事者が追加され多数当事者関係が発生する場合がある

が，後者の場合は，訴訟係属中に原告が第三者をその訴訟に加えることにより生じる〈主観的追加的併合〉，第三者が他人間に係属する訴訟につき当事者の一方側に加わる〈共同訴訟参加〉がある。さらには裁判所の職権により行われる〈弁論の併合〉によっても，本来異なった者の間の複数の訴訟がまとめられて共同訴訟関係が発生する。この場合にも共同訴訟の要件が備わっていなければならないのは当然である。

　　複数当事者による訴訟手続は，様々な手続上の問題と困難を伴うことから，それを許容することについては，歴史的に見ると消極的であった。しかし，今日の民事訴訟手続は柔軟であり，一般に共同訴訟の取扱いを許している。

　　歴史的に見れば，かつては個別訴訟による単純な手続形態が厳格に求められてきた。こうしてドイツ普通法訴訟手続では共同訴訟（Subjektive Klagenhäufung）は原則として禁止していた。しかし，当事者が「訴訟団体（Streitgenossenschaft）」を構成する場合には例外的に共同の訴訟手続が必要で，これを許した。19世紀にいたり共同訴訟の理論的可能性が追求され，ドイツ帝国民事訴訟法は当時の新たな学説に倣って共同訴訟を許した[2]。

II　通常共同訴訟

〔文献〕

新堂幸司「共同訴訟人の孤立化に対する反省」同・訴訟物（下）33頁，高橋宏志「共同訴訟」同・重点（下）202頁，徳田和幸「通常共同訴訟と必要的共同訴訟」講座民訴③227頁

1　意　　義

社会的に見て多数の者の間で法的紛争があっても，その解決のために訴訟手続を利用するにはその制度的基盤がなければならない。また利用するにしても，それを強制することがどの程度可能かは問題であり，また多くの場合当事者は必要に応じてそれぞれの当事者間で個別に請求を立て，各自が独立して訴えを提起し解決を図ることもできよう。しかし，その当事者間相互に何らかの法的関連性が存在する場合には，それらを一つにまとめて同一の訴訟手続で紛争の解決を行うことができれば，それはまた極めて便宜でありまた公正の観念にも沿うといえる。そこで，主としてこのような当事者の訴訟手続上の便宜から，

---

[2]　また，その際にも共同訴訟人の間では，共通の訴訟代理人を選任すべしとの立法も存在したが，共同訴訟人独立原則からこれを採用しないとした（Hahn/Stegemann, S. 172.）。

訴訟法は複数人間の請求を共同して一括した手続で取り扱うことを認めた。この多数当事者手続を〈通常共同訴訟〉という。

通常共同訴訟では，本来各当事者は基本的にそれぞれ各人間で独立して訴えを提起できるのが原則であるが，共同訴訟の形態を採ることで手続を当事者ごとに細分した訴訟手続を強制せず，これらを同時に解決することを認め，事実上これらの解決を統一的に行うことができるように配慮した制度である。これは専ら当事者の便宜を考慮したものであるから，たとえ共同訴訟が可能であってもそれが強制されるわけではない。当事者が個別訴訟を選択することも許されることはいうまでもない。

2　通常共同訴訟の要件

(1)　類　　型

通常共同訴訟として訴訟を共同して行うことが許されるにしても，それは無制限ではない。そのためにはその請求相互間で何らかの関連性があり，訴訟手続を共同して行うことにつき一定の利益が認められる必要がある。この場合として実定法上次の三種が挙げられている（民訴38条）。

①　訴訟の目的である権利義務が数人に共通であるとき（民訴38条前段）
当事者間の権利義務が共通であっても，訴訟手続においては相対的解決で満足するとの原則からみれば，必ずしもこれらの者を手続上共同して取り扱わなければならない必然性はない。しかし，数人間で共通の権利義務は，これらを一括して訴えることが原告にとって極めて便宜なことは確かであり，被告にとっても応訴に便宜なことが多い。そこで，このような便宜のために共同訴訟を許容した。

†〔**例**〕　数人の連帯債務者に対する金銭の支払請求，数人の者に対して，同一物が原告の所有に属することの確認請求，共同所有者から目的物の占有者に対する引渡請求，又は反対に共同所有者に対する引渡請求等。

②　訴訟の目的である権利義務が同一の事実上及び法律上の原因に基づくとき（同条前段）　複数当事者間で同一の事実上の原因により生じた請求権に基づいて訴えを提起する場合にも共同訴訟が認められる。この場合でも，これらの当事者間で請求につき統一的に判断すべき必然性があるわけではない。しかし，原因事実を共通にすることから裁判所が請求について判断するために一括した審理を行うことは当事者に便宜である。また，この場合にはできるだけ当事者間でその結論が相違することを避けることが実際の当事者の間での公平

にも合致する。手続を共通にすることによる簡易化の利益も無視し得ない。同一の法律関係に基づいて複数の当事者が請求する場合もこれと同じことがいえる。そこで，これらの場合には共同で訴訟をすることができることにしている。

†〔例〕　(a)　**同一の事実上の原因**：同一事故による損害賠償請求訴訟で複数の被害者が加害者を相手取って訴えを提起する場合（公共交通機関の事故の場合などに多数の被害者が当該交通機関に対して不法行為による損害賠償請求をする場合），あるいは加害者や責任を負うべき者が複数の場合にこれらを一括して訴える場合（医療過誤で担当の医師と病院とを併せて訴える場合等）。

(b)　**同一の法律上の原因**：債務者に対する主債務の支払請求とこの債務の保証人に対する保証債務の支払請求とを一緒に訴える場合など。

③　**訴訟の目的である権利義務が同種であって事実上及び法律上同種の原因に基づくとき（同条後段）**　この場合には共同訴訟人相互間の関連性自体は極めて希薄である。しかし，この場合であっても複数の者を一括して訴える原告の利益は存在する。そこでこのような原告の便宜を考慮して，審判の対象となる権利義務が同種で事実上・法律上同種の原因による場合にも共同訴訟を認めた。

†〔例〕　同種の売買契約に基づいて複数の買主に対して代金請求をする場合，家主が複数の借家人に対して賃料の請求をする場合等。

通常共同訴訟の要件は，主として無関係な者が他人の訴訟手続に巻き込まれて共同訴訟を強いられる不便を排除しようとする趣旨であり[3]，他方で共同訴訟が許容されるのは当事者（原告）が共同して訴えることの便宜のためのものであるから，これをあえて職権で調査すべき必要性はない。当事者に異議がなければ，このような要件を欠いた共同訴訟も許容される。

(2)　**その他の要件**

通常共同訴訟が発生するためには，これらの要件の他に，併合される請求間で，客観的併合に必要な要件（民訴136条）が存在しなければならない。また，各当事者につき当該裁判所に管轄権が存在しなければならない。この点について，専属管轄でなければ，民訴法38条前段については併合請求の管轄権が発生する（民訴7条）から問題はない。しかし，後段（③の類型）については，その適用はなく，管轄権がなければ併合して多数当事者訴訟を行うことはできない。

---

[3]　管轄との関係では，当事者間の関連性が認められない民訴法38条後段の共同訴訟の場合につき，併合請求による管轄の発生を排除している（民訴7条但書）。

3 共同訴訟の審判と共同訴訟人の地位
(1) 原則——共同訴訟人独立の原則

通常共同訴訟では，共同訴訟人はそれぞれ訴訟手続上の地位が独立しており，他人の訴訟追行行為によって互いに手続的には影響を受けないのが原則である（民訴39条）。これを〈共同訴訟人独立の原則〉という。

　　具体的には，通常共同訴訟手続で当事者はそれぞれが独立して自己の審判対象（訴訟物）に関連した訴訟手続上の処分行為をすることができる。したがって，各当事者は，請求の放棄・認諾，訴訟上の和解，訴えの取下げ，裁判上の自白，上訴提起などの行為を各自独立してすることができる。これらの行為がなされた場合，その行為の効果は行為者と相手方当事者の間でのみ相対的に及ぶにすぎない。したがって，請求の放棄・認諾，訴訟上の和解，訴え取下げなどがなされれば，その者との間の訴訟手続は終了する。また一部の者が裁判上の自白をした場合にも，その者に関する請求についてのみ（当事者間及び裁判所に対して）裁判上の自白の拘束力が生じる。一部の者のみが上訴をした場合は，その部分のみの請求が上訴審に移審し，他の上訴をしなかった者との関係では事件は確定する。

　　訴訟手続の中断・中止などの手続進行に関する重要事項が共同訴訟人の一人について発生した場合（当事者の死亡等）には，その効力は当該当事者に関してのみに生じ，他の当事者との訴訟手続全体には及ばない。したがってこのような事態が発生すると以後共同当事者間で手続の進行は足並みがそろわなくなる可能性がある。

　　一部の者が手続に欠席した場合は，その結果発生する影響は欠席した当事者のみに及び他の者には及ばない。判決の送達も各当事者についてその効力を生じるから上訴期間はそれぞれに送達された日から開始される。

以上の結果，統一した審理を続けることが困難となれば，裁判所は特定の共同訴訟人の請求につき，手続を分離し（民訴152条）また一部についてだけ判決をすることができる（民訴243条2項）。

(2) 裁判資料の共通

1) 訴訟共同の意義　共同訴訟では，口頭弁論及び証拠調べは原則として共通の期日で行われる。そこで，訴訟手続の過程で一部の当事者について行われた訴訟上の行為が他の当事者の手続上の地位に影響を及ぼしうるのかが問題になる。特に，通常共同訴訟では共同訴訟人は独立しているとされるが（上述，共同訴訟人独立の原則），手続上厳密にあらゆる点で当事者が相互に独立して無関係だとする原則を貫くと，そもそも共同訴訟の形態を採用したことの意義自体が著しく減殺されることになる。そこで，共同訴訟人独立の原則をある程度

修正して，共同訴訟の持つ意義を高める努力がなされている。その際，通常民事訴訟手続では弁論主義が妥当し，当事者が主張した事項についてのみ裁判所は事実の認定と判断をすることができることから，手続における当事者の主張段階と立証の段階で，その取扱いは区別して考察する必要がある。

2) **共同訴訟人間での証拠共通**　通常共同訴訟においては証拠調べは共同訴訟人間で同一期日で共通に行われる。そこで，一部の当事者のみから申請された証拠について行われた証拠調べの結果を，単にその当事者間に関してだけでなく，他の共同訴訟人との関係での事実認定にも利用することができるのかが問題になる。

通説はこれを肯定し，その理由として，一般に自由心証主義のもとでは歴史的に一個しかあり得ない事実について一つの訴訟手続で審理する以上，統一的に扱うのが論理的な帰結だとする。これは共同訴訟人間の〈証拠共通の原則〉[4]といわれる（兼子・体系391頁，新堂747頁）。

　†〔**例**〕 X（債権者）がY（主債務者）に対して貸金返還請求の訴えを提起し，共同訴訟人としてZに対して保証債務により履行を請求した（通常）共同訴訟で，消費貸借が成立した旨の事実についてX―Y間でのみ証拠申出がなされ証拠調べがなされて，裁判所が消費貸借の成立に関して心証を得た場合，これをそのままX―Z間での請求においても利用することができることになる。

　通説は，この場合に証拠調べ手続を共通にすることを理由に，通常共同訴訟人間において証拠調べの結果についてその取扱いを共通にすることを許すが，これに対しては異論もある。これらの中には，証拠申出がない当事者間で，他の当事者間で行われた証拠調べの結果を当然に利用することは弁論主義に違反するとの見解がある（松本＝上野650頁。弁論主義問題をクリアするためには〔例〕ではX又はZによる援用が必要だとする）。しかし，これが弁論主義に直ちに違反するとはいえない。弁論主義は厳密には主張段階での当事者の責任原理をいうのであり，証拠調べの段階での当事者の援用を要するとするのはその拡張的理解であること，共同当事者間で一部当事者によって申し立てられて調べられた証拠調べの結果については共通期

---

[4] 〈証拠共通の原則〉は弁論主義による裁判所と当事者の責任分担に関し，当事者から提出された証拠は当事者間では有利にも不利にも認定することができるとの意味で用いられる。これは〈当事者間での証拠共通の原則〉であり（⇒第5章第4節II4③），証拠は証拠申出をした当事者のみに限定して認定資料とするのではなく当該当事者間で共通に利用されるとする原則である。これに対して〈共同訴訟人間の証拠共通の原則〉は共同訴訟人間で一部の者について行われた証拠調べの結果を相共同訴訟人の間での共通の判断資料とするものであり，状況が異なる。この一部当事者との関係では証拠調べについて援用がないのに判断の材料とすることができるかを問題にするからである。

日が設定されており，援用しなかった当事者にはこれを否定する機会は与えられており，これを積極的に否定しない以上，共同訴訟形態を採用したことによる共通利用も許されると考えることができる。したがって共同訴訟人間での証拠の共通を許してよい。

(3) 主張共通の可能性

1) 問　題　　共同訴訟の実効性を高めるために，証拠共通から更に進んで共同訴訟人の間で〈主張共通〉が認められるかが問われる。本来，共同訴訟の取扱いに関しては，特に通常共同訴訟と固有必要的共同訴訟との限界については必ずしも明確な基準があるわけではない（この点につき⇒Ⅳ3(2)）。一般には固有必要的共同訴訟制度を適用すると手続上の拘束が大きく困難な問題が生じることから，これをできる限り避けるために，通常共同訴訟としての取扱いを広げるという傾向が見られる。

2) 学　説　　通常共同訴訟に関するこのような個別取扱いの現状を基礎に，結果として共同訴訟人間で過度の孤立化・独立取扱いが進んでいることから実際上の要請に対応していないとの認識を前提に，今一度共同訴訟の持つメリットを強調して，単に証明の段階にとどまらず主張の段階でも共同訴訟人間での共通取扱いを一定範囲で認めるべきだとの提案がある。同様の方向は以前にも既に，当事者間の利害の共通性に着目して，共同訴訟人間に当然の補助参加の可能性を認める見解があった。

① 共同訴訟人間における当然の補助参加関係　　補助参加では参加人と被参加人との間ではそれによる一定の協力関係が発生し，共同の勝訴を実現するために当事者の主張がなくても，補助参加人のなした有利な主張は被参加人にもその効力が及ぶ。そこでこのような関係は，共通の相手方に対して訴訟を共通する当事者の間でも見ることができ，必ずしも補助参加行為がなくても同様の取扱いをすることができるとの主張がある（兼子・判例393頁，同・体系399頁）。しかし，共同訴訟人の間に補助参加の場合と同様の共同関係を当然に見ることができるのかについては，訴訟法律関係の発生が不明確で効果の発生を判定することに困難があるとの異論があった（三ケ月・全集241頁）。〔**判例**〕もこのような見解の採用を否定している。

†〔**判例**〕**最(1小)判昭和 43 年 9 月 12 日民集 22 巻 9 号 1896 頁**[5]　　本件は，

---

[5] 吉井直昭・最判解説民事編昭和43年度666頁，清田明夫・続百選52頁，岡徹・百選2版74頁，坂原正夫・百選Ⅱ356頁，堀野出・百選3版206頁。この判決の詳細な検討として，新堂

X（原告・控訴人・上告人）がY_1（被告・被控訴人・被上告人。Y_2〜Y_6も同じ）に対しては建物収去・土地明渡と賃料相当損害金389万円余の金額支払を，Y_2〜Y_5に対しては建物からの退去を，Y_6に対しては賃料相当の損害金127万4400円の支払を求める訴えを提起し，次のように主張した。本件土地はXが訴外A，Bと共有している。Y_6は権限なくして本件土地上に建物を所有していたが，昭和37年1月調停により建物の権限をY_1に移転し，以来同人が本件建物を権限なくして所有し，Y_2〜Y_5が本件建物に居住している。そこで上記の訴えに及んだという。

「つぎに，XのY_6に対する本件土地の不法占有を理由とする損害賠償請求について，原審は，『本件共同訴訟人であるY_4及びY_1は右期間中の賃料弁済を主張しているから，右主張はY_6についてもその効力を及ぼすものと解するのを相当とする（いわゆる共同訴訟人間の補助参加関係）。』としたうえ，Y_6が本件土地を不法に占有したことによってXが蒙った損害は，Y_1，Y_4において右不法占有期間中の本件土地の賃料をXに支払ったことにより補塡された旨認定判断し，もってXのY_6に対する請求をも排斥したことが，その判文に照らして明らかである。

しかし，通常の共同訴訟においては，共同訴訟人の一人のする訴訟行為は他の共同訴訟人のため効力を生じないのであって，たとえ共同訴訟人間に共通の利害関係が存するときでも同様である。したがって，共同訴訟人が相互に補助しようとするときは，補助参加の申出をすることを要するのである。もしなんらかかる申出をしないのにかかわらず，共同訴訟人とその相手方との間の関係から見て，その共同訴訟人の訴訟行為が，他の共同訴訟人のため当然に補助参加がされたと同一の効果を認めるものとするときは，果していかなる関係があるときこのような効果を認めるかに関して明確な基準を欠き，徒らに訴訟を混乱せしめることなきを保しえない。

されば，本件記録上，なんらY_4，Y_1から補助参加の申出がされた事実がないのにかかわらず，Y_4，Y_1の主張をもってY_6のための補助参加人の主張としてその効力を認めた原判決の判断は失当であり，右の誤りは判決の結論に影響を及ぼすことが明らかであるから，この点に関し同旨をいう論旨は理由があり，原判決は右請求に関する部分についても破棄を免れない。」

② 共同訴訟人間での主張共通　共同訴訟人間で主張共通を認めるべきだとの見解も主張されている。この見解は，判例が固有必要的共同訴訟形態を限定的に適用し通常共同訴訟関係に解消する方向を採る結果，共同訴訟人間に孤立化の現象が見られるが，通常共同訴訟であってもできる限り共同訴訟のメリットが追求される必要があるとの認識のもとで，共同訴訟人の一部が明示的に

〔文献〕49頁以下。

主張をしていない場合でも，共同訴訟人間で共同訴訟人の一人がある主張をし，他の共同訴訟人がこれと抵触する行為をしない以上，その主張が他の共同訴訟人の利益になる場合には，その者にも主張の効果が及ぶべきだとする（新堂〔文献〕33頁，新堂747頁）。

3) 検　討　共同訴訟という訴訟形態により手続が進められる以上，共同訴訟の持つメリットをできる限り実現すべきだとの見解は，その限りでは確かに説得的である。しかし，共同訴訟人であるということだけでその間の利害が当然に完全に一致するものでないこともまた事実である。証拠については共同取扱いの必要性は高いが，主張についてはこのような利害の違いを無視してまで当然に共同訴訟人間の足並みを揃える必要性は乏しい。特に被告側での共同訴訟人間では，原告によって共同訴訟人として訴えられてはいるが，彼らの間で積極的に訴訟を共同しなければならない必要性も乏しいといえる。通常共同訴訟では，主張段階では必ず共通にしなければならないとの必然性はなく，当事者の自己責任原則が維持されるべきである。

Ⅲ　同時審判申出による共同訴訟

〔文献〕

河野正憲「訴えの主観的予備的併合」中野・古稀（上）507頁，高田裕成「同時審判の申出がある共同訴訟」争点3版98頁，高見進「同時審判の申出がある共同訴訟の取扱い」新堂・古稀（上）673頁，徳田和幸「同時審判申出共同訴訟と共同訴訟人独立の原則」民事紛争の解決と手続〈佐々木吉男先生追悼論集〉（信山社・2000）109頁

1　主観的予備的併合とその問題点

実体法上，複数の者の間の法律関係につき，ある請求が認められれば他の請求が不要になるという条件関係が存在する場合がある。このような実体的法律関係を訴訟手続にも反映させて，できるだけこの実体的法律関係に即した関係を訴訟手続でも実現することができないかが模索されてきた。これらはいずれも実体法上，主位請求が認められればそれに越したことはないが，それが不首尾に終わった場合には予備的請求が求められるという請求権相互の関係がある。そこで，訴訟手続上もこのような実体法関係に忠実な手続を申し立てるとすれば，両立しない権利関係について，当事者間で，主位的請求と予備的請求という形で主観的併合をして訴えを提起することになる。この両請求の法的関係は，主位請求当事者間での権利関係について請求が認容される場合を解除条件とし

て，予備的請求の当事者の間の権利関係について審判を求めるとするものである。この場合両請求はいずれも審判対象としては当初から併合審理され，審判の対象となっている。しかし，予備的請求部分についての裁判所の判断は，主位請求が認容されれば遡って不要だとするのであり，主位請求が棄却された場合にはじめて，予備的請求部分についての判断を求めるとの趣旨である。この関係は，複数の原告側当事者間で存在することもあり，また複数の被告側当事者間で存在することもある。

† [例] ① **原告側**：訴訟物である権利関係が譲渡され，その譲受人が債権回収の訴えを提起したがその譲渡が無効又は対抗できない場合に備えて譲渡人が併せて予備的に請求する場合。
② **被告側**：土地工作物の設置又は保存に瑕疵があることを理由として，当該工作物の占有者を訴えるが，占有者が損害の発生を防止するのに必要な注意をしたときは所有者が責任を負うこと（民717条）から，所有者に対しても予備的に請求をする場合。

2 主観的予備的併合の許容性

訴えの主観的予備的請求という併合形態が手続上果たして許容され得るのかにつき従来から見解が対立していた（従来の議論につき，河野〔文献〕）。

学説上，一方では，訴えの客観的予備的併合が許容されることを根拠に，主観的併合としてもこれを適法視する見解があった（兼子・体系368頁）。しかし，主観的併合としてこの形態を許容するにはいくつかの固有の手続上の問題点が指摘された。極めて大きな疑問点としては，予備的請求の被告の地位の不安定さである。予備的請求の当事者は，主位請求が認容されれば遡って予備的請求部分の判決が不要となることから，せっかく訴訟手続で攻撃・防御を尽くしても，判決を得ることができずその行為は全く無駄に帰するというのである。また上訴審での判断の統一については必ずしもそれが保障されるわけではないと指摘されていた（否定説は，中田淳一「訴の主観的予備的併合の許否」同・訴と判決の法理〔有斐閣・1972〕47頁）。

最高裁は，主観的予備的併合について一般にこれを不適法とした原審判断を許容し，この併合形態を否定した（最(2小)判昭和43年3月8日民集22巻3号551頁[6]）。この最高裁判決は，結論的に主観的予備的併合自体が当然に許容されう

---

[6] 判決理由は極めて簡単であり，「訴の主観的予備的併合は不適法であって許されないとする原審の判断は正当であり，原判決に所論の違法は存しない」と述べるにすぎない。

る併合形態ではないとしたが，十分な理由づけを伴うものではなく，その先例としての意味には疑念も指摘されていた（問題点については，河野〔文献〕517 頁以下）。そのためか，この判決にもかかわらず，下級審裁判例ではその後も主観的予備的併合を許容した例があり，特に，主位請求の被告と予備的請求の被告が同一人物又はそれと同視される場合等では，最高裁が指摘する予備的請求の当事者の不利益は（主請求の当事者と同一であり）考慮する必要がないともいわれた[7]。ただ，これらの指摘される事例自体は特殊であり，これをもって一般論として主観的予備的併合を許容する理由とはなし得ないことも事実であった。

3　同時審判申出による共同訴訟

(1)　意　　義

主観的予備的併合を巡る以上のような状況を前提に，その手続上の困難をできるだけ解消し，実体法の予定する救済形式をできる限り訴訟手続上でも反映させ実現するための立法上の工夫として設けられた制度が〈同時審判申出による共同訴訟〉である（民訴41条）。

〈同時審判申出による共同訴訟〉の制度は，基本的には通常共同訴訟の形態を基礎としつつ，両立しない請求間での統一的解決を可及的に実現しようとするものであり，主観的予備的併合で問題視された予備的当事者の関係での請求を確定的な請求とすることで，裁判所は必ず判決をしなければならないとすることによって予備的被告の手続的に不安定な地位を除去することを目的とする。この制度は，両請求について必ず併合審理するが，その際，併合請求を保障することによって（手続論理的にではなくむしろ）実際の手続における取扱い上，矛盾判断のない判決を与え，実質的に実体法が予定する関係にかなった判決を確保しようとすることを狙っている。もっとも上訴審の判断は，両請求が上訴された場合に限って両請求の併合審理を確保するにすぎないから，一請求のみにつき上訴がなされた場合は当然にすべての請求が上訴審に移審するわけではない。その意味で，主観的予備的併合が企図した処理方法をすべて解決するわけではない。現行法は，主観的予備的請求を不適法とする判例を前提にしつつ，なお実体的に両立しない請求を訴訟手続上も何らかの形で考慮し，できるだけ適切な法的救済手段を与える必要から，立法上手続的に共同取扱いを確保する

---

[7]　予備的被告がなぜ原告側の不明確な主張に対応しなければならないかが問題だとするのは，井上・訴訟3頁，12頁。

ことによる救済の方策を示した。こうして，同時審判申出による共同訴訟制度は，主観的予備的併合形式が持つ手続的な不都合を回避しこれに代わる次善の策として設けられた制度であり，それは通常訴訟手続の枠内で審判を同時に行うことを強制することによって，事実上複数被告間でも裁判所の統一的判断が実現できることを期待した限定的な意義の制度である[8]。

(2) 要　件

同時審判の申出は，以下の要件がある場合になすことができる。

① 共同被告の一方に対する訴訟目的である権利と共同被告の他方に対する訴訟目的である権利が法律上併存し得ない関係にある場合　同時審判の申出ができるのは，専ら被告側について法律上両立し得ない関係がある場合のみである。法律上両立し得ない関係は原告側でも発生しうるが（前述〔例①〕），同時審判の申出の制度は原告側の共同の場合には適用されない。予備的に併合された原告側では，このような形態での訴え提起について予備的原告はその不利益を了解していると見ることができ，決定的な不利益は存在しないと考えられる。したがって，原告側について同時審判の申出をすることはできない。

② 原告が同時審判の申出をすること　原告が実際に，複数の相手方に対する両立し得ない請求について，同時審判の申出をすることが必要である。この申出がないのに当然に同時審判の処理をすることはできない。ただし，原告が被告側について主観的予備的併合請求をした場合は，裁判所は釈明のうえ，これを同時審判の申出として取り扱うことができる。

③ 原告の申出は控訴審の口頭弁論終結時までにすること　この申出は，第一審のみでなく控訴審でもその口頭弁論終結までの間に行うことができる。

4　手続と判決

裁判所は，同時審判が申し立てられた請求については，その弁論及び判決を分離しないで一体として審理・判断をしなければならない。この場合，併合された両請求は，通常共同訴訟としての性質を有するにすぎないから，本来なら

---

[8] この立法にかかわらず，現行法上も主観的予備的併合が適法だとする見解も存在する。この見解によれば，主観的予備的併合の申立てがあれば，主請求が認容される限り予備的請求については，裁判所の判断を不要とすることになる。しかし，それでは予備的被告の地位に配慮したこの立法の趣旨が説明できない。やはり，被告についての主観的予備的併合は不適法だとする他はない。もっとも，この制度は，原告側の主観的予備的併合については適用がない。またその場合には，予備的原告について手続上顕著な不利益はないことから，それに限れば主観的予備的併合の余地はある。

ば裁判所の裁量で分離することができるはずである。しかし，両請求権が互いに両立し得ない関係にありこの両者について当事者が両請求について矛盾のない判断を求めているから，これを手続に反映する必要がある。このような当事者の求めに応じて，請求間で相互に矛盾のない判断を事実上実現するために，法は一体的取扱いをすることを強制した。

併合された両請求は常に一体として審理しなければならない。審理を共同することが命じられてはいるが，共同取扱いが（必要的共同訴訟として）法的に保障されているわけではない。もっとも，共同訴訟人（被告）の一人について手続の中断・中止事由が生じた場合，裁判所は他方についてのみ手続を進めることはできないとするべきである。この手続形式の基本は通常共同訴訟であり，共同訴訟人独立の原則が働くのが基本である。しかし，個別的に中断・中止を認めれば，結局手続の進行に差がつく可能性がある。事実上，手続を中止することで足りる場合が多いであろうが，それではこれらの事由の発生を知らずに手続がなされた場合には対処ができない。手続の進行に関しては中断・中止の規定の類推適用を肯定すべきであろう（河野〔文献〕528頁，同旨，高田〔文献〕99頁）。これに対して当事者が行う手続上の処分行為は，共同訴訟人独立の原則が働き，個別的にその効果を認めうる。訴訟上の和解も原告が応じる限り個別的になすことができる。請求の放棄・認諾による訴訟終了も可能である。

原告は，同時審判の申出を，事実審の口頭弁論終結に至るまでいつでも撤回することができる（民訴規19条）。この撤回行為は裁判所に対して書面でしなければならない。

裁判所は，同時審判の申出がある場合は，原告からの複数被告に対する両立し得ない請求について，統一的観点から判断をしなければならない。

5 上訴審での取扱い

主位請求，副位請求のいずれかが棄却されると，原告はこれに対して上訴を提起することができる。この場合に上訴審でも同時審判関係を貫くには，実体的に主請求をなす被告に対して上訴をした場合には副位的請求被告に対して，あるいは反対の場合もそれぞれ敗訴部分について上訴をする必要がある。被告の一部に勝訴をしても，敗訴者に対して上訴をしておかなければ相手方の上訴によって統一的処理が覆されるおそれがあるからである。

被告の一部が上訴をした場合も，それによって他の被告との関係で，事件全体が移審するわけではない。控訴審でも同時審判を求めるためには，両立し得

ない実体的請求である関係上，主位請求について原告の請求が認容されれば被告に上訴の利益があり，副位請求は棄却されるからこれに対して原告が上訴をしておく必要がある。副位請求が認容された場合も同様である。控訴審での同時審判を求めるためには，上訴審でも併合形態を維持する必要がある（高田〔文献〕99頁）。

Ⅳ　必要的共同訴訟

〔文献〕

小島武司「共同所有をめぐる紛争とその集団的処理」同・訴訟制度改革の理論（弘文堂・1977）117頁，高田裕成①「いわゆる『訴訟共同の必要』についての覚え書」三ケ月・古稀(中)175頁，同②「いわゆる類似必要的共同訴訟関係における共同訴訟人の地位」新堂・古稀(上)641頁，高橋宏志①「必要的共同訴訟論の試み(1)～(3)」法協92巻5号500頁，6号625頁，10号1259頁，同②「必要的共同訴訟について」民訴23号36頁，中村英郎「必要的共同訴訟」同・民事訴訟法理論の法系的考察（成文堂・1986）165頁，福永有利「共同所有関係と固有必要的共同訴訟」民訴21号1頁

1　総　　論

　複数当事者間の法律関係に強い相互の関連性があり，それぞれについて個別的に審理・判断をすることがその実体的法律関係にそぐわず，むしろ共同の統一的取扱いが求められる場合には，複数当事者は訴訟手続も共同して行う必要がある。これを個別に扱い，訴訟の結果が相互に異なることになれば当面する紛争の解決にならないだけでなく判決によって確定した権利・法律関係が錯綜し，かえって混乱を生みかねない。そこで，このような密接に相互に関連する関係にある複数人が関与した紛争の実際に対処するために，訴訟手続上〈必要的共同訴訟〉の制度が設けられている。

　共同訴訟が必要とされる場合についても，その関連性の程度は様々である。そこで訴訟法上もこれらの多様な関係に対処するために学説は，①訴訟手続上すべての段階で共同した訴訟追行をする必要があり，そのうえで統一的観点からの判決がなされる必要がある場合（〈固有必要的共同訴訟〉という）と，②手続自体を全員で追行する必要はないが，少なくとも判決については統一した観点から判断する必要がある場合（〈類似必要的共同訴訟〉という）を区別している[9]。

---

[9]　ドイツ民訴法62条1項は，必要的共同訴訟につき「係争権利関係がすべての共同訴訟人に対して合一的にのみ確定されうる場合，又は共同訴訟がその他の理由により必要不可欠な場合，期

②の場合には，判決に至る手続過程では必ずしも全員が関与する必要はないから，共同訴訟人間では①の場合ほど強い共同規制関係はない。しかし共同訴訟人として統一した判決を得るためには，手続に関与する者の間では手続関係の共同化が必要となる。こうしていずれの場合にも，判決自体については共通の統一的判断がなされる必要があることから，「共同訴訟人の全員について合一にのみ確定すべき場合」（民訴40条1項）であるとして，訴訟手続上も共通した結論が得られるように特別の定めを置いている。

2　必要的共同訴訟の手続原則

民事訴訟法は「必要的共同訴訟」という観念のもとで，固有必要的共同訴訟及び類似必要的共同訴訟につき共通に，多数当事者間で合一確定を内容とした判決を実現するために，次のような明文の特別の定めを置いている。

①　一人の行った有利な行為　共同訴訟人の一人が行った訴訟行為は全員の利益においてのみその効力を有する（民訴40条1項）。したがって共同訴訟人の一人が行った攻撃・防御行為は全員に有利な形でその効力を持つ。また，一人の上訴は全員に効力を生じる。これに対して，一部の者が行った不利な行為（例えば，請求の放棄・認諾，裁判上の自白）はその効力がない。

②　相手方の訴訟行為　相手方が共同訴訟人の一人に対して行った訴訟行為は，全員に対して効力を生じる（民訴40条2項）。したがって一部の者に対して行った攻撃・防御方法は全員のために効力を生じる。また共同訴訟人の一人に対して行った上訴提起は全員のために効力を生じ，全員が被上訴人となるのが原則である。

③　中断・中止事由　共同訴訟人の一人について訴訟手続の中断又は中止の原因があるときは，その中断又は中止は，全員についてその効力を有する（民訴40条3項）。これにより手続の進行の面でも統一性が保持される。

これらの規律は，通常共同訴訟で妥当する共同訴訟人独立の原則（民訴39条）に対して，必要的共同訴訟における手続規律の基本原則として最小限の事項を定めたものである。この規律により結論的に統一的な判決を実現することができるが，それ以上の具体的定めはなく，特に，必要的共同訴訟とされるも

日又は期間を共同訴訟人の一部が懈怠したときは懈怠した共同訴訟人は懈怠しなかった共同訴訟人により代表されたものと見なされる」と定める。学説は一般にこれを，訴訟上の原因による必要的共同訴訟（ド民訴62条1項1文）と実体法上の原因による必要的共同訴訟（同項2文）に分けている（*Schilken*, ZPR, Rdnr. 673 u. 678.）。前者は類似必要的共同訴訟に，後者は固有必要的共同訴訟に対応する。

ののうち，固有必要的共同訴訟自体についての定めやそれに該当するのがどのような紛争類型であるか等について何も述べない。そこでこれらは専ら固有必要的共同訴訟の法理や解釈論によって詳細が定められなければならない。

3 固有必要的共同訴訟
(1) 意　　義
〈固有必要的共同訴訟〉は訴訟物である権利・法律関係について，関連する共同訴訟人が全員で共同して同一陣営で訴訟を追行することを要し，その結果統一的な判決がなされる必要性がある場合に要求される共同訴訟の特別形態である。この訴訟形態では，そもそも関係人全員が共同訴訟人として訴訟当事者の立場で手続に関与し追行する必要があることが前提であり（訴訟共同の必要），この共同訴訟人の一部が欠けると当事者としての適格を欠き，裁判所はそもそも本案判決をすることができず，訴えは却下されざるを得ないと考えられている。このような関係は，原告側のみならず被告側でも要求される。

(2) 要件――手続上の問題点と類型
1)　固有必要的共同訴訟の基礎　　固有必要的共同訴訟で要求される〈当事者全員による共同の訴訟追行の必要性〉は，当事者適格を基礎づける事項とされて，訴訟物である実体的権利関係の性格から個別的な訴訟を許さず，原告又は被告として関係人の全員が手続に当事者として関与しその結果が既判力によって確定されなければならない場合に求められるのが原則である。もっともこのような実体的権利関係と訴訟手続上の困難性との関連性をどのように理解すべきかについて見解は必ずしも一致しない。

> 訴訟共同の必要性の判断や根拠の理解に関しては，特に総有や合有関係に基づいて生じる紛争につき見解が対立する。これらに関しては更に，①団体構成員以外の者と団体との間で紛争が生じた場合と，②団体構成員相互間で生じた紛争とでは必ずしも利害関係が一様ではない。従来の通説は，「ある財産権又はこれについての管理処分権が，数人に合有的に帰属している場合は，その権利の処分や行使も数人共同してしなければならないから，訴訟上その権利関係について判決するには，その数人を共同訴訟人としてしない限り無意義となる」として，当事者の〈管理・処分権〉を基礎に，これを直ちに訴訟手続に反映させようとした（兼子・体系384頁）。しかしこれに対しては，これらについての判断基準として実体的判断を基礎とすることを断念し，専ら司法政策的考慮を重視する見解もある（小島〔文献〕117頁）。確かに，管理・処分権という概念によって判定することは，そもそもこの概念自体が必ずしも明確でないこともあり十分に説得的ではない。しかし後者の立場でも，

訴訟物である具体的請求権の訴訟手続上の確定が持つ実体的及び手続的性格を全く無視して訴訟共同の必要性の有無を決定しているわけではない。

訴訟共同の必要性の判断にあたり，一般的に見れば共同訴訟人間の実体的法律関係が同一の陣営で訴訟を共同し共通の既判力による確定を必要とすることから生じることは否定し得ない。特にこのような関係は，当該訴訟によって他人間の個別的権利関係を変更しようとする場合[10]や当事者が総有・合有等所有に関する団体関係を形成し，その関係自体を確定する必要がある場合に問題となる。しかし，複数の関係人間のこのような実体的権利関係が直ちに訴訟の形態としても固有必要的共同訴訟類型を要求するわけではない。

2) 固有必要的共同訴訟の利点と手続上の困難　固有必要的共同訴訟の形態は，手続関与を必要とする者全員が共同訴訟当事者として手続に直接関与することが本案判決にとって不可欠であるとされる場合である。そこでこの訴訟形態では関係者を〈当事者〉として手続に関与させることを確保することが要求され，それによって相手方との間で漏れなく統一的な既判力による確定を図ることを期している。訴訟手続で他人間の権利関係の変更や確定を求める場合には，当該権利主体の双方を当事者として手続に関与させることで統一的な権利関係の確定が既判力で確保されることが関係者の手続保障上も必要であるが，これは，このような当事者間の実体的権利関係が当事者の手続権に反映しているからである。この場合当事者としての関与を必要とする者を欠いたことが明らかな訴えは不適法却下されざるを得ない。原告にはすべての者が原告又は被告として漏れなく手続に関与するよう，特に訴え提起に際して細心の注意が求められる。

もっとも関係者全員を当事者として網羅することを常に強制することには問題もある。関係する当事者が多数にわたる場合に固有必要的共同訴訟として全員の訴訟関与を求めるのは，現実の手続追行上極めて困難な状態を生む可能性があるからである。

これを原告側についてみると，原告を構成すべき者の一部が提訴に応じないなどにより一人でも欠けば，そもそも訴え提起ができなくなり，必要とされる訴訟手続による救済自体が阻止される可能性がある。現実に権利侵害があると

---

[10] この点に関して，「故に当事者が数人でも，相手方との間に請求は一個しか存在しない」と説明されることがある（兼子・体系384頁）。しかし〈請求〉は主体毎に異なるというべきであり，この説明は比喩以上ではない。

して何らかの救済を求める必要性が感じられても，全員の足並みが揃わないために提訴ができなくなるというのでは訴訟手続としても問題があるともいえる。そこで，一方で，共同訴訟人として訴訟手続に関与することに応じない者がいる場合を考慮して，固有必要的共同訴訟の適用範囲をできる限り限定し，また他方でどうしても固有必要的共同訴訟とせざるを得ない場合には提訴を可能にする特別の方策を考慮する必要がある。

被告側に訴訟共同の必要性がある場合には，原告は常に，被告とすべき者全員が当事者として完全に充足されているかを十分に調査・確認したうえで訴えを提起する必要がある。しかし，この要請は原告に極めて大きな労力と困難とを要求し，不可能である場合も少なくない。

3) 固有必要的共同訴訟類型の限定　多数の関係者全員を当事者とすることを要求する固有必要的共同訴訟では，それが実現できない場合には訴え提起の可能性を殺ぐことになりうるから，その不都合を回避するために，固有必要的共同訴訟の適用事案をできる限り限定し，関係者すべてが当事者として手続に関与しない場合に通常共同訴訟として取り扱う可能性が模索された。従来の一般的な見解によれば，固有必要的共同訴訟であれば必要なはずの当事者の一部が実際には当事者として手続に関与していなくても，そこで実体法上個別訴訟を可能とする何らかの根拠が存在する限り，できる限りこれを通常共同訴訟として取り扱うべきであるとしてきた。このような取扱いは判例においても同様である。

4) 固有必要的共同訴訟の当事者適格　他方で，どうしても固有必要的共同訴訟として取り扱わざるを得ない場合であっても，そこで要求される当事者適格の趣旨が問題になる。

① 相手方と当事者全員との既判力による確定　全員が当事者として訴訟手続に関与する必要性が何かが問題になる。本来固有必要的共同訴訟では既判力拡張がなく，訴訟物自体は各原告と被告との個々の法的関係であるが，その全員の足並みが揃って初めて同一陣営の当事者間の法的関係が明確になる場合がある。その場合，原告・被告間の権利関係はそれぞれの個別的な関係で既判力による確定がなされるにすぎないが，同時に同一当事者陣営間の法律関係について合一の確定を実現しなければならない関係にある場合には，それに必要な者がすべて当事者として訴訟手続に関与することによってはじめて，各原告・被告間での確定が人的に欠けることなく実現される。固有必要的共同訴訟

形態は，個別的な原告・被告の関係を抜かりなく整えることで原告側・被告側の当事者の一体的な判決効による確定を実現する手段である。

図 12-1

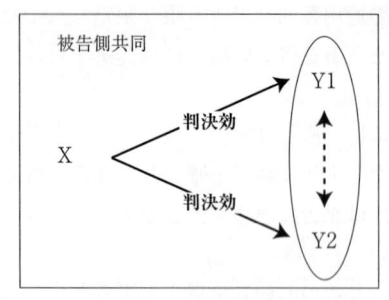

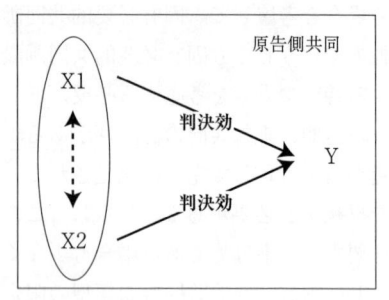

②　原告間で争いがある結果その間でも確定を必要とする場合　これに対して固有必要的共同訴訟とされる関係にある者の内部でもその間に争いがあり，第三者に対する訴えの原告としての足並みが揃わない場合がありうる。この場合には相手方との関係だけでなく，まずは関係者の内部でもその法律関係を確定する必要が生じる。そこで，この者との間でも内部的に既判力による法律関係の確定を求める必要がある。そのため，この者を相手方として訴えを提起することで，本来同一原告に属すべき者の間での既判力による確定を図る必要がある。もっともこれによって外部者たる相手方と本来原告とすべき者全員との間で同一権利・法律関係が既判力で確定されるわけではなく，相被告の間では既判力による確定は生じないから，この間での訴訟手続による異別の判断の可能性は残るが，これは前の訴訟の結果を全面的に覆すものでもない。こうして結論的には相手方と本来原告となるべき者全員での合一確定という本来の目的が一応達成されうる場合にも，例外的にこのような形式での固有必要的共同訴訟の原告適格を認めることもできよう（なお後述⇒(4) 2)）。

(3)　具体的検討

1)　以上の一般的検討から，以下の事案が固有必要的共同訴訟だとされる。

ⅰ)　共同の職務行為の場合　ある財産につき数人の者が共同で職務執行をすることが法律上要求されている場合は，訴訟追行も全員が共同で行うべきであり，その訴訟は固有必要的共同訴訟となる。

†〔例〕　破産事件で数人の破産管財人がいる場合の破産財団に関する訴訟の追行，会社更生事件で更生管財人が複数いる場合の更生会社の財産関係訴訟は管財人全員

の固有必要的共同訴訟になる（最(3小)判昭和45年10月27日民集24巻11号1655頁[11]）。

ⅱ）　**他人間の権利関係の変動を生じさせる訴訟**　他人間の法律・権利関係を直接の訴訟対象として，その変更を生じさせることを目的とする形成の訴えでは，原則として権利主体双方を共同被告としなければならならず，これらの者は固有必要的共同訴訟人となる。他人間の権利・法律関係を直接訴訟物として変動させるにかかわらず，この訴訟手続に権利関係の当事者の一方は関与したが他方が関与しなかったのでは，判決による既判力に基づいた確定は片面的とならざるを得ない。しかしそれでは訴訟の目的を十分に達し得ないからである。

†〔**例**〕　第三者が，現に婚姻関係にある者の婚姻の無効・取消しを求めて提起する訴えでは，当該婚姻関係にある者両名を共同被告にしなければならない（人訴12条2項）。株式会社の役員解任の訴え（会854条）では，会社と当該役員とを共同被告とすべきである（会855条）。

2）　**共同所有関係**　当事者間に合有や共有関係がある場合には，原告側と被告側とでは異なった考慮が必要である。

ⅰ）　**原告側共同の場合**　原告側が共同訴訟関係にある場合，その一部の者が第三者に対して共有権に基づいて給付訴訟を提起した場合につき〔**判例**〕は，原告に実体法上個別的な権利行使の権限が認められる限り，合一確定を要求せず個別の訴え提起を適法とする。

†〔**判例**〕　①共有権に基づく妨害排除請求（大判大正10年7月18日民録27輯1392頁），②共有物の引渡請求（大判大正10年6月13日民録27輯1155頁），③登記抹消請求（最(1小)判昭和31年5月10日民集10巻5号487頁[12]）は，いずれも保存行為（民252条）にあたり，各共有者が単独で訴訟追行を行いうるとする。④要役地が数人の共有に属する場合，各共有者は単独で共有者全員のために保存行為として要役地のために承役地上に地役権設定登記手続を求める訴えを提起することができる（最(3小)判平成7年7月18日民集49巻7号2684頁[13]）。⑤家屋の明渡請求権は不可分給付を求める債権（民428条）であることを理由に単独訴訟を認める（最

11）　この事件では更生管財人を相手方とする訴訟の係属中に新たな更生管財人が追加選任された場合訴訟手続は中断し，全員が訴訟手続を受け継ぐ必要があるとする。中田直昭・最判解説民事昭和45年度375頁。
12）　長谷部茂吉・最判解説民事昭和31年68頁。
13）　野山宏・最判解説民事平成7年度782頁。

(2小)判昭和42年8月25日民集21巻7号1740頁14))。

これに対して，⑦共有権を争う者に対して共有権に基づき共有権確認及び所有権移転登記を請求する訴訟は固有必要的共同訴訟であり，全員が原告となっている訴訟の係属中にその一名がなした訴え取下げは無効である（最(1小)判昭和46年10月7日民集25巻7号885頁15))。

ⅱ）　共有権の確認を求める訴訟　　総有・共有関係にある者が，第三者に対して総有・共有関係の確認を求める訴えにつき〔**判例①②**〕はこれを固有必要的共同訴訟であるとする。

†〔**判例**〕　①　**入会権確認の訴え：最(2小)判昭和41年11月25日民集20巻9号1921頁**16)　　原告等は本件土地について第一次請求として，それぞれ持分330分の1の移転登記請求を求め，第二次，第三次の請求として，本件土地に関する所有権移転登記の抹消登記手続及び訴訟費用の被告側負担を求めて訴えを提起した。原告の主張によれば，本件土地については，Y村（被告・被控訴人・被上告人）に移転登記がなされている。しかし，Y村M部落民であるX（原告・控訴人・上告人）らは本件土地について，そのもとの所有者であった亡AからM部落民世帯主全員の共有地として贈与を受けた。当時本土地は未登記であったのでとりあえず村中持として登記したがその後共有者不知の間に所有名義が訂正され，M所有となった。しかし，Xらの共有であることが明白だとして，第一次請求の通りの判決を求め，第二次請求として当該土地はM部落民の総有に属することの確認を求めた。第一審は，Xらの請求を棄却，原告控訴。控訴棄却。上告。なお，本件では訴旨によれば，M部落民は総数330名であり，訴状に名を連ねた者は316名であった。しかし，訴え取下げ者が相次ぎ第一審判決を受けたのは265名，上告審判決を受けたのは128名であった（瀬戸・前掲注16）510頁）。最高裁は，第一審及び控訴審判決破棄，訴え却下。

「職権をもって調査するに，入会権は権利者である一定の部落民に総有的に帰属するものであるから，入会権の確認を求める訴は，権利者全員が共同してのみ提起しうる固有必要的共同訴訟というべきである（明治39年2月5日大審院判決・民録12輯165頁参照）。この理は，入会権が共有の性質を有するものであると，共有の性質を有しないものであるとで異なるところがない。したがって，Xらが原審において訴の変更により訴求した『本件土地につき共有の性質を有する入会権を有することを確認する。若し右請求が理由がないときは，共有の性質を有しない入会

---

14)　鈴木重信・最判解説民事昭和42年度381頁。
15)　小倉顕・最判解説民事昭和46年度585頁
16)　瀬戸正二・最判解説民事昭和41年度509頁，小島武司・続百選40頁。

権を有することを確認する』旨の第四，五次請求は，入会権者全員によってのみ訴求できる固有必要的共同訴訟であるというべきところ，本件右請求が入会権者と主張されている部落民全員によって提起されたものでなく，その一部の者によって提起されていることは弁論の全趣旨によって明らかであるから，右請求は当事者適格を欠く不適法なものである。本件土地をXらが総有することを請求原因としてYに対しその所有権取得登記の抹消を求める第二次請求もまた同断である。

さらに，Xらの本件第三次請求は，本件土地がM財産区の所有に属することを請求原因として，Yに対しその所有権取得登記の抹消を求めるものである。そうとすれば，本請求の正当な原告はM財産区であって，Xらは当事者適格を有しないものというべきである。本訴もまた不適法である。」「本件第二ないし第五次請求について本案の判断をした第一，二審判決を破棄し，右請求を却下すべきものとする。」

② **遺産確認の訴え：最(3小)判平成元年3月28日民集43巻3号167頁**[17]

本件は，甲，乙，丙，丁の4事件が併合請求されたものであるが，このうち丁事件はX（原告・控訴人・上告人）がY（被告・被控訴人・被上告人）に対して本件土地が亡Aの遺産に属することの確認を求めた訴えであり，併せてXらに対する持分所有権移転登記を求めたものである。第一審裁判所は，遺産に属することの確認請求を棄却し，移転登記請求は認容した。X控訴。控訴審は，本件土地がAの遺産に属することの確認を求める部分を取り消し訴えを却下し，その余の部分につき控訴を棄却した。

控訴審はその理由を次のように述べた。「ところで，遺産に属するということはその財産が相続開始時に被相続人の所有に属していたことであるから，その確認の訴は形式上は過去の法律関係の確認を求めるものであるようにみえるが，その実質はその財産が相続による共同所有の状態にあるという現在の法律関係の確認を求めていると解されるから，かかる確認を求めるにつき法律上の利益を有するときは適法として許容される。そして，かかる確認の訴はその財産についての共同所有関係を審判の対象とするものであるから，共同相続人の全員につき合一に確定すべき固有必要的共同訴訟と解すべきである。

これを本件についてみるに，前記乙〔略〕号証によれば，現在におけるAの共同相続人にはY及びYらのほかに，訴外の長女B，三女C，養女Dがいることが認められるから，本訴はAの共同相続人の全員によって訴訟追行されていないものといわなければならない。そうすると，XらがYとの間で本件第三の土地がAの遺産であることの確認を求める請求の訴はこの点において不適法であって，却下を免れない。」

---

17) 田中壮太・最判解説民事平成元年度96頁，杉浦智紹・百選Ⅱ364頁。

これに対してXが上告。上告棄却。

「遺産確認の訴えは，当該財産が現に共同相続人による遺産分割前の共有関係にあることの確認を求める訴えであり，その原告勝訴の確定判決は，当該財産が遺産分割の対象である財産であることを既判力をもって確定し，これに続く遺産分割審判の手続及び右審判の確定後において，当該財産の遺産帰属性を争うことを許さないとすることによって共同相続人間の紛争の解決に資することができるのであって，この点に右訴えの適法性を肯定する実質的根拠があるのであるから（最高裁昭和57年（オ）第184号同61年3月13日第1小法廷判決・民集40巻2号389頁参照），右訴えは，共同相続人全員が当事者として関与し，その間で合一にのみ確定することを要するいわゆる固有必要的共同訴訟と解するのが相当である。これと同旨の原審の判断は正当として是認することができ」る。

iii）　**被告側共同の場合**　〔判例①～③〕は一般に，共有者に対して訴えを提起する場合でも，共有者であるということだけでその全員を相手方とする必要はないとしている。しかし，当該訴訟の訴訟物が共有名義人全員の法律関係に直接関わる場合には全員を被告にしなければならない（〔判例④〕）。

†〔**判例**〕　**個別訴訟を許す場合**：確認請求につき，①建物の共同名義人全員に対する所有権確認請求（最(2小)判昭和34年7月3日民集13巻7号898頁[18]），②賃貸人が共同相続人を相手とする賃借権確認請求（最(2小)判昭和45年5月22日民集24巻5号415頁[19]）は，これらにつきいずれも不可分債務であり，争わない者を被告とする必要はないとする。

給付訴訟も同様であり，③土地所有権に基づく建物共同相続人に対する建物収去土地明渡請求訴訟は不可分債務の履行を求める訴えであり固有必要的共同訴訟ではないとする（最(2小)判昭和43年3月15日民集22巻3号607頁[20]）。

固有必要的共同訴訟とする場合：④共有名義人に対する移転登記の抹消を求める請求は固有必要的共同訴訟であり，被告の一名に対して控訴期間が徒過しても他の者の控訴により全員が控訴人になる（最(3小)判昭和38年3月12日民集17巻2号310頁[21]）。

iv）　**共有者相互間の訴訟**　合同又は共同所有関係にある者の間で紛争が生じ，訴訟が提起されその合同又は共同所有関係が争われる場合には，関係者が全員当事者となる必要があるのが原則である。これは，基本的に合同又は共

---

[18]　鈴木潔・最判解説民事昭和34年度122頁。
[19]　野田宏・最判解説民事昭和45年度122頁，霜島甲一・続百選42頁。
[20]　千種秀夫・最判解説民事昭和43年度325頁，上田徹一郎・百選2版80頁，荒木隆男・百選Ⅱ362頁，高地茂世・百選3版210頁。
[21]　宮田信夫・最判解説民事昭和38年度94頁，中村英郎・続百選46頁。

有関係にある者の間で，その権利関係を既判力で確定する必要があるからであり，これを通常共同訴訟として一部の者が欠けることを許すと，この欠けた者との間の権利関係を既判力で確定することができないから，合同又は共有関係にある者の間の権利関係は最終的に定まらず，これとは異なる権利関係が生じる可能性があるからである。〔**判例**〕はこの旨を示している。

† 〔**判例**〕 **相続人間における相続人たる地位不存在確認の訴え：最(3小)判平成16年7月6日民集58巻5号1319頁**[22]　訴外Aは平成9年3月14日に死亡し，その法定相続人は，妻であるB，X（原告・被控訴人・上告人），Y（被告・控訴人，被上告人），C及びDである。Xは，YがAの遺言書を隠匿又は破棄したから，このような行為は民法891条5号所定の相続欠格事由に当たると主張してYのみを被告として，YがAの遺産につき相続人の地位を有しないことの確認を求める本件訴えを提起した。第一審は，Yについて民法891条5号に該当するとして，Xの請求を認容した。Y控訴。控訴審は，本件が固有必要的共同訴訟だとして，第一審判決取消し，訴えを却下した。X上告。上告棄却。最高裁は次のようにいう。

「被相続人の遺産につき特定の共同相続人が相続人の地位を有するか否かの点は，遺産分割をすべき当事者の範囲，相続分及び遺留分の算定等の相続関係の処理における基本的な事項の前提となる事柄である。そして，共同相続人が，他の共同相続人に対し，その者が被相続人の遺産につき相続人の地位を有しないことの確認を求める訴えは，当該他の共同相続人に相続欠格事由があるか否か等を審理判断し，遺産分割前の共有関係にある当該遺産につきその者が相続人の地位を有するか否かを既判力をもって確定することにより，遺産分割審判の手続等における上記の点に関する紛議の発生を防止し，共同相続人間の紛争解決に資することを目的とするものである。このような上記訴えの趣旨，目的にかんがみると，上記訴えは，共同相続人全員が当事者として関与し，その間で合一にのみ確定することを要するものというべきであり，いわゆる固有必要的共同訴訟と解するのが相当である。」

(4)　効果・取扱い

1)　概　要　　固有必要的共同訴訟に該当するとされるのは，必要とされる当事者全員が訴訟手続に共同当事者として関与することが必要であると考えられる場合である。そこで，その一部の者が当事者として訴訟手続に関与することを欠いていれば，その訴えは当事者適格（訴訟要件）を欠くことになり不適法却下されざるを得ない。共同訴訟人の存在は，原告又は被告それぞれの側について，それぞれの当事者としての立場でその者が手続に関与することを不可

---

22)　太田晃詳・最判解説民事平成16年度421頁。

欠としている。

2) **必要な当事者の一部を欠いた訴え** 訴え提起の当初,必要な当事者を欠いていても,その後手続の過程で補充されれば,当事者適格の欠缺は結局治癒される。口頭弁論は一体であり,口頭弁論が終結されるまでに,欠けた当事者が補充されれば,手続は適法である。

原告側で必要な当事者の一部を欠いている場合,どうしてもこの者が共同原告として訴訟手続に参加しない場合は,結局当事者適格を欠き訴訟による紛争解決が困難になる。そこでこのような難点を避ける対策が必要である。

本来,原告として共同歩調をとるためには,この者が原告の一員として積極的に当事者として訴訟に関与することが不可欠だが,提訴に応じない以上共同原告にはなし得ない。そこで「当事者として関与させる」という限度での訴訟関与を認め,被告として関与させることが提案されている(新堂737頁)。しかし,この者を被告として訴訟に関与させることで,固有必要的共同訴訟形態において要求されるこの者の訴訟関与の要求が十分に満たされているかはこれらの者の手続関与の趣旨との関係で慎重に検討が必要である。

まず,この者が当事者として手続に関与することの必要性が,主として原告と被告との間での既判力による権利関係の確定がその全員の間でなされることを不可欠とする場合は,この者を被告として強制的に訴訟手続に引き込んでも,判決の効力はこの者と本来の相手方である被告との間には(被告同士であり)及ばないから,本来固有必要的共同訴訟形態をとる必要性を満たさず,基本的な点で目的を達しないといえる(例外は,境界確定の訴えの場合。⇒以下(5)。(5) **〔判例〕**は境界確定訴訟の特殊性を強調し,一般的拡張を否定する)。

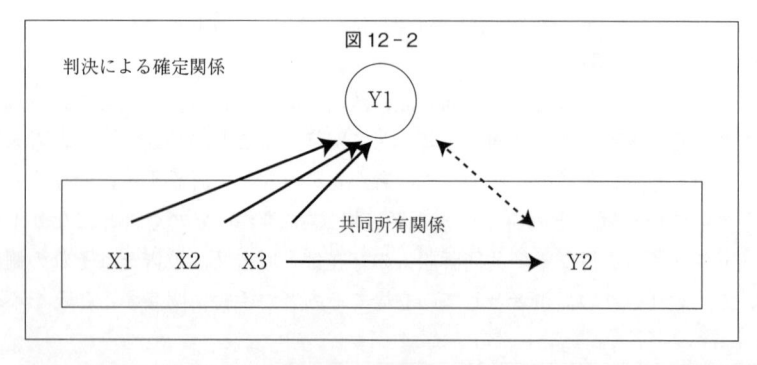

図12-2

判決による確定関係

Y1

共同所有関係

X1　X2　X3　――――→　Y2

これに対して,必ずしも団体の個々の構成員と相手方との間で直接既判力に

よる確定までは必要としない場合もある。例えば，共同所有関係を第三者との間で確定させる必要があるのにその一部が提訴に応じない場合は，これらの者を第三者との相被告とすることで，関係人が全員訴訟に当事者として関与していれば，共同所有関係の全員での確定という所期の目的は一応達成することができる。この場合には相被告同士では既判力は発生しないから，実際にはその間で新たな訴えを提起することは否定しえない。しかし，そこで許される可能性のある訴えと判決効はこの当事者間にとどまるものに限られ，前訴原告と第三者との関係を全員的に覆すことは，前訴の既判力の関係でできないからである。それ故，この場合にはその限りで当事者適格をみとめることができると解される。

判例（最(1小)判平成20年7月17日民集62巻7号1994頁）も，入会権確認訴訟の原告となるべき構成員の一部が，提訴に応じない場合，その全員を被告としているのであれば，相手方との共同訴訟人として訴えることを許したが，十分な理由は示していない。しかし，上記のように解すべきである。

3) 手続の中断　固有必要的訴訟手続の進行中，その共同訴訟人の一部に中断・中止の事由が発生した場合，全員についてその効力が生じ，手続全体が中断・中止する。

4) 判　決　判決は共同訴訟人の全員について，その間で画一的な結論でなければならない。一部についての判決は許されない。

5) 上　訴　固有必要的共同訴訟においてその共同訴訟人が敗訴し，その一部の者が上訴をした場合，全員が上訴をしたものとして，上訴人の地位につく（民訴40条1項）。共同訴訟人が勝訴をし，相手方が上訴をした場合，それが一部の者に対する上訴であっても，上訴の効果は全員に及び，全員が被上訴人となる（民訴40条2項）。

(5)　形式的形成訴訟と固有必要的共同訴訟

形式的形成訴訟でも必要的共同訴訟形態がとられることがある。しかし，形式的共同訴訟ではその審判対象の特定について当事者に処分権限が認められないことから，必要な共同訴訟人の一部が欠けた場合の取扱いが一般の訴訟形態とは異なりうる。〔**判例**〕は，境界確定の訴えについて，これを認め特別の扱いを承認した。

†〔**判例**〕**最(3小)判平成11年11月9日民集53巻8号1421頁**[23]　　Aの死亡

---

[23] 佐久間邦夫・最判解説民事平成11年度696頁，川嶋四郎・百選3版208頁，河野正憲・判時1718号判例評論51頁。

により $X_1 〜 X_3$ (原告・被控訴人・被上告人) 及び Y_2 (被告・被控訴人・被上告人) は本件土地 (以下「甲地」という) を，持分各4分の1ずつの割合で相続した。本件土地

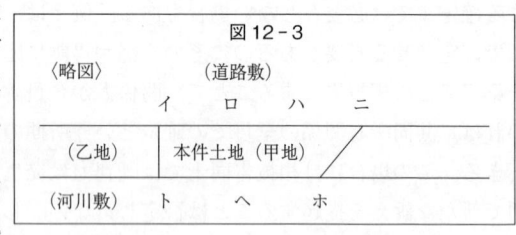

図12-3

〈略図〉　　（道路敷）
　　　　　イ　　ロ　　ハ　　ニ
（乙地）　　本件土地（甲地）
（河川敷）　ト　　ヘ　　ホ

については，その北側が Y_1 (国，被告・控訴人・上告人) 所有の道路敷に，その南側は同人所有の河川敷に，それぞれ接している。$X_1 〜 X_3$ 及び Y_2 の間では A の遺産について分割協議が調わず，$X_1 〜 X_3$ は Y_2 を相手方として遺産分割の審判を申し立て，係属中であった。しかし，本件土地と Y_1 の所有地との境界が確定していないために，この遺産分割の審判手続は進行していない。そこで，$X_1 〜 X_3$ は，Y_2 と共同して，本件土地と Y_1 の所有地との境界を確定するために Y_1 を被告として境界確定の訴えを提起しようとした。しかし，Y_2 がこの提訴に同調しなかった。そこで，(1) $X_1 〜 X_3$ は，Y_2 との間で，甲地と乙地との境界線がイ，トの各線を結ぶ直線であることの確定を求め，(2) また $X_1 〜 X_3$ と Y_1，Y_2 との間で，本件甲地とその北側の道路敷のそれぞれの所有権の境界がイ，ロ，ハ，ニの各点を結ぶ直線であること，その南側の河川敷との所有権の境界が，ホ，ヘ，トの各点を結ぶ直線であることの確定を求めた。第一審手続において，本件事実関係については当事者間には何ら争いがなく，第一審裁判所は原告らの請求を認容した。この判決に対して Y_1 のみが，訴え却下を求めて控訴を提起した。控訴審では，$X_1 〜 X_3$ は第一審での主張を繰り返し，Y_2 は $X_1 〜 X_3$ の主張を全面的に認めた。事実関係自体について当事者間に争いはない。

控訴審は，非同調共有者の控訴審での地位につき，隣地所有者とは利害を異にする二次被告であり，本件は原告と本来の被告及び二次被告の間での三面訴訟になり，当事者の一部が上訴をしても事件全体の確定が妨止され，事件全体が上訴審に移審し，残りの当事者は被上訴人になる，という。その上で控訴審で請求の趣旨が訂正されたことに伴い，控訴審裁判所は，その判決主文三項の1において $X_1 〜 X_3$ と Y_1 との間で本件土地 (甲地) と Y_1 所有地との境界線を，また同項2において $X_1 〜 X_3$ と Y_2 との間で，本件土地 (甲地) と Y_1 所有地との間の境界線を確定した。

Y_1 上告。上告理由は，A 共有者の一部から提起された境界確定の訴えで同調しない者の被告適格を認めることはできないこと，B 本件訴訟の実質を三面訴訟と理解して，上訴しない被告を被上訴人とするのは誤りであることを挙げる。上告棄却。

「境界の確定を求める訴えは，隣接する土地の一方又は双方が数名の共有に属する場合には，共有者全員が共同してのみ訴え，又は訴えられることを要する固有必

要的共同訴訟と解される（最高裁昭和44年(オ)第279号同46年12月9日第1小法廷判決・民集25巻9号1457頁参照）。したがって，共有者が右の訴えを提起するには，本来，その全員が原告となって訴えを提起すべきものであるということができる。しかし，共有者のうちに右の訴えを提起することに同調しない者がいるときには，その余の共有者は，隣接する土地の所有者と共に右の訴えを提起することに同調しない者を被告にして訴えを提起することができるものと解するのが相当である。

けだし，境界確定の訴えは，所有権の目的となるべき公簿上特定の地番により表示される相隣接する土地の境界に争いがある場合に，裁判によってその境界を定めることを求める訴えであって，所有権の目的となる土地の範囲を確定するものとして共有地については共有者全員につき判決の効力を及ぼすべきものであるから，右共有者は，共通の利益を有する者として共同して訴え，又は訴えられることが必要となる。しかし，共有者のうちに右の訴えを提起することに同調しない者がいる場合であっても，隣接する土地との境界に争いがあるときにはこれを確定する必要があることを否定することはできないところ，右の訴えにおいては，裁判所は，当事者の主張に拘束されないで，自らその正当と認めるところに従って境界を定めるべきであって，当事者の主張しない境界線を確定しても民訴法246条の規定に違反するものではないのである（最高裁昭和37年(オ)第938号同38年10月15日第3小法廷判決・民集17巻9号1220頁参照）。このような右の訴えの特質に照らせば，共有者全員が必ず共同歩調をとることを要するとまで解する必要はなく，共有者の全員が原告又は被告いずれかの立場で当事者として訴訟に関与していれば足りると解すべきであり，このように解しても訴訟手続に支障を来すこともないからである。

そして，共有者が原告と被告とに分かれることになった場合には，この共有者間には公簿上特定の地番により表示されている共有地の範囲に関する対立があるというべきであるとともに，隣地の所有者は，相隣接する土地の境界をめぐって，右共有者全員と対立関係にあるから，隣地の所有者が共有者のうちの原告となっている者のみを相手方として上訴した場合には，民訴法47条4項を類推して，同法40条2項の準用により，この上訴の提起は，共有者のうちの被告となっている者に対しても効力を生じ，右の者は，被上訴人としての地位に立つものと解するのが相当である。」

「なお，原審は，主文三項の1においてX_1〜X_3とY_1との間で，同項の2においてX_1〜X_3とY_2との間で，それぞれ本件土地と上告人所有地との境界を前記のとおり確定すると表示したが，共有者が原告と被告とに分かれることになった場合においても，境界は，右の訴えに関与した当事者全員の間で合一に確定されるものであるから，本件においては，本件土地と上告人所有地との境界を確定する旨を一つ

の主文で表示すれば足りるものであったというべきである。
　よって，裁判官千種秀夫の補足意見があるほか，裁判官全員一致の意見で主文のとおり判決する。」
　千種秀夫裁判官の補足意見。「私は，境界確定の訴えにおいて，共有者の一部の者が原告として訴えを提起することに同調しない場合，この者を本来の被告と共に被告として訴えを提起することができるとする法廷意見の結論に賛成するものであるが，これは，飽くまで，境界確定の訴えの特殊性に由来する便法であって，右の者に独立した被告適格を与えるものではなく，他の必要的共同訴訟に直ちに類推適用し得るものでないことを一言付言しておきたい。
　すなわち，判示引用の最高裁判例の判示するとおり，土地の境界は，土地の所有権と密接な関係を有するものであり，かつ，隣接する土地の所有者全員について合一に確定すべきものであるから，境界の確定を求める訴えは，隣接する土地の一方又は双方が数名の共有に属する場合には，共有者全員が共同してのみ訴え，又は訴えられるのが原則である。したがって，共有者の一人が原告として訴えを提起することに同調しないからといって，その者が右の意味で被告となるべき者と同じ立場で訴えられるべき理由はない。もし，当事者に加える必要があれば，原告の一員として訴訟に引き込む途を考えることが筋であり，また，自ら原告となることを肯じない場合，参加人又は訴訟被告知者として，訴訟に参加し，あるいはその判決の効力を及ぼす途を検討すべきであろう。事実，共有者間に隣地との境界について見解が一致せず，あるいは隣地所有者との争いを好まぬ者が居たからといって，他の共有者らがその者のみを相手に訴えを起こし得るものではなく，その意味では，その者は，他の共有者らの提起する境界確定の訴えについては，当然には被告適格を有しないのである。したがって，仮に判示のとおり便宜その者を被告として訴訟に関与させたとしても，その者が，訴訟の過程で，原告となった他の共有者の死亡等によりその原告たる地位を承継すれば，当初被告であった者が原告の地位も承継することになるであろうし，判決の結果，双方が控訴し，当の被告がいずれにも同調しない場合，双方の被控訴人として取り扱うのかといった問題も生じないわけではない。かように，そのような非同調者は，これを被告とするといっても，隣地所有者とは立場が異なり，原審が『二次被告』と称したように特別な立場にある者として理解せざるを得ない。にもかかわらず，これを被告として取り扱うことを是とするのは，判示もいうとおり，境界確定の訴えが本質的には非訟事件であって，訴訟に関与していれば，その申立てや主張に拘らず，裁判所が判断を下しうるという訴えの性格によるものだからである。しかしながら，当事者適格は実体法上の権利関係と密接な関係を有するものであるから，本件の解釈・取扱いを他の必要的共同訴訟にどこまで類推できるのかには問題もあり，今後，立法的解決を含めて検討を要す

るところである。

　以上，判示の結論は，この種事案に限り便法として許容されるべきものであると考える。」

　この判決は，形式的形成訴訟とされる境界確定訴訟において原告側について訴訟共同の必要が問題にされた事案であった。境界確定訴訟とされるゆえんは確定判決により既判力による相手方との関係での境界線確定が必要であるからである。共同訴訟人として原告側に加わらない者を被告としても，一般には既判力による確定ができない部分が残る。しかし，境界確定訴訟では例外的にこれについても既判力による確定が可能であるとした（判決主文の判示参照）。

　この関係につきかつてドイツ普通法では〈双方の訴え（duplex acto）〉[24]の観念で説明がなされていた。今日でも形式的形成訴訟では処分権主義による原告の請求による制約（参照，民訴246条）を受けないが，その際，普通法理論はこれを被告側からも併せて請求がなされていると擬制をすることで，相被告間にも既判力による確定が生じると観念した。現行法でも形式的形成訴訟では考慮に値する考え方であろう。

4　類似必要的共同訴訟

(1)　意　　義

　多数の当事者間で共通・画一的な判決を下す必要性があるが，判決効が拡張されるためその訴訟手続への全員の関与を要求する必要がない場合を〈類似必要的共同訴訟〉という。共通した判決がなされなければならないという意味では，訴訟手続に関与した当事者間では共同訴訟の必要性があり，その限りでは必要的共同訴訟の規律が適用される。判決効が対世的に拡張されるため当事者間では必要的共同訴訟となる場合に見られる。

(2)　類　　型

1)　類似必要的共同訴訟の特性　　類似必要的共同訴訟が成立するためには，関係人の一部の間でなされた訴訟手続の判決効が直接あるいは間接的に第三者に及ぶために，これら第三者が当該訴訟手続の当事者として訴訟手続に関与する場合に必要的共同訴訟関係となる必要がある場合である。即ちこの場合には，専ら判決の効果が及ぶことから，「合一にのみ確定すべき場合」（民訴40条1

---

[24]　双方の訴え：通常の訴訟手続では，原告の訴えに対して被告は防御をなすという形をとるが，若干の例外的な場合には，同時に双方の当事者が同時に原告でありまた被告であるという関係を持った訴えが存在した。これに属するのは，共有物分割（communi dividundo），遺産分割（familiae herciscundae）及び境界確定（firium regundorum）の訴えであった。(*Savigny*, System des heutigen römischen Rechts, Bd. 5, §225. (S. 151))。

項）に該当することになる。

　2）　類　型　　類似必要的共同訴訟にあたる場合としては以下の類型がある。
　①　判決効が直接拡張される場合　　直接に判決効（既判力・形成力）が第三者に拡張される結果これらの効力を受ける第三者が当該訴訟の当事者となる場合には，その訴訟は類似必要的共同訴訟となる。

　　†〔例〕　**人事訴訟**：婚姻無効・取消しの訴えを，当該婚姻関係の一方当事者との適格を有する親族（民744条1項）が共同で提起する場合（人訴24条1項）。
　　　会社訴訟：会社機関に関する訴訟を複数当事者が提起する場合，株主総会決議取消訴訟を株主が複数で提起する場合（会831条1項，839条）。

　②　判決効が第三者を通じて間接的に及ぶ場合　　第三者の訴訟担当の場合にその〈本人〉が一定内容の判決効を受けると，この者の法的地位に依存した関係にある者は間接的にその判決の効果を受けざるを得ない。これらの者は〈本人〉の法的地位を訴訟手続上で代位して行使していると見られるからである。そこでこの関係にあるこれらの者が互いに共同訴訟人の地位に立つ場合は判決効は合一に確定すべき必要があり，その訴訟形態は類似必要的共同訴訟となる。

　　†〔例〕　債権者代位訴訟（民423条），取立訴訟に参加した差押債権者（民執157条3項）株式会社の責任追及訴訟（株主代表訴訟）（会847条，民訴115条，参照，会853条）の複数原告株主間（最(2小)判平成12年7月7日民集54巻6号1767頁[25])）。複数住民が提起した地方自治法242条の2第1項4号に基づく住民訴訟（最(大)判平成9年4月2日民集51巻4号1673頁[26])）。

図12-4

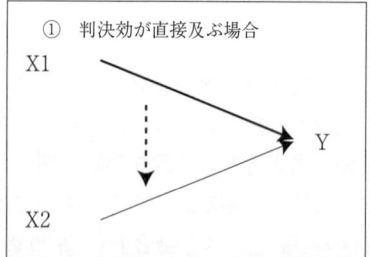

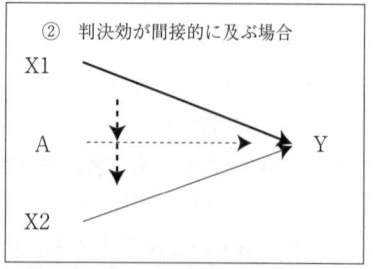

①　判決効が直接及ぶ場合

X1
　＼
　　→Y
　／
X2

②　判決効が間接的に及ぶ場合

X1
　＼
A -------→ Y
　／
X2

　3）　判決効のある種のものは第三者にも間接的には及ぶ可能性があるが，その判決効の性質上，これによって類似必要的共同訴訟関係は成立しない場合がある。

25）　豊澤佳弘・最判解説民事平成12年度582頁，上野泰男・百選3版212頁。
26）　大橋寛明・最判解説民事平成9年度561頁。

① 判決の反射効が及ぶ場合　　判決の反射的効力が及びうる場合にも（⇒第10章第8節Ⅲ），この効果を受ける第三者が当該訴訟手続で共同訴訟人となった場合に，これらの当事者間で合一にのみ確定すべき場合に該当するかが問題となる。しかし，この場合には，判決の効果が当然に拡張されて「合一確定」がなされるわけではない。後の訴訟で当事者が当該確定判決の存在を主張して有利な結果を導きうるにすぎず，当事者の援用がなければ第三者との関係でも合一確定が当然に招来されるわけではない。したがって，共同訴訟関係にあっても，類似必要的共同訴訟にはならない（通説。新堂741頁）。

†〔例〕　主債務者に対する貸金請求訴訟と保証人に対する保証債務の履行請求。

② 論理的統一関係　　①と関連するが，複数当事者の請求間で論理的に統一的判断が求められる関係にあっても，そのことのみでは類似必要的共同訴訟は成立しない。この場合にも審判の統一が必要であり，そのためにこれを「準必要的共同訴訟」と把握し，必要的共同訴訟に関する規定（民訴40条）を準用すべしとの見解もある（中村英郎「必要的共同訴訟」新実務(3)1頁，22頁）。しかし，各請求関係は独立しているから異なった判断がなされることもありうる。そこでこれは，一般には通常共同訴訟の関係にあると理解されている（新堂745頁）。

(3) 効　　果

1) 訴えと審理　　各当事者は個別に訴えを提起することができ，共同して訴えることが当事者適格とはならない。審理は，提起された当事者間について行われるにすぎない。訴えの取下げも各当事者は個別になし得る。しかし，共同訴訟人の間では，必要的共同訴訟として共通の取扱いがなされる。

2) 判　　決　　共同訴訟人間では，統一的な内容の判決がなされる必要がある。また確定した判決効は一定の利害関係人に拡張される。

3) 上訴との関係　　共同訴訟人間では，一部の者が上訴をすると，上訴をしなかった当事者との関係でも事件は上訴審に移審する。しかし上訴しなかった当事者がいる場合，この者までも強制的に上訴審の当事者とする必要はなく，上訴人にはならないと解される（〔**判例**①②〕）。この意味で必要的共同訴訟に関する規定（民訴40条1項）はその適用が限定される。また上訴を取り下げた者も同様に上訴人にはならない（〔**判例**①〕）。しかしその結果，これらの者との間で判決が個別的に確定するわけではなく，上訴審での判決の効果はこれらの者に及ぶ。

†〔**判例**〕　①　住民訴訟：最(大)判平成9年4月2日民集51巻4号1673頁（愛媛玉串料訴訟大法廷判決）[27]　本件はY（被告・控訴人・被控訴人・被上告人）が

愛媛県知事の職にあった昭和56年から同61年にかけて，靖国神社又は護国神社の挙行した例大祭においてY及びその他の職員Y_2〜Y_{19}が玉串料，献灯料，供物料を県の公金から支出して奉納したことが憲法20条3項，89条に違反するとして，Xらから地方自治法242条の2第1項4号に基づいて提起された損害賠償代位請求住民訴訟である。上告審で，上告人の一人であるMが上告を取り下げた。この点に関して最高裁は以下のように述べて先例を変更し，上告取下げを許した。

「本件上告を申し立てた者のうちMは，平成6年7月7日，上告を取り下げる旨の書面を当裁判所に提出した。そこで，職権により，右上告取下げの効力について判断する。

本件は，地方自治法242条の2に規定する住民訴訟である。同条は，普通地方公共団体の財務行政の適正な運営を確保して住民全体の利益を守るために，当該普通地方公共団体の構成員である住民に対し，いわば公益の代表者として同条1項各号所定の訴えを提起する権能を与えたものであり，同条4項が，同条1項の規定による訴訟が係属しているときは，当該普通地方公共団体の他の住民は，別訴をもって同一の請求をすることができないと規定しているのは，住民訴訟のこのような性質にかんがみて，複数の住民による同一の請求については，必ず共同訴訟として提訴することを義務付け，これを一体として審判し，一回的に解決しようとする趣旨に出たものと解される。そうであれば，住民訴訟の判決の効力は，当事者となった住民のみならず，当該地方公共団体の全住民に及ぶものというべきであり，複数の住民の提起した住民訴訟は，民訴法62条1項〔参照，現行法40条1項〕にいう『訴訟ノ目的カ共同訴訟人ノ全員ニ付合一ニノミ確定スヘキ場合』に該当し，いわゆる類似必要的共同訴訟と解するのが相当である。

ところで，類似必要的共同訴訟については，共同訴訟人の一部の者がした訴訟行為は，全員の利益においてのみ効力を生ずるとされてる（民訴法62条1項〔参照，現行法40条1項〕）。上訴は，上訴審に対して原判決の敗訴部分の是正を求める行為であるから，類似必要的共同訴訟において共同訴訟人の一部の者が上訴すれば，それによって原判決の確定が妨げられ，当該訴訟は全体として上訴審に移審し，上訴審の判決の効力は上訴をしなかった共同訴訟人にも及ぶものと解される。しかしながら，合一確定のためには右の限度で上訴が効力を生ずれば足りるものである上，住民訴訟の前記のような性質にかんがみると，公益の代表者となる意思を失った者に対し，その意思に反してまで上訴人の地位に就き続けることを求めることは，相当でないだけでなく，住民訴訟においては，複数の住民によって提訴された場合であっても，公益の代表者としての共同訴訟人らにより同一の違法な財務会計上の行為又は怠る事実の予防又は是正を求める公益上の請求がされているのであり，元来

---

27) 前掲注26) 参照。

提訴者各人が自己の個別的な利益を有しているものではないから，提訴後に共同訴訟人の数が減少しても，その審判の範囲，審理の態様，判決の効力等には何ら影響がない。そうであれば，住民訴訟については，自ら上訴をしなかった共同訴訟人をその意に反して上訴人の地位に就かせる効力までが行政事件訴訟法7条，民訴法62条1項〔参照，現行法40条1項〕によって生ずると解するのは相当でなく，自ら上訴をしなかった共同訴訟人は，上訴人にはならないものと解すべきである。この理は，いったん上訴をしたがこれを取り下げた共同訴訟人についても当てはまるから，上訴をした共同訴訟人のうちの一部の者が上訴を取り下げても，その者に対する関係において原判決が確定することにはならないが，その者は上訴人ではなくなるものと解される。最高裁昭和57年(行ツ)第11号同58年4月1日第2小法廷判決・民集37巻3号201頁は，右と抵触する限度において，変更すべきものである。

したがって，Mは，上告の取下げにより上告人ではなくなったものとして，本判決をすることとする。」

② **株主代表訴訟：最(2小)判平成12年7月7日民集54巻6号1767頁[28]**

本件は，A証券株式会社がその大口顧客であるTに対して，平成元年末から平成2年1月頃に発生した株式市況の急激な損失によりTが被った損害金を違法に補填した結果少なくとも1億円の損害を被ったとして，Aの株主X_1が，A株式会社の代表取締役であったYらに対してその塡補責任を追求する訴えである。第一審ではX_1の請求棄却，X_1控訴。控訴審でX_2，X_3，X_4が共同訴訟参加。控訴審は控訴棄却。これに対して，X_3及びX_4のみが上告。

「商法267条〔参照，会847条〕に規定する株主代表訴訟は，株主が会社に代位して，取締役の会社に対する責任を追及する訴えを提起するものであって，その判決の効力は会社に対しても及び（民訴法115条1項2号），その結果他の株主もその効力を争うことができなくなるという関係にあり，複数の株主の遂行する株主代表訴訟は，いわゆる類似必要的共同訴訟と解するのが相当である。

類似必要的共同訴訟において共同訴訟人の一部の者が上訴すれば，それによって原判決の確定が妨げられ，当該訴訟は全体として上訴審に移審し，上訴審の判決の効力は上訴をしなかった共同訴訟人にも及ぶと解される。しかしながら，合一確定のためには右の限度で上訴が効力を生ずれば足りるものである上，取締役の会社に対する責任を追及する株主代表訴訟においては，既に訴訟を追行する意思を失った者に対し，その意思に反してまで上訴人の地位に就くことを求めることは相当でないし，複数の株主によって株主代表訴訟が追行されている場合であっても，株主各人の個別的な利益が直接問題となっているものではないから，提訴後に共同訴訟人たる株主の数が減少しても，その審判の範囲，審理の態様，判決の効力等には影響

---

[28] 前掲注25）参照。

がない。そうすると，株主代表訴訟については，自ら上訴をしなかった共同訴訟人を上訴人の地位に就かせる効力までが民訴法40条1項によって生ずると解するのは相当でなく，自ら上訴をしなかった共同訴訟人たる株主は，上訴人にはならないものと解すべきである（〔判例①〕参照）。」

V 主観的追加的併合

〔文献〕
井上治典「被告による第三者の追加」同・法理153頁，谷口安平「主観的追加的併合」中野・古稀(上)531頁，福永有利「任意的当事者変更」同・民事訴訟当事者論（有斐閣・2004）530頁，宮川知法「主観的追加的併合」争点3版100頁，山木戸克己「追加的共同訴訟」同・研究73頁

1 意　義

　訴え提起時には共同訴訟の形態を採っていなかったか又は当事者とすべき者を一部欠いていたが，訴訟係属後に，その訴訟の原告又は被告が第三者に対して訴えを追加的に併合提起し（引込型），あるいは第三者が訴訟当事者としてこの手続に参加することで（参加型），共同訴訟の形態が後発的に発生・増加することを〈主観的追加的併合〉という。この形態の併合は，既にいくつかの類型が現行法上許容されている。

　†〔例〕　引込型：民事執行における取立訴訟への参加命令（民執157条1項）。
　　参加型：共同訴訟参加（民訴52条），行政事件訴訟における第三者の追加的併合（行訴18条）。

　これら明文で許容された場合以外にも果たして後発的に当事者又は第三者が既存の手続について主観的な訴え併合をすることが許されるのかが問題になる。これが，訴えの主観的追加的併合を巡る問題である。

　　一般的にこのような主観的追加的併合が手続的にも有用であり，一定の要件のもとで許容すべきだとの主張がある（山木戸〔文献〕）。この見解は出発点として紛争の一挙的解決のメリットを説き，またそれは原告・被告にとっても便宜だとしたうえで，このように原告のみならず被告にも紛争解決の人的範囲を決定する権限を与えることが公平に合致するという（原告は訴え提起に際して誰を被告とするかを決定しうるから，被告にもこのような権限を与えてしかるべきだとする）。

2　在来の当事者が第三者に対する訴えを併合提起する場合（引込型）

　在来の訴訟当事者が第三者に対して訴えを併合提起する場合，原告がイニシアチヴをとり第三者に訴えを併合提起する場合と，被告側がイニシアチヴをと

る場合とがある。

(1) 原告側のイニシアチヴ

　原告が，既に係属中の訴訟手続において更に第三者を相被告として訴えを併合提起することができるか。学説は，併合要件を具備していれば第一審に限りこれを承認し，これによって固有必要的共同訴訟で欠けている当事者の補充ができる等のメリットを指摘する（兼子・体系388頁）。しかし，〔**判例**〕はこれを否定した。

†〔**判例**〕　最(3小)判昭和62年7月17日民集41巻5号1402頁[29]　「甲が，乙を被告として提起した訴訟（以下『旧訴訟』という。）の係属後に丙を被告とする請求を旧訴訟に追加して一個の判決を得ようとする場合は，甲は，丙に対する別訴（以下『新訴』という。）を提起したうえで，法132条〔現行法152条〕の規定による口頭弁論の併合を裁判所に促し，併合につき裁判所の判断を受けるべきであり，仮に新旧両訴訟の目的たる権利又は義務につき法59条〔現行法38条〕所定の共同訴訟の要件が具備する場合であっても，新訴が法132条の適用をまたずに当然に旧訴訟に併合されるとの効果を認めることはできないというべきである。けだし，かかる併合を認める明文の規定がないのみでなく，これを認めた場合でも，新訴につき旧訴訟の訴訟状態を当然に利用することができるかどうかについては問題があり，必ずしも訴訟経済に適うものでなく，かえって訴訟を複雑化させるという弊害も予想され，また，軽率な提訴ないし濫訴が増えるおそれもあり，新訴の提起の時期いかんによっては訴訟の遅延を招きやすいことなどを勘案すれば，所論のいう追加的併合を認めるのは相当ではないからである。

　右と同旨の見解に立ち，上告人の被上告人に対する本件訴えは新訴たる別事件として提起されたものとみるべきであるから，新訴の訴訟の目的の価額に相応する手数料の納付が必要であるとして，上告人が手数料納付命令に応じなかったことを理由に本件訴えは不適法として却下を免れないとした原審の判断は，正当として是認することができ，原判決に所論の違法はない。」

　原告が，訴訟係属後に新たな第三者に対する請求を併合提起することは，この判決がいうように，旧訴訟の訴訟状態を新当事者の関係で当然に利用することができないから一般論としては許容し得ないことになろう。しかし，固有必要的共同訴訟において必要な被告の一部を欠いている場合には，その補充を行うことができよう（兼子・体系388頁）。この場合には，当事者の全員が揃うこ

---

[29]　中田昭孝・最判解説民事昭和62年度522頁，五十部豊久・百選Ⅱ372頁，池田辰夫・百選3版214頁。

とが当事者適格上不可欠であり，これが揃ってはじめて訴訟手続が実質的に進行すると見うるからである。

(2) 被告側のイニシアチヴ

被告のイニシアチヴで第三者に対して訴えを追加提起する形態についてその実質的必要性は，現行法上取立訴訟における他の債権者の引込みが実定法上承認されているが，その他にも様々な求償権行使に際して生じうると指摘される（井上〔文献〕）。

3 共同訴訟参加──第三者が他人間の訴訟に参加する場合（参加型）

(1) 意　　義

共同訴訟参加は，訴訟の目的が当事者の一方及び第三者について合一にのみ確定すべき場合（参照，民訴40条1項）に，その第三者が当該訴訟に参加することを許す参加形態であり，明文規定（民訴52条）により第三者が他人間で係属中の訴訟手続に共同原告又は共同被告として訴訟の中途から参加することを許している。これは当該訴訟の判決の効力が参加人と相当方との間でも及び類似必要的共同訴訟となる場合に，判決効を受ける第三者が当事者として手続に参加することを許したものである。

†〔例〕　会社の責任追及の訴え（会847条）において共同訴訟人として参加する場合（会849条1項）。

(2) 要　　件

① 合一確定の必要性があること（民訴52条1項）　　判決効が拡張され合一確定の必要（民訴40条）がなければならない。判決の効果が参加する第三者に及ばないのであれば，あえてこの係属中の手続に参加させる意味はない。

② 訴訟が係属中であること　　訴訟が係属中であればよく，上告審でも申出ができる。判決効が及ぶことから，できるだけ判決確定前に当該訴訟に参加させ，その手続上の主張を許す必要があるからである（新堂754頁）。

③ 当事者適格が必要　　共同訴訟参加の参加人は当事者適格を有することが必要であるとするのが一般である[30]（最(2小)判昭和36年11月24日民集15巻10号2583頁[31]）。適格がなければ補助参加しかできない（新堂754頁）。

---

30) 本条は，大正改正で設けられた規定であり，立法者は当事者適格を必要とはしていなかった（経緯につき，桜井孝一「共同訴訟的参加と当事者適格」民事訴訟の法理〈中村宗雄先生古稀祝賀記念論文集〉〔敬文堂・1965〕222頁，注釈民訴(2)265頁〔加波眞一〕）。

31) 枡田文郎・最判解説民事昭和36年度250頁，井上治典・百選3版226頁。本件は，X株主によりY会社を相手方としてその株主総会決議取消訴訟を提起したが，その決議は，Zほか3

(3) 参加の手続

第三者が参加の申出をするためには民訴法43条が準用され，参加人は，参加の趣旨としてどの訴訟のいずれの当事者に参加するのか，参加理由としては合一に確定すべき場合であることを示す必要がある。当事者適格のない者からなされた参加申出は，却下するのではなく，要件を満たしていれば補助参加として取り扱うべきである（合一確定の必要があれば共同訴訟的補助参加となる）。

第3節　訴訟参加と訴訟告知

〔文献〕

河野正憲「当事者」理論と実務(上)147頁，高橋宏志「各種参加類型相互の関係」講座民訴③253頁，徳田和幸「補助参加と訴訟告知」新実務(3)127頁

I　総　　説

他人間に係属している訴訟手続に第三者が参加し，何らかの手続上の役割を担って他人間の手続に関与することができる場合がある。これを一般に〈訴訟参加〉という。

他人間に既に存在する訴訟手続の対象となっている法的関係を巡る紛争であっても，その基礎になっている事項について実質的な利害関係を有する者は，この他人間の訴訟手続に参加し，自己の利益を当該訴訟手続の結果に反映させることができることが便宜であり，またこれによって，現実の紛争をより多角的に一挙に解決するためにも有用なことがある。そこで，民事訴訟法はこのような第三者の訴訟参加の可能性を認めている。現行民事訴訟手続は〈二当事者対立の原則〉を根本的な構造としているから，第三者は基本的に原告側又は被告側に加わるのが原則となる。また第三者が参加人として手続に関与するか否かについてはその者の主体的な意思決定を重視し，参加者が自らの意思により参加することを基本としている。

参加の形態としては，当事者の一方に補助的な立場で参加する場合がある（補助参加〔民訴42条〕）。またこれに関連して学説は，訴訟当事者の補助的立場

名を取締役に選任する等であった。本件が第一審に係属中に，本件判決結果がZにも効力を及ぼすとの理由で民訴75条（現行法52条）によりY会社側に共同訴訟人として参加する旨申し出た。Zは被告としての適格を有さないとの理由で参加申出は退けられた。

で参加をするが，判決効が拡張される結果通常の補助参加人よりも強い立場を与えられた補助参加の形態を認める（共同訴訟的補助参加）。更に法律は明文で第三者が〈当事者〉として他人間の訴訟手続に参加する場合を認める（共同訴訟参加〔民訴52条〕）。二当事者対立原則からすれば原告又は被告側に当事者として参加するのが基本だが，わが国の民訴法は第三者が当事者双方に対して対立する利害関係にある場合には，この両訴訟当事者とは独立した立場で訴訟に関与することも認めている（独立当事者参加〔民訴47条〕）。

また，これらと関連して，当事者の側で利害関係を持つと考えられる第三者に対して訴訟が係属していることを法定の手続によって通知する制度（訴訟告知〔民訴53条〕）が設けられている。この場合に通知を受けた第三者は，この訴訟に参加をすることにより自らの利益を守ることができる。また参加をしない場合でもこの者に対して一定の効果を及ぼすことにしている。

II 補 助 参 加

〔文献〕

井上治典①「補助参加人の訴訟上の地位について」同・法理3頁，同②「補助参加の利益」同・法理65頁，兼子一「既判力と参加的効力」同・研究Ⅱ55頁，河野正憲「当事者」理論と実務(上)147頁，新堂幸司「参加的効力の拡張と補助参加人の従属性」同・訴訟物(上)227頁，鈴木重勝「参加的効力の主観的範囲限定の根拠」民事訴訟の法理〈中村宗雄先生古稀祝賀記念論文集〉（敬文堂・1965）405頁，吉村徳重「既判力か参加的効力か」小山昇ほか編・演習民事訴訟法(下)（青林書院新社・1973）77頁

1 趣　　旨

他人間に訴訟手続が係属している場合に，この訴訟の結果につき利害関係を有する第三者が，既存の訴訟当事者の一方を補助することによりこの者の勝訴を導き，ひいては自己の利益を擁護するためにこの手続に参加する手続形態を〈補助参加〉という。この第三者は，参加をした当事者が勝訴することによって間接的に自らもその利益を擁護することができることから，自らの費用でこの手続に参加することが認められている。この参加人は〈当事者〉として手続に参加するのではなく，あくまでも既存の当事者の一方を補助する立場で参加する点に特徴がある。参加する者を〈補助参加人〉，補助される当事者を〈被参加人〉又は〈主たる当事者〉という。

参加した訴訟手続で補助参加人が行った訴訟上の行為は，主として被参加人

のために効力を生じ，その者を勝訴に導くことに寄与することを直接の目的とする。被参加人が勝訴することは結局参加人の利益になるが，反面で被参加人が敗訴すれば参加人として被参加人の補助をしたにもかかわらず敗訴したのだから，参加人もまたその敗訴の責任の一端を負わなければならない。被参加人敗訴の判決による責任分担を負うことによって，後に被参加人と参加人との間でその責任を問う訴訟では，参加人にもその敗訴の責任の一端を分担させることができる点にこの制度の存在理由がある。

†〔例〕 債権者が保証人に対して保証債務の履行を求める訴訟において，主債務者が保証人の側に補助参加をすることがある。この場合に，補助参加人（主債務者）は例えば主債務が弁済によって消滅したことなどを主張して，保証人を勝訴させるための防御行為をすることができる。このことは，保証人が敗訴することを防止し，それによって保証人から受ける可能性のある求償請求訴訟を予防することができるなどの点で補助参加に利益がある。ただ，この共同で行った防御活動にもかかわらず被参加人が敗訴をすれば，後に参加人は被参加人（保証人）から受ける求償訴訟で，元々債務が存在しなかった等の主張は許されず，参加して補助をしたが敗訴したことの責任に応じてその不利益を負担しなければならない（参加的効力）。

わが国の補助参加の制度は，主としてドイツの補助参加の制度を導入したものである。ドイツの補助参加の制度は中世イタリア法を継受しこれを基礎に発展した。ドイツの補助参加制度は，特に19世紀にその普通法理論の中で発展したが，その際，補助参加人の従属性が過度に強調されたともいわれる（井上〔文献①〕特に15頁）。

2 補助参加の要件

第三者が補助参加人として他人間の訴訟手続に参加するためには，補助参加が許容されるための以下の要件が必要である。

① 訴訟手続が存在すること　補助参加の対象となる訴訟手続が既に存在する必要がある。訴訟手続が係属中の場合はそれがいかなる審級であるかを問わない。控訴審，上告審のみならず再審手続でも補助参加が可能である。訴訟がいったん終了確定した後でも，前の訴訟の補助参加人は再審の申立てをすることができる。また前の手続で参加していなかった第三者も，補助参加の申立てと同時に再審の訴えを提起することが可能である[32]。訴訟が訴え取下げや

---

32) これは，再審手続の手続上の位置づけに関して，それが終結し確定した訴訟手続との関係で，全く新たな手続ではなく，上訴に類した関連手続だという観念を基礎にしている。ドイツ民訴法66条2項は補助参加を「上訴の提起とも併せて行うことができる」ことを明記している。再審

訴訟上の和解で既に終了している場合でも，参加の申立てと同時に訴え取下げが無効であること，あるいは和解が無効であることを理由として期日指定の申立をすることができる。

② 第三者　訴訟手続が他人間に存在するのでなければならない。当事者は，自らの訴訟手続に参加することはできない[33]。しかし自分の共同訴訟人又はその相手方に訴訟参加をすることは可能である[34]。

③ 訴訟の結果に法律上の利害関係を有すること　第三者が他人間の訴訟手続に補助参加が認められるためには，参加人が参加をすることにつき法律上の「利害関係」を持たなければならない（民訴42条）。

ⅰ）法律上の利益　参加人には他人間の訴訟に参加するにつき彼自身に法律上の利益がなければならない。それが法律上の利益であれば，必ずしも財産法上の利益である必要はない。身分法上のものでも刑法上のものでもよい。その際，その利益は訴訟の結果としての判決の効果が直接に参加人に及ぶ場合に限らない。訴訟物についての判断に関して論理的に前提となる事項について，当該判決での決定が参加人の法的地位について事実上不利益となる関係にあることをいう。

†〔例〕債権者が保証人に対して保証債務の履行を求める訴えでは，この判決の効果は主債務者には及ばない。しかし主債務の存在は保証債務の存在に不可欠の前提である（民448条）。そこで，主債務者はこの手続に参加して，主債務の不存在について防御することができる。

役員の責任追及等の訴え（会847条以下）では，会社が責任を追及されている役員側に補助参加することができるのかが問題とされた。原告株主の請求内容は，会社の役員に対する損害賠償請求権であり，その限りでは会社と役員とは利害が対立する。そこで，この場合には役員側への補助参加が許されないとする見解が学説上主張されてきた（徳田和幸「株主代表訴訟における会社の地位」民商115巻4＝5号594頁）。しかし，実際にはこの役員は会社の意思決定機関として活動したのであり，会社としても株主に対してではなく会社役員の側に立って補助参加をして請求

についての問題点は，河野〔文献〕170頁及び179頁注43。

33) 破産者は破産財団関係訴訟で，自らの所有物に関する訴訟手続でも当事者適格がないから当事者になり得ない。しかし参加の利益があれば管財人の追行する訴訟に補助参加をすることができる。

34) 共同訴訟人間で当然の補助参加関係を認める見解（兼子・体系399頁）があるが，否定すべきである。しかし，参加人と主債務者が共同して訴えられた場合などに主債務者が保証人に意識的に参加を行うことは可能である。

棄却を求め，その判決の前提として役員が行った意思決定が適法であったことの確定を判決の理由で求めることに真の参加の利益を見いだしている[35]。現行法は，このような実際上の要請を認めて，株式会社が取締役（監査委員を除く），執行役及び清算人並びにこれらの者であった者を補助するために責任追及等の訴訟手続に参加するには，監査役設置会社においては監査役の，また委員会設置会社においては各監査委員の同意を得なければならないものとしている（会849条2項）。

ⅱ）訴訟の結果についての利害関係を有すること　補助参加が許されるためには訴訟の結果について利害関係を持たなければならない。

第三者に判決の効力が及ぶ必要はない。また単に判決の効力が及ぶこと自体は，当然に補助参加の利益を肯定する理由とはならない[36]。他方で，単なる感情的理由や事実上の利害関係は，補助参加の理由とはならない。利害関係は法律上のものでなければならない。

補助参加の理由となりうる利害関係を具体的に示すために，従来，訴訟物との実体的な先決関係が必要だとし，当事者間で争われている権利関係の判断につき第三者の法律上の地位が「論理上決まってくる関係」が必要だとする見解が唱えられた（兼子・体系400頁）。しかし，必ずこのような関係を必要とせず，より緩やかな関係で補助参加を認めるべしとの見解が有力化している（注釈民訴(2)117頁以下〔井上治典〕）。実際にも，このような観点から，利害関係の性質，内容その程度を検討したうえで補助参加の許否を決定した例がある（東京高決平成2年1月16日判タ754号220頁）。

3　補助参加の手続
(1)　補助参加の申出

補助参加の申出は，参加の趣旨及び理由を示して書面又は口頭で行う（民訴43条）。通常は書面（補助参加申出書）によって行われるが，この場合にはその副本を当事者双方に送達しなければならない（民訴規20条1項）。補助参加の申出は，独立して行う場合の他，参加人が行うことのできる行為（上訴の申立て等）と併せて行うことができる。また，その際，費用（500円。民訴費3条，別表第1第17項ニ）の納付が必要である。

---

[35] 会社法成立前の判例として，最(1小)決平成13年1月30日民集55巻1号30頁は，この場合につき参加の利益を肯定した。髙部眞規子・最判解説民事平成13年度55頁。
[36] 例えば，形成判決の効果は第三者にも及ぶ。しかし，これら判決効を受ける第三者がすべて補助参加の利益を持つわけではない。補助参加の利益は，これとは独自に，紛争権利関係に即して要求されなければならない。

(2) 手　　続

参加申立てに理由があるか否かに関する裁判所の判断は，当事者が異議を述べた場合にのみ決定で行われ（民訴44条1項），異議がなければ参加は当然に許される。当事者が異議を述べずに弁論を行った場合は異議権を喪失する（同条2項）。参加許否の裁判に対しては即時抗告をすることができる（同条3項）。補助参加人は，補助参加につき異議があった場合であっても，補助参加を許さない旨の裁判が確定するまでの間，訴訟行為をなすことができる（民訴45条3項）。この場合に，補助参加人が行った訴訟上の行為は，補助参加を許さない旨の裁判が確定した場合であっても，当事者が援用した場合はその効力を有する（同4項）。

4　補助参加人の地位

(1)　従属性と独立性

補助参加は，他人間で行われている訴訟に第三者がその訴訟当事者の一方を補助するために参加して，その者の勝訴を導くために一連の訴訟行為を行うための手続である。補助参加は，参加人に具体的な利益がある場合に，そしてその費用で行う手続であり，参加人固有の権限が与えられる必要がある。他方で，この手続はあくまでも被参加人である当事者を補助するための手続であるとされる。そこでこれらとの関係で，補助参加人が手続上どの限度で独立性を持って手続上の行為をなし得るかが問題になる。

(2)　補助参加人に許される訴訟行為

補助参加人は被参加人を補助するために必要な攻撃・防御方法を提出することができるほか，異議の申立て，上訴の提起，再審の訴えの提起その他一切の訴訟行為をすることができるのが原則である（民訴45条1項本文）。補助参加人は当事者ではないから証人となることもできる。被参加人が口頭弁論期日に欠席しても出頭した補助参加人は攻撃・防御方法を提出することができる。

補助参加人は独立の権限で訴訟手続に関与しているから，当事者とは別に，補助参加人に対しても期日の呼出し，訴訟書類の送達をすべきである。参加人は，いったん参加をしても，いつでも参加を取り下げることができる[37]。しかし，参加を取り下げても訴訟告知を受けた者と同一の地位にあると解されるから，参加的効力が及ぶことを免れない（民訴45条4項類推。新堂766頁）。

---

37)　相手方の同意は不要である。これに対して，参加的効力が，参加人・被参加人だけでなく相手方にも及ぶとする見解では，相手方の同意を必要とするという（新堂766頁）。

(3) 補助参加人に許されない訴訟行為

補助参加人が手続上なし得る行為には，補助参加人の地位の特殊性（訴訟当事者ではなく当事者の補助者である）から次の例外がある。

① 補助参加人が訴訟手続に参加した時点で，既に当事者自身が訴訟の程度に従いもはやすることができない事柄は，補助参加人もすることができない（民訴45条1項但書）。補助参加人は，被参加人がそれまで行ってきた訴訟追行の結果を承認しなければならない。

  †〔例〕 被参加人が既に管轄違いの抗弁を提出できなくなっている場合（民訴12条），攻撃・防御方法の提出につき時機に後れた場合（民訴157条）は，参加人も同様に提出できない。被参加人につき責問権の放棄があった場合（民訴90条）や，被参加人が既に裁判上の自白（民訴179条参照）をしていれば，これを参加人が覆すことはできない。判例は，被参加人について控訴申立期間が経過している場合，補助参加人は独立して上訴をなし得るが，被参加人が控訴をなし得ないから参加人も控訴をなし得ないとする（最(2小)判昭和37年1月19日民集16巻1号106頁[38]）。

② 補助参加人の行為が被参加人の行為と抵触するときはその効力を有しない（民訴45条2項）。これは被参加人の行為が積極的に参加人の行為と抵触する場合である。これに反して，被参加人が消極的に何もしないでいる限り，参加人は積極的にその被参加人がなしうる行為をすることができる。

③ 当事者間の訴訟手続自体を新たに設定・変更・消滅させる行為をすることはできない。補助参加人は，他人間の訴訟に補助者として関与するのであるからこの他人間の訴訟手続自体を処分する行為をすることはできない。

  †〔例〕 補助参加人は，訴え取下げ，請求の放棄・認諾，訴訟上の和解，訴えの変更，中間確認の訴え，反訴の提起，上訴権放棄，上訴取下げ等の行為をすることができない。

④ 補助参加人は被参加人に不利な行為をすることができない。補助参加人は被参加人を勝訴に導くことがその参加の目的だからである。裁判上の自白については，当事者が争点を自らの負担・責任で減縮する行為であり，参加人がなすことはできない（反対，井上〔文献①〕43頁。自白が事実の陳述だとする）。

(4) 被参加人が持つ実体法上の権利の行使

補助参加人は参加した手続で，被参加人が有する実体法上の権利を行使して

---

38) 高津環・最判解説民事昭和37年度15頁。

訴訟手続での攻撃・防御を行うことができるかについては見解が対立する。

†〔例〕　取消権，解除権，相殺権等の形成権の行使，時効の援用等を補助参加人が独自に行いうるか。

訴訟外で，既に被参加人がこれらの行為を行っている場合に参加人がその結果を訴訟手続上で援用すること（訴訟行為）が許されることに異論はない。これに対して，訴訟上これらの意思表示を参加人が独自に行うことについて通説は，これらの行為を行うには実体法上の根拠が必要であり（例えば民423条，436条2項，457条2項等），それを超えて一般的にこれらの実体法上の行為を補助参加人が独自に行うことはできないとする（兼子・体系403頁，新堂767頁）。これに対して，参加人はあらゆる手段を用いて被参加人を勝訴に導くことができるから，これらの行為を参加人が行わないのであれば参加人が自ら行ってそれによって攻撃・防御を行うことも可能だとの見解（三ケ月・全集238頁，井上〔文献①〕56頁）が対立する[39]。もっとも，前説を採っても，参加人が本来行い得ない行為を訴訟上で行った場合，被参加人が遅滞なくこれらの行為を行う意思がないことを明示する行為を訴訟手続上でしない限り無権代理行為を追認したと評価される可能性がある（新堂767頁）。

5　参加的効力

(1)　裁判の効力の性質

1)　参加的効力とその除外事由　　補助参加人が関与した訴訟手続において下された判決は，当事者間における通常の判決効（⇒第10章第5節Ⅳ4）の他に補助参加人との関係でも一定の効力が生じる（民訴46条）。この効力につき同条は，「補助参加人に対してもその効力を有する」と定めるが，その際，次の場合を判決効の除外事由として明示している。

①　民訴法45条1項但書の規定により補助参加人が訴訟行為をすることができなかったとき（⇒4 (3) ①）。補助参加をした時点で，当事者間の訴訟手続の進行によりもはや参加人がなし得ない行為については，補助参加人はその点に関する判決の拘束力を受けない。

②　民訴法45条2項の規定により，補助参加人の訴訟行為が被参加人のなした訴訟行為と抵触し，その効力を有しなかったとき。

③　被参加人が補助参加人の訴訟行為を妨げたとき。

---

[39]　三ケ月説は，訴訟上の形成権行使につき訴訟行為説であり，これを実体法上の意思表示と見ない点で，通説とは基本的な違いがある。

④　被参加人が補助参加人のすることのできない訴訟行為を，故意又は過失でしなかったとき。

　以上の補助参加人に対する判決効の例外事項は，専ら被参加人との関係で補助参加人が訴訟行為を行うことが阻害された場合に発生する事由である点に特徴がある。このことは，この判決効が専ら補助参加人と被参加人との間で発生する効力であることを示唆する。

　2）　参加的効力の法的性質　　補助参加人が手続に参加し，手続追行を被参加人と共同して行った結果発生する裁判の効果につき，その効力の法的性質をどのように理解すべきかを巡って争いがある。かつてこれは既判力に他ならず，その参加人への拡張だとの見解が支配的であった（大判昭和15年7月26日民集19巻1395頁[40]）。しかし今日の通説は，この効力は既判力とは異なる補助参加の独自の効果，即ち〈参加的効力〉であると解している（参加的効力説。兼子〔文献〕59頁以下，同・体系404頁，上田540頁）。それは，参加人が関与し補助をしたにもかかわらず被参加人が敗訴した場合に，参加人は後に被参加人に対してその訴訟追行が不十分であったと主張することはできないとの拘束力を意味するのであり，その根拠は共同して訴訟を追行したにかかわらず，自らの責任を棚上げにして敗訴原因を被参加人のみに転嫁することを許さないという〈禁反言〉的な公平の要求に基づくという（兼子〔文献〕58頁）。

　　参加的効力説は補助参加人に対する判決の効力につき，次の点を挙げて既判力との相違を強調する。
　　①既判力は公権的判断によって当事者間の現在の紛争を解決しその蒸し返しを封じようとするから勝敗の如何にかかわらず両当事者を拘束しなければならない。これに対して参加的効力は，被参加人が敗訴した場合につき参加人の共同責任を認める点に主眼がある。②その効力は，参加人と被参加人との間で敗訴責任の共同分担の問題である。③その効力は敗訴原因を後の訴訟で否定し，これに反する別の主張を許さない点にあるから，判決の理由中の判断に拘束力を及ぼす必要がある。④その効力は，既判力と異なり当事者が援用する場合にのみ及ぼせば足り，既判力が職権調査事項であるのとは異なる，等である。

　最高裁（〔**判例**〕）は，それまで先例とされてきた大審院判例（前掲大判昭和15年7月26日）がこの効力を既判力としていたのを変更して，通説にならい参加的効力説を採用することを明らかにした。

40）　この判決については，兼子・判例384頁。またその後，同〔文献〕参照。

†〔判例〕 最(1小)判昭和45年10月22日民集24巻11号1583頁[41]　　訴外Aは，本件建物の所有者であると主張してY（被告・反訴原告・被控訴人・被上告人）に対してその一部である本件貸室の明渡し等を請求する訴を提起した（別訴）。X（原告・反訴被告・控訴人・上告人）は，この訴訟が第一審に係属中にY側に補助参加し，以来終始，本件建物の所有権はXがYに本件貸室を賃貸した昭和33年5月31日当時から，訴外Aにではなく，Xに属していたと主張して，右請求を争うYの訴訟追行に協力した。しかし，Yはその訴訟で本件建物の所有権が右賃貸当時からAに属し，Xには属していなかったとの理由で全面敗訴し，この判決は確定した。

　本件では，XはYに対して金670万円余の賃料及び損害金の支払を求め，その理由として次のように述べた。Xは，本件建物を昭和33年5月31日にYに賃貸したがその後，Xは昭和34年3月25日到達の書面でYの用法違背及び近隣ビルの賃料に比較し本件賃料が低廉であることを理由に賃料増額の意思表示をした。Yは昭和34年4月1日以降の賃料の支払をしないので，XはYに対して昭和35年5月5日到達の書面で賃貸借契約解除の意思表示をした。Yはその後も貸室の明渡しをせず，昭和37年12月25日になってようやく明渡しをした。そこで，その間の賃料及び損害金の支払を求めるというのであった。これに対してYは，この請求の棄却を求め，更に反訴としてXに対して300万円の支払を求めた。Yは抗弁として本件賃貸借契約が無効だと主張する。すなわち，X及びYは本件賃貸借契約を締結するにあたり，本件貸室がXの所有に属することあるいはXがこれを他に賃貸するのに必要な権限を有していたことを契約の内容としてYはXに建設協力保証金名で敷金300万円を差し入れた。しかし，Xはこのような権限を有さずこの点につきYには錯誤があった。また，XはYに対して本件貸室がXの所有に属することを主張できない。それは，AがYに対して本件貸室の所有権に基づきその明渡し及び損害賠償請求訴訟を起こし，XはYを補助するためにこの訴訟に参加したが，控訴・上告を経てYの敗訴が確定した。したがって右訴訟における補助参加人であったXはYに対し右貸室がXの所有でに属することを主張し得ないという。第一審はXの請求を棄却しYの反訴を認容した。X控訴。控訴棄却。Xは参加的効力が既判力だとする上記大審院判決昭和15年7月26日を援用して理由中の判断である貸室の所有権の判断に既判力は及ばないと主張して上告。上告棄却。

　「まず，民訴法70条〔現行法46条〕の定める判決の補助参加人に対する効力の性質およびその効力の及ぶ客観的範囲について考えるに，この効力は，いわゆる既

---

[41]　奥村長生・最判解説民事昭和45年度418頁，福永有利・続百選56頁，佐野裕志・百選2版86頁，吉野正三郎・百選Ⅱ378頁，山本研・百選3版218頁．

判力ではなく，それとは異なる特殊な効力，すなわち，判決の確定後補助参加人が被参加人に対してその判決が不当であると主張することを禁ずる効力であって，判決の主文に包含された訴訟物たる権利関係の存否についての判断だけではなく，その前提として判決の理由中でなされた事実の認定や先決的権利関係の存否についての判断などにも及ぶものと解するのが相当である。けだし，補助参加の制度は，他人間に係属する訴訟の結果について利害関係を有する第三者，すなわち，補助参加人がその訴訟の当事者の一方，すなわち，被参加人を勝訴させることにより自己の利益を守るため，被参加人に協力して訴訟を追行することを認めた制度であるから，補助参加人の訴訟の追行に現実に協力し，または，これに協力しえたにもかかわらず，被参加人が敗訴の確定判決を受けるに至ったときには，その敗訴の責任はあらゆる点で補助参加人にも分担させるのが衡平にかなうというべきであるし，また，民訴法70条〔現行法46条〕が判決の補助参加人に対する効力につき種々の制約を付しており，同法78条〔現行法53条4項〕が単に訴訟告知を受けたにすぎない者についても右と同一の効力の発生を認めていることからすれば，民訴法70条は補助参加人につき既判力とは異なる特殊な効力の生じることを定めたものと解するのが合理的である」。(原審認定事実略〔上述参照〕)

「してみれば，右別件訴訟の確定判決の効力は，その訴訟の被参加人たるYと補助参加人たるXとの間においては，その判決の理由中でなされた判断である本件建物の所有権が右賃貸当時Xには属していなかったとの判断にも及ぶものというべきであり，したがって，Xは，右判決の効力により，本訴においても，Yに対し，本件建物の所有権が右賃貸当時Xに属していたと主張することは許されないものと解すべきである。」

この〔**判例**〕の頃から学説上は，参加的効力説に対する疑問が提示されはじめた。一つは拘束力の拡張理論であり，参加人も手続上一定の手続関与権が与えられ相手方当事者との間で攻撃・防御を行った以上相手方と参加人との間で何らの効果も与えられないのは両者の公平を欠くとし，①請求自体の判断が補助参加人の権利関係の先決問題になっているときは，その訴訟行為が妨げられた場合を除き，相手方と被参加人との間の既判力の拡張を受け，②請求の当否の前提となる主要な争点についての判断に補助参加人が直接利害を持つ場合，当事者間で争点効が働く限度で，かつ民訴法46条の制限下で補助参加人と相手方にも争点効が生じるとの見解（新堂770頁，同〔文献〕227頁）[42]や，補助参加の効力は既判力そのものだとする見解

---

[42] この見解は結局，参加的効力と判決理由中の判断の拘束力である争点効が同一の基礎にあるとの帰結に至る（新堂〔文献〕244頁）。その結果，「被参加人が敗訴した場合に，その判決で判断された敗訴事由については，もはや参加人も被参加人も相手方に対してこれに反する主張が許されない」という原則を導き，更には，「相手方が敗訴したときには，相手方は被参加人に対してはもちろん，参加人に対してもその敗訴原因となった判断に反する主張をすることは許されな

も提唱された（井上・法理376頁，380頁，同説，松本＝上野698頁）。もっとも論者の既判力理解についてはなお問題が残る。既判力は単に裁判所が行った判断の拘束力ではなく，構造上本来原告が設定した訴訟物の枠でその当否を判断しその判断に拘束力を付与したものであり，訴訟過程での攻撃・防御行為についての判断の拘束力を制限し，当事者の攻撃・防御の自由を保障している（⇒第10章第5節Ⅱ）のに対して，参加的効力は他人間の訴訟に関与した者に対する拘束力である点で，参加的効力と既判力との構造上の違いは無視し得ない。通説によるべきである。

(2) 参加的効力の主観的範囲

補助参加人が参加してなされた訴訟手続の審理に基づいて当事者間で下された判決は，補助参加人との関係でもその効力を有する（民訴46条）。その際，その効力は，通説的な理解によれば既判力とは異なり，この補助参加の効力は被参加人が敗訴した場合にのみ問題となるのであり，それは主として参加人と被参加人との間でこの敗訴の責任の分担をめぐる問題を解決するための効果であるとみる。被参加人が敗訴した場合にその負担を参加人と分担する点にその基礎があることから，この効力は専ら，参加人と被参加人との間で生じると理解されている。

　　これに対して，参加的効力が相手方当事者との関係でも生じるとの見解が主張されているが，この見解も，参加的効力自体の拡張によりこのような効果を持つと解する見解（鈴木〔文献〕）と，これが既判力に他ならないと理解する見解（井上・法理376頁，380頁以下），更には争点効の主観的拡張と理解する見解（新堂〔文献〕特に236頁以下）とに分かれる。しかし，基本的に参加的効力説によるべきであり，被参加人と参加人との間のみで，被参加人が敗訴した場合のみに及ぶと理解すべきである。

(3) 参加的効力の客観的範囲

参加的効力は，被参加人が敗訴した場合にその責任分担をするための効力であるから，その判決理由中で裁判所が示した敗訴の原因となった事項についての判断にも拘束力が及ぶ。既判力の効果が及ぶ客観的範囲が，審判対象（訴訟物）として特定された事項について裁判所がなした判断である判決「主文に包含するもの」に限定される（民訴114条1項）のとは異なる[43]。

　　い」としなければならないとされる（同書243頁）。このような拘束力が一般的に生じるとすれば，相手方との関係でも参加人は当事者と同等の扱いを受けることになり，補助参加を許すべきか否かは後の訴訟の可能性を睨んで極めて重要な意味を持つことになり得る。

参加人が被参加人と共同して訴訟を追行し，被参加人の勝訴判決を獲得しようと努力して様々な訴訟行為を行ったにもかかわらず敗訴をしてしまった場合は，参加人が負うべき責任は単に訴訟手続に関与し攻撃・防御を被参加人と共にしたことのみによってその敗訴の負担を負わされるわけではない。参加人の負うべき責任は，被参加人敗訴の理由との関連で具体的に定まる。参加人が負うべき責任はこの判決理由を考慮することによってはじめて明確になる。当該訴訟で判断された争点であって，参加人が行った攻撃・防御行為との関係でなされた裁判所の判断について参加人は責任を負うべきであり，この点に参加的効力が発生し，またその効力はこのような点に制度的に限定されているというべきである。

　　†〔例〕　保証人に対する債権者からの保証債務の履行請求訴訟では，主債務の存在が争点となり（民448条参照），主債務者が参加してその不存在の立証に努めたがこれが成功せず，請求が認容された場合に，主債務者は後の求償訴訟で債務の不存在の主張に対して保証人から参加的効力の主張を受けてもしかたがないといえる。

Ⅲ　共同訴訟的補助参加

〔文献〕
井上治典「共同訴訟的補助参加論の形成と展開」同・法理109頁

1　概　　念

　判決の効力が訴訟当事者のみならず第三者にも拡張される場合に，この第三者が補助参加をする場合を〈共同訴訟的補助参加〉という（その形成史につき，井上〔文献〕109頁）。これは，この第三者に判決効が及ぶことから，通常の補助参加人に与えられた従属的地位のみでは不十分であり，必要的共同訴訟人に準じた強い訴訟追行権を与える必要があることから設けられた制度である。第三者が当該訴訟において当事者適格を持つ場合は〈共同訴訟参加〉（民訴52条）により，当事者として参加をすることができるから，格別に共同訴訟的補助参加を認める必要はない。しかし，第三者が当事者適格を持たない場合には，この参加類型を認め，独立した地位を与えて，参加人はその利益に反した当事者間での訴訟追行に制約を加える必要がある。補助参加では地位が弱すぎること

43）　補助参加人と相手方との関係は，攻撃・防御も専ら訴訟物についての範囲で争う当事者間の確定との関係では二次的であると考えられる。直ちに〈信義則〉等による理由中の判断への拘束力を肯定することはできない。

から学説・判例によって提案されたものである。これが制定法上承認されている例として，人訴法15条がある（同条4項参照）[44]。

†〔例〕 破産管財人が行う訴訟手続に破産者が補助参加する場合，遺言執行者の訴訟に相続人が補助参加する場合等。

2 地　位

共同訴訟的補助参加人は手続上独立した地位を持ち，必要的共同訴訟人の地位（民訴40条）に近い権限を有する（ただし，当事者としての独自の訴訟追行権はない）。したがって，補助参加との関係では以下の特徴がある。

① この参加人は被参加人の行為と抵触する行為もすることができる（民訴40条1項類推）。

② 参加人に訴訟手続の中断・中止事由が生じた場合の取扱いについては見解が対立する。この場合には，本訴訟の手続も停止される（民訴40条2項類推）との見解がある（兼子・体系407頁）。これに対して，これは訴訟手続の進行には影響しないとの見解（三ケ月・全集242頁）がある。更に，参加人を除外した手続進行が参加人の利益を詐害するものと認められる場合に，本訴訟の中止を命じるべきだとの見解もある（新堂776頁）。参加人に当事者適格が存在しないが判決効が及ぶことからすれば，最後の見解によるべきであろう。

③ 参加人の上訴期間は被参加人のそれとは独立に計算される[45]（民訴285条参照）。

Ⅳ 訴訟告知

〔文献〕
河野正憲「訴訟告知と参加的効力」Law School 49号80頁

---

[44] 人事訴訟において，本来被告とすべき者が死亡したことにより，訴え提起ができなくなる場合に検察官を相手に訴えを提起することができる（人訴12条3項）。しかし，検察官は事件について具体的事情を知り得ず，実質的な訴訟追行をすることができない。他方で，当該身分関係から派生して相続権を侵害される者の地位（これは人事訴訟が対象とする身分関係そのものではなく財産法関係）に配慮して，訴訟への補助参加の機会を保障した（⇒第13章）。

[45] 最(1小)判昭和50年7月3日判時790号59頁は，検察官を相手にした死後認知請求事件である。死者の子が検察官に補助参加したが，原告勝訴後検察官が控訴しないままに控訴期間が徒過した後に，参加人が控訴したケースである。原判決は，本件が共同訴訟的補助参加であるとして控訴期間を独自に算定したが，最高裁は破棄自判し，控訴を却下した。本件について，河野正憲・北九州5巻1号109頁。

1 意義と目的

(1) 訴訟告知制度の意義

訴訟告知は、係属中の訴訟の当事者から訴訟に参加することができる第三者に対して、法定の方式に基づいて訴訟が係属していることを通知する制度である。この訴訟告知を行うことにより、利害関係がある第三者に対してその訴訟に参加する機会を与えると共に、告知をした当事者の側では、自らが敗訴をした場合には、被告知者がたとえ参加しない場合であっても被告知者に参加的効力を及ぼすことを目的とした制度である。これにより、告知者が被告知者に対して提起する後の訴訟手続で、告知者が行った前の訴訟手続の追行に関して被告知者が、その不備や異論を述べることを阻止する効果を与えることで、この被告知者との後続訴訟の追行を容易にすることを目的としている。

被告知者は、告知を受けるとその訴訟に参加をするか否か、また参加するにしてもいずれの当事者の側に参加をするのかを決断しなければならない。告知者の意図としては自らの側に参加することを期待している場合が多いであろう。しかし、被告知者は告知者側に参加することを強制されるわけではない。場合により利害関係上かえって相手方に参加をすることがある。

†〔例〕① 保証人に対する保証債務の履行請求訴訟で被告保証人（Y）から主債務者（Z）への訴訟告知：主債務者は、補助参加の利益を有しており、保証人側では後日の求償請求訴訟に備えて告知をすることができる。主債務者が参加しない場合でも保証人と主債務者との間での後訴（保証債務弁済に伴う求償請求訴訟）で、主債務の存在に関する判断について、Zがこれを否定することが制限される。

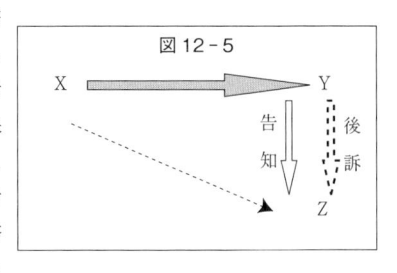

図12-5

② 売買契約による代金請求訴訟で、被告（Y）がその代理人とされた者（Z）の代理権を否定し、代理人に訴訟告知する場合：Yは代理権を否定し、（表見代理等により）敗訴した場合には、後にZに損害賠償請求をする可能性がある。これに対して、Zは自己の代理権を主張してX側に補助参加することがありうる。

(2) 訴訟告知制度の沿革

明治民訴法はドイツ民訴法72条1項にならい、「原告若クハ被告若シ敗訴スルトキハ第三者ニ対シ担保又ハ賠償ノ請求ヲ為シ得ヘシト信シ又ハ第三者ヨリ請求ヲ受

ク可キコトヲ恐ルル場合」に，訴訟係属中訴訟告知ができると定めていた（59条1項）。これはローマ法上の追奪担保責任追及の前提として設けられていた訴訟通告（litis denuntiatio）の制度に由来し[46]，訴訟告知制度は実体権との関連で告知者自身の利益を守るために被告知者に参加的効力を課すことができる制度と考えられていた。わが国の大正15年改正民訴法では，訴訟告知の適用範囲が狭すぎるとの理由で実体権との関連性を遮断し，専ら第三者に参加の機会を与えるという理由で告知の可能性が拡張された。

(3) 訴訟告知制度の趣旨・目的

訴訟告知制度は，訴訟当事者から参加の利益を有する第三者に対して訴訟が係属していることを法定の手続で通知する制度であるが，この制度の目的をどのように理解すべきかについては見解が対立する。

一般には，訴訟当事者にとって訴訟告知をすることが義務ではなく告知をするか否かが告知者にゆだねられていることから，利害関係を有する第三者が他人の訴訟に参加をするための機会を与える制度だと理解されている。参加の形態も，通常は補助参加が予定される。しかしそれに限定されるわけではなく，第三者の持つ利害との関連では，独立当事者参加の可能性もある。

しかし，訴訟告知の制度は被告知者が訴訟に参加した場合の他，たとえ参加しなかったとしても，被参加人に一定の裁判上の効果が発生するものとしている（民訴53条）。この効力は，補助参加人に対する裁判の効力が適用され，「訴訟告知を受けた者が参加しなかった場合においても，第46条の規定の適用については，参加することができた時に参加したものとみなす。」と定めていることから，補助参加の場合に生じる参加的効力との関連が問題になる。補助参加人に対する裁判の効力は，前述のように，補助参加人として訴訟手続に関与した結果生じる効果であるのに対して，告知の効果は，手続に関与しなかったことにより生じる効果である点にその根拠に違いがあり得るからである（⇒3

---

[46]　ドイツ法系民事訴訟では被告が更に第三者に対して責任追及をする訴えに関する明文規定がなく，伝統的にはこれを許容していないと解されてきた（*Murray/Stürner*, GCJ, P.208）。ローマ法上は訴訟告知が追奪責任による返還請求権行使の前提とされ，これは買主に代わって売主に，追奪担保責任追求者との訴訟をする義務を負わせるものとされた。フランス法ではこれがいわゆる追奪訴訟となり，保証義務を負う者への告知とこれによるこの者への請求権の主張がなされ，この同一の訴訟で告知者が敗訴すると，保証義務者もまた敗訴するとされた（*Hellwig*, System I, S.233）。フランス1806年民訴法176条，フランス民法1640条。最近では，ドイツ法でも被告から原告と共に第三者に対してなされる反訴が許されることにつき，⇒第11章第5節。

(2))。

2　要件と手続
(1)　要　　件
訴訟告知は，訴訟係属中に告知権を有する者からその訴訟に参加をすることができる第三者に対して，裁判所を介して行う法定の通知であり（民訴53条1項），これを行うためには以下の要件を必要とする。

①　事件がわが国国内の裁判所に係属中でなければならない。判決手続であれば審級は問わない。事件が上告審に係属中でも行うことができる（新堂777頁）。

②　訴訟告知をすることができる者は，当該訴訟の両当事者，補助参加人及びこれらの者から告知を受けた第三者である。

③　告知を受ける者は，利害関係を有し，訴訟に参加することができる第三者である[47]。

(2)　手　　続
訴訟告知は，告知者が訴訟告知の理由と訴訟の程度を記載した書面（訴訟告知書）を裁判所に提出して行わなければならない（民訴53条3項）。

> 裁判所は訴訟告知書を告知を受けるべき者に送達しなければならないが，その際この送達は告知者が提出した副本で行う（民訴規22条1項，2項）。また裁判所は，告知者が裁判所に提出した訴訟告知書を相手方にも送付しなければならない。これは，相手方に，被告知者が参加申立てをした場合に異議申立てをするかどうかを考慮させるためのものであり，これを欠いても告知の考慮には影響しない。また手続上の瑕疵は，責問権の放棄により治癒される。

3　効　　果
訴訟告知を受けた第三者は係属中の訴訟手続に参加をするか否か，参加をするに際してもどのような形態で参加をするか，参加をする相手方として告知者側に参加をするかあるいは相手方当事者側に参加をするかを決断しなければならない。しかし，被告知者は参加を強制されるわけではなく，参加をするか否かはあくまでも自由に決定することができる。その際，訴訟告知がなされた結果，被告知者が訴訟に参加すれば，参加人と被参加人との間では参加的効力が生じるが（民訴46条），これはまさに参加したことにより発生した効力そのも

---

[47]　当事者は相手方当事者に対して訴訟告知をすることはできない。

のである。これに対して被告知者が参加をしなかった場合にも民訴法46条の規定（参加的効力）は参加をすることができた時に参加をしたものとみなされる（民訴53条4項）。もっともこの訴訟告知により参加的効力が発生する根拠については理解が一致せず、その結果効力の及び方について異なる見解がある。

(1) 被告知者が参加をした場合

1) 被告知者が告知者側に参加をした場合　被告知者が訴訟告知を行った訴訟当事者の側に補助参加をした場合、告知者と参加人との間で補助訴訟参加による参加的効力が発生する（その効力については⇒Ⅱ5）。

2) 被告知者が告知者の相手方に参加した場合　被告知者が告知者側に参加せず、かえって相手側に参加することも稀でない。告知者側と現実の利害が対立する場合である。この場合には、参加人と被参加人との関係で参加的効力が発生することは明らかである。しかし、告知者と被告知者との間でも同じ参加的効力が生じるのか、あるいは何らかの制限があるのかが問題になる。

この点に関して〔裁判例〕は、告知者との関係で参加的効力が生じ、それには何ら制限がないと判決した。しかしこの結論には強い反対があり、裁判例は、告知者と相手方に参加した参加人との間の訴訟告知の効力について再考を迫る契機となった。

†〔裁判例〕　仙台高判昭和55年1月28日高民集33巻1号1頁　前訴で、Xは売買契約が代理権のない者によってなされたとしてその買受人Aに対して不動産の所有権確認・登記の移転を求めたが、その訴訟で、売買契約の代理人として関与したYに対して訴訟告知をした。しかしYは、前訴被告Aに補助参加した。前訴裁判所は少なくとも表見代理の成立が認められるとしてXの請求を棄却した。そこでXは改めて本訴を提起し、Yに対して無権代理を理由に損害賠償の請求をした。この訴訟でYは自己に代理権が存在したとして争った。そこで、前訴における訴訟告知の効力が問題となった。第一審裁判所は、「参加的効力は、補助参加人が被参加人を勝訴させることによって自己自身の利益を守る立場にあることを前提として、被参加人敗訴の場合に、その責任を分担させようとするものであるから、訴訟告知の場合に被告知者が参加的効力を受けるのは、被告知者において告知者と協同して相手方に対し攻撃防禦を尽すことにつき利害が一致し、そうすることを期待できる立場にあることが前提となるものというべく、そのような場合に、右のように告知者と利害が一致し協同しうる争点に限って、訴訟告知の効果が被告知者に及ぶものと解すべきである」と述べ、Yに代理権が存在したかの争点についての訴訟告知の効果については、「前訴において、XらがYの代理行為の存在を前提と

して勝訴するためには，第一次的にY代理権の不存在を主張して攻撃防禦を尽す必要があったところ，訴訟告知を受けたYとしては，自己の代理行為につきXらと協同して相手方に対し自らの代理権の不存在を主張し攻撃防禦を尽すことは期待できず，むしろ，自ら代理権の存在を主張立証することにより，のちに訴訟の当事者から無権代理人としての責任の追及を受けないように行動せざるを得ない立場にあるから，右争点については，YがAに補助参加する利益を有していたということはできても，Xらに補助参加する利益は有していなかったものというべく，また，かりにYがXらに補助参加して自己の代理権の存在を主張したとしても，それはXらの主張と牴触するから効力をもたず，いずれの観点からしても，Yの代理権の存否の点については，訴訟告知の効果が及ばない」と判断し，Yは本件で自己の代理権の主張をすることができるとした。そこで，Yの代理権につて判断し，これを肯定してXの請求を棄却した。X控訴。

控訴審である仙台高裁はこれに対して，次のように述べて前訴における争点に関する判決理由中の判断はYに対しても拘束力を有し，Yが代理権を有した旨の主張は許されないと言う。即ち，「訴訟告知の制度は，『被告知者において告知者に補助参加する利益を有する場合』のために設けられたものと解すべきではない。訴訟告知の制度は，告知者が被告知者に訴訟参加をする機会を与えることにより，被告知者との間に告知の効果（民事訴訟法78条〔現行法53条4項〕）を取得することを目的とする制度であり，告知者に対し，同人が係属中の訴訟において敗訴した場合には，後日被告知者との間に提起される訴訟において同一争点につき別異の認定判断がなされないことを保障するものである。したがって，同法76条〔現行法49条1項参照〕にいう『参加をなしうる第三者』に該当する者であるか否かは，当該第三者の利益を基準として判定されるべきではなく，告知者の主観的利益を基準として判定されるべきである。」

本件控訴審は，専ら訴訟告知者の観点からその主観的利益を基礎に被告知者に対する拘束力を基礎づけたが，このような基礎づけが適当であるのか否かが問題になる。これは，利害関係上告知者側に参加することができなかった場合を含み被告知者が参加しなかった場合についてどのような根拠で被告知者に裁判の効力が及ぶのかの問題である。

(2) 被告知者が全く参加しなかった場合

訴訟告知を受けた者は当該手続に当然に参加を強制されるわけではなく，参加するか否かは被告知者の自由である。しかし，参加をしなかった場合でも，告知者と被告知者の間には一定の効力が発生することとしており，この効力自体は民訴法46条に定める〈参加的効力〉であるが，その効力の内容は被告知

者が「参加することができた時に参加したものとみなす」ものとされる（民訴53条4項）。もっとも，訴訟告知によって発生する拘束力と訴訟参加の結果発生する拘束力とは根拠が異なる。

　本来参加的効力は，参加人と被参加人との間で現実に補助参加がなされた場合に，実際に行われた補助参加人の訴訟行為を基礎に，裁判所が実際に示した判決内容との関係で発生する効力である。これに対して，訴訟告知の効果は参加がなされなかったことによる効果である。参加の結果発生する効果と参加しなかった場合に発生する効果とは同一ではない。この告知の効果は告知をすることにより被告知者が告知者側に参加することが期待されまた期待することができた場合に，その限りで発生する規範的判断に基づいた効果であると解すべきである。この拘束力は，被告知者には告知によって参加の機会が与えられ，この与えられた機会に告知者相手方との関係で争われている争点につき十分な手続関与の機会が与えられたにかかわらず，参加をせずその機会を尽くさず，判決理由中の判断で被告知者に不利な判断がなされた場合に生じる拘束力であり，後日になってこれに反する主張をして蒸し返すのは信義に反するとの規範的評価である。それは実質的に与えられた機会を利用しなかったことにより生じる〈権利失効の原則〉の現れだと位置づけうる（河野〔文献〕82頁）[48]。したがって被告知者にとって効力が及びうるのはその告知がなされた際に予測可能な範囲に留まり，これを越えて当該判決の結論に必要な攻撃・防御方法以外の点についてなされた判断内容（いわゆる傍論）にまでも拘束力を課すことはできない。その際，予測可能な内容は，訴訟物である権利関係について当事者間で争われている関係が基本になる。〔判例〕は，基本的にはこのような考慮を前提として，効果の範囲を限定した。

　†〔判例〕　最(3小)判平成14年1月22日判時1776号67頁　　X（原告・被控訴人・被上告人）は本件訴訟に先立って，A（建築業者）に対してY（被告・控訴人・上告人）が施主となって建築したカラオケボックス用の家具等の商品（「本件商品」という）の売買代金550万円余の支払を求める訴えを提起した（前訴）。この前訴でその被告Aは，この納入商品の一部につき，注文者は自分ではなく施主であると争ったので，XはYに対して訴訟告知をした。しかし，Yは補助参加をしなかった。この別件前訴は，その後代金請求部分につき請求が棄却されて確定したが，

---

[48]　告知者のみの主観的利益から，被告知者がそもそもなしえない行為を強制する結果となる効果を与えることは，被告知者の手続権を侵害することになり許されない。

この判決理由で，本件商品は建築業者Ａが購入したのではなく，本件被告Ｙが購入した，との認定がされた。

　本件は，ＸからＹに対する本件商品代金の支払請求訴訟である。原審は，旧民訴法78条（現行法53条4項），70条（現行法46条）所定の訴訟告知による判決の効力が被告知者であるＹに及ぶことになり，Ｙは，本件において，Ｘに対し，前訴の判決の判決理由中の判断と異なり，本件商品を買い受けていないと主張することは許されないとして，Ｘの請求を認容した。これに対して，Ｙ上告。破棄差戻し。

　「(1)　旧民訴法78条，70条の規定により裁判が訴訟告知を受けたが参加しなかった者に対しても効力を有するのは，訴訟告知を受けた者が同法64条〔現行法42条〕にいう訴訟の結果につき法律上の利害関係を有する場合に限られるところ，ここにいう法律上の利害関係を有する場合とは，当該訴訟の判決が参加人の私法上又は公法上の法的地位又は法的利益に影響を及ぼすおそれがある場合をいうものと解される（最高裁平成12年（許）第17号同13年1月30日第1小法廷決定・民集55巻1号30頁参照）。

　また，旧民訴法70条所定の効力は，判決の主文に包含された訴訟物たる権利関係の存否についての判断だけではなく，その前提として判決の理由中でされた事実の認定や先決的権利関係の存否についての判断などにも及ぶものであるが（〔**判例**⇒Ⅱ5〕），この判決の理由中でされた事実の認定や先決的権利関係の存否についての判断とは，判決の主文を導き出すために必要な主要事実に係る認定及び法律判断などをいうものであって，これに当たらない事実又は論点について示された認定や法律判断を含むものではないと解される。けだし，ここでいう判決の理由とは，判決の主文に掲げる結論を導き出した判断過程を明らかにする部分をいい，これは主要事実に係る認定と法律判断などをもって必要にして十分なものと解されるからである。そして，その他，旧民訴法70条所定の効力が，判決の結論に影響のない傍論において示された事実の認定や法律判断に及ぶものと解すべき理由はない。

　(2)　これを本件についてみるに，前訴におけるＸのＡに対する本件商品売買代金請求訴訟の結果によって，ＹのＸに対する本件商品の売買代金支払義務の有無が決せられる関係にあるものではなく，前訴の判決はＹの法的地位又は法的利益に影響を及ぼすものではないから，Ｙは，前訴の訴訟の結果につき法律上の利害関係を有していたとはいえない。したがって，Ｙが前訴の訴訟告知を受けたからといってＹに前訴の判決の効力が及ぶものではない。しかも，前訴の判決理由中，Ａが本件商品を買受けたものとは認められない旨の記載は主要事実に係る認定に当たるが，Ｙが本件商品を買い受けたことが認められる旨の記載は，前訴判決の主文を導き出すために必要な判断ではない傍論において示された事実の認定に

すぎないものであるから，同記載をもって，本訴において，Yは，Xに対し，本件商品の買主がYではないと主張することが許されないと解すべき理由もない。」
　この判決については，賛否両論がある。Yが本件家具の買主であるというAの主張は，Aが買主であるという原告の主張の積極否認であり，Aが買主ではないということはいえても，更にYが買主だということの主張立証は必要不可欠な部分ではなく傍論だといえる。もっともAがYに訴訟告知をしたのはYが買ったのだということを明確にしたいからだということ自体は明確であり，Yとしても全く予想外という問題ではない。こうして，告知者の観点から見てYがこの手続に参加した場合には当然及びうる裁判所の判断としては，Yが買主だという裁判所の判断は告知されたYにとっても予想の範囲内だともいえなくはないからである。しかし，本判決は手続に参加しなかったYへの判決の拘束力が及ぶ〈判決理由中の判断〉は前の訴訟で，「判決の主文に掲げる結論を導き出した判断過程を明らかにする部分をいい，これは主要事実に係る認定と法律判断などをもって必要にして十分なものと解される」と述べて，その限界を要件事実との関係で，客観的に予測できる事項によって画した。

V　独立当事者参加

〔文献〕
井上治典①「独立当事者参加論の位相」同・法理267頁，同②「独立当事者参加」同・訴訟42頁，小山昇「民訴71条の参加訴訟における判決の内容と効力に関する試論」同・著作集(4)(信山社・1993)207頁，徳田和幸「独立当事者参加の要件と訴訟構造」争点3版108頁

1　意　義

　独立当事者参加の制度は，係属中の訴訟手続に第三者が独立した当事者の立場で介入する手続である。この参加により，従来の原告・被告の関係に参加人との関係が付加されて手続は多面的となる。
　本来通常の民事訴訟は二当事者対立原則を基本としており，訴訟手続上当事者は原告側と被告側の二手に分かれ，相対立してそれぞれの言い分を尽くすことが前提となる。しかし，現実の紛争では関与する当事者がこのように常に単純・明確に二手に分かれることが困難な場合がある。一個の土地を巡って，三者がそれぞれその所有権を主張している場合などでは，これを截然と二手に分けて紛争の解決を図ることを強制しても，それが現実の紛争関係から乖離し，無理を強いることになる可能性がある。そこで，わが国民事訴訟法は，このよ

うな紛争類型の実体に対処した訴訟手続での解決を図るために，〈独立当事者参加〉[49]の制度を設けた（民訴 47 条 1 項）[50]。この制度はわが国独自の訴訟形態として発展した。

> 独立当事者参加制度自体は，大正 15 年改正に際して新たに設けられた制度である。これは明治民事訴訟法で既に存在した〈詐害防止参加〉と〈権利主張参加〉の制度を併せて規定したものである。特に前者はフランス法を基礎にして，民法の詐害行為取消権（民 424 条）及び詐害再審制度（大正民訴改正で削除）と併せて規定が設けられたものである（沿革の詳細は，注釈民訴(2)178 頁以下〔河野正憲〕）。

〈独立当事者参加〉は，他人間で係属中の訴訟手続に，第三者が〈独立した当事者〉の立場で参加する訴訟形態である。この手続では通常の二当事者対立の形態とは異なって，第三者が参加人としていずれの当事者を補助するのでもなく，むしろ当事者双方とは独立した立場で，既存の他人間の訴訟手続に当事者として参加し，その手続に干渉・牽制することによって自己の利益を守ることを目的とする点にこの制度の特徴がある。

2　独立当事者参加の類型と要件

独立当事者参加が許される基本類型として，現行法は大別して二類型を予定している。即ち，訴訟の結果により自己の権利が害されることを主張する第三者（詐害防止参加），及び，他人間で争われている訴訟の目的の全部又は一部が自己の権利であることを主張する第三者（権利主張参加）からの参加である。それぞれにつき参加が許容されるための要件は以下のとおりである。

1）詐害防止参加（民訴 47 条 1 項前段）　「訴訟の結果によって権利が害されることを主張する第三者」は，既に係属中の訴訟の当事者の双方又は一方を相手方として，当事者としてその訴訟に参加することができる。この制度はフランス法の制度に由来するが，その立法政策自体は必ずしも明確ではない。この立法目的の不明確さを反映して，その要件についても見解が対立する。

①　判決効説　　判決の効力（既判力又は反射効）が及ぶ第三者のみがこの参

---

[49] これは「三面訴訟」といわれることがある。これはこの類型の最小の形態を指しているにすぎず，更に多くの当事者が対立する〈多面訴訟〉もありうる。
[50] ドイツ法はこのような参加類型を持たない。これに類似する制度として〈主参加（Hauptintervention）〉の制度があり，わが国でも旧法上はこれを定めていた（旧民訴 60 条）。しかしこれは新たな訴訟の提起であり，他人間で係属する訴訟への参加ではない。現行法は，独立当事者参加制度のほかにこの訴訟を設ける必要性に乏しいとの理由で削除した（一問一答 57 頁）。

加をすることができるとする。補助参加の場合と対比して，より差し迫った関係を要求する（兼子・体系412頁）。

②　利害関係説　　判決効説によるとこの規定を適用する事案がかなり限定されざるを得ないことから，それではこの規定を設けた意味が薄れるとの認識のもとに，判決効が及ぶ必要はなく，訴訟の結果によってその権利を法律上・事実上侵害される可能性があれば本条による訴訟参加の申立てをすることができるという（奈良次郎「独立当事者参加について(3)」判時551号判例評論14頁）。

③　詐害訴訟防止説（詐害意思説）　　この見解はこの制度の沿革を重視し，他の参加制度とは異質の要素があることから独自にこの制度のあり方を探り，訴訟手続内で詐害判決を妨止するためのものだとして，「当事者間の訴訟を第三者として放置しておいたならば第三者がその判決の事実上の結果を承認せざるをえなくなりひいて自己の権利に影響を受ける場合に，実体法上の詐害行為取消権と同様の目的を詐害的訴訟への介入によって実現しようとする」制度だと把握する。こうして当該訴訟が詐害的であるか否かが決定的とみる（三ケ月・全集224頁）。この見解は更に詐害に関する立証困難への懸念から，詐害的な訴訟追行がなされた場合には参加を認めるべきであり当事者の訴訟追行の態様から十分な訴訟活動への期待ができないと判断される場合に詐害的訴訟追行が行われると推論することが許されるという方向への発展を見た（小島武司「独立当事者参加をめぐる若干の問題」実務民訴(1)132頁，新堂786頁）。

この制度の成立の過程とその特色から見れば，③説によるべきであろう（注釈民訴(2)193頁〔河野正憲〕）。

2)　権利主張参加（民訴47条1項後段）　　第二の類型は，第三者が他人間で係属中の審判対象が自らの所有物であると主張してこの訴訟に当事者として参加する訴訟形態である。後段は前段に比べても，より積極的に自己の権利保護を求める点に特徴がある。参加人が行う「自己の権利であること」（民訴47条1項後段）の主張の内容については，請求の趣旨において参加人の請求と本訴原告の請求とが両立しない関係にあることを要するとするのが一般である（兼子・体系413頁，新堂787頁，上田549頁）。

　†〔例〕　権利主張参加ができる第三者には以下の者がある（注釈民訴(2)195頁以下〔河野正憲〕）。

①　本訴で所有権確認請求あるいは所有権に基づく移転登記請求訴訟がなされているのに対して第三者が目的物件は自己に帰属すると主張して所有権確認等を求め

る場合。

②　不動産の二重譲渡が行われた場合に，買受人から譲渡人に対して所有権移転登記請求訴訟が係属中に他の譲受人が本条の参加をなす場合。否定説もあるが（吉野衛「不動産の二重譲渡と独立当事者参加の許否」近藤完爾＝浅沼武編・民事法の諸問題Ⅱ〔判例タイムズ社・1966〕332頁）一般にはこの者の参加を認める（兼子・体系414頁。新堂787頁は，改説しこの場合原告の請求の趣旨および原因と参加人の請求とが両立するので権利主張参加要件を欠くとする。）。

③　訴訟物である給付請求権が自己にあると主張する第三者。

④　他人の物あるいは権利につき管理処分権を主張する第三者も本条の参加を申し立てることができる。債権質の質権者，破産者が当事者である自由財産を巡る訴訟に破産管財人が破産財産への帰属を主張して参加する場合。債権者代位権（民423条）については，債務者が自ら権利を行使しない場合に許されるから，債権者は債務者を排除又はこれと並行して権利行使をすることはできない（最(1小)判昭和28年12月14日民集7巻12号1386頁）。

⑤　債権者代位訴訟に債務者が独立当事者参加ができるかについて，最高裁は債権者の代位訴訟と債務者の独立当事者参加は重複訴訟禁止には抵触せず許されるが，審理の結果，債権者の代位債権行使が適法であれば債務者には訴訟追行権がなく当事者適格を欠いて，訴えが不適法となり，債権者が訴訟追行権を持たないときは債務者は訴訟追行権を失わないという（最(3小)判昭和48年4月24日民集27巻3号596頁[51]）。

3　独立当事者参加の手続
(1)　参加申出とその方式

第三者は，独立当事者参加をするためには参加の手続を行わなければならないが，その方法は補助参加の申出に準じた手続であると定める（民訴47条4項）。確かに独立当事者参加は参加制度の一つであるから，その手続につき補助参加の手続が準用されること自体は不当ではない。しかし，この参加は第三者による新たな訴え提起という実質を有することを考慮する必要がある。そこでその参加申出は訴え提起に準じて書面によらなければならず，また訴え・上訴と同額の訴訟費用の納付が必要である（民訴費3条1項，別表1第7項）。参加申出の書面は当事者双方に送達しなければならない（民訴47条3項）。また参加人の請求については，申出書の提出により，時効中断の効果が生じる。

---

[51]　川口冨男・最判解説民事昭和48年度66頁，池田辰夫・百選2版92頁，吉野正三郎・百選Ⅱ386頁。

(2) 独立当事者参加の相手方

第三者は，独立当事者参加をするに際して，「独立した当事者」としての立場で他人間の訴訟に参加する。したがって，原告及び被告の双方又はその一方を被告として請求を立てる必要がある。通常は既存の訴訟の当事者の双方を相手として参加申出がなされるが，利害状況によっては必ずしも常に両当事者を相手とする必要がない場合もある。旧法において判例（最(大)判昭和42年9月27日民集21巻7号1925頁[52]）は，常に両当事者を相手にして請求を立てなければならないとした。しかし現行法はこれを変更し（一問一答62頁），最近の有力説に倣い，当事者の一方のみを相手方とする参加を許す（民訴47条1項）。

†〔例〕 XがYに対して，金銭債権を有していることを理由にその弁済請求をしている訴訟で，Xからその債権を譲り受けたと主張するZが自己への支払を求めて参加をする場合。この場合にZ—X間でこの債権譲渡に争いがあれば，ZはXに対して債権者であることの確認，Yに対しては支払請求を求めることもあろう。しかし，Z—X間で債権譲渡に争いがなければ，わざわざその間に請求を立てる必要はない。ZはYに対してのみ請求を立てれば十分である。しかし，ZはXではなくZ自身への支払を求めている点で，Xの請求と両立しないことに変わりはない。

4 独立当事者参加の審判

(1) 訴訟要件の審査

独立当事者参加の申出は独立した訴え提起行為であり，これについては原告の訴えとは独自に，参加者の請求につき訴訟要件の審査をしなければならない。そもそも訴訟要件が存在しなければ参加申出は不適法却下される。

独立当事者参加の申出に対して，訴訟当事者は「異議」を申し立てることができるかが問題とされる。この訴訟手続では第三者が他人間の訴訟手続に干渉する形となるから，干渉される側はその参加の可否に重大な利害を持つ。したがって参加を受けた訴訟当事者は異議を申し立てることができると解すべきである（注釈民訴(2)215頁〔河野正憲〕）。異議が認められて独立当事者参加が不適法な場合でも，主観的追加的併合として許されれば併合審理が可能である。また併合審理ができなければ参加人の参加申出は独立した訴えとして取り扱われる。その際，参加が上訴審でなされた場合は，弁論を分離して，決定により第

---

[52] 鈴木重信・最判解説民事昭和42年度439頁，小山昇・続百選60頁，榊原豊・百選2版88頁，佐野裕志・百選Ⅱ384頁。

一審に移送する。参加が許されない場合は参加人の請求については終局判決で却下すべきである。

(2) 本案の審理・判断の原則

独立当事者参加の手続は，独立当事者参加がなされることによって（場合により一部が欠けることはあるが）三者間で対立し牽制しあう請求関係が発生することを前提としているから，裁判所はこれに応じて全員について統一的観点から事件を一挙に総体的に判断しなければならない。この場合にはもはや従前の当事者間のみでの相対的取扱いは許されず，参加人を含めた三者間での統一的手続処理が求められるから，その審査手続の進行と取扱いについて特別の取扱いが必要である。このような要請を実現するための法技術として，独立当事者参加訴訟では必要的共同訴訟に関する民訴法40条1項から3項を準用している（民訴47条4項）。ただし，ここで準用される規定が直接に対象とする必要的共同訴訟と，独立当事者参加とではその手続構造上重要な点で違いがある。必要的共同訴訟では，参加人はいずれかの当事者と同一陣営で訴訟を共同することからその限度では利害が一致する取扱いがなされるのに対して，独立当事者参加では，参加人は既存の当事者からは独立した立場で既存当事者の訴訟に介入する形で訴訟手続に関与するから利害が相互に対立する取扱いが必要である。そこで，40条の準用もこの形態に即して修正されなければならない。

> 独立当事者参加訴訟の取扱いにつき，旧法上はこの訴訟形態が三当事者が相対立する構造であるとする三面訴訟説が通説（兼子・体系411頁）であり，判例（前掲最(大)判昭和42年9月27日）[53]であった。この見解によれば，参加人が原告及び被告を相手方として独立当事者参加を申し出ると，本訴原告との関係では被告と参加人が，被告との関係では原告と参加人がまた参加人との関係では原告と被告がそれぞれ共同訴訟人となるかのように40条が適用されると解されてきた。しかし独立当事者参加は，通常の訴訟手続に第三者が参加人として関与する限りで共同訴訟関係を考えれば足りるのであり，当然に論理的な三面関係が成立し，またこれを常に維持しなければならないとの要請が働くわけではない。特に現行法は，当事者の一方のみを相手方とする独立当事者参加を明文で許容した（民訴47条1項）。したがって三面訴訟説を前提にした処理方法はもはや維持し得ないといえる。独立当事者参加訴訟の形態は，第三者が他人間の訴訟手続に介入し牽制するという制度目的の限度で共同取扱いを必要とし，その限度で共同訴訟に関する40条が準用される

---

[53] 最高裁は三面訴訟説を採用し，参加人は常に両当事者を相手方として参加をしなければならず，原告のみを相手とする参加は独立当事者参加ではないとして却下した。

にすぎないと理解すべきである。

(3) 手続上の取扱い

1) **期日の設定** 期日は全員につき共同の期日が設定されなければならない。三者のいずれかに手続中断事由が生じれば全員について手続は中断する（民訴40条3項準用）。

2) **訴訟行為の効力** 独立当事者参加訴訟では，各当事者は自分を除外してなされた訴訟行為がもたらす不利益を回避する必要がある。そこで当事者の一方が行った訴訟行為は他の者に対して利益においてのみ働き，不利には働かない（民訴40条1項準用）。このことから，当事者の一方が行った裁判上の自白（参加前の自白は参加により，参加後の自白は当初から），被告の請求認諾の行為自体はその効力を持たない。

> この点について，今日では有力な異論がある。これによれば，放棄・認諾行為も他の当事者に不利益にならない限りは有効と取り扱ってよいとする（井上〔文献①〕285頁）。またこの参加形態は40条を準用して，当事者の個別行為に対する牽制は，他の者に対して不利益を与える行為に向けられておりその限りで統一的取扱いを要求するにすぎないとする。三面訴訟説に対する問題提起としては重要であるが，個別的に有利・不利のみを基準とすることは問題であり，その判定も容易ではない。請求認諾は原告の請求を丸呑みするのであり許されない。請求放棄は参加人の請求と矛盾しない限度で許されよう。また訴訟上の和解は，参加人を度外視した形態ではできないというべきだろう（注釈民訴(2)218頁〔河野正憲〕。反対，新堂794頁）[54]。

三当事者のうちの一人が他の当事者の一人に対して行った訴訟行為は，他の当事者に対しても効力を生じる（民訴40条2項準用）。したがって，参加人の主張事実を被告が争えば，原告との関係でも争ったことになる（最(3小)判昭和41年4月12日民集20巻4号560頁[55]）。

3) **判決内容** 終局判決は三者間で矛盾のないものでなければならない。本案判決は三者を名宛人として本案につき一個の終局判決で行うのが原則である。一部判決は違法であり，判決の瑕疵は訴訟要件に準じて職権で調査すべきだとするのが判例である（最(2小)判昭和43年4月12日民集22巻4号877頁[56]）。

---

[54] 参加人を度外視して当事者のみが訴訟外で和解をすることができても，その効果は参加人に対抗し得ず，訴訟手続も当然に終了するわけではない。
[55] 奈良次郎・最判解説民事昭和41年度137頁。
[56] 後藤静思・最判解説民事昭和43年度229頁。

5 上　　訴

　独立当事者参加がなされた訴訟手続について下された終局判決に，敗訴当事者双方が共に上訴をした場合はこの両者が上訴人となり相手方が被上訴人となって事件はすべて上訴審に移審するから何ら問題がない。

　しかし敗訴当事者の一方のみが上訴をした場合には，上訴をしなかった敗訴当事者についても上訴当事者として，上訴人と扱うか（民訴40条1項類推），被上訴人と扱うか（民訴40条2項類推）あるいは更にこれとは別の扱い方の可能性があるかについては見解が対立する。

> 　従来通説は，敗訴者の一人が上訴をすると全員の請求に関し判決の確定が遮断され全請求が上訴審に移審し，上訴をしなかった当事者も当然に上訴審で当事者になると説いていた（例えば，兼子・体系419頁）。もっとも，この者が上訴審で上訴人となるのか被上訴人と見るのか等について見解が錯綜していた（旧法時の学説の詳細につき，注釈民訴(2)220頁〔河野正憲〕）。判例も，上訴をしなかった当事者には旧民訴法62条2項（現行法40条2項）の準用により被上訴人の立場に立つとし，参加人の請求が一部認容され原告のみが上訴をした場合，被告の控訴又は附帯控訴の有無にかかわらず，合一確定に必要な限度で，請求認容部分につき参加人の不利に変更することができるとした（最(2小)判昭和48年7月20日民集27巻7号863頁[57]）。これはいずれも三面訴訟説を前提としていた。

　現行法上ではもはや，三面訴訟説を当然の前提として上訴審における当事者の関係を規律することはできない。第一に，独立当事者参加訴訟での合一確定の要請が生じるのはそもそも参加人による参加がなされた結果であり，本来この参加がなされなければ事件は原告・被告間の相対的解決で十分であったはずである。この意味で参加人の参加意思が重要な意味を有する。第二に，独立当事者参加がなされた手続につきいったん終局判決がなされた以上，更に独立当事者参加の形態で手続が上訴審で引き継がれるか否かは，この段階での各当事者の意思に依存しており，上訴審でそれを維持することが当然の前提事項となるわけではない。そこで，上訴との関係では，参加人が敗訴した場合にこの参加人が上訴をしない限り，もはや参加人との関係では独立当事者参加形態での審理を上訴審でも続けることを放棄したものと考えられるから，その限度で判決は確定するとすべきである。上訴審で，第一審裁判所の判断が変更され，参加人勝訴となる可能性があるにしても，それが上訴審で実現できないのは参加

---

[57]　川口冨男・最判解説民事昭和48年度132頁，霜島甲一・百選Ⅱ390頁，徳田和幸・百選3版224頁。

人が上訴をしなかったからであり致し方ない結果だといえる。他方で，参加人が上訴をすれば従来の独立当事者参加形態が上訴審でも維持されなければならない。この場合，上訴をしなかった当事者も上訴審での当事者となるが，その地位は被上訴人とすべきであろう。ただし，審判に関しては合一確定の必要性の限度で上訴審での独自の判断をすることができるとすべきだろう。

上訴取下げについては，独立当事者参加訴訟の判決について敗訴者双方が上訴をし共に上訴の取下げをした場合は問題がない。しかし，上訴人の一人の取下げはできない。ただし，参加人が敗訴し上訴をしこの者が上訴の取下げをすることは可能であり，上訴をしなかった者は被上訴人となっているが，この者の同意は不要である。参加人の意思が問題でありもはや上訴審での審理判断を不要とするのであれば，それを尊重すべきである（注釈民訴(2)224頁〔河野正憲〕）。

6　二当事者対立訴訟への還元と判決効

(1)　独立当事者訴訟形態の遡及的解消

いったん独立当事者参加の訴訟手続が成立しても，その後にいずれかの当事者が脱落することによって独立当事者訴訟は二当事者対立型の訴訟手続に還元される可能性がある。これには，原告の訴え取下げ，参加人の参加取下げがあり，更にまた特に第三者が独立当事者参加をしたことにより従来の当事者の一方が訴訟手続から脱退することが認められている。訴訟脱退では脱退者に判決効が及ぶとされることから（民訴48条），これによって完全に脱退者との訴訟係属が消滅すると見るべきかについては異論がある。

訴え又は参加の取下げが，訴え又は独立当事者参加の遡及的解消であるのに対して，訴訟脱退は訴訟追行の必要性を感じなくなった訴訟当事者が訴訟手続の追行から脱退することを許す制度である（⇒(2)）。独立当事者参加に伴う独自の制度だと見るべきだろう。

1)　訴え取下げ　　原告は，独立当事者参加がなされた後でも訴えを取り下げることができる。一般に訴え取下げは原告の裁判要求の撤回であるが，この原告の撤回意思は，独立当事者参加がなされた場合であっても否定される理由はない。ただこの場合には，被告だけでなく参加人の同意が必要だとするのが一般であり（兼子・体系416頁），判例もこれと同じ立場である（最(2小)判昭和60年3月15日判時1168号66頁）。訴え取下げの結果，取り下げられた原告と被告の関係では訴訟係属が遡ってなかったことになり，参加人が前提とした訴訟

手続自体が消失し，参加の意義自体がなくなる可能性がある。したがって参加人も取下げには利害関係を持ち，その同意を要するというべきである。以後は参加人の原告に対する請求があればそれと，参加人と被告との間の訴訟手続になる。両者は単純な二当事者対立訴訟に還元され，両者が単純併合された通常共同訴訟の関係になる。

2) 独立当事者参加の取下げ　参加人は独立当事者参加を取り下げることができる。これは，独立当事者参加が新たな訴えに対応していることからその取下げも訴え取下げに準じて考えるべきであるからである。独立当事者参加の申出に対してその相手方が，訴え取下げに関する民訴法261条2項の行為に該当する行為をなした場合にはその同意を必要とすると解すべきである。これにより独立当事者参加が当初から存在しなかったものと取り扱われる[58]。参加の取下げは相手方双方についても，また一方についてもなし得る。その結果，争点の調整が不可欠であり，裁判所は釈明権行使により，その明確化を図る必要がある。

(2)　原告又は被告の訴訟脱退

1)　意　義　第三者が独立当事者参加をした場合，参加前の原告又は被告はこの訴訟手続から脱退をすることができる。これは，第三者が独立した当事者として手続に参加した結果，自分で更に訴訟手続を続ける必要性がなくなったと感じることが稀でないからである。特に権利主張参加ではこの可能性が強く，明文で，参加人から独自の権利主張に基づく参加がなされたことにより，原告又は被告は相手方当事者の承諾を得て手続から脱退することができることとした。もっとも，この場合には，残留した当事者と参加人の訴訟追行によりなされた判決が脱退者にも及ぶ点にこの制度の特徴がある（民訴48条）。

　†〔例〕被告脱退：①XがYに対して土地所有権の確認を求める訴えを提起したが，この訴訟に，ZがYから当該不動産を買い受けたと主張して，Xに対しては自己の所有権確認を，Yに対しては所有権確認と明渡しを求めて独立当事者参加。Y訴訟脱退。②XがYに対して金銭の支払請求訴訟を提起した訴訟に，Zが当該金銭債権を譲り受けたと主張して，Xに対してはYに対する債権の存在確認，Yに対しては自己への支払請求を求め，Yは（供託により）脱退。

　原告脱退：③XがYに対して不動産の不法占拠を理由に所有権確認と明渡請求

---

[58]　補助参加の取下げは，取り下げた参加人は参加的効力を免れない点で独立当事者参加の取下げとは異なる。

訴訟を提起。Zが当該不動産につきXから所有権を取得したことを理由に独立当事者参加をした。Xは，この訴訟から脱退した。

2) **訴訟脱退の構造**　訴訟脱退を規定した民訴法48条は権利主張参加の場合のみについて脱退の可能性を定める。これは，権利主張参加の場合には権利者間でいずれが実質的な当事者かが定まれば，更に続いて訴訟手続に関与する必要性を感じない当事者が稀でないという現実に対応しているからだといえる。しかし，詐害妨止参加についても稀ではあろうが脱退を絶対的に否定する必要はない（新堂798頁，松本＝上野687頁，これに対して，兼子・体系417頁は詐害妨止参加については，「脱退の必要は予想されない」という）。

　これら独立当事者参加では，旧来の当事者が相手方の同意を得て訴訟から脱退することが許されるが，その場合に脱退したにもかかわらず脱退者にも判決効が及ぶものとしている（民訴48条）。しかしこの判決効が及ぶのはなぜか，その判決の及び方，効果の性質については見解が一致しない[59]。

　　　従来の通説は，脱退者は自己の立場を完全に参加人と相手方との間の訴訟の結果に委ね，これを条件として，参加人及び相手方と自分との間の請求について予告的に放棄又は認諾をする性質を持ち，参加人が勝訴すれば，自分に対するその請求を認諾し，相手方が勝訴すれば，原告の場合はこれに対する自己の請求を放棄し，被告の場合は相手方の請求を認諾する旨を予め陳述することを意味するという（放棄認諾意思事前陳述説。兼子・体系417頁）。しかし，この見解では脱退者は確定的に請求を放棄・認諾しているわけではないことになるから，請求の放棄・認諾制度で説明することは困難であり，また放棄・認諾の効果自体は「判決」の効果とは異なるから，それが及ぶわけではない。更にまた訴訟の敗訴者と脱退者では何ら効果が発生しないなどの難点がある。これに対して，訴訟脱退により脱退者をはずした二当事者間の訴訟に戻るが，その判決効として既判力が生じることを意味し，請求につき当事者間でまた独立当事者参加の趣旨から相互に矛盾しないように脱退者に拡張されるのだとの見解がある（判決効拡張説。小山〔文献〕207頁）。しかし，この拘束力を既判力拡張と見ても，そこでの論旨の決定的要因は矛盾のない関係での拘束力を既判力拡張の関係にあると説明するのであり，現実に発生した既判力の拡張関係そのものではないから，必要とされる拘束力を既判力と言い換えたにすぎず十分に説得的な説明とはなっていない。そこで，そもそも訴訟脱退では，脱退者は訴訟追行権を放棄し具体的訴訟追行からは退くものの，その間の訴訟関係は全面的には消滅せず訴訟係属は残存し，脱退者は選定当事者の場合に見られるように残存当

---

[59] 概要につき，勅使川原和彦・争点3版116頁。

事者の訴訟追行に拘束されるとの見解が主張されている（訴訟係属残存説。井上・法理251頁，同説，新堂798頁）。この見解は訴訟脱退にかかわらず脱退者になお従前の訴訟係属関係を観念する点で説明に無理がある。

3) 考 察　訴訟脱退は，第三者が他人の訴訟手続に独立当事者参加をした結果従来の当事者の一方が訴訟手続の成り行きをこの参加人と相手方の間の訴訟手続及びその判決に委ね，自らが引き続き〈当事者〉として訴訟追行の任に当たる必要性を失ったと判断されるに至った場合に，訴訟手続からの脱退を許す制度である。そこでは脱退者は〈訴訟脱退〉の意思を示し，それに対して「相手方の承諾を得て」，訴訟手続から脱退することが許される。脱退者は以後当該訴訟手続には直接関与せずただ参加人と相手方との間での審理の結果下された判決を甘受することを表明したことから，「判決は，脱退した当事者に対してもその効力を有する」とされる。そもそも脱退が許される基本的理由としては，脱退者が判決を甘受する意思を明らかにし相手方の承諾があること及び脱退してもなお判決が「脱退した当事者に対してもその効力を有する」（民訴48条）ことにある。そこで参加人の承諾は考慮されていない。そうすると，この判決の直接の効果が残存当事者と参加人間で及ぶことは当然として（通常の判決効〔民訴115条1項1号〕），更に本条により，少なくとも参加人→脱退者では脱退により従来の関係は変更されず，その間では判決効が生じる（だから参加人の承諾を不要とした）と見うる（例外，片面参加の場合）。

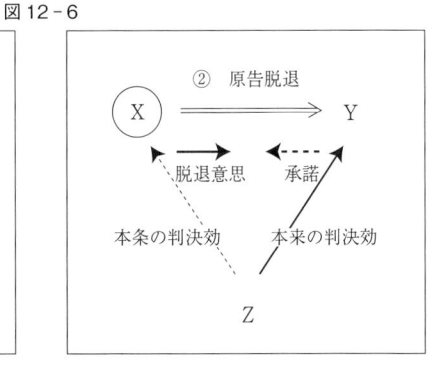

図12-6

① 被告脱退　　　　　　　　　② 原告脱退

ここで問題となる判決効には，既判力・執行力等がありうるが（執行力については判決確定前であっても仮執行宣言付判決による執行もあり得よう），執行力否定説もある。執行力を認めるとすれば，判決主文で判決が脱退者にも及ぶことを

明示する必要がある。もっとも，上訴がなされれば上訴審による判決結果の変更の可能性が考慮されなければならない（参加人の勝訴から相手方当事者の勝訴又はその反対へ）。

この脱退の効果は，訴訟脱退の意思表示とそれに対応した相手方の〈承諾〉があり[60]，これによってこの両者間では判決を不要にする効果が生じることにあると考えられる。他方で参加者の承諾を必要としていないのは，参加人との関係では従来の法的関係が残り，判決も参加人と脱退者の関係で生じるからである。もっとも，脱退者は訴訟手続から脱退しているからこの者に対する判決はなされ得ないように見える。そこで，本条は特にこの判決の効力につき参加人と脱退者に生じる判決効（図12-6点細線部分）を「判決効が及ぶ」という文言で示しているといえる。

第4節　任意的当事者変更

〔文献〕
上野泰男「当事者の変更」争点旧版74頁，鈴木重勝「任意的当事者変更の許容根拠」早法36巻3＝4号165頁，福永有利「任意的当事者変更」同・民事訴訟当事者論（有斐閣・2004）530頁，納谷広美「当事者変更の理論について」法論63巻1号1頁

I　意義と概念

訴訟係属中に，それまで訴訟を追行していた訴訟当事者が当事者としては適切ではないことがわかりその変更を必要とする場合がある。このような当事者の交替が生じる原因には，まず，それが法律上の事由に基づいて発生する当事者の変更としての〈法定当事者変更〉がある。その中心は，いわゆる訴訟承継の場合である（⇒第5節）。これに対して，法律上明文規定はないが，なお当事者の意思によって当事者を変更することができるか，できるとしてその法的規律がいかにあるべきかが問われる。これが〈任意的当事者変更〉を巡る問題である。

〈任意的当事者変更〉は，原告の意思によって当事者を変更することである。〈当事者〉を特定することが訴え提起行為の重要な要素の一つだとすれば，当

---

[60]　この両行為は，いずれも裁判所に対する行為であり（合同行為）これによって両者間の訴訟係属が消滅すると見ることができる。

事者の変更はこれを変更する行為であり，訴えの変更の一種だともいえる。実際，任意的当事者変更の問題は学説上もこれを訴え変更と把握することから出発した。ただ訴え変更そのものは一般にはこのように広く捉えられておらず，専ら同一当事者間での審判対象の変更だと理解されている。そこで，今日では任意的当事者変更は訴え変更とは別途に考察されている。

任意的当事者変更には原告自体を変更する場合と被告側を変更する場合とがある。また，変更の形式としては，従来の当事者に代わって新しい当事者が手続に関与する場合（当事者の交替）と，従来の当事者はそのまま残存し新たな当事者が加わる場合（当事者の追加）がある。

実際上，任意的当事者変更が問題となるのは，係属中の訴訟手続において，当事者を誤ったこと等によりこの「当事者」を修正する必要が生じた場合である[61]。これを許さないとすれば，提訴した訴訟手続はそのまま敗訴判決を受けるか請求を放棄し，当事者として変更すべき者との関係で新たに訴えを提起しなければならないことになる。それは訴訟経済的にロスであることは明らかである。そこで任意的当事者変更を許すことができれば，印紙などの流用ができるだけでなく，それまで行った訴訟手続をそのまま新しい当事者との関係で利用できるのではないかが問題になる。

II 性　　質

1 基本的観念

形式的当事者概念の下で〈当事者〉は，訴状で原告が当事者として示した者であり，実質的にこの者が適切な当事者であったのか自体は別途当事者適格などの観点から改めて判断されなければならない。実際上様々な原因で原告が原告又は被告を変更し，新たな当事者に訴えを変更する必要が生じることはしばしば見られる現象である。現行法上は当事者変更の可能性に関しては，当事者の権利関係に承継があった場合などを除き明確ではない。任意に変更することができるのかに関しては，直接それを許容する明文規律は存在しない[62]が，

---

61) これは当事者の確定論との関連性が強い。当事者を誤った場合の取扱いとして，当事者を変更するか当事者を誤ったのではなく訴状記載の当事者名を誤ったにすぎず，その表示を訂正すればよいという立場がある（⇒第2章）。

62) 任意的当事者変更に関する議論は，主としてドイツにおいて行われたものが大きく影響している。特にドイツ民訴法では，係争物の特定承継に際して当事者恒定主義を採り（ド民訴265条），係争物が譲渡されても，訴訟上当事者の地位は変更せず従来の当事者がそのまま残存する。

専ら規定が存在しないことを理由に，これを一切変更を許さないとするのも極めて硬直した取扱いである。そこで場合により訴訟当事者を手続の中途で変更することを許し，以後の訴訟手続では従来の手続を前提に，それを引き続いてそのまま続けることができるとする必要がある場合があり得る。しかしその場合にこの現象を訴訟手続上どのように把握するか，その理論的基礎を明らかにする必要がある。

単なる当事者の呼称を修正するにすぎない場合は当事者自身は代わらずその記載が変更されるだけであり実質的な手続問題はない。しかし当事者変更では当事者自身を実質的に変更するから，当事者各人が有する手続権が十分に考慮されなければならない。訴え（の客観的）変更とは異なる重要な，特有の事項を考慮・審査しなければならない。

2 性　　質

任意的当事者変更はそもそもどのような法的性質の行為なのか，それを訴訟手続上どのように把握し正当化すべきかについて学説が対立する。これは，特に当事者の交換的変更の場合につき，旧当事者と新当事者の関係をどのように考えるべきかが問題とされるからである。

(1) 学　　説

① 訴え変更説　　任意的当事者変更を訴え変更の一態様だと見る見解がある。訴え変更概念を広く捉え，訴えの重要な要素である当事者を変更する行為は訴えの変更だとみる。かつてドイツ大審院はこのような立場から任意的当事者変更を許容した。しかしこの見解によれば訴え変更の概念は極めて広くなり，その一般的な理解にそぐわない。今日ではわが国でこの見解を支持する者はいない。

② 新訴提起・旧訴取下げ複合説　　訴訟係属中に新しい当事者間で新訴が提起され，これに伴って旧訴は取り下げられると理解する見解である（兼子・体系420頁，伊藤91頁）。この見解は，当事者が代わる現象を新訴の提起と旧訴の取消しという2個の訴訟上の行為に分解して理解する[63]。

③ 特殊行為説　　任意的当事者変更という現象を一個の特殊な行為として理解する[64]。この見解は上述②説に対して，これを既存の新訴提起及び旧訴取

---

[63] ドイツではキッシュ（*Kisch*, Parteianderung im Zivilprozess, 1912.）が唱えた見解であり，わが国では兼子説がこれに依拠する。

[64] *de Boor*, Zur Lehre vom Parteiwechsel und vom Parteibegriff, 1941. が基礎となっている。

下げという二つの行為に分解し，その複合形態だとするのは，すべて実定法の明示しない法現象を既存の法概念で説明しようとする概念法学的見解だと非難する（鈴木〔文献〕165頁）。確かに，②説では任意的当事者変更を新訴の提起と旧訴の取下げに分けて説明するから，この見解を厳密に理解すれば，旧訴に関して行われた審理結果は新訴で利用することはできないことになり，当事者変更の目指す目的自体が危うくなろう。

④　多面行為説　当事者変更とされるものにも様々な類型があることから，これらすべてを包摂して一律の規制原理に服させることには限界があるとし，とりあえず複合説によりつつ，新当事者が従前の当事者の訴訟追行の結果を受け，又は利用できる条件や範囲を事案ごとに考察すべきとする見解もある（新堂803頁）。

(2)　考　　察

今日当事者概念について通説的である形式的訴訟概念の下では，原告の訴え提起行為によって原告・被告として示された者が当事者であるが，更にこれらの者が〈正当な当事者〉である必要がありその修正が必要となる場合が生じる。また，これらの者が正当な当事者である場合にも，更にその訴訟係属中に，実体的地位に承継が生じれば訴訟承継による当事者変更が必要となる。それが専ら訴訟承継を巡る問題であるのに対して，これ以外の当事者変更がここでいう〈任意的当事者変更〉に該当することになる。その可能性は，原告による訴え提起時点から判決に至るまでの間，当事者を誤りそれを変更しなければならない等の事象が明らかになればその不都合を任意的当事者変更の方法で是正することが合理的だともいえよう。しかしこのような当事者変更によって新・旧当事者が何らかの不利益を受けることがあってはならない。特にその関係は，被告側の当事者変更の場合に顕著であり，また手続段階でも異なりうる。

手続を段階的に見れば，訴状が被告に送達される前になされる任意的当事者変更は未だ相手方の手続関与がなく何らの不利益を及ぼさないから，訴え変更と同一の方法で行うことが許されよう。しかし，訴状が相手方に送達されれば，訴訟係属関係が発生し，もはや相手方の利益を無視することはできない。この場合であっても，相手方が訴訟手続の中で被告としての選択を誤っていると主張する場合などには，原告は正しい被告に当事者を変更することが許される。これに対して，被告側の応訴があり，訴訟手続が進行を始めた後の被告側当事者変更は，新被告が旧被告の訴訟追行を受忍すべき特別の事情がある場合に限

定されるべきであろう。

III 行訴法15条の被告の変更

1 趣　　旨

　実定法上明文で原告が任意に被告を変更することを許した例として行訴法15条がある。原告が被告を誤った場合に，その申立てにより被告変更を許しており，任意的当事者変更の一例と解される（新堂804頁）。

　ただしこの規定の意義は，行政事件訴訟では必ずしも被告の選定が容易でない事情があることから，特に規定を置いてその救済を明確にしたと解される。この場合に判断に困惑した原告を手続的に保護するための特別の定めである。

2 要件と手続

　① この規定による被告の任意的変更が許容されるのは明文上は取消訴訟においてである。これは，取消訴訟の被告適格が，処分をした行政庁又は裁決をした行政庁とされていたが（平成16年改正前行訴11条），抽象的であり原告には被告選択上の困難が予想されたからであった。平成16年の改正により，被告適格に関する同11条はより詳細な規定となった。しかし，原告側の困難が完全に払拭されたわけではない。このような問題は取消訴訟以外でも発生しうる。判例は地方自治法242条の2に関する事件について行訴法15条の準用を認めた（最(1小)判平成11年4月22日民集53巻4号759頁[65]）。ただし，平成14年地方自治法改正前の事案）。

　② 原告が故意又は重大な過失によらないで被告とすべき者を誤ったこと。
　③ 原告の申立てがあること。
　④ 原告の申立てにより裁判所は決定で被告の変更を許すことができる（同条1項）。この決定は書面でし，その正本は新たな被告に送達しなければならない（同条2項）。

3 効　　果

　被告変更の決定があったときは，新たな被告に対する訴えは出訴期間に関しては最初に訴えを提起したときに訴え提起があったものとみなすことにしており（行訴15条3項），従前の被告に対しては訴えの取下げがあったものとみなすことにしている（同条4項）。

---

[65]　西川知一郎・最判解説民事平成11年度388頁。

第5節 訴訟承継

〔文献〕

井上治典「当事者論の外延と内実」民訴51号1頁，上北武男「参加承継・引受承継」争点3版114頁，加波眞一「訴訟承継論覚書」摂南30号1頁，兼子一「訴訟承継論」同・研究Ⅰ1頁，新堂幸司①「訴訟当事者から登記を得た者の地位」同・訴訟物（上）297頁，同②「訴訟承継論よ，さようなら」民事手続法と商事法務（商事法務・2006）355頁，中野貞一郎「訴訟承継と訴訟上の請求」同・論点Ⅰ149頁，日比野泰久①「係争物の譲渡に関する一考察(1)〜(3)」名法105号93頁，114号107頁，115号305頁，同②「訴訟承継主義の問題点」争点3版112頁，八木良一「当事者の死亡による当然承継」民訴31号32頁

Ⅰ 総　説

1 訴訟係属中の権利変動と〈訴訟承継〉

　民事訴訟手続は，原告が受訴裁判所に訴えを提起してそれが開始した時点から終局判決によって当該審級の手続が完結するまでかなりの時間的経過を必要とする。この間に当事者が自然人である場合には死亡したり，会社である場合には合併するなどにより権利主体に変動を生じ，あるいは審判対象として争われている権利関係や物（以下一括して「係争物」という）が第三者に譲渡されるなどによりその実体的権利関係が変動する可能性がある。このような実体的権利関係の変更が係属中の訴訟手続に何らかの影響を与えるのか，また与えるとした場合にその影響はどのようなものなのか，更にそれに伴い訴訟手続上はこれをどのように取り扱うべきかが問題になる。

　このような実体的権利関係の変更としては，まず，一般的に権利主体としての地位自体の変動によって従来の法的関係が包括的に変動する場合がある。特に財産的な権利関係についての訴訟である場合にはこのような変動に伴って当事者の地位が包括的・一般的に承継されると観念され（これを〈一般承継〉という），また，審判の対象となっている特定の係争物についてその権限を当事者が第三者に譲渡等の処分をすることにより，訴訟の対象になっている特定の権利関係が第三者に承継される場合がある（これを〈特定承継〉という）。このような実体法上の権利変動が係属中の訴訟手続でどのような効果を持つのかについては，現行法は包括的で十分な規定を置いていない。そこで，これらはすべて

2 訴訟承継論とその問題

一般承継並びに特定承継について，その実体的権利関係の承継が生じた場合につき，その訴訟上の取扱いを一括して〈訴訟承継〉という概念で理解するのが今日のわが国の一般的な取扱いである[66]。このような議論は「訴訟承継論」とも呼ばれる。しかし，近時はこのような一般的取扱いには詳細に見ればなお問題が残されていると指摘されている（この点につき，中野〔文献〕149頁，新堂〔文献②〕357頁，378頁）。前者が一般的な地位の承継により訴訟上の地位も当然に承継人に移り，そのために特別の訴訟上の行為を必要としないとされているのに対して（当然承継），後者ではたとえ実体的な権利関係の承継があっても，そのことによって訴訟上の地位が当然には承継されず，更に訴訟上の当事者の行為として〈訴訟参加〉又は〈訴訟引受け〉が必要だとされる（「参加承継・引受承継」ともいわれる）[67]。両者にはかなりの相違点がある。

> 訴訟承継論は，手続係属中に実体的地位の変動があった場合に，従来の当事者が行った訴訟上の地位を承継人が引き継ぎ，基本的にそれまでに生じた訴訟上の様々な負担について拘束を免れないとするものであり，その根拠として論じられたものである。

II 一般承継

1 一般承継の意義

一般承継とは，従来の訴訟当事者の法的地位自体が消滅し又は一定の任務の終了あるいは資格喪失等により，それまで有していた実体法上の地位が総体として包括的に承継人に変動する場合をいう。このような事態が発生すると，従来の訴訟当事者は〈当事者〉としての権限を行使できなくなる。民事訴訟法は，これらにつき手続上はそれまで係属・進行していた訴訟手続が中断・中止する旨を規定し，法定された者がその訴訟手続を受継しなければならないと定めるにすぎない（民訴124条）。そこで，これらのわずかな規定から，その基礎・背景になっている実体法上の権利・法律関係の変動とその訴訟上の承継との関係

---

[66] このような現象を，〈訴訟承継〉という観念により統一的に取り扱うことは，兼子〔文献〕の提唱に由来する。兼子説では，これらの場合に共通した観念として，〈当事者適格の承継〉を構想しその理論的な根拠としている。その問題点については後述する。

[67] 「当然承継」と「参加承継・引受承継」という概念自体は，訴訟手続上の処理方法の違いを示したにすぎず，その実体を示した概念ではない。

を窺うことができるとされる。こうして，一般承継が生じると，訴訟上の地位もまた当然に承継人に移ること，この訴訟法上の効力発生には何ら特別の訴訟手続上の行為を必要としないこと，その間訴訟手続は自働的に中断し，承継人が手続を受継しなければならないとされる。このように訴訟手続上当事者は何ら特別の行為を要せず当然に訴訟法上の地位を承継することから，これは〈当然承継〉ともいわれる。もっとも，訴訟手続が中断する場合すべてについて一般的な承継が生じるわけではなく，事項によりその扱いは異なる。

2 当然承継による手続の中断と訴訟承継原因

手続中発生した権利変動により，訴訟手続が中断するが，法律上明記された承継関係は次の通りである。

① 当事者の死亡（民訴124条1項1号）　自然人である訴訟当事者が死亡したことにより訴訟手続は当然に中断する。その後相続人が単純承認をした場合は，相続人が「無限に被相続人の権利義務を承継する」場合（民920条）として，被相続人の訴訟上の地位も相続人に引き継ぐ[68]。もっとも相続人が相続放棄をすることができる間は訴訟手続を受け継がせることができない。相続放棄がなされれば，この者は相続財産についての当事者の地位を承継しない。これに対して訴訟物が一身専属的である場合には訴訟は承継されないので訴訟は直ちに終了する[69]。遺贈がなされた場合は受遺者が承継人となる。また遺言執行者，相続財産管理人がいる場合にはこれらの者が承継人になる。人事訴訟では特別の定めがある（人訴27条)[70]。

② 法人その他の団体の合併による消滅（同項2号）　会社等法人が当事者である場合に当該会社等が吸収合併により消滅すると訴訟手続は中断し，その権利義務の一切が合併後に存続する株式会社等に引き継がれ（会750条1項，752条1項，754条1項），訴訟当事者としての地位も存続会社に引き継がれる。ただし，合併を相手方当事者に対抗することができる場合でなければならない

---

[68] 会社の社員の地位も経済的地位であり，相続の対象となる。したがって会社解散，社員総会決議取消しの訴えについても持分の譲渡又は相続により譲受人又は相続人に承継される（最(大)判昭和45年7月15日民集24巻7号804頁。宇野栄一郎・最判解説民事昭和45年度249頁，青山善充・続百選152頁，新堂幸司・百選2版98頁，佐藤鉄男・百選Ⅱ394頁，佐野裕志・百選3版228頁）。

[69] 訴訟終了の宣言がなされる（最(大)判昭和42年5月24日民集21巻5号1043頁。渡部吉隆・最判解説民事昭和42年度244頁）。

[70] 認知請求訴訟の係属中に被告が死亡した場合，検察官が承継する（人訴42条2項）。認知請求訴訟を継続させるためである。子が死亡した場合につき，人訴42条3項参照。

（会750条2項，712条2項）。

③　当事者が訴訟能力を喪失し又は一定資格で当事者であった者がその資格を喪失した場合（同項3号）　当事者が訴訟能力を喪失した場合にも訴訟手続は中断し，その法定代理人が訴訟を受継する。資格喪失の場合にも手続は中断し，その後同一の資格を有する者又は訴訟能力を有するに至った当事者が承継人になる。

④　信託財産に関する訴訟で当事者となっていた受託者の任務終了（同項4号）　任務終了により訴訟手続は中断し，新たな受託者又は信託財産管理人が承継人となる。信託関係の終了の場合は信託財産の帰属者が承継人になる（兼子・体系423頁）。

⑤　訴訟担当者が死亡その他の事由により資格喪失した場合（同項5号）これらの事由が発生したことにより訴訟手続は中断し，新たな担当者が訴訟を受継する。

⑥　選定当事者全員が死亡した場合又はその他の事由により資格を喪失した場合（同項6号）　選定当事者も第三者の訴訟担当であるが選定当事者の一部が死亡した場合等は，承継の問題を生じない。選定当事者の全員が死亡又は資格を喪失した場合は選定者の全員が，又は新たな選定当事者が承継人となる。

⑦　破産手続等の開始又は終了　破産手続開始決定により，それまでの破産者を当事者とする破産財団に関する訴訟手続[71]は中断する（破44条1項）。破産財団に帰属する財産に関して係属していた訴訟手続は，破産管財人が中断した訴訟手続を受継する。この場合には相手方も受継の申立てをすることができる（同条2項）。破産債権となった債権につき訴訟が係属していた場合は破産手続開始決定により当該手続は中断し，その後この破産債権に関して債権調査手続で届け出た破産債権に異議が申し立てられた場合に，異議を申し立てられた債権者が，債権確定訴訟の承継を求めることによってこれまでの訴訟手続を債権確定訴訟に変更すること（従来の訴えが金額の給付請求である場合などには訴えの変更が必要）ができる[72]。会社更生手続開始決定があったときも更生会社の財産関係の訴訟手続は中断し，管財人が承継人となる（会更24条1項）。民

---

[71]　破産者が当事者である訴訟であっても審判対象が破産財団に関するものではなく，専らその身分に関する訴訟である人事訴訟は中断しない。また訴訟承継も生じない。

[72]　破産債権についての訴訟手続は，中断し，破産債権確定手続で当該債権について異議があれば，破産債権者がその債権の額等の確定を求める場合には，異議者の全員を相手方として訴訟手続の受継を申し立て，訴訟手続での確定を経なければならない（破127条）。

事再生手続の開始決定があった場合には再生債務者の財産関係の訴訟手続のうち再生債権に関するものは中断する（民再40条1項）[73]。

3 訴訟手続上の取扱い

(1) 原　　則

実体法上，権利義務について一般承継を生じる事態が発生した場合，この実体法上の地位承継の結果を手続に反映させるためには特別の行為を要しない。この場合には当然に手続の中断・受継が生じ，その結果，新たな当事者による手続の承継がなされなければならないとされる（民訴124条1項1号，2号）。その際，訴訟代理人が定められていない場合はこのように訴訟手続が中断・中止するが，訴訟代理人がいれば手続の中断・中止は発生しない（同条2項）。もっとも訴訟代理人が選任されていない場合であっても，当事者がこのような事象の発生を裁判所に報告しなければ，裁判所又は相手方当事者もこれを知ることは難しい。その結果，実際には実体的な承継事由が存在するにもかかわらず，当事者から手続上受継などの手続が行われず，裁判所もその事実を知らずに手続が進行することが稀でない。

(2) 手続中断中の訴訟行為

訴訟手続が中断中になされた訴訟行為は無効である。しかし，裁判所は判決の言渡しについては訴訟中断中でもなすことができる（民訴132条1項）。判決言渡し行為は判決内容に変更をもたらさない裁判所の行為だからである。その他の訴訟行為は判決内容の形成に影響することから，訴訟中断中にそれを知らずになされた口頭弁論やその他の訴訟行為は，当事者及び裁判所の行為ともにすべてが無効である（参照，民訴132条1項）。

(3) 手続の受継

民訴法124条1項に定める事由により訴訟手続が中断した場合，各事由毎に定められた承継人は訴訟手続の受継の申立てをしなければならない。この場合にはその相手方当事者も受継の申立てをすることができる（民訴126条）。

受継申立があると，裁判所は訴訟の一般承継事由が存在するか否かを職権で調査する。その理由がないと認める場合は決定により申立てを却下しなければならない（民訴128条）。理由があれば，裁判所は受継の決定をする。

---

[73] これらにつき詳細は，園尾隆司＝小林秀之編・条解民事再生法〔第2版〕（弘文堂・2007）第40条（171頁）及び40条の2（175頁）〔河野正憲〕参照。

(4) 代理人が選任されている場合

　当事者に民訴法124条1項に定める中断事由が発生した場合であっても，その者に訴訟代理人が選任されていれば改めて中断・受継の手続を行う必要はなく，手続を続けることができる（民訴124条2項）。この訴訟代理人は，死亡した者等によって選任されているが，この場合に訴訟手続が中断されない理由として，この代理人は旧当事者の死亡後は新当事者を代理しているからだと説明されることがある。しかしこのような説明には疑義がある。新当事者が直接この者に代理権を与えていないことは明らかであり，また訴訟承継後の新当事者が当然にこの代理人によって引き続き代理されなければならないわけでもない。ここで訴訟が中断せず，これまでの代理人によって訴訟が続けられるとしているのは，これまでに与えられていた訴訟代理権による事後的な処理であるからである[74]。速やかに新たな当事者による訴訟の承継とその者からの新たな授権又は新代理人による訴訟代理の手続を採ることが必要だと解すべきである。実務上も，当事者の死亡が裁判所に明らかになった場合には，裁判所は原則として承継人を調査したうえで受継に類似した取扱いをしている（この点につき，八木〔文献〕37頁）。なお例外的に承継を無視して手続を進める場合も存在するが（審理が結審に近い等の理由で当事者を変更するまでもないと判断される場合等），この場合には手続が中断しないからその限りで当事者恒定的（現実には当該当事者は死亡等により存在しないことが多いが）取扱いとなる（八木〔文献〕46頁）。

　　訴訟係属中に当事者の死亡など一般承継事由が発生した場合，従来の訴訟上の請求は新当事者との関係で変更されなければならない。そこで，この場合には承継人との関係で新たな請求に変更する必要がある。

III　参加承継・引受承継

1　特定承継と訴訟手続

　訴訟の対象とされている物あるいは権利などのいわゆる〈係争物〉（直接訴訟の対象とされているものだけでなく，関連するものを含む）の帰属が，その譲渡などの実体的処分行為により変更する場合がある。この場合には，この特定の係争物を巡る実体的権利関係の変動が訴訟当事者としての地位に変更を及ぼすのかが問題になる。

---

[74] この意味で，民法654条と同じ思想に基づくといえる。債務者破産などの場合（前述⑦の場合）にはこの定めがなく，手続は原則通り中断する。

†〔例〕 所有権確認の訴えが係属中に係争目的物が第三者に譲渡された場合，債務者（Y）に対する金銭債権の支払請求訴訟中に当該金銭債権を原告（X）が第三者（Z）に譲り渡した場合，建物収去土地明渡訴訟の係属中に被告（Y）が当該建物を第三者（Z）に譲渡した場合，土地の売買契約に基づく移転登記請求訴訟の係属中に被告（Y）が当該係争地を第三者（Z）に譲渡した場合など。

これらの場合に，係争物について権利移転の行為がなされると，その所有権や管理処分権限などの実体的権利関係は従来の当事者以外の第三者に移転する。その結果として，この係争物について最も利害関係を持つ者は，譲渡人に代わりこの目的物を取得した第三者となる。この権利変動を無視してそのまま訴訟を続け判決をしても，係争物が譲渡その他の事情で第三者に移転したから前主はもはや何ら権限を持たず，結局無権限の者が判決を受けることになる。その場合につき何ら特別の対策が定められていなければ，従来の当事者は係属中の訴訟を続けても直接の権限者との関係では訴訟による解決がなされないから，この者を相手として再度訴えが必要となる可能性がある。しかし，これは訴訟の相手方にとって耐え難く，不当である。そこでこの事態を避けるために訴訟手続上対策が必要となる。

　　　歴史的に見ると，以下のような異なる制度が存在した。
　　　①　係争物処分禁止主義　　訴訟の対象となった訴権（actio）について，被告が応訴することにより〈訴訟係属（litis pendence）〉が発生するが，これにより原則としてその訴訟の対象物の処分自体が禁止されるとする制度である。この制度は古くローマ法上で承認され[75]，ドイツ普通法期にもこの原則は一般的に承認されていた[76]。もっとも実体的な権利処分自体を制限するという方法は，社会が市場経済的に活発化するとそれには対処し得ないものであった。

　　　②　当事者恒定主義　　既にプロイセン法は，係争物の処分自体を禁止した普通法原則とは異なり，承継人に対して訴訟の引受けを強制していた。しかし1877年ドイツ帝国民事訴訟法立法者はこれとは別の方策を採用した。即ち，訴訟係属によっても当事者の係争物を譲渡する権限自体は制約しないがこれらの行為は当事者の

---

75) 後期古典期における争点決定（litis contestatio）の効果として（C8.36.5）係争物の譲渡禁止が定められていた（*Kaser*, Das römisches Zivilprozessrecht, 1966, S. 484.）。

76) 訴え提起による第一の裁判により訴訟係属が発生し，訴訟対象物には係争物（res, actiones litigiosae）としての効力が付与される。これらの物はこれにより通常は譲渡ができないことになる。これに反した場合については，原告は，保全管理人がその保全のために必要であれば定めることが推奨されるがそれだけではなく，更に有利な確定判決で新たな訴訟を提起することなく，第三占有者に強制執行をすることができるとされた（*Renaud*, Lehrbuch des gemeinen deutschen Zivilprozessrechts, 1867, S. 168f.）。

訴訟上の地位に変更を及ぼさないとする立場である。その結果，係争物が訴訟係属中に譲渡・移転されても従前の当事者が引き続いて訴訟当事者として留まり，これらの者は権利承継人のために訴訟担当者として訴訟手続を行うのだと見る77)。判決の効力の基準時点は，訴訟係属の発生時点であり（ド民訴325条1項），それ以降の承継人には承継執行文が付与される。もっとも，この制度では，承継人の手続権が十分でないとの懸念があり，ドイツでは学説上，承継人の訴訟関与を認める見解が主張されている。

③ **訴訟承継主義** わが国の民事訴訟法は，承継について明確な定めを置かず，大正15年改正法ではわずかに参加承継・引受承継に関する定めを置いたにすぎなかった。現行法もこれを若干補正したにすぎず，事情は基本的には変わらない。そこで，ドイツ法とは異なり民事訴訟法は承継人が積極的に訴訟に関与することを定めたことから，承継人による訴訟関与が必要だと解されている。これを〈訴訟承継主義〉という。訴訟承継主義のもとでは，承継人が訴訟に参加しあるいは引き受けなければ，従来の権利者との間での訴訟で，実際には権利関係の承継があったことが手続上で明らかになると，主張された実体権は根拠を欠くことになって請求が棄却されざるを得ない。これを知らずに判決した場合，当該判決は上訴審で取消しの原因となる。これを避けるためには，被告側での権利変更に対する予防措置として原告側は，占有移転や処分を禁止する保全処分などによる対処78)をする必要がある。しかしそのためには原告に極めて大きな追加的経済負担を強いることになり，また反対に原告側の当事者恒定を実現するについて被告側の対処方法はない等の問題があり，その根本的解決になっていない。

2 特定承継人の訴訟手続への関与

(1) 概　　説

わが国は訴訟承継主義を採用しているとされ，訴訟係属中に係争物に関する

---

77) 現行ド民訴265条は次のように定めている。「①訴訟係属は係争物を譲渡し主張された請求権を移転する当事者の権利を排除しない。②譲渡又は移転は訴訟に何らの影響を及ぼさない。権利承継人は相手方の同意なしに権利の譲渡人に替って主たる当事者として訴訟を引き受け又は主参加の訴えを提起する権限を有しない。権利承継人が補助参加人として参加する場合，69条〔共同訴訟的補助参加〕は適用されない。③原告が譲渡や移転をした場合，325条により判決が承継人に有効でない場合には，彼は，もはや請求の主張をする権限を有していなかったとの抗弁の対抗ができる。」

78) 民事保全処分の当事者恒定効：訴訟承継主義により被告側で係争物に関する特定承継が生じた場合に，これによる不利益を避けるために，戦後実務で保全処分が用いられてきた。判例はこれを承認し，占有移転禁止仮処分についてこの効力を認めた（最(1小)判昭和46年1月21日民集25巻1号25頁）。民事保全法は，登記請求権の保全のために処分禁止の仮処分（民保53条以下），係争物の占有移転禁止について占有移転禁止の仮処分についての規定（民保62条）を整備した。

処分等の実体的な地位の変動が生じると，従来の権利・訴訟の主体は当該審判対象について処分権限及び手続上の利益を失い，その結果当事者たる適格を喪失すると解される。そこで，この訴訟上の不利益を避けるために，実体的利益関係と連動した訴訟上の地位を手続的にも反映させる必要がある。しかし，この場合には一般承継の場合とは異なり，これらの権利変動が当然に訴訟手続上の効力を生じず，むしろ当事者による訴訟手続上の参加又は引受行為によってはじめて当事者の地位が変動することにした。

新たに当事者となる者は，前の当事者の地位を引き継いだ者として手続参加の申出をし（参加承継〔民訴51条〕），あるいは相手方から，実体的な権利変動に伴う新たな当事者として訴訟手続引受けを求める（引受承継〔民訴50条，51条後段〕）ことができる。これらの者が訴訟行為を行った結果は判決に反映されるが，その前提として承継人は前主が行った訴訟追行行為に拘束されるとされる。そこでこの場合の法的関連性をどのように根拠づけるかが問題とされてきた。伝統的な考え方では，この訴訟手続での承継人に及ぶ前主たる当事者のなした訴訟行為や発生した訴訟上の状態の拘束力を根拠づけるために「生成中の既判力」という概念が用いられることがある（兼子〔文献〕）。しかし，この概念は具体的な拘束力を基礎づける根拠になる要素を示していない。この場合に訴訟手続中に承継が生じ，その承継人が前主の行った訴訟行為の結果に拘束されるのだとすれば，その実質的根拠が問われなければならない。この承継人の地位は，口頭弁論終結後の承継人とは異なる訴訟上の地位を持つ。訴訟承継主義のもとでは，承継人は直接訴訟手続に関与してその言い分を尽くすことができる点で，その手続権を十分に行使することができる。その結果，承継人はなぜ，またどの限度で訴訟手続上前主の行った訴訟追行行為に服さなければならないのかが改めて問われるが，この場合判決基準時後の承継の場合とは異なり直接被承継人の地位を受け継ぐ点に「訴訟承継」の意義がある。これに対して，判決効の承継人は，もはや判決内容に影響する行為をなしえない[79]。

(2) 参加承継

1) 趣　旨　　審判の対象となっている特定の係争物について，訴訟係属中

---

79) 当事者恒定主義を採るドイツ法（ド民訴265条）では，訴訟係属時点を基準として当事者を恒定し，その後の訴訟の目的物処分による権利変動は訴訟上の当事者の地位に影響を及ぼさない。訴訟手続は以後も従前の当事者が追行し，その後の承継人については，承継執行文を付与することにしている。この立場では，承継人は訴訟手続においてその権限を独自に行使することができず，前主が訴訟担当者として承継人の立場でも訴訟上の権利行使をすることになる。

にその権利関係に承継があった場合，その実体的権利を承継した者（図12-7①②のZ）は自らのイニシアチヴで訴訟手続に関与することができる。その場合には，この者は参加手続としては〈独立当事者参加〉の形式（民訴47条1項）で前主（①のX，②のY）が当事者である訴訟手続に新たに当事者として参加をすることができることとしている（民訴49条)[80]。

図12-7

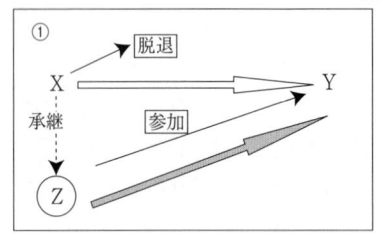

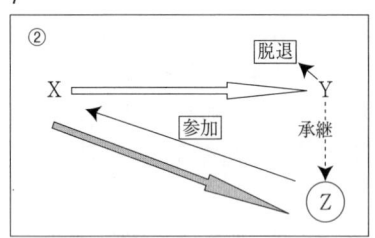

係争物の承継を理由として参加がなされる場合には，一般の独立当事者参加の場合とは異なり，承継人は基本的に前主がこれまで追行した訴訟の結果に拘束されると解すべきである。これは承継人が既に進行中の手続を利用して自己の権限を相手方に主張しようとしているからである。この場合に独立当事者参加の手続を利用することとしたのは，他人の訴訟手続に第三者が当事者として参加する形態が外形上独立当事者参加のそれに類似しているからにすぎず，その趣旨は必ずしも同一ではない。参加承継の場合には参加人は前主の実体的地位を承認したうえでそれを承継したことを自認しており，したがって原則として前主が承継時に有していた（あるいは形成していた）訴訟上の地位を引き継ぐことができ，また引き継がなければならないのが原則である（反対，新堂815頁。「新たに訴えを提起した当事者と同じ手続保障を与えられるのが当然」とされる）。訴訟参加がなされると，それにより時効中断の効果及び法律上の期間遵守の効果もまた，訴訟係属のはじめに遡ってその効果を生じる（民訴49条）。

これらの結果原則として，前主がその承継の時点で訴訟上有した有利な地位だけでなく不利な地位もまた引き受けなければならないものと解される。そこで例えば，前主がなした裁判上の自白の拘束力も承継人は原則として受けなければならないし，攻撃・防御方法の提出が時機に後れたとされる場合にも同じ

---

[80] 旧法上はこの場合にも，従来の訴訟当事者双方を相手方として独立当事者参加を申し立てなければならないとしていた。しかし現行法は独立当事者参加につき片面的参加を許容したから，前主を常に参加の相手方とする必要はない。

く承継人はその拘束を受けるのが原則である。これらは，被承継人である前主が行った訴訟手続上の処分行為であり，手続上の拘束力を維持すると見るべきである。もっとも，承継人に手続上その主張の機会を与えることが必要である場合には，このような拘束を厳格に考えるべきではない。承継により争点が異なれば，裁判上の自白について承継人に撤回を許すこともあり得よう。また，実体的にも被承継人が主張し得なかった事項を承継人が独自に主張しうる場合もあり（承継人独自の権限の主張），これら承継人に主張の機会を与えることが適切であると解される場合には，その旨を主張することができる[81]。

　また実体的権利関係の承継の時点と訴訟上の参加又は引受けなどの手続行為がなされた時点との間に時間的な間隙が発生することは避けられない。この間に承継人の関与しない訴訟上の行為がなされた場合，それが果たして承継人に対して拘束力を及ぼしうるかは別途検討が必要である。またこの間に証拠調べなどの行為が行われた場合，その結果を承継人が当然に引き受けるべきだとはいえず，承継人の申立てがあれば手続を再度やり直す必要がある。

　2）　参加承継の手続　　実体的権利関係の承継があった場合，承継人は，権利の承継であったか義務の承継であったかにかかわらず，独立当事者参加の手続により進行中の手続に参加することができる。この場合には，権利承継人は，①訴訟の係属中に，②訴訟の目的である権利の全部又は一部を譲り受けたことを主張して申出により手続に参加することができる。義務の承継があった場合にも，同様である（民訴51条）。

　3）　脱　　退　　前主は，譲渡等により係争物について直接の利害関係を失うから，相手方の承諾を得てその訴訟から脱退することができる（民訴51条，48条準用）。しかし，承諾を得ることができなければ，被承継人は，そのまま訴訟当事者として残存しなければならない。訴訟脱退の場合判決の効力は脱退者に及ぶとされている（民訴48条）がその適用はない。

　4）　脱退が認められない場合　　承継人は独立当事者参加の手続によりこの訴訟に参加することができるが（民訴50条），これにより被承継人が訴訟手続

---

[81]　同じく「承継」であっても，訴訟係属中の承継と，訴訟終了後の承継とでは根本的に異なる点がある。前者では承継人が訴訟手続に関与して自らの主張を行い手続に積極的に関与することができるが，後者ではその可能性がなく他人が受けた判決の効果を甘受すべき地位にあるか否かが問題になるにすぎない。ドイツ法では当事者恒定主義を採り，承継人の手続関与の観点が希薄であった。しかし，承継人の訴訟関与を認める見解によると，訴訟追行行為による判決への影響力行使が可能となり，わが国と同様の問題が生じる（*Dinstühler*, ZZP. 112, (1999), S. 61.）。

を更に続ける必要がなければ脱退が可能である。しかし，そのためには相手方当事者の承諾が必要である（民訴48条参照）。この承諾が得られなければ，被承継人も当事者としてその訴訟に残存する。この場合には，独立当事者参加の規定（民訴47条）が準用される結果，被承継人と相手方，承継人と相手方の関係は両立し得ない関係として判断されなければならない（民訴47条4項参照）。

(3) 引受承継

1) 訴訟引受けの申立て　　訴訟係属中に審判対象である係争物が第三者（図12-7③④のZ）に承継された場合（特定承継），その訴訟において承継があった当事者の相手方当事者（③のY，④のX）は，承継人（Z）を相手方として〈訴訟引受け〉の申立てをすることができる。この場合，承継人は相手方の承継申立てが認められると強制的に進行中の訴訟手続に引き込まれることになる。そこで，強制的に引き込まれた承継人はどの限度で前主の行った訴訟追行行為に拘束されるのかが問題になりうる。引受承継制度自体は，承継人が基本的に前主の地位を手続的にも引き受けなければならないことを前提としていると考えられる（もっとも参加承継と同様に自己の手続上の地位を主張することは可能）。それによる承継人の不利益は，基本的には承継人と前主との間で解決することになる。

訴訟引受けの申立ては口頭弁論終結前に限られ，上告審でなすことはできない（最（2小）決昭和37年10月12日民集16巻10号2128頁[82]）。

2) 裁判所の決定　　訴訟引受けの申立てがなされた場合，裁判所は当事者及び第三者を審尋したうえでその可否について判断し，〈決定〉で裁判をしなければならない。申立てを却下した決定に対しては引受申立人は即時抗告を申し立てることができる。訴訟引受けを許した決定に対して不服申立てをすることはできない（大決昭和16年4月15日民集20巻482頁）。

3) 前主の訴訟脱退　　承継人に対して訴訟引受けがなされた場合，前主である訴訟当事者（③のX，④のY）は，相手方（③のY，④のX）の承諾を得て，訴訟手続から脱退をすることができる（民訴50条3項，48条準用）。脱退がなされると請求の関係自体は単純化される。

脱退者はその脱退の意思表示につき相手方が承諾をすることによって，この両者での訴訟手続自体の係属を解消し手続からはずれることが許され，以後訴

---

[82] 森綱郎・最判解説民事昭和37年度438頁．

図12-7

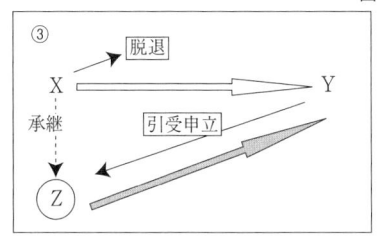

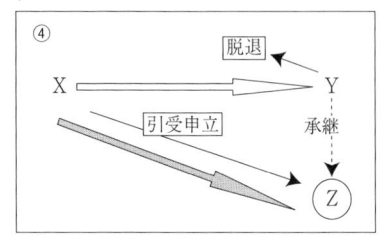

訟手続は相手方と承継人の間でなされる。

4) 脱退が認められない場合　訴訟引受けの申立てが許容されて承継人が訴訟手続に引き込まれても，前の当事者が訴訟から脱退するとは限らず，また脱退したい場合でも相手方の承諾がなければ，脱退をすることができず当事者としてその訴訟に留まらざるを得ない。この場合，前の請求と引受人との請求は併合関係になる。両請求は単純併合の関係ではあるが，両請求間はそれぞれが併存し得ない関係にあるといえる。この場合の当事者間の関係については従来は通常共同訴訟の関係だとされてきた。しかし，実体的承継関係を基礎にしていることから，旧請求と新請求は論理的には両立し得ない関係にあることになり，この場合には弁論及び裁判の分離を禁止する必要があることから，同時審判共同訴訟の形態に類似した請求関係になる（一問一答64頁）。そこで，訴訟引受を許す決定があったときは民訴法41条1項及び3項の規定を「準用」している（民訴50条3項)[83]。もっとも同規定は被告側に併合関係がある場合のみ（**図12-7**④）を定めているにすぎないから，原告側で承継があった場合（**図12-7**③）には準用の可能性はないように見える。しかし，弁論及び判決の分離を禁止する必要性は原告側にも同様であり[84]，その準用が必要となる。

---

83) この点を批判するのは，加波〔文献〕である。もっとも立法者は第三者の権利承継について50条の「準用」に留めており，全面的に誤りとはいえないだろうが，その準用には両者の違いにより解釈による限定が必要なことは事実である。

84) 同時審判の申立てに関する41条の共同訴訟の特則は，訴えの主観的併合における予備的被告の地位の不安定を避けるための制度であり，それに限定して弁論及び判決の分離が手段として禁止されている。原告側については，前掲注8) 参照。

第6節　大規模訴訟等の審理の特則

〔文献〕
須藤典明「大規模訴訟の審理」理論と実務(下) 189頁，田原睦夫「大規模訴訟の審理に関する特則」講座新民訴(2) 409頁

I　意　　義

　現代社会では大量生産，大量消費，大量輸送などの現象が進んでいるが，これらを巡っていったん事故が生じると，被害は広範囲に及び，その結果発生する損害や不法行為の差止めなどを求める民事訴訟の当事者，特に原告が多数にのぼることが多い。これらの訴訟手続では当事者だけでなく審尋すべき証人が著しく多数にのぼることが多く，通常の裁判所の構成による通常の訴訟運営では事件の処理が困難となる可能性がある。これらの例として，これまでにも公害訴訟，薬害訴訟，食品被害訴訟，欠陥製品訴訟，大規模事故による損害賠償訴訟などの事件処理では集団訴訟として多くの原告が手続に関わり，社会的にも強い関心を集めた。このような訴訟手続では，多数の当事者が関与するがゆえに手続上の困難が顕著であり，これを担当する裁判所にとって大きな負担が生じて事件の処理は長期化することが多く，社会的にも問題視された。そこでこのような困難を少しでも緩和するために，〈大規模訴訟〉としての特則が定められた（民訴268条以下）。

　大規模訴訟の特則は，第一に，審理について特則が定められており，当事者に異議がなければ，受命裁判官に裁判所内で証人又は当事者本人の尋問をさせることができるとすることで審理の促進を図ろうとする点である。第二に，第一審の地方裁判所の構成を5人の裁判官による合議体とすることで受命裁判官による尋問の実をあげることができるようにした。なお，特許権等に関する訴えに係る事件の合議体についても5人の裁判官による審理をすることができる旨を定めるが（民訴269条の2），これは，「大規模訴訟」として当事者が多数であることによるものではなく，むしろ特許権等についての審理の困難及びその判断の安定化のためである点で特別である。

Ⅱ 要　　件

　大規模訴訟として特別の取扱いが認められるためには以下の要件が必要である。

　① 「大規模訴訟」であること　　ここに「大規模訴訟」とは，（ⅰ）当事者が著しく多数でありかつ，（ⅱ）尋問すべき証人又は当事者本人が著しく多数である事件をいう。この二つの要件を満たす必要がある。ここにいう当事者には，訴訟当事者のほか選定当事者訴訟における選定者が含まれるのかが問題になるが，肯定すべきである（須藤〔文献〕195頁）。選定者自身は直接狭義の「当事者」ではないが，その請求自体は審判対象となっており，潜在的当事者は多数にのぼる可能性がある[85]。損害の認定のために選定者の尋問等の必要性がありこれらの事件についてもこの特則の利用の可能性を開いておくべきであろう。当事者は「著しく多数」でなければならない。

　② 当事者の異議がないこと　　裁判所は，職権でこの手続特則を採用することはできない。これは，証人尋問について受命裁判官による尋問が裁判所内でも行われるとの特則が適用されることから，直接主義の例外取扱いとなり，当事者の意向を無視し得ないからである。ただし，当事者の積極的な〈同意〉までは必要がない。積極的に当事者が異議を述べなければこの特則を用いることができる。異議は裁判所からの問いに対して相当な期間内になすべきである。

Ⅲ 審理の特則

1 審理手続の特則

　「大規模訴訟」では，証人尋問及び当事者尋問について特則が定められている。一般には証人尋問や当事者尋問は〈裁判所〉が行い，受命裁判官が証人尋問等を行うのは，裁判所外で特定の場合に限って許されるにすぎない（民訴195条）。しかし，尋問すべき証人や当事者が多数に及ぶ場合には，この決定により裁判所内でもこれらを行うことを認めた（民訴268条）。この決定は，争点整理が終了し具体的に証人尋問等の具体的状況が予想される時期までに行うこ

---

[85]　例えば，いわゆる鶴岡灯油事件（最(2小)判平成元年12月8日民集43巻11号1259頁。小倉顕・最判解説民事平成元年度455頁）では，原告は19人であるが，そのうち選定当事者は17人，自ら訴訟を追行する者は2人であった。しかし，選定者を含めた請求権者の総数は，1634人であった。

とができると解される。

2 合議体の構成の拡張

「大規模訴訟」等に関する特則として、裁判所の合議体の構成を変更することができる。これは、証人尋問などを行うにつきその対象が多数であることから、3人の合議体構成員を受命裁判官として尋問を行うのではなお不十分な場合に、裁判所の構成を5人としてその実を挙げようとするものである。受訴裁判所は、決定でこの変更を行う。

① 第一審地方裁判所のみに適用される　　この特則は、第一審地方裁判所の構成を変更するものであり、控訴審には適用がない。控訴審では、新規に多数の証人などを尋問する必要性に乏しいからである。

② 裁判所の構成を5人とする　　この合議体では、5人の裁判官による。この合議体には同時に3人以上の判事補が加わることはできず、またその裁判長になることができない（民訴269条2項）。

IV　特許権等に係る事件の合議体の構成に関する特則

特許権等に係る事件（民訴6条1項）については、その受訴裁判所の合議体の構成員を5人とすることができる（民訴269条の2）。この場合には、当事者が多数に及び審理についての特則を適用するためではなく、特許権などに係る事件の判断事項が多数に及ぶ可能性がある場合に、その判断の重要性に鑑みて裁判所の構成を5人とした。また、これらの事件の控訴審である東京高等裁判所の審理でも、5人の裁判官の合議体で審理・裁判をする旨の決定をすることができる（民訴310条の2）。

第13章　上訴・再審手続

[本章の概要]

　第一審の終局判決が下されると係属中の事件はそれで裁判所の判断が示されて一応決着がつくことになる。しかし，当事者が常にこの第一審判決に満足するとは限らない。裁判機関が行った裁判に対して当事者に不服がある場合のために，その不服を是正し当事者の救済要求に応えるために不服申立制度を保障している。その不服申立ての方法には大別すれば，通常の救済方法としての上訴制度と特別の救済方法としての再審制度等がある。

　第1節では，裁判に対する救済についてその存在意義などを概観する。不服申立制度として審級制度を設け，上級審の判断を求めることができる。〈上訴制度〉は通常の不服申立制度である。これはいったん裁判所の最終判断が下されても，その裁判所の判断に当事者が不服である場合に段階的に上位の裁判所が再度判断を行うことによって，裁判の過誤をできるだけ防ぎ，また法的判断の統一を図る。同じく不服申立てではあるが，上級裁判所に対する申立てではなく，同一裁判所に再審査を求めるものとしては〈異議〉の制度がある。これらを概観する。**第2節**では上訴のうち，特に受訴裁判所の判決に対する直近上級裁判所への不服申立てである〈控訴〉制度を考察する。**第3節**ではさらに上級の裁判所に対して特に法律問題について不服申立てを行う上訴制度である〈上告〉制度を概観する。また，**第4節**では，判決以外の裁判に対する上訴制度である〈抗告〉について概観する。以上の救済手段が通常の不服申立方法（上訴）であるのに対して，**第5節**では通常の不服申立制度とは異なる特別の救済方法である〈再審〉制度を中心に考察する。再審制度は確定した判決に対する救済手段であり，既に終結した手続を再度開始して再審査することを求める特別の手続である。判決が確定した後にも，その判決に極めて重大な瑕疵が見つかったにもかかわらずそれを無視することが正義の要求に反する例外的場合の救済制度として設けられた再審制度は，終了した手続自体を再開して審理をやり直す形式の救済である。しかし救済方法はこれで十分ではない。これとは別の救済手段の可否についても考察する。

第1節 総　　論

〔文献〕
伊藤眞「上訴制度の目的」講座新民訴(3)1頁，大須賀虔「上訴制度の目的」講座民訴⑦37頁，鈴木重勝「当事者救済としての上訴制度」講座民訴⑦1頁，三ケ月章「上訴制度の目的」同・研究Ⅷ85頁

I　裁判の正当性と不服申立制度

　裁判所が下す終局判決は，極めて慎重な法の定める訴訟手続により訴訟当事者に十分な主張の機会を与え，裁判所によって双方当事者の主張を公平に審理した結果示された最終判断である。しかし，たとえこのように慎重を期した手続を経た裁判であっても，それが人間の行う判断行為である以上，常に完全無欠であることはあり得ず，誤りが生じることは避けがたい。このように誤った判断の可能性があるにもかかわらず，裁判所の裁判に対する当事者の不服を一切無視して，いったん下した裁判所の判断を絶対のものとして遮二無二押し通すことは，かえって裁判の正しさについての当事者のみならず社会の疑念を払拭できず，裁判に対する信頼性を損なう危険がある。そこで，裁判所の最終判断である終局判決についても，当事者に不服があれば，更にその事件について再度審査する機会を与え，特に判決を下した裁判所とは別の機関により新たな観点から再度審査することが裁判の正当性のためにも必要である[1]。また終局判決以外の決定や命令などの裁判についても同様であり，それに対する不服を別の機関によって判断することが必要である。そこで，このような再審理の必要性を重視して，わが国の民事訴訟手続では通常の不服申立ての方法として以下の制度を設けた。

　① 上　訴　　訴訟手続を経て下された終局判決に対して不服がある場合に，通常の不服申立ての制度として，当該判決を下した裁判機関よりも上位の機関として設けられた裁判所による再審理を保障した。これが〈上訴〉制度である。

---

[1] わが国やドイツのように民事訴訟について専ら職業裁判官が関与して裁判をする制度では，審級制度を設けて上級審裁判所が更に事件の審査を行う制度を採用することができる。しかし，陪審制度を採用する場合には，事実問題の判断は陪審の専権としており，陪審の事実認定に不服があるといって直ちに上訴審の判断を求めることはできない（*James/Hazard/Leubsdorf*, CP, §12.9, P.679）。

上訴制度は民事裁判の正当性を支える重要な制度機能を営んでいる。

　上訴には，必要的口頭弁論を経て下された終局判決に対する不服申立てとして，事件について第一審に引き続き再度事実裁判所で審理を行う〈控訴〉，更に法律問題に限って審理を行うために第三審への不服申立てである〈上告〉が設けられている。

　これに対して，口頭弁論を経るか否かが任意の裁判である決定・命令に対して不服がある場合には上級審裁判所に対して〈抗告〉をすることができる。〈抗告〉もまた通常の上訴制度である。ただし例外的に抗告が禁止されている場合がある。これは当該裁判に対する不服申立てを認めず，もはやそれで紛争を終了させる趣旨である。

　　†〔例〕**不服申立てが禁止されている場合**：管轄裁判所を指定する裁判（直近上級裁判所の決定〔民訴10条3項〕），除斥・忌避が理由ありとする決定（民訴25条4項）等。

　②　**異　議**　通常事件の中で受命裁判官や受託裁判官が行った裁判に不服がある当事者は，受訴裁判所に対して〈異議〉の申立てをすることができる。これは上級裁判所に対する不服申立てではないから上訴ではない。ただしこの場合にも，異議はその裁判が受訴裁判所の裁判であるとした場合に抗告をすることができる場合に限られる（民訴329条1項）。異議に対してなされた受訴裁判所の裁判に対しては抗告ができる（同条2項）。

　さらに，略式の手続では，略式の手続や判決を下した裁判所等に対して再度，通常の口頭弁論手続による審査を求めるための不服としても〈異議〉の制度が設けられている。

　　†〔例〕　**(A)　通常訴訟における異議の例**：受命裁判官による審尋（民訴88条），和解の試み（民訴89条），専門委員の関与に関する手続を受命裁判官又は受託裁判官が行う場合（民訴92条の7），受命裁判官による弁論準備（民訴171条3項），裁判所外での証拠調べ（民訴185条），受命裁判官による証人尋問（民訴195条），当事者尋問（民訴210条）等における裁判に対する異議。
　　(B)　略式訴訟における異議の例：手形訴訟の終局判決に対する異議（民訴357条），少額訴訟の終局判決に対する異議（民訴378条）。
　　(C)　その他の異議：支払督促においては〈督促異議〉という特別の制度が設けられている（詳細は⇒第14章第5節Ⅴ）。

II　通常の不服申立制度と特別の不服申立制度

1　裁判に対する通常の不服申立制度の意義と種類

(1)　終局判決に対する不服

上訴は，裁判機関が下した終局判決の内容に対して当事者に不服がある場合に，更に上級裁判所による事件の再審査を求めてなす不服申立てであり，民事訴訟制度の中で制度的に組み込まれ一般に認められた通常の救済手段である。この不服申立てに応じて更に事件の審理をするために，制度的に段階的に上位の裁判所（審級制度）を設けた。

当事者に対してどの限度で上訴制度による救済を許すのかは立法政策上重要な考慮事項である。終局判決は，手続的に厳格な口頭弁論に基づいて当事者が対席し互いに十分な弁論を尽くした結果，示された裁判所の最終判断であり，その結果が最大限尊重されなければならないことはいうまでもない。しかしそれでもなお，具体的事件の処理として裁判所が下した判断に誤りがないとはいえない。特に敗訴当事者にとって裁判所の判断内容に不服があるならば，裁判所の判断を一回限りとせず，更に上級の裁判所によって事件を再度判断してもらう機会を与えて救済要求に応じる必要性は無視し得ない。他方で，判決に対する不服申立てを無制限に許容すべきでないことも当然である。民事訴訟で必然的に勝訴者と敗訴者とが発生する以上，民事判決について特に敗訴者から敗訴判決について最終的な納得が得られる保障はない。敗訴者からの更なる審理要求に安易に応じて訴訟手続を際限なく繰り返すこと自体も正義に反する。こうして私人間の紛争を法的に合理的に解決するには，一方で裁判の正当性を確保し当事者の納得を得る必要から上級審による判決の再審査が必要だが，それも（民事訴訟手続として制度上予定された）裁判制度として限られた期間内で行われる再度の上訴審による適切な審理の手続を当事者に提供すると共に，これらの手続を経ることで当事者間の紛争は（強制的にも）解決されたものとして扱い，無制限に争いを続けることを打ち切る必要がある。上訴制度の基礎にはこのような様々な考慮が潜んでいる。

(2)　三　審　制

わが国では，民事訴訟手続の審理の回数について三審制を採用している。即ち通常の不服申立手続としての上訴制度は，第一審終局判決に対する事実や法的判断に関する不服申立ての方法として〈控訴〉（民訴281条以下）が，そして

更に憲法事項をはじめとする法律問題について不服がある場合に特に認められる不服申立ての方法として〈上告〉(民訴311条以下)が設けられている。これにより，制度的には事実に関する審理は2度(第一審と控訴審)，更に最終審として法律問題に関する審理(上告審)を行う救済制度を採用している。

上告審，特に最高裁判所の在り方は，各国の憲法や司法制度の中で最終的裁判機関としてどのような役割と機能とが期待されているか，またその国の司法の歴史の中で生成し国家の基本機関として，単に法的問題にとどまらず政治制度としても重要であり，従来からしばしば問題にされてきた[2]。また，控訴手続も，これまで進められてきた第一審の審理の充実と促進との関連で規律される必要があり，なお検討の余地がある。

上訴制度は比較法的に見ると様々な形態がある[3]。ドイツ法では伝統的に控訴審は事実審だと位置づけられてきた。しかし近年の外国の法改正では，これに対しては見直しがなされて，全面的な事実審か，より第一審の手続及び判断を重視し控訴審の在り方を第一審判決のコントロール的機能を重視した制度に変更すべきかが反省・検討されている[4]。

---

[2] 各国の最上級審の在り方については，裁判と上訴(上)〈小室直人・小山昇先生還暦記念〉(有斐閣・1980)の諸論文参照。

[3] 比較法的に見るとドイツ法系では一般に控訴・上告の三審制を採用する。もっともその内容は一様ではない。オーストリア民事訴訟法は控訴審では新たな主張を禁止する事後審の制度が採用されて(オ民訴482条)，第一審の審理を強化している。フランスでは，事実審について第一審と控訴審裁判所での審理が保障されているが，破毀院では法律審として法令の解釈及び判例の統一を任務としており事件自体を審理するのではなく，通常の上訴審とは位置づけられていない。第一審判決の効力もまた上訴審の関係で違いがある。上訴制度を判決効の制度に組み込んで，上訴の可能性が尽きたときに初めて判決の効果が発生するとする制度(ドイツ法)の他に，第一審判決の効力は判決言渡しと同時に発生するが，控訴提起によってその効力の発生が停止し移審の効果が生じるとする制度(フランス法)も存在する。またフランス民訴法480条は，判決が言い渡されると直ちに既判事項の権威(＝既判力)を有すると定める。なお，徳田和幸「フランス民訴における控訴の移審的効果について」前掲注2)裁判と上訴(上)31頁。わが国では前者のドイツ法の制度を採用している。

[4] ドイツでは，2002年民事訴訟改正法で上訴制度が大幅に改正された。特に控訴に関する改正事項は，①控訴審裁判所を上級州裁判所(OLG)に一本化することの推進，②控訴審での単独裁判官の審理の導入，③上訴要件の緩和，④実質的な理由のない上訴の早期処理，⑤控訴審での審理判断は，第一審の事実認定を基礎とすること(裁判に重要な事実で，第一審確定に疑問があることの具体的な手がかりを示して新たな確定が命じられない限りこれを審理判断の基礎とし，また新たな事実についてそれを控訴審で考慮することが許される場合にはこれを審理判断の基礎としなければならない〔ド民訴529条1項〕)，⑥控訴審を，第一審判決の過誤のコントロールと位置づけ，提出できる攻撃・防御方法をこの観点から整序した(ド民訴531条2項)こと，⑦控訴審での訴え変更，相殺，反訴の限定，⑧控訴期間と控訴理由書提出期間の調整，⑨自判と差戻

2 判決に対する特別の不服申立制度

終局判決に対しては通常の不服申立ての制度のほかに特別の不服申立制度が設けられている。これは、通常の民事訴訟手続として予定した不服申立制度とは別に設けられた不服申立ての制度であり、特別の事情があり上訴制度を利用できない場合に備えた救済方法である。ここでは通常の不服申立制度の中で救済することができなかった不服で、その不服が極めて重大な意義を持ち、その不服を救済することが是非とも必要であって、それを無視することが社会正義の観点から極めて問題だと認められる場合に特別に認められる。この救済方法としては〈再審〉手続（民訴338条以下）がある。また、高等裁判所が上告審としてした判決については、最高裁による憲法判断を保障するために設けられた〈特別上告〉（民訴327条）や〈特別抗告〉（民訴336条）の制度も、通常の不服申立方法が尽きた場合に与えられる特別の不服申立方法である。

3 決定・命令に対する不服申立て

裁判機関が行った裁判のうち、決定・命令につき不服がある者に対する救済方法として〈抗告〉の制度が設けられている（民訴328条）。抗告もまた、上級審裁判所による審査であり、通常の不服申立方法である上訴の一つであるが、その手続は簡略化されている。

III 上訴制度

1 上訴制度と当事者の手続的処分権

上訴手続は、既に下された裁判に対して不服がある当事者からの申立てにより当該判決を行った裁判所の上位の裁判機関である上級裁判所が再度事件を審査する制度である。その際、上訴裁判所での手続を開始するには当事者が上訴の申立てをしなければならない。上訴裁判所は、当事者が求めた上訴申立ての範囲内で審理・判断を行い、必要な救済を与えることができるにすぎない。このように、わが国の上訴制度はいったん判決を得た当事者が、更に上訴制度を利用してその不服の是正を求めることをその意思と自己責任で決定することに基礎を置いた。その基本は民事訴訟手続の基礎である処分権主義の依拠する価値原理にある[5]。

しの再編（訴訟促進のためできるだけ自判する）、⑩その他：控訴取下げの容易化及び独立した附帯控訴の排除、である。抗告も即時抗告を中心とした制度に再編された（*Rimmelspacher*, Zivilprozessreform 2002, 2002, S. XIII ff.）。

適法な上訴申立てがあると，上級審で更に引き続き事件の審理・判断が開始される。これにより事件を受け継ぐ上級裁判所がその事件を再審理し，本案について上訴審裁判所が自ら判断するのが原則である（ただし，上告審は法律審としての制約がある。また審級制度を保障する趣旨から例外取扱いがなされる場合がある）[6]。

2　上訴の種類

上訴制度として，①裁判所の終局判決に対する不服申立ての制度として〈控訴〉及び〈上告〉が，また，②その他の裁判（決定・命令）に対する不服申立ての方法として〈抗告〉の制度が設けられている。不服の対象となる裁判の種類に応じて設けられた上訴手続である。

1）　控　訴　〈控訴〉は第一審の終局判決に対する不服申立てである。第一審裁判所が終局判決で行った事実及び法律判断のいずれの面についても，判断に不服がある場合になすことができる。控訴裁判所としては，簡易裁判所が第一審としてなした判決に対しては地方裁判所（裁24条3号）が，地方裁判所がなした判決に対しては高等裁判所（裁16条1号）がそれぞれ管轄権を持つ。なお，特許事件などについては控訴審の土地管轄につき特別の定めがあり，控訴裁判所はすべて東京高等裁判所の専属管轄である（民訴6条3項）。

2）　上　告　〈上告〉は，原則として控訴審がなした判決に対する不服申立てであり，最終審の判断を求める不服申立てである。地方裁判所が控訴審としてなした判決に対する上告審は高等裁判所，高等裁判所がなした判決に対する上告審は最高裁判所である（民訴311条1項）。最高裁判所に対する上訴は憲法違反等を理由とした絶対的上告理由に該当する場合は別として，その他の場合には当然に行うことはできず，最高裁判所により上告受理の申立てが許される必要がある。

なお，例外として第一審がなした判決に対しても，控訴審の判断を経ることなく直ちに上告審に対して申立てが行われる場合がある。飛躍上告（飛越上告

5）　処分権主義に基づいた訴訟手続を採用しない法制度では，当事者の上訴によらない上級審の事件審理を認める。このような法制度では，公益的見地からの判決の是正が上訴制度の基本とされる。このような制度は，旧社会主義国の法制度で採用されていた。例えば，中華人民共和国では最高人民法院は，当事者から上訴に限定されずに下級審判決を職権で再審査することができる（See, *Kawano*, The Role of the Supreme Court at the National and International Level/Far Eastern Countries,Yessiou-Faltsi ed., The Role of the Supreme Courts at the National and Internatonal Level, 1998 p. 389 at p. 416）。

6）　その他の救済形態については，⇒3③参照。

ともいう）がなされる場合である（民訴311条2項）。また上訴につき例外として特別の定めがあるのは，特に定める行政機関の審決等に対する不服として高等裁判所が第一審としてなした判決（例えば，特許178条1項，公選203条1項，204条）についてであり，これに対しては，最高裁への上告のみが許される。

高等裁判所が上告審としてなした終局判決に対しては，その判決に憲法の解釈の誤りがあることその他憲法の違反があることを理由とするときに限り更に最高裁判所に上告することができる。これを〈特別上告〉という（民訴327条)[7]。

3）**抗　告**　必要的口頭弁論手続を要しない手続（民訴87条参照）でなされた裁判機関の判断（決定・命令）に対する不服申立ての制度である。不服申立ての期間が不変期間内に限定されているものを〈即時抗告〉といい，それ以外のものを〈通常抗告〉という。

民事訴訟手続は必要的口頭弁論制度を採用し，これを経た裁判所の最終判断が終局判決である。したがって，上訴手段としてはこの終局判決に対する控訴・上告が民事訴訟手続における中核的救済方法である。これに対して抗告は，民事訴訟手続内で発生した派生的紛争や関連問題につき裁判所が下した裁判に対して許される不服申立方法であることから，附随的救済手段であるといえる。

　　もっとも通常の民事訴訟手続とは異なり，手続構造自体が必要的口頭弁論手続を採用しない手続（民事保全手続，民事執行手続，破産法，会社更生法，民事再生法など）では，決定による裁判が中心となり，またそれに対する不服申立ては抗告手続が通常の，基本的上訴手続となっている。このような手続では民事訴訟手続とは異なり，手続上の派生問題ではなく，抗告がその手続における裁判に対する中核的救済方法の一つとして重要な意味を持つ（この点につき先駆的研究は，三ケ月〔文献〕165頁以下)[8]。

以下で上訴制度一般を論じるにあたり，終局判決に対する不服申立てとしての控訴及び上告を中心とし，抗告等は必要に応じて言及する。

3　上訴制度の目的

上訴制度は，裁判所が下した裁判内容に対して当事者が不服を有する場合に，

---

[7]　最高裁が法令審査権を有する「終審裁判所」であること（憲81条）による。

[8]　かつては民事訴訟法に定める抗告手続が一般的に適用されると解されてきたが，今日ではこれらの抗告には特別の名称が付され，一般的な抗告制度に対して，それぞれの当該手続の性質に応じて特別の規律がなされている。例えば，民事執行手続では〈執行抗告〉（民執10条)，民事保全手続では〈保全抗告〉（民保41条以下）の名称が与えられている。

当事者の上訴提起行為に基づいて上級裁判所が再び事件を審査をするために設けられた手続である。終局判決に対する不服申立ての制度としては，わが国では原則として三審制を採用し，控訴審，上告審を設けている。これらの各手続がどのような制度目的を持つのかが問題となる。

> 民事訴訟手続では裁判所は終局判決の他にも，それに至る手続過程での様々な局面で手続問題に関する紛争が発生し，これらについて裁判所が判断を示して，手続の進行を図る必要がある場合が多い。これらの事項の裁判は〈命令〉〈決定〉の形式でなされるが，これに対する当事者の不服を終局判決まで持ち越さず，独立して直ちに上級裁判所による再検討の機会を保障することが，手続的混乱の可能性を排除し後の手続の正当性を確保して，当事者の納得を得ることができて安定した手続を進めるうえで必要である。抗告制度はこのような考慮に基づく上級審による簡易の不服申立方法である。

上訴制度の目的を考察するについては，控訴及び上告審に共通する制度目的と共に，それぞれの制度が個々に持つ手続固有の目的を考慮する必要がある。
〈上訴〉の目的としては，共通する以下の要素がある。

① 個人の権利保護　わが国の上訴制度は，不服の対象となっている裁判に不服のある当事者その他の関係人による上訴提起行為によって開始され，当事者の経済的負担で進められる。〈個人の権利救済手段〉は共通する要素であり，個人の利益救済を離れた客観的な目的のための上訴は存在しない（多くの研究が強調する，鈴木〔文献〕，大須賀〔文献〕）。この観点から，上訴審の審理の開始自体及びその審理・判断の範囲について，当事者が手続的処分権限を有するものとされる[9]。

② 裁判に対する一般的救済手段　上訴制度は，終局判決をはじめとする裁判に対する〈一般的〉救済手段である。〈終局判決〉に対する一般的な救済手段としての上訴は控訴・上告であり，決定・命令に対する上訴としては，抗告の制度が設けられている。いずれも一般に上訴審が審査を行う必要があり，上訴がなされると手続的にも引き続き上訴手続への移行が予定されている。上訴が提起されることによって当該手続は上訴審での取扱いに移され（移審の効果），また裁判の確定が遮断されるという効果（確定遮断の効果）が与えられる。

---

[9] 比較法的にはこれとは別の制度を採用する国もある。旧社会主義圏の民事訴訟制度では上訴制度は必ずしも当事者の不服申立てのみに依拠しておらず，判決に不備がある場合に公益の代表者として検察官による上訴を認め，あるいは上級裁判所による審査制度を設けた。

抗告についても，即時抗告の場合にはその執行が停止される（民訴334条1項）。

③　**上級裁判所による独自の審査**　上訴制度は，上級裁判所が自ら事件を再審理することによって当事者が持つ原判決に対する不服に基づく審査をし判断することを原則とする。事実審である控訴審は，事件についての新たな判断を自ら行うことができる。法律審である上告審も，判断のために事実問題について独自に新たな審理を必要とせず原審の認定した事実を前提にする限りで，事件について自ら積極的な判断をすることができる（破棄自判〔民訴326条1号〕）。これは，上訴審が前審の判断に誤りがあることを発見した場合にはこれを破棄して差し戻すことを基本とする制度（破毀制度）とは異なる[10]。

4　上訴の要件

(1)　上訴提起行為

上訴は，裁判所が下した裁判に対して当事者に不服がある場合に限って許され，その当事者が行う上級裁判所への不服申立ての方法である。裁判に〈不服〉がある当事者からの申立行為を必要とし，その申立ての限度で上級裁判所は審査（例外は附帯上訴⇒第2節Ⅲ）を行い判断が許される。本来，当事者は裁判所が下した裁判に満足してこれに従うか，あるいはその判決に異議を申し立てて上訴を提起するかについて決定権を有し，上訴手続の利用を専ら不利益を受けると主張する当事者の自律的判断に委ねた。これは民事訴訟手続の基本原則である〈処分権主義〉が基礎になっている。その結果発生しうる不利益の負担にも自己責任原則が働く。特に上級審手続の利用が許される前提としては，その者に手続利用により得られる利益がなければならない。ただしその考慮（上訴の利益）は，第一審手続における訴えの利益の考慮とはやや異なる。上訴の場合には既に終局判決が出されているから，専らこの判決に対する救済という点が重視されなければならない。

(2)　上訴の一般的要件

上訴審による救済を受けるには一般に次の上訴要件が必要である。上訴裁判所は，上訴要件が存在する場合にのみ，上訴理由について審理・判断を行う。

①　**原裁判に対して上訴が許されること**　上訴は前審裁判所が下した裁判の種類に従い，それに対応する方法で当事者が行うのが通常である。しかし裁

---

[10]〈破毀〉の制度を採用するところ（例えばフランス破毀院）では，不適法な裁判についてはその裁判を破毀し効力を奪う決定を破毀審が行うが，それ以上の判断は必ず更に下級裁判所に行わせるのを常とする（その際，事件を判断した裁判所とは別の裁判所に行わせる例もある）。

判所が本来行うべき裁判を誤って，〈違式の裁判〉をなした場合にも，それ（誤って行った裁判形式）に対応した不服申立てをすることができる（参照，民訴328条2項）。

　　〈違式の裁判〉とは裁判所が本来行うべき裁判の形式を誤って行った裁判をいう。本来判決で裁判すべき場合であるのに決定で裁判をした場合，当事者は決定に対する不服申立ての方法である抗告によって上訴をすることができる。また，本来決定で裁判をすべき場合に判決で裁判をした場合には，控訴の申立てにより不服を申し立てることができる11)。

　②　上訴提起行為がなされたこと　　上訴提起の行為がなければならない。その際，この行為は法及び規則に適合したものでなければならない。上訴提起行為は，原裁判に対する不服申立てである。これは不服を申し立てる者の裁判所に対する意思の表明であり，その行為は書面による要式行為で行わなければならない。控訴の申立ては控訴状を第一審裁判所に提出して（民訴286条1項），また上告の申立ては上告状を原裁判所に提出して（民訴314条1項）行う。

　③　上訴期間の遵守　　上訴提起に期間が定められている場合はその期間内に上訴提起行為がなされなければならない。上訴期間は不変期間である。もっとも，当事者に特別にその責に帰すことができない事情があり期限内に上訴をすることができなかった場合には〈上訴行為の追完〉が可能である。

　④　上訴人に〈上訴の利益（不服の利益）〉があること（⇒5）

　⑤　当事者が不上訴の合意又は上訴権の放棄をしていないこと（⇒6）　　これらの行為がなされた場合には，この合意は訴訟上の合意として（⇒第6章第4節）その合意内容に即した訴訟法上の効果が生じる。上訴審を利用しない意思が確定され，したがって合意に反する上訴がなされた場合，この上訴は原則として無効である。

　これらの一般的な上告要件の審査には，上訴提起がなされた時点で上訴を受理した原裁判所で事前に行われる事由と，上訴裁判所においての事件審査の過程で行われる事由とがある。

　またこれらの一般的な上訴の要件のほかに，それぞれの上訴制度にはそれぞれ特有の要件が存在する。具体的には各上訴制度で検討する。

---

11)　最(1小)判平成7年2月23日判時1524号134頁は，補助参加の申出を，決定でなく判決で却下した場合につき控訴の申立てによるべしという。

(3) 上訴権の濫用

　上訴提起の行為が一般的な上訴要件を満たしている場合であっても，なおその行為が上訴権を濫用していると考えられる場合がある。これは，上訴権者が上訴制度が本来予定する目的を逸脱して，これとは別の不当な目的のために上訴制度を利用する場合である。これは，上訴の提起があれば一般に原判決の確定が遮断される（確定遮断効）効果があることから，前審で敗訴した当事者が判決の確定を阻止するため，特に給付判決が下された場合にはその執行を阻止するために上訴を申し立てる可能性があるからである。

　上訴権が濫用されている場合には，結論的に控訴審は第一審判決を維持し控訴を棄却することになるが（民訴302条1項），それだけでは十分でない。そこで，さらに上訴権の濫用に対する特別のサンクションとして控訴裁判所は「控訴人に対し，控訴の提起の手数料として納付すべき金額の10倍以下の金銭の納付を命ずることができる」ものとしている（民訴303条1項）。

5　上訴の利益

〔文献〕
井上治典「『控訴の利益』を考える」同・民事手続論（有斐閣・1993）171頁，上野㤗男「上訴の利益」新堂編・特別講義285頁，小室直人「上訴の不服再論」同・上訴・再審の法理（信山社・1999）1頁，高橋宏志「控訴」同・重点(下)453頁，458頁

(1)　不服の必要性

　上訴を提起して更に救済を求めるためには，一般にその当事者に上訴人として〈上訴の利益〉がなければならない。〈上訴の利益〉とは，当事者が前審で獲得した判決の内容に不服が残る場合に，上訴審で事件を再審理することで，より有利な内容判決を得る可能性があることを意味し，それによるその当事者の利益をいう。そもそもこのような不服が全くなければ当事者に上訴の機会を与える必要性はない。上訴の利益は，当事者が既に前審で一定内容の判決を得たにもかかわらず，更に上訴制度を利用してより有利な救済を得ることができるのかにつき，この利用を求める者に要求される権利保護の利益の特別の形態である[12]。もっとも，上訴の利益が認められる限り，裁判所は更にこれとは別

---

12)　わが国では控訴人の利益を離れて，また当事者の不服とは無関係に客観的な制度目的等（例えば正しい判決の実現（？））のために，裁判所の下した判決内容の当否を職権で再審査する制度は採用していない。上訴制度による判決内容の是正は，その判決によって個人が不利益を受

に改めて上訴について権利保護の利益を審査する必要はない。上訴の利益は上訴提起の際の適法要件であり，当事者が上訴審手続を利用するのに前提となる事項である。

　上訴の利益は，一般に当事者が得た判決内容に対する〈不服〉である。本来裁判所の終局判決は当事者が申し立てた判決要求に対する回答であり，当事者に十分な主張・立証の機会を与え審理を尽くした結果示された裁判所の最終的判断である。また裁判所はその判断にあたり，当事者の申立事項に拘束され，当事者が申し立てた以上の判断をすることができない（民訴246条）。そこで原告側について見れば，その求めた請求が終局判決で完全に認容されればもはや不服はないといってよい。

　もっとも被告側については，その判決要求と判決の結果との関連性は必ずしも明確ではない。被告が，原告の請求棄却を求める旨の申立てをしたのに対して，その通り請求棄却の判決がなされた場合であっても，それが相殺の抗弁を容れて請求が棄却された場合や，被告が訴え却下を求めたのに請求棄却となった場合などについては，果たして被告がその判決で十分な満足を得たのかは疑問であるからである[13]。また一部認容の場合には，当事者双方共にその申立てが完全には認められてはいないから，両当事者に判決内容に対する不服がありうるともいえる。これらの場合には不服を是正するために更に上訴を提起して上訴審で再度，審理・判断を受ける利益をどのように考えるのかが問題となる。

(2)　実質的不服・形式的不服とその修正

　　1)　不服の内容を巡る見解　　上訴を申し立てる者に必要な〈不服〉概念につき，その具体的内容に関して異なる見解が主張されている。

　　①　実質的不服説　　裁判所が下した判決に何らかの不服があれば，広く控訴を許容する考え方がある（加藤466頁）。この見解は，上訴審で訴え変更や反訴により更に有利な判決が得られる可能性がある限り広く上訴を認め，厳密には判決自体に対する不服がなくても，上訴審でより有利な判決を得る可能性がある限り上訴を認める。続審制を理由とするが〈不服〉の概念自体は明確でない。結局すべての判決に対して不服を肯定することになり，上訴要件としての実質的意味を持たないと

　　　ける場合にその是正を求める個人の利益を基礎にしてその者の自律的な上訴提起行為による手続利用の申立行為を必要としている点に，現行上訴制度の基本的な特徴がある。
13)　訴え却下判決を求めたのに対して請求が棄却された場合については，そもそも被告は原告の請求について，裁判所の介入自体を否定する旨の判決を求めていたのに対して，これが認められなかったという意味で，一応請求棄却判決を得ているが，被告はなお不利益がある。敗訴判決の内容の性質上不利益があるともいえる。

も批判され，今日では賛同者はない。

② 形式的不服説　前審での当事者の判決要求と裁判所の判断とを比較して，判決がこの要求を完全に満たしていなかった場合に不服を認める見解である。この見解は，裁判所の判決内容を原告が求めた訴えとを比較して，判決内容に不利益があれば〈不服〉の存在を肯定する。そこで，原判決で全部勝訴した者には上訴の不服を認めない。反対に，完全に敗訴した者や一部敗訴した者には上訴の利益を認める。また判決の理由中の判断のみに対して不服があるにすぎない場合には上訴の利益は認めない。これはわが国の〔**判例**〕が採用する立場であり，学説上も通説的な位置を占めている（兼子・体系440頁，小室〔文献〕1頁以下，上田574頁）。裁判所に求めた判決内容を完全に勝ち取ったにかかわらず，更に上訴審で審理を求めることは相手方当事者や裁判所に対して負担を与え，許すべきではないことを理由とする。

†〔**判例**〕　最(3小)判昭和31年4月3日民集10巻4号297頁[14]　X（原告・被控訴人・被上告人）はY（被告・控訴人・上告人）に対する債務の担保としてX所有の本件（一）不動産所有権をYに譲渡し，移転登記を経由し，本件（二）（三）不動産につきYのために抵当権を設定し登記を経由した。その後Xは右債務を弁済したが，Yが右不動産の移転登記並びに抹消登記を拒んだので，Yに対して（イ）本件不動産（一）に対する所有権移転登記請求を，また（ロ）不動産（二）（三）に対する抵当権設定登記の抹消登記請求を求める訴えを提起した。Yは（ハ）反訴としてXに対して不法行為による損害賠償請求の訴えを提起した。第一審はX全部勝訴。Y控訴。控訴審は，売渡担保が設定されたことを認めたが被担保債権の全額の弁済がなされておらず担保権が消滅していないとして，第一審判決を取り消し，Xの（イ）請求を棄却し，（ロ）（ハ）の請求については控訴を棄却した。Y上告。上告理由は本件不動産は単純な売買で取得したのであって売渡担保ではないというにある。上告棄却[15]。最高裁は次のようにいう。

「本件上告理由を見るに，すべてYが勝訴したXの（イ）の請求につき，原審がなした判決理由中の判断を攻撃するにとどまり，Yが敗訴した（ロ）及び（ハ）の請求に対する不服でないことが明らかである。そして所有権に基く登記請求の訴についてなされた判決の既判力は，その事件で訴訟物とされた登記請求権の有無を確定するにとどまり，判決の理由となった所有権の帰属についての判断をも確定するものではないから（昭和28年(オ)第457号，昭和30年12月1日第一小法廷判決参照），Yは本件において（イ）の請求につき敗訴しても，なお，自ら訴を提起

---

14) 三淵乾太郎・最判解説民事昭和31年度41頁，霜島甲一・百選2版260頁，上野泰男・百選Ⅱ406頁，高橋宏志・百選3版232頁。
15) 現行法では上告却下とすべきである（高橋宏志・百選3版233頁）。

し又は相手方の請求に応訴することによって，(一)の不動産の所有権が自己に存することを主張して争うことができるのであるから，所論は結局上告の前提たる利益を欠くものと云わなければならない。」

　形式的不服説では，第一審でその請求が全部認容された原告には控訴の利益はないが，予備的請求で勝訴した場合は控訴の利益があり，また控訴審で訴えの変更をすれば原審よりも有利な判決を得られることは不服とならないが，別訴をすることができず控訴審での訴えの変更をしなければ請求ができなくなる場合（参照，人訴25条1項）には控訴の利益があるという。被告側についても，反訴提起のための控訴は一般には控訴の利益がないが，反訴が提起できたにもかかわらずこれをせずにその手続の判決が確定した後に訴えを起こすことが禁止される場合（人訴25条2項）には控訴の利益を認める。

　③　新実体的不服説　　不服の有無を専ら判決の効力によって考え，原判決を取り消しておかないと不利に働く場合には不服の存在を認めるとする見解がある（上野〔文献〕292頁，松本＝上野716頁）。この見解によれば，第一審で全部認容された当事者は訴え変更又は反訴のために控訴をすることはできない（別訴によるべきであるとする点で実体的不服説と異なる）。しかし，既判力などに基づき別訴による救済を求めることができない場合には，全部勝訴の当事者にも上訴の利益を認める。そこでこの見解によれば，黙示の一部請求訴訟で全面勝訴した原告等は（形式的不服説では不服が存在しないことになるが），別訴による追加請求が（一部請求否定説では）できないから控訴審で請求を拡張することを許すべきだとする。また，相殺の抗弁により請求棄却判決を得た被告にも，形式的には全面勝訴だがなお自己の自働債権を犠牲にして勝訴判決を獲得したから控訴審で，相殺によらない請求棄却判決を求める利益を承認すべきだとする。この見解は，形式的に全面勝訴を得た当事者にも，なお判決の効果により実質的に不利益が存在しうる場合に限り不服を承認することから「新実体的不服説」といわれる。

　2)　〈不服〉の意義　　②説と③説の違いは必ずしも基本的なものではなく，説明の仕方の違いであって結論に大きい違いはないともいえる。もっとも形式的不服説は，前審における当事者の申立てと判決を対比することで機械的に上訴不服を引き出すが，この見解には上訴要件としての〈不服〉にどのような要素を取り込むべきかにつき根本的な問題があるとの指摘もある（井上〔文献〕179頁）。

　当事者は，前審で申立てにより求めた通りの判決を得たならば一応の満足を得たはずであり，更に上訴手続で救済を求める必要はない。しかしそれにもかかわらずなお，更に上訴審で審理・判断を求めるためには，当事者にはその判決に何らかの具体的な〈不服〉がなければならない。司法制度として上訴制度を利用するには，その者の権利保護の利益が具体的に存在しなければならない。処分権主義を建前と

する民事訴訟では求めた裁判の限界は当事者が自ら設定しており，そこには当事者の自由な意思決定による自己責任原理が働くが，上訴制度もこれを前提としたうえで更に当事者が上訴審での新たな審理・判断を求める利益を有する場合にのみ，そしてその限度で控訴審での審理を求めることができると見るべきである。形式的不服説は，基本的に原告の申立てと判決との形式的対比を手がかりとして不服を考えている。その問題点としては第一に，被告側についての不服の十分な検討がなされていない点が挙げられる。そこで被告側についてもその申し立てた判決内容と判決の結果とを対比して，そこに不利益があれば上訴の利益を認めるべきである。その結果，相殺の抗弁による請求棄却（自働債権への既判力拡張による不利益）や却下申立てに対する請求棄却判決（本案に対する裁判所の判断がなされたこと自体）に対して被告の不服の内容が十分に評価されておらず[16]，これらについても上訴の利益を認めるべきである[17]。第二に，本来形式的不服説は，判決の理由中に判断が及ばずこれを無視して判決の結論のみを考慮すれば足りる通常の事例を念頭に置いている。しかし判決理由が原告側にも不利に働く場合があることも否定し得ない。例えば，控訴審判決が第一審判決の取消差戻しをする場合には理由中の判断に拘束力が生じ差戻審を拘束するが，これが控訴人に不利に働く場合にはこの判決の当該理由に対する上告を認めてよい。しかし，それ以外の理由に対する不服は認められない[18]。

他方，当該訴訟手続内で救済をしなければ，訴えの変更や別訴による救済が排除されるといった特別の場合（人訴等における審理）の取扱いには，当事者の処分権を基礎にした上訴審利用の利益という観点から見る限り本質的に異なる要素がある。このような訴訟手続では，上訴の利益を判断するに際して当事者の前訴での訴訟追行の責任のみの観点から不服を判断することができない。むしろこれとは別の政策的要素として判決の存在自体が不利益になり当該手続における上訴審で救済をする必要があると考えている（例外としての新実体的不服説の示す判断要素）。統一的概念構成自体が目的ではなく，明確な評価要素を示すことが重要である。

---

16) 形式的不服説によれば，被告による訴え却下の申立ては，裁判所に対する職権発動を促すにすぎず特別の意味がないと評価されることがある（小室〔文献〕5頁）。しかし，ここで問題は，被告が〈請求棄却〉ではなく本案に立ち入らないで〈訴え却下〉の判決を求めた点にあり，それにもかかわらず裁判所が請求棄却判決をしたことに対して被告の不服があるのであって，これは単に被告が却下という訴訟要件欠缺による職権発動を促しただけではなく，請求棄却が判決として正当でないことを主張しているというべきである。
17) ドイツでは，原告には形式的不服を，被告には実質的不服を採用するのが一般的である。原告の申立てには直接判決がなされるが，被告の訴訟上の申立て自体は判断の対象でないことを理由にする（Thomas/Putzo/*Reichold*, ZPO, 26. Aufl., § 511, Rdnr. 18 u. 19）。
18) 新実体法説では，不服は当該差戻理由には限定されないことになろう。

6 上訴権とその放棄・取下げ

(1) 総論

上訴は裁判所によって下された判決に対して不服がある場合に，上級裁判所の審査を求めるために当事者に与えられた救済手続である。それは不服がある当事者が，自分の得た不利益な判決に対して行う救済申立行為を基礎としており，救済は専ら不服がある当事者がその自律的な意思による行為によってはじめて，またその求めた限度で与えられる。上訴申立行為は申立人の裁判所に対する意思に基づく訴訟行為であることから，上訴の権限を持つ者はその権限を放棄し，あるいはいったん上訴をしても，その後にそれを自律的な意思で取り下げる権限を有している。

(2) 上訴権とその放棄・上訴の取下げ

1) **上訴権** わが国の民事訴訟手続では，判決に不服がある当事者は更に上級の裁判所の審理・判断を受けることができるが，この関係はその当事者と裁判所の間での法的関係として上訴をすることができる権能，あるいは当事者の法的権利と構成されて〈上訴権〉と呼ばれる。

上訴権は，〈当事者権〉の一つとして位置づけられる。ただし上訴のうち，最高裁への上告については〈上告受理の申立て〉制度が設けられ当事者が上告を申し立てても当然に最高裁によって審理されるわけではないことから，控訴の場合と異なり，これを「上告権」という権利と認めるには異論がある。しかし，上告をしないという当事者の意思を明らかにすることは，訴訟手続上の処分行為としての意味を持つ。上訴の権限と機会は，原判決に不服があり上訴審裁判所での再審判を求める必要がある者に与えられた利益であり，それは具体的にはその者が上訴申立行為をすることによって享受しうる利益である。

2) **上訴権の放棄・撤回等** 上訴行為が上訴人の上訴審による救済を求める旨の意思表示であり訴訟法上の処分行為である以上，その当事者はこの権限を放棄することができる（民訴284条。〈上訴権放棄〉という）。また上訴権は，いったんそれが行使されて既に上訴審での手続が開始しても，その終局判決に至るまで上訴人はこれを撤回することができる。これを，〈上訴の取下げ〉という（民訴292条1項）。さらに，当事者間で上訴をしない旨の合意をすることも可能である（〈不上訴の合意〉。なお訴訟上の合意一般については⇒第6章第4節）。

3) **上訴取下げの要件** 上訴取下げ行為は，裁判所に向けられた一方的意思表示であり当事者の〈訴訟行為〉である。この行為には以下の要件が必要で

ある。

① 終局判決に至るまで行うことができる。口頭弁論が終結した後であっても可能である。

② 裁判所に対する一方的意思表示であり，相手方の同意を必要としない[19]（最（1小）判昭和34年9月17日民集13巻11号1372頁[20]）。

③ 上訴取下げは原則として書面でしなければならない。この意思表示は訴訟記録が存在する裁判所に対してしなければならない（民訴規177条1項）。この場合には，裁判所書記官は相手方に上訴取下げがあった旨を通知しなければならない（同条2項）。ただし，口頭弁論期日，弁論準備期日又は和解期日において行う場合には直接口頭で行うことができる。この場合にはその旨が調書に記載される。

④ 一部の上訴の取下げは，上訴不可分の原則からなすことができない。

⑤ 職権探知主義が妥当する手続であっても上訴の取下げは可能である。

4) **効　果**　上訴が取り下げられると上訴提起の効果（⇒7）は上訴提起の時に遡って消滅する。その結果，上訴期間が経過していなければなお再度の上訴の可能性は排除されない。しかし上訴期間が経過していれば，それにより前審の終局判決が確定する[21]。

5) **控訴取下げの擬制**　当事者双方が控訴審の口頭弁論期日に出席しなかった場合は訴え取下げの規定が控訴取下げに準用される結果，控訴が取り下げられたものと擬制される（民訴292条2項，263条）。

6) **上訴をしない旨の合意・上訴取下げの合意**　当事者は上訴をしない旨の合意及び既になされている上訴を取り下げる旨の合意をすることができる。これも訴訟上の合意であり，その合意の存在が明らかにされた場合にはその合意内容に即した効果が発生する。その結果，不上訴の合意については上訴が不適法却下され，上訴取下げの合意の場合は合意により上訴が取り下げられたものとみなされる（⇒第6章第4節）。

---

[19] 訴え取下げの場合とは異なり，既に存在する判決が確定するから，相手方当事者の不利益は存在しない。

[20] 三淵乾太郎・最判解説民事昭和34年度215頁。

[21] 上訴の取下げは，訴えの取下げと区別しなければならない。訴えの取下げの場合には訴えは第一審からすべて消滅する。これに対して上訴の取下げの場合には，上訴行為のみが消滅し，第一審判決が確定する。訴えの取下げは原告の行為であるのに対して上訴の取下げは，上訴を行った者の行為であり，被告の場合もある。

7　上訴提起の効果

(1)　確定遮断と移審の効果

適法な上訴がなされると上訴審での審理手続が開始される。この上訴審手続のために，上訴提起の行為には〈確定遮断の効果〉と〈移審の効果〉がある。

①　確定遮断の効果　　終局判決がなされると，本来はこの判決にはその内容に即した様々な効力が付与されるはずである。しかしわが国の民事訴訟制度は，終局判決が下されたこと自体により判決が本来持つべき効力を直ちに発生させることを予定していない。これを上訴制度と連動させており，これらは上訴審による事件の再審理の可能性がなくなった段階で初めて生じることとした。判決内容が上訴手続で覆される可能性がなくなった法状態を〈形式的確定〉という概念で明確化し，原則としてこれが生じたときに初めて既判力や執行力，形成力という判決本来の内容とされる効果が発生することにして両者の調整を図った。

そこで，上訴期間の満了前に上訴が提起されると判決の確定が遮断され，判決の本来的な効果の発生は更に後の上訴審の終局判決の確定まで延ばされる。上訴提起がなされなかった場合や，上訴権の放棄等により当事者に上訴権限が存在しなくなったときは，その時点で判決は確定する（⇒第10章第4節Ⅴ)[22]。

②　移審の効果　　原裁判所に係属していた事件は上訴が提起されたことにより上訴審裁判所に係属することとなる。いずれかの当事者等が上訴をすれば，事件は全体として上訴審に移審する。これを移審の効果という。したがって当事者双方から上訴の提起があれば，そのうちの最初の上訴行為により事件は上訴裁判所に移審する。

(2)　上訴の効果の範囲（上訴不可分の原則）

上訴が提起されることによって発生する確定遮断及び移審の効果が及ぶ範囲は，不服の対象となった原判決の全体である[23]。判決の全体について既判力の

---

[22]　〈形式的確定〉の概念はドイツ法系民事訴訟法に特有のものである。アメリカ合衆国では終局判決には既判力が生じるが，上訴との関連では〈形式的確定〉の概念がないことから，res judicataとの関連では困難な問題がある。州によっては便宜的な方法により，第2の訴えが提起されたときは，第1の訴訟について上訴審の終局判決があるまでその判断を留保し，連邦裁判所では，上訴提起がなされるとそのは判決につき res judicataとの関連で最終的判断とはされないで，上訴により審理が新たになされる場合は，判決は効力を失い，res judicataや collateral estoppelの効力は生じないとされる（*James/Hazard/Leubsdorf*, CP, §11.4, p. 678)。

[23]　ただし，執行力は当然には阻止されず，仮執行宣言が付されれば執行が可能である。

発生が妨げられる。上訴審に移行する事件の範囲自体は当事者がこれを勝手に区分することができないものとしている。これを〈上訴不可分の原則〉という。

客観的併合がなされている場合には，その一つに対する上訴は，その請求についてだけではなく，一つの判決でなされた事件全体が一体として移審する。相手方の附帯上訴の機会を広く保障するためであり，またこれにより，法政策的には，事件全体を統一的形式的に処理することが確保される。判決の一部に上訴があればそのことで一個の判決の全体が確定していないと取り扱うことができるからである（そうでなければ，一つの判決中どの部分が確定し，どの部分が確定していないのかを明らかにしなければならない）。

これに対して，主観的併合の場合には，共同訴訟人独立の原則から，上訴がなされなかった当事者間の請求については移審せず，確定する。

このように上訴審に移審した事件について，更に上訴裁判所が判断することができる事項やその範囲は当事者が上訴によって申し立てた不服の限度によって画され，またそれは相手方の附帯上訴によって拡張される可能性がある。こうして当事者が上訴審の判断を求める不服の限度は，上訴提起の段階においてその行為によって直ちに固定されるわけではない。わが国の民事訴訟手続ではドイツ法の上訴審構造を受け継いで，判決の効力発生と上訴審での審理とを関連させ，上訴がなされた限りで判決の効力はすべて留保されて上訴審へ移審するとしており，この上訴審へ移審する部分と裁判所が具体的に判断することができる範囲とが概念的に区別されている。後者については当事者の〈不服〉による処分によって，更に具体的範囲が決定される。

Ⅳ　その他の特別の不服申立制度

1　上訴以外の不服申立制度

判決等の裁判所の裁判に対する不服申立ての方法には上訴制度の他にも，民事訴訟法が特別の手続として予定する救済方法がある。この特別の不服申立ての方法に属する制度には〈特別上訴〉と〈再審〉がある。

2　特別上訴

通常の訴訟手続における上訴手続ではなく，特別の事情がある場合にのみ特に認められる不服申立手段の一つである。これは，通常の上訴手続が尽きた場合でも，憲法違反などの事由があり，どうしても最高裁判所の判断を必要とする場合などに特に認められる。これは上訴手続の体系中に組み込まれているが，特別の不服申立

† 〔例〕〈特別上告〉は，高等裁判所が上告審として下した判決に憲法上の疑義がある場合に更に最高裁に対して上告することを特に許した特別救済方法である（民訴327条）。〈特別抗告〉は，地方裁判所及び簡易裁判所の決定及び命令で不服を申し立てることができないもの並びに高等裁判所の決定及び命令に対して憲法上の疑義がある場合にそれを理由にして特に最高裁判所への抗告を許した（民訴336条1項）。特別抗告期間は，裁判の告知を受けた日から5日の不変期間である（同条2項）。

3　再　　審

通常の訴訟手続が終了し判決が確定した後に，その判決に至る手続の過程で重要な手続的過誤あるいは判決内容に重要な判断過誤があることが明らかになることがある。このような場合には当該判決が形式的には確定してもなおそれをそのまま維持することは著しく正義に反する。そこで確定判決の既判力にかかわらず，なお既に終了した手続を再開し裁判所の判断自体を是正するために設けられた特別の救済手続が再審制度である。前訴は終局判決により終了し確定して通常の不服申立手段は尽きているが，再審手続を求めて新たに訴えを提起し，確定した判決自体の瑕疵を審理し問題の手続を再度審理し直して判決内容を全面的に是正するとする制度である。これは既に終了し確定した判決への直接の攻撃方法である。終了し確定した訴訟手続を再開して再審理を求める訴えにより開始される新たな手続だから，再審手続には〈確定遮断の効果〉や〈移審の効果〉がない点で通常の上訴と異なる（詳細は⇒第5節）。

第2節　控　　訴

〔文献〕

飯塚重男「不利益変更禁止の原則」講座民訴⑦191頁，井上治典「控訴審の審理のあり方」鈴木・古稀787頁，上野泰男①「附帯控訴と不服の要否」民訴30号1頁，同②「附帯上訴の本質」講座民訴⑦171頁，河野信夫「控訴の方式と控訴審における審理」講座新民訴(3)21頁，鈴木重勝「一審資料の控訴審における効力」民訴43号1頁，高橋・重点(下)453頁，高林龍「上訴手続」理論と実務(下)303頁，中田淳一「控訴審における更新権について」同・訴訟及び仲裁の法理（有信堂・1953）217頁

I 意義と構造

1 意　義

〈控訴〉は，第一審裁判所が下した終局判決に不服がある当事者（又は補助参加人）が（控訴人），不服の対象となる当事者を相手方として（被控訴人），その判決裁判所の直接の上級裁判所である控訴審裁判所に，当該判決に対する不服の是正を目的として救済を求める手続である。地方裁判所及び家庭裁判所の終局判決に対しては高等裁判所（裁16条1号）が，簡易裁判所の終局判決に対しては地方裁判所（裁24条3号）が控訴審裁判所となる（民訴281条）。

2 控訴審の構造

(1) 控訴審の基本構造

控訴審の審理構造には，立法論上は基本的に異なった三つのモデルがある。

① 事後審制　　控訴審裁判所は第一審が使用した資料（図13-1網掛け部分）を用いて今一度，第一審判決が妥当であったか否かを判断する制度である。この場合には，控訴審はその審級で新しい資料を獲得し用いることはない。第一審判断の妥当性を直接に問題にする制度であるが，事実認定自体については控訴審の判断は間接的であり，この手続は法律問題の再検討に適する制度といえる。

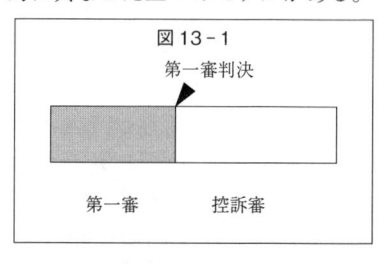

② 覆審制　　これに対して，覆審制は第一審でなされた手続と判決とを無視して，控訴審でもう一度審理をし直す形式であり，そこで用いられる資料も，控訴審で得られたもののみが用いられる（図13-2網掛け部分）。控訴審が独自に判断する制度である。特に事実認定については控訴裁判所の直接審理が貫かれるが，全般的に第一審の重要性は低下する手続構造といえる。

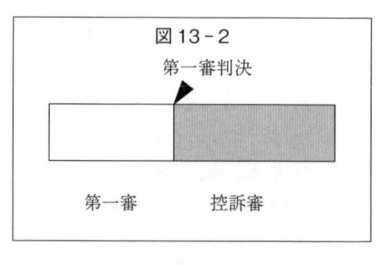

③ 続審制　　控訴審の審理を第一審手続の継続として行う建前をいう。この場合には，第一審で用いた資料の他にも，控訴審で新たに当事者から提出さ

れた資料も用いることができるのが原則である。もっとも、控訴審で自由に資料を提出することができるとすると決定的な資料を第一審で提出せず、第一審手続が軽視されるおそれがある。そこで、この制度を採用する場合には、控訴審では第一審で提出しなかった資料を提出することはできるが（弁論の更新権。民訴297条による156条の準用）、なおそれが無制限ではなく、何らかの形で制限する必要がある。控訴審での新たな資料提出を何らかの形で制限し（これを〈更新権の制限〉という）、できるだけ第一審段階で資料を提出させ、その手続を充実する方策が採用されることが多い。続審制では構造上は控訴裁判所が、第一審の訴訟資料だけでなく自ら取り調べた資料をも利用することができるが、どの点に重点を置くかで事後審制又は覆審制に近づいた運営が可能になる。

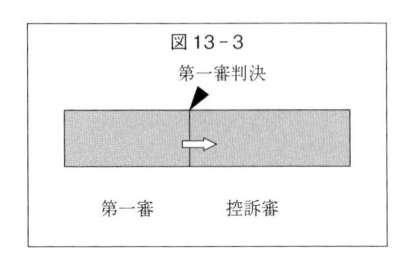

(2) わが国の控訴審の構造と審理の実際

わが国民事訴訟法は、続審制（上記③）を採用している（民訴298条参照）。ただし控訴審での新たな攻撃・防御方法の提出を無制限には許さず、控訴審の裁判長は当事者の意見を聴いて攻撃・防御方法の提出などについて期間を定めることができるとする（民訴301条1項）。また、第一審で審理した資料を第二審で利用するためには直接主義との関係で問題が生じるが、これには〈弁論の更新〉で対処している。

> 特に、控訴審での審理の方式については、第一審の判決に対する当事者の不服が存在することから、これを全く無視して判断すべきかも問題になる。実務上はその取扱いの幅が見られ、続審という手続構造は維持しつつ、原則として第一審の事実審理と判断とを前提としつつ、当事者の上訴の理由との関連で第一審判決の当否を見直すことを中心にした審理形態を採る、いわゆる「事後審的取扱い」などが見られる（なお、控訴審の審理の実情につき、河野正憲司会「上訴の理論的再検討」民訴53号111頁、150頁〔福井章代コメント〕）。

II 控訴の提起

1 控訴の適法性

第一審の終局判決に対して不服を申し立て、控訴審での再審理を求めるため

には，控訴を提起しようとする者（控訴人）に控訴を提起することを許容する事由が存在しなければならない。控訴提起を許容する要件としては，形式的には控訴期間内に控訴の提起行為がなされなければならない。また，対象となる裁判が控訴を許すものでなければならない。控訴は，法定の方式に従って原判決を下した第一審裁判所に提起しなければならず，形式的事由を具備しているか否かは第一審裁判所が判断し，控訴の形式的要件を満たす場合に事件は控訴裁判所に送られる。

2 控訴期間

控訴は，控訴申立てが許される期間（控訴期間）内に，控訴状を第一審裁判所に提出することによって行われる（民訴286条）。控訴期間は2週間である。即ち控訴は，判決書（判決正本）又は判決書に代わる調書の送達を受けた日から2週間の不変期間内[24]に，判決をした原裁判所に提起しなければならない（民訴285条）。この控訴期間は延長することができない。ただし，当事者の責めに帰すことができない事由で不変期間を遵守しえなかったときは控訴の追完の可能性がある（民訴97条）。送達の受領日は原告と被告とで異なりうるから，控訴期間の満了日も両者で異なる。

> 控訴の申立ては必ずこの控訴期間内に限ってしなければならないわけではない。この期間前にした控訴もそれが判決言渡し後であれば有効である（民訴285条但書）。これに対して，判決言渡し前になされた控訴の有効性については争いがある。判例は控訴の後に判決言渡しがあっても瑕疵の治癒を認めない（最(1小)判昭和24年8月18日民集3巻9号376頁[25]）が，学説は瑕疵の治癒を認める（兼・体系443頁，新堂843頁）。判決言渡し前の控訴を無効とするのは前審の判断を無視することを危惧したものであろうが，判決言渡しを待つまでもなく敗訴を免れないと判断した当事者の控訴を全く無効だとする理由もないから，後説が正当である。

固有必要的共同訴訟の場合には，控訴期間は共同訴訟人の全体についてみて，

---

[24] 不変期間については，当事者が遠隔地に居住する場合に裁判所が〈付加期間〉を定めることができる（民訴96条）。付加期間とは，本来の不変期間が当事者の訴訟行為にとって不十分であるという特別な事情，特に裁判所から遠隔地に居住しており交通手段が不便であるという事情が存在する場合に，裁判所がこれに一定の期間を付加して延長することができる制度である。

[25] これは手形金請求訴訟である。昭和23年6月10日に口頭弁論が終結し判決言渡日は同月24日と指定された。しかし判決言渡日においてこれが7月8日に変更された。原告は事前に告知された期日に出頭せず新言渡期日の呼出を受けなかった。そこで既に判決が言い渡されたものと誤信して7月7日に高等裁判所に控訴状を提出した。眞野毅裁判官の少数意見があり，瑕疵の治癒を認めるべきだとする。

一人でも適法に上訴がなされれば全員に有利に作用する（民訴40条1項）。

補助参加人との関係では，上訴期間を補助参加人について独自に算定すべきかあるいは当事者である被参加人のみについて算定するのかが問題となる。判例は補助参加人は被参加人がなしえない行為は参加人もなしえないことから参加人について控訴期間を独自に算定する必要はないとする（最(2小)判昭和37年1月19日民集16巻1号106頁[26]，最(1小)判昭50年7月3日判時790号59頁）。しかしこのような取扱いは，補助参加人に上訴権を与えたことと矛盾する（河野正憲・北九州5巻1号109頁）。

3　控訴の対象となる裁判

控訴の手続は，第一審判決に対して不服がある当事者（又は参加人）から控訴期間内に，控訴の申立てをすることによって開始される。裁判所の職権による控訴手続の開始は許されない。

控訴の対象となる裁判は，受訴裁判所が行った終局判決である。同じく裁判であっても中間判決でなされた判断に対する不服は終局判決を待って，終局判決に対する不服の中で併せて審理される。

第一審手続中でなされた裁判のうち，抗告をすることができない裁判については，そもそも不服申立てを許さない趣旨であり，これに対する控訴はできない。これに対して，抗告を許す裁判に対する不服は，本来予定された不服申立方法である抗告によるべきであるから控訴の対象とはならない。

主たる請求についての附随的裁判である訴訟費用の裁判や仮執行宣言の裁判に対しても，独立して控訴をすることができない。

　　なお，離婚請求を認容する判決に附随して行われる〈附帯処分〉に限定した上訴
　　は許容されるとするのが判例（最(3小)判昭和61年1月21日家月38巻8号48頁）
　　であり，学説の多数もこれを支持する。

4　控　訴　状

(1)　控訴申立て

控訴申立ては，訴え提起と同様に〈控訴状〉を提出して行わなければならない。これは，書面を必要とする裁判所に対する意思の表明である。この控訴状は控訴期間内（上述⇒2）に第一審裁判所に提出しなければならない（民訴286条1項）。控訴裁判所に対して直接控訴状を提出することは，現行法がこれま

---

26)　高津環・最判解説民事昭和37年度15頁。

での取扱い[27]を改め，第一審裁判所において上訴の有無を容易に把握しうるように改正した趣旨からして，不適法である[28]。

控訴申立行為はこれにより控訴審に事件が係属する効果を発生させるので，その性質は訴訟行為であり，またそれは書面で行うべき要式行為である。

控訴申立権は，第一審の当事者が有するが，この他に補助参加人もまた，独自に控訴申立権を有する（民訴45条）。

> 控訴申立人は控訴状に，訴状に貼付すべき印紙額の1.5倍の印紙を貼付しなければならない（民訴費3条1項別表第1第2項）[29]。

(2) 控訴状の記載事項

控訴提起行為として必要な方式としては控訴状を提出しなければならない。その必要的な記載事項は，①当事者及び訴訟代理人，②第一審の表示及びその判決に対して控訴をする旨の記載である。

控訴状には最低限以上の事由を記載すれば足りる。これにより表示された事件は全体として控訴審に移審する（上訴不可分の原則）。なお控訴状に攻撃・防御方法を記載した場合は準備書面としての性質を併せ持つ（民訴規175条）。

5 控訴理由書の提出

控訴状自体に第一審判決の取消し又は変更を求める事由の具体的な記載がないときは，控訴人は控訴の提起の後50日以内にこれらを記載した書面（控訴理由書）を控訴裁判所に（控訴状の提出先が原裁判所であるのと異なる[30]）提出しなければならない（民訴規182条）。控訴審における集中審理を実現するためには，控訴審での審判の中心となる部分を早期に確定しなければならない。そのためには控訴審で控訴人が具体的にどのような裁判を求めるのかを早期に明らかにする必要がある。控訴期間は2週間であり比較的短期間であり，この期間内に

---

[27] 旧法上は，控訴申立ては控訴裁判所又は第一審裁判所に対してなすことができた（旧法367条1項）。第一審裁判所に控訴が提起された場合，裁判所書記官は遅滞なく訴訟記録を控訴裁判所に送付すべきとされて（旧法369条），第一審裁判所は控訴申立ての受付窓口であるとされていた。現行法では，第一審裁判所は独自の審査権を有する（民訴287条）。

[28] これを適法とすれば，第一審に与えられた審査権との関係だけでなく，第一審裁判所の判決に対して上訴があったか否かを第一審裁判所書記官が容易に判断することができないことになるからである。これに対して，附帯控訴は，第一審だけでなく控訴裁判所に対しても提起することができる。附帯控訴には時間的制約がなく口頭弁論終結まで提起が可能であり，控訴審手続が進行した段階でこれが提出される可能性があるからである（一問一答327頁）。

[29] 訴訟の目的額に応じて算出しなければならず，当事者の不服の範囲によって算出するのではない。これは控訴の及ぶ範囲が全訴訟物に及ぶことによる。

[30] 上告理由書についてはその提出先が原裁判所である（民訴315条1項）のとも異なる。

控訴をするか否かについてとりあえず意思表示をする必要がある。しかし，この期間内に当事者が控訴の理由などを十分に示すことは必ずしも容易でないことに配慮し，控訴提起後50日以内に〈控訴理由書〉を提出することを求めた。

6 控訴状の取扱い
(1) 第一審での適法性審査

控訴状が第一審裁判所に提出されると，第一審裁判所は控訴提起が必要な形式的要件を充足しているか否かを審査する。必要な形式的要件は控訴期間の遵守，控訴提起行為が適法になされたことである。この要件が満たされていなければ，第一審裁判所は決定で，控訴を却下しなければならない。この決定に対しては即時抗告をすることができる（民訴287条）。

> 上記以外の場合は，事件は控訴審に移されるから，第一審裁判所書記官は控訴状及び訴訟記録を遅滞なく控訴裁判所書記官に送らなければならない（民訴規174条）。

(2) 控訴裁判所裁判長による控訴状審査

事件の送付を受けた控訴裁判所の裁判長は控訴状を審査する。この審査は第一審が訴状について行う審査に準じて行う（民訴288条）。ここで審査の対象となるのは控訴状が所定の要件を満たしているか（民訴286条2項），及び控訴提起に必要な手数料を納付しているかである。

審査の結果問題がなければ，裁判長は裁判所書記官に命じて，控訴状を被控訴人に送達しなければならない（民訴289条1項）。

控訴状にその必要的記載事項が欠けている場合や控訴提起に関する手数料の納付がない場合には，控訴裁判所の裁判長はその補正を命じ，控訴人がこれに従わない場合，裁判長は命令で控訴を却下する（民訴288条，137条）。

控訴が不適法でその不備を補正することができないときは，控訴裁判所は口頭弁論を経ないで，判決で，控訴を却下することができる（民訴290条）。

III 附帯控訴

1 意義と性質
(1) 意　義

当事者の一方から控訴が申し立てられ控訴審での訴訟手続が開始した場合に，その相手方が控訴人の申し立てた控訴審手続で審判対象を拡張して，自己に有利な判決を求めるためになす不服申立行為を〈附帯控訴〉という。相手方の控

訴に依拠して行われることからこの名前がある。

　控訴は，原判決に不服がある者からの控訴申立てによって開始され，控訴審はこの者の不服の（その者に有利な）限度で判断をすることができるのが原則である。しかし，一部勝訴をした当事者は，控訴をするか否かにつき相手方の出方を待って自分の態度を決めようとする場合が少なくない。判決には決して満足しているわけではないが，自ら積極的に控訴して争うまでもないと考える場合などがこれである。この場合であっても，相手方が控訴して争うのであれば，〈武器対等〉あるいは〈公平の見地〉から，この者にもこれに対抗して控訴審で争い，一審判決よりも更に有利な判決を求める可能性を保障する必要がある。しかしそのとき既に控訴期間が尽きていればもはや独自に控訴をする途はない。

　このために，控訴権消滅の後であっても相手方の控訴に附随して，控訴審の口頭弁論が終結するまでに控訴審の審理を受けるための申立てを許した。これが〈附帯控訴〉制度である（民訴293条）。

　　　附帯控訴の制度がなければ，一部勝訴をした当事者は，相手方が控訴をするか否かが不明確である以上，常に自ら控訴をして不利益を是正してもらう可能性を確保しておかなければならないことになる。そうでなければ，控訴審で相手方は控訴をして更に有利な判決を得る可能性があるのに自らはその可能性がなくなり，公平を欠く。しかし，それはまた不必要な控訴を招く可能性がある。

(2) 性　　質

　　　附帯控訴制度の性質に関しては，これを控訴の一種と見るか否かにつき見解が対立している。これは特に申立人に不服を必要とするかに関する。

　　　通説は，附帯控訴について独自の控訴としての性質を否定し，これとは独立した制度であり，控訴人によってなされた控訴の範囲内で，不利益変更禁止を打破するための攻撃的な性質のみを有する申立てだと理解する（兼子・体系447頁）。これは附帯控訴の運命が常に相手方の控訴のそれに依存していることを重視するからである。したがって附帯控訴人には独立して上訴の不服を必要とせず，全部勝訴者も附帯控訴をすることで請求を拡張することができるとする。

　　　これに対して，附帯控訴もまた控訴の一種だとする見解がある（上野〔文献①②〕，高橋〔文献〕474頁）。この見解によれば，附帯控訴も控訴の一種であるから附帯控訴人は独立して不服を必要とすることになる。もっとも，この見解は不服について形式的不服説を採用せず，実質的な観点から不服を考える。

　附帯控訴の性質は，上訴審の審理が相手方当事者の控訴申立行為により開始され，また裁判所の判断権がこの上訴当事者について不利益変更禁止によって

限定されることから生じる他方当事者（附帯控訴人）の不公平を是正するために設けられた，公平の観念（〈武器対等〉の観念）に基づく制度だと解される。附帯上訴には，控訴制度が本来有すべき，事件を控訴審の審理に移すという移審の効果や確定遮断の効果を持たず，その中核は，主として附帯控訴人が裁判所に対して行う審判権拡張の申立てを目的にした意思に基づく訴訟行為である。

2　附帯控訴の要件

附帯控訴は，一方の当事者が控訴をすることによって発生する可能性がある不公正を打破するために相手方当事者にも与えられた控訴審の審判権拡張の申立てであり，以下の要件を必要とする。

①　適法な控訴の存在　　附帯控訴が有効になされるには，相手方が適法な控訴を行ったことが前提となる。附帯控訴は，この相手方の適法な控訴に依拠して行われる。

②　附帯控訴のできる期間　　附帯控訴は，控訴審の口頭弁論が終結するまで行うことができる（民訴293条1項)[31]）。

3　附帯控訴の効果

附帯控訴は控訴人によってなされた不服を限度とする控訴審の判断の限界を越えて附帯控訴人に有利な判決を求める行為であり，その結果控訴裁判所は，控訴を提起しなかった附帯控訴人にも有利な判決をすることが可能になる。また，第一審で全部勝訴をした原告も，相手方が控訴をすれば，それについて附帯控訴をすることによって更に請求の拡張をすることができる（最(2小)判昭和32年12月13日民集11巻13号2143頁[32]）。

附帯控訴はあくまでも相手方の控訴提起に附随して，それとの関連で武器対等の観点から許されるから，相手方の控訴提起が取り下げられた場合又は控訴提起が不適法として却下されたときはその効力を失う（民訴293条2項）。

附帯控訴の申立てを取り下げた場合でも，口頭弁論終結までは再度附帯控訴の申立てをすることができる（最(2小)判昭和38年12月27日民集17巻12号1838頁[33]）。

---

[31]　これに対してドイツ民事訴訟法は2001年の民事訴訟法改正で附帯控訴についても改正を行った（ド民訴524条）。改正法では申立期間を制限し，控訴理由書が送達されてから1ヵ月以内になすことが許される（同条2項第2文）。いわゆる独立附帯控訴は廃止された（MüKommZPO/Aktualisierungsbd., 2002, Rimmelspacher, §524, Rdnr. 1.)。

[32]　井口牧郎・最判解説民事昭和32年度276頁。

[33]　蕪山厳・最判解説民事昭和38年度438頁。

附帯控訴も，独立して控訴を提起することができる場合になされたのであれば，相手方の控訴自体が取り下げられ又は却下された場合であっても，この附帯控訴を以後独立した控訴として取り扱い，引き続き控訴審手続を行うことができる。これを〈独立附帯控訴〉という（兼子・体系448頁）。

IV 控訴審の審理と判断

1 控訴審における審理対象

(1) 控訴審の審判対象と当事者の処分権

控訴審は，第二の事実審として事件についての審理をやり直す。その際，事件審理を最初からすべてやり直すのではなく，申し立てられた第一審判決に対する不服を中心に，その当否を審判し，控訴人の申立て及び相手方の附帯控訴の申立てによってその審判範囲が決定される。控訴審では既に行われた第一審の審理を前提にして，更に引き続いて審理を続けるが，その口頭弁論の範囲は当事者が第一審判決の変更を求める限度である（民訴296条1項）。

(2) 不利益変更禁止の原則

1) 意　義　　控訴審の審判範囲は，控訴の申立てに基づく控訴人の不服と相手方の附帯控訴によって限定される（民訴304条）。裁判所は，控訴申立人から申し立てられた不服に反して原判決よりも不利な裁判をすることは許されず（不利益変更の禁止），また不服を申し立てている範囲を越えた内容に変更することもできない（利益変更禁止）。これは，控訴審手続を利用するにあたって生じる当事者のリスクを明らかにするために，裁判所の審判権を当事者の控訴申立ての範囲内に拘束する原理である。当事者の申立てに基礎を置く民事訴訟の基本原則である処分権主義と共通の原理に基づき，当事者の申立てによる自己責任原則として構成しているが，この場合には既に与えられた第一審判決の実質的内容と，申し立てられた不服とが控訴審の判断範囲を画することになる。

2) 拘束力の限界　　控訴裁判所は，原判決が示した内容に対して控訴人が申し立てた判決の変更を求める範囲（不服）内で，その審理・判断をしなければならない（民訴304条）。こうして，控訴審判決によって控訴申立人が受ける可能性がある不利益の最大限は，原審の判決が確定したと仮定した場合に生じる不利益であり，これ以上の不利益は受けないのが原則である。他方でまた控訴審で回復することができる利益も，控訴（又は附帯控訴）で申し立てた限度でありそれ以上には及ばない。

†〔例・図13-4〕　①　**原告が全部勝訴した場合**：原則として被告のみが控訴をすることができ，控訴審は被告の申し立てた不利益分に限って審判することができる。ただし，被告の控訴に附随して原告が附帯控訴して請求を拡張すれば，更に原告に有利な判決を獲得することができる。

②　**原告の請求が棄却された場合**：原告は原審で請求したが容れられなかった範囲で不服が生じ（1000万円の支払請求訴訟で請求棄却されればこの1000万円），この範囲で控訴審の判断により回復の可能性がある（被告は1000万円以上の敗訴判決を受けることはない）。

③　**一部認容の場合**（第一審での原告の請求額が1000万円であり，そのうち500万円の支払が認容された場合）：被告のみが請求棄却を求めて控訴すれば，控訴審は500万円から請求棄却（0円）間での範囲で判決ができる。反対に原告のみが全部認容を求めて控訴すれば控訴審は500万円から1000万円の範囲で判決ができる。ただし原告が棄却された500万円のうち200万円の限度で控訴した場合，控訴審は控訴人のためには700万円までしか認容できず，それ以上の認容はできない（利益変更禁止）。両当事者が控訴（又は附帯控訴）をすれば，控訴審は1000万円から0円の範囲で判決ができる。また控訴審で第一審原告が請求を拡張すれば上限は拡大する。

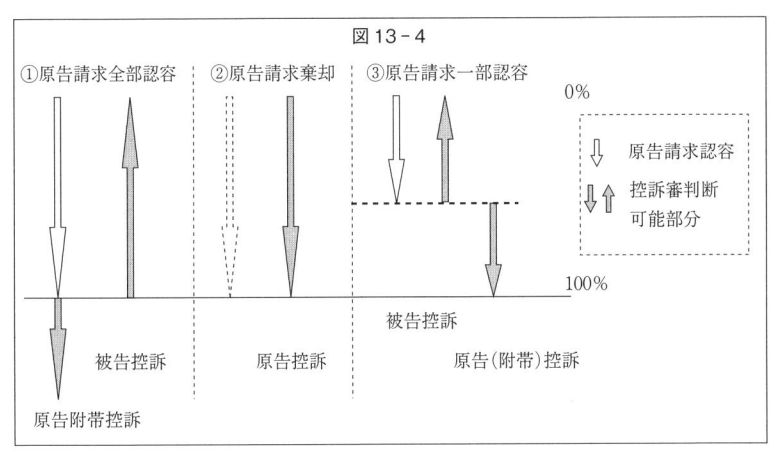

図13-4

①原告請求全部認容　②原告請求棄却　③原告請求一部認容

0%

⇩　原告請求認容
⇵　控訴審判断可能部分

100%

被告控訴　　原告控訴　　被告控訴
原告附帯控訴　　　　　　原告（附帯）控訴

3)　**不利益の概念**　　不利益変更禁止原則は，原判決に不服があって控訴を申し立てた控訴人に不測の内容の判決がなされることがないように，控訴審の判決内容を申立てに拘束させたのであり，〈不利益〉に該当するか否かは実質的に考えられなければならない。そこでその判断基準は，原判決が確定したな

らば控訴申立人に発生したであろう不利益との対比によって決定される（なお，高橋〔文献〕486頁）。

① 相殺の抗弁との関係　被告の相殺の抗弁が容れられて請求が棄却された場合は，被告がその限度で勝訴だがその判決の既判力は自働債権の不存在にも及ぶこと（民訴114条2項）が考慮されなければならない。

ⅰ）予備的相殺の抗弁を容れて請求棄却をした判決に対して，相殺の判断を不服として被告のみが控訴をしたが，控訴裁判所が被告（控訴人）側の自働債権が不存在だとの結論を得た場合，原判決を取り消して請求を認容することは控訴人が予定した以上に不利な判決となる。そこで，原告側の控訴がない以上，控訴棄却にとどめなければならない（最(1小)判昭和61年9月4日判時1215号47頁[34]）。

ⅱ）予備的相殺を認めて請求を棄却した判決に対して原告が控訴し，控訴審が原告の訴求債権（受働債権）自体が存在しないとの理由で請求が認容できないとの心証を得た場合，これをそのまま認めれば控訴人にとっては原判決よりも不利である反面，被告（被控訴人）にとっては申し立てなかったのに原判決よりも有利な判決を得ることになる。これは控訴人の救済要求に反し許されない。控訴は棄却され，原判決がそのまま維持される（前掲最(1小)判昭和61年9月4日）。

② 主位請求自体を棄却し，予備的請求のみを認容した判決に対して被告のみが控訴した場合　この場合には，主位的請求は控訴審の判断対象にならないとする判例がある（最(2小)判昭和54年3月16日民集33巻2号270頁[35]）。この立場に賛成する見解は主位請求について上訴が必要だという（上野泰男「請求の予備的併合と上訴」名城33巻4号1頁）。しかし，この場合には予備的併合形態を許容した趣旨から主位請求も当然に控訴審の審判対象となるとすべきである（新堂幸司「不服申立て概念の検討」同・訴訟物（下）227頁，新堂857頁）。

③ 訴訟要件不存在の判断　第一審が訴訟要件の存在を否定して訴えを却

---

[34] 花村治郎・百選Ⅱ412頁，三木浩一・百選3版236頁。
[35] 本件には，吉田豊，本林譲，栗本一夫裁判官の補足意見があり，主位請求につき不服申立てをしなかったからこの点についての判断はできないとする。これに対して大塚喜一郎裁判官の反対意見があり，原告が不服申立てをしなかったのは原審が法令解釈を誤ったためであるから，第一審，原審を通じて主張してきた主位請求も調査判断の対象とすることは，私的紛争の合理的解決を目的とする民訴法の基本理念に照らして是認すべきとする。吉井直昭・最判解説民事昭和54年度133頁。

下したのに対して原告のみが控訴をし，控訴審が訴訟要件の存在を肯定した場合には，原判決を取り消して事件を第一審に差し戻す必要がある。ただし，これは第一審が本案について全く判断をしていない場合を想定したからであり，既に本案についての判断をも行って請求を認容することができないとの判断を示していた場合には，控訴審は原判決を破棄し請求を棄却する判決をなしうる（高橋〔文献〕490頁）。

④ 控訴人の手続的処分権が及ばない事項　新たに訴訟要件の不存在を控訴裁判所が発見した場合等，当事者の手続的処分権が及ばない事項については，裁判所は当事者の申立てに拘束されず，不利益変更禁止の原則も及ばない。

2　弁論の更新

わが国の控訴審は，手続構造として続審主義を採用している（⇒Ⅰ）。したがって，控訴裁判所は，その控訴事件を審理・判断するに際して第一審手続から継続するものとして手続を進めるから，第一審で審理判断した際に利用した訴訟資料や証拠資料はそのまま控訴審でもその判決の基礎として利用されることになる。しかし，控訴裁判所の裁判官はこれらの第一審手続の訴訟資料等には直接に関与していないから，直接主義（民訴297条，249条）の原則からすればこれを用いて裁判をすることには問題が生じる。そこで，このような疑念を回避するために，当事者は第一審における口頭弁論の結果を陳述しなければならないものとしている（民訴296条2項）。当事者が第一審で行った口頭弁論の結果を控訴審の口頭弁論で陳述することにより，控訴裁判所の裁判官がこれらの陳述内容について直接に関与したとの擬制をしている。これを〈弁論の更新〉という。

なお，第一審で行われた書証の取調べの対象となった証拠方法は，控訴裁判所もそのまま証拠として判断することができる。しかし人証調べなど口頭弁論期日で行われた証拠は，調書の記載等により心証を得ることが原則となる。

3　控訴審の口頭弁論

控訴審における手続については特別の定めがある場合を除き，第一審手続に関する規定が準用される（民訴297条）。したがって控訴裁判所も当事者の口頭弁論に基づいて事件の判断をしなければならない（民訴87条1項参照）。その際，当事者が第一審手続において行った訴訟行為は控訴審手続においてもその効力を有するのが原則である（民訴298条1項）。

†〔例〕　第一審手続で行われた裁判上の自白の効力は控訴審でもその効力を維持

するから自白者はそれに拘束される。ただし，擬制自白はこれとは異なる。
(1) 口頭弁論を経ずに却下できる場合
　控訴が不適法で，その欠缺を補正することができないときは，裁判所は口頭弁論を経ることなく判決で却下することができる（民訴290条）。
(2) 口頭弁論の範囲
　控訴審での口頭弁論手続では，まず控訴人が原判決に対する不服の範囲を陳述しなければならない。これに対して，被控訴人は，控訴の却下もしくは控訴棄却の申立てをするのが一般である。また附帯控訴をすることによって被控訴人も自ら不服申立てをすることができる。このように当事者の不服が明らかにされることによって，控訴審の審判範囲が明らかになる。
　控訴審でなすことができる口頭弁論の範囲は，当事者が明らかにした，「当事者が第一審判決の変更を求める限度」に限られる（民訴296条1項）。もっとも，控訴審でも訴えの変更や反訴の提起ができるから，これによって控訴裁判所の審判範囲は変更される。
　控訴審の口頭弁論期日では，続審として第一審裁判所が用いた訴訟資料及び証拠資料が利用されるので，これらが控訴審の裁判手続に上程されなければならない。このために不服申立ての限度で，当事者によって第一審の口頭弁論の結果が陳述される必要がある（民訴296条2項，前述⇒2）。
(3) 新たな攻撃・防御方法の提出
　当事者は控訴審において，第一審で提出しなかった新たな攻撃・防御方法を提出することができる（弁論の更新権）。わが国では控訴審の構造につき続審主義を採用しているから，控訴審で新たに提出することができる事由は第一審の手続終了後に生じた事項には限定されず，第一審で提出しなかった事由についてもその提出が全く排除されるわけではない。しかし，控訴審手続は第一審手続の継続であり，本来当事者は第一審ですべての攻撃・防御方法を提出し十分に論点を明確にして争ったはずである。そこで，このような第一審での手続経過を考慮すると，控訴審で提出することができる事由には自ずと制約が生じる。充実した迅速な審理を行うためには，控訴審での当事者の攻撃・防御行為の許否は，第一審手続からの継続のうえで評価されるべきである。弁論の更新権は無制限ではない。
　また裁判所も，攻撃・防御方法の提出，請求や請求原因の変更，反訴提起又は選定者の追加に係る請求の追加をすべき期間を定めることができる（民訴

301条1項)。これは，続審であることを前提としながら，なお控訴審での新たな攻撃・防御方法の提出につき時間的な限定を加えて，審理の充実と促進を図ろうとするものである。これに反して，定められた期間を過ぎてこれらの行為がなされた場合，裁判所の裁判長は，当事者の意見を聴いて，第一審手続で弁論の準備手続が行われたにかかわらずそこで提出しなかった攻撃・防御方法を控訴審で提出するためには，それを正当化する理由を明らかにするように求める。その理由が十分に明らかにされなかった場合は，〈時機に後れた攻撃・防御方法〉として却下（民訴157条）することができる。

4 控訴審の判決

控訴審裁判所は，当事者が行った控訴の申立て（不服）に基づいて，第一審手続における弁論の結果及び控訴審で行われた口頭弁論の結果を基礎に，請求についてその当否を判断しなければならない。その際，控訴審裁判所は，控訴理由を手がかりとしながら事件全体についての心証を獲得し，それに基づいて判断する。その判断は，控訴審における不利益変更の禁止などの制約はあるが，控訴人の控訴申立てに対する応答の形式で行われる。判断の結果下される判決の内容は以下の通りである。

(1) 控訴が不適法な場合——控訴却下判決

控訴申立てがその適法要件を満たしていない場合には裁判所は判決により「控訴申立てを却下」しなければならない。この場合，控訴審では実体判断を行っていない。却下判決の確定で第一審判決が確定する。

(2) 控訴が適法な場合の本案判決

控訴又は附帯控訴が適法になされた場合，控訴裁判所は事件の本案について判断をしなければならない。

1) 控訴申立てに理由がない場合　申し立てられた控訴及び附帯控訴に基づいて事件の判断をした結果，第一審裁判所の判断自体は相当であり，控訴又は附帯控訴に理由がないと判断される場合には，控訴又は附帯控訴が棄却される。この判決の基準時は，控訴審における口頭弁論終結時に移行する。

2) 控訴に理由がある場合　控訴人の控訴又は附帯控訴に基づいて事件を控訴審で再度審理をした結果，原判決には何らかの点で誤りがあり，その結論が不当であると判断される場合には，控訴審は自ら第一審の判決を是正することができる。しかし，控訴に理由のある場合の処理はこの場合だけに限定されず，控訴審が獲得した心証によれば第一審判決の結論は相当とはいえないが，

不利益変更禁止の原則が働く結果その結論自体はそのまま維持せざるを得ない場合もある。この場合には，判決の理由は拘束力がないことから，第一審の判断が維持される。各場合の控訴審の判断は以下の通りである。

① 第一審判決取消し・控訴審自身の判断（破棄自判）　控訴審の判断によれば，第一審裁判所がなした判決が不当である場合には，控訴裁判所は第一審及び控訴審での口頭弁論の結果に基づいて控訴審独自の判断をすることができる。

†〔例〕「原判決を取り消す。原告の請求を棄却する。」「原判決を次のように変更する。被告は，原告に対して金1000万円を支払え。」

② 第一審判決取消しと第一審への差戻し（破棄差戻し）　第一審裁判所がなした判断が不当であっても，その第一審が訴えを不適法却下しておりそこで実体判断を示していない場合には控訴審が独自に判断をすることはできず事件を第一審に差し戻し，改めて実体判断をさせなければならない（必要的差戻し。民訴307条本文）。審級の利益を保護するためである。しかし例外的に，事実について争いがない場合や第一審で実体判断もなされている場合には，更に弁論をする必要がないから，差戻しの必要はない（民訴307条但書）。原告の主張がそれ自体失当である場合も同様である（一問一答339頁）。この場合は控訴裁判所は自判することができる（最(1小)判昭和58年3月31日判時1075号119頁[36]。第一審が「訴え却下」とすべきところを「請求棄却」とした事案）。

控訴裁判所は，第一審判決を取り消す場合にも，事件について更に弁論を尽くす必要があるときは，事件を第一審に差し戻すことができる（任意的差戻し。民訴308条1項）。

†〔例〕　第一審で被告の擬制自白が認められて請求が認容されたが，控訴審は擬制自白を認める場合に当たらないと判断した場合。

差戻判決は終局判決であるから上告をすることができる。差戻判決が確定すると，第一審手続が続行される。しかし，この場合差戻判決が取消しの理由とした法律上・事実上の事項は拘束力を持つ。これを〈差戻判決の拘束力〉という（裁4条）。上訴制度に基づく制度的拘束力である[37]。

---

36)　栗田隆・百選Ⅱ416頁。
37)　この拘束力は，差戻しを受けた第一審だけでなく，更にこれがなした判決に対してなされた控訴審，上告審にもその拘束力が及ぶ。これを避けるには，差戻判決自体に対して上告をしなければならない（なお，後述⇒第3節Ⅳ3(2)）。

③ 第一審判決は相当ではないが不利益変更禁止の結果，判決の結論自体は変わらない場合　控訴審裁判所は控訴又は附帯控訴により審理をした結果，第一審裁判所の判断は相当ではないが，控訴又は附帯控訴によって求められた救済範囲との関係でその範囲を越えた判断をすることができないため，第一審判決と同等の判断を維持しなければならない場合がある。この場合には，控訴を棄却して第一審判決を維持しなければならない。

†〔例〕①　1000万円の金銭支払請求事件で，500万円を認容する判決があり，これに対して原告のみが1000万円の支払を求めて控訴をしたが，控訴審は請求を棄却すべきだと判断した場合，本来は原判決を破棄し請求を棄却すべきだが，不利益変更禁止の原則から控訴棄却にとどめなければならない。
　②　同じく500万円を認容する判決に被告のみが控訴をし，控訴審は原告の請求を認容すべきと判断した場合にも，原告からの控訴（又は附帯控訴）がない限り，控訴を棄却し原判決を維持する。
　③　1000万円の支払請求事件で被告が相殺の抗弁を提出し，これが認められて請求が棄却された場合に，原告のみが控訴をし控訴審では訴求債権が存在しないことが明らかとなった場合，第一審判決を取り消して改めて請求棄却判決をすることは，民訴法114条2項との関係で原告にとって第一審判決より不利な判決となるから，不利益変更禁止に反して許されないと解すべきである（参照，前掲最(1小)判昭和61年9月4日）[38]。

この不利益変更禁止原則は，裁判所が当事者の申立てに拘束される訴訟形態でのみ機能する。形式的形成訴訟などではこの原則は働かない。

†〔判例〕　境界確定訴訟では，控訴人に不利な境界の確定をすることができる（最(3小)判昭和38年10月15日民集17巻9号1220頁[39]）。

④　第一審判決を破棄し移送する場合　控訴裁判所は，専属管轄違反を理由に第一審判決を破棄する場合には，事件をその事件の判断をした第一審裁判所に差し戻すのではなく，直接管轄権のある裁判所に移送しなければならない

---

[38]　これに対して，控訴審の審理対象となるのは，控訴人の敗訴部分のみであり，訴求債権は存在するとしたうえで相殺に供された自働債権の存在が認められたので，この部分のみが控訴審の判断対象となるとの見解がある（賀集唱「相殺の抗弁と控訴審判の範囲」兼子一編・実例法学全集・民事訴訟法（上）〔青林書院新社・1963〕342頁）。この立場では，自働債権のみが控訴審の判断対象となるから，これが認められれば相殺が有効であり控訴は棄却される。反対に認められなければ控訴が認容され第一審判決が取り消されて請求は認容されることになる。いずれも不利益変更禁止の問題は生じないとする（同書348頁）。しかし，そもそも原告側の控訴部分を訴求債権から分断して自働債権のみとすることには無理があろう。
[39]　田中永司・最判解説民事昭和38年度263頁。

(民訴 309 条)。

　　控訴裁判所が高等裁判所として本来専属管轄権を有するにかかわらず，誤って事件が地方裁判所に提起され，これに対して控訴がなされた場合は，高等裁判所が第一審判決を取り消し差し戻したうえで改めて移送を受けるのは回りくどいから，本条により原判決を取り消し自ら本案について判決すべきである（最(3小)判昭和 26 年 2 月 20 日民集 5 巻 3 号 94 頁）。原判決が専属管轄に違反していることが当初から明白でも，口頭弁論を開いて原判決を取り消し移送しなければならない（菊井維大＝村松俊夫・全訂民事訴訟法Ⅲ〔日本評論社・1986〕198 頁）。

5　控訴手続の終了

　控訴手続は，一般的な判決によらない訴訟終了原因（⇒第 7 章）の他，控訴審の終局判決，控訴取下げにより終了する。控訴裁判所の裁判所書記官は訴訟記録を第一審裁判所に戻し，これはそこで保管される（民訴規 185 条）。

第 3 節　上　　告

〔文献〕

青山善充「上告審における当事者救済機能」ジュリ 591 号 83 頁，兼子一「上告制度の目的」同・研究Ⅱ 171 頁，河野正憲①「不確定概念の上告可能性」同・当事者行為 284 頁，同②「上告審手続の審理構造」曹時 48 巻 9 号 1 頁，高林龍「最高裁に対する上告手続の特則」理論と実務(下)331 頁，徳田和幸「最高裁判所に対する上告制度」講座新民訴(3)47 頁，三ケ月章「上告制度の目的」同・研究Ⅷ 85 頁，山本克己「最高裁判所に対する上告受理及び最高裁判所に対する許可抗告」ジュリ 1098 号 83 頁

Ⅰ　上告制度の意義と目的

1　上告制度の意義と種類

　〈上告〉とは下級審裁判所が下した終局判決に対する不服申立てのうち，第三審である法律審への上訴をいう。通常の民事事件で地方裁判所が第一審裁判所として判決をした場合には，最高裁判所が上告審となる。これに対して，簡易裁判所が第一審となる事件（裁 33 条 1 項 1 号）は高等裁判所が上告裁判所となる（裁 16 条 3 号）[40]。しかし，高等裁判所が上告審として審理をし終局判決を下した事件についても，その判決に対して憲法の解釈に誤りがあること，そ

---

[40]　簡易裁判所の管轄に属する刑事事件については控訴裁判所は高等裁判所である（裁 16 条 1 号）。

の他憲法違反があることを理由とするときに限り更に最高裁判所に上告をすることができる。これを〈特別上告〉という（民訴327条）。最高裁判所が法令審査権について終審裁判所であること（憲81条）に基づき，最高裁の最終判断を保障している。

当事者双方が，第一審判決に対して控訴をしないという合意をした場合にも，それが控訴審の判断のみを不要とするのであれば直ちに上告審への上告をすることができる。これを〈飛越上告〉という。第一審判決が判断した事実問題には不服がないが，法律問題について示した判断に重大な疑義・不服がある場合に直接上告審の判断を求めることができることにした（民訴311条2項）。

また，高等裁判所が第一審として言い渡した判決（特許178条1項，独禁85条，88条，公選203条1項，204条等）[41] に対しては，最高裁判所に直ちに上告をすることができる（民訴311条1項）。

上告裁判所はいずれも法律審であり，事実問題についての不服に関しては審理をしないのが原則である。上告審は，その判断において原判決が適法に確定した事実に拘束される（民訴321条）から，これを前提に法的判断をしなければならない。

上告制度をどのようなものとするか，特に最高裁判所の機能及び構成をどのようなものにするかは政治的な意味を持ち，その構成と活動の実際は各国でかなり異なる[42]。

---

[41] これらにおいてはその前提として，行政官庁による審決手続が前置されている（特許庁における審判〔特許121条〕，公正取引委員会の審決〔独禁52条〕，都道府県，選挙委員会〔公選202条〕又は中央選挙管理委員会の審査〔公選204条〕）。これらの基礎理論につき，兼子一「審決の司法審査」同・研究Ⅲ13頁以下。

[42] ドイツにおける通常事件（民事事件及び刑事事件）についての最高裁判所にあたる連邦通常裁判所（Bundesgerichtshof, BGH）は，カールスルーエに置かれ，その裁判官数は122名である。刑事部が5部，民事部が12部，その他の特殊事件部が4部で構成されている。各部はそれぞれ組織上6〜8名で構成されるが，合議体は5名で構成される（*Murray/Stürner*, GCJ, P.60）。なお，憲法問題については連邦通常裁判所は判断することができず，憲法裁判所が管轄する。フランスでは，最高裁にあたる裁判所は破毀院（La Cour de casation）である（Code de L'organisation judiciare）。その構成（Art: L.121-1）は，長官1名，部長6名，判事88名，判事補65名である（D. n° 2002-349, mars 2002）。アメリカ合衆国では，最高裁は各州と連邦とに置かれている。連邦最高裁判所は，裁判官は9名で構成される。英国（イングランド及びウェールズ）の最高裁判所は，ハウス・オブ・ローズ（House of Lords，上院）であり，裁判所としての機能はロード・チャンセラー（上院議長）及び7名から12名の高等法院判事からなる（*Ingman*, The English Legal Process, 9 th. ed., 2002, Oxford p.5）。なお，各国最高裁判所の役割と機能については，テッサロニキ（ギリシャ）で開催されたコロキウムの報告がある（*Yessiou- Faltsi ed.*

2 上告制度の目的

(1) 上告制度の形態

　上告審は民事事件についての最終審であり，下級審裁判所が行った終局判決に対して不服があれば，法律問題に限ってその審理判断を行う。わが国では，最高裁と高等裁判所がその役割を分担している。上告制度は，少数の裁判所によって維持されており，形態上限られた事件について必要な救済を与えることを目的として設けられている。このうち，簡易裁判所を第一審とする事件については，その上告審は高等裁判所であり，最上級審である最高裁判所への上告は極めて例外的であり限定されている。この観点から見れば，事件対象の規模により（最高裁への）上告が制限されていることになる。これに対して，地裁を第一審とする事件は，最高裁が上告審となるが，その上告は，憲法違反や，その他絶対的上告理由がある場合を除き上告受理の申立てにより，最高裁の裁量上告制度を採用している。最高裁は，最高裁判所長官の他14名の最高裁判事によって審理・判断がなされるが，このような少数の裁判体による裁判は，大量の事件を処理することが困難である反面，判例の統一など充実した審理と説得力のある判断を示すことにより，最高裁独自の機能を行使するのに適している。このような最高裁に課された役割を十分に果たすための方策が求められる（これらの考察として，三ヶ月〔文献〕）。

(2) 上告制度の構造と意義

　1)　権利救済　　上告制度も上訴の一態様であるから，それが基本的に個人の権利救済を目的としたものであることは否定し得ない。もっともその権利救済も無条件ではなく，国家の制度として設営されている上告制度に与えられた上記のような特別の任務を考慮しなければならない。この意味で，上告における権利救済は限定的であるが，既に控訴審での救済が与えられていることから，その救済が限定的であることも許されるべきである。上告は基本的に判決に対する権利・法律関係についての判断に対する不服申立てとこれに対する救済に限定され，事実判断に対する不服は排除される。また，権利関係の救済の内容についてもその内容は様々であり，憲法問題に関する救済をはじめ，その他法令違反を問題とするもの，更には判例違反を問題とするものなどがあり，判断機関によっても，最高裁における救済と高等裁判所が上告審として行う救済に

The Role of the Supreme Courts at the National and International Level, 1998, Sakkoulas Pub.）。

は違いがある。

2）　最高裁における判断の統一　　上告審による救済のうち最高裁によるそれは，国の最終の裁判所としての最高裁の在り方との関係でその救済の内容が特に定められる。

本来，法律問題については様々な解釈が対立する可能性があり，そのいずれを採用すべきかにつき裁判所の判断もまた対立することが稀でない。今日のように価値観が多様な社会では，このような現象は不可避であり，またそのこと自体は法的判断を豊かにするものであり決して非難すべき不当な事由ではない。裁判所は新たな問題に直面して常に法的判断を創造的に行う必要が生じる。このような司法の任務の遂行と方向性の決定は最終的には最終審である最高裁判所によって統一されなければならない。これが最高裁による法統一の機能である。もっともこの機能も当事者の上告提起により，またその限度で行われるにすぎないことも確かであるが，当事者の権利救済も最高裁でのそれは，憲法上の権利救済及び判断統一という観点に限定されており，この限定された範囲で与えられる救済である点で制度的に見ると個人との関係では制約がある。しかし，現代社会で最高裁が法政策的には法の統一や時代に適合した新たな法の創造に関して極めて重要な意味を持つことは明らかである。

II　上告理由

1　意　　義

上告審への上告の申立ては，法律上定められた一定の理由が存在する場合に限って許される。これを「上告理由」という。控訴審への控訴申立てが原判決に対して不服があればその救済のために原則として許されるのに対して，上告は国家の民事裁判制度における最終審としての上告審の在り方について司法政策的に定められた特別の「上告理由」が存在する場合に限って許される点で特殊である。

上告理由は，その存在を主張して控訴審判決に対して不服を申し立て，上告審の判断を仰ぐために必要な事項であると共に，上告審でこれの存在が確認されると，上告審は原判決を破棄することになる点で二重の機能を持つ。

上告理由には大別して，①憲法違反がある場合の他，②重大な手続法違背を列挙してこれに該当する場合には原判決の結果に影響するか否かを問わないで上告理由としている（これを「絶対的上告理由」という）。また更に，③その他法

令違反が判決に影響を及ぼすことが明らかな場合に限って上告理由となる場合とが区別される。

わが国の上告審は，最高裁判所と高等裁判所とでその任務を分担するが，特に両者では，上記③法令違背をめぐってその取扱いが異なる。高等裁判所に対する上告では，法令違反の主張があれば許される。これに対して最高裁判所に対する上告は，単なる法令違反では不十分であり，判例違反などを理由にした「上告受理の申立て」に対して最高裁判所が判例統一などの観点から上告受理の決定をした場合に（最高裁の裁量による選択）はじめて上告があったものとみなされる。これは多くの上告事件に対して最高裁の負担を軽減すると共に，最高裁の存在理由に照らして最高裁でなければできない機能を果たすために設けられた制限である。

2 憲法違反

判決に憲法の解釈の誤りがあることその他憲法の違反があることを理由として，上告をすることができる（民訴312条1項）。これら憲法違反等を理由とする上告は，権利として行うことができる。わが国では，憲法解釈については最高裁に限定されず下級審でもその判断を行いうるが，その最終的判断は上告審で，特に最高裁で行うことが憲法上保障されている（憲81条）。この観点から，高等裁判所が上告審としてなした判断に憲法違反等があるとされる場合には，特に最高裁への〈特別上告〉を許している（民訴327条）。

3 絶対的上告理由

原判決に法律が列挙する重大な手続法違反（民訴312条2項）が存在する場合には，最高裁判所に対する上告であるか高等裁判所に対する上告かを問わず常に上告が許される。これを〈絶対的上告理由〉という。絶対的上告理由にあたる手続法違反がある場合には，その存在自体が既に問題でありそれが判決に影響を及ぼしたか否かにかかわらず常に上告理由となる。絶対的上告理由として列挙された事由は以下の通りである。

① 法律に従って判決裁判所を構成しなかったこと（1号）　この場合にはそもそも判決体の構成自体が違法であり，その判決は正当な裁判所によるものとはいえず，判決はその正当性を欠く。裁判所の構成が不明確である場合もこれにあたる（最(1小)判平成11年2月25日判時1620号21頁[43]）。

---

[43] この判決では，判決の基本となる口頭弁論に関与した裁判官はABCであり，判決原本にも同じ裁判官3名の署名・捺印があるが，判決言渡期日の口頭弁論調書では出席した裁判官が

†〔**例**〕 裁判官が欠格事由に該当する場合（裁46条）。

② **法律により判決に関与することができない裁判官が判決に関与したこと（2号）** たとえ裁判所の構成自体は適法であっても，それに関与した個々の裁判官についてみると，本来法律上判決内容の決定に関与することができない裁判官が裁判に関与した場合である。その裁判官が単に判決の言渡しのみをしたにすぎない場合はこれにあたらない。

†〔**例**〕 除斥原因のある裁判官（民訴23条），忌避の裁判があった裁判官（民訴24条，25条），口頭弁論に関与しなかった裁判官（民訴249条1項），破棄差戻し前の原審判決に関与した裁判官（民訴23条1項6号）。

③ **専属管轄に関する規定に違反したこと（3号）** ただし，民訴法6条1項による場合を除く。

④ **代理権の欠缺（4号）** 法定代理人が必要であるにかかわらず，選任されていない場合，訴訟代理人その他代理人が必要な授権を欠いた場合である。これらの場合，当事者の訴訟行為が十分になされず，その主張が十分に手続に反映されなかった可能性が高いからである[44]。

⑤ **口頭弁論の公開規定違反（5号）** 口頭弁論の公開は憲法上要請されており（憲82条），これがなされなかった場合は重大な手続違反となる。実際に公開がなされたか否かは弁論調書によって証明すべきである（民訴160条3項）。ただし人事訴訟では，当事者尋問又は証人尋問につき当事者の私生活上の重大な秘密に係る場合には裁判官の全員一致により決定で公開を停止することができる（人訴22条）。

⑥ **判決の理由不備・理由の食違い（6号）** 終局判決には理由が記載されなければならないが（民訴253条1項3号），これは判決内容の正当性が専らその理由によって判断されるからに他ならない。その理由に不備があり，あるいはその内容に食違いが認められる場合には，判決に不服のある当事者を十分に説得することができず，その判決は上告審で破棄の対象となる。

ADCと記載され，上告代理人に送達された判決正本にもADCの記載があり，更に判決原本に記載のない判断が示されていた場合につき，最高裁は民訴旧395条1項1号（民訴312条1項1号）に反するとした。

44) このような訴訟代理人についての規律は，訴訟代理人を司法機関として位置づけているともいえる。ドイツ法系の民事訴訟法では訴訟代理人を司法機関の一員として位置づける。もっとも完全に当事者の代理人として位置づける場合はこれと異なる取扱いが可能だろう。

4 判決に影響を及ぼすことが明らかな法令違反

(1) 法令違反

高等裁判所に対する上告は，上述2及び3に該当する場合の他，「判決に影響を及ぼすことが明らかな法令の違反があることを理由とするとき」にもすることができる（民訴312条3項）。上告審は法律審であり，法令の解釈適用に違背があり（以下⇒(2)），これが判決の結論に影響する場合に限り（以下⇒(3)）上告審の判断を受けることができる。

(2) 法令違反の具体例

① 法令違反　憲法以外の一切の法律，政令，規則等に違反した場合をいう。これには地方公共団体の条例，規則などの他慣習法など国内法が含まれるだけでなく，わが国が締結・批准している国際条約もこれに含まれる。外国法については，国際私法上わが国の裁判所で適用すべき準拠法となる場合はここでいう「法令」にあたる（菊井＝村松・前掲全訂民訴法Ⅲ 222頁）。

原審の事実認定が「経験則」に違反すると非難される場合もまた，「法令違背」に含めるのが通説であり肯定できる。経験則は法規そのものではないが，事実の認定にあたり，経験によって獲得される事実判断に際して適用される一定の準則であり，それ自体は一般論として規律の対象となりうるし，またそれに違反した判断が，個別事例を超えて一般的に不当な判断だと評価される場合だからである（自由心証主義の建前からその適用が著しく不当な場合に限るとするのは，兼子・体系461頁，新堂863頁）。

原審が一般条項の適用について判断を誤ったとされる場合も法令違反に該当する。一般条項は，個別的な法条を適用するにあたりその形式的結果を調整し，修正的な機能を営むが，それ自体は決して裁判所に与えられた白紙委任を意味するわけではなく，その適用自体が一定の法的価値判断に基づいており，特に裁判所が法創造的機能を持つことから，上告審，特に最高裁判所によるコントロールが必要だからである（河野〔文献①〕311頁以下）。

②　審理不尽　判例は伝統的に「審理不尽」もまた上告棄却の理由としてきた。これは明確に「法令違背」に該当するわけではないが，裁判所の審理が十分に尽くされていないことを理由としたコントロールである。判決には一応の理由はついており，理由が不備あるいはそれに齟齬があるとは言い難いが，そもそも事件についての審理が十分に尽くされていないことを理由とするといえる。明示的な上告理由では尽くされない事由であり，原判決を破棄する独立した理由とすることができる

(同旨，新堂866頁)。

③ 再審事由　絶対的上告理由には再審事由と共通のものがある（民訴338条1項1号〜3号）。しかし，これ以外にも民訴法338条に列挙されている再審事由も絶対的上告理由になると解すべきか否かについては見解が対立する。本来再審手続は特別の救済手続であり，それによって救済される可能性のある事項は，通常の救済手続である上告手続の中でも救済されることが論理的な前提となるとの見解と，特に最高裁への上告が限定された上告受理の申立制度を採用していることから，このような関連性を否定する見解がある。現行法は後者によるべきであり，上告審で取り上げられなかった事項は再審手続で考慮する可能性を残している。

(3)　判決の結果との関連性

原判決が憲法の解釈適用を誤ったとされる場合（上述⇒2）には，それが判決に影響を及ぼす可能性があれば上告理由となる。憲法問題の重要性に鑑みて上告審での審査の可能性を開いている。また手続法違反の場合（上述⇒3）には，その違反が直接判決に影響したか否かの判断は困難であることからこれを列挙し，絶対的上告理由にしたのだとされる（新堂865頁）。しかし，更に重要なことは民事訴訟手続は合法的なものでなければならず，最小限の条件として十分な手続的合法性を維持した場合にはじめて結果としての判決の正当性が付与される。ここに列挙された絶対的上告理由は，このような判決の合法性を確保するために重要な基本的な事項であり，結果との関連性が問題になるわけではない。

5　最高裁への〈上告受理の申立て〉

(1)　意　　義

最高裁判所への上告は，上述2及び3に該当する場合の他は当然には許されず，当事者が最高裁への上告受理の申立てをなし，最高裁が重要と判断した事件のみを選択して審理をする方式が採用されている（裁量上告制[45]）。

最高裁は，原判決に対する当事者からの上告受理の申立てがある場合に，その内容を見て裁量により受理の可否を決定する。

---

45)　裁量上告制：アメリカ合衆国連邦最高裁判所への上告は，裁量上告制を採用している。アメリカ合衆国最高裁判所規則の翻訳は，民事訴訟法典現代語化研究会編・各国民事訴訟法参照条文〈日本立法資料全集別巻34〜1〉（信山社・1995）670頁以下〔河野正憲訳〕。

(2) 要　　件

　最高裁に対する上告受理の申立ては以下の場合にのみ受理される（民訴318条1項）。

　①　判例違背　　「原判決に最高裁判所の判例（これがない場合にあっては，大審院又は上告裁判所若しくは控訴裁判所である高等裁判所の判例）と相反する判断がある事件」である。

　②　法令解釈に関する重要事項　　「その他の法令の解釈に関する重要な事項を含むものと認められる事件」もまた上告受理の対象となる。これは，①に該当するような〈判例〉は存在しないが，当該事件の判断が後の事件処理に重要な先例となりうる場合に，最高裁として法令解釈を示し〈先例〉とすることを示すことを狙いとしている。

　③　重要事項を含むと認められる法令違反　　当該法令解釈について最高裁の判断を示すことが，事件の重要性及び後の類似した事件の判断に重要な意義を持つと判断される場合に，その事件について最高裁が判断を示すために取り上げる[46]。

Ⅲ　上告の提起と審理

1　概　　要

　上告手続は最終審への通常の不服申立方法であり，一般的な上訴手続の一つとして要件及び効果の点で控訴審手続と共通性を持つ。しかし，上告制度特有の問題も存在する。それは特に上告審が法律審であること，最高裁判所が特に判例統一の役割を十分に果たすために重要と思われる限られた事件について判断をする必要があることにある。上告審での審査には，特別の定めがある場合を除き一般に控訴審について定めた手続が準用される（民訴313条）。

2　上告の提起

(1) 上告裁判所

1)　管轄裁判所　　地方裁判所が第二審としてなした終局判決に対する上告及び簡易裁判所が第一審としてなした終局判決に対する飛越上告を管轄する上告裁判所は，それぞれを管轄する高等裁判所である。それ以外の判決についての上告裁判所は最高裁判所である。

---

[46]　判例変更につき，西野喜一・裁判の過程（判例タイムズ社・1995）。

高等裁判所が上告裁判所である場合でも，規則で定める次の事項が存在する場合には，事件を最高裁に移送しなければならない（民訴324条）。すなわち，その高等裁判所の意見が，憲法その他の法令の解釈について最高裁判所の判例（これがないときは大審院又は上告裁判所若しくは控訴裁判所である高等裁判所の判例）に相反するときである（民訴規203条）。これは判例の統一を図るために，最高裁判所の判断が必要だからである。

2) 最高裁判所の合議体　最高裁では，事件はまず小法廷で審査する（最高裁判所裁判事務処理規則9条1項）。ただし，①事件の判断が裁判所法10条1号から3号に定める憲法問題に関わるとき，②事件を審査した小法廷の裁判官の意見が二説に分かれ，それぞれ同数の場合，③大法廷で裁判することを相当とする場合には大法廷の裁判長にその旨を通知し（同規則9条2項），その通知があれば事件は大法廷で審理しなければならない（同規則9条3項）。

(2)　上告の提起と原裁判所の審査

上告をするためには，上告期間内に上告人は上告状を原裁判所に提出して行わなければならない（民訴314条1項）。上告は，控訴審の終局判決が送達された日から2週間の不変期間内にしなければならない（民訴313条，285条）。

上告に際しては，費用の納付が必要である。貼付すべき印紙額は訴状の2倍である（民訴費3条別表1第3項）。また，上告状の送達に必要な費用の他，上告提起通知書，上告理由書及び裁判書の送達並びに上告裁判所が訴訟記録の送付を受けた旨を通知するのに必要な費用の概算額を予納しなければならない（民訴規187条）。

上告状の提出を受けた原裁判所の裁判長は，上告状について審査を行うが，その権限は控訴状について原裁判所が行う権限より広く，控訴審の裁判長に与えられた審査権限を含む（民訴314条2項による288条及び289条2項の準用）。この審査により上告状却下の命令又は上告却下の決定がなされた場合を除き，原裁判所は当事者に上告提起通知書を送達しなければならない（民訴規189条）。

(3)　上告理由書の提出強制

上告状に上告理由の記載をした場合を除き，上告人は上告提起通知書の送達を受けた日から50日以内に，〈上告理由書〉を原裁判所に提出しなければならない（民訴315条1項，民訴規194条）。

上告理由書は具体的に記載しなければならない（民訴規193条）。特に，①民訴法312条1項により判決に憲法の解釈の誤りがあることその他憲法の違反があることを理由とする上告の理由の記載は，憲法の条項を掲記し，憲法に違反する事由を示してしなければならず，この場合にそれが訴訟手続に関するものであるときは憲

法に違反する事実を掲記してしなければならない（民訴規190条1項）。民訴法312条2項についてはその条項及び該当する事実を記載しなければならない（同条2項）。②民訴法312条3項により，判決に影響を及ぼすことが明らかな法令違背があることを上告理由とする場合は，その法令（その条項又は内容）及び違反の事実（手続に関するときはその事実）を示さなければならない（民訴規191条）。③これらの場合（①②）に判例が最高裁判決等に反する判断をしていることを理由とする場合は，その判例を具体的に示さなければならない（民訴規192条）。

(4) 上告受理の申立て

最高裁判所に対する上告受理の申立てをなす場合の手続については，原則として上告及び上告審の手続に関する規定が準用される。

上告受理の申立ては，原裁判所に対して行わなければならない（民訴318条5項，314条1項）。

上告受理の申立ては，判例に憲法解釈の誤りがあること（民訴312条1項）及び絶対的上告理由に該当する事由（民訴312条2項）を理由とすることができない（民訴318条2項）。これらは別に上告が認められているからであり，これと併せて上告受理の申立てによることはできないものとしている。

> 上告受理の申立ての場合に必要な理由の記載は，原判決に最高裁等の判例に反する判断があることその他の法令の解釈に関する重要な事項を含むことを示してしなければならない（民訴規199条1項）。

(5) 附帯上告・附帯上告受理の申立て

上告及び上告受理の申立てがあった場合にその被上告人は，それぞれ附帯上告及び附帯上告受理の申立てをすることによって自己に有利な判断を求めることができる。附帯上告は，基本的に上告審の判決がなされるまでの間[47]は可能である。

3 上告審の審理

(1) 答弁書提出の命令

上告裁判所又は上告受理の申立てがあった場合，最高裁判所の裁判長は，相当の期間を定めて，答弁書を提出すべきことを被上告人又は相手方に命じることができる（民訴規201条）。

---

[47] 上告審では事実審理がなされず，口頭弁論が必ず開かれるわけではない。そこで，この点で控訴審とは別の取扱いがなされる。

(2) 審査の範囲

上告審は，上告理由に基づき不服の申立てがあった限度で審査する（民訴320条）。ただし，訴訟要件やその他職権で調査すべき事項は当事者の不服に拘束されずに審査をすることができる（民訴322条）。

原判決中，不服申立てがない部分に限り，勝訴原告からの申立てにより決定で仮執行の宣言をすることができる（民訴323条）。

(3) 審査の原則――法律審と書面審査

上告審は法律審であり，事実問題の不服は審査の対象とならない。上告審が前提とする事実関係は原判決が適法に確定した事実であり，この事実は上告審に対して拘束力を持つ（民訴321条1項）。

上告裁判所の手続では，必要的口頭弁論の原則（民訴87条参照）が修正されている。上告状，上告理由書，答弁書その他の書類により，上告に理由がないと認められるときは，口頭弁論を経ないで判決で上告を棄却することができるものとしている（民訴319条）。これは，最高裁が法律審であり，法律問題の審査については必ずしも口頭弁論を必要としないとの立場に基づくといえる。

(4) 口頭弁論

上告裁判所は書面による審理の結果，上告を認容すべき場合には，必ず口頭弁論を開かなければならない（民訴319条の反対解釈）。この場合，控訴審判決が破棄されることから，控訴審で勝訴した当事者の言い分を聞いたうえで判決をする必要があるからである[48]。しかし，その結果として，書面審査の結果得られた原判決破棄という仮の結果を確認する点に，口頭弁論の意義があるかのような取扱いになっている。しかし，この場合に限定せずにより広く口頭弁論を開くべきである。最高裁判決が持つ判例の先例としての意義が判決理由の持つ説得力にかかっていることから，法律問題に関しても口頭弁論により当事者の法律問題に関する意見を聴くことが重要であり，口頭主義の持つ機能を考慮すべきであろう（河野正憲「口頭弁論の必要性とその活性化」吉村・古稀194頁，213

---

[48] 上告審が，訴えが不適法でその不備を補正することができない訴えを却下する前提として原判決を破棄する場合は，民事訴訟法313条，297条及び140条の趣旨に照らし，口頭弁論を経ないでその旨の判決をすることができる（最(3小)判平成14年12月17日判時1812号76頁）。また，上告審での審理中，当事者が死亡した場合，一身専属的請求の場合訴訟手続は当然に終了するから，上告審は，判決で訴訟の終了を宣言する前提として原判決を破棄する場合には，必ずしも口頭弁論を経ることを要しない（最(2小)判平成18年9月4日判時1948号81頁。原審口頭弁論終結後判決言渡し前に原告〔被上告人〕の一人が死亡したケース）。

頁)。

IV 上告審の裁判

1 高等裁判所から最高裁への移送

　高等裁判所が上告審として審理をした結果，最高裁の判断を求めるのが妥当であると判断した場合には，高等裁判所は決定で事件を最高裁に移送しなければならない（民訴324条）。移送を必要とする事由とは，憲法その他の法令の解釈について，その高等裁判所の意見が最高裁判所の判例（これがない場合は，大審院又は上告裁判所若しくは控訴裁判所である高等裁判所の判例）に相反する場合である（民訴規203条）。最高裁判所が法令解釈，判例統一について最終的な権限を有するからである。

2 上告審の終局判決

　1）　上告却下　　上告審はその終局判決で，上告がその適法要件を欠くときは上告を却下する。これに該当するのは，上告理由書を所定期間内に提出しなかった場合，方式を遵守しなかった場合等である。

　2）　上告棄却　　上告人が主張する上告理由がないときは，上告を棄却する。この場合には，棄却する理由を掲げなければならない。また上告理由自体は正当だと認められる場合であっても，他の理由（例えば不利益変更禁止等）で原判決の結果を維持しなければならない場合にも上告を棄却する。この場合にはその旨を明示しなければならない。

　3）　原判決破棄　　上告理由が正当であり，原判決を維持することができないときは原判決を破棄する（民訴325条1項）。原判決を破棄する場合には，上告審では事実審理をすることができないのが原則であることから（例外，訴訟要件の審理に必要な事実審理），事実審理のために事件を原裁判所に差し戻すのが原則である。

　①　原審への差戻し又は該当裁判所への移送　　原判決を破棄した結果，事件を判断するために改めて事実認定をする必要がある場合には，上告審はこれができないから，原審又は管轄を有する事実審裁判所に差し戻し又は移送する。

　　†〔例〕原判決が適用した法規について最高裁が示した判断によれば更に別の要件を判断する必要があり，そのための要件事実の審理が必要な場合，管轄を誤っている場合。

　②　自　判　　原判決を破棄して，上告審がこれに代わる判断を積極的に自

らなすことができる場合に行われる。これは基本的には，事件の判断につき新たに事実認定をすることが不要で，原審の確定した事実関係に基づいて専ら法的判断について原判決の判断に誤りがある場合に許される。

ⅰ）原判決破棄・訴え却下　第一審・控訴審共に本案についての判断をなしているが，上告審が訴えにつき訴訟要件を欠くと判断した場合には，訴え却下の判断を自ら行う。

ⅱ）原判決破棄・請求棄却　原審が請求を認容した判決をしたのに対して，法的判断を誤ったとして，これとは異なり請求を棄却する場合である。新たな事実認定が不要な場合に限られる。

ⅲ）原判決破棄・請求認容　原判決が原告の請求を棄却したのに対して，この判断を修正して請求を認容すべき結論になる場合である。原判決が請求を認容していてもその金額の修正を必要とする場合を含む。

③　上告審の事件判断の特色　上告審の判断は専ら上告人の上告に対する回答の形で行われる。上告審の判断は限定的である。これによって事件自体が最終的に決着するとは限らない。上告審での判断に事実認定が不要で，独自に判断でき最終的決断を示しうる限りでは，積極的に事件判断ができる。それ以外に事実判断が必要であれば原審に差し戻して再度上告審が示した理由に基づいて判断をすることを求める。また，第一審判決を認容した控訴審判決を取り消し，事件を第一審裁判所に差し戻し又は移送する必要がある場合がある。これは，第一審で訴えが却下されあるいは専属管轄に違背した判決がなされ，控訴審がこの判決を維持したが，この控訴審の判断を上告審が取り消す場合である。第一審であるいは管轄権を有する専属裁判所で本案に対する判断がなされていないことから，第一審の審級の利益を考慮して，事件の審理を第一審からやり直す必要があるからである。

3　差戻し又は移送後の手続

(1)　口頭弁論の続行

差戻しを受けた原裁判所（又は第一審裁判所）は，その審級の手続によって事件を審理するために改めて口頭弁論を開かなければならない（民訴325条3項）。この口頭弁論は，実質的に従来の口頭弁論の再開・続行であり，従来の弁論の結果を陳述しなければならない（民訴249条参照）。

(2)　破棄差戻判決の拘束力

破棄差戻しの判決により事件の差戻しを受けた裁判所は，上告裁判所が破棄

の理由とした法律上及び事実上の判断に拘束される（民訴325条3項後段）。これは，差戻しを受けた裁判所（控訴審，第一審）が，破棄されたはずの意見に固執することによって上訴制度の意義が殺がれることを防止するために設けられた特殊な効果である（小室直人「上級審の拘束的判断の範囲」同・上訴制度の研究〔有斐閣・1961〕221頁，232頁）。

> 破棄判決の拘束力の性質については争いがあり，これを既判力と見る見解も有力であるが（兼子一「上級審の裁判の拘束力」同・研究Ⅱ81頁，90頁），既判力概念を拡張しすぎているとの批判（新堂877頁）は免れない。

この拘束力には以下の特色がある。

1) 拘束力は理由中の判断に生じる　破棄の理由とされた事項はその事件の審理をする後の裁判所（差戻しを受けた裁判所，その判決に対して上告があった場合はその上告裁判所）も，この拘束力を受ける（最(1小)判昭和28年5月7日民集7巻5号489頁）。

2) 上告審が破棄の理由とした「事実上の判断」　職権調査事由又は再審事由に関してなした事実に関する判断をいう。上告審は本案に関する事実判断をすることはできないからである。

3) 上告審が破棄の理由として示した「法律上の理由」　破棄された判断が採用した法律上の判断と同一の理由を根拠とすることができないが，別の理由で同一の結論に至ることは妨げられない（最(3小)判昭和43年3月19日民集22巻3号648頁[49]）。

4) 裁判官　破棄された原判決に関与した裁判官は，差戻審の裁判に関与することができない（民訴325条4項）。拘束力を実質的に確保する趣旨である。裁判所の構成上これが困難な場合には，差戻しに代わる移送が許される。

第4節　抗　　　告

〔文献〕
三ケ月章「決定手続と抗告手続の再編成」同・研究Ⅷ165頁

---

[49]　野田宏・最判解説民事昭和43年度151頁，小室直人・続百選224頁，畑郁夫・百選2版278頁，青山善充・百選Ⅱ424頁，西川佳代・百選3版240頁。

I　抗告制度

1　意　　義

〈抗告〉は，判決以外の形式の裁判，即ち〈決定〉及び〈命令〉の形式でなされた裁判に対する独立した上訴手続である。

民事訴訟手続ではその審理の過程で手続的派生問題について争いが発生した場合にこれを放置することができず，この点につき裁判機関が簡易な形式で判断をしなければならないことがある[50]。〈決定〉又は〈命令〉の裁判はこのために設けられた手続であり，手続全体の流れとは別に，これらに対しても独立した不服申立てをその都度許し，手続上早期に決着をつけることが以後の手続の安定や明確な手続進行に資する場合である。これは，訴訟内紛争についての独自の不服申立てである。そこで，このような場合に対応できる不服申立ての方法として，簡易な〈抗告〉という上訴制度を設けた。

　　抗告の対象となる裁判の前提となった手続は，口頭弁論を必ず開く必要はないという手続である点で共通する（民訴87条）。本来民事訴訟手続では基本となる手続につき口頭弁論を必要とするが，その他の派生的な手続内での紛争は，より簡易な決定・命令手続で解決することにしている。

　　民事訴訟手続以外の手続では，その裁判の形態は決定で行われるものが多いが，その手続が常に派生事項に関わるものであるわけではない。むしろ，これらの手続は当事者対立型の必要的口頭弁論という形式を採用する必要性に乏しいことから決定手続が採用されている。これらの裁判に対する不服申立てとしての抗告制度は，これらの手続では通常の不服申立方法となる（これらにつき基本的な考察として，三ケ月〔文献〕165頁）。

†〔例〕　民事執行手続（民執4条），破産手続（破8条），民事再生手続（民再8条），会社更生手続（会更8条）。

2　抗告の種類

抗告は以下の観点から分類され，いくつかの種類がある。

①　通常抗告と即時抗告　　民事訴訟法は決定・命令に対する一般的な救済方法として〈抗告〉を定めるが，このうち一定の不変期間内に救済を求めなければならない抗告を特に〈即時抗告〉という[51]。即時抗告期間は，その裁判の

---

50) 特に口頭弁論手続を常に行う必要がなく，厳格な証拠調べ手続を必要とせず，裁判の告知の方法，上訴手続等について簡易の手続を設けている。
51) ドイツ法は，2002年改正法で通常抗告と即時抗告という従来の形態を改めて，即時抗告を基

告知を受けた日から1週間の不変期間である（民訴332条）。不服申立てに期間制限をおいていない抗告は〈通常抗告〉ともいわれる。即時抗告の場合には執行停止の効力が生じる（民訴334条）。

> 即時抗告に執行停止の効力を認めるのは，手続的派生問題について簡潔・迅速に処理をするが，その間手続を停止することが事態を複雑にせず適当だと考えられたからに他ならない。これに対して決定手続が重要な意味を持つ訴訟手続以外の手続ではこれとは別の取扱いがなされ，手続は当然には停止しない。
> †〔例〕 執行抗告（民執10条6項，20条），保全抗告（民保41条，7条），破9条，13条，民再9条，18条。

即時抗告は，法が特にこれを明文で許容する場合のみに認められる。

② 最初の抗告と再抗告　裁判所又は裁判官が最初になした決定又は命令に対する抗告を〈最初の抗告〉ということがある。この抗告に対して更に不服申立てをする場合を〈再抗告〉という。最初の抗告手続には，その性質に反しない限り，控訴審の手続が準用されるのに対して，再抗告には上告審の手続が準用される（民訴331条）。

③ 特別抗告　地方裁判所及び簡易裁判所の決定及び命令で不服申立てができないもの及び高等裁判所の決定・命令に対して，それに憲法の解釈の誤りがあることを理由とするとき，その他憲法違反があることを理由とするときは，最高裁判所に特に抗告をすることができる。これを〈特別抗告〉という（民訴336条）。

④ 許可抗告　特に最高裁に裁判の統一を求める場合に，原高等裁判所の許可によりなされる特別の抗告である（⇒Ⅲ）。

Ⅱ　抗告審の審理

抗告審の手続では，その性質に反しない限り控訴審手続に関する規定が準用される（民訴331条）。ただし，抗告審の決定に対して更になされる〈再抗告〉には，上告に関する規定が準用される。

本とし（ド民訴567条1項），通常抗告を廃止した。即時抗告は，第一審（区裁判所及び地方裁判所）の裁判に対してのみ可能であり，控訴と同様事実問題と法律問題について再審理を求めうる。また上告に類した法律抗告（Rechtsbeschwerde）制度を設けた（MüKommZPO/Aktualisierungsbd., 2002, Lipp, Vor § 567, Rdnr. 5）。これは，法律問題に不服がある場合のみに限られる不服申立てである。それは，法律上明記された場合，又は抗告裁判所，控訴裁判所又は第一審としての上級州裁判所により許可された場合に限り可能である（ド民訴574条1項）。

1 抗告の申立て

(1) 当　事　者

抗告は常に当事者その他の利害関係人の〈申立て〉によってなされなければならない。職権による抗告手続の開始はない。抗告において申立人となることができる者は，当該決定・命令に不服がある利害関係人である。これらの手続では必ずしも常に二当事者対立の構造があるとはいえない。

(2) 申　立　て

1) 通常抗告　抗告は，その対象となる裁判を行った原裁判所に対して申立てによって行われる（民訴331条，286条準用）。通常抗告の場合，申立てに時間的な制約はなく，その必要がある場合にいつでも申立てをすることができる。

2) 即時抗告　法律上，即時抗告をなしうる旨の定めがある場合には，裁判の告知を受けた日から1週間の不変期間内に[52]，原裁判所に抗告状を提出して行う（民訴332条）。

(3) 申立ての効力

抗告は，それが即時抗告である場合に限り，原裁判の執行停止の効力を有する（民訴334条）。手続内で生じた派生的手続問題を迅速に解決するためであり，その間即時抗告の対象となった原裁判所の裁判の効力を停止することによって，問題の複雑化を避けようとする趣旨である。

2 審　判

抗告審では，口頭弁論を行うか否かは裁判所の裁量による。口頭弁論を開かない場合にはこれに代わり，抗告人その他の利害関係人を審尋することができる（民訴335条）。審理の結果は，〈決定〉の形式の裁判で示される。

Ⅲ　許可抗告

1 制度の趣旨

高等裁判所の決定又は命令については，その高等裁判所が許可をした場合に限り最高裁判所に対して抗告をすることができる（民訴337条）。これは，憲法問題以外でも，重要な法律問題について高等裁判所の判断に相違がある場合等に，最高裁判所が判断を示すことによって判例の統一を実現することを目的とした制度である（一問一答374頁）。

---

[52] これに対して倒産手続では，裁判につき公告がなされる場合，その効力を生じる日から2週間の不服申立期間が定められている（破9条）。

旧法では，高等裁判所の決定及び命令については，憲法違反を理由とする特別抗告（旧民訴419条ノ2）以外には最高裁判所に抗告をすることができないものとしていた。しかし民事執行手続や民事保全手続，更に各種倒産手続では裁判形式として決定が重要な意義を持ち，また民事訴訟手続でも高等裁判所の決定による判断が分かれる場合が少なくなく，最高裁判所による判例統一の必要性が主張されていた。このような要請に応えて設けられた制度である。

2 申立て

高等裁判所の決定及び命令に対して不服がある場合，特別抗告の場合（民訴336条1項）を除き，その高等裁判所に対して〈許可抗告〉の申立てをし，これが許可された場合に限って最高裁に特に抗告をすることができる（民訴337条1項）。

この申立てがなされても，それだけでは抗告の効力は生じず，許可抗告の申立てに対して申立てを受けた高等裁判所の許可があった場合に初めて抗告があったものとみなされる（民訴337条4項）。

3 手続

(1) 許可抗告の事由

許可抗告の申立てを受けた高等裁判所は，不服を申し立てられた裁判が，①最高裁判所の判例（これがない場合には大審院又は上告裁判所若しくは抗告裁判所である高等裁判所の判例）と相反する判断がある場合，②その他の法令の解釈に関する重要な事項を含むと認められる場合は，申立てにより決定で抗告を許可しなければならない（民訴337条2項）。

許可抗告は，特別抗告の事由（民訴336条1項）を理由としてすることはできない（民訴337条3項）。両者は区別して取り扱われる。

(2) 最高裁の判断

最高裁は，裁判に影響を及ぼすことが明らかな法令違反があった場合には，原判決を破棄することができる（民訴337条5項）。

Ⅳ 特別抗告

地方裁判所及び簡易裁判所の下した決定及び命令で不服申立てをすることができないもの及び高等裁判所の決定及び命令に対しては，それに憲法の解釈に誤りがあること，その他憲法の違反があることを理由とする場合に限り，特に最高裁判所に抗告をすることができる（民訴336条1項）。これを〈特別抗告〉

という。訴訟内紛争に関する事項であっても憲法問題が存在する場合には，最高裁判所が最終的な判断機関であることから，特に最高裁の判断を保障した。

この特別抗告は，裁判の告知を受けた日から5日の不変期間内にしなければならない（民訴336条2項）。この抗告については，性質に反しない限り，上告審に関する訴訟手続が準用される（同条3項）。

第5節 再　　審

〔文献〕

加藤哲夫「再審事由」講座新民訴(3)117頁，加波眞一①・再審原理の研究（信山社・1997），同②「再審控訴における訴えの利益・当事者適格」企業紛争と民事手続法理論〈福永有利先生古稀記念〉（商事法務・2005）333頁，河野正憲①・当事者行為323頁，同②「身分判決の対世的効力と第三者の地位(1)～(3)」法学56巻3号203頁，5号433頁，57巻1号75頁，坂原正夫「再審の手続構造」講座新民訴(3)91頁，高橋宏志①「人事訴訟における手続保障」講座新民訴(3)349頁，同②・重点(下)514頁，吉村徳重「再審事由」裁判と上訴(下)〈小室直人・小山昇先生還暦記念〉（有斐閣・1980）96頁

I　再審制度の目的

1　民事訴訟の機能と再審

〈再審〉制度は，終局判決が確定して既判力を取得した後に，この判決に重大な瑕疵があることを理由に判決自体を取り消して，同一事件につき手続を再開し再度の審判を求める特別・非常の不服申立制度である（兼子・体系481頁）。上訴制度が，下された判決に対して審級制度を前提として上級審での再度の判断を求めるために認められている通常の救済制度であるのに対して，再審制度は確定し既に既判力を取得して本来覆されないことを前提とした終局判決に対して，なおその同一審級での再審理を許す例外的な特別の救済制度である。

再審は，不服が申し立てられている判決を行った裁判所に対して，独立した「訴え」として提起をする必要がある。この特別の訴えにより，裁判所はまず再審事由が存在するか否かを初めに審査し，それが存在することが手続的に確認された場合には〈再審開始決定〉を行う。この決定により，対象とされる前訴手続で下された判決について発生した既判力を解除し，同時に既に終結し確定した訴訟手続自体を再開して，前の訴訟手続について審理・判断を再度行う

手続である。再審手続では，前の判決自体に法が定める顕著な手続的又は実体的な瑕疵が存在するとの申立てに基づいて，それを是正するために前訴の判決自体を破棄し，その手続の再審理を要求する救済方法である。このような特定の目的のために設けられた特別の構造を持った訴訟手続を，訴えによって開始して，前の判決自体を取り消して手続をやり直すという意味で既判力ある判決自体に対して直接に攻撃をする点に手続的な特色がある53)。

2 既判力制度と再審手続

再審制度は既判力を有する終局判決の存在を前提とし，これに対して直接に攻撃をするために特に設けられた救済方法であり，既判力を持つ判決自体に対して，その瑕疵を主張して当該判決の取消しと事件の再審理を求めて提起される，新たな訴えによる例外的救済手段である。問題の判決自体を取り消して，いったん終了し確定した手続を再開して判決を獲得する特別の手続であることから，前提として既判力を積極的に打破する必要があり，そのための特別の手続を前置している。

本来，終局判決が形式的に確定し既判力を獲得して，もはや判決内容を争い得なくなると，本来，既判力の拘束を受ける者の間でその後に提起された訴えにつき，裁判所は確定判決の内容と矛盾した判断をすることができないとの拘束力を受け，また既判力を受ける当事者も前の確定判決内容に矛盾した判決を求めて前の判決に反した主張をすることは，前の判決に拘束されて許されないのが原則である（⇒第10章第5節Ⅲ）。この既判力の拘束力によって，確定した判決内容は法的に〈不可争〉となり，確定判決の効力を受ける者の間では法的安定性が形成・確保される。既判力は民事訴訟の紛争解決機能を支える基本観念だといえる。しかし，たとえ判決が確定しても，例外的にその判決に至る手続又は裁判所の判断に重大な瑕疵がある場合にも，なおこの判決をそのまま例外なく維持することを強制するのは正義の観点からみて極めて問題がある。そのような重大な瑕疵があるにもかかわらず単に法的安定性のみを根拠にこの判決内容の不可争を貫くことは，判決の正当性の観点からも承認できない。そこで，この場合にこの瑕疵ある判決を是正し，救済を与える必要がある。これが

---

53) これに対して，前の判決自体を取り消した再審理をするという直接的攻撃ではなく，前の判決自体の存在自体はそのまま承認しながら，これとは内容的に矛盾する訴え及び判決を許容する場合がある。これは確定判決に対する間接的チャレンジといえる。その例として，判決詐取を理由とする不法行為による損害賠償請求訴訟などがある（⇒Ⅵ）。

再審制度である。

　再審制度による救済は，瑕疵があるとされた手続を再開・再審査をし，下された判決自体を取り消して新たな判決をする方法による例外的救済を前提にしており，従来の支配的学説は，この再審手続方法以外の救済方法は既判力制度と矛盾するとの理由で一切排除してきた。しかし判決が詐取されたことを理由とする損害賠償請求訴訟が提起されることが稀でなかった。この場合再審訴訟を経由しておらず，またその直接の訴訟物は損害賠償請求である。しかしその請求の前提は（確定した）判決が詐取されたことの主張であり，それは既判力に抵触するとされた（前提問題に対する既判力の作用）。学説上強い反対論があったにかかわらず，後述するようにわが国の判例はこの損害賠償請求訴訟を適法とし，この方向は判例により形成された救済方法として定着している。状況はドイツでも同様であり，最近では学説もこれを承認する見解が多い[54]。この訴えの実際例を見ればこの場合の救済方法として，既判力ある判決自体に対する直接の攻撃である再審手続のみの選択に限定するのでは必ずしも適切な救済手段とはいえない場合があり，判決詐取を理由とした損害賠償請求訴訟を許すことがその補充的救済手段として必要であると考えられる（河野〔文献①〕355 頁）。その形態も既判力ある終局判決自体を直接に打破対象とするのではなく，損害賠償など別個の目的の訴訟の前提として，前の判決内容を攻撃することから〈間接的救済〉だといえる。

3　再審制度の沿革

　わが国の再審制度は基本的に 1877 年ドイツ帝国民事訴訟法のそれに由来する。しかし，わが国ではこれに更に若干の修正が加えられた。

　ドイツ普通法では，治癒不可能な無効事由（insanabilis nullitatis）が存在するときは裁判は当然に無効であり訴え又は抗弁でいつでもその主張ができた。これに由来するのが〈無効の訴え（Nichtigkeitsklage）〉である。これとは別に当事者の行為につきその責に帰すことができない場合に一定期間内にその行為を取り消すことができるとする〈原状回復（restitutio in integrum）〉の制度が存在し，これに基づき特に判決に対する救済として原状回復の訴え（Restitutionsklage）が設けられた。再審制度はこの両者をあわせた制度であり，特にいったん終了した手続を再開するための手続として構成された。ドイツ法では今日でも無効の訴えと原状回復の訴えとは分けて定めており両者の取扱いには違いがある（再審制度の沿革については，加波〔文献①〕17 頁以下）。

　現行の再審制度の観念は，その後の既判力概念の理論的発展を無視することがで

---

[54] このような判決詐取を理由とする損害賠償請求による救済を許容する傾向は最近ドイツでも顕著であり学説の支持が広がっている（Rosenberg/Schwab/*Gottwald*, ZPR. § 161, Rdnrn. 4-13）。

きない。特にドイツでは，帝国民事訴訟法成立後の19世紀末に，既判力理論が訴訟法学説により著しく発展し，その公法的理解と効力の絶対性の観念が一般化したことにより（⇒第10章第5節Ⅱ2），再審制度は既判力によって確定した内容判決を直接に打破し再審査をする制度として訴訟法上特別の位置づけが与えられた[55]。

わが国の再審制度は，このドイツ法の制度及びその訴訟法学説の展開を前提としつつ発展した。明治民事訴訟法はドイツ法と同様，取消しの訴え（明民訴468条）と原状回復の訴え（明民訴469条）を区別して定めていた。しかし大正15年改正でこのような区別には合理性がないとの理由で両者を統合した。現行法もこの立場を承継し両者を区別していない。

Ⅱ　再審手続の構造

1　基本構造

確定判決には既判力が発生し，裁判所が判断した判決内容を当事者が勝手に覆し紛争を蒸し返すことを防ぐために，後の訴訟手続で当事者がその判決内容に反した主張をすることを許さず，また裁判所もこれに反した判断をすることができないとの効力を与えている。これにより前訴の確定判決に至る手続過程で生じた手続上の瑕疵事由の主張や判断内容についての当事者の不服は排除され，その判決内容は，これらの事由を根拠としてはもはや争えなくなる。

このような既判力制度に課された制度的役割を前提としたうえで，なお前の確定判決の内容又はその形成の手続過程に重大な瑕疵があり，それに対する救済を求める当事者の主張が正義の要求にかなうと考えられる場合には，あえて前の判決の持つ既判力の拘束力を打破し，いったん終結した前の訴訟手続を再開・再審理をして，正当な判決を与える必要がある。再審手続はこのように，既判力を有する判決を直接にターゲットとして打破し，これとは異なった判決を求めるために設けられた救済手段である。確定判決に対する直接の攻撃を目的とした制度であることから，既判力打破に必要な要件として，再審要件が存在することの確認が必要不可欠である。再審手続は，この再審要件を審理し事

---

[55]　既判力論における訴訟法説の台頭と抗弁説から絶対的既判力理論の一般化，さらには形成訴訟理論の展開がこれらの要因としてあげられる。その結果，既判力を有する判決内容について裁判所はこれと矛盾する判断をすることができず，これを打破するためには再審の訴えによらなければならないこと，この訴えは（独立してはいないが）いわゆる訴訟法上の形成訴訟であり，裁判所の判断によりその取消しが必要だとされ，これを経ることなく他の前提問題として判断することができないとされた。

件の再審理を行うのに必要な事項を判断するための特別の手続を前置した構造である点に特徴がある。

2 再審手続における判断の対象
(1) 再審手続の段階構造

再審手続では通常の訴訟手続の審理とは異なって，段階的手続構造が採用されている。これによってたとえ再審の訴えが提起されても，再審訴訟の相手方は，いったん終了したはずの訴訟手続が直ちに全面的に開始され，これに応訴なければならないという負担を軽減され，判決確定により生じた法的安定性に配慮している。再審手続の最初の段階では専ら再審事由が存在するか否かの審理が中心になる。

① 第一段階（再審要件の審理）　再審手続を開始するか否かの判断をする手続[56]であり，現行法はここで〈決定手続〉を採用している。再審の訴えが提起されると，まず再審の訴えの適法性について審理・判断がなされる。この場合，通常の訴訟要件の他に再審の訴えに必要な特別の要件（再審要件）が審理される。再審原告はこの段階で再審事由が存在することを主張・立証しなければならない。

審理の結果，再審の訴えがそもそも不適法なことが判明した場合，裁判所は〈決定〉でこれを却下しなければならない（民訴345条1項）。また再審事由の存否が判断され，それが存在しないとの結論に至れば，裁判所は〈決定〉で再審の請求を棄却しなければならない（民訴345条2項）。

再審事由が存在する場合には，「再審開始の決定」をしなければならない（民訴346条1項）。この場合には，相手方を審尋しなければならない（同条2項）。

これらの〈決定〉に対して不服がある者は即時抗告をすることができる（民訴347条）。

② 第2段階（本案の審理）　①における審理の結果，再審開始決定がなされた場合に，これを受けて，既に終結した本案の審理を再開し続行する手続である。再審開始の決定が確定すると，裁判所は不服申立ての限度で，既に終了した手続についてその審理を再開する（民訴348条1項）[57]。この開始決定によって既判力が打破されると考えられる。

なお，再審訴訟の構造に関して，学説上，二段階説と三段階説とが争われている。

---

[56] 普通法におけるいわゆる iudicium rescindens（再審の許否を決定する手続）である。
[57] 普通法におけるいわゆる iudicium rescissorium（再審許容後の本案審理手続）である。

二段階説は再審事由の審理と本案の審理とに分ける見解であり，三段階説は，一般的訴訟要件の審理，再審事由の審理そして本案の審理に分ける見解である。もっとも再審手続で一般的訴訟要件を再審事由の前提として区別して審理しなければならないわけではない。構造としては二段階構造で十分だというべきだろう。

(2) 再審手続の訴訟物

再審手続を開始するためには，いったん終了し既に確定している手続の再審理を求めなければならず，そのためには救済を求める者から改めて〈再審の訴え〉を提起しなければならない。そこでその手続では，そもそもいったん終結した手続を再度審理し直す必要があるのかということ自体を審理する必要があり，更にその必要が認められれば，終了した手続を再開して再度審理を行うことになる。こうして異なった性質の二つの手続が結合している点に再審手続の特色がある。そこで，このような特別の構造を持った再審訴訟の審判対象（再審訴訟の訴訟物）をどのように考えるべきかが学説上問題とされた。

  1) 学　説 伝統的な見解は，再審訴訟の訴訟物を二段階的に考える。この見解は，再審訴訟では再審原告は，①確定した判決に対して当該判決を取り消すべきこと及び，②終了した訴訟手続を再開して本案について審理・判断すべきことを求める特別な訴えだとみる（兼子・体系 481 頁，高橋〔文献②〕516 頁）。これに対して，既に終了した訴訟の訴訟物自体が再審訴訟においても訴訟物を構成すると理解する見解が近時有力である。この見解によれば，再審手続は確かに通常の訴訟の場合とは異なり再審手続を開始すべきか否かの要件が存在し，その審理が手続上前提とされている。しかし，これは再審訴訟の適法要件にすぎず，再審手続において審理・判断するための独立した審判対象にはならないと考える（上村明広「再審訴訟の訴訟物構成に関する一考察」神戸 19 巻 1/2 号 87 頁，加波〔文献①〕278 頁）。

 2) 考　察 再審手続が既判力のある終局判決を打破して再審理を求める手続であり，既判力ある判決による紛争解決の安定性との調整を考慮した特別な構造を持つことを考慮すると，その前段の手続の対象と後段の手続対象とは一応別のものだと理解する方が手続の実体に即している。現行法が前段の手続について決定手続としてその結果について判断を示すことにしているが，この判断は単なる中間判断と考えることはできない。むしろ独立した段階における判断だと見るべきであろう。このように考えることによって，既判力制度との整合性を理解することができる。

  なお，再審訴訟は訴訟法上の形成訴訟だといわれる（例えば，兼子・体系 146 頁，482 頁）。これは，既判力ある判決についてその再審理を求めるためには必ず再審

訴訟を経由し，そこで既判力を打破する必要があるとされるからである。ただし現行法では直接に既判力ある終局判決を打破し，手続の再審理を求める手続は，前述のように形成〈判決〉を求める手続ではなく，決定手続とされている。しかし訴訟物自体が直接前の判決の既判力に抵触し，それを打破することを目的とする後訴は必ずこの手続を経由しなければならないという意味で両者は連結しており，(判決による確定ではないが) なお，形成訴訟と理解することが許されよう[58](反対，加波〔文献①〕199頁以下，220頁以下，高橋〔文献②〕519頁注(5))。

(3) 再審手続の規律

再審手続の審理については，その性質に反しない限り各審級における訴訟手続に関する規定が準用される(民訴341条)。再審事由の存否を判断する手続は決定手続であることから，この規定が妥当するのは主として，再審事由が存在する場合に再開される手続についてである。

Ⅲ 再審事由

1 再審事由の意義

当事者が確定した判決に対して再審訴訟を提起し，その結果として具体的に事件が再審理されるためには，その前提として〈再審事由〉が存在しなければならない。再審事由には性質の異なる以下のような10の事項が法律上列挙されている(民訴338条1項)。これらは大別すると三つの類型に分けることができる。第一は，判決をした裁判所の構成などに重大な手続上の問題があった場合である。第二は，判決が成立する過程で当事者の犯罪行為に類する重大な違法行為が存在した場合である。第三は，判決が基礎とした事由に変更があり判決内容が変更されるべき場合などである。

これらの事由は，そもそも再審が確定判決に対する例外的な救済事項であることから，その拡張解釈ができないとの見解が存在した。しかし，当然に拡張解釈が許されないわけではなく，各規定の趣旨に即して拡張解釈する可能性がある。

---

[58] 典型的な形成訴訟が，確定判決によって従来の法律関係を変更するのに対して，現行法ではこの場合にはそのような判決は存在せず，〈決定〉によって従来の既判力が打破されることになっている。一般の形成訴訟では，形成判決自体が救済の最終目標になっているが，再審手続では後続の本訴の訴訟手続が付加されている点で特殊である。前提ではあっても既判力の直接の打破には必ず訴訟手続を経る必要があるとしている点で，形成訴訟と同等の構造を持っていると理解することができる。

1) 1号〜3号の事由　これらは基本的に民事訴訟制度の基礎となる事項であり，それらに関して極めて重大な瑕疵が存在する場合である。かつて判決無効の事由とされた事由である。これらの事由が存在すればその判決には制度としての問題があり，その是正のために再審を許すのであり，該当する事実と判決の結論との間に因果関係が存在する必要はない。これらの事実の存在自体が判決の重大な瑕疵になるからである。

①　法律に従って判決裁判所を構成しなかったこと（1号）

②　法律により判決に関与することができない裁判官が判決に関与したこと（2号）

③　法定代理権，訴訟代理権又は代理人が訴訟行為をするのに必要な授権を欠いたこと（3号）　この規定の趣旨を，訴訟代理権を欠いた場合のみに限定せず，それが当事者に対して訴訟手続に関与する機会が奪われた一事例と解して，類似の場合への拡張解釈により，手続権侵害の場合の救済のためにも適用されると解する見解が有力である。〔**判例**〕も，手続瑕疵と評価される場合につき本号の類推適用を認める（その問題と類型につき，河野正憲「手続権侵害と再審事由(1)」法学58巻2号229頁，246頁）。

　†〔**判例**〕　①　**最(1小)判平成4年9月10日民集46巻6号553頁**[59]　X（上告人・被控訴人・再審原告）に対して金員の支払を命じる判決が確定した後，Xが自己に訴状の送達がなかったことを理由に民訴法420条1項3号（現行法338条1項3号）に基づき再審の訴えを提起した。本件の確定判決は，Xの妻であった訴外AがX名義でY（被上告人・控訴人・再審被告）の特約店から買い受けた商品代金立替払いをYに委託し，これに応じて代金の立替払いをしたYがXに対して立替金等の支払を求めて訴えたものである。この訴えの訴状等及び第1回口頭弁論期日の呼出状はX方でXの四女，当時7歳9月，が交付を受けたが，Xには右各書類を交付しなかった。Xは事情を知らないまま，第1回口頭弁論期日に欠席し，口頭弁論は終結して，XにおいてYの主張する請求原因事実が自白したものと見なされYの請求を認容する判決が言い渡された。Aは，X方でその同居人として同判決の言渡期日の呼出状，判決正本の各交付を受けたが，この事実をXには知らせなかったため，Xは判決に対して控訴することなく，判決は確定した。

　Xはその後，Yから立替金を支払うよう請求され，調査の結果，本件確定判決の存在を知った。そこで，本件再審の訴えを提起した。第一審は再審の訴えを許容し，原判決中Xに関する部分を取り消してYのXに対する請求を棄却した。これ

---

59) 田中豊・最判解説民事平成4年度318頁，山本克己・百選3版244頁。

に対して，控訴審は，この判決を取り消したうえ，訴えを却下した。X上告。破棄差戻し。

「二　原審は，右事実関係の下において，次の理由で本件訴えを却下した。

1　前訴の訴状及び第1回口頭弁論期日の呼出状の交付を受けたXの四女は，当時7歳であり，事理を弁識するに足るべき知能を備える者とは認められないから，右各書類の交付は，送達としての効力を生じない。

2　しかし，前訴の判決正本はXの同居者であるAが交付を受けたのであり，本件においては，右判決正本の送達を無効とすべき特段の事情もないから，民訴法171条1項〔現行法106条1項〕による補充送達として有効である。

3　そうすると，Xは右判決正本の送達を受けた時に1記載の送達の瑕疵を知ったものとみられるから，右瑕疵の存在を理由とする不服申立ては右判決に対する控訴によってすることができたものというべきである。

4　それにもかかわらず，Xは控訴することなく，期間を徒過したから，本件再審の訴えは，適法な再審事由の主張のない訴えであって，その欠缺は補正することができないものである。

三　しかしながら，原審の右判断を是認することはできない。その理由は，次のとおりである。

1　民訴法171条1項に規定する『事理ヲ弁識スルニ足ルヘキ知能ヲ具フル者』とは，送達の趣旨を理解して交付を受けた書類を受送達者に交付することを期待することができる程度の能力を有する者をいうものと解されるから，原審が，前記二1のとおり，当時7歳9月の女子であったXの四女は右能力を備える者とは認められないとしたことは正当というべきである。

2　そして，有効に訴状の送達がされず，その故に被告とされた者が訴訟に関与する機会が与えられないまま判決がされた場合には，当事者の代理人として訴訟行為をした者に代理権の欠缺があった場合と別異に扱う理由はないから，民訴法420条1項3号〔現行法338条1項3号〕の事由があるものと解するのが相当である。

3　また，民訴法420条1項ただし書〔現行法338条1項但書〕は，再審事由を知って上訴をしなかった場合には再審の訴えを提起することが許されない旨規定するが，再審事由を現実に了知することができなかった場合は同項ただし書に当たらないものと解すべきである。けだし，同項ただし書の趣旨は，再審の訴えが上訴をすることができなくなった後の非常の不服申立方法であることから，上訴が可能であったにもかかわらずそれをしなかった者について再審の訴えによる不服申立てを否定するものであるからである。これを本件についてみるのに，前訴の判決は，その正本が有効に送達されて確定したものであるが，Xは，前訴の訴状が有効に送達されず，その故に前訴に関与する機会を与えられなかったとの前記再審事由を現実

に了知することができなかったのであるから，右判決に対して控訴しなかったことをもって，同項ただし書に規定する場合に当たるとすることはできないものというべきである。

4 そうすると，Xに対して前訴の判決正本が有効に送達されたことのみを理由に，Xが控訴による不服申立てを怠ったものとして，本件再審請求を排斥した原審の判断には，民訴法420条1項ただし書〔現行法338条1項但書〕の解釈適用を誤った違法があり，右違法が判決に影響することは明らかであるから，論旨は理由があり，原判決は破棄を免れない。そして，本件においては，なお前訴の請求の当否について審理する必要があるので，これを原審に差し戻すこととする。」

② **最(3小)決平成19年3月20日民集61巻2号586頁** 本件は，X（再審原告・抗告人）が，Y（再審被告・相手方）のXに対する請求を認容した確定判決について提起した再審事件である。

前訴でYは，A及びBはCに対しXを連帯保証人として各500万円を貸し付けたがYはこの債権を譲り受けたと主張して，X及びCに対して，1000万円及び遅延損害金を連帯して支払うよう求める訴えを提起した。

CはXの養父でありXと同居していたが，自らを受送達者とする訴状及び第1回口頭弁論期日の呼出状等の交付を受けたが，Xに対する訴状及び第1回口頭弁論期日の呼出状等についてもXの同居人としてその交付を受けた。

C及びXは第1回口頭弁論期日に欠席し答弁書も提出しなかったため，C及びXがYの主張する請求原因事実を自白したものとみなして，Yの請求を認容する判決が言い渡された。X及びCに対する前記判決の判決書に代わる調書の送達事務を担当した裁判所書記官は，X及びCの住所における送達が受送達者不在のためできなかったため，X及びC宛てに書留郵便に付する送達を実施した。しかし，これら書類は受送達者不在のため送達できず郵便局に保管され，留置期間を経過したため裁判所に返還された。X及びCはこの判決に控訴せず，判決は平成16年3月12日に確定した。

Xは，平成18年3月10日再審の訴えを提起した。第一審再審請求棄却の決定。X抗告。抗告審（原審）抗告棄却。X許可抗告。破棄差戻し。

「3 Xは，前訴判決の再審事由について，次のとおり主張している。

前訴の請求原因は，XがCの債務を連帯保証したというものであるが，Xは，自らの意思で連帯保証人になったことはなく，CがXに無断でXの印章を持ち出して金銭消費貸借契約書の連帯保証人欄にXの印章を押印したものである。Cは，平成18年2月28日に至るまで，かかる事情をXに一切話していなかったのであって，前訴に関し，XとCは利害が対立していたというべきである。したがって，CがXあての本件訴状等の交付を受けたとしても，これが遅滞なくXに交付され

ることを期待できる状況にはなく，現に，CはCは交付を受けた本件訴状等をXに交付しなかった。以上によれば，前訴において，Xに対する本件訴状等の送達は補充送達（民訴法106条1項）としての効力を生じていないというべきであり，本件訴状等の有効な送達がないため，Xに訴訟に関与する機会が与えられないまま前訴判決がされたのであるから，前訴判決には民訴法338条1項3号の再審事由がある（〔判決①〕参照）。

4　原審は，前訴において，Xの同居者であるCがXあての本件訴状等の交付を受けたのであるから，Xに対する本件訴状等の送達は補充送達として有効であり，前訴判決に民訴法338条1項3号の再審事由がある旨のXの主張は理由がないとして，Xの再審請求を棄却すべきものとした。

5　原審の判断のうち，Xに対する本件訴状等の送達は補充送達として有効であるとした点は是認することができるが，前訴判決に民訴法338条1項3号の再審事由がある旨のXの主張は理由がないとした点は是認することができない。その理由は，次のとおりである。

(1)　民訴法106条1項は，就業場所以外の送達をすべき場所において受送達者に出会わないときは，『使用人その他の従業員又は同居者であって，書類の受領について相当のわきまえのあるもの』（以下『同居者等』という。）に書類を交付すれば，受送達者に対する送達の効力が生ずるものとしており，その後，書類が同居者等から受送達者に交付されたか否か，同居者等が上記交付の事実を受送達者に告知したか否かは，送達の効力に影響を及ぼすものではない（最高裁昭和42年(オ)第1017号同45年5月22日第2小法廷判決・裁判集民事99号201頁参照）。

したがって，受送達者あての訴訟関係書類の交付を受けた同居者等が，その訴訟において受送達者の相手方当事者又はこれと同視し得る者に当たる場合は別として（民法108条参照），その訴訟に関して受送達者との間に事実上の利害関係の対立があるにすぎない場合には，当該同居者等に対して上記書類を交付することによって，受送達者に対する送達の効力が生ずるというべきである。

そうすると，仮に，Xの主張するような事実関係があったとしても，本件訴状等はXに対して有効に送達されたものということができる。

以上と同旨の原審の判断は是認することができる。

(2)　しかし，本件訴状等の送達が補充送達として有効であるからといって，直ちに民訴法338条1項3号の再審事由の存在が否定されることにはならない。同事由の存否は，当事者に保障されるべき手続関与の機会が与えられていたか否かの観点から改めて判断されなければならない。

すなわち，受送達者あての訴訟関係書類の交付を受けた同居者等と受送達者との間に，その訴訟に関して事実上の利害関係の対立があるため，同居者等から受送達

者に対して訴訟関係書類が速やかに交付されることを期待することができない場合において，実際にもその交付がされなかったときは，受送達者は，その訴訟手続に関与する機会を与えられたことにならないというべきである。そうすると，上記の場合において，当該同居者等から受送達者に対して訴訟関係書類が実際に交付されず，そのため，受送達者が訴訟が提起されていることを知らないまま判決がされたときには，当事者の代理人として訴訟行為をした者が代理権を欠いた場合と別異に扱う理由はないから，民訴法338条1項3号の再審事由があると解するのが相当である。

　Xの主張によれば，前訴においてXに対して連帯保証債務の履行が請求されることになったのは，Xの同居者としてXあての本件訴状等の交付を受けたAが，Aを主債務者とする債務について，Xの氏名及び印章を冒用してBらとの間で連帯保証契約を締結したためであったというのであるから，Xの主張するとおりの事実関係が認められるのであれば，前訴に関し，Xとその同居者であるAとの間には事実上の利害関係の対立があり，AがXあての訴訟関係書類をXに交付することを期待することができない場合であったというべきである。したがって，実際に本件訴状等がAからXに交付されず，そのためにXが前訴が提起されていることを知らないまま前訴判決がされたのであれば，前訴判決には民訴法338条1項3号の再審事由が認められるというべきである。」

2）　**4号～7号の事由**　判決が形成される過程で犯罪行為に該当する行為が介在する場合にも，当該判決を維持することは正義に反し許されない。この場合判決を受けた当事者にはその不利益を甘受する責任原理を欠き，判決の既判力による拘束を課す根拠を欠く。これに属するのは以下の場合である。

①　判決に関与した裁判官が事件について職務に関する罪を犯したこと（4号）

②　刑事上罰すべき他人の行為により，当事者が自白をするに至ったこと又は判決に影響を及ぼすべき攻撃若しくは防御の方法を提出することを妨げられたこと（5号）

③　判決の証拠となった文書その他の物件が偽造又は変造されたものであったこと（6号）

④　証人，鑑定人，通訳人又は宣誓した当事者若しくは法定代理人の虚偽の陳述が判決の証拠となったこと（7号）

これらの場合に当該当事者が判決を不服とするのであれば基本的には再審が許される。もっともこれらの場合にもこのような事由が存在するとの主張だけ

で事件の再審理を許すわけではなく更に，当該行為が犯罪行為に該当する旨の明確な証拠を示すことが求められる。こうして判決の安定性を考慮してこれらの場合については本条2項に定める要件が必要である。即ち，4号～7号までの事由に該当する罰すべき行為につき有罪判決又は過料の裁判が確定したとき，又は証拠がないという理由以外の理由により有罪の確定判決又は過料の確定裁判を得ることができない場合に限って再審の訴えを提起することができるものとしている（民訴338条2項）。これら刑事有罪等の要件が存在することは，この場合の再審訴訟の訴え提起に必要な適法要件であると解される[60]。また，これらの行為と判決の内容との間に因果関係が存在しなければならない[61]。

3） 8号～10号の事由　裁判所がなした判決内容についても著しく問題があると考えられる次に掲げる場合に再審を許す。

① 判決の基礎となった民事若しくは刑事の判決その他の裁判又は行政処分が後の裁判又は行政処分により変更されたこと（8号）

② 判決に影響を及ぼすべき重要な事項について判断の遺脱があったこと（9号）

③ 不服の申立てに係る判決が前に確定した判決と抵触すること（10号）

確定判決が存在することを知っていた場合は再審手続の補充性（⇒2）から，再審事由となしえない。

2　再審事由の補充性

再審事由が存在する場合には，再審の訴えを提起することができるのが原則である。もっとも，問題の判決が確定する前に既に上訴手続でこれらの再審事由を主張したけれどもそれが容れられなかった場合又はこれらの事由を上訴審手続で主張することができたにもかかわらず主張しなかったという場合には，もはや再審の訴えによってこれらを主張することができない。これを〈再審事由の補充性〉という。これらの瑕疵はできるだけ判決に対する通常の不服申立手段である上訴手続で主張・審理することが確定した判決の安定性を増すと考

---

[60] これに対して，1項の要件と2項の要件が合体して再審要件をなすとの説（合体説，松本＝上野603頁），及び1項の示す可罰行為につきその可罰性を明らかにするための特別の事由だとする見解（理由具備説，小室直人「再審事由と上告理由の関係」裁判法の諸問題（下）〈兼子博士還暦記念〉〔有斐閣・1970〕175頁）がある。

[61] もっとも刑事有罪判決があっても，その判決に再審裁判所が拘束されるわけではない（偽証罪に関して起訴猶予処分につき，最(2小)判昭和45年10月9日民集24巻11号1492頁，千種秀夫・最判解説民事昭和45年度320頁）。

えられるからである。もっともこのような要求は，当事者間での行為に基づいた原状回復事由についてはそのままいえても，民事裁判制度の基礎となる事由についてまでそのまま妥当するかについては立法政策上疑問も残る。しかし，わが国の立法者は両者を区別せずに再審事由の補充性の原則を貫いた[62]。

また現行法では上告審，特に最高裁ではすべての瑕疵が取り上げられるわけではなく許可上告制のもとで限定された事由のみが最高裁における上告審で審理されるにすぎない。そこで最高裁において上告手続として審理されなかった事項で，再審事由に該当するものがあり得る。これらは再審手続で考慮されなければならない。

Ⅳ 再審手続

1 再審の訴えと管轄裁判所

再審手続の開始を求めるには，まず〈再審の訴え〉を提起しなければならない（民訴338条1項本文）。この訴えは再審の訴えの訴状を管轄裁判所に提出してしなければならない。訴状にはこれが再審の訴えであることを明記しなければならない。

　　再審の訴えの訴状には，不服の対象となる判決の写しを添付しなければならない（民訴規211条1項）。

再審手続の管轄裁判所は，再審手続の対象となる判決を下した裁判所が専属管轄を持つ（対象となる判決が控訴審でのものである場合，当該控訴審裁判所が，上告審である場合当該上告審裁判所が管轄する）。

この場合に対象となる裁判所は複数生じる可能性がある。この場合には上級審が併せて管轄する（民訴340条2項）。

　〔例〕 控訴審の判決について再審の訴えを提起する場合，当該控訴審判決が控訴棄却であれば，対象となりうる判決は第一審判決と控訴審判決であることから，民訴法340条2項により，控訴審が管轄裁判所となる。これに対して，控訴審判決が原判決取消しであった場合，第一審判決は取り消されて存在しないから，控訴審裁判所のみが管轄裁判所となる（同条1項）。

再審の訴えには執行停止の効果がないから，裁判所による執行停止命令を得

---

[62] これに対してドイツ法は，補充性の原則を原状回復の訴えに限定しており，また手続としては異議，控訴又は附帯控訴においてその責に帰すべき事由なくして主張することができなかった場合に再審の訴えを許している（ド民訴582条）。

なければならない（民訴403条1項1号）。

2 出訴期間

再審の訴えを提起するためには，期間制限が設けられている[63]。即ち，①再審の訴えは，当事者が判決の確定した後再審の事由が存在することを知った日から30日の不変期間内に提起しなければならない（民訴342条1項）。この場合，民訴法338条2項の要件は再審手続開始の要件であると解すべきである。

②また，判決が確定した日，又は再審事由が判決が確定した後に生じた場合にはその事由が発生した日から5年を経過したときは，もはや再審の訴えを提起することができない。もっともこの規定は，再審事由のうちで，代理権欠缺を理由とする場合（前述⇒Ⅲ1 1）③）には適用されない。代理権が欠けている結果，当事者にはこの不変期間内に再審の訴えを提起することができない可能性があり，その結果として手続権の保障を欠く結果となるからである。

> 再審の訴えに338条2項の要件（刑事有罪判決等）が必要な場合には，再審原告は再審事由の他に有罪の確定判決を得る可能性があることを立証しなければならない。被疑者死亡の場合，被疑者死亡の事実だけでなく有罪確定判決を得る可能性を立証しなければならないが，有罪の確定判決の可能性は被疑者が死亡した時点で存在する。したがって被疑者の死亡が前審判決確定前に生じたときは，再審の訴えの除斥期間は判決確定の時から起算すべきである（最(2小)判昭和52年5月27日民集31巻3号404頁[64]）。

3 当事者適格

再審の訴えを提起することができるのは，原則として前の訴訟の当事者である。その訴訟の一般承継人もまた再審の訴えを提起する適格を有する。

しかし，特定承継人は再審適格者とはならない。これらの者は原則として既判力の拘束力を受けるが，確定した判決に対する直接的な攻撃を再審の訴えによって行うことはできないと解すべきである。

既判力が対世効を持つ場合には，既判力の効果を受ける者であっても当然には再審訴訟の当事者適格を持つわけではなく，その適格は前の訴訟の適格者に限定される（最(2小)判平成元年11月10日民集43巻10号1085頁[65]）。反対，高橋

---

[63] 刑事事件では再審に期間制限は存在しない（刑訴441条）。民事確定判決は，この再審期間を経過すると，もはや絶対的にそれ自体の取消しができなくなる。

[64] 平田浩・最判解説民事昭和52年度170頁，三谷忠之・百選2版284頁，中村雅麿・百選Ⅱ436頁，波多野雅子・百選3版246頁。

[65] 富越和厚・最判解説民事平成元年度364頁，林屋礼二・百選Ⅱ430頁。

〔文献①〕542頁)。再審の訴えは当該判決自体を打破し前の訴訟を引き続き再開して新たな判断をすることを求める訴えであり，判決の効力を受けることと判決の対象となる法律関係について当事者としての適格を有する者とが同一であるとは限らない[66]。人事訴訟では，その手続の直接の対象となる権利関係は身分法律関係であり（参照，人訴2条)，その判決によって間接的に相続分などの財産関係が影響を受けるにすぎない者は，参加等ができなければ，結局再審訴訟により直接に当該人訴手続による判決の打破を求めることはできない。しかし，相続分不存在確認訴訟等の前提問題として，その限りで相対的に前の判断に反する判断をすることはできると解すべきである（その限りで判決の既判力の対世効が部分的に相対化されると解される。この点につき，河野〔文献〕57巻1号103頁以下[67])。

4 再審手続
(1) 要件の審理・判断

1) 再審手続と裁判　再審手続では，まず再審要件を審理する段階において裁判所は〈決定〉手続により，その審理判断の結果を明らかにすることにしている。再審手続は既判力を有する判決に対する不服の申立てであり，特に確定判決をもって終結した手続を再開し審理のやり直しを求める裁判要求に対する手続であることから，既判力ある判決を得て安定した地位を有する相手方の法状態に配慮して，再審の訴え提起により直ちに口頭弁論を行うことは妥当でない。そこで前提手続では，必要的口頭弁論を要する手続を行うのではなく，その手続全体をまず任意的口頭弁論によって行う決定手続としている。

この手続自体の審理は職権探知による。当事者の合意や手続的処分により既存の判決の既判力を否定することができないからである（高橋〔文献②〕543頁)。

2) 訴えが不適法な場合　まず第一に審理の対象となるのは，再審手続の手続要件の存在である。この要件については，一般的な訴えの要件の他，特に

---

66) 判決効を受ける者の中には相続権などに関して財産権上の利害関係を持つ者がある。これらの者は当事者適格はなくても，できる限り訴訟に関与する機会が与えられるべきであり，訴訟係属の通知によって補助参加などの可能性が生じる。こうして人事訴訟法は利害関係者に対する裁判所からの通知を定め（人訴28条)，また訴訟の結果により相続権を害される者に対して（共同訴訟的）補助参加を許している（人訴15条)。もっともそれですべてが解決するわけではなくその意義は限定的である。

67) この場合は，確定判決が詐取された場合に直接損害賠償請求が許されるのと同じ関係があり，間接的であることから，前の確定判決の既判力は一応相続分の不存在確認訴訟の前提問題に及ぶが，それに対する攻撃は別に再審訴訟を経由せずに許されると解すべきである。

再審手続の要件が存在しなければならない。裁判所はこれらを職権で調査し，その結果，訴訟要件が存在しないとの結論を得たときは，再審の訴えを却下しなければならない（民訴345条1項）。

再審の訴えの要件が存在する場合は，裁判所は引き続き再審要件自体の存在について審理をしなければならない。

3) 再審要件が不存在の場合　裁判所は，再審要件が存在するか否かについての判断をし，これが存在しない場合は決定で再審の請求を棄却しなければならない（民訴345条2項）。この裁判に対して，再審原告は即時抗告をすることができる（民訴347条）。この決定が確定すると，同一の事由を不服の理由として更に再審の訴えを提起することはできない（民訴345条3項）。

4) 再審開始の決定　再審要件が存在する場合は，裁判所は〈再審開始決定〉をする（民訴346条1項）。

(2) 本案の判断

1) 再審開始決定の確定　裁判所は，再審開始決定が確定すると，不服申立ての限度で本案についての審理を再開し裁判をする（民訴348条1項）。

2) 本案手続の審理再開　再審裁判所は，手続を再審理した結果，前の判決が正当であったとの結論に達した場合，再審の請求を棄却しなければならない（民訴348条2項）。

これ以外の場合には，裁判所は前の判決を取り消したうえで更に判決をしなければならない（民訴348条3項）。この審理は，前の手続の再開・続行であり，それが事実審であればその審級の規律に従って当事者は新たな攻撃・防御方法を提出することができる。従前の訴訟手続は，再審事由として問題とされた事項以外は有効でありその効力を維持する。

3) 本案の裁判　再開された手続で審理をした結果，再審請求訴訟で行われた本案の審理には，特別の考慮を要する事由がある。

再審事由が存在することから本案審理を再開し判断した結果，結論として前の判決が正当であれば，再審の訴えは棄却される（民訴348条2項）。この場合，前の訴訟について審理が続行され口頭弁論が開かれたのであるから，その判決の基準時は再審訴訟の最終口頭弁論終結時点であると解すべきである（高橋〔文献②〕545頁）。これに対して，前の判決とは異なる結論に達した場合には，それに沿った判決がなされる。

V 決定又は命令に対する再審の申立て

即時抗告によって不服申立てをすることができる決定や命令に対しては，再審の申立てをすることができる（民訴349条）。この場合には，不服の対象となった裁判は終局判決とは異なることから，〈訴え〉の形式ではなく，申立てにより救済を求めることができる。

†〔例〕 訴状や上告状に対する却下命令（民訴137条2項，287条1項），訴訟費用額の確定決定（民訴71条4項，7項），過料の裁判（民訴381条）等に対する再審申立て。

VI 確定判決の詐取と再審手続によらない救済の可能性

〔文献〕
石川明「不当取得判決とその救済」民事手続法学の革新（下）〈三ヶ月章先生古稀祝賀〉（有斐閣・1991）1頁，河野・当事者行為323頁，中山幸二「民事訴訟における送達の瑕疵・擬制と手続保障」神奈31巻1号83頁

1 意 義

確定判決が詐取されることがある。民事訴訟は処分権主義・弁論主義に基づき当事者の主体的訴訟運営を基本にしているから，当事者の一方が相手方当事者及び裁判所に対して詐術的な言辞を弄して，相手方当事者の手続関与を妨げ，あるいは不正証拠などにより不当な内容の判決を詐取することがあり得，これを全く排除することは不可能に近い。このような判決に対して上訴などの通常予定された手続で救済がなされることなく判決が確定してしまった場合の救済として，制定法上予定する救済手段には再審制度がある。しかし，確定判決が下された結果，この判決による強制執行がなされるなど，相手方に現実的な損害が生じた場合に求められる救済として，再審手続のみで十分かが問題になる。

再審による救済にはその前提として極めて厳格な要件が課されている。これは一面では既判力制度の意義を確保するためであった。またそれは，再審制度が既に判決が確定しているにかかわらず問題とされる当該訴訟手続を再開し手続をやり直す手続であり，既判力のある判決自体を直接に攻撃しその手続自体の再審理を求める救済形態であるからである。しかし，これのみが唯一排他的な救済方法なのかが問題になりうる。手続上瑕疵がある判決に対する救済制度

は，瑕疵と求める救済手段との間で関連性がなければならず，法が予定する救済方法が当然に救済要求を十分にカバーしえているかが検討されなければならない。再審による救済は，手続を再開して下された既存の判決の是正を求めるが，そのような救済方法が十分でないとすれば，これを補完する救済方法がないか，特に直接に損害賠償請求訴訟を提起することができないかが問題になる。この場合，判決が確定している以上，この判決に実質的に矛盾する内容の損害賠償の訴えは前訴の既判力に反して不適法となるのか，その際常に〈再審の訴え〉を経由する必要があるのかが問題とされてきた。また，特殊な場合として，公示送達制度を悪用した確定判決の取得に対しては，上訴期間の原状回復の制度を利用した救済が許されないかが問題とされてきた。このように，既判力ある判決に対する救済手段としては，当事者の手続関与が否定された場合の救済手段として再審手続のみを想定するのでは十分でなく，判例は法（救済手段）の創造を行っている。

2 損害賠償請求訴訟の可能性

(1) 問　　題

確定判決が，相手方当事者の訴訟関与を妨げるなど不当な行為によって詐取され，更にその判決によって強制執行がなされたなどの場合に，それによって損害を受けた当事者は，この判決詐取行為が不法行為（民709条）であることを理由として直接に（即ち再審手続を経ずに）損害賠償請求訴訟を提起することができるかが問題とされてきた。

(2) 許　容　性

確定判決詐取を理由とする損害賠償請求訴訟に対して，従来学説上，既判力制度の趣旨を根拠とした根強い反対が存在した。この伝統的見解によれば，判決詐取を理由とする直接の損害賠償請求訴訟は前の確定判決の既判力に抵触するという。即ちこの訴えは，前の確定判決が当事者の詐害的行為によって獲得されたものであり，その結論が不当だということを前提とするが，この主張は前の訴訟の既判力による確定結果と矛盾し，裁判所がこのような前訴の判断が不当だとすることを前提とした判断をすることは，既判力によって遮断されるという。この見解によれば，既判力に反するこのような救済要求は，まず再審訴訟を提起したうえで，再審事由の存在が認められた場合に，再開された訴えを損害賠償請求に変更するなどして主張することができるにすぎないという（中田淳一「確定判決に基づく強制執行と権利の濫用」同・訴と判決の法理〔有斐閣・

1972〕203頁，中野貞一郎「確定判決に基づく強制執行と不法行為の成否」同・判例問題研究強制執行法〔有斐閣・1975〕94頁）。

しかし，確定判決が詐取された場合に常に再審の訴えを提起しなければならないとすることは必ずしも救済方法として十分でない。そこで，この場合に直接に損害賠償請求訴訟を提起することができるとする見解がある。判例は，一般にこのような損害賠償請求訴訟は適法だとしてきた（その先例は〔**判例**〕。判例の展開と分析につき，河野・当事者行為323頁）。

† 〔**判例**〕 最（3小）判昭和44年7月8日民集23巻8号1407頁[68)]　「原審におけるX〔原告・控訴人・上告人〕の主張によれば，Y〔被告・被控訴人・被上告人〕は，Xに対する別件貸金等請求事件において，裁判外の和解が成立し，Xにおいて和解金額を支払ったため，Xに対して右訴を取り下げる旨約したにもかかわらず，右約旨に反し確定判決を不正に取得し，このような確定判決を不正に利用した悪意または過失ある強制執行によって，Xをして右判決の主文に表示された13万余円の支払を余儀なくさせ，もって右相当の損害を負わせたので，Xは，Yに対し右不法行為による損害の賠償を求めるというのである。

これに対し，原審は，右確定判決は当事者間に有効に確定しているから，その既判力の作用により，Xは以後右判決に表示された請求権の不存在を主張することは許されず，再審事由に基づいて前示判決が取り消されないかぎり，右確定判決に基づく強制執行を違法ということはできない，したがって，右強制執行の違法を前提とするXの本訴請求は，その余の点について判断するまでもなくその理由がないとして，右請求を排斥している。

しかしながら，判決が確定した場合には，その既判力によって右判決の対象となった請求権の存在することが確定し，その内容に従った執行力の生ずることはいうをまたないが，その判決の成立過程において，訴訟当事者が，相手方の権利を害する意図のもとに，作為または不作為によって相手方が訴訟手続に関与することを妨げ，あるいは虚偽の事実を主張して裁判所を欺罔する等の不正な行為を行ない，その結果本来ありうべからざる内容の確定判決を取得し，かつこれを執行した場合においては，右判決が確定したからといって，そのような当事者の不正が直ちに問責しえなくなるいわれ〔は〕なく，これによって損害を被った相手方は，かりにそれが右確定判決に対する再審事由を構成し，別に再審の訴を提起しうる場合であっても，なお独立の訴によって，右不法行為による損害の賠償を請求することを妨げられないものと解すべきである。〔中略〕

これらの〔原審認定の〕事実によれば，Xは，和解によって，もはや訴訟手続を

[68)] 千種秀夫・最判解説民事昭和44年度736頁，伊東乾・続百選184頁，住吉博・百選Ⅱ338頁。

続行する必要はないと信じたからこそ，その後裁判所の呼出状を受けても右事件の口頭弁論期日に出頭せず，かつ，判決送達後もなお控訴の手続をしなかったものであり，その後に，Yが真に右請求権について判決をうるために訴訟手続を続行する気であることを知ったならば，自らも期日に出頭して和解の抗弁を提出し，もって自己の敗訴を防止し，かりに敗訴してもこれを控訴によって争ったものと推認するに難くない。しかも，原審は，右和解を詐欺によって取り消す旨のYの主張は採用し難い旨判示しているのであるから，Yにおいて，右和解後Xに対して特に積極的な欺罔行為を行ない，同人の訴訟活動を妨げた事実がないとしても，Yは，他に特段の事情のないかぎり，Xが前記和解の趣旨を信じて訴訟活動をしないのを奇貨として，訴訟代理人をして右訴訟手続を続行させ，右確定判決を取得したものと疑われるのである。そして，その判決の内容が，右和解によって消滅した請求権を認容したものである以上，Yとしては，なお，この判決によりXに対して前記強制執行に及ぶべきではなかったものといえるのである。しからば，本件においては，Yとしては，右確定判決の取得およびその執行にあたり，前示の如き正義に反する行為をした疑いがあるものというべきである。したがって，この点について十分な説示をすることなく，単に確定判決の既判力のみからXの本訴請求を排斥した原判決は，この点に関する法令の解釈を誤り，ひいて審理不尽，理由不備の違法を犯した」。破棄差戻し。

(3) 要 件

確定した判決の内容に直接抵触する損害賠償請求訴訟では，まず第一に，前の訴訟の既判力との関係が問題になる。この場合には，損害賠償請求訴訟の訴訟物が前の確定判決のそれと異なることは明白である。この場合の既判力の拘束は，損害賠償請求訴訟の前提問題に対する拘束力にとどまる。後の判決は確定判決自体を打破しようとするのではなく，その判決自体が存在することとは別に損害賠償請求をしようとするのであり，間接的な攻撃にとどまる。第二に，この損害賠償請求訴訟も，不法行為一般の問題とは異なり，詐取の形態が問題である。ここでは訴訟手続との関係で相手方当事者の訴訟手続関与を妨げた点が重視される。この意味では再審事由に代替する要素が不法行為要件として実質的には考慮されているといえる。

3 公示送達による確定判決詐取と上訴の追完

既に判決が確定した後に，その確定判決に至る訴訟手続の過程で当事者が不変期間内に行うべき訴訟行為について，当該当事者の責によらないで当該手続を行うことができず，そのことによって不利益を受ける場合には，当該〈訴訟

行為の追完〉をすることができる（民訴97条）。そこで当事者がその責によることなく，上訴提起行為を行うことができずに判決が確定してしまった場合にも上訴提起行為の追完をすることにより救済を受けることができる（訴訟行為の追完一般については，⇒第3章第4節Ⅱ2(3)）。

当事者がその責なく上訴をその期間内に提起することができなかった場合の一つとして，相手方が公示送達制度を悪用して相手方当事者の訴訟関与を妨げ，その結果として当該当事者が訴訟係属自体を知らず，手続関与ができないままに上訴期間が徒過してしまい判決が確定した場合がある。この，公示送達を用いた相手方の詐害的訴訟追行行為により手続関与が阻止された当事者の救済にも訴訟行為の追完を利用することの可否については見解が対立する。本来この制度の予定するところではなかったともいえるからである。否定説は，この場合にはむしろ再審手続による救済を求めるべきだとする。しかし〔**判例**〕はこの場合にも上訴の追完による救済を認める。

† 〔**判例**〕 最(2小)判昭和42年2月24日民集21巻1号209頁[69]　本件は，X（原告・被控訴人・上告人）からY（被告・控訴人・被上告人）に対して売買契約に基づく所有権移転登記請求がなされた事件である。第一審は，Yが公示送達の呼出しを受けながら本件口頭弁論に出席しなかったとして，Xの主張を認めてその請求を認容した（昭和32年3月22日午前10時言渡し）。この判決は，昭和32年3月26日公示送達によりYに送達され，その翌日である27日に送達の効力が生じた。本件土地については判決に基づきYよりXへ所有権移転登記がなされた。本件控訴期間経過後である昭和35年7月21日にYは控訴を提起して控訴の追完を主張し，第一審判決の取消し，登記抹消を申し立てた。控訴審は，第一審判決を取り消し，所有権移転登記の抹消を命じた。Xより上告。その理由として，第一審判決が公示送達によった以上，本件控訴の追完は許されない，という。最高裁は以下の理由で上告を棄却した。

「原判決の確定するところによれば，Yは，本訴提起以前より法定代理人である母Hと共に判示の場所に住民登録をして居住していたところ，Xおよびその代理人A弁護士は，本訴提起前にXおよびその母Hがその本籍地に居住していないで判示の場所に居住していることを知り，昭和31年9月頃右住居に母Hを訪問し，本件土地所有権移転登記請求のことで折衝したが，同女が容易に承諾しなかったので，当時土地の登記簿上の住所地であった前示本籍地をもってYの住所地であると称してYに対し本訴を提起し，受送達者の住所が不明であるとしてYに対する

---

69) 坂井芳雄・最判解説民事昭和42年度48頁，伊藤眞・続百選146頁，富樫貞夫・百選2版150頁，片野三郎・百選Ⅰ176頁，河野正憲・百選3版102頁。

書類の送達につき公示送達の申立をなし，原審〔第一審〕においてこれが許容されて公示送達の方法によりY不出頭のまま審理判決され，その判決の送達も前示のように公示送達の方法によってなされたというのである。この点につき原判決の証拠の採否を争う所論は採用できない。このような場合，控訴人の法定代理人Hが判示日時に判示の事情の下に漸く本件判決の公示送達の事実を知り，直ちに前記のように控訴提起に及んだ本件においては，控訴人がその責に帰することができない事由により不変期間を遵守することができなかった場合として本件控訴提起を適法と解すべきである。」

　この場合に上訴の追完による救済を一律に排除する理由はない。この場合の上訴の追完は，再審手続の代替的機能を営むことになる。一応確定判決があるにかかわらず上訴の追完により既判力のある判決に対して不服を認めたことは判例による法創造的活動による救済手段の拡張の一例である[70]。その際この場合の特色としては，当該手続自体を上訴審で再審査すること（その限りで，再審手続と比べると審級の利益は害されることになる），また再審期間による救済の制約（民訴342条）を打破することができる点に特徴がある。

---

70) もっともこの両者は沿革上は普通法上同一の制度である restitutio in integrum に基づく。

第 14 章　略式訴訟と督促手続

[本章の概要]

　本章では，通常の民事訴訟手続とは異なった簡易な手続を概観する。通常の民事訴訟手続は厳格な訴訟手続で両当事者に平等で適正な訴訟上の機会を保障して当事者間の民事紛争を解決する手続であるが，そのために当事者には様々な負担が存在することも事実である。しかし，このような形式的な厳格さが常に必要だというわけでもない。事案の性質や当事者の意向によっては，より簡易な手続によることが求められる。そこでこのような社会的要請に応じて様々な略式手続を設けている。ここではそのいくつかを概観する。ここで言及しないもののなかでも重要な制度に，仮差押え，仮処分などの民事保全手続があるがこれについてはその解説に譲る。

　第1節で略式手続一般について考察した後に，第2節では，審判対象の点で比較的少額である民事事件一般を扱う簡易裁判所の民事事件について考察する。第3節では，一定の少額請求事件について簡易裁判所で取り扱われる手続であって，簡易裁判所の一般事件に比べて更に少額事件に見合った費用と手間で一般市民が自ら裁判手続を利用することができるように，手続を簡略化し原則として一度の審理で事件を解決しその判決に対する不服を放棄した特別な手続である〈少額訴訟手続〉を検討する。第4節では，手形・小切手についての特別訴訟手続を考察し，最後の第5節では，督促手続を概観する。この督促手続は，訴訟手続ではなく，債権者の債権を簡易裁判所の手続を通して取り立てるために行われる手続であり，これに対して異議が申し立てられると通常の訴訟手続での債権行使が要求される手続である。

第 1 節　略式手続概論

[文献]

松浦馨「略式訴訟の概念と本質(1)(2)」法協77巻5号485頁，78巻2号168頁

I　略式訴訟の概念と沿革

1　概　　　念

　略式手続とは，通常の民事訴訟手続に比べてその手続を何らかの形で簡略化した（略式の）手続をいう。通常の民事訴訟手続は，終局判決をするためには常に口頭弁論を行うことが必要であり（参照，民訴87条），その審理手続は極めて厳格である。このように民事訴訟手続は，手続の公正・公平さを維持・保障するという意味では周到な手続構造を有している。しかし，このような厳格な手続は反面で，当事者にとって多大の費用と手間・時間を必要とすることから，すべての事件についてこのような手続を行うことがかえって手続の利用の意欲を損なう可能性がある。場合によって手続の厳格さについて部分的に簡略化した，より迅速で簡便な手続を準備し，国民がその選択によりこれを利用しうる可能性を広げ，求める審判対象により適合した紛争解決手段を選択しうる可能性を提供する必要がある。

2　沿　　　革

　　ドイツの普通法や地域特別法では既に様々な略式手続が存在した[1]。これらの，通常訴訟手続の形式を何らかの形で簡易化した手続は，その源をカノン法に遡るといわれ，その訴訟の遅延を改善するためになされた1306年の教皇クレメンス5世（1264-1314, 教皇在位 1304-1314）による改革（Saepe contingit）が嚆矢とされる[2]。そこでは手続的に被告の応訴行為による争点決定（litis contestatio）を不要とし，いわゆる欠席判決を可能とし，期日も引き続いて行われ，裁判官は判決を特別の手続的な厳格な形式なしに簡易で平易に行うべし（simpliciter et de plano, sine strepitu et figura）とされた。

　　ドイツ普通法手続では，学説上様々な略式手続を不確定的略式訴訟（unbestimmter sum. Prozess）と確定的略式訴訟（bestimmter. sum. Prozess）とに区別していた[3]。前者は，手続の迅速さを通常訴訟手続に則りながら形式性を修正することで達成しようとするものであった。これは一般的に認められる略式訴訟であり，暫定的処分，訴え提起を催告する略式手続，計算書訴訟及び占有訴訟（占有物回収の訴えや占有

---

1)　これらの概要は Blomeyer, ZPR, S. 667ff. による。また Linde, Lehrbuch des deutschen gemeinen Civilprozesses, 1825（Nachdr. 1987）S. 423ff.; Endemann, Das deutsche Zivilprozeßrecht, 1868. S 1024 ff. 等で補充した。

2)　クレメンス5世によって準備された教皇令集は，後に教皇ヨハネ22世によりクレメンス教皇令集（Constitutiones Clementiae）として1317年に公布された。

3)　なお，略式訴訟の沿革と一般理論については，わが国では松浦〔文献〕。

保全の訴え)4) がこれに属した。これに対して確定的略式訴訟は，通常訴訟の訴訟手続を一変した手続であり，仮差押手続，委任手続，執行手続が属した。

　プロイセンでは，1748 年のプロイセン辺境伯法典案（Project des Codicis Fridericani Marchici vom 3. 4. 1748）により少額請求訴訟につき略式の手続として口頭による弁論が導入され，この方式はその後 1833 年の AGO の改正を経て 1846 年法では正式の訴訟手続の審理方式になった5)。

II　種　　類

　わが国の現行民事訴訟法にもいくつかの略式手続が定められている。特に戦後の司法改革の一環として設置された簡易裁判所は，通常の民事事件のうち比較的少額の事件について簡易な手続による事件処理を目的として設けられた。また簡易裁判所が扱う事件の中でも特に定められた〈少額事件〉については，特別に，口頭弁論を一回限りとし，上訴を予定しない特に迅速な手続を定める〈少額訴訟手続〉を設けている。

　事件の類型によって特に定められた略式手続としては，審判対象となっている権利・法律関係の特殊性に対応して，特に手形・小切手上の請求権に限定して定められた略式訴訟手続である〈手形訴訟手続〉がある。これは地方裁判所，簡易裁判所を問わず，手形・小切手訴訟について特に定めた手続である。

　さらに，訴訟手続ではないが，簡易な債務名義取得のための手続である債権者の債務者に対する債権支払いの督促をするための〈督促手続〉がある。統計から見るとこれら略式手続の利用率はかなりよい6)。

---

4) これらの占有訴訟類型は，今日のドイツ法ではその後の請求権概念の形成によって請求権として構成されており，ドイツ民法 861 条（占有回収請求権），863 条（占有回収請求権の行使に対抗しうる権利），864 条（占有回収請求権の行使期間）の定めがあり，これらの請求権は通常訴訟で行使される。またこれとは別に保全手続が定められている。わが国民法は，文言上は，「占有の訴え」の形式を採り，フランス法の名残が強い。民法起草者も，占有の訴えは簡易な訴えとして「区裁判所ニ請求スレバ宜ク，極ク速ニ裁判シテ貫クコトノ出来ルモノ」と説明していた（梅謙次郎述・民法講義〔有斐閣・1901，復刻版・信山社・1993〕297 頁）。しかし，今日学説上は占有権による権限は請求権として位置づけられ理解されている。
5) プロイセン一般裁判所法改正とサヴィニーのかかわりについては，河野正憲「サヴィニーとプロイセン一般裁判所法改正について」原島重義編・近代私法学の形成と現代法理論（九州大学出版会・1988，新版・1996）365 頁以下。

第2節　簡易裁判所の訴訟手続

〔文献〕

佐藤歳二「簡易裁判所の役割と訴訟手続」講座新民訴(3)169頁，三ケ月章「小額裁判の理想像」同・研究Ⅷ247頁

Ⅰ　意　義

わが国では，戦後制定された裁判所法（昭和22年法律59号）の下で，最下級の裁判所として簡易裁判所が設置された。現行法は，簡易裁判所においてはその手続について一般に「簡易な手続により迅速に紛争を解決するものとする」（民訴270条）と定める。

簡易裁判所は当初，アメリカ合衆国の少額裁判所をモデルとして設置された。しかし，その手続自体は地方裁判所の手続について若干の修正を加えたにすぎず，必ずしも本来の成果をあげているとは言い難いとの批判がなされていた（三ケ月〔文献〕254頁）。

　　簡易裁判所の利用件数から見れば（平成19年の統計については注6)の表参照），通常民事事件では47万件以上の申立てがあり（地方裁判所は，18万件余），督促手続が36万4000件余り申し立てられている。その他にも，簡易裁判所の新受民事調停事件数は25万4000件余である。近年，手形小切手訴訟は大きく減少している。

　　簡易裁判所の民事事件は，立替金，求償金，貸金，保証金等の金銭支払請求事件であり，その利用者は信販会社又は金融会社が原告になっている事件が多く，全体の90％を超えている。この他にも，一般市民が原告又は被告となり，敷金返還請求，交通事故による損害賠償請求，建物明渡請求，境界確定などの不動産関係事件等多様な事件が提訴されている（佐藤〔文献〕171頁）。

平成10年には民訴法改正により〈少額訴訟手続〉が設けられた（民訴368条以下）。少額訴訟手続は思い切った手続の簡素化を図り，少額事件の処理につ

---

6)　平成19年における民事通常手続と略式手続の利用状況は以下の通りである（最高裁判所事務総局編・司法統計年報1民事・行政編平成19年10頁以下，24頁）。

	通常訴訟	少額訴訟手続	手形小切手訴訟	督促手続
地方裁判所	18万2290	—	783	—
簡易裁判所	47万5624	2万2122	234	36万4665

いては反訴を禁止し，また審理も1回の期日限りとし，証拠調べも即時に取調べができるものに限定するなどの特則が設けられている（⇒第3節）。このような特色を持った制度の創設は，簡易裁判所制度が成立して以来最大の変革であったといえる。

しかし一般に簡易裁判所が扱う事件についてみれば，通常の民事事件はその訴額が比較的少額であるとはいえ，事件そのものの性格上必ずしも簡易な手続によりえないものが多いのも現実である。簡易裁判所は審級上第一審としての役割を果たしている。これらの事件審理では一審限りとすることはできず，常に上訴の可能性が留保されている。そうだとすれば，この通常の簡易裁判所の事件については上訴審での審判を前提とした手続や記録の作成が必要であり，簡易裁判所の手続を一律に大幅に簡素化することには困難がある（もっとも，不動産事件等複雑な事件については裁量移送を活用して地裁における審理をすべきであろう。佐藤〔文献〕173頁）。大幅な簡素化を行うとすれば，少額事件のように特別の事件について，当事者の事前の合意を得て上訴を禁止するなどの手続の簡素化が必要になる（⇒第3節）[7]。

ここでは，まず，簡易裁判所が取り扱う通常民事事件について述べ，少額訴訟手続については別に考察する（⇒第3節）。

II 簡易裁判所の管轄する事件

簡易裁判所の管轄する事件は，その対象について特別な制限がなされている。すなわち，裁判所法は民事事件に関しては訴訟の目的の価額が140万円を超えない請求について，簡易裁判所に第一審としての管轄権を与えている（平成16年4月からこの金額に引き上げられた）。ただし，行政事件訴訟に係る請求については，簡易裁判所は管轄権を有しない（裁33条1項1号）。

> この一般的な管轄権の他にも，他の法律によって簡易裁判所に管轄権が与えられている場合がある。通常の民事訴訟手続で地方裁判所に係属する事件について簡易裁判所に証拠調べの共助を依頼する場合（民訴185条1項）がこれにあたる。

簡易裁判所の事件は常に単独裁判官が取り扱う（裁35条）。簡易裁判所の事件は簡易裁判所判事[8]によって審理される（裁32条）。

---

[7] 簡易裁判所の事件を〈略式手続〉に含めるべきか否かについては見解が分かれる。手続上若干の例外はあるが，手続自体は通常訴訟手続だといえる。
[8] 簡易裁判所判事の任命資格につき，裁44条。

この他に，簡易裁判所では訴え提起前の和解（起訴前の和解）の申立て（民訴275条）をすることができる（その概要については⇒第7章第4節）。

III　簡易裁判所手続での代理人に関する特則

通常の地方裁判所以上の民事訴訟手続では弁護士代理が原則である。しかし，簡易裁判所では，法令のにより裁判上の行為をすることができる代理人の他，弁護士及び裁判所により特に許可を受けた弁護士以外の者を代理人とすることができる（民訴54条1項）。

さらに司法書士のうち司法書士法3条2項が定める要件を満たした者も，次に掲げる事件について簡易裁判所での民事訴訟手続については代理人として手続に関与することができる。ただし，上訴の提起，再審及び強制執行については代理をすることができない（司書3条1項6号）。

①　民事訴訟法に定める手続であって，訴訟の目的の価額が裁判所法33条1項1号に定める額（140万円）を超えないもの（またここでは次の②③に特別の定めのある手続も除かれる）（司書3条1項6号イ）

②　民事訴訟法275条に定める和解（起訴前の和解）又は督促手続（⇒第5節）であって請求の目的の価額が裁判所法33条1項1号に定める額（140万円）を超えないもの（同号ロ）

③　訴え提起前の証拠保全手続（民訴234条以下）又は民事保全法の規定による手続であって，本案の訴訟の目的の価額が裁判所法33条1項1号に定める額（140万円）を超えないもの（同号ハ）

これらの司法書士が訴訟代理人として行うことができる権限を取得するためには，司法書士のうち，①簡裁訴訟代理等関係業務について法務省令で定める法人が実施する研修であって法務大臣が指定するものの課程を修了したもので，②①に規定する者の申請により法務大臣が簡裁訴訟代理等関係業務を行うのに必要な能力を有すると認定した者であること，及び，③司法書士会の会員であることのいずれもの要件を満たした者でなければならない（司書3条2項）[9]。

9）　これらの民事訴訟手続の他に，民事調停法の手続で裁判所法33条1項1号に定める額（140万円）を超えないもの，及び民事紛争であって紛争の目的の価額が裁判所法33条1項1号に定める額（140万円）を超えないものについても代理が許される（司書3条1項6号ニ，同7号）。

IV　簡易裁判所での民事訴訟手続

1　訴えの提起

(1)　口頭による訴え提起

　簡易裁判所における訴え提起の方式は，訴状を提出して行う他，口頭で提起することもできる（民訴271条）。この場合，当事者は簡易裁判所に出頭したうえで，裁判所書記官の面前で申述することによって行う。裁判所書記官は，原告の申述に基づいて調書を作成し，その謄本を被告に送達するが，その際口頭弁論期日が指定されてその呼出しが同時に行われる。

　また，当事者双方が任意に裁判所に出頭して口頭弁論を行うこともでき，この場合には訴えの提起は口頭で行うものとされている（民訴273条）。この場合にも，裁判所書記官によって調書が作成されるが，期日の呼出しなどは不要となり，直ちに審理を開始することができる。

　もっとも，このような口頭起訴を実現するためには，裁判所の側でこれに対応する人的・物的施設が充実していなければならない。しかし，現実には多数の事件を抱えた多くの裁判所ではこのような要請には十分に対応できていない。そこで，実務上は定型的な紛争について，当事者に対してアンケート用紙に回答を求める形で定型訴状と定型答弁書が作成できる用紙を窓口に備えて，当事者がこれを利用することによって簡易に訴え提起や答弁書の提出ができるような工夫等が凝らされている。これを「準口頭受理」と称している。

(2)　訴え提起に際して明らかにすべき事項

　簡易裁判所に訴えを提起する場合にも，原告は，地裁において訴えを提起する際に必要な訴状記載事項を訴状に記載してするのが原則である。しかし，これには例外が法定されている。すなわち，訴状には一般に，①当事者及び法定代理人，②請求の趣旨，③請求の原因の記載が必要であるが（民訴133条2項），これらのうち簡易裁判所に訴えを提起する場合には，「請求の原因に代えて，紛争の要点を明らかにすれば足りる」（民訴272条）ものとしている。これは，簡易裁判所においては，法的知識を十分に有さない一般市民本人が原告になって訴えを起こすことが普通だと見られることから，訴え提起の時点で訴訟物を特定するのに必要な事項を特定し明らかにすることは困難だと考えられたことによる（一問一答320頁）。そこで紛争の要点を明らかにすることで十分だとした。

(3) 期日の呼出し

一般に，民事訴訟における期日の呼出しの方法としては，①〈送達〉の方法による呼出状の送付，②出頭した者に対する期日の告知（この場合，受送達者から告知を受けた旨の「期日請書」を求める），③相当と認める方法（普通郵便，口頭，電話，ファックス等）がある（送達につき⇒第3章第2節Ⅳ）。簡易裁判所の手続でもこれらの方法から選択して期日の呼出しを行うことになる。従来，地裁における期日の呼出しは①の方法によることとされていたが，簡易裁判所では③が可能であった。簡易裁判所の手続では一般的には③の簡易な方法で十分だとされるが，③の簡易な方法による期日告知では期日に出頭しない被告に対して，欠席による不利益を課すことができず，被告欠席の場合に自白を擬制して弁論を終結し，判決をすることができない（民訴94条2項）。そこで，最初の期日の呼出しについては，原告側には，②③の方法により，被告側には①の方法によることが多いとされる（以上，佐藤〔文献〕179頁）。

2 審理手続

簡易裁判所における訴訟手続については，「簡易な手続により迅速に紛争を解決するもの」としている（民訴270条）。そこで，以下のような特別の定めを置いている。

① **準備書面等の省略** 簡易裁判所における口頭弁論は，書面で準備をする必要がない（民訴276条1項）。一般には簡単な事件がありわざわざ準備書面を作成するまでもないからである。しかし，相手方が準備をしなければ陳述をすることができないと認めるべき事項については書面で準備をし，又は口頭弁論の前に直接相手方に通知をしなければならない（同条2項）。このような事項については相手方が在廷しない口頭弁論においては準備書面に記載し又は相手方に通知したものでなければ主張することができない（同条3項）。

② **続行期日における陳述の擬制** 続行期日で当事者が期日に出頭せず又は出頭したが本案の弁論をしないときにはその者が提出した準備書面に記載した事項を陳述したものとみなして出頭した当事者に弁論をさせることを認めた（民訴277条）。これは，口頭弁論主義との関係では問題があるが，簡易裁判所の事件については簡易な扱いとして例外的にこの取扱いを認めた。

③ **尋問に代わる書面の提出** 裁判所は相当と認めるときは，証人，当事者本人又は鑑定人の意見の陳述に代えて書面の提出をさせることができる（民訴278条，民訴規171条）。

④　司法委員の関与　　簡易裁判所事件では，裁判所は必要があると認めたときは，和解を試みるに際して〈司法委員〉に補助をさせ，また司法委員を審理に立ち会わせて事件について意見を聴くことができる（民訴279条1項）。〈司法委員〉は毎年予め地方裁判所が選任した者の中から裁判所が事件ごとに指定する（同条3項）。

⑤　口頭弁論調書の簡略化　　簡易裁判所における口頭弁論調書について，裁判官の許可を得て，証人等の陳述又は検証の結果の記載を省略することができる。これらの場合，裁判官の命令又は当事者の申出があれば，裁判所書記官は当事者が裁判上で利用する便宜のために，録音テープ等に証人等の陳述又は検証の結果を記録しなければならない。当事者の申出があれば，裁判所書記官は録音テープ等の複製を許さなければならない（民訴規170条）。

3　判　　決

1)　判決言渡し　　裁判所は訴訟が裁判をするのに熟したときは終局判決をする（民訴243条）。

2)　判決書の記載事項　　判決書の記載については，一般の場合と同様，①主文，②事実，③理由，④口頭弁論の終結日，⑤当事者及び法定代理人，⑥裁判所を記載しなければならないが（民訴253条1項），②と③については特別の定めがある。一般には，事実の記載については請求を明らかにし，かつ主文が正当であることを示すのに必要な当事者の主張を摘示しなければならないが（同条2項），簡易裁判所の判決書では，②及び③の記載については請求の趣旨及び原因の要旨，その原因の有無並びに請求を排斥する理由である抗弁の要旨を表示すれば足りる（民訴280条）。

V　和解に代わる決定

　金銭の支払の請求を目的とする訴えで，被告が口頭弁論で原告の主張した事実を争わず，その他何らの防御方法をも提出しない場合に，裁判所は，被告の資力その他の事情を考慮したうえで，原告の意見を聴いて当該請求に係る金銭の支払について即時の支払を猶予する旨の決定をすることができる（民訴275条の2）。これは民事調停における調停に代わる決定の制度に想を得たものである。

　この場合に裁判所は，①決定に対する異議申立期間（決定の告知を受けた日から2週間）の経過後5年を超えない範囲内で，その請求に係る金銭の支払時期

を定め又は分割払いの定めをし，又は②①に併せて一時払いの場合にはその定められた時期までに支払を終え，若しくは分割払いの場合には期限の利益を失うことなく支払をしたときは訴え提起後の遅延損害金の支払義務を免除する旨の定めを置くことができる（民訴275条の2第1項）。また被告が支払を怠った場合における期限の利益喪失について定めなければならない（同条2項）。このような内容は，少額訴訟手続で既に取り入れられていたものであり（ただし，少額訴訟では判決言渡しから3年），簡易裁判所の手続にもこのような少額の事件についての取扱いを導入した。

　ただしこの裁判所の決定は，原告の意見を聴いたものではあっても，この決定自体を判決に全面的に代替することはできない。そこで，この決定に対しては当事者はその告知を受けた日から2週間の不変期間内にその決定をした裁判所に異議の申立てをすることができる（同条3項）。期間内に異議が申し立てられれば，決定はその効力を失い（同条4項），簡易裁判所の手続が継続する。この期間内に異議の申立てがないときはこの決定が「裁判上の和解と同一の効力」を有するものとされる（同条5項）。したがって執行力を有する。しかし，この決定に既判力は存在しない。

第3節　少額訴訟手続

〔文献〕

池田辰夫「少額訴訟の手続構造」争点3版310頁，井上英昭「少額訴訟に関する特則」論点新民訴515頁，小島武司「少額訴訟手続の意義」講座新民訴(3)195頁，宗宮英俊＝石崎實「少額訴訟手続の構造」講座新民訴(3)223頁

I　意　　義

　少額の金額の支払ではあっても，当事者間に争いがあり法的救済が求められている場合には，それに見合った訴訟手続を提供することは憲法が〈裁判を受ける権利〉を国民に保障していること（憲32条）からすれば当然である。その手続は，少額の金銭請求という特性に適合した安価で簡易な訴訟手続でなければならない。このための訴訟制度の整備は，国家の司法制度として極めて重要な意義を持ち，各国でも今日ではこのような制度の設置と充実に努めている（その概要につき，小島〔文献〕198頁）。現行法もこの目的のために〈少額訴訟手

続）を設けた。
　少額訴訟手続は，簡易裁判所で，訴訟の目的の価額が60万円以下の金銭支払請求を目的とする訴えについて設けられた特別の簡易な訴訟手続である。

> わが国でも既に戦後の司法改革で少額事件について特別の簡易な手続を持った簡易裁判所を設けた。しかし，この簡易裁判所の手続は日常的な少額事件について一般市民が気軽に訴訟手続を利用するにはあまりに複雑で重厚な手続であり，その利用には制約があった。そこで，このような少額訴訟事件に見合った軽微な費用で一般市民が利用することができるように，手続的制約を大幅に取り去って極めて簡易で手軽な少額訴訟事件を創設することが求められていた。少額訴訟手続はこのような要請に応えるべく新たに設けられた略式の訴訟手続である。

II　特　　色

　市民間の日常生活上発生する少額の金銭請求事件について定めた少額訴訟手続では，通常の訴訟手続とは大幅に異なった簡易で安価な手続を創設する必要があるという観点から，特色のある特別手続を創設した。そのため，この手続を利用することができるのは審判対象や金額回数等につき制限がある。

　1）　審判対象の限定　　少額訴訟手続に基づいて請求することができる請求の種類は〈金額請求〉に限定される（民訴368条1項）。物の引渡しや所有権確認，債務の不存在確認（金銭債務不存在確認を含む）等の訴えは少額訴訟手続では請求することができない。これらの事件の審理は必ずしも容易ではなく，少額訴訟で前提とした簡易な手続にはなじまないと考えられたからである（一問一答388頁）。

　2）　請求金額の限定　　少額訴訟手続に関しては，その訴訟の目的の価額が制限されている。即ち，請求の訴額は60万円を超えることができない（民訴368条1項）。もっとも，60万円を超える請求権であっても，提起する金額を60万円に分割して訴えることは妨げられない。

　請求の目的が60万円を超えない金銭支払請求事件については，特に「少額訴訟による」ことを当事者が希望しなければ，簡易裁判所における通常の訴訟手続として処理される。

　3）　年間利用回数制限　　少額訴訟手続は，主として一般的市民が日常的な権利関係に関する法的紛争を簡易に解決する手段として設けられた裁判手続である。しかし，このような手続の簡易性のゆえに，消費者金融業者などがこの

手続の利用を独占し，一般市民の利用が阻害されるおそれがあるなどの問題が予想される。そこで，この〈少額訴訟手続〉の利用については，同一簡易裁判所での年間（暦年）の利用回数（1月1日から12月31日まで）について制限をしている（民訴368条1項但書）。回数は年間10回とされている（民訴規223条）。この中には，実際に少額訴訟手続で審理・判断されたものの他，原告が少額訴訟手続による審理・判断の希望をしたが被告側からの通常訴訟への移行申述により又は裁判所の職権により事件が通常訴訟手続に移行した場合や訴えが取り下げられた場合等をも含む（一問一答403頁）。

　当事者は少額訴訟による審理・裁判を求める申述をするにあたり，当該訴えを提起する簡易裁判所でその年に少額訴訟手続による審理・裁判を求めた回数を届け出なければならない（民訴368条3項）。当事者がこの届出をしない場合，裁判所は職権で通常手続への移行決定をする。

　回数制限に違反して提起された訴えについては，通常の訴えがあったものとして処理される。

Ⅲ　手続の選択

1　手続の選択と教示

　〈少額訴訟手続〉は，通常の民事訴訟手続とは大幅に異なった略式手続であり，反訴が禁止され，また証拠制限が存在するうえに，特にその判決に対しては控訴が禁止されている。そこでこの手続を始めるにあたって，原告及び被告はこのような手続の特色を十分に理解したうえでこの手続を選択することが必要である。この点が不十分であれば，当事者は予期しない不利益を被るおそれがある。このため，裁判所はこの手続を利用しようとする当事者に対して手続の内容を十分に教示しなければならないこととし，当事者が手続選択に際して誤りがないように配慮した。

　この手続選択の教示は，二度にわたって行われる。

　まず，裁判所書記官は，当事者に対し少額訴訟における最初にすべき口頭弁論の期日の呼出しの際に，少額訴訟の審理及び裁判の手続の内容を説明した書面を交付しなければならない（民訴規222条1項）。

　さらに裁判官は最初にすべき口頭弁論期日の冒頭で，①証拠調べは即時に取調べをすることができる証拠に限りすることができること，②被告は，訴訟を通常の手続に移行させる旨の申述をすることができるが，被告が最初にすべき

口頭弁論期日で弁論とし又はその期日が終了した後はもはやこれをすることができないこと，③少額訴訟の終局判決に対しては判決書又は判決書に代わる調書の送達を受けた日から2週間の不変期間内にその判決をした裁判所に異議を申し立てることができることについて説明をしなければならない（民訴規222条2項）。

　このような十分な教示は，少額訴訟手続の選択とこれに対する応訴がなされると，通常訴訟手続への途を封じる可能性があり，当事者の手続への十分な理解が与えられなければ，かえって裁判を受ける権利自体を侵害しかねないからである。

2　手　　続

1) **手続選択権**　少額訴訟手続を利用するか否かは，原告の選択に委ねられる。簡易な手続であること，判決に対しては上訴ができないこと（⇒Ⅴ1)などの特色があるが，それゆえこの手続を利用するか否かは当事者の意思に委ねるのが適切だからである。強制は手続権侵害となる。

　原告がこの少額訴訟手続によることを選択した場合でも，被告は訴訟を通常の訴訟手続に移行させることを求めることができる（民訴373条1項）。この申述は，口頭弁論期日でする場合は口頭ですることができるがそれ以外は書面によらなければならない（民訴規228条1項）しかし，最初にすべき口頭弁論の期日で弁論をし，又はその期日が終了した後はもはやその申述はできない（民訴373条1項但書）。被告から通常訴訟への移行の申述がなされると，事件は通常の簡易裁判所における事件に移行する（民訴373条2項）。裁判所書記官は，申述が口頭弁論期日でなされた場合を除き，事件が通常手続に移行した旨を速やかに原告に通知しなければならない（民訴規228条2項）。

2) **一期日審理の原則**　少額訴訟手続では，特別の事情がある場合を除き期日は1回のみとするのが原則である（民訴370条1項）。

3) **証拠調べの特則**　証拠調べは即時に取り調べることができる証拠に限定して行われる（民訴371条）。

4) **反訴の禁止と参加等**　手続の簡素化のために反訴は禁止される（民訴369条）。

5) **尋問方法の弾力化**　証人尋問についてはその申出に尋問事項書の提出は不要である（民訴規225条）。証人尋問は宣誓をしないですることができる。証人や当事者の尋問も裁判官が相当と認めるやり方で行うことができる。また，

証人尋問についても，遠隔地に居住したり入院中など裁判所に出頭することができない証人を尋問するために，最高裁判所規則で定めるところにより，裁判所及び当事者双方と証人とが音声の送受信により同時に通話することができる方法を利用することができる（民訴372条）。

6）証人等の陳述の調書作成は原則として不要　証人等の陳述は調書に記載する必要はない。裁判が複雑で長期にわたる場合や上訴手続が存在する場合には調書への記載が不可欠だが，少額訴訟手続ではこのような必要性が存在しないからである。ただ，証人又は鑑定人の尋問前に裁判官の命令又は当事者の申出があるときは裁判所書記官は録音テープ等により証人又は鑑定人の陳述を記録しなければならない（民訴規227条）。

Ⅳ　判決と執行

1　判決言渡し

少額訴訟手続の判決言渡しは口頭弁論の終結後直ちに行うのが原則である（民訴374条1項）。通常事件では判決書の作成などのため，原則として判決は弁論終結後2カ月以内に行わなければならないとされているが（民訴251条1項），少額訴訟事件では判決に時間を要しないのが通常であり，また何よりも少額事件では直ちに判決がなされてこそその存在意義があるからである。口頭弁論終結後直ちに判決を行う場合には，裁判所は判決原本に基づかないですることができる（民訴374条2項）。この場合には判決書の作成に代えて裁判所書記官に，当事者及び法定代理人，主文，請求並びに理由の要旨を，判決言渡しをした口頭弁論期日の調書に記載させなければならない（民訴254条2項参照）。

2　判決による支払猶予

裁判所は，請求を認容する判決をする場合に，被告の資力その他の事情を考慮して特に必要があると認めるときは支払の猶予の定めをすることができる。

この支払猶予は，①判決言渡しの日から3年を超えない期間内で，その全額について支払時期を定め，又は分割払いの定めをすることができ，また②①と併せてその一括支払期限に従って支払をしたとき若しくは分割払いの期限の利益を失うことなく履行したときは訴え提起後の遅延損害金の支払義務を免除する旨の定めを置くことができる（民訴375条）。

このような少額訴訟における裁判所の権限を認めたことの正当性は，原告がこの手続を選択する際に予め示されており，原告はそれを（黙示的に）承知し

て手続選択をしたのであり原告の自己決定の一部に基づいているといえる。

3 仮執行宣言

請求を認容する判決には，裁判所は，担保を立てる必要性の有無を示して職権で仮執行宣言を付さなければならない（民訴376条）。当事者に承継がなければ，執行文は不要である（民執25条但書）。判決だけでなく執行についてもできるだけ迅速・簡易に行うことができるように配慮した。

4 強制執行の特則

　　少額訴訟手続によって形成された確定判決を債務名義とする債権執行については，通常の執行手続を行うことができる。

　　これと併せて平成16年の改正により特則が定められている（民執167条の2）。この強制執行は，〈少額訴訟債権執行〉といわれ，民事執行法の定める執行機関（民執2条）にかかわらず，申立てにより裁判所書記官が行う特別の債権執行である。執行手続についても少額訴訟手続の趣旨を実現しようとするものであり，特に債務者の預金や給与債権などに対する執行を迅速に行うための手続である。

V　少額訴訟による判決に対する異議

1　控訴禁止と異議

少額訴訟手続の終局判決に対しては，控訴をすることができない（民訴377条）。控訴ができるとすれば，必然的に事件の処理に要する期間は長期化する。また訴訟手続も上訴審での審理（第一審の続審）に備えて記録や調書の作成に時間を要することになり，手続を簡略化したことと合致しないからである。そこで，少額訴訟手続で下された終局判決に対しては控訴をすることができないものとした。

少額訴訟判決に対する不服は，異議の手続による（民訴378条）。これは，少額訴訟手続が略式訴訟手続であり迅速を旨として証拠制限などがあることから，この判決に対する不服は今一度，同一審級の裁判所で，少額事件ではあるが通常訴訟手続に基づいて行うことにした。

少額訴訟判決に不服がある者は，その判決書又は判決書に代わる調書の送達を受けた日から2週間の不変期間内に，その判決をした裁判所に異議を申し立てることができる。異議の申立ては期間前にもなしうる（民訴378条1項）。

2　異議後の審理・裁判

適法に異議がなされたときは，訴訟は口頭弁論終結前の程度に復する（民訴

379条1項)。いったん終結した手続は再開し，その審理の程度は口頭弁論終結直前の程度に復し，通常訴訟手続による審理・判決がなされる。口頭弁論はすべてが一体として取り扱われる。

この異議後の手続は通常の民事訴訟手続ではあるが，なおそこには少額訴訟手続の持つ制約が存在する（民訴379条2項）。即ち，①反訴禁止はこの手続でも維持される。訴求債権に絞って審理をするという少額訴訟の趣旨を変更する必要はないからである。②証人と当事者の尋問の順序についても民訴法372条2項が準用され裁判所は適当な方法を用いることができる。これに対して証拠制限は課されない。少額訴訟で提出することができなかった証拠を提出することができる。③判決による支払猶予制度も準用される。これは手続選択で原告が了解した事項であり，これを排除する必要がないからである。

裁判所が行う判決については手形判決に対する異議後の判決に関する民訴法362条が準用される。これは，既に少額訴訟手続による判決が存在しておりこれとの調整を必要とするからである。①少額訴訟の判決結果と符合するときは，裁判所は少額判決を認可する旨の判決をする。②少額判決が少額訴訟の要件に反する場合には手形判決を取り消し，判断をし直すべきである（民訴379条1項，362条参照）。

3 異議後の判決に対する不服申立て

異議後になされた終局判決に対しては，控訴をすることができない（民訴380条1項)[10]。控訴禁止も少額訴訟手続を選択する際に課された制約であり当事者はこれを承知してこの手続を選択したからであり，このことは異議手続でも変わらない。

ただし，判決に憲法の解釈の誤りその他憲法違反があることを理由とする場合には最高裁判所に特別上告をすることができる（民訴380条2項，327条）。

第4節　手形・小切手訴訟手続

〔文献〕
西村則夫「手形訴訟の現状と問題点」争点3版316頁，三ケ月章「手形訴訟」同・研究Ⅴ101頁，松浦馨「わが国の手形訴訟の特徴」中田・還暦(上)261頁

---

10) この規定が合憲であることにつき，最(2小)判平成12年3月17日判時1708号119頁。

I　意義と沿革

　民事訴訟法第5編（民訴350条以下）は，「手形による金銭の支払の請求及びこれに附帯する法定利率による損害賠償の請求を目的とする訴え」について，特別に定められた「手形訴訟による審理及び裁判」を求めることができるものとしている（民訴350条1項）。これを〈手形訴訟手続〉という。

　　この手形訴訟手続は，昭和39年法律135号として公布され，昭和40年1月1日から施行された民事訴訟手続の特則を基礎としており（この改正の意義につき，三ケ月〔文献〕），平成8年の民事訴訟法改正でも，若干の修正はあるものの（例えば，民訴364条但書），ほぼそのまま現行法として受容された。

　　明治民事訴訟法では，ドイツ帝国民事訴訟法の証書訴訟及び為替訴訟の制度をほぼそのまま継受して〈証書訴訟〉の制度を設けていた（明民訴484条以下）。そしてこれに属するものとして手形・小切手訴訟手続が定められていた。しかし，これらは大正15年民訴法改正で削除された。必ずしも実益があるとはいえず訴訟手続が複雑になること，改正された訴訟手続での通常訴訟手続で対処しうるとの見込みなどがその理由であった。ところが，このような見込みは必ずしも当たらず，またその後の手形小切手の利用が著しく増大したことなどから，「手形訴訟及小切手訴訟ニ関スル特則」が設けられ，昭和40年1月1日から施行された（経緯につき，注釈民訴(9)232頁〔佐々木吉男〕）。

　本来，手形・小切手は文言証券であり，手形・小切手上の権利関係は専らこれらの証券に記載された文言のみによって決定されなければならない。また，手形・小切手債権は無因性債権であることから，債権者はその債権行使に際して原因関係を主張する必要はなく手形の呈示で足りる。手形・小切手の所持人を保護するために人的抗弁は切断され，かくして手形・小切手の流通性が確保されている。このような手形・小切手の特性は，特にその権利を訴訟手続上で行使する場合にも十分に考慮されなければならず，手形・小切手債権を訴訟手続で請求する場合には特にその特色に見合った手続の簡易・迅速性が求められる。このような要請は通常民事訴訟手続では十分に実現することができないことから，通常の民事訴訟手続とは異なる手形・小切手の特性に対応した略式の訴訟手続が必要になる。

　他方で，手形・小切手による請求であっても，文言証券性が問題になるのは手形の善意取得者保護のためであるから，手形・小切手授受の直接の相手方や悪意の取得者にこのような文言証券性を厳格に貫く必要はない。また，無因証

券性による原因関係からの切断は第三取得者の保護のためであり，直接の関係者には原因関係の事項による対抗が可能であるが，これは通常訴訟によらざるを得ない。そこで，手形・小切手債権による訴訟手続では，手形・小切手の特殊性による手続の簡易・迅速性が求められる一方で一般訴訟手続との連携が必要になる。

II　手形訴訟の特色と手続

1　特　　色

手形自体が，実体法上流通性を確保するために強い書面性，無因性等の特色を有していることに対応して，手形訴訟手続では通常訴訟に比べて次のような特色を持った手続を定めている。

①請求適格を限定し，この手続の対象となりうる適格を有するのは，「手形による金銭の支払の請求及びこれに附帯する法定利率による損害賠償の請求」に限られる（民訴350条1項）。手形による支払請求は，手形所持人から為替手形の引受人に対する手形金額の支払請求，手形権利者から償還義務者に対する支払請求，手形所持人から振出人・裏書人に対する遡求金額の請求が典型的な例である。②手続においては反訴を禁止し簡素化すると共に，③証拠方法を書証に限定している。さらに，④仮執行制度の強化をすると共に，⑤不服申立ての合理化を図った。

2　手　　続

(1)　訴えの提起

手形訴訟手続を利用した審理及び判決を求めるためには，原告は訴えを提起するに際して，手形訴訟手続を利用する旨の申述を訴状に記載してしなければならない（民訴350条2項）。この手続は，特別に定められた略式手続であり，これを利用するか否かは原告が訴状で明示する必要がある。なお，訴状には手形の写しを添付しなければならない（民訴規55条1項2号）。

審判の対象となるのは，手形又は小切手による金銭の支払請求及びこれに附帯する法定金利（年6分）による損害賠償請求を目的とする訴えに限定される。したがって訴えの形態は〈給付訴訟〉に限定され，確認訴訟などは許されない。このような審判対象の限定と手形訴訟である旨の訴状での記載は一般訴訟要件と並んで手形訴訟の特別の訴訟要件である。

手形訴訟による請求である旨を掲げながら，その請求の全部又は一部が手形

訴訟による審理・判決をすることができない場合裁判所は口頭弁論を経ることなく訴えの全部又は一部を却下することができる（民訴355条1項）。この場合を除き，訴えを却下した判決に対して原告は控訴を提起することができる（民訴356条但書。不服申立てが〈異議〉であることの例外である）。管轄については通常事件と異ならない。

(2) 審　理

1) 口頭弁論実施に関する特則　① 期日指定と呼出し　手形訴訟による訴えが提起されたときは，裁判長は直ちに最初の口頭弁論期日を指定しなければならない（民訴規213条1項）。この期日呼出状には，期日前に予め主張，証拠申出及び証拠調べに必要な準備をすべき旨を記載しなければならないものとしている（同条2項）。また，被告に対する呼出状にはこのような民訴規則213条2項に定める記載の他，裁判長の定める期間内に答弁書を提出すべき旨及び被告が口頭弁論において原告が主張した事実を争わず，その他何らの防御方法も提出しない場合は通常訴訟への移行を記載した書面の送達前でも口頭弁論を終結する（民訴354条参照）旨を記載しなければならないものとしている（民訴規213条3項）。

② 一期日審理の原則　手形訴訟の口頭弁論はやむを得ない事情がある場合を除き最初にすべき口頭弁論期日で審理を完了しなければならない（民訴規214条）。また，期日を変更し又は弁論を続行しなければならないときは，次の期日はやむを得ない事由がある場合を除いて，前の期日から15日以内に指定しなければならない（民訴規215条）。

2) 反訴禁止　手形訴訟では反訴が禁止される（民訴351条）。手形訴訟では，手形の持つ文言性・無因性・人的抗弁の切断などの特色を手続上も尊重し，できる限り手続を簡易・迅速に進めるために，反訴を禁止している。

　　これとの関連で手形訴訟で相殺の抗弁を主張することができるかが問題になる。手形訴訟であることから自働債権の審理としても証拠制限（民訴352条）が適用され，その審理に時間を要するおそれがないことを理由にこれを許容する見解がある（注釈民訴(9)254頁〔佐々木吉男〕）。これに対して，相殺の抗弁に用いられる自働債権は手形債権には限定されずまた訴求債権との牽連性も要求されないから許容すべきでないとの見解がある。反訴禁止の趣旨からこれに賛成すべきである。

3) 証拠制限　手形訴訟では証拠調べは書証に限り行うことができる（民訴352条1項）。ただし文書の成立の真否又は手形の提示に関する事実について

は，申立てにより，当事者本人を尋問することができる（同条3項）。これは，証拠調べの迅速化のためであり，文書提出命令又は送付嘱託をすることもできない。これらには時間を要し手形訴訟の迅速性の要請にあわない。同様に，筆跡や印影の対照が必要な場合であってもこれらの提出の命令や送付の嘱託はできない。また証拠調べの嘱託と調査の嘱託も禁止される（同条4項）。以上のような証拠制限は，裁判所が職権で調査すべき事項には適用されない（同条5項）。

III 手形判決と不服申立て

1 手形判決と控訴禁止

(1) 手形判決

審理が判決をなすに熟すれば，裁判所は弁論を終結して終局判決をなす。この場合に判決は次のようになる。

① 請求の全部又はその一部が手形訴訟の適格を有しない場合　裁判所は口頭弁論を経ないで訴えを却下することができる（民訴355条1項）。この判決に対しては不服申立てができない（民訴356条，357条）。この場合には原告は通常の訴訟手続を提起することができるが，その場合にはこの判決書の送達を受けた日から2週間以内にこの請求について通常の訴えを提起したときには時効中断の効力発生時期について手形訴訟の訴えを提起した時になしたものとしている（民訴355条2項）。

② 一般の訴訟要件が欠けていることを理由に訴えを却下した場合　裁判所は訴えを却下する。この判決に対しては控訴，上告をすることが許される（民訴356条）。

③ 請求の全部又は一部を認容する判決又は棄却する判決　この判決に対する不服は控訴，上告の上訴手続によるのではなく異議の申立てが許される。

④ 請求認容の手形判決　常に職権で，また原則として無担保で，仮執行宣言が付される（民訴259条2項）。被告のために，仮執行免脱宣言もできる（同条3項）。

(2) 控訴禁止

手形訴訟手続によって審理された結果下された終局判決に対しては，一般に控訴をすることができない（民訴356条本文）。手形訴訟における本案判決に対する不服は専ら異議手続によることにしている。

2 異議による通常訴訟への移行

(1) 異議手続の意味

　手形訴訟は略式手続であることから，当事者は手続上通常手続に比べていくつかの制約が課されている。手形債権者はこの手続によって迅速な手形債権の取立てを行うか又は通常訴訟手続でその取立てを行うのかの選択権を有している。そこで原告は口頭弁論の終結に至るまで被告の承諾を要しないで訴訟を通常訴訟手続に移行させる旨の申述をすることができ，この申述があったときに訴訟は通常訴訟手続に移行するものとしている（民訴353条1項，2項）。また，終局判決が下されたときも，この判決が本案に関する場合には控訴・上告を許さず，むしろ通常手続に移行させて引き続き審理することにしている。

(2) 手形判決後の異議による移行

　手形訴訟の終局判決に対する不服については上訴により直接上級機関の審査を直ちに行うのではなく，今一度同一審級における通常の民事訴訟手続で審理を行うことにしている。手形訴訟手続の終局判決に不服がある当事者は，その判決書又は民訴法254条の規定により判決の言渡しをしたときはその調書の送達を受けた日から2週間の不変期間内にその判決をした裁判所に異議の申立てをすることができる（民訴357条）。送達前になされた異議も有効である。

　適法な異議の申立てがあれば，判決の確定が阻止される。

3 異議後の訴訟手続と判決

　適法な異議があった場合は，訴訟は口頭弁論の終結前の程度に復する。この場合に更に通常の訴訟手続による口頭弁論が続行されることになりそれに基づいて審理判断が行われる（民訴361条）。当事者及び裁判所が手形訴訟で行った行為はすべて復活し以後は通常訴訟手続での審理が行われる結果，証拠制限や反訴禁止などの手続上の制限はすべて解除される。

　通常訴訟に移行した後の審判対象は手形訴訟の訴訟物自体だとするのが通説だが，手形判決に対する不服であるとする異説がある（松浦馨「手形訴訟手続と異議後の通常訴訟手続との関係」実務民訴(4)293頁）。手形訴訟による異議は上訴のような不服申立てではなく手続上の制限を解除して審理を続ける手続だと見ることができる。審判対象は異ならないというべきだろう。

　異議後の手続で，裁判所は事件が裁判をするのに熟したときは改めて判決をする。これを〈新判決〉という。この判決では，結論が手形判決と符合するときは手形判決を認可する判決をする（民訴362条1項）[11]。

手形判決に手形訴訟の特別要件を看過した瑕疵があるときは，手形判決を取り消し，判断をし直すべきである。

Ⅳ 小切手訴訟

小切手による金銭の支払請求及びこれに附帯する法定利率による損害賠償の請求を目的とする訴えについては〈小切手訴訟〉による審理判断を求めることができる。この場合は手形訴訟に関する規定が準用される（民訴367条）。

第5節 督促手続

〔文献〕
野村秀敏「督促手続」講座新民訴(3)247頁，我妻学「督促手続の現状と問題点」争点3版314頁

Ⅰ 趣 旨

督促手続は，金銭その他の代替物又は有価証券の一定数量の給付請求権を行使するために設けられた略式手続であり，これらの給付を目的とする請求について債権者の申立てにより裁判所書記官が〈支払督促〉を発する手続をいう。

支払督促は簡易裁判所の裁判所書記官が発する処分であり，この支払督促に対して仮執行宣言が付されると債務名義としての効力が与えられる（民執22条4号）。督促手続の申立人を「債権者」，相手方を「債務者」という。

債権者が債務者に対して債権を有するとしてその支払を求める場合に，債務者が常にその債務の存在を争うわけではない。このように債務者がその請求権の存在自体を争わない場合にまで，債権者はその債権を強制的に行使するために，わざわざ訴えを提起して請求権について確定判決を取得しなければならないとする必要はない。特に原状回復が容易な給付請求権について，債権者のために判決手続によらずに簡易・迅速な手続で債務名義を獲得することができることを目的に設けられた簡易な手続が〈督促手続〉である。

この手続は，簡易裁判所で裁判所書記官によって行われる手続であり，給付

---

11) この場合，債務名義となるのは手形判決である（注釈民訴(9)303頁〔飯塚重男〕）。手形判決と新判決の関係につき，前掲注10）最(2小)判平成12年3月17日。

訴訟を代用する簡易手続である。督促手続では，債権者が簡易・迅速に債務名義を取得することができるようにするために，債権者の申立てにより債務者を審尋しないで支払督促を発することとしている。しかし他方で，支払督促の送達を受けた債務者の側にも，簡易な不服申立方法である〈異議〉申立権が与えられ，これが申し立てられると事件は通常の訴訟手続に移行し，当該債権の存否について通常の訴訟手続で審理するとする手続構造を有している。

II 支払督促の申立て

1 職務管轄・土地管轄

支払督促事件は，請求の価額にかかわらず，常に簡易裁判所の裁判所書記官の専属管轄に属する。この手続では，基本的に対象となった権利関係について当事者間に争いがない場合について債務名義を付与するための手続であることから，その発令権限を裁判所書記官に委ねた。

土地管轄は，債務者の普通裁判籍所在地の簡易裁判所書記官に対して申立てをするものとされている（民訴383条1項）。ただし，事務所又は営業所を有する者に対する請求であって，その事務所又は営業所における業務に関するものはその事務所又は営業所の所在地を管轄する簡易裁判所の裁判所書記官に，また手形又は小切手による金銭支払請求及びこれに附帯する請求については，手形又は小切手の支払地の簡易裁判所の裁判所書記官に対しても申立てをすることができる（同条2項）。

2 申立手続

(1) 要　件

支払督促手続は略式の手続である。債権者がこの手続を用いて請求するためには特別に定められた以下の手続要件を具備しなければならない。

1) 金銭その他の代替物又は有価証券の一定数量の給付を目的とする請求（民訴382条本文）　督促手続が債務者の審尋なしに発せられ，仮執行宣言が付されると直ちに執行が可能であり，また異議が申し立てられても執行停止の裁判がなされないかぎり執行力が失われないので，無制限にこの手続を許したのでは債務者に予想しがたい著しい損害が生じるおそれがある。そこで，この手続を利用することができる対象を原状回復が容易な「金銭その他の代替物又は有価証券の一定の数量の給付」を目的とする請求に限定した。

2) 債務者に対して日本において公示送達によらないでこれを送達すること

ができること（民訴382条但書）。この手続では，簡易・迅速性を実現するために，債務者の審尋なしに支払督促を発することにしている。したがって，このような債権者の請求の当否自体は，債務者がこれに対して実際に対応することによって初めて明確になるから，債務者の異議申立権を実質的に確保する必要がある。そのためには，債務者への送達が実際になされて，異議申立てをすることができなければならない。公示送達では，実際に債務者に対して送達がなされるわけではなく擬制されることから異議申立ての可能性は少なく，適用が排除される。また，外国における送達も長時間を要し，定められた期間内に異議の申立てができない可能性があることからこれも排除している。

(2) 手　　続

1) 申立て　支払督促の申立てについては，その性質に反しない限り訴えに関する規定が準用される（民訴384条）。申立てには，当事者，請求の趣旨，原因を記載した申立書を提出しなければならない（参照，民訴133条）。

請求の趣旨欄では，金銭その他の代替物又は有価証券の一定の数量の給付を求めることを明確に示さなければならない。また，支払督促の申立てである旨を明示しなければならない。

支払督促の申立書にも請求の原因の記載が必要である。しかし，それをどの程度記載すべきかについては争いがある（詳細は，注釈民訴(9)139頁以下〔桜井孝一〕）。これを大別すると，理由記載説の立場に立つ見解は，督促手続では口頭弁論なしに申立書の記載自体から直ちに請求の当否が判断されるから，単に請求を特定識別するだけでなく請求を理由あらしめる事実の記載を必要とするという。これに対して，識別説に立つ見解は請求を特定識別するのに必要な事実を記載すれば十分だとする。

督促手続では，簡易裁判所書記官は，この手続を利用する適格がある請求がなされているか否かについてこれが否定される場合及び申立ての趣旨から請求に理由がないことが明らかなときには申立てを却下しなければならないが（民訴385条1項），それ以上に積極的に請求の内容に立ち入ってその当否を判断するわけではない（注釈民訴(9)142頁以下〔桜井孝一〕，松本＝上野789頁）。債務者との関係でも，督促されている請求権の同一性が判断される程度の記載があれば，債務者としては当該支払督促に対して異議を述べるべきか否かの態度決定をするのには十分である。したがって，同一性が識別できる程度の記載で足りるとすべきである。

2） 異議後の手形訴訟手続についての表示　督促異議により訴訟手続に移行する。その際，移行した手続として手形訴訟を利用する場合は，督促手続の申立てに際して「手形訴訟による審理及び裁判を求める旨の申述」をしなければならない（民訴366条1項）。手形訴訟は略式手続でありこれを利用する場合にはその旨の意思を明示する必要があるからである。また，この手形訴訟への移行の申述には，手形・小切手の写しの提出が必要である（民訴規220条）。これがなされなかった場合は，通常訴訟に移行する。

3） 手数料納付・費用の予納　支払督促の申立てをなすに際しては，その手数料として請求の価額に応じて印紙を貼付しなければならない。その額は，訴えの提起の場合の2分の1である（民訴費3条別表第1第10項）。また，送達に必要な費用を予納しなければならない。

III　支払督促の審査と処分

1　審査手続

　支払督促の申立てを受けた簡易裁判所書記官は，要件の審査をするにあたり，債務者を審尋することなく，債権者が申し立てた支払督促申立書に基づいて支払督促を発すべきか否かを審査する。

　簡易裁判所書記官は，支払督促の申立てが民訴法382条の支払督促の要件を満たさない場合（⇒II 2 (1)）若しくは民訴法383条の規定（⇒II 1）に反するとき，又は支払督促申立ての趣旨からその請求に理由がないことが明らかなときは，その申立てを却下しなければならない。請求の一部について支払督促を発することができないときも同様に却下しなければならない（民訴385条1項）。この処分は，申立人に相当の方法で告知をすることによって効果が生じる。これに対して申立人は，異議を申し立てることができるがその異議は告知を受けた日から1週間以内の不変期間にしなければならない。この異議の裁判に対しては，もはや不服を申し立てることはできない（民訴385条2項～4項）。

　それ以外の場合には裁判所書記官は債務者に対し支払督促を発する。支払督促を発した旨は債権者に通知される（民訴規234条2項）。

　支払督促を受けた債務者は，その内容に異議がある場合には，この支払督促を発した裁判所書記官の所属する簡易裁判所に〈督促異議〉の申立てをすることができる（民訴386条2項）。

2 支払督促

支払督促は債務者に送達しなければならない（民訴388条1項）。支払督促の効力は債務者に送達されたときに生じる（同条2項）この送達は公示送達によることができず、債務者の住所などが不明のため送達ができないときは、その旨を裁判所書記官は債権者に通知しなければならない。この場合に債権者が通知を受けてから2月の不変期間内にその申出に係る場所以外の送達をすべき場所の申出をしないときは、支払督促の申立てを取り下げたものとみなされる（同条3項）。

IV 仮執行の宣言

1 趣　　旨

支払督促の制度は簡易な手続による債務名義の取得を目的としている。その前提として支払督促手続の対象となった債権が存在しなければならないが、この点についての審査手続を省略して、支払督促債権が存在するか否かは専ら債務者側の〈異議〉に依存させている。債務者が、支払督促の送達を受けた後2週間の不変期間内に支払督促に対する異議の申立てをしないときは、裁判所書記官は、債権者の申立てにより、仮執行の宣言をしなければならない（民訴391条1項）。

このような仮執行宣言を付することによって、債権者の迅速な強制執行の実現の要請に応えた。その際、債権者が仮執行宣言の申立てをすることができる時から30日以内にその申立てをしないときは支払督促はその効力を失う（民訴392条）。

2 仮執行宣言

債務者が支払督促の送達を受けた日から2週間以内に督促異議の申立てをしないときは、裁判所書記官は債権者の申立てにより、支払督促に手続の費用額を付記して仮執行の宣言をする（民訴391条1項）。この宣言は、支払督促に記載し、当事者に送達しなければならない（民訴391条2項）。

仮執行宣言の申立てを却下する旨の裁判所書記官の処分は、適当と認める方法で債権者に通知すれば足りる（民訴391条3項、385条3項）。

V　債務者の異議

1　支払督促に対する異議

債務者は支払督促に対して〈督促異議〉を申し立てることができる（民訴386条2項）。この督促異議は，支払督促を発した裁判所書記官の所属する簡易裁判所に申し立てることができ，書面又は口頭で行う。

債務者は，支払督促が送達されてから2週間以内に督促異議の申立てをすることができる。適法に異議がなされた場合，支払督促はその限度で効力を失う（民訴390条）。この異議は支払督促自体を失効させ，仮執行宣言を阻止する意味を持つ[12]。異議が適法であると認めるときは，事件は自動的に簡易裁判所又は地方裁判所の訴訟事件に移行する（⇒Ⅵ）。

2　仮執行宣言前の督促異議

債務者は，支払督促が送達され2週間が経過した後であっても，支払宣言がなされていない時点で異議を申し立てることができる。この場合には裁判所書記官は仮執行宣言をすることができない（民訴391条1項）。通説はこの場合にも支払督促が失効する余地を認める。これに対して，異議申立てが遅れたことにつき相当の理由がある場合に限って債務者の異議を認めるべきだとの見解がある（これらの詳細につき，注釈民訴(9)201頁〔加藤哲夫〕）。しかし，支払督促制度は債務名義取得のための略式手続であるが，その基礎が債務者からの異議がないことを基本とする。このような異議を厳格に2週間に限定し，それに反する場合にはすべて債務名義を認め強制執行への道を開くのは極めて不当である。通説の見解を是とすべきである。

3　仮執行宣言後の督促異議

支払督促に仮執行宣言が付された後であっても，債務者はそれが送達された日から2週間の期間を経過するまで仮執行宣言付支払督促に対して異議を申し立てることができる。適法な異議の申立てがなされたときは，支払督促手続は終了し，訴訟手続に移行する（民訴395条⇒Ⅵ）。この場合には仮執行宣言自体は失効せず，支払督促の確定が遮断される（民訴396条参照）にすぎない。ただし，裁判所は申立てにより強制執行の停止又は取消しを命じる仮の処分の裁判正本により強制執行を停止又は取り消すことができる（民執39条1項6号）。

---

[12]　督促異議（従来の支払命令に対する異議）の沿革については，注釈民訴(9)166頁〔納谷廣美〕。

支払督促について仮執行宣言がなされ，それが送達された日から2週間の不変期間を経過すると，債務者は支払督促に対してもはや異議を申し立てることはできない（民訴393条）。

支払督促に対する異議につき，これを不適法と認めるときは，簡易裁判所は督促異議に係る請求が地方裁判所の管轄に属する場合であっても決定でその督促異議を却下しなければならない（民訴394条1項）。この決定に対しては即時抗告をすることができる（同条2項）。

4　異議がない場合の支払督促の効力

仮執行宣言を付した支払督促に対して異議の申立てがない場合，又は異議の申立てを却下する決定が確定したときは支払督促は確定判決と同一の効力を有する（民訴396条）。この場合この支払督促には既判力は生じない。それゆえ，支払督促の対象となった請求権に関する不服は請求異議の訴えによる。

VI　通常訴訟への移行

1　手　　続

支払督促に対して債務者から適法な異議が申し立てられた場合，手続は通常訴訟手続に移行する。請求の目的の価額に従い，支払督促の申立ての時に，支払督促を発した裁判所書記官が所属する簡易裁判所又はその所在地を管轄する地方裁判所に訴えが提起されたものとみなされる（民訴395条）[13]。

その後の訴訟手続は通常民事事件の第一審訴訟手続によって処理される。

2　判　　決

異議に基づいて移行した訴訟手続で審理・判断される手続対象は，仮執行宣言前になされた異議の場合，支払督促自体が失効するから，その対象は請求権自体であることに争いはない。これに対して，仮執行宣言付支払督促に対してなされた異議に基づく手続では，その対象については見解が対立する（詳細は，注解民訴(9)221頁〔石川明〕）。大別すると，この手続を上訴と同様に支払督促に対する異議の当否が審判の対象となり，その終局判決で請求に理由があると認める場合，裁判所は支払督促を維持して異議を棄却し，請求に理由がないと認める場合，支払督促を取り消して請求を棄却すべきだとする見解がある（兼子・体系497頁）。これに対して，異議訴訟の対象はこの場合についても請求の

---

[13]　異議後に手形訴訟手続による審理判断を求める場合は，その旨を支払督促の申立時にその旨の申述をしておかなければならない（民訴366条）。

当否であり，請求を認容する場合には支払命令を維持し，請求の一部認容の場合には支払督促を変更し，請求を棄却すべき場合は支払督促を取り消すべきだとする。多数説（新堂920頁）であり，〔**判例**〕である。異議手続を上訴と類似の形で見ることはできず，移行後は同一請求につき訴訟手続での審理を行うと見るべきであり，後者の見解を是とすべきである。

† 〔**判例**〕 最(2小)判昭和36年6月16日民集15巻6号1584頁[14]　　本件は，X（原告・被控訴人・被上告人）が申し立てた仮執行宣言付支払命令（現行法は「支払督促」）に対して，Y（被告・控訴人・上告人）が異議申立てをしたことによって移行した訴訟事件である。第一審はその判決主文で単純な給付命令を宣言し，控訴審もこれを維持した。Yは，仮執行宣言付支払命令に対する異議申立てによって移行した訴訟手続の審判対象は，上訴に準じて異議の当否であるはずなのに判決は請求の当否について判断したために債務名義が重複することになり違法だとして上告。最高裁は次のように述べて上告を棄却した。

「おもうに，仮執行宣言付支払命令に対する異議は，仮執行宣言前の支払命令に対する異議と同様，単に督促手続を排し通常訴訟手続による審判を求めるものと解すべきであるから，異議申立により移行した訴訟においては督促手続におけると同一の請求についてその当否を判断すべきものである。ただ，督促手続とその後の通常訴訟とは一体をなすものであり，また仮執行宣言付支払命令については民訴437条〔現行法390条〕のような規定がないから，同法198条〔現行法260条〕の適用等の関係上通常訴訟においてなさるべき判決において仮執行宣言付支払命令の取消，変更または認可を宣言するのが相当である。

本件第一審判決をみるに，請求の当否について審判していることは明らかであるが，単に請求どおりの給付を命ずるのみで仮執行の宣言をしていないところからみて，さきになされた仮執行宣言付支払命令はこれを取消す趣旨であると解すべく，また原判決は右の趣旨の一審判決を維持して控訴を棄却したものと解される。

しからば，本件においては所論のように2個の債務名義が重複して存在することはなく，所論は結局右と異る見解に立脚して原判決の違法を主張するものであって採用できない。」

---

[14] 中川哲男・最判解説民事昭和36年度231頁。

VII 督促手続のオンライン化
――電子情報処理組織を用いて取り扱う督促手続の特則

1 意　義
支払督促手続でも将来の事件数の増大，特に都市部の裁判所の事件の集中に備えて，督促手続について電子情報処理組織（EDP）を用いて円滑な事件の処理ができるための法整備が行われている。督促手続ではその大部分が信販・貸金関係事件であり多量の定型的事件が裁判所に持ち込まれている。

2 手　続
電子情報処理組織を用いて督促手続の申立てを行うことができるが（民訴132条の10第1項），それを取り扱う簡易裁判所は規則（民事訴訟法第132条の10第1項に規定する電子情報処理組織を用いて取り扱う督促手続に関する規則〔最高裁規則平成18年10号〕。以下「電情規」と略記）で特別に定められておりこれを「指定簡易裁判所」という（民訴397条）。この指定簡易裁判所は東京簡易裁判所である（電情規1条1項）。また民訴法383条に定める管轄裁判所が東京高等裁判所の管轄区域内の簡易裁判所である場合（東京簡易裁判所を除く），大阪高等裁判所の管轄区域内に所在する簡易裁判所及び福岡高等裁判所の管轄区域内に所在する簡易裁判所である場合にも，指定管轄裁判所の裁判所書記官に，電子情報処理組織を用いて支払督促の申立てをすることができる（電情規1条2項。平成20年最高裁規則11号）。したがってこれらの裁判所書記官は広い範囲からの支払督促の申立てを扱う。

申立てにあたっては，指定簡易裁判所に備えられたファイルに従って必要事項を入力する方法で行う（電情規3条）。

これらの事件についての督促異議は，電子情報処理組織を用いてすることができ（民訴132条の10第1項），この場合の督促異議の請求については，督促異議を発した裁判所書記官の所属する簡易裁判所又はその所在地の地方裁判所が基準となる（民訴398条1項）。しかし，電子情報処理組織を用いた支払督促手続では，管轄が広く，裁判所が二以上にわたる場合があり得る。この場合，その中に民訴法383条1項に定める簡易裁判所又は地方裁判所があるときはその裁判所に，それがないときは同条2項第1号に定める簡易裁判所又はその所在地を管轄する地方裁判所に訴えの提起があったものとみなされる（民訴398条2項）。これらにかかわらず，債権者がその一つを指定したときは，その裁判所

に訴えが提起されたものとみなされる（民訴398条3項）。

また、この手続では、本来は書面で行う処分の告知等についても電子情報処理組織を用いて行うことができ（民訴399条），記録の作成（民訴400条），訴訟記録の取扱い（民訴401条）につき特別の定めがある。

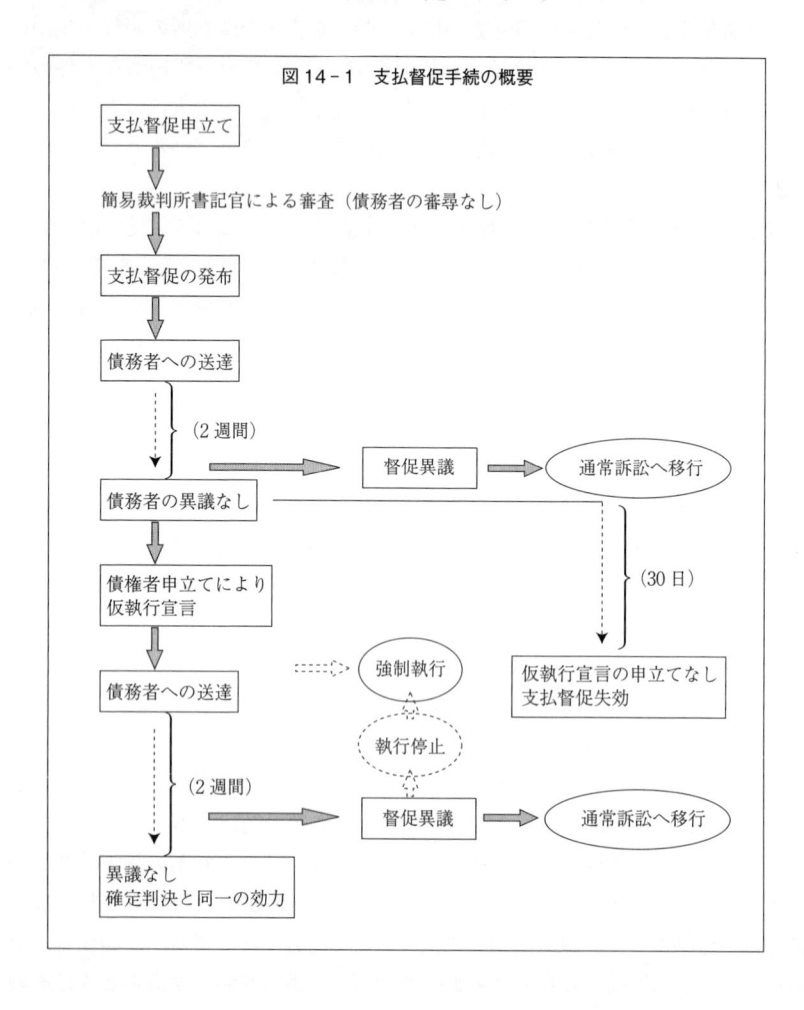

図14-1　支払督促手続の概要

```
支払督促申立て
    ↓
簡易裁判所書記官による審査（債務者の審尋なし）
    ↓
支払督促の発布
    ↓
債務者への送達
    ↓（2週間）→ 督促異議 → 通常訴訟へ移行
債務者の異議なし
    ↓
債権者申立てにより仮執行宣言　　　（30日）→ 仮執行宣言の申立てなし　支払督促失効
    ↓
債務者への送達　┄┄→ 強制執行
    ↓　　　　　　　　　┆執行停止
    ↓（2週間）→ 督促異議 → 通常訴訟へ移行
異議なし
確定判決と同一の効力
```

第15章　訴訟費用と訴訟救助

[本章の概要]

　訴訟手続を利用するためには，様々な費用が必要である。訴訟当事者にとって費用の問題は大きな経済的負担を伴い，避けて通ることのできない重要な問題である。この章では，これらの訴訟に要する費用の問題を取り上げる。

　訴訟に要する費用には様々な種類がある。純粋に訴訟手続を利用するために必要な費用としては，訴訟手続を設営する国に納めなければならない費用，個々の訴訟手続を進めるうえで特別に必要な手続に要する費用，更には弁護士に訴訟手続を委任して訴訟を追行してもらうために必要な費用などがある。これらの費用を誰が負担するのかが問題になる。

　このように訴訟に費用が必要だとしても，訴訟手続の利用を必要とする者がすべて，常に自らの費用を調達することができるわけではない。しかし，訴訟費用が調達できないために訴訟手続の利用ができないとすれば，そもそも憲法が国民に保障する個人の権利保護は十分に機能せず，結局画餅にすぎないことになる。そこでその場合に何らかの救済措置を講じる必要がある。

　本章では，第１節で，これら訴訟費用の問題一般について考察をした後，第２節では訴訟手続に必要な費用，第３節では訴訟費用の担保，第４節では弁護士費用，第５節では訴訟に要する費用を支出することができない者に対する救助の問題を取り上げて考察する。

第１節　総　　論

[文献]

長谷部由起子「訴訟に要する費用とその調達」争点３版 56 頁

　民事訴訟手続は国家が設営する裁判所によって行われる。この民事訴訟手続には様々な費用がかかる。これらの費用にはまず，国家機関としての裁判所を維持するために不可欠な庁舎や人的・物的施設の維持・管理などの費用が必要である。しかしその他にも，個々の手続自体を進めるためにも様々な費用がか

かる。これらの費用は一面で国家の責務として司法制度を維持するために必要な費用であると共に，他方では本来民事訴訟が個人の権利や利益を保護するために設けられた制度であることから，最終的には，この手続を利用する者が受ける個人的な利益の代償として支払わなければならない費用の意味を持つ。

現代国家が社会的法治国家を標榜することから司法に対して多くの費用を支出している。特に，憲法上国家は裁判手続を充実して，個人の権利保護の要請に対応することが求められている。裁判を受ける権利を十分に保障するためには，国民が安心して訴訟手続を利用することができなければならず，それに要する国民の負担・費用が合理的なものでなければならない。個人が裁判機関を利用するに際して訴訟に要する費用があまりに高額であるならば，そのこと自体が訴訟手続の利用の重大な障害となる可能性がある。他面で，費用があまりに低廉であれば，本来必要のない訴訟を誘発する可能性がないとはいえず，かえってそれが市民の社会生活に深刻な影響を及ぼすおそれがないともいえない。このように訴訟費用の問題は様々な多面的な観点からの検討が必要である。

民事訴訟に関する費用を巡る法律関係は大別すると，①訴訟当事者と裁判所（国家）との関係で発生する費用の問題と，②当事者間でいずれが最終的に費用を負担すべきかの費用の責任の分担問題に分けることができる。

第2節 訴訟費用

[文献]
中野貞一郎「訴訟物の価額」同・論点Ⅰ 56 頁，服部敬「訴額の算定」論点新民訴 18 頁

Ⅰ 意　義

1　司法機関設営の費用

民事訴訟手続は国の制度として設営され運営されている[1]。このような民事訴訟制度を設けそれを運営するためには，一般に裁判所などの物的施設及びそこで活動する裁判官をはじめとした様々な人的施設等について，これを維持・

---

1) この点，民事訴訟手続と仲裁手続とは根本的に異なる。仲裁手続では，基本的に必要な費用はすべて当事者が支払わなければならない。また最近では裁判外紛争処理制度の充実が求められているが，これらで必要な費用問題が検討されなければならない。

管理するために様々な費用を必要とする[2]。また，個々の事件の処理に際しても，手続や通信，更には証拠調べなどそれぞれの手続に応じて様々な費用がかかる。これらの費用については，一方で裁判所が国家の機関として設置されていることから，その費用については国が負担することが必要なものも存在する。

他方では，裁判制度を利用する者も，国家の設営する裁判手続を利用することで個人的な便益を得ることから，これらの利用者に対してそれに相応する費用の負担を求め，また個々の手続の進行に応じて必要な費用について当該手続の利用者が負担をすることが必要になる。

もっとも，憲法上の裁判を受ける権利（憲32条）との関係で，訴訟費用があまりにも高額である場合，それが提訴の障壁になることから，これによる困難を除去しなければならないとも説かれる（この点につき，中野〔文献〕57頁）。

2　訴訟費用の種類

(1)　訴　訟　費　用

民事訴訟に必要な費用は〈訴訟費用〉といわれる。この〈訴訟費用〉という用語は，一般には広く当事者が民事訴訟手続を進めるために必要な費用を指しており（広義の訴訟費用），この中には弁護士費用なども含まれている。

これに対して，狭義の〈訴訟費用〉とは，当事者その他の関係人や国が支出したもののうち，法令の定めにより当事者が納付又は償還しなければならない費用であり，結局当事者が負担しなければならないものをいう。

狭義の訴訟費用には次のような性質の異なる費用がある。

① 当事者が裁判所を通じて国に納付する〈裁判費用〉

② 当事者が自ら支出する〈当事者費用〉

(2)　裁　判　費　用

〈裁判費用〉とは，国民が裁判制度を利用するために裁判所（国庫）に納付しなければならない費用であり，民事訴訟手続を進めるにあたって裁判所の行為に要する費用である。これは，裁判所を利用するのに必要な費用及び裁判所が証拠調べや書類の送達などを行うために必要な費用が含まれる。

1) 手数料　　裁判所を利用するために支払わなければならない費用は〈手

---

[2] 民事裁判制度が国家の設営する制度であることから，裁判官の雇用関係から発生する費用，施設の維持・管理などの費用は国家が負担することになっている。これに対して，仲裁手続では，基本的にはこれらの費用も当事者が負担することになる。もっとも，常設の仲裁機関を利用する場合には，その費用が定額化されている場合が多い。

数料〉として，訴え提起の際に裁判所（国庫）に納入しなければならない。手数料の支払がなければ訴えは不適法として（訴状が）却下される（⇒第3章第2節Ⅲ4）。手数料の法的性質に関しては，訴訟制度を利用する受益者負担の原則に基づくと理解するのが通説である。しかし，訴訟費用は敗訴当事者が負担するのが原則である（民訴61条）ことから，損失者負担金と理解する見解もある。

手数料には，①裁判所の裁判を求めるために当事者の申立てに関するもの（民訴費2条1号，3条別表第1），及び，②裁判所書記官が保管する記録の閲覧・謄写，書類の交付を求める当事者の申立てに関するものがある（民訴費7条）。

①申立ての手数料としては，民訴費用法の別表に掲げる申立ての種類に応じて定められた額を支払わなければならない。その額は〈訴訟の目的の価額〉に応じて手数料が設定されている。

訴訟の目的の価額は民訴法8条1項及び9条によって算定する。したがって，それは「訴えで主張する利益」によることになる（民訴8条1項）。従来この訴えで主張する利益は，専ら原告が当該訴訟で全部勝訴した場合に得る可能性のある経済的利益の観点から算定されてきた（経済的訴額説）。その際，給付・確認・形成などの訴えの類型の違いは訴額算定には影響せず，また事件の難易も全く無関係だとされた。この見解では概念上，〈訴額〉という概念は財産権上の請求についてのみ考えることができ，非財産権上の請求では訴額を観念することができないともいわれる（兼子・体系76頁）。さらに財産権上の請求である以上，訴額の算定は常に可能だとする考え方も主張されてきた（全算説）。

これに対して，訴額の算定は事物管轄の決定や申立手数料等の目的のために行われるのであり，また裁判所には裁量権が認められているから当該訴額算定を規律する法の規範的解釈によって決定すべきだとの見解（規範的訴額説）が主張されている（中野〔文献〕68頁）。実務上は，裁判所に裁量権が存在することを前提にして，最高裁民事局長通知（「訴訟物の価額の算定基準について」昭和31年12月12日最高裁民事甲412号）が訴状受付事務の参考にされている。

一つの訴えで数個の請求をする場合は，その価額を合算する。ただし，その訴えで主張する利益が各請求について共通の場合には合算をする必要はない（民訴9条）。

納入は収入印紙を貼付して行うのが原則だが（民訴費8条），手数料の額が100万円を超える場合には現金で納付することができる（民訴費規4条の2）。

申立てで必要な手数料を納付しなければならないのにそれが納付されていな

いときは，その申立が不適法なものとみなされる（民訴費6条）。

　2）　手数料以外の裁判費用　　裁判所で行われる手続に関しても，様々な費用を必要とする場合があり，これらの費用は直接には裁判所から支払われる。これらは，裁判所が現金で支払をしなければならない費用である。しかしその基礎は当事者が負担すべきものとされる費用である。そこでこれらの費用は，手数料以外の裁判費用として裁判所に納付しなければならない。これらの支払に充てるために，裁判所は当事者に予め必要と予想される金額を納付させ，あるいは償還を前提として，裁判所が支払う形をとる。このことからこの費用は，「立替金」ともいわれる。この立替金の内容としては，具体的には以下の2種類がある（民訴費11条1項）。

　①　裁判所が証拠調べ，書類の送達その他の訴訟手続を行うのに必要な費用（同項1号）

　②　証拠調べ又は調停事件以外の民事事件若しくは行政事件における事実の調査その他の行為を裁判所外でする場合に必要な，裁判官及び裁判所書記官の旅費及び宿泊料で，証人の例により算定したものに相当する金額（同項2号）

　これらの費用は，通常は原告が訴え提起に際して，当事者が償還に必要な額を予め納付する形態をとっており（民訴費12条1項），裁判所が立替えをするのは例外である。当事者が予納をしなければ，裁判所は当該行為を行わないことができる（同条2項。例えば，必要な証拠調べを行わないなど）。

　(3)　当事者費用

　当事者や訴訟代理人などが裁判所に出頭して訴訟手続を行うために必要な費用のうち，法定されているものを〈当事者費用〉という。当事者や代理人が裁判所に出頭するための旅費，日当，宿泊費（民訴費2条4号，5号），訴状や答弁書などの書類を作成するのに必要な費用（民訴費2条6号）などがこれに含まれる。これらの費用は，直接に当事者が自ら支払わなければならない。

　弁護士費用は，原則として当事者費用には含まれない。ただ，民事訴訟等に関する法令の規定により裁判所が選任を命じた場合において当事者等が選任した弁護士又は裁判所が選任した弁護士に支払った報酬及び費用で裁判所が相当と認める額が当事者費用となるにすぎない（民訴費2条10号）。

　3　訴訟費用の負担原則

　訴訟費用は最終的に当事者が負担しなければならないが，当事者間では敗訴当事者がこれを負担するものとしている（民訴61条）。これを〈訴訟費用敗訴

者負担の原則〉という。ここにいう「訴訟費用」の種類及び範囲は，民事訴訟費用等に関する法律2条に定められている。

訴訟費用敗訴者負担の原則の根拠は，これらの費用が勝訴者にとってその権利を行使するのに必要な費用だったからであるとされている。その際，敗訴者の故意・過失などの要素は考慮されず，訴訟の結果として発生する責任だと解されている。

ただし，裁判所は裁量により，この敗訴者負担原則を，訴訟手続における当事者の行為その他の要素が訴訟費用に及ぼした影響等を考慮して修正することができる。このような要素として，法定されているのは次の通りである。

① 不必要な行為があった場合　裁判所は，事情により勝訴の当事者がその権利の伸張若しくは防御に必要でない行為を行い，それによって余分な訴訟費用が生じた場合又は行為の時における訴訟の程度において，相手方の権利の伸張若しくは防御に必要であった行為により生じた訴訟費用の全部又は一部を，勝訴当事者に負担させることができる（民訴62条）。

② 訴訟を遅延させた場合　当事者が訴訟を遅延させた場合には，その当事者が勝訴当事者であっても，遅滞によって生じた訴訟費用の全部又は一部を負担させることができる（民訴63条）。

③ 一部敗訴の場合　一部敗訴の場合の訴訟費用負担は裁判所が裁量で定めるが，事情によっては当事者の一方にその全額を負担させることもできる（民訴64条）。

④ 共同訴訟の場合　共同訴訟人間では，原則として等しい割合で訴訟費用を負担させる。しかし，事情により，連帯で負担させることができる。また権利の伸張又は防御に必要でない行為をした当事者には，それによって余分に生じた費用の負担をさせることができる（民訴65条）。

⑤ 補助参加の場合　以上の原則は，補助参加に対する異議が出された場合（民訴44条）の訴訟手続で生じた訴訟費用について，補助参加人とその異議者の間での訴訟費用の負担の関係について準用される。また，補助参加によって生じた訴訟費用について補助参加人と相手方との間での負担の関係にも準用される（民訴66条）。

II　訴訟費用の裁判

裁判所は，終局判決で，当該審級における訴訟費用の全部について，その負

担の裁判をしなければならない（民訴67条1項）。この裁判は，判決の主文中で，当事者間での負担割合について定めるが，これは裁判所の職権によってなされる。当事者が，訴訟費用について申立てをしても，それは裁判所の職権の発動を促す意味があるにすぎない。上級審が，原審の行った本案判決を変更するときは，当然に原判決中の訴訟費用の判断は失効し，総費用について改めて訴訟費用負担の裁判をしなければならない（民訴67条2項）。

　訴訟費用の裁判に対しては，独立して上訴をすることができない（民訴282条）。

Ⅲ　訴訟費用償還請求権

　当事者の訴訟費用負担についての規律は，当事者が自ら支弁した費用についてだけではなく，相手方が既に支弁した費用にも及ぶ。したがって，訴訟費用の負担を負った者は，相手方が既に支弁した訴訟費用についても負担しなければならず，相手方は費用償還請求権を取得する。この請求権は，具体的には訴訟費用負担確定手続（民訴71条）によって発生する。この手続によることなく，独立して相手方に費用償還請求権を別訴などで請求することはできない。

Ⅳ　訴訟費用額確定手続

1　趣　　旨

　裁判所は事件を完結する裁判（例えば終局判決）では，その主文で，訴訟費用の負担をすべき者及びその負担割合についての判断を職権で示さなければならない。しかし，そこでは訴訟費用の負担について抽象的な割合を示したにすぎず，その具体額の決定のためには更に〈訴訟費用額確定手続〉が必要である。

　この〈訴訟費用額確定手続〉は，訴訟費用負担の裁判が執行力を生じた後に，申立てにより，第一審裁判所の書記官が行う手続である。

2　申立て

　訴訟費用額確定を求める申立ては，裁判所書記官に対して書面でしなければならず（民訴規24条1項），その際当事者は費用計算書及び費用額の疎明に必要な書面を提出すると共に相手方に対して書類の直送（民訴規47条）をしなければならない（民訴規24条2項）。

　訴訟費用額確定に際して，当事者双方が訴訟費用を負担するときは，最高裁判所規則で定める場合（相手方が催告期間内に費用計算書及び費用額の疎明をしない

場合，民訴規27条）を除き，対当額について相殺があったものとみなすことにして（民訴71条2項）簡易な決済を図っている。

3 訴訟費用額確定処分

　裁判所書記官による訴訟費用額確定の処分は，相当と認める方法で告知をすることによってその効力を生じる（民訴71条3項）。この処分に対しては，告知を受けた日から1週間の不変期間内に，その書記官が属する裁判所に異議の申立てをすることができる（民訴71条4項）。裁判所はこれに対して異議申立てに理由があると認める場合で訴訟費用の負担額を定めるべきときはその額を自ら定める（民訴71条6項）。また，この決定に対しては即時抗告をすることができる（民訴71条7項）。

　当事者が裁判所で和解をした場合において，和解の費用又は訴訟費用の負担について特別の定めをしなかったときは，その費用は各自が負担する（民訴68条）。また，裁判所で和解をした場合において，和解の費用又は訴訟の費用負担を定めたが，その額を定めなかった場合は，その額は，申立てにより第一審裁判所の書記官が，また起訴前の和解（民訴275条）の場合にはその和解が成立した簡易裁判所の裁判所書記官がその額を定め，その手続については判決の場合の規定を準用している（民訴72条）。

第3節　訴訟費用の担保

I　意　義

　訴訟費用の負担が命じられても，当事者がこの義務を常に履行するとは限らない。特に内外人を問わず，原告が日本国内に住所，事務所，営業所を有しないときは，原告が訴訟費用の負担を命じられたとしても，その償還義務を任意に履行しなければ，応訴を強いられる被告にとってその償還には多大の負担を強いられるおそれがある。原告にとっても，被告側に命じられた訴訟費用についてはその償還ができない場合のリスク負担が考えられないわけではない。しかしそれは自らの意思で訴えを提起するから，そのリスクは提訴に伴うリスクに含まれるともいえる。これに対して被告側は，その意思に反して応訴を強いられる立場であり，防御が功を奏してもその訴訟費用の償還ができないとすれば極めて不当だと感じられる。そこで，このような場合の被告の危険を避ける

ために，裁判所は，被告の申立てにより決定で，訴訟費用の担保を立てるべきことを原告に命じなければならないものとした（民訴75条）。この場合に，この申立てをした被告は，原告が担保を立てるまで応訴を拒むことができる（民訴75条4項）。したがって，この意味で担保の提供がないことは訴訟障害事由となる（しばしば「妨訴抗弁」といわれる）。

II 担保提供命令

1 申立て

裁判所は，原告が日本国内に住所も事務所も営業所も持たない場合に，被告の申立てにより決定で，原告に対して，額及び提供の期間を定めて担保の提供を命じなければならない（民訴75条1項，5項）。これは，原告が敗訴するなどして訴訟費用の負担を命じられた場合に備えて，将来発生する可能性のある費用の弁償義務についての担保を命じるものである。これを，〈担保提供命令〉という。いったん担保提供命令が出された場合であっても，後にそれが担保に不足した場合にも裁判所は，更に担保提供命令を出さなければならない。裁判所は担保額を定めるに際して，単に第一審の訴訟費用だけではなく，被告が各審級で支出するであろう訴訟費用の総額を標準として定める（民訴75条6項）。担保提供の申立てに対する裁判に対しては，即時抗告をすることができる（民訴75条7項）。

この担保提供命令は，金銭の支払請求の一部について争いがない場合で，その額が担保として十分な場合には適用されない。この場合には，必要があれば，原告に命じられた訴訟費用負担額は，この被告の確定した債務と相殺することができるからである。

さらに，被告は，原告に担保を立てるべき事由があることを知った後に本案について弁論をし，又は弁論準備手続において申述をしたときは，担保提供命令の申立てをすることができない（民訴75条3項）。

2 効力

担保提供命令が出されると，被告は原告から担保の提供がなされるまで，応訴を拒むことができる（民訴75条4項）。定められた期間内に，原告が担保の提供をしないときは，裁判所は口頭弁論を経ずに，判決で訴えを却下する（民訴78条）。

3 担保提供の方法

担保の提供は，担保提供を命じた裁判所を管轄する地方裁判所の管轄区域内の供託所に，金銭又は裁判所が相当と認める有価証券を供託する方法で行わなければならない。ただし，当事者が特別の契約をしたときはその契約による（民訴76条）。いったん担保が提供されても，担保を立てた者の申立てにより，裁判所は決定で，その担保の変換を命ずることができる。また，契約で別の担保に変えることもできる（民訴80条）。

Ⅲ 担保取消し

原告が，担保提供の事由が消滅したなどの理由で，担保の取戻しをするためには，裁判所による担保取消決定を得なければならない。担保提供事由の消滅の例としては，訴訟が終結して，原告が訴訟費用の弁償義務を負わないことが確定した場合がある。原告がこの事由を証明すれば，担保提供は取り消される（民訴79条1項）。また，被告が担保取消しに同意したことを証明した場合も，担保提供は取り消される（同条2項）。これらの決定に対しては，即時抗告をすることができる（同条4項）。

原告が，訴訟完結後訴訟費用の弁償義務を負うことになった場合であっても，その申立てにより，裁判所が，担保権利者に対して一定期間内にその権利を行使すべきことを催告していたにもかかわらず，その権利を行使しないときは，担保権利者が担保取消しについて同意したものとみなして，担保提供を命じた決定を取り消す旨の決定を得ることができる（民訴79条3項）。

Ⅳ 担保物に対する被告の権利

被告は供託された金銭又は有価証券に対して，他の債権者に先立って弁済を受ける権利を有する（民訴77条）。被告は供託物の返還について優先的弁済権を有すること（還付請求権説）を明記した（一問一答75頁）。

なお，担保提供の方法に関する規定（民訴75条4項，5項，7項及び76条～80条）は，他の手続に準用されている（民訴81条）。

第4節　弁護士費用

〔文献〕
加藤新太郎「弁護士報酬をめぐる紛争」同・弁護士役割論〔新版〕(弘文堂・2000)
240頁，岨野悌介「弁護士費用の損害賠償」新実務(4)103頁

I　総　　論

　民事訴訟手続で，当事者の代理人として弁護士を選任し，訴訟手続の追行が委ねられることが多い。訴訟手続は専門性が高く，素人が訴訟手続を自力で行うことにはかなりの困難が伴うし，またそれに費やされる時間は日常的な生活を圧迫する。そこで，このような訴訟手続に関する様々な事柄を専門職である弁護士に依頼することになる。その際，弁護士を選任する場合に必要な費用はかなりの額になるが，その負担をどのようにするかは市民が民事訴訟制度を利用するうえで極めて大きな考慮要素になりうる。わが国では訴訟の追行に必要な弁護士費用は，当事者が負担しなければならない費用であり，前述のように当事者費用にも含まれていない。

II　弁護士費用の負担原則

1　弁護士費用の各自負担原則

　わが国では弁護士費用は，すべての審級について各人の負担とされている。これは，わが国の民事訴訟が弁護士強制主義を採用していないことから（⇒第2章第6節IV 2），訴訟当事者は民事訴訟手続で，必ずしも弁護士を代理人として手続を行う必要はない（このように弁護士が代理せず，本人が直接訴訟行為を行う事件を〈本人訴訟〉という）。裁判所が弁護士の付添いを命じた場合（特別代理人〔民訴35条〕）以外は，弁護士を選任するか否かは当事者の自由とされている。このことは，事実審だけでなく上告審でも同様である。そこで，弁護士に対して支払われる費用は，訴訟当事者が各人で支払うべきものとされている（特別代理人の費用が裁判費用であることにつき，民訴費2条10号）。

2　損害賠償請求による弁償請求の可能性

　弁護士費用は訴訟当事者の各自負担を原則としているが，それにもかかわら

ず訴訟追行に要した弁護士費用を，敗訴者から弁償請求することができないかが問題とされてきた。これは，弁護士を選任して訴訟の追行を依頼することが，現実問題として，市民にとって権利行使に不可欠な費用であるが，そうであるならばこの費用も訴訟制度を利用するために不可欠な費用として敗訴した当事者に負担させるべきではないかが問われる。特に損害賠償請求訴訟では，訴え提起を余儀なくされ，そのために出費した弁護士費用も，当該不法行為が行われたことによって被害者に発生したものであり，これは損害の一部として損害賠償の範囲に含まれないかが論じられてきた（岨野〔文献〕，河野正憲「弁護士費用」乾昭三＝徳本鎮・不法行為法の基礎〔青林書院新社・1977〕292頁）。

† 〔判例〕 最(1小)判昭和44年2月27日民集23巻2号441頁[3]　訴訟に要した弁護士費用を不法行為による損害として請求することができるかにつき，先例とされる事件である（肯定）。この事件では，X（原告・被控訴人・被上告人）がY（被告・控訴人・上告人）に対して，本件別紙目録記載の物件（一）につき根抵当権設定登記の抹消及び，別紙目録記載の（二）物件の根抵当権登記の抹消登記手続を求め，更に本訴提起に要した弁護士費用18万円（着手金13万円，その他の損害5万円）を不法行為による損害賠償として訴求した。一審はXの請求を認容し，損害賠償請求権としては13万円を認容。Y控訴。控訴棄却。Y上告。上告棄却。最高裁は次のようにいう。

「原判決の確定したところによれば，訴外亡A，同BがXの代理人と称して第一審判決別紙目録（一）記載の宅地（以下第一物件という。）につき昭和34年3月25日X主張の内容の根抵当権を設定した際，これとあわせて貸金債務80万円を担保するため停止条件付代物弁済契約を締結して右根抵当権設定登記と同時に所有権移転の仮登記を経たこと，また同じく第一審判決別紙目録（二）記載の建物（以下第二物件という。）につき昭和34年10月10日X主張の内容の根抵当権を設定した際，これとあわせて貸金債務60万円を担保するため停止条件付代物弁済契約を締結して右根抵当権設定登記と同時に所有権移転の仮登記を経たこと，そして第一，第二物件とも昭和35年5月25日Xにおいて債務を弁済しなかったのでYに所有権が移転したとしてその旨の所有権移転登記がなされたこと，その後Xは，Yに対し右代物弁済契約は訴外A，同BがXに無断でYと締結したものであるから無効であるとして第一，第二物件に対するYの所有権取得登記の各抹消登記手続を求める訴を提起し，反面YもまたXに対し右代物弁済が有効であることを前提として，第一，第二物件をYに明け渡すことを求める訴を提起し，右二つの訴

---

[3] 小倉顕・最判解説民事昭和44年度167頁，萩澤清彦・続百選76頁，小島武司・百選2版72頁。

訟は津地方裁判所熊野支部において併合審理された結果，昭和37年2月5日Xの主張どおり第一，第二物件に対する代物弁済契約は，訴外A，同BがXに無断で締結したものであって，Xにその責任はなく，したがってこれに基づく代物弁済も無効であるとして，Yに所有権取得登記の抹消登記手続を命じ，Yの主張を全面的に排斥したX勝訴の判決がなされ，この判決は同年2月25日確定したことが認められるというのである。さらに原判決によれば，右第一物件に対する代物弁済契約と極度額80万円の根抵当権設定契約とが同一機会になされたものとなっており，また第二物件に対する代物弁済契約と根抵当権設定契約とが同一機会になされたものとなっており，右の如く，そのうちの代物弁済契約が判決をもって前記理由で無効であると判断されている以上，通常の注意を払えば代物弁済契約と同じく根抵当権設定契約も同様の理由により無効であろうと考えるのは当然であり，また右契約の中間時期に行われたとされている第一物件に対する昭和34年7月29日付の根抵当権設定契約も同様の理由で無効ではないかとの疑いを抱くべきが当然であるのにかかわらず，Yは，前記別件判決が確定した後である昭和37年12月17日たまたま前記各根抵当権設定登記が抹消されていないとの一事に基づき，右根抵当権の存否につき慎重な調査方法を講ずることもなく，あえて津地方裁判所熊野支部に対し第一，第二物件につき不動産競売の申立をしたというのである。そうだとすると，このような事実関係の下においては，Yは，右競売申立にあたり，前記各根抵当権の不存在について，かりに故意がなかったとしても，少なくとも社会通念上過失があったとした原審の判断は正当であるというべきである。しかして，右競売裁判所は，右競売申立に基づき同日競売開始決定をし，さらに競売期日の指定，公告等の手続を進めていたこと原判決の確定するところであるから，Xがこの競売手続を阻止する手段を講じなければ，Yの第一，第二物件の所有権の行使に一層重大な障害を惹起すること明らかであり，Xが右競売手続上の異議の申立等によりその手続の進行を阻止するにとどまらず，かかる根抵当権の実行を窮極的に阻止するため，根抵当権設定登記の抹消登記手続を求める本訴提起に及んだことも，けだしやむをえない権利擁護手段というべきである。

　思うに，わが国の現行法は弁護士強制主義を採ることなく，訴訟追行を本人が行なうか，弁護士を選任して行なうかの選択の余地が当事者に残されているのみならず，弁護士費用は訴訟費用に含まれていないのであるが，現在の訴訟はますます専門化され技術化された訴訟追行を当事者に対して要求する以上，一般人が単独にて十分な訴訟活動を展開することはほとんど不可能に近いのである。従って，相手方の故意又は過失によって自己の権利を侵害された者が損害賠償義務者たる相手方から容易にその履行を受け得ないため，自己の権利擁護上，訴を提起することを余儀なくされた場合においては，一般人は弁護士に委任するにあらざれば，十分な訴訟

活動をなし得ないのである。そして現在においては，このようなことが通常と認められるからには，訴訟追行を弁護士に委任した場合には，その弁護士費用は，事案の難易，請求額，認容された額その他諸般の事情を斟酌して相当と認められる額の範囲内のものに限り，右不法行為と相当因果関係に立つ損害というべきである。

ところで，本件の場合，Xが弁護士Hに本件訴訟の追行を委任し，その着手金（手数料）として支払った13万円が本件訴訟に必要な相当額の出捐であったとの原審の判断は，その挙示する証拠関係および本件記録上明らかな訴訟経過に照らし是認できる」。

またその後，交通事故に基づく損害賠償請求事件では，弁護士費用を，交通事故による損害につき相当因果関係にある損害として，その「相当額」を認める取扱いがなされつつある（最(3小)判昭和57年1月19日民集36巻1号1頁[4])）。

3 弁護士費用に関する独・米の法制度概観

弁護士費用の取扱いは国によって非常に異なる。ここではドイツ及びアメリカ合衆国の制度を概観する。

(1) ド イ ツ

ドイツ法では，基本的に弁護士強制が採用されており，弁護士は民事訴訟手続の追行に必要不可欠である。したがって，その費用もわが国とは異なり，弁護士が行った訴訟手続の事項によって，基本額が法定されている。

なお，ドイツでは訴訟に備えた訴訟費用保険が広く普及している。これらの保険によって自己の弁護士費用や敗訴の場合の相手方の弁護士費用の支払がカバーされる。保険の種類も，自動車事故など特定の類型について適用されるタイプやあらゆる訴訟事件について適用される一般型タイプがある。また，訴訟手続を確実に利用することができるように，新たなタイプの金融商品も開発されている[5]。

(2) アメリカ合衆国

アメリカ合衆国では，各人が弁護士費用を支払うのが原則である。これは，American Rule といわれている[6]。制定法上定められた場合を除いて，勝訴者は敗

---

[4] 篠田省二・最判解説民事編昭和57年度1頁。
[5] この金融商品は，金融会社と顧客との間で事前に，将来の訴訟に備えて，顧客が要したすべての訴訟に要する費用及び顧客が敗訴した際に負担すべき費用を金融会社が支払う契約である。反対に顧客が勝訴した場合には，獲得した金額から一定割合を金融会社に支払うとするものであり，その割合は一般には顧客が獲得した金額の30％から50％とされる。この商品には批判もあり，コンティンジェント・フィー（Contingent fees）禁止に違反するとか，被告にはこのような制度がなく原告・被告間のバランス上問題等が指摘されている（*Murray/Stürner*, GCJ, p.124）。
[6] これに対して英国では弁護士費用は敗訴者負担となる。これを English Rule という（*James/Hazard/Leubsdorf*, CP. §1.23）。なお，アメリカ合衆国における貧困者に対する法的サーヴィス

訴者に対して弁護士費用の弁償を求めることはできない。そこで，不法行為による損害賠償請求事件などで原告が弁護士に事件を依頼する際に，Contingent fees（全面成功報酬）の取決めをする場合が多い。これは，依頼者が勝訴した場合に限って弁護士報酬を支払うとする特約である。原告勝訴の場合には，その訴訟で得た金額につき一定の割合で弁護士報酬が定められるが，かなり高額のことが多い。そのかわり，原告敗訴の場合には，弁護士報酬の支払を求めない。困窮している被害者に提訴を容易にする効果がある。しかし，賭博的要素がないとはいえ，この制度はイギリスでは導入に反対論が強い[7]。

III 弁護士報酬の概要

1 弁護士選任契約

民事事件で訴訟代理人として弁護士に事件の処理を依頼した場合，当事者と弁護士の間の依頼契約によって，弁護士に対して弁護士費用の支払義務を負担する。この弁護士選任契約は一般に委任又は準委任（訴訟委任契約）だと解されている（来栖三郎・契約法〔有斐閣・1974〕505頁，新堂180頁）。この訴訟代理人委任契約は，明示の特約がなくても，その性質上，特別の事情がない限り，依頼者と弁護士の間で，報酬支払について合意が存在すると解される。当事者はこの委任契約に基づいて，弁護士に対して報酬を支払わなければならないが，現在弁護士報酬についての統一的な基準は存在せず，各弁護士事務所で個別的に定められている。

従来は，日本弁護士連合会が定める「日本弁護士連合会報酬等基準規定」があり，またこれを受けて，各単位弁護士会が報酬等の基準を定めていた。しかし，この規定は平成16年4月1日以降弁護士法改正に伴い廃止された。弁護士報酬は完全に自由化されている[8]。現在多くの弁護士事務所では従来の弁護士報酬に関する規定に準じて報酬を定めている例が多いようである。また弁護

については，藤倉皓一郎「アメリカにおける貧困者のための法的サーヴィス」財団法人法律扶助協会編・リーガル・エイドの基本問題（法律扶助協会・1992）119頁，「アメリカン・ルール」同書133頁，「公益弁護活動（pro bono publico）」同書135頁参照。

7) *Andrews*, The Modern Civil Procedure, 2008, 9.29. もっとも英国では1990年のThe Courts and Legal Service Actで条件付弁護士費用合意の制度が導入された。原告がこの合意のもとで勝訴した場合，代理人は成功報酬を得ることができるが，この負担は敗訴被告が負う。原告敗訴の場合，通常は原告が被告の費用を負担するが，この合意はこれをカバーする（*Andrews*, 9.21）。

8) 加藤新太郎「弁護士報酬をめぐる倫理」法教294号146頁以下，148頁。

士事務所によってはタイムチャージ制を採用しているところも存在する。

2 弁護士報酬

　従来から，わが国における民事訴訟事件についての弁護士報酬制度は，〈着手金〉と〈報酬金〉の二本立てで構成されてきた。今日では，このような統一的な弁護士報酬制度は廃止されて，各弁護士事務所で自由に報酬を定めることができるものとしている。しかし，このような報酬制度は長年にわたって行われてきた制度であり現実には多くの弁護士事務所でその制度が引き続き用いられている[9]。

　〈着手金〉は，弁護士に事件を依頼した際に支払う金銭であり，訴訟で求めている経済的価値に応じて，その金額が上昇する制度が採用されている。訴訟の結果として勝訴する場合と敗訴する場合とがあるが，このような結果にかかわらず，弁護士が訴訟を進めるために支払う金額である。

　†〔参考〕　廃止された日本弁護士連合会報酬等基準規定では，訴訟事件（手形・小切手訴訟を除く）の受任に際しては，事件の経済的な利益の額が300万円以下の場合には8％，300万円を超え3000万円以下の場合は5％＋9万円，3000万円を超え3億円以下の場合は3％＋69万円，3億円を超える場合は2％＋369万円とされ，また着手金の最低額は10万円とされていた。現在については日本弁護士連合会のホームページに掲載の「市民のための弁護士報酬ガイド」により若干の手がかりを得ることができる。詳細は各弁護士事務所で相談して決めなければならない。

　〈報酬金〉は，事件に勝訴した場合に支払われる報酬であり，「成功報酬」ともいわる。勝訴した程度によっても異なる。

　†〔参考〕　廃止された日本弁護士連合会報酬等基準規定では，〈報酬金〉は，着手金のほぼ2倍とされていた。

3　実　　費

　実際に事件を弁護士に依頼し，訴訟手続を進めるためにはそのほかに様々な経費がかかる。例えば，収入印紙代，弁護士が調査や裁判所に出廷するために必要な交通費（普通車を利用するかグリーン車を利用するか等により異なる），通信

---

[9]　弁護士報酬は，当事者の出費の中でかなりの割合を占め，訴訟手続を利用して紛争を解決するか否かの決断をするにあたり，市民にとっては非常に重要な要素であるといえる。しかし，弁護士費用についての情報は一般市民にとっては極めて得がたく，直接に各弁護士事務所に問い合わせるしかない現在の制度は極めて問題が大きい。抜本的な改正により市民が弁護士を利用するに際して必要な情報が容易に入手でき，また更には弁護士保険の充実などの抜本策を検討しなければ裁判制度の利用は十分に機能しない。

費，資料のコピー代等の費用は実費として依頼人が支払わなければならない。これらはかなり高額になることが稀でない。

第5節　訴訟救助と法律扶助

〔文献〕

石川明「訴訟救助について」新実務(3) 287頁

I　総　　論

　訴えを提起する当事者は，訴訟手続に必要な諸費用を一応自分で支弁しなければならない。このうちには，裁判費用のみならず弁護士費用など様々な費用が必要であり，かなりの高額になることが多い。そこで，このような経済的負担に耐えることができない者は，そもそも訴えを提起して自己の権利を主張・行使することがおおよそ不可能だということにもなりかねない。しかし，それでは憲法が保障した裁判を受ける権利（憲32条）が広く国民一般に現実にも十分に保障されているとは言い難い。したがってその対策が必要である。

　民事訴訟法は，このような国民の権利行使に必要な最小限の救済手段として，「訴訟の準備及び追行に必要な費用を支払う資力がない者又はその支払により生活に著しい支障を生ずる者」のために〈訴訟救助〉の制度を設けている（民訴82条以下）（⇒II参照）。また，弁護士費用などの負担に耐え得ない者のためには〈法律扶助〉の制度がある（⇒II参照）。

II　訴訟救助

1　意　　義

　民事訴訟に必要な費用を負担することが困難な者であっても民事訴訟手続を利用することができるようにするために設けられた制度の一つに〈訴訟救助〉がある。この制度は，訴訟に必要な費用のうち裁判費用の支払を猶予することを中心とした制度であり，最小限の救済手段である。

　民事訴訟法は，狭義の訴訟費用については敗訴当事者が負担するとの原則を採用している（民訴61条）。しかし，この規定による費用負担は具体的にはその審級の訴訟手続が終了し，下された判決の結果によってはじめていずれの当

事者が訴訟費用を負担すべきかが決まる。したがって，訴えや上訴を提起する時点では不明確であり，それらの行為を行う当事者（原告・上訴人）がこの費用を一応負担しなければならない。しかし，この段階でこのような負担に耐えられない者は，そもそも訴訟手続や上訴手続の申立てすらできないことになってしまう。そこで，このような当事者の困難を救済するために，裁判費用などの支払を一時猶予する制度が〈訴訟救助〉である。

訴訟救助が許された場合において，救助を受けた者が勝訴して相手方の訴訟費用負担が確定したときは国が相手方から猶予分を直接取り立てることができる（民訴85条）。反対に，救助を受けた者が敗訴した場合には，猶予された裁判費用と相手方の支出した費用とを負担しなければならない。したがって，現行の訴訟救助制度は貧窮者の訴訟提起を容易にするという観点から見れば極めて限定的であり，不十分だといわなければならない。

2 要 件

訴訟救助を行うためには，以下の要件が必要である（民訴82条1項）。

① 訴訟の準備及び追行に必要な費用を支払う費用がない者又はその支払により生活に著しい支障を生ずる場合であること（資力要件）　資力要件につき旧法は，「訴訟費用ヲ支払フ資力ナキ者」（旧法118条）と定めていたがこの点について〈裁判費用〉を基準にして訴訟救助の要件である資力の有無を判断するとの見解より広く当事者費用を含むとする見解が対立していた（注解民訴(3)205頁〔斉藤秀夫＝松山恒昭＝小室直人〕）。しかし，現実に裁判を受ける権利の保護という観点から見ればこれだけでは十分でなく，弁護士費用等訴訟を準備し追行するために必要なその他の費用をも考慮する必要があり，このような拡張的取扱いをした例も存在した（名古屋高金沢支決昭和46年2月8日下民集22巻1＝2号92頁〔イタイイタイ病事件〕[10] 等）。

現行法はこのような問題点を改善し適用される事例を拡張する旨を明示した。そこで，資力要件の判断は，申立人の資産・収入から必要な生活費を控除したうえで，その訴訟に必要な裁判費用，調査費用，弁護士費用などの諸費用を支出することが可能かどうかを判断することになる（コンメⅡ113頁）。

また，訴訟救助の対象者は「無力者」に限定されない。定職があり，ある程度の収入があっても，訴訟に要する費用を支払うと日常生活に著しい支障を生

---

[10] 富樫貞夫・続百選38頁，福山達夫・百選2版62頁，太田勝造・百選Ⅰ36頁。

じる者についても訴訟救助を与えることにしている。
　② 勝訴の見込みがないとはいえない場合であること（勝訴の見込み）
　　この要件は，濫訴を防止する趣旨の規定であり，全く勝訴をする可能性がない訴訟にまで無制限に訴訟救助をするわけではないことを示したものである。勝訴の見込みがあるという積極的な判断は必要ではなくそれよりも緩やかな条件である。請求原因事実やこれに関連する主張から一応その理由が肯定される可能性があれば，証拠などの点の不明確さは救助を与えることについての支障とはならない。また，当事者の双方から申立てがあった場合に一方に訴訟救助を与えたことが他方に訴訟救助を否定する理由にはならない。双方に訴訟救助を与えることもできる（コンメⅡ 116 頁）。

3　申立てと決定
(1)　申　立　て
　裁判所は，訴訟救助を求める当事者の申立てにより〈決定〉で訴訟救助を与えることができる。この申立てと決定は各審級ごとに行う（民訴 82 条 2 項）。
　申立てを行うことができる者は自然人や日本国民に限定されない。当事者だけでなく補助参加人も訴訟救助の申立てをすることができる。
　訴訟救助の申立ては，第一審では受訴裁判所に行う。また上訴提起の場合はこれと同時に原裁判所に救助の申立てが行われる。

(2)　疎明と審理
　申立人は，救助を受けようとする事件を特定したうえで，①資力要件及び②勝訴の見込みについて主張し，これを裏付ける事実を疎明しなければならない。①の疎明資料としては法律上制限はなく公的証明書には限定されないが，作成の真否に争いのない疎明書類が利用されることが多い（よく利用されるものとして，生活保護などの受給している旨の福祉事務所長の証明書，貧困である旨の民生委員の証明書，法律扶助協会の扶助決定書，納税をしていない旨の証明書，失業給付受給証明書，給与証明，本人の陳述書等が挙げられる。コンメⅡ 119 頁）。②の要件については訴状の副本などが提出される。
　裁判所の審理は書面で行われるのが原則である。しかし，当事者の審尋をすることも可能であり，資力の疎明がないことを理由とする場合は，申立人を審尋するのが妥当である。

(3)　異　　　議
　訴訟救助の決定に対しては即時抗告をすることができる（民訴 86 条）。申立

てが棄却された場合にはその申立人が抗告権を有する。これに対して抗告が認容された場合には，相手方も抗告をすることができる。特に，「勝訴の見込みがないとはいえない場合」については相手方も利害を持つ。

4 効　　果
(1) 効力の内容
訴訟救助の決定は，民事訴訟手続については次の効力を有する（民訴83条1項）。
① 裁判費用の支払の猶予
② 裁判所において付添いを命じた弁護士の報酬及び費用の支払の猶予
③ 訴訟費用の担保の免除

以上の効果から明らかなように，訴訟救助の決定により必要な費用の支払が当面猶予されるにすぎず，それが免除されるわけではない。

費用の一部について訴訟救助決定をすることができるか否かについては争いがある。一部の訴訟救助を否定する見解もあるが，一般には肯定されている。

(2) 効力の範囲
訴訟救助の決定は，直接これを受けた者のためにのみその効力を生じる（民訴83条2項）。したがって共同訴訟人の間であっても，訴訟救助を受けた者のみがその効力を受け，他の共同訴訟人にはその効力は及ばない。また訴訟救助決定を受けた者が死亡した場合や法人が合併した場合等訴訟当事者の承継が生じた場合においては，救助決定の効力は承継人には及ばない（民訴83条3項）。

Ⅲ　法律扶助

1 趣　　旨
民事訴訟によって権利を実現しようとする者が十分な資力を有していない場合であってもなお訴訟手続を利用できるようにするために設けられた〈訴訟救助〉の制度は，必ずしもこのような目的を十分に果たすものではない。訴訟救助の対象が限定され，特に弁護士費用などについては救助の対象となっていないからである。そこで，無資力者が訴訟手続を利用するためにこのような援助をする制度として〈法律扶助〉の制度が設けられている。

2 沿　　革
　　従来わが国では，戦後，法務庁人権擁護局を中心として法律扶助協会設立が構想されたが，その基本は政府が直接にその事業を行うのではなく弁護士の協力を得て

民間団体が行うとするものであった。こうして法律扶助は財団法人法律扶助協会や各地の弁護士会が中心となった民間団体によって行われてきた。しかし，その活動は必ずしも十分に国民に周知されているとはいえず，また財政的基盤も万全ではなかった。特に国民が利用しやすい民事裁判制度を整備するという観点からはなお限界が指摘されており，法律扶助法の制定などが求められていた[11]。

そこで法律扶助事業をより充実したものにするために，平成12年には「民事法律扶助法」が制定された（平成12年法律55号）。この法律では，法律扶助事業の対象となる業務につき，①民事裁判等手続の準備及び追行のため代理人に支払うべき報酬及びその代理人が行う事務処理に必要な実費の立替え，②依頼を受けて裁判所に提出する書類を作成することを業とすることができる者に対し民事裁判等手続に必要な書類の作成を依頼して支払うべき報酬及びその作成に必要な実費の立替え，及び，③法律相談を取り扱うことを業とすることができる者による法律相談を実施することが挙げられていた（法律扶助2条1号〜3号）。この法律は法律扶助事業を行う者を法務大臣が指定することによって，民事法律扶助事業の統一的な運営体制の整備と全国的に均質な遂行の実現に努めるものとしていた（法律扶助6条）。しかし，このような体制が極めて不十分なものであることは否定し得ないところであった。

3 総合法律支援法

平成16年には「総合法律支援法」（平成16年法律74号）が成立した。この法律はより抜本的な立場から，政府の全額出資（同法17条）による「日本司法支援センター」を設立[12]することを中核として，裁判その他の法による紛争の解決のための制度の利用をより容易にするとともに弁護士及び弁護士法人並びに司法書士その他の隣接法律専門職者のサービスをより身近に受けられるようにするための総合的な支援の実施及びその体制の整備を図るために（同法1条）制定されたものである。なおこの法律の制定によって，平成12年の民事法律扶助法は廃止された（同法附則6条）。

---

11) わが国の法律扶助の問題や諸外国のリーガルエイドについての文献としては，財団法人法律扶助協会編・前掲注6)書がある。

12) この法律により独立行政法人として，日弁連を中心に運営される日本司法支援センター（愛称：法テラス）が設立された。

判 例 索 引

明 治

大判明 39・11・26 民録 12・1582 ……………589
大判明 40・7・19 民録 13・827 ………………589
大判明 42・4・17 民録 15・360 ………………589
大(連)判明 43・11・26 民録 16・764 …………589

大 正

大判大 7・10・3 民録 24・1852 ………………473
大判大 7・12・3 民録 24・2284 ………………479
大判大 9・7・15 民録 26・983 …………………350
大判大 10・6・13 民録 27・1155 ………………711
大判大 10・7・18 民録 27・1392 ………………711
大決大 11・8・30 民集 1・507 …………………601
大判大 14・2・27 民集 4・97 ……………………479
大判大 14・4・24 民集 4・195 …………………348

昭和元〜21 年

大決昭 3・12・28 民集 7・1128 …………………45
大決昭 6・4・22 民集 10・380 …………………348
大判昭 6・11・4 民集 10・865 …………………394
大判昭 8・2・9 民集 12・397 ……………………403
大判昭 10・9・3 民集 14・1886 ………………348
大判昭 10・10・28 民集 14・1785 ………………96
大判昭 11・1・14 民集 15・1 ……………………186
大判昭 11・3・11 民集 15・977 …………………94
大判昭 11・10・6 民集 15・1771 ………………233
大判昭 11・10・28 民集 15・1894 ……………676
大判昭 15・3・13 民集 19・530 ………………653
大判昭 15・3・15 民集 19・586 ………………601
大判昭 15・7・26 民集 19・1395 ………………737
大決昭 16・4・15 民集 20・482 ………………778

昭和 22〜30 年

最(2)判昭 24・2・1 民集 3・2・21 ……………508
最(1)判昭 24・8・18 民集 3・9・376 …………806
最(3)判昭 24・12・20 民集 3・12・507 ………174
最(2)判昭 25・6・23 民集 4・6・240 …………141
最(3)判昭 25・7・11 民集 4・7・316 …………417

最(3)判昭 26・2・20 民集 5・3・94 ……………820
最(3)判昭 27・6・17 民集 6・6・595 …………381
最(2)判昭 27・8・22 民集 6・8・707 …………143
最(大)判昭 27・10・8 民集 6・9・783 …… 162, 163
最(1)判昭 27・11・20 民集 6・10・1004 ……174
最(1)判昭 27・12・25 民集 6・12・1240 ……495
最(1)判昭 27・12・25 民集 6・12・1255 ……667
最(1)判昭 28・5・7 民集 7・5・489 ……………834
最(1)判昭 28・10・15 民集 7・10・1083 ……329
最(1)判昭 28・12・14 民集 7・12・1386 ……753
最(大)判昭 28・12・23 民集 7・13・1561 ……179
最(3)判昭 29・10・26 民集 8・10・1979 ………82
最(2)判昭 30・1・28 民集 9・1・83 ……………79
最(3)判昭 30・4・5 民集 9・4・439 …………395
最(2)判昭 30・5・20 民集 9・6・718 …………174
最(1)判昭 30・9・29 民集 9・10・1484 ………555
最(2)判昭 30・9・30 民集 9・10・1491 ………329

昭和 31〜40 年

最(3)判昭 31・4・3 民集 10・4・297 …………796
最(1)判昭 31・5・10 民集 10・5・487 …………711
最(大)決昭 31・10・31 民集 10・10・1355 ……20
最(1)判昭 32・2・28 民集 11・2・374 ………669
最(2)判昭 32・6・7 民集 11・6・948 …………614
最(3)判昭 32・6・25 民集 11・6・1143 ………494
最(3)判昭 32・7・2 民集 11・7・1186 ………556
最(大)判昭 32・7・20 民集 11・7・1314 ……175
最(2)判昭 32・10・4 民集 11・10・1703 ……435
最(2)判昭 32・12・13 民集 11・13・2143 ……811
最(大)判昭 33・3・5 民集 12・3・381 …………20
最(1)判昭 33・6・14 民集 12・9・1492 ………348
最(3)判昭 33・7・8 民集 12・11・1740 ………231
最(3)判昭 33・10・14 民集 12・14・3091 ……659
最(1)判昭 34・3・26 民集 13・4・493 …………96
最(2)判昭 34・7・3 民集 13・7・898 …………714
最(1)判昭 34・9・17 民集 13・11・1372 ……800
最(1)判昭 34・9・17 民集 13・11・1412 ……479
最(3)判昭 35・2・2 民集 14・1・36 ……………479
最(3)判昭 35・4・12 民集 14・5・825 ………195

最(3)判昭35・5・24民集14・7・1183 ………… *675*
最(大)決昭35・7・6民集14・9・1657 ………… *20*
最(1)判昭36・2・9民集15・2・209 ………… *628*
最(3)判昭36・4・25民集15・4・891 ………… *195*
最(1)判昭36・4・27民集15・4・901 ………… *232*
最(2)判昭36・6・16民集15・6・1584 ………… *890*
最(2)判昭36・11・24民集15・10・2583 ………… *728*
最(2)判昭37・1・19民集16・1・106 ……… *735, 807*
最(1)判昭37・5・24民集16・5・1157 ………… *647*
最(2)判昭37・7・13民集16・8・1516 ………… *186*
最(2)判昭37・8・10民集16・8・1720 ………… *616*
最(2)決昭37・10・12民集16・10・2128 ………… *778*
最(3)判昭37・12・18民集16・12・2422 ………… *107*
最(1)判昭38・2・21民集17・1・182 ……… *345, 348*
最(3)判昭38・3・12民集17・2・310 ………… *714*
最(3)判昭38・10・1民集17・9・1128 ………… *326*
最(3)判昭38・10・15民集17・9・1220 ………… *819*
最(大)判昭38・10・30民集17・9・1266 ………… *120*
最(3)判昭38・12・27民集17・12・1838 ………… *811*
最(2)判昭39・4・3民集18・4・513 ………… *496*
最(3)判昭39・5・12民集18・4・597 ………… *509*
最(2)判昭39・7・10民集18・6・1093 ………… *671*
最(3)判昭39・10・13民集18・8・1619 ………… *78*
最(1)判昭39・10・15民集18・8・1671 ………… *103*
最(1)判昭39・11・26民集18・9・1992 ………… *178*
最(1)判昭40・3・4民集19・2・197 ………… *200*
最(2)判昭40・4・2民集19・3・539 ………… *589*
最(大)決昭40・6・30民集19・4・1089 ………… *21*
最(大)決昭40・6・30民集19・4・1114 …… *22, 24*

昭和41～50年

最(1)判昭41・1・27民集20・1・136 ………… *479*
最(大)決昭41・3・2民集20・3・360 ………… *22*
最(3)判昭41・4・12民集20・4・560 ………… *756*
最(1)判昭41・7・14民集20・6・1173 ………… *95*
最(1)判昭41・9・8民集20・7・1314 ………… *235*
札幌高決昭41・9・19高民集19・5・428 ………… *278*
最(1)判昭41・9・22民集20・7・1392 ………… *409*
最(1)判昭41・11・10民集20・9・1733 ………… *682*
最(2)判昭41・11・25民集20・9・1921 ………… *712*
最(大)決昭41・12・27民集20・10・2279 ………… *23*
最(2)判昭42・2・24民集21・1・209 …… *155, 860*
東京地判昭42・3・28判タ208・127

………………………… *290, 450, 451*
最(3)判昭42・5・23民集21・4・916 ………… *424*
最(大)判昭42・5・24民集21・5・1043 ………… *769*
最(2)判昭42・8・25民集21・7・1740 ………… *711*
最(大)判昭42・9・27民集21・7・1925 … *754, 755*
最(3)決昭42・12・15民集21・10・2602 ………… *23*
最(1)判昭43・2・15民集22・2・184 ………… *350*
最(2)判昭43・2・16民集22・2・217 ………… *479*
最(2)判昭43・2・23民集22・2・296 ………… *555*
最(2)判昭43・3・8民集22・3・551 ………… *701*
最(2)判昭43・3・15民集22・3・607 ………… *714*
最(3)判昭43・3・19民集22・3・648 ………… *834*
最(2)判昭43・4・12民集22・4・877 ………… *756*
最(3)判昭43・5・31民集22・5・1137 ………… *184*
最(1)判昭43・9・12民集22・9・1896 ………… *698*
最(3)判昭43・12・24民集22・13・3454 ………… *233*
最(3)判昭44・2・18民集23・2・379 ………… *480*
最(1)判昭44・2・27民集23・2・441 ………… *904*
最(3)判昭44・6・24判時569・48 ………… *578*
最(1)判昭44・6・26民集23・7・1175 ………… *105*
最(1)判昭44・7・8民集23・8・1407 ………… *858*
最(1)判昭44・10・17民集23・10・1825 ………… *318*
最(1)判昭45・4・2民集24・4・223 ………… *179*
最(2)判昭45・5・22民集24・5・415 ………… *714*
最(1)判昭45・6・11民集24・6・516 ………… *241*
最(大)決昭45・6・24民集24・6・610 ………… *23*
最(大)判昭45・7・15民集24・7・804 ………… *769*
最(大)判昭45・7・15民集24・7・861 ………… *177*
大阪高決昭45・8・26判時613・62 ………… *66*
最(2)判昭45・10・9民集24・11・1492 ………… *851*
最(1)判昭45・10・22民集24・11・1583 ………… *738*
最(3)判昭45・10・27民集24・11・1655 ………… *711*
最(大)判昭45・11・11民集24・12・1854 ……… *186*
最(3)判昭45・12・15民集24・13・2072 ………… *285*
最(大)決昭45・12・16民集24・13・2099 ………… *23*
最(1)判昭46・1・21民集25・1・25 ………… *774*
名古屋高金沢支決昭46・2・8下民集22・1＝2・
　92 ………………………………………… *910*
最(2)判昭46・4・23判時631・55 ………… *396*
最(2)判昭46・6・25民集25・4・640 ………… *321*
最(1)判昭46・10・7民集25・7・885 …… *316, 712*
大分地判昭46・11・8判時656・82 ………… *487*
最(3)判昭47・2・15民集26・1・30 ………… *176*

最(2)判昭 47・6・2 民集 26・5・957 ……………*106*
最(1)決昭 48・3・1 民集 27・2・161 ……………*23*
最(1)判昭 48・4・5 民集 27・3・419 ………*195, 201*
最(3)判昭 48・4・24 民集 27・3・596 ……*148, 753*
最(1)判昭 48・6・21 民集 27・6・712 ……………*625*
最(2)判昭 48・7・20 民集 27・7・863 ……………*757*
最(2)判昭 48・7・20 民集 27・7・890 ……………*279*
最(1)判昭 48・10・26 民集 27・9・1240 …………*96*
福岡高決昭 48・12・4 判時 739・82 ……………*511*
最(2)判昭 49・4・26 民集 28・3・503 ……………*580*
最(1)判昭 50・7・3 判時 790・59 ……*554, 742, 807*
最(2)判昭 50・10・24 民集 29・9・1417 …………*453*
最(3)判昭 50・11・28 民集 29・10・1554 …………*70*
最(3)判昭 50・11・28 民集 29・10・1797 ………*324*

昭和 51～60 年

最(3)判昭 51・3・23 判時 816・48 ……………*279*
最(2)判昭 51・7・19 民集 30・7・706 ……………*184*
最(1)判昭 51・9・30 民集 30・8・799 ……………*611*
最(1)判昭 51・10・21 民集 30・9・903 …………*637*
最(3)判昭 52・3・15 民集 31・2・280 ……………*164*
最(2)判昭 52・4・15 民集 31・3・371 ……………*410*
最(2)判昭 52・5・27 民集 31・3・404 ……………*853*
福岡高決昭 52・7・13 高民集 30・3・175 ………*511*
東京高判昭 52・7・15 判時 867・60 ……………*488*
最(3)判昭 52・7・19 民集 31・4・693 ……………*326*
大阪高決昭 53・3・15 労判 295・46 ……………*511*
最(1)判昭 53・3・23 判時 885・118 ……………*496*
最(2)判昭 54・3・16 民集 33・2・270 ……*660, 814*
東京高判昭 54・4・16 判時 924・27 ……………*454*
大阪高決昭 54・9・5 労民集 30・5・908 …………*511*
東京高判昭 54・10・18 判時 942・17 ……………*522*
最(3)判昭 55・1・11 民集 34・1・1 ………………*164*
最(2)判昭 55・1・18 判時 961・74 ………………*326*
仙台高判昭 55・1・28 高民集 33・1・1 …………*746*
最(1)判昭 55・2・7 民集 34・2・123 ……………*233*
最(2)判昭 55・2・8 民集 34・2・138 ……………*103*
最(1)判昭 55・10・23 民集 34・5・747 …………*587*
名古屋高決昭 56・2・18 判時 1007・66 …………*488*
最(3)判昭 56・4・7 民集 35・3・443 ……………*165*
最(1)判昭 56・9・24 民集 35・6・1088 …………*261*
最(2)判昭 56・10・16 民集 35・7・1224 …………*49*
最(大)判昭 56・12・16 民集 35・10・1369 ………*42*

最(3)判昭 57・1・19 民集 36・1・1 ………………*906*
最(3)判昭 57・3・30 民集 36・3・501 ……………*592*
最(1)判昭 58・2・3 民集 37・1・45 ………………*74*
最(3)判昭 58・3・22 判時 1074・55 ……………*660*
最(1)判昭 58・3・31 判時 1075・119 ……………*818*
最(3)判昭 58・6・7 民集 37・5・517 ……………*179*
東京高決昭 59・9・17 高民 37・3・164 …………*511*
最(2)判昭 60・3・15 判時 1168・66 ……………*758*
最(3)判昭 60・7・19 民集 39・5・1266 …………*101*
最(2)判昭 60・12・20 判時 1181・77 ……………*189*

昭和 61～63 年

最(3)判昭 61・1・21 家月 38・8・48 ……………*807*
最(2)判昭 61・4・11 民集 40・3・558 ……………*674*
最(1)判昭 61・7・17 民集 40・5・941 ……………*644*
最(1)判昭 61・9・4 判時 1215・47 ………*814, 819*
最(2)判昭 62・7・17 民集 41・5・1402 …………*727*
高松高決昭 62・10・13 高民集 40・3・198 ………*69*
最(3)判昭 63・1・26 民集 42・1・1 ………………*151*

平成元～10 年

最(3)判平元・3・28 民集 43・3・167 ……………*713*
最(2)判平元・9・8 民集 43・8・889 ……………*167*
最(2)判平元・11・10 民集 43・10・1085 …………*853*
最(2)判平元・11・20 民集 43・10・1160 …………*43*
最(2)判平元・12・8 民集 43・11・1259 ……*463, 781*
東京高決平 2・1・16 判タ 754・220 ……………*733*
最(1)決平 3・2・25 民集 45・2・117 ……………*80*
最(3)判平 3・12・17 民集 45・9・1435 …………*301*
大阪高判平 4・2・27 判タ 793・268 ……………*143*
大阪高決平 4・6・11 判タ 807・250 ……………*511*
最(1)判平 4・9・10 民集 46・6・553 ………*143, 846*
仙台地決平 4・9・25 判時 1499・104 ……………*66*
最(1)判平 4・10・29 民集 46・7・2580 …………*180*
最(1)判平 5・2・18 民集 47・2・632 ……………*674*
最(2)判平 5・6・25 民集 47・6・4557 …………*184*
最(3)判平 5・9・7 民集 47・7・4667 ……………*168*
最(3)判平 5・12・2 判時 1486・69 ………………*673*
最(3)判平 6・1・25 民集 48・1・41 ………………*316*
大阪高決平 6・7・4 判タ 880・295 ………………*511*
最(3)判平 6・11・22 民集 48・7・1355 …………*305*
最(1)判平 7・2・23 判時 1524・134 ……………*793*
最(3)判平 7・7・18 民集 49・7・2684 …………*711*

最(2)判平 7・12・15 民集 49・10・3051 ……… 591
最(3)判平 8・5・28 判時 1569・48 …………… 138
最(3)判平 9・1・28 民集 51・1・40 …………… 176
最(大)判平 9・4・2 民集 51・4・1673 ……… 722, 723
最(1)判平 9・7・17 判時 1614・72 …………… 236
最(3)判平 9・11・11 民集 51・10・4055 ………… 50
最(2)判平 10・2・27 民集 52・1・299 ………… 185
最(2)判平 10・3・27 民集 52・2・661 ………… 183
最(1)判平 10・4・30 民集 52・3・930 ………… 307
最(2)判平 10・6・12 民集 52・4・1147 ……… 618
最(3)判平 10・6・30 民集 52・4・1225 ……… 302
最(1)判平 10・9・10 判時 1661・81 …………… 144

平成 11〜20 年

最(1)判平 11・2・25 民集 53・2・235 ………… 456
最(1)判平 11・2・25 判時 1620・21 …………… 824
最(1)判平 11・4・22 民集 53・4・759 ………… 766
最(2)判平 11・6・11 民集 53・5・36 …………… 177
東京地判平 11・8・31 判時 1687・39 ………… 466
大阪地決平 11・9・21 判時 1785・78 …………… 63
最(3)判平 11・11・9 民集 53・8・1421 ……… 717
最(2)決平 11・11・12 民集 53・8・1787 …… 515
最(1)判平 11・12・16 民集 53・9・1989 ……… 185
最(1)決平 12・3・10 民集 54・3・1073 ……… 518
最(2)判平 12・3・17 判時 1708・119 …… 877, 883
最(2)判平 12・4・7 判時 1713・50 …………… 236
最(3)判平 12・4・11 民集 54・4・1368 ……… 632
最(2)判平 12・7・7 民集 54・6・1767 …… 722, 725
最(3)判平 12・7・18 判時 1724・29 ………… 459
最(1)決平 12・12・14 民集 54・9・2709 …… 516
最(1)決平 13・1・30 民集 55・1・30 ………… 733
最(2)判平 13・6・8 民集 55・4・727 …………… 50
最(3)判平 14・1・22 判時 1776・67 ………… 748
最(2)判平 14・4・12 民集 56・4・729 ………… 45
最(2)判平 14・6・7 民集 56・5・899 ………… 104
最(3)判平 14・12・17 判時 1812・76 …… 251, 831
最(1)判平 15・3・27 民集 57・3・312 ………… 609
最(1)決平 16・4・8 民集 58・4・825 …………… 62
最(3)決平 16・5・25 民集 58・5・1135 ……… 520
最(2)判平 16・6・3 判時 1869・33 …………… 681
最(3)判平 16・7・6 民集 58・5・1319 ………… 715
最(2)決平 16・11・26 民集 58・8・2393 …… 513
最(2)決平 17・7・15 民集 59・6・1742 ……… 596
最(2)決平 17・7・22 民集 59・6・1837 … 511, 520
最(3)判平 17・9・27 判時 1911・96 ………… 251
最(3)判平 18・1・24 判時 1926・65 ………… 466
最(2)判平 18・4・14 民集 60・4・1497 ……… 683
最(2)判平 18・7・7 民集 60・6・2307 …… 213, 281
最(2)判平 18・7・21 民集 60・6・2542 ……… 45
最(2)判平 18・9・4 判時 1948・81 …………… 831
最(3)決平 18・10・3 民集 60・8・2647 ……… 499
最(3)決平 19・3・20 民集 61・2・586 …… 143, 848
最(2)決平 19・12・12 民集 61・9・3400 …… 520
最(3)決平 20・5・8 判時 2011・116 …………… 24
最(1)判平 20・7・17 民集 62・7・1994 ……… 717

事項索引

あ

Access to Justice ……………17
相対交渉 ………………………4
相手方顧慮の義務 …………364

い

異　議 ………………785,882
　　──後の訴訟手続と判決
　　　………………………882
遺言執行者 …………………602
意思の瑕疵 …………………321
　訴訟外で行われた訴訟行為
　　と── ……………………285
　訴訟行為と── ……………283
　訴訟を終了させる行為と
　　── ………………………284
　中核的訴訟行為と── …283
移審の効果 …………791,801
移　送 …………………………73
　管轄違いに基づく── ……73
　高等裁判所から最高裁への
　　── ………………………832
　遅滞を避けるための──
　　……………………………74
移送の裁判 ……………………75
一事不再理 …………………570
一部請求訴訟 ………………612
　　──の諸類型 ……………612
　　──と相殺の抗弁 ………304
一部認容判決 ………………548
一般公開 ……………………252
一般承継 ………………603,623
一般条項 ……………………228
一般文書 ……………………511
違法収集証拠の排除 ………487
　　──の手続構造 …………489
イン・カメラ手続 …………522
引用文書 ……………………510

う

訴　え ………………121,130
　　──の意義 ………………121
訴え提起 ……………130,146
　　──の効果 ………………146
訴え取下げ …………………314
　　──行為の擬制 ……318,323
　　──と処分権主義 ………316
　　──についての調査 ……326
　　──の意思表示 …………314
　　──の合意 ………………317
　　──の効果 ………………324
　　──の同意 ………………323
　　──の方式 ………………323
　　──の要件 ………………320
訴えなければ裁判なし ……121
訴えの客観的併合 …………652
　　──選択的併合 …………654
　　──追加的併合 …………651
　　──予備的併合 …………653
訴えの交換的変更 …………667
　　──と旧訴の取扱い ……668
訴えの主観的併合 …………690
　　──追加的併合 ……693,726
　　──予備的併合 …………700
訴えの追加的変更 …………667
訴えの変更 …………………663
　　──の申立て ……………675
　　──の要件 ………………670
訴えの利益 …………………170
訴えの類型 …………………122

え・お

営業秘密の保護 ……………253
疫学的証明 …………………462
閲覧制限 ……………………255
応訴管轄 …………………58,71
オーストリア民事訴訟法……33

か

外国判決 ……………………568
外国法等 ……………………441
会社内部（団体）訴訟 ……608
解除権（既判力の遮断効）…588
蓋然性説（証明度の軽減）…461
回　避 …………………………82
回　付 …………………………73
拡散利益 ……………………188
確定遮断の効果 ………791,801
確定判決 ………………554,567
確定判決の詐取 ……………856
　　──と上訴の追完 ………859
　　──と損害賠償請求訴訟…857
確定判決の変更を求める訴え
　　……………………………640
　　──の意義 ………………640
　　──の要件 ………………641
確認の訴え …………126,172
　消極的── …………………126
　積極的── …………………126
過去の事実又は法律関係の確
　認 …………………………174
過失の一応の推定 …………461
仮執行宣言 …………………626
　　──の効果 ………………628
　　──の失効 ………………628
　　──の手続 ………………626
　　──の要件 ………………626
簡易却下 ………………………82
簡易裁判所 …………………865
　　──での代理人に関する特
　　　則 ………………………867
　　──での民事訴訟手続 …868
　　──の管轄する事件 ……866
管轄決定の標準時 ……………72
管轄裁判所証拠調べ ………526
管轄違いの抗弁 ………………71

管轄の合意………………………68
　普通取引約款と――………68
間接事実……………………227, 408
間接証拠……………………………432
間接反証……………………………474
鑑　定………………………………503
　――の意義………………………504
鑑定嘱託……………………………484
鑑定人
　――とその義務…………………504
　――の責任………………………506
鑑定申出……………………………505
管理裁判官制度……………………258
関連裁判籍…………………………63
　訴えの客観的併合と――…63

き

期　間………………………………153
期間遵守の効果……………………151
期　日………………………………153
擬制自白……………………………417
起訴後の和解………………………335
起訴責任転換説（基準時後の
　特定承継）………………………624
起訴前の和解……………………335, 338
機能的当事者概念…………………86
規範説（法律要件分類説）…473
既判力………………………………559
　――制度の意義…………………560
　――と当事者の手続的地位
　　………………………………565
　――の拡張………………………579
　――の客観的限界………………573
　――の効果………………………572
　――の拘束力の構造……………564
　――の作用………………………569
　――の時的限界…………………582
　――の遮断効……………………582
　――の主観的（人的）限界
　　………………………………594
　――の消極的作用………………570
　――の積極的作用………………570
　――の双面性……………………560

――の第三者に対する拡張
　　………………………………596
――の対世的拡張………607
――の調査………………572
――理論…………………561
――を有する裁判等………567
忌　避………………………………79
忌避事由……………………………79
義務づけ効果……………289, 319
逆推知説（国際裁判管轄）…48
客観的証明責任……………………468
給付の訴え…………………………123
供述調書……………………………426
行政事件……………………………42
共同所有関係………………………711
共同訴訟……………………………692
　受動的――……………………690
　能動的――……………………690
共同訴訟参加………693, 728, 730
共同訴訟的補助参加
　　………………………691, 730, 741
共同訴訟人独立の原則……………696
共同の職務行為……………………710
共有物分割の訴え…………………129
許可抗告……………………………837
記　録………………………………530

く・け

具体的争訟性………………………161
計画審理……………………………358
　――主義………………………258
　――と攻撃・防御方法…391
　――の原則………………357
計画の変更と違反……………362
経験則………………………………439
形式的確定力………………………554
形式的形成訴訟……………………129
　――と固有必要的共同訴訟
　　………………………………717
形式的当事者概念…86, 595, 691
形成権の行使………………………584
形成の訴え………………127, 178
形成判決

――の客観的範囲………632
――の効果………………631
――の主観的範囲………632
形成力………………………………629
――の根拠………………629
係争物処分禁止主義………………773
ケース・マネージメント…259
欠　席
　最初の期日における――
　　………………………………421
　双方当事者の――………422
　続行期日における――…421
決　定………………………535, 568
原因判決……………………………537
厳格な証明…………………………433
現行民事訴訟法……………………28
現在給付の訴え……………124, 170
検　証………………………………523
　――の実施………………524
　――の申出………………523
検証協力義務………………………523
検証物………………………………523
権利確認説（執行力の主観的
　範囲の拡張）……………………624
権利自白……………………………410
権利主張参加………………………752
権利阻止抗弁………………………374
権利保護説（民事訴訟制度の
　目的）……………………………8
権利滅却抗弁………………………374

こ

合意管轄…………………………58, 64
公開主義…………………………35, 251
公開の制限…………………………252
攻撃・防御方法
　――の提出時期…………391
　審理計画と――…………391
抗　告………785, 788, 790, 834
　即時――…………………835
　通常――…………………835
抗告審の審理………………………836
公正な裁判…………………………17

事項索引　*921*

構成要件的効果 ……………634
控　訴 …………785, 789, 803
　　——の提起 ……………805
　　——の適法性 …………805
控訴期間 ……………………806
拘束力拡張の根拠 …………604
控訴状 ………………………807
控訴状審査 …………………809
控訴審
　　——における新たな攻撃・
　　　防御方法の提出 ……816
　　——の構造 ……………804
　　——の口頭弁論 ………815
　　——の審理と判断 ……812
　　——の判決 ……………817
控訴取下げの擬制 …………800
控訴理由書 …………………808
公知の事実 …………410, 443
口頭主義 ……………247, 354
　　——の例外 ……………250
口頭弁論 ……………………354
　　——の実施 ……………397
口頭弁論期日 ………………354
　最初の—— ………………375
口頭弁論の一体性
　………………256, 391, 583
高度の蓋然性 ………………453
公文書 ………………………508
抗　弁 ………………372, 374
　　——に対する原告の対応
　　………………………375
　　否認と—— ……………372
公法的訴権論…………………13
国際裁判管轄…………………48
国際仲裁 ………………………6
国際的合意管轄………………69
固有の事由の主張 …………624
固有必要的共同訴訟
　………………692, 705, 707
　　——で必要な当事者の一部
　　　を欠いた訴え ………716
　　——の当事者適格 ……709
　　——の利点と手続上の困難

　　………………………708

さ

債権者代位訴訟 ……………601
再　審 ………783, 788, 803, 839
　　——の訴え ……………852
再審事由 ……………………845
　　——の補充性 …………851
再審手続 ……………852, 854
　　——における判断の対象
　　………………………843
　　——の構造 ……………842
　　——の訴訟物 …………844
　既判力制度と—— ………840
再審の訴え
　　——の出訴期間 ………853
　　——の当事者適格 ……853
　決定又は命令に対する——
　　………………………856
再訴の禁止 …………………325
財　団 ………………………105
裁　判
　　——の概念 ……………534
　　——の種類 ………533, 534
裁判外の自白 ………401, 417
裁判外の和解 …………………4
裁判外紛争解決制度 ………3, 7
裁判官 …………………………53
裁判管轄 ………………………56
裁判機関 ………………………40
　　——の構成 ……………55
裁判所 …………………………52
　　——の種類 ……………52
裁判上の自白 ………276, 401
　　——の意義 ……………401
　　——の効果 ……………412
　　——の裁判所に対する拘束
　　　力 ……………………413
　　——の対象 ……………408
　　——の撤回 ……………414
　　——の当事者間での拘束力
　　………………………412
　　——の法的性質 ………404

　　………………………708
　　——の要件 ……………406
裁判上の和解 ………………335
裁判所書記官…………………53
裁判所等による和解条項の裁
　定 …………………………341
裁判所に顕著な事実 ………443
裁判所は法を知る …………440
裁判費用 ……………………895
　手数料以外の—— ………897
裁判をするのに熟したこと
　………………………………545
裁量移送………………………74
詐害防止参加 ………………751
差戻し又は移送後の手続 …833
参加的効力 …………736, 745
三権分立 ……………………163
三審制 ………………………786

し

事案解明 ……………………213
事案解明義務論 ……………485
時機に後れた攻撃・防御方法
　………………………………393
事件管理 ……………………353
時効中断 ……………………151
事後審制 ……………………804
事　実 ………………………439
事実認定 ……………428, 444
死者に対する訴え提起の有効
　性 …………………………94
自主的手続終了行為 ………276
事情の聴取
　最初の期日前の—— ……375
事情変更 ……………………643
執行官…………………………54
執行力 ………………123, 125, 620
　　——の人的範囲 ………621
　　給付判決と—— ………620
執行力の主観的範囲の拡張
　………………………………622
　　承継人への—— ………623
　　訴訟担当の場合の本人への
　　　—— ………………623

実質的記載事項 ……………135
実質的当事者概念………………85
実体法説(旧訴訟物理論)…193
実　費 ………………………908
指定管轄 ………………………72
指定当局証拠調べ ……………525
自白契約 ………………………450
支払督促
　　——における仮執行の宣言
　　　　……………………887
　　——に対する異議 ………888
　　——の審査と処分 ………886
　　——の申立て ……………884
　　——の要件 ………………884
支払督促手続 …………………885
　　——のオンライン化 ……891
支払猶予 ………………………875
事物管轄 …………………57, 58
私文書 …………………………508
司法共助 ………………………524
司法権 ……………………………40
司法行為請求権説（訴権論）
　　………………………………13
私法的訴権説（訴権論）………13
氏名冒用訴訟……………………96
釈　明
　　期日外 ——………………243
　　期日における ——………243
　　消極的 ——………………240
　　積極的 ——………………240
釈明義務 ………………………240
釈明権 …………………………237
　　——の行使 ………………243
　　——の対象 ………………239
釈明処分 ………………………245
社　団 …………………………102
遮断効
　　信義則による —— ………579
宗教団体の内紛 ………………164
終局判決 ………………………536
自由心証主義 …………229, 445
　　——の内容 ………………446
　　——の例外 ………………449

集中証拠調べ …………437, 490
集中審理主義 …………………258
自由な証明 ……………………433
住民団体・消費者団体 ………108
主観的証明責任 ………………469
主権免除 …………………………44
取効的訴訟行為 ………………271
受送達者 ………………………141
受訴裁判所 ……………………136
主張共通 ………………………698
　　共同訴訟人間での —— …699
主張共通の原則 ………………234
主張責任 ………………………231
出頭義務 ………………………498
主文に包含するもの …………574
主要事実 ………………………227
準備書面 ………………………377
　　——記載の効果 …………380
　　——の記載事項 …………378
　　——の交換 ………………379
　　——の直送 ………………379
　　——の必要性 ……………377
準備的口頭弁論 ………………382
　　——の終了 ………………388
準備手続の結果の上程 ………398
準文書 …………………431, 507
照　会 …………………………131
少額訴訟手続 …………………871
　　——の選択 ………………873
　　——の特色 ………………872
　　——の判決と執行 ………875
　　——の判決に対する異議
　　　　……………………876
承継（訴訟係属中）
　　一般 —— …………………768
　　参加 —— ……………772, 775
　　当然 —— …………………769
　　引受 —— ……………772, 778
証言拒絶権 ……………………499
　　——の申立てと審査 ……500
証拠・情報の収集 ……………483
　　裁判外での —— …………483
　　裁判上の —— ……………484

証拠 ……………………………430
　　——の収集 ………………482
証拠共通
　　共同訴訟人間での ——
　　　　…………………696, 697
　　当事者間での —— ………697
上　告 ……………785, 789, 820
　　——の提起と審理 ………828
上告受理の申立て ……………827
上告審
　　——の裁判 ………………832
　　——の審理 ………………830
上告制度
　　——の意義と目的 ………820
　　——の構造と意義 ………822
上告理由 ………………………823
　　絶対的 —— ………………823
上告理由書 ……………………829
証拠契約 ………………………449
　　——の形態と許容性 ……450
証拠結合主義 …………………490
証拠決定 ………………………494
証拠原因 ………………………432
証拠収集過程 …………………486
証拠収集処分 …………………133
　　訴え提起前の —— ………133
証拠調べ ………………………428
　　——における専門委員の関
　　　　与 ……………………438
　　——における当事者の権限
　　　　……………………494
　　——の開始 ………………492
　　——の実施 ………………492
　　外国での —— ……………524
　　裁判所外での —— ………435
　　証拠保全のための —— …530
　　民訴条約に基づく外交経路
　　　　による …………………526
証拠調べ手続 …………………489
証拠資料 ………………229, 432
証拠制限契約 …………………451
証拠整理 ………………………376
証拠説明 ………………………448

事項索引　923

証拠能力 …………………431
証拠の優越説（証明度の軽
　減）……………………460
証拠法の理念 ……………434
証拠方法 …………………430
証拠保全手続 ……………526
　――の期日の呼出し …530
　――の手続 ……………529
　――の必要性に関する審理
　　………………………529
　――の申立て …………529
証拠申出の時期や方式 …493
証書真否確認の訴え …127, 173
上　訴 ………………783, 784
　――提起行為 …………793
　――提起の効果 ………801
　――取下げの合意 ……800
　――の要件 ……………792
　――の利益 ……………794
　――をしない旨の合意 …800
　独立当事者参加と―― …757
上訴期間 …………………793
上訴権の放棄・取下げ …799
上訴制度
　――の効果 ……………801
　――の目的 ……………790
上訴不可分の原則 ………801
証　人 ……………………498
証人義務 …………………498
証人尋問 …………………498
　――の手続 ……………501
承認の要求 ………………406
証　明 ……………………432
　――の対象 ………430, 439
証明権 ……………………494
証明責任 …………………467
　――の概念 ……………467
　――の諸機能 …………470
　――の転換 ……………480
　――の分配 …471, 476, 478
証明責任規範 ……………472
　――の意義と性質 ……475
　――の積極的作用 ……477

証明度 ……………………452
　一般的―― ……………460
証明度の軽減
　個別分野における―― …461
証明妨害 ……………461, 481
将来給付の訴え ……124, 171
職分管轄……………………56
職務上顕著な事実 ………443
職務上の当事者 ……184, 185
書　証 ……………………507
　――の申出 ……………509
除　斥 ……………………77
除斥事由 …………………77
職権証拠調べ ……………492
職権進行主義…………35, 258
職権送達の原則 …………139
職権探知主義 ………219, 221
処分権主義
　………………35, 121, 215, 311, 547
　――と当事者意思による訴
　　訟終了 ………………311
　訴えの取下げと―― …316
処分効果 …………………289
処分文書 …………………508
書面主義 …………………247
書面による準備手続 ……386
信義誠実の原則（信義則）…38
　――による再訴の遮断 …609
真偽不明（non liquet）…468
審級制度 …………………786
進行協議期日 ……………390
人事訴訟…………………42, 608
　――法上の事件 ………342
真実義務 …………………400
新実体法説（訴訟物理論）…194
新種証拠 …………………431
人　証 ……………………431
　――の取調べ …………497
新訴訟物理論 ……………196
審判権 ……………………161
審問権の保障 ………………17
審問請求権 ………………88
審理計画 …………………359

審理契約 …………………360
審理原則 …………………214
審理手続 …………………642
審理の現状による裁判 …545

す・せ

随時提出主義 ……………392
推定又は擬制に関する契約
　…………………………451
請求
　――の拡張と減縮 ……666
　――の原因 ……………135
　――の趣旨 ……………134
　――の併合 ……………651
請求権論
　統一的―― ……………203
請求の放棄・認諾 ………327
　――の効果 ……………331
　――の効果をめぐる争い
　　………………………333
　――の法的性質 ………328
　――の要件と方式 ……329
制限主権免除主義…………45
制限付自白 ………………404
制限能力者 ………………110
成年被後見人 ……………110
責任追及訴訟 ……………343
絶対免除主義………………44
先行自白 …………………403
宣誓義務 …………………500
専属管轄 ………………57, 72
専属的合意管轄……………66
選定当事者 ………………187
選定当事者訴訟 …………603
全面的成功報酬（Contingent
　fees）…………………906
専門委員 …………54, 367, 368
　――の手続関与 ………368
占有権と本権 ……………199

そ

総合法律支援法 …………913
相殺権（既判力の遮断効）…589

相殺の抗弁 …………294, 574
　——と重複訴訟禁止の原則
　　…………………………300
　——の取扱い ……………296
　一部請求と—— …………304
　反訴と—— ………………683
　不適法な—— ……………297
相殺の再抗弁 ………………307
相続財産管理人 ……………602
送　達 ………………………139
　——の瑕疵 ………………145
　——の証明 ………………140
　——の対象となる書類 …140
　——の方法 ………………142
　外国で行う—— …………140
　書留郵便に付する——
　　……………………141, 143
　公示—— …………………144
　裁判所書記官による——
　　…………………………142
　差置—— …………………143
　就業場所における—— …142
　出会—— …………………142
送達実施機関 ………………139
送達場所の届出 ……………141
争点効 ………………………576
争点整理 ……………………376
　——の手続 ………………382
相当程度の蓋然性説（証明度
　の軽減）……………………460
双方代理の禁止 ……………115
即時確定の利益 ……………173
続審制 ………………………804
訴権濫用 ……………………213
訴権論 …………………………12
訴　状 ………………………133
　——の記載事項 …………134
　——の審査 …………136, 137
　——の提出 ………………136
　——の訂正・変更 ………673
訴訟委任契約 ………………907
訴訟外相殺 …………………296
訴訟外で行われた訴訟行為と

意思の瑕疵 ………………285
訴訟救助 ……………893, 909
　——の決定の効果 ………912
　——の申立てと決定 ……911
　——の要件 ………………910
訴訟共同 ……………………696
　——の必要 ………………707
訴訟記録 ……………255, 426
訴訟記録閲覧の制限 ………427
訴訟係属 ……………………146
訴訟契約 ……………………287
　——締結の要件 …………292
　——の効果の主観的範囲
　　…………………………293
　——の効力 ………………288
　義務づけ効果がある——
　　…………………………290
　処分効果がある—— ……290
訴訟契約論 …………………287
訴訟原則………………………34
訴訟行為………………………37
　——と意思の瑕疵 ………283
　——と実体法上の行為の規
　　律原理 ………………282
　——と条件 ………………286
　——と信義則 ……………277
　——と表見代理 …………285
　——の解釈 ………………281
　——の概念 ………………267
　——の規律原理 …………274
　——の識別基準 …………269
　——の転換 ………………281
　——の分類 ………………270
　——論 ……………………267
訴訟手続外で行われる——
　　…………………………277
訴訟告知 …………692, 730, 742
　——の意義 ………………743
　——の効果 ………………745
　——の趣旨・目的 ………744
　——の要件と手続 ………745
訴訟参加 ……………………729
訴訟指揮権 …………………260

——の行使 ………………261
——の行使と当事者の手続
　権 ………………………261
——の内容 ………………260
訴訟終了 ……………………310
当事者の自主的な行為によ
　る—— …………………310
訴訟承継 ……………………767
訴訟承継主義 ………………774
訴訟上の義務 ………………399
訴訟上の権限
　——の失効 ………………280
　——の濫用 ………………281
訴訟上の合意 ………………288
訴訟上の請求 ………………191
訴訟上の相殺 ………………296
訴訟上の代理人 ……………114
訴訟上の和解 ………334, 335
　——の意義と効用 ………334
　——の効果 ………………345
　——の効果を巡る争い …347
　——の長所と短所 ………336
　——の法的性質 …………341
　——の要件 ………………342
　——の類型及び手続 ……339
訴訟資料 ……………………229
訴訟促進義務 ………………400
訴訟代理 ……………………113
訴訟代理人 …………………118
訴訟脱退 ……………………759
　——の構造 ………………760
　前主の—— ………………778
訴訟担当 ……………………598
訴訟遅延 ……………………355
訴訟手続
　——に関する情報 ………363
　——の停止 ………………155
　——の利用 …………………17
訴訟能力 ……………………109
訴訟能力者 …………………110
訴訟能力を欠く者 …………110
訴訟判決
　——の機能と効力 ………542

事項索引　925

訴訟費用 ……………139, 893, 894
　　――額確定処分 …………900
　　――額確定手続 …………898
　　――償還請求権 …………899
　　――の裁判 ………………899
　　――の種類 ………………895
　　――の担保 …………139, 900
　　――の担保提供 …………540
　　――の負担原則 …………897
訴訟物 …………………191, 192
　　確認訴訟の―― …………198
　　給付訴訟の―― …………195
　　形成訴訟の―― …………198
　　損害賠償訴訟の―― ……200
　　相対的（発展的）―― …203
訴訟物理論 ……………………192
訴訟法説（新訴訟物理論）…193
訴訟法と実体法…………………36
訴訟法律関係 …………………210
訴訟要件 ………………………158
　　――に関する二つの審理モ
　　　デル ……………………540
　　――の意義と概念 ………159
　　――の種類 ………………159
　　――の審理 …………189, 539
　　裁判所に関する―― ……160
　　消極的―― ………………159
　　審判対象と―― …………160
　　積極的―― ………………159
　　当事者に関する―― ……160
訴訟を終了させる行為と意思
　の瑕疵 ………………………284
即決和解 …………………4, 338
疎　明 …………………………432
損害額の認定 …………………462
　　――の適用範囲と要件 …465
　　――の法的性質 …………464

た

大規模訴訟 ……………………780
　　――の合議体の構成 ……782
　　――の審理の特則 ………781
第三者の固有の権限 …………605

第三者の訴訟担当 ……………183
大正15年民訴法改正 …………28
代替的紛争解決（ADR）……3
多元説（民事訴訟制度の目
　的）……………………………10
多数当事者訴訟 ………………688
立会権 …………………………494
建物買取請求権（既判力の遮
　断効）…………………………590
団体の規則 ……………………443
団体の自律権 …………………163
担保提供の方法 ………………902
担保提供命令 …………………901
担保取消し ……………………902
担保物に対する被告の権利
　…………………………………902

ち

逐語調書 ………………………496
父を定める訴え ………………130
地方慣習 ………………………443
着手金 …………………………908
中核的訴訟行為 ………………275
　　――と意思の瑕疵 ………283
中間確認の訴え …577, 653, 660
中間判決 ………………………536
仲　裁 ……………………………5
仲裁鑑定契約 …………………451
仲裁契約の抗弁 ………………540
仲裁合意 …………………………5
仲裁判断 …………………6, 568
中　止 …………………………156
中　断 …………………………155
調査官 ……………………………54
　　知的財産権事件等における
　　　―― …………………369
調査嘱託 ………………………484
調　書 …………………………423
　　――の完成時期 …………424
　　――の記載の効力 ………426
　　――の作成 ……………423
　　――の作成権者 …………423
期日の―― ……………………424

準備的口頭弁論期日――
　…………………………………425
証拠調べの―― ………………496
争点整理手続に関する――
　…………………………………425
その他の期日―― ……………426
弁論準備手続期日―― …426
調　停 ……………………………4
重複訴訟の禁止 ………………146
　　――の効果 ………………149
　　――の国際的な関連 ……150
　　――の要件 ………………147
　　相殺の抗弁と―― ………300
直接主義 ………35, 255, 435, 544
直接証拠 ………………………432
陳述義務 ………………………499
陳述書 …………………………502

つ・て

通常共同訴訟 …………691, 693
　　――の要件 ………………694
通常事件………………………41
通知制度 ………………………145
定期金賠償 ……………638, 641
提出主義 ………………………222
提訴前の証拠収集処分 ………484
提訴予告通知 …………………131
手形・小切手訴訟手続 ………877
手形債権の原因債権 …………202
手形訴訟
　　――の手続 ………………879
　　――の特色 ………………879
手形判決と不服申立て ………881
適時提出主義 …………364, 392
手数料 …………………………895
手続原則 ………………………206
手続権の保障 …………………565
手続構造の類型 ………………208
手続裁量 ………………………360
手続的処分行為 …312, 316, 403
手続の基本構造 ………………206
手続の公開………………………17
手続の受継 ……………………771

手続保障説（民事訴訟制度の
　　目的）……………………10
デュー・プロセス……………88
電磁的記録………………………67
電話会議 …………………………386

と

ドイツ帝国民事訴訟法………33
等価値陳述 ……………………236
当事者
　　——の確定 …………92,93
　　——の義務 ……………397
　　——の懈怠 ……………419
　　——の情報収集権 ………364
　　——の訴訟上の行為 ……264
　　職務上の—— ………184,185
　　判決効の及ぶ ……595,621
当事者概念……………………84
　　——の意義 ……………85
当事者権 ……………………88
当事者行為……………………36,265
　　——の諸相 …………266
当事者公開 …………………252
当事者恒定主義 …………773
当事者照会 ………………364
当事者進行主義………………35,258
当事者尋問 ………………502
当事者適格 ………………181
当事者能力 ………………100
当事者費用 ………………897
同時審判申出 ……………700
　　——の手続と判決 ………703
　　——の要件 ……………703
当然の補助参加
　　共同訴訟人間における——
　　　………………………698
答弁書 ……………………370
督促手続 ………………883
特定承継と承継人の固有権限
　　の主張 ………………623
特別抗告 …………788,803,838
特別裁判籍……………………61
特別上告 …………788,803,821

特別民事訴訟法………………25
独立裁判籍……………………61
独立当事者参加 …691,730,750
　　——と上訴 ……………757
　　——における訴え取下げ
　　　………………………758
　　——の審判 ……………754
　　——の手続 ……………753
　　——の取下げ …………759
　　——の二当事者対立訴訟へ
　　　の還元 ………………758
土地管轄 …………………57,59
土地境界確定の訴え ………129
特許権等に係る事件 ………782
飛越上告 ………………821
取消権（既判力の遮断効）…586
取立訴訟の債権者 …………599

な・に

内部文書 ……………………514
二段の推定 ………………509
二当事者対立の原則…………90
　　——の消滅と例外………90
任意管轄………………………57
任意的訴訟担当 ……………185
任意的当事者変更 …………762
　　——の性質 ……………763

は

破産管財人 …………………599
判決 ………………………534
　　——の自縛力 …………554
　　——の脱漏 ……………557
　　——の内容的確定 ………557
　　——の附随的効果 ………558
　　——の変更と更正 ………555
　　——の本来的効果 ………558
判決言渡し ………544,549,553
　　——の特則 ……………553
判決書 ……………………549
　　——の記載事項 ………551
　　——の機能 ……………550
　　——の送達と上訴期間 …553

　　——の様式 ……………552
判決内容の変更 ……………638
判決理由中の判断 …………574
　　——の拘束力 …………576
反射的効果 …………………634
反訴 ……………………651,676
　　——制度の沿革 ………677
　　——と相殺の抗弁 ………683
　　——の機能 ……………678
　　——の強制 ……………678
　　——の種類 ……………678
　　——の要件 ……………679
　　第三者に対する—— ……679
　　単純—— ………………678
　　予備的—— ……………679
反訴状 ……………………682
判断の統一 …………………823
判例違背 ……………………828

ひ

引渡し又は閲覧権のある文書
　　………………………511
非訟事件 ……………………18,20
　　古典的—— ……………20
必要的移送……………………75
必要的記載事項 ……………134
必要的共同訴訟 ……691,705
　　——の手続原則 ………706
必要的口頭弁論 ……………250
否認 ………………………372
　　——と抗弁 ……………372
　　積極—— ………………373
被保佐人 ……………………111
被補助人 ……………………111
秘密文書
　　公務上の—— ………512,521
　　職業上の—— …………512
費用 ………………………138
　　——の予納 ……………138
評決 ………………………545
表見証明 ……………………461
表示の訂正……………………98

事項索引　927

ふ

付加的管轄の合意 ……………66
不起訴の合意 ……………540
覆審制 ……………804
不作為（差止め）請求訴訟
　　……………125
不誠実な訴訟追行行為 ……278
附帯控訴 ……………809
　　――の意義と性質 ……809
　　――の効果 ……………811
　　――の要件 ……………811
不　知 ……………372
普通裁判籍 ……………59
普通法民事訴訟 ……………31
物　証 ……………431
　　――の取調べ ……………506
不当提訴と損害賠償 ……213
不当な訴えの提起 ……151
不　服 ……………794
　　形式的―― ……………795
　　実質的―― ……………795
不服申立制度
　　通常の―― ……………786
　　特別の―― ……786, 788
付郵便送達 ……………141
プライバシーの保護 ……253
フランス民事訴訟法 ……32
不利益の概念 ……………813
不利益変更禁止の原則 ……812
プロイセン民事訴訟法 ……32
文　書 ……………507
　　――の形式的証拠力の証明
　　　……………508
　　――の実質的証拠力 ……509
　　――の種類 ……………507
　　――の証拠能力 ……………508
　　――の真正の推定 ……509
　　刑事訴追の可能性のある
　　　―― ……………512
文書送付嘱託 ……………484
文書提出義務 ……………510
文書提出命令 ……………510

――違反の効果 ……………522
――の申立手続とその裁判
　　……………521
紛争解決説（民事訴訟制度の
目的）……………9

へ

併合請求の管轄権 ……………657
弁護士選任契約 ……………907
弁護士費用 ……………903
　　――に関する独・米の法制
　　度概観 ……………906
　　――の負担原則 ……………903
弁護士報酬 ……………907, 908
弁論兼和解 ……………355
弁論主義 ……………35, 219
　　――の基礎・根拠 ……223
　　――の作用局面 ……220
　　――の史的背景 ……222
　　――の妥当領域 ……226
　　証拠方法の獲得と―― …436
弁論準備 ……………356
弁論準備手続 ……………383
　　――における訴訟行為 …384
　　――の終了 ……………389
弁論能力 ……………112
弁論の更新
　　控訴審における―― ……815
弁論の全趣旨 ……………448
弁論の併合 ……………693

ほ

報告文書 ……………508
報酬金 ……………908
法状態 ……………210
法人格のない社団・財団 …101
法人格否認 ……………96
法人等の代表者 ……………117
法秩序維持説（民事訴訟制度
の目的）……………9
法定管轄 ……………56
法定訴訟担当 ……………184
法定代理人 ……………116

実体法上の―― ……………116
法的観点指摘義務 ……………246
法的構造 ……………210
法の創造 ……………15
法律関係文書 ……………511
法律上の推定 ……………481
法律扶助 ……………909, 912
法律要件分類説 ……………473
法令違反 ……………826
補佐人 ……………120
補充送達 ……………143
補助参加 ……………691, 729, 730
　　――と役員の責任追及等の
　　訴え ……………732
　　――の効力（参加的効力）
　　の客観的範囲 ……740
　　――の効力（参加的効力）
　　の主観的範囲 ……740
　　――の地位 ……………734
　　――の手続 ……………733
　　――の法的性質 ……737
　　――の要件 ……………731
補助事実 ……………227, 410
本案判決 ……………157
　　――請求権説（訴権論）…13
　　――の対象 ……………190

ま・み

マネジアルジャッジ ……356
未成年者 ……………110
認める（被告の態度）……371
民事裁判権 ……………40
　　――の人的範囲 ……………43
民事裁判制度 ……………2
民事訴訟 ……………11, 12, 16
　　――と憲法 ……………16
　　――の目的論の意義と機能
　　　……………11
民事訴訟規則 ……………29
民事訴訟制度 ……………8
民事訴訟手続 ……………14, 30
　　――の基本構造 ……353
　　――の国際的調和 ……34

——の特色……………14
民事訴訟法………………24
　形式的意味の——………24
　実質的意味の——………24
民事紛争 …………………1
　——と民事訴訟制度………1
民訴条約に基づく外交経路に
　よる証拠調べ……………526
民法上の組合 ……………107

め・も

明治民事訴訟法……………27
命　令 ……………………535
申立事項 ……………133, 548
　——と判決事項 …………547

ゆ・よ

唯一の証拠方法 …………495
要約書面 …………………390
要領調書 …………………496
与効的訴訟行為 ………271, 315
予備的抗弁 ………………295
予備的相殺の抗弁 ………297
ヨーロッパ民事訴訟法………34

り・る・ろ

利益文書 …………………511
略式訴訟 …………………863
略式手続 …………………862
領事証拠調べ ……………525

類似必要的共同訴訟
　………………692, 705, 721
　——の効果 ………………723
　——の特性 ………………721
録音による記録 …………497

わ

和解（裁判外）……………4
和解（裁判上）……………335
和解条項の書面による受諾
　……………………………340
和解に代わる決定 ………870
和解の解除 ………………349
和解の試み ………………339

河野　正憲（かわの・まさのり）

　1944年　大分県大分市で出生
　1963年　大分県立上野丘高等学校卒業
　1967年　九州大学法学部卒業
　　　　　九州大学大学院法学研究科修士課程，同博士課程，
　　　　　同大学助手，北九州大学専任講師，同大学助教授，
　　　　　同教授，東北大学教授，名古屋大学教授を経て
　2008年　名古屋大学定年退職
　現　在　名古屋大学名誉教授，同大学特任教授，福岡大学
　　　　　法科大学院教授
　　　　　博士（法学）
　　　　　元司法試験（第二次試験）考査委員

主要著作
『当事者行為の法的構造』（弘文堂・1988）
「Verfahrensstruktur und Parteiverhalten im Zivilprozess」Festschrift für Kostas Beys（Sakkoulas・2003）
『条解民事再生法〔第2版〕』分担執筆（弘文堂・2007）
「ビジネス紛争の国際化と民事訴訟手続」『民事紛争と手続理論の現在』〈井上治典先生追悼論文集〉（法律文化社・2008）
Co-ed.『Current Topics of Transnational Civil Procedure』（Mohr Siebeck・2009）

民事訴訟法
Civil Procedure

2009年5月15日　初版第1刷発行

著　者　　河　野　正　憲

発行者　　江　草　貞　治

発行所　　株式会社　有　斐　閣
〒101-0051 東京都千代田区神田神保町2-17
　　　　電話（03）3264-1314〔編集〕
　　　　　　（03）3265-6811〔営業〕
　　　　http://www.yuhikaku.co.jp/

印刷・㈱精興社／製本・牧製本印刷㈱
© 2009, Masanori KAWANO. Printed in Japan
落丁・乱丁本はお取替えいたします。
★定価はカバーに表示してあります
ISBN978-4-641-13531-4

Ⓡ　本書の全部または一部を無断で複写複製（コピー）することは，著作権法上での例外を除き，禁じられています。本書からの複写を希望される場合は，日本複写権センター(03-3401-2382)にご連絡ください。